동북아유목문화대사전

주 저 자 : 이성규(단국대)
공동저자 : 박소현(영남대), 박용범(단국대), 박환영(중앙대), 장두식(단국대), 장장식(국립민속박물관)

동북아유목문화대사전

2017년 8월 25일 인쇄
2017년 8월 30일 발행

엮은곳 _ 단국대학교 몽골연구소
펴낸이 _ 장호성
기 획 _ 이재석 / 제 작 _ 정진형
편 집 _ 성두현 / 마케팅 _ 박보혜
펴낸곳 _ 단국대학교출판부
등 록 _ 1968.2.27 : No. 제03-00095호
주 소 _ 경기도 용인시 수지구 죽전로 152
전 화 _ 031-8005-2405
팩 스 _ 031-8021-7154

값 80,000원

ISBN 978-89-7092-591-2 93380

이 사전은 2010년도 정부재원(교육과학기술부 인문사회연구역량강화사업비)으로 한국연구재단의 지원을 받아 연구되었음(NRF-2010-322-A00138).

This work was supported by the National Research Foundation of Korea Grant funded by the Korean Government (NRF-2010-322-A00138).

동북아유목문화대사전

단국대학교 몽골연구소

단국대학교출판부

발간사

1990년 한-몽골 수교 직후인 1993년 우리 대학은 국내 최초로 몽골학과를 신설하고, 지난 20여 년간 자타가 공인하는 국내 유일의 몽골 관련 교육기관으로서 몽골 전문가 양성의 산실이자, 학술 연구의 메카, 그리고 민간 교류의 클러스터 역할을 다 해왔습니다.

특히 2008년에 대학 부설 "몽골연구소"를 신설하여 새롭고 실험적인 연구 주제 발굴에 매진함은 물론 현지 답사를 동반한 실용 연구에도 게을리 하지 않음으로써 불모지나 다름없던 국내 몽골 연구에 활력을 불어넣어 몽골학 성장과 발전에 기여한 바 크다 하겠습니다.

이번 『동북아유목문화대사전』 편찬은, 2008년 『몽골어대사전』 사전 편찬 사업 시작에 이어 몽골학 연구의 한 획을 긋는 금자탑이 아닐 수 없습니다. 무엇보다 『동북아유목문화대사전』은 그동안 몽골에 국한되었던 연구 범위를 중앙아시아, 시베리아, 극동아시아 등 이른바 몽골리안 문화권으로 확장하고, 세계무형문화유산인 몽골의 유목문화 보존이라는 전 지구적 과제를 수행했다는 점에서 의미가 크다고 생각합니다.

새천년 시대를 맞이하여 세계적인 미래학자와 석학들이 '디지털 노마드(digital nomad)'의 신개념을 주창하면서, "사막이라는 열악한 환경 속에서도 끈질긴 생명력으로 살아남는 유목민들의 생존 전략과 적응 양식이 현대의 끊임없는 무한 경쟁의 시대를 살고 있는 21세기 인류에게 필연적인 패러다임이자 미래를 바꾸는 주된 동력"이라고 설명하고 있습니다.

이러한 상황에서 동북아 유목민의 역사, 종교, 언어, 문화, 예술 등을 총망라한 입체적이고 종합적인 대사전의 편찬은, 그 어느 때보다 중요한 작업이라고 자평합니다. 모쪼록 『동북아유목문화대사전』이 유목문화의 과거 전통과 역사를 밝히는 데 그치지 않고 21세기 노마드 문명의 초석이 되어 인류 미래의 올바른 방향 설정에 도움이 되기를 간절히 바랍니다.

『동북아유목문화대사전』의 편찬을 진심으로 축하하며, 2010년 이후 약 7년 간 대사전 발간을 위해 불철주야로 애써 주신 이성규 연구소장님과 공동연구원, 연구보조원 모두에게 감사와 격려의 말씀을 전합니다. 또한 본 사업의 지원을 아끼지 않으신 한국연구재단 인문학본부 토대기초연구사업팀에 심심한 감사의 인사를 전하며, 마지막으로 오늘날 우리 대학에 몽골학과를 신설하여 국내 최초로 몽골학의 기반을 구축하신 장충식 이사장님의 혜안과 도전에 무한한 존경심을 표합니다.

앞으로 『동북아유목문화대사전』이 국내외 지역학 연구의 기초 자료로 광범위하게 활용되기를 바라며, 국내 몽골학과 우리 대학 몽골연구소의 무궁한 발전을 기원합니다.

2017.8.30.

단국대학교 총장 장호성

Хэвлэлийн өмнөх үг

1990 онд БНСУ-Монгол улсын хооронд дипломат харилцаа тогтоосны дараахан 1993 онд манай сургууль дээр монгол судлалын тэнхимийг анхлан байгуулж байв. Өнгөрсөн 20 жилийн хугацаанд өөртөө болон бусдад хүлээн зөвшөөрөгдсөн солонгос дахь цорын ганц сургалт, эрдэм шинжилгээний байгууллага болохын хувьд монгол талын мэргэжилтэн бэлтгэх эх уурхай, эрдэм шинжилгээ судалгааны төв, иргэд хоорондын харилцааны гүүр болсоор ирлээ.

Ялангуяа 2008 онд Дангүүк их сургууль дотроо "Монгол судлалын хүрээлэн"-г байгуулж, шинэлэг туршилт судалгааны чиглэлийг эрэлхийлэн тухайн газар нутагт нь судалгааны баг гарган ажиллуулахын зэрэгцээ эрдэм шинжилгээ судалгааны тал дээр идэвхтэй хандаж, атар газар шиг байсан Солонгос дахь монгол судлалд өөрсдийн хүчийг нэмж, монгол судлалын хөгжилд ихээхэн хувь нэмэр оруулсаар ирлээ.

Энэхүү "Зүүн хойд Азийн нүүдлийн соёлын толь бичиг" төсөл нь 2008 оны "Монгол солонгос их толь бичиг" төслийг удаалан монгол судлалд нэгэн шан татаж, шинэ суварга болон сүндэрлэлээ. "Зүүн хойд Азийн нүүдлийн соёлын толь бичиг" нь монгол төдийгүй сибирь, алс дорнод гэх мэт Зүүн хойд Азид багтах соёлуудыг хамран, дэлхийн соёлын нэгэн өв болох монголын нүүдлийн соёлыг хадгалан үлдээх дэлхий нийтэд оногдсон үүрэг даалгаврын нэгээхэн хэсгийг биелүүлсэнд түүний ач холбогдол оршино хэмээн бодож байна.

Шинэ мянганыг угтаж дэлхийн хэмжээний эрдэмтэн мэргэд "дижитал нүүдэл" хэмээх шинэ ухагдахууныг гарган ирж "цөл хэмээх хүнд хэцүү орчинд амьд үлдэж чадсан нүүдэлчдийн оршин тогтнох арга барил, дасан зохицох чадвар нь орчин цагийн зогсолтгүй үргэлжлэх өрсөлдөөн дунд амьдарч буй 21-р зууны хүн төрөлхтний хувьд амин чухал хэв маяг, ирээдүйг өөрчлөх гол хөшүүрэг" гэж үзэж байна.

Ийм нөхцөл байдалд Зүүн хойд Азийн нүүдэлчдийн түүх, шашин, хэл, соёл, урлагийг цогцоор нь хамарсан нэгдсэн тайлбар толь хэвлэн гаргах явдал нь юу юунаас ч чухал юм.

"Зүүн хойд Азийн нүүдлийн соёлын толь бичиг" нь нүүдлийн соёлын өнгөрсөн уламжлал, түүхийг тод томруун харуулахаас гадна цаашлаад 21-р зууны "нүүдлийн соёл"-ын нэгэн тулгуур болж хүн төрөлхтөний ирээдүйн хөгжлийн зөв чиг хандлагыг тодорхойлоход тус нэмэр болоосой хэмээн чин сэтгэлээсээ хүсч байна.

"Зүүн хойд Азийн нүүдлийн соёлын толь бичиг" хэвлэгдэж байгаа явдалд баяр хүргээд, 2010 оноос хойш 7 жилийн турш өдөр шөнөгүй сэтгэл гарган ажилласан төслийн удирдагч И Сөн Гю болон хамтран ажилласан судлаачид, төслийн туслах ажилтан бүгдэд баярлаж талархсанаа илэрхийлье. Мөн энэхүү төслийг санхүүжүүлж, хамтран ажилласан "Солонгосын Эрдэм Шинжилгээ Судалгааны Сан"-гийн Хүмүүнлэгийн салбарын Суурь судалгааны төслийн багийн хамт олонд гүн талархал илэрхийлэхийн хамт тус сургуульд монгол судлалын тэнхимийг үүсгэн байгуулж БНСУ дахь монгол судлалын үндсийг тавьсан

Жан Чүн Шиг захирлын алсын хараа, шинийг эрэлхийлэх чадварт нь гүн хүндэтгэлээ илэрхийлье.

Цаашдаа энэхүү толь бичиг нь дотоод гадаадын бүс нутаг судлалын суурь гарын авлага болж, өргөн хэрэглэгдээсэй хэмээн хүсэхийн ялдамд БНСУ дахь монгол судлалын тэнхимүүд болон тус сургуулийн "Монгол судлалын хүрээлэн"-д өндөр амжилт хүсье.

2017.8.30.

Дангүүк Их Сургуулийн Захирал Жан Хо Сөн

축사

대한민국 단국대학교 부설 몽골연구소가 지난 5년 간 진행해 온 토대연구사업의 결과물인 『동북아유목문화대사전*Dictionary of the Nomadic Culture in Northeast Asia*』이 발간되었습니다. 『동북아유목문화대사전』은 몽골의 유목문화를 중심으로 동북아시아와 중앙아시아, 시베리아, 극동아시아 유목문화 유산을 연구 조사한 학술 연구의 산물입니다. 세계 몽골학에 모범이 되는 괄목할만한 사전을 편찬한 연구팀 일원에게 몽골 교육문화과학체육부는 물론 개인적으로도 축하를 드리고, 깊은 감사를 드립니다.

몽골 정부는 몽골의 역사와 언어, 문화, 사회, 정치, 경제, 전통 등을 연구하고, 몽골학을 몽골 국내는 물론 해외에서도 변함없이 발전시키기 위해 많은 관심을 가지고 노력하고 있으며, 이 사업을 위해 국무총리실 산하에 "몽골학 연구 기초위원회"를 두고 교육문화과학체육부가 사업을 수행하고 있습니다. 우리와 협력하고 있는 국제 몽골학 거점 연구 기관 중의 하나로 단국대학교가 자리 잡고 있습니다.

단국대학교는 대한민국의 최초의 몽골학 연구 중심지이자, 현재 세계적으로도 몽골학 연구에서 그 위치가 굳건합니다. 이렇게 단국대학교의 교수진, 연구진이 몽골학 연구에 이바지 하고 있는 공헌에 대해 우리는 매우 자랑스럽게 생각합니다. 특히 최근에 수행하고 있는 『몽한대사전』, 『동북아유목문화대사전』 사업은 몽골과 한국 양국 국민들 간의 우호친선에 확실한 가교가 될 뿐만 아니라 양국의 문화 교류에도 중요합니다.

몽골 교육문화과학체육부는 몽골학 교육 및 연구 분야에서 활발하게 활동하고 있는 해외 대학과 연구소 활동을 지지하며, 협력할 준비가 되어 있습니다. 앞으로도 단국대학교의 몽골학 연구진들이 더욱 노력하여 몽골의 언어, 문화, 역사 등 몽골 문화사절로서의 역할을 흔쾌히 해줄 것에 대해 믿어 의심치 않습니다.

단국대학교 연구진들의 학운과 건승을 바라며, 한몽 양국의 친선과 교류가 보다 깊고 굳건하기를 기원합니다.

몽골국 정부내각 국무위원
교육 · 문화 · 과학 · 체육부장관
겔렉필린 촐롱바타르

울란바타르 2017년 8월 30일

Мэндчилгээ

Бүгд Найрамдах Солонгос Улсын Дангүүк их сургуулийн Монгол судлалын хүрээлэнд таван жилийн хугацаанд хэрэгжүүлсэн эрдэм шинжилгээний төслийн үр дүнд "Зүүн хойд Азийн нүүдлийн соёлын толь бичиг"(Dictionary of the Nomadic Culture in Northeast Asia) хэмээх суурь судалгааны томоохон бүтээл олны хүртээл болж байна. Энэхүү бүтээлд монголын нүүдлийн соёл болон Зүүн хойд Ази, Төв Ази, Сибирь, Алс дорнодын бүс нутаг дахь нүүдлийн соёл иргэншлийн өвийг судлан шинжилжээ. Дэлхийн монгол судлалд жишиг болохуйц даацтай бүтээл туурвисан багт Монгол Улсын Боловсрол Соёл Шинжлэх Ухаан, Спортын Яамны нэрийн өмнөөс болон хувиасаа баяр хүргэж, чин сэтгэлийн талархал дэвшүүлье.

Монголын түүх, хэл, соёл, нийгэм, эдийн засаг, улс төр, уламжлалт мэдлэг ухааныг судлах, монгол судлалыг дотоод, гадаадад тогтвортой хөгжүүлэх асуудлыг дэмжих чиглэлээр Монгол Улсын төрөөс тодорхой арга хэмжээ авч байгаа бөгөөд уг асуудлыг Ерөнхий сайдын дэргэдэх Монгол судлалын үндэсний зөвлөл зангидаж, Боловсрол Соёл Шинжлэх ухаан, Спортын Яам үйл ажиллагаа хэрэгжүүлдэг. Манай яамтай хамтран ажилладаг дэлхийн монгол судлалын нэг томоохон төв бол Дангүүк их сургууль юм.

Тус сургууль нь БНСУ-ын монгол судлалын анхны төв төдийгүй эдүгээ дэлхийн монгол судлалд байр сууриа эзэлсэн тэргүүлэх төвүүдийн нэг болсон билээ. Дангүүк их сургуулийн профессор багш, эрдэмтэн судлаачдын монгол судлалын хөгжилд оруулж буй хувь нэмрээр бид бахархдаг. Ялангуяа сүүлийн жилүүдэд хэрэгжүүлж буй "Монгол солонгос их толь бичиг", "Зүүн хойд Азийн нүүдлийн соёлын толь бичиг" зэрэг төсөл нь монгол, солонгос ард түмний ойртон нөхөрлөх баттай гүүр болох төдийгүй хоёр улсын соёлын харилцаанд чухал ач холбогдолтой юм.

Боловсрол, Соёл, Шинжлэх Ухаан, Спортын яам монгол судлалын чиглэлээр дагнаж сургалт, судалгааны үйл ажиллагаа явуулдаг, идэвхи санаачилгатай ажиллаж байгаа гадаадын их сургууль, эрдэм шинжилгээний төвүүдийн үйл ажиллагааг дэмжиж, хамтран ажиллахад бэлэн байна.

Цаашид тус сургуулийн монгол судлаачид улам ихийг бүтээж, монгол хэл, соёл, түүхийн элч болох үүргээ бахархалтай биелүүлнэ гэдэгт эргэлзэхгүй байна. Та бүхний эрдэм судлалын ажилд илүү амжилтыг хүсэж, хоёр орны найрамдалт харилцаанд гүйцэтгэх үүрэг, үлдээх мөр тань улам тод байхын ерөөл дэвшүүлье.

Монгол Улсын Засгийн газрын гишүүн
Боловсрол, Соёл, Шинжлэх ухаан, Спортын сайд
Гэлэгпилийн Чулуунбаатар

Улаанбаатар хот 2017 оны 8 дугаар сарын 30

머리말

인류가 살아가는 방식에는 여러 가지가 존재한다. 먹거리를 자연으로부터 수집하는 수렵 채취 방식, 먹거리에 따라 이동하며 살아가는 유목 방식, 먹거리를 한 곳에 머물며 집약적으로 생산하는 정착 방식 등 인류는 자신들의 주위 환경에 맞추어 적절한 방식으로 삶을 영위한다. 인류의 생활 방식 중의 하나인 유목 생활은 지금도 지구 여러 곳에서 존재하는 생활 방식이다. 중앙아시아의 초원지대, 시베리아의 툰드라지대, 서아시아와 중동의 반사막지대, 아프리카 북부의 사막지대, 중남미의 고원지대 등 다수의 지역에서는 여전히 유목 생활을 하고 있는 사람들을 만날 수가 있다. 한반도에 살고 있는 우리는 대부분 정착 생활을 하고 있지만, 시대를 거슬러 올라가면 과거 우리 선조들도 유목 생활을 하였다는 것을 알 수가 있다.

유목문화(遊牧文化; Nuudel; Nomad)는 유목 생활을 하는 유목민들이 이룩한 문화이다. 유목민들은 기후와 주변 환경에 따라 이동하면서 자신들만의 고유한 문화를 만들었으며 이 문화유산은 지금도 우리에게 전해오고 있고, 어떤 것들은 유적으로만 남아있다. 유목 문화는 이동하는 생활에 맞춘 문화이고 이에 따라 이동에 알맞은 다양한 물질문화가 탄생하였다. 유목민 주거의 대표적인 산물인 게르(Ger; yurt)는 이동하기 편리하게 단순하게 만들어졌고 조립과 해체가 용이하다. 유목민의 복장 역시 이동하기 편리하게 남자는 허리에 물건을 차고 여자는 머리에 물건을 두른다. 음식 역시 이동하며 간편하게 먹을 수 있도록 말린 음식이나 오래 보관하는 음식이 발달하였다.

유목문화의 이러한 문화 전통은 현대문명 속에서도 살필 수가 있는데 이동 컴퓨터인 핸드폰이 대표적인 유목문화의 전통이다. 또 한국인들의 뇌리 속에 남아 전해오는 유목문화의 전통은 이동 수단인 자동차와 배를 세계 제일의 산업으로 만들었다. 그러나 시대가 변하고 인류의 삶이 복잡해짐에 따라 인류는 점차 정착 생활을 하게 되었고 이에 따라 유목문화는 점차 사라져 가는 문화가 되었다. 이제 유목문화는 일상생활에서는 보기 드문 박물관 문화가 되었고 특별히 유목의 현장을 찾기 위해서는 먼 곳에 가서 보아야만 한다. 반면 최근의 도시민들에게는 새로운 유목문화가 발생하고 있고 이러한 경향은 점차 확대되는 추세이다. 한 직장에 머무는 것, 한 사람과 결혼하여 한 곳에 정착하는 것, 3대 4대가 한 곳에 머무는 전통적인 정착 문화는 상당 부분 사라지고 필요에 따라 이쪽저쪽으로 이동하며 살아가는 새로운 도시 유목 문명이 시작되고 있다.

본 사전은 인류 역사상 대표적인 유목민인 몽골인들이 인류 문화에 공헌한 것을 연구해 보라는 단국대 장충식(張忠植) 이사장님의 조언에 힘입어 기획된 것이다. 종이 · 화폐 · 화약 등 인류 문화에 공헌한 것은 도외시하고 단순무식하고 더러운 것으로만 기술되고 있는 몽골을 올바르게 알리고, 고려 시대 침략으로 몽골에 대해 부정적 인식이 많은 우리나라에서 몽골에 대한 인식을 전환하고자 하는 목적에서 준비된 것이다. 다행히 단국대 몽골연구소의 이러한 의지가 한국연구재단의 토대기초연구사업인 〈동북아 유목문화 대사전〉편찬 사업에 선정되면서 본격적으로 유목민들이 세계 문화에 미친 영향을 체계적으로 조사할 수 있게 되었고, 몽골로 대표되는 유목문화를 올바르게 이해하고 알리는 계기가 되었다.

『동북아유목문화대사전』은 몽골을 중심으로 한 동북아 유목 지대에서 현재도 유지되고 있는 유목문화를 찾아 정리하고 보존하는데 목적을 두었다. 몽골국과 중국 내몽골자치구, 러시아 부리아트 자치공화국 등을 현지 조사하면서 기록으로만 전하는 유목 문화를 현장에서 확인하는 작업을 하였으며 새로운 자료들도 찾아서 수록하였다. 반면 시베리아 지역을 비롯한 일부 지역은 여러 가지 사정으로 현지 조사는 최소한에 그쳤다. 본 사전에 수록된 유목 문화의 내용은 '유목문학', '유목생활', '유목민의 물질문화', '유목신앙', '유목예술' 등 다섯 분야이다. 각 분야별로는 다시 몇 개의 소분류를 두어 관련된 분야를 한꺼번에 볼 수 있도록 배열하였다. 또 유목 관련 단어의 이해를 돕기 위하여 관련 사진 자료를 어휘 풀이와 함께 수록하였으며, 전문 연구자들을 위하여 연구 업적도 함께 수록하였다. 그리고 이 사전은 국내 독자를 우선하는 까닭에 한글로 표제어를 수록하였다. 그러나 몽골 유목 문화에 관심이 있는 독자들을 위하여 몽골 전통문자[Mongol bichig], 몽골 키릴문자, 라틴전사도 어휘별로 하였고 사전의 뒷부분에 해당 문자의 색인을 첨부하였다. 『동북아유목문화대사전』의 편찬 과정에서 내몽골에서 간행한 『蒙古族民俗百科全書*Mongol jang üyile-yin nebterkei toli*』가 도움이 되었고, 한국 국립민속박물관에서 간행한 『韓國民俗大百科事典』과 한국정신문화연구원에서 간행한 『韓國民族文化大百科事典』도 도움이 되었다. 한편 단국대 몽골연구소에서는 본 사전을 편찬하기 이전부터 『몽골어대사전』 작업을 진행하여 왔는데, 두 개의 사전을 동시에 편찬하다보니 인력과 예산 부족 등으로 어려움을 겪었으나 상호간에 보완이 되는 점이 많아 본 사전 편찬에 큰 도움이 되었다.

『동북아유목문화대사전』을 편찬하는 데는 많은 과정을 겪었다. 우선 연구를 기획하고 수주하는데 공헌한 고(故) 강 신(姜 信) 교수는 연구가 시작되기도 전에 불의의 사고로 운명을 달리 하였다. 또 전임 연구원을 채용하여 작업을 시작하였으나 초기의 시행착오를 거치며 다수의 원고를 중도에 폐기하였다. 국내 전임 연구원으로는 유목문화 기술에 한계가 있는 것으로 여겨져 몽골인 전임 연구원을 일부 채용하여 작업을 진행하였으나 문화의 차이로 어려움을 겪었으며, 애써 작성한 원고가 컴퓨터 바이러스 피해를 입어 새롭게 작업하기를 여러 차례 하였다. 그러나 어려운 것은 조금이고 대부분은 즐거운 마음으로 작업을 하였으며 유목문화의 참 모습을 찾을 때마다 사전 편찬의 즐거움을 함께 나누었다. 공동 연구원 장장식 선생은 사전에 수록할 좋은 사진을 보내주었고, 박소현 교수는 몽골 음악 원고를 작성하고 사진도 보내주었다. 박환영 교수와 장두식 교수는 현지 조사를 하며 많은 도움을 주었고, 나중에 연구에 참여한 박용범 교수는 유목 사전 DB를 구축하여 주었다. 『동북아유목문화대사전』의 전임 연구원으로 최형원, 김기선, 김기성 교수가 1차로 사전 작업을 하였으며 박원길, 뎀치그마(O.Demchigmaa), 간치멕(L.Ganchimeg), 임선숙, 주경미 교수가 2차로 작업을 하였다. 또 연구 보조원으로 이선아, 오미영, 김경나 선생이 작업을 하였으며, 최종 교정 작업은 노로브냠(B.Norovnyam), 이선아, 김경나 교수가 작업을 하였다. 『동북아유목문화대사전』의 원고 중 유목문학은 이선아 교수와 출템수렌(R. Chultemsuren) 교수가, 유목신앙은 박원길 교수와 노로브냠 교수가, 유목예술은 뎀칙그마, 간치멕 교수가 맡아서 하였다. 한글 원고에 대한 전반적인 수정과 보완은 주경미 교수가, 관련 사진은 류병재 교수가, 편집과 주무는 김경나 교수가 맡아 하였다.

이 사전을 간행하기까지는 많은 사람의 도움이 있었다. 우선 국내 최초로 유목문화를 정리하여 보존하고 연구하는 것에 대하여 지원을 아끼지 않은 "한국연구재단"에 감사를 드린다. 5년간에 걸친 연구비 지원은 이 사전을 만드는 데 기초가 되었고 이 사업을 통하여 만들어진 유목 문화 연구 인력, 유목문화 DB는 국내 유목문화 연구의 토대를 놓은 것으로 영원히 기록될 것이다. 또 몽골 국내의 정치 · 경제적 어려움에도 불구하고 사전 출판 경비의 일부를 지원해준 몽골 정부에 감사를 드린다. 특히 늘 한국의 몽골학 연구에 관심과 지원을 아끼지 않는 "세계 몽골학 연구지원재단"의 자야바타르(D.Jayabaatar) 사무총장에게 진심으로 고마움을 표한다. 이외에 사전 편찬에 도움을 준 한국몽골학회 회원 여러분과 단국대 몽골학과의 송병구 교수를 비롯한 구성원 여러분에게도 감사를 드린다.

단국대학교 출판부에서 최근 간행한 『國譯遼史』와 『國譯金史』는 북방 유목 문화 연구에 반드시 필요하지만 방대한 분량과 엄청난 출판비로 경영에 상당한 어려움을 초래하였다.

이처럼 많은 어려움이 있음에도 불구하고 이번에도 기꺼이 『東北亞遊牧文化大事典』의 간행을 허락하여 주신 단국대 장충식 이사장님과 장호성 총장님께 깊은 감사의 말씀을 올린다. 또 실무적인 일을 맡아주신 이재석 출판부장, 정진형 팀장, 성두현 차장, 박보혜 선생에게도 감사를 드린다. 특히 성두현 차장은 몽골 관련 출판을 도맡아 처리해 주어 더없는 고마움을 표하며, 힘들게 만든 이 사전이 국내외 유목문화 연구에 밑거름이 되기를 간절히 기원한다.

2017년 8월

몽골연구소 이성규

Өмнөх үг

Хүн төрөлхтний оршин аж төрөх арга барил янз бүрээр илэрдэг. Идэш хоолоо байгалаас олж хүртдэг ан агнуурын соёл, идэш тэжээлээ даган нүүдэллэн аж төрдөг нүүдлийн соёл, нэг газарт төвлөрөн сууж идэш тэжээлээ өөрсдөө бий болгон аж төрдөг суурин соёл гэх зэргээр хүн төрөлхтөн өөрсдийн орчин нөхцөлдөө тохируулан хамгийн таатай арга хэлбэрээр аж төрсөөр иржээ. Хүн төрөлхтний амьдрах арга хэлбэрийн нэг болох нүүдлийн аж ахуй нь өнөөг хүртэл дэлхийн олон газарт оршин тогтносоор байна. Төв Азийн уудам тал, Сибирийн тундрийн бүс, Баруун Ази болон Ойрх дорнодын цөлөрхөг бүс нутаг, Африкийн хойд нутгийн элсэн цөл, өмнөд Америкийн өндөрлөг бүс зэрэг олон газар нутагт өнөөдөр нүүдэллэн аж төрдөг хүмүүстэй тааралдаж болно. Солонгосын хойгт оршин суудаг бид бүхэн суурин аж төрж байгаа хэдий ч цаг хугацаагаар өртөөлөн өмнөх түүх рүүгээ эргэн харвал бидний өвөг дээдэс ч бас нүүдлийн соёлтой байсан нь тодорхой байдаг.

Нүүдлийн соёл(nuudel; nomad) гэдэг бол нүүдэллэн аж төрдөг хүмүүсийн бий болгосон соёл юм. Нүүдэлчид бол байгаль дэлхий хийгээд цаг уурын орчин нөхцлөө даган нүүдэллэн аж төрөх явцдаа өөрсдийн гэсэн өвөрмөц соёлыг бий болгосон байдаг бөгөөд энэхүү соёлын өв уламжлал нь өнөөгийн бидэнд уламжлагдан ирж, зарим хэсэг нь түүхийн өв дурсгал болон үлджээ. Нүүдлийн соёл бол нүүдлийн амьдралд тохирсон соёл бөгөөд үүнээсээ улбаалан нүүдэл суудал хийхэд тохирсон олон зүйлийн биет эдийн соёл буй болжээ. Нүүдэлчдийн орон байрны хамгийн том төлөөлөл болох гэр (ger; yurt) нь нүүдэл хийхэд амархан, авсаархан байхаар бүтээгдсэн байдаг ба барих, буулган ачаалах нь мөн адил хялбархан байдаг. Нүүдэлчдийн хувцас хэрэглэл мөн адил нүүж суухад авсаархан, эрчүүд нь бүсэлхийндээ бүс бүсэлдэг бол эмэгтэйчүүд нь толгойдоо алчуур зангидна. Хоол хүнсний хувьд ч нэгэн адил нүүдэллэн явах явцдаа хялбархан хүртэж болохоор хатаасан, боловсруулсан болон удаан хадгалж болох хүнсний зүйл илүү түлхүү хөгжсөн байдаг.

Нүүдлийн соёлын эдгээр уламжлалыг орчин үеийн соёл иргэншлийн дундаас ч олж харж болох бөгөөд зөөврийн компьютер, гар утас зэрэг нь нүүдлийн соёлын өв уламжлалаас үүдэлтэй юм. Мөн Солонгосчуудын ой ухамсарт хадгалагдан үлдэж, уламжлан ирсэн нүүдлийн соёлын ул мөр бол шилжилт хөдөлгөөн хийх гол хэрэгсэл болсон автомашин болон усан онгоцыг дэлхийн тэргүүлэх үйлдвэрлэл болгож чадсан явдал юм. Цаг үе өөрчлөгдөж хүмүүсийн амьдрал илүү нарийн төвөгтэй болсноос хамааран хүн төрөлхтөн суурин амьдралыг илүүд үзэх болж суурин сууж эхэлсэн цаг мөчөөс эхлэн нүүдлийн соёл бага багаар хумигдсаар байна. Одоо бол нүүдлийн соёл нь өдөр тутмын амьдралаас бараг устаж музейн үзмэрийн хэмжээнд очиж байгаа бөгөөд ялангуяа нүүдлийн ахуй орчинд очиж үзэхийн тулд олон бээрийн хол замыг туулахад хүрч байна. Нөгөө талаар орчин үеийн хотын иргэдийн дунд шинэ нүүдлийн соёл бий болж энэхүү хандлага нь улам бүр хүрээгээ тэлж байна. Нэг байгууллагад байнга ажиллах, нэг хүнтэй гэрлэн нэг газарт суурин суух, гурав дөрвөн үеэрээ нэг суурин төвлөрөн аж төрдөг уламжлалт суурин соёл олон талаар өөрчлөгдөн алга болж хэрэгцээ шаардлагаа даган ийш тийш нүүдэллэн аж төрдөг шинэ маягийн хотын нүүдэлчин соёл бий болж эхэлж байна.

Энэхүү толь бичиг нь дэлхий дээрх нүүдэлчдийн гол төлөөлөл болсон Монголчуудын хүн төрөлхтний соёлд оруулсан хувь нэмрийн талаар судлах хэрэгтэй хэмээн Дангүүк Их Сургуулийн Удирдах зөвлөлийн дарга Жан Чүн Шик гуайн зөвлөсний дагуу төлөвлөн хийгдэж эхэлсэн ажил юм. Монголчуудын цаас, цаасан мөнгө, дарь зэргийг анх зохиож хүн төрөлхтний түүхэнд оруулсан хувь нэмрийг үл хэрэгсэн, бүдүүлэг зэрлэг, бохир хэмээн тодорхойлдог өнгөц хуумгай ойлголтыг залруулах, Корё улсын үеийн монголчуудын түрэмгийлэл төдийхнөөр монголыг ойлгодог сөрөг хандлага түгээмэл байдаг манай улсад монголчуудын талаарх зөв үнэн ойлголтыг бий болгож төлөвшүүлэхэд энэхүү толь бичгийн гол зорилго оршино. Аз болоход Дангүүк их сургуулийн Монгол судлалын хүрээлэнгийн энэхүү хүсэл зорилго нь Солонгосын эрдэм шинжилгээ, судалгааны сангийн Суурь судалгааны төсөл болох “Зүүн хойд Азийн нүүдлийн соёлын толь бичиг” төсөлд тэнцэн шалгарч дэлхийн соёлд нүүдэлчдийн үзүүлсэн хувь нэмэр, оролцооны талаар нэгдсэн судалгаа хийх боломжийг бүрдүүллээ. Энэ нь монголыг гол төлөөлөл болгож жишээ татдаг нүүдлийн соёлын талаарх үнэн зөв ойлголт бий болгоход гол хөдөлгүүр болж байна.

“Зүүн хойд Азийн нүүдлийн соёлын толь бичиг” нь монгол төвтэй Зүүн хойд Азийн нүүдлийн бүс нутагт өнөөг хүртэл хадгалагдан үлдсэн нүүдлийн соёлыг олж судлан, хадгалан үлдээх гол зорилгыг агуулсан болно. Монгол улс болон БНХАУ-ын Өвөр монголын Өөртөө Засах Орон, Оросын Буриад улс зэрэг газраар явж судалгаа хийж сурвалж бичигт л үлдсэн нүүдлийн соёлыг газар дээр нь очиж нягтлан тодруулах ажлыг хийн, мөн шинэ эх сурвалжуудыг олж эмхэтгэв. Харин зарим нэг шалтгааны улмаас Сибирийн бүс нутаг зэрэг газраар биечлэн очиж сурвалжилж амжаагүй болно. Энэхүү толь бичигт эмхэтгэсэн нүүдлийн соёлын гол агуулгыг “нүүдэлчдийн уран зохиол”, “нүүдэлчдийн амьдрал ахуй”, “нүүдэлчдийн эдийн соёл”, “нүүдэлчдийн шашин шүтлэг”, “нүүдэлчдийн урлаг” гэсэн таван салбарт хуваан орууллаа. Салбар тус бүр дотроо хэд хэдэн бүлэгт хуваагдах бөгөөд өөр хоорондоо хамаарал бүхий хэсгүүдийг нэг дороос харж болохоор нэгтгэн оруулав. Мөн нүүдлийн соёлтой холбоотой үг хэллэгийг солонгос уншигчдад ойлгомжтой болгохын тулд холбогдох гэрэл зургийг хавсаргасан бөгөөд мэргэжлийн судлаачдад зориулж судалгааны эх сурвалж, ашигласан материалыг оруулав. Энэхүү толь бичгийг солонгос уншигчдад зориулсан учир толгой үгийг солонгос хангыл үсгээр хадаж буулгав. Монгол нүүдлийн соёлын талаар улам дэлгэрэнгүй мэдээлэл авахыг хүссэн уншигчдад зориулж толгой үг тус бүрийг худам монгол, кирилл монгол бичиг, латин галигаар буулгаж, толь бичгийн арын хэсэгт холбогдох үгсийн индексийг хавсарган оруулав. “Зүүн хойд Азийн нүүдлийн соёлын толь бичиг”-ийг боловсруулах явцад Өвөр монголд хэвлэгдсэн “Монгол зан үйлийн нэвтэрхий толь” ихээхэн тус нэмэр болсон бөгөөд

Солонгосын угсаатны зүйн музейгээс эрхлэн гаргасан “Солонгосын зан үйлийн нэвтэрхий толь”(韓國民俗大百科事典) болон Солонгосын Оюуны соёлын судалгааны хүрээлэнгээс эрхлэн гаргасан “Солонгос үндэстний соёлын их толь бичиг”(韓國民族文化大百科事典) зэргийг өргөнөөр ашиглав. Мөн Дангүүк их сургуулийн Монгол судлалын хүрээлэн энэхүү толь бичгийг эхлэхээс өмнө “Монгол хэлний их толь бичиг” хийх ажлыг эхлүүлээд байсан бөгөөд нэгэн зэрэг хоёр толь бичиг хийхэд хүн хүчний болон мөнгө санхүүгийн хүндрэл үүсч байсан ч харилцан тусалж ойлголцон хамтран ажилласан нь энэхүү толь бичиг гарахад хамгийн том тус болсон болно.

“Зүүн хойд Азийн нүүдлийн соёлын толь бичиг” нь олон шат, үйл явцыг дамжин байж хэвлэгдэн гарлаа. Юуны өмнө энэхүү ажлын төлөвлөн эхлүүлэхэд ихээхэн хувь нэмэр оруулсан Кан Шин багш ажил эхлэхээс өмнө зуурдаар өөд болсон нь туйлын харамсалтай. Мөн мэргэжлийн судлаач авч ажиллуулан ажлаа эхэлсэн хэдий ч ажил гүйцэтгэх арга барил, ойлголтын зөрүүнээс болж ажлыг зогсоож дахин шинээр эхлүүлэх хэрэг ч гарч байлаа. Зөвхөн солонгос судлаач нарын хүрээнд нүүдлийн соёлын талаарх судалгаа хийхэд учир дутагдалтай байсан тул монгол мэргэжилтэн судлаач нарыг авч ажиллуулсан хэдий ч бас соёлын ялгаанаас болж зарим бэрхшээл учирч байлаа. Хүнд хөдөлмөр заран байж эмхэтгэн оруулсан зарим материалаа компьютерийн вирусаас болж устган, дахин шинээр хийх зэрэг олон шат давааг давлаа. Гэвч энэ мэт бэрхшээл түр зуурынх байж, бид урам зоригтойгоор гар нийлэн ажилласан нь их байсан бөгөөд нүүдлийн соёлын шинэ дүр төрх, санаа олдох бүрийд бүгд баяр хөөртэйгөөр нэгдэн ажиллаж чадлаа. Хамтран зүтгэгч, эрдэмтэн Жан Жан Шиг гуай толь бичиг хийхэд хэрэглэгдэх ховор чухал гэрэл зураг өгч, Пак Со Хён багш монгол хөгжмийн тухай хэсгийг хийж өгч, бас гэрэл зураг өгч тусалсан болно. Пак Хван Ён болон Жан Дү Шиг багш нар газар дээр нь очиж судалгаа хийх ажилд хамтран зүтгэсэн бөгөөд сүүлд судалгааны ажилд нэгдэн оролцсон Пак Юн Бөм багш нүүдлийн соёлын толь бичгийн цахим мэдээллийн санг хийж өгсөн болно. “Зүүн хойд Азийн нүүдлийн соёлын толь бичиг”-ийн мэргэжилтэн судлаачаар ажилласан багш Чой Хён Вонъ, Ким Ги Сөнь, Ким Ги Сөн нар нэгдүгээр шатны ажлыг хийж гүйцэтгэсэн бөгөөд Пак Вон Гил, Д.Дэмчигмаа, Л.Ганчимэг, Жү Гён Ми багш нар хоёрдугаар шатны ажлыг хийж гүйцэтгэв. Мөн туслах ажилтнаар И Сөнь А, У Ми Ён, Ким Гён На нар ажиллаж эцсийн шатны боловсруулалтыг Б.Норовням, И Сөнь А, Ким Гён На нар хийв. Толь бичгийн нүүдэлчдийн уран зохиол хэсгийг И Сөнь А, Р. Чүлтэмсүрэн багш, шашин шүтлэгийн хэсгийг Пак Вон Гил, Б.Норовням, нүүдэлчдийн урлагийн талаарх бүлгийг Д.Дэмчигмаа, Л.Ганчимэг багш нар хийж гүйцэтгэсэн болно. Солонгос эхийг найруулан засах, сайжруулах ажлын Жү Гён Ми багш, холбогдох гэрэл зургийг Рюү Бён Жэ багш, хянан тохиолдуулах ажлыг Ким Гён На багш нар хариуцан ажиллав.

Энэхүү толь бичиг нь олон хүний тус дэмээр бүтлээ. Юуны өмнө дотооддоо анх удаа нүүдлийн соёлын ойлголтуудыг судлан эмхэтгэхэд сэтгэл харамгүй тус дэмжлэг үзүүлсэн "Солонгосын эрдэм шинжилгээ, судалгааны сан"-д талархал илэрхийлье. Тус сангийн санхүүжилт нь таван жилийн турш энэхүү толь бичгийг боловсруулж гаргах гол үндэс суурь нь болж өгсөн бөгөөд уг төслөөр хийгдсэн нүүдлийн соёлын судалгааны мэргэжилтэн судлаачид, нүүдлийн соёлын цахим мэдээллийн сан зэрэг нь солонгос дахь нүүдлийн соёлын судалгааны суурийг тавьсан анхны алхам болж түүхэнд тэмдэглэгдэн үлдэх биз ээ. Монгол улс дотооддоо улс төр, эдийн засгийн хүндрэлтэй байсан ч энэхүү толь бичгийг хэвлэн гаргах хэвлэлийн зардлын нэг хэсгийг санхүүжүүлж өгсөнд Монгол Улсын Засгийн газарт мөн талархлаа илэрхийлье. Ялангуяа Солонгос дахь монгол судлалд байнга анхаарал тавьж дэмжиж ирсэн "Дэлхийн монгол судлалыг дэмжих сан"-гийн ерөнхий нарийн бичгийн дарга Д.Заяабаатарт чин сэтгэлээс баярласнаа хэлье. Үүнээс гадна толь бичгийг бүтээхэд харамгүй тус дэм үзүүлсэн Солонгосын Монгол судлалын нийгэмлэгийн гишүүд, Дангүүк их сургуулийн монгол судлалын тэнхимийн эрхлэгч Сун Бён Гү багш болон тэнхимийн хамт олонд гүнээ талархал илэрхийлье.

Дангүүк их сургуулийн хэвлэх үйлдвэрээс сүүлд солонгос хэлээр орчуулан гаргасан "Ляо улсын түүх"(國譯遼史), "Алтан улсын түүх"(國譯金史) хэмээх бүтээлүүд нь умардын нүүдлийн соёлын судалгаанд зайлшгүй хэрэгтэй бүтээлүүд боловч асар өндөр өртөг зардлаар бүтсэн билээ. Энэ мэт хөрөнгө санхүүгийн бэрхшээл дунд "Зүүн хойд Азийн Нүүдлийн соёлын толь бичиг"-ийг хэвлэн гаргах зөвшөөрөл олгосон Дангүүк их сургуулийн Удирдах зөвлөлийн дарга Жан Чүн Шиг, сургуулийн захирал Жан Хо Сөн нарт их баярлалаа. Мөн техник ажлуудыг хариуцан ажилласан сургуулийн хэвлэлийн үйлдвэрийн захирал И Жэ Сөг, хэвлэлийн багийн ахлагч Жөн Жинь Хён, тасгийн дарга Сон Дү Хёнь болон Пак Бо Бе нарт талархал илэрхийлье. Нэн ялангуяа монгол судлалтай холбоотой хэвлэлийн ажлыг үргэлж гардан гүйцэтгэдэг Сон Дү Хёнь даргад баярласнаа илэрхийлье. Олон бэрхшээлийг туулж бий болсон энэхүү толь бичиг маань гадаад дотоод дахь нүүдлийн соёлын судалгаанд нэмэр болоосой хэмээн чин сэтгэлээсээ хүсэж байна.

2017 оны 8 дугаар сар
Монгол судлалын хүрээлэн
И Сөн Гю

일러두기

1. 편찬 목적

가. 『동북아유목문화대사전』(이하, 사전)은 동북아시아 유목문화권 지역의 유목문화를 이해하고 그 토대 자료를 구축하는 것을 기본 목표로 한다.

나. 급속히 사라져 가는 동북아 유목문화의 전승 기틀을 마련하며 이들 연구에 대한 국제적 거점화를 지향한다.

다. 21세기 정보화 시대에 대비하여 문화 콘텐츠 산업 육성에 필요한 기초 자료를 축적하여 수요자에게 제공한다.

라. 동북아 유목문화의 텍스트(text) 자료는 물론 사진 · 영상 · 음악 자료를 집대성하여 동북아 유목문화 자료정보의 허브를 구축한다.

2. 사전의 구성

가. 사전은 '유목문학', '유목민의 의식주', '유목생활', '유목신앙', '유목예술' 같이 5개 분야와 색인(한글, 몽골 전통문자, 몽골 키릴문자, 라틴전사)로 구성한다.

나. 5개 분야에 대한 하위 층위 구성은 아래 표와 같다.

동북아유목문화대사전 표제어 층위

대층위	2층위 분류	3층위 내용
유목 문학	장르	구비문학 / 설화 자료
		기록문학
	인물	인물
	개설	문학개설
유목민의 의식주	복식	의복
		모자
		신발
		개관
	음식	고기류
		유제품
	주거	게르
		게르의 문
		게르의 벽과 서까래
		게르의 하늘창

대층위	2층위 분류	3층위 내용
유목생활	통과의례	출생습속
		결혼습속
		상장례습속
	계절의례	계절의례
		오축과 유목생활
	축제	나담 축제
유목신앙	샤머니즘	샤먼과 의례
		무구
		무복
		샤먼나무
		샤먼동물
	전통 민간신앙	천신과 신령
		북방민족의 제사습속
		민간신앙
	불교	불교
	기타 종교	기타 종교
유목예술	무용	역사와 개관
		부족별 전통 춤
		춤꾼
	음악	역사와 개관
		현악기
		관악기
		타악기
	미술	역사와 개관
		작가와 작품

3. 표제어 선정 범주

과거부터 현재에 이르기까지 동북아 유목문화권 지역의 유목문화와 관련된 주요 단어들을 표제어의 범주에 포함시킨다.

4. 표제어 선정

가. 표제어라 함은 사전의 5개 분야에 독립 항목으로 등재되는 단어를 가리킨다.

나. 본 사전은 한국인들에게 동북아 유목문화에 대한 소개와 이해를 전제로 하고 있다. 따라서 전체 표제어는 해당 지역의 언어를 가능한 한 한국어로 번역하는 것을 원칙으로 하나 번역이 어색하거나 불가능한 경우 음차하며, 표제어로 등재되는 몽골어 및 여타 언어는 모두 로마자 전사를 병기한다. 또한 원어에 대한 한글 전사도 병기한다. 한글

전사나 로마자 전사 모두 음사(音寫)가 아닌 자사(字寫)를 원칙으로 한다.

다. 표제어의 구성은 '한글 표제어, 몽골 전통문자 표제어, 몽골 키릴문자 표제어(라틴어 전사 표제어)'이다.

5. 서술 구성 내용

가. 사전의 서술 구성은 표제어와 각 표제어 하단에 정의, 본문, 참고 문헌을 기본적으로 표기한다.

나. 사전의 서술에는 다음과 같은 기본 요소를 포함시켜 기술하는 것을 원칙으로 하되, 필요에 따라 그 내용과 순서를 바꿀 수 있다. 해당 사항이 없을 경우 생략할 수도 있다.

기본 요소

· 표제어의 정의와 이칭(異稱)
· 표제어의 어원(語源)
· 표제어의 유래와 역사
· 표제어의 내용과 민족 또는 지역적 사례 및 특성
· 의의(상징성 · 유목과의 상관성)
· 기타(이견 · 동북아 제민족 유목문화와의 관련사항 및 개별 필요사항)
· 참고 문헌

1) 표제어의 정의와 이칭

가) 표제어의 정의(定義)는 본문 맨 앞 문장에서 이루어지되, 피정의항과 정의항을 구분하여 간단명료한 명사형 문장으로 기술한다.

나) 표제어의 이칭(異稱)은 현상대로 두루 소개하며 설명하되, 이칭과 관련이 있는 '관계어'까지 기술한다.

2) 참고 문헌

가) 본문 끝에 주요 참고 문헌을 발표 연대순으로 나열한다.

나) 한국 단행본일 경우, 근대화 이전의 널리 알려진 문헌은 도서명만을 표기할 수 있고, 근대화 이후의 문헌은 '저자(년도), 『도서명』, 출판사'를 한글로 표기한다. 단, 편저자가 단체명(기관명)이고 그 단체명으로 출판했을 경우, 출판사를 생략할 수 있다.

다) 한국 학술지 논문일 경우 '저자(년도), 「논문명」, 『학술지명』, 출판사 또는 학회명'을, 학위논문일 경우 '저자(년도), 「논문명」, 학위 수여 대학명과 학위명'을 한글로 표기한다.

라) 외국 논저의 경우 세계적으로 권위를 인정받고 있는 『The Chicago Manual of Style』에 기초한 양식을 원칙으로 하되, 년도 표시는 한국 논저 표기와의 통일을 위해 저자 뒤

에 바로 표기한다.

【예시】 (단행본) Thomas L. Friedman(2005), *The world is flat : a brief history of the twenty-first century*, New York: Farrar, Straus and Giroux.

(논문) Samuel Huntington(1993), "If not civilizations, what?" Foreign Affairs 72.

(학위논문) Rollie Lal(2002). "Why do states do what they do? A comparative analysis of national interest formation in China and India.", PhD diss., The Johns Hopkins University.

6. 사전의 표기

가. 맞춤법은 '한글 맞춤법[문화체육관광부고시 제2017-12호(2017. 3. 28.)]'에 따른다.

나. 한자와 한자어의 표기는 다음과 같이 한다.

1) 속자 · 약자를 피해 정자로 정확히 쓰며, 한자음에 특별한 관용이 있을 경우 현실음에 따른다.

2) 고유명사, 특수한 용어 및 특별한 경우에만 한자를 ( ) 속에 병기한다.

3) 아라비아 숫자로 쓰되 천 단위 구분 기호(,)를 사용하고, 본문에서는 이해가 편하도록 한글을 섞어 표기할 수 있다. 단 한글을 섞어 표기할 경우 '만(萬)' 단위로 띄어 쓴다.

3) 관용적 성격을 띤 표제어 및 어휘는 한글로 쓰고 외국어의 경우, 해당 외국어는 한글로 표기하되 괄호 안에 라틴어로 전사해 표기한다.

다. 현대 몽골어의 한글 전사는 본 사업팀에서 규정한 표기 원칙 '현대 몽골어 한글표기안(2017)'에 따라 표기한다. 이 표기안은 강신(2009), 김기성(2001), 이성규 · 정윤자(2010)의 표기안을 종합하여 합리적인 표기 현실에 적합한 방향으로 수정, 보완하였다.

라. 현대 몽골어의 로마자 전사는 몽골표준규정위원회(Стандартчиллын Үндэсний Зөвлөл)의 '몽골어 키릴문자의 로마자전사법'(2012년 2월 16일 규정 및 시행, MNS 5217:2012)을 기준으로 하되 본 사전팀의 자체 표기안을 제정하여 수정 · 보완하였다.

마. 몽골 전통문자의 로마자 전사는 포페(N. Poppe 1955)의 표기안을 따른다.

라. 각주는 달지 않는다. 이해하기 어려운 역사 용어나 전문 용어는 ( ) 속에 간략히 설명하되, 본문의 글자 크기보다 작게 한다.

현대 몽골 키릴문자의 한글 표기

문자	한글 표기	용례
А а	ㅏ	алим(알림), тарга(타르가)
Б б	ㅂ	бар(바르), алба(알바)
В в	ㅂ, 오, 우(반자음[j])	сав(사브), ваниль(와닐)
Г г	ㄱ	гар(가르), арга(아르가)
Д д	ㄷ	дэр(데르), эдгэх(에드게흐)
Е е	ㅕ, ㅖ	еэвэн(예웽)
Ё ё	ㅕ, ㅛ	ёроол(여럴), соёл(소욜)
Ж ж	ㅈ, ㅉ	жижиг(찌찍), жаахан(자항)
З з	ㅈ	зол(절), азтан(아즈탄)
И и	ㅣ	иргэн(이르겐), нийгэм(니겜)
Й й	ㅣ	шаазгай(샤즈가이)
К к	ㅋ	карт(카르트)
Л л	ㄹ	луу(로)
М м	ㅁ	муур(모르)
Н н	ㄴ, ㅇ	нас(나스), нүүр(누르) ан(앙), нэн(넹), сан(상)
О о	ㅓ, ㅗ	ор(어르), торго(토르고)
Ө ө	ㅓ	өөр(어르)
П п	ㅍ	паар(파르)
Р р	ㄹ	радио(라디오)
С с	ㅅ	сар(사르), эслэг(에스렉)
Т т	ㅌ	тэр(테르)
У у	ㅗ	ус(오스), нус(노스)
Ү ү	ㅜ	үг(우그), зүгээр(주게르)
Ф ф	ㅍ	фафрик(파프리크)
Х х	ㅎ	нусхай(노스하이)
Ц ц	ㅊ	цэцэг(체첵)
Ч ч	ㅊ	чимэг(치멕)
Ш ш	ㅅ, 쉬	шинэ(쉰), шон(션)
Щ щ	쉬치	жонщ(존쉬치)
Ъ ъ	ㅣ	томьёо(토미여)
Ы ы	ㅣ	хааны(하니), ахын(아힌)
Ь ь	ㅣ	хань(하니)
Э э	ㅔ	эмэгтэй(에멕테), хэрэг(헤렉)
Ю ю	ㅛ, ㅠ	юм(욤), юудэн(유덴)
Я я	ㅑ	яам(얌)

현대 몽골 키릴문자의 로마자 전사 표기

번호	키릴	라틴	용례
1	А а	A a	khaan
2	Б б	B b	bogtog
3	В в	V v	tav
4	Г г	G g	geser
5	Д д	D d	danjuur
6	Е е	Ye ye	yerööl
7	Ё ё	Yo yo	yos
8	Ж ж	J j	joroo
9	З з	Z z	zokhiol
10	И и	I i	tiv
11	Й й	I i	malgai
12	К к	K k	kargi
13	Л л	L l	gutal
14	М м	M m	makh
15	Н н	N n	nar
16	О о	O o	toortsog
17	Ө ө	Ö ö	ömd
18	П п	P p	panchatantra
19	Р р	R r	ger
20	С с	S s	süü
21	Т т	T t	tülkhüür
22	У у	U u	tuuj
23	Ү ү	Ü ü	shüleg
24	Ф ф	F f	turfan
25	Х х	Kh kh	khorkhog
26	Ц ц	Ts ts	tsetseg
27	Ч ч	Ch ch	chuluu
28	Ш ш	Sh sh	shöl
29	Ъ ъ	i	suriya
30	Ы ы	Y y	malyn
31	Ь ь	i	uni
32	Э э	E e	temee
33	Ю ю	Yu yu	yum, yüüden
34	Я я	Ya ya	yamaa

몽골 전통문자의 로마자 전사 표기

자모음	몽골 전통문자				몽골 키릴문자
	어두형	어중형	어말형	라틴전사	
모음				a	A a
				e	Э э
				i	И и
				o, u	O o, У у
				ö, ü	Ө ө, Ү ү
자음				n	Н н
	-			ng	нг
				b	Б б
	-			b	В в
				q	X x
			-	k	
				γ	Г г
				g	
				s	С с
				s	Ш ш
			-	š	
				d	Д д, Т т
				l	Л л
			-	lh	ЛХ лх
				m	М м
			-	č	Ц ц, Ч ч
			-	j	Ж ж, З з
				r	Р р
				p	П п
			-	y	
				ė	Е е
				š	Ш ш
				f	Ф ф
				z	З з
				c	Ц ц
				ž	Ж ж
				k	К к
				h	Х х
				d, t	Д д, Т т
				w	В в

7. 자료

가. 도표, 사진, 삽화, 지도 등 내용 설명에 도움이 되는 자료는 본문의 해당 부분에 첨부하고 그 출처 또는 소장처를 밝힌다.

나. 사진 자료의 경우, 촬영 내용 · 장소 · 일시 · 촬영자[또는 소장자] 등을 캡션으로 처리한다.

다. 자료를 확보하지 못했거나 더 좋은 자료가 있을 경우 본문의 해당 부분에 지시해 준다.

8. 부호

가. 작은따옴표 : ‘ ’

1) 한글 맞춤법 문장 부호편의 규정에 따른다.

2) 기본 표제어로 뜻풀이를 돌릴 때 쓴다.

【해설】 작은따옴표 안에 있는 단어가 표제어로 올라 있고, 뜻풀이가 제대로 된 경우이다. 뜻풀이에 작은따옴표가 있는 표제어는 그 의미를 작은따옴표 안에 있는 단어의 의미에 의존한다. 주로 방언이나 비표준어로 나타나는 유의어를 뜻풀이할 때 쓴다.

3) 준말 · 줄어든 말 · 줄여 이르는 말/원말 · 변한말/음역어/옛말/달리 이르는 말 등을 나타낼 때 쓴다.

4) 기타 지역적 특수성을 나타내는 말 · 강조하여 이르는 말 · 낮잡아 이르는 말 · 높여 이르는 말 · 일상적으로 이르는 말 · 전문적으로 이르는 말 등을 나타낼 때 쓴다.

5) 뜻풀이에서 전체 또는 부분의 의미를 독립된 문장이나 어휘로 보여주는 경우에 쓴다.

6) 예문을 보이는 경우, 예로 보이는 내용에 쓴다.

7) 문장에서 중요한 부분 또는 어휘를 강조하기 위해 쓴다.

나. 큰따옴표 : “ ”

1) 한글 맞춤법 문장 부호편의 규정에 따른다.

2) 직접 인용의 내용에 쓴다.

다. 겹낫표 : 『 』; 문헌이나 저서명을 나타낼 때 쓴다.

라. 홑낫표 : 「 」; 작품이나 책의 하위 장 제목 및 논문명을 나타낼 때 쓴다.

마. 대괄호 : [ ] ; 어려운 용어를 본문에서 풀어쓰고 본디 단어를 외국어로 병기할 때 쓴다.

바. 소괄호 : ( ) ; 원어, 인물의 생몰 연대, 주석, 설명 등을 넣을 때에 쓴다.

사. 줄임표 : …… ; 원문을 용례로 인용할 때 임의적으로 생략할 경우 쓴다.

아. 가운뎃점 : ·

1) 열거된 여러 단위가 대등하거나 밀접한 관계임을 나타낼 때 쓴다.

2) 특정 차례를 일괄적으로 나열할 때 쓴다.

3) 특정의 의미를 가지는 날을 나타내는 숫자에 쓴다.

자. 온점 : .

1) 한글 맞춤법 문장 부호편의 규정에 따른다.

2) 아라비아 숫자만으로 연월일을 표시할 때 쓴다.

3) 직접 인용문의 경우 문장을 마칠 때 쓴다.

차. 지시표 : ☞ ; 유의어나 동의어에 해당하는 표제어의 서술 위치를 가리킬 때 쓴다.

카. 물결표 : ~

1) '내지'라는 뜻에 쓴다.

2) 어떤 말의 앞이나 뒤에 들어갈 말 대신 쓴다.

차례

유목예술 · 699

유목문학

편찬 : 노로브냠, 이선아, 최형원, 출템수렝
교정 : 김경나, 노로브냠, 류병재, 이선아, 이성규, 임선숙, 주경미

장르

구비문학

각샤 하마간[야차(夜叉)할매]

Гагша хамаган (Gagsha khamagan)

몽골 알하이 메르겐(Alkhai mergen) 신화에 등장하는 뜀박질을 잘하는 마귀 할멈

'각샤 하마간'은 몽골의 여러 부족에서 전해 내려오는 신화 속에 등장하는 노파이다. 이 노파는 알하이 메르겐 신화의 부리야트 이본에서는 샤즈가이(Shazgai) 대왕 수하의 노파 야차 할매로 등장한다. 반면 할하의 마법담에서 그녀는 '하늘까지 닿는 천막에서 거주하고 턱과 무릎이 하나가 된 (즉 허리가 굽은) 노파'로 나온다. 그녀는 주인공을 속이고 파멸시키는 악한 숄마스(Shulmas, 악마)의 모습으로 등장한다. 부리야트 민담에서는 각샤 하마간이라는 망가드하인(Magadkhain, 괴물)으로 등장하는데, 이는 망가스(mangas)와 관련이 있는 것으로 보인다. 또한 오이라트 민담과 신화에 나오는 '조그마한 흰 노파'도 각샤 하마간과 관련이 있는 인물이다.

참고문헌 С.Дулам(2007), *Монголын домог зүйн дүр*, Улаанбаатар. 센덴자빈돌람저, 이평래역(2007), 『몽골 신화의형상』, 태학사. 발터하이시히저, 이평래역(2003), 『몽골의종교』, 소나무.

갈라이한 에흐 Галайхан эх (Galaikhan ekh)

몽골의 신화에 등장하는 불의 신

몽골 구전 자료에는 10여 개의 불의 신 이름이 나오는데, 옛 몽골 신화에 등장하는 고유의 불의 신은 '갈라이한 에흐(Galaikhan ekh)'이다. 몽골인들은 예로부터 불을 땅과 하늘의 중개자, 온갖 지저분하고 더러운 것을 정화하고 청소하는 고귀한 존재로 여겼다. 이에 근거하여 사람들은 불을 사람의 용기를 북돋우고 총명하게 하는 상징적인 존재로 인식했다. 여기에서 불의 신 '갈라이한 에흐'는 씨족 여자들이 불을 지키고 보호하는 일을 도와주는 존재로 인식되었다. 그런데 이 역할이 후에 남자들에게 넘어가면서부터 '갈린 텡그리(Galyn tenger, 불의 천신)', '갈린 보르항(Galyn burkhan, 불의 신)' 등으로 불리게 된 것으로 추정된다.

몽골에서 불의 신(ongod, 옹고드)이 처음에는 여자의 모습으로 그려진 데에는 그럴 만한 이유가 있다. 원시 시대에 힘센 남자들은 동굴이나 집 등 거처로부터 멀리 떨어진 곳에서 사냥을 하기 때문에 불을 지키고 간수하는 일은 자연스럽게 여자의 몫이 될 수밖에 없었다. 다른 한편으로 사람들은 매서운 추위에 발이 묶여 일정한 거처에 오래 머물면서 일상생활을 영위하는 과정에서 지력과 재능을 발전시킬 수 있는 많은 시간적 여유를 갖게 되었을 것이고, 이것은 여러 가지 신화의 형상을 만들어 내는 밑바탕이 되었을 것이다. 이런 과정에서 매일 밤낮으로 보호하고 지키는 불에 대하여 특정한 의미를 부여하고 이것을 특정한 형태로 묘사할 수 있게 되었을 것이다. 학자들은 여기에서 화신의 형상인 오드한 갈라이한 에흐(odkhan galaikhan ekh), 그리고 이보다 오래된 신화의 형상인 갈라이한 에흐가 기원했다고 보고 있다.

불의 신은 애초에 불의 주인을 의미하는 '갈라이항', 혹은 여기에 투르크어의 차용어인 '오드항(odkhan)'이라는 말을 덧붙여 '오드항 갈라이항'이라는 이름으로 불렸던 것으로 보인다.

한편, 할하 중부에 있는 일부 지방에서 불의 보르한(burkhan)은 세 살 먹은 어린이라는 이야기가 전해온다. 그래서 아직 말을 할 줄 모르는 어린이가 불을 보고 미소 지으며 재잘대는 것을 불의 보르한과 대화하고 있는 것으로 본다. 또 인도의 베다 신화 및 불교 신화의 영향을 받은 시기부터 불의 신은 아르시 텡그리(arsh tenger, 은자의 천신), 아그니 텡그리(agni tenger, 불의 천신) 등 여러 가지 이름으로 불리게 되었다.

불의 신 갈라이한 에흐에 대한 숭배는 다음과 같이 고대 몽골 구비문학에 뚜렷하게 남아 있다.

> "푸른 하늘 아래에
> 주름진 황금 세계 위에
> 움직이는 많은 몽골 사람들은
> 움직이지 않는 운명의 불 어머니에게
> 가슴뼈와 유지(油脂)와 술을 바칩니다."

참고문헌 С.Дулам (2007), *Монголын домог зүйн дүр*, Улаанбаатар. 센덴자빈돌람 저 (2007), 이평래 역, 『몽골 신화의 형상』, 태학사. 발터하이시히 저, 이평래 역(2003), 『몽골의 종교』, 소나무.

갈바 Галав (Galba)

시기 또는 시대. 한국어의 '겁(劫, 영겁)'에 해당한다.

'갈바(Galba)'는 불교 신화에서 기원한 말로, 몽골 신화에서 세상의 형성과 멸망 등 특정 시기를 가리키는 개념으로 사용되어 왔다. 예컨대, '대홍수가 나다(Galav yüülekh)'라고 하면 세상의 종말을 말하는 것이며, '불의 시대(Gal galav)', '바람의 시대(salkhin galav)', '물의 시대(usan galav)'처럼 우주의 형성이나 종말의 시기를 말할 때 특정 단어(즉, 불, 바람, 물 등)와 연결시켜 표현하기도 한다. 또 불교 신화에서 '갈바'는 우주의 형성과 멸망을 의미하는 것으로, '공(空)의 시대(stong skal)', '형성의 시대(phyag skal)', '머무름의 시대(gnas skal)', '멸망의 시대(jig skal)' 등 네 시기로 나눈다.

〈갈바 이야기〉에는 "이 세상의 사방팔방이 가슴에 껴안고 있던 누런 흙이 가운데서 솟아 올랐기 때문에 중앙은 황토가 되었다."라는 세상의 형성에 대한 구절이 나와 있다. 이는 세상이 처음 생겨나기 전에 광대한 물바다였다는 것인데, 모든 몽골 신화의 이본에 공통적으로 등장하는 신화소이다. 또 몽골 신화에 "움켜쥐고 있던 흙에서 그 사이의 네 개의 흙 조각이 생겨났다"고 하는 구절이 있다. 이들 두 신화는 모두 세상의 다섯 방향과 세상을 이루고 있는 오행(五行)의 기원에 대하여 말하고 있다는 점에서 일치한다.

특히 거북의 몸에서 오행이 생겨났다는 신화는 거인의 신체 기관으로부터 이 세상이 생겨났다는 다른 민족의 신화와도 유사하다. 이러한 신화 형상은 후대 몽골인들의 구비문학은 물론 어린이들의 놀이에까지 영향을 미쳤다. 예컨대, '알락 멜히(Alag melkhii, 얼룩 거북)'라는 거북의 신체 기관으로 세상을 나타내는 놀이가 있다. 즉 거북은 이 세상의 시초이자 땅의 상징이라 할 수 있다.

참고문헌 С.Дулам(2007), *Монголын домог зүйн дүр*, Улаанбаатар. 센덴자빈돌람 저, 이평래 역(2007), 『몽골 신화의 형상』, 태학사. 발터하이시히 저, 이평래 역(2003), 『몽골의 종교』, 소나무.

거북 신화소(神話素) ᠶᠠᠰᠤ ᠮᠡᠯᠡᠬᠡᠢ Яст мэлхий (Yast melkhii)

몽골의 창세 신화에 등장하는 세상의 바탕이 된 거북

몽골 신화에는 고대 몽골인들의 우주에 대한 공통적 관념(세계관)이 내재해 있다. 우주 기원의 첫 시기, 즉 천지가 개벽할 때 창조신이 바다 밑바닥에서 흙을 얻어서 물 위 또는 거대한 거북 위에 뿌림으로써 대지의 모양새가 갖춰지고 지표가 생겼다는 것이다. 여기서 거북이는 신화의 영웅으로서 세상을 만든 후 지상에 남은 조상으로 등장한다.

몽골의 우주 기원 신화에서는 창조신들 사이에 갈등이 나타난다. 이 갈등은 두 가지 형태로 전개되는데, 최초의 창조자인 천신들과 괴물 사이의 갈등, 그리고 천신들 사이에서의 갈등이다. 그런데 할흐 이본에서는 알타이 이본에 등장하지 않는 '세상의 바탕(기초)이 되는 거대한 거북'이 등장하기도 한다

갈등은 최초의 창조자 오치르반(Ochirvani)이 또 다른 창조자인 차간 숑고드(Tsagaan shungud)를 일방적으로 지배하려고 한 데서 비롯된다. 오치르반의 명령으로 차간 숑고드가 큰 바다로 들어가 거대한 거북을 거꾸로 뒤집어 놓는데 이때 창조자가 설 자리, 즉 대지의 바탕이 만들어진다. 잠수의 주인공 차간 숑고드는 바다 밑바닥으로 두 번이나 잠수하여 얼마 안 되는 흙을 가져온다. 처음 잠수하여 가져온 흙으로 세상을 만들려고 했지만 성공하지 못하는데, 이는 일이 이루어지게 하는 주문이 부족했기 때문이다. 이와 같이 몽골 신화에서는 주문을 무엇보다도 중요한 것으로 여긴다. 그래서 창조자인 오치르반은 거대한 거북 위에 한 움큼 흙을 뿌리고 주문을 외워 세상을 창조한다.

한편, 이와 관련된 부리야트 신화도 있다. 대지를 만들 흙이 어디 있는지를 찾기 위하여 백조가 하늘을 날고, 까마귀가 물속을 가고 있던 중 황금 거북이 발로 흙을 쥐고 있는 것을 보았다고 한다. 백조와 까마귀가 후흐데이 메르겐(Khukhdei mergen)에게 가서 이 사실을 알려주자 그가 황금 거북을 활로 쏘았다고 한다. 이 신화에서도 세상이 처음 생겨나기 전에 광대한 물바다였다는 것과 거북이 대지의 기초를 만들었다는 몽골 신화의 공통 신화소가 등장한다.

한편, 고비의 할흐인들 사이에서는 거북에 대한 또 다른 신화가 전해지고 있는데 이 신화에서도 대지의 기반이 되는 거북 신화소가 나타나고 있다.

옛날에 큰 거북이 북쪽에서 남쪽을 향해 가고 있었다. 그때 어떤 영웅이 큰 거북을 보고 활로 쏘았는데, 화살이 그 거북의 오른쪽에서 왼쪽을 관통했다고 한다. 그런데 영웅이 활을 쏘자마자 큰 거북은 한 번 구르더니 위를 향하여 넘어졌다. 이때 거북의 오른편에서는 쇠 화살촉이 빠져 나오고, 왼편에서는 나무가 붙은 깃털이 튀어나오고, 엉덩이에서는 오줌이 나오고, 입에서는 불이 나오고, 네 발로 흙을 움켜쥐고 있었다고 한다. 그래서 오른편(서쪽)은 쇠 쪽, 왼편(동쪽)은 나무 쪽, 뒤(북쪽)는 물 쪽, 앞(남쪽)은 불 쪽이 되었다. 또한 네 발에 움켜쥐고 있던 흙에서 그 사이의 네 개의 흙 방향, 곧 동서남북이 생겨났다.

참고문헌 С.Дулам(2007). *Монголын домог зүйн дүр*. Улаанбаатар. 센덴자빈돌람 저, 이평래 역(2007), 『몽골 신화의 형상』, 태학사. 발터하이시히 저, 이평래 역(2003), 『몽골의 종교』, 소나무.

게르의 축원(祝願) Гэрийн мялаалга (Geriin myalaalga)

몽골의 민속 문학 장르인 말랄긴 욱(myalaalgyn üg)의 대표적 작품

몽골 신화에서는 멍흐 텡그리(아버지 하늘)가 이 세상에 존재하는 생명이 있는 모든 것을 창조했다고 말한다. 멍흐 텡그리는 세상을 만든 창조신이라는 측면에서 에투겐 에흐(대지 어머니)와 함께 언급된다. 따라서 게르도 세상 모든 것을 생겨나게 한 남성과 여성의 시작, 그리고 어머니와 아버지의 소산물로 여겨진다.

〈게르의 축원〉은 게르의 부속품 하나 하나를 찬양하고 축원할 뿐만 아니라 게르에 사는 사람들을 축복하는 내용을 담고 있다. 예를 들면

"지어 놓은 게르가 튼튼하게 되기를
네 삶이 영원이 지속되기를
네 게르를 아끼고 사랑하여라.
모든 사람들의 존경을 받기를"

이라는 구절이 나온다.

참고문헌 Д.Цэрэнсодном(2012). *Монгол аман зохиолын тайлбарт дээж бичиг*. Улаанбаатар. С.Дулам(2007). *Монголын домог зүйн дүр*. Улаанбаатар. 돌람 저, 이평래 역(2007). 『몽골 신화의 형상』. 태학사. Kh. Sampildėndėv, B.Ėnkhtuvshin(2004). *Монгол зан үйл аман зохиолын харьцуулсан судалгаа*, *Хэл зохиол*, International Institute for the Study of Nomadic Civilizations.

게세르 서사시 Гэсэр тууль (Geser tuuli)

몽골에서 구비 전승되고 있는 3대 영웅서사시의 하나로 영웅 게세르의 생애와 삶을 다룬 이야기이다.

몽골의 게세르 서사시는 소설의 형태인 문헌본 자료도 방대하지만 구전 자료가 더욱 풍부하게 전승된다. 게세르 서사시의 주요 구비본 목록을 정리하면 아래와 같다.

번호	제 목	구 연	채록(편찬)	비 고
1	아바이 게세르 복드 한(Abai Geser Bogd khaan–Buryadai morin ülger)	발다예브 (Baldaev S.P) (편찬자)	1995(편찬)	부리야트
2	게세르 복드1,2,3	슈레타리요프 등	1909 제레미어 커틴 채록	부리야트
3	아바이 게세르 (Abai Geser)	구전	1959 1986(편찬) Namjil baldano	부리야트
4	부리야트 게세르 토즈(Buriyad geseriin tuuj)	구전	1964(편찬)	부리야트
5	부리야트 웅긴본 게세르	드미트리예브 (Dmitriyev)	1953(편찬)	부리야트
6	파지의 게세르 창본1 (Geser ba'ataur1)	파지	1959(편찬) 치민도르찌	내몽골 (북경판본 4장)
7	파지의 게세르 창본2 (Geser ba'ataur2)	파지	1984(편찬) 치민도르찌	내몽골 (북경판본 4, 5장)
8	파지의 게세르 창본3 (Pajai geseriin tuuj)	파지	1989(간행) 도롱가 (Dorung'a)	내몽골, 북경 (북경본, 융복사본)
9	청해 오르도스 게세르 (khökh nuur geseriin tuuj)	노르찐	1986(간행) 내몽고 게세르 연구실	내몽골
10	신장 오이라트 게세르	구전	온니올랑이 채록, 2004년에 중국어로 번역, 출판	신장 오이라트
11	호르게세르 (qor geseriin tuuj)	1988~1989 롭산	2007(간행) 내몽고출판사 (龍梅)	내몽골
12	올란찹 게세르 (ulaančab geseriin tuuj)	롭산	1986(간행) 내몽고 게세르 연구실	내몽골
13	성주(聖主) 게세르칸 (bugd ezen geser khaan)	2001~2003 짐바잠츠	2003 (게세르전서 2권) 세첸멍흐 (Sečenmöngke)	내몽골
14	세상의 주인 게세르칸(khorvoogiin ezen geser khaan)	2003~2007 짐바잠츠	2007 (게세르전서 3권)	내몽골

이 외에도 몽골 게세르 서사시의 구비본에 해당하는 이본들은 다양한 형태로 전승되고 있다. 주로 부리야트 몽골과 내몽골 지역의 서사시 창자들에 의해 전승된 이본들이 풍부하다. 각 이본들에 대한 특징은 다음과 같다.

1. 부리야트 게세르 구비본

게세르 서사시는 서부 부리야트의 이야기꾼들의 입에서 채록한 여러 이본들이 부리야트어로 전해진다. 위 표에서 제시한 〈아바이 게세르 복드한(Abai Geser Bogd khaan-Buryadai morin ülger)〉, 〈게세르 복드1.2.3〉, 〈아바이 게세르(Abai Geser)〉, 〈부리야트 게세르 토즈(Buriyad geseriin tuuj)〉, 〈부리야트 옹긴본 게세르〉가 부리야트 게세르 구비본이다.

이 게세르는 풍부한 부리야트 언어로 아름다운 시와 부리야트 설화 형식으로 표현되었다. 여러 이본에 표현된 게세르의 형상은 크게 두 부류로 나눌 수 있다.

첫 번째 부류는 몽골 본토의 게세르와 유사한 것이고 다른 부류는 몽골 본토 게세르와 현저하게 다른 것이다. 몽골 본토와 티베트 본에는 게세르의 자녀들에 대한 언급과 서술이 없다. 그러나 부리야트 게세르에는 게세르의 몇몇 자녀들에 대하여 언급하고 있으며 이들에 대한 몇 장의 토즈(tuuj, 傳)가 존재한다. 부리야트 게세르 토즈 안에는 '알타이 허흐' 부근 지역의 명칭을 많이 언급하고 있다. 몇 백 년 동안 이야기꾼들의 입에서 입으로 구전되어 왔기 때문에 부리야트 게세르는 훌륭한 설화체를 지니게 되었지만 지명이나 인명은 몽골 본토나 티베트의 게세르와 비교해 볼 때 그 수가 매우 적다. 담딩수렝은 부리야트족이 러시아와 인접해 살고 있기 때문에 부리야트 게세르에는 러시아어 단어가 많이 들어가 있다고 언급하였다.

〈아바이 게세르 복드 한〉은 부리야트 지역에서 전승되는 10개의 게세르 서사시 채록 자료를 바탕으로 1995년 부리야트 올란우데에서 발다예브가 편찬, 간행한 것이다. 총 3부로 구성되어 있다. 1부에서는 부리야트 게세르 서사시의 전체적인 이야기를 담고 있으며 2부에서는 게세르의 용사들의 업적을 각각 이야기하고 마지막 3부에서는 아바이 게세르의 주요 괴물들에 대한 퇴치전이 펼쳐진다.

특히 '에흐 이흐 보르항'과 같은 여성 창세신이 99천신의 시조모로 등장하는 등 몽골 민속에서의 독특한 신화 관념이 두드러지게 표현된 이본이기도 하다.

〈게세르 복드1,2,3〉은 미국의 제레미어 커틴이 남시베리아, 즉 부리야트 몽골 지역을 기행하면서 슈레타리요프 등의 이야기꾼을 통하여 간략하게 채록한 세 편의 게세르 신화를 1909년 단행본 뒷부분에 소개한 것이다. 특히 이 이야기는 1928년 초창기 한국의 신화 연구에서 단군신화의 비교 대상으로 게세르 신화를 언급할 때 최남선이 인용 자료로 삼은 텍스트라는 데 의의가 있다.

2. 내몽골 게세르 구비본

〈세상의 주인 게세르칸(khorvoogiin ezen geser khaan)〉은 내몽골의 호르치(서사시 창자) 짐바잠츠(金巴札木蘇)가 〈성주(聖主) 게세르칸(bugd ezen geser khaan)〉 이어 2003년에서 2006년 사이에 구술한 게세르 이야기를 세첸멍흐(Setsen mönkh)가 정리하여 『게세르전서[格斯爾全書]』의 3번째 권으로 내몽고인민출판사에서 2007년에 간행한 책이다. 총 1,706쪽 분량의 이 책에는 짐바잠츠의 게세르 이야기를 3편으로 나누어 수록하였는데, 제1편에는 29장, 제2편에는 10장, 제3편에는 6장을 수록하였다. 또 제4편에는 게세르와 관련된 풍물과 전설을 수록하고 있다.

롭상(lubsang)이 구연한 〈호르 게세르(qor geser)〉의 처음 부분을 〈올랑찹 게세르전(ulaantsab geseriin tuuj)〉이라 하는데, 이 부분은 1986년에 내몽골 게세르연구실에서 간행하였고, 〈호르 게세르전(khor geseriin tuuj)〉 이본은 1988~1989년에 호르치 롭상(lubsang)이 구술한 것을 용매(龍梅)와 토야(tuya'a)가 정리하여 2007년 내몽고교육출판사에서 간행하였다.

〈호르 게세르〉의 '호르(khor, hor)'는 고전 몽골어와 티베트어에서 몽골을 의미하는 단어이다. 특히 허흐노르(靑海) 지역을 중심으로 하는 '상몽골(deed mongol)'을 의미하며 게세르 서사시에서 반드시 등장하는 지역인 '샤라이골(黃河川)' 지역의 '샤라이드(sharaid)' 몽골족을 일컫는다.

3. 현대 간행물 및 번역서

지금까지 발간된 게세르 총서 중에서 대표적인 자료로 중국 내몽골의 세첸멍흐(Setsen möngke)가 편찬한 『게세르전서(格斯爾全書)』를 꼽을 수 있다. 이 총서는 1960년대 이후 몽골 울란바타르에서 간행한 총서가 단순히 기존의 경전식 위구르찡 몽골문을 현대 몽골문으로 옮긴 것에 비해 내몽골에서 간행한 총서들은 현대 몽골문과 함께 주석을 함께 달았다. 세첸멍흐가 북경에서 간행한 총서들은 경전 형태의 원본에 대한 영인과 현대 몽골어로의 전사, 상세한 주석과 원문에 대한 라틴 문자 전사 등을 병행하여 특히 언어학적 연구에 도움이 되고 있다.

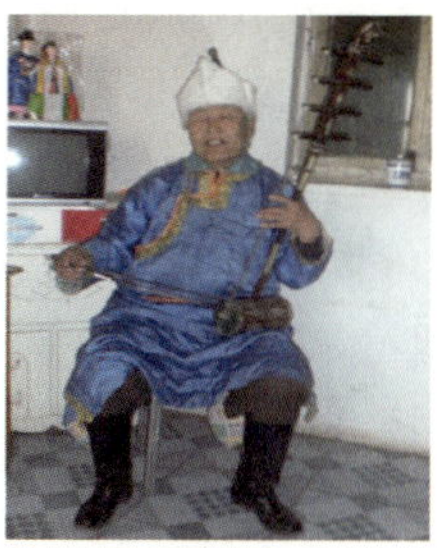

서사시를 구연하는 짐바잠츠
©이선아, 바린우기, 2008.

현대에 이르러 선행 연구자들의 게세르 채록 자료와 기존 문헌본을 편찬하여 간행한 자료 및 번역물들이 많이 있는데, 주요 간행물들은 다음과 같다.

1986년에 간행된 담딩수렝의 〈게세르〉는 〈북경본〉, 〈놈치하탄본〉을 기본 텍스트로 하고 〈자야본〉 게세르를 참조하여 누락된 부분을 보완하여 9장으로 구성한 것이다. 현대 몽골인이 이해할 수 있도록 키릴 몽골어 문자로 발간하였다. 다른 이본이 보완되거나 추가된 부분을 구분함으로써 인용 자료로서의 가치를 충분히 살린 측면이 있다. 비록 소설화된 문헌본 게세르의 서사를 가지고 있지만 현재 몽골 게세르 서사의 대표성을 가지며 가장 대중적으로 알려진 몽골 게세르 서사라고 할 수 있다. 그 서사 내용을 정리하면, 아래와 같다.

① 게세르의 탄생 및 어린 시절

세상이 혼란스러워지자 이를 조정하기 위해 석가모니의 명령으로 천신들은 회의에서 호르마스트 천신의 둘째 아들인 '우일부텍치(업을 이루는 자)'를 인간으로 환생시킨다. 그는 티베트 링국(國)의 센롱이라는 왕족의 아들로 태어나 게세르라는 이름을 갖게 된다. 링국의 황제이자 숙부인 초통은 게세르가 태어나기 전부터 그 부모를 핍박하였다.

나중에 게세르는 숙부와 싸워 링국의 왕이 된다. 게세르는 미모가 출중한 록모고아(알탄다긴)를 왕비로 맞이한다. 이후 무사 아조메르겡과 아를랑고아(투멘 자르갈랑)를 아내로 삼는다. 일곱 명의 알빙(괴물)을 물리치고 나라를 안정시킨다

② 집채(산)만 한 검은 줄무늬 호랑이 괴물을 물리침

게세르는 30명의 용사와 함께 검은 줄무늬의 식인 호랑이 괴물을 물리치고 그 가죽으로 갑옷과 투구 보관함을 만든다.

③ (중국) 곤마 황제의 나라를 안정시킴

중국의 곤마 황제의 왕비가 사망했다. 황제는 심히 슬퍼하며 서 있는 사람은 선 채로, 앉아 있는 사람은 앉은 채로 울라는 어명을 내렸다. 이 때문에 그 백성들은 매우 괴로워하였다. 게세르는 중국에 초청되어 가서 왕비를 매장하여 주고 곤마 황제를 달래어서 나라를 안정시켰다. 게세르는 곤마 황제의 딸 구네고아를 왕비로 삼고 고향으로 돌아온다.

④ 북방의 12개 머리를 가진 망가스를 물리침

게세르 황제가 앓기 시작한다. 초통과 록모고아는 이때를 이용하여 아를랑고아 왕비를 난관에 빠뜨려 북방으로 쫓아버린다. 아를랑고아는 슬퍼하며 가다가 12개 머리를 가진 망가스의 부인이 된다. 아를랑고아 왕비는 투멘 자르갈랑이라는 이름을 갖게 된다. 게세르 황제가 병석에서 일어나서 아를랑고아(투멘 자르갈랑) 왕비를 찾아 망가스의 나라에 찾아간다. 게세르는 망가스를 물리치고 투멘 자르갈랑 왕비와 함께 망가스의 나라에서 산다. 투멘 자르갈랑 왕비는 게세르에게 마법의 음식을 먹여 고향에 관한 모든 것을 잊게 하여 9년 동안 행복하게 산다.

⑤ 샤라이골 전투

링국과 인접해 있는 샤라이골 나라에 차강 게르트, 샤르 게르트, 하르 게르트라는 세 대왕이 살고 있었다. 차강 게르트 대왕은 아들인 알탄게렐트 태자에게 어울리는 아름다운 왕비를 구하기 위해 제비와 앵무새, 공작새, 까마귀 등 새들을 여러 나라에 보내 아가씨를 조사해 오도록 한다. 티베트에 간 까마귀가 알려오기를, "티베트의 링국에 있는 게세르 황제가 북쪽 망가스와 싸우기 위해 떠나서 그 나라에는 주인이 없습니다. 그의 왕비 중에 록모고아라는 매우 아름다운 여자가 있습니다."라고 하였다. 샤라이골의 세 왕들은 록모고아를 빼앗기 위해 전쟁을 했지만 성공하지 못하였다. 그런데 초통이 샤라이골의 세 왕과 싸우다가 잡히게 되었다. 초통은 샤라이골의 세 왕에게 항복하고 그들과 계책을 꾸며 고향에 돌아왔다. 초통이 샤라이골의 군대를 무찌르고 왔다고 거짓말을 하자 게세르의 용사들은 해산하였다. 샤라이골의 세 대왕은 초통과 약속한 대로 갑자기 링국을 공격하여 점령하였다. 그리고 록모고아를 빼앗고 초통을 링국의 군주로 세웠다. 록모고아는 이런 고난에 대해 하나하나 적어서 마법의 화살에 매달아 게세르에게 보냈다. 게세르는 기억을 되찾고는 아를랑고아 왕비를 데리고 고향에 돌아와서 초통을 벌주고 나라를 정비한다. 그리고 게세르는 샤라이골의 차강 게르트 왕에게 찾아가 올쯔워이라는 이름의 소년으로 변신해서 초임승고아 소녀와 사귀어서 그로부터 차강 게르트 왕의 마법적 능력을 알아낸다. 게세르는 차강 게르트 왕을 무찌른 뒤에 록모고아 왕비를 데리고 고향에 돌아온다.

⑥ 승려로 변신해 침략해 온 망가스를 물리침

한 망가스(롭스가)가 승려로 변신하여 두 제자를 데리고 게세르의 나라에 온다. 록모고아는 승려로부터 세례를 받으라고 게세르에게 말한다. 승려는 게세르에게 비술로 세례를 내려주어 게세르를 당나귀로 만들어버린다. 그리고 그 망가스는 록모고아와 당나귀를 데리고 자기 나라로 돌아간다. 망가스는 당나귀가 된 게세르에게 세 달 동안 건초 한 포기, 물 한 방울도 주지 않고 하루에 수천 자루의 곡물을 방아 찧게 하여 괴롭힌다. 게세르의 아조메르겡 왕비가 망가스의 누나로 변신하여 당나귀를 빌린다. 아조메르겡 왕비는 호르마스트 천신에게 그 당나귀를 데리고 가서 아라샹오스(생명수, 약수)의 힘으로 게세르를 다시 인간으로 되돌린다. 게세르는 망가스를 물리치고 록모고아 왕비를 데리고 고향으로 돌아온다.

⑦ 샤라이골 전투에서 사망한 용사들을 살려냄

게세르가 고향에 돌아와서 붕괴된 나라를 되살린다. 게세르 왕은 샤라이골 전투에서 전사한 용사들의 시체를 보고 슬피 운다. 게세르의 세 누나가 호르마스트 천신에게 찾아가 생명수를 구해 온다. 게세르는 그 생명수를 용사들의 뼈 위로 떨어뜨려 살아나게 한다. 모두 다시 만나게 된 게세르와 용사들은 행복해 한다. 다만 차스치헤르는 천국에 환생했으므로 그 곳에 남게 한다.

⑧ 난돌람 대왕과 전투

게세르가 다스리는 다섯 속국의 사신이 와서 자신들의 땅을 난돌람 왕이 점령했다고 전한다. 게세르가 난돌람 왕을 무찌른다. 이때 게세르의 형 차스치헤르 용사가 하늘에서 내려와 도와준다.

⑨ 아브락상 대왕과 전투

먼 나라의 아브락상 대왕이 게세르의 나라를 침략하려 한다는 소식을 듣고 게세르 왕이 미리 손을 쓰기 위해 찾아간다. 게세르 왕은 허흐데이라는 소년으로 변신하여 아브락상 대왕의 궁전에 머문다. 허흐데이는 아브락상의 수양딸, 사이홀라이고아와 친해져서 아브락상의 비술을 알아낸다. 허흐데이는 마지막에 게세르의 모습으로 되돌아와 아브락상 대왕을 물리치고 사이홀라이고아를 왕비로 맞이한다. 새 왕비는 게세르에게 망각의 음식을 먹여 모든 것을 잊게 하여 오래도록 함께 행복하게 지낸다.

⑩ 처트거르(귀신) 굼보대왕과 전투

처트거르(귀신)의 왕 굼보가 게세르가 나라를 비웠다는 소식을 듣고 링국을 침략하려 한다. 게세르의 용사들은 이에 대해 편지를 써서 마법의 불화살을 쏘아 보낸다. 게세르는 사이홀라이 왕비를 데리고 고향으로 와서 처트거르 왕, 굼보왕을 물리치고 그 나라를 점령한다.

⑪ 44개 몽골국 나친 황제와 전투

게세르 왕은 몽골의 나친 대왕을 다섯 차례 공격한다. 첫 공격에서는 알타이세첽, 칭비쉬렐트, 보이당, 게렐테이세첽, 보디바타르, 쉬드바타르가 참전한다. 그들은 북방의 모래사막에 침입하여 수만 마리의 말을 빼앗는다. 두 번째 공격에서는 바르스바타르, 수부데이, 알타이바타르, 알탄바타르가 참전한다. 그들은 나친 대왕의 거대한 혼령의 거대 호랑이 괴물을 퇴치한다. 세 번째 공격에서는 아난드 바타르, 반조르, 게렐테이, 달다이, 차강하르착이 참전한다. 그들은 나친 대왕의 수위 부대를 물리치고 수많은 수말

(악트 모리)을 약탈한다. 이렇게 세 차례에 걸친 전쟁에 참가한 용사들은 게세르의 왕비들이 제비뽑기를 하여 임명하였다. 네 번째 공격에는 게세르의 두 왕비(아조 메르겡, 초임승고아)와 네 명의 며느리가 참전한다. 그들은 나친 대왕의 숙모와 신목(神木) 등을 없애고 나친 대왕의 양녀 나이홀라이고아를 약탈하여 온다. 나이홀라이고아는 게세르의 왕비가 되어서 나친 대왕을 죽일 비법에 대해 게세르에게 알려준다. 다섯 번째 공격에는 게세르가 직접 참전하여 나친 대왕을 죽이고 그곳을 차지한다.

⑫ 지옥에 간 어머니 구출

게세르의 어머니 아마르질이 죽어서 그 혼이 지옥에 태어난다. 게세르는 지옥에 가서 염라대왕(에를렉)을 쳐서 징벌하고 어머니의 혼을 천국으로 모셔 그곳에서 환생케 한다.

1989년 올란우데에서 만제예브에 의해 부리야트어로 간행된 〈아르다이 바타르 게세르〉는 부리야트 게세르 신화를 축약적으로 소개한 게세르 서사이다. 하지만 부리야트 게세르의 전체적인 윤곽을 파악하는 데에 도움이 된다.

한편, 몽골 게세르의 번역 자료로는 1939년 〈만선일보〉에서 최남선이 소개한 최초의 한국어 번역본 『몽고천자(蒙古天子)』를 주요하게 꼽을 수 있다. 당대의 학자들에 의하여 이 이본이 후대형의 게세르 신화 자료로 평가되고 있기는 하지만 몽골의 게세르 신화가 한몽 신화 비교의 주요한 작품으로 인식되는 결정적인 계기가 되었다.

최근 국내에 한국어로 번역 소개된 북경판본 게세르(유원수 역, 2007)와 부리야트본 게세르(양민종 역, 2008)라는 두 가지 유형의 게세르 신화 번역서는 문헌본과 구비본으로 대별되는 몽골 게세르 서사의 전체적 윤곽을 파악하는 데에 매우 유용한 자료가 된다.

참고문헌 Ц.Дамдинсүрэн(1957), *Гэсэрийн туужийн гурван шинж*, Өвөр Монголын ардын хэвлэлийн хороо. 其木道吉(2003), 「總談蒙古〈格斯尔〉」, 『〈格斯尔〉論集』, 中國社科院民族文化研究所. Curtin J. A .(1909), *Journey in Southern Siberia. The Mongols, their Religion and their Myths*, Boston. 유원수 역(2008), 『게세르 칸 - 몽골 대서사시』, 사계절. 일리야 N. 마다손, 양민종 역(2008), 『바이칼의 게세르 신화』, 솔. С.П.Балдаев(1995), *Абай Гэсэр Богдо хаан -Буряадай морин ульгэр*, 이선아(2012), 「〈단군신화〉와 몽골 〈게세르칸〉 서사시의 신화적 성격 비교」, 고려대학교 박사학위논문.

고아 마랄 ᠬᠣᠤ ᠮᠠᠷᠠᠯ Хоо марал (Khoo Maral)

몽골에서 옛날부터 수호신 혹은 조상신으로 숭배해 온 암사슴

몽골의 암각화 및 민중의 전통과 풍습, 그리고 구비문학을 살펴보면 사슴을 신성시 하고 숭배해온 흔적이 발견된다. 몽골 전역에서 발견되는 '뿔로 날개를 삼아 날아가는 몸집이 큰 사슴' 그림은 세 마리의 암사슴 별에 대한 신화를 연상시킨다. 그리고 천체의 기원과 관련된 전설의 소재는 한편으로는 가축의 특성을, 또 다른 면으로는 사람의 특성을 지니고 있다.

사슴을 수호신 혹은 숭배의 대상으로 삼는 풍습은 몽골 이외에 알타이, 오리앙하이, 키르기스 등에도 널리 퍼져 있다. 키리기스족의 여자 조상은 아크 마랄(Ak Maral) 또는 흰 사슴이다. 이는 『몽골비사』에 등장하는 버르테 촌(푸른 늑대)의 부인 고아 마랄(암사슴)을 연상시킨다. 『몽골비사』의 고아 마랄은 칭기스칸의 조상으로 숭배되어 왔다.

'하늘의 하얀 사냥꾼', 즉 허흐데이 메르겐

이 사냥하기 위해 쫓아가는 세 마리 사슴 별에 대한 천체 신화와 기원이 같다고 볼 수 있다. 또 구비문학과 고고학 유물 들에서 몽골인들이 사슴 등의 동물을 귀하게 여기고 숭배해 온 흔적들이 발견된다.

참고문헌 Ц.Дамдинсүрэн (1957), *Монголын уран зохиолын тойм*, Нэгдүгээр дэвтэр, Улаанбаатар. Д.Цэрэнсодном(2012), *Монгол аман зохиолын тайлбарт дээж бичиг*, Улаанбаатар. Ш.Гаадамба, Х.Сампилдэндэв(1988), *Монгол ардын аман зохиол*, Улаанбаатар.

난 달라이 ᠭᠠᠳᠠᠭᠠᠳᠤ ᠶᠡᠬᠡ ᠳᠠᠯᠠᠢ Гадаад их далай (Gadaad ikh dalai)

몽골 설화에 나오는 상상의 바다.

'난 달라이(gadaad ikh dalai)'는 몽골의 설화에 배경으로 나오는 상상의 바다이다. 북두칠성 신화 중 오르도스 이본에는 일곱 형제가 북동쪽 난 바다 건너에 사는 적대 세력인 샤즈가이 칸(Shazgai khan, 까치 대왕)을 무찌르러 가는 내용이 나온다. 여기에서 형제들은 누구와 싸우든지 반드시 에린 고르반 나담(eriin gurvan naadam, 남성 3종 경기)을 통하여 힘과 기량을 겨루는 것으로 나와 있다.

한편, 북두칠성 신화의 여러 이본에 등장하는 상투적인 표현인 "한 고개를 넘자"라는 정형구는 고대 씨족 · 부족의 경계와 관련된 것으로 보인다. 여기에서 고개는 특정 씨족 집단이 대대로 자리잡고 살아온 경계이다. 따라서 신화는 특정 지역에서 자신의 조상으로부터 이어받은 과업을 수행하고, 특정한 시기에 서로 합심하여 씨족 연합체를 만들어 공통의 적에 대하여 투쟁한 역사를 반영한 것이라고 볼 수도 있다.

부리야트 창조 신화 중 다른 이본에서도 난 달라이가 확인된다. 이 이본에는 에세게 말란 바바이(esege malan babai), 오이 하리한(oi kharikhan, 숲의 자비로움, 즉 할하 이본의 '에에 하이르한'), 아라한 슈드헤르(arakhan shudkher) 등 세 명이 세상을 만들려고 논의했다는 이야기가 나온다. 아라한 슈드헤르가 난 달라이로 나가서 입에 한 입 흙을 물고 왔고, 셋이 협력하여 세상을 책상처럼 평평하고 매끄럽게 만들었다고 한다.

할하 이본에서는 난 달라이가 차간 숑고드(tsagan shungud)가 맨 처음 흙을 얻어 온 곳으로 되어 있다. 부리야트의 오이 하라한은 할하의 에에 하이르한이란 말인데, 부리야트인들은 현재까지도 최고의 천신이라는 뜻으로 '에겐 에헤 보르한(egen ekhe burkhan)'이라 부른다. 또한 그를 우주와 세상, 하늘과 사람과 동물을 창조한 창조주로 보기도 하고, 난 달라이에 있는 거대한 물고기의 아들이라고도 한다.

참고문헌 С.Дулам(2007), *Монголын домог зүйн дүр*, Улаанбаатар. П.Хорлоо, С.Дулам1999), *Монгол ардын зан үйлийн хэлхээ*, ШУА ХЗХ, Адмон. 돌람 저, 이평래 역(2007), 『몽골 신화의 형상』, 태학사.

논리학적 타와르 ᠤᠴᠢᠷ ᠵᠦᠢ ᠶᠢᠨ ᠲᠠᠪᠠᠪᠤᠷᠢ Учир зүйн таавар (Uchir züin taavar)

일상생활이나 논리적 사고를 바탕으로 사고 능력을 발달시킬 목적으로 구두로 하는 수수께끼 놀이

논리학적 타와르 놀이는 논리적인 사고 능력을 시험하거나 문제 해결 능력을 발달시키려는 목적으로, 말로 하는 놀이이다. 예를 들면 다음과 같다.

"한 사람이 양, 늑대, 풀 세 가지를 물을 건너게 해 주어야 한다. 이때 그 사람이 이 셋 중

하나만을 배에 실을 수 있다. 양을 늑대와 함께 남겨 두면 늑대는 양을 먹어버릴 것이고, 풀을 양과 함께 남겨두면 양은 풀을 먹어버릴 것이다. 이때 어떻게 이들을 강을 건너게 해 주어야 모두 무사할까?"

답은 다음과 같다. 우선 배에 양을 태우고 가서 강 건너편에 내려놓는다. 그리고 돌아와서 늑대를 배에 태워 강 건너편에 내려 주고 다시 양을 태워 돌아온다. 그리고 다시 양을 내려 준 후 풀을 배에 싣고 강을 건너간다. 강 건너편에 풀을 내린 후 다시 강을 건너가 양을 데려오면 된다. 이는 일반적인 상식과 논리적 사고로 푸는 문제이다.

참고문헌 Ш.Гаадамба, Х.Сампилдэндэв(1988), *Монгол ардын аман зохиол*, Улаанбаатар. Д.Цэрэнсодном(2012), *Монгол аман зохиолын тайлбарт дээж бичиг*, Улаанбаатар.

누런 개 ᠰᠢᠷᠠ ᠨᠣᠬᠠᠢ Шар нохой (Shar nokhoi)

몽골 보르지긴(borjigin) 씨족 기원 신화에 등장하는 누런 빛을 띠는 개

몽골 사람들에게 개는 예로부터 특별한 의미가 있다. 『몽골비사』의 여러 곳에서는 개에 대한 내용들이 보이고 있는데, 78절에는 "..이유없이 덤벼드는 개처럼..", 188절에는 "..너는 나를 개처럼 부끄러움이 없다는 군요..", 194절에서는 "..알타이까지는 개처럼 이리 저리 가며 회피하여..", 209절에는 "..쿠빌라이, 젤메, 제브, 수베데이 그대들, 나의 4마리 개들을.." 등과 같이 개와 비유한 표현들이 많이 등장하는 것을 볼 수 있다.

알롱고아 설화에서는 '빛의 사람'을 개에 비유하여 표현하고 있다. 알롱고아는 남편 도본 메르겐(Dubun mergen)이 죽은 뒤에 '보하 하타기(Bukha khatagi)', '보하트 살지(Bukhat salji)', '보돈차르 몽학(Bodonchar munkhag)'라는 세 명의 아들을 낳았다. 그런데 두 형은 동생들이 집사인 망리그 바야고드(Manglig bayaguud)의 아들들일 것이라고 서로 수근댔다. 알롱고아가 이를 알고 두 아들을 불러 "이 세 아이들은 게르 천장으로 들어오는 빛이 내 배로 스며들어서 임신한 하늘에 근본을 둔 아이들"이라고 설명한다. 그리고 그 하늘의 신성한 빛의 사람은 "달이 지고 해가 뜰 새벽 무렵에 누렁개처럼 기어 나갔다."라고 말한다. 이 이야기에서 알롱고아는 '빛의 사람'을 '누렁개'에 비유해서 표현하고 있다. 이는 고대 몽골 민족에게 '개' 토템이 있었다는 것을 보여주는 것이다. 또 몽골 민족 이외에 동부 시베리아의 야쿠트 민족 및 중앙아시아의 터키 민족들에게도 '개'에 대한 토템이 있었다.

한편, 〈게세르〉 이야기에서 조르라는 사내아이는 최상의 음식을 부모님께 드릴 때 냄비, 받침대, 끈을 다 갖추고 나서 황구의 머리에 음식을 떨어뜨렸다. 이 또한 최상의 차를 고수레 하는 풍습과 관계가 있다.

이렇게 개를 숭상하는 민족의 전통은 구비문학 작품들에서도 관찰된다. 예컨대, 몽골은 여러 씨족들이 혼례식에서 며느리를 맞이할 때 우선 시부모님의 화로(집안 불씨 즉 家門)에 절하게 하고, 다음으로 개에게 인사하는 관습이 보편적이었다. 이는 며느리를 맞을 때 화로와 불당을 경배하게 하는 의례를 통과하게 함으로써, 며느리를 자신들의 씨족의 일원으로 받아들이는 것이다. 이외에 몽골을 비롯해 키르기스 민족 사이에서도 개의 털, 이빨 등과 같은 물건이 특히 아이들에게 행운을 가져다 준다고 믿는 관습이 널

리 퍼져있다.

참고문헌 Д.Цэрэнсодном, Д.Төмөртогоо(2000), *Монголын нууц товчоо: эрдэм шинжилгээний орчуулга, тайлбар*, ШУА Хэл Зохиолын Хүрээлэн. 유원수 역주 (1994), 『몽골비사』, 혜안. Ц.Дамдинсүрэн (1957), *Монголын уран зохиолын тойм*, Нэгдүгээр дэвтэр, Улаанбаатар. Ш.Гаадамба, Х.Сампилдэндэв(1988), *Монгол ардын аман зохиол*, Улаанбаатар.

눈토끼 이야기 ᠴᠠᠨᠳᠠᠭ᠎ᠠ Чандага (Chandaga)

몽골 무가에서 귀 밝은 동물로 등장하는 눈토끼 이야기

부리야트인들 사이에는 눈토끼와 관련하여 다음과 같은 재미있는 이야기가 전한다.

옛날에 운데르 텡그리(öndör tenger, 높은 하늘)의 아들과 우르겐 델헤(örgön delkhii, 넓은 대지)의 딸이 결혼하여 하늘과 대지는 사돈이 되었다. 우르겐 델헤는 운데르 텡그리에게 딸의 결혼 예물 명목으로 해와 달을 줄 것을 요구하였다. 이에 운데르 텡그리는 요구대로 해와 달을 우르겐 델헤에게 주었다. 그런데 우르겐 델헤가 그것들을 받아서 궤짝에 넣고 가두어 버려서 온 세상이 캄캄한 칠흑으로 변하였다.

운데르 텡그리는 우르겐 델헤에게서 해와 달을 되돌려 받을 방법을 고민했지만 묘책을 찾지 못하였다. 그래서 운데르 텡그리는 혹시 해와 달을 되찾을 방법을 가르쳐 줄지도 모른다고 생각하고 자라 아자르가에게 아홉 아들과 아홉 딸을 보냈다. 자라 아자르가는 다리가 없을 뿐 아니라 둥글둥글해서 서서 다니지 못하고 언제나 굴러다녔다. 그래서 운데르 텡그리는 자식들에게 자라 아자르가를 보고 절대 웃어서는 안된다고 신신당부를 하였다. 아버지가 말한 대로 자라 아자르가는 데굴데굴 굴러 들어왔다. 이 광경을 목격한 운데르 텡그리의 아홉 아들과 아홉 딸은 참을 수가 없어 그만 웃음을 터뜨리고 말았다. 화가 머리끝까지 치민 자라 아자르가는 곧바로 집으로 돌아가 버렸다.

운데르 텡그리는 자라 아자르가의 뒤를 따라가 그가 뭐라고 말하면서 가는가를 몰래 엿듣고 오라고 하면서 예민하고 민첩한 다섯 동물을 보냈다. 그 다섯 동물은 눈토끼, 새끼 영양, 담비, 다람쥐, 족제비였다. 눈토끼가 맨 먼저 자라 아자르가의 말을 엿듣고 와서 운데르 텡그리에게 다음과 같이 말하였다. 아자르가가 말하길, "운데르 텡그리의 아홉 아들과 아홉 딸은 제대로 배워먹지 못하였다. 그들은 나를 조롱하고 비웃었다. 아홉 아들은 지상으로 내려가 서방의 칸이 되고, 아홉 딸은 지상으로 내려가 아홉 옹고드(ongod, 정령)가 될지어다!", "운데르 텡그리는 우르겐 델헤와 사돈이 되어 결혼 예물로 해와 달을 주고 나서 이들을 다시 되돌려 받으려 하지만 방법을 찾지 못하고 있다. 아! 참 세상에 이처럼 쉬운 일이 어디 있겠는가? 우르겐 델헤에게 가서 숲 속의 메아리와 은빛 물결을 달라고 하면, 그는 무슨 수를 써서라도 이 두 가지를 잡아 주지 못할 것이다. 그러면 해와 달을 되돌려 받을 수 있지 않겠는가."라고 하였다.

해와 달을 되돌려 받을 수 있는 방법을 알게 된 운데르 텡그리는 다시 해와 달을 찾을 수 있었다. 눈토끼가 귀가 밝아서 자라 아자르가의 중얼거리는 말을 엿들을 수 있었던 것이다. 무속 의례에서 눈토끼 가죽이 맨 먼저 쓰이는 것도 눈토끼가 귀가 밝은 동물로 간주되기 때문이다.

참고문헌 С.Дулам(2007), *Монголын домог зүйн дүр*,

Улаанбаатар. П.Хорлоо, С.Дулам(1999), *Монгол ардын зан үйлийн хэлхээ*, ШУА ХЗХ, Адмон. 센덴자빈 돌람 저, 이평래 역(2007), 『몽골 신화의 형상』, 태학사.

더르워드 영웅서사시 Дөрвөд тууль (Dörvöd tuuli)

더르워드 부족에서 전해 내려오는 영웅서사시

더르워드(Dörvod) 부족은 몽골 서부 지역 옵스, 홉드 아이막에 집중해서 거주하고 있으며, 이외에도 울란바타르, 다르항, 에르데네트 등 대도시, 중국 신강성, 내몽골, 러시아의 칼묵공화국에 소수의 더르워드인들이 거주하고 있다.

더르워드족은 '도타이 멍더르 칸(Duutai möndör khaan)', '칸 칭겔 바타르(Khaan Chingel baatar)', '하싱 차강 칸(Khashin tsagaan khaan)', '사릭차강 어미 낙타의 흰 새끼 낙타(Sarig tsagaan ingenii önchin tsagaan botgo)', '푸른 말을 탄 조릭 노용(Khil khökh moritoi khüiten zorig noyon)', '이마에 푸른 반점이 있는 말을 가진 허헐데이 메르겡(Khökh khalzan moritoi Khökhöldei mergen khaan)', '칸 체레깅어브겅(Khangal tashaa khar kheer moritoi khaan tsergiin övgön)', '일찍 태어난 에렐 메르겡(Ert törsön erel mergen)', '에젱 복드 차강 칸(Ezen bogd tsagaan khaan)', '알타이 하일라흐(Altai khailakh)' 등 10여 편의 영웅서사시들을 전승하고 있다. 이 영웅서사시는 다른 부족에서는 연행하지 않았을 뿐만 아니라 존재도 알려지지 않았었다. 그러나 더르워드족 사이에서 전승되던 이들 영웅서사시는 오이라트의 다른 부족이 보유했던 영웅서사시들과 크게 다르지 않다. 더르워드 영웅서사시도 주인공 영웅의 위기, 투쟁, 극복 및 혼인을 소재로 한 운문 형태의 장편 서사시이다.

참고문헌 ШУА, Хэл зохиолын хүрээлэн, Нүүдлийн соёл иргэншлийг судлах олон улсын хүрээлэн (2013), *Монгол тууль*, Улаанбаатар. Ш.Гаадамба, Д.Цэрэнсодном(1978), *Монгол ардын аман зохиолын дээж бичиг*, Улаанбаатар.

도와 소호르 Дува сохорын домог (Duva Sokhoryn domog)

몽골에서 전해 내려오는 이마 가운데 외눈을 하고 있는 거대한 동물 이야기

『몽골비사』를 번역한 헤니쉬(E. Haenish), 담딩수렝(Ts. Damdinsüren), 칼로진스키(Ts. Kalujinskii), 포하(P. Pouha), 리게티(L. Ligeti) 등 대부분의 연구자들은 '도와 소호르'를 '눈이 없는, 맹인' 이라는 의미로 번역하였다. 그러나 가담바(Sh. Gaadamba)가 「몽골비사 및 문학 관계에 대한 문제점」이라는 논문에서 이에 대해 새로운 제안을 했는데, 즉 '도와 소호르'가 눈이 한 개만 있는 거대한 동물 신화와 관련이 있다는 것이다. 저자는 이러한 눈이 한 개만 있는 거대한 동물 신화가 몽골 구비문학에 존재했었다는 것을 입증하기 위해 자신이 어렸을 때 들었던 〈수많은 검은 양이 있는 볼록한 검은 할아버지〉란 신화를 러시아어로 번역하여 출판하기도 하였다.

이후 체렌소드놈(D. Tserensodnom)이 「도와 소호르 신화, 눈이 하나 있는 거대한 동물에 대한 이야기와 관련시켜 보는 이유」라는 논문에서 '도와 소호르'를 신화적 측면에서 야쿠트의 '다비 소호르', 즉 숲의 신성한 부적 형제 한 명의 이름과 관련시켰다. 그리고 『몽골비사』에 등장하는 '소호르(Sokhor,

맹인)'라는 단어의 유래는 몽골 부리야트족 방언의 '초흐(tsoh, 미간), 소흐(soh, 이마)'라는 어원에서 발생된 고대 몽골어로, '하나의 눈'이라는 의미로 해석하였다.

몽골 신화에서는 '랄라르(Lalar)'라는 이마 한 가운데 눈이 있으며, 원시력이 좋은 외눈 거인이 나타난다. '도와 소호르' 신화는 위에서 언급한 '눈이 한 개 있는 거인 설화'와 역사적으로 직접적인 관련성이 있다. 그러므로 『몽골비사』에 등장하는 '도와 소호르' 이야기는 역사적 사실을 기록한 것이 아니라, 몽골 구비문학에서 오래 전부터 전해져 내려온 소재로 추정하고 있다.

참고문헌 유원수 역주 (1994), 『몽골비사』, 혜안. Ц.Дамдинсүрэн(1957), *Монголын уран зохиолын тойм*, Нэгдүгээр дэвтэр, Улаанбаатар. Ш.Гаадамба, Х.Сампилдэндэв(1988), *Монгол ардын аман зохиол*, Улаанбаатар. Д.Цэрэнсодном(1989), *Монгол ардын домог үлгэр*, Улаанбаатар.

돌론 보르한[칠성신 (七星神)] Долоон бурхан (Doloon burkhan)

몽골 신화에 등장하는 북두칠성신으로 우주와 사람, 동물 및 각종 문화를 만든 창조신

'돌롱 보르한'은 몽골 신화에서 '일곱 보르한', 즉 '북두칠성'을 의미한다. 몽골 신화학에서 '보르한' 또는 '보르한 박시'는 우주와 사람 및 동물 등을 만든 창조신이다. 돌롱 보르한을 몽골 고전 문헌 자료에서는 '돌롱 어브겅(doloon övgön: 일곱 노인)', 부리야트에서는 '돌롱 어브거드(doloon övgöd: 일곱 노인들)'라고 한다.

몽골 서사시 『붐 에르데네(Bum erdene)』(10만의 보석)에는 "보르한 대왕을 아버지로 하고 보람(Buram, 붉은 사탕) 왕비를 어머니로 하는 붐 에르데네 용사"라는 구절이 나온다. 여기서 보르한 대왕을 아버지로 한다는 것은 어브겅, 즉 노인대왕을 아버지로 한다는 뜻이다. 또한 『알타이 하일라흐(Altai khailakh)』라는 서사시에도 "보르만(Burman, 붉은 사탕) 왕비를 가진, 갈색의 구렁말을 가진, 축복의 삼백 년을 산 보르한 대왕"이라는 구절이 나온다.

몽골에는 현재까지 '보르한 할돈(Burkhan khaldun)' 외에도 '보르한 보다이(Burkhan budai)', '보르한트(Burkhant)', '보르하트(Burkhad)' 등으로 불리는 산이 많은데, 이 역시 앞서 언급한 조상들을 안치한 보르하트 칸 신과 관련 있다. 이들 대다수 지명은 불교 전파 이전의 역사를 갖고 있다. 이를 테면 옛 시가에는 다음과 같은 구절이 나온다.

"보르한 할돈이 일으킨
잿빛 주름진 대지 어머니가 말씀한
오드한 갈라이한(불의 주인) 어머니께 정갈한
공물을 바칩니다."

이 시구는 대지가 여성에서 기원했다고 보는 이름(대지 어머니)과 함께 남성 기원의 일반적인 이름(보르한 할돈)도 제시되어 있는데, 이는 조상을 의미하는 것이다.

참고문헌 С.Дулам(2007), *Монголын домог зүйн дүр*, Улаанбаатар. П.Хорлоо, С.Дулам1999), *Монгол ардын зан үйлийн хэлхээ*, ШУА ХЗХ, Адмон. 센덴자빈 돌람 저, 이평래 역 (2007), 『몽골 신화의 형상』, 태학사.

막탈 Магтаал (Magtaal)

인간 및 자연형상을 찬미하는 운문 문학

'막탈(magtaal)'은 '찬사(讚辭)'라는 뜻을 가진 몽골어로, 몽골에서 구전되어 온 찬미가를 이르는 말이다. 연구자들은 막탈의 기원이 찬양을 통해서 신들을 즐겁게 하여 그들의 보호를 받고자 했던 신앙적인 행위에서 유래했을 것으로 추정하고 있다. 자연의 지배에 운명을 맡겼던 옛 사람들은 산과 물 등 자연 형상에 보이지 않는 주인 '사브닥(savdag)과 로스(lus)'가 있는 것으로 믿었다. 그래서 신들을 칭송하고 오보에 제례를 지내며, 찬사를 읊었던 것이다. 막탈은 후대로 오면서 점점 종교적 요소가 배제되었고 객관적 아름다움을 사실적으로 묘사하며 찬미하는 경향으로 변모하여 문학장르로 발전하게 되었다.

막탈은 인간의 업적과 그들의 장점을 부각시켜 찬미하는 내용뿐만 아니라 산과 강, 동식물 등 만물을 칭송하는 내용을 담고 있다. 연구자들은 막탈을 '제의적 막탈', '자연 현상의 막탈', '일상생활 막탈' 등 세 가지로 분류한다. 제의적 막탈에는 몽골 나담에서 부르는 준마에 대한 찬사, 활에 대한 찬미, 활 잘 쏘는 사람에 대한 찬사, 오보제에서 부르는 막탈 등이 있다. 자연 현상의 막탈에는 복드산 막탈, 알타이 막탈, 항가이 막탈 등이 있다. 그리고 일상생활 막탈은 게르 막탈, 오축(五畜)에 대한 막탈 등이 있다.

막탈은 구비문학의 다른 장르인 여럴(yerööl)과 깊은 관련이 있다. 차이점은 여럴은 기원과 축복의 의미가 있는 반면 막탈은 찬양, 칭송하는 의미가 강하다. 막탈을 부르는 전문적인 사람을 '여럴치(Yeröölch), 또는 '막탈치(magtaalch)' 라고 부른다.

참고문헌 Ш.Гаадамба, Х.Сампилдэндэв(1988), *Монгол ардын аман зохиол*, Улаанбаатар. Ш.Гаадамба, Д.Цэрэнсодном(1978), *Монгол ардын аман зохиолын дээж бичиг*, Улаанбаатар. Д.Цэрэнсодном(2012), *Монгол аман зохиолын тайлбарт дээж бичиг*, Улаанбаатар.

만잔 구르메 터데이

Манзан гүрмэ төөдэй (Manzan gürmen töödei)

부리야트 신화에 등장하는 모든 텡그리(천신)를 지배하고 관리하는 최고의 여신이며, 서방 55텡그리의 무조(巫祖)

부리야트족 사이에서 널리 퍼져 있던 별자리 신화 중 하나가 '만잔 구르메 터데이'이다. 부리야트 서사시에서 만잔구르메 터데이는 서방 55텡그리의 존경받는 조상으로 등장한다.

서방 55텡그리 중 나란돌란(Naran dulaan) 천신의 딸 나란고흔 아브하이(Naran gookhon avkhai)가 병이 나서 그 치료 방법을 만잔 구르메 투데이에게 물었다. 그녀는 『마그날링 놈』(Magnalyn nom, 무늬가 놓인 비단책, 즉 점술서)을 보고 "높디 높은 하늘의 서북방 끝에서 새벽의 햇빛이 비출 때 지저귀는, 뒤쪽에 황금 문자가 새겨져 있는, 크고 흰 종달새를 산 채로 잡아와 치료하라."고 충고한다. 이는 민간 치료 방법으로서 만잔구르메 터데이의 『마그날링 놈』은 민간 처방의 교범이다. 최근까지 일부 지역에서 종달새를 사로잡아 아이들의 병을 치료했다는 것에서 이를 알 수 있다.

항갈로프(Khangalov, 1889)에 따르면 "부리야트인들은 은하수를 만잔 구르메 터데이가 뿌린 젖이라 하고, 또 어떤 사람들은 텡그리들이 다니는 길"이라고도 한다. 이 신화의 변화 과정은 은하수의 여러 가지 이름을 설명하는 데에도 도움이 된다. 몽골인들은 은하수를 젖의 길, 하늘의 길, 하늘의 재봉선, 하늘의 봉합선, 하늘의 이음매 등등 다양하게 부르고 있다.

참고문헌 С.Дулам(2007), *Монголын домог зүйн дүр*, Улаанбаатар. П.Хорлоо, С.Дулам1999), *Монгол ардын зан үйлийн хэлхээ*, ШУА ХЗХ, Адмон. 센덴자빈 돌람 저, 이평래 역(2007), 『몽골 신화의 형상』, 태학사.

망가스 Мангас (Mangas)

몽골 구비문학에서 주인공인 영웅의 적대 세력으로 등장하는 괴물 형상

망가스는 몽골어 'magu(나쁜)'에서 유래한 말이다. 세상 사람들에게 재앙과 재난을 불러오는 상상의 형상인데, 일부 학자들은 이것이 먼 옛날 거대한 공룡의 모습에서 비롯된 것으로 보고 있다. 망가스는 몽골 구비문학 자료에서 주로 주인공의 적대 세력으로 등장한다.

고대인들은 자신과 자신을 둘러싸고 있는 주변 세계를 별개로 보지 않았다. 또한 자연과 사회라는 두 개의 실체를 특별히 구별하지도 않았다. 이 때문에 감정과 지식이 아무런 구분 없이 하나의 종합적 사고로 존재하였다. 그렇기 때문에 고대인들은 자신을 둘러싸고 있는 주변 세계에 인격을 부여하고, 자연 현상과 문화 현상을 동일한 것으로 인식했다. 예컨대, 고대인들은 우주를 생명을 가진 거대한 사람으로 보고, 그의 신체 기관으로 대지를 만들었다고 생각했다. 또 자신들이 숭배하고 있는 조상이 사람과 동물 모습을 동시에 가지고 있으며, 본질적으로 필요에 따라 외모를 바꾸는 것처럼 묘사했다. 그런가 하면 몽골 신화 및 제사 의례에서는 질병을 사람의 영혼을 삼키는 거대한 망가스(괴물), 힘과 능력을 가진 1천 개의 눈, 즉 1천의 지혜로 묘사하기도 한다.

현재까지 학자들에 의해 확인된 해와 달의 기원에 관한 몽골 신화 자료에서 망가스에 대한 이야기는 다음과 같다.

하늘이 남자 열여덟 명, 여자 여덟 명을 주고 이 땅에 인간의 씨앗을 퍼뜨리라고 하였다. 처음에 사람들은 남녀 관계를 모르고 지내다가 나중에야 성을 알게 되었다. 그 뒤 아이가 태어났을 때 그들은 "무슨 일이냐?"고 하면서 몹시 두려워하였다. 그 무렵 세상은 해도 달도 없고 별도 없는 완전한 암흑이었다. 사람들은 아이를 낳으면 즉시 내다버렸다. 이렇게 버려진 아이들은 어머니의 태반에서 나무가 자라나 꽃이 피고 그 나무에 과일이 열려 익으면 그 과일을 따 먹으며 연명하였다. 또한 세상이 완전히 캄캄했기 때문에 사람마다 빛을 가지고 있고, 그래서 한 사람이 있는 곳에 반드시 하나의 빛이 있었다. 망가스는 그 빛을 보고 사람이 있는 것을 알고 거기로 가서 사람들을 잡아먹었다.

한동안 암흑이었던 세상에 어느 날 석가모니가 어디선가 해를 가져다가 매달아 주었다. 처음에 그 해를 망가스라고 생각한 사람들은 놀라서 허겁지겁 구멍을 파고 들어가 숨었다. 망가스는 사람이 어떤 동물인가를 잘 알지만, 사람은 망가스가 어떤 동물인지 몰랐다. 망가스를 알아본 순간 사람들은 모두 그에게 잡아먹히고 말았다. 또한 석가모니가 밤에 불빛을 가지고 있으라고 별들을 가져다 주었는데, 사람들은 작은 망가스가 왔다고 생각하고 더 큰 굴을 파고 숨었다고 한다. 그러다가 마침내 사람들은 해와 달과 별에 익숙해져 이들이 망가스가 아니라는 것을 알게 되고 두려움에서 벗어나 굴속에서 나왔다. 그 후로 사람들의 몸에 있던 빛도 없어졌다.

몽골의 설화에서는 반인반수(半人半獸)인 망가스(괴물)의 변신 동물로 자주 여우가 등

장한다. 몽골의 서사시 〈항 칭겔 바타르〉를 보면, 어느날 항 칭겔 바타르가 못된 괴물이 세 살배기 푸른 여우로 변해 오는 것을 보고 활로 쏘아 죽이는 꿈을 꾸고서 길을 가다 진짜 푸른 여우를 만난다. 몽골 서사시에는 초능력을 가진 영악한 망가스가 여러 모습으로 변신하는데, 그 가운데 여우로 변신하는 경우가 적지 않게 나온다. 〈왕자 곰보와 평민의 아들 공고르〉에서도 악귀인 왕비는 아름다운 여인으로 변한 붉은 여우로 형상화된다.

여우는 서사시에서 반인반수인 망가스의 변신으로 나타나기도 하지만 그 외재적 혼으로 나타나는 경우도 적지 않다. 서사시 〈12살의 알리아대 메르겡왕 이야기〉에서도 황금 상체와 은 하체인 여우가 망가스의 외재적 혼으로 묘사된다. 몽골의 설화 〈양치기 투므르〉에서 투므르의 나라 동남쪽 경계에 주변의 모든 가축과 짐승, 사람을 잡아먹는 몸집이 큰 검은 여우가 나오는데, 이렇게 엄청나게 큰 몸집의 여우는 대개 망가스의 화신으로 묘사된다.

고대인들은 육체와 영혼이 분리될 수 있어서 사람이 죽으면 영혼이 사체에서 빠져나온다고 생각했을 뿐만 아니라, 살아있을 때도 자신의 영혼을 신체로부터 분리하여 보관할 수 있다고 생각했다. 이렇게 분리된 영혼은 대개 동물의 형태를 띠게 되는데, 이것은 동물과 인간의 존재성이 미분화되었던 관념을 반영해주는 것이다. 보통 서사시나 설화에서 여우가 반인반수의 영혼을 갖고 그 화신으로 묘사되는 것은 이와 같은 인간, 동물의 동체적 관념과 함께 여우가 매우 부정적인 형상으로 변형된 모습을 보여준다.

참고문헌 С.Дулам (1989). *Монголын домог зүйн дүр*. Улаанбаатар. 센덴자빈돌람 저, 이평래 역 (2007). 『몽골 신화의 형상』. 태학사. 발터하이시히 저, 이평래 역 (2003). 『몽골의 종교』. 소나무.

몽골 금기어 ᠴᠡᠭᠡᠷ ᠦᠭᠡ Цээр үг (Tseer üg)

몽골에서 전해 내려오는 어떤 행위를 못하게 하거나 경계하는 내용을 담고 있는 고정적 형태의 언어 표현법

속담 혹은 수수께끼를 비롯한 민간신앙 등이 포함된, 입에서 입으로 전해오는 언어 형태 중에 짧은 한두 문장으로 고정된 언어 표현법이 금기어이다. 이들은 몽골 민족의 문화라는 토양 위에서 긴 역사적 전통을 가지고 내려온 생명력 있는 구비물(口碑物)이다. 따라서 금기어에는 몽골 민족의 독특한 문화의식과 신앙 및 나름대로의 논리 구조가 들어 있다.

형태적으로 볼 때 몽골의 금기어는 세 가지 문형으로 진술된다.

① …하지 마라.
② …하지 마라. 그렇게 하면 …하게 된다.
③ …하지 마라. 왜냐하면, …하기 때문이다.

이 가운데 가장 보편적인 문형은 두 번째 문형이다. 그러므로 '…하지 마라. 그렇게 하면 …하게 된다.'를 몽골 금기어의 기본 문형으로 간주할 수 있다. ①을 ②, ③과 비교할 때, 의미 차이가 있는 것은 아니고, 다만 ①의 경우 결과절이 생략된 상태다. 이 경우는 이유나 결과의 설명이 생략된 단정적 진술이기 때문에 전달 과정에 불명확성이 있을 수 있다. 실제로 담화 현장에서 ①이 발화되었을 때 '왜 그런가?'라는 후속 질문이 나올 수 있다. 이런 개연적인 상황을 지니고 있기 때

문에 ①은 불안정한 문형이기는 하다. 반대로 이런 점에서 ②와 ③ 문형은 비교적 안정적이다.

내용면에서 볼 때 몽골의 금기어는 몽골 민족의 생활양식을 반영하는 한편 몽골 민족의 자연관과 신앙성을 강하게 드러내고 있다. 유목 생활과 밀접한 관계가 있는 금기어로는 "초원에서 풀을 뜯고 있는 가축(양이나 염소 등)을 놀라게 하거나 말을 타고 그 가운데를 지나가지 마라. 그렇게 하면 가축들에게 해가 된다.", "거세하지 않는 낙타가 발정기일 때 빨간 옷을 입고 낙타 근처에 가거나 보이지 마라." 등을 들 수 있고, 삼라만상에 대한 자연관을 담은 금기어로는 "하늘이 흐린 날에는 땀이 난 말을 말뚝에 매어 놓지 마라. 이는 벼락에 맞서는 것이다.", "뜨겁게 끓인 물과 불이 있는 재를 땅에 버리지 마라. 그렇게 하면 죄 없는 벌레와 식물 및 짐승을 죽이는 죄악이 된다.", "봄철에 떠나가는 철새를 손가락질하거나 세지 마라. 그렇게 하면 손가락질 한 사람이 여행할 때에 고난을 많이 받고 행운이 사라지게 된다.", "곰의 털을 발털이용 깔개로 쓰지 마라. 그렇게 해서 오래 되면 눈이 나빠지거나 눈먼 사람이 된다." 등을 예로 들 수 있다. 이런 종류의 금기어들은 몽골의 생활사를 반영하는 한편 몽골 민족과 가축의 관계[가축관]을, 나아가서 자연관을 읽을 수 있는 독특한 것이라 아니 할 수 없다. 이는 수천 년의 유목 생활사에서 축척된 삶의 지혜인 동시에 생활원리라 할 수 있다.

또한 섣달 그믐날에 대한 금기가 유독 많은 것도 몽골 금기어의 특징이라 할 수 있다. 이는 새해를 맞이하는 경건성에서 비롯된 것으로 볼 수 있다. '차강 사르'라는 세시에 대한 몽골 민족의 남다른 관심과 이를 맞는 태도가 신앙적으로 집약된 것이 바로 섣달 그믐날 금기이며, 이것이 다른 내용의 금기어에 비해 많은 것도 몽골 민족이 지닌 특별한 의식 때문이다. 섣달 그믐날에 대한 금기어로는 "섣달 그믐날에는 다른 집에 놀러 가지 마라. 음식을 씹으면서 밖에 나가지 마라. 밤에 잠자지 마라. 집안을 어둡게 하지 마라. 밖에 옷을 걸어 두지 마라. 굶은 채로 밤을 새지 말라. 말다툼하거나 큰소리를 하지 마라. 빈 그릇을 밖에 내놓지 마라. 두 사람이 집 바깥과 안에서 이야기하거나 서로를 부르지 마라." 등을 들 수 있다.

한편 과부나 홀아비에게 부과한 금기도 몽골 금기어에서 상당수가 있다. 이는 몽골 민족의 역사가 정복과 피정복의 역사라 할 수 있기에 이런 과정에서 발생한 금기로 추정된다. 물론 이는 상장례(喪葬禮) 풍속과도 관련이 있는 금기어들이므로 몽골 민족의 사생관(死生觀)과 영혼관의 일단을 엿볼 수 있는 실마리가 되기도 한다. 과부나 홀아비와 관련한 금기어로는 "과부가 결혼식장에 먼저 가거나 신방을 지키지 마라[신부의 문(베링 우드)을 지키지 마라.] 그렇게 하면 재수가 없어진다.", "과부나 홀아비가 되었을 때에는(또는 남편이나 부인의 상을 당했을 때) 다른 안부를 묻지 말고, 결혼식에 가거나 잔치를 하지 마라.", "과부나 홀아비가 되었을 때에는 머리카락, 수염, 손톱을 깎지 말고, 경마하지 마라.", "과부나 홀아비가 되었을 때에 남자는 목단추를 채우지 말고, 여자는 머리를 꾸미지 마라. 그것이 과부와 홀아비의 풍습이다.", "과부나 홀아비가 되었을 때에 자기 집에 항상 사람이 있도록 하고, 다른 집에 놀러가거나 이성과 잠자리를 하지 마라. 그렇게 하면 죄악이 되고, 죽은 사람의 영혼이 상처를 입거나 화를 내어서 귀신이 되게 된다." 등이 있다.

참고문헌 장장식(2000), 「몽골 금기어의 원리와 몇 가지 특징」, 『몽골학』9, 한국몽골학회. Ш.Гаадамба, Х.Сампилдэндэв(1988), *Монгол ардын аман зохиол*, ШУА, Хэл зохиолын хүрээлэн, Улаанбаатар. Д.Цэрэнсодном(2012), *Монгол аман зохиолын тайлбарт дээж бичиг*, Улаанбаатар. Ш.Гаадамба, Д.Цэрэнсодном(1978), *Монгол ардын аман зохиолын дээж бичиг*, Улаанбаатар.

몽골 민담 ᠮᠣᠩᠭᠣᠯ ᠦᠯᠢᠭᠡᠷ Монгол үлгэр (Mongol ülger)

비현실적이거나 마법적인 사람이나 동물, 괴물 등이 특정한 시공(時空)에 얽매이지 않고 등장하는 산문 형태의 몽골 구비문학

민담의 분류는 민담의 정의를 어떻게 하느냐에 따라, 그리고 민담을 분류하는 방법과 입장의 차이에 따라 달라질 수 있다.

몽골 민담은 다음과 같이 네 가지로 분류한다.

1. 동물담(Adguus amitdyn ülger)
동물담은 몽골 민족의 삶의 형식인 사냥과 목축으로 인해서 두 가지 유형으로 나타난다. 우선 야생 동물의 습성이나 특징을 예리하게 파악하여 민담에 반영한 경우이다. 예를 들어 늑대, 까마귀, 여우, 사자 등은 욕심이 많고 꾀가 있으며, 남을 무시하는 성격으로 묘사되어 몽골 동물담에 적대자로 등장한다. 이들과 반대로 제비, 참새, 토끼, 사슴 등은 총명하고, 어려운 자를 돕는 착한 성격의 소유자로 몽골 동물담에서 우호자로 묘사된다.

몽골 동물담의 동물들은 동물의 환경에서 행동하거나 인간의 세계에서 행동하고 있다. 특히 목축업과 관련되어서 오축(소, 말, 양, 낙타, 염소) 중에서 말이 몽골 민담에 흔히 등장한다. 말은 인간과 함께 등장하여 인간과 우호적 관계를 맺거나 인간의 동반자로 등장한다. 인도 설화의 영향으로 사자, 코끼리, 원숭이 등 몽골에서 볼 수 없는 동물의 이야기도 구비나 기록으로 전하고 있다.

2. 공상담 및 영웅담(Shidet ba baatarlag ülger)
몽골 민담에서의 공상담 및 영웅담은 초현실계에 초자연적 인물이나 영웅이 등장하고, 이들이 초능력을 발휘하여 난관을 극복하여 행복한 결말을 이루는 내용을 담고 있다.

3. 현실담(Aj baidlyn ülger)
몽골 민담에서의 현실담은 현실계에 현실적인 인물이 등장하여 지혜와 용기로 사건을 해결하는 내용을 담은 민담이다. 몽골 현실담에서는 특히 고아 소년이 많이 등장한다. 고아 소년이 자신의 지혜와 힘으로 의도했던 목표를 성취하는 내용이 주류를 이룬다.

4. 소화(笑話, Khoshin shog ülger)
소화는 우스꽝스러운 이야기로, 과장담, 사기담, 치우담 등이 이에 포함된다. 과장담은 현실에서 있을 법한 이야기를 터무니없이 부풀려서 이야기하는 설화이다. 〈송스고도이 엠겐(Sonsgoodoi emgen)〉, 〈한 뼘 할아버지(Neg tuu övgön)〉, 〈한 뼘의 황소를 가진 할머니(Tuu alag shartai emgen)〉 등이 포함된다. 치우담은 어리석거나 바보 같은 사람들의 어리석은 행동을 다룬 이야기이다. 〈바보(Teneg)〉, 〈얄만(Yalman)〉 등이 여기에 속한다. 사기담은 거짓말이나 지혜로 상대방을 속이거나 골탕 먹이고 의도했던 바를

성취하는 이야기인데, 〈달란 호달치(Dalan khudalch)〉나 〈바다이(Baadai) 이야기〉가 그 대표적인 예이다.

참고문헌 Д.Цэрэнсодном(2012), *Монгол аман зохиолын тайлбарт дээж бичиг*, Улаанбаатар. Ш.Гаадамба, Х.Сампилдэндэв(1988), *Монгол ардын аман зохиол*, Улаанбаатар.

몽골 전설 Монгол домог (Mongol domog)

몽골 설화문학의 한 장르로 옛날에 일어났으리라고 믿어지는 사실을 다룬 단편적인 이야기

몽골 설화의 한 형태인 전설(domog)은 민족의 기원, 특정한 역사적 사실, 역사에 이름을 남긴 역사적 인물들의 삶, 지리상의 특징, 산이나 바위의 생김새 등을 소박한 지식으로 설명하는데, 옛날에 일어났다고 믿어지는 사실의 이야기이다.

몽골 전설은 그 내용에 따라 씨족 기원 전설, 역사적 전설(tüükhen domog), 민간 전설(Aj baidlyn domog), 자연물에 대한 전설(Uul usny domog) 등으로 분류한다. 씨족 기원 전설 및 역사적 전설에는 역사적 사실이나 역사적 인물인 대칸과 영웅, 영주, 관리인, 샤먼, 활불, 씨름꾼에 대한 전설들이 포함된다. 〈호리 투메드와 백조 부인〉, 〈삼백 명의 타이초드족을 섬멸시킨 이야기〉 등이 여기에 해당된다. 민간 전설은 민요의 기원, 경마, 영혼과 귀신에 대한 이야기 등이 해당한다. 자연물에 대한 전설에는 지리상의 특징이나 지명 등이 생겨난 이유 등을 담은 전설이 포함된다.

참고문헌 Д.Цэрэнсодном(2012), *Монгол аман зохиолын тайлбарт дээж бичиг*, Улаанбаатар. Ш.Гаадамба, Х.Сампилдэндэв(1988), *Монгол ардын аман зохиол*, Улаанбаатар. Ш.Гаадамба, Д.Цэрэнсодном(1978), *Монгол ардын аман зохиолын дээж бичиг*, Улаанбаатар.

몽골 창세 신화 Монголын ертөнцийн гарал үүслийн тухай домог үлгэр (Mongolyn yörtonchiin garal üüsliin tukhai domog ülger)

몽골에서 전해 내려오는 세상의 기원과 창조, 인간의 기원을 담은 이야기

몽골 창세 신화는 대부분 별도의 단편 신화로 존재하지만 일부는 영웅서사시 속에 들어 있다.

몽골의 여러 부족 및 다른 알타이인들 사이에서 전해 내려오는 창세 신화의 창세 과정에 대한 신화소는 다음과 같이 정리할 수 있다.

몽골 신화에서도 우주의 혼돈과 우주가 형성되기 이전의 상황이 묘사되어 있다. 이 내용은 대개 서사시의 맨 앞에서 이루어지고 있는데, 예컨대 "세상이 혼돈스러울 때, 대지가 형성되기 전에" 라는 표현으로 세상이 형성되기 이전에 혼돈이 있었다고 보고 있다. 즉 몽골인들은 태초에 하늘과 땅이 혼합된 혼돈 상태로 있었다고 보았다. 그 혼돈에서 어떻게 세상이 만들어졌는지에 대해서, "높고 높은 하늘이 안개였을 때, 넓고 넓은 땅이 먼지였을 때"라고 해서, 혼돈에서 천지가 개벽한 상태를 위에는 '안개가 끼고' 아래는 '흙 먼지가 가라앉은' 것으로 표현한다. 또한 "맑고 밝은 것은 위로 올라가고 무겁고 흐린 것은 가라앉아" 하늘과 땅이 스스로 생겼다고 전하고 있다. 또 다른 몽골 신화에서는, 태초에 무한한 물뿐이었는데 그 속에서

창조신들이 땅을 만들었다고 한다. 이것은 알타이어 계통의 다른 여러 창세 신화에서도 흔히 보인다.

이들 창세 신화에는 둘 혹은 셋의 창조주가 위의 하늘과 아래의 땅의 대표로 등장한다. 몽골 창세 신화의 변이 형태에서는 물(바다) 가운데서 한 줌의 흙을 가져다 땅을 만드는 화소가 주요 내용을 이루고 있다. 먼 옛날에 창조주가 물 위로 다가가서 앉을 자리를 찾아 땅을 만드는 꿈에 잠기게 된다. 그가 물 밑에서 흙을 파오기 위해서는 물 속으로 잠수해야 하는데 이때 첫 창조주의 동반자인 또 다른 창조주가 등장하여 대지를 만들게 된다. 할흐 창세 신화의 창조주는 오치르바니(Ochirvaani)이며, 그의 동반자는 천상의 신인 차강 슈헤르트(Tsagaan shükhert)이다. 알타이 창세 신화의 창조주는 울겐(Ülgen)이며 동반자는 에를릭(Erlig)이다.

창조주들 사이의 갈등은 두 각도로 진행된다. 할흐 신화에서는 천상신과 지하신(악마) 사이뿐만 아니라 천상신들 사이에도 갈등이 생기는데, 첫째 창조주인 오치르바니가 둘째 창조주인 차강 슈헤르트를 지배하려고 들었기 때문이다. 세상을 같이 창조했지만 오치르바니가 주도하고 차강 슈헤르트가 직접 만드는 역할을 한다. 오치르바니의 명령으로 차강 슈헤르트가 바다 속에서 거북이를 꺼내서 땅의 기반을 만들어 준다.

알타이 창세 신화소를 보면 직접 땅을 만든 자가 에를릭이고 나중에 등장한 동반자 창조주 울겐과 싸우게 된다. 울겐과 에를릭은 땅을 같이 창조하였지만 울겐이 에를릭에게 땅을 차지하는 권리를 주지 않아서 둘의 갈등이 시작된다. 에를릭은 물에 잠수해서 흙을 입에다 담아 와서 울겐에게 주고 그것으로 울겐이 땅을 만들었는데, 에를릭이 입에 남은 흙을 뱉어 늪과 산골짜기를 만들었다고 한다. 이 때문에 울겐이 화가 나서 '이 땅에서 너의 흔적은 보이지 않을 것이다.' 라고 악담을 해 주었다는 것이다.

할흐 신화소에서는 에를릭 대신 솔마스(shulmas, 마귀)라는 신이 창조주와 대립하는데, 솔마스는 세상이 이미 창조된 뒤에 등장하는 신이다. 오치르바니와 차강 슈헤르트는 땅을 만든 다음 잠이 들었는데 그때 솔마스가 와서 그들을 그들이 누워 있는 땅과 함께 물에 빠뜨리려고 한다. 그러나 이 계획은 실패하고 오히려 땅이 커진다. 이렇게 해서 솔마스도 창조 과정에 들어가게 된다. 땅이 커지는 화소는 다른 신화에서 그리 흔히 보이는 신화소가 아니다. 어느 신화소에서나 에를릭과 솔마스는 악한 주인공으로 나오고 있다.

산과 골짜기가 어떻게 만들어지는지에 대해서는 부리야트족의 신화에서도 비슷한 내용을 찾아볼 수 있다. 부리야트 신화에 "말랑 텡게르(Malaan tenger) 아버지와 유렝 하탕(Yuren khatan) 어머니가 세상을 만들고 나서 아르항 제드헤르(Arkhan zedkher)에게 보여 주었다. 아르항제드헤르가 입으로 불어서 산과 바위를 만들었다." 라는 내용이 나온다. 여기에서 아르항제드헤르는 산과 바위만을 만든 신이다.

또 다른 부리야트족 창세 신화의 각편에는 다음과 같은 내용이 있다.

> "말랑 바와이(Etseg Malaan baavai) 아버지, 오이 하이르항(oi khairkhan), 아르항수드헤르(Arkhan sudkher) 셋이 이 세상을 만들려고 결심하였다. 아르항 수드헤르가 밖의 바다에서

흙을 입에 담아 왔다. 그리고 나서 이 세상을 아주 평평하게 잘 만들었다. 아르항수드헤르가 자기에게 해당하는 땅을 달라고 했는데, 에세게 말랑 바와이와 오이 하리항은 그에게 앉을 자리도 주지 않고 다만 지팡이를 꽂을 만한 땅을 주었다. 그런데 아르항수드헤르가 그 지팡이로 땅을 치니 거기에서 여러 벌레들이 나왔다. 말랑 아버지가 벌레가 나오는 구멍을 불씨로 막았다."

말랑과 오이 하이르항은 할흐 신화소에서 나오는 오치르바니와 차강 슈헤르트과 같은 성격이며, 아르항수드헤르와 할흐 신화소의 솔마스, 알타이의 에를릭은 서로 같은 성격이다.

이렇게 할흐, 부리야트, 알타이 창세 신화는 거의 비슷한 내용을 갖고 있다. 창조신의 이름이 내·외몽골 지방에서 오치르바니(금강불(金剛佛)), 샤즈무니(석가모니불), 마이다르(미륵불) 등으로 등장하고 있는 것은 불교의 영향일 것이다. 부리야트 몽골에서는 에세게 말랑, 오이하리항, 에흐 보라항, 솜볼 보라항(Sombol burkhan)이 세상을 창조하였다고 한다. 여기에서도 창조신이 복수로 나타난다. 다른 구비문학, 민속학의 여러 자료에서 보면 이들 복수의 신들은 서로 형제 사이다. 그 신들 중의 첫째는 하늘을 대표한다. 할흐와 내몽골의 창조신인 오치르바니, 부리야트의 에세게말랑, 알타이의 울겐은 천주(天主)의 성격을 지닌다. 그러면 천주의 동반자인 할흐의 차강 슈헤르트와 부리야트의 오이 하리항 등은 아직 형성되지 않은 대지(땅)를 대표하거나, 대지와 관련이 있는 것으로 나타난다. 부리야트의 오이 하리항은 할흐의 에이 하이르항이라는 말이며, 지금까지도 부리야트에서 '에겡 에헤 보르항(가장 위대한 신불)'이라고 한다. 또 다른 변이 형태에서는, 텡게르 하이르항이 자기가 만든 동반자와 함께 세상을 창조하였지만 동반자가 말을 따르지 않았기 때문에 화가 나서 그에게 '에를릭'이라는 이름을 달아 주었다고 한다. 여기서 볼 때 하이르항은 창조신이라는 것을 알 수 있다. 그는 세상을 만들고 나서 땅에 남은 신이다.

창조신들과 대립하는 솔마스(할흐), 아르항 수드헤르(부리야트), 에를릭(알타이) 등은 다 지하주(地下主)이다. 어떤 형태에서 이들은 지신(地神)의 성격을 띠지만 대부분의 경우 창조신들과 다투다가 땅을 차지할 자격을 잃고 지하 세계로 간 신이다. 그런데 이들은 창조신의 아들이나 창조신이 만든 창조물이다. 특히 에를릭은 창조주가 땅을 만드는 일을 단순히 도와주기도 하지만, 땅을 만든 흙의 일부를 몰래 숨겨 두기도 하고 창조주를 해치려는 마귀로도 전락하며, 선과 악의 사이를 왔다갔다 하는 성격도 가졌다. 또 어떻게 보면 땅을 같이 만들었지만 손해를 본 신이기도 하다.

이상의 내용에서 보면 몽골 창세 신화의 천지 창조 과정은 창조주에 의해서 이루어지기도 하고 또 스스로 이루어지기도 하는 두 가지 형태를 지니는데, 이는 한국의 경우와 일치하는 것을 볼 수 있다. 세상이 스스로 이루어졌다고 보는 자연생성설(自然生成說)은 중국과 일본의 경우와 유사하다. 미대륙의 인디언들 중에서도 이런 경우가 나타나는데, 이것은 어느 나라의 영향을 받았다기보다는 알타이어 계통 민족들이 공통으로 갖고 있었던 것일 가능성이 있다.

창세 신화를 구성하는 핵심적 신화소 가

운데 또 다른 하나는 인간 창조 신화소이다. 인간 창조 신화소는 최초의 인간이 생겨난 과정을 주요 내용으로 삼는다.

몽골 신화에서 인간의 기원은 각각 하늘과 땅에 둔 두 가지 유형이 있다. 하나는 창조주에 의해서 진흙으로 만들어진 것이고, 다른 하나는 하늘에서 남녀를 내려 주어서 인간이 되었다는 설이다. 하늘에서 샤즈무니(석가여래)에게 열여덟 명의 남자, 열여덟 명의 여자를 주고 인간을 만들라고 명하였다. 이들이 바로 인류의 선조가 되었다. 창조주에 의해서 진흙으로 만들어지는 것은 인간의 기원을 땅에 둔 것 같지만 결과적으로 보았을 때 하늘에서 생명을 구하고, 하늘의 신들에 의해서 만들어진 것이다.

결국 몽골의 인간의 기원에 대한 신화는 인류의 기원을 천상에다 두고 있고, 석가여래와 미륵이라는 중재신이 등장하고, 복수의 남녀로부터 인류가 시작되었다는 것이다. 창조된 인간을 두고서 창조주들간에 갈등이 일어나게 되는데, 곧 인세 차지 경쟁이다. 경쟁의 과정은 미륵과 석가가 인세를 두고 다투는 대결담으로 신화소가 구성되어 있다. 대결의 핵심은 잠자며 꽃 피우기 경쟁이다. 몽골의 인세 차지 경쟁 신화소의 중심 내용은 다음과 같다. 먼저 창조주들 사이에 갈등이 생긴다. 그래서 누구의 그릇에 꽃이 피는지, 그가 인세 차지를 한다고 첫 창조주가 내기 제안을 한다. 내기가 시작되고 첫 창조주의 그릇에 핀 꽃을 둘째 창조주가 한 쪽 눈을 떠보고 훔친다. 결국 첫 창조주가 자리를 내주면서 인간이 사악하게 될 것이라고 예언한다.

참고문헌 Д.Цэрэнсодном(2012), *Монгол аман зохиолын тайлбарт дээж бичиг*, Улаанбаатар. Ш.Гаадамба, Д.Цэрэнсодном(1978), *Монгол ардын аман зохиолын дээж бичиг*, Улаанбаатар. Ш.Гаадамба, Х.Сампилдэндэв(1988), *Монгол ардын аман зохиол*, Улаанбаатар. 센덴자빈 돌람 지음, 이평래 역(2007), 『몽골 신화의 형상』, 태학사. 노로브냠(1999), 「한국과 몽골 창세 신화 비교연구」, 서울대학교 석사논문.

무용담[재담] ᠬᠠᠭᠤᠴᠢᠨ ᠶᠠᠷᠢᠶ᠎ᠠ Хууч яриа (Khuuch yaria)

경험한 일이나 다른 사람으로부터 들은 일, 혹은 증거물이 있는 사건에 대한 이야기 등을 예술적 기교나 재치를 부리며 재미있게 하는 이야기

'무용담(호치 예리아, Khuuch yaria)'은 재치가 있는 이야기로 사람들 사이에서 널리 알려졌지만, 구비문학으로 따로 분리하여 연구한 것은 최근의 일이다. '재치가 있는 이야기'라는 말에서 '재치'란 재미가 있을 것, 기발함이 있을 것, 상식을 이용하되 그 상식을 뛰어넘을 것, 하는 사람이나 듣는 사람이나 공감대가 있을 것 등을 요구한다. 재담이라는 평을 듣기 위하여서는 하는 사람의 구연능력(口演能力)이 특출해야 하며, 내용은 창작이나 전승에 기초를 둔 이야기들이다.

몽골의 일반 국민들 사이에서는 '무용담(khuuch khöörokh, 회상담)'이라는 표현이 많이 쓰이는데, 무용담은 어떤 사건을 경험하거나 경험하지 않았더라도 경험하거나 본 것처럼 이야기하는 것을 말한다. 무용담은 주로 최근의 사건으로 이루어져 있다. 이야기꾼이 사실이 확인된 개인적인 경험을 얘기하거나, 해당 시대에 누군가로부터 전해 들을 이야기를 다른 사람들에게 전하는 것이다. 그래서 무용담은 주로 이야기꾼의 연령, 고향과의 관련, 약력 등의 소개로 이야기가 시작된다. 예를 들어 〈아즈(Аз 행운)〉, 〈다를랑 반디(Darlan bandi)〉, 〈골 라브짜(Gulyn

Ravjaa)〉 등에 대한 재담은 "나는 토끼해 1891년에 태어난 사람이다. 아이막의 높은 곳, 길가에 살고 있었다.", "옛날에 셀렝게(Selenge) 장군이 호쇼의 사법기관이라는 곳에 있었다. 거기서 나는 어렸을 때 서기를 하고 있었다.", "우리 호쇼에는 옛날에 도둑들이 정말로 많았다." 등으로 시작된다. 이는 해당 이야기를 사실인 것으로 받아들이게 하는 효과가 있다.

하지만 무용담의 이야기가 실제 사실과 정확하게 일치할 필요는 없다. 무용담은 이야기꾼이 자신이 알고 있는 이야기를 더 흥미롭게 하기 위해 예술적인 기교를 덧붙이기 때문이다.

무용담은 구전되기 때문에 신화, 전설, 민담 등과 같이 구비문학에 포함되지만 회상담만이 가진 특징이 있다. 즉 무용담은 신화, 전설과 달리 주로 최근의 사건으로 이루어져 있다. 그리고 해당 시대 사람들의 세계관을 반영한다. 또한 무용담은 구전문학 중에서 최근에 일어난 사건을 가장 빨리 반영한다.

참고문헌 Ш.Гаадамба, Х.Сампилдэндэв(1988), *Монгол ардын аман зохиол*, ШУА. Хэл зохиолын хүрээлэн, Улаанбаатар. Х.Сампилдэндэв(2004), *Монгол зан үйл, аман зохиолын харьцуулсан судалгаа, Хэл зохиол*, International Institute for the Study of Nomadic Civilizations. Т.Баясгалан, Э.Жаргалмаа(2014), *Монгол хууч яриа, хошин шог яриа*, Улаанбаатар.

바야드 영웅서사시 Баяд тууль (Bayad tuuli)

바야드 부족에서 전해 내려오는 영웅서사시

바야드(Bayad) 부족은 몽골 서부 지역 옵스 아이막의 테스, 주운고비, 햐르가스, 말칭 솜에 거주했는데, 최근에 산업화, 도시 발전에 따라 수도 울란바타르나 다르항, 에르데네트 등 대도시에 집중되어 거주하고 있다. 또한 중국 신강성, 내몽골, 러시아의 부리야트, 칼묵공화국에 소수의 바야드인들이 살고 있다.

바야드족은 '장가르(Jangar)', '게세르(Geser)', '봄 에르덴(Bum Erdene)', '다니 후렐(Dani Khürel)', '항 하랑고이(Khan Kharangui)', '훌렉 에르덴(Khüleg erdene)', '에르겔 투르겔(Ergel türgel)', '히깅 후이텡 허흐 터머르 젭(Khiigiin khüiten khökh tömör zev)', '도윙 하르 바타르(Dovon khar baatar)', '달라인 샤르 보동(Dalain shar bodon)' 등 10여편의 영웅서사시들을 전승하고 있다.

참고문헌 ШУА, Хэл зохиолын хүрээлэн, Нүүдлийн соёл иргэншлийг судлах олон улсын хүрээлэн (2013), *Монгол тууль*, Улаанбаатар. Ш.Гаадамба, Д.Цэрэнсодном(1978), *Монгол ардын аман зохиолын дээж бичиг*, Улаанбаатар.

벨게 뎀베렐린 욱 Бэлгэ дэмбэрлийн үг (Belge demberliin üg)

공동체에서 하는 행사나 의식 또는 개인이 하는 일들이 잘 되기를 비는 내용을 담은 운문 형태의 짧은 시가 문학

'벨게 뎀베렐린 욱(belge demberliin üg)'은 덕담, 축원문을 뜻하는 몽골어로, '여럴(yerööl)'의 짧은 형태를 말한다. 즉 단편적인 덕담을 '벨게 뎀베를린 욱'이라 하고, 장편적인 덕담을 '여럴'이라고 한다. 여럴은 여럴치라는 전문적인 사람이 읊는 반면 벨게 뎀베렐린 욱은 아무나 할 수가 있다. 한국의 덕담과 비슷하다. 예를 들어 혼례 때 신랑 신부가 부모님께 절을 올리면, "사슴을 사냥하는 아들을 낳아라.", "단비 옷을 만들 딸을 얻어라." 등으로 덕담을 해 주는 것이

이다. 그러면 덕담을 받은 사람은 “기원대로 되기를 바랍니다.” 라는 답변을 한다.

이외에 양털을 두드리는 일을 하는 사람에게 “두드리는 막대기는 힘줄이 되고, 양털은 명주실이 되어라.” 라는 축원(길조어)을 하기도 하며, 나무를 존중해서 드리는 축원문인 “들판에 자란 나무, 오금에 자란 힘줄”이라는 덕담도 있다.

참고문헌 Р.Чүлтэмсүрэн (2015), *Монгол угсаатны аман зохиолын тойм*, Улаанбаатар. Р.Чүлтэмсүрэн(2006), *Монгол ардын аман зохиол //Утга зохиол шинжлэл*, II бүлэг, Улаанбаатар. Ш.Гаадамба, Х.Сампилдэндэв(1988), *Монгол ардын аман зохиол*, Улаанбаатар.

복드 산 막탈 ᠪᠣᠭᠳᠠ ᠠᠭᠤᠯᠠ ᠶᠢᠨ ᠮᠠᠭᠲᠠᠭᠠᠯ Богд уулын магтаал (Bogd uulyn magtaal)

울란바타르 남쪽에 있는 몽골인들의 성산인 복드산에 대한 찬가

몽골인들은 자신들의 고향을 무엇보다도 사랑하고 고귀하게 여겨왔는데, ‘복드산 찬가’는 이를 반영한 ‘올 오스니 막탈 (Uul usny magtaal, 산과 물(강, 호수)에 대한 찬가)’ 중의 하나이다. 이 막탈은 예로부터 복드 산이 신성한 지역이었음을 보여주며, 또한 자연에 대한 찬사 이외에도 특정 시기의 정치, 사회, 민중들의 생활 등을 찬미하는 구절들도 보인다. 이는 ‘올 오스니 막탈(Uul usny magtaal)’이 과거의 종교적 영향으로부터 완전히 벗어나 현실적인 묘사가 강해졌음을 보여주는 것이다. 또 민중들의 생활과 새로운 시기의 구조물들을 반영해서 내용적 측면으로도 풍부해졌는데, 자연의 아름다움을 표현하는 것뿐만 아니라 조국을 찬미하는 경향으로까지 확대되었다.

참고문헌 Д.Цэрэнсодном(2012), *Монгол аман зохиолын тайлбарт дээж бичиг*, Улаанбаатар. Ш.Гаадамба, Х.Сампилдэндэв(1988), *Монгол ардын аман зохиол*, Улаанбаатар.

불 기원 신화 ᠬᠦᠮᠦᠨ ᠦ ᠶᠢᠷᠲᠢᠨᠴᠦ ᠭᠠᠯᠲᠠᠢ ᠪᠣᠯᠤᠭᠰᠠᠨ ᠲᠤᠬᠠᠢ Хүний ертөнц галтай болсон тухай (Khünii yörtönts galtai bolson tukhai)

몽골에서 전해 내려오는 인간이 불을 갖게 된 연유를 담은 이야기

몽골에 전해 내려오는 불의 기원 신화는 두 가지가 있다. 하나는 천상에 존재하는 불이 지상으로 내려왔다는 전래설이고, 다른 하나는 돌과 쇠의 충돌에 의해 불이 생겨났다는 자생설이다. 불이 천상에서 전래되었다는 신화의 내용은 다음과 같다.

옛날 세상에는 불이 없었다. 그때 저녁마다 하늘을 보면 천상 세계의 사람들은 불을 가지고 있어서 수많은 빛이 있었다. 사람들은 그 불을 어떻게 하면 얻을 수 있을지 상의하였다. 사람은 날개가 없어서 천상에 갈 수 없고, 독수리를 보내면 몸짓이 커서 시간이 많이 걸릴 수 있을 것 같아 결국 제비를 보내기로 하였다. 제비는 빠르고 몸집도 작으니 시간도 얼마 걸리지 않고 불을 가져올 수 있다고 생각하였다.

제비가 천상에 도착하였을 때 마침 천상의 사람들은 저녁 음식을 만들고 있었다. 제비는 한 집(천막)의 윗 창문으로 들어가서 불씨를 입에 물고 위로 날아갔다. 불을 붙이면서 집게를 들고 있었던 여자가 불 도둑이라고 소리를 지르고는 제비의 꼬리를 집게로 집었다가는 놓쳐 버렸다. 제비의 꼬리가 갈라져 있는 것은 이 때문이다. 결국 제비는 이 세상 사람들에게 불씨를 가져다 주었다.

세상 밑에는 지하 세계가 있었다. 하루는 땅 위를 보니 불이 있었다. 지하 세계 사람들은 어디에서 불을 얻었느냐 물었다. 그들은 세상 사람들이 천상에서 불을 훔친 것을 알고, 그 불을 다시 훔치려고 불나비를 보냈다. 불나비는 불의 푸른 끝에서 훔쳐 지하 세계 사람들에게 전하였다. 그런데 그것은 불씨가 아니고 불의 푸른 끝이었기 때문에 지하 세계의 불은 그렇게 파랗게 되었다. 지금도 불나비가 밤에 불을 보고 달려드는 것은 불씨를 훔치려고 뛰어들기 때문이라고 한다.

이상의 몽골 신화는 불의 기원을 하늘에 두고, 매개자도 등장한다는 점에서 희랍신화의 프로메테우스가 하늘의 불을 훔쳐서 인간에게 가져다 주는 신화소와 유사성을 갖고 있다. 위의 몽골 신화와 유사한 신화가 미대륙의 인디언들 사이에도 전승되고 있다고 한다. 그 내용은 천상에서 훔쳐 온 불을 지하 세계인들도 훔치려고 등불 나비를 보냈다는 것이다. 이런 유형은 서아시아에서 동북아시아까지 분포되어 있다고 알려져 있다.

불의 자생설에 대한 신화는 몽골 부리야트족의 신화에서 확인할 수 있다. 몽골 부리야트족의 신화에서는 옛날에 번개가 치고 불이 나서 차가다이(Tsagaadai) 노인이 그 불을 취해 온 이후로 불이 생겼다고 한다.

몽골 고전문학 다른 자료에서도 불의 기원에 대한 이야기가 등장한다. 몽골인들은 불을 숭배하는 의식이 매우 강하다. 몽골에서는 불에 신이 존재한다고 믿고, 불의 신에게 제사를 지내는 습속이 지금까지 있는데, 이때 신에게 바치는 노래가 문헌으로 전해진다. 이 노래는 각 지방, 전승자에 따라서 변이가 심하다. 불의 신은 옹 갈 한(On Gal Khaan)이라고 한다. 그는 불꽃 위에 존재하며, 어머니는 돌이고 아버지는 쇠라고 한다.

주 내용은 다음과 같다.

항가이 항(Khangai khan: 몽골 중심부에 있는 산맥)이 낮은 때
하탕 바다(Khatan dalai: 王妃바다)가 늪이었을 때
하일라스(Khailaas: 신성성을 가진 나무) 나무가 싹 만할 때
하르차가(Kharchaga: 매) 새가 새끼였을 때
할타르 산양(Khaltar thekh: 산양 중에서 제일 힘이 센 양)이 새끼였을 때
하앙 에젱(Khaan ezen: 칸)이 충돌시킨
하탕 헤흐(Khatan khekh: 왕비마마)가 불어준
돌인 어머니
쇠인 아비를 가진
갈 갈라이항(Gal Galaikhan: 불의 여신) 어미에게
기름을 드린다.

이 노래에는 불의 기원이 돌과 쇠의 충돌에서 기인한 것이라는 인식을 담고 있다. 즉 불의 신의 부모(불의 기원)는 돌과 쇠라는 것이다. 돌과 쇠의 충돌에 의한 불의 기원 신화는 부시와 부싯돌의 충돌로 불을 얻었던 것과 관련이 있다. 불과 얼마 전까지도 몽골에서는 부싯돌을 사용해서 불을 일으켰다. 대체로 충돌에 의한 불의 기원 신화를 전하는 민족은 그들의 문화가 남성적이고 동적이라고 하며 마찰에 의한 불의 기원 신화를 전하는 민족은 정적이며 여성적인 문화를 가졌다고 한다.

참고문헌 Д.Цэрэнсодном(2012), *Монгол аман зохиолын тайлбарт дээж бичиг*, Улаанбаатар. 노로브냠(1999), 「한국과 몽골 창세 신화 비교연구」, 서울대학교 석사논문. 센덴자빈 돌람 지음, 이평래 역(2007), 『몽골 신화의 형상』, 태학사.

사냥 기원 제문 Ганзагын сан (Ganzagyn san)

사냥하기 전 제사를 지낼 때 사냥의 운을 기원하여 읊는 제문

사냥 기원 제문은 사냥을 나갈 때 행운을 빌며 축원하는 운문이다. 사냥 가기 전에 삶은 갈비뼈, 여우 피, 금색 실크와 비단 등을 안장에 올려놓고, 옆에는 네 개의 초를 켜서 네 개의 향을 태운다. 갈비뼈와 여우 피 등 재물들을 바치는 것은 신을 기쁘게 하기 위한 것이며, 안장 양쪽에 초를 켜는 것은 사냥 자루(사냥한 동물을 넣는 자루)를 정화하기 위함이다. 사냥의 운을 기원할 때는 사냥 자루를 찬양하는 내용을 담은 시를 먼저 읊고, 마지막에 사냥운을 기원한다.

사냥 기원 제문의 한 예를 들면 다음과 같다.

"부탁하는 많은 수렵물을
담을 수 있도록
성한 사냥자루가
향기로운 풀을 태워
성실하게 제사를 지낸다.
항상 사냥물을 담는
성한 사냥자루가
향기로운 풀을 태워
간절한 마음으로 제사를 지낸다.
모든 사람을 간절하게 하고
사냥물을 담는
성한 사냥자루가
칸께
따뜻한 얼굴을 가질 수 있도록
많은 사냥감을 보내 다오
왕께
평안하게 할 수 있도록
많은 사냥감을 보내 다오"

참고문헌 Д.Цэрэнсодном(2012), *Монгол аман зохиолын тайлбарт дээж бичиг*, Улаанбаатар. Ш.Гаадамба, Х.Сампилдэндэв(1988), *Монгол ардын аман зохиол*, Улаанбаатар.

사냥꾼 고수레 제문 Анчны цацлын үг (Anchny tsatslyn üg)

사냥꾼들이 사냥을 가기 전에 산에 고수레를 할 때 읊는 기원문

사냥꾼들은 사냥 가기 전에 산에 고수레를 올리고, 총에 대한 착복식을 하고, 사냥을 잘 할 수 있도록 제사를 지냈다. 부족 전체가 같이 사냥을 할 때는 사냥꾼들이 한군데 모여 사냥 운을 기원하는 제사를 지냈으며 혼자 사냥할 때도 강과 산에 제례를 올리고 축사를 했다. 사냥꾼의 고수레 때 하는 말의 시작과 끝에는 사냥하는 산에 대한 예찬이 있으며, 강과 산의 신에게 축복을 빌었다. 헙스걸 아이막 부렝톡토흐 솜 사냥꾼 고수레 제문을 보면

"서낭당 항가이온 세상과 수신들께 음식을 바치겠다."라고 하며 사냥운을 빌고,
"여덟 개의 통을 채워 달라."고 사냥감을 보내 줄 것을 기원하는 고수레를 하고 난 다음
"부렉항가이(Buregkhangai;山名) 모두
압자가항가이(Avzagakhangai;山名) 모두가
보살펴 달라."는 찬가를 한다.

참고문헌 Д.Цэрэнсодном(2012), *Монгол аман зохиолын тайлбарт дээж бичиг*, Улаанбаатар. Ш.Гаадамба, Х.Сампилдэндэв(1988), *Монгол ардын аман зохиол*, Улаанбаатар.

사냥꾼 막탈 Анчны магтаал (Anchny magtaal)

사냥꾼에 대한 찬미의 내용을 담은 찬가

사냥꾼 막탈에 다음과 같은 구절이 있다.

"엄청 큰짐승을
입을 열 순간에 사냥하고
빠른 영양을
뛰는 순간에 사냥하고
협동하는 친구들이란
씨족을 합치고
반드시 필요한 사냥을
알 하나로 쏜다."

참고문헌 Д.Цэрэнсодном(2012), *Монгол аман зохиолын тайлбарт дээж бичиг*, Улаанбаатар. Ш.Гаадамба, Х.Сампилдэндэв(1988), *Монгол ардын аман зохиол*, Улаанбаатар.

새에 대한 축시 Шувууны даллага (Shuvuuny dallaga)

철새들이 돌아오는 때에 복이 따라 들어오기를 기원하는 의식에서 읊는 시

몽골 유목민들은 늦봄과 초여름이 되는 달에 새에 대한 축시(shuvuuny dallaga), 낙타에 대한 축시(temeenii dallaga) 등 의식을 하는데, 이는 가축을 기르기 좋은 계절이 온 것에 대한 감사의 마음을 표현한 것이다.

옛 몽골인들은 철새가 따뜻한 계절을 가져다 준다고 믿었는데, 새가 온 후 좋은 계절이 되기 때문에 철새를 좋은 징조를 가진 동물이라고 귀하게 여기는 풍습을 가지고 있었다. 또 "돌아가는 새를 나와서 보지 말아라. 돌아올 새를 보고 들어오지 마라."라는 속담이 있는 것으로 볼 때, 철새가 돌아가는 것을 아쉬워했던 것으로 보인다. 의식을 행할 때 읊었던 축시의 내용은 다음과 같다.

"새하얀 백조가 돌아올 때는
눈 덮인 산이 녹을 때는
새하얀 황색 암말이 새끼를 낳을 때는
셀 수 없이 많은 축복이 오기를. 호라이 호라이"

봄에 가축이 잘 번식한 것에 대한 감사를 축시의 형태로 부른 것이다.

한편, 몽골인들은 새들 중에서 특히 백조를 숭배하는 풍습이 있었다. 백조는 다른 동물에게 해를 끼치지 않는 아름다움을 지닌 좋은 새로 인식되었다. 봄에 백조가 게르 위로 소리를 내며 지나가면 좋은 징조라고 생각했다. 그래서 그 해에는 우유로 만든 음식이 풍성한 여름이 된다고 믿는 풍습이 있었다. 이는 부족의 풍요에 대한 기원을 백조와 연관해 설명한 고대 사람들의 토템 신앙과도 연관된다고 볼 수 있다.

참고문헌 Д.Цэрэнсодном(2012), *Монгол аман зохиолын тайлбарт дээж бичиг*, Улаанбаатар. Ш.Гаадамба, Х.Сампилдэндэв(1988), *Монгол ардын аман зохиол*, Улаанбаатар.

서사요 Туульсын дуу (Tuulisyn duu)

특정 인물 및 동물의 사연과 역사적 사건을 담은 이야기

사건을 묘사하고, 이것으로 내용을 삼은 노래를 '서사요(톨리싱 도, tuulisyn duu)'라고 한다. 일반적인 사건을 담고 있는 서

사요(tuulisyn duu)에는 〈제르게네팅 암벽(Zeergenetiin shil)〉, 〈어미잃은 흰 새끼 낙타(Önchin tsagaan botgo)〉, 〈샬자트 바항 샤르가 말(Shalzat baakhan sharga)〉 등 몇몇 노래를 포함하고 있다.

이 노래는 고대의 서사시 전통에 바탕을 둔 신화와 관련한 서사요가 서로 주고받는(연극적인 특징을 지닌) 형식의 노래로 변화한 가요이다. 이 노래는 다양한 몽골 부족들 사이에서 여러 형태로 분파되었는데, 그중에는 중편소설, 민담의 형태를 지닌 것이 대부분이다. 예를 들어 두 마리의 얼룩덜룩한 말에 관한 노래와 관련한 여러 유형의 노래가 있다. 〈칭기스칸의 두 마리 자갈말 이야기(Ezen Bogd Chingis khaany er khoyor zagalyn tuuj)〉이라는 중편소설 형식의 노래, 〈두 마리의 훌륭한 말(khoyor sain mori)〉이라는 민담도 있다. 다른 버전의 민요 〈어미잃은 흰 새끼 낙타 (önchin tsagaan botgo)와 같은 제목과 내용을 가진 울게르(민담)도 전해진다. 아주 오래전 이야기로 전해지는 〈부상당한 병사의 유언(노래)〉이라는 장르는 부리야트 민간에서 전해진다. 〈금장칸국의 자작나무 목피에 새겨진 시(altan ordny üisen deerkh bichig)〉 등 오르도스에 전해지는 몇몇 노래도 여기에 해당된다.

이들 노래의 내용은 기본적으로 고대의 사냥꾼, 목자들의 사냥, 가축을 키우는 과정에서 발견하고 깨닫게 된 것, 놀랍고도 슬픈 역사적 경험들이다. 예를 들어, 〈어미 잃은 흰 새끼 낙타(Önchin tsagaan botgo)〉는 어떤 사연으로 고아가 된 새끼 낙타를 다른 암 낙타에게 보내면서 부르는 노래이다. 즉 다른 새끼를 낯설어하는 암낙타의 마음을 풀어주는 노랫가락이다. 이는 노래의 주술적 능력을 발견한 목축민의 노동 경험을 바탕으로 한 노래이다.

참고문헌 Ш.Гаадамба, Х.Сампилдэндэв(1988), *Монгол ардын аман зохиол*, ШУА, Хэл зохиолын хүрээлэн, Улаанбаатар. Д.Цэрэнсодном(2012), *Монгол аман зохиолын тайлбарт дээж бичиг*, Улаанбаатар. Ш.Гаадамба, Д.Цэрэнсодном(1978), *Монгол ардын аман зохиолын дээж бичиг*, Улаанбаатар.

서정요 Утга уянгын дуу (Utga uyangyn duu)

사람들의 일상생활과 마음이 노래의 형태로 구전되어 온 것

몽골 사람들의 일상과 거기에 담긴 마음이 노래의 형태로 구전되어 온 작품이 '서정요'이다. 자장가, 생활요(生活謠), 사랑가, 서정적 노동요 등이 여기에 속한다. 서정적 노동요(허덜머링 오잉가트 도, khödölmöriin uyangat duu)는 노동의 과정에 영향을 미치는 노동 구호의 일종으로, 아무 뜻이 없는 노래이다. 이 노래는 고대부터 시작되었으며 주로 감탄사(표어, 구호)로 이루어져 있다.

자장가(büüvein duu)는 아이들을 재우는 효과가 있는 노래이다.

"요람 속 자그마한 나의 아기 자장자장
배고파서 엄마를 부르는 거니 자장자장
자장자장 자장자장 자장자장"

또 '깅고(Giingoo)'는 말 경주에서 어린이 기수와 그의 주인의 마음에 용기를 북돋아주고 경주에서 이기라는 응원의 노래이다.

"기잉고오!
수만 마리 말 중에 선두로 오면 에
비단 고삐를 바치게 하네 에

수천 마리 말 중에 선두로 오면 에
곱게 꼬은 고삐를 바치게 하네 에"

생활요는 몽골의 민가(民歌)에서 가장 널리 알려진 노래들이며, 어느 특정 사회의 규칙과 관련되지 않고 모든 사람의 마음을 즐겁게 하는, 즉 일상생활과 관련된 보편적 노래들을 일컫는다.

생활요는 각 부류의 몽골 노래 중에서 가장 다양한 종류와 내용을 가지고 있는 아름다운 서정적 노래이다. 이에는 엘베렐 조름잉 도(Elberel jurmyn duu, 존경과 효도 관련 노래), 막탈 도(Magtaal duu, 찬양, 축복 관련 노래), 아므라깅 오잉가트 도(Amragiin uyangat duu, 사랑 관련 노래), 검덜 고닉잉 오잉가트 도(Gomdol gunigiin uyangat duu, 미움, 슬픔, 외로움 관련 노래), 허싱 셕 도(Khoshin shog duu, 풍자가) 등이 포함된다. 그뿐만 아니라 몽골 혁명 시기의 새로운 구조물들에 대한 다양한 문학 작품 및 노래도 포함된다.

몽골의 '사랑가(아므라깅 오양가트 도, Amragiin uyangat duu)'는 몽골의 민가(民歌)에서 널리 알려진 생활요(아지 바이들링 도, Aj baidlyn duu)의 일종이다. 사랑가는 몽골 민요 중에서 차지하는 비중이 제일 크다. 사랑의 감정, 소망, 사랑하는 사람에 대한 그리움 등이 아름다운 언어로 표현되어 있다.

"초생달 같은 눈썹
복숭아처럼 붉은 뺨
아름다운 여인
그냥저냥 살려 했는데
꿈에서 나타나 잊혀지지 않네."

또한 사람의 마음을 빼앗는 사랑의 힘에 대한 내용도 담고 있다.

"호수야 너는 얼어붙으려고 하느냐?
거위는 불쌍해서 어쩌나
남몰래 한 우리의 사랑"

이렇듯 몽골 민중의 사랑 노래는 아름다운 감정을 다양하게 드러낸다.

참고문헌 Ш.Гаадамба, Х.Сампилдэндэв(1988), *Монгол ардын аман зохиол*, ШУА. Хэл зохиолын хүрээлэн, Улаанбаатар. Д.Цэрэнсодном(2012), *Монгол аман зохиолын тайлбарт дээж бичиг*, Улаанбаатар. Ш.Гаадамба, Д.Цэрэнсодном(1978), *Монгол ардын аман зохиолын дээж бичиг*, Улаанбаатар.

수학적 타와르 ᠲᠣᠭᠠᠨ ᠤ ᠲᠠᠪᠠᠭᠠᠷ Тооны таавар (Toony taavar)

어린이와 청소년들의 수학 능력을 발달시키려는 목적으로 말로 하는 수수께끼 놀이

수학적 타와르는 어린이들의 수학적 사고 능력을 향상시키려는 목적으로 말로 하는 수학 놀이이다. 예를 들면 다음과 같다.

"하늘을 나는 거위 무리를 보고 땅에 앉아 있던 한 마리의 거위가 "100마리의 거위 평안하십니까?" 라고 안부를 물었다. 그때 날아갔던 거위가 "우리들은 100마리의 거위가 아니다. 그러나 우리 수만큼 수를 더하고, 다시 그 수의 반을 더하고, 또 반의 반을 더하고, 너를 더하면 우리들은 100마리의 거위가 된다." 라고 대답했다. 그러면 하늘을 나는 거위는 모두 몇 마리일까?

이때 몇 마리의 거위가 날아갔는가를 맞추어야 한다. 답은 36 마리의 거위이다.
$(36 + 36 = 72 + 18 = 90 + 9 = 99 + 1)$

"옛날에 노인과 젊은이 둘이 먼 여행을 떠났다. 젊은이는 밤마다 낙타를 돌보곤 했다. 어느 날 밤 젊은이는 "밀려오는 잠을 떨칠 수가 없어요. 어떻게 하면 좋죠?" 라고 노인에게 묻자, 노인은 "그러면 70마리의 낙타를 7개 말뚝에 홀수로 묶고서 자거라." 라고 했다. 젊은이는 노인의 말에 따라 낙타를 묶으려고 했는데 할 수 없었다. 이러다 보니 날이 밝았다고 한다. 그렇다면 70마리의 낙타를 홀수로 7개의 말뚝에 어떻게 맞출까?

수학적 타와르는 이야기를 통해 계산 방법 및 계산 능력을 키워 주는 좋은 놀이였고, 몽골에서 입에서 입으로 전승되어 온 구비문학의 한 영역을 차지하고 있다.

참고문헌 Ш.Гаадамба, Х.Сампилдэндэв(1988), *Монгол ардын аман зохиол*, Улаанбаатар. Д.Цэрэнсодном(2012), *Монгол аман зохиолын тайлбарт дээж бичиг*, Улаанбаатар.

아브타이 사인 한의 전설 Автай сайн ханы домог (Avtai sain khany domog)

할흐족의 통치자, 불교를 전파시키는 데 큰 역할을 한 아브타이 사인 한(Avtai sain khan)에 대한 이야기

16세기 후반부터 몽골의 봉건 귀족들은 각자의 영지에서 종교 전파에 적극적으로 힘을 쏟는다. 이는 순수한 신앙심에서라기보다는 불교를 이용해 봉건 귀족들간의 끊임없는 전쟁에 지친 민중들의 분노를 잠재우고 자신들의 지위를 격상시키려는 의도였다. 이 시기에 투메드(Tümed) 지역의 알탄 한(Altan khan), 할흐(Khalkh) 지역의 아브타이 사인 한(Avtai sain khan), 차하르(Tsakhar) 지역의 릭덴 한(Ligden khan), 오이라트(Oirad)의 자야반디다 남하이잠츠(Namkhaijamts)등 많은 영주들은 거의 동시에 적극적으로 민중들에게 불교를 전파하기 시작했다.

이 전설은 아브타이 사인 한이 불교를 따르게 된 이유, 티벳에서 고승을 모셔 온 일, 사원을 건립한 일, 몽골 불교의 첫 활불인 복드(bogd)의 탄생 등의 주제로 구성되어 있다. 전설의 내용은 다음과 같다.

아브타이 사인 한이 어느 날 사냥을 나갔는데 발이 붓게 되었다. 그래서 몽골에 온 두 명의 탁발승이 머물렀던 지역에 가서 그 발을 딛으니 붓기가 빠졌다. 이 일로 아브타이 사인 한은 불교를 믿게 되었고, 그는 티베트 불교의 중심지인 '바룽 조(Baruun zuu)' 사원에 가 보기로 결심한다. 아브타이 사인 한이 티베트에 오자 달라이 라마는 그를 두려워해서 다섯 마리의 황구(黃狗)를 풀어 놓았다. 그런데 아브타이 사인 한은 이 황구들과 같이 어울려 놀았다. 아브타이 사인 한이 몽골에 데려갈 라마 승려를 선택하기 위해 사원에 있던 승려들 주변으로 칼을 뽑아 들고 가자 모두들 놀라서 뒤로 물러났다. 결국 가장 뒤 끝편에 앉아 있던 보잘것없고 형편 없는 동자승에게까지 이르게 되었다. 또한 불상을 뽑으려고 승려들 주변으로 칼을 뽑아 들고 가자 다들 무서워 얼어붙은 것처럼 되었으나 대흑천(大黑天, 곰보 구르(Gombo gür))만이 조금 움직이니 아브타이 사인 한이 "이 불상만이 조금 생명이 있나보군."하며 이를 영접한다.

이 이야기는 모든 것에 영험하며 신비스러움을 갖춘 달라이 라마와 불상이 모두 평범한 한 영웅에게 두려움을 갖게 된 것을 묘사하고 있는데, 이는 종교의 허구적 가르침을 비판한 것으로 볼 수 있다. 아브타이 사인 한의 전설에 이같이 서로 대립되는 모습

이 보이는 것은 고대 몽골의 전통 종교인 샤머니즘과 새로운 종교인 불교[黄教]와의 갈등이 드러난 것이라 할 수 있다.

참고문헌 Д.Цэрэнсодном(2002), *Монголын уран зохиолын товч түүх*, Улаанбаатар. Ц.Дамдинсүрэн (1957), *Монголын уран зохиолын тойм*, Нэгдүгээр дэвтэр, Улаанбаатар. Х.Сампилдэндэв, Ш.Гаадамба (1988), *Монгол ардын аман зохиол*, Улаанбаатар.

악살 도 ᠠᠭᠰᠠᠯ ᠳᠠᠭᠤ Агсал дуу (Agsal duu)

토르고드(Torguud) 부족 연희에서 불러지는 노래

토르고드족 연희에서 꼭 부르는 노래가 '악살 도(Agsal duu)'이다. 옛날에 악살이라는 한 사나이가 살았는데, 그가 걸음을 딛을 때마다 한 바구니 크기의 바윗돌이 튕겨 나갔다고 한다. 그는 옅은 황갈색의 거친 조로(Joroo)말을 타는데, 그 모습이 아주 아름다웠다고 한다. 사람들은 몸을 양쪽으로 흔들며, 영웅의 걸음과 복장 등에 대해 노래하고 춤을 추며, 그가 타는 조로말의 움직임도 춤으로 표현한다. 노랫가사는 다음과 같다.

'거칠고 황갈색의 조로말이 있다네
그의 몸통 길이는 80발이라네
말들 중에서 으뜸이라네
알타이 지역 출신이라네...
현명한 자의 후손이네...
아름답고 헌칠한 사나이라네..'

등으로 주인공 악살과 그의 말을 칭송하는 내용이 주를 이룬다

참고문헌 Ш.Гаадамба, Х.Сампилдэндэв(1988), *Монгол ардын аман зохиол*, ШУА. Хэл зохиолын хүрээлэн, Улаанбаатар. Д.Цэрэнсодном(2012), *Монгол аман зохиолын тайлбарт дээж бичиг*, Улаанбаатар. Ш.Гаадамба, Д.Цэрэнсодном(1978), *Монгол ардын аман зохиолын дээж бичиг*, Улаанбаатар.

알랑고아 신화 ᠠᠯᠤᠩᠭᠣᠸᠠ ᠡᠬᠡ ᠶᠢᠨ ᠳᠣᠮᠣᠭ ᠤᠯᠢᠭᠡᠷ

Алунгоо эхийн домог үлгэр (Alungoo ekhiin domog ülger)

몽골에서 전해 내려오는 칭기스칸의 시조모 알롱고아에 관한 신화

알롱고아 신화는 칭기스칸의 시조 신화이다. 이 신화는 당시의 씨족과 국가의 기원을 구체적으로 반영하고 있다. 이방인 씨족에서 들어온 하인의 자식으로 인해 가족 내의 갈등 관계가 발생하는데, 알롱고아(Alungoo)는 지혜를 발휘해 '다섯 개의 화살'을 비유로 들어 가족과 후손들에게 교훈을 준다. 다섯 개의 화살과 싸리나무는 하나씩 있을 때는 누구나 쉽게 꺾을 수 있지만, 다섯 개를 모두 합쳤을 때는 쉽사리 꺾지 못한다는 내용이다. 이는 동북아를 포함해 전 세계에 널리 분포된 광포 설화이다.

『몽골비사』에는 몽골인들의 시왕모(始王母)인 알롱고아에 대해 다음과 같이 기록하고 있다.

... 형인 도와 소호르(Duva sokhor)는 아우 도본 메르겐(Dobun mergen)과 함께 보르칸 칼돈(Burkhan khaldun) 산 위로 올라갔다. 그곳에서 퉁겔리크(Tüngelig) 강을 따라 한 무리의 사람들이 자기들 쪽으로 오는 것을 발견했다. 도와 소호르는 이마 가운데 눈이 하나 더 있어서 남들보다 몇 배나 멀리 볼 수 있었다. 도와 소호르는 그 아름다운 여인이 미혼이라면 아우의 배필로 맞아 주겠다고 약속했다. 그리고 도본메르겐을 산 아래로 내려보냈는데, 마차 위에 자태가 뛰어난 미혼의 알롱고아가 앉아 있었다.

알롱고아의 아버지는 코리투메트(Khori

tumed) 부족의 귀족인 코릴라르타이 메르겐(Khorilardai mergen)이고, 어머니는 바르코진 고아(Bargujin goa)였다. 코릴라르타이 메르겐 가족이 살던 곳은 사냥감이 많은 축복받은 땅이었으나 더 이상 그곳에서 사냥을 할 수 없게 되었다. 코릴라르타이 메르겐은 사냥을 못하게 만든 코리 투메트 부족과 사이가 나빠졌고, 결국 그는 그들과 결별하고 코릴라르(Khorilar)라는 새로운 씨족을 만들었다. 코릴라르타이 메르겐이란 '코릴라르의 활을 잘 쏘는 사람'이란 뜻으로, '메르겐'이란 말은 보통 집단의 우두머리에게 붙이는 호칭이었다. 코릴라르타이 메르겐은 사냥감이 많은 보르칸 칼돈 산으로 방향을 잡았고 그 과정에서 그의 딸 알룽고아와 도본 메르겐 형제가 만나게 된 것이다.

알룽고아는 도본 메르겐과 결혼해서 두 아들을 얻었고 세월이 흘러 도본 메르겐은 세상을 떠났다. 이후 알룽고아는 아들 셋을 더 낳게 되었다. 그런데 집에는 알룽고아와 아들 오형제를 제외하고 남자라고는 도본 메르겐이 데려온 노예 한 명이 있을 뿐이었다. 장남과 차남은 어머니와 노예 사이를 의심해서 "동생들은 저 노예놈의 후레자식이다!"라고 수군거리기 시작했다.

알룽고아는 다섯 형제를 한자리에 불러모았다. 그리고 장남과 차남에게 세 아우가 아비 없이 태어난 출생의 비밀에 관해 다음과 같이 설명한다.

"날마다 밝은 금빛색을 띤 사람이
게르의 천장에 난 창문을 통해
빛처럼 들어와
내 배를 비볐다.
빛이 나의 배 안으로 스며 들어왔다.
해가 뜨고 달이 질 무렵이 되어서야
금빛 사람은 노란 개처럼 서둘러 나갔다.
아버지 없이 낳았다는 이 아들들은
하늘의 아들들
너희들은 어떻게
이 세 아이를 평민들과 비교하는가.
나중에 이들 가운데 칸(Khan)이 나오면
그때야 너희들은 이들의 내력을 알게 되리라."

알룽고아는 아들들에게 화살을 각각 하나씩 나누어 주면서 부러뜨리라고 하였다. 아들들은 모두 화살을 쉽게 부러뜨렸다. 알룽고아는 쉽게 부러지는 화살을 빗대어 불화에 빠진 형제들을 질책하였다. 알룽고아는 화살 다섯 개를 모두 합친 후 다시 그것을 부러뜨려 보라고 하였다. 다섯 형제 모두 화살을 부러뜨리지 못하였다. 알룽고아는 쉽게 부러지지 않는 화살들을 가리키며 형제의 화합을 강조하였다...

알룽고아의 다섯 아들 가운데 막내는 보돈차르몽학(Bodonchar munkhag)인데, 그가 바로 '테무진(Temujin)', 즉 '칭기스칸'의 시조가 된다. 이러한 연유로 알룽고아는 몽골 민족의 시왕모(始王母)로 숭배되고 있다.

참고문헌 Ц.Дамдинсүрэн (1957), *Монголын уран зохиолын тойм*, Нэгдүгээр дэвтэр, Улаанбаатар. Ш.Гаадамба, Х.Сампилдэндэв(1988), *Монгол ардын аман зохиол*, ШУА. Хэл зохиолын хүрээлэн, Улаанбаатар. 「알랑 고아, 곱디 곱던 그 여인」(2007/07/27, in 역사이야기) 몽골 이야기.

알타이 막탈 ᠠᠯᠲᠠᠢ ᠶᠢᠨ ᠮᠠᠭᠲᠠᠭᠠᠯ Алтайн магтаал (Altain magtaal)

산과 물에 대한 찬가(Uul usny magtaal) 중의 하나로 알타이 산의 아름다움을 묘사하고 찬미하는 노래

몽골인들이 자연을 귀하게 여겨온 전통은 산과 강물에 대한 찬가, 즉 올 오스니 막탈

(Uul usny magtaal)에 반영되어 있다. 알타이(Altai), 항가이(Khangai), 헹티(Khentii), 이흐 복드(Ikh Bogd), 고르왕 사이항(Gurvan Saikhan), 한 허히(Khan Khökhii) 등 몽골 전역에 걸쳐 있는 유명한 산과 강물에 대한 시와 찬가들이 바로 그것이다. 산과 물(강, 호수)에 대한 찬가의 기원은 산과 물의 주인인 '사브닥(savdag)'과 '로스(lus)'를 칭송하고 그들에게 보호를 바라는 목적에서 생겨났다. 또 산의 오보(ovoo) 숭배 풍습과도 관련이 있다.

자연의 지배에 운명을 맡겼던 옛 사람들은 산과 물 등 자연현상에 보이지 않는 주인인 '사브닥과 로스'가 있는 것으로 믿었다. 그래서 신들을 즐겁게 하려고 칭송하고, 오보에 제례를 지내며 찬사를 읊었다. 후대에 종교적 요소가 점점 배제되면서 객관적 아름다움을 사실적으로 묘사하며 조국을 찬미하는 경향으로 변모하게 되었다.

서부 지역 토올 연행자들은 연행 전에는 알타이 막탈을 한다. 알타이 막탈을 하지 않고 토올을 부르는 것을 금기시하기도 한다. 알타이 산신 알리야 홍고르(Alia khongor)가 오면 집안과 밖에 향로를 피우고, 고수레를 한다. 그 내용은 다음과 같다.

"알타이의 13봉우리는 솟아
앞과 뒤에서 서로 받치고
골짜기마다 약수가 솟아나고
향나무, 봉나무의 향기로움
알록달록 꽃들이 군데군데
사과와 열매가 빨갛게 열려
금과 은, 보석돌이 반짝이며
산 뒤의 울창한 숲에
노루와 밍크, 담비가
마주 뛰어다닌다네..."

토올치는 사냥을 풍부하게 하는 산, 강, 삼림, 초원, 고비, 항가이, 바위, 호수, 약수, 야생동물, 식물, 열매 등을 칭송한다.

"죽음도 없고 가난도 없고
위에서 괴롭히는 왕이 없이
옆에서 쳐들어올 적이 없이
편안하게 잘 산다"

오리앙하이 토올치들이 알타이 막탈을 부르게 된 이유에 대하여 다음과 같은 전설이 전해진다.

옛날에 토올치, 사냥꾼, 점쟁이 셋이 먼 산속으로 사냥을 갔다. 여러 날 사냥감을 찾았지만 아무 것도 찾지 못했다. 세 사람은 기분이 좋지 않아 어느 날 일찍 거처로 내려와 밥을 먹고 잠자리에 누웠다. 그런데 사냥꾼과 점쟁이 두 사람이 토올치에게 토올을 불러달라고 부탁했다. 토올치는 두 사람의 부탁으로 한 토올을 불렀는데 주변의 여러 야생 동물들, 산신들 등이 모여들어 토올치의 토올을 진지하게 들었다. 동물들은 토올치의 가슴, 머리, 귀, 코 위에 앉아 토올을 재미있게 듣고 있었는데, 한쪽 다리가 불편한 할머니 한 분이 와서 토올을 함께 듣고자 하였다. 그러나 그 할머니는 앉을 자리가 없었다. 그래서 할머니가 토올치의 가슴 위로 올라갔다가 코 위로 올라가고, 그러다가 그만 떨어지게 되었다. 이 모습을 보고 점쟁이가 웃어버렸다. 그런데 토올치는 화를 내며 왜 나를 흉보느냐고 하면서 토올 부르기를 그만두고 잠자리에 들었다. 토올을 흥미롭게 듣던 여러 동물들도 한쪽 다리가 불편한 할머니에게 화를 내며, "내일 너의 검은 수사슴을 이들에게 주겠다."고 말하고 모두 사라졌다. 점쟁이가 이 말을 듣고 토올치와 사냥꾼에게 그 말을 전했다. 세 사람은 기분 좋게 잠이 들었다. 그 다음날 세 사람은 아침 일찍 사냥을 나섰고, 바로 큰 사슴 한 마리를 잡았다.

참고문헌 Х.Сампилдэндэв, Ш.Гаадамба(1988), *Монгол ардын аман зохиол*, Улаанбаатар. Х.Сампилдэндэв(2004), Монгол зан үйл, аман зохиолын харьцуулсан судалгаа, *Хэл зохиол*, International Institute for the Study of Nomadic Civilizations

알타이의 창세 신화

Уулын Алтайн хүний гарал үүслийн домог (Uuliin Altain khünii garal üüsliin domog)

알타이에서 전해 내려오는 인간 창조 신화

알타이의 신화에서는 공통적으로 인간의 기원에 대해서 대체로 흙으로 사람을 창조하였다는 것이 주 내용을 이룬다. 이런 내용은 알타이 타타르족의 인간 창조 신화에서도 나타난다.

하느님이 흙으로 사람을 만들고 사람에게 넣어 줄 숨[氣]을 가지러 하늘로 올라가면서 개에게 사람을 지키고 있으라고 하였다. 하느님이 간 후에 악마 에를릭이 와서 개에게 말하였다. "개야, 사람을 보게 해 주면 네게 황금처럼 누런 털가죽 옷을 주마." 그래서 개는 악마에게 사람을 보여 주었다. 악마는 사람을 구경하다가 침을 뱉어 더럽혔다. 하느님이 와서 보니 사람이 더럽혀져 있었다. 하느님은 사람의 안팎을 뒤집어 놓았다. 사람이 겉은 환하면서도 속이 더러운 것은 그 때문이다.

참고문헌 박시인(1994), 『알타이 신화』, 청노루. 노로브냠(1999), 「한국과 몽골 창세 신화 비교연구」, 서울대학교 석사논문.

알탕 고르갈다이 서사시

Алтан гургалдай (Altan gurgaldai)

할흐 부족에서 전해 내려오는 영웅서사시의 하나

알탕 고르갈다이의 서사 단락을 정리하면 다음과 같다.

① 알탕 고르갈다이는 서쪽 대륙을 거느리며 살고 있었다. 그는 많은 가축을 키우며 아름다운 부인과 살았다.
② 알탕 고르갈다이는 한번 잠들면 삼 년 동안 잠을 잔다.
③ 서북쪽 지방을 통치하는 비데르 하르 노용이 알탕 고르갈다이를 죽이러 온다.
④ 비데르 하르 노용이 알탕 고르갈다이의 큰 보루말을 잡고 타니 보루말이 비데르 하르 노용을 떨어뜨리고 흰 풀로 변신하여 집을 찾아온다.
⑤ 비데르 하르 노용이 동생 보루말을 겨우 잡아타니 작은 보루말이 비테르 하르 노용의 집 문 앞까지 달려가서 문 앞에 비데르 하르 노용을 떨어뜨린다.
⑥ 비데르 하르 노용의 300명의 병사와 33명의 대장들은 작은 보루말을 힘겹게 잡아 가둬 둔다.
⑦ 큰 보루말이 원래의 모습을 찾아 집 밖에서 울고, 알탕 고르갈다이의 부인 체쳉 고아(tsetsen goa) 선녀가 알탕 고르갈다이를 며칠 동안 깨운다.
⑧ 알탕 고르갈다이가 깨어나서 부인과 말을 나무란다.
⑨ 알탕 고르갈다이가 부인을 달래고, 비데르 하르 노용을 찾아가기로 한다.
⑩ 부인이 멀리 떠나는 사람에게 어머니의 저고리가 필요하다고 주지만 알탕 고르갈

다이가 여자의 옷을 갖고 가지 않는다고 한다.

⑪ 형의 집에 가는데 올케가 알탕 고르갈다이의 얼굴을 보고 울고, 뒤로 보고 웃으며 작별 인사를 한다.

⑫ 알탕 고르갈다이가 길을 떠나는데, 알탕 고르갈다이의 말 떼를 관리하는 악살다이 노인이 쫓아온다. 작별 인사하면서 알탕 고르갈다이의 어머니 저고리를 몰래 안장 밑에 숨겨 두고, 체첸 고아 부인이 임신한 사실을 전하고 돌아간다.

⑬ 알탕 고르갈다이가 가는 길에 빨간 목의 검은 새(비데르 하르 노용의 사자)를 만나 쏜다. 이때 어머니의 저고리를 발견해서 석인상 위에 놓고 간다.

⑭ 비데르 하르 노용의 고향에 도착하자 알탕 고르갈다이는 보루 망아지를 탄 못난이로 변신하여 그 마을을 탐색한다.

⑮ 비데르 하르 노용이 알탕 고르갈다이를 죽이려 나서지만, 알탕 고르갈다이가 마중해서 없앤다.

⑯ 돌아가는 길에 독물이 끓는 뜨거운 바다를 건너갈 때 큰 보루 말이 죽는다.

⑰ 작은 보루 말이 찾아온다.

⑱ 천둥 번개 치며 위기가 온다. 보루색 작은 말이 알려 준 대로 어머니의 저고리를 찾아 입고 위기를 넘긴다.

⑲ 고향에 도착해서 집을 찾아가는데 집터만 있고 말뚝에서 부인의 글을 발견한다. 화로가 놓인 자리를 파 보고 불씨가 꺼졌으면 오지 말고 불씨가 살아 있으면 찾아오라는 부인의 글을 발견한다.

⑳ 알탕 고르갈다이가 못난이로 변신하여 머리가 95개 달린 엔드게르 하르와 망가스의 머리가 25, 35, 45개씩 달린 동생 괴물들을 순서대로 없앤다.

㉑ 엔드게르 하르 망가스 집 뒷산에서 망가스의 동생들이 알려 준 망가스의 영(靈)이 깃든 7마리의 까마귀와, 2마리의 송골매를 죽이고 나서 엔드게르 하르 망가스를 없앤다.

㉒ 알탕 고르갈다이가 원래의 모습으로 변신하여 부인을 찾아 망가스의 주민과 가축을 이끌어 고향에 돌아와서 잔치를 벌이고 행복하게 잘 산다.

알탕 고르갈다이 영웅서사시의 등장인물은 알탕 고르갈다이와 그의 부인, 보조자인 악살다이 노인과 형제인 크고 작은 보루말 두 마리이다. 이들과 대립하는 인물은 비데르 하르 노용, 머리가 25개인 허트거르 하르, 머리가 35개인 고낭 하르, 머리가 45개인 더넝 하르, 머리가 95개인 엔드게르 하르 등 망가스 4형제가 등장한다.

주인공인 알탕 고르갈다이는 몽골 영웅서사시에서 흔히 보이는 영웅의 모습을 그대로 보여준다. 알탕 고르갈다이는 주술적인 힘과 인간적인 힘을 두루 갖춘 인물이다. 주인공의 주술적인 힘은 이야기의 여러 곳에서 관찰된다. 서쪽 지방을 장악해서 태어난 알탕 고르갈다이는 한번 자면 3년 동안 잠을 자고 깨어나면 3년 동안 잠을 자지 않는 거인적인 성격을 지닌 인물이다. 그가 큰 보루말을 타고 가면 그의 말발굽에서 일어난 먼지에 사람들이 길을 잃고 헤맬 정도이다. 또한 비데르 하르 노용의 쏜 화살이 알탕 고르갈다이의 가슴을 관통하지만 앞산과 뒷산으로 구멍을 막고 하루 안에 낫게 하는 약을 바르고 일어서는 등 주술적인 실력을 발휘한다. 또한 그는 변신술을 쓸 줄 안다. 자기가 타는 준마를 비루먹은 망아지로, 본인은 보잘것없는 아이로 변신시키는 능력을 발휘한다.

알탕 고르갈다이는 또한 대단한 인간적인 힘을 자랑하는 인물이다. 그는 비데르 하르 노용의 3백 명의 군인과 33명의 장사들의 머리를 화살 한 발에 맞춰 죽이고, 머리가 여러 개가 달린 괴물들을 힘으로 눌러 물리치기도 한다. 알탕 고르갈다이 영웅서사시는 전형적인 영웅의 이야기로, 알탕 고르갈다이는 자신의 능력을 발휘하여 괴물이나 침략자를 물리치고 주민들을 편하게 살 수 있게 해주고 영웅으로 인정받는다.

한편 알탕 고르갈다이의 부인인 체쳉 고아 선녀는 미모가 뛰어나고, 앞일을 미리 예언할 수 있는 능력을 지니고 있다. 체쳉 고아는 '그녀가 이쪽을 바라보면 이 곳은 해와 달보다 더 환해지고, 저쪽을 바라보면 저 산이 빛나는' 아름다운 미모를 갖고 있다. 또한 그녀는 알탕 고르갈다이가 길을 떠날 때 '어머니의 저고리를 가지고 가서' 위기를 넘길 수 있는 방법을 제시해 주거나, 괴물에게 잡혔을 때 빠져나올 수 있는 방법을 알탕 고르갈다이에게 알려 주는 등 미래를 예지할 수 있는 능력을 갖고 있다. 즉 영웅을 수호하거나 영웅으로 추대 받을 수 있도록 도와주는 존재로 묘사된다.

알탕 고르갈다이 영웅서사시에서 적대적 인물로는 비데르 하르 노용과 머리가 25개, 35개, 45개, 95개 달린 네 명의 형제 망가스가 등장한다. 네 형제 망가스는 일반적으로 몽골 영웅서사시에서 영웅의 적대자로 나타나서 영웅과 대결하는 그 망가스이다. 망가스의 머릿수는 한 개부터 시작해서 수십개로 설정되어 있어 그의 거인성과 위력을 극대화한다. 망가스는 몸집이 크고, 손톱과 발톱이 쇠갈고리처럼 자라고, 4개의 송곳니가 옆으로 엉켜서 세워진 못생긴 거인적인 존재이다. 망가스는 또한 변신술을 잘 부릴 줄 아는 존재이다. 망가스는 동물, 식물, 인간, 무생물 등 다양한 모습으로 변신하는데, 망가스 스스로가 직접 변신하는 경우도 있지만 여러 화신의 형태로 변신하기도 한다.

알탕 고르갈다이에서 제일 힘센 95개의 머리를 가진 엔데그르 하르 망가스의 혼은 뒷산에 있는 보라매 두 마리와 까마귀 일곱마리다. 또한 그의 침대 베개 위에 있는 은상자, 그 안에 금상자, 그 안에 산호상자, 그 안에 노닐고 있는 금은 한 쌍의 물고기이다. 망가스의 오른쪽 어깨에 그릇 만한 크기의 붉은 반점에 있는데, 이것을 없애야 망가스를 없앨 수 있다. 이런 점들은 망가스도 신적인 존재로 그려지고 있다는 것을 보여 준다. 다만 그가 영웅과 구별되는 점은 인간에 해를 끼친다는 점이다.

비교적 고대식 특성을 보이는 단편 영웅서사시나 설화에서는 망가스가 나타나는 모습을 '검은 연기를 내뿜고, 어두운 안개가 끼고, 눈보라가 치고, 돌 우박 떨어지고, 햇빛이 사라지고, 고난이 닥친다'고 표현하고 있다. 망가스의 원형은 고대인들이 자연재해를 인식하는 데에서 비롯되었다고 보고 있다.

비데르 하르 노용은 알탕 고르갈다이가 3년 동안 잠자는 틈을 타서 알탕 고르갈다이를 없애고 부인과 자식을 불때는 쇠꼬챙이로 만들고, 그의 주민과 가축으로 자신의 재산을 늘리려고 찾아오지만 두 마리 보루말을 이기지 못하고 집에 돌아간다. 비데르 하르 노용은 알탕 고르갈다이의 약점을 찾아서 이득을 얻으려는 비겁한 인물로 묘사되긴 하지만 그도 보통 인물이 아닌 75의 하늘에 기원을 둔 신적인 존재이다. 그는 본인을 징치하러 오는 알탕 고르갈다이에게 사자인 붉은 목의 까만 새를 보내서 고난을 겪게 하고, 죽은 후에도 알탕 고르갈다이를 번개로 쳐서 죽이려고도 한다. 이는 몽골 무속인 전설에서 흔히 보이는 능력이다. 비데르 하르 노용은 알탕 고르갈다이와 대립적인 인물로 이 서사시에 묘사되어 패배하게 되었지만 그도 역시 알탕 고르갈다이와 같은 영웅이다.

참고문헌 노로브냠(2015), 「성주풀이와 알탕 고르갈다이의 비교」, 동방문학비교연구회 학술회의. ШУА, Хэл зохиолын хүрээлэн, Нүүдлийн соёл иргэншлийг судлах олон улсын хүрээлэн (2013), *Монгол тууль*, Улаанбаатар. Ш.Гаадамба, Д.Цэрэнсодном(1978), *Монгол ардын аман зохиолын дээж бичиг*, Улаанбаатар.

야쿠트의 창세 신화 ᠶᠠᠻᠤᠲ ᠤᠨ ᠡᠷᠲᠡᠮᠴᠦ ᠶᠢᠨ ᠭᠠᠷᠤᠯ ᠦᠭᠡᠰᠦᠯ ᠦᠨ ᠳᠣᠮᠣᠭ Якутын ертөнцийн гарал үүслийн домог (Yakutyn yörtönciin garal üüsliin domog)

야쿠트에서 전해 내려오는 천지와 인간의 창조에 대한 신화

시베리아 동북쪽에 사는 야쿠트족의 창세 신화는 다음과 같다.

옛날에 하느님 이린 아지 토존(Yryn Ajy Tojon)이 넓은 바다 위에 고기의 부레 같은 것이 떠 있는 것을 보고 물었다. "너는 어디에서 온 누구냐?" 그러자 "나는 바다 밑에 사는 귀신이다." 라고 하였다. 그래서 하느님은 "바다 밑에 땅이 있다면 조금만 가져오너라." 라고 하였다. 귀신은 물속에 들어가 흙을 가지고 나와서 하느님에게 주었다. 하느님은 그 흙을 바닷물 위에 띄워 놓고 그 위에 앉았다. 귀신은 하느님을 바다에 빠뜨리려고 흙을 차고 밟았다. 하느님은 "흙아, 커져라. 커져서 땅이 되어라." 라고 하였다. 그러자 흙이 점점 커져서 큰 땅이 되었다. 땅에 산과 골짜기가 있고 울퉁불퉁한 것은 귀신이 차고 밟은 자리이다.

하느님 이린 아지 토존은 땅을 만든 후에 돌로 사람 형상을 만들었다. 그리고 사람에게 지키고 있으라고 하고 사람 형상들에게 넣어 줄 숨을 가지러 하늘로 올라갔다. 그 후에 악마가 나타나 지키고 있는 사람에게 닳지도 않고 갈아 입을 걱정도 없는 좋은 털옷을 줄 테니 돌로 만든 사람 형상을 보게 해 달라고 말하였다. 그러자 사람은 승낙하였다. 악마는 사람 형상을 보다가 똥을 누어 칠해 놓았다. 하느님이 와서 지키고 있던 사람을 개로 만들고 사람 형상의 안팎을 뒤집어 놓았다. 사람 속이 똥처럼 더러운 것은 그 때문이다.

동북아시아, 중앙아시아와 시베리아 일대, 서북유럽까지 알타이인들의 이동로를 따라 이상과 같은 내용의 신화가 널리 퍼져 있다. 이들 신화는 한결같이 땅을 만든 높은 이와 귀신이나 악마 등 물속에 들어가서 땅을 만들 흙을 가지고 나온 낮은 협조자인 두 신에 의해서 땅이 창조된다는 것을 서술하였다.

알타이어족의 '흙으로 인간을 창조하는' 인간 창조 화소의 특징은 인간의 창조와 더불어 '개'가 등장하는 것이다. 개의 기원에 대해 몽골 신화에서는 '흙으로 만든 사람의 몸에서 떨어진 흙이 개가 되었다'고 한다. 또한 노인들의 이야기로는 '사람의 몸은 흙이고 거기에서 개가 떨어져 나왔으니 사람의 뼈와 개의 뼈가 똑같다. 그래서 사람의 다친 뼈에 개 뼈가 좋다'고 한다. 이것은 수렵과 유목 그리고 환경 조건에 따라서 개를 중요시 여겼던 사회의 반영이라고 볼 수 있다.

참고문헌 박시인(1994), 『알타이 신화』, 청노루. 노로브냠(1999), 「한국과 몽골 창세 신화 비교연구」, 서울대학교 석사논문.

언어유희

Тоглоом наадмын зугаа үг (Togloom naadmyn zugaa ug)

서로 말을 겨루거나 말을 이어나가는 등 서로 말을 주고 받으며 하는 놀이

'놀이 연희(Ardyn jüjig naadam)'는 의례의 범위에서 발생했지만, 예술적인 목적을 가지고 변화, 발전했다. 예를 들어 '호르치(마두금 연주가)들의 지혜를 겨루는 말(khuurchdyn tsets bulaaldakh üg)', '아이들의 말겨루기 시(khüükhdiin dairaltsaany shüleg)' 등이 그것이다. 이들은 주고받는 말을 통해 지혜를 겨루는데, 여기에는 드라마적인 요소, 즉 극적인 형태가 존재한다. 그 중 '아이들의 말겨루기 시(khüükhdiin dairaltsaany shüleg)'는 한 사람이 현악기, 피리 같은 악기를 연주하고 그의 멜로디에 맞추어 두 어린이가 차례를 바꾸어 서로 논쟁을 하며 지혜를 겨루는 예술적인 형태의 시이다. 여기에는 주로 10대 어린이들이 참가한다.

일반적으로 이런 말겨루기에서는 상대방을 공격하고 무시하는 것을 허용하는데, 이는 지식을 동원하고 힘을 다해 경쟁하게 하는 하나의 방법이다.

참고문헌 Д.Цэрэнсодном(2012), *Монгол аман зохиолын тайлбарт дээж бичиг*, Улаанбаатар. Ш.Гаадамба, Х.Сампилдэндэв(1988), *Монгол ардын аман зохиол*, Улаанбаатар.

언어적 타와르(말 놀이)

Хэл зүйн таавар (Khel züin taavar)

아이들의 언어 능력을 발달시키기 위해 말로 하는 수수께끼 놀이

언어적 타와르 놀이는 몽골어를 중심으로 어휘나 일상생활 지식을 교육하는 운문 형태의 단어 맞추기 놀이이다. 예를 들면 "가축의 신체 중 '하이'가 들어간 낱말 8개를 찾으면?", "'지'가 들어간 낱말 네 개를 찾으면?" 등의 말놀이 형태로 문제를 제기한다.

가축의 신체 기관 중에서 8개의 '하이(khai)'는 머리에 있는 차마르하이(chamarkhai), 내장에 있는 차차르하이(chacarkhai), 창자에 있는 호찌르하이(khujirkhai), 창자에 있는 볼치르하이(bulchirkhai), 흉곽에 있는 아욜하이(ayulkhai), 지방에 있는 오일랑하이(uilankhai), 파여 있는 오하르하이(ukharkhai), 문양을 이루는 토랑하이(tuurankhai)이다. 또한 '지'가 들어간 4개의 낱말은 입안에 있는 '잡지(zavj)', 골반에 있는 '수지(süüj)', 핏속에 있는 '너지(nöj)', 뱃속에 있는 '셈지(semj)'이다.

언어적 타와르 놀이는 단어 맞추기를 통해 단어의 어간, 어근, 형태소, 접미사 등을 알게 하고, 단어의 구조를 이해시키는 것을 목적으로 한다. 또한 문법적 지식 외에도 가축의 신체 기관에 대한 해부학적인 지식을 터득하게 하려는 목적도 가지고 있다.

참고문헌 Ш.Гаадамба, Х.Сампилдэндэв(1988), *Монгол ардын аман зохиол*, Улаанбаатар. Д.Цэрэнсодном(2012), *Монгол аман зохиолын тайлбарт дээж бичиг*, Улаанбаатар.

에스기 여럴[양모 축원]

Эсгийн ерөөл (Esgiin yerööl)

게르를 덮는 양모를 기리는 덕담 형식의 시가 문학

'에스기(Esgii, 양모, 펠트)'는 몽골의 주거

인 게르의 덮개를 만드는 주 원료이다. 그러므로 에스기는 몽골인의 일상생활 문화에서 중요한 역할을 한다. 몽골에서는 오래 전부터 에스기를 기리는 여럴이 전해져 내려오는데, 에스기를 만드는 의식을 행할 때 읊는다. 다음은 에스기 여럴의 한 예이다.

"흰 양모는 흠 없고
울퉁불퉁하지 않게
눈보다 하얗고
뼈보다 탄탄하고
얼음보다 매끄럽고
은보다 가치 있고
오래오래 쓸 수 있게..
조개껍질처럼 빛나고
비단처럼 부드럽게 되기를.."

에스기 여럴에는 에스기에 대한 희망 사항, 에스기를 만드는 과정, 에스기를 만드는 가문에 대한 축사 등의 내용을 담고 있다.

참고문헌 Д.Цэрэнсодном(2012), *Монгол аман зохиолын тайлбарт дээж бичиг*, Улаанбаатар. Ш.Гаадамба, Х.Сампилдэндэв(1988), *Монгол ардын аман зохиол*, Улаанбаатар.

에투겐 에흐 ᠡᠲᠦᠭᠡᠨ ᠡᠬᠡ Этүгэн эх (Etügen ekh)

대지의 여신. 멍흐 텡게르(mönkh tenger)와 더불어 모든 생명체를 창조한 어머니 신으로 몽골 신화에서 등장한다.

신화가 발생한 초창기에 사람들은 자연 속의 사물이나 현상을 동물로 그리거나 의인화하였다. 에투겐 에흐(대지의 어머니)는 이러한 사고가 반영된 신화이다. 몽골인은 인간에게 풍요로움을 주는 대지를 '주름진(흙이 있는) 대지', '주름진 대지의 어머니' 또는 '갈색 대지'로 묘사하고 있다. 옛 몽골인들이 대지를 어머니로 묘사하는 이유는 대지가 자연에 존재하는 만물에 생명을 부여하고 번식시키는 한편, 그들을 자라나게 하고 꽃피우게 하는 놀랍고 신비로운 능력을 가지고 있기 때문이다. 몽골 신화 발전의 초창기에는 우주의 발생 시기를 대지와 물, 두 가지로 표현하였다. 예컨대, 구전 자료와 문헌 자료에는 몽골의 신화 시기가 "젖의 바다가 아직 진흙 수렁일 적에, 숨베르산(須彌山)이 아직 작은 봉우리일 적에"로 묘사되어 있다. 반면에 『몽골비사』는 이 시기를 "갈색 대지가 흙덩어리만할 때부터, 바다와 큰 강이 개울만 한 때부터"라고 노래하고 있다.

참고문헌 С.Дулам(2007), *Монголын домог зүйн дүр*, Улаанбаатар. 센덴자빈돌람저, 이평래역(2007), 『몽골 신화의 형상』, 태학사. П.Хорлоо, С.Дулам(1999), *Монгол ардын зан үйлийн хэлхээ*, ШУА ХЗХ, Адмон. Х.Сампилдэндэв(2004), Монгол зан үйл, аман зохиолын харьцуулсан судалгаа, *Хэл зохиол*, International Institute for the Study of Nomadic Civilizations.

여럴(축원시) ᠶᠥᠷᠦᠭᠡᠯ Ерөөл (Yerööl)

공동체에서 하는 행사나 의식 또는 개인이 하는 일들이 잘 되기를 기원하는 내용을 담은 운문 문학

'여럴(yerööl)'은 덕담을 뜻하는 몽골어로, 한두 행으로부터 수천 행으로 이루어지는 몽골 시가 문학 장르이다. 특별히 짧은 덕담을 '벨게 뎀베렐린 욱(belge demberliin üg)'이라고도 한다. 여럴은 신을 좋은 말로 달래고 찬양하여 원하는 것을 얻고자 하는 신앙적인 행위로부터 기원한 것으로, 말(言)을 중요시하는 몽골인들의 사고를 잘 나타내는 시가 문학이다.

여럴은 그 용도에 따라 의식용 여럴, 사냥용 여럴, 제사용 여럴, 기타 여럴로 나누어진다. 의식용 여럴은 결혼의 여럴, 잔치의 여럴(사르하딘 여럴), 나담 축제의 여럴, 설날의 여럴, 노동용(목축업을 중심으로 게르 짓기, 술 빚기, 양털 깎기, 벨트 만들기 등 유목민의 주업) 여럴, 어린이 머리깎기 행사 때 하는 여럴 등이 포함된다. 사냥용 여럴은 마못에 대한 여럴 등이 포함된다. 제사용 여럴은 불의 여럴, 오보제 여럴, 달라가 여럴 등이 있다. 기타 역사적 인물이나 사건에 대한 여럴은 복드 칸의 추대 여럴, 울란바타르시 여럴 등이 포함된다.

여럴을 전문적으로 읊는 사람을 '여럴치(yeröölch)'라 한다.

참고문헌 Р.Чүлтэмсүрэн (2015), *Монгол угсаатны аман зохиолын тойм*, Улаанбаатар. Р.Чүлтэмсүрэн(2006), *Монгол ардын аман зохиол - Утга зохиол шинжлэл*, II бүлэг, Улаанбаатар. Ш.Гаадамба, Х.Сампилдэндэв(1988), *Монгол ардын аман зохиол*, Улаанбаатар.

오니속[수수께끼] Оньсого (Onisogo)

몽골에서 전해 내려오는 어떤 사물에 대하여 바로 말하지 아니하고 빗대어 말하여 알아맞히는 놀이

수수께끼는 민간 구비 전승의 한 종류로 인간의 지혜를 시험하고, 사고력을 향상시키는 것을 목적으로 한다. 수수께끼의 내용은 역사가 반영된 상식적인 것이며, 비유적인 형태를 가지고 있는 것들이 많다. 예를 들어

"침대 위에 최고의 꽃(Oron deer ontsyn tsetseg)"

이라고 하면, 여기에서 어린이들을 꽃에 비유하는데, 어린이들은 사람의 일상생활의 꽃이며 꽃은 식물의 후계자라고 비유한다.

몽골 수수께끼 선집에 500개 정도의 수수께끼가 수록되어 있는데, 거기에는 자연, 사회, 인간의 사유 등이 포함되어 있다. 몽골 수수께끼에서 나타나는 특징은 우선 대부분 비유의 방법을 사용하지만 수의 대체, 비등, 과장, 축소, 의인화 등의 표현 방법들도 다양하게 사용하고 있어 문학적이다. 둘째, 여느 풍자 문학과 유사하게 수수께끼에서 묘사와 내용 사이에 모순이 발견된다. 셋째, 매우 적은 수의 단어로 깊은 의미를 담고 있다는 것이다. 넷째, 수수께끼는 추상적인 개념을 구체적 형태로 묘사한다.

몽골의 수수께끼는 세 주제로 분류된다. 첫째, 우주계에 관한 수수께끼(Sav yörtöntsiin tukhai onisogo), 둘째, 동식물에 관한 수수께끼(Shim yörtöntsiin tukhai)이다. 셋째, 인간 사회에 관한 수수께끼이다.

먼저, 우주계 관련 수수께끼는 하늘, 땅 등을 소재로 한 수수께끼이다.

"거세한 수컷 염소 가죽과 폭이 같다.(Ireg serkhiin aris en chatsuu)"
"아버지의 옷을 펴면 안 된다. (Aavyn deeliig aldalj bolokhgüi)"
"어머니의 옷을 접으면 안 된다. (Eejiin deeliig evkhej bolokhgüi)"

이 수수께끼는 몽골인들의 유목 생활이 반영되어 있는 것이다. 그들은 세상을 '가득 차 있는 푸른 하늘(거세한 숫양 가죽)', '잔잔하게 깔려 있는 흙 위에 있는 세상(숫양의 가죽)'으로 인식한다. 땅과 하늘을 매우 큰 '거세한 수컷 염소'에 비유한 것은 고대 몽골 사람들의 전통적인 신화소가 반영된 것이다.

또 유목민들에게 하늘과 땅은 부모의 따뜻한 옷과 같기 때문에 펴거나 접으면 안 된다고 생각한다. 이는 하늘을 '아버지', 땅을 '어머니'라고 보는 고대 몽골인의 믿음에서 나온 상상과 관련이 있는 것이다.

한편, 몽골 수수께끼에는 하늘에 경계가 없다고 인식했던 표현들이 등장한다. 예컨대, "한량없이 크고, 한없이 푸른(Engui ikh, tengui khökh, 즉 하늘)", "가로지를 수 없을 정도로 넓은 땅과 셀 수 없이 많은 두 살짜리 낙타를 가진(Tuulj bolokhgüi nutagtai, toolj barakhgüi toromtoi, 즉 별)", "진주 비단은 깃이 없고, 작은 보석은 구멍이 없다. (Jin torgo zakhgüi, jijig suvd nükhgui, 즉 하늘, 별)" 등이 그것이다. 이 수수께끼들에는 넓은 하늘은 경계가 없고 별들은 수를 헤아릴 수 없다고 표현하고 있다. 특히, 하늘을 '가로지를 수 없을 정도로 넓은 땅과 셀 수 없이 많은 두 살짜리 낙타를 가진(Tuulj bolokhgüi nutagtai, toolj barakhgüi toromtoi)'에 비유한 것은 유목민의 생활이 반영된 예술적 표현이다.

둘째, 동식물 관련 수수께끼는 식물, 동물, 인간 등 생태계 유기체에 관한 수수께끼가 포함되어 있다. 이중 식물에 대한 수수께끼는 대부분 동물에 비유되고 있다. 예를 들어 좁쌀은 노란 목을 가진 양 꼭대기에 눈을 가지고 있는 것으로, 버섯은 외발을 한 산토끼로, 양파는 하얀색 닭이 초록색 꼬리를 가지고 있는 것으로 비유된다. 야생 양파의 새싹을 사슴의 뿔로, 양파의 맛은 암사슴의 쓸개에 비유한 수수께끼도 있다. 식물의 꽃, 뿌리, 줄기 등 식물의 각 부분에 대하여 수수께끼도 있다.

한편, 가축에 관한 수수께끼에는 가축의 내장 기관과 구조 등을 해부학적 관점에서 반영한 것도 있는데 다음과 같다.

"헤라는 아이는 부싯돌(헤트)이 없고, 형(아흐)이라는 아이는 수건이 없다"
"말은 쓸개가 없다."
"낙타는 장막이 없다."

우리 인간의 신체 기관에 대한 수수께끼도 있다. 몽골인들도 사람을 해부학적 관점에서 가장 우수한 고등 동물이며 자연 최고의 생명체로 인식했다. 그 내용은 다음과 같다.

"오른쪽에는 밤바이 꽃(쥐오줌풀)
게르의 주인
왼쪽에는 주르헹 꽃"

이 세 가지의 수수께끼에서 사람을 꽃에 비유한 것을 볼 수 있는데, 이는 사람이 생태계 최고의 생명체라는 몽골인들의 인식을 보여주는 것이다.

셋째, 인간 사회에 관한 수수께끼는 무엇보다도 인간의 사고를 중시한다. 예를 들어 "아주 유명하고 넓은 경전은?" 이 수수께끼의 답은 '사람의 머리'이다. "물건 뒤에 끝없는 사탕은?" 이 수수께끼의 답은 '사람의 마음'이다. 여기에서 인간의 뇌를 '아주 광대한 샤스티르 경전(delger ikh shastir bichig)'에, 사람의 마음을 '사탕(chikher)'에 비유한 것은 인간 지성의 탁월함을 강조한 것이다. 인간의 지성은 인간이 짐승과 구별되는 가장 큰 특징이기 때문이다.

한편, '비단은 헤지지만 단추는 떨어지지 않는다(Torgo ni elevch tovch ni tasrakhgüi)', '사람은 죽지만 자손은 끊기지 않는다(khün ükhevch ür udam tasrakhgüi)', '아이 때부

터 달고 다닌 종(Khüükhed baikhaas züüsen khonkh)', '사람마다 내 이름을 내놓는다(Khün bolgond minii neriig gargana)' 등의 수수께끼는 사회현상을 반영한 것이다. 예를 들어 불과 관련된 수수께끼에서 불을 '보석(erdene)'에 비유하는데, 이는 불이 매우 값진 것이라는 의미이다. 여기에는 불이 없으면 사람이 살아갈 수 없다는 의식이 반영되어 있는 것이다. 불을 발견한 것은 인간 사회에 놀라운 성취였기 때문에 불을 숭배하게 된 것이다.

게르(Ger)는 몽골 유목 문화의 최고 결과물 중의 하나이며, 이를 바탕으로 몽골 사회의 기초가 다져졌다고 할 수 있다. 몽골인들은 게르를 통해 가정과 자연을 분리했다. 몽골인들은 게르를 국가의 재산인 동시에 노동력의 산물이라고 수수께끼를 통해 표현했다. 이 외에도 노동 도구, 지식 문화와 관련된 수수께끼도 적지 않다.

이처럼 몽골 수수께끼는 인간 사회의 재화나 문화가 반영된 결과이다. 또 몽골인들의 지성과 지혜의 효용성을 예술적 표현을 통해 형상화한 것이라고 할 수 있다.

한편, 몽골 수수께기의 대부분은 합리적이며, 은유적으로 만들어졌다. 예컨대 다음과 같이 은유적인 수수께끼가 있다.

"사슴의 복사뼈에 달려 있고
담비 모자에 걸이가 달린 것"

이 수수께끼의 정답은 '마(tsagaan töms)'인데, 마의 줄기마디를 사슴의 복사뼈에, 마의 덩굴을 검은 담비의 모자에 비유한 것이다.

"아버지의 열 명의 아들은 일을 하고
어머니의 열 명의 아들은 어리광을 부리는 것은?"

이 수수께끼의 정답은 '손가락, 발가락'인데, 발가락과 손가락을 일하는 아이와 응석부리는 아이로 각각 비유한 것이다.

"사람은 양을 들이받고
양은 소를 들이받고
소는 땅을 들이받는 것은?"

이 수수께끼 정답은 '몽골의 신발, 양말, 발'이다. 이 수수께끼에서는 사람의 발을 사람으로, 양말을 양으로, 발을 소로 각각 비유해서 표현했다. 이는 부분이 전체를 비유하는 일종의 대유법이 사용된 것이다. 사람의 발은 펠트로 만든 양말을, 펠트로 만든 양말은 소의 가죽으로 만든 신발의 구두창을, 구두창은 땅을 각각 밟고 있는 것을 묘사한 것이다.

"알록달록하지만 호랑이가 아니고
뿔을 가지고 있지만 사슴이 아니고
책을 가지고 있지만 승려가 아니고
병이 있지만 술이 아닌 것은?"

이 수수께끼의 정답은 '꿀벌'인데, 이 수수께끼는 꿀벌과 상반되는 것을 대조의 방법을 통해 표현한 것이다.

"코가 없는 입
갈비뼈가 없는 등
두 개의 팔과 다리"

이 수수께끼의 정답은 '텅 빈 가죽' 즉 '천막, 장막'이다. 이 수수께끼는 생명이 없는 천막을 의인화 시켜서 비유한 것이다. 그리고 얼핏 보면 무섭고 못생긴 동물을 연상시키기도 한다.

참고문헌 Ш.Гаадамба, Х.Сампилдэндэв(1988), *Монгол ардын аман зохиол*, ШУА. Хэл зохиолын хүрээлэн, Улаанбаатар. Х.Сампилдэндэв(2004), *Монгол зан үйл, аман зохиолын харьцуулсан судалгаа, Хэл зохиол*, International Institute for the Study of Nomadic Civilizations. Галсанбалдангийн Ловор(1990), *Монгол ардын оньсого таавар*, Улсын Хэвлэлийн Газар. Д.Оюунбадрах(1987), *Монголын хүүхдийн уран зохиол*, Улаанбаатар.

오리앙하이 영웅서사시

Урианхай тууль (Uriankhai tuuli)

오리앙하이 부족에서 전해 내려오는 영웅서사시

오리앙하이(Uriankhai) 부족은 몽골의 서쪽 홉드아이막(Khovd aimag) 도트(Duut), 뭉크하이르항(Mönkh khairkhan), 볼강(Bulgan), 바양얼기(Bayan-Ölgii) 아이막(aimag)의 알타이(Altai), 보양트(Buyant), 볼강 솜(Bulgan sum)에 주로 거주하고 있다. 오리앙하이 부족은 옛날부터 지금까지 전통예술을 잘 보전하고 있으며, 특히 몽골 전통 영웅서사시가 풍부하게 전승되고 있는 부족이다.

오리앙하이에서 전승되고 있는 영웅서사시는 '바양 차강 노인(Bayan tsagaan övgön)', '갈조 하르 허헐(Galzuu khar khökhöl)', '에젱올란 보동(Ezen ulaan bodon)', '나랑 칸 후(Naran khaan khüü)', '칸체쳉 조르하이치(khaan tsetsen zurkhaich)', '아르겔 차강어브겅(Argil tsagaan övgön)', '부진 다와 칸(Büjin Davaa khaan)', '후렐 알탕 더쉬(Khürel altan dösh)', '후데르 멍건 테원(Khüder möngön tevne)', '졸 알다르 칸(Zul aldar khaan)', '오양 멍건 하다스(Uyan möngön khadaas)', '탈링 하르 보동(Talyn khar bodon)', '바타르 하르 자담바(Baatar khar Jadamba)', '울렌 티브(Üülen tiv)', '알탕 헙치(Altan khövch)', '알탕 하르 토르츠(Altan khar torch)', '에린 사잉 헤추베리흐(Eriin sain khetsüü berkh)' 등이며, 지금도 이 중 일부가 연창되고 있다.

오리앙하이에서는 영웅서사시를 연창하기 앞서 향로를 피우고, 차찰(tsatsal, 우유를 뿌려주는 풍습)을 한다. 그리고 본격적으로 영웅서사시를 연창하기 전에는 알타이 막탈을 한다. 알타이 막탈을 하지 않고 영웅서사시를 부르는 것을 금기시 한다. 알타이 막탈을 할 때는 토올치가 격식을 차려 입고, 엄숙한 자세로 중간에 갑자기 끊어 버리거나 쉬지 않고 연창하며, 청중들도 엄숙한 자세로 들어야 한다. 알타이 산신 알리아홍고르(Alia khongor)가 오기 때문이다. 알타이 막탈을 부른 후 토올치는 자리도 바꾸고 편안하게 앉아서 토올을 부르기 시작한다.

오리앙하이족의 토올 속에는 구비문학적인 요소뿐만 아니라 민속적인 요소도 담겨 있다. 다시 말하자면 특별한 목적을 위해서 토올을 연창해야 한다는 것이다. 예를 들어, 고난이 닥친 가정에서 '탈링 하르 보동(talyn khar bodon)', '부진 다와 칸(büjin davaa khaan)' 등 토올을 부르면 고난이 없어진다고 하며, 또 '아르겔 차강 어브겅(argil cagaan övgön)'이란 토올을 자식이 없고 가난한 집에서 불러주면 자식도 생기고 부자가 된다고 한다. '알타이 막탈'은 가뭄이나 폭설 등 자연재해를 입었을 때 연창하면 가뭄도 없어지고 폭설도 멈춘다고 한다. 또한 사냥을 가거나 먼 길에 가는 사람들이 떠나기 전에 불러주면 떠나는 목적이 이루어진다고 생각한다.

토올은 가을 초부터 겨울 말까지 연창한

다. 천둥 번개 치는 여름철에 연창하면 신의 노여움을 받기 쉽다고 한다. 토올은 기나긴 겨울밤을 보내는 데에 적합한 문화였다.

참고문헌 Б.Катуу(2001), *Алтайн урианхайн тууль*, Улаанбаатар. Ш.Гаадамба, Д.Цэрэнсодном(1978), *Монгол ардын аман зохиолын дээж бичиг*, Улаанбаатар.

오이라트 영웅서사시 Ойрад тууль (Oirad tuuli)

오이라트 연맹국에 포함되던 몽골계 여러 부족들 사이에서 연행되는 영웅서사시를 통틀어서 이르는 말. '서몽골의 영웅서사시'라고도 한다.

오이라트 영웅서사시는 서몽골의 영웅서사시라고도 부르는데, 오이라트 연맹국에 포함되던 몽골계 여러 부족들 사이에서 연행되는 영웅서사시를 이르는 말이다. 여기에 바야드, 오리앙하이, 토르고드, 더르워드, 자흐친, 얼드족 그리고 칼묵 영웅서사시가 포함된다.

오이라트 영웅서사시의 특징은 다른 지역, 특히 할흐의 영웅서사시보다 내용이 풍부하고 액자형태로 전승된다는 점이다. 그 대표적인 작품은 〈장가르〉이다. 장가르 영웅서사시는 장가르의 일대기가 중심을 이루지만 그를 따르는 친구 영웅들의 업적을 다룬 한 마당 한 마당이 독립된 줄거리를 가지면서도 장가르를 중심으로 서로 연결이 되어 있다. 또한 주인공 영웅과 그의 아들의 일대기가 오이라트 영웅서사시 한편에 독립적인 한 마당으로 들어가기도 하지만 독립 영웅서사시로서 단독으로 존재하기도 한다. 또 다른 특징은 연행 현장이 살아있다는 점이다. 다시 말해서 할흐 영웅서사시는 오락적인 면이 강한데 오이라트 영웅서사시는 치병, 가뭄이나 재난 극복 등 특수 목적을 위해서 연행된다는 점이다. 오이라트 영웅서사시의 주 내용은 민족의 지도자 영웅의 비범한 탄생, 시련, 위기, 위기 극복, 영웅의 혼인 과정으로 전개된다.

참고문헌 ШУА, Хэл зохиолын хүрээлэн, Нүүдлийн соёл иргэншлийг судлах олон улсын хүрээлэн (2013), *Монгол тууль*, Улаанбаатар. Ш.Гаадамба, Д.Цэрэнсодном(1978), *Монгол ардын аман зохиолын дээж бичиг*, Улаанбаатар.

오축 막탈 Таван хошуу малын магтаал (Tavan khoshuu malyn magtaal)

몽골 유목민들의 주 산업이 되는 가축을 찬사하는 내용의 시가

몽골 민족의 막탈(magtaal, 찬가)에는 목축민의 마음이 잘 반영되어 있다. 몽골인들은 고대부터 광활한 지역에서 유목 생활을 해왔고, 이런 유목 생활이 국민 생활의 원천이 되었다. 즉 가축은 몽골인들에게 음식물, 옷, 주거, 물품, 교통수단 등 생활 재료를 충족시키는 근간이 되었다.

특히 생활을 주제로 한 막탈(magtaal) 중에서 오축(五畜)에 관한 것은 특별한 의미를 갖고 있다. '오축 막탈(tavan khoshuu malyn magtaal)'은 각 가축이 가지고 있는 동물의 털 색깔, 소리, 외형, 성격 등 독특한 특징을 묘사하고 찬미한다. 여기에는 가축을 번성시키고자 하는 목축민의 소망이 담겨 있다. 또한 가축을 예찬하는 것은 집에 덕을 불러오는 의식으로도 인식되었다.

참고문헌 Д.Цэрэнсодном(2012), *Монгол аман зохиолын тайлбарт дээж бичиг*, Улаанбаатар. Ш.Гаадамба, Х.Сампилдэндэв(1988), *Монгол ардын аман зохиол*, Улаанбаатар.

우화 ᠦᠭᠡ ᠵᠣᠬᠢᠶᠠᠯ "Үг" зохиол (Üg zokhiol)

동물이나 자연물을 의인화하여 사회를 풍자하거나 삶의 지혜를 담아낸 일련의 작품

우화(寓話)는 몽골어로 '욱 조히올(üg zokhiol)'이라고 한다. 19세기에 〈고아인 영양새끼의 말〉, 〈타르박의 말〉, 〈늙은 암소의 말〉, 〈양, 염소, 소 셋과 라마승의 대화〉, 〈봄에 녹아 내리는 눈(雪)의 말〉, 〈바람 따라 가는 싸라기의 말〉 등등 짐승이나 생물의 말로 사회를 풍자하거나 삶의 진실을 표현한 작품이 등장했다. 연구자들은 이러한 작품을 '욱 조히올(Üg zokhiol)'이라고 명명하였다. 사람의 일을 주제로 동물이나 생물을 의인화한 이런 작품들은 19세기 몽골 문학에서 보편적이었으며, 사회 비판적인 경향을 띠고 있었다.

'욱 조히올(Üg zokhiol)'에 대해서는 담딩수렝(Ts. Damdinsüren), 치메드(Ö. Chimed), 하이시히(W. Heissig), 욘돈(D. Yondon), 후렐바타르(L. Khürelbaatar) 등의 연구가 있다. 특히 하이시히는 「욱 조히올 전통에서(Üg zokhiol ulamjlald)」라는 논문에서 "욱 조히올은 사람 사회를 주제로 동물이나 생물을 의인화하여 그들이 하는 말을 시가 형식으로 표현한 작품을 말한다."라고 하였다. 그는 〈장난 삼아 말한 쥐의 말〉, 〈라마승의 두 마리 쥐의 말〉, 〈학식이 깊은 승려 세렘지구이(Seremjgüi)와 총명한 뻐꾸기 이야기〉, 〈하이락치랑 곤이의 대화〉 등 몇 작품을 영인하여 함께 수록하였다. 또한 「몽골문학」(1964)이라는 논문과 『몽골문학사』(1972)에서 '욱 조히올'의 대표적 작가인 아그왕하이다브(Agvankhaidav), 이시삼보(Ishsambuu), 훌치산다그(Khuulich Sandag) 등의 '욱 조히올'에 대해서도 언급하였다. 19세기부터 전해 내려온 '욱 조히올'은 불공평에 대한 작품, 조롱하고 농담하는 작품, 풍자하고 비판하는 작품 등 여러 가지의 형태가 있다.

참고문헌 Ц. Дамдинсүрэн(1977), *Монголын уран зохиолын тойм*, Улаанбаатар, Д.Цэрэнсодном (1987), *Монголын уран зохиол*, Улаанбаатар, Д.Цэрэнсодном (2002), *Монголын уран зохиолын товч түүх*, Улаанбаатар.

자딘 촐로 ᠵᠠᠳᠠ ᠶᠢᠨ ᠴᠢᠯᠠᠭᠤ Задын чулуу (Zadyn chuluu)

몽골 민속에서 기후제를 지낼 때 쓰는 돌로 몽골 문학에서 신비한 힘을 가지고 있다고 믿는 삼각형의 차돌

몽골 구비문학에서 보면 몽골 민족은 예로부터 돌을 귀하고 신비로운 것으로 여겨왔다. 이는 돌이 역사적으로 그들의 생활에 특별한 역할을 해온 것과 관련된다. '자딩 촐로(Zadyn chuluu)'는 '신성한 돌', 혹은 '부싯돌'이라는 뜻인데, 몽골 설화 및 서사시에 '자딩 촐로'에 관한 내용이 적지 않게 나온다. 이는 중앙아시아 여러 민족의 풍습과 구비문학에서 오래전부터 전승되어 온 '자드' 돌에 대한 개념과 밀접한 관련이 있다.

『몽골비사』 143절에 의하면 1201년 닭의 해에 '후이텡'이라는 지역에서 칭기스칸 군대와 자무카 군대간의 격렬한 싸움이 있었다. 서로 승부를 내지 못하고 있을 때 부이락 왕과 후툭 2명이 자딩 촐로에 대해 알고서 자딩 촐로를 손으로 나누어 바람을 불게 했는데, 바람의 방향이 뒤집혀 그들의 위로 비바람이 몰아치게 되었다. 이에 그들은 "우리는 하늘의 사랑을 받지 못했다."라고 하며 서둘러 흩어져 갔다고 전해진다.

또한 〈항 하랑고이〉 서사시에도 항 하랑고이가 쏜 화살에서 나온 불 때문에 앞뒤로 불이 났을때 항 하랑고이의 동생 울라다이가 자딩 촐로로 그 불을 껐다는 내용이 나온다.

그 외에도 영웅들의 자력과 위대한 힘을 표현할 때 "바위를 깨고, 부수고 쪼개고" 라는 어구 등을 통해 그들이 위대하고 힘센 영웅임을 나타내고 있다. 이 역시 돌을 무엇보다 귀하게 여겨 온 그들의 의식과 연계되는 것이다. 예컨대, 『몽골비사』 209절에서 저자는 후빌라이, 젤메, 제브, 수베대 등 4명의 영웅에 대한 기백과 위대함을 다음과 같이 칭송한다.

"'가라'고 했을 때
돌이라도 부수고
'덤벼라' 했을 때
바위라도 치며
흰돌을 깨고
깊은 물을 끊고 있었다"

이와 같이 영웅들이 위대한 힘을 갖추었다는 것을 과장되게 표현하고 있다.

참고문헌 Д.Цэрэнсодном, Д.Төмөртогоо(2000), *Монголын нууц товчоо: эрдэм шинжилгээний орчуулга, тайлбар*, ШУА ХЗХ, Улаанбаатар. Дамдинсүрэн (1957), 『Монголын уран зохиолын тойм』, Нэгдүгээр дэвтэр, Улаанбаатар. Д.Цэрэнсодном(1989), *Монгол ардын домог үлгэр*, Улаанбаатар. 유원수 역주(1994), 『몽골비사』, 혜안.

자애와 효심의 노래 Элбэрэл журмын дуу (Elberel jurmyn duu)

부모와 자식 간의 자비, 후원, 존중, 효심, 보은의 마음을 표현한 서정적 노래

'자애와 효심의 노래(엘베렐 조르밍 도, Elberel jurmyn duu)'는 다양한 일상생활을 노래한 것으로 부모와 자식들 간의 자비, 후원, 존중, 효심, 보은의 마음을 표현한 서정적 노래이다. '항가이 강의 상류(Khangai golyn ekhend)', '하롤 알타이 강(Kharuul Altain us)', '행복한 적다말(Jargaltai kheer mori)', '암황색 말(Saivar sharga)', '반달(Tal dugui sar)', '어머니의 은혜(Ekhiin ach)', '누런 바위(Shar khad)' 등의 노래가 여기에 해당된다.

참고문헌 Ш.Гаадамба, Х.Сампилдэндэв(1988), *Монгол ардын аман зохиол*, ШУА. Хэл зохиолын хүрээлэн, Улаанбаатар. Д.Цэрэнсодном(2012), *Монгол аман зохиолын тайлбарт дээж бичиг*, Улаанбаатар. Ш.Гаадамба, Д.Цэрэнсодном(1978), *Монгол ардын аман зохиолын дээж бичиг*, Улаанбаатар.

자장가 Бүүвэйн дуу (Büüvein duu)

몽골에서 전해 내려오는 어린 아이를 재우기 위해 부르는 노래

자장가는 아이들이 자지 않을 때 잠재우기 위해 부르는 노래이다. 몽골의 서정요(Utga uyangyn duu), 즉 '터익 도(Toig duu 새끼를 버린 어미 양을 달래기 위한 노래)', '부웨잉 도(Büüvein duu 자장가)', '깅거(Giingoo 경주마의 힘을 북돋는 노래)' 등은 노동 활동과 관련되기 때문에 '노동 서정요(Khödölmöriin uyangat duu)'의 범주에 넣기도 한다. 자장가도 이런 노동 서정요 중 하나이다.

"요람 속 자그마한 나의 아기 자장장장
배고파서 엄마를 부르는 거니 자장자장
자장자장 자장자장 자장자장"

이 자장가의 가사는 아이를 설득하는 듯한

의미를 가지고 있으며, 음은 주로 고요하다. 아이의 감정을 평안하게 만들어 재우기 위해 노력을 기울이기 때문에 노동요로 분류된다. 하지만 단순한 노동요가 아닌 아이에 대한 자애심이 깃들어 있는 노래이다. 내용 중에는 갓 태어난 어린 동물들을 비유해 자애심 어린 마음을 표현하기도 한다.

참고문헌 Цэрэнсодном(2012), *Монгол аман зохиолын тайлбарт дээж бичиг*, Улаанбаатар. Ш.Гаадамба, Х.Сампилдэндэв(1988), *Монгол ардын аман зохиол*, Улаанбаатар.

잠보티브(섬부주) ᠵᠠᠮᠪᠤᠲᠢᠪ Замбуутив (Zambutiv)

몽골 신화에서 중간 세계 또는 인간이 사는 지상 세계를 이르는 말

어원적 측면에서 보면 '잠보티브'는 산스크리트어의 '잠부드 비파(Jambu dvipa 염부제(閻浮提) 또는 섬부주(贍部洲))에서 기원했다. 불교 우주관에 나타나는 주(洲, 대륙)의 명칭으로 섬부주(贍部洲)라고도 한다. '염부(閻浮)', '섬부(贍部)'는 '잠보(jambu)'의 음역어이며, '제(提)'와 '주(洲)'는 각각 '티브(dvipa)'의 음역어 및 의역어이다. 세계의 중심인 수미산의 남방, 즉 대해에 위치한다. '염부'라는 이름은 '잠보(jambu)'에서 유래했으며, 남방에 있기 때문에 '남섬부주(南贍部洲)'라고도 한다. '잠보티브'는 '잠보의 씨 같이 생긴 삼각형 모습의 대륙'이라는 의미를 지니고 있으며, 인도 대륙(인도 반도)의 명칭으로 쓰이다가 불교 및 철학 서적에서 지상세계를 가리키는 말로 변화했다. 또한 몽골 티베트 연구자들의 저작에서 잠보나무 잎이 물의 표면에 떨어질 때 '잠 잠' 하고 부드러운 소리를 낸다고 해서 '잠보티브'라고 부르게 되었다는 이야기도 전해진다. 몽골 신화에서 이는 중간 세계 또는 지상 세계를 가리킨다.

참고문헌 С.Дулам (2007), *Монголын домог зүйн дүр*, Улаанбаатар. 센덴자빈돌람저, 이평래역(2007), 『몽골 신화의 형상』, 태학사.

장가르 서사시 ᠵᠠᠩᠭᠠᠷ ᠲᠤᠤᠯᠢ Жангар тууль (Jangar tuuli)

몽골의 3대 영웅서사시의 하나로, 영웅 장가르의 생애와 삶을 다룬 이야기. 몽골, 칼묵, 신강 등 몽골 고원의 여러 민족에서 전승되고 있다.

장가르 서사시는 할하 몽골과 오이라드 몽골, 러시아의 칼묵, 신강 지역 등 몽골계 민족 사이에서 장가르치라는 전문 이야기꾼들에 의해서 전승되었다. 장가르가 이렇게 넓은 지역에서 여러 세대를 거쳐 장가르치 개개인의 입에서 입으로 전해 내려오는 과정에서 그 내용과 길이에 적지 않은 차이가 생겼으나, 핵심 줄거리는 다음과 같다.

장가르는 봄바라는 나라의 타히 졸 칸의 후예이며, 탕삭 봄바 칸의 손자이고, 우이젱 알다르 칸의 아들이다. 두 살 때 적들에게 부모와 영지를 잃고 고아가 된다. 그에게 남은 것은 두습 망아지 아란잘 제르데뿐이다. 아란잘 제르데는 장가르와 말을 트는 사이로 그에게 충고도 하고 말다툼도 서슴지 않는다.

장가르는 세 살 때부터 사방과 아래 세계의 강적을 무찔러 굴복시킨다. 그가 무찌른 적들은 범상한 인간들이 아니라, 강력한 초자연적인 존재들인 망가스들이다.

다섯 살 때 버흐 멍경 식시르게라는 장사에게 붙들려 포로가 되어 죽을 고비를 맞았으나 그 장사의 아들 올란 홍고르의 도움으로 살아난다. 이후 홍고르는 장가르의 둘도 없는 친구이자 변함 없는 충신으로 6,012용사의 좌익을 지도하며, 장가르를 위해 온갖 험난한 모험을 수행한다.

여섯 살 때는 지나간 99년을 알고, 다가올 99년을 내다보는 바얀 훙헨 알탄 체지의 활을 맞고 죽게 되었으나 홍고르가 자기 어머니에게 강청하여 그녀가 합장 기도를 해 준 덕에 살아나고, 알탄 체지를 수하로 거두게 된다. 알탄 체지는 6,012용사의 우익을 지도하여 장가르에게 충성한다.

장가르와 그의 용사들에게는 사람의 말을 할 줄 알고, 주인에게 충고를 해 주는 지혜롭고 충성한 준마들이 있다. 장가르와 그의 용사들이 둔갑도 할 수 있고, 일당백 정도가 아니라 일당 수십만의 무용을 갖고 있지만 적들은 항상 더 강하다. 장가르와 그의 용사들은 분하면 눈물을 흘리며 울기도 하고 출정 임무를 지명 받으면 처량하게 울며 반발하기도 한다. 영웅상과는 사뭇 다른 모습을 보여 준다.

그가 이룩한 나라 봄바에서는 누구나 25살에 나이가 멈추고, 추운 겨울과 더운 여름이 없으며, 기후가 순조로운 나라이다. 그는 하늘에 닿지 않게 세 손가락 정도 사이를 띄어 지은 으리으리한 대궐에서 사대주(四大洲) 42임금의 딸을 마다하고 맞이한 놈 터거스 칸의 딸 샵달과 혼인하여, 그의 용사들과 밤낮으로 잔치를 즐기며, 500만 백성과 함께 행복을 누린다.

잔치가 무르익을 때 항상 누군가는 출정할 수 밖에 없는 어떤 위협적인 전갈이 외부에서 오거나, 아니면 장가르가 과제를 내거나(적의 왕, 여자, 말떼를 훔치거나 빼앗아오라고 한다), 출정에 대한 논의가 있고, 자발적으로나 강제로 대부분의 경우 홀몸으로 출정하여 온갖 어려움 속에서 누군가의 도움을 받아 과업을 완수하고(주로 속방을 만들어 1001년 동안 조공을 바치게 한다) 온전하게 돌아와 잔치를 벌이며 즐긴다.

위와 같은 핵심 줄거리를 가진 장가르는 한 마당 한 마당이 독립된 줄거리를 가지면서도 내용이 서로 연관되어 수백에서 2천여 줄까지의 장편 서사시를 이루는데, 대략 26마당으로 구성되는 서사시이다.

장가르 서사시의 내용 중에서 각 지역에서 골고루 전승되는 핵심 몇 마당을 간략히 소개하면 다음과 같다.

1마당: 알탄 체지와 장가르의 전투

2마당: 홍고르의 혼인

3마당: 이마가 흰 말을 가진 볼링가르의 아들 독싱 하르 사날

4마당: 도트 홀의 손자인 도트와 도트의 아들 알리아 몽흐러이가 장가르의 핏빛색의 거세마를 쫓아버림

5마당: 아락 올랑 홍고르와 아이흐 독싱 마그나이 칸의 전투

6마당: 훈드 가르트 사와르 영웅

7마당: 허숑 올랑, 바타르 질강, 알리아 숑허르 3인

8마당: 바타르 질강칸과의 전투

9마당: 투르크 투멩 샤르 처허르가 거세마를 쫓아버림.

10마당: 오르칠롱긴 사이항 민양이 후치테이 후르멩칸을 산채로 잡아 끌고 옴

칼묵 지역의 장가르 서사시 이야기의 구성과 전개는 다음과 같다.

장가르는 정적 알탕 체지에게 격노하여 6천12명의 영웅들을 이끌고 해가 지는 곳을 향해 달렸다. 훈드 가르트 사와르는 천리마를 타고 덕싱 하르 키냐스의 고향에 먼저 도착하였다. 장가르는 아란잘 제르데라는 이름을 가진 애마를 타고 뒤따라가서 덕싱 하르 키냐스와 접전을 벌였다. 장가르는 추운 흑해에 서식하는 백 알드(길이의 단위; 1.6m)의 몸을 가졌으며 6백 한아름의 살찐 대형 창꼬치 물고기의 배에서 아락 올랑 홍고르(arag ulaan khongor)를 꺼내어 약을 주고 낫게 하여 덕싱 하르 키냐싱(Dogshin Khar kinyas) 군대와 전투를 벌였다. 그래서 아락올랑 홍고르를 향해 굿을 하고 있었던 보흐 차강(bukh tsagaan)과 독싱 하르 키냐스 둘을 사로잡아 자신의 손아귀에 넣음으로써 "굶주린 개, 고아도 남기지 않고 이동한다"라는 장가르의 법령이 만들어졌다. 이렇게 고향에 돌아온 장가르는 자신의 백성들을 모으고, 행복하게 사는 것으로 한 마당이 마무리 된다.

여러 지역의 장가르 이야기꾼들이 구술하는 내용은 주로 영웅들의 형상, 가옥과 궁전, 애마 등에 대한 것인데, 비유, 대조, 풍자 등의 표현법들을 잘 활용하고 있다. 장가르의 고향에 대한 서사 이야기꾼들의 구술 내용은 다음과 같다.

"불사의 영원한 나라와
언제나 25세 나이의 모습으로 남아 있는
겨울이 존재하지 않는 봄의 모습으로
여름이 없는 가을의 모습으로
추위 떨지 않으며
폭염의 뜨거움이 없이
살살 불어오는 바람과 함께
부슬부슬 내리는 비와 함께 하는
봄브의 나라"

위의 시는 더위, 추위 등 자연의 변덕스러움과 몰락, 빈곤 등의 재앙으로부터 안전하기를 염원한 유목민의 기원을 드러내고 있다. 연구자들은 장가르 서사시에 나타나는 기쁨의 성소인 '봄브국'이 신화와 전설상의 이상향일 가능성이 높다고 보고 있다.

장가르 서사시에는 100여 명의 등장 인물이 나타나는 것으로 기록되어 있지만, 실제로는 장가르와 그와 관계된 소수의 영웅들에 대해 주로 서술하고 있다. 즉 알탕 체즈(Altan tseej), 아락 올랑 홍고르(Arag Ulaan Khongor), 덕씽 하르 사날(Dogshin khar sanal), 알랴 멍흘래(Alia Munkhlee), 훙드 가르트 사와르(Khünd Gart Savar), 영웅 질강(Baatar Jilgan), 민양(Orchlongiin saikhan Miniyan), 버르 막나이(Bor Magnai) 등이 그들이다. 이들 중 장가르와 아락 올랑 홍고르의 대해서 자세히 소개하겠다.

러시아 칼묵의 장가르 서사시에서는 그의 혈통에 대해 "타히 줄 칸의 후손, 탄삭 붐바 칸의 손자, 우이젱 알다르 칸의 아들 고아 장가르"라고 기술하고 있다. 장가르는 어린 시절에 부모를 잃고 고아로 남아 여러 차례 생명을 잃을 뻔 하였지만, 친구들의 도움으로 살아 남아 영웅으로 성장하게 된다. 장가르 서사시 여러 마당에서 그가 탄삭 붐바 나라를 평화롭게 만들고 일곱 살 때 일곱 나라를 쇠퇴시켜 각 지역의 영웅들이 그에게 감사를 표한 것에 대해 언급한다.

그렇지만 장가르는 완벽한 영웅상은 아니다. 장가르는 인생 경험과 지혜에 있어 알탕 체즈보다 부족하며, 매서운 용기로는 아락 올랑 홍고르보다 부족하며, 가무에서도 '세상에서 가장 아름다운 민양'보다 부족한 인물로 표현되어 있지만 실제로는 명예롭고, 조직력이 뛰어나며, 주변의 사랑과 존경을 받는 영웅 지도자이다.

장가르는 은혜를 항상 기억하는 인간적인 성격을 가졌지만 적에 대한 분노와 자신감 넘치는 기백으로 적군의 기를 꺾는 인물이며, 자신의 실수를 반성할 줄 알며, 수하 장수들의 교훈과 말을 귀 담아 들으며, 고락을 같이 나누는 때가 많다.

본 서사시 영웅들의 혈통은 '줄 알다르 왕'의 아들 '텁씽 씨르흐', 그의 아들 '버흐 멍정 식스렉', 그의 아들 '아락 올랑 홍고르'로 이어진다. 아락 올랑 홍고르는 장가르와 한 살 때부터 사귀어서 그의 신용을 얻게 되었다. 그는 장가르와 가장 가까운 수하 장수 중의 한 명이었다. 장가르는 홍고르에 대해 다음과 같이 말하고 있다.

"가난했을 때 재산이 되어 준 홍고르.
혈혈단신이었을 때 친척이 되어 준 홍고르.
전투가 일어날 때 울타리가 되어 주는 홍고르.
중심을 잃을 때는 의지가 되어 주는 홍고르."

그의 위대함을 칭송한 것이다. 홍고르는 몽골 및 장가르 서사시 여러 장면에서 장가르를 위해 생명을 아끼지 않는 강직한 용사의 모습으로 나타난다.

한편, 홍고르를 자비롭고 부드러운 마음과 관대한 성격의 소유자로 언급한 부분도 다소 나타난다. 예를 들어, 칼묵의 장가르 서사시에서 톱씽 씨르흐의 아들 버흐 멍정 식스렉은 장가르가 앞으로 지상의 모든 생물을 차지하여 다스릴 능력이 있는 인간이라는 것을 미리 알아챈다. 그리고 즉시 그를 없애버리는 게 적절하다고 판단하여 장가르를 죽이려고 하였으나, 소년 아락 올랑 홍고르가 그의 위에 누워 식스렉을 말리고 장가르의 생명을 구한다.

또한 장가르가 알탕 체즈에게 화살을 맞아 거의 죽을뻔한 상처를 입고 왔을 때도 그는 장가르의 등뒤에 꽂힌 화살을 빼낸 후에 꾸준히 보살피고 다시 힘을 얻을 때까지 옆에서 지켜준다. 홍고르의 이런 인간적인 성품은 본 서사시의 다른 장면에서도 많이 나타난다.

장가르 영웅서사시는 전승되는 지역, 그 규모, 등장 인물 수로도 방대한 구전 영웅서사시며, 몽골비사, 게세르와 더불어 몽골 고전문학의 3대 봉우리로 꼽히는 작품이다.

참고문헌 니콜라이 체데노비치 비트케예프 외 엮음, 유원수 주해(2007), 『장가르』, 한길사. Д.Цэрэнсодном(1987), *Монгол уран зохиол*, Улаанбаатар. Ш.Гаадамба(1988), *Монгол ардын аман зохиол*, ШУА. Хэл зохиолын хүрээлэн, Улаанбаатар.

저주의 시 Хараал зүхлийн шүлэг (Kharal zükhliin shüleg)

말의 주술적인 힘으로 다른 사람의 운명에 영향을 미치고 해를 끼칠 수 있다는 옛 사람들의 관념을 바탕으로 지어진 시

저주의 시는 몽골어로 '하랄 주헬(kharaal zükhel)'이라고 하는데, 구비 시가문학의 한 갈래이다. 말의 주술적인 힘으로 다른 사람에게 영향을 미치고 해를 끼칠 수 있다는 고대인들의 관념을 바탕으로 생겨난 것으로 추

정되는 구비문학이다. 이러한 형태의 시는 자연이나 사물이 아니라, 사람을 대상으로 하는 특성을 가지고 있다. 또 저주시는 특정 의식 때 일정한 규칙을 지켜 읊어진다. 예를 들어 칼묵에서는 저주나 주문을 말할 때 손뼉을 치는데, 이는 사람에게 불행, 질병뿐만 아니라 죽음도 가져올 수 있는 주술적 행위라고 믿는다. 『장가르 서사시』에도 한 명의 마녀가 홍고르(Khongor)를 저주하면서 두 번 박수를 치는 장면이 나온다. 또한 저주를 말하는 사람의 혀에 기름을 바르는 등의 독특한 의례를 하는 것으로 주술의 힘을 극대화한다고 여겼다.

참고문헌 Д.Цэрэнсодном(2012), *Монгол аман зохиолын тайлбарт дээж бичиг*, Улаанбаатар. Ш.Гаадамба, Х.Сампилдэндэв(1988), *Монгол ардын аман зохиол*, Улаанбаатар.

타와르 Таавар (Taavar)

아이들의 수학 능력이나 몽골어 능력, 논리적 사고를 발달시킬 목적으로 하는 말(言) 놀이

'타와르(Taavar) 놀이'는 '수수께끼(Onisogo)'와 비슷하지만 수학적, 논리적 사고를 바탕으로 한다. 수수께끼와 달리 묘사, 격언, 시적 표현 등이 활용되었고 풍자문의 성격을 띠기도 한다. 타와르는 어린이와 젊은이들의 사고 능력을 발달시키려는 목적을 지니고 있다.

타와르는 내용에 따라 '수학적 타와르(Toony taavar)', '논리학적 타와르(Uchir züin taavar)', '언어적 타와르(khel züin taavar)' 등 세 종류로 나뉜다. '수학적 타와르'는 수학적 사고를 발달시키는 목적을 지니고 있다.

참고문헌 Ш.Гаадамба, Х.Сампилдэндэв(1988), *Монгол ардын аман зохиол*, Улаанбаатар. Д.Цэрэнсодном(2012), *Монгол аман зохиолын тайлбарт дээж бичиг*, Улаанбаатар.

토올(서사시) Тууль (Tuuli)

영웅의 일대기와 업적을 소재로 한 운문 및 산문 문학으로 '영웅서사시'라고도 한다.

몽골의 토올은 서사시를 의미하지만 일반적으로 '바타를락 토올(영웅서사시(英雄敍事詩))'이라고도 한다. 토올은 전 몽골 민족 사이에서 연행되어 왔다. 토올은 음악적 측면에서 보면 보편적으로 일반인 누구나 부를 수 있는 노래가 아니다. 승계를 받은 토올치만이 토올을 연행할 수 있다. 토올은 신에게 바치는 신성한 노래이기 때문이다.

토올이 연행될 때는 톱쇼르(tovshuur; 2현의 찰현악기(擦弦樂器))를 동반하고, 때때로 자흐친(Zakhchin)족에서처럼 이헬(ikhel; 2현의 찰현악기로, 주로 서몽골 지역에서 연주됨)을 동반하기도 한다. 부리야트(Buriad)족과 내몽골인들 역시 호르(khuur)라 불리는 찰현악기를 이용한다. 과거 부리야트족 〈장가르〉의 음유시인(吟遊詩人)들은 악기 야탁(yatga; 가야금)을 동반하여 연창(演唱)하기도 했다.

토올은 악(惡)의 힘에 대항하는 용감한 자의 일대기다. 이른바 〈게세르(Geser)〉, 〈장가르(Jangar)〉, 〈항 하랑고이(Khan Kharangui)〉는 몽골 삼대 영웅서사시로써 중앙아시아 일대에서 폭넓게 전파되었다. 티벳에서 유래한 〈게세르〉는 동부 및 서부 몽골인들 사이에 구전, 또는 수서본(手書本: 듣고 받아 적은 필사본) 형태로 전파된다. 볼가(Volga)강 유역의 칼묵(Kalmyk)과 서부 몽골, 그리고 중국의 신강위구르자치구(新疆維吾爾自治區)와 청해성(青海省) 등지에서는

영웅서사시 〈장가르〉가 전창(傳唱)되고, 일부 중앙의 할흐(khalkh)족 사이에서도 〈장가르〉가 발견된다. 〈항 하랑고이〉는 많은 몽골인들이 "서사시의 왕"이라고 부르는데, 몽골 중앙의 할흐족, 토와(Tuva)의 키질(Kizil), 그리고 서몽골에서 전승된다.

이 밖에 서몽골의 일부 부족들 중 오리앙하이(Uriankhai)족, 토르고드(Torguud)족, 바야드(Bayad)족, 더르워드(Dörvöd)족들은 현재에도 그들 고유의 서사시를 전승하고 있다.

토올은 전승 지역에 따라 할흐 토올, 오이라트 토올, 부리야트 토올, 칼묵 토올 등으로 불리기도 하고, 전승 형태에 따라 구비전승되는 것은 '토올' 혹은 '영웅서사시', 기록된 것, 즉 필사본(운문 산문)은 '토즐락 토올' 혹은 '영웅전'으로 불린다.

토올의 서사 과정은 우주의 창세 과정과 세상의 초기 상황, 영웅이 사는 지역과 가족에 대한 묘사, 영웅의 위기(대개 영웅의 아내가 꿈에서 위기를 알아차림), 영웅의 투쟁과 위기 극복, 영웅의 행복한 삶(영웅의 아들 탄생 혹은 영웅의 혼인) 등으로 전개된다.

토올의 신화적 관념

토올에는 몽골인들의 출생과 죽음, 가치관과 신앙 등 다양한 내용들을 담고 있는데 특히 다음과 같은 신화나 토템 신앙에 대한 개념을 확인할 수 있다.

1. 마랄(maral, 암사슴)에 대한 관념

몽골인들이 '마랄(암사슴)' 등의 동물들을 자신들의 조상으로 삼아 우상으로 숭배하는 것은 몽골 구비문학에 자주 등장하는 소재 중 하나이다. 옛날부터 '마랄'을 우상으로 숭배해 온 흔적은 문학에서뿐만 아니라 몽골인들의 풍습과 물질 문화 속에서도 동일하게 발견된다. 예컨대, '노욘 올(Noyon uul, 왕의 산)'에서 발견된 고대 무덤 발굴 과정에서 '허 마랄(Khoo maral)' 그림이 있는 깔개가 출토되었으며, 몽골 북쪽에 위치한 다르하드 지역에서는 샤먼의 모자 끝에 사슴 뿔을 쇠로 만들어 다는 풍습이 남아 있다.

현재 몽골 국내외 고고학자들의 노력으로 몽골 영토에서 500여 개의 사슴돌이 등록되었다. 몽골 서사시는 대부분 "모퉁이의 단향목에 행했던 사슴이 어렸을 적에 있었던 일"이라는 구절로 시작하는데, 이는 "사슴이 어렸을 적에 있었던 일"을 의미하는 것으로, 사슴을 숭배하는 풍습과 관련된 것으로 보인다.

그러나 초원 지대에 거주하는 동쪽 몽골인들의 신화와 서사시에는 사슴 대신 노루가 등장하는 경우도 있다. 이는 사슴과 노루를 숭배하는 것과 동물이 하늘에 올라가 별이 되었다는 신화소가 신화 유형에 명백히 반영되어 있는 것이다.

최근에 몽골의 연구자들이 사슴에 대한 몇몇 이야기와 서사시를 돈드고비, 홉드 아이막 지역의 일부 이야기꾼에게 채록하였다. 그 중에서 서사시 표현과 유형을 잘 유지하고 있는 것은 촐로(J. Tsoloo)가 홉드 아이막의 망항 솜의 호야깅 왕기르(Khuyagiin Vangir)에게 채록한 〈24 갈래 뿔이 달린 네 살 수사슴〉이다. 비록 내용이 간략하고 변형되었지만, 서사시에 활용되는 표현 및 어휘 등이 부분적으로 남아 있다. 이 이야기 내용은 인간의 자비로움과 인간적인 심성에 대한 내용으로 암사슴 마랄을 숭배하는 관념이 점점 변화되었음을 보여 준다.

2. 돌에 대한 관념

인간은 처음 노동 도구를 사용하여 자연에 맞선 시기부터 돌의 신비로운 힘을 믿었는데, 이는 서사시 등의 문학작품에서도 독특한 표현으로 관찰된다. 몽골 서사시에 등장하는 영웅들이 활 쏘기 실력을 뽐내거나 또는 상호 경쟁할 때 다음과 같은 표현을 사용한다.

"양만큼 큰 돌을
티끌도 안 남을 때까지
소만큼이나 큰 돌을
재도 남지 않도록 활을 쏘아"

이는 튼튼하고 단단한 돌을 보이지 않도록 쏘는 영웅들의 뛰어난 힘과 실력을 문학적 기교를 가미하여 표현한 것이다.

몽골의 가장 오래된 서사시 중의 하나인 〈항 하랑고이〉 서사시에서 드러나는 '돌'에 대한 몽골인들의 의식을 살펴보면 다음과 같다. 오이라트족 이야기꾼 바그라이(Baglai)가 말한 〈항 하랑고이〉의 이본에는 "간의 검은 돌에서 남자 몸이 만들어져 나왔다."고 했는데, 그는 '어떤 활로도 잘리지 않는 신체'로 표현된다. 그리고 〈항 하랑고이〉 모든 판본에서 그가 탄 말을 '옥석과 같은 연한 갈색 말'이라고 하여, 돌과 관련해 명명하고 있다.

그리고 〈항 하랑고이〉 서사시 일부 이본에서는 '자드돌'을 마술적인 도구 형태로 표현하고 있다. 항 하랑고이가 쏜 화살로 인해 '산불이 삽시간에 번졌을 때' 세 살 울라대가 '타지에 큰일 나겠다'고 하며 '자드돌'을 주머니에 넣고 가서 그 산불을 끈다. 이는 몽골인들 사이에서 옛날부터 전해져 내려온 '당나귀 자드돌', '뱀 자드돌'(당나귀 및 뱀 몸에 '자드돌'이 내재해 있다는 견해) 등의 신화와 관련 있는 것이다.

한편, '돌'은 항 하랑고이와 그의 친구 등 선한 영웅뿐만 아니라 악역도 활용하는 것으로 표현되어 있다. 예컨대, 〈항 하랑고이〉 서사시에 '서러운 돌 심장을 가진 후웨 부이다르 소년'이라는 부분이 있다. 내용은 '동남 대륙을 차지하여 탄생한 알타이 저넌 형'과 '서러운 돌 심장을 가진 후웨 부이다르 영웅'이 '수많은 머리를 가진 빨간 소괴물'과 싸우러 가는 길에 괴물의 독이 있는 하얀 바위 앞에 도착했으나, 알후인 훌륭한 말이 피오줌을 싸서 더 못 가게 되었다는 이야기이다. 이를 볼 때 돌을 신비로운 것으로 보고 귀하게 여겨 온 인식이 몽골 고전 서사시에서 보편적이었음을 알 수 있다. 이와 같은 고대 신화와 수호신의 개념은 〈항 하랑고이〉 서사시에서만이 아니라 〈봄 에르덴〉, 〈다니후렐〉, 〈훌륭한 왕 메클레〉 등 기타 영웅 서사시를 통해서도 널리 알려져 있다.

3. 낙타에 대한 관념

몽골 서사시에서 고전적 신화 요소를 발견할 수 있다. 예컨대, 몽골 서사시 중 낙타, 사슴 등 동물을 주인공으로 한 서사시가 발견된다. 그 중 옵스 아이막의 이야기꾼 걸러깅 하인잔(Gölogiin Khainzan)으로부터 채록한 〈흰 어미 낙타와 어미가 없어진 아기 낙타〉 서사시 내용을 보면 다음과 같다.

"옛날에 비칭미칭 게렐 왕 소유의 흰 어미 낙타가 사라졌다. 이 어미 낙타는 여름에는 백 마리 아기 낙타에게 햇빛을 가려 주고 그늘이 되어 주었으며, 겨울에는 백 마리 아기 낙타를 바람으로부터 보호해 주는 역할을 하고 있었다. 낙타꾼 서허르 샤르가 오랜 세월 어미 낙타를 찾아 헤맨 끝에 겨우 찾게 되는데, 화가 잔뜩 난 서허르 샤르는 흰 어미 낙타의 무릎과 두 눈을 칼로 찌른 다음에 어미 없이 남게 된 아기 낙타를 밀치고 발로 찬 후에 "네가 커서 힘이 센 수컷 낙타가 되어 나를 잡아 죽이러 올 일이 없겠지."라고 하며 홀로 남겨두고 떠나 갔다. 그런데 몇 년이 지난 뒤 그 아기 낙타가 힘이 센 수컷 낙타가 되어 어미 낙타를 데리고 주인 집에 찾아왔다. 이를 본 낙타꾼 서허르 샤르가 안절부절하며 주인 비칭미칭 왕께 모든 것을 사실대로 말하고 살려 주기를 애원했으나, 주인은 그를 쥐로 변신시키고 재가 있는 곳으로 보내 버린다. 이를 알게 된 흰 수컷 낙타가 쥐를 발로 밟아 죽이려고 재가 있는 곳으로 갔다. 그래서 사람들은 낙타와 쥐가 재 속에 있다고 믿게 되었고, 낙타는 재가 버려진 곳에 가서 누워 몸부림치게 됐다고 한다."

이 동물 소재 서사시를 통해 몽골 사람들의 몇 가지 신화적 관념을 확인해 볼 수 있다. 이 우화 서사시에 등장하는 주인공 서허르 샤르 낙타꾼은 『몽골비사』에 등장하는 '이마 한 가운데 눈이 있고 원시력이 뛰어난' 〈도와 서허르〉 신화를 연상하게 한다. 옵스 아이막의 버흐머렁 솜의 바드랄 조합 지역에 거주하는 이야기꾼 차가다이 저덥(Tsagaadain Zodov)으로부터 채록한 〈참을성 없는 흰 어미 낙타〉라는 서사시가 있다. 이 시의 끝 부분에는 "검은 투셰트 부자의 머리 위에 둥그런 단향목 나무가 자랐으며, 쌍봉 사이에 순간적으로 얼음이 생기고, 아끼는 검은 수컷 낙타가 늙어서 낙타 떼 중에 일부를 사막으로 몰아가서 야생 낙타가 되어버렸다."라는 내용이 나온다. 이는 '낙타 노루', 즉 야생 낙타의 기원에 대한 신화의 개념을 표현한 것이다. 이렇게 우화 서사시는 오랜 시간을 거치며 당대의 이념에 의해 변형되었지만, 신화적 특성을 일정 범주 내에 유지해 온 이동성 원형질의 형태를 유지하고 있다.

참고문헌 ШУА, Хэл зохиолын хүрээлэн (2013), *Монгол тууль*, Улаанбаатар. Ш.Гаадамба, Д.Цэрэнсодном(1978), *Монгол ардын аман зохиолын дээж бичиг*, Улаанбаатар. Ц.Дамдинсүрэн (1957), *Монголын уран зохиолын тойм*, Нэгдүгээр дэвтэр, Улаанбаатар.

토익 노래 Тойг дуу (Toig duu)

자기 새끼를 거부하는 어미양을 달래어 새끼를 받아들이게 하기 위해서 부르는 노래

'토익 노래(Toig duu)의 내용은 자신의 새끼 양을 거부하는 어미 양의 마음을 움직여 젖을 물리도록 설득하는 내용이 담겨 있다.

"새하얀 나의 양아
새끼 양을 왜 거부하느냐?
너의 젖냄새가
그 꼬리에 담겨 있구나"

"여름이 한창 퍼져간다네
세상의 풀들이 자라난다네
너의 젖이 불어나는구나
그걸 누가 빨아먹을까나"

라고 노래하고는 "토익 토익 토익(Toig! Toig! Toig!)"이라고 외친다. 관련 풍속으로는 새끼 양의 꼬리에 젖을 빨릴 어미의 냄새를 묻혀 스며들게 한다. 그리고는 어미 양에게 젖이 불어 아플 테니 고통을 덜게 하려면

새끼 양으로 하여금 젖을 빨게 하라고 설득한다. 이처럼 몽골인들은 말이나 노래에 주술적 능력이 있다고 생각하여 가축을 설득하는 내용의 노래를 부른다.

참고문헌 Д.Цэрэнсодном(2012), *Монгол аман зохиолын тайлбарт дээж бичиг*, Улаанбаатар. Ш.Гаадамба, Х.Сампилдэндэв(1988), *Монгол ардын аман зохиол*, Улаанбаатар.

퉁구스의 일월조정 신화 Түнгүсийн нар сарны домог үлгэр (Tüngüsiin nar sarny domog ülger)

통구스에서 전해 내려오는, 해와 달의 수를 조정하여 하나씩만 남기고 제거하였다는 신화

'가도(gadu)'는 최초의 인간이다. 이 때는 세 개의 태양이 있어 몹시 더웠다. 가도는 태양이 떠오르는 곳에 구멍을 파고 숨었다가 첫 번째의 태양을 화살로 쏘아 맞혔다. 그리고 둘째 태양은 상처를 내었고 셋째 태양은 쏘아 떨어뜨렸다. 그래서 상처가 난 태양은 붉어지게 되었고, 태양은 하나가 남게 되었다.

퉁구스족의 신화에서는 해가 세 개가 나타나는데, 복수의 태양이 인간 세상에 미치는 영향은 더위로 설정되어 있다. 이런 '복수의 태양' 신화소는 동북아시아, 동남아시아, 미대륙까지 넓은 지역에서 발견되는데, 퉁구스족의 일월조정 주체는 최초의 인간으로 설정되어 있다는 점에서 특이하다.

참고문헌 박시인(1994), 『알타이 신화』, 청노루. 노로브냠(1999), 「한국과 몽골 창세 신화 비교연구」, 서울대학교 석사논문.

푸른 이리 이야기 Бөртэ–чонын домог (Börte chonyn domog)

몽골비사 서두에서 칭기스칸의 시조로 등장하는 푸른 이리인 보르테 촌과 그의 부인인 암사슴 고아 마랄에 관한 신화

보르테 촌(Börte chono)는 몽골 민족의 고대 토템 중 하나이다. 이 단어는 『몽골비사』 외에도 『새들에게 복을 비는 수트라(Shuvuuny dallagyn sudar)』라는 경전에도 다음과 같이 나와있다.

"푸른 이리여
공격하지 말기를
잘못된 사고를 갖고 있는
남녀 샤먼이여
모이지 말기를"

네클류도프(S. Yu. Neklyudov)는 『세계 각 민족의 신화 전설 사전』에서 이 '보르테 촌(Börte chono)'이라는 단어를 '회색 늑대'로 번역하였다.

『몽골비사』에서 기록하고 있는 보르테 촌과 그의 부인인 고아 마랄(Khoo–Maral)은 둘다 몽골 민족의 일부 씨족과 부족의 숭배 대상이었다. 예컨대 『황금사강(Xuraangui altan tovch)』에서 항가이(Khangai) 왕이 대규모 사냥을 나가기 위해 다음과 같이 공표한다.

"보르테 촌 고아 마랄이 걸려들었다.
그를 죽이지 마라
푸른 갈색 말에 곱슬 머리를 가진
검은 사람이 걸려들었다.
그를 생포하라"

즉 보르테 촌과 고아 마랄은 수호신이었기 때문에 생포하지 않았던 것이다. 이것은 몽

골의 일부 씨족사회가 늑대로부터 기원한 것이라고 하는 '동물기원설'에 관한 신화소의 개념과 관련 있다.

바야리예바(G.D.Bayalieva)는 키르키즈 민족의 이슬람 이전의 신앙 관념에 대해 쓴 작품에서 고대 투르크족과 몽골 민족들이 늑대 토템을 갖고 있었다고 서술하고 있다. 그리고 몽골 베르시드(Bersid) 씨족의 조상은 호수 가까이에 있는 삼림지역에 거주하고 있었던 늑대와 사슴 사이에서 태어난 아들이라는 신화도 소개하고 있다.

참고문헌 Б. Сумъяабаатар(2008), *Монголын Нууц Товчооны толь, Index to the Mongolian secret history*, Улаанбаатар. Х.Пэрлээ(1958), *Нууц товчоонд гардаг газар усны зарим нэрийг хайж олсон нь*, Улаанбаатар. Д. Майдар(1972), *Каменная колонна Ид Аваргын балгас, Монголын эртний түүх соёлын зарим асуудал*, Улаанбаатар. Ц.Дамдинсүрэн(1957), *Монголын уран зохиолын тойм*, Нэгдүгээр дэвтэр, Улаанбаатар. Ш.Гаадамба(1988), *Монгол ардын аман зохиол*. ШУА. Хэл зохиолын хүрээлэн, Улаанбаатар.

한 하랑고이 서사시 ᠬᠠᠨ ᠬᠠᠷᠠᠩᠭᠤᠢ Хан харангуй (Khan kharangui)

'장가르', '게세르'와 더불어 몽골에서 전해 내려오는 3대 영웅서사시 중 하나

몽골 민족의 3대 영웅서사시의 하나로 꼽히고 있는 '항 하랑고이(Khan kharangui)' 영웅서사시는 세계 각지의 많은 연구자들에 의해 주목을 받아왔다. 항 하랑고이 영웅서사시는 주로 몽골어 원어민들 사이에서 설화의 유형으로 전승되기도 한다. 한편 알타이, 오리앙하이(Uriyankhai), 흑달(흑타타르) 등 투르크어 계열 민족 사이에서도 민담의 형태로 구전된다.

항 하랑고이 서사시는 혼례를 주제로 한 영웅서사시인데, 항 하랑고이의 탄생과 성장에 대해서 다음과 같이 기술하고 있다.

"땅과 충돌하여 태어난
하늘의 이름으로 거슬러 태어난
태어난 후 나라와 신앙을 버리지 않았으며
세상에 모습을 드러낸 후 땅과 물을 버리지 않았으며
7세의 나이에
세상을 진동시키며 나타난
일곱 개의 큰 권좌를
평화롭게 태어난"
"모든 권력자의 손아귀에 들지 않으며
빗장뼈에 눌리지 않고
지식이 출중하게 태어난
용감한 항 하랑고이"

항 하랑고이의 배우자 톨리고아(Toli goa) 선녀는 아기보랄(Agi buural) 왕의 딸인데 예언자이며 지혜롭고 총명한 여인이다. 항 하랑고이는 톨리고아와 천생연분임을 예지하고 약혼하러 찾아갔는데, 천신의 아들 에르헴 하르(Erkhem khar)도 그녀와 혼인하러 와 있었다. 결국 항 하랑고이와 하늘의 아들 에르헴 하르가 내기를 하여, 이긴 자가 톨리고아와 혼인하기로 하였다. 에르헴 하르는 남성 3종 경기에서 수치스러운 패배를 당하자 항 하랑고이를 증오하며 그의 목숨을 빼앗을 계략을 꾸민다. 하늘의 아들 에르헴 하르는 용감하고 힘이 세지만, 항 하랑고이 앞에서는 작은 인간에 불과하다고 서사시에서 기술하고 있다. 예컨대, 항 하랑고이는 톨리고아 선녀를 데리러 올 때 다음과 같이 말한다.

"위대한 힘으로 그녀를 취할 수 있으나 나는 그녀를 존대하며
숭고한 운명에 따라 나는 그녀를 모시노라"

이때 하늘의 아들 에르헴 하르의 상황을 다음과 같이 표현한다.

"..고작 참새만큼의
갈색 심장은 두근거리며
생각이 바뀌었도다."

이는 에르헴 하르가 항 하랑고이의 위엄을 두려워하고 있는 것을 희극적으로 표현한 것이다.

몽골 서사시에서는 영웅의 탁월한 능력을 표현할 때 그의 궁전과 건물의 상태, 가재도구, 의상, 준마 등을 과장되게 묘사하는 방법을 사용한다. 특히 서사시에는 영웅의 가장 절친한 친구로 항상 함께하는 말(준마)이 등장하는데, 말의 능력은 주인과 비교해 볼 때 결코 뒤지지 않는 것으로 묘사된다.

〈항 하랑고이〉 서사시의 주요 장들을 소개하면 다음과 같다.

항 하랑고이가 하루는 아버지인 왕과 어머니인 왕비에게 "내 몸이 굵은 풀에 눌려 있고, 내가 탔던 말은 단단한 것에 눌려 있다." 라고 말하며 떠나고자 하였다. 항 하랑고이는 보물인 연한 적갈색 말을 잡아 타고 태양이 뜨는 쪽에서 이동하는데 15일 동안 적들과 싸우며 도달한 곳은 한 변방으로, 산과 물, 나무가 갖춰진 살기 좋은 지역이었다. 그는 불탑을 세우고 살찐 사슴과 검은 담비를 사냥하며 살아간다. 한편 동남쪽 지역에 있는 아기 보랄왕의 아름다운 딸, 톨리 고아 선녀가 낙타치기 아기(Agi) 백발 노인에게 "태양이 지는 쪽에 있는 항 하랑고이에게 보내겠다. 델(deel)과 여러 복식, 물건들을 준비하여 일곱 밤을 새고 오라"고 명하였다. 노인은 회오리바람에 잡히지 않고 새끼를 낳지 않은 빠른 황색 암낙타를 타고 7박 8일만에 다녀왔다. 돌아와서 고하기를, "9년 동안 가는 거리의 아이항 토호이(Aikhan tokhoi) 지역에 있는 아락(Arag) 산에는 주춧돌이 세워져 있고, 얼어붙은 땅에 하늘의 뜻을 갖고 태어난 항 하랑고이라는 한 사나이가 살고 있다"고 전한다.

항 하랑고이는 동생 올라데이(Uladai) 명궁(名弓)과 함께 아름다운 톨리고아 선녀가 사는 곳으로 찾아간다. 마침 이때 하늘의 아들인 에르헴 하르가 하얀 낙타 백 마리에 먹을 것과 마실 것을 가득 싣고 와서 아기보랄왕을 뵙고자 청한다. 아기보랄 왕의 동남쪽 하얀 궁전에서 대규모의 잔치가 치뤄지고 있는데 항 하랑고이가 잔치에 참석할 때쯤 에르헴 하르의 낙타치기 하르누뎅(Khar nüden) 내관은 항 하랑고이가 그곳에 온 목적을 묻는다. 항 하랑고이가 "옛날에 나의 부모님이 여기에 샤가이(shagai, 양의 복사뼈)만 한 노란 풀과 길고 하얀 하닥(khadag)을 놓아 두었다고 말한다(청혼을 했다는 뜻). 그의 대답이 맞는지 왕에게 확인하니 왕은 "나의 두 소년들이여! 고기와 피를 함께 먹을 필요 없고, 남성 3종 경기를 행하여 승리한 쪽이 나의 딸을 데려가라."고 명했다. 항 하랑고이와 에르헴 하르는 남성 3종 경기를 벌이게 된다. 결국 항 하랑고이가 승리하여 아름다운 톨리 고아 선녀를 얻어, 동생을 톨리고아의 동생 울렌솔롱고랑 혼인시켜 고향으로 돌아간다.

돌아가는 길에 하늘의 아들 에르헴 하르가 백 마리의 하얀 낙타에 증류주를 얹고 찾아온다. 그는 이전에 한 잘못을 뉘우치며, 의형제를 맺고자 왔다며 항 하랑고이를 속여 술에 취하게 하여 쓰러지게 한다. 에르헴 하르는 항 하랑고이의 두 동생 역시 독살하고는 아름다운 톨리고아 선녀를 하늘 나라로 데리고 갔다.

항 하랑고이가 정신이 들자 울렌 솔롱고(üülen solongo)가 와서 모든 사건의 경위를 말해준다. 울렌솔롱고는 "항 하랑고이, 너는 두 동생을 다시 살려라. 나는 에르헴 하르를 쫓을게."라고 말한 후 하늘 나라로 올라간다. 이들은 하늘나라에서 아름다운 톨리고아 선녀를 찾아 에르헴 하르를 끌고 나오자 33천신(天神)이 항 하랑고이에게 하얀 하닥 천을 올리며 무릎을 꿇고 선처를 부탁한다. 천신들이 선처를 부탁했으니 에르헴 하르를 놓아주고, 아름다운 톨리고아 선녀를 다시 데리고 와서 두 동생을 만나 그동안의 이야기를 나눈다. 그런데 톨리 고아가 '오늘 밤에 하늘에서 형체가 없는 무언가가 와서 너희 셋을 죽이려고 한다. 이름을 부르면 절대로 보지 마라'고 당부한다. 그렇지만 셋이 그 말을 어기고 적에게 당하고 만다.

울렌솔롱고에게서 황금 가슴과 은색 볼기, 그리고 청동 이마를 가진 한 아이가 태어났다. 아이가 두 살이 된 어느날 세 영웅의 화살 시위를 당겨 보고서는 항 하랑고이에 대해서 "누구에게도 당할 수가 없는 사나이다"라고 말한다.

울렌솔롱고와 톨리 고아는 아이를 고삐가 튼튼한 적갈색 말에 태우며 두 관음보살과 21타라 관음보살 어머니에게 다녀오라고 한다. 말한 대로 그 아이는 하얀 석영 바위에 앉아 있는 21타라 관음보살을 찾아가 두 어머니가 시킨 모든 것을 얻어가지고 온다. 두 선녀가 관음보살이 준 물건으로 세 영웅을 살리고 그동안 일어난 이야기를 항 하랑고이, 올라데이 메르겐(mergen; 名弓), 히르기스 사인 보이다르(Khirgis sain buidar) 셋에게 이야기한다. 그리고 울렌솔롱고에게서 태어난 아들이 세 영웅을 살린 생명의 은인이라고 소개한다.

세 영웅은 아이의 볼에 입맞춤하고 항 하랑고이의 제안대로 세 영웅이 먼저 아이항 터허이 지역으로 돌아가게 된다. 고향에 도착했는데, 하랄(kharaal, 저주)의 검은 원수가 그들의 나라를 정복하러 와 서로 싸우고 있었다. 세 영웅이 적을 공격해 마침내 원수를 제압한다. 이어서 올라데이 메르겐의 아들이 어머니와 톨리 고아를 모시고 와서 이들은 즐거운 연회를 베풀었다. 히르기스 사인 보이다르의 가족도 다 이사해 온다. 이렇게 잔치를 하고 행복하게 지내는 동안 아름다운 톨리고아 선녀에게서 황금 가슴과 은색 볼기, 그리고 청동 이마를 가진 건강한 아이가 태어나 잔치의 기쁨이 배가 되었다.

세 영웅의 아들들에게 다음과 같은 칭호를 부여하는데,

항 하랑고이의 아이에게
"모든 전쟁의 승리자이시며
눈물을 자아내는 긍휼이 풍성하신
보그드(Bogd) 칸"

올라데이 메르겐의 아이에게
"이국의 적군에게 지지 않으며
쏜 화살에 생명을 잃지 않는
긍휼의 베텍(Beteg)"

히르기스 사인 보이다르(Khargis sain buidar)
의 아이에게
"검은 단비를 입은 적에게 당하지 않고
어떤 이에게도 패하지 않는

갈대 베텍(Beteg)"

라는 칭호를 부여하여 영웅서사시의 이야기가 끝난다.

참고문헌 Ц.Дамдинсүрэн (1957), *Монголын уран зохиолын тойм*, Нэгдүгээр дэвтэр, Улаанбаатар. Ш.Гаадамба, Х.Сампилдэндэв(1988), *Монгол ардын аман зохиол*, ШУА. Хэл зохиолын хүрээлэн, Улаанбаатар. Х. Сампилдэндэв, Р. Нарантуяа (1986), *Эрийн сайн хан харангуй*, Ардын армийн СХ-ийн хэвлэх, Улаанбаатар.

할흐 영웅서사시 ᠬᠠᠯᠬ᠎ᠠ ᠲᠣᠭᠤᠯᠢ Халх тууль (Khalkh tuuli)

할흐 부족에서 전해 내려오는 영웅서사시

할흐(Khalkh) 부족은 몽골 중부 지역을 중심으로 전국적으로 분포되어 거주하고 있다. 할흐족에서는 '아깅 올란칸(Agiin ulaan khaan)', '알타이 노용 갈로 후(Altai noyon galuu khüü)', '알탕 고르갈다이(Altan gurgaldai)', '13세의 알타이숨베(Arvan gurvan nastai Altai Sümbe khüü)', '3살의 고낭 울란바타르(Gurvan nastai gunan ulaan baatar)', '지베르칸의 지베르미지드 후(Jiver khaany Jivermijid khüü)', '150세를 누린 로 메르겡 칸(Neg zuun tavin nasyg nasalsan khögshin Luu mergen khaan)', '힐렝 갈조 바타르(Khilen galzuu baatar)', '사나이 중 사나이인 장 잘로다이(Eriin sain Zaan Zaluudai)', '사나이 중 사나이인 하르허헐후(Eriin sain khar khökhöl khüü)', '사나이 중 사나이인 렝칭 메르겡(Eriin sain Rinchin mergen)', '함보다이 메르겡 칸(Khambuudai mergen khaan)', '에젱 텡게르 칸(Ezen tenger khaan)' 등 단편의 영웅서사시들이 전해진다.

할흐의 영웅서사시가 오이라트 영웅서사시와 다른 점은 주로 주인공 영웅의 혼인과 가족내의 갈등, 부족장들간의 전투를 소재로 한 단편적인 시와 사설로 이루어졌다는 점이다.

참고문헌 ШУА, Хэл зохиолын хүрээлэн, Нүүдлийн соёл иргэншлийг судлах олон улсын хүрээлэн (2013), *Монгол тууль*, Улаанбаатар. Ш.Гаадамба, Д.Цэрэнсодном(1978), *Монгол ардын аман зохиолын дээж бичиг*, Улаанбаатар.

항가리드 ᠬᠠᠩᠭᠠᠷᠳᠢ Хангарди (Khangardi)

인도 및 티베트, 몽골의 불교 신화에 등장하는 전설 속의 새로 몽골 구비문학에서는 전설의 새 혹은 조류의 왕으로 등장한다. '가루다(가루라, 伽樓羅)'라 하기도 하며 입에 사악한 뱀을 물고 있는 형상으로서 수호신의 성격을 가진다.

'항가리드(Khangardi)'는 몽골어 'Khan(칸, 왕)'과 산스크리트어 'Garuda(가루다: 인도 및 불교 신화에 나오는 조류의 왕)'의 합성어로 '가리드(Gar'd)'라고도 한다. 항가리드는 몽골의 수도 울란바타르 남쪽에 있는 복드산의 주신(主神)이며, 현재 울란바타르를 상징하는 문장(紋章)으로 쓰이고 있다.

몽골 알하이 메르겐(Alkhai mergen) 신화에서 항가리드는 사람에게 도움을 주는 친근한 주인공으로 등장한다. 어느 날 알하이 메르겐은 컴컴한 구덩이 가장자리 위에서 까치와 까마귀가 울고 있는 것을 보고 그 사연을 묻는다. 그러자 그들은 "우리들은 당신이 있을 때는 당신이 남긴 창자를 먹고 빈 배를 채웠습니다. 그런데 당신이 구덩이에 갇힌 이후 우리들은 먹을 것을 찾지 못하고 굶고 지내고 있습니다."라고 대답하였다. 이에 알하이 메르겐은 까치와 까마귀를 날짐승의 대왕인 항가리드에게 보내 그에게 도움을 요청하도록 한다. 알하이 메르겐의 부름을 받고 달려온 항가리드는 자신의 깃털을 구덩이 밑으로 넣어주어 그가 구덩이를 빠져나오는 데 도움을 준다. 그리고 그는 사시나무의 도움으로 쇠사슬을 풀고 자유의 몸이 되어 동생을 만난다. 그 후 두 사람은 특별한 재능을 갖춘 다섯 사람을 차례로 만나 형제가 되고 망가스(Mangas) 대왕을 무찌르고, 체첸 체베르(Tsetsen tsever) 누이를 죽이고, 하늘로 올라가 북두칠성이 된다.

체렌소드놈은 이 신화에서 등장하는 항가리드를 사냥과 원정에서 사냥물과 획득물을 나눠 갖는 연대 씨족의 지도자로 해석하였다.

참고문헌 Д.Цэрэнсодном(2012), *Монгол аман зохиолын тайлбарт дээж бичиг*, Улаанбаатар. Ш.Гаадамба, Х.Сампилдэндэв(1988), *Монгол ардын аман зохиол*, Улаанбаатар. С.Дулам (2007), *Монголын домог зүйн дүр*, Улаанбаатар. 센덴자빈돌람 저 (2007), 이평래 역, 『몽골 신화의 형상』, 태학사. 발터하이시히 저 (2003), 이평래 역, 『몽골의 종교』, 소나무.

설화 자료

개와 고양이와 쥐

Нохой, муур, хулгана гурав (Nokhoi muur khulgana gurav)

몽골에서 전해 내려오는 개와 고양이와 쥐가 서로 원수가 된 이야기

개와 고양이, 쥐는 옛날에 형제처럼 사이좋게 지냈다고 한다. 그런데 어느 날 사람이 개에게 자기 재산을 돌보고, 양과 가축을 지키게 하면서 '허터치(집개)'라는 별명을 주고 황금색 글자가 박힌 증명서를 내주었다. 고양이가 그것을 알고 시기하며 쥐에게 그 증명서를 몰래 훔쳐오라고 했다. 쥐는 즉시 개의 증명서를 훔쳐 가지고 자기 새끼에게 주어 찢어버리게 했다. 그리고 고양이와 쥐는 개에게 가서 "넌 어째서 인간과 그렇게 가까이 지내게 되었니? 맹수의 왕이 너에게 그러한 권한을 준 것은 아니잖아?" 하고 물었다. 개는 그런 권한을 받았다면서 황금 문자로 씌어 있는 증명서를 보여주기 위해 찾았지만 어디에도 증명서가 없었다. 그러자 개는 쥐를 의심하고 쥐에게 덤벼 들었다. 순간 쥐는 놀라고 당황해서 고양이가 증명서를 빼내 오라고 했다고 사실대로 말했다. 그러자 개가 고양이를 뒤쫓아 갔다. 고양이는 저놈을 잡아먹고야 말겠다며 쥐를 쫓아갔다. 쥐가 정신없이 구멍으로 들어가 숨어 버리고, 고양이는 위험을 피해 나무에 올라가자, 개는 아래서 끈질기게 고양이를 쳐다보며 짖어댔다. 이렇게 해서 개와 고양이, 쥐는 지금까지 서로 원수처럼 으르렁거리며 지낸다고 한다.

참고문헌 Д.Цэрэнсодном(2012), *Монгол аман зохиолын тайлбарт дээж бичиг*, Улаанбаатар. Д.Цэрэнсодном(1982), *Монгол ардын үлгэр*, Улсын Хэвлэлийн Газар, Улаанбаатар. 데.체렌소드놈 편저, 이안나 역(2007), 『몽골의 설화』, 문학과 지성사.

거만한 관리를 골려먹은 탁발승

Баадай түшмэл хоёр (Baadai tüshmel khoyor)

몽골에서 전해 내려오는 탁발승 설화 중 한 이야기. 거만한 관리를 골려 먹은 바아대(Baadai)라는 탁발승 이야기

탁발승 바아대(Baadai)가 가다가 어느 집에 들렀다. 바아대가 대접을 받으며 그 집 안주

인이 따라준 뜨거운 차를 마시고 땀을 흘리고 앉아 있을 때, 그 집에 코가 이상하게 생긴 관리 한 사람이 왔다. 바아대가 그에게 공손하게 인사를 하자, 관리는 거만한 태도를 보이며 말했다.

"뜨거운 차에 달궈져 얼굴이 터지게 생겼군. 정말 웃기네."

이 말은 들은 바아대는

"하이르항(Khairkhan) 산이 홍수에 깎여 나갔나요? 나리의 하이르항(코)은 왜 깎였을까요?"라고 응수했다. 이 말을 들은 관리는 화가 나서,

"지체 높은 양반 앞에서 함부로 지껄이는구나! 저 못된 것을 몇 토막으로 쳐버릴까 보다."하였다. 그러자 바아대는 "아, 정말 이상하네요! 첨탑이 없는 탑은 없는데, 정상(코)이 없는 양반이 다 있네."하였다. 무안해진 관리가 소매로 바아대를 치며 말했다.

"염소가 안장 끈을 먹고 있군. 나가 봐야겠네. 허허!"

바아대는

"염소가 먹은 끈은 가죽끈으로 다시 만들어 바꿀 수 있지만, 종양 먹은 코는 무엇으로 바꿀 수 있을까요?"라며 비웃었다.

관리는 할 말을 잇지 못하고, 화를 내며 말을 타고 가버렸다.

참고문헌 Д.Цэрэнсодном(1989), *Монгол ардын домог үлгэр*, Улаанбаатар. 데.체렌소드놈 편저, 이안나 역(2007), 『몽골의 설화』, 문학과 지성사.

겨울과 여름이 생긴 이야기 Өвөл зун яагаад ээлжилдэг вэ? (Övöl zun yaagaad eeljildeg ve?)

계절이 변화하게 된 연유를 담은 이야기

숭 바다[乳海]가 아직 진흙탕이고, 숨베르(Sümber; 수미산) 산이 아직 조그마한 봉우리에 불과한 시기에, 추위의 노인과 더위의 노인 둘이 누구의 힘이 센가 겨루어보기로 하였다. 추위의 노인이 이르기를 "내가 9일에 걸쳐서 이 세상을 완전히 얼음 바다로 만들겠다. 그렇게 되면 네가 얼음 바다를 녹일 수 있겠느냐?" 라고 하자, 더위의 노인이 말하기를 "그렇다면 나는 단 8일 동안에 눈과 얼음을 녹여 물바다가 되게 할 수 있다. 그러나 너는 나의 더위를 막을 수 없을 것이다." 라고 하였다. 그리하여 두 노인은 누구든 내기에 이기면 상대방을 자기의 휘하에 두기로 합의하고 실력을 겨루었다.

추위의 노인은 9일 밤낮으로 눈바람을 일으켜 보기 드문 추위로 세상을 완전히 얼게 하였다. 그리고 엄청나게 큰 황소를 만들어 자신의 보호자로 세워 놓았다. 그러자 더위의 노인은 해를 만들어 8일 밤낮으로 8방에서 세상을 태우기 시작하여, 8일째 되는 날 세상을 큰 물바다로 만들어 버렸다. 그리고 나서 두 노인은 어디에 얼음이 남아있는가를 살펴 보았다. 그런데 엄청나게 큰 황소의 꽉 막힌 네 발 아래에 얼음이 남아 있었다. 그리고 앞뒤 쪽의 네 발 밑에는 얼음으로 이루어진 극지(極地)가 형성되었다. 더위의 노인은 화가 치밀어 그 황소의 꽉막힌 네 발굽을 난도질하였다. 그로 인하여 소의 발굽이 갈퀴처럼 갈라지게 되었다. 그러나 두 노인의 힘은 우열을 가릴 수 없이 팽팽하였다. 할 수 없이 두 노인은 1년을 동등하게 나누어 여름과 겨울을 교대하여 다스리게 되었다.

참고문헌 Д.Цэрэнсодном(2012), *Монгол аман зохиолын тайлбарт дээж бичиг*, Улаанбаатар. 체렌소드놈 편저, 이평래 역(2001), 『몽골 민간신화』, 대원사. 센덴자빈 돌람 지음, 이평래

역(2007), 『몽골 신화의 형상』, 태학사. 노로브냠(1999), 「한국과 몽골 창세 신화 비교연구」, 서울대학교 석사논문.

고아 소년 후렐 ᠥᠨᠴᠢᠨ ᠬᠥᠪᠡᠭᠦᠨ ᠬᠦᠷᠡᠯ Өнчин хөвгүүн Хүрэл (Önchin khövgüün Khürel)

고아 소년 후렐이 물 긷는 노인의 아들이 되어 왕의 신임을 얻은 이야기

옛날 옛날에 어떤 왕이 살고 있었다. 그 왕에게는 물 긷는 노인과 이발사 노인이 있었다. 그 두 노인에게는 자식이 없었다. 물 긷는 노인은 저녁마다 자식을 갖게 해달라고 부처님께 빌었다. 그때 후렐(Khürel)이라는 고아 소년이 노인의 집 마당에 들어와서 어슬렁거리다 노인이 간절히 비는 소리를 들었다. 후렐은 부처로 가장해서 노인에게 말했다. "내일 동쪽에서 후렐이라는 이름을 가진 아이가 산열매를 가득 담아 올 것이다. 부처님께서 그 아이를 너희에게 주시는 것이다." 노인은 그 말을 듣고 진정 부처님이 하신 말이라고 믿었다.

다음날 후렐은 산열매를 가득 가지고 노인에게 갔다. 물긷는 노인 부부는 매우 기뻐하며 후렐을 맞았다. 그때 갑자기 그 나라 왕비가 심한 병에 걸려 자리에 눕게 되었고, 저녁마다 도시의 남쪽에서 불이 일어났다. 물긷는 노인이 아들을 얻게 되자 이를 시기했던 이발사 노인은 왕에게 가서 물긷는 노인이 부처님에게서 얻은 아들이 있으니 그 아들에게 물으면 그 불이 어떤 불인지 알 수 있을 거라 말했다.

왕은 당장 후렐을 불러들여 불이 일어난 연유를 알아 오라고 하였다. 후렐은 이 사실을 아버지에게 말하였다. 그러자 아버지는 작은 도끼를 하나 주며 멀리 돌아서 가라고 했다. 후렐은 아버지 말대로 길을 돌아서 불의 뒤편으로 접근해 갔다. 그런데 어떤 키가 크고 검은 것이 먼지를 집어 올렸다 뿌려 불을 일으키면서 검은 깃발로 왕궁을 향해 신호를 보내고 있었다. 후렐이 키가 크고 검은 것을 향하여 도끼를 내리치자 그것은 자취도 없이 사라졌고 그 자리엔 짧은 웃옷 하나가 남아 있었다. 후렐은 그것을 가지고 집으로 돌아왔다. 다음날이 되자 후렐이 가져온 웃옷은 그 나라에는 없는 최고급 비단의 아름다운 외투가 되어 있었다. 후렐은 외투를 가지고 가서 왕에게 선물로 주었다. 왕은 크게 기뻐하며 후렐에게 많은 재물을 내어 주었다. 왕비도 그날 밤부터 몸이 좋아져 쾌차하게 되었다.

어느 날, 악한 생각을 품은 이발사 노인은 왕에게 가서 또 한 가지 제안을 했다. 후렐이 가져온 외투의 비단은 우리나라에 없는 비단이니 후렐을 보내면 그 아이는 반드시 더 많은 비단을 구해 가지고 올 수 있을거라고 했다. 왕은 기뻐하며 후렐을 불러 명령을 내렸다. 후렐은 왕에게 드렸던 외투를 가지고 집으로 돌아와 아버지에게 전후 사정을 말하였다. 노인은 슬퍼하며 한 마리밖에 없는 황소에 수레를 연결해 주어 아들을 떠나보냈다.

후렐은 도끼를 외투에 싸가지고 먼 길을 떠났다. 후렐이 한 왕국에 이르자 그 나라 왕비가 죽어가고 있는데 그녀를 지키기 위해 번을 서는 사람마다 아침이면 죽어 있다는 소문이 돌았다. 이 말을 듣고 후렐은 자신이 왕비를 지키겠다고 자청했다. 후렐이 왕비가 누워 있는 게르로 들어가자 밖에서 자물쇠를 채웠다. 한밤중이 되자 후렐은 불을 끄고 도끼를 손에 쥐고 문 뒤쪽에 서 있었다. 조금

뒤 한 사람이 게르로 살금살금 들어왔다. 후렐은 그 사람을 향해 도끼를 내리쳤다. 그러자 무언가 퉁! 하고 쓰러졌다. 불을 켜고 보니 바닥에 구리 주둥이(몽골 설화에서 악마나 악귀의 입은 주로 구리 주둥이로 표현됨)가 떨어져 있었다. 그 주둥이를 왕비에게 보이자 왕비는 안정을 찾으며 편안히 잠을 잤다.

다음날 사람들은 후렐이 죽지 않고 밤을 지낸 것을 대단히 놀라워했다. 왕도 왕비를 지키던 사람이 살아 있나는 말을 듣고 몸소 후렐을 찾아왔다. 왕비는 몸이 빠르게 좋아져 얼굴이 본색으로 돌아오고 있었다. 후렐은 밤에 일어난 일을 왕에게 말하고 왕비가 다 나을 때까지 며칠을 지켜보겠다고 했다. 사흘이 지나자 왕비가 건강이 회복되었고 후렐은 다시 길을 떠날 생각을 하였다. 왕은 은혜를 입은 사람을 그냥 보내고 싶지 않다며 후렐에게 공주와 살게 하고 재산을 떼어주겠다고 했다. 후렐은 자신의 사정을 이야기하고 돌아가는 길에 공주를 꼭 데리고 가겠다고 했다. 그리고 비단을 구하기 위해 다시 길을 떠났다.

길을 가다가 후렐은 변두리에 있는 자그마한 흰 게르를 발견했다. 게르에 들어가니 아름다운 여인이 있었다. 후렐이 인사를 하자 여인은 그에게 차를 내주고 게르 밖으로 나갔다. 다시 들어온 그녀는 후렐에게 음식을 내놓더니 또 나가버렸다. 오래지 않아 그녀가 다시 들어왔다. 후렐이 그녀에게 왜 들어왔다 나갔다 하느냐고 물었다. 그녀는 "남편이 오늘 우리 집에 후렐이라는 사람이 올 거라고 하면서 어떤 왕의 왕비를 노리다가 구리 주둥이를 잃어버렸으니 그가 오면 자기를 부르라고 해서 지금 남편을 불렀어요."라고 했다. 그때 말발굽 소리가 요란하게 울렸다. 후렐은 용기를 내어 집 안에서 큰소리로 "후렐이 여기서 도끼를 쥐고 기다리고 있다."라고 소리쳤다. 그러자 말발굽 소리가 도망가는 것처럼 들렸다. 여인이 밖에 나가 보니 그들은 돌아가고 있었다. 여인은 후렐에게 참으로 대단하다며 지금까지 남편의 힘에 눌려 지내왔는데 이제 후렐을 따라가겠다고 했다. 후렐은 비단을 가져가야 하는 사정을 여인에게 말했다. 그러자 여인은 그런 비단은 수레에 가득 채울 만큼 많이 있다고 했다. 후렐은 많은 비단을 색깔대로 싣고 여인과 함께 고향으로 돌아가기로 하였다. 돌아가는 길에 여인은 작은 상자 하나를 꺼내 가지고 갔다. 두 사람은 그곳을 떠나 먼저 들른 나라에 가서 공주도 데리고 고향으로 돌아왔다.

원하던 비단을 얻게 된 왕은 크게 기뻐하며 후렐에게 큰 상을 내려주었다. 후렐은 큰 부자가 되어 편안하고 행복하게 살았다. 그러자 이발사 노인은 더욱 시기심에 불타 어떻게 하면 후렐을 해칠 수 있을지 궁리를 하였다.

그러던 어느 날 이발사 노인은 왕을 찾아가 "후렐이 부처님께서 점지했다는 것은 사실인 것 같으니 그 아이 도움으로 하늘의 대왕님께 서한을 보내 관계를 맺으면 나라에 도움이 될 것입니다."라고 했다. 그러자 왕은 서한을 보낼 방법을 자세히 물었다. 이발사 노인은 아주 쉬운 일이라며 열 수레 분량의 땔감을 모아 거기에 열 수레 분량의 기름을 붓고, 그 위에 후렐에게 편지를 쥐고 서 있게 한 다음 나무에 불을 붙이면 불에서 나는 연기를 날개 삼아 후렐이 천왕께 갈 것이라고 말했다. 왕은 이발사 노인이 말한 대로 후렐에게 명령했다.

후렐은 근심에 젖어 슬픈 얼굴을 하고 집으로 돌아와 가족들에게 자초지종을 이야기했다. 다들 걱정에 싸여 있는데 황금 상자를 가지고 왔던 아내는 아무런 걱정도 하지 않았다. 왕의 서한을 천왕에게 보낼 날이 되자 여인은 후렐에게 황금 상자를 내주며 말했다. "불이 붙어 연기 냄새가 나면 이 황금 상자를 반쯤 여세요. 그러면 큰 어려움 없이 천왕님께 가게 될 거에요." 후렐은 아내가 말한 대로 연기 냄새가 나자 황금 상자를 반쯤 열다가 정신을 잃었다. 정신이 들고 보니 자신은 집 밖에 누워 있고, 두 아내가 옆에서 미소 짓고 있었다. 황금 상자를 가져왔던 아내는 후렐에게 이것은 이발사 노인의 계략이며, 후렐이 타 죽을 상황에서 황금상자가 후렐을 구했다고 했다. 그러면서 천왕께 서신을 드리고 답장을 받아왔노라고 하며 내일 왕을 찾아뵙고 편지를 가져다 주라고 했다. 그리고 황금 글자로 다음과 같이 편지를 썼다. "대왕. 당신이 보낸 편지를 받고 대단히 기뻤소. 오늘부터 당신이 내 아우가 되었소. 아우님, 이발사 노인을 형인 내게 보내 도움을 주셨으면 하오. 이곳은 이발사가 없어 모두 머리털에 짓눌려 산다오."

다음날 후렐에게 서한을 받은 왕은 이발사 노인을 불러 천왕에게 가도록 명령했다. 그 다음날, 천왕의 머리를 자르러 가는 이발사 노인을 보기 위해 수 많은 사람들이 모여들었다. 그 중에는 못된 이발사 노인이 어떻게 타 죽는가를 보려는 후렐과 물 긷는 노인 부부, 후렐의 두 아내도 있었다. 왕은 이발사 노인에게 칼을 쥐게 하고 쌓아놓은 장작더미 위에 서게 한 후, 나무에 불을 붙였다. 그러자 불길이 치솟으며 연기가 피어 올랐다. 못된 이발사 노인은 크게 비명을 지르며 불 속에서 타 죽고 말았다.

참고문헌 Ш.Гаадамба, Д.Цэрэнсодном(1978), *Монгол ардын аман зохиолын дээж бичиг*, Улаанбаатар. 데.체렌소드놈 편저, 이안나 역(2007), 『몽골의 설화』, 문학과 지성사.

고아가 된 흰 새끼 낙타

Өнчин цагаан ботго (Önchin tsagaan botgo)

몽골에서 전해 내려오는 헤어진 어미를 끝내 찾아간 새끼 낙타 이야기

한 마을에 텡게링 부자와 귀족이 살고 있었다. 텡게링 부자는 귀족과 사돈 관계를 맺으려고 선물로 낙타 백 마리를 보내기로 했지만 한 마리가 부족하여 흰 암낙타와 흰 새끼 낙타 중 어미낙타를 선물로 보냈다. 어미와 헤어진 새끼 낙타는 밤낮으로 눈물을 흘리며 엉엉 울자 텡게링 부자는 게르에 오색의 꽃을 피게 하여 새끼를 그 안에서 지내게 했다. 그래도 새끼 낙타는 밤낮없이 울기만 하다가 게르를 무너뜨리고 나갔다.

새끼가 울며 어미를 찾아 달려가자, 텡게링 부자의 말치기인 악살대 노인이 백 마리 말 떼의 선봉장인 줄무늬가 있는 누런 말을 타고, 오십 자나 되는 긴 쇠장대에 호랑이 가죽으로 만든 단단한 줄을 메고 그 뒤를 쫓아갔다. 그는 호랑이 가죽으로 만든 튼튼한 줄을 맨 긴 쇠장대로 마른 발뒤축을 세게 쳐서 어린 낙타를 몰고 와 큰 검은 수낙타의 목에 걸어놓았다.

그래도 새끼 낙타는 밤낮으로 엉엉 울며 다니자 수낙타가 이유가 도대체 무엇이냐고 물었다. 새끼 낙타는 어미와 헤어지게 된 사연을 말했다. 그러자 수낙타는 조용히 하면

있는 힘을 다해 줄을 돌비석에 문질러 풀어 주겠다고 했다. 새끼 낙타가 소리 없이 밤을 지내자, 수낙타는 있는 힘을 다해 돌비석에 줄을 비벼 새끼를 자유롭게 풀어주었다.

새끼 낙타는 또다시 어미를 찾아 나섰다. 그때 텡게링 부자의 말치기 악살대 노인은 이전처럼 새끼 낙타를 다시 잡아 작은 수낙타의 목에 매놓았다. 작은 수낙타도 이유를 묻자 새끼 낙타는 사정을 이야기했다. 작은 수낙타는 그를 놓아주면서 엄마를 꼭 찾아 누런 초유를 얻어먹으라고 말해주었다.

새끼 낙타는 달랑테 쉴을 지나 구덴팅 사막을 향해 갔다. 악살대 노인이 또 뒤를 추격해오자 그의 말이 이런 고아는 본 적이 없다고 말하며 죽었다. 또 계속 길을 가고 있을 때 새끼 두 마리를 데리고 가는 늑대를 만났다. 늑대는 새끼 낙타를 잡아먹으려 하였다. 새끼 낙타가 사연을 말하자 늑대는 많은 고아를 보았지만 이런 고아는 처음 본다며 자신의 새끼 한 마리를 잡아먹고 가버렸다. 새끼 낙타는 계속해서 길을 가다 새끼 두 마리를 데리고 가는 호랑이를 만났다. 호랑이도 새끼 낙타의 사연을 듣고 이런 고아는 처음 본다며 자신의 새끼 한 마리를 잡아먹고 가버렸다.

새끼 낙타는 계속 길을 가다가 돌아가려고 해도 돌아갈 수 없고, 앞으로 나아가려고 해도 갈 수 없는 뜨겁게 끓는 바다를 만났다. 새끼 낙타가 엉엉 울며 바닷가를 아래위로 달리자 집채만큼 커다란 거북이가 나타났다. 새끼 낙타는 자기가 엄마와 헤어지게 된 사연을 이야기했다. 거북이는 늑대와 호랑이처럼 너 같은 고아는 보지 못했다며 새끼 낙타를 등에 업어 바다를 건너게 해 주었다.

새끼 낙타는 계속해서 길을 가다가 삼 년이 걸리는 먼 곳에서 엄마의 소리를 듣게 되었고 엄마도 새끼의 소리를 들었다. 어미는 텡게링 귀족의 세 겹의 쇠로 된 건물에 들어가 삼천 명의 군사에게 에워싸여 있었다. 어미는 쇠 건물을 무너뜨리고 군사들을 쓰러뜨려 새끼와 만났다. 새끼는 어미를 따라가 맛있는 초유를 배불리 먹었다. 엄마는 텡게링 귀족의 무리들이 자기를 찾아와 죽일 거라며 새끼에게 앞산 꼭대기에 올라가 자기와 똑같이 생긴 누런 암낙타가 나타나면 그의 맛있는 초유를 꼭 얻어먹으라고 했다. 하지만 새끼는 한숨을 연거푸 내쉬며 가려 하지 않자 어미는 자기 새끼를 산꼭대기로 쫓아버렸다. 많은 군사들이 와서 그 자리에서 어미를 죽여 버렸다. 새끼 낙타가 엄마가 죽은 곳을 찾아와서 보니, 엄마 머리의 두 눈은 툭 튀어나오고, 두 귀는 꿈틀꿈틀하였으며 두 코는 벌렁거리고 있었다. 새끼 낙타는 뜨거운 가슴으로 엄마의 머리를 베고 누워 잠이 들었다. 그러다 한 사냥꾼 때문에 놀라 잠에서 깨어 산꼭대기로 올라갔다. 새끼 낙타는 그곳에서 삼 년을 지냈다. 그러자 엄마와 목소리가 비슷하고 꼬리가 짧은 누런 암낙타가 왔다. 새끼 낙타는 암낙타의 초유를 맛있게 배불리 먹고, 한 목자를 주인으로 만나 평안하고 행복하게 살았다.

참고문헌 Ш.Гаадамба, Д.Цэрэнсодном(1978), *Монгол ардын аман зохиолын дээж бичиг*, Улаанбаатар. Д.Цэрэнсодном(2012), *Монгол аман зохиолын тайлбарт дээж бичиг*, Улаанбаатар. 데.체렌소드놈 편저, 이안나 역(2007), 『몽골의 설화』, 문학과 지성사.

곰과 늑대를 물리친 말 ᠮᠣᠷᠢ ᠪᠠᠪᠠᠭᠠᠢ ᠴᠢᠨᠣ᠎ᠠ ᠭᠤᠷᠪᠠ Морь, баавгай, чоно гурав (Mori baavgai chono gurav)

몽골에서 전해 내려오는 곰과 늑대를 물리친 말 이야기

말 한 마리가 숲 가운데로 풀을 뜯으며 가고 있는데 갑자기 곰이 나타나 넌 누구냐고 물었다. 말은 무서웠지만 애써 침착한 척하며 "나는 힘이 무진장 좋은 측대말이다. 내 힘을 시험해 보려고 곰을 찾아가는 중이다. 너는 누구냐?" 라고 말했다. 말의 의연한 태도에 곰은 두려움을 느꼈지만 거만하게 힘을 겨루자고 말했다. 그래서 말과 곰은 돌에서 불이 나올 때까지 치기로 했다. 곰이 먼저 돌을 치기 시작했다. 곰은 큰소리를 지르며 바윗돌이 부서지도록 쳤지만 불이 일어나지 않았다. 이제 말 차례가 되었다. 말이 쇠편자를 바위에 몇 번 문지르자 불꽃이 일었다. 곰은 두려운 마음에 자신도 모르게 슬슬 뒷걸음질을 치며 도망을 갔다.

도망을 가다가 곰은 늑대를 만났다. 곰은 늑대에게 말과 겨루었던 이야기를 해주었다. 곰의 이야기를 듣던 늑대는 크게 웃으며 자기가 말을 먹어치우겠다고 했다. 늑대는 말이 어디 있는지 알려달라고 했다. 곰이 앞서고 늑대가 뒤따랐다. 얼마쯤 가다가 곰은 뒷다리로 서서 나무 사이로 보이는 말을 찾아냈다. 그러나 키가 작은 늑대에게는 말이 보이지 않았다. 곰은 앞쪽 두 다리로 늑대를 껴안아 올렸다. 그리고 늑대에게 말이 보이느냐고 물었다. 그러나 늑대는 곰이 너무 세게 안고 있었기 때문에 대답을 할 수가 없었다. 어찌할 바를 모르고 대답을 하지 못하자 곰은 더욱 세게 늑대를 안아 올리며 말이 보이느냐고 다시 물었다. 그러나 늑대는 곰이 너무 세게 안아 올려서 이미 숨이 끊어져 있었기 때문에 아무 소리도 내지 않았다. 곰은 늑대가 말을 보고 무서워 아무 말도 안하는 줄 알고 화를 내며 늑대를 멀리 던져버렸다. 결국 말은 위험스러운 늑대와 곰을 모두 물리친 것이 되었다. 말은 두려워할 만한 위험이 사라지자 걱정없이 풀을 뜯으며 평안히 지낼 수 있었다.

참고문헌 Д.Цэрэнсодном(2012), *Монгол аман зохиолын тайлбарт дээж бичиг*, Улаанбаатар. Д.Цэрэнсодном(1982), *Монгол ардын үлгэр*, Улсын Хэвлэлийн Газар. Улаанбаатар. 데.체렌소드놈 편저, 이안나 역(2007), 『몽골의 설화』, 문학과 지성사.

곰을 구한 착한 개

Баавгай, чоно, нохой гурав (Baavgai chono nokhoi gurav)

몽골에서 전해 내려오는 곰을 구한 착한 개 이야기

옛날에 곰과 늑대, 개가 서로 사이좋게 지내고 있었다. 그 세 친구는 한 움막에서 같이 살았다. 그러던 어느 날 곰이 사라져 이틀이나 움막으로 돌아오지 않았다. 개가 걱정하며 늑대에게 같이 찾아보자고 말했다. 그러자 늑대는 "그 어리석은 것이 어디로 멀리 갔겠니? 뭔가 먹이를 발견해가지고, 우리 눈을 피해 어딘가 숨어서 먹고 있겠지." 그러자 개가 "곰은 그렇게 마음이 못되지 않았어. 넌 좀 과장이 심한 것 같구나." 했다. 늑대와 개는 옥신각신 하다가 곰을 찾으러 갔다.

얼마쯤 가다 보니 곰이 사냥꾼의 올무에 걸려 생명이 위태로운 지경에 이른 것을 보았다. 늑대가 곰 옆으로 가서 큰 소리를 지르며 허벅지를 물고 다시 목덜미를 물며 덤비자 곰은 늑대에게 자기를 구해주지는 않고 도리어 괴롭히냐고 물었다. 그러자 늑대는 "네 능력껏 먹이를 찾아 먹으며 살라고 부처님께서 말씀하셨다. 먹이를 구하지 못하고 굶어 죽는 것보다 널 잡아먹는 것이 낫지 않겠니?" 라고 말했다.

늑대가 곰에게 덤벼들자 개도 늑대에게 덤벼들었다. 서로 엎치락뒤치락하며 싸우다 늑대가 몸을 쭉 뻗으며 쓰러졌다. 개가 곰 곁으로 가서 짖어댔다. 그러자 사냥꾼이 다가와 긴 칼을 들고 곰을 향해 덤벼들었다. 착한 개는 사냥꾼을 향해 달려들었다. 그러자 사냥꾼은 칼을 던지고 도망갔다. 개는 곰을 올무에서 겨우 빼내어 상처를 핥아 치료해 주고, 움막으로 데리고 돌아와 둘이 평안하고 행복하게 살았다. 까마귀들은 못된 늑대를 지켜보고 있다가 쓰러진 늑대를 향해 떼로 모여들었다.

참고문헌 Д.Цэрэнсодном(2012), *Монгол аман зохиолын тайлбарт дээж бичиг*, Улаанбаатар. Д.Цэрэнсодном(1982), *Монгол ардын үлгэр*, Улсын Хэвлэлийн Газар. Улаанбаатар. 데.체렌소드놈 편저, 이안나 역(2007), 『몽골의 설화』, 문학과 지성사.

공주와 결혼한 고아 부쉬 ᠥᠨᠴᠢᠨ ᠪᠦᠰᠢ ᠬᠦᠦ

Өнчин Бүш хүү (Önchin Büsh khüü)

몽골에서 전해 내려오는 공주와 결혼하게 된 고아 소년 부쉬 이야기

오랜 옛날 부쉬(Büsh) 라는 고아 소년이 살고 있었는데, 그 소년은 작은 활과 밥공기만 한 작은 호수를 가지고 있었다. 어느 날 부쉬가 그 호수에 설탕을 조금 섞어 초르(tsuur, 몽골 전통 악기)를 연주하자 세상의 많은 새들이 모여들었다. 부쉬는 작은 활로 그 새들을 잡았다. 잡은 새들을 전부 세어보니 삼백열두 마리였다.

부쉬는 이마에 흰 줄무늬가 있는 검은 수소를 타고 잡은 새를 가져다 왕에게 바쳤다. 왕은 너는 누구이며 이 많은 것들이 어디서 났느냐고 물었다. 부쉬는 새를 잡은 경위를 말하고 이것을 대왕님께 선물로 바칠 것이니 대왕님의 막내 공주와 결혼하게 해 달라고 했다. 왕은 크게 역정을 내며 부쉬의 팔과 눈, 다리를 하나씩 잘라 인적 없는 초원에 가져다 버리게 하였다.

부쉬가 거의 죽음에 이르렀을 때 꿈에 한 백발 노인이 흰색 은 지팡이를 손에 쥐고 와서 부쉬의 입에 침을 떨어뜨리고 가슴을 은 지팡이로 두세 번 쳤다. 그러면서 "팔다리와 눈이 나을 것이니 못된 사람에게는 '날당하쉬'(naaldanhash, 붙으라), 착한 사람에게는 '보스라드'(busraad, 일어나라)라고 말해라." 라고 사라졌다. 다음날 몸이 다 나은 부쉬는 노인이 말한 대로 해 보았다. 노인의 말대로 '날당하쉬' 하니까 땅에 붙고 '보스라드' 하니까 땅에서 떨어졌다.

왕에게 복수를 해야겠다고 생각한 부쉬는 왕의 게르를 찾아갔다. 부쉬는 왕의 게르 벽 뒤쪽에서 "왕과 왕비는 침대와 베개, 땅과 함께 날당하쉬!" 라고 말하고 집으로 돌아왔다. 왕과 왕비는 침대와 베개, 땅과 함께 모두 붙어 버렸다. 모든 신하와 의사, 주술사들이 갖은 수를 다 써보아도 이들을 떼어놓을 수가 없었다. 그래서 유명한 무당을 데려오려 했다. 부쉬는 그 소식을 듣고 무당이 오는 길에 기다리고 있다가 '날당하쉬!'라고 말해 무당의 엉덩이를 땅에 붙게 하였다.

신하들이 모두 모여 회의를 한 후 왕과 왕비를 도로 떼어놓는 사람에게 남자라면 왕의 막내공주와 결혼을 시키고 여자라면 왕비로 모시기로 하였다. 신하들은 왕과 왕비를 떼어놓는 사람을 구한다는 방을 붙였다. 부쉬가 이 말을 듣고 왕의 게르로 찾아갔다. 부

쉬는 신하들에게 왕과 왕비를 자리에서 떼어 놓을 징조가 있다고 하며 사흘을 불경을 외는 척했다. 사람들이 여러 가지 종류의 음식을 가져다주자, 나흘 때 되던 날 부쉬는 '보스라드!'라고 반쯤 힘을 주어 말했다. 그러자 왕과 왕비가 반쯤 일어났다. 부쉬는 또 경을 외는 척을 했다. 그러자 신하들이 왕과 왕비가 왜 반쯤만 일어났느냐고 물었다. 부쉬는 약속한 제물을 드리지 않아 방해가 생긴 것인지, 무엇 때문에 그런지 자기도 생각하고 있다고 말했다. 그러자 신하들은 그것이 분명하다며 왕과 왕비에게 가서 그 사실을 고했다. 왕은 그렇다면 약속한 제물을 즉시 올려 자신들을 고통에서 빨리 벗어나게 하라고 지시했다. 신하들이 왕의 막내딸을 부쉬에게 주고 신민의 반을 떼어 주었다. 부쉬는 공주와 결혼을 하고 그 다음날 왕과 왕비를 일으켜 세웠다.

공주와 결혼하고 신민도 얻게 된 부쉬는 많은 사람들과 함께 크게 기뻐하고 축하 잔치를 벌이며 즐거워했다. 부쉬는 자신이 원하던 것을 이루며 공주와 함께 행복하게 살았다.

참고문헌 Ш.Гаадамба, Д.Цэрэнсодном(1978), *Монгол ардын аман зохиолын дээж бичиг*, Улаанбаатар. 데.체렌소드놈 편저, 이안나 역(2007), 『몽골의 설화』, 문학과 지성사.

교활한 늑대 ᠬᠤᠯᠠᠨ ᠬᠡᠷᠡᠢ ᠴᠢᠨᠤ᠎ᠠ ᠭᠤᠷᠪᠠ Хулан, хэрээ, чоно гурав (Khulan kheree chono gurav)

몽골에서 전해 내려오는 자기 꾀에 죽은 늑대 이야기

옛날 옛날에 야생마와 까마귀, 늑대가 아무 일 없이 배를 채우며 서로 우애 있게 살고 있었다. 어느 날 그들은 새로운 지역으로 이동하기 위해 어느 곳으로 이동할 것인지 서로 상의를 했는데, 까마귀가 마땅한 곳을 보고 와서 이렇게 말했다. "배불리 먹을 맛있는 음식이 풍부한 곳이 있는데 그 지역에는 덫이 있고 총을 가진 무서운 사냥꾼이 살고 있어." 그러자 늑대는 마음속으로 만약 그 덫에 야생마가 걸린다면 그 내장을 얻어먹을 수 있을 거라 생각을 했다. 그래서 늑대는 빨리 그곳으로 가자고 했다.

야생마와 까마귀, 늑대는 까마귀가 이야기한 곳으로 이동해서 한동안 편안하고 만족스럽게 지냈다. 그러던 어느 날, 야생마가 덫에 걸리고 말았다. 늑대는 이 사실을 알자마자 까마귀보다 먼저 야생마에게 달려갔다. 늑대는 야생마를 꼭 먹고야 말겠다는 생각으로 말이 지칠 때까지 가까운 숲에 엎드려 기다리고 있었다. 그때 까마귀가 날아와 야생마를 보았다. 까마귀는 야생마에게 "움직이지 말고 죽은 것처럼 하고 누워 있어. 그러면 사냥꾼이 널 죽었다고 생각하고 덫을 벗길 거야. 그때 즉시 일어나 도망가도록 해."라고 일러 주었다.

야생마에게 조언을 한 후 까마귀는 사냥꾼이 묵고 있는 게르의 천창 위를 돌며 날았다. 경험이 많은 사냥꾼은 덫에 무엇이 걸린 것이 틀림없다고 생각하고 즉시 총을 메고 밖으로 나왔다. 사냥꾼이 오는 것을 본 늑대는 이제 배를 채울 때가 되었다고 생각하고 몸을 숨기고 가만히 누워 있었다.

사냥꾼은 야생마가 가만히 있는 것을 보고 죽었나 보다 생각했다. 그래서 덫을 벗긴 후 담배를 피우고 앉아 있었다. 그런데 갑자기 야생마가 벌떡 일어나 늑대가 누워 있는 쪽으로 도망을 쳤다. 당황한 사냥꾼은 도망가는 야생마를 향해 뒤에서 여러 발의 총알을 쏘아댔다. 야생마 전부는 아니지만 그 뱃속에 있는 것이라도 얻어먹을 수 있을 거라는 희망을 품고 누워있던 늑대는 몸을 일으켜 바라보다가 그만 사냥꾼이 쏜 총에 맞아 죽었다. '악한 생각은 숨어서 주인을 기다린다'는 말처럼 방향을 잃은 총알이 그만 늑대의 머리에 맞고 말았던 것이다.

참고문헌 Д.Цэрэнсодном(2012), *Монгол аман зохиолын тайлбарт дээж бичиг*, Улаанбаатар. Д.Цэрэнсодном(1982), *Монгол ардын үлгэр*, Улсын Хэвлэлийн Газар, Улаанбаатар. 데.체렌소드놈 편저, 이안나 역(2007), 『몽골의 설화』, 문학과 지성사.

꾀 많은 고슴도치

Үнэг, зараа, чоно гурав (Üneg zaraa chono gurav)

몽골에서 전해 내려오는 꾀 많은 고슴도치 이야기

옛날에 여우와 늑대, 고슴도치가 살고 있었다. 그러던 어느 날, 셋은 대추 하나를 발견하였다. 그들은 이 대추를 누가 먹을 것인지 정하기로 했다. 이야기를 나눈 끝에 그들은 술에 가장 쉽게 취하는 자가 대추를 먹는 것으로 정했다. 먼저 늑대가 "나는 술맛을 보기만 해도 취해."라고 했다. 그러자 여우가 "나는 냄새만 맡아도 취하지."라고 했다. 이때 고슴도치가 "나는 술이라는 소리를 듣기만 해도 취해."라며 비틀거렸다. 이렇게 해서 고슴도치가 대추를 먹게 되었다. 그런데 이때 여우가 달리기 경주를 해서 이긴 자가 대추를 먹기로 하자고 다시 제안을 하였다. 고슴도치와 여우도 모두 좋다고 하여 경주를 하였다. 경주가 시작되자 고슴도치는 얼른 여우의 꼬리에 매달려 붙어 갔다. 여우는 있는 힘을 다해 달려가면서 자기가 일등을 했다고 생각하였다. 여우가 도착 지점에 도착을 하여 뒤를 돌아보았다. 그러자 고슴도치가 뒤에서 "너 지금 도착한 거야?"하고 천연덕스럽게 여우에게 말했다. 결국 고슴도치가 경주에서도 우승한 셈이 된 것이다. 대추는 당연 고슴도치의 몫이 되었다.

참고문헌 Д.Цэрэнсодном(1982), *Монгол ардын үлгэр*, Улсын Хэвлэлийн Газар, Улаанбаатар. Д.Цэрэнсодном(2012), *Монгол аман зохиолын тайлбарт дээж бичиг*, Улаанбаатар. 데.체렌소드놈 편저, 이안나 역(2007), 『몽골의 설화』, 문학과 지성사.

꾀 많은 붉은 여우

Аргат улаан үнэг (Argat ulaan üneg)

몽골에서 전해 내려오는 목숨을 살려 준 사람에게 자신의 꾀를 이용하여 은혜를 보답한 붉은 여우 이야기

옛날에 한 가난한 젊은이가 들쥐와 다람쥐를 잡아 그것으로 연명하며 살고 있었다. 어느 날 사냥을 하다 잠시 쉬는데 붉은 여우 한 마리가 달려와 젊은이에게 사람들이 쫓아오고 있으니 숨겨달라고 하면서 사람들이 물으면 고개를 넘어갔다고 말해 달라고 했다. 젊은이는 붉은 여우를 숨겨 주고, 여우를 쫓아온 사람들에게 거짓말을 하여 여우는 목숨을 건질 수 있었다.

여우는 자기 목숨을 살려 준 젊은이에게 은혜를 베풀고자 하였다. 붉은 여우는 젊은이가 들쥐와 다람쥐를 잡아 생활하는 것을 알고는 늑대를 잡아 늑대 가죽으로 차와 담배, 여러 가지 필요한 물건을 사라고 했다. 젊은이는 늑대를 잡을 힘이 없다고 하였다. 그러자 붉은 여우는 젊은이의 허리에 있는 방울을 자신의 목에 달아 달라고 했다. 젊

은이는 아무 영문도 모른 채 허리에 찼던 방울을 떼어 여우의 목에 달아 주었다. 여우는 방울을 차고 늑대를 찾아갔다. 늑대는 여우의 목에 걸린 방울이 갖고 싶었다. 그래서 어떻게 해서 그 방울을 얻게 되었느냐고 여우에게 물었다. 여우는 얼어 있는 샘물 위에 밤낮으로 앉아 있으면 사람이 와서 방울을 달아 줄 거라고 했다. 늑대는 여우 말대로 얼음 위에 앉아서 방울을 달아 줄 사람을 기다렸다. 얼음 위에 앉아서 몇 시간을 기다리던 늑대는 그만 엉덩이가 얼음에 붙어버려 꼼짝도 할 수 없게 되었다. 이를 지켜 보던 젊은이는 늑대를 때려 잡아서 늑대 가죽을 얻을 수 있게 되었고, 그 가죽을 팔아 필요한 것들을 사들였다.

어느 날 젊은이는 들쥐와 다람쥐를 사냥하며 가다가 사자를 만났다. 젊은이는 잔뜩 겁이 났지만 침착하게 사자에게 세 가지 시합을 하자고 했다. 시합에서 지면 사자의 먹이가 되겠다고 했다. 사자도 그 제안을 받아들였다. 집으로 돌아가던 젊은이는 꾀 많은 여우를 만났다. 젊은이는 여우에게 사자를 만났던 이야기를 했다. 그러자 여우는 젊은이에게 사자와 시합할 세 가지 종목을 '둘이서 흰 돌을 쥐기', '물이 없는 땅에서 물이 나올 때까지 밟기', '자라는 나무를 뿌리째 당겨 쓰러뜨리기'로 하라고 했다. 그리고 몰래 언덕에 가서 웅덩이를 파고 그 아래 가축의 되새김위에 물을 넣어두고 다시 흙으로 그 위를 덮으라고 했다. 또 나무를 뿌리가 나올 때까지 파서 당겨 놓고 그 밑을 다시 이전대로 표시나지 않게 묻어 놓으라고 했다. 그 다음 새알 하나를 찾아 그 가까운 곳에 두라고 했다.

다음날 젊은이는 사자를 만나 세 가지 시합을 했다. 지난 밤에 이미 준비를 끝내 놓았기 때문에 젊은이는 사자와의 시합에서 쉽게 이길 수 있었다. 시합에서 진 사자는 사람은 정말 힘이 센 동물이라고 생각하였다. 돌아가던 길에 사자는 호랑이를 만나 모든 일을 다 말했다. 그러고는 호랑이에게 사람과 한 번 힘을 겨뤄 보라고 했다.

호랑이는 사람과 힘을 겨뤄 보기로 했다. 사람을 찾아가던 길에 호랑이는 늑대를 만났다. 늑대는 자기 친구가 얼음 위에 앉아 있는데 사람이 와서 때려 죽였다고 했다. 늑대는 그 별 볼일 없는 사람에게 그러한 힘이 있을 리 없으니 둘이 가보자고 했다. 호랑이와 늑대는 서로 목을 묶은 채 사람에게 갔다. 그때 꾀 많은 여우가 그 사실을 알고 젊은이에게 와서 "호랑이와 늑대가 서로 목을 묶은 채 오고 있으니 당신은 뒤편 언덕에서 뒷짐을 진 채 아무렇지도 않은 체하며, '어제 그 빚진 늑대가 못된 호랑이 한 마리를 끌고 오는 것 같군. 앞산에서 죽인 호랑이의 넓적다리와 뒷산에서 죽인 사자의 가슴뼈를 늑대에게 삶아주어라. 늑대가 끌고 가는 호랑이 다리를 끈으로 묶어라' 하며 어떤 사람과 이야기하는 것처럼 큰 소리를 지르세요."라고 일러 주었다. 젊은이는 여우가 시키는 대로 했다. 호랑이는 그 말을 듣자마자 혼비백산하여 재빨리 뒤돌아 달려갔다. 늑대는 호랑이의 뜀박질을 따라잡지 못해 목에 맨 것이 감겨 이를 드러내며 겨우 끌려갔다. 그것을 본 호랑이가 돌아다보고, "나는 무서워 정신없이 도망가는데, 너는 나를 조롱하고 있구나." 하고 화를 내며 더욱 빨리 있는 힘을 다해 뛰어가자 늑대는 그만 목이 감겨 죽고 말았다.

사자와 호랑이를 위협하여 보낸 뒤 젊은이

는 두려움 없이 평안하고 행복하게 살았다.

참고문헌 Д.Цэрэнсодном(2012), *Монгол аман зохиолын тайлбарт дээж бичиг*, Улаанбаатар. Д.Цэрэнсодном(1982), *Монгол ардын үлгэр*, Улсын Хэвлэлийн Газар. Улаанбаатар. 데.체렌소드놈 편저, 이안나 역(2007), 『몽골의 설화』, 문학과 지성사.

늑대를 물리친 수소 ᠪᠣᠬᠠᠨᠳᠠᠢ Бухандай (Bukhandai)

몽골에서 전해 내려오는 늑대를 물리친 수소 이야기

어떤 집에 나이가 찬 보항대(Bukhandai)라는 수소가 있었다. 그러던 어느 날 늑대를 만났다. 보항대는 두려워하지 않고 대담하게 말했다. "둘이서 뿔을 맞대고 싸우자." 늑대는 이마를 맞대고 싸우려고 보항대를 노려보다가 그의 뿔을 보고 깜짝 놀랐다. 늑대가 뒤로 물러섰다. 보항대가 계속 노려보며 늑대를 향해 다가왔다. 늑대는 계속 뒷걸음질 치다가 뒤를 돌아보니 커다란 바위 절벽이 가까워지고 있었다. 늑대는 수소에게 뿔을 기른 뒤에 다시 싸우겠다고 했다. 그러자 수소는 늑대 머리에서 뿔이 자라난다는 소리는 들어본 적 없다며 계속 노려보며 다가갔다. 늑대는 더욱 두려워하며 수소 무리의 소들을 잡아먹지 않겠다고 했다. 보항대는 크게 화를 내며 말했다. "이전에 부처님께서 먹이를 배당하실 때, 늑대 너에게 천 마리 동물 가운데 한 마리를 잡아먹으며 살아가라고 하셨는데, 네가 잘못 듣고 천 마리 동물을 잡아먹으라고 하셨다며 소문을 퍼뜨렸기 때문에 나는 네 늑대 종족 가운데에서 천 마리를 해치라는 부처님의 명령을 받았다."

수소는 늑대를 공격해 바위에 뿔을 걸고 땅에 내리치자, 늑대는 길게 숨을 내쉬며 "내 자손들에게 그 사실을 들려주게!" 하며 더는 아무 소리도 내지 못했다.

참고문헌 Д.Цэрэнсодном(2012), *Монгол аман зохиолын тайлбарт дээж бичиг*, Улаанбаатар. Д.Цэрэнсодном(1982), *Монгол ардын үлгэр*, Улсын Хэвлэлийн Газар. Улаанбаатар. 데.체렌소드놈 편저, 이안나 역(2007), 『몽골의 설화』, 문학과 지성사.

닭이 새벽에 울게 된 이유 ᠲᠠᠬᠢᠶ᠎ᠠ ᠦᠭᠡᠷ ᠡᠷ ᠳ᠋ᠣᠩᠭᠣᠳᠳᠣᠭ ᠪᠣᠯᠤᠭᠰᠠᠨ ᠢ Тахиа үүрээр донгоддог болсон нь (Takhia üüreer dongoddog bolson ni)

닭이 공작에게 속아 멋진 꼬리를 넘겨 준 이야기

아주 오랜 옛날 닭은 매우 아름다운 꼬리가 있었다. 공작은 닭의 아름답고 멋진 꼬리를 시기하며 무슨 수를 써서라도 그것을 빼앗으려고 궁리를 했다. 그러던 어느날 공작은 "닭아, 오늘 저녁 너의 멋진 꼬리로 치장을 하고 잔치에 갔다가 내일 아침 일찍 다른 동물들이 깨어나기 전에 가져다 줄 테니, 네 꼬리 좀 빌려 주겠니?" 하고 닭에게 부탁을 하였다. 그러자 닭은 자신의 멋진 꼬리를 공작에게 빌려 주었다. 그러나 공작은 닭의 꼬리를 돌려주지 않았다. 그래서 그날 이후 닭은 "공작아, 내 꼬리 가져다줘." 하며 아침마다 소리를 지르게 되었다고 한다.

참고문헌 Д.Цэрэнсодном(1982), *Монгол ардын үлгэр*, Улсын Хэвлэлийн Газар. Улаанбаатар. 데.체렌소드놈 편저, 이안나 역(2007), 『몽골의 설화』, 문학과 지성사.

벌거숭이 인간, 털북숭이 개 ᠬᠦᠮᠦᠨ ᠨᠢᠴᠦᠭᠦᠨ ᠨᠣᠬᠠᠢ ᠦᠰᠦᠲᠡᠢ ᠪᠣᠯᠤᠭᠰᠠᠨ ᠤᠴᠢᠷ Хүн нүцгэн, нохой үстэй болсон учир (Khün nütsgen nokhoi üstei bolson uchir)

인간 창조 및 개가 털을 가지게 된 연유를 담은 이야기

아주 오랜 옛날, 땅의 중심이 막 세워지고 불꽃이 바야흐로 붉어지고 있을 때, 숭 바다(Sün dalai, 우유 바다)가 작은 연못이고 숨베르 산(Sümber; 수미산)이 작은 구릉이었을 때, 태양이 막 떠오르고 나뭇잎이 바야흐로 싹이 터 나오고 있을 때, 달이 막 떠오르고, 붓꽃이 바야흐로 푸르러지고 있을 그 때에, 하느님이 인간을 만들고자 했다. 하느님은 진흙으로 남자와 여자의 형상을 만들고, 그들에게 생명을 불어넣기 위해 영생수를 가지러 가게 되었다. 하느님은 자신이 간 뒤에 악마가 와서 인간들을 해칠지도 모른다고 생각하여 개와 고양이에게 그 두 흙사람을 지키게 했다.

하느님이 영생수를 구하러 간 뒤 악마가 신의 피조물을 해치려고 왔다. 개와 고양이는 악마가 인간 가까이 접근하지 못하게 막았다. 그러자 악마는 고양이에게 우유를 주고 개에게는 고기를 가져다주었다. 개와 고양이가 먹이를 먹는 사이 악마는 두 흙사람 주위를 돌면서 오줌을 싸 더렵혀 놓고 가버렸다.

하느님이 영생수를 가지고 와서 두 사람에게 생명을 불어넣으려고 가까이 다가가 보니 인간의 털이 더러워져 있었다. 하느님은 크게 진노하며 고양이에게 더러워진 사람의 털을 잘 핥아서 깨끗하게 해놓으라고 명령했다. 고양이는 사람의 털을 핥아 깨끗하게 하였다. 다만 머리털만은 악마의 더러운 오줌이 미치지 않았기 때문에 하느님은 머리털은 핥지 말고 남겨놓게 했다. 그리고 겨드랑이와 음부에는 고양이의 혀가 닿지 않았기 때문에 부분적으로 조금씩 더러운 털이 남게 되었다. 하느님은 악마가 오줌을 싸버린 그 더러운 털을 개에게 옮겨 놓았다.

이렇게 해서 인간은 벌거숭이가 되었고 개는 털을 가지게 되었다. 이런 이유로 사람들은 고양이의 혀와 개의 털이 더럽다고 말한다. 그리고 사람은 악마가 해쳐서 더러워졌기 때문에 하느님이 인간의 입에 영생수를 떨어뜨렸지만 영원히 살지 못하는 존재가 되었다.

참고문헌 Д.Цэрэнсодном(2012), *Монгол аман зохиолын тайлбарт дээж бичиг*, Улаанбаатар. 체렌소드놈 편저, 이평래 역(2001), 『몽골 민간신화』, 대원사.

베트겔찐 참새 ᠪᠡᠲᠭᠡᠯᠵᠢᠨ ᠪᠣᠷᠣ ᠱᠣᠪᠤᠤ Бэтгэлжин бор шувуу (Betgeljin bor shuvuu)

몽골에서 전해 내려오는 베트겔찡 참새 이야기

아주 오랜 옛날 베트겔찡(betgeljin)이라는 참새가 살고 있었다. 참새는 겨울 추위 속에서 배고픔에 떨지 않기 위해 모이 주머니 속에 조금씩 조금씩 곡식을 채워 넣어 한 줌의 곡식을 저장하였다. 그러던 어느 날 하늘을 날다가 피곤해진 베트겔찡은 하르간(khargana, 사막에서 주로 자라는 가시 있는 관목) 위에 앉아 잠시 쉬려고 하였다. 그런데 하르간의 가시가 참새의 모이 주머니를 찢으려 했다. 참새는 화를 내며 염소에게 하르간을 먹으라고 하겠다며 염소에게 갔다. 참새는 염소를 찾아가 하르간을 먹어 치우라고 하였지만 염소는 참새의 부탁을 대수롭지 않게 여겼다. 참새는 염소에게 화를 내며 늑대에게 말해서 염소를 잡아먹으라고 하겠다며 늑대에게 갔다. 그런데 늑대도 참새의 말을 들은 체 하지 않았다. 화가 난 참새는 사냥꾼에게 늑대를 사냥하라고 말하겠다며 사냥꾼에게

갔다. 사냥꾼 역시 참새 말에 귀를 기울이지 않았다. 베트겔찡은 투덜거리며 쥐에게 말해 사냥꾼의 옷을 찢으라고 말하겠다며 쥐에게 갔다. 쥐도 참새의 부탁을 대수롭게 여기지 않았다. 그러자 베트겔찡은 양치기 소년에게 쥐를 죽이게 만들겠다며 양치기 소년에게 갔다. 양치기 소년은 제 할 일도 다 못했다며 시간이 없다고 했다. 그러자 참새는 소년의 부모님에게 말해 소년을 때려주라고 하겠다며 부모에게 갔다. 참새는 소년의 부모를 찾아가 여태까지의 일을 말하고 양치기 소년을 때려주라고 했지만 양치기 소년의 부모 또한 참새의 말을 대수롭지 않게 여겼다.

베트겔찡은 매우 화가 나서 그 부모의 양털을 산과 초원으로 날려버리기 위해 폭풍을 일으키기로 결심했다. 참새는 볼저팅 보르(Bolzootyn bor) 고개에 올라가 있는 힘을 다해 휘파람을 불며 지저귀었다. 그러자 폭풍이 일어나 양털이 사방이 날려 갔다. 당황한 양치기 소년의 부모는 참새에게 가서 아들을 때려주겠다고 했다. 그러자 아이는 쥐를 죽이겠다며 쥐에게 갔다. 그러자 쥐는 사냥꾼의 옷을 쏠아주겠다며 사냥꾼에게 갔다. 사냥꾼은 늑대를 사냥해주겠다며 늑대를 사냥하려 하자 늑대는 염소를 잡아먹겠다고 했다. 염소를 잡아 먹으려 하자 염소는 하르간을 먹어 주겠다고 했다. 염소가 하르간을 먹으려고 하자 하르간은 베트겔찡 참새의 모이주머니를 찢어버리지 않겠다고 맹세했다. 그래서 베트겔찡 참새는 자기가 아끼는 모이주머니를 잘 간수할 수 있었으며, 평안하고 행복하게 살았다고 한다.

참고문헌 Д.Цэрэнсодном(2012), *Монгол аман зохиолын тайлбарт дээж бичиг*, Улаанбаатар. Д.Цэрэнсодном(1982), *Монгол ардын үлгэр*, Улсын Хэвлэлийн Газар, Улаанбаатар. 데.체렌소드놈 편저, 이안나 역(2007), 『몽골의 설화』, 문학과 지성사.

보흐하르 개와 보흐하르 새 ᠪᠤᠬ᠎ᠠ ᠬᠠᠷ᠎ᠠ ᠨᠣᠬᠠᠢ ᠬᠢᠭᠡᠳ ᠪᠤᠬ᠎ᠠ ᠬᠠᠷ᠎ᠠ ᠰᠢᠪᠠᠭᠤ Бух хар нохой хийгээд бух хар шувуу (Bukh khar nokhoi khiigeed bukh khar shuvuu)

보흐하르 개와 보흐하르 새를 얻어 왕이 된 마부 이야기

옛날 매우 젊고 아름다운 여인을 왕비로 둔 나이 든 왕이 살고 있었다. 왕비는 왕의 마부를 좋아했지만 젊은 마부는 조금도 마음이 흔들리지 않았다. 이런 이유로 왕비는 앙심을 품고 왕에게 "서북 지역에 만 명의 남자도 이기지 못하는 커다란 보흐하르(bukh khar) 개와 보흐하르(bukh khar) 새가 있다고 하는데 그것들을 잡아와서 도시의 성과 가축을 지키게 하면 우리 성이 번성할거에요." 하면서 왕에게 마부를 시켜 잡아오도록 하면 좋겠다고 했다. 왕은 마부를 불러 만약 보흐하르 개와 보흐하르 새를 잡아오지 못한다면 마부의 머리를 베어버리겠다고 했다. 마부는 이 명령이 분명 왕비의 사악한 계략에서 나온 것일 거라고 생각하며 말을 타고 길을 떠났다.

길을 가던 중 마부는 희디 흰 게르에서 세 여인을 만났다. 그런데 한 여인은 울고 있고 또 한 여인은 노래를 부르고 있었으며 셋째 여인은 웃고 있었다. 마부는 무슨 사연이 있느냐고 물었다. 여인들은 자신들이 항가리드(khangardi)의 열세 명의 딸 가운데 아래로 작은 세 딸이라고 소개하고, 구렁이가 날마다 와서 언니들을 차례로 먹고 이제 셋만 남았다고 했다. 그래서 오늘 잡아먹힐 사람은 울고, 내일 잡아먹힐 사람은 노래하고, 모레

잡아먹힐 사람은 웃고 있다고 했다. 여인들은 구렁이가 오면 마부를 삼켜 버릴 것이라며 빨리 집에서 나가라고 재촉했다.

마부가 게르에서 나와 길을 가고 있는데 커다란 구렁이가 미끄러지듯 어딘가로 가고 있었다. 마부는 그 구렁이가 여인들이 말한 그 구렁이임을 직감하고 달려가서 구렁이를 향해 장대를 던졌다. 장대에 꽂힌 구렁이가 꿈틀대자 마부는 장대 줄로 구렁이의 목을 졸랐다. 그러자 구렁이는 숨을 제대로 쉬지 못하고 힘겹게 꼬리를 치다가 죽었다.

마부가 구렁이를 죽이는 것을 본 세 여인은 마부에게 감사해 하며 차와 음식을 대접했다. 세 여인은 어머니 항가리드가 화를 잘 내는 사람이니 어머니에게 전후 사정을 말할 때까지 뒷산에 숨어 있으라고 했다. 세 여인의 어머니인 항가리드는 세 딸이 살아있는 것을 보자 어떻게 된 일이냐고 물었다. 딸들은 그간의 일을 모두 말했다. 그러자 어머니는 당장 그 마부를 데려오라고 하였다. 세 여인이 마부를 데려오자 항가리드는 은혜에 보답하겠다고 했다. 마부는 항가리드에게 보흐하르 개와 보흐하르 새를 잡으러 가는 길이라고 했더니 항가리드는 매우 어려운 일이지만 마부를 도와주겠다고 했다.

항가리드는 사흘을 준비하여 단단한 쇠갈고리 하나를 만들었다. 그리고 마부와 함께 보흐하르 개와 보흐하르 새를 찾아 떠났다. 한참을 가다가 둘은 보흐하르 개와 보흐하르 새를 만났다. 거대한 보흐하르 개는 땅 위로 지나가는 동물이란 동물은 그냥 보내지 않고 모조리 잡아먹었고, 거대한 보흐하르 새는 공중 위로 날아다니는 새란 새는 모조리 쫓아가 잡아먹었기 때문에 마부와 항가리드가 오는 것을 보고 잡아먹으려 쫓아왔다. 항가리드는 단단한 쇠갈고리로 보흐하르 새를 낚아 채어 잡았다. 보흐하르 개가 마부를 잡아먹으려고 추격해오자 마부는 말을 타고 뛰어오르며 귀를 내리쳐 개를 온순하게 만들었다. 마부는 항가리드에게 진심으로 감사의 말을 하고 보흐하르 새와 보흐하르 개를 데리고 왕궁으로 돌아왔다.

왕은 마부가 보흐하르 새와 보흐하르 개를 데리고 돌아온다는 소문을 듣고 두려워하여 봇짐을 메고 도망쳤다. 왕비는 모든 아름다운 장식을 꺼내 치장을 하고 마부를 맞이하였다. 그런데 보흐하르 새와 보흐하르 개가 덤벼들어 왕비를 두 도막으로 찢어 나누어 먹었다. 마부는 왕이 되어 보흐하르 개에게 궁 주변을 지키게 하고, 보흐하르 새에게는 가축과 말들을 지키게 하며 평안하고 행복하게 살았다.

참고문헌 Ш.Гаадамба, Д.Цэрэнсодном(1978), *Монгол ардын аман зохиолын дээж бичиг*, Улаанбаатар. 데.체렌소드놈 편저, 이안나 역(2007), 『몽골의 설화』, 문학과 지성사.

볼독구이 보롤조이 노인의 꾀 Болдоггүй Боролзой өвгөн (Boldoggüi borolzoi övgön)

몽골에서 전해 내려오는 가만 있지 않은 보롤조이 노인이 신을 속여 자신의 재산을 지킨 이야기

옛날에 가만 있지 않은 보롤조이(Borolzoi)라는 노인이 살고 있었다. 이 노인에게는 은회색 양 일곱 마리와 날아다니는 부루말, 그리고 날지 못하는 부루말이 있었다. 노인은 날아다니는 부루말은 집의 서쪽 편에 묶어 놓고 날지 못하는 부루말은 동쪽에 묶어 놓았다. 노인은 은회색 양에게서 흰 새끼 양이 나오면 호르마스트 신께 감사 제의를 올려야

겠다고 생각했는데 마침 양이 흰 새끼 양을 낳았다. 그래서 흰 새끼 양을 데리고 제의를 지내러 가는데 호르마스트 신의 큰 까마귀가 와서 새끼 양의 눈을 파먹어버렸다. 화가 난 노인은 천마를 타고 날아가 큰 까마귀의 뾰 주둥이를 나무 주둥이로 만들어 놓았다. 그러자 신은 진노하여 날아다니는 부루말을 잡아먹게 하려고 늑대 두 마리를 보냈다. 노인은 이 사실을 알고 날아다니는 말과 날지 못하는 말을 서로 바꿔 놓았다. 늑대가 날지 못하는 말을 먹어치우니 노인은 날아다니는 부루말을 타고 가서 늑대의 가죽을 벗기고 코를 꿰어 버렸다. 그러자 신은 노인을 누르려고 원숭이 머리와 사슴 머리를 한 두 악마를 보냈다. 노인은 이를 미리 알고 풀찌끼를 삶아 두 악마들에게 뿌려 얼굴과 입을 쪼글거리도록 만들어버렸다. 신은 화가 치밀어 두 용에게 노인을 치고 오라고 보냈다. 노인은 그것을 알고 허수아비를 만들어 다른 곳으로 멀리 가버렸다. 용은 노인이 집이 있는 고개를 회색의 석탄이 될 때까지 불을 뿜고 가버렸다. 그러자 노인은 부루말을 타고 쫓아가 용의 꼬리를 잘라버렸다. 신은 분노하여 사신을 보내 노인을 불러오게 했다.

노인은 신에게 "호르마스트 신께 제물로 드리고 싶어 흰 새끼 양을 데리고 가는데 큰 까마귀가 날아와 새끼 양의 두 눈을 파먹어 몹시 화가 나 까마귀의 주둥이를 바꿨습니다. 또 신께서 날아다니는 저의 부루말을 잡아먹고 오라고 하였는데 두 늑대는 날지 못하는 부루말을 잡아먹었기 때문에 화가 나서 늑대의 가죽을 벗기고 코를 당겨놓았습니다. 또 두 악마는 신의 말씀대로 노인을 해치지 않고 초막에 구멍을 뚫어 놓았기 때문에 제가 악마의 얼굴에 화상을 입혔습니다. 또한 두 용은 신의 말씀대로 노인을 치지 않고 고개가 숯이 될 때까지 쳤기 때문에 두 용의 꼬리를 잘랐습니다."

노인의 말을 들은 호르마스트 신은 "그렇다면 네가 옳다." 라고 하였다. 이렇게 하여 보롤조이 노인은 은회색 양 일곱 마리와 날아다니는 부루말과 함께 평안하고 행복하게 살 수 있었다.

참고문헌 Ш.Гаадамба, Д.Цэрэнсодном(1978), *Монгол ардын аман зохиолын дээж бичиг*, Улаанбаатар. Д.Цэрэнсодном(2012), *Монгол аман зохиолын тайлбарт дээж бичиг*, Улаанбаатар. 체렌소드놈 편저, 이평래 역(2001), 『몽골 민간신화』, 대원사.

부엉이와 까마귀

Шар шувуу хэрээ хоёр (Shar shuvuu kheree khoyor)

항가리드의 양자였던 부엉이가 까마귀의 방해로 왕위에 오르지 못하자 서로를 괴롭히게 된 이야기

옛날에 새의 왕 항가리드(khangardi, 가루다새)에게는 유산을 상속할 자식이 없어서 부엉이를 '눈에 불꽃이 있고 얼굴에 빛이 있는 아들' 이라고 하며 양자로 삼았다. 그러던 어느 날 겨울이 되어 날씨가 매섭게 추워지자 항가리드가 아들에게 "살면서 지금까지 이렇게 추운 날씨를 보지 못했구나." 라고 했다. 그러자 부엉이는 식견이 높다는 칭찬을 받으려는 마음에 "아이, 아버지 이건 아무것도 아니에요. 제가 어렸을 때, 사람이 침을 뱉으면 침이 땅에 떨어지기도 전에 얼어버렸어요. 그리고 또 세 살 된 소뿔이 꽁꽁 얼어 있는 것도 보았어요. 그때에 저는 높은 나무 꼭대기에 올라앉아 눈에 묻히지 않았고, 세상이 흰 서리로 뒤덮일 때도 떨지 않고 지냈어요." 라고 앞뒤를 생각지도 않고 자랑을

해댔다. 그러자 항가리드는 버럭 화를 내며 부엉이를 집에서 내쫓아 버렸다.

부엉이가 들어갈 집도 없어 나무 구멍에 자리를 잡고 밤을 지내고 있을 때 아버지 항가리드가 죽었다. 많은 새들이 모여 누구를 왕으로 삼는 것이 좋을까 서로 상의했다. 대부분의 새들은 쫓겨나긴 했어도 양자이며 위엄 있고, 밤에는 눈이 번쩍거리며 빛나 다른 새들을 확실히 지배할 수 있다 하여 부엉이를 왕으로 세우려고 했다. 그러자 까마귀가 끼어들어 부엉이를 왕에 오르지 못하게 훼방을 놓았다. 이때부터 부엉이는 밤에 까마귀를 괴롭혔고, 낮에는 까마귀가 부엉이를 편안히 지내지 못하게 했다고 한다.

참고문헌 Д.Цэрэнсодном(2012), *Монгол аман зохиолын тайлбарт дээж бичиг*, Улаанбаатар. 데.체렌소드놈 편저, 이안나 역(2007),『몽골의 설화』, 문학과지성사. 체렌소드놈 편저, 이평래 역(2001),『몽골 민간신화』, 대원사.

북두칠성 이야기 ᠳᠣᠯᠣᠭᠠᠨ ᠪᠤᠷᠬᠠᠨ ᠤ ᠲᠤᠬᠠᠢ

Долоон бурханы тухай (Doloon burkhany tukhai)

북두칠성이 생겨난 연유를 담은 신화

어느 날 두 형제가 사냥을 하며 길을 가다 보니 산꼭대기에서 활과 화살을 멘 어떤 사람이 이리저리 배회하고 있었다. 두 형제가 그 사람에게 가서 무엇을 하고 있는지 물으니 그는 아주 높은 창공 위로 날아가는 새를 한 마리 쏘았는데 새가 내려오기를 기다리고 있다고 했다. 그러고 나서 정오가 지나 오후가 되어서야 그 사람이 쏘았던 새가 화살에 맞은 채 떨어졌다. 그것을 본 형제는 그의 활솜씨에 크게 놀라서 그 사람에게 형제가 되자고 말했다. 그 사람은 흔쾌히 승낙했다. 세 사람은 의형제가 되어 사냥을 하며 길을 갔다. 그렇게 길을 가면서 하늘과 땅의 소리를 들어 삼계(천상, 지상, 지하계)의 동물들이 무엇을 하고 무엇을 말하는지를 들어 아는 사람을 만났고, 산을 이쪽저쪽으로 움직이며 팔 근육을 풀고 있는 힘센 장사를 만났으며, 한 무리의 영양을 쫓아 잡으며 이리저리 왔다 갔다 하고 있는 발 빠른 사람을 만났다. 이들은 모두 형제가 되었다.

의형제가 된 여섯 사람은 함께 길을 가다가, 앞으로 어떤 일을 할 것인가 서로 의논했다. 땅의 소리를 잘 듣는 사람이 땅에 귀를 대어 소리를 들어보고는 "동북쪽에 있는 바다 저편에 샤쯔개라는 왕이 우리나라를 정복하겠다고 한다. 우리가 가서 그를 누르자!" 라고 말했다. 그들은 그곳에 가기 위해 어떤 바닷가에 이르러 건널 방법을 궁리하다가 바닷물을 한 번에 다 마셔 몽땅 없애버리는 사람을 만났다. 그 사람과 함께 또 의형제를 맺어 일곱 사람은 바다를 건너갔다. 바다를 다 건너자 그 사람은 바닷물을 입에서 쏟아내 다시 원래대로 해 놓았다.

일곱 사람은 길을 가다가 샤쯔개 왕의 아들을 만나게 되었다. 그래서 일곱 형제는 샤쯔개 왕의 장수가 되어 힘을 바치려고 하니 자신들을 데려가 달라고 하였다. 샤쯔개 왕의 아들은 그들을 궁전에 머물게 하였다. 샤쯔개 왕은 경합을 하여 힘을 보기로 했다. 그때 일곱 사람 중 소리를 잘 듣는 사람이 샤쯔개 왕과 신하들이 산을 쏘는 내기를 할 것이라는 것을 엿들었다. 형제들은 활을 쏴 무엇이나 잘 맞히는 형제에게 화살을 쏘게 하였다. 이렇게 형제들은 왕의 경합 내용을 엿들어 씨름, 달리기 시합에서 모두 왕을 이겼다.

화가 난 왕은 나쁜 생각을 품고 주변 신하들에게 일곱 형제들을 어떻게 하면 좋겠느냐고 물었다. 그때 사릉이라는 한 지혜로운 신하가 한 가지 계책을 제시했다. 그것은 형제에게 무쇠로 만든 게르에서 잔치를 베풀 것이라고 속여 그 게르에 머물게 하고는 문을 잠근 뒤 게르 밖에서 석탄과 풀을 쌓아 불을 질러 그 안에서 타 죽게 하는 것이었다. 하지만 일곱 형제는 이미 이 계책을 엿듣고는 바닷물을 한 번에 마시는 사람이 바닷물을 삼켜 가지고 쇠로 된 게르에 들어가 앉았다. 그들이 더 참을 수 없는 지경에 이르렀을 때 바닷물을 삼킨 사람이 바닷물을 입에서 쏟아놓았다. 그러자 왕의 도시는 궁과 함께 모두 물속에 잠기고 말았다. 그들은 왕의 게르에서 다시 상의를 했다. "샤쯔개 왕을 확실히 죽여버렸지만, 이제 여기서 어떻게 나가지?" 그러자 바닷물을 한입에 삼키는 사람이 쏟아놓았던 바닷물을 다시 한 번에 삼켜 물을 마르게 했다. 이렇게 하여 일곱 사람은 모두 밖으로 나가 드넓은 바다 남쪽 땅에 와서 일곱 신이 되어 평화롭고 행복하게 살았다. 이 일곱 신이 북두칠성이 되었다.

참고문헌 Д.Цэрэнсодном(2012), *Монгол аман зохиолын тайлбарт дээж бичиг*, Улаанбаатар. 체렌소드놈 편저, 이평래 역(2001), 『몽골 민간신화』, 대원사. 센덴자빈 돌람 지음, 이평래 역(2007), 『몽골 신화의 형상』, 태학사.

비겁한 박쥐 Сарьсан багваахай яагаад өдөр нисдэггүй вэ? (Sarisan bagvaakhai yaagaad ödör nisdeggüi ve?)

박쥐가 낮에는 바위 동굴에 숨고 밤에만 활동하게 된 까닭을 담은 이야기

아주 오랜 옛날, 맹수와 날짐승들 사이에 대단한 전쟁이 벌어져 새의 깃털이 초원의 풀처럼 온통 세상을 뒤덮었다. 힘센 독수리와 민첩한 송골매, 턱이 흰 종달새 등 날짐승들이 한편이 되었고, 큰 수사자, 사나운 호랑이, 가슴이 흰 다람쥐 등 길짐승들이 한편이 되어 싸움을 했다.

그런데 박쥐만은 어느 편에도 가담하지 않았다. 박쥐는 싸움의 형세를 보아 새가 길짐승들을 이길 만하면 날개를 파닥이며 그들 가운데로 날아갔다. 그러나 맹수들이 날짐승들을 압도하여 이길 만하게 되자마자 박쥐는 이빨을 무섭게 드러내며 그들 가운데로 갔다.

맹수와 새들은 서로 이겼다 졌다를 반복하며 서로 막상막하의 힘으로 겨루다가 마침내 싸움을 멈추고 서로 화해하기로 결정했다. 양편에서는 죽고 남은 자들을 모두 헤아려 장부에 기록하였다. 그러나 박쥐는 두 얼굴로 상황에 따라 이리 갔다 저리 갔다 하며 상대편을 중상하고 비방했기 때문에 어느 편에도 등록을 받지 못하게 되었다. 박쥐는 맹수와 새들이 두려워 도망을 쳤다. 박쥐는 그들의 눈에 띌까 조심하며 낮에는 바위 틈 사이에 숨고, 밤에는 먹이를 찾아 날아다니게 되었다.

참고문헌 Д.Цэрэнсодном(2012), *Монгол аман зохиолын тайлбарт дээж бичиг*, Улаанбаатар. 데.체렌소드놈 편저, 이안나 역(2007), 『몽골의 설화』, 문학과지성사, 체렌소드놈 편저, 이평래 역(2001), 『몽골 민간신화』, 대원사.

사람을 두려워하게 된 사자 Аймшиггүй арслан (Aimshig ügei arslan)

몽골에서 전해 내려오는 사람을 두려워하게 된 사

자 이야기

아주 오랜 옛날, 탐욕스럽고 두려움을 모르는 야수의 왕 사자가 살고 있었다. 한번은 사자가 송골매에게 무엇이 무섭냐고 물었다. 송골매는 두 다리를 가진 사람들이 무섭다고 하고는 사자에게 가장 무서운 것이 무엇이냐고 물었다. 사자는 아무것도 무섭거나 두려운 것이 없다고 하면서 두 발을 가진 사람이 무엇인지 가르쳐 달라고 했다. 이렇게 해서 사자와 매는 사람을 찾아 나섰다.

사자와 매는 길에서 양치기 소년을 만났다. 매는 아직 성인이 되지 않은 어린아이라고 하였다. 그래서 다시 사람을 찾아 계속 길을 갔다. 가다가 지팡이를 가진 노인을 만났다. 매는 한때 두 다리를 가지고 있었으나 지금은 세 개의 다리를 갖게 되었다고 했다. 계속 길을 가니 총을 든 사냥꾼이 다가왔다. 매는 저것이 사람이라고 하면서 매우 놀라 날아가 버렸다. 사자가 사람을 겁주려고 사냥꾼 앞으로 다가갔다. 그러자 사냥꾼은 재빨리 총을 쏘아 사자의 한쪽 눈을 멀게 만들었다. 놀란 사자는 도망을 쳤다. 사냥꾼은 도망가는 사자에게 다시 총을 쏘아 등가죽 살점을 떼어버렸다.

간신히 도망친 사자가 매에게 말했다. "두 다리를 가진 사람이라는 것은 정말 대단히 힘센 동물이더군. 위쪽에서 무슨 침을 뱉는 듯하더니 내 눈을 멀게 하지 않았겠나. 뒤에서 불을 뿜는 듯하더니 내 등가죽을 쪼글거리게 만들어버리고 말았어." 아무것도 두려워할 줄 모르던 사자가 그 후로는 두 다리를 가진 사람에게서 멀리 떨어져 살게 되었다고 한다.

참고문헌 Д.Цэрэнсодном(2012), *Монгол аман зохиолын тайлбарт дээж бичиг*, Улаанбаатар. Д.Цэрэнсодном(1982), *Монгол ардын үлгэр*, Улсын Хэвлэлийн Газар, Улаанбаатар. 데.체렌소드놈 편저, 이안나 역(2007), 『몽골의 설화』, 문학과 지성사.

사슴과 낙타 ᠪᠤᠭ᠎ᠠ ᠲᠡᠮᠡᠭᠡ ᠬᠣᠶᠠᠷ Буга тэмээ хоёр (Buga temee khoyor)

낙타를 속여 멋진 뿔을 갖게 된 사슴 이야기

아주 오랜 옛날에 부처님이 동물을 만들 때에 소의 콩팥과 낙타의 고환 만드는 것을 잊어버렸다. 그래서 소가 콩팥을 넣으려고 왔을 때 부처님은 남아 있던 콩팥 조각들을 짜맞추어 겨우 하나를 만들어 주었다. 이렇게 해서 소의 콩팥은 몇 개를 모아 만든 것처럼 얼룩덜룩한 색깔이 되었다. 낙타가 고환을 얻으려고 왔을 때도 마찬가지로 남아 있던 작은 고환을 주자 낙타는 자기 몸집은 큰데 너무 작은 고환을 주었다고 하며 받기를 거절했다. 그러자 부처님은 크게 화를 내며 뒤에서 그것을 던져버렸다. 그러자 그 작은 두 개의 고환이 낙타의 뒤쪽에 날아가 붙어버렸다. 이런 이유로 낙타의 성기는 뒤쪽에 있게 되었다.

사슴은 부처님이 동물들에게 무언가를 나누어준다는 말을 듣고 뿔을 부탁하러 부처님께 갔다. 부처님은 사슴에게 "가장 아름다운 뿔을 낙타에게 주었다. 네가 낙타를 속여 뿔을 가질 수 있다면 행운일 것이다." 하고 돌려보냈다. 사슴은 낙타를 만나서, 동물 잔치에 갈 때 치장을 하기 위해 뿔을 하루만 빌려달라고 하며 다음 날 물가에서 만나 꼭 돌려주겠다는 약속을 했다. 낙타는 사슴에게 뿔을 빌려주었다.

그 다음날 낙타가 물가에 와서 뿔을 돌려받으려고 꽤 오랫동안 기다렸지만 사슴은 오지 않았다. 그 후로 낙타는 물을 마실 때마다 사슴이 뿔을 주러 올까 하고 이쪽저쪽을 두리번거리며 먼 곳을 바라보며 서 있게 되었다. 사슴은 낙타를 속여 그 뿔을 얻었기 때문에 해마다 뿔이 떨어지게 되었다고 한다.

참고문헌 Д.Цэрэнсодном(2012), *Монгол аман зохиолын тайлбарт дээж бичиг*, Улаанбаатар. 체렌소드놈 편저, 이평래 역(2001), 『몽골 민간신화』, 대원사.

상록수가 된 소나무, 삼나무, 잣나무 ᠨᠠᠷᠠᠰᠤ · ᠬᠤᠰᠤ · ᠵᠡᠭᠡᠷᠭᠡᠨᠡ ᠮᠥᠩᠬᠡ ᠨᠣᠭᠣᠭᠠᠨ ᠪᠣᠯᠤᠭᠰᠠᠨ ᠤᠴᠢᠷ Нарс, хуш, зээргэнэ мөнх ногоон болсон учир (Nars, Khush, Zeergene mönkh nogoon bolson uchir)

소나무, 삼나무, 잣나무가 상록수가 된 연유를 담은 이야기

옛날에 마음씨 착한 제비가 사람에게 죽지 않고 영원히 사는 생명수를 마시게 하려고 몇 방울의 물을 입에 머금고 날아갔다. 그러자 독을 가진 못된 커다란 뒤영벌이 그 사실을 알고 날아가는 제비의 옆구리를 찔러 버렸다. 제비가 아파서 소리를 지르며 신음하는 바람에 입에 있던 영생수가 흘러나오고 말았다. 그리고 그 영생수는 소나무, 삼나무, 잣나무 위에 떨어졌다. 그래서 소나무와 삼나무, 잣나무는 영원히 푸른 침엽수 잎을 갖게 되었다.

모든 일을 잘해 보려고 했던 제비는 후회스럽고 화가 나 뒤영벌의 혀를 뽑아버렸다. 그 이후로 뒤영벌은 아름다운 목소리로 노래하지 못하고, 헛되이 윙윙 소리만을 내게 되었다고 한다.

참고문헌 Д.Цэрэнсодном(2012), *Монгол аман зохиолын тайлбарт дээж бичиг*, Улаанбаатар. 체렌소드놈 편저, 이평래 역(2001), 『몽골 민간신화』, 대원사.

새의 말을 알아듣는 소년 ᠭᠠᠯ ᠤᠯᠠᠭᠠᠨ ᠬᠠᠭᠠᠨ Гал улаан хаан (Gal ulaan khaan)

새의 말을 알아듣는 재주로 신비한 쇠방망이와 황금 개구리를 얻어 부자가 된 소년의 이야기

해마다 여덟 살 된 아이로 바다에 제를 드리는 갈올랑(Gal ulaan)이라는 왕이 있었다. 어느 날 신하의 아들로 제사를 드리게 되었는데 그 아들은 새의 아홉 가지 말을 알아들을 수 있는 신비한 능력이 있었다. 사람들이 이 아이를 제물로 바치기 위해 데리고 갔지만 불쌍히 여겨 아이에게 황금 사시나무에서 밤을 지내라고 했다. 아이가 황금 사시나무에 있는데 새 한 마리가 날아오더니 "이 아이가 쇠방망이 조각을 갖는다면 얼마나 좋을까." 하고 가버렸다. 아이는 주변을 살펴 쇠방망이 조각을 발견해 가지고 길을 가다가 커다란 개구리를 만났다. 소년은 그 개구리에게 "양의 복사뼈만 해져라." 하고 쇠방망이로 쳤다. 그랬더니 개구리가 작아졌고, 소년은 그 개구리를 얼른 삼켰다.

얼마를 더 가다가 큰 폭풍을 만나게 되었다. 아주 먼 곳으로 가게 된 소년은 한 노인의 눈에 띄게 되었다. 노인은 아들이 생겼다고 기뻐하며 왕의 딸과 결혼시키려고 왕을 찾아갔지만 왕은 노인을 죽이고 소년을 다시 돌려보냈다. 소년은 쇠방망이로 노인을 살려냈고 노인은 다시 왕에게 가서 공주와 소년을 혼인시키자고 했다. 그러자 왕은 사람들과 상의를 한 뒤 노인에게 백 마리의 백마와 황금 지붕의 사원을 세우고 노인의 게르

문 앞에서 왕의 게르 문까지 황금과 은으로 된 길을 깔아놓으면 사돈 관계를 맺겠다고 했다. 노인은 소년에게 와서 왕의 말을 전했다. 그러자 소년은 쇠방망이를 두들겨 모든 것을 불러냈다. 그래서 소년과 왕의 딸은 결혼을 하게 되었다.

왕은 딸을 결혼시키면서 신민과, 금, 가축을 주며 노인이 어떻게 부자가 되었는지 은밀히 알아내라고 했다. 소년과 결혼한 공주는 남편에게 어떻게 부자가 되었느냐고 물었지만 남편은 아무 말도 해주지 않았다. 공주는 날마다 그 이유를 알려 달라고 졸라댔다. 결국 남편은 그간의 일들을 모두 공주에게 말해주었다. 공주는 왕에게 가서 남편이 말해 준 이야기를 모두 전했다. 왕은 사위를 불러 독주를 마시게 하였고, 사위가 독한 술 때문에 토하자 사위의 심장에 있던 개구리를 꺼내었다. 다음날 소년이 잠에서 깨어보니 노인에게 있던 가축이 모두 왕의 게르에 와 있었다.

소년이 사시나무 아래 앉아 있는데, 나무 위의 둥지에서 새 두 마리가 "이 젊은이가 내일 아침 일어나서 달려가면 일곱 귀신들이 둥글고 검은 모자를 서로 갖겠다고 다투는 것을 보게 될 거야. 그러면 그 일곱 귀신에게 경주를 하게 해서 '일등을 한 자가 이것을 가져라. 이 모자는 내가 가지고 있겠다.' 고 꾀를 내어 그 모자를 써버리면 귀신들이 그를 볼 수가 없게 될 거야. 그러면 이 젊은이는 자기가 바라는 일을 이룰 수가 있을 텐데." 라고 말하는 것을 들었다.

다음날 아침 소년은 새들이 말한 대로 가보니 일곱 사람이 있었다. 그들은 부처님의 모자를 얻었지만 어떻게 나눌지 몰라 했다. 소년은 새들이 말한 대로 그들에게 경주를 시키며 일등을 한 사람에게 이 모자를 주겠다고 했다. 일곱 사람이 경주를 하러 간 사이 소년은 검은 모자를 얼른 뒤집어썼다.

길을 가는데 또 일곱 귀신들이 부처님의 가사를 서로 빼앗으며 다투고 있었다. 소년은 또 새들이 말한 대로 일곱 귀신에게 경주를 시켰다. 경주를 하러 간 사이 소년은 부처님의 가사를 가지고 도망쳤다.

부처님의 모자와 가사를 얻게 된 소년은 궁전으로 돌아와 부처님 자리에 앉았다. 왕은 부처님께 양의 오츠(uuts, 양의 등에서 엉덩이 부분)를 제물로 차려놓았다. 소년은 오츠의 양쪽 고기를 먹어치웠다. 그러자 왕은 부처님께서 살아나셨다면서 가장 좋은 양을 통째로 삶아서 올려놓았다. 소년은 그것을 배불리 실컷 먹고 마법의 방망이로 부처님을 모셔놓은 궤를 두들겨 열었다. 그리고 궤 안에서 황금 개구리를 꺼내 이를 삼켰다. 다시 부자가 된 소년은 집으로 돌아와 노인과 평안하고 행복하게 살았다.

참고문헌 Ш.Гаадамба, Д.Цэрэнсодном(1978), *Монгол ардын аман зохиолын дээж бичиг*, Улаанбаатар. 데.체렌소드놈 편저, 이안나 역(2007), 『몽골의 설화』, 문학과 지성사.

세 마리의 과대 망상가 Ертөнцийн гурван их саналтан (Yörtönciin gurvan ikh sanaltan)

몽골에서 전해 내려오는 세 과대 망상가인 두루미와 매미와 박쥐 이야기

세상에는 과대망상가 세 동물이 살고 있다고 한다. 바로 두루미와 매미와 박쥐이다.

두루미는 자기가 지구를 힘껏 밟으면 지구가 내려앉게 되고, 많은 동물들이 그 함몰된 곳으로 떨어지게 될 것이라고 하면서 땅을

조심스럽게 살살 밟으며 걷는다고 한다

매미는 세상이 온통 물로 뒤덮이게 되어 모든 생물들이 물에 빠져 죽게 되는 큰 재난을 당하게 될 것이라고 하면서, 걱정스럽게 높은 돌 위에 앉아 아래를 내려다보고 있다고 한다.

박쥐는 하늘이 무너지고 동물들이 멸종될 것이라고 걱정스러워하면서, 높은 곳에 매달려 위를 향해 하늘을 살펴보고 있는 것이라 한다.

참고문헌 Д.Цэрэнсодном(2012), *Монгол аман зохиолын тайлбарт дээж бичиг*, Улаанбаатар. 체렌소드놈 편저, 이평래 역(2001), 『몽골 민간신화』, 대원사.

세상에서 가장 큰 것은?

Бухын үлгэр (Bukhyn ülger)

몽골에서 전해 내려오는 세상에서 가장 큰 것을 가려 내는 거인 설화의 하나

아주 오랜 옛날, 커다란 수소 한 마리가 살고 있었다. 수소의 머리와 신장, 엉덩이에는 부자 세 사람이 각각 살고 있었다. 어느 날 엉덩이에 사는 사람이 소똥을 줍다가 수소가 죽어 있는 것을 보았다. 소가 죽어버리자 여우 한 마리가 삼 년 동안 먹고서야 그 소를 다 먹었다. 그 뒤 소의 어깨뼈가 초원에 남아 있었다. 그 뼈에 칠십 명의 군사가 주둔하여 칠십 개의 천막을 쳤다. 군사들이 이동해 가자 새 한 마리가 와서 소의 어깨뼈를 물고 날아갔다. 그때 한 노인이 살찐 흰 숫염소의 수염 아래 비를 피해 앉아 있었다. 그 새는 숫염소의 뿔에 앉아 어깨뼈를 먹으려고 하다가 그만 뼈를 떨어뜨렸고, 그 뼈는 노인의 눈 속으로 들어가게 되었다. 노인이 눈에 어깨뼈가 들어가 아파하는 것을 보고, 주위 사람들이 삽과 곡괭이로 뼈를 꺼내려고 애를 썼지만 꺼낼 수가 없었다. 노인이 집으로 달려가자, 할머니가 입으로 눈을 빨아 어깨뼈를 꺼내주었다. 이 가운데 가장 큰 것은 어느 것일까?

어깨뼈가 크다고 하면 어리석은 사람
새가 크다고 하면 아둔한 사람
노인이 크다고 하면 오래 생각하는 사람
할머니가 크다고 하면 소견이 짧은 사람
염소가 크다고 하면 지혜로운 사람
칠십 명의 군사가 크다고 하면 생각을 많이 하는 사람.

참고문헌 Ш.Гаадамба, Д.Цэрэнсодном(1978), *Монгол ардын аман зохиолын дээж бичиг*, Улаанбаатар. Д.Цэрэнсодном(2012), *Монгол аман зохиолын тайлбарт дээж бичиг*, Улаанбаатар. 체렌소드놈 편저, 이평래 역(2001), 『몽골 민간신화』, 대원사.

세상을 창조한 석가여래

Ертөнцийг бүтээгч Шагжтүв бурхан (Yörtöntsiig büteegch Shagjatüv burkhan)

석가여래가 천지와 인간을 창조한 이야기

하느님이 땅을 만들었을 때 할머니 한 명이 있었다. 그런데 할머니가 잉태를 하게 되었다. 그때는 하늘이 아직 완성되지 못한 상태였고, 양쪽에서 가까워지면서 세상을 덮어가고 있었다. 시간이 많이 흘렀지만 하늘도 온전히 닫히지 못하고 아이도 태어나지 않았다. 아이는 뱃속에서 "엄마, 하늘 문이 닫혔어요?" 하고 자꾸 물었다. 그때마다 할머니는 "아직 안 닫혔다."라고 하였다. 여러 해가 지나도 뱃속의 아이는 계속해서 하늘이 닫혔는지를 물었다. 화가 난 할머니는 아이가 또

다시 묻자 하늘 문이 닫혔다고 거짓말을 해 버렸다. 아이는 어머니에게 왼쪽 손을 들어 달라고 하고 왼쪽 겨드랑에서 태어났다. 태어날 때 이미 어른이었다. 아들은 하늘 문이 아직 안 닫힌 것을 보고 재를 하늘로 뿌렸다. 그 재는 하늘의 안 닫힌 부분을 덮어서 은하수가 되었다. 첫 사람이 제 시간에 태어나지 못했기 때문에 인간의 수명은 짧아졌고, 할머니가 거짓말을 했기 때문에 인간은 정의를 모르게 되었다.

천지가 분리되기 전에 한 갈바(galba, 겁)가 존재하다가 멸망하고, 뒤이어 새로운 갈바가 존재하였고, 지금 우리가 사는 이 세기(世期)는 셋째 갈바이다. 셋째 갈바의 주인은 석가여래(샤즈무니)이다. 석가여래는 첫째 갈바 시대에 천상신들의 회의에서 앞으로 올 갈바의 주인이 되라고 명령한 사부의 뜻을 따라 칸 호르마스트(Khan khurmast)를 찾아 갔다. 호르마스트 천신이 석가여래에게 "아래 무엇이 있느냐?" 라고 물었다. 석가여래는 "물 밖에 아무것도 없습니다." 라고 대답하였다. 그러자 호르마스트가 "이 흙을 가져가서 네 바다(四海)의 제일 위인 동쪽 바다 한가운데 뿌리면 우유에 기름이 뜨는 것처럼 땅이 떠오를 것이다."라고 하였다. 석가여래가 그 말대로 하니 땅이 바다 위에 떠올랐다.

이때 거북이가 나타나서 호르마스트가 준 흙을 안고 놓지 않았다. 석가여래는 천신들이 일러 준대로 거북이를 활로 쏘았다. 거북이가 뒤집혀 머리를 남쪽으로 향해 죽었다. 원래 거북이의 머리는 북쪽을 향하고 있었는데 화살을 맞아 깜짝 놀라는 바람에 머리는 남쪽으로 향하고 엉덩이 부분은 북을 향해 오줌을 싸고, 입에서는 불이 나서 죽었다. 서쪽에서 쏜 화살은 거북이가 뒤집혔기 때문에 화살촉은 서쪽으로 나오고 화살의 나무 끝은 동쪽으로 향하게 되었다. 그래서 북쪽은 흑수(黑水) 쪽, 남은 화홍(火紅) 쪽, 서는 백철(白鐵) 쪽, 동은 청목(靑木) 쪽이 되었다고 한다. 그리고 흙을 안고 있었던 중앙은 황토(黃土) 쪽이 되었다.

세상이 만들어지자 위의 하늘에서 열여덟 명의 남자와 열여덟 명의 여자를 내려주고 인간을 만들라고 하였다. 남자와 여자들은 처음에 사랑을 몰랐으나 사랑을 알게 되면서 아이를 낳고는 '무슨 일이냐'고 두려워하였다. 그 시절에는 해도 없고 별도 없고 깜깜하였다. 그래서 아이가 태어나면 버리고 갔다. 버려진 아기의 양수막에서 나무가 자라나서 아기는 그 나무에 열린 열매를 먹고 살았다. 그 나무가 각자의 탯줄과 연결되어 있었고 자라면 줄을 끊어서 분리하였다. 모든 사람이 그런 과일 나무를 가지고 있었으므로 각자 자기 나무의 과일을 따먹으면서 살아갔다. 그래서 사람 몸에서 빛이 나고, 빛이 나는 데에 사람이 있다는 것을 망가스(mangas)가 알고 가서 잡아먹었다고 한다. 석가여래가 어디서인지는 모르지만 해를 갖다 매달아 주고 별들도 갖다 주었다.

몇 년 동안 사람들이 번성하여 산과 물도 생기고 사람 수가 삼천 명에 이르렀으나 나중에 보니 이천 명이 되었고 천 명이 없어졌다. 망가스가 잡아 먹었기 때문이었다. 이 망가스를 없애기 위해서 일곱 신이 하늘에서 내려왔다.

참고문헌 Д.Цэрэнсодном(2012), *Монгол аман зохиолын тайлбарт дээж бичиг*, Улаанбаатар. 체렌소드놈 편저, 이평래 역(2001), 『몽골 민간신화』, 대원사. 데.체렌소드넘 저저, 이안나 역자(2001), 『몽골 민족의 기원 신화』, 울란바타르대학교 출판부. 센덴자빈 돌람 지음, 이평래 역(2007), 『몽골 신화의 형상』, 태학사.

세상을 창조한 세 보르한 ᠶᠢᠷᠲᠢᠨᠴᠦ ᠶᠢ ᠪᠦᠲᠦᠭᠡᠭᠴᠢ ᠭᠤᠷᠪᠠᠨ ᠪᠤᠷᠬᠠᠨ Ертөнцийг бүтээгч гурван бурхан (Yörtöntsiig büteegch gurvan burkhan)

석가모니 보르항, 마이다르 보르항, 에세게 보르항이 천지와 인간을 창조한 이야기

대지(大地)라는 것은 없고 전체가 대수(大水)로 덮여 있었던 시절이었다. 석가모니 보르항(Shagjatüv burkhan)과 마이다르 보르항(미륵불; Maidar burkhan), 에세게 보르항(아버지 신; Esege burkhan)이 합의하여 세상을 만들기로 하고 물 위를 가고 있었다. 그때 마침 앙가트(Angat)라는 새가 새끼 12마리를 데리고 물위로 떠가고 있었다. 세 보르항이 새에게 이르기를,

"너 말이야, 물 밑바닥에 들어가 그 곳에서 검정색 흙, 빨강색 흙과 모래를 가져다 다오!" 라고 하였다. 앙가트라는 새는 세 보르항의 말에 따라 물 밑바닥으로 잠수해 들어가 검정색 흙, 빨강색 흙과 모래를 날라다 주었다. 세 보르항은 앙가트 새가 가져다 준 흙과 모래를 물 위에 뿌려서 땅을 만들고, 그 곳에 나무와 식물이 자라나게 하였다.

다음에 세 보르항은 앙가트 새에게 또 부탁하여 흙을 가져오게 하였고 세 보르항은 이 흙으로 남자와 여자 두 사람을 만들었다. 세 보르항은 이 두 사람에게 어떻게 생명을 불어넣을 것인지, 누가 이들을 보살필 것인지에 대하여 의논하였다. 그래서 세 보르항은 각각 자기 앞에 그릇을 놓아 두고, 누구의 그릇에서 빛이 발(發)하고 꽃이 피는지를 살펴보기로 하였다. 그들은 각자의 앞에 있는 그릇에서 빛이 발하고 꽃이 피는 보르항이 앞으로 사람을 보살피기로 결정하고 모두 잠이 들었다.

다음날 아침 석가모니 보르항이 맨 먼저 일어나 그릇을 살펴보았다. 그때 마이다르 보르항 앞에 놓인 그릇에서 빛이 발하고 꽃이 피어나 있었다. 그래서 석가모니 보르항은 마이다르 보르항 앞에 있는 그릇을 자기 앞에 있는 그릇과 바꾸어 놓고서는 다시 누워 잠을 잤다. 얼마 있다가 세 명이 모두 잠에서 깨어나 그릇을 살펴보았다. 당연히 석가모니 보르항 앞에 있는 그릇에서 꽃이 피어나고 빛이 발하고 있었다. 그렇게 하여 석가모니 보르항이 사람들을 보살피게 되었다. 그런데 마이다르 보르항은 석가모니 보르항이 자신의 그릇과 바꿔치기 했다는 사실을 알게 되었다. 마이다르 보르항은 석가모니 보르항에게 "네가 나를 교활하게 속였기 때문에 네가 보살필 사람들 역시 서로가 서로에게 거짓말을 하고 속일 것이다"라 하였다.

그 후 마이다르 보르항과 에세게 보르항은 하늘로 가고 석가모니 보르항은 자신들이 만든 두 사람과 함께 땅에 남게 되었다. 한편 세 보르항이 처음 사람을 만들 때 추위에 떨지 말고 얼지 말라고 털을 주었다. 그러나 개는 만들 때부터 벌거숭이로 두었다. 석가모니 보르항은 두 사람이 잠자고 있는 사이에 개에게 그들을 지키도록 명하고 하늘로 갔다. 그 사이에 악마가 나타났다. 개는 석가모니 보르항이 시킨대로 으르렁거리고 짖어대면서 악마가 잠자고 있는 사람 쪽으로 접근하지 못하도록 하였다. 그러자 악마가 말하기를, "너 말이야, 제발 나에게 으르렁거리지 마라. 네가 가만히 있으면 내가 먹을 것을 주마. 그리고 사람처럼 털도 만들어 주겠다. 그러면 너는 춥지 않게 지낼 수 있

을 것이다." 라고 하였다. 개는 악마의 말을 듣고 으르렁대기를 그만두었다. 그러자 악마는 개에게 먹을 것을 주고 털도 자라게 해주었다. 이 때문에 사람들은 개의 털을 불결하다고들 한다. 악마는 잠자고 있는 사람에게 다가가 사방에서 침을 뱉고 가버렸다. 석가모니 보르항이 하늘에서 내려와 악마에게 해(害)를 당한 사람들과 털이 나있는 개를 보고서는 화가 머리 끝까지 치밀어 개에게 "앞으로 너는 항상 굶주림에 시달리리라!" 라고 하였다. 석가모니 보르항은 악마에게 더럽혀진 사람의 털을 뽑아 정화하고, 단지 머리와 여타 다른 곳의 깨끗한 털만을 남겨 놓았다. 사람이 잠자면서 손으로 머리를 감싸고 있었기 때문에 머리털은 악마의 침으로 더럽혀지지 않았던 것이다. 이렇게 하여 최초의 사람들은 몸에 털이 없는 벌거숭이가 되었다고 한다.

참고문헌 Д.Цэрэнсодном(2012), *Монгол аман зохиолын тайлбарт дээж бичиг*, Улаанбаатар. 체렌소드놈 편저, 이평래 역(2001), 『몽골 민간신화』, 대원사. 데.체렌소드넘 저저, 이안나 역자(2001), 『몽골 민족의 기원 신화』, 울란바타르대학교 출판부, 센덴자빈 돌람 지음, 이평래 역(2007), 『몽골 신화의 형상』, 태학사.

소의 콩팥 ᠦᠬᠡᠷ ᠦᠨ ᠪᠥᠭᠡᠷ ᠡ ᠶᠢᠨ ᠤᠴᠢᠷ Үхрийн бөөрний учир (Ükhriin böörnii uchir)

몽골에서 전해 내려오는 소의 신장이 여러 모양의 조각들을 이어붙인 것처럼 생긴 까닭을 담은 이야기

옛날에 부처님이 많은 동물들에게 신장을 나누어주기 위해 동물들을 불러들였다. 다른 동물들은 재빨리 부처님에게 왔으나 소는 천천히 걸어서 가장 꼴찌로 도착했다. 소가 도착했을 때는 신장이 하나도 남아 있지 않았다. 먼저 온 동물들이 좋은 신장을 모두 가져갔고 남아 있는 것은 좋지 않은 신장 몇 조각뿐이었다. 그래서 부처님은 소에게 가장 꼴찌로 왔으니 여기 있는 조각들을 모두 가져가라고 하며 남아 있는 것을 모두 주었다. 이렇게 해서 소의 신장은 여러 모양의 조각들을 이어놓은 것 같은 큰 신장이 되었다고 한다.

참고문헌 Д.Цэрэнсодном(2012), *Монгол аман зохиолын тайлбарт дээж бичиг*, Улаанбаатар. 체렌소드놈 편저, 이평래 역(2001), 『몽골 민간신화』, 대원사.

솔링 헤린 전설 ᠰᠤᠯᠢᠩᠬᠡᠷ ᠦᠨ ᠳᠤᠮᠤᠭ

Сулинхээрийн домог (Sulinkheeriin domog)

나담 축제에서 왕의 노여움을 사지 않기 위해 사람이 타지 않은 말을 달리게 해서 우승한 이야기. '솔링 헤르(주인 없는 조류말)'라는 지명을 얻게 된 연유를 담은 지명 전설이다.

옛날 만주왕이 나담 축제에서 왕의 말 외에 다른 말이 우승을 할 경우, 그 말 주인의 머리를 자르라는 명령을 내렸다. 하지만 백성들은 주인을 밝히지 않기 위해서 말에 사람을 태우지 않고 달리는 연습을 시킨 후 출전시켜 우승을 하였다. 나담축제에서 사람을 태우지 않고 말 경주에 나가서 우승했기 때문에 그 나담축제가 거행되었던 지역을 '주인없는 조류말(sul kheer; 솔 헤르)의 초원'이라고 이름지었다고 한다.

참고문헌 Д.Цэрэнсодном(2012), *Монгол аман зохиолын тайлбарт дээж бичиг*, Улаанбаатар. Ш.Гаадамба, Х.Сампилдэндэв(1988), *Монгол ардын аман зохиол*, Улаанбаатар.

숫염소와 늑대 ᠤᠶᠤᠬᠠᠨ ᠤ ᠲᠡᠬᠡ ᠶᠢᠨ ᠴᠢᠨᠤ᠎ᠠ ᠶᠢᠨ ᠦᠯᠢᠭᠡᠷ

Онгироо ухна чоно хоёр (Ongiroo ukhna chono khoyor)

몽골에서 전해 내려오는 오만한 숫염소와 늑대 이야기

옛날에 아주 오만하고 잰 체하는 숫염소가 살고 있었다. 어느 날 숫염소는 늑대에게 이렇게 말했다. “내 명성을 들었다면 여러 번 다시 나를 찾아올 필요가 없지 않겠습니까?” 그러자 늑대가 가소롭다는 크게 웃으며 조롱하듯 말했다. “나를 위협하지 마라. 네가 나를 받으려고 한다면 피할 방도가 있어. 내가 너의 진짜 염라대왕이다.” 그러자 염소는 “네 창자를 찌르고, 콩팥을 뚫어버리고, 위를 찌르고, 다리를 분질러 버리겠다.”라고 아무렇지도 않게 말했다. 그러자 늑대는 “나는 네 염라대왕이다. 앞뒤를 생각하며 말해라. 우리는 너보다 앞서 너의 조상인 양기르(yangir, 야생 염소) 부족을 순종하게 한 역사가 있다. 뭐라고 쓸데없이 주절거리는 거냐. 너를 한입에...” 그러자 염소는 “그래요.” 하며 기민하게 대책을 강구했다. 그러면서 늑대가 입을 벌리고 있으면 멀리서 달려와 늑대 입속으로 곧바로 날아 들어가겠다고 했다. 늑대는 숫염소가 말한 대로 섰고, 숫염소는 붉은 먼지를 일으키며 늑대의 입속을 향해 있는 힘을 다해 돌진해 갔다. 늑대는 정신을 잃고 쓰러졌고 숫염소는 더욱 빨리 달려가 염소의 무리 속으로 들어갔다.

늑대는 정신을 차린 후 머리를 흔들며 염소가 자기 입속으로 들어왔고 지금 자기가 피를 흘리고 있는 것을 보면 삼킨 것이 분명하다고 생각했다. 그리고 배를 보며 ‘배가 홀쭉한 것은 이상한 일이로군. 입으로 들어가 엉덩이로 나갔나? 괜히 만용을 부려 일이 잘못된 거야. 대충 알았으면 잘난 체하는 숫염소에게 여러 말 할 기회를 주지 않고 즉시 잡아먹는 건데. 다음에 만나면 쓸 데 없이 만용을 부리지 말아야지.’ 라고 생각하고 몸을 비틀거리며 갔다.

참고문헌 Д.Цэрэнсодном(2012), *Монгол аман зохиолын тайлбарт дээж бичиг*, Улаанбаатар. Д.Цэрэнсодном(1982), *Монгол ардын үлгэр*, Улсын Хэвлэлийн Газар, Улаанбаатар. 데.체렌소드놈 편저, 이안나 역(2007), 『몽골의 설화』, 문학과 지성사.

아르가손 호르치 이야기

Аргасун хорчийн домог (Argasun khorchyn domog)

칭기스칸의 잘못을 훈계하고 바른 소리를 노래로 전했던 아르가송 호르치(Argasun khorch) 의 이야기. 이 이야기는 17~18세기 몽문 연대기인 『황금사강(黃金史綱)』, 롭산단잔(Lubsandanzan)의 『황금사(黃金史)』, 사강세첸(Sagan Tsetsen)의 『몽골원류』 등의 역사서와 여러 역사소설을 통해 전해진다.

〈아르가송 호르치 이야기(Argasun khorchyn domog)〉는 칭기스칸의 화살(또는 무기)을 관리하는 일을 맡고 있던 아르가송 호르치와 칭기스칸 사이에 있었던 이야기이다. 이 이야기는 크게 두 부분으로 나뉘는데, 첫 번째는 칭기스칸이 훌랑 왕비에 빠져 정사를 멀리하자 아르가송 호르치가 비유의 말(또는 풍자)을 하여 칭기스칸이 스스로 잘못을 깨우치고 정사에 복귀한다는 내용이고, 두 번째는 칭기스칸의 화살을 관리하는 아르가송 호르치가 군율을 어겨 죽을 위기에 처했다가 칭기스칸으로부터 용서를 받게 된다는 내용이다. 〈아르가송 호르치 이야기〉의 개략적인 내용은 다음과 같다.

칭기스칸이 동쪽에 있는 솔롱고드(Solongod)국을 방문하였는데 그때 마침 홍수로 인해 강이 범람해서 돌아올 길이 막혀 그 곳에서 머무르게 되었다. 솔롱고드 국의 보흐차강(Bukh tsagaan) 왕은 칭기스칸이 공물을 요구하자 홀랑(Khulan)이라는 이름을 가진 자신의 딸을 보내고 호랑이 가죽으로 만든 게르와 두 부락의 거민, 그리고 예물을 바쳤다. 칭기스칸은 홀랑 왕비가 마음에 들어 본국으로 돌아가 정사를 돌볼 생각은 하지 않고 홀랑 왕비와 함께 지내면서 시간이 가는 줄을 몰랐다. 본국에서는 칭기스칸이 무슨 일로 돌아오지 않는지 알아보기 위해 아르가송 호르치를 사신으로 보냈다. 아르가송 호르치는 칭기스칸을 만나 호르를 연주하며 노래를 불렀다. 노래의 내용은 '한 나무에 새가 알을 낳았다. 새가 나무를 믿고 앉아 있다가 올빼미한테 집을 빼앗기고 알들도 빼앗겼다'라는 내용이었다. 칭기스칸은 처음에는 아르가송 호르치가 하는 말을 이해하지 못하다가 나중에 그 뜻을 이해하였다. 칭기스칸은 '나무는 자신의 친구이고, 새는 자신이며, 올빼미는 솔롱고드의 왕이고, 알과 새끼는 왕비와 자식'이라고 하고는 대군을 철수하여 귀국하였다. 돌아가는 길에 칭기스칸은 "왕비 보르테는 어린 시절 부모가 짝지어 준 여자였다. 정복지에서 홀랑 왕비를 취했기 때문에 보르테 부인의 얼굴을 만나기가 어렵다."라며 잘라이르 출신 모흘리(Mukhuli)를 먼저 본국으로 보냈다. 칭기스칸이 신뢰하는 장군이었던 모흘리는 칭기스칸과 홀랑 왕비가 동침하게 된 것을 매우 못마땅하게 여기고 있었다. 궁에 도착한 모흘리는 보르테 왕비에게 노래를 통해 다음과 같이 말하였다.

"스승의 말을 듣지 않고
범가죽 게르에 형형색색
군주와 홀랑 하툰이 동침하였도다"

이 말을 들은 보르테 왕비는 유쾌하지 않았지만 특별한 내색을 하지 않고, 이는 군주의 권한이라 말하였다.

칭기스칸이 본국에 도착하고 여러 날이 지났다. 아르가송 호르치는 칭기스칸의 황금 독약(화살)을 관리하는 일을 맡고 있었다. 그러던 어느 날 아르가송 호르치는 술에 취해 칭키스칸의 황금 독약을 영외에 갖고 나가 밤을 지내는 우를 범하였다. 이 행위는 왕의 목숨을 시해할 수 있다는 의심을 받을 수 있는 심각한 사안이었다. 칭기스칸의 부하들이 아르가송 호르치의 행위를 칭기스칸에게 보고하자 칭기스칸은 아르가송 호르치를 바로 죽이라고 명령하였다. 부하들은 아르가송 호르치를 붙잡아 칭기스칸의 침소로 데리고 갔다. 칭기스칸은 아르가송 호르치에게 마지막으로 할 말이 있느냐고 하였다. 그러자 아르가송 호르치는 어려서부터 자신이 칭키스칸을 어떻게 모셔 왔는지를 시가(詩歌)의 형식을 빌어 고하였다. 이를 들은 칭기스칸은 아르가송 호르치를 용서하였다.

참고문헌 Ц.Дамдинсүрэн (1957), *Монголын уран зохиолын тойм*, Нэгдүгээр дэвтэр, Улаанбаатар. Д.Цэрэнсодном(1987), *Монгол уран зохиол*, Улаанбаатар. Лувсанданзан(2006), *Алтан товч*, Улаанбаатар.

야강도랑과 산호 델

Ягаан морьтай ягандуран хүү (Yagaan moritoi yaganduran khüü)

몽골에서 전해 내려오는 산호 델을 얻어 부자가 된 청년 이야기

오랜 옛날, 어떤 왕국에 어머니와 함께 가난하게 살아가는 야강도랑(Yagaanduran)이라는 청년이 있었다. 야강도랑은 분홍 말과 동물 뼈로 된 활 외에는 아무것도 없었다. 어느 날 야강도랑의 어머니가 물을 길러 황금 샘에 갔다가 수사슴과 암사슴이 야강도랑에 대해 말하고 있는 것을 보고 어머니는 집으로 돌아와 아들에게 자기가 본 것을 말했다. 야강도랑은 말을 타고 황금 샘에 가서 활로 수사슴과 암사슴을 쏘았다. 그러자 사슴들은 산호로 된 델을 떨어뜨리고 하늘로 날아 올라가버렸다. 야강도랑은 산호 델을 가지고 와 검은 궤에 넣어 자물쇠로 잠갔다.

그 다음날 야강도랑이 일어나 보니 초원에는 오축이 가득하고 산해진미가 그릇과 쟁반에 가득했으며 자신은 커다란 흰 게르에서 편히 잠자고 있었다. 야강도랑은 자신이 얻은 산호 델 때문이라고 생각하여 어머니에게 산호 델에 대해 아무한테도 말하지 말라고 하였다.

야강도랑이 갑자기 부자가 된 것을 이상하게 여긴 왕은 노파를 보내 그 사연을 알아오게 하였다. 야강도랑의 다짐에도 불구하고 어머니는 왕이 보낸 노파에게 속아 부자가 된 사연을 말했다. 노파는 야강도랑과 그의 어머니 몰래 산호 델을 훔쳐 왕에게 가지고 갔다. 산호 델이 없어지자 야강도랑은 다시 가난한 모습으로 되돌아갔다.

왕은 노파가 가지고 온 산호 델을 입고 신하들에게 자기의 모습이 어떤가 물어보았다. 모든 신하가 멋지다고 칭송하였지만 한 신하는 아무 말도 하지 않았다. 왕이 그 이유를 묻자 신하는 산호 델을 입어 멋지지만 천상의 흰 암낙타 젖으로 용안을 씻으면 더욱 빛이 날 것이라 하였다. 왕은 신하의 말을 듣고 흰 암낙타 젖을 구해 오라고 하였다. 그러자 그 신하는 쉽게 부자가 된 야강도랑을 보내면 흰 암낙타 젖을 쉽게 얻을 수 있을 것이라 했다. 왕은 야강도랑에게 흰 암낙타 젖을 구해 오라고 했다.

야강도랑은 온갖 어려움을 극복하고 흰 암낙타 젖을 구해왔다. 왕은 암낙타 젖으로 얼굴을 씻고 신하들을 모아놓고 멋져 보이는지 물었다. 그러자 신하들은 모두 멋있다고 했지만 먼젓번 그 신하는 또 아무 말도 하지 않았다. 그 신하는 왕이 멋있지만 항가리드의 깃털을 모자에 꽂으면 더욱 훌륭할 것이라 하였다. 왕은 항가리드의 깃털을 구해 오라고 하였다. 그러자 그 신하는 또 야강도랑을 보내라고 했다.

야강도랑은 또 자신의 분홍 말을 타고 뼈로 된 활을 메고 항가리드의 깃을 구하러 길을 떠났다. 북쪽 지역에 이르자 흰 게르가 한 채 보였다. 야강도랑은 그 집으로 가서 말을 밖에 매고 집안으로 들어갔다. 그런데 세 여인이 앉아 있었는데, 한 명은 울고, 한 명은 생각에 잠겨 있고, 한 명은 미소를 짓고 있었다. 야강도랑이 그 이유를 물으니 위의 여섯 언니들을 구렁이가 잡아먹고 이제 셋만 남아 오늘 잡혀먹힐 사람은 울고 있고, 내일 잡혀먹힐 사람은 생각에 잠겨 있고, 모레 잡혀먹힐 사람은 미소를 짓고 있다고 했다. 그래서 야강도랑은 구렁이를 잡아 죽여 버리겠다고 하며 집 밖으로 나왔다.

야강도랑이 집 밖에서 보니 해가 지는 쪽에서 구름이라 생각하고 보면 구름도 아니고, 산이라 생각하고 보면 산도 아닌 거대한 검은 물체가 보였다 사라졌다 하고 있었다. 야강도랑은 정확히 그 중심을 향해 활을 조준하여 시위를 정성스럽게 당겼다. 그러자 바람이 잦아들며 그 검은 것이 저편으로 사라졌다. 그것은 바로 여인들을 잡아먹은 구렁이였으며, 야강도랑이 활로 그 구렁이를 죽인 것이었다.

구렁이가 죽은 것을 알게 된 세 여인은 기뻐하며 어머니가 올 테니 만나고 가라고 했다. 그때 광풍이 일어나며 아름다운 한 여인이 들어와 야강도랑에게 딸들을 구해줘서 고맙다며 모든 것으로 야강도랑을 도와 주겠다고 했다. 야강도랑은 항가리드의 깃털을 구해다 왕에게 바쳐야 한다고 말했다. 그러자 여인은 빙긋 웃으며 항가리드는 자기라고 말했다. 게르에서 여인이 먼저 나가고 야강도랑이 뒤따라 나가니 엄청나게 커다란 새가 문 앞에 앉아 있었다. 여인은 야강도랑에게 그 새의 깃털을 가지고 가도 그 신하가 아무 말도 안 한다면 자기가 위에서 노래를 하여 모든 신하들이 자기를 쳐다보는 사이 그 신하의 심장과 폐를 뽑아내 왕의 가슴 쪽으로 던질 것이며, 자기를 쫓아내면 무언인가를 해주겠다는 왕의 약조를 받아낸 후에 자기를 쫓아내라고 했다.

야강도랑은 항가리드의 깃털을 뽑아 왕에게 가서 그 깃털을 건네 주었다. 그때 커다란 새가 날아들어와 노래를 불렀다. 모든 신하들이 그 새를 쳐다보자 그 새는 그 신하의 심장과 폐를 뽑아내 왕에게 던졌다. 왕은 야강도랑에게 그 새를 당장 쫓아내라고 하였다. 야강도랑은 왕과 신하들도 못하는 일을 평범하고 보잘 것 없는 자기가 어떻게 쫓을 수 있겠냐고 하였다. 그러자 왕은 만약 새를 쫓아내면 무엇이든 해 주겠다고 했다. 야강도랑은 산호 델을 돌려달라고 했다. 야강도랑이 큰 소리로 항가리드를 쫓아냈고, 왕은 야강도랑에게 약속대로 산호 델을 돌려 주었다. 산호 델을 받아들고 집으로 돌아온 야강도랑은 늙은 어머니와 함께 예전처럼 많은 가축을 기르며 어떤 위험이나 불이익도 당하지 않고 평안하고 행복하게 살았다.

참고문헌 Ш.Гаадамба, Д.Цэрэнсодном(1978), *Монгол ардын аман зохиолын дээж бичиг*, Улаанбаатар. 데.체렌소드놈 편저, 이안나 역(2007), 『몽골의 설화』, 문학과 지성사.

양을 구한 토끼 ᠵᠤᠰᠠᠭ ᠬᠣᠨᠢ Зусаг хонь (Zusag khoni)

몽골에서 전해 내려오는 꾀를 내어 양을 늑대에게서 구한 토끼 이야기

이마에 흰 점이 있는 검은 양이 코에 복사뼈만 한 버터를 붙이고, 조(zuu, 티베트의 수도에 있는 사원)에 절을 하기 위해 가고 있었다. 부지런히 가고 있을 때 굶주린 늑대가 그를 한입에 삼키려고 다가왔다. 양은 불공을 드리러 가고 있으니 다음에 잡아먹으라고 했다 그러자 늑대는 “절이고 불공이고 상관없어. 배고픔을 가시게 할 수 있으면 그만이야. 고승에게 절을 드리든 말든 상관없어. 내 배만 차면 그만이야. 달라이 라마에게 절을 한다고 뽐내며 거짓말 하지 마라. 지금 당장 잡아먹겠어.” 하며 달려들었다. 그러자 양은 “거짓말이라면 제 코에 있는 버터를 보세요. 바룽조(baruun zuu, 티베트 사원 지역)에 가서 불공을 드리고 올 때 저를 잡아먹으세요.” 라며 늑대를 설득했다. 늑대는 양을 보내주었다.

양은 조에 가서 달라이 라마에게 절을 하고 부처님께 생명을 지켜 달라고 빌었다. 집으로 돌아가는 길은 슬펐고 두렵고 떨렸다. 양은 울면서 가다가 숲 속에서 토끼를 만났다. 양은 토끼에게 늑대를 만난 사정을 얘기

했다. 토끼는 양과 함께 가기로 했다. 둘은 길을 가다가 방적기 하나, 펠트로 된 손장갑 하나, 글씨가 씌어있는 얼룩덜룩한 종이 한 장을 발견해 그것을 가지고 갔다. 얼마쯤 가다가 늑대를 만났다. 토끼가 양에게 "깔개를 깔아라." 하니 양은 손장갑을 깔았다. 토끼가 "기를 세우라." 라고 하자 양은 방적기를 땅에 꽂았다. 토끼는 글자가 씌어진 종이를 가지고 앞발을 세우고 앉아서 큰소리로 읊조렸다. "만주 황제께서 달라이 라마께 만수무강을 기원하는 선물을 올린다고 하시며, 일흔 두 마리 늑대 가죽을 즉시 가져올 것을 재촉해 명하셨다. 대왕님의 명령은 돌이킬 수도 거역할 수도 없다. 바다에는 한 방울의 물이라도 도움이 되고, 잔치에는 한 자의 하닥도 도움이 된다. 한 마리를 잡아도 죽이고, 둘을 잡아도 죽여라! 양 선생님, 일어나 늑대를 잡으세요!" 토끼가 크게 소리치자, 굶주린 늑대는 기가 꺾여 걸음아 나 살려라 하고 도망쳤다.

토끼는 양의 코에 있는 기름을 가리키며 "달라이 라마가 당신을 구하지 못했는데, 우모초(초원에 자라는 가느다란 야생초) 같이 약한 토끼가 당신을 구했어요. 이제 당신 갈 길로 가세요. 저는 저대로 가겠어요." 하며 가버렸다.

참고문헌 Д.Цэрэнсодном(2012), *Монгол аман зохиолын тайлбарт дээж бичиг*, Улаанбаатар. Д.Цэрэнсодном(1982), *Монгол ардын үлгэр*, Улсын Хэвлэлийн Газар. Улаанбаатар. 데.체렌소드놈 편저, 이안나 역(2007), 『몽골의 설화』, 문학과 지성사.

어리석은 늑대 ᠲᠡᠨᠡᠭ ᠴᠢᠨᠤ᠎ᠠ Тэнэг чоно (Teneg chono)

몽골에서 전해 내려오는 어리석은 늑대 이야기

옛날 옛날에 늑대 한 마리가 길을 가다 피가 든 창자를 보게 되었다. 막 먹으려고 하는데 창자가 말하기를 요 앞에 암말이 진흙에 빠져 있으니 그 말을 잡아먹는 것이 더 좋지 않겠느냐고 했다. 늑대는 창자보다는 말을 잡아 먹는 것이 훨씬 더 낫다는 생각이 들었다. 그래서 앞으로 조금 가니 정말로 진흙탕에 암말이 빠져 있었다. 늑대가 말을 잡아먹으려 하자 말이 자기를 진흙탕에서 꺼낸 다음에 잡아먹으면 훨씬 편하게 먹을 수 있을 것이라고 했다. 늑대가 생각하기에 그럴 듯하였다. 그래서 늑대는 말을 진흙탕에서 꺼내 주었다. 늑대가 말을 잡아먹으려 하자 말은 진흙이 묻어 더러우니 몸을 깨끗이 씻은 후에 잡아먹으면 더 맛있게 먹을 수 있을 것이라고 했다. 늑대가 생각하니 또 그럴 듯했다. 늑대는 말의 몸을 핥아 깨끗이 닦아 주었다. 늑대가 말을 잡아먹으려 하니 또 말이 자신의 뒷다리 발굽에 글자가 씌어 있으니 그것을 읽어본 후 잡아먹으라고 했다. 늑대가 말발굽에 있는 글자를 보려고 다가가자 암말은 뒷발로 늑대의 목덜미를 세게 차고 달아나버렸다.

늑대는 정신을 잃고 쓰러졌다. 잠시 후 정신을 차리고 겨우 일어난 늑대는 킁킁 냄새를 맡으며 비실비실 걸어갔다. 그러다 어린 수소를 만났다. 늑대는 어린 수소라도 잡아먹으려 하였다. 그러자 어린 수소가 "사람들이 볼 수 있으니 저를 고랑으로 몰고 들어가 거기서 잡아먹으세요. 당신은 아주 지치신 것 같으니 저를 타고 가세요." 하였다. 늑대가 소를 타고 고랑으로 들어가자, 소는 어지러울지도 모르니 눈을 감고 가라고 했다. 늑대는 소가 시키는 대로 눈을 감고 갔다. 그러자 소는 어느 결에 늑대를 사람이 사는 집

쪽으로 데리고 갔다. 사람들이 '와와'하고 큰 소리를 지르며 우르르 늑대를 뒤쫓아 갔다. 늑대는

> "뒷산은 멀어져가고 / 두 다리를 가진 인간들이 가까이 오는 것을 어쩌나 / 길로 간 어리석은 돌대가리 / 피가 든 창자의 말에 속은 / 어리석은 돌대가리 / 주인이라고 끌어내주었나 / 어미라고 핥아주었나. / 지혜로운 자라 하여 글을 살펴보았나 / 다리가 없어 소를 탔나 / 눈이 없어 눈을 감았나. / 뒷산은 멀어져가고 / 두 다리를 가진 인간들이 가까이 오는 것을 어쩌나."

하고 슬피 한탄하며 도망쳤다.

참고문헌 Д.Цэрэнсодном(1982), *Монгол ардын үлгэр*, Улсын Хэвлэлийн Газар. Улаанбаатар. Д.Цэрэнсодном(2012), *Монгол аман зохиолын тайлбарт дээж бичиг*, Улаанбаатар. 데.체렌소드놈 편저, 이안나 역(2007), 『몽골의 설화』, 문학과 지성사.

에르히 메르겐 ᠡᠷᠬᠢ ᠮᠡᠷᠭᠡᠨ Эрхий мэргэн (Erkhii mergen)

명사수 에르히 메르겐과 해, 달, 낮과 밤 등이 생겨나게 된 연유를 담은 천체 기원 신화

활을 잘 쏘는 에르히 메르겐에 대한 신화는 여러 이본이 존재한다. 일월조정을 중심으로 전개되기도 하지만 타르박(마못)의 기원에 대한 내용을 중심으로 전개되기도 한다. 중심 내용에 따라 천체기원 신화, 동물 기원 신화로 다루어진다. 이들 신화의 내용은 다음과 같다.

1. 먼 옛날에 이 세상에 일곱 해[日]가 나타나 심한 가뭄이 들었다. 땅은 벌겋게 달아오르고, 냇물과 강물은 마르고, 나무와 식물은 말라 비틀어지고, 사람들은 더위에 시달리고, 말(馬)을 비롯한 가축들은 허기와 갈증에 시달려 잠시도 살아갈 수가 없었다. 그때 마침 에르히 메르겐이라는 눈에 보이는 것이면 모두 쏘고, 쏘았다 하면 모두 명중시키는 명사수가 있었다. 그래서 많은 사람들이 그에게 가서 천공(天空)에 나타난 일곱 개의 해를 활로 쏘아 없애버리라고 부탁했다.

남자 중의 남자로 태어난 에르히 메르겐 명사수는 엄지에 힘이 있고, 간장(肝臟)에 담즙이 있는 젊은 나이의 피끓는 사람이었기 때문에 자신의 활쏘는 능력을 과시하였다. 그래서 "일곱 개의 해를 내가 일곱 개의 화살로 하나 하나 쏘아 맞추어 없애버리겠다. 만약 그렇게 하지 못하면 엄지손가락을 자르고, 남자이기를 그만두고, 물을 마시지 않고, 마른 풀을 먹지 않는 동물[타르박]이 되어, 어두컴컴한 굴에서 살아가겠다." 라고 맹세하였다.

에르히 메르겐은 동쪽에서 서쪽에 이르기까지 천공에 죽 늘어서 있는 일곱 개의 해를 왼쪽에서부터 쏘기 시작하였다. 여섯 개의 화살로 여섯 개의 해를 떨어뜨리고 이제 막 일곱 번째의 해를 쏘려고 조준하면서 주문을 외고 있을 즈음, 제비가 가운데에 끼어들어 해를 막아버렸다. 시위를 떠난 화살은 제비의 꽁지를 딱 맞추었다. 그래서 황금제비의 꽁지가 두 갈래가 되었다고 한다. 마지막 해는 사수(射手)를 피해 서산 저쪽으로 살짝 숨어버렸다.

에르히 메르겐 명사수는 제비가 자신의 일을 방해하였다고 생각하고, 매처럼 빠른 얼룩말로 하여금 제비를 추격하여 죽여버리라고 하였다. 그러자 얼룩말은 "황혼에서 여명

(黎明)에 이르기까지 좇아가 내가 만약 제비를 따라잡지 못하면 나의 다리를 자르고 외딴 곳에 버려라! 나는 안장을 맨 말이 아니되어 구비구비 구릉진 곳에서 살아가리라." 라고 맹세하였다. 얼룩말은 하염없이 제비를 좇아갔으나 제비는 아무데나 거침없이 이리저리 잽싸게 날아가 얼룩말이 따라잡지 못할 정도로 계속 도망갔다. 그러다가 결국 새벽의 여명이 밝아왔다.

에르히 메르겐은 화가 나서 얼룩말의 두 개의 앞다리를 잘라 외딴 데에 버렸는데, 그 말은 '얼룩망아지'가 되었다. 얼룩망아지의 앞다리 두 개가 짧은 이유는 바로 이 때문이라고 한다. 또한 제비는 희미한 어둠 속에서 말 탄 사람의 앞뒤를 빙빙 돌아 날며 "의로운 남자의 말 등자 밑으로(sain eriin döröön dooguur), 나쁜 남자의 수염 밑으로(muu eriin sakhal dooguur)"라고 하면서, '나 잡아라, 나 잡아라'하고 조롱하는 것은 그 때문이라고 한다.

그 후 에르히 메르겐 명사수는 남자로서의 맹세에 따라 엄지손가락을 잘라 버리고, 남자이기를 그만두고, 물을 마시지 않고, 마른 풀을 먹지 않고, 컴컴한 굴속에서 살게 되었다. 타르박의 다리에 발가락이 네 개인 것은 여기에서 비롯되었다고 한다. 또한 에르히 메르겐 명사수는 자신이 타르박이 됐다는 사실을 잊고 아침과 저녁 해가 뜨고 해가 질 때를 기다리고 있다가 화살로 해를 맞추려고 하였다. 타르박이 아침과 저녁에 굴속에서 나오는 이유는 이 때문이다. 특히 타르박 가운데에는 인육(人肉)이라 하여 먹을 수 없는 부위가 있는데, 이는 그 고기가 에르히 메르겐의 살이기 때문이라고 한다.

한편 이 세상에 남은 단 하나의 해는 에르히 메르겐을 피해서 산 저 편으로 가버렸기 때문에 낮과 밤이 교대하게 되었다.

2. 옛날에 에르히 메르겐 명사수라는 사람이 세 개의 해와 세 개의 달이 나타나자, 이들을 활로 쏘아서 세상을 암흑으로 만들겠다고 하였다. 이에 보르항 박시(Burkhan bagsh; 부처)가 세상을 암흑으로 만들지 못하면 어쩌겠느냐고 묻자, 그는 "물을 마시지 않고, 마른 풀을 먹지 않고, 구불구불 굴속으로 들어가, (사냥꾼)남자에게 턱이 뚫린 채 말 안장끈에서 매달리리라. 엄지 손가락을 잘라버리리라."라고 맹세하였다. 그러자 보르항 박시는 해와 달이 있는 쪽에 종(鐘)과 오치르(ochir; 금강저(金剛杵)) 두 가지 물건을 놓아 두었다. 이 종과 오치르에 막혀서 해 하나와 달 하나가 남게 되었다. 그래서 에르히 메르겐은 맹세에 따라 타르박이 됐다고 한다.

3. 옛날 칠요성 성단의 일곱 별이 있었다. 이 일곱 별은 세상을 춥게 하고, 사람들을 추위에 떨게 하였다. 이 무시무시한 추위를 멈추게 하려고 에르히 메르겐 명사수는 '화살 하나로 일곱 개의 별을 산산히 부숴버리리라. 만약 그렇게 하지 못하면 엄지손가락을 잘라버리고, 물을 마시지 않고, 마른 풀을 먹지 않고, 해와 바람이 있는 바깥 세상을 돌아다니지 않고, 컴컴한 굴속에서 부끄러워하며, 뿌리와 푸른 것(즉 풀)을 먹으면서 배고픔과 갈증을 달래며 살아가는 타르박이 되어 태어나리라. 그렇게 하여 사나이의 사냥감이 되어 살아가리라'고 하였다. 그러나 에르히 메르겐은 활을 쏘아 일곱 개의 별 가운데에서 단 하나의 별을 떨어뜨렸다. 그

래서 지금 하늘에는 칠요성 성단에 6개의 별이 있다. 또한 에르히 메르겐은 자기가 맹세한 바에 따라 타르박이 되어 태어났다고 한다.

참고문헌 Д.Цэрэнсодном(2012), *Монгол аман зохиолын тайлбарт дээж бичиг*, Улаанбаатар. 체렌소드놈 편저, 이평래 역(2001), 『몽골 민간신화』, 대원사. 센덴자빈 돌람 지음, 이평래 역(2007), 『몽골 신화의 형상』, 태학사. 노로브냠(1999), 「한국과 몽골 창세 신화 비교연구」, 서울대학교 석사논문.

여스걸데 노인의 아홉 아들들 Есгөлдэй өвгөний есөн хүү (Yösgöldei övgönii yöson khüü)

몽골에서 전해 내려오는 여스걸데 노인의 아홉 아들이 왕비를 구한 이야기

옛날 아홉 아들을 둔 여스걸데(Yösgöldei) 라는 노인이 살았다. 어느 날 밤 왕의 둘째 왕비가 사라지는 일이 벌어졌다. 왕은 여스걸데 노인에게 왕비를 찾아서 데려오라고 하였다. 그리고 만약 데려오지 못한다면 아홉 아들의 목을 베겠다고 했다.

여스걸데 노인은 아들들이 어디 있는지 찾아보려고 산꼭대기로 올라갔지만 아들들의 모습은 보이지 않았다. 다시 산기슭으로 내려와 집으로 돌아가는 길에 황금빛 모래가 있어 그것을 가지고 반죽을 하여 황금 활과 화살을 만들어놓고 앉자 아들들이 모여들었다. 막내아들이 황금 활과 화살을 자기에게 달라고 하자 노인은 아들들 중 재주가 가장 뛰어난 사람에게 주겠다고 했다. 그러자 막내아들이 어두운 밤에도 검은 파리의 자취를 추적해낼 수 있다고 했다. 둘째 아들은 바닷물을 단번에 삼킬 수 있다고 했고, 셋째 아들은 세 고개 너머의 것을 투시할 수 있다고 했다. 넷째 아들은 부지불식간에 어떤 것이든 훔칠 수 있다고 했고 다섯째 아들은 물이 없는 곳에서 마실 것을 생기게 하고, 불이 없어도 불을 일으킬 수 있다고 했다. 여섯째 아들은 먹을 것이 없는 곳에서 양고기를, 저장한 고기가 없는 곳에서 소고기를 만들어낼 수 있는 능력이 있다고 했다. 일곱째 아들은 이야기하는 소리를 엿들을 수 있고 여덟째 아들은 순식간에 세 겹으로 된 무쇠 건물을 지을 수 있다고 했다. 마지막으로 큰아들은 앉은 곳에서 들어가 생각한 곳으로 나올 수 있다고 했다.

이 말을 들은 노인은 왕의 이야기를 하며 아들들에게 왕비를 찾아오라고 하였다. 형제들은 어떻게 왕비를 찾을지 서로 의논을 하였다. 첫째가 막내에게 어떤 것이든 찾을 수 있으니 왕비가 어디 있는지 알아내라고 했다. 막내는 왕비가 넓은 바다 속으로 들어갔다고 하였다. 그러자 둘째 동생에게 바닷물을 다 삼키게 하고, 넷째 동생에게 왕비를 훔쳐오게 하였다. 셋째가 괴물이 쫓아오는 것을 보고 여덟째가 세 겹의 무쇠 집을 지었다. 다섯째와 여섯째가 차와 음식을 준비하였고 형제들은 왕비와 함께 그 집에서 먹고 마시며 쉬었다. 그런데 일곱째가 괴물들이 두 겹의 건물을 녹이고 세 번째 건물을 녹이는 소리가 들린다 하였다. 첫째의 능력으로 형제와 왕비는 앉은 자리에서 빠져나와 왕궁으로 돌아왔다.

왕은 왕비가 왕궁으로 돌아오자 크게 기뻐하여 노인을 불렀다. 왕이 노인에게 어느 아들에게 왕비를 주면 좋겠냐고 물어보았다. 노인이 기뻐하며 막내아들에게 주라고 했다. 또한 노인은 활과 화살을 막내에게 주었다. 이렇게 하여 왕은 자신의 재산을 노인의 막내아들에게 떼어주고 둘째 왕비와 살게 하

였다. 여스걸데 노인은 아홉 아들과 함께 팔십 일 동안 즐겁게 잔치를 벌이고 오래도록 행복하고 평안하게 살았다.

참고문헌 Ш.Гаадамба, Д.Цэрэнсодном(1978), *Монгол ардын аман зохиолын дээж бичиг*, Улаанбаатар. Д.Цэрэнсодном(1982), *Монгол ардын үлгэр*, Улсын Хэвлэлийн Газар. Улаанбаатар. 데.체렌소드놈 편저, 이안나 역(2007), 『몽골의 설화』, 문학과 지성사.

여우와 늑대 ᠦᠨᠡᠭᠡ ᠴᠢᠨᠤ᠎ᠠ ᠬᠣᠶᠠᠷ Үнэг чоно хоёр (Üneg chono khoyor)

몽골에서 전해 내려오는 꾀 많은 여우 이야기

여우와 늑대가 함께 길을 가다가 사람이 떠난 집터에서 소의 되새김 위에 든 누런 버터를 발견했다. 늑대는 그 버터를 둘이서 공평하게 나누어 먹자고 하였다. 그때 여우가 말했다. "사람들이 지나갈지도 모르니 이 버터를 높은 산 위로 가지고 올라가서 먹자. 그런데 지고 가는 것은 어렵지 않지만 숨을 헐떡거려야 하는 아주 힘든 일이 있어서 그게 문제이긴 하지만." 그러자 늑대가 "지는 것은 내가 질 테니, 자네가 헐떡거려보게나." 하면서 버터를 지고 갔다.

높은 산꼭대기에 도착했을 때 여우가 말했다. "이 버터는 나누어 먹기에는 너무 적은 것 같아. 우리 둘 중에 하나라도 배불리 먹는 것이 낫지 않겠니?" 늑대가 고개를 끄덕였다. 늑대 생각에도 차라리 어느 한쪽이 풍족히 먹는 것이 나을 것 같았다. 그러자 여우가 "우리 둘 중 나이가 많은 자가 먹도록 하세." 하였다. 늑대도 동의했다. 여우가 늑대에게 "자네는 몇 살인가?"라고 물었다. 늑대는 그 버터를 먹기 위해 "내가 어렸을 때는 숨베르 산이 구릉만 하고, 숭 바다가 웅덩이만 했지."라고 하자 갑자기 여우는 엉엉 울었다. 늑대가 깜짝 놀라 그 연유를 물었다. 그러자 여우는 "내게 새끼가 세 마리 있었는데, 막내가 자네와 나이가 같지 뭔가. 그래서 왠지 감회가 절로 깊어져 눈물이 났네."

늑대는 그 말을 듣고 매우 부끄러웠다. 결국 버터는 여우 차지가 되었다. 늑대는 배가 고파 꼬르륵 소리를 내며 계곡으로 돌아갔다. 여우는 혼자서 버터를 배 터지게 실컷 먹었다.

참고문헌 Д.Цэрэнсодном(1982), *Монгол ардын үлгэр*, Улсын Хэвлэлийн Газар. Улаанбаатар. 데.체렌소드놈 편저, 이안나 역(2007), 『몽골의 설화』, 문학과 지성사.

여우와 사자 ᠦᠨᠡᠭᠡ ᠠᠷᠰᠯᠠᠩ ᠬᠣᠶᠠᠷ Үнэг арслан хоёр (Üneg arslan khoyor)

몽골에서 전해 내려오는 꾀 많은 여우 이야기

옛날에 여우와 사자가 야생동물을 잡아먹으며 함께 살고 있었다. 그런데 사냥감을 잡으면 그 노획물은 항상 사자가 등에 지고 갔다. 그러던 어느 날 사슴을 잡았는데, 사자가 여우에게 사슴을 지고 가라고 했다. 그러자 여우가 말했다. "나보고 사슴을 지고 가라면 지겠지만 너는 내 뒤에서 한 가지 어려운 일을 해야 하는데, 그 어려운 일을 할 수 있을까?" 그러자 사자가 그 일이 무엇인지를 물었다. 여우는 "그건 계속 뒤에서 헐떡거려야 하는 일이야."라고 말했다. 사자는 헐떡거리며 뒤에서 따라가는 것을 매우 수치스러운 일이라고 생각하였다. 그래서 "사슴을 내가 지고 갈테니 끙끙거리는 일은 네가 하렴."하고 말했다.

사자는 사슴을 등 위에 올려놓고 사슴의 다리를 물고는 매우 잰 체하며 걸어갔다. 여우는 그 뒤에서 헐떡거리며 따라갔다. 목적지에 이르러 여우와 사자는 별일 없었던 것처럼 사슴 고기를 함께 나누어 먹었다.

참고문헌 Д.Цэрэнсодном(1982), *Монгол ардын үлгэр*, Улсын Хэвлэлийн Газар, Улаанбаатар. 데.체렌소드놈 편저, 이안나 역(2007), 『몽골의 설화』, 문학과 지성사.

염라대왕을 골탕 먹인 통찡후 ᠲᠦᠮᠡᠨ ᠨᠠᠰᠤᠲᠠᠢ ᠲᠦᠩᠵᠢᠨ ᠬᠦᠦ Түмэн настай Түнжинхүү (Tümen nastai Tünjin khüü)

몽골에서 전해 내려오는 만 살을 살면서 염라대왕을 골탕 먹인 통찡후 이야기

옛날에 통찡후(Tünjin khüü)라는 사람이 살고 있었다. 어느 날 백마를 탄 어떤 사람이 통찡후에게 와서 자기를 염라대왕의 사신이라고 말하며 다섯 마리 낙타에 황금을 실어 가져다 주면 삼십 마리 낙타에 실은 은과 열 마리 낙타에 실은 식량을 주겠다고 했다. 통찡후는 염라대왕의 사신에게 다섯 마리 낙타에 황금을 실어 가져다 주었다. 사신은 약속대로 은과 식량을 통찡후에게 주었고 염라대왕의 명부에서 통찡후의 이름을 제외시켜 만 년을 살 수 있게 해 주었다.

부자가 된 통찡후는 아내와 아이들을 갖게 되었지만 아내는 칠팔십 세가 되어 죽었다. 그후로 통찡후는 만 살을 살게 되어 여덟 번 장가를 더 들었다. 죽은 부인들이 염라대왕에게 가서 자신들은 만 년을 사는 통찡후의 아내라고 말했다. 염라대왕은 한 사신을 지상에 보내 통찡후를 데려오라고 했다. 통찡후에게 도움을 주었던 사신이 이 사실을 알게 되었다. 사신은 통찡후에게 이같은 사실을 전하며 금과 은으로 된 탑이 있으면 그것이 염라대왕의 사자이니 접근하지 말라고 알려주었다.

저녁이 되어 통찡후가 집으로 돌아가는데 그의 뒤에 금과 은으로 된 두 개의 탑이 있었다. 통찡후는 염라대왕의 사자인 것을 알고 있는 힘을 다해 도망갔지만 곧 붙잡혔다. 통찡후를 붙잡은 두 사신은 백단향나무로 만든 상자를 번갈아 가며 지고 있었다. 통찡후는 두 사신에게 무엇이 가장 무섭냐고 물었더니 사신은 붉은 관목이 무섭다고 했다. 마침 붉은 관목을 본 통찡후는 사신들이 들고 있던 상자를 자기가 지겠다고 하고 슬금슬금 관목 쪽으로 다가가 관목을 뽑아 상자를 진 채 관목 속으로 들어가 숨어버렸다. 두 사신은 결국 통찡후를 염라대왕에게 데려가지 못하게 되었다.

통찡후가 관목에서 나와 상자를 메고 가다가 딸이 죽어 장사를 지내려고 하는 집을 발견했다. 그는 집 안으로 들어가 상자 안에 들어있던 흉한 거미를 죽은 사람의 코에 넣었다. 그러자 죽은 사람이 숨을 쉬며 일어났다. 집안사람들은 매우 기뻐하며 통찡후에게 무엇을 가지고 싶냐고 물었다. 그는 말 한 필을 달라고 했다. 통찡후는 상자를 버리고 집으로 돌아와서 풍요롭고 행복하게 살았다.

염라대왕은 다시 사신에게 통찡후를 데리고 오라고 했다. 그런데 백마를 탄 사람이 통찡후에게 와서, 시골로 가서 웃옷을 걸치고 입에 가축의 꼬리를 물고 항문에 풀을 끼워 넣고, 눈에 피를 묻히고 누워 있으라고 일러주었다. 통찡후는 백마를 탄 사람이 일러 준대로 했다. 통찡후를 잡으러 온 염라대왕의 사신은 통찡후의 모습을 보고 그가 죽었다고 생각했다. 추워서 웃옷을 걸치고 죽었다고, 배가 고파서 가축의 꼬리를 물고 죽었다고, 또 풀이 자라나 있는 걸 보니 지난

해 죽었다고, 눈에서 피가 나는 걸 보니 까마귀가 눈을 파먹었다고 생각했다. 사신은 염라대왕에게 가서 퉁찡후가 죽었다고 했다. 그러자 염라대왕을 직접 노새를 타고 퉁찡후를 찾으러 갔다.

소를 끌고 가던 퉁찡후와 노새를 타고 온 염라대왕이 길에서 만났다. 염라대왕은 퉁찡후에게 왜 소를 끌고 가느냐고 물었다. 퉁찡후는 염라대왕에게 어째서 노새를 타고 있느냐고 물었다. 그러자 염라대왕은 이 노새는 '옴'하면 하늘로 올라가고, '홈'하면 세상을 세 바퀴 도는 능력이 있다고 대답했다. 그러자 퉁찡후는 자기의 소는 '홈'하면 하늘로 올라가고, '옴'하면 세상을 세 바퀴 돌 수 있다고 했다. 그러자 염라대왕은 소가 더 좋다고 생각해 퉁찡후의 소와 자신의 노새를 바꿨다. 퉁찡후는 노새를 타고 '옴'이라 외치고 하늘로 날아갔다.

하늘로 올라간 퉁찡후는 사신들에게 소를 끌고 오는 자가 자신이 염라대왕이고 나를 퉁찡후라고 할 것이니 그를 잡아서 지옥 중 가장 무시무시한 무간지옥에 처넣으라고 했다. 사신들은 진짜 염라대왕을 붙잡아 지옥의 제일 밑으로 염라대왕을 던져 넣었다. 염라대왕은 삼 년 동안 지옥에 처넣어진 채 지내게 되었다. 삼년 후 염라대왕은 다시 왕위에 올랐고 지옥이라는 것을 없애 버렸다. 퉁찡후는 그렇게 염라대왕을 골려줄 수 있었다고 한다.

참고문헌 Ш.Гаадамба, Д.Цэрэнсодном(1978), *Монгол ардын аман зохиолын дээж бичиг*, Улаанбаатар. 데.체렌소드놈 편저, 이안나 역(2007), 『몽골의 설화』, 문학과 지성사.

오만한 숫염소 ᠤᠬᠠᠨ᠎ᠠ ᠭᠤᠸᠠᠢ Ухна гуай (Ukhna guai)

몽골에서 전해 내려오는 오만한 숫염소 이야기

옛날 어떤 집에 오만하기 그지없는 숫염소가 살고 있었다. 이 숫염소는 엄청나게 큰 뿔을 가지고 있었다. 어느 겨울, 엄청난 위세로 눈보라가 몰아치자 그 큰 뿔이 있는 숫염소는 다른 양과 염소를 뾰족한 뿔로 위협해 쫓으며 가장 안락하고 따뜻한 자리를 찾아다녔다. 숫염소는 그렇게 안락한 장소를 빼앗으며 우리 속으로 들어갔다. 그 우리의 한 귀퉁이에 가장 늙은 숫양이 누워 있었다. 숫염소는 늙은 숫양을 위협해 일으켜 세워 쫓아내고, 따뜻하고 안락한 자리에서 편안히 잠자며 눈보라의 위험을 알지 못했다. 그러나 눈보라를 헤치고 음식을 찾아다니던 굶주린 늑대가 우리에 몰래 들어와 울타리 사이로 숫염소의 옆구리를 한입 떼어 먹었다. 숫양은 운 좋게 오만한 숫염소를 만나 목숨을 구할 수 있었다.

그 다음날 아침 숫염소는 전날 밤 입은 상처가 심하게 욱신거려 일어날 수 없을 정도로 고통스러웠다. 반면 숫양은 여유롭게 돌아다니며 영양가 있는 풀을 맛있게 뜯어먹었다. 이를 본 숫염소는 분노가 치밀어 속이 부글부글 끓었다. 그래서 위엄 있는 뿔을 칼같이 치켜세우고는 크고 우렁찬 목소리로 소리치며 곧바로 숫양을 향해 돌진해 갔다. 하지만 숫양은 숫염소를 두려워하지도 않고, 맛있는 풀을 되새김질하며 아무렇지도 않게 바라보고 서 있었다. 숫염소는 매우 화가 나 뒷발로 높이 섰다가 다리를 내리는 순간 늑대에게 물린 상처 때문에 심한 통증을 느끼며 정신을 잃었다. 얼마 뒤 숫염소가 정신을 차리고 보니 땅에 누워 있었다. 벌떡 뛰어 일어서자 머리가 매우 가벼워진 듯했다. 숫양은 아무 일도 없었던 듯 여전히 염소가 무엇을 하든 아랑곳하지 않고 풀을 뜯으며 다니고 있었다. 숫염소는 숫양의 뒤로 빠르게 뛰어가려고 하다가 다리에 무엇이 걸려서 돌아보니 자신의 것인 듯한 위엄 있는 뿔이 부러져 땅에 떨어져 있었다. 그 후 양과 염소들은 대가리가 밋밋해진 숫염소를 두려워하지 않게 되었다.

참고문헌 Д.Цэрэнсодном(2012), *Монгол аман зохиолын тайлбарт дээж бичиг*, Улаанбаатар. Д.Цэрэнсодном(1982), *Монгол ардын үлгэр*, Улсын Хэвлэлийн Газар. Улаанбаатар. 데.체렌소드놈 편저, 이안나 역(2007), 『몽골의 설화』, 문학과 지성사.

왕이 된 손쪼도이

Тэнгэрийн Тоодог хаан (Tengeriin Toodog khaan)

착한 신하 손쪼도이와 나쁜 신하 반디아대의 이야기

오랜 옛날, 텡게링 토득(Tengeriin Toodog)이라는 왕이 살고 있었다. 그에게는 좋은 신하인 내직의 손쪼도이(Sonjoodoi)와 좋지 않은 신하인 외직의 반디아대(Bandiadai)가 있었다. 반디아대는 손쪼도이를 시기해 왕에게 팔십년이 걸리는 거리에 있는 내링차강 보르가스(지명; naryn tsagaan burgas) 동굴의 고승을 모시고 오는 일에 손쪼도이를 추천했다. 왕은 손쪼도이에게 탈것도 내주지 않고 고승을 모셔 오라고 하였다.

손쪼도이는 봇짐을 짊어지고 길을 떠났다. 그러나 오랫동안 정주지에서 살았기 때문에 며칠을 못 가 발바닥이 부어 걸을 수가 없었다. 겨우겨우 걸어가다 어느 고개를 넘어가는데 항가리드가 큰 구렁이를 삼키다가 정신을 잃고 누워 있었다. 가엾게 생각한 손쪼도이는 항가리드를 구해주었다. 항가리드는 손쪼도이의 은혜에 보답을 하겠다고 했다. 손쪼도이는 자신이 내링차강 보르가스 동굴의 고승을 모시러 가는 중인데 너무 멀어 걱정이라고 했다. 그러자 항가리드는 손쪼도이를 자신의 등에 태우고 고승을 모시러 함께 가겠다고 했다.

가던 도중 손쪼도이는 차강로스 왕이 있는 커다란 집에서 차와 음식을 얻어먹게 되었다. 손쪼도이는 차강로스 왕에게 내링차강 보르가스 동굴의 고승을 모셔 가기 위해 가던 중이라고 했다. 그러자 차강로스 왕은 그 스님을 모시고 오는 길에 다시 자신의 집에 들러 달라고 했다. 그러면 손쪼도이가 가지고 싶어 하는 것을 주겠다고 했다. 손쪼도이는 그렇게 하겠다고 약속했다.

또 길을 가다가 너겅로스 왕, 올랑로스 왕이 사는 곳도 들르게 되었고 손쪼도이는 차강로스 왕과 같은 대우와 약속을 받았다. 마침내 내링차강 보르가스 동굴에 도착한 손쪼도이는 수많은 사람들과 궤짝, 그리고 스님과 스님의 두 제자를 모시고 돌아오게 되었다. 돌아오는 길에 올랑로스의 딸과 그녀의 백단향 조각, 너겅로스의 딸과 그녀의 쇳조각, 차강로스의 딸과 뻐꾸기 깃털을 가지고 고향으로 돌아왔다.

반디아대는 손쪼도이가 아무 탈 없이 돌아오자 또 나쁜 생각을 가지고 꾀를 짜냈다. 반디아대는 왕을 사주하여 손쪼도이에게 스님의 불법을 들을 수 있도록 네 개의 문이 있는 쇠성과 백단향나무, 그리고 뻐꾸기를 하루 만에 만들라고 시켰다. 고민하던 손쪼도이는 부인들의 쇳조각, 백단향 조각, 뻐꾸기 깃털로 쇠성과 백단향나무, 뻐꾸기를 모두 만들어냈다.

반디아대는 또 다시 꾀를 내어 왕에게 손쪼도이는 정말 대단한 능력을 가졌으니 돌아가신 왕의 부모와 자기의 부모님을 모셔오게 하라고 했다. 왕은 손쪼도이에게 돌아가신 자신의 부모를 모셔 오라고 명령했다. 손쪼도이는 어떻게 해야 할지 몰라 항가리드에게 물었다. 항가리드는 손쪼도이에게 '두 분의 부모님은 모두 잘 계시지만 부모들이 자식에게 가서 인사를 하는 예는 없다며 진정으로 만나기를 원한다면 직접 두 분이 오라고 했다'고 전하라 했다.

왕과 반디아대는 죽은 부모를 만나러 가기 위해 항가리드의 한쪽 날개에 올라탔고 다른 쪽 날개에는 손쪼도이가 올라탔다. 항가리드는 허렁 바다 위를 날아갔다. 그때 바다에 황금 상자를 입에 문 황금빛 물고기가 헤엄치고 있는 것을 왕과 반디아대가 보았다. 왕은 항가리드에게 황금 상자를 물고 있는 물고기를 잡아오라고 했다. 항가리드는 물고기를 낚아채기 위해 바다를 향해 돌진했다. 그 바람에 그 둘이 앉았던 날개가 흔들렸고 왕과 반디아대는 바다에 떨어지고 말았다.

항가리드는 손쪼도이를 데리고 다시 고향으로 돌아왔다. 손쪼도이는 텡게링 토득 왕 대신 왕위에 올라 온 나라를 다스리며 평안하고 행복하게 살았다.

참고문헌 Ш.Гаадамба, Д.Цэрэнсодном(1978), *Монгол ардын аман зохиолын дээж бичиг*, Улаанбаатар. 데.체렌소드놈 편저, 이안나 역(2007), 『몽골의 설화』, 문학과 지성사.

왕자 곰보와 평민의 아들 공고르

Хааны хүү Гомбо ардын хүү Гонгор хоёр (Khaany khüü Gombo khartsyn khüü Gongor)

왕자 곰보와 평민의 아들 공고르가 마법의 물건을 얻어 붉은 여우로 변신한 왕비를 물리친 이야기

옛날에 왕자인 곰보(Gombo)와 평민의 아들 공고르(Gongor)가 서로 친구가 되어 친하게 지내면서 깊은 정을 나누며 살고 있었다. 그러던 어느 날 공고르의 부모님이 차례로 돌아가시자 공고르는 다른 나라에 가서 살겠다고 했다. 그러자 곰보가 공고르와 헤어져 살 수 없다고 하여 둘은 함께 길을 떠났다.

왕자 곰보는 아홉 가지 말을 알아듣는 재능이 있었다. 길을 가다가 곰보는 일곱 귀신들이 마법의 지팡이를 서로 가지려고 다투고 있다는 것을 까마귀 두 마리가 이야기하는 것을 듣고 알게 되었다. 곰보는 공고르와 함께 동쪽으로 달려갔다. 둘은 격자 벽체의 나뭇조각을 가지고 일곱 귀신에게 갔다. 곰보는 귀신들에게 달리기 경주를 하고 오면 가장 먼저 들어오는 귀신에게 나뭇조각을 주겠다고 했다. 그렇게 해서 곰보는 나뭇조각을 귀신에게 주고 마법의 지팡이를 얻게 되었다. 다음날 곰보와 공고르가 일어나보니 크고 아름다운 게르에 살림살이가 가득 차 있었고 게르 주변에는 오축이 가득 있었다. 마법의 지팡이가 이루어 놓은 것이었다.

얼마가 지난 후 곰보는 일곱 귀신이 마법의 구두를 서로 차지하려 다투고 있다는 것을 까마귀 두 마리가 이야기하는 것을 듣고 알게 되었다. 곰보는 공고르와 귀신들이 다투는 곳으로 갔다. 가는 도중에 그들은 어느 집터에서 굴러다니던 밑창이 없는 구두를 주워 가지고 갔다. 귀신들이 다투는 곳에 간 곰보와 공고르는 저번처럼 귀신들에게 경주를 시켜 밑창이 없는 구두를 주고 마법의 신발을 가지고 왔다.

며칠이 지난 뒤 곰보는 또 일곱 귀신이 쓰면 보이지 않게 되는 검은 모자를 서로 차지하려 다투고 있다는 것을 까마귀 두 마리가 이야기하는 것을 듣고 알게 되었다. 곰보는 공고르를 데리고 귀신들이 싸우는 쪽으로 달려갔다. 그들은 가는 도중에 땅에 버려진 낡은 토르척(tortsog, 둥근 모양의 모자)을 주워 가지고 갔다. 귀신들이 다투는 곳에 도착한 둘은 저번처럼 귀신들을 경주시켜 낡은 토르척을 주고 쓰면 보이지 않게 되는 검은 모자를 빼앗아 왔다.

마법의 구두와 마법의 모자를 얻은 곰보와 공고르는 그것을 가지고 먼 여행길을 떠났다. 며칠을 가다가 말과 가축이 가득한 집에서 잔치를 하고 있는 것을 발견했다. 곰보는 마법의 모자를 써 몸을 숨겼고, 공고르는 혼자서 그 집에 들어갔다. 집에서는 노인이 슬피 울며 앉아 있었다. 공고르가 그 이유를 묻자 노인은 "우리나라는 일곱 살 된 아이가 왕위에 오르는데 왕위에 오른 아이는 사흘 안에 죽는다네. 그래서 울고 있다오" 하였다. 곰보는 공고르에게 속삭이며 아드님 대신 왕위에 오르겠노라고 말하라 했다. 공고르가 몇 번의 간청을 하자 노인은 마침내 허락을 해주었다.

다음날 정오가 가까워 오자 궁에서 수행원들이 도착했다. 공고르는 수행원들과 함께 궁으로 갔다. 궁에 이르자 왕비인 듯한 아름다운 여인이 있었다. 밤이 되자 체브첼 왕비는 불공을 드리고 오겠다며 나갔다. 곰보는 왕이 죽는 이유가 체브첼 왕비에게 있는 것으로 생각하여 왕비의 뒤를 좇아갔다. 한참을 가던 왕비는 꼬리가 긴 여우로 변해 동쪽으로 달려갔다. 곰보는 마법의 구두를 신고 그 뒤를 따라갔다. 여우는 흰색 건물이 있는 곳에 도착하여 문을 두드렸다. 그러자 텡칭차강 스님이 여우에게 "혼자 왔겠지?" 하며 문을 열어 주었다. 곰보는 재빠르게 열린 문 사이로 들어갔다. 왕비는 스님에게 새로운 왕이 왔는데 어떻게 처치하느냐고 물었다. 스님은 왕비에게 왕은 위를 보고 자는 것이라고 하며 위쪽을 보고 자게 되면 그 심장과 폐를 입으로 빨아 빼내라고 했다. 곰보는 마법의 신발로 여우 왕비보다 먼저 공고르에게 와서 이 말을 전해 주었다.

오래지 않아 왕비가 돌아왔다. 왕비는 왕인 공고르를 위를 보고 자게 하려고 무진 애를 썼지만 공고르는 그렇게 하지 않았다. 왕비가 강제로 왕에게 위를 보게 하려 하자 머리맡에 앉아 있던 곰보가 공고르를 아래로 당겨 왕비는 뜻을 이루지 못한 채 아침이 맞게 되었다.

저녁이 되자 왕비는 또 다시 텡칭차강 스님에게 갔다. 스님은 또 왕비에게 혼자 왔는지를 확인하고 안으로 들어오게 했다. 왕비는 스님에게 왕을 해치울 수 없었다고 했다. 그러자 텡칭차강 스님은 왕비에게 "내가 내일 아름다운 새가 되어 하늘창에 앉아 울 것이다. 그러면 왕에게 '정말 아름다운 새지요?'라고 말해라. 그때 왕이 위를 향하면 내가 왕의 심장과 폐를 뽑아버리겠다."라고 했다. 곰보는 왕비보다 먼저 와서 공고르에게 이 이야기를 전해 주었다. 그러면서 왕비가 '정말 아름다운 새지요?' 라고 말하면 그 새에게 '한참 동안 아름다운 소리를 가진 새를 보지 못했다. 어디를 갔다 온 거냐? 이 망할 것아!' 라고 하면서 부젓가락으로 불을 쑤시라고 했다. 그러면 곰보가 텡칭차강 스님을 솥에 든 기름으로 밀어 떨어뜨릴 테니, 재빨리 받아서 그를 불 속으로 던져 넣으라고 했다.

그 다음날 공고르는 아침 일찍 일어나 곰보가 말한 대로 왕비에게 솥 가득 버터를 끓이게 하고 불을 피우고 있었다. 그때 예쁜 새가 하늘창에 앉아서 울었다. 왕비가 왕에게 "마마 보세요! 정말 아름답게 노래하는 새죠?" 라고 하였다. 공고르는 곰보가 알려준 대로 했다. 공고르가 부젓가락으로 불을 뒤척이자 새로 변한 텅칭차강 스님이 솥 안으로 떨어졌다. 공고르가 그것을 꽉 집어 불속에 넣으려고 하자, 새가 날아가 버렸다.

밤이 되자 왕비는 또 불공을 드리러 간다며 나갔다. 곰보가 그 뒤를 쫓아갔다. 텅칭차강 스님은 왕비에게 "넌 올 때 혼자 오지 않고 항상 어떤 자와 같이 왔다. 네 왕도 혼자가 아니다. 이번에 내가 왕을 이기지 못하고 져서 죽어가고 있다. 너는 왕과 행복하게 지내거라! 그러나 왕이 혼자인지, 친구가 있는지를 알고 싶으면 왕과 장기를 두어라! 너는 반드시 노융(양반)말을 물려야 한다. 노융 말을 물리게 할 때 '왕의 아들 곰보, 평민의 아들 공고르!'라고 해라. 그러면 사실을 알게 될 것이다."라는 말을 남기고 죽었다. 곰보는 왕비보다 먼저 궁으로 돌아와서 공고르에게 "내일 왕비가 너에게 장기를 두자고 하면서 '왕의 아들 곰보, 평민의 아들 공고르!'하며 노융의 말을 물리게 할 거다. 그때 너는 거꾸로 '텅칭차강 스님 턱! 텀 체브첼 독!'하며 흰 낙타로 말을 물려라."라고 하였다.

다음날 왕비와 장기를 두게 된 공고르 왕은 곰보가 시키는 대로 했다. 그러자 왕비가 갑자기 뒤쪽을 보며 쓰러지더니 꼬리가 긴 붉은 여우로 변해 도망가려고 했다. 그때 공고르가 칼을 빼들어 여우의 넓적다리와 발뒤꿈치 근육을 베어 불에 태워서 죽여버렸다. 이렇게 해서 평민의 아들 공고르는 왕위에 오르고, 왕의 아들 곰보는 왕의 오른팔 신하가 되어 평안하고 행복하게 살았다.

참고문헌 Ш.Гаадамба, Д.Цэрэнсодном(1978), *Монгол ардын аман зохиолын дээж бичиг*, Улаанбаатар. 데.체렌소드놈 편저, 이안나 역(2007), 『몽골의 설화』, 문학과 지성사.

은하수와 별자리 이야기 ᠲᠩᠷᠢ ᠢᠨ ᠵᠠᠮ ᠪᠠ ᠳᠣᠯᠣᠭᠠᠨ ᠪᠤᠷᠬᠠᠨ ᠣᠳᠤ Тэнгэрийн зам ба долоон бурхан од (Tengeriin zam ba doloon burkhan od)

은하수, 삼태성, 북두칠성, 북극성의 유래에 대한 내용을 담은 신화

아주 오랜 옛날, 수없이 많은 사람과 군사들이 가축을 몰고 서쪽 정벌을 위해 대이동을 하다가 한 무리의 사람들이 천상으로 올라갔다. 많은 사람들과 가축이 천상으로 올라간 길이 밤하늘에 명확이 보이는데, 이것이 은하수라고 한다. 군사들과 함께 하늘로 올라간 허흐데 메르겡 왕은 원래 북쪽의 사냥감을 초원의 소똥, 말똥만큼이나 많이 사냥하고, 남쪽의 사냥감도 아주 많이 잡는 사냥꾼이었다.

허흐데 메르겡 왕이 세 마리 사슴을 추격하다가 가운데 있는 사슴을 화살로 관통시켰다. 세 마리 사슴은 삼태성인데, 삼태성의 가운데 있는 별이 붉게 보이는 것은 이때 허흐데 메르겡이 쏜 화살을 맞았기 때문이라고 한다. 세 마리 어미 사슴에게는 세 마리 새끼 사슴이 딸려 있었는데, 허흐데 메르겡은 아사르와 바사르라는 두 마리 개를 데리고 이 새끼 사슴들을 추격하는데, 이것이 북두칠성이라고 한다. 북극성(altan gadas, 황

금말뚝)이라는 것은 허흐데 메르겡이 전쟁을 하러 가기 위해 탔던 황색 말 두 마리를 밧줄로 단단히 묶었던 말뚝이었다고 한다. 또 북두칠성을 가리켜 밤에 일곱 노인이 두 마리 황색 말을 지키면서 그 말들을 따라 말뚝 주위를 도는 것이라고 한다. 먼 옛날 하늘에 올라가 천상 세계로 간 노인들을 후세 사람들은 신이라고 말한다. 몽골에는 죽은 사람을 신이 되었다고 말하는 습속이 있다.

참고문헌 Д.Цэрэнсодном(2012), *Монгол аман зохиолын тайлбарт дээж бичиг*, Улаанбаатар. 체렌소드놈 편저, 이평래 역(2001), 『몽골 민간신화』, 대원사. 센덴자빈 돌람 지음, 이평래 역(2007), 『몽골 신화의 형상』, 태학사. 노로브냠(1999), 「한국과 몽골 창세 신화 비교연구」, 서울대학교 석사논문.

은혜를 베푼 곰 ᠠᠴᠢᠲᠤ ᠪᠠᠭᠠᠪᠠᠢ Ачит баавгай (Achit baavgai)

몽골에서 전해 내려오는 송아지를 구해 준 곰 이야기

송아지 한 마리가 무리에서 떨어져 숲 속에서 길을 잃었다. 이리저리 헤매고 가다가 늙은 늑대를 만났다. 늑대는 송아지를 잡아먹을 생각에 침을 질질 흘리며 입을 벌리고 숨을 헐떡거렸다. 그때 숲 뒤쪽에서 힘센 갈색 곰이 나오자 송아지가 곰을 향해 물었다. “곰 아저씨, 이 늑대라는 동물이 날 잡아먹겠다고 해요. 이 늑대가 저를 잡아먹어야만 하는 거예요?” 그러자 곰이 “나는 야생동물의 왕이다. 내가 늑대를 잡아먹겠다. 늑대가 널 먹겠다고 하면 내가 손바닥으로 박살이 나도록 쳐버리겠다.” 하고 큰 소리를 질렀다.

늑대는 곰이 무서워 도망쳐버렸다. 곰이 계속 괴상하고 흉측한 소리로 으르렁거리자 송아지는 두려워 떨었다. 곰은 두려워하지 말라며 송아지를 데리고 무리가 있는 곳에 데려다 주며, 아빠 소와 엄마 소에게 말했다. “새끼를 가진 동물이 자기 새끼를 생각하지 않다니 정말 어리석은 것들이 아니냐? 진짜 가축은 가축이로구나. 다시 이렇게 새끼를 돌보지 않으면 아비라는 수소 너, 그리고 어미라는 암소 너희들을 가만히 두지 않겠다. 알아들었느냐?” 그러자 수소와 암소는 동시에 ‘음매 음매’하고 울었다. 곰은 “내 은혜를 잊지 마라. 송아지야!” 하며 터벅터벅 걸어갔다.

참고문헌 Д.Цэрэнсодном(2012), *Монгол аман зохиолын тайлбарт дээж бичиг*, Улаанбаатар. Д.Цэрэнсодном(1982), *Монгол ардын үлгэр*, Улсын Хэвлэлийн Газар, Улаанбаатар. 데.체렌소드놈 편저, 이안나 역(2007), 『몽골의 설화』, 문학과 지성사.

일곱 개 알을 낳은 절름발이 까치 ᠳᠣᠯᠣᠭᠠᠨ ᠨᠣᠭᠣᠭᠠᠨ ᠥᠨᠳᠡᠭᠡᠲᠡᠢ ᠳᠣᠭᠣᠯᠠᠩ ᠱᠠᠭᠠᠵᠠᠭᠠᠢ ᠶᠢᠨ ᠦᠯᠢᠭᠡᠷ Долоон ногоон өндөгтэй доголон шаазгайн үлгэр (Doloon nogoon öndögtei dogolon shaazgain ülger)

몽골에서 전해 내려오는 들쥐의 지혜로 여우로부터 알을 지켜낸 까치 이야기

옛날에 다리를 저는 까치 한 마리가 푸른 알 일곱 개를 낳았다. 그런데 어느 날 여우가 와서 일곱 개 알 가운데 하나를 주지 않으면 멀리서 먼지를 일으키며 달려와 까치의 소중한 백양나무를 들이받아 버리겠다며 위협했다. 까치는 두려운 마음에 할 수 없이 알 한 개를 내주었다. 다음날 여우는 까치를 다시 찾아와 또 알 하나를 요구했다. 까치는 두려운 마음에 또 알 하나를 내어 주었다. 그렇게 여우는 날마다 까치를 찾아와 알을 요구

했다. 마침내 단 하나의 알만 남게 되었다. 까치는 너무 슬퍼 눈물을 흘렸다.

까치가 슬피 울고 있을 때 들쥐가 와서 까치에게 무슨 일이냐고 물었다. 까치는 그간의 일을 모두 들쥐에게 들려 주었다. 그러자 들쥐는 까치에게 '알을 주지 않겠다고 하면서 백양나무를 들이받을 뿔은 어디 있고, 먼 곳의 먼지를 일으킬 발굽이 어딨냐'고 말하라고 했다. 또 만약 여우가 이 말을 누가 가르쳐 주었냐고 물어보면 혼자 생각한 것이라고 말하라고 했다.

다음날 여우가 와서 까치에게 알을 달라고 하자 까치는 들쥐가 시킨 대로 했다. 그러자 여우는 누가 그 말을 가르쳐 주었는지 말하라고 다그쳤다. 여우는 누가 가르쳐 주었는지 말하지 않으면 여우의 열세 가지 꾀를 이용해 잡아먹겠다며 위협했다. 여우가 한껏 겁을 주자 까치는 두려움에 할 수 없이 들쥐가 알려줬다고 말했다. 여우는 들쥐 구멍으로 가 들쥐를 불렀지만 들쥐는 나오지 않았다. 그래서 여우는 들쥐에게 좋은 말을 하며 어르고 달랬다. 자신을 있는 대로 부추겨 주는 말에 들쥐는 구멍에서 나와 바위 위로 뛰어 올라갔다. 그때를 기다렸다는 듯이 여우는 들쥐를 냉큼 물어버렸다. 그러자 들쥐가 꾀를 부려 "오물오물 먹으면 악취가 날 거예요. 앙앙 하고 먹으면 맛있을 거예요." 했다. 여우는 들쥐의 말대로 앙앙 먹으려고 입을 벌렸다. 그순간 여우는 입속에 있던 들쥐를 떨어뜨려 놓쳐버리고 말았다.

참고문헌 Д.Цэрэнсодном(2012), *Монгол аман зохиолын тайлбарт дээж бичиг*, Улаанбаатар. Д.Цэрэнсодном(1982), *Монгол ардын үлгэр*, Улсын Хэвлэлийн Газар, Улаанбаатар. 데.체렌소드놈 편저, 이안나 역(2007), 『몽골의 설화』, 문학과 지성사

일곱 마리 들쥐 ᠳᠣᠯᠣᠭᠠᠨ ᠪᠣᠷᠣ ᠣᠭᠣᠲᠣᠨ᠎ᠠ Долоон бор оготно (Doloon bor ogotno)

몽골에서 전해 내려오는 일곱 마리 들쥐 형제 이야기

옛날에 회갈색 들쥐 일곱 형제가 살고 있었다. 그들에게는 손바닥만 한 땅덩이가 있었는데 어느 날 한 줌이 될 만큼의 눈이 내려 들쥐 형제들은 눈을 치우다가 복사뼈만 한 누런 버터를 발견하였다. 그것을 막내 들쥐에게 간수하게 했는데 막내가 그 버터를 다 먹어버렸다. 화가 난 여섯 형들은 막내 들쥐를 때려 죽였다. 형제들은 스님을 찾아 가서 이 일을 말했다.

"형제 일곱이 있었습니다."
그러자 스님은 "대가족이 될 만했군."
"손바닥만 한 땅을 가지고 있었습니다."
"대단한 세상을 가지고 있었군."
"한 줌의 눈이 내렸습니다."
"자연재해가 생길 뻔했군."
"일곱 형제가 눈을 치웠습니다."
"일꾼이 될 뻔했군."
"눈을 치우고 복사뼈만 한 누런 버터를 발견했습니다."
"큰 부자가 될 뻔했군."
"막내에게 버터를 간수하게 했습니다."
"관리인이 될 뻔했군."
"막내가 그것을 먹어버렸습니다."
"괴물이 될 뻔했군."
"여섯 형제가 때려서 동생을 죽여 버렸습니다."
"전쟁이 일어날 뻔했군."

스님은 무심하게 대답할 뿐 그들의 말에 전혀 주의를 기울여주지 않았다. 들쥐 형제

들은 스님에게 어떤 결정적인 대답을 들으려고 갔지만, 기대는 깨지고 스님이라는 것은 도무지 아무것도 모르는 위인이라는 사실을 깨달았다. 그리고 그들은 실수로 막내 들쥐를 죽인 것을 크게 후회했다.

참고문헌 Д.Цэрэнсодном(2012), *Монгол аман зохиолын тайлбарт дээж бичиг*, Улаанбаатар. Д.Цэрэнсодном(1982), *Монгол ардын үлгэр*, Улсын Хэвлэлийн Газар. Улаанбаатар. 데.체렌소드놈 편저, 이안나 역(2007), 『몽골의 설화』, 문학과 지성사

입술이 갈라지게 된 토끼 Туулай яагаад сэтэрхий уруултай болсон бэ? (Tuulai yaagaad seterkhii uruultai bolson be?)

몽골에서 전해 내려오는 토끼의 입술이 갈라지게 된 까닭을 담은 이야기

아주 오랜 옛날 토끼들 가운데 가장 나이 많은 토끼가 모든 토끼들을 모아놓고 이렇게 말했다. “이 세상의 동물마다 다른 동물을 두렵게 하는 기술과 자신의 생명을 지키는 지혜가 있다. 우리는 정말 약한 동물로 태어났다. 아주 별 볼일 없는 벌레까지도 우리를 두려워하지 않는다. 이렇게 살 바에는 모두 우물에 빠져 죽는 것이 낫겠다.” 그리고 모두를 데리고 슬픔에 젖어 죽으러 가고 있었다. 그때 까치 한 마리를 만났는데 까치가 토끼들을 보고 놀라서 무슨 일이냐고 물었다. 토끼들이 아무 말도 하지 않자 까치는 또다시 재촉하듯 물었다. 그러자 그 가운데 나이 많은 토끼가 그 이유를 사실대로 말해주었다. 그러자 까치가 “왜 그런 어리석을 생각들을 하는 거예요? 양치기가 양에게 물을 먹이려고 우물가로 양을 몰고 오고 있어요. 지금 모두 가만히 몸을 숨기고 누워 있다가 양떼가 옆으로 오면 사방에서 뛰어 일어나 보세요. 그러면 비로소 진실과 거짓을 바로 보게 될 거에요.” 하고 날아가 버렸다. 토끼들은 까치가 말한 대로 했다. 그러자 양들이 당황하고 놀라 뒷걸음쳐 달아났다. 양치기는 양을 진정시키려고 채찍을 쳐들고 큰 소리를 지르며 달려갔다.

토끼들은 놀라 뒷다리로 높이 서서 큰 소리로 웃었다. 모두 배꼽을 잡고 윗입술이 찢어질 때까지 웃고 또 웃었다. 그렇게 해서 토끼는 입술이 갈라지게 되었다고 한다.

참고문헌 Д.Цэрэнсодном(2012), *Монгол аман зохиолын тайлбарт дээж бичиг*, Улаанбаатар. 체렌소드놈 편저, 이평래 역(2001), 『몽골 민간신화』, 대원사.

재에서 구르는 낙타 Тэмээ үнсэнд хөрвөөх болсны учир (Temee ünsend khörvöökh bolsny uchir)

몽골에서 전해 내려오는 열두 해 동물에 들지 못한 낙타 이야기

옛날에 신이 몽골력의 열두 해에 동물의 이름을 붙일 때 열한 가지 동물의 이름을 곧바로 지명하고 마지막(혹은 열두 해의 가장 처음)해에 어떤 동물의 이름을 붙일까 궁리하고 있었다. 그때 낙타와 쥐가 자신의 이름을 열두 해에 들게 하려고 서로 다투었다. 신은 낙타와 쥐 중 누구도 불만이 없게 하기 위해 둘이 알아서 결정하라고 했다.

낙타와 쥐는 다음날 아침 떠오르는 태양빛을 먼저 본 자가 열두 해의 선두에 서는 자로 지명을 받자는 내기를 했다. 낙타는 태양이 떠오르는 동쪽을 바라보며 태양이 나오기

를 기다리고 서 있었다. 쥐는 낙타의 혹 위에 올라가 서쪽을 바라보며 산꼭대기를 계속 응시하고 있었다. 그러고 있을 때 태양이 떠오르는 시간이 되어 최초의 태양빛이 서쪽 산봉우리에 비치자, 쥐는 태양빛을 먼저 보고 태양이 떠올랐다고 소리쳤다. 내기에서 진 낙타가 화가 치밀어 쥐를 밟아 죽이려고 덤벼들자, 쥐는 쌓아놓은 재 속으로 들어가 몸을 숨겼다. 그때 이후로 낙타는 재가 쏟아져 있는 곳이 보이면 그 가증스러운 쥐를 눌러 죽일 생각으로 재를 밟으며 구르게 되었다고 한다.

이렇게 해서 쥐는 열두 해에 포함되었고, 낙타는 제외되었다. 낙타는 열두 해에 포함되지 못했지만, 여기에 포함된 동물들의 특징을 모두 지니고 있다고 한다. 즉, 쥐의 꼬리, 소의 배, 호랑이의 발굽, 토끼의 코, 용의 몸, 뱀의 눈, 말의 갈기, 양의 털, 원숭이의 혹(굽은 등을 말함), 닭의 볏, 개의 넓적다리, 돼지의 꼬리를 가지고 있다고 한다.

참고문헌 Д.Цэрэнсодном(2012), *Монгол аман зохиолын тайлбарт дээж бичиг*, Улаанбаатар. 체렌소드놈 편저, 이평래 역(2001), 『몽골 민간신화』, 대원사.

점치는 견갑골 ᠮᠡᠷᠭᠡᠨ ᠳᠠᠯᠤ ᠶᠢᠨ ᠳᠣᠮᠣᠭ Мэргэн далны домог (Mergen dalny domog)

몽골에서 전해 내려오는 양의 견갑골로 점을 치게 된 까닭을 담은 이야기

오랜 옛날, 어떤 사람이 대왕의 알탕(Altan) 공주를 아내로 삼고 싶어 했다. 그는 궁리를 하다가 더르워드 지방의 지혜롭고 현명한 테븐(Tevene)이라는 사람에게 가서 알탕 공주를 데려다 줄 수 있냐고 물었다. 테븐은 할 수 있다고 말했다. 테븐은 알탕 공주를 데려오기 위해 궁으로 갔다. 그런데 팔십 명의 여인들이 모두 똑같이 푸른색의 델을 입고 있었다. 테븐은 그 가운데서 공주를 구별해 내야만 했다. 테븐은 공주를 구별하기 위해 공주를 돌보고 키운 노파 유모를 찾아갔다. 그러나 유모는 "말할 수 없습니다. 만약 공주님에 대해 말한다면 대왕님의 샤르비칙(shar bichig, 마법의 점술서)이 점을 치면 누가 말했는지 가르쳐주기 때문에, 말할 수 없습니다." 하였다. 테븐은 대왕의 샤르비칙에 누가 말했는지 표시가 나타나지 않게 할 수 있다며 땅에 구멍을 파고 노파를 들어가게 했다. 그리고 그 위에 불을 지피고 솥을 걸어 물을 붓고 그 가운데로 쇠파이프를 끼워 넣었다. 테븐은 파이프 관의 입구를 솜으로 감고 파이프를 통해 노파에게 알탕 공주를 구별할 수 있는 방법을 말해달라고 했다. 노파는 "공주님을 웃게 하면 구별할 수 있습니다. 공주님이 웃으면 이가 황금빛으로 빛납니다." 라고 하였다.

테븐은 노파의 말을 듣고 궁으로 가서 온갖 방법으로 익살을 부려 여인들을 웃게 하였다. 그리고 이에서 황금빛이 나는 여인에게 몰래 표시를 해두었다. 다음날 테븐이 왕을 배알하여 알탕 공주를 아내로 삼겠다고 하고 자신이 몰래 표시를 해둔 여인을 이끌고 왕 앞으로 갔다. 왕은 매우 의아해하며 샤르비칙을 꺼내오게 하였다. 그런데 샤르비칙은 "흙 엉덩이와 불의 원소를 가지고 있고, 중심은 쇠로 되어 있으며 솜머리를 한 사람"이라고 점을 쳤다. 왕은 크게 진노하며 "이 바보 같은 것이 아무것도 알지 못하게 되었다." 라며 샤르비칙을 불에 넣어 태워버렸다.

샤르비칙을 태워 남은 재를 양이 핥아 먹

었기 때문에 양의 견갑골은 대단히 점을 잘 치게 되었다고 한다.

참고문헌 Д.Цэрэнсодном(2012), *Монгол аман зохиолын тайлбарт дээж бичиг*, Улаанбаатар. 데.체렌소드놈 편저, 이안나 역(2007), 『몽골의 설화』, 문학과 지성사.

제비와 뒤영벌 ᠬᠠᠷᠠᠴᠠᠢ ᠬᠡᠳᠭᠡᠨ᠎ᠡ ᠬᠣᠶᠠᠷ

Хараацай хэдгэнэ хоёр (Kharaatsai khedgene khoyor)

몽골에서 전해 내려오는 솔개가 뱀을 잡아먹고 살게 된 까닭을 담은 이야기

아주 오랜 옛날 새의 왕인 항가리드(가루다 새)가 땅에 사는 동물 가운데 어떤 동물의 고기가 가장 맛있는지 알고 싶어 제비와 뒤영벌을 불러 이를 알아 오도록 했다. 제비와 뒤영벌은 항가리드의 명령을 받고 맛있는 동물의 고기를 찾아 날아갔다. 그날따라 하늘은 맑고 태양은 빛났으며 기분 좋게 따뜻했기 때문에 제비는 왕의 명령을 잊어버리고 푸른 하늘 위를 날아다니며 즐겁게 노래했다. 한편 마음이 사악한 뒤영벌은 길에서 만난 모든 동물들을 찔러 뜨거운 피를 맛보며 갔다. 해가 지고 어느덧 항가리드에게 돌아갈 시간이 되었다. 그때 제비가 뒤영벌에게 물었다. "너는 어떤 동물의 고기가 가장 맛있는지 알아냈니?" 뒤영벌은 "사람의 고기가 가장 맛있다는 것을 알았어. 대왕님께서 이제 사람의 고기로 식사를 하시게 될 거야." 라고 말했다.

제비는 슬퍼하며 불쌍한 사람들을 어떻게 구해낼 수 있을까 궁리한 끝에 "살아 있는 사람의 피를 어떻게 맛보았지?" 하고 뒤영벌에게 물었다. 그러자 뒤영벌이 "그건 어렵지 않은 일이지. 침으로 찔러 혀로 맛을 보았지." 하였다. 제비는 "그 맛을 보는 대단한 혀를 어디 좀 보자." 하였다. 그러자 뒤영벌이 입을 벌려 혀를 내보였다. 제비는 재빨리 뒤영벌의 혀를 쏙 빼버렸다. 그 후로 뒤영벌은 예전처럼 지저귀지 못하고 그저 윙윙거리게 되었다.

뒤영벌은 새의 왕인 항가리드에게 온 힘을 다해 윙윙거렸지만 이미 혀가 없어졌기 때문에 아무 말도 할 수가 없었다. 항가리드는 윙윙거리는 뒤영벌에게 화를 내며 제비에게 어떤 고기가 가장 맛있었는지 물었다. 제비는 가장 맛이 있는 건 뱀 고기였다고 말했다. 새의 왕은 제비의 말을 진실로 믿고 뱀을 잡아먹게 되었다.

현재 항가리드 과에 속한 새 중에서 유일하게 솔개가 남아 있는데, 솔개가 새의 왕 항가리드와 마찬가지로 뱀을 좋아하게 된 것은 바로 이러한 이유 때문이라고 한다.

참고문헌 Д.Цэрэнсодном(2012), *Монгол аман зохиолын тайлбарт дээж бичиг*, Улаанбаатар. 체렌소드놈 편저, 이평래 역(2001), 『몽골 민간신화』, 대원사.

지방 수령을 속인 탁발승 ᠬᠣᠰᠢᠭᠤ ᠨᠣᠶᠠᠨ ᠢ ᠮᠡᠬᠡᠯᠡᠭᠰᠡᠨ ᠨᠢ

Хошуу ноёноо мэхэлсэн нь (Khoshuu noyonoo mekhelsen ni)

몽골에서 전해 내려오는 탁발승 시리즈 설화(Badarchny ülger) 중 한 이야기. 바아대라는 탁발승이 지방 수령을 속인 이야기

탁발승 바아대(Baadai)는 고향에서 도망쳐 나와 있었기 때문에 길에서 지방 수령을 만나는 일이 그리 달가운 일이 아니었다. 그런데 바아대가 가는 길 앞으로 지방 수령이 다가오고 있었다. 그러자 바아대는 턱에 염소 수염을 붙이고, 둥근 모자를 쓰고 얼굴을 돌

리고 말했다.

“여러 곳을 돌아다니며 창자를 채우고
수많은 곳을 들러 배를 채우는
바룽조(Baruun zuu) 사원의 탁발승
바르가(Barga; 부족명이자 지역명), 차하르
(Tsakhar 부족명이자 지역명)의 방랑승이네.
머리만큼 버터라면 어떻겠냐
모자만큼 고기라도 괜찮다
길고 짧은 창자면 어떻겠냐
작은 천 조각도 괜찮다.
은혜로운 나리, 도와주시오!”

바아대가 큰 소리를 지르며 길옆으로 가자, 수령은 그가 누구인지 알아보지 못했다. 그리고 ‘불쌍한 저 거지에게 적선을 해주어야겠다’고 생각하고 수령이 앞섶을 열어 5냥을 꺼내 주었다. 그러자 바아대가 말하기를,

“나으리의 존함을 경전이 되도록 외우며
개의 머리가 털이 되도록 치고
거친 길에 먼지가 일 때까지 말을 달리게 하여
델(deel; 몽골 전통복식)이 낡은 천이 될 때까지 돌아다니겠나이다!”

그러자 수령이 크게 기뻐하여

“좋아! 좋아! 내 이름을 경전이 될 때까지 외우며, 지구 끝까지 다니거라.”고 했다. 바아대는 돈을 받고, 축복의 절을 하고, 큰길로 가면서 말했다.
“옘부(돈)를 주신 나리
똥자루가 되도록 살이 찌세요.
돈을 주신 나리
뼈가 흐무러질 때까지 사시오.”

이렇게 ‘축사 아닌 축사’를 하자 지방 수령은 저 탁발승이 자기를 좋은 말로 찬미하고 있는 것이라고 기뻐하며 길을 갔다.

참고문헌 Д.Цэрэнсодном(1989), *Монгол ардын домог үлгэр*, Улаанбаатар. 데.체렌소드놈 편저, 이안나 역(2007), 『몽골의 설화』, 문학과 지성사.

지혜로운 초틴 차각치 암말 Цуутын цагаагч гүү (Tsuutyn tsagaagch güü)

몽골에서 전해 내려오는 초팅 차각치 암말과 망아지 이야기

초팅 차각치(Tsuutyn tsagaagch)라고 하는 암말에게는 망아지가 한 마리 있었다. 그들은 같은 무리의 말 일흔 두 마리와 황갈색 종마와 함께 지내고 있었다. 어느 날 그 지역에 가뭄이 들어 풀이 자라지 않자 말 무리들은 삼 년이 걸리는 먼 곳으로 풀을 찾아 떠났다. 그렇게 가다가 풀이 무성히 자란 아름다운 곳에 이르게 되었다. 그들은 그곳에 머물며 맑은 물을 마시고 싱싱한 풀을 뜯고, 야생의 염분을 맛있게 핥아먹으며 지냈다.

어느 날 강가에 거위 알 일곱 개가 있었는데 말들이 지나가다가 일곱 개의 알들을 짓밟고 말았다. 초팅 차각치 암말은 분명 새의 군대가 와서 말무리를 죽일 것이라며 고향으로 돌아가자고 했지만 많은 말들이 듣지 않았다. 다음날 정말 새의 군사들이 그들을 찾아와 활로 쏘아 말들을 죽여 버렸고, 초팅 차각치 암말과 망아지만이 남게 되었다. 암말은 새들이 공격해오자 망아지를 보호했다.

암말은 겨우 목숨을 구하고, 새끼에게 이제 고향으로 돌아가자며 삼 년이 걸리는 먼 곳에 있는 고향을 향해 길을 떠났다. 둘은

고향으로 돌아왔지만 초팅 차각치 암말은 상처에서 나는 고열로 죽어가면서 망아지에게 유언을 남겼다. "아가야, 산 뒤편에서 잠자며 지내지 마라. 그쪽에는 바람이 심하게 불고 늑대가 온단다. 남쪽에서 잠을 자면 바람을 피할 수가 있단다. 사람이 사는 집 문으로 드나들지 마라. 아이와 개가 너를 내보내지 않는단다. 그러니 사람들의 눈에 띄지 않게 집 뒤쪽으로 다니거라. 집터에서 잠자며 지내지 마라. 바늘이 찌른단다. 편안한 곳에서 잠을 자며 지내거라. 같은 무리와 함께 갈 때는 말들의 가장자리로 다니거라. 물에 들어가 물을 마실 때는 먼저 들어가서 물을 마셔라. 말 떼의 맨 끝으로 들어가면 말 주인이 때리고 치지 않겠니? 또 가운데로 들어가지 마라. 말에 몰려 밟혀 죽는 수가 있단다. 얘야, 삼 년이 되거든 엄마 무덤에 오려무나." 어린 망아지는 엄마 말을 듣지 않았는데, 엄마의 말씀 대로 후회할 일들이 생기고 곧 엉엉 울며 엄마의 유언은 정말 진리의 말씀이라는 것을 깨달았다.

삼 년이 되지 않아 망아지가 엄마의 시체가 있는 곳에 갔더니 위와 그 속에 든 풀찌끼(뼈와 털)가 있었다. 삼 년이 되어 엄마에게 다시 갔더니, 그곳에 꿀과 사탕수수가 자라고 있었다. 망아지가 그것을 먹으며 놀고 있는데 에르히 메르겡(Erkhii mergen)이라는 사내를 만났다. 에르히 메르겡은 망아지에게 자기 말이 맞냐고 물으니 망아지는 자기를 잡아보면 주인이 맞을 것이라 했다. 청년은 망아지를 은 멍에로 씌우고 은 안장을 채웠다. 그러자 망아지는 또 자기를 진정시키면 훌륭한 사내이며 주인이 맞을 것이라고 했다. 그러고는 산이 초원이 되고 초원이 깊은 수렁이 될 때까지 날뛰자, 에르히 메르겡은 말을 진정시켰다. 이렇게 해서 주인은 자신의 말을 알고 말은 주인을 알아보게 되었으며, 주인과 말은 서로 평안하고 행복하게 살았다.

참고문헌 Ш.Гаадамба, Д.Цэрэнсодном(1978), *Монгол ардын аман зохиолын дээж бичиг*, Улаанбаатар. Д.Цэрэнсодном(2012), *Монгол аман зохиолын тайлбарт дээж бичиг*, Улаанбаатар. 데.체렌소드놈 편저, 이안나 역(2007), 『몽골의 설화』, 문학과 지성사.

지혜로운 토끼 ᠴᠡᠴᠡᠨ ᠲᠠᠤᠯᠠᠢ Цэцэн туулай (Tsetsen tuulai)

몽골에서 전해 내려오는 꾀로 사자에게 복수한 토끼 이야기

옛날에 토끼 가족이 살고 있었는데 사자의 공격을 받아 그만 어미 토끼를 잃고 말았다. 토끼들은 어미 토끼를 해친 사자에게 보복하려 했으나 마땅한 방법을 찾을 수가 없었다. 그러던 어느 날 토끼 한 마리가 사자가 지나가는 길목에 있는 크고 굵직한 나무에 끈을 매 고리를 만들어 놓고, 작은 나무에 끈을 늘어뜨려 놓고 놀고 있었다. 이것을 본 사자는 토끼에게 지금 뭘 하고 있냐고 물었다. 그러자 토끼는 끈에 매달려 몸을 치면서 살을 찌우고 있다고 했다. 사자는 그걸 보면서 자기도 살을 쪄볼까 하고 끈에 매달렸다. 사자가 앞에 늘어진 덫에 목을 넣고 매달리는 것을 본 토끼가 얼른 줄에서 내려왔다. 토끼는 "사자님, 영원히 매달려 살을 찌우며 노세요! 다음에 와서 당신께 우리 토끼들로 잘 대접해 드리겠어요!" 라며 폴짝폴짝 뛰어 숲 속으로 들어갔다.

참고문헌 Д.Цэрэнсодном(2012), *Монгол аман зохиолын тайлбарт дээж бичиг*, Улаанбаатар. Д.Цэрэнсодном(1982), *Монгол ардын үлгэр*, Улсын Хэвлэлийн Газар. Улаанбаатар.

데.체렌소드놈 편저, 이안나 역(2007), 『몽골의 설화』, 문학과 지성사.

지혜롭고 용감한 막냇 사위 ᠬᠠᠭᠠᠨ ᠬᠦᠷᠭᠡᠨ ᠬᠠᠩᠭᠠᠷᠳᠢ ᠰᠢᠪᠠᠭᠤᠨ ᠤ ᠦᠯᠢᠭᠡᠷ Хаан, хүргэн, хангарди шувууны үлгэр (Khaan, khürgen, khangardi shuvuuny ülger)

몽골에서 전해 내려오는 아홉 사위를 둔 왕과 지혜롭고 용감한 막냇사위 이야기

옛날에 왕과 왕의 아름다운 아홉 딸들이 살고 있었다. 여덟 명의 딸들은 모두 가문 좋고 지혜로운 남자들에게 시집을 갔지만 막내딸은 아버지와 어머니, 언니들의 말에 따르지 않고 아주 비천한 사람과 결혼을 했다. 마음이 상한 왕은 북쪽 변두리에 초라한 움막을 지어주었다.

그때 왕의 암말이 망아지를 낳았는데 태어난 망아지가 그날 밤 사라져버렸다. 그런 일은 계속 반복되었다. 왕은 여덟 사위에게 차례로 망을 보게 했지만 도둑을 잡지 못하였고 왕 역시 도둑을 잡지 못했다. 그러자 막냇사위가 말 떼를 지키겠다고 자청했다. 사람들은 대수롭게 여기지 않고 그렇게 하라고 하였다.

막냇사위는 밤새 말을 지켰다. 밤이 깊어지자 거대한 항가리드가 와서 황금 상체에 하체가 은으로 된 망아지를 낚아채서 날아갔다. 이것을 본 막냇사위는 활을 쏘았다. 그러나 화살은 항가리드 깃털과 망아지 꼬리만을 맞힌 채 떨어졌고 항가리드는 멀리 사라졌다. 그는 망아지 꼬리와 항가리드의 깃털을 집으로 가지고 와 궤에 넣어서 아내에게 주고 왕에게는 아무 말도 하지 않았다.

그 후에도 망아지가 없어지는 일은 계속되었고 도둑은 여전히 잡히지 않았다. 그래서 왕은 여덟 사위들에게 황금 가슴과 은 엉덩이를 가진 망아지 떼를 찾아오라고 했다. 막냇사위도 가겠다고 하자 왕은 형편없는 말을 주며 딸려 보냈다. 막냇사위는 아내에게 몇 고개를 넘어가서 말을 돌려보내고 준마를 타고 갈테니 사람들이 바보 같은 사람에게 시집갔냐고 조롱하면 궤에 숨겨 놓은 깃털과 말꼬리를 보여 주라고했다.

길을 떠난 지 한 달이 되자 여덟 사위들은 모두 지쳐 더 이상 갈 수 없다며 주저앉아 버렸다. 그러나 막냇사위는 계속 길을 갔다. 길을 가다가 외벽 끈이 없는 게르가 있어 들어갔는데, 그 집이 바로 항가리드의 집이었다. 막냇사위는 그 집에 있는 노파를 통해 항가리드가 결혼을 하기 위해 결혼 선물로 황금 상체에 하체가 은으로 된 말 백 마리를 모으는 중이라는 말을 들었다. 또 항가리드가 화가 나서 올 때는 회오리바람을 일으키며 하늘창으로 들어오고, 기분이 좋아서 돌아올 때는 소리도 내지 않고 조용히 문으로 들어온다고 말했다. 노파에게 모든 정보를 들은 막냇사위는 숨어서 항가리드를 기다리다가 항가리드가 게르의 하늘창에 앉으려고 하는 순간 화살을 쏘아 항가리드를 죽였다. 막냇사위는 다시 노파를 추궁해 잃어버린 망아지 떼들을 찾아낼 수 있었다.

망아지 떼를 몰고 고향으로 돌아오는 길에 막냇사위는 여덟 동서들을 만났다. 그들은 모두 야위었고 마른 고기를 구워 먹고 있었다. 망아지 떼를 몰고 온 막냇사위를 본 다른 여덟 사위들은 막냇사위를 시기하여 수렁에 빠뜨리고 잃어버린 망아지 떼들을 데리고 가려고 했지만, 망아지들이 사방으로 흩어져 힘들게 되었다. 그때 막냇사위가 타고 갔던

누렁 말이 아흔아홉 마리 말의 갈기와 꼬리털을 양치기 소녀에게 꼬게 하여 오백 자나 되는 긴 황금빛 끈과 은빛 끈을 만들어 수렁에 빠진 주인을 꺼내주었다. 수렁에서 빠져나온 막냇사위는 황금 상체에 하체가 은으로 된 망아지들을 몰고 무사히 왕궁으로 돌아왔다.

왕은 돌아온 망아지 떼를 보고 크게 기뻐하며 막냇사위를 다른 사위들보다 더욱 사랑하며 가까이 했다. 왕에게 인정을 받은 막냇사위는 자신의 본래 모습으로 변신하였다. 그는 용감하고 지혜로운 젊은이였다. '남자를 함부로 깔보지 말고, 바닷물을 재지 말라'는 말은 이렇게 해서 생겨났다고 한다. 왕은 여덟 사위를 처형하려고 했지만 막냇사위가 그들을 용서했기 때문에 처형하려던 것을 멈추었다. 왕이 죽고 나자 막냇사위는 왕이 되어 나랏일을 맡아 다스리게 되었고, 오래도록 왕비와 평안하고 행복하게 살았다.

참고문헌 Ш.Гаадамба, Д.Цэрэнсодном(1978), *Монгол ардын аман зохиолын дээж бичиг*, Улаанбаатар. 데.체렌소드놈 편저, 이안나 역(2007), 『몽골의 설화』, 문학과 지성사.

차가의 금은 복사뼈

Алтан мөнгөн аргай (Altan möngön argai)

몽골에서 전해 내려오는 괴물 노파로부터 금은 복사뼈를 지키고 행운을 얻는 차가 이야기

아주 오랜 옛날 할머니와 할아버지, 팔백 마리의 말과 얼룩 준마, 그리고 여덟 살 된 차가(Chagaa)라는 아들이 살고 있었다. 여덟 살 된 아들은 금과 은으로 된 두 개의 복사뼈를 장난감 삼아 놀곤 했다. 어느 날 할아버지가 길을 가는데 배는 집채만 하고 머리는 솥만 한 커다랗고 시커먼 괴물 노파가 다가와 할아버지의 목숨이나 팔백 마리의 말, 또는 여덟 살 난 아들 중 하나를 달라고 했다. 할아버지는 아들을 주겠다고 했다. 할아버지는 괴물 노파에게 먼 곳으로 이동할 때 금은으로 된 복사뼈를 집터에 버리고 가면 아들이 찾으러 갈 터이니 그때 아들을 잡아먹으라고 했다.

집터를 이동하면서 할아버지는 괴물 노파에게 말한 대로 금은으로 된 복사뼈를 집터에 남기고 갔다. 차가가 복사뼈를 찾으러 가려고 하자 어머니는 여덟 다리가 있는 얼룩 준마를 타고 살진 은회색 새끼 양을 데리고 가라고 하였다. 차가가 옛 집터에 도착하니 괴물 노파는 복사뼈를 앞에 놓고 아들을 기다리고 있었다. 차가는 노파에게서 복사뼈를 재빨리 낚아채 가지고 도망갔다. 그러자 괴물 노파는 일어서서 성큼성큼 뛰어 그 뒤를 추격했다. 노파는 거의 잡을 듯 가까이 추격해서 말의 다리 하나를 쇠칼로 쳐서 잘라버렸다. 고개를 하나 넘을 때마다 노파가 추격해 와서 말의 다리를 하나씩 쳐서 잘라버렸다. 결국 말의 여덟 다리가 모두 잘려버리자 말은 몸을 꿈틀거리며 달려갔다. 그러자 노파가 말의 몸 한 쪽을 잘라버렸다. 말은 가슴을 움직여 달려갔다. 또 노파가 말의 가슴을 베어버리자 말은 머리를 움직이며 달려갔다. 노파는 또 쫓아와 말의 머리를 잘라버리자 말은 어쩔 도리 없이 죽었다.

차가는 재빨리 황금 백양나무 위로 올라갔는데 노파가 그 나무를 자르려 했다. 그때 여우가 나타나 노파의 눈을 풀로 붙여버렸다. 차가는 괴물 노파의 눈을 피해 몰래 도망쳤다. 그래도 다시 쫓아온 노파 때문에 차가는 바닷가의 백양나무로 올라갔다. 노파가 그 나무를 자르려 하자 또 여우가 와서 도와

주어 차가는 몰래 도망쳤다.

노파는 새로 난 발자취와 이전 발자취를 킁킁 냄새를 맡으며 차가의 뒤를 추격해 왔다. 차가가 일곱 고개를 넘어가서 넓디넓은 바닷가에 이르자 소가 지나갔다. 차가가 소를 타고 가고 있는데 또 노파가 나타나자 소는 노파의 얼굴에 오줌과 똥을 싸버렸다. 노파는 얼굴을 씻기 위해 바다로 가서 바닷물이 다 없어질 때까지 얼굴을 씻었다. 그사이 차가는 멀리 도망갔다.

차가는 한 집터에 이르러 아버지의 숫돌과 어머니의 빗 조각, 바늘을 주워 뒤쫓아 오는 노파 앞에 던졌다. 빗은 덤불이 되었다. 노파는 덤불을 맨몸으로 넘었다. 차가는 또 아버지의 숫돌을 던졌다. 숫돌은 붉은 바위가 되었다. 노파는 차가에게 바위를 어떻게 넘었냐고 물었다. 차가는 팔과 다리를 꺾어 넘었다고 했다. 그랬더니 괴물 노파도 그대로 따라했다. 차가는 이번에는 바늘을 던졌다. 바늘은 넓디넓은 바다가 되었다. 노파가 차가에게 바다를 어떻게 건넜냐고 물었다. 차가는 소만 한 두 개의 돌을 발에 묶고 건넜다고 답했다. 노파는 차가가 가르쳐 준 대로 바다를 건너려다가 바다 밑에 빠져 죽어버렸다. 그 뒤 차가는 수소를 타고 다녔다.

그러던 어느 날 소가 차가에게 자기를 죽여서 네 개의 다리를 사방에 놓고 심장을 가슴에 품고 자라고 하였다. 그러나 차가는 그럴 수 없다고 하였다. 그러자 소는 차가에게 자기 머리에 있는 벌레를 찾아 죽이라고 했다. 차가가 그 벌레를 죽이니 소가 죽어버렸다. 차가는 소가 말한 대로 네 개의 다리를 사방에 놓고 소의 심장을 가슴에 품고 잤다. 그 다음날 일어나 보니 많은 가축과 좋은 집, 아름다운 아내가 생겨나 있었다.

차가는 금은 복사뼈와 행운을 얻어 집으로 돌아갔다. 집에 도착하니 아버지는 집에 없고 어머니만 울며 집에 있었다. 어머니는 아들을 보자 눈물을 거두고 반갑게 맞으며 "양을 죽일 때면 엄마는 너를 위해 심장을 남겨두었지만 네 아버지는 아들은 무슨 아들이라며 나를 때린단다. 너는 궤 뒤에 숨어서 아버지가 하는 말을 들어보아라." 하였다. 오래지 않아 아버지가 와서 양을 잡았다. 어머니가 아들을 위해 심장 부분을 남겨놓겠다고 하니 아버지는 젖은 나무에 불이 날 때까지, 마른 나무가 부러질 때까지 어머니를 때렸다. 그러자 아들이 궤 뒤에서 나와 금은 복사뼈로 '샤가이 샤가이 툭!' 하며 복사뼈를 던져 아버지의 머리를 쳐서 죽여버렸다. 차가는 어머니를 집으로 모시고 와 평안하고 행복하게 살았다.

참고문헌 Ш.Гаадамба, Д.Цэрэнсодном(1978), *Монгол ардын аман зохиолын дээж бичиг*, Улаанбаатар. Д.Цэрэнсодном(2012), *Монгол аман зохиолын тайлбарт дээж бичиг*, Улаанбаатар. Д.Цэрэнсодном(1982), *Монгол ардын үлгэр*, Улсын Хэвлэлийн Газар. Улаанбаатар. 데.체렌소드놈 편저, 이안나 역(2007), 『몽골의 설화』, 문학과 지성사.

창조신 오치르바니 Хүний ертөнцийг бүтээгч Очирваань (Khünii yörtöntsiig büteegch Ochirvaani)

오치르바니와 차강 슈헤르트가 세상과 인간을 창조한 이야기

태초에 대지(즉 땅)라는 것은 없었다. 단지 공기와 물 두 가지가 있었을 뿐이다. 그때 오치르바니 보르항(Ochirvaani burkhan; 금강불(金剛佛))은 하늘에 있었다. 어느 날 오치르바니 보르항이 아래를 바라보면서 저 대수

(大水) 대신에 대지를 만들겠다고 마음 먹었다. 그는 이 일을 혼자서는 도저히 할 수 없고, 누군가 도와줄 친구가 필요하다고 생각하였다. 그래서 벗이 될만한 동지를 찾아 헤매다가 차강 슈헤르트(Tsagaan Shükhert)를 발견하고 그를 동지로 택하였다. 그들이 물가까이 이르렀을 때 바다 가운데에 큰 거북이 한 마리가 있는 것을 발견하였다. 오치르바니가 차강 슈헤르트에게 "너는 물속으로 잠수해 들어가 그 놈을 물 위로 끌고 와 배(腹)를 위쪽을 향하게 한 다음 그대로 버려둬라. 나는 그 놈의 배 위에 앉아 있겠다. 그러면 너는 그 사이에 바다 밑으로 들어가 흙을 가져와라! 하지만 너는 늘 나를 생각하면서 가거라. 그러면 생각한 바가 그대로 실현될 것이다." 라고 말하고서 차강 슈헤르트를 바다로 보냈다. 그는 바다 밑으로 다가가 진흙탕에서 흙을 가져오려고 했으나 뜻하지 않게 기이하고 단단한 물체와 마주쳤다. 그는 '내가 가지려고 한 것이 아니다. 오치르바니가 가져오라고 한 것이다.' 라고 마음속으로 생각하고 있는 차에 손 가득히 진흙이 쥐어져 있었다. 그는 이 진흙을 가져다가 오치르바니에게 주었다. 그는 차강 슈헤르트가 가져온 흙을 거북이 위에 놓았다. 그러자 점차 거북은 자취를 감추고 대지가 생겨났다.

오치르바니와 차강 슈헤르트는 새로 생긴 대지 위에 앉아 있었다. 그런데 둘은 앉아서 졸다가 깜박 잠이 들어버렸다. 대지가 생기기 전에는 잠자고 휴식한다는 것을 알지 못했던 일이었다. 이때 악마가 땅 위에 둘이 있는 것을 보고 다가왔다. 그러나 그 둘이 누워 있는 곳 말고는 다른 자리가 없었다. 그래서 악마는 '이 둘을 잠자는 채로 세상과 함께 물속에 버리겠노라'고 생각하였다. 그래서 땅에서 그들을 낚아채 물속으로 던지려고 하였으나 물이 자취를 감추었다. 그러자 악마는 할 수 없이 세상 끝으로 가서 두 보르항(신불(神佛))을 물속에 버릴 요량으로 그들을 움켜쥐고 세상 끝을 향해 달리기 시작하였다. 얼마나 달렸을까? 그러나 가도 가도 물은 보이지 않았다. 악마는 힘이 다하도록 달려 끝내는 탈진하여 두 보르항을 벌판에 버린 채 달아나버렸다. 악마가 자취를 감춘 뒤 오치르바니가 일어나 친구를 불러 깨우고서는 말하기를, "악마가 우리 둘을 물속에 처넣어 죽이려고 한 것을 우리의 대지가 구원해 주었다." 라고 하였다. 그래서 둘은 생명을 얻게 해준 대지 위를 거닐었다.

그러다가 둘은 '이 대지에 생명체를 만들어내자'고 합의하였다. 이렇게 하여 진흙으로 사람을 만들어 세우고, 이제 여기에 생명을 불어넣을 차례가 되었다. 이에 오치르바니가 말하기를, "우리가 생명을 구해 오려고 떠난 사이에 악마가 와서 이 사람에게 해코지를 할지도 모른다. 그러므로 아무도 접근하지 못하게 이를 지키는 훌륭한 파수꾼이 필요하다." 라고 하였다. 그래서 차강 슈헤르트가 개를 만들어 사람을 지키도록 하였다. 한편 개는 그때 털이 없는 벌거숭이였다. 그래서 둘은 사람에게는 혼(精神)을, 개에게는 털을 가져다 주기로 하였다.

그 둘이 떠나자마자 악마가 나타났다. 개는 악마를 물어뜯으려고 하면서 사람에게 전혀 접근하지 못하게 하였다. 그러자 악마가 "제발 짖어대지 말고 물러나 있거라. 내가 너에게 털과 음식을 주겠노라." 라고 하고는 개에게 털을 주었다. 그러나 개가 음식을 요구하자. 다시 악마가 말하기를 "이 사람은 너의 주인이다. 그가 너에게 먹을 것을 줄 것이다." 라고 하고는, 사람의 몸에 접근하여 실을 태워 거기서 나오는 연기를 사람의 코에 불어넣었다. 그러자 사람은 곧 바로 움직이기 시작하였고 이내 악마는 없어져 버렸다.

오치르바니와 차강 슈헤르트가 돌아와 보니 사람은 이미 생명을 얻어 돌아다니고 있었다. 오치르바니가 이 광경을 보고 "우리가 너를 만들고, 혼을 구해 와서 너에게 생명을 불어넣으려고 했는데, 네가 소생하여 돌아다니고 있구나. 누가 너에게 생명을 불어넣었느냐?" 라고 물었다. 그러자 사람이 자신은 아무것도 모른다고 하였다. 이렇게 하여 사람이 만들어졌다.

오치르바니와 차강 슈헤르트는 또한 동물을 만들었다. 오치르바니가 차강 슈헤르트에게 말하기를 "이제 이렇게 만든 사람을 지도할 누군가가 필요하다. 그러나 너는 정말 아무런 생각이 없고 경솔하다." 라고 하자, 차강 슈헤르트가 투덜거리면서 말하기를, "내가 없으면 너는 아무 일도 할 수 없다."라고 하였다. 그리고 그 둘 사이에 말다툼이 시작되어 급기야 둘은 서로를 틀어잡고 싸우기에 이르렀다. 그러자 오치르바니가 이르기를, "자, 이러지 말고 둘이서 그릇에 물을 붓고 각각 바라보고 앉아 있도록 하자. 그리고 누구의 그릇에서 꽃이 자라나는가를 보도록 하자. 그리고 꽃이 자라나는 쪽이 이 세상의 주인이 되도록 하자." 라고 하였다. 실은 악마가 이렇게 이 둘 사이를 갈라놓고 불화를 일으켰던 것이다. 둘은 눈을 감고 앉아있었다. 그런데 오치르바니의 그릇에서 먼저 꽃이 자라났다. 이것을 차강 슈헤르트가 실눈을 훔쳐보았다. 그는 오치르바니의 꽃을 자기의 그릇에 갖다 놓았다. 오치르바니는 모든 것을 알아차리고서, "이 세상 사람들은 서로가 서로를 속이는 사기꾼 거짓말쟁이가 될 것이다." 라고 말하고서 하늘로 올라가버렸다.

참고문헌 Д.Цэрэнсодном(2012), *Монгол аман зохиолын тайлбарт дээж бичиг*, Улаанбаатар. 체렌소드놈 편저, 이평래 역(2001), 『몽골 민간신화』, 대원사. 데.체렌소드넘 저저, 이안나 역자(2001), 『몽골 민족의 기원 신화』, 울란바타르대학교 출판부. 센덴자빈 돌람 지음, 이평래 역(2007), 『몽골 신화의 형상』, 태학사.

타르박 ᠲᠠᠷᠪᠠᠭᠠᠨ ᠤ ᠲᠤᠬᠠᠢ Тарваганы тухай (Tarvagany tukhai)

몽골에서 전해 내려오는 타르박의 기원에 대한 이야기

아주 오랜 옛날 타르박(tarvaga, 마못)은 활을 쏘아 인간을 잡아 먹고 살고 있었다. 부처님은 타르박의 활을 쏘는 엄지손가락을 자르고 쇄골과 어깨뼈를 꺾어 인간을 잡아먹지 않겠다는 맹세를 받아냈다. 부처님은 타르박에게 "남자의 말안장 끈에 묶여 사람의 먹이가 되어라." 하고 말씀하셨다. 그러자 타르박은 "건초도 먹지 않고, 물도 마시지 않으며, 땅을 파고 들어가 남자를 수고롭게 하며 살아가리라." 라고 맹세하고 땅굴을 파고 들어가 버렸다.

그때 어떤 사람이 초원길을 가다가 활로 타르박을 쏘았는데, 타르박이 그만 그 화살을 가지고 구멍 속으로 들어가 버렸다. 동네 사람들이 모여 구멍을 파보았더니, 타르박이 땅굴 끝에서 활과 화살을 쥔 채 세 살 된 아이로 변해 앉아 있었다. 그 후로 활로 타르박을 죽이는 일을 금기시하게 되었는데, 그 이유는 타르박을 쏜 사람 자신이 타르박이 된다고 생각했기 때문이다.

사람이 타르박을 죽여 가죽을 벗길 때 '사람 뼈'라는 쇄골과 '사람고기'라는 어깨 아래, 앞다리 위쪽에 있는 연홍빛 고기와 '사람 신장'이라는 두 개의 신장 옆에 붙어 있는 작은 고기를 반드시 발라 버리는 풍습이 생기게 되었다. 타르박은 옛날에 사람을 잡아먹으며 지냈기 때문에 이렇게 몸에 인간 신체의 기관과 살이 일부 남아 있게 되었다고 한다.

참고문헌 Д.Цэрэнсодном(2012), *Монгол аман зохиолын тайлбарт дээж бичиг*, Улаанбаатар. 체렌소드놈 편저, 이평래 역(2001), 『몽골 민간신화』, 대원사.

타르박의 발가락 Тарвага яагаад дөрвөн хуруутай болов (Tarvaga yaagaad dörvön khuruutai bolov)

타르박이 발가락 네 개를 가지게 된 연유를 담은 이야기

아주 오랜 옛날에 외아들을 둔 왕이 살고 있었다. 그는 아들을 숨겨두고 사람들에게 보이지 않았다. 그 왕은 신민들의 아이들을 불러 교대로 아들을 돌보도록 했다. 하지만 무슨 일인지 그들은 집으로 돌아가지 못했다.

그 나라에 외동딸을 둔 한 노파가 살았는데 이 노파의 딸이 왕자를 돌볼 차례가 되었다. 노파는 왕자를 돌보면서 먹으라고 딸에게 자신의 젖으로 아롤(aaruul; 우유 과자)을 만들어 주었다. 소녀는 어머니가 주신 아롤을 꺼내 먹던 중 그만 왕자에게 들켜 아롤을 왕자에게 주었다. 왕자가 그것을 먹어 보더니 아주 맛있다고 하며 노파의 딸에게 "집에 돌아가 아롤을 가져다 주겠느냐! 그렇지만 궁 밖으로 나가서 누구에게도 나에 대해 말해선 안 된다. 할 수 없이 말하게 된다면 타르박(tarvaga, 마못)이 사는 땅 구멍에 대고 소리를 지르렴." 하였다.

마을 사람들은 소녀가 돌아온 것을 보고 매우 놀라며 소녀에게 왕자에 대해 물었지만 아무 말도 들을 수 없었다. 소녀도 왕자에 대해 말하고 싶은 마음을 참을 수 없어 초원으로 가 타르박이 사는 구멍에 대고 크게 소리쳤다. "왕자는 아주 못생기고 소처럼 뿔이 있고, 멧돼지 같은 이가 있다." 그러자 길 가던 사람들이 그 소리를 듣고 말았다.

그 후로 왕의 신민들은 왕자를 돌보는 일에 자기 아이들을 보내지 않게 되었고, 왕이 크게 진노하여 누가 왕자에 대한 소문을 퍼뜨렸는지 그 진상을 추적하게 했다. 추적 결과, 그 소문은 초원의 타르박이 퍼뜨린 것으로 확인되었다. 화가 난 왕은 그 타르박을 산 채로 가져오게 하여 다섯 발가락 가운데 하나를 잘라 버렸다. 그 후로 타르박은 발가락이 네 개가 되었다고 한다.

참고문헌 Д.Цэрэнсодном(2012), *Монгол аман зохиолын тайлбарт дээж бичиг*, Улаанбаатар. 체렌소드놈 편저, 이평래 역(2001), 『몽골 민간신화』, 대원사.

탐욕스러운 늑대 Ховдог чоно (Khovdog chono)

몽골에서 전해 내려오는 욕심을 부리다가 화를 입은 늑대 이야기

터어트거어홍(Töötgööhön)이라는 소년이 땔감을 마련하기 위해 도끼를 허리춤에 끼고, 이마에 흰 반점이 있는 한 뼘만 한 작은 수소를 타고 숲으로 가고 있었다. 그런데 갑자기 숲에서 굶주린 늑대 한 마리가 나와 길을 가로막아 섰다. 늑대는 터어트거어홍을 잡아먹으려 하였다. 그러자 터어트거어홍은 "당

신에게 이마에 흰 줄무늬가 있는 두 살배기 수소를 대신 드리겠어요. 저를 잡아먹는 것보다 훨씬 낫지 않겠어요?" 하였다. 늑대는 그렇게 하겠다고 하였다. 소년은 늑대에게 소를 주려고 준비하면서 소의 피를 창자에 넣은 후, 늑대의 눈을 속여 그것을 몰래 가슴에 품었다. 늑대는 소의 살코기를 눈 깜짝할 사이에 삼켜버리고는, 다시 터어트거어흥을 잡아먹으려 했다. 소년은 무서워 떨며 근처에 있는 얼어붙은 냇물로 달려갔다. 그리고 얼음 위에 넘어진 체하면서 소의 창자를 갈라 그 속에 든 피를 흐르게 했다. 소년은 늑대에게 피가 흐르고 있으니 피를 핥으라고 했다. 탐욕스러운 늑대가 피를 핥으려고 하자 그만 혀가 얼음에 짝 달라붙고 말았다. 늑대는 당황해서 겨우 말을 했다. "도끼로 얼음과 혀 사이를 쳐주겠니?" 그러자 소년은 "제1 경추와 제2 경추 사이를 치라고 하셨나요?" 했다.

소년은 도끼로 탐욕스러운 늑대의 목을 쳐서 늑대의 머리를 잘라버렸다. 이렇게 해서 터어트거어흥은 위험한 늑대의 손아귀에서 무사히 벗어나 평안하고 행복하게 살았다.

참고문헌 Д.Цэрэнсодном(2012), *Монгол аман зохиолын тайлбарт дээж бичиг*, Улаанбаатар. Д.Цэрэнсодном(1982), *Монгол ардын үлгэр*, Улсын Хэвлэлийн Газар. Улаанбаатар. 데.체렌소드놈 편저, 이안나 역(2007), 『몽골의 설화』, 문학과 지성사.

탐욕스러운 탁발승

Бадарчны үлгэр (Badarchny ülger)

몽골에서 전해 내려오는 탁발승 시리즈 설화(Badarchny ülger) 중 한 이야기. 욕심으로 잡지도 못할 토끼를 계속 쫓아가다가 죽음을 맞은 탁발승에 대한 이야기

예전에 한 탁발승이 큰 등짐을 메고 가다가 지쳐서 앉아 쉬고 있는데, 가을 털이 잘 자란 다리를 저는 토끼가 옆으로 지나갔다. 탁발승이 뛰어서 그것을 뒤쫓았는데, 거의 잡을 듯하다가 놓치기를 반복하였다. 중은 토끼를 정신없이 쫓아가 몇 개의 작은 산과 구릉을 넘어갔다. 몸에 열이 오르자 옷을 벗어 던지고 쫓아갔다. 토끼 꼬리털을 손에 잡을 듯하다가 놓치고 잡을 듯하다 놓치기를 반복하자 탁발승은 이번에는 두 신발을 벗어 던지고 토끼를 쫓았다. 거의 꼬리를 낚아챌 듯하다가 놓치고 낚아챌 듯하다가 놓치며 쫓아갔다.

그러다가 탁발승은 너무 지쳐 더는 갈 수가 없어 토끼 잡는 일을 포기하였다. 그래서 돌아가려 했지만 몇 개의 언덕을 지나고 어느 구렁으로 들어왔는지 알 수가 없었다. 어느덧 날은 어두워지고 서북쪽에서 차가운 바람이 불어오기 시작하더니 커다란 눈송이가 날리다가 진눈깨비로 변해 갔다. 토끼를 탐내던 중은 갑자기 정신이 번쩍 들어 옷과 신발이 있는 방향으로 가려고 했으나 날은 이미 칠흑 같은 어둠이 깔리고 있었다. 진눈깨비를 맞으며 길을 잃은 가엾은 탁발승은 그만 얼어 죽고 말았다.

참고문헌 Д.Цэрэнсодном(1989), *Монгол ардын домог үлгэр*, Улаанбаатар. 데.체렌소드놈(2007), 『몽골의 설화』, 문학과지성사. Ш.Гаадамба, Х.Сампилдэндэв(1988), *Монгол ардын аман зохиол*, ШУА. Хэл зохиолын хүрээлэн, Улаанбаатар.

해와 달이 된 자매 Нар сар хоёр (Nar sar khoyor)

해와 달이 생겨난 연유를 담은 신화

옛날 큰 부잣집에 미모가 빼어난 두 딸이 있

었다. 그러나 두 자매는 지상에서 함께 살만한 자기들에게 어울리는 남자를 구하지 못하였다. 그래서 하늘로 올라가 해와 달이 되어 사람들에게 빛을 밝혀주면서 살게 되었다. 처음에 언니가 달이 되겠다고 하였으나 동생이 낮에 활동하는 동안 많은 사람이 자기를 보는 것이 부끄럽다고 하여 언니에게 낮에 돌아다니라고 하고 자신은 달이 되어 밤에 활동하게 되었다.

이상의 신화는 한국의 〈해와 달이 된 오누이〉와 매우 유사하다. 그렇지만 한국의 경우 오누이가 등장하는데 몽골의 경우는 자매가 등장한다. 14세기 몽골에 대한 기록을 남긴 유럽인 수도사 플라노 카르피니의 기행에 '몽골인들은 달을 위대한 칸이라고 부르고 기도한다. 그들은 해를 달의 모친이라고 한다. 왜냐하면 태양이 달에게 빛을 공급해주기 때문이다.' 라고 되어 있다. 이 기록대로라면 몽골인들은 태양보다 달을 더 소중히 여겨 '위대한 칸'이라고 불렀던 것이며, 이는 옛 몽골 시가에서 '태양이 어머니이고 달이 아버지이다' 라는 내용과 일치한다. 다시 말하면 달을 남성으로, 태양을 여성으로 상징한 것을 볼 수 있다.

참고문헌 Д.Цэрэнсодном(2012), *Монгол аман зохиолын тайлбарт дээж бичиг*, Улаанбаатар. 체렌소드놈 편저, 이평래 역(2001), 『몽골 민간신화』, 대원사. 센덴자빈 돌람 지음, 이평래 역(2007), 『몽골 신화의 형상』, 태학사. 노로브냠(1999), 「한국과 몽골 창세 신화 비교연구」, 서울대학교 석사논문.

허허 남질 전설 ᠬᠥᠬᠡᠭᠡ ᠨᠠᠮᠵᠢᠯ ᠤᠨ ᠳᠣᠮᠣᠭ Хөхөө Намжилын домог (Khökhoo Namjilyn domog)

몽골 전통 현악기인 마두금의 기원에 대해 전해 내려오는 이야기

마두금(馬頭琴)은 몽골의 전통 현악기이다. 악기나 노래의 기원에 대한 전설 대부분은 민중의 일상에 대한 사실적인 상황을 언급한다. 하지만 몇몇 전설에 민담적인 화소가 상당히 많이 등장한다.

마두금의 기원에 대한 전설에서는 하늘로 날아다니는 '조농 하르(Jonon khar)'라는 말이 등장하고, 그 말은 억울하게 죽게 된다. 허허 남질(Khökhöö Namjil)은 죽은 말을 기리며 말의 머리를 나무로 조각해서 마두금 위에 고정한다. 그리고 마두금의 몸통은 말의 가죽으로 둘러싸고, 그 꼬리의 굵고 거센 털로는 현을 만들어 연주를 한다. 허허 남질에 대한 전설은 마두금(morin khuur: 모링 호르)의 기원과 관련된 이야기이자 노래의 기원과 관련된 이야기이다.

옛날 동쪽 지역에 허허 남질이라는 사람이 살고 있었다. 그는 아주 잘 생겼을 뿐만 아니라 뻐꾸기처럼 노래도 잘하는 사람이었다. 그런데 어느날 군대에 징집되어 서쪽 국경으로 떠나야 했다. 허허 남질이 노래를 아주 잘 한다는 것을 알고, 장군은 그가 삼 년 복무를 하는 동안 일을 하거나 훈련을 받는 대신 노래를 부르게 했다. 답답했던 허허 남질은 밖에 나가서 말을 돌보고 싶다고 장군에게 부탁을 했다. 장군은 허허 남질에게 닷새 동안 밖에 나가 말을 돌보도록 허락했다. 허허 남질은 말 떼를 몰고 호숫가로 갔다. 거기에서 노래를 불렀는데, 녹색 델을 입은 아름다운 처녀가 아름다운 검정말을 타고 나타났다. 처녀는 "우리 부모님이 당신을 모셔오라고 했어요." "어디를 가자는 말이죠?" 허허 남질이 말했다. "그냥 제 뒤에 앉아 눈을 감으세요." 처녀가 말했다. 그리고 허허 남질이 말 위에 앉아 눈을 감자 순식간에 그

녀의 부모가 있는 게르에 도착했다. 그녀의 부모는 허허 남질을 극진하게 대접하고 그에게 노래를 불러달라고 부탁했다. 허허 남질은 자신에게 닷새의 시간밖에 없어 아주 잠깐 동안만 노래를 불러 드릴 수 있다고 말하였다. 그러자 그들은 말을 돌볼 사람을 이미 보냈으니 그냥 편하게 노래를 불러 주면 된다고 하였다. 허허 남질은 그곳에 계속 머무르며 아름다운 처녀와 사랑을 하게 되었다. 허허 남질은 군대 생활을 마치면 다시 만날 약속을 하고 군대로 돌아왔다. 마침내 삼 년이 지나 허허 남질은 제대를 하였고 처녀와 약속했던 호수로 가서 노래를 불렀다. 처녀는 호수에서 검은 말을 타고 나와 그를 데리고 가족에게 갔다.

허허 남질은 그곳에서 아주 행복하게 살았지만, 그의 고향에는 부모님과 사랑하는 아내가 있었다. 처녀가 허허 남질에게 말했다. "제가 특별한 말을 한 마리 드릴게요. 이 말을 타면 당신은 아침에 가족에게 갔다가 해가 지기 전에 돌아올 수 있어요. 하지만 절대로 다른 말을 타면 안 돼요. 그리고 반드시 집에 도착하기 조금 전에 잠깐 멈춰서 말이 숨을 돌리도록 해 주세요."

그녀는 누런 말 한 마리를 남질에게 주었다. 허허 남질이 선물 받은 말을 타고 그의 고향으로 돌아왔다. 고향에 돌아온 허허 남질은 가족들과 함께 생활했지만 그 처녀를 잊을 수가 없었다. 그래서 밤마다 처녀가 준 말을 타고 처녀를 만나러 갔다. 허허 남질은 밤마다 말을 타고 나갔다가 새벽에 집에 돌아왔다. 아내는 허허 남질을 이해할 수 없었다. 그러던 어느날 허허 남질은 깜빡 잊고 말에게 숨 돌릴 시간을 주지 않고 집으로 바로 돌아오게 되었다. 그를 의심스러워하던 아내는 그 말이 헐떡거리고 있는 것을 보고는 게르 안에서 가위를 들고 나와 말의 숨통을 끊어 바로 죽게 했다.

허허 남질은 아주 슬퍼하며 먹지도 마시지도 않고 석 달을 지내다가 그 말의 머리를 새겨 현악기에 붙였다. 그는 이 악기를 연주하며 사랑하는 말의 이야기를 담은 노래를 불렀다. 이리하여 말의 머리를 가진 악기, 마두금이 생겨나게 되었다.

참고문헌 Ш.Гаадамба, Х.Сампилдэндэв(1988), *Монгол ардын аман зохиол*, Улаанбаатар. Ш.Гаадамба, Д.Цэрэнсодном(1978), *Монгол ардын аман зохиолын дээж бичиг*, Улаанбаатар. Д.Цэрэнсодном(2012), *Монгол аман зохиолын тайлбарт дээж бичиг*, Улаанбаатар.

호랑이를 물리친 노부부 ᠥᠪᠦᠭᠡᠨ ᠪᠠᠷ ᠬᠣᠶᠠᠷ

Өвгөн бар хоёр (Övgön bar khoyor)

몽골에서 전해 내려오는 호랑이를 물리친 노부부 이야기

아주 오랜 옛날, 할머니와 할아버지가 살고 있었다. 어느 날 할아버지가 사냥을 하러 가는데 호랑이가 다가와서 할아버지를 잡아먹겠다고 위협했다. 그러자 노인은 내일 만나서 누가 힘이 센지 시합을 하자며, 돌을 쥐어서 즙이 나오는 편이 이기는 것으로 하자고 제안했다. 시합에서 지면 기꺼이 호랑이 밥이 되겠노라고 했다. 호랑이도 그 제안을 받아들였다. 집에 돌아온 할아버지는 그 일을 할머니에게 말했다. 할머니는 작은 돌 속에 달걀을 넣고 세게 쥐라고 일러주었다.

다음날 할아버지와 호랑이는 돌을 쥐어 즙이 나오게 하는 시합을 하였다. 호랑이는 돌을 세게 쥐었지만 즙이 나오지 않았다. 할아버지는 할머니가 가르쳐 준 대로 하여 시합에서 이기게 되었다. 시합에서 진 호랑이는 다시 다음날 산의 나무를 쳐서 쓰러뜨리는 시합을 하자고 했다. 할아버지도 그 제안을 받아들였다. 집에 돌아온 할아버지는 할머니에게 두 번째 시합에 대한 이야기를 했다. 그러자 할머니는 할아버지에게 저녁에 가서 나무를 몇 그루 베어놓고, 아침에 가서 벤 나무를 밀어 쓰러뜨리라고 가르쳐주었다.

다음날 할아버지는 큰 나무를 손쉽게 쓰러뜨렸다. 호랑이는 여러 번 몸을 나무에 부딪쳐 보았지만 나무는 꿈쩍도 하지 않았다. 두 번째 시합에서도 할아버지가 호랑이를 이겼다. 호랑이는 할아버지를 잡아먹기 두려워 집에 초대하겠다며 데리고 가 음식과 차를 만들어 대접했다.

저녁에 잘 때가 되자 할아버지는 호랑이에게 잡아먹힐까 공포에 떨며 누워 있었다. 호랑이는 숫돌에 칼을 갈더니 잠시 밖으로 나갔다. 할아버지는 얼른 일어나 집 안에 있던 절구를 가져다 머리에 뒤집어쓰고 다시 자리에 누웠다. 호랑이가 밖에서 들어와 칼로 할아버지의 머리를 힘껏 내리쳤다. 그러나 할아버지의 머리를 베지 못한 채 칼은 부러지고 말았다. 호랑이는 두려워하며 슬그머니 침대로 가서 자리에 누웠다.

다음날 호랑이는 할아버지에게 선물이라며 커다란 황금덩어리를 가져다 주었다. 황금덩어리가 어찌나 큰지 할아버지는 그 금덩이를 들 수가 없었다. 그래서 꾀를 내어 호랑이에게 들어다 달라고 부탁하였다. 그리고 호랑이를 손님으로 초대했다. 호랑이는 커다란 황금 덩어리를 안고 노부부의 집으로 왔다. 할머니는 할아버지에게 "무엇을 만들어 대접할까요?"라고 물었다. 그러자 할아버지는 우선 호랑이의 목젖을, 다음에는 호랑이의 직장을 삶아 주라고 했다. 이 말을 들은 호랑이는 자기를 뜯어 먹으려고 한다고 생각하며 정신없이 도망쳤다.

그때 늑대 한 마리가 나타나 호랑이에게 왜 그렇게 도망을 가냐고 물었다. 호랑이는 그간 있었던 일을 늑대에게 말했다. 늑대는 무엇이 무섭냐고 하며 가지 않겠다는 호랑이와 자신의 머리털을 묶고 할아버지의 집으로 갔다. 그것을 본 할아버지는 "늑대야. 너는 호랑이 빚을 지고 있었는데 그것을 데리고 오는 거냐." 하였다. 이 말을 듣자마자 호랑이는 늑대를 끌고 도망쳤다. 도망가다가 돌아보니 늑대의 가죽이 벗겨지고 있었다. 호랑이는 이런 상황에서 덮을 가죽 따위가 뭐 필요하냐며 늑대를 끌고 달려가 늑대를 죽여 버렸다.

이렇게 하여 할머니와 할아버지는 호랑이와 늑대 둘을 동시에 물리치고 두려움 없이 행복하게 살 수 있었다.

참고문헌 Д.Цэрэнсодном(2012),Монгол аман зохиолын тайлбарт дээж бичиг, Улаанбаатар. Д.Цэрэнсодном(1982), 『Монгол ардын үлгэр』, Улсын Хэвлэлийн Газар. Улаанбаатар. 데.체렌소드놈 편저, 이안나 역(2007), 『몽골의 설화』, 문학과 지성사.

호랑이와 사람 ᠪᠠᠷ ᠬᠦᠮᠦᠨ ᠬᠣᠶᠠᠷ Бар хүн хоёр (Bar khün khoyor)

호랑이가 사람의 지혜에 속아 죽을 뻔한 이야기

옛날에 나이가 많은 호랑이가 아들을 불러 힘을 자만하지 말고 사람이라는 동물에 가까이 접근하지 말라는 유언을 남기고 숨을 거두었다. 그러나 젊은 호랑이는 사람이라는 동물을 궁금해 해 한번 힘을 겨루어 보고 싶어 하여 사람을 찾아다녔다. 그러다 수소를 만났다. 호랑이는 수소에게 사람이 어떤 동물인지 물었다. 수소는 호랑이에게 자신이 사람의 노예라고 하면서, 사람은 굴레를 씌워 끌고 다니기도 하고 수레를 연결하여 그 위에 타고 다니기도 하지만 힘은 세지 않다고 했다. 호랑이는 사람이라는 동물을 더욱 궁금해 하며 길을 가다 수낙타를 만났다. 호랑이는 수낙타에게 사람은 어떤 동물이냐고 물었다. 수낙타는 이 세상에서 가장 힘이 센 동물이며 끈으로 조종하며 자기를 타고 다니기도 하지만 매우 작은 동물이라고 이야기했다. 호랑이가 놀라워하자 낙타가 이야기했다. "사람의 힘은 지혜에 있습죠. 그런 지혜를 가진 동물은 세상에 많지 않을 겁니다." 그러자 호랑이는 사람의 지혜라는 것을 빼앗아 갖고 싶어 했다.

호랑이는 길을 계속 가다가 숲 속에서 한 나무꾼을 발견하여 그에게로 갔다. 그 나무꾼이 사람이라는 것을 안 호랑이는 가죽도 없는 약한 동물이라 단번에 쳐서 없애버릴 수 있을 것이라 생각하면서 "너는 내게 보여줄 힘이 있느냐?" 하고 멸시하듯 말했다. 그러자 사람은 자기의 힘은 생각하는 것이라고 말했다. 호랑이는 주저 없이 그 생각이란 것을 보여 달라고 했다. 나무꾼은 "생각을 집에 두고 왔습니다. 하지만 당신은 저를 따라 저희 집에 가까이 가실 수 없습니다. 저희 집 개가 당신을 보자마자 달려들어 당신을 물어뜯으면 생명이 위험해질 거에요. 그러니 여기서 기다리고 있으세요."라고 말하고 몇 걸음을 걷다가 주저하며 멈추어 섰다. "당신이 등 뒤에서 저를 붙잡지나 않을까 하는 두려운 생각이 든답니다." 그러자 호랑이가 자기를 나무에 묶어놓고 가라고 하였다. 나무꾼은 호랑이를 허리띠로 나무에 단단히 묶었다. 잠시 뒤 나무꾼은 마른 나뭇가지를 안고 와서 호랑이 옆에 쌓아 놓았다. 나무꾼은 "자, 지혜를 가지고 왔습니다." 하면서 부싯돌을 쳐서 나무더미에 불을 붙여놓고 가버렸다. 호랑이는 어찌 줄 몰라 안절부절못하고 있는데, 다행히 묶였던 끈이 느슨해져 호랑이는 불 가운데서 정신없이 뛰쳐나와 도망쳤다.

이렇게 호랑이는 인간의 지혜를 보려다가 여기저기 불에 타서 털이 누레지고 몸에 검은 반점이 생기게 되었다고 한다.

참고문헌 Д.Цэрэнсодном(2012), Монгол аман зохиолын тайлбарт дээж *бичиг*, Улаанбаатар. 데.체렌소드놈 편저, 이안나 역(2007), 『몽골의 설화』, 문학과 지성사.

호리 투메드와 백조 부인 ᠬᠣᠷᠢᠳᠠᠢ ᠮᠡᠷᠭᠡᠨ ᠦ ᠳᠤᠮᠤᠭ Хоридай мэргэний домог (Khoridai mergenii domog)

부리야트 부족에서 전해 내려오는 백조 부인을 얻어 열한 씨족의 아버지가 된 호리 투메드 이야기

아주 오랜 옛날에 바오(Bao, 지명) 주변에 호리 투메드(Khori tumed)와 호리대 메르겡이 살고 있었다. 오이훙 섬과 바르가찡 강의 끝, 바이칼 호숫가에는 부리야트 종족이 살고 있었다. 호리 투메드는 가정을 이루지 못해 아내와 자식이 없는 젊은이였다. 그가 바이칼 호숫가를 지나가고 있을 때 아홉 마리의 백조들이 동북쪽에서 날아와 옷을 벗고 여인들로 변해 바이칼 호수로 들어갔다. 호리 투메드는 백조 옷을 한 벌 훔쳐 숨었다. 목욕을 하고 나온 백조들은 모두 옷을 입고 동북쪽으로 돌아갔지만 옷이 없는 백조는 날아가지 못하고 호리 투메드의 아내가 되었다.

그 두 사람은 가정을 이루고 열한 명의 아들을 낳았다. 어느 날 아내가 호리 투메드에게 아들도 낳았으니 이제 고향으로 돌아가겠다고 말했다. 그러나 호리 투메드는 그 백조 옷을 내주지 않았다. 호리 투메드가 냄비의 손잡이를 쥐고 음식을 만들고 있을 때 아내가 다시 말했다. "제 백조 옷을 내주세요. 한 번만 입어볼게요. 저는 당신을 이길 수 없어요. 그냥 한 번 입어만 볼 테니 옷을 내주세요." 라고 하자 호리 투메드는 마지못해 옷을 내 주었다. 아내는 백조 옷을 입고 날개를 가다듬더니, 이내 게르 하늘창을 통해 나가버렸다. 그러자 호리 투메드는 그을음이 묻은 검은 냄비 손잡이를 잡았던 손으로 새의 두 다리를 잡아당기며 당신이 가겠다면 가도 좋지만 열한 명의 자식에게 이름이나 붙여주고 가라고 말했다. 그녀는 열한 명의 자식에게 허브두드, 갈조트, 호아채, 할빙, 바트내, 호내, 고쉬드, 차강, 샤래이드, 버등고드, 하르간이라는 이름을 지어주었다. 그녀는 자식들에게 언제라도 낙담하지 말고 서로 사이좋게 잘 지내라고 축원을 하고 동북쪽 하늘로 날아갔다.

예전에 부리야트 무당이 굿을 할 때

백조의 기원이여
자작나무 기둥이여
자작나무로 둘러싸인 호다르 강이여
물에 둘러싸인 오이홍 섬이여

하여 무가를 부른다. 백조 기원이라는 것은 백조 어머니를 말하며(호리 부리야트 사람들의 원조상이 백조라는 것을 의미함) 자작나무 기둥이 있었던 것이 아닐까. 호다르 강이라는 호수의 원천은 자작나무로 둘러싸인 높은 산의 정상에 있으며, 오이홍 섬은 바이칼 호수 가운데 있다. 바이칼 호수 주변에 살던 호리 투메드의 자식들은 열한 씨족의 원조가 되었다.

참고문헌 Д.Цэрэнсодном(2012), *Монгол аман зохиолын тайлбарт дээж бичиг*, Улаанбаатар. 센덴자빈 돌람 지음, 이평래 역(2007), 『몽골 신화의 형상』, 태학사. 체렌소드놈 편저, 이평래 역(2001), 『몽골 민간신화』, 대원사

기록문학

간조르 ᠭᠠᠨᠵᠤᠤᠷ Ганжуур (Ganjuur)

티베트어로 된 불교 대장경을 몽골어로 번역한 불경

7세기에 티베트에 전해진 불교는 민족 종교인 '본교'와 융합되어 라마교라고 하는 독특한 종교가 성립되었다. 당시 문자나 문법서가 없었던 티베트에서는 산스크리트어에 의거하여 티베트 문자와 문법서를 만들었다. 그리고 7세기경부터 인도에서 들여온 불경을 번역하기 시작하였으며, 9세기에는 불경 대부분을 출판하였다. 이후 번역된 불경을 모두 합하여 13세기에 처음으로 『티베트 대장경』을 개판(開版)하였고, 이 후에도 나르탄 신판 · 데르게판 · 초네판 · 프나카판 · 북경판 · 라사판 등 여러 차례 출판되었다.

석가모니 부처와 그의 제자들의 행적 및 설법을 담은 불경들을 14세기 초반 무렵 부돈린친 두브와 티베트 승려들이 108권으로 묶어 '티베트 대장경'을 저술하였는데, 이 경전을 몽골어로 번역한 것이 『간조르(Ganjuur)』이다.

몽골인들은 『간조르』에 수록되어 있는 경전을 부분적으로 번역했으나 본격적인 번

역 사업은 차하르 부(部)의 릭덴한(Ligden khaan 1604~1634)의 명으로 반디다 공가 오드세르(Gungaa-Odser)와 다르항 라마 삼단 셍게(Darkhan lam Samdansenge), 빌릭트 에르데네 다이구시(Biligt erdene Dai güüsh), 토인 산라브(toin Sanrav) 등 약 50여 명의 전문가가 참여하여 1629년에 완성했다. 릭덴한(Ligden khan) 시대에 번역된 『간조르』는 1717~1720년에 북경(北京)에서 목판 인쇄되었다. 현재 몽골 간조르 판본은 몽골국립도서관, 내몽골 도서관, 파리 민족도서관에 보관되어 있다.

간조르(Ganjuur)의 내용은 석가모니 부처와 그의 제자들이 쓴 설법 및 교훈이다. 그러나 그 안에는 몽골 민족의 구전 시, 구비문학을 바탕으로 한 여러 가지 설화와 교훈시 등도 다수 수록되어 있다.

참고문헌 Д.Цэрэнсодном (1987), *Монгол уран зохиол*, Улаанбаатар, Alan J. K. Sanders(2010), *Historical Dictionary of Mongolia(Historical Dictionaries of Asia, Oceania, and the Middle East)*, Scarecrow Press.

게세르전 ᠭᠡᠰᠡᠷ ᠲᠤᠤᠵᠢ Гэсэр тууж (Geser tuuj)

몽골 3대 영웅서사시의 하나인 '게세르' 이야기를 문자로 기록하여 놓은 책

몽골의 〈게세르전〉 서사시는 그 전승 지역과 전승 양식의 범주만큼이나 방대한 신화 자료가 전해지고 있다. 지금까지 전해지고 있는 기록본의 몽골 게세르는 몽골어로 '토오즈(tuuj: 傳)'의 장르에 해당하며 몽골의 구비 서사시인 '토올'의 장르와 긴밀한 관련을 맺으며 끊임없이 장르적 발전을 거듭하고 있다.

그동안 〈게세르전〉 이본에 대한 연구가 게세르 연구의 비중 있는 분야 중의 하나였고, 그동안 논의된 것을 토대로 하여 몽골 게세르의 주요 문헌본을 제시하면 다음 표와 같다.

번호	기록본	기록 시기	발견 과정	비고
1	북경 목판본(木版本)	1716년(淸, 康熙55년)	?	7장
2	북경 융복사본(隆福寺本)	18세기말~19세기초	1954년 북경 융복사 고서점가에서 발굴	8장~13장, 총6장 북경 목판본의 속편
3	오이라트 토드문자본(本)	1889년 9월 25일(光緒 15년 虎月 28日) 강희55년?	서할하 오이라트 민간 연구소에서 발견	7장 복경 목판본과 북경 융복사본의 혼합
4	오스트 조본(本)		1958년 내몽골 허흐호트 시 외곽의 오스트 조에서 발견	8장 마지막 장 훼손
5	놈치 하탄본	1716년(康熙55년)이라 부기 1590 (?), 1650(?)	1930년 몽골국 아르항가이 아이막에서 발견. 필사본	12장이 많음
6	자야본(本)		자야 후레, 지금의 체체를렉 시, 1930년경 발굴, 필사본	19장 18장
7	잠스라노본(本)		1918년, 후레에서 구함, 내몽골인	6장 북경 목판본 속편
8	오르도스본(本)		1959년에 내몽골 오르도스 지구(자사크, 기)에서 발견	13장
9	링 게세르본(本)		몽골 헙스걸(20세기초)	1장 24부, 29장
10	북경도서관본		북경도서관	2장
11	승덕본		하북성 승덕지구 평천현	8장

위의 표에서 제시한 문헌본 게세르의 주요 서지 내용을 정리하면 다음과 같다.

〈북경 목판본(木版本)〉

〈북경 목판본〉은 1716년(淸 康熙 55) 북경에서 간행된 일곱 장으로 구성된 몽골 게세르이다. 이 본을 코진이 1936년에 러시아어로 번역하여 연구 논문과 함께 출판하였으며, 1839년에는 쉬미드트가 독일어로 번역하여 원문과 함께 페테르부르크 시에서 출판하였다. 또한 토즈(tuuj, 傳)의 형태로 소설화한

것을 1955년 내몽골 허흐호트에서 다시 간행하였다. 이 〈게세르전〉의 줄거리를 요약하면, 다음과 같다.

제1장 호르마스트(제석(帝釋)) 텡게르가 아들 게세르를 인간세계로 내려 보낸다. 그 당시 세상은 매우 혼란스러웠다. 힘이 센 자가 약한 자를 잡아먹고 위에 있는 자는 아래에 있는 자를 괴롭혔다. 인간세계의 이러한 고통스런 혼란을 조정하기 위해 게세르가 태어난 것이다. 나라의 권력을 쥐고 있었던 초통 노욘은 게세르를 부모와 함께 북방의 모래사막으로 쫓아내버렸다. 그들은 그곳에서 매우 비참하고 가난하게 살고 있었다. 그런데 게세르가 도술을 써서 모래사막을 풍요로운 물이 흐르는 곳으로, 풀이 자라지 않던 곳을 풀이 무성히 자라는 초원으로 만들어 그 풀로 가축을 키웠고 그들은 매우 부유해졌다. 초통 노욘이 이를 알고 세금을 받기 위해 찾아왔는데 게세르는 초통 노욘에게 한 마리의 준마를 태워 주었다. 그 말은 매우 재빠른 말로, 초통 노욘을 며칠을 가야 닿을 수 있는 거리까지 데리고 달려갔다. 초통 노욘은 그 말을 잘 다룰 수 없었기 때문에 한참 혼쫄이 났다가 겨우 돌아왔다.

게세르는 어렸을 때는 코흘리개 조르라는 이름을 가진 가난한 소년이었다. 그러나 높은 승려 귀족들을 수차례 이기고 나서 아름답기로 소문난 록모 고아를 왕비로 맞아들였다.

제2장 만물을 공격하고 괴롭히던 산만 한 검은 줄무늬 호랑이를 게세르 왕이 죽이고 그 가죽으로 화살통을 만들었다. 2장에서는 사나이의 용기와 용사의 능력을 칭송하였고, 사냥꾼의 평범한 삶을 곁들여 보여주기도 하였다.

제3장 중국의 곤마 구메(중국의 왕을 존대해 표현한 티베트어로 추정됨)는 왕비의 죽음으로 매우 깊은 슬픔에 빠져 있었다. 왕은 죽은 부인을 안고 누워 있기만 했고, 나라 안 백성들에게 슬퍼하며 울라는 명령을 내렸다. 앉아 있던 사람은 앉은 채로, 누워 있던 사람은 누운 채로, 걷고 있던 사람은 걸어가면서 울며 슬퍼해야 했다. 이에 백성들은 왕의 마음을 진정시키기 위해 게세르를 초청하였다. 게세르는 왕을 찾아가 다양한 방법으로 왕의 마음을 진정시켰고, 온 나라 안에 가득 찼던 슬픔을 그치게 하였다. 그리하여 중국 왕의 공주를 아내로 맞아 고향으로 돌아왔다.

제4장 12개 머리를 가진 망가스를 누르고 아롤로 고아(투멘자르갈랑) 왕비를 망가스의 손아귀에서 구출해 낸다.

제5장 게세르 왕이 북방에서 침략해 온 망가스와 싸우느라 몇 년 동안 나라를 비운 사이, 샤라이골의 세 왕이 게세르의 록모 고아 왕비를 데려가고 그 나라와 영토를 강탈하기 위해 공격해 왔다. 이때 게세르의 숙부인 초통 노욘은 적의 편에 서서 자신의 영토를 샤라이골에 바친다. 샤라이골의 왕들은 록모 고아를 잡아가 버린다. 하지만 게세르 왕은 고향에 돌아와 배신한 초통 노욘을 멀리 유배보내고 샤라이골의 세 왕과 전쟁을 하여 이겨서 록모 왕비를 되찾아 온다.

제6장 외국에서 한 망가스가 라마 승려의 모습으로 찾아와서 게세르에게 세례를 내려준다는 거짓말로 게세르를 당나귀로 만들어 버린다. 라마 승려는 당나귀가 된 게세르를 자기 나라로 데려가서 온갖 힘든 일을 시킨다. 게세르의 아조 메르겡 왕비가 그 망가스를 물리치고 당나귀를 빼앗아 영원의 성

수(아라샹)를 뿌려 게세르로 다시 되돌렸다. 이 대목은 민중을 속이는 봉건 라마 승려 귀족층을 풍자한 장이다.

제7장 게세르가 어머니를 지옥에서 구출하여 하늘의 태양국에 태어나게 한다.

〈북경 목판본〉 게세르전이 간행되던 당시에는 불교 경전을 많이 번역하고 간행시키기 위하여 몽골의 여러 학자들이 북경에 초청되었고 그들이 몽골 민간에서 사랑받던 게세르 서사시를 종교적 성향의 서적 안에 첨부하여 간행하게 된 것으로 추정되고 있다.

〈놈치하탄본(本)〉

〈놈치하탄본〉 게세르전은 1930년에 몽골국 아르항가이 아이막에서 발견한 12장의 필사본이다. 오르도스 만호(萬戶, 투멘)인 지농의 부인인 '놈치하탄'의 소장품으로, 1960년 몽골국에서 영인, 간행할 때에 〈놈치하탄본〉이라 통칭하였다. 이는 사실상 오르도스 지역 전승 이본 중 하나이다. 오르도스 본(本)과 비슷하고 그 이야기의 플롯도 비교적 풍부하며 장수도 비교적 많은 특징이 있다. 여기에는 〈북경 목판본〉의 제1장부터 제7장의 내용과 〈오르도스본〉 제6장의 내용, 〈북경 융복사본〉의 제8, 9, 10장의 내용을 포함하고 있다. 본문이 끝나는 부분에는 "康熙五十五年"(1716년)이라는 부기를 〈북경 목판본〉 제7장 말미에서처럼 여전히 기록하였다. 이 책에도 역시 맨 마지막 부분에 "달라이 라마와 게세르왕의 회담"이라는 한 편의 '발(跋)'이 부기되어 있다. 이것은 게세르 왕전의 내용과 관련이 없는 기술을 종교에 대한 포교 목적으로 전사자나 편찬자가 부기한 것으로 보인다.

그러나 발문에 적혀 있는 정보를 통하여 〈놈치하탄본〉이 북경판보다 앞서는 최고(最古)의 판본으로 평가되기도 하였다. 발문에 적혀있는 '경인년(庚寅年)'이란 표기에 근거하여 이 책의 형성 연대를 이린칭은 1614년, 게렐자브는 1590년, 세첸멍흐는 1650~1678년이라고 보았다.

이 책은 1988년 내몽골의 게렐자브에 의해 주석되어 간행되었다.

〈북경 융복사본(隆福寺本)〉

〈북경 융복사본〉은 총 6장본으로 〈북경 목판본〉의 속본이다. 1954년 북경 융복사 대아당 고서점가에서 우연히 발굴된 희귀본 중 하나이다. 이 책은 1956년 내몽골인민출판사에서 새롭게 간행하였는데, 이때 북경 목판본을 상권, 융복사본을 하권으로 엮어 북경 목판본의 속편처럼 간행하였다. 즉 〈북경 목판본〉의 7개 장과 〈융복사본〉의 6개 장을 상, 하권으로 하여 전후 내용이 일관되게 구성된 총 13개 장의 게세르전이 1950년대에 처음 소개한 것이다. 현재 내몽고 사회과학원 도서관에 보관되어 있다. 〈북경 융복사본〉의 가장 큰 특징은 의도적으로 〈북경 목판본〉의 속편으로 새롭게 창작된 것이라는 점이다. 이 이본은 제8장부터 시작된다.

제8장 상권(북경 목판본)과 하권(융복사본)을 연결하는 대목으로 샤라이골 세 왕들과의 전투에서 목숨을 잃은 게세르의 30용사 이야기, 그들을 하늘에서 구해온 아라샹(성수, 생명수, 약수)으로 살려내는 이야기로 구성된다.

제9장 게세르와 앙두락마 앙돌모(ang dolmu) 마왕과의 싸움 대목이다. 이 이야기

는 티베트 역사상 가장 잔인하고 악랄했다고 알려진 랑다마 왕을 모티프로 하여 그린 것이다. 랑다마 왕은 강압적으로 불교를 없애기 위해 승려들을 잡아 죽였으며 라마 승려들을 핍박하면서 개종, 파계, 환속을 강요하였고 여러 사찰을 없애버렸다. 한편으로는 적극적으로 본교(Bon教)를 추진하였다. 이처럼 불교도인에게 마왕의 화신으로 여겨진 랑다마 왕은 불교의 원흉으로 극단적으로 추악하게 형상화되었다. 즉 머리에 긴 뿔이 있고, 매일 여인으로 하여금 그 머리를 빗게 하고, 그 일이 끝나면 여인들을 바로 죽여버리는 존재로 그려지기도 한다. 9장에서 형상화된 앙두락마 앙돌모(ang dolmu) 마왕은 바로 이 랑다마를 형상화한 것이다.

제10장 〈북경 목판본〉 제6장의 형식을 모방하였고 게세르의 적수로 롭사하 망가스를 등장시켜 〈북경 목판본〉 제4장 속 마왕 롭산을 모델로 하여 창작하였다. 괴물의 화신인 롭사하(lubsakha)가 대라마로 변신하고 와서 게세르를 박해하여 당나귀로 만들자 아조메르겡(aju mergen)이 지혜를 발휘하여 게세르를 구하여 사람의 모습으로 복원시킨 후에 게세르가 괴물의 변신인 롭사하를 잡아서 큰 산 아래에 눌러 버린다.

제11장 게세르가 황금 단추와 은 단추라는 두 강의 랑삭(rangsag) 왕을 공격하여 그 왕의 딸인 사이홀라이 고아(sayikhulai guwa)를 왕비로 삼는다.

제12장 사이홀라이 고아 왕비가 게세르에게 미혼(迷魂)약을 먹여 고향을 잊어버리게 하고 같이 살았으나 게세르가 여러 수호신들의 도움으로 망각에서 벗어나 나중에는 마귀인 굼보(gümbu) 왕을 제압한다.

제13장 게세르의 여러 왕비를 빼앗으려고 시도하던 북방의 나친(natsin) 왕을 게세르가 제압한다.

이중 제 11, 12, 13장은 샤라이골 세 왕들과의 전투 대목을 모방한 것이지만 제재와 플롯, 구조 등 양식적 측면에서는 새로이 재창작한 변이형으로 평가된다. 이 장들은 플롯이 굴곡적이고 수사 문구와 시구가 미려하다. 그리고 게세르 왕과 몇몇 왕비와 관련된 대목과 함께 여러 전기적 용사와 미녀들의 이야기가 그려진다.

〈오이라트 토드문자본(本)〉

몽골의 서할하 지역 오이라트 민간 연구소에서 발견한 필사본이다. 1960년에 울란바타르 시에서 영인, 간행되었다. 이 책은 모두 7장으로 구성되어 있다. 앞부분 네 장(제1장~제4장)의 내용은 〈북경 목판본〉의 1, 2, 3, 4장과 완전히 동일하고, 제5장과 제6장의 내용은 〈북경 융복사본〉의 8, 9장과 서로 같다. 마지막 제7장의 내용은 〈북경 목판본〉의 제7장과 동일하다. 그리고 그 말미에 "康熙五十五年"이라는 연월일이 기술되어 있다. 이는 사실상 〈북경 목판본〉과 〈북경 융복사본〉의 일부 장들을 옮겨 편찬한 판본이며 전통 몽골 문어를 오이라트 토드문자로 전사할 때 일부 정리하여 편찬하였던 것으로 보인다. 그러나 그 서술이 상세한 편이다.

제1장 말미에 "光緒 十五年 虎月 28日"(1889년 9월 25일)이라는 부기가 있어 이를 통해 그 형성 연대를 18, 19세기로 추정할 수 있다. 이 단행본은 신장(新疆) 오이라트 민간에 광범위하게 전승되고 있다.

담딩수렝은 이 오이라트 토드 문자로 쓰여진 게세르 토즈 몇 편을 레닌그라드 동방

연구소 도서관에서 읽게 되었는데 그는 "내용이 〈북경 목판본〉 게세르와 크게 다르지 않고 오이라트 게세르의 가치는 정확한 토드 문자로 기록되어 있어서 정확한 인명 발음을 재구하는 데에 큰 도움이 된다"고 보았다. 〈오이라트 토드 문자본〉 게세르는 대부분 〈북경 목판본〉 게세르 토즈를 그대로 옮겨 쓴 것이다.

담딩수렝은 이 외에도 레닌그라드 도서관에 있는 30여 개 필사본 게세르 토즈를 검토해 보았는데 이들을 살펴본 결과 〈북경 목판본〉 게세르를 간행하기 이전, 몽골 필사본 게세르가 이미 존재했었다는 증거를 확보하기도 하였다. 한 필사본 게세르 토즈는 〈북경 목판본〉 게세르와 비교적 부합되는 내용으로 구성되었지만 〈북경 목판본〉보다 오자와 탈자가 적은 선본(善本)이었다. 이를 통해 볼 때 〈북경 목판본〉 게세르전이 1716년에 간행되기 전에 이미 몽골 필사본 게세르 토즈가 상당히 있었다는 것을 알 수 있다.

〈오스트 조본(本)〉

〈오스트 조본〉은 1958년 내몽골 허흐호트시 외곽의 오스트 조에서 발견된 두루마리식 죽판 초본이다. 마지막 장인 제8장은 훼손되어 완전하지 않다.

제1장에서 제7장의 내용은 〈북경 목판본〉 게세르의 내용과 완전히 일치한다. 다만 문구 상에서 약간의 차이를 보이며 제1장의 말미와 제8장의 앞부분에서 다른 모습을 보인다. 이 책의 주요 특징은 '분권다장본'이라는 점이다. 즉 제1권은 4개의 장(제1장~제4장)으로 구성되고, 제2권은 3개의 장(제5장~제7장)으로 구성되었다. 그리고 제3권은 현재 결손된 제8장만 전해지고 있다.

이러한 '분권다장'의 형식과 제3권 제8장 이후의 누락은 이 필사본이 〈북경 목판본〉 게세르의 전체 내용과 〈융복사본〉 게세르의 부분 내용을 포함하여 합본한 이본일 가능성이 높음을 암시한다.

〈자야본(本)〉

〈자야본〉 게세르란 옛 자야 후레, 지금의 체체를렉 시에서 1930년경에 발굴된 것을 담딩수렝이 명명한 것이다. 현재 몽골국립도서관에 소장되어 있고 몽골문 필사본 19장본 게세르이다. 이 게세르 안에는 〈북경 목판본〉 7장의 내용이 모두 포함되어 있다. 〈북경 목판본〉 게세르와 〈자야본〉 게세르는 전체적으로 의미는 부합되지만 단어 상으로 차이를 보인다. 이 둘은 두 사람의 다른 번역자가 유사한 원본을 가지고 각각 번역한 것으로 보인다. 아니면 하나의 원본을 어떤 사람이 잘 암기했다가 나중에 다른 사람에게 전해주어 이종의 토즈를 만들어낸 것으로 여겨진다.

그러나 〈자야본〉 게세르는 〈북경 목판본〉 게세르를 계승한 것은 아니라고 할 수 있는데, 그 이유 중 하나는 〈자야본〉 게세르에는 티베트 이름들이 원래 티베트어 그대로 나타난다는 점 때문이다. 〈북경 목판본〉 게세르에는 티베트 명칭들이 거의 다 몽골어화되었다.

〈자야본〉 게세르는 〈북경 목판본〉의 일부 장을 몇 개의 장으로 나누어 구성하였기 때문에 그 장수가 19장에 이르게 되었다. 실제로 〈북경 목판본〉의 게세르에 없는 새로운 장은 오직 6개 장뿐이다. 예를 들어 게세르가 샤라이골 전투에서 사망한 용사들을 살려

내는 대목이 제8장에 들어가 있다. 더히오르 세상의 아브라가스(신화 속에 나오는 강력하고 비범한 거인 괴물) 왕을 물리치는 대목은 제10장에, 산만 한 검은 줄무늬 호랑이를 죽이는 대목은 제11장에 구성되었다. 이는 〈북경 목판본〉 게세르의 제2장과 유사하지만, 여기서는 보다 자세한 묘사와 함께 화려한 어휘로 쓰였다. 또한 락쉬스 왕을 누르고 사이홀라이 고아 왕비를 얻은 대목을 제12장에 배치하였고, 북방의 오르홍 머렁과 항가이 하롱에서 살고 있는 나친 왕과 싸워 물리치는 대목이 마지막 장에 배치되어 있다. 또한 이 전투에는 게세르의 왕비들과 손자들이 함께 참여하기도 한다.

담딩수렝은 이 〈자야본〉 게세르가 〈북경 목판본〉과 〈놈치하탄본〉의 원본일 가능성이 크다고 보기도 하였다.

〈오르도스 본(本)〉

〈오르도스본〉은 1959년에 내몽골 오르도스 지구(자사크, 기)에서 발견된 두루마리식 죽판 필사본 중 하나이다. 이 이본의 특징은 이야기의 플롯이 풍부하고 장수도 가장 많은 편이라는 점이며, 이는 〈북경 목판본〉과 그 속편 〈북경 융복사본〉과 밀접한 영향 관계를 갖는 것으로 보인다. 〈오르도스본〉과 〈북경 목판본〉을 비교하면 다음과 같다.

제1장, 제2장 〈북경 목판본〉의 제1, 2장과 같다.

제3장 독특하고 새로운 부분인데, 게세르가 많은 용사들을 이끌고 사냥하는 도중에 백룡왕의 미녀를 지혜로써 아내로 맞아들인다.

제4장, 제5장 〈북경 목판본〉의 제3, 4장과 같다.

제6장 역시 독창적인 부분인데, 샤라이골의 차강 게르트 왕이 부인을 학대하고, 아들을 위해 게세르의 아름다운 왕비 록모 고아를 며느리로 삼고자 수차례 군대를 보낸다. 게세르의 호위 용사들이 필사적으로 무수한 말들을 빼앗는 과정이 그려진다. 이 부분은 〈북경 목판본〉의 제5장 모티프를 인용하여 재창작한 변이형이다.

제7장, 제8장 〈북경 목판본〉의 제5장과 같다.

제9장, 제10장 〈북경 목판본〉의 제6, 7장과 같다.

제11장, 12장, 13장 〈북경 융복사본〉의 제8장, 9장, 10장과 같다. 그러나 제13장은 훼손되어 그 전부가 전해지지는 않는다. 아마도 이 편찬자의 의도는 북경 융복사본 제11, 12, 13장도 포함시키려 한 것 같다.

그 외 〈오르도스본〉 서문에서는 게세르의 기도문인 한편의 제문이 실려 있다. 그리고 제2장의 끝부분에는 짤막한 기술을 부기하였다. 모두 후대인, 특히 라마 승려들이 민간에서의 게세르의 명성을 이용하여 종교적 색채를 띤 제문을 썼고 어떤 이는 몽골 지역에서 크게 융성했던 황교(黃教)의 영향 하에서 〈게세르전〉의 실제 내용과는 전혀 관련이 없는 달라이 라마를 찬미하며 '모든 것을 앎', '지대지고(至大至高)' 등의 문구를 부기함으로써 결국 〈게세르전〉을 포교의 수단으로 이용하고자 한 것으로 볼 수 있다.

이 판본은 1985년에 내몽골의 연구자 치미드도르찌(Chimeddorj)가 〈게세르전〉이라는 제목으로 북경본, 오스트사원본, 놈치하탄본, 융복사본 등과 대조 · 주석하여 상 · 하두권으로 간행하기도 하였다. 또한 이 〈오르도스본〉 게세르는 2000년에 중국서북민족학원에서 중국어와 몽골어로 번역하여 함께 간행되었다.

〈링 게세르본(本)〉

이 책은 구소련 동방 연구소 문서부에 소장된 〈잠링센칭의 남타르〉 혹은 〈링 게세르〉라는 이름을 가진 2권의 필사본 게세르이다. 20세기 초에 몽골 헙스걸도의 아랴상트 군에서 발견한 것으로 이 필사본은 메르겡 궁(mergen gün)이라는 사람이 그의 스승 자야게겡(jay－a gegen)의 도서관에 보관중인 판본에서 옮겨 적어 보관하고 있었다고 한다. 실제로 이 필사본은 매우 흥미로운 토즈이다. 다른 토즈에는 없는 중요한 정보가 이 링 게세르에는 아주 정확하게 언급되어 있다. 예를 들어 링 게세르 안에는 이 토즈를 쓴 사람의 이름이 명기되어 있다.

참고문헌 Ц.Дамдинсүрэн(1957), *Гэсэрийн туужийн гурван шинж*, Өвөр Монголын ардын хэвлэлийн хороо, 其木道吉(2003), 「總談蒙古〈格斯尔〉」, 『〈格斯尔〉論集』, 中國社科院民族文化研究所, 이성규(2011), 「몽골 게세르(Geser) 이야기의 판본과 간행」, 『몽골학』30, 한국몽골학회. 이선아(2012), 「〈단군신화〉와 몽골 〈게세르칸〉 서사시의 신화적 성격 비교」, 고려대학교 박사학위논문.

교훈시 ᠰᠤᠷᠭᠠᠭᠠᠯ ᠤᠨ ᠱᠦᠯᠦᠭ ᠳᠠᠭᠤᠯᠠᠯ Сургаалын шүлэг, дуулал (Surgaalyn shüleg, Duulal)

교훈적인 내용을 아주 짧은 운문 형태로 다룬 문학 장르

교훈적인 내용을 담은, 운문 형태의 장르인 '교훈시(Surgaalyn shüleg)'는 고대 민중의 속담을 바탕으로 발전해 왔다. 민중의 교훈시는 고대 인류의 삶과 밀접한 관념들을 반영하고 있다.

"밖으로 다니는 사람은 말을 조심하고 집안에 사는 사람은 불을 잘 다스려야 한다."

이 속담에서는 생활 방식과 관련된 고대 관념이 나타나 있다.

한편, 『투르판 모음집』으로 전해져 온 기록문학을 통해서도 12~14세기의 몇몇 교훈시가 전승되어 왔다. 이는 해당 시기 문학에서 교훈시가 중요한 자리를 점하고 있었다는 방증으로 볼 수 있다. 시기적으로 12~13세기에는 남성에게 용기를 북돋워 주는 영웅시와 교훈시가 주를 이루었다. 하지만 14세기부터 불교 설법의 영향을 받아서 고난을 참고 견디는 사상으로 대체되었다.

13세기에는 영웅의 행장을 칭찬한 교훈시가 대다수를 차지했다. 그러다가 16세기 말에서 17세기 초에 불교의 한 교파인 황모파(sharyn shashin)가 널리 퍼지게 되었는데, 이에 따라 승려들이 종교적 교육자로서 등장하면서 이들은 문화 교육의 테두리에서 벗어나 황모파(sharyn shashin)의 교리를 교육시키는 데 몰두하였다. 그래서 17세기부터는 불교에서의 선과 악, 인내를 주제로 한 새로운 내용이 교훈시의 대부분을 차지하게 되었다. 자야반디드 룹상프린레이(Zaya bandida Luvsanperenlei, 1642~1715)의 『이법(二法)의 교훈(Khos yosny surgaal)』과 숨바함보 이시발지르(Sumba khamba Ishbaljir, 1704~1788)의 『뻐꾸기 소리(Khökhöön egshig duun)』, 차하르겝시 롭상출템(Tsakhar gevsh Luvsanchültem, 1740~1810)의 『술의 해악에 대한 교훈시(Arkhiny khor kholbogdlyg üzüülsen surgaal)』, 단다르 하람브(Dandar Lkhaaramba 1785~1856) 『사람과 경전의 향연(Khün nomyn bayar khurim)』 등이 그것이다.

교훈시의 대표적인 것으로는 〈덕과 인에

대한 사행시〉가 있는데, 이 시는 어질고 올바르게 살아야 한다는 교훈적 내용을 담고 있는 사행시이다. 이 시는 누가 언제 저술하였는지는 알려진 바가 없다. 원본 또한 현재 전해오고 있지 않다. 몽골 학자 담딩수렝(Ts. Damdinsüren)은 『몽골문학 100선(Mongol uran zokhiolyn deej zuun bilig)』에서 두 개의 원본 중에서 전해 온 일부만을 합쳐서 수록하였다.

〈덕과 인에 대한 사행시〉는 어질고 올바르게 사는 것에 대한 교훈을 대조법을 통해 표현하고 있다. 몽골 구비문학에서 교훈적인 내용을 3행으로 압축하여 쓰는 것은 몽골 시문학의 오랜 전통인데, 이런 구비문학의 영향을 받아 4행으로 된 시 형태가 나온 것으로 보인다.

예를 들어 몽골 구비문학 중 하나의 장르인 〈여르턴친 고라브(Yertöntsiin gurav)〉는 다음과 같은 3행의 형태를 갖고 있다.

"늘 강인하지 않기에 몸이라는 것이 영원치 않고
영원히 함께 할 수 없기에 인간 관계가 영원치 않고
결국엔 없어지기에 물질도 영원치 않다"

그런데 이 3행시의 영향을 받아 〈덕과 인에 대한 사행시(四行詩)〉는 다음과 같이 4행의 형태로 만들어졌다.

"늘 강인하지 않기에 몸이라는 것이 영원치 않고
영원히 함께 할 수 없기에 인간 관계가 영원치 않고
늘 가며 오며 약속이 없기에 행복과 고통이 영원치 않고
결국엔 없어지기에 모아둔 물질도 영원치 않다"

이러한 사행시는 우주와 인생에 대한 진실을 담고 있기 때문에 〈덕과 인에 대한 사행시(四行詩)(Avakh geekhiin dörvön mört)〉라고 불린다.

어린이에게 삶의 지혜를 가르치는 내용을 담은 교훈시인 〈노인과 어린이의 대화 속에 나타난 교훈〉은 롭상(Luvsan)이 편찬한 『다양한 종류의 교훈시, 이야기, 그리고 축원 모음집(Olon züiliin surgaal shüleg, domog ba yerööl zergiin nom devter)』에 실려 있다. 또한 사본이 몽골 국립도서관에 소장되어 있는 『이 잠보 티브(섬부주; 贍部州)의 태양과 축원(Ene Zambativiin naran ba yerööl orshiv)』이라는 시 모음집에 수록되어 있다. 이 시는 처음과 끝 부분에 라마(lam), 삼보(三寶 gurvan erdene), 부처(Yadam burkhan)에게 소원을 비는 것 외에는 불교적 색채가 거의 없고 삶의 지혜를 알려 주는 내용을 담고 있다. 시의 대부분의 내용이 일상생활에서 지켜야 할 사회적 윤리와 도덕 등을 가르치는 내용을 담고 있는데, 당시의 일반적인 삶에 대한 교훈시의 특징을 잘 보여 주는 시로 평가된다. 형식은 특정 운문 형태를 취하지 않고 비교적 자유롭게 쓰였다.

참고문헌 Д. Цэрэнсодном (1987), *Монголын уран зохиол*, Улаанбаатар. Д. Цэрэнсодном (2002), *Монголын уран зохиолын товч түүх*, Улаанбаатар.

권말시 ᠲᠡᠭᠦᠰᠭᠡᠯ ᠦᠨ ᠰᠢᠯᠦᠭ Төгсгөлийн шүлэг (Tögsgöliin shüleg)

시 형식을 빌어서 책의 저자, 내용, 체재, 출판 연월일 등에 대해 설명한 시가

'권말(卷末)시'는 책의 저자, 내용, 체재 및 출간 경위 등을 시 형식을 빌어 설명한 작품이다. 몽골어로 '턱스걸링 슐렉(tögsgöliin shüleg)'이라고 한다. 다양한 종류가 있으며, 작품, 작가, 번역가들의 역사적 상황과 연관된 내용들이 여기에 포함된다.

몽골인들이 이미 14세기에 '권말시(Tögsgöliin shüleg)'를 써 왔던 사실은 투르판에서 발견된 자료들에서도 확인된다. 이러한 옛 전통을 바탕으로 17~18세기의 구시 초르지(Güüsh Tsorj), 메르겐 다이친 타이지(Mergen daichin taij), 사자 돈도브(Saja Dondov), 오이라트 자야 판디타(Zaya bandida), 남하이잠치 판디타(Namkhaijamts bandida), 공가 오드세르(Gungaa–Odser), 잔자 롤비도르지(Janjaa Rolbiidorj), 다이 구시 아그왕담필(Dai güüsh Agvaandampel), 랍잠바 단잔닥바(Ravjamba Danzandagva), 다르한 라마 삼단셍게(Darkhan lam Samdansenge), 할하 구시 겔렉잘찬(Khalkhyn güüsh Gelegjaltsan), 구시 빌긴 달라이(güüsh Bilgiin Dalai) 등 많은 작가들이 자신의 작품에 '권말시'를 썼다. 이 시에는 책에 대해서뿐만 아니라 저자 개인의 약력과 관련 자료들에 관한 정보를 담고 있다.

몽골 학자 롭상발단(Kh. Luvsanbaldan)은 「오이라트 자야 판디타의 번역에 대한 회보」라는 논문에서 남하이잠츠(Namkhaijamts)가 쓴 약 40개의 '권말시'를 전사하였다. 또 체렌소드놈(D. Tserensodnom)은 몽골 '단조르'(danjuur)의 번역자들이 쓴 약 60개의 '권말시'를 연구하였다. 이 외에도 담딩수렝(Ts. Damdinsüren), 클리브스(F. Klivez), 알토(P. Aalto), 크류거(J. Kruger), 카라(D. Kara), 욘돈(D. Yondon) 등의 학자들은 작품의 연구와 더불어 그 작품에 들어 있는 '권말시'도 함께 분석하였다.

몽골의 저자들이 쓴 '권말시'는 여러 가지 주제들을 갖고 있는데, 예를 들면 '부처를 포함하여 해당 경전과 연관되어 있는 고대의 현자들에 대한 찬양', '책의 특성이나 내용에 대한 기술', '해당 책의 저자나 번역가들의 역사 전기, 저술 연도, 시간, 목적, 지역과 연관된 정보', '독자들에게 하고 싶은 말', '행운을 상징하는 말이나 축복의 시' 등이다.

참고문헌 Д.Цэрэнсодном (1987), *Монголын уран зохиол*, Улаанбаатар, Ц.Дамдинсүрэн (1968), *Монголын уран зохиолын тойм*, III дэвтэр, Улаанбаатар.

금장칸국의 자작나무 껍질에 쓰인 시가

ᠠᠯᠲᠠᠨ ᠣᠷᠳᠣᠨ ᠤ ᠦᠶᠡᠰᠦᠨ ᠳᠡᠭᠡᠷᠡᠬᠢ ᠪᠢᠴᠢᠭ Алтан ордны үйсэн дээрх бичиг (Altan ordny üisen deerkh bichig)

몽골에 전해 내려오는 가장 오래된 고전 몽골 시가 중의 하나로 자작나무의 껍질에 쓰인 시가로, 13~14세기 자료로 추정되며, 몽골 전통 문자로 쓰인 고전 몽골 시가 자료이다. 어머니와 전쟁터에 간 아들이 서로를 그리워하는 내용이다.

1920년대 도굴꾼들이 타미르 강 유역에서 무덤을 도굴하면서 몽골 문자로 새겨진 자작나무책을 훼손시킨 사건이 잠츠라노(Ch. Jamcharano)에 의해 세상에 알려졌다. 이 사건으로 몽골 민족이 예로부터 자작나무에 글을 써 왔던 것이 밝혀졌다. 1970년에는 촉트 홍타이지의 하르보흐라는 성터에서 자작나무에 글을 새겨 넣은 책자가 발견되었다. 그리고 이 책자와 함께 들어있던 17세기 초의 제문이 페를레(Kh.Perlee)의 연구에 의해 비로소 세상에 알려졌다.

자작나무 껍질에 새겨진 책자 중 가장 이른 시기의 것은 이질(Ijil) 강에서 발견된 킵차크칸국(금장칸국)의 자작나무 목피에 쓰인 시가이다. 본 문서는 1930년 이질 강의 동편에 사는 농부들이 가축의 건초 저장고의 구멍을 뚫는 과정에서 발견해서 박물관으로 보내졌다. 현재는 상트페테르부르크의 에르미타쥐 박물관에 보관되어 있다.

이 유물은 몽골어와 위구르어로 쓰인25매 분량의 낡고 찢어진 자작나무책이다. 이 중 7장은 어머니와 전쟁에 나간 아들간의 관계에 대한 노래가 실려 있다. 이 책에는 팍바(1235~1280) 라마 승려가 창제한 파스파 문자로 쓴 단어가 포함되어 있는데, 이로 볼 때 1260년 이후의 기록물로 볼 수 있다. 또 노래의 구성과 문체를 보면 13세기 말~14세기 초와 연관된 것으로 추정된다.

이 문서에 대해 바라딘(B.Baradin)과 잠츠라노가 처음으로 연구하여 1935년「금장칸국 시기의 자작나무 위에 새긴 위구르어와 몽골 문자의 최초 기념물」이라는 논문을 발표했다. 이 논문의 원본은 현재 러시아 부리야트 사회과학원의 필사본 국고도서관에 보관되어 있다.

이 자작나무 책자에서 가장 주목되는 부분은 시가의 내용이다.『몽골비사』와 같은 전쟁에 관한 기록은 보이지 않으나 전장으로 떠난 자녀가 고향과 부모를 그리워하고 조국으로 돌아가기를 바라는 내용을 담고 있다. 그리고 그를 배웅한 어머니는 아들이 건강하고 무탈하게 잘 다녀오기를 기원하고 있다. 본 노래에서 아들은 군주를 따라 군인으로 가게 되었지만 어머니는 이런 아들에게 군주를 따르는 것은 의무이며, 슬퍼하지 말라고 위로하는 내용을 담고 있다. 그리고 아들은 어머니의 보살핌과 염려에 힘입어 군복무를 무사히 마치고 고향의 친척들과 만나기를 간절히 기원하고 있다. 담딩수렝(Ts. Damdinsüren)은 이 작품이 봉건주의 시대의 대표적인 문학인 동시에 실제 민중의 삶을 잘 그려내고 있다고 평가하고 있다. 이 시는 13세기 말 몽골 시가의 형태를 연구하는 데 있어 매우 귀중한 자료이다.

참고문헌 Цэндийн Дамдинсүрэн(1941), “Монголын уран зохиолын дээж зуун билэг оршивой”, Поппе Н. Н(1941). *Золотоордынская рукопись на берёсте*, *Сов. Востоковеденик*, П— М, Малов Н.М, Пилипенко С.А, Сергеева О.В.(2013). *Погребение золотоордынского писца с берестяной книжечкой около сел Подгорное—Терновка*// АВЕС. Саратов: СГУ. Вып. 10, Ц.Дамдинсүрэн(1957). *Монголын уран зохиолын тойм*, Нэгдүгээр дэвтэр, Улаанбаатар. Д.Цэрэнсодном(1987). *Монгол уран зохиол*, Улаанбаатар.

나란게렐 다긴의 이야기

Нарангэрэл дагины тууж
(Narangerel daginyn tuuji)

나랑게렐이 홀로 시어머니를 잘 봉양하고, 도적떼와 전쟁을 벌여 수도를 되찾은 이야기

'나랑게렐 선녀의 이야기(Narangerel daginy tuuj)'는 구전으로는 물론 문헌으로도 널리 알려진 작품이다. 특히 필사본이 3개가 현전하는 데 서로 상이점이 존재한다. 대체적인 내용은 다음과 같다.

나랑게렐(Narangerel)은 어려서부터 가난하게 살았으나 이에 굴하지 않고 꿋꿋이 살아가는 여성이다. 남편인 우넹 어굴레그치(Ünen ögüülegch)은 늙은 어머니와 부인 둘을 부양하며 고향에서 살고 있었다. 어느날 우넹 어굴레그치는 과거 시험을 보러 수도로 떠났고, 후에 그는 왕의 신하가 되었다. 우

넹 어굴레그치는 왕의 신하가 되어 혼자 수도에 살고 있었는데 잔인한 귀족 루게(Лүгэ)의 간교한 꼬임에 빠져서 몇 년 동안 고향에 소식 전하는 것을 잊고 루게의 딸과 혼인하여 행복에 빠져 살았다. 한편 시어머니를 부양하며 힘들게 살았던 나랑게렐은 어느 날 시어머니가 고기를 먹고 싶다고 하자 고기를 살 돈이 없어 어쩔 수 없이 자기 허벅지를 베어 내어 요리를 해 드린다. 며느리의 지극 정성에도 불구하고 나랑게렐의 시어머니는 세상을 떠났다.

시어머니가 세상을 떠나자 나랑게렐이 남편을 찾아 수도로 떠났다. 가는 도중에 그녀는 도적 떼에게 잡혔다. 도적떼의 우두머리인 탕호 노욘은 그녀와 혼인하려고 하였다. 겨우 도적 떼에서 벗어난 나랑게렐이 남편을 찾아오자 잔인한 신하 루게(Lüge)가 나랑게렐을 독살하여 죽인다. 죽은 나랑게렐은 염라대왕 앞에 가서 자신이 겪었던 일을 고한다. 나랑게렐의 이야기를 다 듣고 난 염라대왕은 그녀를 다시 살려 보낸다. 나랑게렐이 이승에 돌아와 보니 수도가 도적 떼의 손에 들어가 있었다. 남편에게 버림받고 적에게 포로로 잡히며, 잔인한 귀족에게 독살당한 나랑게렐이 군대를 이끌고 도적 탄호(Tankhu)의 군대와 격전을 벌여 수도를 적의 치하로부터 독립시켰다.

전쟁이 끝난 후 나랑게렐은 루게를 재판정에 세워 그의 죄를 징치한다. 처음에 루게는 자신의 잘못을 발뺌하고 죄를 타인에게 미루지만, 결국에는 모든 것이 탄로 나고 벌을 받는다. 나랑게렐의 남편도 잘못을 뉘우친다.

참고문헌 Ц. Дамдинсүрэн(1977), *Монголын уран зохиолын тойм*, Улаанбаатар, Д.Цэрэнсодном (1987), *Монголын уран зохиол*, Улаанбаатар, Д.Цэрэнсодном (2002), *Монголын уран зохиолын товч түүх*, Улаанбаатар.

단잔랍자의 서정시 Равжаагийн уянгын шүлэг (Ravjaagiin uyangyn shüleg)

19세기 시인 단잔랍자(Ravjaa)가 쓴 여러 편의 서정시

단잔랍자(Ravjaa)의 서정시는 몽골 구비문학과 깊은 관련이 있다. 그의 작품에는 몽골 구비문학의 전통과 흔적들이 많이 반영되어 있다. 그래서 그의 서정시는 평민들이 쉽게 이해할 수 있으며, 시의 형식도 전형적인 몽골시의 형태를 갖춘 것이 대부분이다.

단잔랍자는 7세에 〈호르마스트 신(Khurmast tenger)〉이라는 시를 지었다는 이야기가 있다. 후에 이 시는 노래가 되어서 널리 전파되었다는 것이다. 고비 지역에서는 단잔랍자가 몽골어와 티베트어로 약 1,000여 편의 시를 지었다고 전해진다. 그러나 현재 전해오는 것은 400여 편이다. 대표적 작품으로는 〈오리항 홍고르(Urikhan khongor)〉, 〈세르겔렝 잔트 차간(Sergelen zant tsagaanaa)〉, 〈도흐타이 호르단 후렝(Dukhtai khurdan khüren)〉, 〈울렘진 차나르(Ülemjiin chanar)〉, 〈나이만 주트게(Naiman zütgee)〉, 〈예르텐츠 아와하인 잠(Yörtonts avkhain jam)〉 등이 있다. 이외에도 〈호스 요스니 소르갈(khos yosny surgaal)〉의 양식에 따라 〈차상 쇼보(Tsaasan shuvuu)〉, 〈세트겔릭 아마락치(Setgeliig amraagch)〉, 〈하와르 차긴 조가(Khavar tsagiin zugaa)〉 등을 썼다. 단잔 랍자의 작품은 대개 1830~1840년에 쓴 것들이다.

단잔랍자가 쓴 시의 주제는 광범위하다. 사람들 사이의 관계, 사랑, 불교 철학, 명상 등 현실적 소재를 많이 다루고 있다. 예컨대, 〈울렘진 차나르(Ülemjiin chanar)〉, 〈나이만 주트게(Naiman zütgee)〉, 〈암갈란 호손 세트겔(Amgalan khooson setgel ni)〉은 인간 사회의 삶과 우주 만물의 현상을 연관 짓는 내용이다. 〈타반 도힐론(Tavan dokhilon)〉, 〈더르번 올리랄(Dörvön uliral)〉은 봄, 여름, 가을, 겨울의 특성을 사람의 청춘, 노년기에 빗대서 노래한 것이다. 〈고르반 우딘 야브들로드(Gurvan üüdiin yavdluud)〉는 인간 삶을 다섯 원소인 흙, 물, 나무, 불, 공기의 상징적 특성과 관련시킨 시이다. 또 〈나이만 타힐(Naiman takhil)〉과 같은 불교적 색채가 농후한 시도 있다.

참고문헌 Ц. Дамдинсүрэн(1977), *Монголын уран зохиолын тойм*, Улаанбаатар. Д.Цэрэнсодном (1987), *Монголын уран зохиол*, Улаанбаатар. Д.Цэрэнсодном (2002), *Монголын уран зохиолын товч түүх*, Улаанбаатар.

단조르 Данжуур (Danjuur)

티베트 불교 대장경인 간조르의 주석서

단조르는 티베트 불교 대장경 간조르의 주석서이다. 〈논소부(bstan gyur)〉, 〈논(찬송, 비밀, 반야, 중관, 경소, 유식, 구사, 율, 본생, 서한, 인명, 성명, 의명, 공교명, 잡)〉으로 이루어졌다. 릭덴 칸 시대에 간조르의 몽골어 번역본이 나온 후 건륭제 치세기에는 간조르의 방대한 주석집인 단조르가 1742~1749년 사이에 모두 226권으로 번역 간행되었다. 실제로 번역 준비 과정은 그 이전부터 시작되었다. 몽골의 각 지역에서 200여 명의 역관들이 모여 원나라 시대에 번역되거나 기존에 있던 번역본 등 옛 판본을 참조하여 번역했다.

참고문헌 Ц. Дамдинсүрэн(1977), *Монголын уран зохиолын тойм*, Улаанбаатар. Д.Цэрэнсодном (1987), *Монголын уран зохиол*, Улаанбаатар. Д.Цэрэнсодном (2002), *Монголын уран зохиолын товч түүх*, Улаанбаатар. 발터하이시히 저, 이평래 역(2003), 『몽골의 종교』, 소나무.

도틴 하드니 슐렉

Дуутын хадны шүлэг (Duutyn khadny shüleg)

몽골 터브(Töv) 아이막 델게르한(Delgerkhaan) 솜 지역의 도틴 하르 촐로(Duutyn khar chuluu)라는 지역에 있는 바위에 새겨진 시. '촉트의 시(Tsogtyn shüleg)'라고도 한다.

몽골의 터브(Töv) 아이막의 델게르한(Delgerkhaan) 솜 지역에는 도틴 하르 촐로(Duutyn khar chuluu)라는 곳이 있다. 도틴 하르 촐로 지역의 바위는 바위 표면을 정으로 때려서 글자를 새기기에 적합한 매끈하고 검고 어두운 돌이다. 그래서 이 바위들에는 아르갈, 산양, 사슴, 사람, 가축, 수레 등 다양한 암각화가 남아 있다. 무엇으로 쳐도 강철을 칠 때처럼 쨍그렁 울리는 아름다운 소리가 들렸기 때문에 이 지역을 '도틴 하르 촐로(소리나는 검은 돌)'라고 부른다.

'도틴 하드니 슐렉'은 '촉트의 시(Tsogtyn shüleg)'라고도 하는데, 도틴 하르 촐로 지역의 3개의 바위 중 동쪽, 서로 가까이 있는 두 바위에 있다. 이 바위의 전체 둘레는 78m, 높이는 약 3m이다. 이 시는 촉트 홍타이지(Tsogt khun taij)가 1621년 초가을에 항가이 산맥의 체체를렉(Khangai khany tsetserleg) 산 북쪽으로 사냥 갔을 때 자신의 어머니의 친정인 오논(Onon) 강에 살고 있는 누나를 그리워하며 지은 시이다. 촉트(Tsogt)는 몇 년 후, 1624년에 이 시를 두 바위에 새겨 놓았다. 촉트(Tsogt)의 시는 구조와 형태에서 몽골 시의 전통을 잘 따르고 있다.

이 바위가 발견된 뒤 학자들은 거기에 새겨진 시에 관심을 갖게 되었다. 특히 블라디미르초프(B. Ya. Vladimirtsov)는 1925년 가을에 코즐로프(P. K. Kozlov)에게 바위 사진을 받아서 연구를 시작했다. 이 때 코트비치(V. L. Kotvich)는 당시 몽골 외무부장관인 한드 왕(Khand wang)이 보내온 바위에 새겨진 시의 몽골 문자 사본을 블라디미르초프와 함께 분석하였다. 그래서 블라디미르초프는 이 두 자료를 연구하여 「할흐의 촉트 타이지 바위의 글(Khalkhyn Tsogt taijiin khadny bichees)」이라는 논문을 썼다. 그는 이 시를 러시아어로 번역했을 뿐 아니라 몽골의 구비문학과 기록문학의 시들과 비교 연구하여 시의 구성, 표현의 특성 등도 분석했다. 또한 그의 논문에서 그는 이 바위 시를 "몽골인들의 문학 작품에서 유목민의 실제적인 삶을 보여주는 중요한 문학비"라고 평가했다. 이 암각문에 대한 연구는 체렌소드놈(D. Tserensodnom)의 「촉트 바위의 암각문의 특징(Tsogtyn chuluuny bichgiig unshsan temdeglel 1974)」과 산다그(Ts. Sandag)의 「촉트 바위의 시(Tsogtyn khadny shüleg 1976)」 등이 있다.

'도틴 하드니 슐렉'의 내용은 다음과 같다.

"먹이를 좇는 인간과
산과 숲을 활보하는 야수
그들의 몸은 별개지만
사냥감을 잡아 먹는 것는 동일하다.
도둑질하는 인간과
말떼를 공격하는 야수
이 둘은 생김새는 다르지만
욕망은 동일하다.

....

오논 강에 있는 나의 누나
오르홍 돌 강에 사는 나
우리 둘은
할흐와 온니오드
두 지역은 멀지만
서로 그리워하며
보고 싶어하는 마음은 같다.

도틴 하드니 슐렉이 새겨진 바위. 터브 아이막, 델게르한솜.

참고문헌 Ц. Дамдинсүрэн(1977), *Монголын уран зохиолын тойм*, Улаанбаатар. Д.Цэрэнсодном (1987), *Монголын уран зохиол*, Улаанбаатар. Д.Цэрэнсодном (2002), *Монголын уран зохиолын товч түүх*, Улаанбаатар.

두 자갈말 이야기

Чингисийн эр хоёр загалын тууж
(Chingisiin er khoyor zagalyn tuuj)

몽골에서 전해 내려오는 두 마리 자갈말 이야기

〈두 자갈말 이야기〉는 몽골, 특히 내몽골

의 오르도스 지역에서 여러 형태의 구비와 기록으로 널리 전승되었다. 체웬(J.Tseven)이 오르도스 지역에서 〈두 마리의 자갈말 이야기〉의 필사본을 찾았는데, 현재는 러시아의 아카데미 과학원 동양학연구소의 레닌그라드 분과의 필사본 국가보관소에 보관되어 있다. 또한 모스타르트(A.Mostaert)의『오르도스 구비 문학』에 오르도스에서 채록한 구비 이본이 실려 있다. 에르덴턱터흐(Erdenetogtokh)가 오르도스에서 또 다른 이본을 발견하여 1958년『몽골의 문자와 역사』라는 학술잡지 5집에 수록했다.

〈두 자갈말 이야기〉의 내용은 다음과 같다.

복드 칭기스칸의 흰 암말에게서 두 마리 자갈 망아지가 태어났다. 칭기스칸은 그 두 마리 자갈말을 어릴 때부터 타고 다녔고, 산과 숲에서 사냥도 하고 업적도 많이 세웠지만 아무도 이 자갈말을 알아보는 사람이 없었다. 이에 작은 자갈말이 서운한 마음이 들어 형 자갈말에게,

"알타이라는 데에는 약초가 많단다, 찾아가서 편하게 지내자.
허후이 한이라는 곳에는 이끼와 풀이 많단다.
연못과 호수가 있단다.
출발해서 발벗고 편히 눕자"

라며 떠나자고 하였다. 그러나 형 자갈말은 '그래도 키워 준 주인을 어떻게 잊을 수 있겠냐', '흰 암말 어머니를 두고 갈 수 있겠냐' 라는 등 가족과 친구, 주인을 떠날 수 없다고 하였다. 작은 자갈말은 결국 혼자 떠났다. 작은 자갈말은 외로웠고, 형 자갈말이 혹시 따라오지 않을까 기다리는데 아니나 다를까 큰 자갈말이 따라왔다. 그 사이 칭기스칸은 두 마리 자갈말이 떠나는 꿈을 꾸게 된다. 그는 하인을 보내어 이를 확인하고는 두 마리 자갈말은 찾아오는 자에게 자기의 모든 가축을 나눠 주겠다고 약속했다. 두 자갈말은 쫓아오는 사람들을 따돌리며 멀리 떠났다. 그렇게 4년이 지났다. 그동안 작은 자갈말은 마음이 편해 살이 쪘고, 큰 자갈말은 고향과 어머니, 주인을 그리워하며 야위어 갔다. 형 자갈말이 야윈 이유를 알게 된 작은 자갈말은 형이 불쌍해서 고향으로 돌아가기로 했다. 그때 칭기스칸은 두 마리 자갈말이 돌아오는 꿈을 꾸었고, 하인 바칭을 보내어 이를 알아보라고 하였다.

칭기스칸이 서둘러 한쪽 소매만을 끼우고 나가
"에에, 나의 두 자갈말들
잘 있었니.
작은 자갈말이
화살이 갈 거리에서
고르반 잡초르를 간 우리는
별 것이 무엇이 있겠어요.
삼십만 나라를 다스리는
우리의 칸이 잘 계시는지오."

칭기스칸은 두 자갈말이 멀리 떠나게 된 이유를 알고, 두 자갈말을 귀하게 여기기 되었고, 만민들도 두 자갈말의 업적을 칭송하게 되었다.

〈두 자갈말 이야기〉는 서사시 형태뿐 아니라 '제르게네팅 쉴(Zeergenetiin shil)'이라는 시가 또는 민요의 형태로도 몇몇 이본이 전해진다. 이를 통해 볼 때 본 서사시가 민중 사이에 널리 전승된 것으로 보인다.

〈두 자갈말 이야기〉는 고대 동물 서사시의 형태를 보존하고 있을 뿐 아니라, 일부 영웅들이 서사시에 등장하는 말 또는 가축과 유사하게 형상화 된 것을 볼 수 있다. 예컨대, 두 자갈말의 "적회색 종마, 새끼를 못 낳는

하얀 피부의 암말은 이름이 널리 알려진 하얀 피부의 새끼를 못낳는 암말과 그의 적갈색 종마를 가지고 있다."라는 대목은 다른 영웅서사시와 매우 유사하다.

몽골 설화와 서사시에서는 준마의 공적을 매우 두드러지게 묘사하고 있다. 이것은 유목민인 몽골 민족의 일상에서 말이 중요한 역할을 담당하고 있기 때문이다. 이 작품은 공적이 큰 준마를 주인이 푸대접한 내용으로 전개, 확장되고 있다. 이 작품의 예술적 특징은 작품 속의 비범한 준마의 특성을 소수의 어휘로 세밀하게 묘사하고 있다는 점, 이 작품에는 민중의 속담과 설화, 서사시의 규칙적인 관용어를 풍부하게 사용하고 있다는 점, 이야기에 등장하는 두 자갈말을 마치 설화, 서사시에 등장하는 말을 할 줄 아는 준마와 같이 의인화하여 보여 주었다는 점 등을 꼽을 수 있다.

참고문헌 Ц.Дамдинсүрэн (1957), *Монголын уран зохиолын тойм*, Нэгдүгээр дэвтэр, Улаанбаатар. Д.Цэрэнсодном(1987), *Монгол уран зохиол*, Улаанбаатар. Д.Цэрэнсодном(2002), *Монголын уран зохиолын товч түүх*, Улаанбаатар. Э.Пүрэвжав(2002), *Чингисийн эр хоёр загалын тууж*, Улаанбаатар.

로. 알탄 톱치 Лу. Алтан товч (Lu. Altantovch)

17세기에 롭상단장이 칭기스칸(Chinggis Khan)부터 릭덴 칸(Ligden Khan)(13~17세기) 시대까지의 몽골과 인접 국가들의 역사를 기록한 책

『로. 알탄 톱치(Lu. Altan tobči, 황금사(黃金史))』는 롭상단장이 칭기스칸(Chinggis Khan)부터 릭덴 칸(Ligden Khan) 시대까지 약 4세기에 걸친 몽골과 주변 국가들의 역사를 기록한 역사서이다.

『알탄 톱치(Altan tobči)』는 저자가 알려지지 않는 것, 롭상단장이 편찬한 것, 메르겐 게겐(Mergen gegen)이 편찬한 것 등 세 종류가 있다. 이 중에서 〈칸들의 근원을 요약한 알탄 톱치(Qad-un ündüsün-ü quriyangγui altan tobči)〉와 〈이전 칸들의 근원과 법통을 요약한 알탄 톱치(Erten-ü qad-un ündüsülegsen törö yosun-u ǰokiyal-i tobčilan quriyaγsan altan tobči kemekü orosibai(Lu. Altan tobči)〉가 가장 중요하다. 세 종류의 『알탄 톱치』 중에서 연도가 가장 빠른 것은 저자 미상의 『알탄 톱치』로 『황금사강』이라고도 불린다. 롭상단장이 편찬한 『로. 알탄 톱치』는 『황금사(黃金史)』라고도 한다. 17세기 초엽에 저술된 것으로 추정되는 『알탄 톱치』는 1240년에 『몽골비사』가 저술된 이후 몽골어로 기록된 역사서 중 현전하는 가장 오래된 역사서이다. 또 몽골 역사 기록의 전통을 인도, 티베트의 역사와 결합시킨 몽골 최초의 역사서이기도 하다.

『알탄 톱치』는 다른 연대기에 기록되지 않은 몽골의 중요한 역사가 다수 수록되어 있어 몽골 중세사, 즉 14~16세기 몽골 역사 연구에 중요한 자료이다. 또 『알탄 톱치』는 몽골에서 간행된 연대기에도 많은 영향을 미쳐서 17~19세기의 몽골 역사가들은 『알탄 톱치』를 표준으로 삼아 몽골의 역사를 기록하기도 했다. 예컨대 17세기에 간행된 『로. 알탄 톱치』, 저자 미상의 『샤르토지(Shar tuuj)』, 오르도스의 사강세첸의 『몽고원류(Qad-un ündüsün-ü erdeni-yin tobči)』 등이 그것이다. 또 18~19세기에 기록된 몽골의 역사서들은 내용과 문체에서 모두 『알탄 톱치』를 기초로 하여 기술하였고, 어떤 부분은 『알탄 톱치』에 있는 내용을 그대로 옮기기도 하였

다.

『알탄 톱치』의 현대 몽골어본은 1925년에 내몽골의 템게투(Temgetü)가 몽문사에서 처음 간행하고 1927년에 재판을 간행하였다. 그러나 템게투(Temgetü)의 간행본은 본문의 앞 부분만을 발췌해 『복드 칭기스칸 행장기(Boγda činggis qaγan－u čadig)』이란 이름으로 간행하였다. 그 후 1940년에 중국 장가구에서 1927년에 템게투(Temgetü)가 간행한 재판본을 수정하지 않고 재간행하였다.

『알탄 톱치』의 본문은 장이나 단락을 구분하지 않고 있지만, 내용상 다음과 같이 몇 개의 단락으로 나눌 수 있다.

1) 몽골 칸들의 기원을 인도－티베트－몽골로 기술하고 있다.
2) 칭기스칸 시대의 기술에 있어서 『몽골비사』에는 나타나지 않는 이야기들이 있다. 즉 '부리야트의 오로시 구시가 바이칼에서 새를 잡아 칭기스칸에게 바친 이야기', '칭기스칸이 여진의 방춘 칸(Vangčün qaγan)을 원정한 이야기', '칭기스칸이 솔롱고드에 원정한 이야기', '홀랑 왕비와 관련한 이야기', '칭기스칸과 탕구드의 왕 및 왕비에 얽힌 이야기', '칭기스칸이 사망했을 때 수니드의 길루게데이 바타르(Gilügedei baγatur)가 읊은 시' 등이다.
3) 어거데이 칸에서 마지막 토곤 테무르 칸까지의 이야기.
4) 원 멸망 이후부터 바트뭉크 다얀 칸의 후예 이야기

17세기의 다른 몽문연대기들과는 달리 『알탄 톱치(Altan tobči)』에는 불교 전파에 대한 기록이 없다. 대신 이 시기 몽골 지배층 상호간의 정치적 투쟁을 자세하게 기술하였다. 『몽골비사』가 몽골 고대사의 대표적 업적이라면 『알탄 톱치(Altan tobči)』는 몽골 중세사의 대표적 문헌이라 할 수 있다.

『로. 알탄 톱치』의 저자인 롭상단장은 달라이 라마의 제자이며 티베트에서 할하 몽골에 와 사원을 건설하고 불교를 전파하는 데 큰 공을 세운 것으로 알려져 있다. 『로. 알탄 톱치』의 저술 연대는 여러 가지 학설이 있으나, 대체로 17세기 후반인 것으로 추측된다. 『로. 알탄 톱치』는 현재 몽골 국립도서관에 소장되어 있는 판본이 유일하다. 1937년과 1990년에 울란바타르에서 영인본이 출간되었다.

『로. 알탄 톱치』는 1926년 당시 몽골인민공화국 최초의 과학원 원장이었던 자미얀(Jamiyan)이 동부 몽골의 윤시예부 부(部)에서 찾아내어 비로소 세상에 알려지게 되었다. 이 책에는 저자가 이용한 책의 이름이 기술되어 있지 않으나, 몇 가지 사실을 고려할 때 『몽골비사』를 참조한 것으로 추측된다. 즉, 『몽골비사』 284절의 내용 중에서 234절이 『로. 알탄 톱치』에 그대로 수록되어 있고, 『몽골비사』의 난해한 단어에 대하여 한문 주석을 보고 풀이하지 않고 저자 자신이 직접 한 것으로 보인다.

『로. 알탄 톱치』에는 『몽골비사』에 나타나지 않은 기록도 보이는데, 이들 기록은 라시드 앗딘의 『집사(執史)』와 일치한다. 이로 미루어 보아 저자인 롭상단장(Luvsandanzan)에게는 『몽골비사』 이외에 〈알탄 뎁테르(Altan debter)〉와 같은 다수의 몽골 역사서가 있었던 것으로 추측된다. 특히 『몽골비사』에서 비교적 간략하게 기술한 사항을 아주 자세하게 기술한 부분이 많이 나타나는데, 이는 몽

골 문자로 기록된 『몽골비사』를 한어로 번역할 때 여러 부분이 삭제되었거나, 아니면 그 내용을 〈알탄뎁테르(Altan debter)〉에서 옮겨왔을 것으로 추측된다. 『로. 알탄 톱치』에 나타나지만 다른 몽문연대기에 나타나지 않은 기록들은 다음과 같다.

1) 1206년 테무진이 칭기스칸으로 추대될 당시 무쿨라이에게 국왕(國王)이라는 칭호를 내렸다.
2) 칭기스칸 시대의 행정 제도와 조직에 대한 정보가 기록되어 있다. 예를 들어 모든 몽골의 영역을 만 호, 천 호, 백 호, 십 호 제도로 조직하였고, 황제의 궁궐을 수호하는 근위병 제도를 조직하였으며, 세금을 관장하는 관리, 법률을 관장하는 관리, 국무와 군사를 관장하는 관리를 임명하였다.
3) 칭기스칸 생존 시 그의 아들과 동생들에게 교시한 여러 교훈들이 기록되어 있다.
4) 칭기스칸이 자신의 신하들을 칭찬한 글과 신하들이 칭기스칸을 찬양한 글이 기록되어 있다.
5) 조치와 차가다이에게 분봉할 당시에 언급한 내용이 기록되어 있다.
6) 지구상에 존재하는 여러 나라와 민족에 대하여 기록하고 있다.
7) 『몽골비사』에는 기록되어 있지 않은 칭기스칸의 다른 부인들의 자식들에 대해 기록하고 있다.
8) 우구데이에서 토곤테무르까지의 기록에서 왕위 계승과 불교를 전파한 기록만 기술하였다. 몽골 민족의 기원과 칭기스칸의 발흥, 몽골 여러 부족의 통일과 몽골 제국의 역사를 이 책에서 볼 수 있다.

참고문헌 이성규 외 (2005), 『17세기 몽문연대기의 몽고어연구』, 네오출판사, Ц. Дамдинсүрэн(1977), *Монголын уран зохиолын тойм*, Улаанбаатар, Д.Цэрэнсодном (1987), *Монголын уран зохиол*, Улаанбаатар, Д.Цэрэнсодном (2002), *Монголын уран зохиолын товч түүх*, Улаанбаатар.

마하칼라 막탈

Махагалийн магтаал (Mahagaliin magtaal)

14세기의 몽골 석학 초이지오드세르(Choij odser)가 마하칼라 신을 찬양하여 읊은 시가

〈마하칼라 막탈〉은 초이지 오드세르(Choiji-Odser)가 마하칼라 신을 찬양한 찬가이다. 마하칼라는 사캬(Sa skya)사원에서 숭배하는 주요 신인데, 네 개의 팔이 달린 여신이다. 이 찬가는 『투르판 모음집』에 몽골 고문으로 기록되어 일부 전해져 내려왔는데, 리게티(L.Ligeti), 타오베(M.Taybe), 체렌소드놈(D. Tserensodnom) 등의 연구자들이 주석을 달아 출판하면서 세상에 알려졌다.

이 막탈의 마지막에 "마하칼라의 염력을 모아 찬미하는 자 초이지 오드세르"라는 문구가 있는데, 체렌소드놈(D.Tserensodnom)은 이 구절을 바탕으로 이 찬가가 초이지오드세르가 지은 시라고 최초로 규정했다.

〈마하칼라 막탈〉은 현재 18절로 구성된 운문, 즉 72행으로 구성된 찬미시이다. 18절 예찬시를 살펴보면 매 행마다 운율을 맞추었으며, 두운 및 각운을 압운으로 연결한 특징을 볼 수 있다. 초이지 오드세르의 이 시는 몽골 구비문학 자료들 특히 서사시에 나타나는 문학적 표현을 그가 잘 활용했음을 보여주는 좋은 참고 자료로 평가받는다.

〈마하칼라 막탈〉은 세 부분으로 구성되어 있는데, 첫 번째 부분은 낡아 거의 없어졌으므로 저자가 무엇에 대해서 이야기하였는지

알 수가 없다. 두 번째 부분은 마하칼라 신의 모습, 팔과 다리, 장식, 타는 말 등을 일일이 열거하여 예찬한다. 이 부분에서는 마하칼라신이 다른 신들과 구별되는 가장 중요한 특징들을 서술하였다. 세 번째 부분은 마하칼라 신화에 의해 그가 예전에 행한 업적과 그의 위력을 예찬하는 식으로 구성되었다. 그리고 이 부분에서는 '좋은 일이 이루어지고, 모든 것이 보호되고 지켜지기를' 마하칼라에게 기원하는 내용으로 마무리된다. 여기서 예찬의 기본 구성 부분이 끝난다. 이 예찬시는 14세기 초 몽골 시가 문학의 상태와 유형, 예술적 특징 등을 연구할 수 있는 좋은 자료이다.

초이지 오드세르의 〈마하칼라 막탈〉을 통해 인도 및 티베트 종교 문학의 영향으로 14세기 몽골 문학에서 특별히 '막탈'이라는 문학 장르가 자리매김하였다는 것을 확인할 수 있다.

마하칼라 신

참고문헌 Ц.Дамдинсүрэн (1957), *Монголын уран зохиолын тойм*, Нэгдүгээр дэвтэр, Улаанбаатар, Д.Цэрэнсодном(1987), *Монгол уран зохиол*, Улаанбаатар, Ш.Гаадамба, Х.Сампилдэндэв(1988), *Монгол ардын аман зохиол*, Улаанбаатар.

만도하이 체첸 이야기

Мандухай цэцэн хатны домог

(Mandukhai setsen khatny domog)

몽골 초원의 몽골계 민족을 재통일한 북원(北元)의 바트멍흐 다얀칸(Batmönkh Dayan Khan)의 아내인 만도하이(1449~1510) 왕비에 얽힌 이야기

다이손 칸이 에센 칸에게 살해된 데 이어 서로 죽이고 죽는 권력 다툼 속에서 다이손 칸의 아들도 칭기스칸의 이복동생이었던 벨구테이 가문의 자손에게 살해되었다. 이후 한동안 칸이 없는 시대가 이어졌다. 다이손 칸의 이복동생인 만돌이 칸 위에 오르게 되는데, 1467년 만돌 칸은 다이손 칸의 손자와 권력 다툼을 벌이다 사망하였다. 그러나 권력 싸움에서 이긴 다이손 칸의 손자 볼후 진왕(바얀멍흐)도 칸의 자리에 오르지 못하고 피살되었다.

권력 다툼 속에 죽어간 두 사람이 바로 만도하이의 첫째 남편 만돌 칸과, 나중에 만도하이와 결혼하게 되는 바트멍흐의 아버지 볼후 진왕인데, 이 바트멍흐가 나중에 다얀 칸이 되었다.

만돌 칸이 죽었을 때, 만도하이가 서른 한 살이었고, 바트멍흐는 여섯 살이었다. 쿠빌라이 자손들이 거의 대부분 사라져 버리고 없는 상황에서 바트멍흐는 거의 유일하게 남겨진 귀한 황손이었다. 다시 말하여 바트멍흐는 당연히 칸 위를 계승할 수 있는 위치에 있었지만, 바트멍흐는 아버지(볼후 진왕)가 죽은 후 재혼한 생모로부터도 천대를 받는 버려진 아이가 되고 마는데, 이 아이를 거두어 돌보아 준 사람이 바로 만도하이였다.

만도하이는 칭기스칸의 직계 자손이 거의 모두 사라진 상황에서 칸의 자리를 이어갈 사람은 바트멍흐뿐이라고 판단을 하고, 바트멍흐를 극진하게 돌보는 한편, 동몽골인들의

충성을 이끌어 내어 바트멍흐를 정식 칸으로 추대하였다.

1470년, 몽골족의 영웅 칭기스칸의 가묘가 있는 성지 나이만 차강게르 앞에서 성대한 취임식이 열려 바트멍흐가 칸 위에 올랐다. 칸 위에 오른 바트멍흐는 다얀 칸이라고 불리게 되는데, 다얀이란 '대원(大元)'을 의미한다. 그 이름 속에는 어린 칸을 앞세워 칭기스칸의 가문을 다시 부활하겠다는 만도하이의 의지가 담겨 있는 것이었다. 칭기스칸의 가묘 앞에서 치러진 취임식은 분열의 시대를 종식시키고 몽골인들의 힘을 한 곳으로 모아 옛 선조의 영화를 재현하겠다는 강한 의지를 다짐하는 자리이기도 했다.

만도하이는 어린 다얀칸을 키워가면서 섭정으로서 동몽골을 다스렸다. 다얀 칸이 성장하자 만도하이는 1481년, 만도하이가 마흔두 살 때, 다얀 칸이 열일곱 살 때 결혼을 하였다. 만도하이가 낳은 일곱 명의 아들과 다얀 칸의 후비가 낳은 네 명의 아들 등 모두 열한 명의 아들들이 이후 칭기스칸 가계의 새로운 몽골족을 탄생시켰다.

만도하이는 25년이나 연하인 남편을 도와 칸으로 만들었고, 아들들 역시 잘 성장시켜 칭기스칸의 가문을 부활시켰다. 이런 점에서 만도하이는 칭기스칸의 모친 호엘룬과 비교된다.

만도하이는 다얀칸의 아내였지만, 다얀 칸에게는 어머니나 다름 없었다. 특히 만도하이는 어린 칸을 키우면서 다얀 칸이 몽골 제국을 부활시키기 위하여서는 어떤 역할을 해야 하는지에 대하여 끊임없이 교육시켰다. 만도하이는 오이라트와의 전투를 승리로 이끈 다음 몽골 초원에서 동몽골이 완전히 주도권을 장악하자 장성한 다얀 칸에게 몽골의 통치권을 넘겼다.

참고문헌 Ц. Дамдинсүрэн(1957), *Монголын уран зохиолын тойм*, Улаанбаатар, Д.Цэрэнсодном (1987), *Монголын уран зохиол*, Улаанбаатар, Д.Цэрэнсодном (2002), *Монголын уран зохиолын товч түүх*, Улаанбаатар.

몽고원류 ᠡᠷᠳᠡᠨᠢ ᠶᠢᠨ ᠲᠣᠪᠴᠢ Эрдэнийн товч (Erdeniin tovch)

내몽골 오르도스의 사강세첸(Sagang Sechen)이 1662년에 펴낸 몽골 역사서. 13세기~17세기까지의 몽골 역대 칸들의 역사를 알려주는 중요한 사료이다.

『몽고원류(蒙古源流)』는 몽골어로 『에르데닌 톱치(Erdeniin tovch)』라고 한다. 이 책은 몽골 칸들의 기원이 인도, 티베트에 있다고 기술하고 있으며, 불교적인 색채가 강한 역사서로 널리 알려져 있다. 지금까지 알려진 판본에는 세 종류가 있는데, 다음과 같다.

1. 사강 세첸이 저술한 원전으로 후대의 첨가 부분이 없는 책
2. 사강 세첸이 저술한 후 라마승들이 내용을 보충한 보완본. 이 판본은 불교 역사, 라마승들의 행적을 추가로 기록한 정경일체 체계의 역사서이다. 또 이 책은 달라이 라마가 북경에 왔을 때, 사강 세첸의 요청으로 기록한 것이라고 하며 모두 8권으로 되어 있다.
3. 청나라 조정에서 편찬한 『에르데닌 톱치』. 내용이 많이 수정되고 축소된 책이다. 이 책은 사강 세첸이 처음 저술한 백과사전식 역사서를 몽골 칸들의 역사와 불교사로 국한시켰다. 그 후 이 책은 청나라 조정에서 몽골의 역사를 이해하기 위하여 만주어와

한어로 번역하였다. 1766년에 만주어로 간행하였으며 1777년에 한어로 간행되었다.

그 외 『에르데닌 톱치』의 판본은 세계 여러 곳에 보관되어 현재 몽골과 내몽골, 중국, 러시아, 일본, 독일 등지에 보관되어 있으며, 알려지지 않은 판본도 상당수가 있는 것으로 추측된다.

사강세첸은 『에르데닌 톱치』를 저술할 때 『몽골비사』를 이용할 수가 없었기 때문에 『황금사』와 『황사』 및 당시까지 전해 내려오던 많은 역사 자료들을 이용하여 『에르데닌 톱치』를 저술하였다. 그리고 이러한 역사 기술 방식은 후대에 큰 영향을 미치게 되었다. 『에르데닌 톱치』의 주 내용은 창세 과정에서 시작하여 1662년까지의 몽골 역사를 기록하고 있다. 그 내용은 다음과 같다.

1. 창세 과정과 인류의 기원
2. 인도, 티베트 왕들의 기원과 불교의 역사
3. 몽골 왕들의 불교 전파 역사. 불교 사상으로 몽골의 역사를 설명하고, 불교 설화를 기초로 하여 몽골 왕들이 천명을 받고 태어났으므로 어떤 경우에도 왕위를 찬탈하여서는 안 된다는 것을 설파하고 있다.
4. 명(明), 청(淸) 약사

참고문헌 Д.Цэрэнсодном(2002), *Монголын уран зохиолын товч түүх*, Улаанбаатар. Саган Сэцэн(2006), *Эрдэнийн товч*, Соёмбо принтинг, Улаанбаатар.

몽골비사 ᠮᠣᠩᠭᠣᠯ ᠤᠨ ᠨᠢᠭᠤᠴᠠ ᠲᠣᠪᠴᠢᠶᠠ Монголын Нууц товчоо (Mongolyn nuuts tovchoo)

칭기스칸의 가계(家系)와 그의 일대기를 기록한 역사서 및 문학 작품. 13~14세기경 왕궁에서 쓰인 것으로 추정되나 작자가 누구인지는 정확히 밝혀져 있지 않다. 중세 몽골의 역사, 문학, 언어, 문화 등을 엿볼 수 있는 귀중한 자료로 평가된다.

『몽골비사』는 13~14세기 몽골의 봉건제도가 성숙했던 시기 왕궁에서 쓰인 것으로, 칭기스칸의 가계(家系)를 중심으로 한 작품이다. 『몽골비사』는 칭기스칸과 자모하 둘 사이의 갈등과 경쟁을 보여주고 있는데, 저자는 탁월한 예술적 기교와 표현 방식을 활용해서 그들의 본질을 신뢰할 수 있도록 기술하였다. 『몽골비사』는 역사 서술 방식과 표현 방식에서 고도의 예술적 표현과 민중 구비문학의 풍부한 전통을 바탕으로 역사적 사실을 기록하였으며, 『몽골비사』 내에 기록된 풍자적인 문장이나 시, 문체 등이 매우 뛰어나, 저자는 풍부한 경험과 뛰어난 재능을 가진 시인이었을 것으로 추정된다(저자는 시히호톡(Shikhikhutag)일 것으로 추정되지만 확실하지 않다). 이런 점에서 『몽골비사』는 중세 몽골의 역사, 문학, 언어, 문화상의 귀중한 자료로 평가된다.

『몽골비사』는 편년체가 아닌 기사본말체(紀事本末體)로 기술되었다. 이것은 저자가 역사 과정을 기술할 때, 다양한 예술적 기교와 표현 기법을 사용했다는 것을 의미한다. 이러한 예술적 기법은 당시 민중의 이념과 심미학적 관심, 사회적 관념의 본질에 기반하기 때문에, 시대마다 서로 다른 특성을 가지고 있다.

『몽골비사』는 몽골의 봉건주의가 성숙했던 시기 왕궁에서 쓰여진 작품이기 때문에 영주들의 권한과 이념의 우수성을 반영한 작품이라 할 수 있다. 작품의 주요 영웅들은 칭기스칸과 그의 신하들이다. 하지만 13세기 평범한 유목민과 노비들의 생활, 그리고 그들의 사상 등도 나타난다. 바르톨드(B.Bartold)는『몽골비사』의 주요 영웅들에 대해 주목했는데, 칭기스칸을 씨족의 수장으로 자모하를 부족의 수장으로 보았다. 반면 블라디미르초프(B.Ya. Bladimirtsov)는『몽골 사회 체제』에서 칭기스칸과 자모하 둘 다 부족의 수장이었다고 서술하고 있다.

한편,『몽골비사』의 저자는 탁월한 예술적 기교와 표현 방식을 활용하는데, 예를 들어 자모하의 형상을 독특하게 묘사하고 있다. 자모하와 칭기스칸은 왕의 권좌를 차지하기 위한 주요 정적인데, 정작 결정적인 순간에는 모든 상황이 칭기스칸에게 유리하도록 반전된다. 나이만의 다얀칸과 나호 군 산에서 전투를 벌일 때에 자모하가 다얀칸과 결탁하여 칭기스칸과 맞서게 된다. 이때 다얀칸의 가슴을 '말로 죽이고 입으로만 살육하며'라는 표현으로 칭기스칸 진영의 사기를 돋우게 된다. 이것은『몽골비사』저자만의 독특한 창작 방식인 것으로 보인다.

또 저자가 격언, 운문과 찬가를 자모하 세첸의 말로 만들어 기록한 것 역시 이 작품의 표현 방식 중 하나이다. 자모하가 나이만 다얀칸과 결탁하게 되어 나호 군 산에서 접전할 때에 다얀칸은 "저 양무리 속에 들어온 늑대와 같은 침략자는 어떤 이들인가?" 라고 묻자 자모하는 다음과 같이 대답한다.

"검과 채찍을 들고 이슬을 먹으며
먼지를 일으키며 가는 저들
가축을 잡는 날
짐승의 고기를 먹는 그들
서로 만나는 날
인육으로 식량이 풍부한 그들
쇠사슬을 벗기고
현재에 안주하지 않으며
기쁨으로 가득찬 궁수들
그렇게 째려보며
이곳으로 오고 있는 그들이다.
그들 네 붕우들이
누구인고 하니
제베와 호빌라이
젤메와 수베데이
그들 넷이다."

다얀칸은 "그렇다면 저 못된 이들로부터 떨어지자."고 말하고 퇴각하여 산으로 올라갔다. 자모하는 이와 같이 오로드, 망고드, 하사르, 칭기스 등의 형상을 칭송함으써 다얀칸의 가슴을 얼어붙게 했던 것이다. 또한 저자는 자모하의 멸망에 관해 기술할 때도 칭기스칸 앞에서 머리 숙여 삶을 구걸하지 않고 명예를 지키는 영웅의 모습으로 그리고 있다.

『몽골비사』에는 신화, 전설 외에도 30여 편의 단편 일화들이 수록되어 있다. 가담바(Sh.Gaadamba)가 정리한 단편 일화들의 내용은 다음과 같다.

1장에는 '도본 메르겡 명궁의 사냥에 관한 이야기', '알롱고아 전설과 보돈차르 이야기', '칭기스칸의 아버지인 예수게이 바타르가 메르키드 부족의 칠레두의 부인을 빼앗은 이야기', 그리고 '테무진의 탄생과 예수게이의 죽음에 대한 이야기' 등 4개의 일화가 실려 있다.

2장에는 '부족 제사에 늦은 칭기스칸 어머니 후엘룬의 투쟁과 테무진이 부족 내의 정적 타이초드족에게 붙잡힌 이야기', '쇼로흔 샤르의 도움과 테무진이 도둑당한 종마 8마리를 되찾는 이야기', 그리고 '메르키트의 세 종족을 정복한 이야기' 등 몇몇 역사적 이야기들이 실려 있다.

3장에는 '메르키트 부족의 세 종족과의 전쟁'과 '테무진과 자모하 둘 사이의 갈등'을 보여 주는 두 개의 역사적 일화가 실려 있다.

4장에는 '오논강에서 벌어진 혼례식과 부리 버흐와 벨구테이 둘 사이의 투쟁에 대한 이야기', '동절기에 치뤄진 전쟁 이야기', 그리고 '시레트 노인에 관한 이야기'와 '생굼이 칭기스칸을 속인 사건', '옹칸의 침략과 그의 멸망에 대한 이야기' 등 몇몇 단편을 포함하고 있다.

5장에서는 '바린족의 시레트 노인에 관한 이야기'와 '케레이트 부족 옹칸의 아들 생굼이 칭기스를 속이고 급습한 이야기' 등이 실려 있다.

6장에는 '칭기스칸이 케레이트 부족의 옹칸과 동맹이 깨진 후 두 차례 전쟁을 치루고 그를 멸망시킨 것'에 관한 일화가 실려 있다.

7장에는 '악타치 허허추 센굼을 초원에 버린 이야기'와 '나이만의 다얀칸 궁의 의회 이야기', 그리고 '나호 군 산에서 칭기스칸 군대가 나이만을 공략한 것'에 관한 몇몇 흥미로운 단편이 기록되어 있다.

8장에는 칭기스칸의 최대 정적 중의 한 사람이었던 자모하의 최후를 예술적으로 묘사하여 보여주고 있다.

9장에는 '텝 텡게르 샤먼 또는 허허추와 하사르 둘 사이의 투쟁'과 '텝 탱게르가 어트치긴과의 싸움에서 패하게 된 것'에 관한 두 가지 단편소설을 담고 있다.

10장에는 '텝 텡게르와 하사르 둘 사이의 투쟁'과 '텝 텡게르가 패한 내용'에 관한 두 가지 일화가 실려 있다.

11장에는 '칭기스칸의 후계자가 누가 될 것인가에 관한 이야기'가 실려 있다. 덧붙여 말하자면, 칭기스칸이 오호나를 수행하는 사신 일행이 참수를 당한 것을 복수하고자 사르톨 국과 전쟁을 치루기 위한 원정에 나선다. 이때 예수이 왕비가 '제국을 이끌어갈 다음 권좌는 어느 아들이 되겠는가' 하고 묻는데, 칭기스칸은 첫째와 둘째가 칸위에 오르고자 암투를 벌이는 것을 보고 셋째 아들 어거데이를 다음 후계자로 정한다.

12장에서는 '칭기스칸이 탕고드 부족을 공격하고자 원정에 오른 것'과 '어거데이 칸이 남송 원정 길에 병들게 된 이야기', 그리고 '러시아 원정에 나섰던 바트의 정적인 부리, 구육, 아르가순과의 대결'에 관한 몇 가지 일화가 실려 있다.

『몽골비사』에는 고대의 신화, 전설, 민담 등 산문 형식의 단편소설과 더불어 속담과 격언 등 약 1,000여 개의 운문 작품과 총 1,430행의 시가 실려 있다. 이중 약 900행은 13세기 몽골 시문학의 대다수를 차지하는 2행시인데, 이는 두운과 각운을 연결하여 동일하거나 유사한 어휘를 중첩하여 표현한 것이다. 그리고 이런 대조법은 13세기 몽골 시문학의 가장 보편적인 형태였다.

담딩수렝(Ts. Damdinsüren)은 운문 작품들을 장르별로 분류했는데, 이들 작품들은 홍기라드의 민요 64절에 모두 실려 있다. 풍자요의 경우 111절에 실려 있는 버헤 칠게르의 노래가 대표적이다. 정주 민족을 풍자한 이동 유목 민족의 민요는 265절에 나타난다. 역사 과정에 관한 노래는 199절에 실려 있고 칭기스칸의 생모인 후엘룬을 칭송한 찬가도 74절에 들어 있다. 당시 구비문학의 대표적 유형의 예들이 126, 180, 200, 201절에서 보인다. 또한 봉건주의 시기 군주들의 맹약을 주제로 하는 운문 작품들이 123, 124, 164절 등에 나타난다.

한편, 『몽골비사』 거의 대부분의 장에는 50여 가지의 속담과 격언이 실려 있다.

"눈에 불이 있고
얼굴에 빛이 있는
깊은 물이 말랐고
흰 돌이 부서졌다."

이와 같은 속담이 62, 66, 72, 78, 82, 147, 149, 209, 260절에 반복하여 나타나는 것을 보면 당시에 몽골문학 전통에서 속담이 매우 광범위하게 사용되었다는 것을 알 수 있다.

참고문헌 유원수 역주(1994), 『몽골비사』, 혜안. Ц.Дамдинсүрэн (1957), *Монголын уран зохиолын тойм* Нэгдүгээр дэвтэр, Улаанбаатар. Ш.Гаадамба, Х.Сампилдэндэв(1988), *Монгол ардын аман зохиол*, ШУА, Хэл зохиолын хүрээлэн, Улаанбаатар.

바그마이 하탄 이야기

Багмай хатны тууж (Bagmai khatny tuuj)

아들을 잃은 바그마이(Bagmai)가 여러 위기를 극복하고 아들을 구해 내는 이야기

〈바그마이 하탕 이야기〉는 몽골 전역에서 구비와 기록을 통해 널리 알려진 작품이다. 이 이야기는 〈바그마이 하탕(Bagmai khatan)〉, 〈녹타라 이야기(Nogoon Dara Ekhiin tuuj)〉, 〈백타라 이야기(Tsagaan Dara Ekhiin tuuj)〉 등 여러 이름으로 불리는데, 이것은 이 작품의 변이 형태가 여럿이었음을 암시한다. 이야기의 내용은 다음과 같다.

99살에 자식을 얻은 노곤 타라(Nogoon dara, 녹타라)가 3일만에 아들을 잃고 인간 세상, 천상, 저승을 헤매어 찾아다니지만 찾을 수가 없었다. 이때 까마귀 한 마리가 99년 동안 명상을 한 아르시를 알려 주고 찾아가라고 한다. 노곤 타라가 아르시를 찾아가서 아들의 행방을 물어보니 아들이 천상계에 있다고 알려 준다. 노곤 타라는 아들을 찾기 위해 천상계로 올라가 그곳에서 여러 위기를 극복하고 마침내 아들을 구해 낸다.

이 이야기는 필사본으로 본래 서사시의 형태로 구전되어 전승되었다. 19세기 말엽 러시아의 학자 포타닌(G. N. Potanin)은 『서북 몽골에 관한 단상(Baruun khoid Mongolyn tukhai nairuulal)』이라는 책에 이 이야기를 포함해 여러 구비문학 자료를 기록하였다. 더르워드족 출신의 토올치 사리상(Sarisan)이 연행한 것을 기록한 오이라트 필사본은 담딩수렝(Ts. Damdinsüren)의 저서 『백선(百選)(Zuun bilig)』에 수록되었는데, 줄거리와 구성 면에서 공통점이 많아 관심을 끈다. 그러나 몇몇 주인공들의 이름이 일치하지 않는 등 차이가 있다. 일부 연구자들은 이 이야기가 티베트에서 번역되었다고 보고 있다. 그러나 실제로 티베트어로 된 유사 작품은 발견되지 않았다. 또한 티베트 작품에서 볼 수 없는 몽골 설화, 축복, 찬양 등의 문학적 표현들이 많이 쓰였다.

이 이야기는 내용상 불교에 대해 잘 아는 사람이 썼을 것으로 추정된다. 이 작품에는 보살의 행동, 불교에서 말하는 인과응보에 대한 개념 등이 자주 사용되는데, 이런 점들 때문에 이 이야기는 종교적 교육을 받은 사람이 창작했거나 창작에 관여했을 것으로 추정된다.

참고문헌 Ц. Дамдинсүрэн(1977), *Монголын уран зохиолын тойм*, Улаанбаатар, Д.Цэрэнсодном (1987), *Монголын уран зохиол*, Улаанбаатар, Д.Цэрэнсодном (2002), *Монголын уран зохиолын товч түүх*, Улаанбаатар.

봄 여왕의 노래

Хаврын хатны сонин дуулал (Khavryn khatny sonin duulal)

놈틴 린첸(Nomtyn Rinchin)이 쓴 우주 만물의 이치와 세속의 생활을 노래한 시

〈봄 여왕의 노래(khavryn khatny sonin duulal)〉는 놈틴린첸이 쓴 시로 우주 만물의 이치와 세속의 생활을 불교적 관점에서 쓴 시이다. 이 시는 불교의 영향을 받아 불교문학의 특징을 잘 드러내고 있으나 19세기 몽골인들의 고유의 음색과 음조가 스며 있다. 작품의 내용은 다음과 같다.

사막 북쪽에 평범한 한 노인이 앉아 있는데, 오만한 한 젊은이가 다가와서 "당신의 행동이 사람 같지 않다."라고 한다. 그러자 노인은 "나는 몇 년 전에 너보다 더 거만했었다."라고 대답한다. 그러면서 "뛴다면 준마도 따라잡을 수 있을 것 같았고, 사냥한다면 사슴 영양을 바로 잡을 수 있을 것 같았고, 활발하고 신속함이 새 같았고, 소망, 꿈, 기쁨을 누린 것이 하늘과 같았다."라고 말하며 젊었을 때를 그리워한다. 이어서 "나는 그 시기에 죽음과 늙는 것에 대해서 생각도 하지 않았다. 하지만 지금은 죽음의 주인이 내 생을 정해 놓고 기다린다."라고 말한다. 노인은 젊은이에게 늙는 것은 누구에게나 다가오는 것이니 자신을 비웃지 말라며, 부처의 네 가지 진리를 자기의 인생 경험의 예를 들어 설명한다. 또 노인은 부모의 은혜와 효에 대해서도 말하고, 전 시대의 여러 선비들의 경험과 교훈담을 예로 들어 젊은이를 가르친다. 그 한 예를 보면 다음과 같다.

"사내 아이인 나를 남기고
사라지셔서 선녀의 나라에 가신 당신
맛있는 젖을 먹여 키운 사내 아이
어느 먼 곳으로 보내 놓고
보고픈 마음을 참아 내며
은혜를 갚지 못하게 왜 가시나."

노인이 인생 경험을 통해 얻은 교훈을 젊은이에게 얘기할 때마다 젊은이는 반박하지만 결국에는 노인의 뜻을 이해하고 부모를 보살필 것을 약속한다.

참고문헌 Ц. Дамдинсүрэн(1977), *Монголын уран зохиолын тойм*, Улаанбаатар, Д.Цэрэнсодном (1987), *Монголын уран зохиол*, Улаанбаатар, Д.Цэрэнсодном (2002), *Монголын уран зохиолын товч түүх*, Улаанбаатар.

사르니 게렐

Сургаалын үгс тод сарны гэрэл (Surgaalyn ügs tod sarny gerel)

활불 라이덴 양곤바(Raiden Yangonba)가 1784년에 지은 것으로 알려진 교훈시

'사르니 게렐'은 '밝은 달빛'이란 뜻을 가진 시로, 롭상(Luvsan)이 편집한 『여러 교훈시, 이야기와 축원 모음집(Olon züiliin surgaal shüleg, domog, yeröö̈l zergiin nom devter)』이라는 책에 수록되어 있다.

'사르니 게렐'의 저자는 라이덴 양곤바(Raiden Yangonba)로 추정된다. 라이덴(Raiden)은 1057년에 티베트에서 창건된 절의 이름이다. 이 절에 살고 있던 한 승려는 라이덴 아치트 놈잉 칸(Raiden achit nomyn khan)이라는 호칭으로 유명해졌다. 이와 마찬가지로 라이덴 양곤바(Raiden Yangonba)도 이 절에 본거지를 두었던 승려일 것으로 추측되는데, 라이덴 양곤바의 활불 아그왕페렌레이잠츠(Agvaanperenleijamts)일 것으

로 짐작된다. 그는 몽골의 불교 역사상 중요한 인물 중 한 명이었다. 그는 할흐의 바얀 주르흐(Bayanzürkh) 산 제사시를 롭산남질(Luvsannamjil)이라는 승려의 부탁으로 쓴 적이 있다.

시는 유려한 문체에 경고와 교훈의 내용을 담고 있다. 보통 이 시대의 수 많은 시들은 처음과 끝에 불교적 종교관을 담은 시구를 넣는 것이 일반적이었다. 그러나 이 시는 앞부분에서만 불교적 윤곽이 나타나고 뒤에는 민중의 일상생활에 교훈이 되는 내용을 주로 기술하고 있다. 시의 형태도 몽골 전통 시문학 형태인 4행시가 아니라 자유시 형태로 쓰였다. 예를 들면 다음과 같다.

고아라고 슬퍼하지 말고
일가 친척이 많다고 자만하지 말아라
못났다고 괴롭히지 말고
어리석다고 얕보지 말아라

참고문헌 Д.Цэрэнсодном (1987), *Монголын уран зохиол*, Улаанбаатар, Д.Цэрэнсодном (2002), *Монголын уран зохиолын товч түүх*, Улаанбаатар.

삼백 명의 타이초드족을 섬멸시킨 이야기

ᠭᠤᠷᠪᠠᠨ ᠵᠠᠭᠤᠨ ᠲᠠᠶᠢᠴᠢᠭᠤᠳ ᠢ ᠳᠠᠷᠤᠭᠰᠠᠨ ᠳᠣᠮᠣᠭ

Гурван зуун тайчуудыг дарсан домог
(Gurvan zuun taichuudyg darsan domog)

칭기스칸이 자기 부하들을 칭송하는 이야기

〈삼백 명의 타이초드족을 섬멸시킨 이야기〉의 역사적 유래에 대한 문제는 여러 연구자들이 관심을 두고 『몽골비사』와 대비하여 연구하였다.

이야기의 내용은 '칭기스칸의 성훈'(Chingisiin Bilig surgaal)과 유사한데, 칭기스칸이 1,200년 때쯤 달랑 너머르거스(Dalan Nömörgös) 지역에서 타이초드족, 타타르족과 전투를 벌였던 실제 장면을 바탕으로 한다. 그 내용은 다음과 같다.

칭기스칸은 아홉 장수를 세 팀으로 나누어서 '술드순족의 서르헝 샤르(Süldüsünii Sorkhon shar)', '베수드족의 젭(Besüdiin Zev)', '오이라트족의 하르 히루게(Oiradyn khar khirüge)' 등 3명의 부하들로 하여금 터를 지키게 하고 남은 6명의 부하인 젤메(Zelme), 추 메르겐(Chüü mergen), 시히호톡(Shihikhutag), 보르치(Boorchi), 보로홀(Borokhul), 모홀라이(Mukhulai)를 데리고 길을 나섰다. 칭기스칸은 가는 길에 야생 수컷 염소와 마주쳤다. 그는 활로 쏘아 염소를 잡아서 불을 지펴 염소 고기를 구웠다. 염소 고기가 익기를 기다리는 동안 왕이 잠깐 잠이 들었는데, 적군의 침략을 받는 꿈을 꾸었다. 잠에서 깬 칭기스칸은 실제로 적군이 침략해 오면 어떻게 할 것인지 여섯 명의 부하들에게 물었다. 그때 추 메르겡(Chüü Mergen)을 비롯해 다른 부하들은 모두 자신의 생명을 아끼지 않고 직접 싸워서 승리할 수 있도록 왕을 돕겠다고 약속하였다.

추 메르겐이 말하기를
"침략해 들어갈 힘은 없지만
나라를 확고히 할 힘은 있다, 내 자신이
온 힘을 다해 쳐들어갈 수는 없지만
파손된 것을 고칠 수 있는 힘은 있다, 내 자신이
나라를 건립한 후
현명한 조언을 해 드릴 수 있도다."

젤메(Zelme)가 말하기를

"어차피 죽을 목숨은 아끼지 않고
어차피 없어질 재산을 숨기지 않고
눈에 띠는 적마다 주먹으로 쓰러뜨리고
만나는 적마다 물리치고
휘날리는 깃발을 쓰러뜨리고
일어설 수 없게 하겠도다."

보로홀(Borokhul)이 말하기를
"날아오는 화살은 막아내고
찔러오는 창의 방패가 되어
주인이신 그대의
옥체에 무기가 닿지 않도록 하겠네."

시히호톡(Shikhikhutug)이 말하기를
"먼 거리도 뚫어 볼 수 있는 두 눈으로
메르기드(mergid)족이 당황하도록
타이초드(taichuud)족이 시선을 돌리도록 하겠다.
한 달 가는 거리를 지켜보고
한 해 동안 가는 거리를 뚫어 보아
주인님을 돕겠다"

하면서 각자 자신의 능력과 의무를 부각시켜서 다짐을 하였다. 구운 고기를 먹고 나서 칭기스칸은 자신의 꿈이 현실인지 확인해 오라며 시히호톡을 보냈다. 그러나 실제로 약속을 지키는 것이 어렵다며 다음과 같이 표현하였다.

시히호톡이 샤르뎁섹(Shar Debseg)에서 적을 마주치고 "타이초드를 알아보지 못하고, 메르기드족을 보지 못하고, 뒤로 힐끗 보고 서둘러 도망쳐 돌아왔다"고 하였다. 그는 혜안(慧眼)으로 적군을 금방 알아내고 힘을 다해 왕을 돕겠다고 하였으나 '샤르뎁섹' 지역에서 적군을 직면하였을 때

"뒤로 한번 돌아서 얼핏 보면
왕의 꿈에 나타난 적군과 비슷한 것 같다."

며 당황하여 도망쳐 오는 모습을 그렸다.

보르치(Boorch)가 말을 타고 적군을 맞이하며 연유를 물어보니 300명의 타이초드족이 싸우러 왔다고 대답하였다. 이에 나머지 부하들이 약속을 지켜서 적군과 대치하여 전투를 벌여 승리한다. 칭기스칸이 언덕에 올라가서 하느님께 제사드리며

"내가 잘나서 천하를 다스리는 자가 되지 않았다
하느님의 은혜로 주인이 되었다, 나는
아버지 하느님의 도움으로 적을 물리쳤다
부하들이 있었기에
칸의 자리를 차지하였다, 나는..."

하고 여섯 장수를 칭송하였다. 칭기스칸이 추 메르겡(Chüü Mergen)을 칭송하여 말하기를

"적장의 머리를 잘 맞추고
타고 있던 말을 빼앗아 오며
창을 휘두르며 달려오는 적군들을 단숨에 제압하고
사기가 저하된 적군들을 전멸시킨
주르치드(zurchid, 여진(女眞))족 추 메르겡(Chüü Mergen)이여!"

라고 하며 추 메르겡(Chüü Mergen)이 지혜롭고 현명한 부하임을 인정한다. 마지막에 부하 보르치도 칭기스칸을 찬미하는 하는 것으로 이야기가 마무리 된다.

이 작품은 영웅서사시의 방식으로 쓰였는

데, 영웅들의 모습과 비범한 행적을 돋보이게 하는 표현 방식을 사용하고 있다. 그리고 내용과 표현의 측면에서 구비 서사시와 유사한 면을 보인다. 예컨대 보르치가 적군을 향해 "당신은 누구인가? 예의가 있는 자라면 예의를 지켜 말하라! 이름을 가진 자라면 이름부터 말해 보라!"고 물을 때, "우리는 이름을 알고자 온 것이 아니다. 우리는 끝까지 싸우고자 왔다."고 하며 "당신에게 말해 줄 좋은 이름이 우리에게는 없다. 우리는 타르박(Tarvaga, 마멋(marmot)) 사냥꾼이며, 어부들이다."고 답변하는 부분이 있다. 이는 우회적으로 서사시에 등장하는 영웅들 간의 인사말로 정형화된 표현 방식이다.

이 이야기는 내용적 측면에서는 역사적 사실을 바탕으로 했으며, 형식적 측면에서는 비유와 대조의 방법을 잘 활용한 작품이라고 볼 수 있다.

"바늘 같이 예리하게 움직이고
실과 같이 빨갛게 타며"
날아가는 새와
힘차게 부는 바람과 같이"
"양떼 속으로 뛰어 들어간 늑대와 같이"
"땅굴 속에서 나온 얼룩 망아지와 같이
급히 달아나는 것은 무엇일까요?"
"뿔을 얻어맞은 아기염소와 같이 갑자기 넘어지는 것은 무엇일까요?"

같은 빗대어 표현한 비유말들이 상당수 존재한다.

참고문헌 Ц.Дамдинсүрэн (1957), *Монголын уран зохиолын тойм*, Нэгдүгээр дэвтэр, Улаанбаатар. Ш.Гаадамба, Х.Сампилдэндэв(1988), *Монгол ардын аман зохиол*, ШУА. Хэл зохиолын хүрээлэн, Улаанбаатар.

샤르토즈 ᠱᠠᠷᠠ ᠲᠣᠭᠣᠵᠢ Шар тууж (Shar tuuj)

17세기 중반에 편찬된 몽골의 대표적 연대기 중의 하나로 원제(原題)는 〈Erten-ü mongγol-un qad-un ündüsün-ü sir-a tuγuǰi(옛 몽골 칸들의 근원에 대한 사기(史紀)〉이다. 줄여서 '황사(黃史)'라고 한다.

『샤르토즈(Shar tuuj)』는 몽골의 게르센지(Gersenji)와 그 후손의 내력을 다루고 있기 때문에 할흐족과 관련이 깊은 연대기이다. 저자는 토바타이지(Toba Taiǰi)로 추정되며, 성서 연대에 대해서는 여러 학설이 있다. 1891년 러시아 학자 라들로프(Radloff)가 오르혼 강 유역에서 처음 발견한 것 이외에 필사본 3종이 현전한다.

『샤르토즈』는 불교 사상을 기초로 하여 창세(創世) 및 칭기스칸과 그의 생애, 그리고 몽골 제국의 건국과 멸망까지 왕족의 역사를 간략하게 기술하고 있다. 또 그 후예의 계승, 분봉지, 서부 몽골 오이라트의 기원, 다얀 칸과 게르센지의 후예들에 관해서도 기술되어 있다.

『샤르토즈』는 내용상 서문, 본문, 부록으로 나누어진다. 서문에는 제 5대 달라이 라마인 아그왕롭상잠츠(Agvaanluvsanjamts)가 저술한 『젊은이들의 향연(Jalaγus-un qurim)』의 서문을 인용하고, 자신의 선조와 고대 역사서 연구의 중요성에 대해 기술하고 있다. 본문은 모두 10개 부분으로 구성되어 있는데, 칭기스칸의 선조, 칭기스칸의 일대기, 오고타이(Ögedei Khan)에서 토곤테무르(혜종(惠宗); Togoontömör)까지의 몽골 역사, 토곤테무르가 북경에서 물러난 시기부터 바트뭉흐 다얀칸(Dayan Khan)까지의 몽골 역사, 다얀칸 이후의 몽골의 역사, 칭기스칸의 아들들과 동생 및 그들의 후예 및 분봉지에 대한 기록, 오색사이(五色四夷)와 몽골의 영토, 칭기스칸 동생들의 후예, 게르센지와 그의 후손, 오이라트 6성(姓)의 기원 등이다. 부록은『아사락치 역사(Asaraγči neretü-yin teüke)』에서 많은 부분을 인용하였으며, 모두 5단락으로 이루어져 있다. 즉 '인도의 마하 사마디(Maq-a samadi) 왕에서 몽골 부르테 치노아(Börte čino-a)까지의 역사', '메르키드가 칭기스칸을 이긴 이야기와 칭기스칸이 옹칸, 자무카와 함께 메르키드를 정복한 이야기', '칭기스칸이 탕구트를 정복한 이야기', '칭기스칸의 사망', '원조의 멸망' 등이다.

『샤르토즈』는 불교 사상으로 몽골의 역사를 설명하고 있는데, 칭기스칸의 황금씨족의 왕위 계승권은 천명에 의한 것이라 어떤 경우에도 훼손될 수 없는 신성불가침의 권리라고 설파하고 있다. 이 책은 북원(北元) 시기 몽골 칸들과 신하들에 대하여 상세하게 기술하는 등 역사적 사료로서도 매우 중요한 가치를 지니고 있다. 또한 고대 몽골의 설화, 민담, 속담 등이 많이 수록되어 있고, 당시 결혼 풍습이나 복식, 목축에 대한 자세한 정보를 얻을 수 있어서 옛 몽골 문학 및 민속 연구에 귀중한 자료가 된다. 이뿐만 아니라 본문 중에 보이는 고전 몽골어 문법 규칙에 어긋난 어형들은 당시의 몽골어를 연구하는 데 있어서 귀중한 자료이다.

참고문헌 이성규 외 (2005),『17世紀 蒙文年代記의 蒙古語 研究』, 네오출판사. Д.Цэрэнсодном(1987), *Монгол уран зохиол*, Улаанбаатар, Монголын түүхэн сурвалж бичгийн цуврал(2006), *Шар тууж*, Улаанбаатар.

아사락치사 ᠠᠰᠠᠷᠠᠭᠴᠢ ᠨᠡᠷᠡᠲᠦ ᠶᠢᠨ ᠲᠡᠦᠺᠡ Асрагч нэртийн түүх (Asragch nertiin tüükh)

1667년 할하 부(部)의 왕공(王公)인 잠바(Zhamba)가 저술한 몽골 연대기

『아사락치사(史)』의 원래 명칭은 〈아스락치(자비(慈悲)로운 사람)라는 이름을 가진 자의 기록(Asaraγči neretü yin teüke)〉 이다. 이 책은 잠바(Zhamba)가 저술한 역사서로, 원본은 현전하지 않으며 필사한 유일본이 몽골 국립중앙도서관에 소장되어 있다. 서문, 칭기스칸 일대기, 토곤 테무르에서 17세기까지의 몽골 역사, 발문(跋文) 등으로 구성되어 있다.

『아사락치 역사』는 17세기에 간행된 다른 몽문연대기와 마찬가지로 몽골 칸들의 기원을 인도와 티베트에서 유래한 것으로 기술하고 있다. 그리고 칭기스칸에서 토곤테무르(원 혜종(惠宗); Togoontömör), 토곤테무르에서 북원의 릭덴칸(Liqden khan)까지의 몽골사를 간략히 기술했다. 또한 저자인 밤바의 직계 조상인 다얀칸(Dayan khan)의 막내아들 게르센지(Gersenǰi)의 가계에 대하여도 상세하게 기록하고 있다.

17세기 몽문연대기가 대부분 몽골 칸들의 근원과 인도 · 티베트 왕들이나 불교에 대해 비교적 상세히 기록하고 있는 것에 비하여『아사락치사』는 이례적으로 이를 간략하게 기술하고 있다. 그리고 당시 정교(政敎) 양립의 체제는 그대로 인정하여 왕을 기술함과 동시에 해당 라마 승려도 함께 기술하고 있다. 또 할하의 아브타이 사인 칸(Abtai sain qaγan)의 불교 전파를 칭송하고 있다.

잠바(Zhamba)는 이 책을 저술할 때,『몽골비사(蒙古秘史)』,『황금사(黃金史)』,『황사(黃史)』,『몽고원류(蒙古源流)』,『청책(青

冊, Köke debter)』, 『젊은이의 향연(Jalaγus qurim)』 등의 문헌 외에도 다수의 역사 기록을 참고한 것으로 보인다. 그러나 '우겔룬(Ögelün)의 봉분지가 농업 지대라는 기록', '게르센지 잘라이르 훙타이지(Gersenǰi ǰalayir qung tayiǰi)에 대한 기록', '아브타이 사인 칸(Abtai sain khan)에 대한 기록' 등은 다른 몽문연대기에서 볼 수 없는 내용이다.

『아사락치사』는 어휘의 사용과 문장의 구성면에서 『황금사(黃金史)』와 유사한 부분이 많다. 그리고 중요한 사건이나 장면들은 『몽골비사』 및 『알탄칸전』과 마찬가지로 운문으로 기술하고 있다. 책이 저술된 장소는 현재 몽골의 어워르항가이 아이막(Övörhangai aimag)의 옹강(Ongiin gol) 부근으로 추정된다.

참고문헌 Kämpfe, Hans-Reiner (1983), Der Asaraγči neretü-yin teüke des Zhamba erke daičing alias Šamba jasaγ, Otto Harrassowitz, Эрдэмтдийн баг(2011), *Асрагч нэртийн түүх*, Улаанбаатар. Д.Цэрэнсодном(2002), *Монголын уран зохиолын товч түүх*, Улаанбаатар. 이성규 외 (2005), 『17世紀 蒙文年代記의 蒙古語 硏究』, 네오출판사.

앵무새의 교훈시 Тоть шувууны сургаал (Toti shuvuuny surgaal)

앵무새가 인간의 어리석음을 일깨우는 내용을 담은 교훈시

〈앵무새의 교훈시(Toti shuvuuny surgaal)〉는 작자 미상으로, 승려와 양반, 평민들의 장단점과 그들의 성품을 대조 형식을 빌어 쓴 교훈시로, 낡은 사회를 풍자하고 비판하는 내용을 담고 있다. 작자가 알려지지는 않았지만 시의 내용으로 볼 때 불교 교리와 법도에 대해 자세히 알고 있는 사람이 쓴 것으로 보인다. 내용은 교훈시(surgaal)의 성격을 그대로 띠고 있다.

〈앵무새의 교훈시〉는 승려와 영주의 좋은 행실에 관하여 각각 9행, 아내의 좋은 행실에 관해서 9행, 사람의 좋은 행실에 관해서 8행, 사내아이의 좋은 행실에 관해서 3행, 여자아이의 좋은 행실에 관해서 3행으로 이들을 각각 찬양하고 칭찬하고 있다. 또 이와 대조적으로 승려와 영주의 나쁜 행실에 관해 각각 11행, 사람의 나쁜 행실에 대해 7행, 부인의 나쁜 행실에 관해 12행, 사내아이의 나쁜 행실에 관해 3행, 여자아이의 나쁜 행실에 관해 4행으로 시를 지어 이들을 비판하였다. 작가는 이러한 좋고 나쁜 두 가지 측면을 비교하여 좋은 것은 본보기로 삼고, 나쁜 것을 경계하여 멀리하도록 하였다.

참고문헌 Д.Цэрэнсодном (1987), *Монголын уран зохиол*, Улаанбаатар, Ц.Дамдинсүрэн (1977), *Монголын уран зохиолын тойм*, Улаанбаатар.

오욘 툴후르 Оюун түлхүүр (Oyun tülkhüür)

13세기부터 몽골 기록문학으로 전승되어 온 운문 형태의 격언집

『오용 툴후르(Oyun tülkhüür, 지혜의 열쇠)』는 13세기부터 기록문학으로 전승되어 온 몽골 격언 문학 중 하나이다. 『오용 툴후르』는 교훈시인데, 『원조비사(元朝秘史)』나 인도의 『판차탄드라』와 『소바쉬드』 등의 영향을 받아 쓰인 작품으로 보인다. 이작품은 13세기 〈칭기스칸의 격언〉 등에서 주요 사상을 계승했다.

『오용 툴후르』 격언집의 내용을 보면 다음과 같다.

"복있는 사람들을 시기하면
너의 복이 달아난다.
부처님과 천신을 모시고
윗사람을 비난하지 말라."

이 구절은 통치 계급의 권익을 지키기 위한 표현으로 볼 수 있다. 하지만 일반인의 생활과 의례, 품성, 대인 관계에 대하여 언급한 교훈적 성격의 시들도 많이 나타난다.

"사자와 같은 군주를
범과 같은 관료가 따르고
범같은 군주를
표범과 같은 신하가 따르고
표범과 같은 군주를
늑대 같은 관료가 따르고
늑대 같은 군주를 여우 같은 관료가 따르기에
모든 이들을 곤란에 빠뜨린다."

이 구절은 군주들과 봉건제후들의 품성을 짐승으로 비유하여 비판한 것이다. 일반인의 품성과 대인관계에 대해서는 다음과 같이 언급하고 있다.

"보자마자 서둘러 칭송하지 말 것이며
갑작스레 사귄 친구에게 급히 성내지 말며
계속하여 사귀어 시험하여 알고
한 번 만났으면 신뢰를 저버리지 말고
신뢰한 후에는 말을 숨기지 말며
신뢰가 없는 이에게는
언제나 가슴 속의 말을 발설하지 말지라."

이처럼 일상 속에서 일어나는 생활양식과 관련된 시가들도 볼 수 있다.

한편, 『오용 툴후르』에는 다음과 같은 구절도 있다.

"두 사람이 화평하면
강철같이 단단하며
스무 명이 조화를 이루지 못하면
부숴지기 쉬운 울타리처럼 깨지기 쉽고
여러 사람이 단합하지 못하면
고아의 비웃음거리가 되고
다수가 조화를 이루지 못하면
한 사람의 먹잇감이 된다."

이는 알롱고아와 후엘룬이 아이들에게 화합에 관하여 말하는 교훈과 유사하다.

한편, 이 작품에서는 종교 이념을 설파하여 깨닫게 하는 구절들도 나타나는데, 이런 이유로 일부 연구자들은 이작품이 13~14세기 이후 계승되어 온 것으로 보고 있다. 하지만 미하일로프(G.I.Mikailov)는 1969년 『오용 툴후르』의 구성과 구조, 어휘의 특성을 연구 분석하여 이 작품이 17~18세기에 창작되었다고 주장하였다. 그는 이 작품의 293절 이후 부분은 나중에 덧붙여졌거나 고쳐진 흔적이 있다고 보았다. 특히 위에 언급한 일부 시는 전반부와 중첩되고 있는데, 『판차탄드라』와 『소바쉬드』 등의 번역본에서 편역하여 삽입한 부분도 관찰된다. 이런 점에서 『오용 툴후르』는 수세기 동안 작가들의 손을 거쳐 오면서 다소 변형되어 온 작품이라고 볼 수 있다.

참고문헌 Ш.Чоймаа, Д.Заяабаатар(2002), "*Оюун түлхүүр*" *нэрт шастир* МУИС, Монгол Хэл, Соёлын Сургууль. Ц.Дамдинсүрэн (1957), *Монголын уран зохиолын тойм*, Нэгдүгээр дэвтэр, Улаанбаатар.

육만호 몽골 찬가 ᠵᠢᠷᠭᠤᠭᠠᠨ ᠲᠦᠮᠡᠨ ᠮᠣᠩᠭᠣᠯ ᠤᠨ ᠮᠠᠭᠲᠠᠭᠠᠯ Зургаан түмэн монголын магтаал (Zurgaan tümen mongolyn magtaal)

각각 만호로 구성된 차하르, 할흐, 알타이, 오리앙하이, 오르도스, 호르친 부족의 업적을 찬양하는 시가

바트멍흐는 칸 위에 오른 뒤 행정 조직을 육만 호로 지칭하여 통치했다. 육만호(六萬戶)는 차하르(Chakhar), 할흐(Khalkh), 알타이(Altai), 오리앙하이(Uriyankhai), 오르도스(Ordos), 호르친(Khorchin) 부족에 각각 만호로 구성되었다. 육만호는 다시 좌와 동으로 나누었는데, 좌 3만호는 오르도스, 알타이, 호르친 융시에부를, 동 3만호는 차하르, 할흐, 오리앙하이를 두었다.

이 시가는 당시 각 부족민들의 주업(主業)과 생활 방식의 특징을 잘 나타내어 표현하고 있다. 예를 들면 다음과 같다.

"야생 말과 노루를 사냥하는
들토끼로 먹이를 하는
도적떼의 위협인
물줄기를 찾아내는 오리앙하이인들!
송골매의 힘센 날개 같고
수레의 바퀴 같고
명사수가 많고 간이 크고
대 칸의 사당인 산 같은 큰 집을 관리하는 오르도스인들!"

참고문헌 Ц. Дамдинсүрэн(1957), *Монголын уран зохиолын тойм*, Улаанбаатар, Д.Цэрэнсодном (1987), *Монголын уран зохиол*, Улаанбаатар, Д.Цэрэнсодном (2002), *Монголын уран зохиолын товч түүх*, Улаанбаатар, 강톨가, 김장구 · 이평래 역(2005), 『몽골의 역사』, 동북아역사재단.

지연의 교훈 [Mongolian script] Цаасан шувууны сургаал (Tsaasan shuvuuny surgaal)

단잔 랍자가 쓴 교훈시

〈지연(紙鳶)의 교훈〉은 1825년에 단잔 랍자(Ravjaa)가 쓴 교훈시로, 한 사람이 연을 날리는 꿈을 꾸는데, 연을 날리는 사람과 다른 한 사람이 서로 문답(問答)을 나누는 형태로 시가 쓰여졌다. 주로 불교적 이치에 대해서 이야기를 나누며, 인과(因果), 선악(善惡)에 대해 언급하고 있다. 더불어 우주 만물의 이치와 세속의 삶에서의 현명한 처신과 예법 등도 강조하고 있다. 이 작품은 '세상의 이치'와 '경전의 이치'라는 두 부분으로 나누어져 있다. 몽골 학자 담딩수렝은 〈지연의 교훈(Tsaasan shuvuuny surgaal)〉의 여러 필사본을 비교하여 저자를 단잔 랍자(Ravjaa)라고 확인했다.

이 시 중 일부를 소개하면 다음과 같다.

"무엇이 독이 있는가? 라니
악의가 있는 마음이 독이 있다고 하였고
무엇이 필요한 것이냐? 라니
좋은 마음이 필요하다고 하였다.
태평해지면 동시에 근심이 생긴다.
진실을 말함과 동시에 거짓이 발생한다.
옳은 일을 한 번 하는 데에도 몇몇 잘못이 따라간다."

참고문헌 Д.Цэрэнсодном(1987), *Монгол уран зохиол*, Улаанбаатар.

천체 기원 신화 [Mongolian script] Од эрхэсийн тухай монгол домог үлгэр (Od erkhesiin tukhai mongol domog ülger)

천체의 기원이나 자연현상의 질서에 대한 내용을 담은 신화

우주 여러 현상의 기원에 대한 이야기는 몽

골 신화학에서 창세 신화와 별도로 분류된다. 천체 기원, 즉 해와 달, 별자리 기원에 대한 신화를 정리하면 다음과 같다.

첫째, 신의 신체 부분이 해, 달, 별 등의 천체를 이루는 경우이다. 신화 자료에 보면 "에헤(ekh: 기원, 첫째, 맨 처음, 어머니)의 금(金) 배에서 빛이 나고 그 빛으로 해와 달, 송고드-쇼봉(잠수하는 새)을 만들었다." 라는 내용이 있는데, 에헤의 금(金) 배에서 빛이 났다는 것은 해와 달이 창조주인 에헤 신의 몸에서 나왔다는 말이다. 이 화소는 해와 달이 아직 없었을 때 사람이 각자 빛을 내고 있었고, 이 빛이 해가 된다는 다른 몽골 천체 신화소와도 연결될 수 있을 것이다.

둘째, 활을 잘 쏘는 사냥꾼과 그에게 쫓기는 사슴이 별자리의 기원이 된다는 내용이다. 후흐데이 메르겐이라는 사냥꾼이 세 마리의 암사슴을 쫓아 가다가 말, 개, 새와 함께 하늘로 갔다. 이들 3마리 사슴이 오리온좌의 세 별이 되었고, 가운데 한 별이 붉게 보이는 것은 상처를 입었기 때문이라고 전하고 있다. 이 오리온 자리의 세 별에서 가까이 보이는 한 별은 후흐데이 메르겐의 사냥 독수리고, 그 아래의 한 별은 말이고, 비스듬히 있는 세 별은 화살이고, 그 아래의 별은 후흐데이 메르겐의 신체이다. 이상의 자료를 보면 지상에 있었던 신 혹은 영웅이 하늘에 가서 별이 된다. 신체의 일부가 아니고 몸이 그대로 승천해 별이 된다는 것이다.

셋째, 일월조정 신화도 천체 기원 신화에 포함될 수 있다. 몽골 자료에서는 해와 달 둘이 등장하는 경우도 있고 해만 등장하는 경우도 있으며 별이 등장하는 경우도 있다. 복수의 태양이 등장한다는 것은 태양의 열로 인한 고통을, 복수의 달이 등장한다는 것은 추위로 인한 고통을 사람들에게 안겨 줌을 의미한다. 이 때 달로 인한 추위가 별로 인한 추위로 변이된 것 같다. 일월이 사라진 내용도 일월조정 신화소의 주요 내용이다.

언더르 텡게리(Öndör tenger: 높은 하늘)와 어르겅 델히(Örgön delkhii: 넓은 세상)의 아들과 딸이 결혼하여 그들은 서로 사돈이 되었다. 어르겅 델히가 자기 딸의 혼수품으로 해와 달을 달라고 언더르 텡게리에게 요구하였다. 언더르 텡게리는 사돈이 원하는 것을 주었다. 어르겅 델히가 그것들을 받아서 궤짝 안에 가두니 온 세상이 다 어두워졌다. 언더르 텡게리는 어르겅 델히로부터 어떻게 해와 달을 다시 돌려받을 수 있을까 깊은 생각에 잠겼다. 그 방법을 얻기 위해 자라 아자르가(Zaraa azarga, 고슴도치)에게 아홉 아들과 아홉 딸을 보냈다. 자라 아자르가는 발이 없고 둥글어서 일어서지 못하고, 굴러다니기만 하였다. 그래서 자라 아자르가가 올 때는 비웃지 말라고 자식들에게 당부하였다. 그런데 마침 자라 아자르가가 굴러 들어오자 하늘의 아홉 아들과 아홉 딸들은 참지 못하고 웃음을 터뜨렸다. 화가 난 자라 아자르가가 돌아가 버렸다. 언더르 텡게리는 자라 아자르가의 뒤를 따라가그가 뭐라 말하는지 몰래 들어보라고 5가지의 동물을 보냈다. 이 5가지 동물은 눈토끼, 사슴새끼 담비, 청설매, 시베리아 담비이다.

눈토끼는 제일 먼저 자라 아자르가의 말을 듣고 언더르 텡게리에게 알려 주었다. 자라 아자르가가 굴러가면서 말하기를, "언더르 텡게리의 아이들이 나를 갖고 놀고 있다. 아홉 아들은 땅에 내려서 서쪽의 칸(khan), 아홉 딸은 땅에 내려서 아홉 옹고드(ongod: 조상의 영혼, 무당이 모시는 신)가 되게 해야겠다." 라고 악담을 하고는, "언더르 텡게리가 어르겅 델히와 사돈이 되어서 혼수품으로 해와 달을 주고 다시 돌려 받지 못하고 있군. 이것처럼 쉬운 것이 어디 있겠는가? 어르겅 델히에 가서 메아리와 은빛 물결을 달라면 그만인데." 하였다.

언더르 텡게리는 울겐 델히에게 가서 메아리와 은빛 물결을 잡아오라고 명했지만 잡을 수 없어서 해와 달을 돌려 주었다. 그래서 전처럼 낮과 밤이 교체하게 되었다. 또 언더르 텡게리의 아홉 아들이 땅에 내려와서 아홉 신이 되었다고 한다.

이상의 몽골 신화에서 일월을 가둔 주체는 울겐 델히이고, 그것을 되찾는 주체는 언더르 텡게리이다. 부리야트족 신화에서 흔히 등장하는 울겐, 울겐 델헤이는 땅을 대표하는 신이며 주로 언더르 텡게리와 짝을 이루고 등장한다. 어떤 때는 '언더르, 어르겅 호여르'(Öndör, ülgen khoyor: 언더르 와 울겐 둘)라고 줄여 부르기도 한다. 다시 말하면 언더르 텡게리는 하늘을 차지한 신이며, 어르겅 델히는 이 세상을 차지한 신이다. 알타이 신화에서의 울겐은 몽골 신화의 어르겅과 상통하는 신으로 보이며, 동생 에를릭과 함께 이 세상을 만든 창조주로 등장한다. 따라서 위의 몽골 신화에서 나오는 어르겅과 언더르도 둘 다 창조주일 가능성이 있다.

참고문헌 Д.Цэрэнсодном(2012), *Монгол аман зохиолын тайлбарт дээж бичиг*, Улаанбаатар. 체렌소드놈 편저, 이평래 역(2001), 『몽골 민간신화』, 대원사. 센덴자빈 돌람 지음, 이평래 역(2007), 『몽골 신화의 형상』, 태학사. 노로브냠(1999), 「한국과 몽골 창세 신화 비교연구」, 서울대학교 석사논문.

청사 ᠬᠥᠬᠡ ᠰᠤᠳᠤᠷ Хөх судар (Khökh sudar)

19세기 중반에 인지나시(Injinashi)가 원조(元朝)의 역사를 바탕으로 쓴 몽골 역사 소설

『청사(青史)』는 동몽골 출신의 문학가이자 소설가인 인지나시(1837~1892)가 쓴 역사 소설이다. 원래 제목은 『대원제국의 청사(Yeke Yuwan ulus-un maduγsan törö-yin köke sudur)』이나 보통 『청사(köke sudur)』로 약칭하여 부른다. 인지나시에 따르면, 이 작품은 그의 아버지 왕친발(Wangčinbal, 1795~1847)이 쓰기 시작했으나, 아편전쟁(1840)의 발발로 중단했고 다시 집필을 재개할 수 없었다고 한다. 그래서 그의 아버지는 첫 여덟 장만을 집필했고, 나머지 부분을 인지나시가 집필하여 1870년에 완성했다. 이 작품은 본래 120장이 기획되었다고 전해지나, 69장만 현전하고 있다. 69장은 칭기스칸의 출생(1162)부터 사망(1227), 그리고 오고타이(Ögedei Khan)의 재위 9년(1236)까지를 다루고 있다.

『청사(青史)』는 인지나시의 생전에는 출간되지 못하였고 필사본만 독자들 사이에 떠돌았다. 그러다 1930년경 북경에서 『대원국사(大元國史 Yeke Yuwan ulus-un teüke)』라는 제목으로 출판되었다. 그러나 이 북경본은 원본의 12장만 수록하고 있고 저자의 머리말 부분은 누락되었다. 1940년에 들어서야 하일로(Khailuu)의 몽골문인협회에서 처음으로 머리말을 포함한 69장의 석판본을 출간하였다. 이 하일로본 『청사(青史)』의 출간으로 인지나시와 그의 작품들이 일반 독자들에게 알려지게 되었고, 이를 계기로 『청사(青史)』의 사라진 원고를 찾는 작업이 진행되었다. 그러나 1945년 만주국 정부의 붕괴로 하일로에 있는 몽고인쇄국이 폐쇄되어 『청사(青史)』의 연구와 그에 관련한 모든 사업의 진행이 수년 간 중단되었다.

인지나시와 그의 작품들에 대한 연구는 1950년대에 들어서야 몽골국과 내몽골 학자들 사이에서 재개되었다. 1957년 내몽고 자치구의 수도 후흐호트(靑都)에서 『청사(靑史)』가 3권으로 출간되었다. 그의 다른 작품들도 연달아 출간되었고, 몽골의 연구자들에 의해 연구물도 나왔다.

참고문헌 Д.Цэрэнсодном (1987), *Монголын уран зохиол*, Улаанбаатар. В.Инжинаши(2009), *Хөх судар*, Болор судар, Улаанбаатар.

칭기스칸 비문

Чингисийн чулууны бичиг (Chingisiin chuluuny bichig)

칭기스칸의 손자 예숭케(Esünkhe)가 활쏘기에서 뛰어난 기록을 세운 것을 기념하여 세운 비문(碑文)

'칭기스칸 비문'은 러시아의 시베리아학 연구자 스파스키(G.I. Spaskii)가 처음 발견하여, 1832년에 러시아 상트페테르부르크 시에서 전시하면서 비로소 세상에 알려지게 되었다. 이 비문은 1224~1225년경에 세운 것으로 추정되며, 높이 202cm, 넓이 74cm, 두께는 22cm의 화강암 위에 21개 단어를 5행에 걸쳐 새겨 넣었다. 보하 서치하이(bukha sochikhai)라는 지역의 한 잔치에서 궁술 시합이 진행되었는데, 이 자리에서 칭기스칸의 손자 예숭케가 335알드(두 팔을 벌린 거리, 약 1.6m) 거리의 과녁을 맞춘 것을 기념해 세운 비문으로 알려져 있다. 이 비문은 첫머리에 칭기스칸의 이름이 새겨져 있기 때문에 '칭기스칸 비문'이라고 불려 왔다.

'칭기스칸 비문'은 1840년대부터 슈미트(Ya.Shmidt), 비초링(Ya.Bichurin) 등의 학자들이 해독하려고 시도해 왔다. 비슷한 시기에 도르지 반자로프(Dorj Banzarov)가 상트페테르부르크시에 찾아가서 이 논쟁에 적극적으로 참여하였고, 1851년 「칭기스칸의 손자 예숭케 군주를 위한 비문의 몽골 고문 해석」이라는 논문을 써서 이 비문을 거의 정확하게 해석하였다. 하지만 마지막 두 단어를 잘못 추론했기 때문에 보다 심층적인 의미를 이끌어 내지 못한 한계를 가지고 있다.

반자로프는 이 비문의 내용을 칭기스칸이 사르타골국과 전쟁한 뒤 보하 서치하이(Bukha Sochikhai)라는 지역에서 큰 잔치를 행한 역사적 사건과 관련된 이야기로 보고 있다. 그 의식에서 손자 예숭케 헝거더르(Esünkhe Khongodorun)에게 가솔을 분봉해 준 것에 관한 기념비라고 보았다. 클류킨(I.A.Klyukin)은 1927년에 「하르히라(Kharkhiraa) 지역의 바위 위의 고대 몽골 문자」라는 논문에서 이 비문의 내용을 "보하 서치하이라는 지역의 한 잔치에서 궁술 시합이 진행되었고, 칭기스칸의 손자 예숭케가 335알드(두팔을 벌린 거리)거리에 과녁을 맞춘 것을 기념하기 위해 세운 비문"이라고 명료하게 설명하였다.

현재 이 비문은 러시아 상트페테르부르크시의 에르미타쥐 박물관에 보관되어 있다.

참고문헌 정영동(2004), 『몽골, 몽골문화: 조각예술로 본 몽골, 몽골문학』, 한몽연구회, 일진사. Ц.Дамдинсүрэн(1957), *Монголын уран зохиолын тойм*, Нэгдүгээр дэвтэр, Улаанбаатар. Д.Цэрэнсодном(1987), *Монгол уран зохиол*, Улаанбаатар.

칭기스칸의 성훈

Чингисийн билиг сургаал (Chingisiin bilig surgaal)

'정부와 법령', '칙령과 격언', '찬미와 찬가' 등의 교훈적 의미를 담고 있는 격언집으로 『칭기스칸의 격언』으로 불리기도 한다.

'빌릭 소르갈(bilig surgaal)'이라는 말은 몽골, 투르크 계통의 언어에서 지성의 범위를 가리키는 '총명한, 지혜로운, 학식이 있는' 이라는 의미를 갖는다. 이 단어는 13세기 이후 문학 작품들에서 '호숑 빌릭(Khoshon bilig)', '지혜와 교훈' 등과 같이 시문학의 한 장르로 불려 온 것으로 보인다.

롭상단장(Luvsandanzan)의 『황금사』와 다른 문헌들을 통해 전해져 온 『칭기스칸의 성훈(聖訓)』을 살펴보면 다음과 같다.

"법전을 엄격히 준수하기
정부를 존귀히 여기고 신뢰하기
화목을 굳건히 하기
용기를 북돋움하기
지식을 탐구하기
모든 일에 정직하기
술과 도둑질, 거짓을 금하기
강도와 약탈, 그리고 전리품을 탐하지 않기"

『황금사』 이외에도 몽골 역사의 여타 저서들과 칭기스칸의 이름과 관련 있는 여러 판본과 경전들에서도 위에서 언급하고 있는 격언과 유사한 운문 및 찬가가 적지 않게 나타난다. 〈복드 칭기스칸의 격언(Bogd Chingisiin surgaal)〉에서는 "칭기스칸이 초여름 달이 청명한 날에 망아지를 잡아 잔치를 벌일 때 보르치, 모칼리를 선두로 한 아홉 호걸을 찬양하여 그들의 역할과 업적을 나열했다."라고 기술하고 있다. 칭기스칸이 아홉 호걸들을 칭송한 이 찬가에는 각 사람의 공적과 일부 영웅들의 임무와 목적 등이 문학적으로 표현되어 있다. 예를 들면 모칼리 장군에 대해서는 다음과 같이 표현되어 있다.

"불같은 적군에게 막힘 없이 전진하는 나의 용맹한 코끼리여!
나의 깃발을 들고 꿈적도 하지 않는 바위여!
연회에서는 예법을 수행하는 자여!"

이 부분은 모칼리가 전쟁터에서 국가의 깃발을 동상처럼 움직이지 않게 보호하며, 연회석상에서는 국가의 숭고한 예법을 행하는 사람으로서의 역할을 담당하고 있음을 표현하고 있다.

『복드 칭기스칸의 격언』의 문체와 작품 구조를 자세히 살펴보면 13세기의 2행 압운시가 몽골 고전문학에서 4행시의 형태로 맞춰져 새로이 창작된 것이 관찰된다. 특히, 아홉 호걸들로부터 칭기스칸이 화답한 찬미시들에는 의미적으로 서로 유사한 내용을 함축하고 있다. 또, 불교 경전의 영향을 받아 칭기스칸을 숨베르산(수미산), 아나바드(Anabad) 바다, 여의주, 갈바르와스(Galvarbaas)나무, 마팡(Mapan) 바다, 협곡 사이 큰 강과 비유해서 찬미한 부분은 13세기 몽골 운문 작품과는 명확한 차이를 보이고 있다.

'성훈'이라는 격언이 처음에는 칭기스칸의 숭고한 격언을 함축하고 있다면, 17세기 이후에는 칭기스칸의 영웅 신하들과 성현들의 지혜 및 격언을 포함한 것으로 볼 수 있다.

참고문헌 Д.Цэрэнсодном(1987), *Монгол уран зохиол*, Улаанбаатар. Ц.Дамдинсүрэн (1957), *Монголын уран зохиолын тойм*, Нэгдүгээр дэвтэр, Улаанбаатар.

칭기스칸의 아홉 장수와 고아소년의 지혜 겨루기

Чингисийн есөн өрлөгтэй өнчин хүүгийн цэцэлсэн шастир (Chingisiin yösön örlögtei önchin khövüünii tsetselsen shastir)

몽골에서 전해 내려오는 칭기스칸의 아홉 영웅 호걸들이 술에 대해 논쟁하고 있을 때 고아 소년이 옆에서 당시의 음주 문화를 풍자한 내용으로 계층 간의 화합을 주제로 한 격언집

『칭기스칸의 아홉 장수와 고아 소년의 지혜 겨루기』는 대화 형식으로 쓰여졌으며, 롭상단장(Luvsandanzan)의 『황금사』, 라쉬폰착(Rashpuntsag)의 『볼로르 에르흐(Bolor erkhi)』, 『칭기스칸의 역사서』 등에 역사서 또는 경전의 형태로 전해져 왔다. 『칭기스칸의 아홉 장수와 고아 소년의 지혜 겨루기』는 사건의 전개와 내용면에서 독특한 특징을 갖는 작품으로 평가 받고 있다. 칭기스칸의 영웅 호걸들이 술에 대해 논쟁하고 있을 때, 어린 고아 소년이 그들에게 참된 진리를 깨닫게 한다. 이 작품에는 지배자와 피지배자라는 상충되는 두 계층을 뚜렷하게 구분 지어 형상화했다. 고아 소년은 술에 대하여 다음과 같이 말한다.

> "정신이 흐릴 정도로 많이 마신다면 병이 아닌지
> 적당히 마신다면 행복이 아닌지
> 뽐내며 탐낸다면 어리석음이 아닌지
> 정신 나간 것처럼 대취하면 정신병자가 아닌지
> 계속하여 마신다면 해악이 아닌지
> 성인이 되어서도 이것을 참으면 지혜가 아닐는지"

이에 영웅 호걸 찬다가 체첸이 끼어들어 다음과 같이 말한다.

> "고아 소년 주제에 할 말이 있었던가
> 잘 놀라는 말에게도 질주가 있었던가
> 소년은 돌쩌귀 같은 과일이나 주워모을 것이며
> 개와 같은 뼈나 취하고자 다툴지어다!"

강압적으로 비하하여 말할 때 고아 소년이 대답한다.

> "찬다가 체쳉(Chandaga tsetsen) 호걸이시여!
> 그런 뜻이 아닙니다.
> (그 말씀은) 사악한 마음에서 나온 것이 아닐는지
> 저는 아홉 영웅 호걸의 말을 그르다고 하지 않았으며
> 제 말이 전적으로 옳다고도 하지 않았으며
> 제가 모든 부자들이 지혜롭지 못하다고 했는지
> 제가 칸과 군주의 명을 거슬러 말을 했는지
> (호걸이시여) 작은 자를 귀히 여기고 사랑하면 동상을 입지 않을 것이며
> 잘 놀라는 말을 귀히 여겨 꼴을 먹이면 살찌지 않을 것입니다."

이에 찬다가 체쳉이 분노하며 말한다.

> "새앙쥐 같은 너의 몸을 내가 부러뜨릴 것이며
> 모든 군중에게 너를 구경거리로 만들 것이다
> 나무 조각 같은 너의 몸을 내가 계속하여 찢어버릴 것이며
> 운집한 군중에 간이 되게 할 것이다."

하지만 결국 고아 소년의 현명하고 진솔한 말에 말문이 막힌 찬다가 체쳉의 부끄러운 패배로 결말을 맺고, 왕은 고아 소년을 옆에 앉히고 사랑과 축복을 베푼다.

참고문헌 Ц.Дамдинсүрэн (1957), *Монголын уран зохиолын тойм*, Нэгдүгээр дэвтэр, Улаанбаатар. Д.Цэрэнсодном(1987),

Монгол уран зохиол, Улаанбаатар. Д.Цэрэнсодном(2002), *Монголын уран зохиолын товч түүх*, Улаанбаатар.

타힐링 슐렉 Тахилын шүлэг (Takhilyn shüleg)

문학 작품에서 저자가 자신의 창작물에 축복을 기원하기 위해 신에게 호소하는 내용을 담거나 작품의 내용을 간략하게 정리한 시가

'타힐링 슐렉(Takhilyn shüleg)'은 부처의 자비와 소원을 기원하는 글로, 문학 작품에서 저자가 자신의 작품에 축복을 기원하기 위해 작품의 서두에 쓰는 글이다. 타힐링 슐렉은 고대 인도에서 기원한 것으로 보인다. 불교에서는 "부처에게 예배하고 경전에 예배하고 승가에 예배하자"라는 의미로 "나모 부처(Namo Buddhaya), 나모 법전(Namo Dharmaya), 나모 승가(Namo Sanghaya)"라는 말을 경전 서두에 붙이는데, 이것이 후대에 몽골에서 시 형태로 된 기도문이나 찬양문, 더 나아가 작품 내용의 요약이나 주석으로 발전하였다.

18세기 몽골의 단잔닥바 구시 빌긴 달라이(Danzandagva, güüsh Bilgiin Dalai)가 문법서(khel züin zokhiol)의 서문에 '보살 만주시리(Manzushir)에게 지혜와 자비를 구한다'는 내용으로 쓴 시가 있다. 또 초이지 오드세르의 작품에 등장하는 타힐링 슐렉도 여기에 해당된다.

참고문헌 Д.Цэрэнсодном (1987), *Монгол уран зохиол*, Улаанбаатар, Ц.Дамдинсүрэн (1968), *Монголын уран зохиолын тойм*, III дэвтэр, Улаанбаатар.

투르판 모음집 중의 몽골문학 Турфаны цуглуулгын доторхи шүлэг, сургаал (Turfany tsugluulgyn dotorkhi shüleg surgaal)

고대 위구르 제국의 사원 유적에서 발굴된 위구르, 몽골, 티베트, 산스크리트 문자로 쓰인 유물 자료를 모아 놓은 작품집으로 몽골, 위그르 등 고대 문자 연구에 중요한 자료이다.

『투루판 모음집』은 독일 과학원의 고고학연구소팀이 1902~1904년에 중국 신강의 투르판이라는 지역을 발굴하면서 이곳에서 찾아낸 고대 위구르 제국의 다수의 문자 유물들을 통틀어 부르는 말이다. 탐사팀은 특히 고대 위구르 제국의 수도 하라호저라는 옛 터의 사원 유적을 발굴하였다. 여기에서 위구르, 몽골, 티베트, 산스크리트 문자로 쓰인 다량의 책자들이 발견되었는데, 일부는 온전했고 일부는 파손되거나 일부만이 남은 것들도 있었다. 이 자료들은 현재 독일아카데미 과학원 고고학 중앙연구원 도서관에 보관되어 있다.

투르판 문자 유물들은 고대 위구르인들의 터전에서 찾았기 때문에 대부분 위구르 문자로 되어있다. 이에 대하여 몽골의 역사가 자와담딩(Zava Damdin)은 『황금서(黃金書)』에서 "위구르인들이 건축한 사원과 숭배 대상이 지금까지 남아 있다. 러시아, 독일의 일부 현자들이 그 지역에 와서 옛 은자들이 작품을 만들었던 동굴의 경사면을 파헤쳤는데, 간조르와 단조르 경전이 다수 출토되었다. 그런데 대부분은 위구르어로 쓰여졌으며, 고대 위구르 문자와 위구르 승려들의 전설이 대륙 전체에서 보편적으로 회자되게 되었다. 천 년이 지날 때까지 땅속에 묻혀 있던 간조르와 단조르의 귀중한 칙령들이 오늘

날 눈앞에 드러나게 된 것이야말로 경이롭다고 할 수 있다."고 기록한 바 있다.

『투루판 모음집』에 대한 최초의 연구는 이 유물 발굴단을 지휘하고 구성한 레코흐(A.Le-koh) 교수와 람스테드(G.Ramstedt)가 1909년에 쓴 「투르판의 이디호트시리그에서 발굴한 몽골 편지」라는 논문이었다. 이 논문의 서문에서 이 유물의 존재가 처음 알려졌다. 그 이후에 많은 몽골학자들이 투르판의 몽골 문자를 연구하고, 수많은 논문을 출간해왔다.

특히 헤니쉬(E.Heinisch) 교수는 베를린의 『투루판 모음집』의 몽골 문자 원본을 연구하여 1954년에 두 권의 책을 저술했다. 헤니쉬는 '투루판 모음집'의 파손된 책의 내용을 분석하여 네 개의 장으로 분류해 1959년 『베를린시의 투르판 모음집의 몽골 문자』를 영인본으로 출간했다. 이 책은 1장 불교 내용, 2장 공문서와 편지, 3장 문학 및 여타 장르, 4장 파스파 문자로 구성되어 있다.

헤니쉬의 영인본이 출판된 후 클리브스(Klivez), 포페(Poppe), 리게티(Ligeti), 프랑케(Franke), 알토(Aalto), 카라(Kara) 등의 서구 학자들이 『투루판 모음집(Turfany tsugluulga)』의 몽골 문자 유물을 주제로 다양한 논문을 썼다.

참고문헌 Kōgi Kudara(2005), *Chinese Buddhist Texts from the Berlin Turfan Collections: Chinesische und mandjurische Handschriften und seltene Drucke*, Volume 3, Franz Steiner Verlag. Д.Цэрэнсодном(1987), *Монгол уран зохиол*, Улаанбаатар.

판차탄트라 Панчатантра (Pañchatantra)

고대 인도의 설화와 격언 등을 몽골어로 엮어 놓은 우화집

『판차탄트라(pañchatantra)』는 고대 인도의 설화나 격언 등을 엮은 우화집으로, 흔히 '다섯 권의 책' 또는 '다섯 편의 이야기'이라고 번역하기도 한다. 본래 '처세술', '정치적 지혜에 관한 다섯 가지 체계', '원리' 등을 의미한다. 다섯 편으로 이루어진 『판차탄트라』는 액자소설의 형식을 갖추고 있으며, 각 편마다 동맹자 간의 불화, 협동으로 강자를 제압함, 전쟁과 평화, 어리석음으로 인한 재물의 손실 등의 주제를 다루고 있다

『판차탄트라』 속에 수록되어 있는 동물 우화의 모티브는 앞서 불전 설화들과는 달리 몽골 구비설화에 지대한 영향을 끼쳤다. 『판차탄트라』에 나오는 일부 우화들, 즉 페르시아본 『칼릴라와 딤나』가 이미 13세기에 몽골어로 번역되었다는 기록이 남아 있다.

인도 『판차탄트라』에 기원을 둔 몽골어 이본(異本)은 모두 4종이 현재 전해지고 있다. 첫 번째는 1921년 러시아의 몽골학 학자 블라디미르초프(Vladimirtsov)가 간행한 일명 '부르두코프본(Burdukov)'으로 불리는 것으로 모두 17편의 이야기가 실려 있다. 이 '부르두코프본'은 에르데닌 치멕(Erdeniin chimeg)에서 발췌한 것으로 언제 누구에 의해 집필된 것인지 알려져 있지 않다. 두 번째는 차하르부의 고승 롭상출템(Luvsanchultem)이 집필한 '찬드마닌치멕(Chandmanyn chimeg)'이다. 세 번째는 1895년 부리야트에서 목판본으로 만들어진 '에르데닌 사인 훔흐(Erdeniin sain khumkh)'로 부리야트의 린친 놈토에프(Nomtiin Rinchen)가 썼다. 네 번째는 '투르 요스닌 샤스티린 타일바르(Tör yosnii shashtiryn tailbar)'로 아그왕

담필(Agvaandampil)이 1758년에 간행한 것으로, 1964년 몽골의 수도 울란바타르에서 영인되어 출판되었다.

참고문헌 Д.Цэрэнсодном (1987), *Монголын уран зохиол*, Улаанбаатар, Д.Цэрэнсодном(2002), *Монголын уран зохиолын товч түүх*, Улаанбаатар.

홍타이지의 백일몽 시 ᠬᠤᠩ ᠲᠠᠶᠢᠵᠢ ᠶᠢᠨ ᠰᠠᠨᠠᠭᠠᠰᠢᠷᠠᠯ ᠬᠡᠮᠡᠬᠦ ᠰᠢᠯᠦᠭ Хун тайжийн санаашрал хэмээх шүлэг (Khun taijiin sanaashral khemeekh shüleg)

17세기 중반 몽골 할흐의 실권자였던 촉트 홍타이지가 자신의 고향을 노래한 시

〈홍타이지의 백일몽 시〉는 촉트 홍타이지가 자신의 고향을 노래한 시이다. 이 작품은 청나라의 검열과 핍박을 받아 널리 알려지지는 않은 것으로 추정된다. 이 시는 1950년대 말경에 체벡도르지(V. Tsevegdorj)가 찾아 약 20년 후에 출판하였다. 이 시의 저자를 촉트 홍타이지로 보는 이유는 시의 제목이 〈홍타이지의 백일몽〉라고 되어 있으며, 원본의 마지막 부분에 시를 쓴 연도를 '계유년(癸酉年)'이라고 기록했기 때문이다. 계유년은 촉트 홍타이지가 청해(靑海 Khökh nuur)에 도착한 해인 1633년이다. 따라서 촉트 홍타이지(Tsogt taij, 1581～1637)가 고향을 떠나 청해에 갔을 때 향수에 젖어 이 시를 지은 것으로 추청된다.

시의 내용을 보면 다음과 같은 구절이 있다.

"덥거나 추울 때에도 편히 살았던 고향
쉬어 갈 도트 보르(Duut bor) 지역이여!
굽이쳐 흐르는 톨(Tuul) 강이여!.."

참고문헌 Д.Цэрэнсодном (1987), *Монголын уран зохиол*, Улаанбаатар, Ц.Дамдинсүрэн (1968), *Монголын уран зохиолын тойм*, Ⅲ дэвтэр, Улаанбаатар.

히식바트의 문답시 ᠬᠣᠰ ᠮᠣᠷᠢᠨ ᠤ ᠰᠠᠶᠢᠪᠤᠷ Хос морины сайвар (Khos moriny saivar)

승려와 세속의 범인이 우주와 세상 이치에 관해 서로 문답을 주고받는 314행의 장편 시

'히식바트의 문답시'는 승려와 세속의 범인이 서로 주고받은 문답을 시 형식으로 쓴 글이다. 이 시는 시인 히식바트(Khishigbat)가 썼는데, 시문창화(詩文唱和; 남의 시의 운에 맞추어 시를 짓고 서로 주고받음)로도 불린다.

시의 내용은 말을 탄 두 사람이 길을 가는 도중에 식사를 하고 술을 마시며 여러 가지 논쟁을 벌이는 내용이다. 승려는 불교 교리와 다음 생에 대해서 논하고 세속의 범인은 승려의 사고에 대해 비평한다. 이들이 나누는 대화 중 일부를 소개하면 다음과 같다.

"원하는 대로 자기 멋대로 사는 것이
진정한 지옥이 아닌가."

히식바트는 자신의 사상을 작품의 주인공을 통하여 말하고 있다. 논쟁의 끝에 승려는 종교적인 교훈의 말이 아닌 평범한 사람의 말로 자신의 생각을 표현한다.

"술을 마시면 내 몸이 흔들린다
속마음을 드러내면 내 마음이 흔들린다
좋은 말을 타면 땅이 흔들린다
님을 생각하면 내 마음이 흔들린다."

참고문헌 Ц. Дамдинсүрэн(1977), *Монголын уран зохиолын тойм*, Улаанбаатар, Д.Цэрэнсодном (1987), *Монголын уран зохиол*, Улаанбаатар, Д.Цэрэнсодном (2002), *Монголын уран зохиолын товч түүх*, Улаанбаатар.

인물

겔렉발산 Гэлэгбалсан (Gelegbalsan)

근대 몽골의 대표적 시인. 축원, 축문 형태의 시가 작품을 많이 썼다.

겔렉발산(Gelegbalsan, 1846~1923)은 롭상돈도브(Luvsandondov), 샥다르(Shagdar)와 더불어 19~20세기 몽골의 3대 시인 중 하나이다. 롭상돈도브와 샥다르가 왕공, 귀족 계급 출신인 반면 겔렉발산은 평범한 목민 집안에서 태어났다. 시인들은 종교적 또는 사회적 행사나 의식을 치를 때 전통적 관습을 바탕으로 축원시를 즉시 만들어 읊었다.

겔렉발산은 1846년에 투셰트 한 아이막(Tusheet khan)에서 목민의 막내아들로 태어났다. 그는 10살이 되던 해에 옹긴(Ongin) 사원으로 출가했다. 그는 사원에서 불경을 공부하고 티베트어를 배웠지만 얼마 뒤에 공부를 마치고 집으로 돌아와 가축을 돌보며, 몽골 글을 보며 독학했다.

그의 20대는 여행의 시기라고 할 수 있다. 카라반 대상(隊商)에 들어가 낙타를 타고 현재 중국의 동북 지역인 칼간(Khaalgan; 장가구), 알라샤(Alashaa; 아랍선맹) 등을 다녔다. 이렇게 장사를 하며 떠돌았던 시기는 그에게 견문을 넓혀 주었고 정신적으로 성장하는 계기가 되었다. 또 각 지역에 구전하는 전설, 민담, 수수께끼, 축원시, 찬양시, 신화 등을 채집하는 기회도 되었다. 그는 30세부터 축원시를 만들기 시작하였고, 이후 습작의 단계를 넘어 전문 시인으로 인정받게 되었다.

참고문헌 Д.Цэрэнсодном (1987), *Монголын уран зохиол*, Улаанбаатар, Ц.Дамдинсүрэн (1968), *Монголын уран зохиолын тойм*, Ⅲ *дэвтэр*, Улаанбаатар. П.Хорлоо, С.Дулам (1999), *Монгол ардын зан үйлийн хэлхээ*, ШУА ХЗХ, Адмон.

구시 초르지 Гүүш Цорж (Güüsh Tsorj)

16세기 말에서 17세기 초에 활동했던 번역가

구시 초르지(güüsh Tsorj)는 몇몇 작품에 시리실라스바라바(Shrishilasavarba)라고 산스크리트어로 기록되어 있음에도 불구하고 승려 '판디타 구시 초르지(bandida güüsh Tsorj)'나 '시레트 구시(Shireet güüsh)'라는 이름으로 더 잘 알려져 있다. 그는 1578년에 번역을 시작한 후 1618년까지 번역 작품을 냈다. 구시 초르지는 약 40년 간 많은 양의 인도 · 티베트 경전과 문학 작품을 번역하였다. 『에르덴조 사원 역사(Erdene zuugiin tüükh)』에서 압타이 사인 한(Avtai Sain khaan)은 몽골에 불교를 포교할 목적으로 제3대 달라이 라마(Dalai lam Sodnomjamts, 1543~1588)를 초빙했는데, 자기 대신 시데트 갑지(Shidet gavj)라는 승려를 티베트에 보냈다. 연구자들은 이 시데트 갑지를 구시 초르지라고 보고 있다. 즉 구시 초르지는 제3대 달라이 라마(Dalai lam)의 측근으로서 몽골인들에게 불교 경전 교육을 하는 한편 압타이 한(Avtai khaan)의 승려로서 경전 번역을 주도한 인물로 보인다.

구시 초르지는 몽골 종교의 중심인 에르덴조(Erdenezuu) 사원에 머물며 불교 경전과 불교 문학을 번역하였다. 그의 번역 작품은 17세기 초뿐만 아니라 18세기 번역 작품에도 상당한 영향을 끼쳤다. 특히 18세기의 시인이자 번역가인 메르겐 다이친 타이지(Mergen daichin taij)는 『백련(白蓮, Tsagaan lyankhua)』을 번역할 때 구시 초르지를 14세기 초의 유명한 학자인 초이지 오드세르 판디타(Choiji－Odser bandida)에 비견할 만하다고 하였으며, 그의 번역은 티베트어의 문법에 얽매이지 않고 몽골 독자들이 이해하기 쉽게 원래 몽골 문학 작품처럼 번역한다고 평가했다. 이에 관해서 독일의 몽골 문학 전문가 하이시히(W. Heissig)는 구시 초르지는 불교 문학을 직역하지 않고, 문학적인 번역을 선호하였다고 주장하였다.

한편, 그가 티베트의 역사와 문학 작품을 엄선하여 번역한 것은 불교 포교의 수단으로서 불교 작품 번역이 중요하다고 생각했기 때문이다.

구시 초르지에 대해서는 러시아의 몽골학 연구자 블라디미르초프(B. Ya. Vladimirtsov)와 독일의 몽골 문학 전문가 하이시히(W. Heissig), 그리고 몽골의 몽골학자 비라(Sh. Bira), 후렐바타르(L. Khürelbaatar) 등이 고문서나 그의 번역 작품 세계를 분석하고 심도 있게 연구하였다.

참고문헌 Д.Цэрэнсодном (1987), *Монголын уран зохиол*, Улаанбаатар, Д.Цэрэнсодном (2002), *Монголын уран зохиолын товч түүх*, Улаанбаатар.

단잔랍자 Равжаа (Ravjaa)

19세기에 활동한 몽골의 시인이자 극작가

단잔랍자(Danzanravjaa, 1803~1856)는 19세기 중엽 몽골에서 활동한 시인이자 극작가였다. 흔히 '고비의 활불(Goviin noyon khutagt)' 또는 '기이한 랍자(Ravjaa)'로도 불렸다. 그는 몽골어와 티베트어로 300편이 넘는 작품을 남겼다. 또한 몽골 최초의 희곡인 〈사랑 허허의 생애(Saran khökhöönii namtar)〉를 썼고, 몽골에서 최초의 극장을 만들었다.

청나라의 지배 하에서 그는 중국인들에게 눈엣가시 같은 존재였다. 중국인들은 그를 '고비의 활불'로 인정하지 않았다. 그의 사후, 1800년대 중반에 한 승려가 그의 유작들을 만주인들 몰래 보관하여 6대째 물려 내려왔고, 이 작품들은 1938년에야 세상에 알려졌다.

20세기 들어서서 사회주의의 영향을 받아 몽골의 모든 사원이 파괴되었다. 단잔랍자가 세운 고비의 하마르 사원(Khamaryn khiid)은 그가 이루어 놓은 미술, 음악, 그리고 문학의 중심지이었다. 그는 그곳에 연극을 공연할 수 있는 극장을 세웠고, 그곳에서 〈사랑 허허〉를 공연하였다. 그러나 이 연극 무대는 1938년에 파괴되었다. 투데브는 단잔랍자의 유작과 유품을 64개의 상자에 담아 하루밤 사이에 몰래 17군데의 비밀 장소에 묻었다고 한다. 그래서 이후 단잔랍자의 작품은 읽히거나 공연되지 못했고, 다만 민중들 속에서 구전되어 불렸다. 지금까지도 단잔랍자의 유품은 발견되지 않았다.

참고문헌 Д.Цэрэнсодном (1987), *Монгол уран зохиол*, Улаанбаатар. Alan J. K. Sanders(2010), *Historical Dictionary of Mongolia*(74권/*Historical Dictionaries of Asia, Oceania, and the Middle East*), Scarecrow Press.

롭상돈도브 Лувсандондов

(Luvsandondov)

19세기 후반에 활동한 몽골의 대표적 시인

롭상돈도브(Luvsandondov, 1854~1909)는 1854년 몽골의 북쪽 자삭트한 아이막 허휘 호쇼(Khukhui khoshuu) 왕공의 하인 집에서 태어났다. 자식이 없는 왕공 세드바자르가 그를 입양하여 키웠다. 1876년경 자삭 노얀이 된 그는 아버지의 뒤를 이어 자신의 호쇼 노욘(noyon)에 취임하였고 이후 1897년에 할하의 자삭트한 아이막의 부장군(副將軍)이 되었으며 로 궁(Lu 公)이라는 이름으로 알려졌다. 그는 정치, 사회 활동에도 관심이 많은 문학인이었다. 수십 편의 단가(短歌)와 시(詩)를 지었고, 1900년 8월 15일부터 1905년 가을까지 자신의 신상과 주변에 일어난 일들을 기록한 일기도 남겼다. 그 일기에는 당시 전 세계와 그가 사는 지역에서 일어난 사건들이 자세하게 기록되어 있다. 그가 쓴 시 중에는 의례용 시가 큰 비중을 차지한다. 이 시들은 지역 행사나 의례 때에 특별히 낭송되기도 하였고 민요처럼 노래로 만들어진 것들도 있다.

롭상돈도브는 예술에도 관심이 많아 자신의 거처에 춤과 노래를 할 수 있는 무대를 만들어 자주 공연을 하기도 하였다.

참고문헌 Д.Цэрэнсодном (1987), *Монгол уран зохиол*, Улаанбаатар. П.Хорлоо, С.Дулам (1999), *Монгол ардын зан үйлийн хэлхээ*, ШУА ХЗХ, Адмон.

롭상출템 Лувсанцүлтэм (Luvsangtsültem)

근대 몽골의 대표적 문학가이자 번역가

1817년에 쓰여진 롭상출템(Luvsangtsültem, 1740~1810)의 전기에 따르면, 롭상출템은 1740년 8월 3일 차하르 부(部)에서 목민 체곤잘(Tsegonjal)의 장남으로 태어났다. 롭상출템은 그의 법명이며, 차하르 겝시(Tsakhar gevsh)라는 이름으로 널리 알려졌다.

롭상출템은 티베트 불교 관련 문학 작품들을 몽골어로 옮겨 몽골 문학 발달사에 큰 업적을 남겼다. 롭상출템이 다른 번역가들과 다른 점은 불교 철학이나 불교 의례를 번역하기보다는 차딕(tsadig)이나 전기(傳記), 인도, 티베트의 시와 우화를 몽골어로 번역했다는 점이다. 특히 '수바시드(Subashid)'의 주석과 티베트 불교의 지도자인 총카파(1357~1419)의 일생을 다룬 책을 몽골어로 번역하였다. 당시 몽골에서는 티베트 불교 대승들의 전기는 티베트어로 쓰는 것이 일반화되어 있었으나 롭상출템은 이러한 관례를 깨고 몽골어로 번역한 것이다. 또한 그는 '수바시드'의 주석을 원문 그대로 직역하지 않고 몽골 시가 형태를 적용하여 사람들이 쉽게 읽고 이해하도록 했다. 이뿐만 아니라 몽골 민담을 빌어 주석을 이해하기 쉽게 풀어내었다. 롭상출템은 일생 동안 티베트어로 쓴 수십 권의 책도 남겼는데, 그 중에는 문학론, 역술, 의학, 불교 의례에 관한 책들이 있다.

참고문헌 Д.Цэрэнсодном (1987), *Монгол уран зохиол*, Улаанбаатар. Л.Хүрэлбаатар(1992), *Алтан хүрдэн*, Цог сэтгүүлийн газар.

인지나시 Инжинаши (Injinashi)

19세기에 활동한 몽골 동남부 출신의 시인이자 소설가이며 역사가

인지나시(Inǰinashi, 1837~1892)는 19세기에

활동한 문학가이자 역사가이다. 그의 시와 소설들은 민중의 정서와 강한 사회적 비판을 담아내고 있다. 그의 대표적 작품 가운데 하나인 역사소설 〈청사(靑史)〉는 13세기에 일어났던 사건들을 중심으로 깊은 애국적 이상을 고무시키고 있다.

인지나시의 또 다른 대표작인 〈일층루(一層樓, Nigen dabqur asar)〉는 두 편으로 구성된 고전소설로 남부 몽골 지역에서 청조(淸朝)의 억압 하에 살아가는 몽골인들의 삶과 그들의 투쟁을 그렸다. 〈일층루〉와 더불어 그의 대표작인 〈울란 우킬라쿠 탕힘(Ulaɣan-a ukilaqu tingkim)〉은 중국 소설 〈홍루몽(紅樓夢)〉과 유사하기도 하다.

인지나시는 현재 중국 요녕성 북표현(遼寧省北票縣)에 속하는 조스트맹(盟)의 투메드 우기(右旗)에서 그 지역 귀족이자 관리인 왕친발(Vančinbala)의 막내아들로 태어났다. 그의 아명(兒名)은 하스촐로(Qasčilaɣu)이고, 한어명은 보형산(寶衡山)이다. 그의 아버지 왕친발(Vančinbala)은 칭기스칸의 27대 적통이고, 몽골과 중국 고전, 만주와 티베트 고서를 수집하였다. 인지나시는 〈청사(靑史)〉의 서문에서 첫 8장을 그의 아버지가 썼다고 했다.

인지나시가 태어날 무렵인 19세기 초반 투메드 우기(右旗)는 사회 전반적인 면에서 전환기를 맞고 있었다. 중국으로부터의 유입 인구가 현지 몽골인의 수를 압도하고 초원이 농경지로 탈바꿈하였다. 이러한 상황은 인지나시가 〈청사(靑史)〉에서 칭기스칸 시절의 화려했던 과거를 기술하도록 만들었을 것으로 추측된다. 중국인과 몽골인의 민족적 갈등은 1891년 금단도의 난을 촉발시켰다. 중국 반란군은 수만 명의 몽골인을 학살하였고, 조스트와 조오다 맹(盟)을 파괴하였다. 인지나시는 금주(錦州)로 피난하였고 1892년 그 곳에서 사망하였다.

당시 청조(淸朝) 지배 하에서 살며 중국식 생활양식에 길들여져 있었음에도 불구하고, 인지나시는 만주, 중국과 점점 가난해지는 고향의 몽골 동포 사이에 첨예해지는 갈등을 인지하였다. 이러한 갈등에서부터 그의 작품은 한편으로는 중국 문화에 대한 경탄과 더불어, 다른 한편으로는 몽골 동포들을 향한 민족적 자성을 촉구하였다. 그는 계몽된 군주야말로 봉건적 압제를 물리칠 수 있는 유일한 선택이라고 역설하였다.

인지나시는 17세기에서 19세기까지 몽골에서 이어져 온 연대기류와는 선을 긋고 비판적 사고를 수용한 몽골 소설의 창립자였다. 그의 소설에는 시가 종종 보이는데, 이는 작품에 등장하는 인물들의 감정과 정서를 표현하기 위한 기법이었다. 이들 시는 인상주의적 특징을 띠고 있으며, 간결하지만 날카롭게 사회를 비판하고 있다. 중국의 글쓰기 형식에 따라 저술한 그의 태도는 기존 몽골 시 작품과는 차별성을 보였다.

참고문헌 Д.Цэрэнсодном(2002), *Монголын уран зохиолын товч түүх*, Улаанбаатар. Ц. Дамдинсүрэн(1977), *Монголын уран зохиолын тойм*, Улаанбаатар.

초이지 오드세르 · Чойжи-Одсэр (Choiji-Odser)

몽골에서 14세기 초에 활동했던 학자이자 시인

초이지 오드세르(Choiji Odser)는 14세기에 활동했던 시인이자 학자로, 고대 인도의 오방명(어문학, 철학, 불교 교리교육학, 의학, 예술)에 능통한 자에게 수여하는 '반디다

(bandida)'라는 칭호를 지니고 있었으며, 몽골, 티베트, 산스크리트어에 능통했다. 그는 1305년 최초의 몽골어 문법서를 저술하였고, 이외에도 인도, 티베트어로 된 많은 작품을 몽골어로 번역하기도 하였다. 몽골, 티베트, 중국어로 쓰여진 역사서에는 초이지 오드세르에 대한 자료가 전한다. 예를 들어 『원사(元史)』에는 그의 공로를 치하하여 상금을 하사하였다는 기록이 전하고 있고, 당시 여러 역사서에 초이지 오드세르가 당대 대부분의 불교 경전을 몽골어로 번역했다는 기록이 실려 있다.

초이지 오드세르가 티베트어로 저술한 『12 본생담(Burkhan bagshiin 12 zokhiongui)』 제2권을 후대에 샤랍셍게라는 번역가가 몽골어로 번역하였는데, 기존 작품 중 4장만을 번역한 것이 현재 러시아 상크트페테르부르그 대학 동양학 도서관에 소장되어 있다. 또한 『입보리행론(Bodichariya avatara)』을 1305년에 몽골어로 번역하고, 1311년에 『입보리행론의 주석』을 마무리하고 목판으로 인쇄하였다.

한편, 『투르판 모음집』에 수록되어 있는 초이지 오드세르가 집필한 〈마하칼라 막탈〉 등의 운문을 보면, 그가 재능이 뛰어난 시인이었음을 알 수 있다. 그의 〈마하칼라 막탈〉은 14세기 몽골 문학에서 막탈 장르를 대표하는 작품으로 인정받고 있다.

참고문헌 Ц.Дамдинсүрэн (1957), *Монголын уран зохиолын тойм*, Нэгдүгээр дэвтэр, Улаанбаатар. Д.Цэрэнсодном(1987), *Монгол уран зохиол*, Улаанбаатар.

문학개설

몽골 고전문학

Монголын эртний уран зохиол (Mongolyn ertnii uran zokhiol)

수천 년 동안 보존되어 전해온 몽골 전통 문학

몽골 문학이 민족 고유의 관습을 고스란히 보존하고 있었던 시기는 중앙아시아의 고원에서 통일 강국을 건설하였던 13세기 초로 볼 수 있다. 하지만 남유럽과 중앙아시아의 많은 민족들 사이에서 '알롱고아 설화'가 광범위하게 퍼져 있었던 것을 보면, 13세기 이전에 몽골 문학이 외부로 확산되지 않았다거나 외부로부터 전혀 영향을 받지 않았다고 단정할 수 없다. 14세기 『몽골비사』에서는 당시 기록문학의 특징적인 형상을 알 수 있는데, 이를 통해 수천년 동안 보존되어 온 민족 고유의 특성을 알 수 있다. 또 13세기 말~14세기 초, 즉 몽골 고원에 불교가 전해진 시기부터 인도와 티베트 문학이 몽골 문학에 많은 영향을 끼쳤다.

어느 민족의 문학이든 처음 생겨나게 된 특성을 오랜 기간 보존하고 있기 마련이다. 민족의 삶과 생활환경, 풍습, 신앙, 언어, 문자 등에 여타 민족의 문화가 유입되지 못할 경우, 해당 민중 문학은 민족의 관습을 고스란히 보존할 수 있다. 몽골 문학이 민족 고유의 관습을 고스란히 보존하고 있었던 시기는 중앙아시아의 고원에서 통일 강국을 건설했던 때이다.

통일제국 시기, 즉 12~13세기 몽골 문학의 기념물들 중 현재까지 전승되어 온 기록문학은 매우 드물다. 1228~1240년에 완성된 『몽골비사』가 중세 문학의 특징적인 형상을 살필 수 있는 유일한 자료이다.

이러한 역사소설 속에서 활용된 민요, 운문, 찬가, 속담, 격언, 역사 신화 등은 구성과 내용에 있어서 구비 및 기록으로 전승되어 온 고수레, 축하의식, 제의, 무가, 축원, 찬가 등의 전통 운문 작품과 매우 유사하다. 예컨대, 현대 구비문학에서도 사용되고 있는 "사람에게는 연장자가 있고, 델에는 깃이 있다.", "비가 와도 약속 시간을 지켜서 온다.", "비계라도 개가 냄새를 맡지 않고 잡초라도 소가 먹지 않는다."라는 등의 속담과 격언이 『몽골비사』에 유사한 형태로 나타나고 있다. 또한 이들 격언들은 특별한 변형 없이 민중의 속담, 서사시, 운문, 찬가 등과 어울려 나타나기도 한다.

13세기 초는 몽골 문학이 민족 고유의 영역에서 벗어나지 못하고 그 특성을 고스란히 보존하고 있었던 시기라고 할 수 있다. 하지만 이와 달리 13세기 이전에는 몽골 문학이 주변 민족으로 확산되지 않았다거나 외부로부터 전혀 영향을 받지 않았다고 단정할 수는 없다. 예컨대, 알롱고아가 다섯 아들들에게 서로 화합할 것을 명하면서 화살에 비유해 강조했던 설화가 있다. 담딩수렝(Ts. Damdinsuren)은 그리스의 이솝 우화와 중국 고대 북국의 역사에 등장하는 신화를 소재로 한 소설과 이 알롱고아 신화를 비교 연구했다. 그 결과 본 신화가 본래 동북 티베트에 거주하고 있었던 몽골계 민족인 토욕혼 부족에서 유래하였음을 밝혀냈다. 그는 『북사』의 자료를 근거 삼아 "내가 보기에는 이 신화가 그리스와 중국어로 가장 먼저 기록되었지만, 그것은 이 신화가 이 두 나라에서 기원했다고 하기 어렵다. 그리스와 중국어로 쓰여지기 전 남유럽과 중앙아시아의 수많은 민족 사이에서 광범위하게 퍼져 있었던 고대 신화일 가능성이 높다."고 역설하였다.

몽골 역사의 여타 사료에는 알롱고아 어머니가 아이들에게 교훈을 주고 있는 이 신화가 칭기스칸과 관련 있는 것으로 나타난다. 칭기스칸의 맏아들인 주치의 16대손인 아발가치(1605~1664) 영웅에 대해 투르크어로 쓴 『지혜로운 자들의 회당』이라는 작품이 있다. 여기에서 칭기스칸은 아들들에게 서로 화합할 것을 훈계면서 "너희들은 이 화살처럼 만약 너희 가운데 한 사람을 수장으로 삼아 그의 말을 따른다면 어떤 이도 너희들을 이길 수 없을 것이다. 하지만 하나로 화합하지 않고 서로 반목하게 된다면 이 화살처럼 부러질 것이다."라고 말한다.

몽골 문학의 한 장르로 볼 수 있는 '오리아(uria: 구호, 함성)'와 관련된 운문은 신화, 전설, 원시신앙, 그리고 풍속과도 밀접한 관련을 갖는다. 고대 몽골 민족의 '오리아(uria)'라는 독특한 장르는 구비문학에서도 관찰된다. 예컨대 『장가르』 영웅서사시나 더르버드 부족의 기원에 관한 신화에서 오리아는 이동 유목시 여인들이 오이라트의 4부족의 구호를 제창했던 것으로 기술되어 있다. 이는 호쇼드, 토르고드, 더르버드, 초르스 4부족의 구호를 악기에 맞추어 소식을 전하며 다닌 것을 표현한 것이다.

13세기 이탈리아의 여행가 마르코폴로가 "몽골 민족은 전쟁에 임하기 전 북을 치며 나팔을 불고 노래를 불렀던 전통이 있었다."고 기록한 것이 있는데, 이는 오리아가 어떤 일을 할 때 남성의 용기와 힘을 하나로 결집시키기 위한 것이었음을 언급한 것으로 판단된다.

한편, 『몽골비사』 214절에 '손짓과 부름에서 소리와 구원에서'라는 격언이 있는데, 이 역시 고대 '오리아(uria)'의 규례를 언급한 것이라고 할 수 있다. 아울러 몽골 어워르항가이 아이막의 복드 군 소재 텝시 산에서 발견된 고대 투르크 비문에서 '헹게레그치(khengeregch: 북치는 사람)', '오리아치(uriach: 구호 외치는 사람)'라는 어휘를 병렬해서 사용한 것도 '오리아(uria)'와 북이 서로 관련 있음을 보여주는 것이다. 몽골 신화와 서사시에서 보면, 국가적으로 큰 예식이 있거나, 전쟁과 내란이 발발할 경우 등의 비상사태에 북을 사용하여 백성에게 소식을 알렸던 것을 알 수 있다. 이것은 악기를 사회적 필요에 의해 활용한 고대의 전통의 하나인 것이다. 샤먼이 자신의 수호신을 부르는 의식에서 북소리를 활용했던 것 또한 고대 전통의 한 사례라 할 수 있다.

수천 년 동안 민족 고유의 특성을 보존해 온 몽골 문학은 13세기 말 14세기 초 대원제국이 성립되면서, 다른 한편으로는 몽골 고원에 불교가 전해진 시기부터 인도와 티베트 문학의 영향을 받으며 주변 민족들과 문화교류가 활성화 되었다.

몽골 민족은 13세기 초 통일제국을 건설한 후 점차 그 경계를 확장하였다. 남쪽으로는 여진족으로 이루어진 금나라와 송나라를 정복하고, 서쪽으로는 이란, 페르시아, 그루지야를 필두로 하는 이슬람 국가들과, 북쪽으로는 러시아, 우크라이나 등의 국가들에 사신을 보내어 전쟁과 우의 등 광범위한 관계를 형성하였다. 이렇게 강성한 통일 제국은 세계 각국과 언어, 경제, 문화 등의 교류를 통해 몽골 문학을 발전시켰다.

몽골과 주변 국가들의 역사서와 문학서 등에서 이웃 국가들과의 문학적 영향 및 상호 관계에 대해 언급한 사례들이 있다. 예컨대, 14세기 그루지야의 저자 미상의 역사소설에 "하늘처럼 높고, 씨낙타같이 우는"이라고 하는 2 행의 시가 전한다. 또 13세기의 페르시아 문헌 속에 "지혜는 하나의 바다 또는 옥석이 그곳에서 나오며, 지혜의 이치를 지혜로운 자는 알 것이다."라는 2행시가 전한다. 이처럼 여타 민족들의 작품들과 혼합된 운문 작품들은 14세기 초반에 만들어진 것으로 추정되는 투르판 모음집에도 역시 동일하게 실려있다. 이러한 자료는 중세 몽골 문학이 여타 민족의 기록문학과 밀접한 관계가 있으며, 상호 영향을 끼쳐 왔음을 보여준다.

이런 점에서 몽골의 문학 번역 작업은 각 민족의 문학을 다른 곳으로 널리 알림으로써 전 세계 구비문학의 보편적 구성 요소를 마련하는 데 중요한 역할을 수행했다. 정확하게 어느 시기 부터 번역 작업이 행해졌는지는 확실하지 않지만, 고대 인도의 〈람 설화〉, 〈32 목우(木偶) 설화〉, 그리고 기원전 356~323년 마케도니아 알렉산더에 관한 『솔하르나이전』의 몽골판본 등이 오래 전부터 구비와 기록으로 전승되어 왔다. 이렇게 볼 때 몽골 문학은 동서양 문학과 매우 이른 시기부터 밀접한 관계를 맺고 발전해 왔음을 알 수 있다.

한편, 14세기 초 몽골 민족은 부처를 주제로 한 작품들을 번역했고, 질적으로도 문학을 풍성하게 발전시켜 왔다. 예컨대, 철학자 초이지 오드세르가 채록한 해설서와 그가 쓴 『부처님의 12가지 창작품』, 그리고 샤랍센긴이 티베트어로 번역한 『열두 가지 창작물 사전』 등을 꼽을 수 있다. 이들 자료들은 당시

문학의 흐름이 다채로웠음을 입증하는 것이다.

원제국 시대와 명대 초기의 몽골 어문학은 중국 문화에 많은 영향을 끼쳤다. 이들 자료는 쿠빌라이 칸의 칙령으로 창제된 파스파 문자 관련 중국 유물, 대원제국의 몽골 연희, 한몽(漢蒙) 교류 서신, 몽골어 학습 및 연구용으로 채록한 어휘를 중국 한자로 음역한 사전류 등이 해당된다. 한편, 18세기 청대에는 고대 중국의 한, 당, 송나라의 역사소설을 몽골어와 만주어로 번역했다. 이 시기 몽골의 설화 이야기꾼들 사이에서는 '벤스니 울게르(Bensnii ülger, 說唱과 비슷)'라는 새로운 장르가 등장했고 이것을 통해서 중국 고전이 재창작되어 갔다. 새롭게 등장한 '벤스니 울게르'는 내몽골의 하르칭, 허르칭, 투메드, 자로드, 바이랑, 히시그텡 등의 소수 민족 사이에 널리 퍼졌고, 이어 19세기 말~20세기 초 무렵 할흐 지역에서도 소수 발견되었다.

이러한 벤스니 울게르의 영향으로 19세기 말에는 중국의 역사소설을 모방한 산문 문학이 등장했다. 군 남성들의 모험을 그린 소설 『5군단』이 여기에 해당된다. 이 작품은 714장으로 구성되었으며 106권으로 이루어져 있다.

따라서 몽골 문학은 19세기 말~20세기 초 무렵 중국, 러시아 문학을 통한 서양 문학의 유입으로 세계 각 민족 문학과의 교류가 이루어졌고 신시대 문학이 발전하게 되었다.

참고문헌 Д.Цэрэнсодном(2002), *Монголын уран зохиолын товч түүх*, Улаанбаатар. Ц.Дамдинсүрэн (1968), *Монголын уран зохиолын тойм*, Ⅲ дэвтэр, Улаанбаатар.

몽골 구비문학

Монгол ардын аман зохиол (Mongol ardyn aman zokhiol)

몽골에서 말로 전승되고 있는 문학성을 갖춘 언어구조물. 설화, 민요, 영웅서사시, 벤스니 울게르(Bensnii ülger, 說唱), 속담, 수수께끼, 덕담, 막탈(magtaal, 찬가), 무가(巫歌), 민속극 등을 통틀어 이른다.

몽골의 구비문학은 민간에서 말로 전승되는 문학으로, 개인이 창작한 문자화된 기록문학과 대립되는 개념이다. 몽골의 구비문학 유산에는 1, 2행으로 이루어진 짤막한 시, 속담, 수수께끼, 덕담을 비롯해 며칠 또는 몇 달 동안 연행될 수 있는 수천 행의 서사시에 이르기까지 다양한 유형의 운문 및 산문 구비유산이 있다.

몽골 구비문학의 대표적인 갈래로는 설화, 민요, 영웅서사시, 벤스니 울게르(Bensnii ülger, 說唱), 속담, 수수께끼, 덕담, 막탈(magtaal, 찬가), 무가(巫歌) 등을 들 수 있다.

참고문헌 Ц.Дамдинсүрэн(1957), *Монголын уран зохиолын тойм*, Нэгдүгээр дэвтэр, Улаанбаатар. Ш.Гаадамба, Х.Сампилдэндэв(1988), *Монгол ардын аман зохиол*, ШУА. Хэл зохиолын хүрээлэн, Улаанбаатар.

몽골 구비 시가

Монголын эртний аман яруу найраг (Mongolyn ertnii aman yaruu nairag)

몽골에서 옛날부터 구전으로 전해 내려오는 시가 문학. 덕담(belge demberliin üg)과 축원, 격언 및 속담, 찬가, 무속시 및 무가가 있고, 그 외에 '십실레그(shivshleg, 주술어)', '돔(dom, 주문)' 등이 있다.

고대인들은 적이나 위험한 동물을 발견했을 때 "돌!"이라고 외친 누군가의 한마디로 나머지 사람들이 돌을 주워 도와주거나 재빨리 던져 무리를 위험한 상황으로부터 벗어나게 하였을 것이다. '돌'이라는 말 한 마디로 생명을 구할 수 있었던 것이다. 여기에서 어떤 불행이나 재난을 말(語辭)의 힘으로 쫓아낼 수 있다는 순수한 믿음이 탄생하게 되었다. 이런 믿음은 '돔(dom)', '마법치료', '십실레그(shivshleg)', '주문', '덕담' 등의 구비문학 장르에서 명확하게 드러난다. 예컨대, 부리야트족 하리아드(Buriad Khariad)씨족은 번개가 칠 때 다음과 같이 외친다.

"'한 차간(Khan tsagaan)'아버지가 있었다네
하리아드 부리야트 씨족 사람이다네.
물개 고기를 먹지 않았다네
하이 헥! 하이 헥!"

이것은 자신의 내력 혹은 천신의 후예이라는 것을 강조하여 말하면서 번개 치는 하늘을 위협하거나 달래는 뜻을 나타낸다.

오리앙하이족 초노드(Uriankhai Chonod)씨족은 번개를 맞은 사람 옆에 가서 다음과 같이 안타까워하며 절규한다.

"자손이 많다 한다면 나를 쳐라!
넓다 한다면 바다를 쳐라!
비장을 먹었다 한다면 더 세게 쳐라!
되새김위를 먹었다면 너덜너덜해지도록 쳐라!"

이것은 말(言)의 힘으로 하늘을 위로하거나 위협하는 것이다.

덕담(belge demberliin üg)은 말의 힘으로 좋은 일이 생기도록 하거나 그렇게 된다고 믿는 문학의 고전적 유형이다. 이는 내용적 측면에서 축원의 말을 압축시킨 단편시라고 할 수 있다. 민간에서는 이러한 유형을 '축원의 말 끝에 기름, 저주의 말 끝에 피'라고 정의하기도 한다.

민중의 염원을 담은 덕담은 오랜 시간 동안 미래에 대한 믿음이라는 독특한 형태로 발전해 왔다. 유목민의 일상 및 모든 행동은 축원, 덕담과 깊이 관련되어 있다. 아기의 출산, 배냇머리 깎기, 가축의 품종 개량, 양모 짜기, 게르의 지붕 덮기, 며느리 데려오기, 설 세배인사, 축제 및 잔치 등 크고 작은 행사에서 축원과 덕담이 오고 갔다.

예컨대 전통 풍습에서는 자녀에게 새로운 옷(델)을 만들어 입힐 때 다음과 같이 축원한다.

"너의 앞 옷자락은
한 살짜리 두 살짜리 망아지가 밟아라
너의 뒤 옷자락은
양과 새끼 양이 뛰어라
너의 안쪽 옷자락에는
기름과 비계를 묻혀라
물건은 파손되기 십상이나
주인은 영원하리
이보다 더 좋은 것을
누리며 살아가라"

양모 짜는 사람에게는 그 곁에 다가가 다음과 같이 덕담을 전하며 격려했다.

"바람 없어 좋고
회오리바람처럼 재빠른
막대기는 힘줄과 같이
짠 양모는 명주실처럼 되길"
"양모는 산더미 같이 되고
당신의 무대는 세상만큼 되길"

축원의 한 유형인 이러한 덕담은 사람들의 노동과 인간관계에서 매일 사용되어 온 가장 일반적인 형식 중 하나다.

몽골 격언과 속담은 오랜 역사적 생활 체험을 통하여 이루어진 삶에 대한 교훈이나 경계 따위를 표현하고 있는데, 매우 오랜 고대의 신화, 전설 그리고 씨족 시대의 생활을 알 수 있는 표현들이 등장하기도 한다.

"모태에서 태어났느냐?
강변에서 태어났느냐?
집에 머무르는 사람은 불을 다스리고
밖에 나갈 사람은 말(馬)을 다스리라"

위의 속담은 '에르군네 군(Ergüne gün)'에 살았던 몽골 씨족 조상의 기원에 대한 것이다. 이 말을 통해 집에 누구 한 사람이 반드시 남아 불을 지켰던 당시 생활상을 알 수 있다.

『몽골 비사』에 많이 등장하는 '호칭 욱(khuuchin ügs), 어턱 욱(ötgös ügs), 세이예르 욱(seiyer üges)'이라는 용어는 고대의 전통적인 격언, 속담 및 교훈을 담고 있는 말로 인식되고 있다.

고대 사람들이 자연의 직접적인 영향 하에 있었을 때 땅과 세계, 강산은 비밀스럽고 신비하게 인식되었다. 그리고 '엉겅(ongon, 신령)'과 '사브닥(savdag)' 같은 수호신이 보살펴 주고 복을 내려주는 것으로 생각했다. 이때부터 초월적 존재에 대한 믿음이 생겨났으며, 토지와 물의 신을 위로하기 위해 고수레와 축복의 말로 제의를 드리는 의식이 발생했다. 이와 같은 풍습은 샤머니즘보다 더 오래된 전통으로 추정된다. 몽골 역사가 자와담딘(Zava Damdin, 1867~1937)은 『황금사』라는 역사서에서 "이쪽의 몽골 지도자들 대부분은 한쪽 면만 있는 북을 가진 검은 무당을 숭배해 왔다. 그리고 소그드(Sogd)인들이 해가 지는 쪽(서쪽)에서 생긴 '마니 의식'(Maani Yos)을 전파시켰으며, 현재 이 마니(Maani) 의식은 어디에서도 사용되지 않지만 몽골 성산(聖山)에서의 제의 및 불 숭배 등의 의식은 그 교리의 일부인 것 같다."고 하며 샤먼 의식과는 별도로 구분하여 보았다.

찬미의 시는 사람들의 일상과 사고(생각), 감정에 용기를 불어넣어 주었으며, 이 과정에서 새로운 관념이 탄생했다. 축원의 유형이 더 발전되어 후에는 직업적으로 축원과 찬미를 하는 축사가들이 생기게 되었다. 즉 새 게르(ger)를 짓거나 며느리를 데리고 왔을 때, 또한 성산에 오보제를 드리거나 축제를 하게 될 때 그 지역에 축사가로 알려진 유명한 사람을 불렀다. 그리고 그들이 축원과 덕담의 말을 들려주고 경마와 씨름의 별칭을 불러주는 것이 풍습으로 자리잡게 되었다. 축원과 찬미시는 여러 세기 동안 구비의 형태로 전승되어 왔고, 후에 기록으로 전파되어 지금까지 전해져 왔다.

무당의 굿에서 읊는 무속시(巫俗詩)와 무가(巫歌)도 몽골 구비문학의 전통적인 유형에 속한다. 무속의 제사장들은 오래 전부터 전통적인 몽골 시가 문학의 고수레(tsatsal myalaalga), 축원(yerööl), 찬가(magtaal)의 우아하고 아름다운 시를 무가와 저주에 활용해 왔다.

『구전문학선집』에 소개된 '오리앙하이 홀라르(Uriankhai Khuular) 씨족 샤먼의 굿 의식' 내용과 음률을 살펴보면 다음과 같다.

"위대한 수많은 위력자들이여

용맹한 수많은 용사들이여
영웅과 위력자들이여
방해가 되는 것들을 바로잡으소서.
하나면 둘로 만들고
얇으면 두텁게 하라.
좁으면 넓히고
낮으면 높게 하라.
넘어진 사람을 넘지 말고
마신 것은 흘러넘치지 않게 하고
생각한 것은 아무 거리낌 없이
계획한 것은 아무 매듭 없이
되도록 살피소서."

다르하드(Darkhad)족 샤먼의 '차히르(Tsahir) 어머니의 저주'라는 무속시에서는 불교의 수도승들을 향하여 저주를 퍼붓기도 한다.

"온 세상이 모든 것을 잃어라
온 세상의 나라를 잃어라
너의 '항 하랄바이' 신이 망해라
궁의 가장자리를 탁 잘라내라
봉긋한 머리를 툭 베어라
맹서(盟誓)는 땅에 묻고
서원(誓願)을 나무에 걸도록"

이 두 무가는 '하랄(Kharaal, 저주)'의 음률에 각운을 반복하고 무속시의 앞 행과 뒤 행을 연결 중첩시키는 압운법을 활용했다. 이런 압운법의 방식으로 의미를 더 구체적으로 표현하는 것은 몽골의 전통적인 시형식이다.

참고문헌 Д.Цэрэнсодном(2012), *Монгол аман зохиолын тайлбарт дээж бичиг*, Улаанбаатар. Ш.Гаадамба, Х.Сампилдэндэв(1988), *Монгол ардын аман зохиол*, ШУА. Хэл зохиолын хүрээлэн, Улаанбаатар.

몽골 기록문학 ᠮᠣᠩᠭᠣᠯ ᠤᠨ ᠪᠢᠴᠢᠭ ᠦᠨ ᠤᠷᠠᠨ ᠵᠣᠬᠢᠶᠠᠯ

Монголын бичгийн уран зохиол
(Mongolyn bichgiin uran zokhiol)

몽골에서 몽골어를 기반으로 문자로 기록되어 전승된 문학

몽골 고원에서 나라를 세우고 활동했던 고대 유목 국가들이 글자를 만들어 사용했던 것이 고고학 및 주변 민족의 기록 자료에서 확인되고 있다. 특히 몽골 민족의 조상으로 알려진 흉노, 선비, 북위, 거란이 문자를 보유하고 있었다. 그럼에도 불구하고 그들의 기록문학 유산이 현재까지 전승되어 오지 못했다.

현 몽골 민족이 언제부터 문자를 사용하게 되는지에 대해서 아직까지 논쟁이 많은데, 분명한 것은 13세기 초반에 '위고르진 비칙(몽골 전통 문자)'을 사용했던 것이 확인되고 있다. 이후 7세기 동안 몽골인들은 세계 대제국 건설, 분열, 이민족의 탄압, 독립 등 역사적 사건과 조건에 의해서 파스파 문자, 소욤보 문자, 토드 문자 등을 만들어 그들의 문학을 이들 문자로 기록한 것이 일부 전승된다.

그 중에서 『몽골비사』가 제일 돋보이는 기록문학 작품이다. 『몽골비사』는 13세기 초반에 쓰여진 몽골역사서이며 문학 작품으로 평가된다. 13~14세기에 몽골에서 시가 문학이 활발히 발달했으며, 일반 사람들의 일상을 노래한 민간 시가 문학이 나타난다. 동시에 불교적 이념과 부처의 찬가, 불교적 교훈시가 문학이 발전했다. 이 시기의 대표적 시인은 초이지 오드세르이다. 동시에 인도 티베트 문학 영향으로 부처님의 전기를 비롯한 국문 소설도 발전하였다. 대표적인 소설로

기원전 356~323년 마케도니아 알렉산더에 관한『솔하르나이전』이 투르판에서 발견되기도 했다. 이것을 토대로 당시 번역 및 기록 문학 상황을 파악할 수 있었다.

정확하게 어느 시기부터 번역 작업이 행해졌는지는 확실하지 않지만, 고대 인도의 〈람 설화〉, 〈32 나무인간 설화〉 그리고『솔하르나이전』의 몽골판본 등이 오래 전부터 구비와 기록으로 전승되어 왔다. 이렇게 볼 때 몽골 문학은 동서양 문학과 매우 이른 시기부터 밀접한 관계를 맺고 발전해 왔음을 알 수 있다.

14세기 이후 중세기의 기록 자료들은 특히 역사서를 통해서 전승될 수 있었다. 역사서가 제일 활발히 집필된 시기가 17~18세기라고 말할 수 있다. 이런 역사서들은 그 이전의 역사와 문학 자료들을 토대로 만들어진 것으로 추정된다. 〈삼백 명의 타이초드족을 섬멸시킨 이야기〉, 〈아르가송 호르치 이야기〉, 〈두 자갈말 이야기〉 등이 이 시기의 대표적인 기록 유산이다. 또는 러시아의 볼가강 주변에서 자작나무 껍질에 쓰여진 어머니와 아들이 서로 그리워하는 내용을 시로 노래한 〈금장칸국의 자작나무 목피에 쓰인 시가〉도 있다. 이런 작품들의 주 내용은 13세기 칭기스칸 그리고 몽골족의 역사적 사실과도 연관된다고 연구자들이 보고 있다.

15~16세기는 몽골의 분열 시기임으로 민족의 통합을 추구한 〈현명한 만두하이 왕비〉를 비롯해서 내부 갈등과 분열을 소재로 한 〈홍타이지의 백일몽 시〉 등 소설, 장편 시 등이 나왔다. 그리고 이 때가 티베트에서 불교가 본격적으로 전파된 시기이기도 한다. 그러므로 불경과 불교문학이 몽골어로 번역되기도 하고 몽골 승려나 지식인들이 불교의 교훈적 내용을 풀어 설명하거나 계몽적인 내용을 담은 작품들을 티베트어, 몽골어로 발표하였다.

19~20세기는 청나라 지배, 귀족과 불교 사원의 갈취로 인해서 몽골인들의 생활이 점점 힘들어진 시기이며 독립 운동, 혁명이 일어난 시기이다. 이때에 〈고아인 영양새끼의 말〉, 〈타르박의 말〉, 〈늙은 암소의 말〉, 〈양, 염소, 소 셋과 라마승이 대화한 말〉, 〈봄에 녹아 내리는 눈(雪)의 말〉, 〈바람 따라 가는 싸리기의 말〉 등등 짐승이나 생물의 말로 사회를 풍자하거나 삶의 진실을 표현한 작품이 등장했다. 연구자들은 이러한 작품을 '욱 조히올(Üg zokhiol;偶話)'이라고 명명한다. 사람의 일을 주제로 동물이나 생물을 의인화한 이런 작품은 19세기 몽골 문학에서 보편적이었으며, 사회 비평 경향을 띠고 있다. 또한 롭상돈도브, 히식바트 등 지식인들의 애국적이면서 독립을 열망하는 시와 노래, 인지나시의 역사 소설 등이 출간되었다.

참고문헌 Ц.Дамдинсүрэн (1957), *Монголын уран зохиолын тойм*, Нэгдүгээр дэвтэр, Улаанбаатар. Ц.Дамдинсүрэн (1957), *Монголын уран зохиолын тойм*, Ⅲ дэвтэр, Улаанбаатар. Ш.Гаадамба, Х.Сампилдэндэв(1988), *Монгол ардын аман зохиол*, ШУА. Хэл зохиолын хүрээлэн, Улаанбаатар. Д.Цэрэнсодном (2002), *Монгол уран зохиолын товч түүх* (13-20 зууны эхэн), Улаанбаатар.

몽골 번역문학 ᠮᠣᠩᠭᠣᠯ ᠤᠨ ᠣᠷᠴᠢᠭᠤᠯᠤᠭ᠎ᠠ ᠶᠢᠨ ᠤᠷᠠᠨ ᠵᠣᠬᠢᠶᠠᠯ Монголын орчуулгын уран зохиол (Mongolyn orchuulgyn uran zokhiol)

외국 문학을 몽골말로 옮긴 번역문학

몽골은 예로부터 주변국의 서적을 번역해 온 전통이 있다. 기록에 의하면 13세기에는 위구르, 페르시아, 인도, 중국 등에서 역사서 및 경서(經書)를 번역하여 왔다고 한다. 14세기 초에는 인도, 티베트, 중국 등에서는 수트라(sutra, sudar, 경서)가 널리 번역되었다. 특히 14세기부터 전승되어 온 '투르판(Turfan, 吐魯番) 몽골문 번역 문학'을 통해 당시 번역문학이 독자적 입지를 차지하고 있었음을 알 수 있다.

14세기의 번역문학은 대부분 불교 관련 서적이 차지하고 있다. 하지만 이를 단순한 불경 직역본으로 보아서는 안된다. 블라디미르초프(B.Ya. Vladimirtsov)는 『판차탄트라의 몽골 설화집』(1921년) 서문에서 고대 인도의 유명한 격언집인 『판차탄트라(Panchatantra)』의 아랍어 및 페르시아 이본(異本)인 〈칼릴라와 딤나〉가 13세기에 페르시아어로 번역된 것에 대해 언급하고 있다.

담딩수렝(Ts.Damdinsüren)은 『몽골 문학사』라는 저서에서 '몽골 학자 칠러나다쉬(Chilonadash)는 여러 나라 언어를 할 줄 아는 사람이었다'고 소개한다. 그리고 그는 '산스크리트, 티베트 등 여러 나라 언어로 번역한 서적들을 출판할 것을 쿠빌라이 칸이 칙령을 내렸다'고 기록하고 있다.

포즈드네프(A.M.Pozdneev)의 『몽골과 몽골 민족』과 블라디미르초프(B.Ya. Validimirtsov)의 『몽골 문학 작품』, 담딩수렝(Ts.Damdinsüren)의 『몽골문학약사』, 후렐바타르(L.Khürelbaatar) 의 『몽골 번역사』 등의 저술에서 당시 번역문학에 대해 기록하고 있다.

14세기 초에는 인도어, 티베트어, 중국어 등으로 된 경서가 널리 번역되었다. 14세기부터 전승되어 온 투르판(Turfan)의 몽고문 번역문학은 당시 번역문학의 발전 과정을 압축적으로 제시하고 있다. 특히 불경을 다수 번역하여 간행하였다는 기록에 대해서는 『투르판 모음집』이라는 문헌 자료에서 확인할 수 있다. 『투르판 모음집』에는 『간조르』에 기술되어 있는 문학 작품들이 번역되어 실려있다.

14세기 초의 번역문학은 초이즈 오드세르 반디다(Choiji-Odser bandida), 샤라브셍게(Sharavsenge) 등의 번역가들이 중요한 역할을 담당하였다. 몽골의 여러 역사 문헌에는 하이상 훌렉(Khaisan Khüleg)왕 시대에 초이즈 오드세르 반디다(Choiji-Odser bandida)가 수많은 불교 경전을 몽골어로 번역하였다고 언급되어 있다. 예컨대, 초이즈 오드세르는 인도의 고고학자 샨티데바(Shantideva)가 쓴 『버디차리야 아바타라(Bodichariya Avatara)』라는 철학 작품을 1305년에 번역하였고, 『반즈락츠 소다르(Banzragch sudar)』라는 불경을 1308년에 번역하였다. 또 그는 티베트어로 쓰여진 '석가모니의 12인생(zokhiongui)' 상(上)권을 몽골어로 번역하였을 뿐만 아니라 '〈차딕〉(Tsadig, 부처의 본생담)'에 대한 해설서도 번역하였다. 그 외에도 〈알탕게렐〉, 〈반즈락츠〉 등 그가 번역한 작품들이 『간조르』 제14권에 수록되어 있다.

한편, 샤라브셍게가 번역한 것들 중 일부는 문학 작품이 아닌 종교 작품이다. 하지만 종교 의식에 대한 작품들도 민중 설화를 활용한 것들이 많다. 예를 들면, 〈알탕게렐〉 등의 불경에서 굶은 호랑이에게 자신의 육신을 보시하여 덕을 쌓았다는 이야기가 있는데, 이는 설화의 플롯을 종교 교리에 의도적으로 접목시킨 것이다.

13세기 말과 14세기 초기에는 인도어, 티베트어 외에도 다수의 작품들이 중국어로 번역되기도 했다. 대원제국 시기 경서에 기록된 것에 의하면, 몽골인 서기, 역사 번역가 등 다양한 분야에서 활동하던 450여 명의 사람들이 경전 연구 기관을 설립하여 서적과 경전을 번역하였다고 한다. 그리고 『아칠랄트 놈(Achlalt nom, 효경(孝經))』처럼 역사, 철학, 유교의 교훈 등을 주제로 한 문헌들이 주로 번역되었다. 기원전 200년경에 쓰여진 『아칠랄트 놈』은 1307년에 불 터머르(Bul Tömör)가 번역하였다. 그리고 14세기 초에 파스파 문자와 위구르 몽골문으로 출판되었다.

당나라 시대의 설화, 희곡 등 문학 작품도 종종 번역이 이루어졌다. 그 외에 17~18세기에 몽골어로 번역되어 출판된 『간조르』, 『단조르』에 13~14세기 때 번역된 구 번역본을 편집하고 수정한 기록도 있다. 예를 들어, 몽골 『간조르』제14권에 있는 〈알탕게렐〉, 〈대 다라니 수행 밀경〉, 〈반즈락츠〉등의 불경을 '여승 터머르(Yösön Tömör)' 왕 시대에 살았던 샤라브셍게(Sharavsenge)가 번역하여 출판했다. 또 『단조르』에도 고대 번역본이 종종 포함되어 있다.

또한 〈고르왕 탕가락트 왕의 백자문(百字文)의 비법(Gurvan tangaragtyn Khan zuun üsegtiin büteeliin arga)〉이라는 작품의 결어에 다이 구시 악왕담펠(Dai güüsh Agvaandampel, 1690~1780년)이 "옛 번역본을 인도 불경과 대조하여 번역하였다."는 기록도 있다. 이와 같이 몽골의 『간조르』와 『단조르』에는 고대 번역 작품이 상당수 수록되어 있음을 알 수 있다.

몽골의 17~18세기는 번역문학이 활발히 이루어진 시기였다. 몽골에서는 고대 인도의 우화집인 『판차탄트라(Panchatantra)』와 『라마야나(Ramayana)』 등이 구전과 번역 필사본을 통해 알고 있었지만 이 시기에 본격적으로 번역되었다. 이와 함께 인도와 티베트에서 들어온 불경과 불교문학도 이때 활발히 번역되었다. 몽골의 문학 연구가인 담딩수렝(Ts. Damdinsüren)은 러시아의 몽골학자 블라디미르초프(B. Ya. Vladimirtsov)가 출판한 『판차탄트라에서 유래한 몽골 우화집(Panchatantraas avsan mongol ülgeriin tsomorlig)』과 초이질수렝(D. Choijilsüren)과 왕도이(E. Vandui)가 발견한 『에르데닌 치멕(Törolkhtniig sergeekhui duslyn tailbar Erdeniin chimeg)』을 자신의 저서인 『몽골문학 백선(百選)』에 함께 수록하였다. 블라디미르초프(B. Ya. Vladimirtsov)가 출판한 원본의 맺음말에 보면, 순결하고 자비로운 마음인 보쇽트 조농(Boshigt Jonon)을 '하늘이 내린 어진 사람'이라고 번역하였다. 여기에 언급된 보쇽트 조농(Boshigt Jonon)은 17세기 초 호탁타이 세첸 홍타이지(Khuutagtai Setsen khun taij) 시대에 있었던 오르도스의 보쇽트 조농(Boshigt Jonon)으로 추정된다. 그와 함께 활동했던 사자 돈도브(Saja Dondov)는 티베트어 통역관으로 경전 번역에도 참여하였다. 보시고트 조농은 17세기 초 호탁타이 세첸 홍타이지 시대의 오르도스 출신으로 티베트어 '남하이 반보'를 번역한 『옥토르고인 에르흐트(Ogtorguin erkht)』를 내놓았다. 그 외에 티베트 대장경인 『간조르』와 『단조르』, 『고르방 아이막 사브 노민 이흐 초모르』도 이때 번역되고 출판되었다.

참고문헌 Д.Цэрэнсодном (1987), *Монгол уран зохиол*, Улаанбаатар. Ц.Дамдинсүрэн (1957), Монголын уран зохиолын тойм, Нэгдүгээр дэвтэр, Улаанбаатар.

유목민의 의식주

편찬 : 간치멕, 김경나, 김기선, 김기성, 노르브냠, 뎀칙그마, 오미영
교정 : 김경나, 노로브냠, 류병재, 이성규

복식

참고문헌 B.Suvd, A. Saruul (2011), *Mongol costumes*, Ulaanbaatar. Монгол хэл соёлын хүрээлэн (2014), *Монгол нүүдэлчдийн тайлбар толь*, Монсудар хэвлэлийн газар, Улаанбаатар. Х. Нямбуу (2002), *Монгол хувцасны түүх*, Улаанбаатар. Ц. Батсайхан, Г.Мэнд-Оойо (2009), *Монгол нүүдэлчдийн эдийн соёл*, Улаанбаатар.

의복

고대 몽골의 델 Эртний монгол дээл (Ertnii mongol deel)

옛날에 몽골 사람들이 입던 옷

중세 몽골 델은 오늘날의 형태와 다르다. 남성 델은 오늘날의 네모진 사각 여밈이 아닌 라마 승복처럼 그대로 여미는 아치형 여밈이다. 동몽골에서 유래한 석인상에서 이를 살펴볼 수 있다. 말 위에서 오랫동안 활동하는 유목민의 장기나 허리를 보호하기 위해 허리 부분을 두껍게 만들었다.

대몽골제국 시기 또는 원(元)나라 시기에 나타난 몽골 여성의 복식 형태는 남성과 유사하였지만 의복의 색상, 소재, 장식에 있어 조금 차이가 있다. 기혼 여성의 의복은 품이 크고 소매와 겨드랑이 부분은 넓으면서 손목 부분에서는 좁아지는 형태를 보여 준다.

고대 몽골의 남성 델

고대 몽골의 여성 델

다르하드 델 Дархад дээл (Darkhad deel)

다르하드 부족의 고유한 겉옷

다르하드 부족의 남성 델은 뒷 기장을 앞보다 길게 하는 것이 특징이다. 옷깃은 다른 부족의 델처럼 세우고, 사각 모양의 여밈을 한다. 사각 여밈은 부리야트 부족과 비슷하며 고대 수렵인의 의복에서 유래되었다. 옷깃과 델에 옷단을 대고 테두리 장식을 한다. 다르하드 부족의 여성 델은 남성 델의 모양과 유사하다. 일반적으로 다르하드 부족은 델 위에 오즈(uuj)를 입지 않는다.

몽골의 남성 델

참고문헌 B.Suvd, A.Saruul (2011), *Mongol costumes*, Ulaanbaatar. Монгол хэл соёлын хүрээлэн (2014), *Монгол нүүдэлчдийн тайлбар толь*, Монсудар хэвлэлийн газар, Улаанбаатар. Шинжлэх ухааны академи, түүхийн хүрээлэн (1987), *БНМАУ-ын угсаатны зүй. 1 (Халхын угсаатны зүй)*, Улаанбаатар.

다리강가 델 Дариганга дээл (Dariganga deel)

다리강가 부족의 고유한 겉옷

몽골 동부 수흐바타르 아이막에 사는 다리강가 부족의 남성 델은 높게 선 옷깃과 사각 여밈의 형태를 한다. 일반적으로 할흐 부족의 델과 유사하다.

다리강가 여성의 델은 사각 여밈을 하고 어깨 부분과 소매는 이음이 없으며 소매 부분은 오색(五色)의 비단천으로 이어 만들었다. 긴 노다르가 소매와 끝단 장식이 있다.

다리강가의 남성 델

다리강가의 여성 델

참고문헌 B.Suvd, A. Saruul (2011), *Mongol costumes*, Ulaanbaatar. Шинжлэх ухааны академи, түүхийн хүрээлэн (1987), *БНМАУ-ын угсаатны зүй. 2. (Ойрадын угсаатны зүй)*, Улаанбаатар. Х. Нямбуу (2002), *Монгол хувцасны түүх*, Улаанбаатар. Ц.Батсайхан, Г.Мэнд-Ооёо (2009), *Монгол нүүдэлчдийн эдийн соёл*, Улаанбаатар.

다리강가 오즈 Дариганга ууж (Dariganga uuj)

다리강가 부족 여성의 델 위에 입는 전통 옷의 하나

다리강가 부족의 여성 오즈는 뒤쪽에 트임이 있고 앞섶도 트여 있다. 허리 부분에 연결선이 있고 주머니가 있다. 앞섶, 뒤트임, 어깨선에 비단 천으로 테두리를 둘러 장식을 한다. 오즈의 아랫부분은 퍼져 있는 모양이며 색상은 델의 색과 다르게 한다.

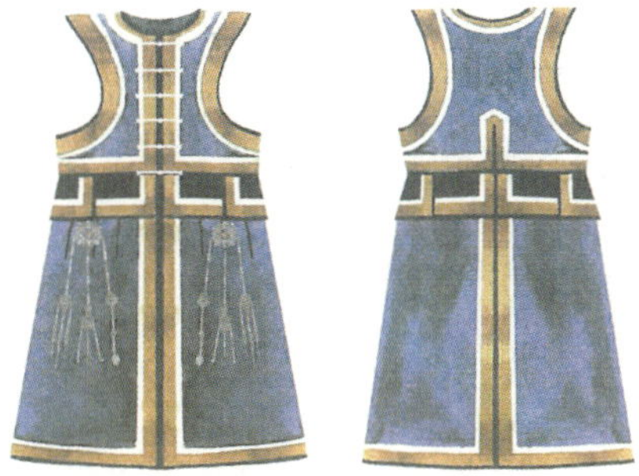

다리강가의 여성용 오즈

참고문헌 Монгол хэл соёлын хүрээлэн (2014), *Монгол нүүдэлчдийн тайлбар толь*, Монсудар хэвлэлийн газар, Улаанбаатар. Х. Нямбуу (2002), *Монгол хувцасны түүх*, Улаанбаатар. Шинжлэх ухааны академи, түүхийн хүрээлэн(1987), *БНМАУ-ын угсаатны зүй. 2. (Ойрадын угсаатны зүй)*, Улаанбаатар.

다흐 Дах (Dakh)

겨울철에 추위를 막기 위해 입는 외투

다흐는 겨울철 매서운 추위로부터 몸을 보호하기 위해 입는 외투이다. 털이 있고 소매가 넉넉하며 기장이 짧은 윗옷이다. 양, 개, 여우, 검은 단비 가죽으로 만들어 입기도 하지만 깔거나 덮기도 한다. 안감, 옷깃, 모자가 있거나 없는 등 다양한 형태가 있다.

겨울철 다흐

참고문헌 Л. Сономцэрэн (1992), *Монголын эдийн соёл ардын урлагийн зүйлчилсэн тайлбар толь*, Улаанбаатар. Монгол хэл соёлын хүрээлэн (2014), *Монгол нүүдэлчдийн тайлбар толь*, Монсудар хэвлэлийн газар, Улаанбаатар. Х. Нямбуу (2002),

Монгол хувцасны түүх, Улаанбаатар.

단 델 Дан дээл (Dan deel)

홑겹으로 된 여성 델을 이르는 말

얇은 무명이나 비단으로 만든 여성 델을 단 델(dan deel)이라고 한다. 여름철에 주로 입지만 두꺼운 델 안에 입기도 한다. 옷깃, 앞섶, 소매에 테두리 장식이 있다.

단 델

참고문헌 Монгол хэл соёлын хүрээлэн (2014), *Монгол нүүдэлчдийн тайлбар толь*, Монсудар хэвлэлийн газар, Улаанбаатар. Х. Нямбуу (2002), *Монгол хувцасны түүх*, Улаанбаатар.

더르워드 델 Дөрвөд дээл (Dörvöd deel)

더르워드 부족의 고유한 겉옷

몽골 옵스, 바얀 얼기, 홉드 아이막에 거주하는 더르워드 부족의 남성은 겨울철에 흰 가죽으로 만든 델을 입는다. 델의 끝단에는 옷단을 대어 장식하지 않는다. 접은 옷깃과 접은 노다르가 소매가 있고 옆트임에는 검은 옷감으로 테두리를 하고 트임 위에 붉은 색의 삼각 문양과 가로로 연결 선이 있다.

더르워드 부족의 여성들은 주로 검은색, 청색의 델을 입고 앞섶과 소매 부분에 문직 비단과 리본으로 테두리 장식을 한다. 치맛단에는 테두리 장식을 하지 않고 청색의 옷깃은 세우고 사각 여밈이 있다. 위와 아래 부분으로 나뉘어 허리에 이음선이 있다.

더르워드의 남성 델

더르워드의 여성 델

참고문헌 Шинжлэх ухааны академи, түүхийн хүрээлэн (1987), *БНМАУ-ын угсаатны зүй. 2. (Ойрадын угсаатны зүй)*, Улаанбаатар. Х.Нямбуу (2002), *Монгол хувцасны түүх*, Улаанбаатар. М.Амгалан (2008), *Баруун Монголчуудын эдийн соёлын дурсгалт зүйлс*, Улаанбаатар. Монгол хэл соёлын хүрээлэн (2014), *Монгол нүүдэлчдийн тайлбар толь*, Монсудар хэвлэлийн газар, Улаанбаатар.

더르워드 첵덱 Дөрвөд цэгдэг (Dörvöd tsegdeg)

더르워드 부족 여성의 델 위에 입는 전통 옷의 하나

더르워드 부족의 여성들이 입는 첵덱은 앞섶이 트이고, 진동 둘레는 깊게 파여 어깨선이 펄럭이는 형태이다. 앞섶, 진동과 트임 둘레에 넓게 천을 덧대어 테두리를 두르고, 꼰 색실로 문양을 장식한다. 옆구리에 장신구를

더르워드의 여성용 첵덱

달고 오색(五色) 천을 매단다.

참고문헌 A.Баасанхүү, Б.Батмөнх (2010), *Монголын ойрадуудын соёл*, Улаанбаатар. M.Амгалан (2008), *Баруун Монголчуудын эдийн соёлын дурсгалт зүйлс*, Улаанбаатар. Монгол хэл соёлын хүрээлэн (2014), *Монгол нүүдэлчдийн тайлбар толь*, Монсудар хэвлэлийн газар, Улаанбаатар.

델 ᠳᠡᠪᠡᠯ Дээл (Deel)

몽골의 고유한 전통 옷으로 가장 겉에 입는 옷이다.

델(deel)은 몽골에서 오랜 옛날부터 입어 온 대표적 복식으로 모든 의상의 겉에 입는 도포(道袍)류이다. 주로 무명, 펠트, 비단 또는 견직물로 만들고, 옷깃은 오른쪽 겨드랑이 아래로 여미도록 되어 있고 5~6개의 단추로 고정한다. 한 개는 겨드랑이 밑에, 3개는 어깨에, 그리고 1~2개는 목 부분에 달려 있다.

본래 오른섶으로 아치형 여밈이었으나, 후에 청의 영향을 받아 사각 여밈으로 변하였다.

델은 다양한 재료로 만들 수 있기 때문에 따뜻한 계절에는 무명이나 비단으로, 겨울철에는 양가죽에 펠트를 덧댄다. 긴 소매는 접어 올리거나 추울 때에는 손을 덮을 수 있게 내린다. 델의 형태나 재질에 따라서 입고 있는 사람의 부족 출신과 사회적 지위를 가늠할 수 있다. 오늘날 도시에서는 서양 의복이 대세이나, 초원에서는 흔히 볼 수 있다. 또한 입는 사람의 성별과 결혼 유무에 따라 형태에 차이가 있다. 남성과 미혼 여성의 델은 차이가 없으나 기혼 여성의 델(부인 델)은 이들과 차별성을 띄고 있다.

참고문헌 A.Баасанхүү, Б.Батмөнх (2010), *Монголын ойрадуудын соёл*, Улаанбаатар. B.Suvd, A.Saruul (2011), *Mongol costumes*, Ulaanbaatar. Монгол хэл соёлын хүрээлэн (2014), *Монгол нүүдэлчдийн тайлбар толь*, Монсудар хэвлэлийн газар, Улаанбаатар. Х.Нямбуу (2002), *Монгол хувцасны түүх*, Улаанбаатар.

람 델 ᠯᠠᠮ ᠳᠡᠪᠡᠯ Лам дээл (Lam deel)

몽골에서 승려들이 입는 옷으로 한국의 '승복'에 해당한다.

몽골 승복(僧服)은 티베트 불교의 승복 형태가 몽골 지역의 기후, 생활양식에 맞춰 변형된 것이다. 13~14세기 몽골에 영향을 끼친 티베트 사캬(Sa-kya)파의 영향으로 승복이 전해진 후 총카파가 창시한 황교가 17세기에 발흥하면서 승복의 형태가 정형화되었다. 이후 승복의 형태는 언더르 게겐 자나바자르에 의해 발전되었고 고대의 전형적인 몽골 델에서 나타나는 타슈 엥게르(직령교임 스타일의 여밈)의 형태를 하고 있다.

람 델

참고문헌 Монгол хэл соёлын хүрээлэн (2014), *Монгол нүүдэлчдийн тайлбар толь*, Монсудар хэвлэлийн газар, Улаанбаатар. Х. Нямбуу (2002), *Монгол хувцасны түүх*, Улаанбаатар.

랍식 Лавшиг (Lavshig)

서부 몽골에서 여름에 입는 남성 델을 이르는 말

여름에 입는 델인 테를렉(terleg)을 서부 몽골 남성들은 랍식(lavshig)이라고 한다. 랍식은 홑겹 또는 두겹으로 이루어지고 주로 밝은 색 옷감으로 만든다.

랍식

참고문헌 М.Амгалан (2008), *Баруун Монголчуудын эдийн соёлын дурсгалт зүйлс*, Улаанбаатар. Монгол хэл соёлын хүрээлэн (2014), *Монгол нүүдэлчдийн тайлбар толь*, Монсудар хэвлэлийн газар, Улаанбаатар. Шинжлэх ухааны академи, түүхийн хүрээлэн (1987), *БНМАУ-ын угсаатны зүй. 2. (Ойрадын угсаатны зүй)*, Улаанбаатар. Х. Нямбуу (2002), *Монгол хувцасны түүх*, Улаанбаатар.

먕가드 델 Мянгад дээл (Myangad deel)

먕가드 부족의 고유한 겉옷

몽골 홉드 아이막에 사는 먕가드 부족의 남성 델은 흰색 델에 하늘색 노다르가 소매를 하고 노란색 옷깃에 검은색 옷감을 대고 장식선은 하지 않는다. 옷깃을 세우고 트임은 없다.

먕가드 부족의 여성 델은 할흐 부족의 델과 유사하다. 옷깃은 세우고 사각 여밈, 상부와 하부로 나눈다. 어깨는 볼록 솟은 툰트게르이며, 소매는 델과 다른 색상의 비단천으로 연결하고 소매 끝은 노다르가 형태이다. 허리 연결 부분에 주름이 있고 여러 색깔의 실로 장식한 띠를 댄다.

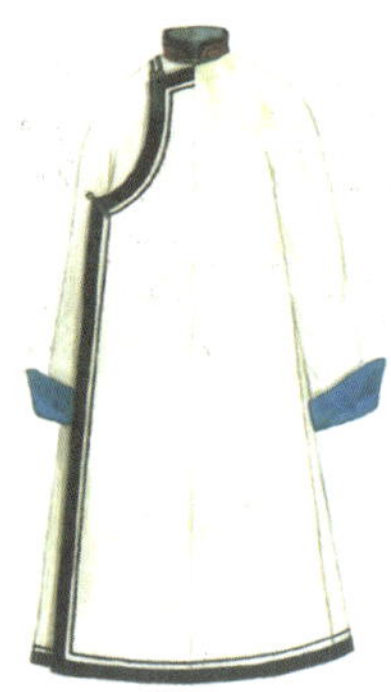

먕가드의 남성 델

먕가드의 여성 델

참고문헌 М.Амгалан (2008), *Баруун Монголчуудын эдийн соёлын дурсгалт зүйлс*, Улаанбаатар. Х.Нямбуу (2002), *Монгол хувцасны түүх*, Улаанбаатар. Монгол хэл соёлын хүрээлэн (2014), *Монгол нүүдэлчдийн тайлбар толь*, Монсудар хэвлэлийн газар, Улаанбаатар. Шинжлэх ухааны академи, түүхийн хүрээлэн (1987), *БНМАУ-ын угсаатны зүй. 2. (Ойрадын угсаатны зүй)*, Улаанбаатар.

먕가드 첵덱 Мянгад цэгдэг (Myangad tsegdeg)

망가드 부족 여성의 델 위에 입는 전통 옷의 하나

망가드 부족의 여성은 길고 짧은 두 가지 형태의 책덱을 입는다. 긴 책덱은 깃이 있고 소매가 없으며 앞섶이 트이고 길이는 델과 비슷하게 한다. 주로 검고 푸른색 비단과 무명천으로 만들고 예복으로 예의를 갖출 때 입는다. 또한 양쪽 옆구리에 색색의 긴 천을 매단다. 짧은 책덱의 형태는 긴 책덱과 비슷하지만 길이가 짧고 노랑, 빨강, 녹색의 천으로 만들며 겨드랑이와 앞섶에 2개의 줄로 테두리를 두른다. 주로 일상생활에서 입는다.

망가드의 여성용 책덱

참고문헌 Монгол хэл соёлын хүрээлэн (2014), *Монгол нүүдэлчдийн тайлбар толь*, Монсудар хэвлэлийн газар, Улаанбаатар. Шинжлэх ухааны академи, түүхийн хүрээлэн (1987), *БНМАУ-ын угсаатны зүй. 2. (Ойрадын угсаатны зүй)*, Улаанбаатар.
М.Амгалан (2008), *Баруун Монголчуудын эдийн соёлын дурсгалт зүйлс*, Улаанбаатар. Х. Нямбуу (2002), *Монгол хувцасны түүх*, Улаанбаатар.

모린 오즈 Морин ууж (Morin uuj)

여성들이 델 위에 입는 옷의 하나

모린 오즈는 의식이나 제례 때에 델 위에 입는 길이가 긴 오즈를 이르는 말이다.

모린 오즈

참고문헌 Монгол хэл соёлын хүрээлэн (2014), *Монгол нүүдэлчдийн тайлбар толь*, Монсудар хэвлэлийн газар, Улаанбаатар. Л. Сономцэрэн (1992), *Монголын эдийн соёл ардын урлагийн зүйлчилсэн тайлбар толь*, Улаанбаатар.

미쉬메트 Мишмет (Mishmet)

카자흐 부족 여성들이 입는 짧은 소매의 윗옷

카자흐 부족의 여성들은 카자흐 여성 델인 다쉰즈 위에 짧은 소매 또는 민소매의 조끼를 입는데 이것을 미쉬메트라고 한다. 주로 검은 벨벳으로 만들고 계절에 상관없이 입는다. 소매 끝은 팔뚝 넓이에 딱 맞게 디자인을 한다.

카자흐의 미쉬메트

참고문헌 М. Амгалан (2008), *Баруун Монголчуудын эдийн соёлын дурсгалт зүйлс*, Улаанбаатар.

바르가 델 ᠪᠠᠷᠭ᠎ᠠ ᠳᠡᠪᠡᠯ Барга дээл (Barga deel)

바르가 부족의 고유한 겉옷

몽골 동부 도르노드와 터브 아이막에 사는 바르가 부족의 남성 델은 품이 넓고 길다. 주로 청색, 하늘색, 갈색의 델을 입는다.

바르가 부족의 여성 델은 옷깃을 접고 허리를 중심으로 상부, 하부로 나뉜다. 델에는 사각 여밈과 허리 주름이 있으며 소매에는 이음선이 있다. 또 어깨선이 높이 솟은 툰트게르(tüntger)와 노다르가 소매의 형태를 하고 있다. 이음 부분에는 문직 비단으로 만든 넓은 장식선을 한다.

바르가의 남성 델

바르가의 여성 델

참고문헌 B.Suvd, A.Saruul (2011), *Mongol costumes*, Ulaanbaatar. Шинжлэх ухааны академи, түүхийн хүрээлэн (1987), *БНМАУ-ын угсаатны зүй. 1 (Халхын угсаатны зүй)*, Улаанбаатар. Х.Нямбуу (2002), *Монгол хувцасны түүх*, Улаанбаатар. Монгол хэл соёлын хүрээлэн (2014), *Монгол нүүдэлчдийн тайлбар толь*, Монсудар хэвлэлийн газар, Улаанбаатар. Х.Нямбуу (2002), *Монгол хувцасны түүх*, Улаанбаатар.

바르가 오즈 ᠪᠠᠷᠭ᠎ᠠ ᠤᠤᠵᠢ Барга ууж (Barga uuj)

바르가 부족 여성의 델 위에 입는 전통 옷의 하나

바르가 부족의 여성들은 주로 델 위에 오즈를 입는다. 어깨선은 일반적이나 진동 둘레는 깊이 파인 모양이다. 앞섶은 허리까지 오고 단추가 있다. 허리 밑으로 트임이 있고 진동과 끝단에 테두리를 두르고 허리 부분에 사각의 천을 덧대어 장식한다.

참고문헌 Монгол хэл соёлын хүрээлэн (2014), *Монгол нүүдэлчдийн тайлбар толь*, Монсудар хэвлэлийн газар, Улаанбаатар. Л. Сономцэрэн (1992), *Монголын эдийн соёл ардын урлагийн зүйлчилсэн тайлбар толь*, Улаанбаатар. International Institute for the Study of Nomadic Civilizations (2006), *History and culture of the Mongols*, Ulaanbaatar.

바립치 ᠪᠠᠷᠢᠪᠴᠢ Баривч (Barivch)

어린아이가 입는 델

갓난아이의 델을 '바립치'라고 한다. 바립치에는 옷깃, 앞섶에 테두리 장식을 하지 않고 단추 대신 끈으로 묶는다. 일반적으로 델은 오른쪽 여밈을 하지만 손이 귀한 집에서는 왼쪽 여밈을 하기도 한다.

어린아이의 바립치

참고문헌 Монгол хэл соёлын хүрээлэн (2014), *Монгол нүүдэлчдийн тайлбар толь*, Монсудар хэвлэлийн газар, Улаанбаатар. Л. Сономцэрэн (1992), *Монголын эдийн соёл ардын урлагийн зүйлчилсэн тайлбар толь*, Улаанбаатар.

바야드 델 ᠪᠠᠶᠠᠳ ᠳᠡᠪᠡᠯ Баяд дээл (Bayad deel)

바야드 부족의 고유한 겉옷

몽골 옵스, 홉드 아이막에 사는 바야드 부족의 남성 델은 검은 색 테두리와 붉은 색 띠로 장식한다. 깃 둘레는 넓은 테두리를 두른다. 허리에서 엉덩이까지 검은 벨벳으로 만든 나비 문양을 달고 깃과 소매는 테두리 장식을 하고 접어 입는다. 옆 트임은 사각형 모양으로 하고 트임 위에 둥근 문양을 단다. 젊은 남성은 청색의 델을 입고 깃 둘레에 테두리 장식을 하지 않는다.

바야드 부족의 여성 델은 갈색, 분홍, 녹색인데 흰 옷깃에 주름이 있다. 여밈과 소매, 끝단은 색깔있는 천을 대어 테두리 장식을 한다. 또한 사각 여밈과 매듭 단추가 있다. 소매는 아래로 점점 넓어지면서 손목에서 좁아지는 형태이고 노드라가 소매는 접지 않는다. 델 허리 부분은 주름이 있고 치맛단에는 검은 벨벳 천으로 테두리 장식을 한다.

바야드의 남성 델

바야드의 여성 델

참고문헌 А.Баасанхүү, Б.Батмөнх (2010), *Монголын ойрадуудын соёл*, Улаанбаатар. М.Амгалан (2008), *Баруун Монголчуудын эдийн соёлын дурсгалт зүйлс*, Улаанбаатар. Шинжлэх ухааны академи, түүхийн хүрээлэн (1987), *БНМАУ-ын угсаатны зүй. 1 (Халхын угсаатны зүй)*, Улаанбаатар. Х. Нямбуу (2002), *Монгол хувцасны түүх*, Улаанбаатар. International Institute for the Study of Nomadic Civilizations (2006), *History and culture of the Mongols*, Ulaanbaatar. Монгол хэл соёлын хүрээлэн (2014), *Монгол нүүдэлчдийн тайлбар толь*, Монсудар хэвлэлийн газар, Улаанбаатар.

바야드 첵덱 Баяд цэгдэг (Bayad tsegdeg)

바야드 부족 여성의 델 위에 입는 전통 옷의 하나

바야드 부족의 첵덱은 위와 아래 두 부분으로 나뉘고 아랫부분은 길고 뒤트임이 있다. 어깨선 부분은 넓으며 진동 둘레는 깊게 파여 가슴 부분의 형태가 날씬하게 보인다. 앞섶과 진동, 끝단에 다른 색의 천으로 테두리를 두르고 2~3줄의 가선을 장식한다. 델의 색과 같은 색상으로 하고 옆구리에 '벨(bel)'이라는 장신구를 매단다.

바야드의 여성용 첵덱

참고문헌 Монгол хэл соёлын хүрээлэн (2014), *Монгол нүүдэлчдийн тайлбар толь*, Монсудар хэвлэлийн газар, Улаанбаатар. Шинжлэх ухааны академи, түүхийн хүрээлэн (1987), *БНМАУ-ын угсаатны зүй. 2. (Ойрадын угсаатны зүй)*, Улаанбаатар. Х.Нямбуу (2002), *Монгол хувцасны түүх*, Улаанбаатар. М.Амгалан (2008), *Баруун Монголчуудын эдийн соёлын дурсгалт зүйлс*, Улаанбаатар.

벨딕 Белдик (Beldik)

카자흐 부족 사람들이 허리에 매는 띠

카자흐 부족에서는 화려한 장식이 있는 허리띠를 착용한다. 여성들은 잔치나 의식이 있을 때 은(銀) 장식의 허리띠를 착용한다

카자흐의 벨딕

참고문헌 M.Амгалан (2008), *Баруун Монголчуудын эдийн соёлын дурсгалт зүйлс*, Улаанбаатар.

보긴 오즈 ᠪᠣᠭᠣᠨᠢ ᠤᠤᠵᠢ Богино уүж (Bogino uuj)

여성들이 델 위에 입는 옷의 하나로

보긴 오즈는 여성들이 델 위에 입는 옷으로, 소매가 없고 길이가 짧은 오즈를 이르는 말이다. 몽골 전 부족에서 짧은 오즈를 착용하며 주로 일상 생활에서 입는다. 한타즈(조끼)와 유사하다.

참고문헌 Монгол хэл соёлын хүрээлэн (2014), *Монгол нүүдэлчдийн тайлбар толь*, Монсудар хэвлэлийн газар, Улаанбаатар. Л. Сономцэрэн (1992), *Монголын эдийн соёл ардын урлагийн зүйлчилсэн тайлбар толь*, Улаанбаатар. Х. Нямбуу (2002), *Монгол хувцасны түүх*, Улаанбаатар.

부리야트 델 ᠪᠤᠷᠢᠶᠠᠳ ᠳᠡᠪᠡᠯ Буриад дээл (Buriad deel)

부리야트 부족의 고유한 겉옷

부리야트 공화국과 몽골에 거주하는 부리야트 남성의 델은 옷깃 뒤쪽이 높고 앞쪽은 낮으며 단추가 있다. 노다르가 소매는 중년 남성은 크고, 젊은 남성은 작은 편이다. 남성용 델의 앞섶에는 3가지 색으로 장식한다. 이 3색의 중앙에는 고난의 검은색, 상부에는 다시 고난을 경험하지 않는다는 흰색, 하부에는 붉은 피를 상징하는 빨간색으로 고난 시기를 경험한 민족을 상징한다. 소매 끝은 검은 옷감을 대고 장식한다.

부리야트 부족의 여성 델은 타 부족에 비해 독특한 디자인을 한다. 앞섶, 옷깃, 소매, 치마 부분으로 구성되고 상부와 하부로 연결하는 허리 부분에 황색, 적색 비단으로 앞띠를 두른다. 소매는 어깨 부분과 이어지고 주름이 있다. 팔뚝 부분에 비단으로 이음 장식 띠를 두르고 말굽 모양의 노다르가 소매가 있거나 없는 두 종류가 있다.

부리야트의 남성 델 부리야트의 여성 델

참고문헌 B.Suvd, A.Saruul (2011), *Mongol costumes*, Ulaanbaatar. Шинжлэх ухааны академи, түүхийн хүрээлэн (1987), *БНМАУ-ын угсаатны зүй. 2.* (*Ойрадын угсаатны зүй*), Улаанбаатар. Х. Нямбуу (2002), *Монгол хувцасны түүх*, Улаанбаатар. Монгол хэл соёлын хүрээлэн (2014), *Монгол нүүдэлчдийн тайлбар толь*, Монсудар хэвлэлийн газар, Улаанбаатар. Ц.Батсайхан, Г.Мэнд-Ооёо (2009), *Монгол нүүдэлчдийн эдийн соёл*, Улаанбаатар.

부리야트 오즈 ᠪᠤᠷᠢᠶᠠᠳ ᠤᠤᠵᠢ Буриад уүж (Buriad uuj)

부리야트 부족 여성의 델 위에 입는 전통 옷의 하나

부리야트 부족의 여성이 입는 오즈는 길이가 길고 짧은 2가지 형태가 있다. 긴 오즈는 의식을 치르거나 특별히 예의를 갖출 때에 입고 짧은 오즈는 일상 생활에서 입는다. 오즈는 뒤트임이 있고 앞섶이 트였다. 깃과 뒤트임에 다른 색의 천으로 테두리를 두르고 앞섶에는 장식을 하지 않는다. 긴 오즈의 길이는 델에서 손가락 두 개 길이 정도 짧게 만든다. 짧은 오즈는 단추가 없지만, 옷고름처럼 끈이 달려 있다. 오즈의 깃과 앞섶, 끝단에 천을 둘러 장식한다.

부리야트의 여성용 오즈

참고문헌 Монгол хэл соёлын хүрээлэн (2014), *Монгол нүүдэлчдийн тайлбар толь*, Монсудар хэвлэлийн газар, Улаанбаатар. Х. Нямбуу (2002), *Монгол хувцасны түүх*, Улаанбаатар. Шинжлэх ухааны академи, түүхийн хүрээлэн (1987), *БНМАУ-ын угсаатны зүй. 3*, Улаанбаатар.

부스 Бүс (Büs)

몽골 복식의 가장 바깥쪽에 두르는 허리띠

몽골 허리띠는 폭이 넓으며, 비단 또는 면직물로 만든다. 허리띠에는 일상에 필요한 다양한 물건들을 매달 수 있다. 허리띠의 길이는 남성용은 7미터 가량으로 시계 방향으로 허리와 엉덩이 사이에 감는다. 여성용은 3미터 정도이고 허리에 감는다. 성별에 따른 허리띠의 재료나 외관상의 특별한 차이는 없다. 몽골 허리띠는 천으로 만든 허리띠(다본 부스, davuun büs)와 가죽으로 만든 허리띠(악사르간 부스, agsargan büs) 두 종류가 있는데 전자가 더 일반적이다. 할하족은 노란색, 붉은색, 녹색, 하늘색의 허리띠를, 오이라트족은 파랑색, 녹색, 선홍색의 허리띠를 즐겨 맨다. 승려들은 노란색이나 붉은 색의 허리띠를 착용한다. 허리띠가 낡아서 버릴 때에는 불에 태운다.

참고문헌 А. Баасанхүү, Б. Батмөнх (2010), *Монголын ойрадуудын соёл*, Улаанбаатар. Л. Сономцэрэн (1992), *Монголын эдийн соёл ардын урлагийн зүйлчилсэн тайлбар толь*, Улаанбаатар.

비쉬무드 Бишмүд (Bishmüd)

토르고드 부족의 여성이 입는 옷의 하나

토르고드 부족의 여성은 갈색 비쉬무드(bishmüd)를 입는다. 옷깃이 따로 연결되지 않고 델과 바로 연결된 것이 특징이다. 델의 테두리는 흰색 실로 바늘땀을 내어 장식하고 양쪽 가슴 부분에 누빈 천으로 만든 주머니가 있다.

토르고드의 비쉬무드

참고문헌 Л. Сономцэрэн (1992), *Монголын эдийн соёл ардын урлагийн зүйлчилсэн тайлбар толь*, Улаанбаатар. М.Амгалан (2008), *Баруун Монголчуудын эдийн соёлын дурсгалт зүйлс*, Улаанбаатар.

샬보르 Шалбуур (Shalbuur)

오리앙하이 부족이 추위를 피하기 위해 바지 위에 덧입는 바지

샬보르는 오리앙하이 부족이 추운 겨울에 입는 덧바지이며, 양털가죽으로 만든다. 밖에서 오랫동안 양을 치거나, 사냥을 하러 갈 때 추위를 막기 위해 바지 위에 다시 '샬보르'를 입는다. 말을 타고 내릴 때 방해되지 않게 바지 품을 넉넉히 하고 허리는 가죽끈으로 조인다.

참고문헌 А. Баасанхүү, Б. Батмөнх (2010), *Монголын*

ойрадуудын соёл, Улаанбаатар. Л. Сономцэрэн (1992), *Монголын эдийн соёл ардын урлагийн зүйлчилсэн тайлбар толь*, Улаанбаатар. Шинжлэх ухааны академи, түүхийн хүрээлэн (1987), *БНМАУ-ын угсаатны зүй. 1 (Халхын угсаатны зүй)*, Улаанбаатар.

섹수르겐 델 Сэгсүүргэн дээл (Segsüürgen deel)

긴 털이 있는 양가죽을 안에 덧댄 델

몽골에서 세 살 이상이 된 양의 긴 양털가죽을 '섹수렉(segsüüreg)'이라고 하는데, 이 양가죽을 델 안에 덧댄 것을 섹수르겐 델이라고 한다. 겉감은 무명, 목면으로 색상을 내고 겨울철에 주로 입는다.

섹수르겐 델

참고문헌 Монгол хэл соёлын хүрээлэн (2014), *Монгол нүүдэлчдийн тайлбар толь*, Монсудар хэвлэлийн газар, Улаанбаатар. Х. Нямбуу (2002), *Монгол хувцасны түүх*, Улаанбаатар. Монсудар хэвлэлийн газар (2011), *МОНГОЛЧУУД. XX зууны эхэн үе. Зурагт түүх*, Улаанбаатар.

셉게르 랍식 Сэвгэр лавшиг (Sevger lavshig)

오이라트 부족의 미혼 여성이 입는 델

오이라트 부족에서는 16세 이상의 미혼 여성을 '셉게르(sevger)'라고 하고 델을 '랍식'이라고 한다. 셉게르 랍식의 색상은 주로 녹색, 푸른색, 남색이며 검은 비단으로 테두리 장식을 하고 바늘땀을 낸다. 랍식는 노다르가 소매를 하지 않고 옷깃은 접는다. 겨울에는 흰 양가죽 털에 검은 벨벳으로 테두리를 장식하여 입는다.

셉게르 랍식

참고문헌 А.Баасанхүү, Б.Батмөнх (2010), *Монголын ойрадуудын соёл*, Улаанбаатар. Монгол хэл соёлын хүрээлэн (2014), *Монгол нүүдэлчдийн тайлбар толь*, Монсудар хэвлэлийн газар, Улаанбаатар. М.Амгалан (2008), *Баруун Монголчуудын эдийн соёлын дурсгалт зүйлс*, Улаанбаатар.

쇼닥 Шуудаг (Shuudag)

몽골의 씨름 선수가 입는 하의

몽골 씨름 선수가 입는 아래옷을 쇼닥이라고 한다. 전통적으로 손바느질하여 만들며 양옆에 가죽끈이 있고 테두리 장식을 한다.

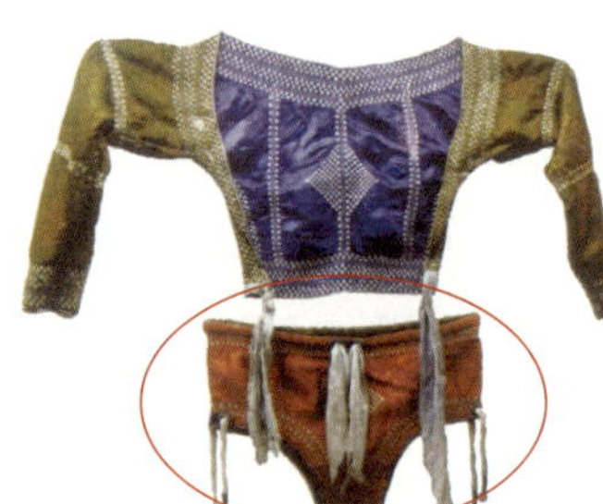

몽골 씨름선수의 쇼닥 (붉은 원 안)

참고문헌 Х. Нямбуу (2002), *Монгол хувцасны түүх*, Улаанбаатар. Ц. Батсайхан, Г. Мэнд-Ооёо (2009), *Монгол нүүдэлчдийн эдийн соёл*, Улаанбаатар.

얼드 델 ᠥᠭᠡᠯᠡᠳ ᠳᠡᠪᠡᠯ Өөлд дээл (Ööld deel)

얼드 부족의 고유한 겉옷

홉드와 아르항가이에 사는 얼드 부족의 남성 델은 색상은 청색이며 옷깃 테두리에 옷단을 대지 않고 푸른색의 노다르가의 소매가 있다. 앞섶에만 옷단을 대어 장식한다. 델의 여밈은 할흐 부족과 유사한 모양을 한다.

얼드 부족의 여성 델은 옷깃을 접고 하늘색 노다르가 말굽 모양의 소매가 있다. 소매 폭은 좁다. 주로 짙은 붉은색의 델을 입는데 사각 여밈과 옷깃 테두리에 가늘게 테두리 장식을 한다.

얼드의 남성 델

얼드의 여성 델

참고문헌 А.Баасанхүү, Б.Батмөнх (2010), *Монголын ойрадуудын соёл*, Улаанбаатар. B.Suvd, A.Saruul (2011), *Mongol costumes*, Ulaanbaatar. М.Амгалан (2008), *Баруун Монголчуудын эдийн соёлын дурсгалт зүйлс*, Улаанбаатар. Монгол хэл соёлын хүрээлэн (2014), *Монгол нүүдэлчдийн тайлбар толь*, Монсудар хэвлэлийн газар, Улаанбаатар. Шинжлэх ухааны академи, түүхийн хүрээлэн (1987), *БНМАУ-ын угсаатны зүй. 1 (Халхын угсаатны зүй)*, Улаанбаатар. Х. Нямбуу (2002), *Монгол хувцасны түүх*, Улаанбаатар.

얼드 첵덱 ᠥᠭᠡᠯᠡᠳ ᠴᠡᠭᠳᠡᠭ Өөлд цэгдэг (Ööld tsegdeg)

얼드 부족 여성의 델 위에 입는 전통 옷의 하나

얼드 부족의 첵덱은 예복과 일상복 두 가지 형태가 있다. 예복 형태의 첵덱은 검은 비단에 흰 깃, 산호와 진주 장신구를 매달고 진동 둘레에 천으로 테두리를 대고 알한(alkhan)문양의 수를 놓는다. 일상복 형태의 첵덱은 길이가 짧고 뒤에 삼각형의 리본을 매단다. 트임이 있고 상부에 알한(alkhan) 문양을 수 놓으며 흰 깃이 없고 끝단에 테두리를 하지 않는 것이 특징이다.

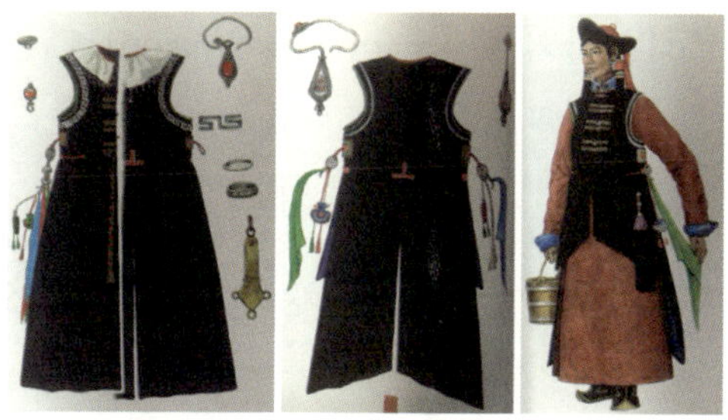
얼드의 여성용 첵덱

참고문헌 М.Амгалан (2008), *Баруун Монголчуудын эдийн соёлын дурсгалт зүйлс*, Улаанбаатар. Монгол хэл соёлын хүрээлэн (2014), *Монгол нүүдэлчдийн тайлбар толь*, Монсудар хэвлэлийн газар, Улаанбаатар. Шинжлэх ухааны академи, түүхийн хүрээлэн (1987), *БНМАУ-ын угсаатны зүй. 2. (Ойрадын угсаатны зүй)*, Улаанбаатар.

엄드 ᠮᠣᠩᠭᠣᠯ ᠡᠮᠦᠳᠦ Монгол өмд (Mongol ömd)

몽골 사람들이 입는 바지를 통틀어 이르는 말

몽골 사람들이 입는 바지는 바지고리, 안감, 끈의 유무에 따라 여러 형태가 있다. 바지 속은 비단이나 솜, 털가죽으로 만든다. 바지

엄드

자락은 용도에 따라 넓고 좁은 형태가 있고 가죽 끈으로 조인다. 바지는 신발 속에 넣어 입는 것이 일반적이다.

참고문헌 Монгол хэл соёлын хүрээлэн (2014), *Монгол нүүдэлчдийн тайлбар толь*, Монсудар хэвлэлийн газар, Улаанбаатар. Х. Нямбуу (2002), *Монгол хувцасны түүх*, Улаанбаатар.

오리앙하이 델 Урианхай дээл (Uriankhai deel)

오리앙하이 부족의 고유한 겉옷

몽골 바얀 얼기와 홉드 아이막에 사는 몽골계 오리앙하이 부족의 남성이 입는 델은 노다르가 소매가 없고 말을 타기 위해 긴 옆트임이 있다. 델의 상층부에는 검은 천으로 큰 문양을 덧씌우고 앞섶과 델의 테두리는 검은색 새끼 양가죽 또는 검은 천으로 넓게 옷단을 대고, 붉은 부선으로 장식한다.

오리앙하이 부족의 여성은 갈색, 흑청색의 델을 주로 입는다. 적색, 황적색 문직 비단으로 테두리 장식을 하고 8개의 매듭 단추를 단다. 밝은 갈색의 옷깃은 접고, 치마단에는 검은 벨벳으로 넓게 테두리 장식을 하며 흰 실로 홈질을 한다. 가슴 부분과 소매는 폭이 넓고, 흰 천으로 어깨를 덮는 넓은 옷깃이 있다.

오리앙하이의 남성 델

오리앙하이의 여성 델

참고문헌 А.Баасанхүү, Б.Батмөнх (2010), *Монголын ойрадуудын соёл*, Улаанбаатар. М.Амгалан (2008), *Баруун Монголчуудын эдийн соёлын дурсгалт зүйлс*, Улаанбаатар. Монгол хэл соёлын хүрээлэн (2014), *Монгол нүүдэлчдийн тайлбар толь*, Монсудар хэвлэлийн газар, Улаанбаатар. Х.Нямбуу (2002), *Монгол хувцасны түүх*, Улаанбаатар. Шинжлэх ухааны академи, түүхийн хүрээлэн (1987), *БНМАУ-ын угсаатны зүй. 2.* (*Ойрадын угсаатны зүй*), Улаанбаатар.

오리앙하이 첵덱 Урианхай цэгдэг (Uriankhai tsegdeg)

오리앙하이 부족에서 기혼 여성이 델 위에 입는 전통 옷의 하나

오리앙하이 부족의 여성들이 가장 보편적으로 입는 의복 중의 하나로 기혼자가 착용한다. 여름 델 위에 멋내기용으로 착용한다. 뒤쪽에 길게 트임이 있고 양옆 밑부분에 한 뼘 길이의 트임이 있다. 양 옆구리에 오색(五色)의 리본(bel)이 달려 있다. 첵덱의 깃, 옆구리, 어깨, 뒤트임에 델의 깃에 두른 천과 같은 색으로 테두리를 한다. 첵덱의 양 어깨선은 넓게 퍼졌다.

오리앙하이의 여성용 첵덱

참고문헌 М.Амгалан (2008), *Баруун Монголчуудын эдийн соёлын дурсгалт зүйлс*, Улаанбаатар. Монгол хэл соёлын хүрээлэн (2014), *Монгол нүүдэлчдийн тайлбар толь*, Монсудар хэвлэлийн газар, Улаанбаатар. Шинжлэх ухааны академи, түүхийн хүрээлэн(1987), *БНМАУ-ын угсаатны зүй. 2.* (*Ойрадын угсаатны зүй*), Улаанбаатар.

오즈 Ууж (Uuj)

여성의 델 위에 입는 소매가 없는 옷으로 한국의 '당의(唐衣)'와 비슷하다.

여성의 델 위에 입는 의복으로 소매가 없는 의복을 오즈라고 하며 서부 몽골 지역에서는 첵덱이라고 부른다. 오래 전부터 몽골 각 부족별로 오즈는 여러 형태로 전해 내려오는데 예를 들어 옷깃과 허리 부분의 이음, 트임, 끝동, 동정 등의 유무에 따라 오즈의 모양도 다르게 나타난다. 오호르 오즈(okhor uuj)는 넓은 테두리를 대고 앞트임이 있다. 오즈는 앞섶이 트이고 허리 뒤의 주름 밑으로 뒤트임이 있다. 오즈는 여성이 의식을 치르거나 특별히 예의를 갖출 때에 입는다.

오즈

참고문헌 M.Амгалан (2008), *Баруун Монголчуудын эдийн соёлын дурсгалт зүйлс*, Улаанбаатар. Монгол хэл соёлын хүрээлэн (2014), *Монгол нүүдэлчдийн тайлбар толь*, Монсудар хэвлэлийн газар, Улаанбаатар. Л. Сономцэрэн (1992), *Монголын эдийн соёл ардын урлагийн зүйлчилсэн тайлбар толь*, Улаанбаатар.

우젬친 델 Үзэмчин дээл (Üzemchin deel)

우젬친 부족의 고유한 겉옷

몽골 동부 도느노드와 수흐바타르 아이막에 사는 우젬친 부족의 델은 선선한 시기에 무두질한 가죽으로 만들고 노다르가 소매가 있다. 이러한 델을 '언거 델(öngö deel)'이라고 한다. 남성 델은 옷깃, 소매의 색상을 다르게 하고 사각 여밈을 한다. 옷깃이 높으며 옆트임이 있는 것이 특징이다.

우젬친 부족의 여성 델은 세운 옷깃과 사각 여밈, 노다르가 소매가 있다. 앞섶에는 테두리 장식이 있고 소매에는 여러 색상의 옷감을 잇대어 만든다.

우젬친의 남성 델

참고문헌 Монгол хэл соёлын хүрээлэн (2014), *Монгол нүүдэлчдийн тайлбар толь*, Монсудар хэвлэлийн газар, Улаанбаатар. Шинжлэх ухааны академи, түүхийн хүрээлэн (1987), *БНМАУ-ын угсаатны зүй. 1* (*Халхын угсаатны зүй*), Улаанбаатар. X. Нямбуу (2002), *Монгол хувцасны түүх*, Улаанбаатар. B.Suvd, A. Saruul (2011), *Mongol costumes*, Ulaanbaatar. International Institute for the Study of Nomadic Civilizations (2006), *History and culture of the Mongols*, Ulaanbaatar.

우젬친 첵덱 Үзэмчин цэгдэг (Üzemchin tsegdeg)

우젬친 부족 여성의 델 위에 입는 전통 옷의 하나

우젬친 부족의 첵덱은 앞섶이 트이고, 상부 밑에 주머니가 있다. 앞섶, 진동 둘레에 다른 색의 천으로 테두리를 댄다. 5~7개의 연결 단추와 은단추가 있다. 허리 밑으로 주름이 있고 끝 단에는 천으로 테두리를 대지 않는다.

우젬친의 여성용 첵덱

참고문헌 Монгол хэл соёлын хүрээлэн (2014), *Монгол нүүдэлчдийн тайлбар толь*, Монсудар хэвлэлийн газар, Улаанбаатар. Шинжлэх ухааны академи, түүхийн хүрээлэн (1987), *БНМАУ-ын угсаатны зүй. 2. (Ойрадын угсаатны зүй)*, Улаанбаатар. Х.Нямбуу (2002), *Монгол хувцасны түүх*, Улаанбаатар.

우주르스겐 델 Үзүүрсгэн дээл (Üzüürsgen deel)

새로 자란 부드러운 털의 양가죽으로 만든 델

몽골에서 양의 털갈이는 6월경에 하게 되는데, 털갈이를 한 후 털이 어느 정도 자란 9월경의 부드러운 털을 '우주르섹(üzüürseg)'이라고 한다. 우주르섹 가죽으로 만든 델을 '우주르스겐 델' 이라고 한다.

참고문헌 Л. Сономцэрэн (1992), *Монголын эдийн соёл ардын урлагийн зүйлчилсэн тайлбар толь*, Улаанбаатар. Х. Нямбуу (2002), *Монгол хувцасны түүх*, Улаанбаатар.

우치 Үч (Üch)

몽골 서부 지역에서 털가죽에 색깔 있는 천을 대어 만든 델

몽골의 서쪽 지역에서는 털가죽에 색깔 있는 천을 대어 만든 델을 우치라고 한다. 털가죽의 종류에 따라 가죽 우치(네히 우치, nekhii üch), 긴 털 우치(섹수르겐 우치, segsüürgen üch), 낡은 가죽 우치(사르마이 우치, sarmai üch), 새끼 양가죽 우치(호르간 우치, khurgan üch), 새끼 염소 우치(이쉬겐 우치, ishgen üch) 등이 있다. 또한 가죽털의 길이에 따라 평상복과 예복으로 나뉘어진다.

참고문헌 Л. Сономцэрэн (1992), *Монголын эдийн соёл ардын урлагийн зүйлчилсэн тайлбар толь*, Улаанбаатар. Х. Нямбуу (2002), *Монгол хувцасны түүх*, Улаанбаатар. Шинжлэх ухааны академи, түүхийн хүрээлэн (1987), *БНМАУ-ын угсаатны зүй. 2. (Ойрадын угсаатны зүй)*, Улаанбаатар.

자르각 델 Заргаг дээл (Zargag deel)

안감이 짧은 털가죽으로 만든 델

짧게 깎은 털가죽으로 안감을 한 델을 자르각 델이라고 한다. 자흐친족이 봄, 가을에 입는다.

참고문헌 Монгол улсын ШУА (2008), *Монгол хэлний дэлгэрэнгүй тайлбар толь*, Улаанбаатар.

자르각 엄드 Заргаг өмд (Zargag ömd)

오리앙하이 부족이 겨울에 입는 바지

자르각 엄드는 오리앙하이 부족이 입는 바지인데, 털을 깎은 가죽으로 만든다. 염소나 산양의 가죽으로 만들고 주로 겨울에 입는다.

참고문헌 А. Баасанхүү, Б. Батмөнх (2010), *Монголын ойрадуудын соёл*, Улаанбаатар. Л. Сономцэрэн (1992), *Монголын эдийн соёл ардын урлагийн зүйлчилсэн тайлбар толь*, Улаанбаатар. Шинжлэх ухааны академи, түүхийн хүрээлэн (1987), *БНМАУ-ын угсаатны зүй. 2. (Ойрадын угсаатны зүй)*, Улаанбаатар.

자흐친 델 Захчин дээл (Zakhchin deel)

자흐친 부족의 고유한 겉옷

몽골 홉드 아이막에 거주하는 자흐친 부족의 남성 델은 겨울철에는 흰 가죽으로 만든 델을 입고 봄, 가을철에는 자르각 델을 입으며 여름철에는 연갈색 견직물로 짠 랍식(lavshig, 할흐에서 '테르릭'이라고 함) 델을 입는다. 청녹색 옷감에 옷깃은 접고 3~4cm 넓이로 테두리 장식을 한다. 델의 끝단은 흰색의 바늘땀과 붉은 옷감을 대고 테두리를 장식한다. 양쪽에 트임이 있고 검은 색 문양으로 장식한다. 녹색 옷깃을 덧대기도 한다.

자흐친 부족의 여성 델은 목 부분에 접는 옷깃과 어깨 부분을 덮는 흰 옷깃 두 가지가 있다. 델의 색상은 주로 하늘색과 청녹색이며 적색과 녹색의 문직 비단으로 테두리 장식을 한다. 소매와 치마폭은 넓으며 사각 여밈을 하고 노다르가 소매는 접지 않는다.

자흐친 여성들은 겨울철에 흰 양털가죽으로 깁어 만든 '네히 델(nekhii deel)'을 입는다. 노다르가 소매 끝은 녹색으로 장식하고 흰색의 넓은 옷깃을 어깨에 댄다.

자흐친의 여성 델

자흐친의 겨울용 여성 델

참고문헌 Шинжлэх ухааны академи, түүхийн хүрээлэн (1987), *БНМАУ-ын угсаатны зүй. 2. (Ойрадын угсаатны зүй)*, Улаанбаатар. Х. Нямбуу (2002), *Монгол хувцасны түүх*, Улаанбаатар. Монгол хэл соёлын хүрээлэн (2014), *Монгол нүүдэлчдийн тайлбар толь*, Монсудар хэвлэлийн газар, Улаанбаатар. М.Амгалан (2008), *Баруун Монголчуудын эдийн соёлын дурсгалт зүйлс*, Улаанбаатар. B.Suvd, A.Saruul (2011), *Mongol costumes*, Ulaanbaatar.

자흐친 첵덱 Захчин цэгдэг (Zakhchin tsegdeg)

자흐친 부족 여성의 델 위에 입는 전통 옷의 하나

자흐친 부족의 여성들이 입는 첵덱은 앞섶이 트여 있고 매듭 단추로 잠근다. 상부와 하부로 나누어 있으며 겨드랑이의 진동은 깊게 패이고 앞섶의 둘레에 비단 천을 덧대어 테두리를 두른다. 예의를 갖추는 자리에 델 위에 입는 옷으로 델의 색상과 같은 색으로 한다. 뒤에 길게 뒤트임이 있고 허리 부분에 오색(五色) 띠를 매달아 복이 들어오기를 기원한다.

자흐친의 여성용 첵덱

참고문헌 А.Баасанхүү, Б.Батмөнх (2010), *Монголын ойрадуудын соёл*, Улаанбаатар. М.Амгалан (2008), *Баруун Монголчуудын эдийн соёлын дурсгалт зүйлс*, Улаанбаатар. Монгол хэл соёлын хүрээлэн (2014), *Монгол нүүдэлчдийн тайлбар толь*, Монсудар хэвлэлийн газар, Улаанбаатар.

젤레크 Желек (Jelek)

카자흐 부족 여성들이 혼례 때 몸을 덮어쓰는 숄

카자흐 여성은 혼례 때에 붉은 숄로 몸을 덮는데 이것을 젤레크라고 한다. 젤레크는 다리가 보이지 않을 정도로 기장이 길고 두 팔은 숄 안에 넣고 양쪽 소매는 묶어 동여맨다. 등골 부분에 깃털이 꽂혀 있다. 이 옷은 혼례 때만 입고 혼례가 끝난 다음에는 죽을 때까지 보관한다.

카자흐의 혼례용 젤레크

참고문헌 M. Амгалан (2008), *Баруун Монголчуудын эдийн соёлын дурсгалт зүйлс*, Улаанбаатар.

조독 Зодог (Zodog)

몽골의 씨름 선수가 입는 상의

몽골 씨름 선수가 시합을 할 때 입는 짧은 상의를 조독이라고 한다. 앞은 여밈이 없이 트여 있으며 소매가 있는 것이 특징적이다. 전통적으로 손바느질하여 만들고 소매 끝은 바늘땀을 내어 손목에 맞게 조여서 씨름에 방해가 되지 않게 한다. 상의 양쪽 끝단에 끈(eleg büs)이 달려 있는데 씨름할 때 양쪽을 묶고 경기를 한다.

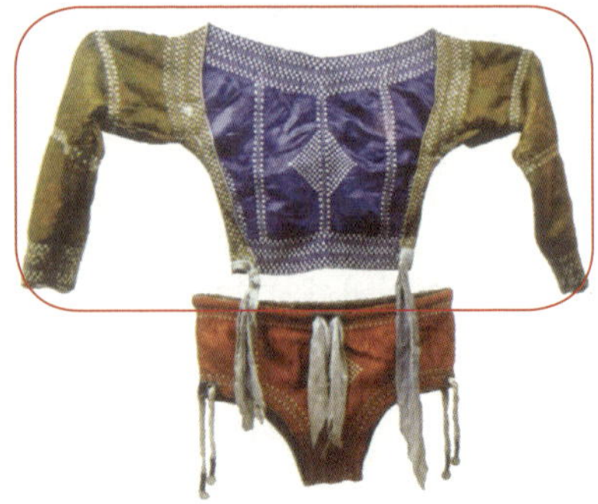

몽골 씨름선수의 조독 (붉은 원 안)

참고문헌 Х. Нямбуу (2002), *Монгол хувцасны түүх*, Улаанбаатар. Ц. Батсайхан, Г. Мэнд-Ооёо (2009), *Монгол нүүдэлчдийн эдийн соёл*, Улаанбаатар.

좁차 Зувцаа (Zuvtsaa)

말을 탈 때 바람이나 비, 흙먼지 등을 막기 위해 입는 델

몽골인은 말 위에서 바람과 비, 흙먼지 등을 막기 위해 겉옷 위에 좁차를 입는다. 앞섶의 모양이 독특하고 앞트임 또는 뒤트임이 있으며 옷깃이 높다.

좁차

참고문헌 Монгол хэл соёлын хүрээлэн (2014), *Монгол нүүдэлчдийн тайлбар толь*, Монсудар хэвлэлийн газар, Улаанбаатар. Л. Сономцэрэн (1992), *Монголын эдийн соёл ардын урлагийн зүйлчилсэн тайлбар толь*, Улаанбаатар.

차탄 델 Цаатан дээл (Tsaatan deel)

차탄 부족의 고유한 겉옷

차탄 부족의 복식은 오늘날의 할흐 부족과 유사하다. 높게 세운 옷깃과 넓은 소매통, 아랫단이 넓게 벌어지고 옷감을 넓게 대어 테두리 장식을 한다. 19세기 말에서 20세기 초 시기에 차탄 부족의 델은 남성, 여성, 사냥용 3가지로 나뉘고 형태는 비슷하나 만드는 옷감과 장식에 조금 차이가 있다. 주로 순록, 산양, 염소, 양의 가죽으로 델을 만든다. 사각 모양의 여밈과 검은 송아지 가죽으로 넓게 테두리 장식을 한다. 옷깃은 가늘게 테두리 장식을 하고, 델의 끝단은 벨벳 또는 검은 송아지 가죽으로 테두리를 두른다. 주로 델 안에 목화솜을 넣어 보온성을 높인다.

차탄 부족의 여성 델은 남성과 여성의 구별이 거의 없다. 옷깃은 세우고, 가는 테두리 선으로 장식한다. 여밈과 치마단에 넓게 테두리 장식을 하고 소매끝에는 노다르가가 없다. 여성은 오즈(uuj) 를 입지 않는다.

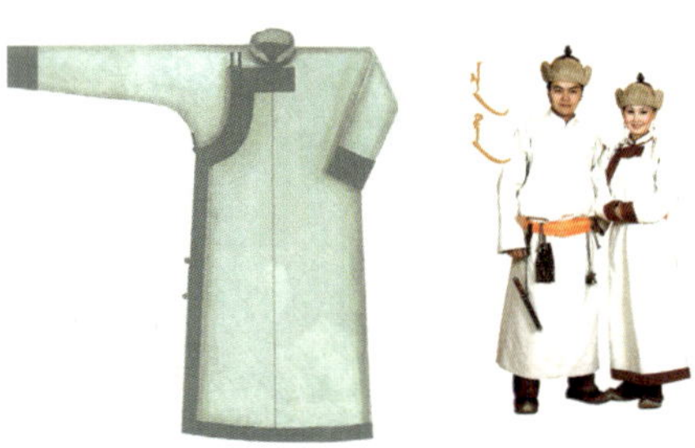

차탄 델

참고문헌 Монгол хэл соёлын хүрээлэн (2014), *Монгол нүүдэлчдийн тайлбар толь*, Монсудар хэвлэлийн газар, Улаанбаатар. B.Suvd, A.Saruul (2011), *Mongol costumes*, Ulaanbaatar. Шинжлэх ухааны академи, түүхийн хүрээлэн (1987), *БНМАУ-ын угсаатны зүй. 2.* (*Ойрадын угсаатны зүй*), Улаанбаатар. Х.Нямбуу (2002), *Монгол хувцасны түүх*, Улаанбаатар. Ц.Батсайхан, Г.Мэнд-Ооёо (2009), *Монгол нүүдэлчдийн эдийн соёл*, Улаанбаатар.

참츠 Цамц (Tsamts)

몽골 사람들이 델 안에 입는 윗도리

몽골 참츠는 옷깃의 유무와 길이에 따라 여러 형태가 있다. 주로 네모진 여밈을 하고 테두리 장식을 하는데 델의 색상과 맞춘다. 참츠의 옷감은 비단, 목면 등 얇은 소재로 한다.

참고문헌 Монгол хэл соёлын хүрээлэн (2014), *Монгол нүүдэлчдийн тайлбар толь*, Монсудар хэвлэлийн газар, Улаанбаатар.

첵덱 Цэгдэг (Tsegdeg)

서몽골 지역에서 델 위에 입는 소매가 없는 옷

서몽골 오이라트인들은 오즈를 첵덱이라고 부른다. 델 위에 입는 소매가 없는 옷이다. '오즈' 참조.

참고문헌 Монгол улсын ШУА (2008), *Монгол хэлний дэлгэрэнгүй тайлбар толь*, Улаанбаатар.

카자흐 델 Казах дээл (Kazakh deel)

카자흐 부족의 고유한 겉옷

카자흐 부족의 남성 델은 옷깃과 여밈 단추가 있거나 없고, 고급 벨벳으로 만든다. 델의 디자인은 몽골 부족과 다르며 델 안에는 옷깃이 있고 문양을 수놓은 셔츠를 입는다. 카자흐 부족의 여성 델은 다른 부족의 델과 다르다. 델 밑단에 레이스가 있는데 미혼 여성의 델 밑단에는 3단의 레이스가 있고 기혼 여성 델 밑단에는 1단의 레이스가 있다.

카자흐의 남성 델

카자흐의 여성 델

참고문헌 Монгол хэл соёлын хүрээлэн (2014), *Монгол нүүдэлчдийн тайлбар толь*, Монсудар хэвлэлийн газар, Улаанбаатар.

코일레크 Көйлек (Koilek)

카자흐 부족의 여성들이 입는 원피스 모양의 옷

카자흐 여성들은 원피스 형태를 한 코일레크를 입는다. 나이 든 여성은 치마 끝단에 한 단의 레이스가 달리고 젊은 여성은 3단의 레이스가 달린다.

카자흐의 코일레크

참고문헌 M. Амгалан (2008), *Баруун Монголчуудын эдийн соёлын дурсгалт зүйлс*, Улаанбаатар.

코칸톤 델 Кокантон дээл (Kokanton deel)

카자흐 여성들이 옛날부터 입어 온 겉옷의 하나

카자흐 여성의 예복으로 둥근 문양이 그려진 가죽으로 만든다.

카자흐의 코칸톤 델

참고문헌 M.Амгалан (2008), *Баруун Монголчуудын эдийн соёлын дурсгалт зүйлс*, Улаанбаатар.

테르멘 델 Тэрмэн дээл (Termen deel)

양털로 짠 직물을 이용하여 만든 델

티베트 가내 수공업자들이 양털로 짠 직물을 '테렘'이라고 하고 이것으로 만든 델을 '테르멘 델'이라고 한다.

참고문헌 Л. Сономцэрэн (1992), *Монголын эдийн соёл ардын урлагийн зүйлчилсэн тайлбар толь*, Улаанбаатар. Х. Нямбуу (2002), *Монгол хувцасны түүх*, Улаанбаатар.

테를렉 Тэрлэг (Terleg)

몽골인들이 여름철에 입는 델

몽골인들이 여름철에 입는 델을 테를렉이라고 한다. 얇은 무명이나 비단으로 만들고 남녀 모두 입는다.

테를렉

참고문헌 Монгол хэл соёлын хүрээлэн (2014), *Монгол нүүдэлчдийн тайлбар толь*, Монсудар хэвлэлийн газар, Улаанбаатар. Х. Нямбуу (2002), *Монгол хувцасны түүх*, Улаанбаатар.

테리 Тери буюу нэхий шалбуур өмд (Teri buyu nekhii shalbuur ömd)

카자흐 부족 남자들이 겨울철에 입는 바지

카자흐 부족의 남성들은 겨울철 새끼 양가죽으로 만든 바지를 입는데 이것을 테리 또는 네히 살보르라고 한다. 이 바지에 자수를 놓는 것이 특징적이다. 윗도리는 바지에 넣고 허리에 허리띠를 맨다.

카자흐의 남성용 테리

참고문헌 M. Амгалан (2008), *Баруун Монголчуудын эдийн соёлын дурсгалт зүйлс*, Улаанбаатар.

토르고드 델 Торгууд дээл (Torguud deel)

토르고드 부족의 고유한 겉옷

몽골 서부의 홉드 아이막과 중국 신강성에 살고 있는 토르고드 부족의 남성은 흰색 델에 노다르가 소매를 하지 않는다. 옆트임은 짧고 벨벳으로 사각 문양 장식선을 하고 위에 두 줄의 연결선을 넣는 것이 특징이다. 델의 깃은 와이셔츠 깃처럼 접을 수 있도록 만들었다.

토르고드 부족의 여성은 주로 푸른색, 검은색, 녹색 델을 입는다. 목 부분의 옷깃은 세워 접고 그 아래 어깨 부분에 주름과 자수가 있는 희고 넓은 옷깃이 있다. 소매폭은 좁고 앞섶과 소매 부분에 붉은 비단천과 리본으로 테두리 장식을 한다. 끝단은 테두리 장식을 하지 않고 노다르가 소매는 위로 접지 않는다.

토르고드의 남성 델

토르고드의 여성 델

참고문헌 B.Suvd, A.Saruul (2011), *Mongol costumes*, Ulaanbaatar. Шинжлэх ухааны академи, түүхийн хүрээлэн (1987), *БНМАУ-ын угсаатны зүй. 2. (Ойрадын угсаатны зүй)*, Улаанбаатар. Х. Нямбуу (2002), *Монгол хувцасны түүх*, Улаанбаатар. M.Амгалан (2008), *Баруун Монголчуудын эдийн соёлын дурсгалт зүйлс*, Улаанбаатар. Монгол хэл соёлын хүрээлэн (2014), *Монгол нүүдэлчдийн тайлбар толь*, Монсудар хэвлэлийн газар, Улаанбаатар.

토르고드 첵덱 Торгууд цэгдэг (Torguud tsegdeg)

토르고드 부족에서 여성의 델 위에 입는 전통 옷의 하나

몽골 서부의 홉드아이막과 중국 신강성에 살고 있는 토르고드 부족의 첵덱은 상부와 하부로 나누어졌고 델과 같은 색으로 한다. 깃과 소매가 없고 진동둘레는 깊게 파였다. 첵덱의 앞섶은 붉은 비단으로 4겹의 테두리를 두르고 장식한다. 길게 뒤트임이 있고, 허리 부분에 검은 비단으로 4개의 고리가 있는 것이 특징이다. 양쪽 허리에 장식물을 매단다.

토르고드의 여성용 첵덱

참고문헌 B.Suvd, A.Saruul (2011), *Mongol costumes*, Ulaanbaatar. M.Амгалан (2008), *Баруун Монголчуудын эдийн соёлын дурсгалт зүйлс*, Улаанбаатар. Монгол хэл соёлын хүрээлэн (2014), *Монгол нүүдэлчдийн тайлбар толь*, Монсудар хэвлэлийн газар, Улаанбаатар.

한타즈 Хантааз (Khantaaz)

소매가 없고 네모난 깃을 세운 조끼

소매가 없고 네모난 깃을 세운 조끼를 '한타즈'라고 한다. 양쪽에 트임이 있고 소재는 면, 벨벳, 비단 등 다양한 소재로 만든다. 일상생활에서나 멋을 낼 때 입는다.

여성용 한타즈

남성용 한타즈

참고문헌 Монгол хэл соёлын хүрээлэн (2014), *Монгол нүүдэлчдийн тайлбар толь*, Монсудар хэвлэлийн газар, Улаанбаатар. Х. Нямбуу (2002), *Монгол хувцасны түүх*, Улаанбаатар.

할흐 델 Халх дээл (Khalkh deel)

할흐 부족의 고유한 겉옷

할흐 부족의 남성 델은 옷깃과 앞섶에 한 단으로 장식 테두리를 하고 소매가 긴 형태이다. 소매 끝은 말굽 모양을 하고 있는데, 이것을 '노다르가(nudarga)'라고 한다.

할흐 여성의 델은 옷깃이 넓고 가장자리에 천을 덧대어 장식을 한다. 델의 뒷면에는 이음선이 없고 소매에는 비단천으로 테두리 장식을 한다. 또한 할흐 부족의 여성 델은 양어깨에 에스기 또는 낙타 털로 위로 솟게 만든 툰트게르(töntger)가 있는 것이 특징이다.

몽골 툰트게르와 관련된 몽골 설화를 소개하면 다음과 같다.

몽골의 한 영주가 중국에 난로 삼발이를 주문했는데 삼발이 위에 솟은 세 개의 발 모양을 소욤보의 횃불 모양으로 요청했다. 그런데 중국에서 까마귀 부리 모양으로 만들어 주자 이에 화가 난 몽골 영주는 난로 불을 다스리는 여성의 옷을 항가리드의 기상 있는 날개 모양처럼 델 어깨 위를 솟아오르게 만들었다고 한다.

할흐의 남성 델　　할흐의 여성 델

참고문헌 B.Suvd, A. Saruul (2011), *Mongol costumes*, Ulaanbaatar. Монгол хэл соёлын хүрээлэн (2014), *Монгол нүүдэлчдийн тайлбар толь*, Монсудар хэвлэлийн газар, Улаанбаатар. International Institute for the Study of Nomadic Civilizations (2006), *History and culture of the Mongols*, Ulaanbaatar. Шинжлэх ухааны академи, түүхийн хүрээлэн (1987),*БНМАУ-ын угсаатны зүй. 1* (*Халхын угсаатны зүй*), Улаанбаатар.

할흐 오즈 Халх ууж (Khalkh uuj)

할흐 부족 여성의 델 위에 입는 전통 옷의 하나

할흐 부족의 여성이 델 위에 입는 의복으로 소매가 없고 길이가 길다. 앞쪽 양섶에 연결 단추가 있고 옆구리 부분에 주머니가 달려 있다. 앞과 뒤쪽에 트임이 있다. 오즈의 색은 델의 색과 달리하고 길이는 델과 같이 한다.

참고문헌 Монгол хэл соёлын хүрээлэн (2014), *Монгол нүүдэлчдийн тайлбар толь*, Монсудар хэвлэлийн газар, Улаанбаатар. Х. Нямбуу (2002), *Монгол хувцасны түүх*, Улаанбаатар. Л. Сономцэрэн (1992), *Монголын эдийн соёл ардын урлагийн зүйлчилсэн тайлбар толь*, Улаанбаатар.

허드선 델 Хөдсөн дээл (Khödsön deel)

길이 잘 난 양털가죽으로 만든 델

무두질한 양털 가죽이 오랜 기간 동안 길이 난 상태를 '허더스'라고 하며 이 양털가죽으로 델을 만든 것을 '허드선 델'이라고 한다. 오늘날에는 보기 힘들지만 오래 전부터 겨울에 몽골인들이 즐겨 입었던 델이다.

허드선 델

참고문헌 Л. Сономцэрэн (1992), *Монголын эдийн соёл ардын урлагийн зүйлчилсэн тайлбар толь*, Улаанбаатар. Монсудар хэвлэлийн газар (2014), *МОНГОЛЧУУД. XVII-XX зууны эхэн үе. Зурагт түүх*, Улаанбаатар.

허웡테 델 Хөвөнтэй дээл (Khövöntei deel)

몽골에서 겨울에 입는 방한용 델

허웡테 델은 델 안쪽에 솜을 넣어 만든다. 겨울철 방한용으로 입는다.

참고문헌 Л. Сономцэрэн (1992), *Монголын эдийн соёл ардын урлагийн зүйлчилсэн тайлбар толь*, Улаанбаатар. Х. Нямбуу (2002), *Монгол хувцасны түүх*, Улаанбаатар.

헵넥 Хэвнэг (Khevneg)

품이 넉넉한 조끼

헵넥은 품이 넉넉한 한타즈(조끼)를 이르는 말이다. 흰 모직, 희고 얇은 가죽으로 만든다. 할하 부족의 남성들이 봄, 가을에 얇은 델 위에 입는다.

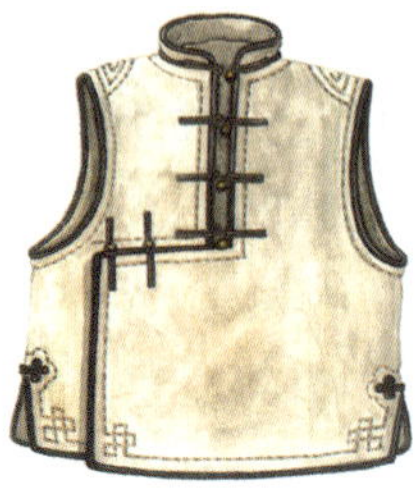

헵넥

참고문헌 Монгол хэл соёлын хүрээлэн (2014), *Монгол нүүдэлчдийн тайлбар толь*, Монсудар хэвлэлийн газар, Улаанбаатар. Х. Нямбуу (2002), *Монгол хувцасны түүх*, Улаанбаатар. Л. Сономцэрэн (1992), *Монголын эдийн соёл ардын урлагийн зүйлчилсэн тайлбар толь*, Улаанбаатар. М. Амгалан (2008), *Баруун Монголчуудын эдийн соёлын дурсгалт зүйлс*, Улаанбаатар.

호르간 델 Хурган дээл (Khurgan deel)

델 안에 작은 새끼 양가죽을 덧댄 델

델 안에 작은 새끼 양가죽을 덧댄 델을 호르간 델이라고 한다. 평상복과 예복으로 나뉘고 주로 추운 계절에 입는다.

호르간 델

호르간 델의 안쪽 모습

참고문헌 Л.Сономцэрэн (1992), *Монголын эдийн соёл ардын урлагийн зүйлчилсэн тайлбар толь*, Улаанбаатар. Монгол хэл соёлын хүрээлэн (2014), *Монгол нүүдэлчдийн тайлбар толь*, Монсудар хэвлэлийн газар, Улаанбаатар. Х.Нямбуу (2002), *Монгол хувцасны түүх*, Улаанбаатар.

호통 델 Хотон дээл (Khoton deel)

호통 부족의 고유한 겉옷

홉스골 아이막에 거주하는 호통 부족의 남성 델은 오이라트 부족의 의복 모양과 비슷하지만 소매에는 노다르가가 없는 것이 특징이다. 추운 겨울철에는 방한용으로 토시를 덧대기도 한다.

호통 부족의 여성 델은 검은 색상에 사각 여밈이 있고 옷깃은 세운다. 소매에는 노다르가는 없고 연결된 이음선과 소매 끝단에 테두리 장식이 있다. 그러나 델의 끝단에는 장식이 없다. 상부와 하부로 나누지 않아 허리에 이음선이 없고 앞섶에는 넓은 테두리 장식과 문양이 있다.

호통의 남성 델

호통의 여성 델

참고문헌 B.Suvd, A. Saruul (2011), *Mongol costumes*, Ulaanbaatar. Монгол хэл соёлын хүрээлэн (2014), *Монгол нүүдэлчдийн тайлбар толь*, Монсудар хэвлэлийн газар, Улаанбаатар. М.Амгалан (2008), *Баруун Монголчуудын эдийн соёлын дурсгалт зүйлс*, Улаанбаатар. Х. Нямбуу (2002), *Монгол хувцасны түүх*, Улаанбаатар. Шинжлэх ухааны академи, түүхийн хүрээлэн (1987), *БНМАУ-ын угсаатны зүй. 2. (Ойрадын угсаатны зүй)*, Улаанбаатар.

후렘 Хүрэм (Khürem)

남자들이 델 위에 입는 짧은 외투

몽골 남성들이 델 위에 입는 짧은 외투를 후렘이라고 한다. 평상복 또는 예복으로 입는데 예복에는 주로 문양이 있다. 추위를 막기 위해 델 위에 입기도 한다. 후렘은 다양한 소재로 만드는데 겨울철에는 검은 담비, 여우, 해리(海狸) 털가죽으로 만든 고급 후렘도 있다.

참고문헌 Ц. Батсайхан, Г. Мэнд-Ооёо (2009), *Монгол нүүдэлчдийн эдийн соёл*, Улаанбаатар.

모자

곰샤 말가이 Гомша малгай (Gomsha malgai)

253개의 율법을 지키는 승려들이 쓰는 승모

곰샤 말가이는 253개의 율법을 지키는 승려(겔렌, gelen)들이 쓰는 모자의 한 종류이다. 안은 붉은색, 밖은 노란색이다. 양쪽 귀덮개를 위로 접어 올려 착용한다.

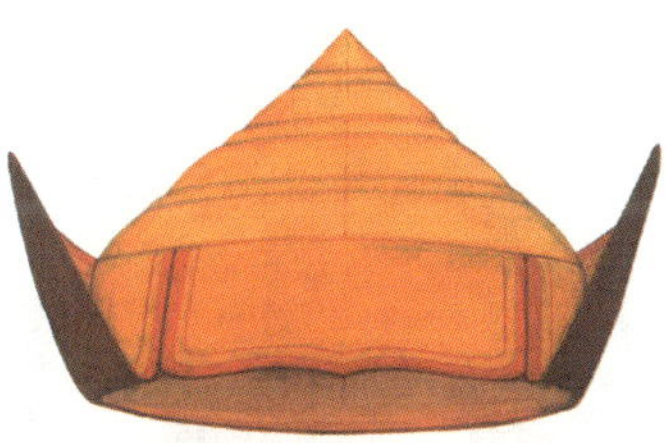

곰샤 말가이

참고문헌 Л. Сономцэрэн(1992), *Монголын эдийн соёл ардын урлагийн зүйлчилсэн тайлбар толь*,Улаанбаатар. Ү. Ядамсүрэн(2010), *Монголын хуучны зэрэг дэвийн хувцас*, Улаанбаатар.

구젝 말가이 Гүзэг малгай (Güzeg malgai)

불교 사원의 주지 승려들이 불교 의식을 행할 때 쓰는 모자

몽골어로 '구젝(güzeg)'은 티베트어에서 9개의 봉우리라는 뜻이다. 이 모자는 불교 사원의 주지 승려(함바)나 법회를 주관하는 높은 계급의 승려(초르지)들이 쓰는 의식용 모자이다.

구젝 말가이를 쓴 승려
© O. Demchigmaa, 2011. 9.

참고문헌 Х. Нямбуу (2002), *Монгол хувцасны түүх*, Улаанбаатар. Л. Сономцэрэн (1992), *Монголын эдийн соёл ардын урлагийн зүйлчилсэн тайлбар толь*, Улаанбаатар.

더르번 치흐테 토비 말가이 Дөрвөн чихтэй товь малгай (Dörvön chikhtei tovi malgai)

펠트로 만들고 안감으로는 비단이나 모피를 씌운 방한용 모자

이 모자는 두 가지 종류가 있는데 네 방면에 챙이 있는 모자와 투구 속에 쓰는 모자가 있다. 이 모자는 토르촉의 일종이다.

더르번 치흐테 토비 말가이

참고문헌 Ц. Батсайхан, Г. Мэнд-Ооёо (2009), *Монгол нүүдэлчдийн эдийн соёл*,Улаанбаатар. Л. Сономцэрэн (1992), *Монголын эдийн соёл ардын урлагийн зүйлчилсэн тайлбар толь*, Улаанбаатар. Х. Нямбуу (2002), *Монгол хувцасны түүх*, Улаанбаатар.

더르워드 돌가 유덴 Дөрвөд дуулга юүдэн (Dörvöd duulga yüüden)

몽골 더르워드 부족이 쓰던 모자

더르워드 돌가 유덴은 더르워드족의 남성과 여성들이 쓰던 모자로 주로 붉은색이다.

더르워드 돌가 유덴

참고문헌 А. Баасанхүү, Б. Батмөнх (2010), *Монголын ойрадуудын соёл*, Улаанбаатар. М.Амгалан (2008), *Баруун Монголчуудын эдийн соёлын дурсгалт зүйлс*, Улаанбаатар. 任明美 (1990), 『蒙古服飾』, 耕春社.

더예르테 토르촉 Доёртой тоорцог (Doyortoi toortsog)

할하 지역의 남성들이 서늘한 계절에 착용하는 토르촉

더예르테 토르촉은 오리앙하이 할하 지역의 남성들이 서늘한 계절에 착용하는 모자이다. 안쪽에는 에스기(펠트), 겉에는 금실, 은실로 짠 비단으로 씌운 둥근 모양의 모자이다. 모자 꼭대기에 다람쥐 꼬리를 달고 검은 담비 털로 만든 4개의 귀덮개가 있다. 장식구 대신 다람쥐 꼬리와 빨강, 녹색의 가는 리본을 단다. 추울 때에는 양쪽의 귀덮개를 내려 사용한다.

더예르테 토르촉

참고문헌 М. Амгалан(2008). *Баруун монголчуудын эдийн соёлын дурсгалт зүйлс*, Улаанбаатар.

도고이 말가이 Дугуй малгай (Dugui malgai)

둥근 형태의 모자를 이르는 말

주로 다리강가 부족 여성들이 겨울에 착용하며 그 외에 바르가, 우젬친 부족의 남성들이 착용한다. 도고이(dugui)는 몽골어로 '둥글다'라는 뜻으로 일반적으로 둥근 형태의 모자를 도고이 말가이라고 지칭한다. '할방 말가이'를 다르게 이르는 말이기도 하다.

다리강가의 여성 도고이 말가이

바르가의 남성 도고이 말가이

우젬친의 남성 도고이 말가이

참고문헌 Л. Сономцэрэн (1992), *Монголын эдийн соёл ардын урлагийн зүйлчилсэн тайлбар толь*, Улаанбаатар. 任明美(1990), 『蒙古服飾』, 耕春社.

도하이 말가이 Духай малгай (Dukhai malgai)

바르가 부족 모자의 하나로 동물의 털가죽을 두른 모자

도하이는 검은 새끼양, 수달의 털가죽을 두른 것이 특징이다. 모자의 윗부분은 붉은색이고 모양은 둥글며 금실, 은실로 여섯 부분으로 나누어 장식한다. 모자의 꼭대기에 빨간 삼핀(sampin)이 있고 그 밑은 연꽃 문양을 넣었다. 양쪽에 파란색 끈을 매단다.

우젬친의 여성용 도하이

참고문헌 任明美 (1990),『蒙古服飾』, 耕春社. Монгол хэл соёлын хүрээлэн (2014), *Монгол нүүдэлчдийн тайлбар толь*, Монсудар хэвлэлийн газар, Улаанбаатар. Л. Сономцэрэн (1992), *Монголын эдийн соёл ардын урлагийн зүйлчилсэн тайлбар толь*, Улаанбаатар. Рашцэрэн нар. (1991), *Монгол хувцас засал*, ӨМ-ын шинжлэх ухаан техник мэргэжлийн хэвлэлийн хороо.

돈휴 Донхью (Donkhiyu)

승려들이 착용하는 겨울철 모자

돈휴는 높은 지위의 승려들이 착용하는 승모(僧帽)이다. 언더르 게겐 자나바자르가 최초로 만들었다고 전한다. 모자는 둥근 모양으로 가장자리에 털이 있어 겨울철에 주로 착용한다. '바르가 말가이(barga malgai)'라고도 한다.

돈휴 (자나바자르 박물관 소장)

참고문헌 Y. Ядамсүрэн (2010), *Монголын хуучны зэрэг дэвийн хувцас*, Улаанбаатар.

로보즈 Лоовууз (Loovuuz)

몽골에서 추운 겨울에 방한용으로 쓰는 모자의 하나

로보즈는 겨울에 추위로부터 몸을 보호하기 위해 쓰는 몽골 모자의 한 종류이다. 여우의 털가죽을 이용하여 만들며 모자 양옆에 귀덮개를 달아 올렸다 내렸다 할 수 있게 만든다. 주로 서부 몽골인들이 사용한다.

토르고드의 로보즈

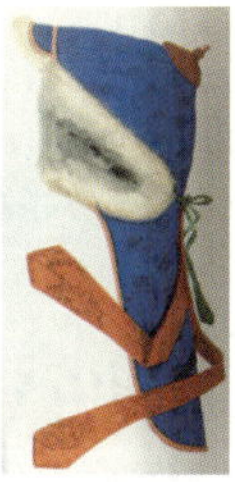

오리앙하이 로보즈

참고문헌 Шинжлэх ухааны академи, түүхийн хүрээлэн (1987), *БНМАУ-ын угсаатны зүй. 1* (*Халхын угсаатны зүй*), Улаанбаатар. Монгол хэл соёлын хүрээлэн (2014), *Монгол нүүдэлчдийн тайлбар толь*, Монсудар хэвлэлийн газар, Улаанбаатар. М.Амгалан(2008), *Баруун Монголчуудын эдийн соёлын дурсгалт зүйлс*, Улаанбаатар. А. Баасанхүү, Б. Батмөнх (2010), *Монголын ойрадуудын соёл*, Улаанбаатар. Рашцэрэн нар. (1991), *Монгол хувцас засал*, ӨМ-ын шинжлэх ухаан техник мэргэжлийн хэвлэлийн хороо. Х. Нямбуу (2002), *Монгол хувцасны түүх*, Улаанбаатар.

마호즈 Маахууз (Maakhuuz)

몽골에서 주로 겨울에 착용하는 모자

마호즈는 주로 겨울에 쓰고 어린아이 또는 나이 많은 어른들이 착용하며 모자의 크기는 작다. 정수리 부분을 황색, 녹색 비단으로 덮고 테두리는 선홍색이다. 칭기스칸, 쿠빌라이칸 등 높은 지위의 사람들이 쓰던 모자에서 유래되었다고 한다. 몽골의 모자 유덴(yüüden)과 유사하며 헤르멘 말가이(khermen malgai) 또는 하르차가 말가이(kharcaga malgai)라고도 부른다.

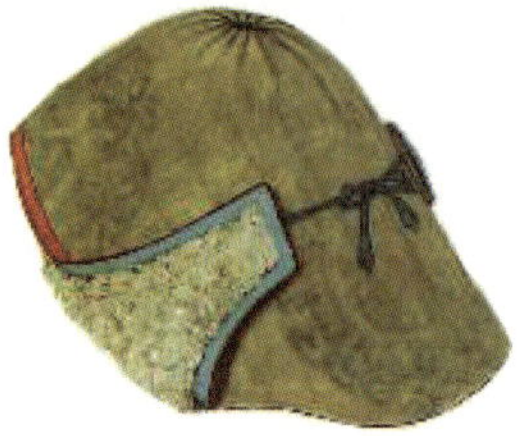

할하의 겨울 마호즈

참고문헌 Л. Сономцэрэн (1990), *Монголын эдийн соёл ардын урлагийн зүйлчилсэн тайлбар толь*, Улаанбаатар. Х. Нямбуу (2002), *Монгол хувцасны түүх*, Улаанбаатар. 任明美 (1990),『蒙古服飾』, 耕春社.

만다 오로이트 말가이 Мандаа оройт малгай (Mandaa oroit malgai)

자흐친 부족 여성들이 착용하는 모자

자흐친 여성들은 할리오테(수달) 말가이(khaliutai malgai) 또는 만다 오로이트 말가이(mandaa oroit malgai)를 주로 착용한다. 오로이는 납작하고 둥근 모양의 파란색이며, 모자 중앙에 붉은색으로 둥근 장식을 하고 그 안에 다시 은색으로 장식을 한다. 그 위에 붉은색의 매듭 장식(삼핀, sampin)이 있다.

자흐친의 만다 오로이트 말가이

은색 탑에 연결된 은색 장식 끈과 붉은 잘라(zalaa)가 있다. 양쪽에 붉은 끈이 달려 있다. 모자 테두리는 담비 털가죽으로 두르고 수달 털로 귀덮개를 만든다.

참고문헌 А. Баасанхүү, Б. Батмөнх (2010), *Монголын ойрадуудын соёл*, Улаанбаатар. М.Амгалан (2008), *Баруун Монголчуудын эдийн соёлын дурсгалт зүйлс*, Улаанбаатар.

말가이 Малгай (Malgai)

몽골 사람들이 머리에 쓰는 모자를 통틀어 이르는 말

옛날부터 모자는 몽골인들에게 멋을 내거나 품위와 사회적 지위를 나타내는 것으로 간주되었기 때문에 복식 중에서 상당히 중요하게 여겨졌다. 또한 겨울에는 혹독한 추위로부터 귀와 볼을 따뜻하게 해 주는 방한용으로, 여름에는 뜨거운 태양으로부터 피부를 보호하는 목적으로 착용하였다. 따라서 목적에 따라 모자의 모양이나 모자를 만드는 재질이 매우 다양하였다.

몽골 복식에서 모자의 종류로 알초르(alchuur), 토르촉(toortsog), 유덴 (yüüden), 마호즈(maakhuuz), 할방 말가이(khalban malgai), 더르번 치흐테 터비 말가이(dörvön taltai malgai), 세륜(serüün) 등이 있다.

모자는 몽골의 부족에 따라 그 종류나 모양이 다양하다. 이를테면 할하 부족은 정수리 부분이 높고 둥글며 위로 올라간 모자를 주로 쓰는 반면에 오이라트 부족은 가운데가 납작하고 정수리 부분이 둥근 모자를 즐겨 쓴다.

몽골에서는 다른 사람의 모자를 쓰거나 다른 사람에게 모자를 씌우는 것은 금한다.

다양한 모양의 말가이

참고문헌 Perleyisangbuu (1997), *Mongγul ündüsüten-ü qubčasu jasal-un soyul*, Liyooning-un, ündüsüten-ü keblel-ün qoriy-a, Монгол хэл соёлын хүрээлэн (2014), *Монгол нүүдэлчдийн тайлбар толь*, Монсудар хэвлэлийн газар, Улаанбаатар. Х. Нямбуу (2002), *Монгол хувцасны түүх*, Улаанбаатар. А. Баасанхүү, Б. Батмөнх (2010), *Монголын ойрадуудын соёл*, Улаанбаатар. Л. Сономцэрэн (1992), *Монголын эдийн соёл ардын урлагийн зүйлчилсэн тайлбар толь*, Улаанбаатар.

먕가드 말가이 Мянгад малгай (Myangad malgai)

먕가드 부족의 여자들이 겨울에 착용하는 모자

먕갸드 말가이는 먕가드 부족의 여성들이 겨울에 착용하는 모자이며 밍크 털가죽을 두른다. 둥글고 푸른색의 오로이(oroi), 네 방향의 챙, 양쪽에 붉은 끈으로 구성된다.

먕가드의 여성용 말가이

참고문헌 А. Баасанхүү, Б. Батмөнх (2010), *Монголын ойрадуудын соёл*, Улаанбаатар. М.Амгалан (2008), *Баруун Монголчуудын эдийн соёлын дурсгалт зүйлс*, Улаанбаатар.

반샤 Баншаа (Banshaa)

불교 고승들이 쓰는 승모

반샤는 불교 고승들이 쓰는 원뿔형의 모자이며 속은 붉은색이고 겉은 노란색이다. 긴 레이스가 달려 있다.

반샤

양털로 안감을 댄 반샤

참고문헌 Y. Ядамсүрэн (2010), 「Монголын хуучны зэрэг дэвийн хувцас」, Улаанбаатар. B.Suvd, A. Saruul (2011), *Mongol costumes*, Ulaanbaatar. Л. Сономцэрэн (1992), *Монголын эдийн соёл ардын урлагийн зүйлчилсэн тайлбар толь*, Улаанбаатар.

보르토곤 말가이 Бортого малгай (Bortogo malgai)

원통 모양의 여자 모자

보르토곤 말가이는 몽골 여성들이 가장 귀하게 여기는 모자이다. 버드나무 가지를 녹색 에스기(펠트)로 말아 둥글게 하고 위가 사각형인 오로이(oroi)를 높게 세운다. 공작과 야생오리 털을 장식하는데 이 장식이 흔들리면서 더 위엄을 나타낸다. 몽골 여성의 품위와 위엄을 나타내는 이 모자는 평상시에 착용한다.

참고문헌 Л. Сономцэрэн (1992), *Монголын эдийн соёл ардын урлагийн зүйлчилсэн тайлбар толь*, Улаанбаатар. B.Suvd, A. Saruul (2011), *Mongol costumes*, Ulaanbaatar.

복톡 Богтог малгай (Bogtog malgai)

몽골에서 전통적으로 기혼 여성이 착용하던 모자

복톡은 오래 전부터 몽골 전 부족의 기혼 여성이 착용했던 모자이다. 복톡을 만들 때는 우선 나무껍질로 모자의 틀을 만든 다음에 문양이 있는 비단으로 이 틀을 감싸 만든다. 모자의 끝에 깃털로 장식하기도 한다.

복톡은 여러 장신구로 꾸며 장식하는데 색상은 아주 중요한 역할을 한다. 이는 모자를 통해 그 사람의 연령, 사회적 지위 등을 나타내기 때문이다. 지위나 가문이 높으면 복톡의 높이도 높아진다. 가령 왕비의 복톡은 높이가 가장 높다. 또한 높은 가문의 부인과 영주의 부인들은 금실 문양의 비단으로 만든 붉은색의 복톡을 쓴다. 일반인은 갈색, 노랑, 녹색 비단천으로 만든 복톡을 착용한다.

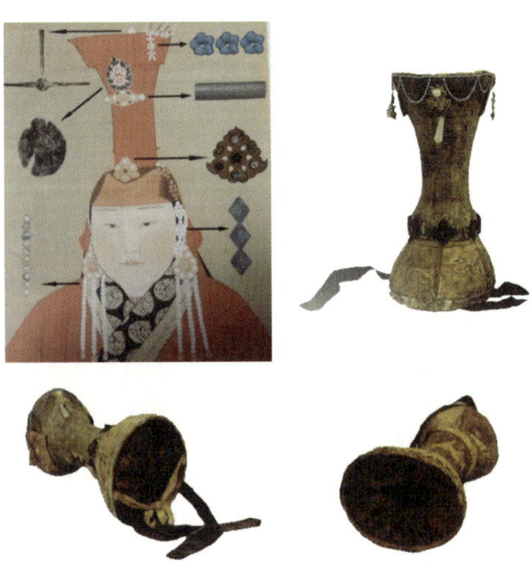

옛 몽골의 복톡 © 국립몽골역사박물관 소장

참고문헌 B.Suvd, A. Saruul (2011), *Mongol costumes*, Ulaanbaatar. Л. Сономцэрэн (1992), *Монголын эдийн соёл ардын урлагийн зүйлчилсэн тайлбар толь*, Улаанбаатар. Perleyisangbuu (1997), *Mongγul ündüsüten-ü qubčasu jasal-un soyul*, Liyooning-un ündüsüten-ü keblel-ün qoriy-a, Рашцэрэн нар. (1991), *Монгол хувцас засал*, ӨМ-ын шинжлэх ухаан техник мэргэжлийн хэвлэлийн хороо.

부르흐 Бүрх (Bürkh)

챙이 넓고 정수리가 둥근 밀짚모자

밀짚으로 만들며 챙이 넓고 정수리가 둥근 모자이다. 찬(tsan) 말가이의 일종이다. 시원한 소재이기 때문에 여름에 쓴다.

터머르 한의 칠보로 장식한 부르흐

보석으로 장신한 부르흐

참고문헌 Perleyisangbuu (1997), *Mongγul ündüsüten-ü qubčasu jasal-un soyul*, Liyooning-un ündüsüten-ü keblel-ün qoriy-a, Рашцэрэн нар. (1991), *Монгол хувцас засал*, ӨМ-ын шинжлэх ухаан техник мэргэжлийн хэвлэлийн хороо, Л. Сономцэрэн (1992), *Монголын эдийн соёл ардын урлагийн зүйлчилсэн тайлбар толь*, Улаанбаатар.

삼핀 Сампин (Sampin)

몽골의 말가이에서 모자 윗부분의 고리 모양의 매듭 장식을 이르는 말

몽골 모자의 윗부분에 달린 매듭 장식을 삼핀 혹은 말가인 삼핀이라고 지칭한다. 조사된 바로는 중세 시대에 몽골 칸과 왕공들의 높은 모자 꼭대기를 '독 징스(dog jins)'이라고 했으나 여기에서 유래했다고 본다. 삼핀은 몽골인들의 화합을 상징하기도 하고 높이 솟아있는 모습은 항상 앞으로 나아가 발전하기를 기원하는 의미를 담고 있다고 한다.

참고문헌 Монгол хэл соёлын хүрээлэн (2014), *Монгол нүүдэлчдийн тайлбар толь*, Монсудар хэвлэлийн газар, Улаанбаатар.

샤남 Шанам (Shanam)

티베트와 몽골 승려들이 불교 의식을 행할 때 쓰는 모자

샤남은 티베트와 몽골의 승려들이 쓰는 승모의 일종이다. 양털로 만든 붉고 노란색의 펠트 모자로 불교 의식에 착용한다. 직위가 높은 승려들이 불교 의식을 행할 때 주로 쓴다.

샤남(아르항가이 박물관 소장)

참고문헌 Ц. Батсайхан, Г. Мэнд-Оoёо (2009), *Монгол нүүдэлчдийн эдийн соёл*, Улаанбаатар.

샤시르 Шашир (Shashir)

사원에서 법회나 불교 의식이 있을 때 쓰는 승모

샤시르는 몽골 전통 신발 속에 신는 펠트 양말의 모양이며 모자 윗부분에 술을 장식한 승모의 일종이다. 큰 사원에서 법회나 불교 의식이 있을 때 착용한다.

불교 의식용 샤시르를 착용한 승려
© O. Demchigmaa, 2011. 9.

참고문헌 Y. Ядамсүрэн (2010), *Монголын хуучны зэрэг дэвийн хувцас*, Улаанбаатар. Монгол хэл соёлын хүрээлэн (2014), *Монгол нүүдэлчдийн тайлбар толь*, Монсудар хэвлэлийн газар, Улаанбаатар.

세룬 말가이 Сэрүүн малгай (Serüün malgai)

더운 계절에 착용하는 모자

주로 여름에 착용하는 세룬 말가이는 나뭇잎이나 밀짚으로 만든다. 찬 말가이(tsan malgai)라고도 한다. 텐젠 말가이(tenzen malgai), 데르센 말가이(dersen malgai)도 여기에 속한다.

참고문헌 Л. Сономцэрэн (1992), *Монголын эдийн соёл ардын урлагийн зүйлчилсэн тайлбар толь*, Улаанбаатар.

세텡 말가이 Сээтэн малгай (Seeten malgai)

귀를 덮는 부분이 위로 치켜 올라가 있는 모자

세텡 말가이는 몽골인들이 오래 전부터 써오던 모자이다. 모자의 정수리 부분은 투구를 닮았고 꼬리는 독(纛)을 닮았기 때문에 토르촉 오로이토이 말가이(toortsog oroitoi malgai), 돌가 오로이토이 말가이(duulga oroitoi malgai), 톡 오로이토이 말가이(tug oroitoi malgai)라고도 부른다. 이 모자는 장식용으로 일상생활에서는 착용하지 않는다. 해리(海狸), 담비, 여우, 흰 새끼양 가죽털을 붙여 보온성을 높인다. 세텡 말가이는 도시인과 유목민이 착용하는 것이 다른데, 도시 사람들이 쓰는 세텡 말가이는 삼핀(sampin)과 잘라(zalaa)는 붉은색이고 안은 푸른색이다. 그러나 유목민의 세텡말가이에는 잘라(zalaa)가 없고 짧은 끈이 있다.

이 모자를 할하족은 치흐테 말가이(chikhtei malgai), 할리막족은 부칠레치(büchleech), 부리야트족은 하찹치타이 말가이(khachavchitai malgai)로 부른다.

할하 여성의 겨울용 세텡 말가이

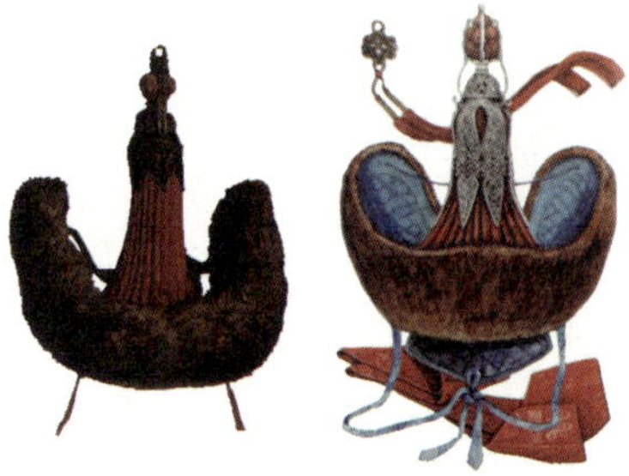

먕가드 여성의 세텡 말가이

참고문헌 M.Амгалан (2008), *Баруун Монголчуудын эдийн соёлын дурсгалт зүйлс*, Улаанбаатар. Х. Нямбуу (2002), *Монгол хувцасны түүх*, Улаанбаатар. International Institute for the Study of Nomadic Civilizations (2006), *History and culture of the Mongols*, Ulaanbaatar. Ц. Батсайхан, Г. Мэнд-Ооёо (2009), *Монгол нүүдэлчдийн эдийн соёл*, Улаанбаатар.

숑호르 말가이 Шонхор малгай (Shonkhor malgai)

고대 몽골에서 남성들이 주로 착용한 모자

13세기 남성들이 주로 착용한 숑호르 말가이는 오로이(oroi)가 원뿔형과 반구형 두 가지 형태로 나뉜다. 칭기스칸과 쿠빌라이칸의 초상화에는 반구형 오로이, 어거데이 칸은 원뿔형 오로이 모자가 그려져 있다. 모자의 테두리는 약간 둥글고 모자 뒷부분은 나뭇잎처럼 넓고 길게 늘어뜨려진다. 양쪽에 매달린 끈은 턱에 묶는다. 마호즈, 유덴 등은 원뿔형 숑호르 말가이에서 유래되어 발전되었다고 한다. 오늘날 유목민이 쓰는 마호즈와 부리야트 몽골인의 춘추(春秋)용 유덴이 이와 유사하다. 여기에 밍크, 다람쥐, 수달, 여우, 새끼양, 새끼 염소의 털가죽을 붙인다. '하르차가(kharcaga)'라고도 한다.

칭기스칸의 숑호르 말가이

쿠빌라이칸의 숑호르 말가이

어거데이칸의 숑호르 말가이

참고문헌 Perleyisangbuu (1997), *Mongɣul ündüsüten-ü qubčasu jasal-un soyul*, Liyooning-un ündüsüten-ü keblel-ün qoriy-a. Рашцэрэн нар. (1991), *Монгол хувцас засал*, ӨМ-ын шинжлэх ухаан техник мэргэжлийн хэвлэлийн хороо.

쉴렙치 Шилэвч (Shilevch)

몽골 말가이에서 모자 뒤에 덧대어 붙이거나 늘어뜨린 부분을 이르는 말

몽골 모자의 뒷부분에 내려져 있는 부분을 쉴렙치(shilevchi)라고 하는데, 목덜미 뒤를

추위나 햇빛으로부터 보호해 주는 역할을 해 온 것으로 보인다.

몽골 모자의 쉴렙치

참고문헌 Монгол хэл соёлын хүрээлэн (2014), *Монгол нүүдэлчдийн тайлбар толь*, Монсудар хэвлэлийн газар, Улаанбаатар.

알초르 Алчуур (Alchuur)

머리에 두르는 수건으로 한국의 '두건(頭巾)'에 해당한다.

여름과 가을에 착용하는 머리 수건은 직물의 종류와 머리에 두르는 형태가 다양하다. 어린아이와 젊은이는 비단으로 머리를 둘러 뒤쪽에 매듭 장식을 하고 중년층은 면이나 비단 직물로 머리를 두르고 매듭 장식은 하지 않는다. 먕가드, 바르가 부족 외의 남성들은 머리 수건을 하지 않지만 일반적으로 몽골의 모든 여성들은 착용한다. 최근에는 시골의 유목민들이 머리 수건을 착용하는 것 외에 도시에서는 머리 장식으로 사용되기도 한다.

참고문헌 А. Баасанхүү, Б. Батмөнх (2010), *Монголын ойрадуудын соёл*, Улаанбаатар. Perleyisangbuu (1997), *Mongɣul ündüsüten-ü qubčasu jasal-un soyul*, Liyooning-un ündüsüten-ü keblel-ün qoriy-a, International Institute for the Study of Nomadic Civilizations (2006), *History and culture of the Mongols*, Ulaanbaatar.

알탄 말가이 Алтан малгай (Altan malgai)

고승들이 불교 의식 때 착용하는 승모

알탄 말가이는 승모의 일종으로 찬 말가이라고도 부른다. 알탄 말가이는 경의를 나타내는 모자로서 고승들이 불교 의식 때 착용한다. 모자 맨 위에 보석 장식이 달려 있고 옻칠을 하여 황금색을 낸다.

알탄 말가이 / 뾰족 모양의 활불의 모자 / 붉은 장식의 공용 승모

참고문헌 Ц. Батсайхан, Г. Мэнд-Ооёо (2009), *Монгол нүүдэлчдийн эдийн соёл*, Улаанбаатар. Х. Нямбуу (2002), *Монгол хувцасны түүх*, Улаанбаатар. Л. Сономцэрэн (1992), *Монголын эдийн соёл ардын урлагийн зүйлчилсэн тайлбар толь*, Улаанбаатар. Х. Нямбуу (2002), *Монгол хувцасны түүх*, Улаанбаатар.

엘레 말가이 Элээ малгай (Elee malgai)

더르워드 부족이 겨울에 외출용으로 쓰는 모자

더르워드 부족의 몽골 사람들은 추운 겨울에 외출용으로 엘레 말가이를 착용한다. 일명 '솔개 모자'라고도 한다. 또한 호르간(새끼양) 모자도 있다. 솔개의 날개처럼 양쪽으로 올라간 모자 귀와 오로이(oroi)에 삼핀(sampin), 잘라(zalaa)가 있고 모자 뒤에 길게

더르워드의 엘레 말가이 / 오르도스의 엘레 말가이

내린 장식 끈이 있다.

참고문헌 Perleyisangbuu (1997), *Mongγul ündüsüten-ü qubčasu jasal-un soyul*, Liyooning-un ündüsüten-ü keblel-ün qoriy-a, Рашцэрэн нар. (1991), *Монгол хувцас засал*, ӨМ-ын шинжлэх ухаан техник мэргэжлийн хэвлэлийн хороо.

오로이 Орой (Oroi)

몽골 말가이에서 머리를 덮는 둥그런 부분을 이르는 말

몽골 모자의 윗부분 전체를 이르는 말로 그 형태가 둥근, 솟아있는, 사각형 등 여러 가지가 있다.

참고문헌 Монгол хэл соёлын хүрээлэн (2014), *Монгол нүүдэлчдийн тайлбар толь*, Монсудар хэвлэлийн газар, Улаанбаатар.

오보도이 Овоодой (Ovoodoi)

불교 의식 때 쓰는 승모

오보도이는 겔룩파 승려들이 쓰는 고깔 모양의 모자를 몽골식으로 변형한 모자이다. 양쪽에 모자끈이 달려 있고 주로 불교 의식 때 착용한다. '언더르 게겐 자나바자르'가 만들었다고 전한다.

주지 승려용 오보도이

참고문헌 Ц.Батсайхан, Г.Мэнд-Ооёо (2009), *Монгол нүүдэлчдийн эдийн соёл*, Улаанбаатар.

오보즈 Оовууз (Oovuuz)

오리앙하이 부족이 겨울에 쓰는 털모자

오보즈는 오리앙하이 부족이 겨울에 쓰는 털 모자이며 투구 형태로 정수리 부분은 파란색이다. 모자 뒤쪽에 2개의 붉은 띠가 드리워져 있고 여우의 가죽으로 만들기도 한다.

오리앙하이의 오보즈

참고문헌 Л. Сономцэрэн (1990), *Монголын эдийн соёл ардын урлагийн зүйлчилсэн тайлбар толь*, Улаанбаатар. М.Амгалан (2008), *Баруун Монголчуудын эдийн соёлын дурсгалт зүйл*, Улаанбаатар.

유덴 Юүдэн (Yüüden)

목 뒤쪽으로 뒷마개를 늘어뜨린 모자

유덴은 겨울용과 여름용 외에 우천용이 있다. 겨울용 유덴은 머리 부분이 둥근 모양으로 새끼양 가죽으로 만들며 앞쪽 테두리 단을 댄다. 여름용 유덴의 윗부분은 둥근 모양이고 양쪽 끈으로 모자 뒷부분에 묶는다. 더울 때에는 모자 뒤쪽에 늘어뜨린 부분을 위로 접어 올려 착용한다. 우천용은 비가 목 안으로 들어오는 것을 막기 위해 쉴렙치(shilevch)가 있다.

할하의 남성용 유덴

할하의 여름용 유덴

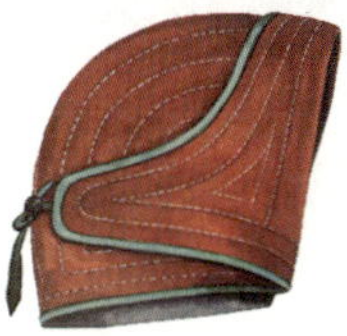

더르워드의 유덴

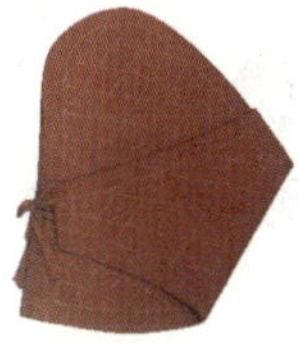

더르워드의 여름용 유덴

더르워드의 담비 유덴

참고문헌 Шинжлэх ухааны академи (2009), *Монголын үндэсний нэвтэрхий толь*, Улаанбаатар. А. Баасанхүү, *Б. Батмөнх (2010), Монголын ойрадуудын соёл*, Улаанбаатар. М.Амгалан (2008), *Баруун Монголчуудын эдийн соёлын дурсгалт зүйлс*, Улаанбаатар. 任明美 (1990), 『蒙古服飾』, 耕春社.

이 말가이 Ийм малгай (Ii malgai)

우젬친 부족이 쓰는 모자의 하나

이 말가이는 몽골 우젬친 부족에서 착용하며 붉은 매듭과 큰 양뿔무늬가 있으며 정수리 부분은 노란색이다. 해리(海狸)의 털을 부착한 챙과 녹색의 턱끈이 있다.

우젬친의 이 말가이

참고문헌 Л. Сономцэрэн (1992), *Монголын эдийн соёл ардын урлагийн зүйлчилсэн тайлбар толь*, Улаанбаатар. 任明美 (1990), 『蒙古服飾』, 耕春社. Perleyisangbuu (1997), *Mongɣul ündüsüten-ü qubčasu jasal-un soyul*, Liyooning-un ündüsüten-ü keblel-ün qoriy-a.

자탁 Жатаг (Jatag)

토르고드 부족이 쓰는 모자

일반적으로 젊은 사람들이 착용하고 붉은색의 긴 잘라(zalaa)와 푸른색의 짧은 잘라가 있다. 자탁의 모양은 여러 형태가 있는데 나이가 든 사람들은 안쪽에는 에스기(펠트)를 대고 밖에는 새끼 양가죽으로 두른 자탁을 착용한다.

토르고드의 자탁

참고문헌 Л. Сономцэрэн (1992), *Монголын эдийн соёл ардын урлагийн зүйлчилсэн тайлбар толь*, Улаанбаатар. М.Амгалан (2008), *Баруун Монголчуудын эдийн соёлын дурсгалт зүйлс*, Улаанбаатар.

잘라 Залаа (Zalaa)

몽골의 말가이에서 모자 뒤에 늘어뜨린 술을 이르는 말

몽골의 일부 모자의 뒷부분에 달린 긴 넓적한 술을 말가인 잘라라고 하는데, 주로 붉은색이다. 붉은 색은 기쁨과 발전, 성장을 상징한다. 또한 이 술이 두 개로 모자의 검은색 태두리 이음에서 달린 이유는 '생명'을 상징하여 영원히 나라를 지키겠다는 의미라고도 해석한다.

몽골 모자의 잘라

참고문헌 Монгол хэл соёлын хүрээлэн (2014), *Монгол нүүдэлчдийн тайлбар толь*, Монсудар хэвлэлийн газар, Улаанбаатар.

조샤 Жоша (Josha)

티베트나 몽골에서 불교 법회 때 승려들이 쓰는 승모

조샤는 티베트나 몽골에서 불교 승려들이 법회를 할 때 쓰는 모자로, 귀덮개를 걷어올리지 않고 내린 채 착용한다.

조샤를 착용한 모습

© O. Demchigmaa, 2010. 10.

참고문헌 Л. Сономцэрэн (1992), *Монголын эдийн соёл ардын урлагийн зүйлчилсэн тайлбар толь*, Улаанбаатар.

찬 말가이 Цан малгай (Tsan malgai)

중세 몽골 황실에서 여름에 쓰던 모자

중세 몽골의 황실에서 여름에 착용한 모자를 찬 말가이라고 한다. 몽골 라마 승려가 쓰는 알탄 말가이와 비슷하다. 불교 의식에서 사용되는 악기인 찬(심벌즈)과 비슷한 모양이라고 하여 찬 말가이라고 불린다. 넓고 좁은 챙과 원형, 사각형의 오로이(oroi), 구슬 장식을 한 잘라(zalaa)로 구성된다.

언더르 게겡의 찬 말가이

참고문헌 Perleyisangbuu (1997), *Mongγul ündüsüten-ü qubčasu jasal-un soyul*, Liyooning-un ündüsüten-ü keblel-ün qoriy-a, Рашцэрэн нар. (1991), *Монгол хувцас засал*, ӨМ-ын шинжлэх ухаан техник мэргэжлийн хэвлэлийн хороо. Л. Сономцэрэн (1992), *Монголын эдийн соёл ардын урлагийн зүйлчилсэн тайлбар толь*, Улаанбаатар.

초르지 오보도이 Цорж овоодой (Tsorj ovoodoi)

법회를 주관하는 높은 계급의 승려들이 쓰는 승모

초르지 오보도이는 법회를 주관하는 높은 계급의 승려(tsorj)들이 쓰는 모자로 고깔 모양을 하고 있다.

겨울용 초르지 오보도이

여름용 초르지 오보도이

참고문헌 Х. Нямбуу (2002), *Монгол хувцасны түүх*, Улаанбаатар. Ү. Ядамсүрэн(2010), *Монголын хуучны зэрэг дэвийн хувцас*, Улаанбаатар.

초흐 Цох (Tsokh)

모자의 앞과 양옆에 덧대는 챙

얼굴을 햇빛과 바람으로부터 보호하기 위해 모자의 앞과 양옆에 대는 챙을 이르는 말이다. 위아래로 올리거나 내려 착용한다.

참고문헌 Монгол хэл соёлын хүрээлэн (2014), *Монгол нүүдэлчдийн тайлбар толь*, Монсудар хэвлэлийн газар, Улаанбаатар.

치흐테 토르촉 Чихтэй тоорцог (Chikhtei toortsog)

앞쪽은 작고 양쪽은 둥근 귀덮개가 있는 토르촉

치흐테 토르촉은 가장 보편적으로 착용하는 토르촉으로, 앞쪽은 작고 양쪽은 둥근 귀덮개가 있는 모자이다. 모자는 4~6개의 조각으로 이어져 있고 모자 꼭대기에는 매듭 장식인 삼핀(sampin)이 있다. 겨울에는 이마, 뺨을 따뜻하게 하기 위해 뒤덮개, 앞창, 귀덮개를 내려 쓴다. 평상시에는 뒤덮개 또는 귀덮개 한쪽을 내려 쓰면 더 멋스러워 보인다. 방한용 토르촉의 앞창, 뒤덮개, 귀덮개는 새끼양, 새끼염소, 다람쥐, 검은 담비, 수달의 털로 만든다. 모자 꼭대기에는 매듭 장식인 삼핀과 다람쥐 꼬리를 매단다.

오리앙하이 부족의 여성용 치흐테 토르촉은 계절에 상관없이 장식용으로 착용한다. 양쪽에 귀덮개와 앞쪽에 작은 챙이 있다. 여섯 조각의 천으로 이어 만들고 모자 앞에는 장식을 한다.

오리앙하이 여성용 치흐테 토르촉

참고문헌 А. Баасанхүү, Б. Батмөнх (2010), *Монголын ойрадуудын соёл*, Улаанбаатар. М.Амгалан (2008), *Баруун Монголчуудын эдийн соёлын дурсгалт зүйлс*, Улаанбаатар. Х. Нямбуу (2002), *Монгол хувцасны түүх*, Улаанбаатар. 任明美 (1990),『蒙古服飾』, 耕春社.

타브 Малгайн тав (Malgain tav)

몽골 말가이에서 모자 윗부분에 있는 원형의 장식물을 이르는 말

몽골 모자의 삼핀 바로 밑 둥근 모양이나 연꽃 모양으로 만든 천이나 금속으로 만든 장식을 말가인 타브라고 하는데, 태양을 상징한다고 한다.

참고문헌 Монгол хэл соёлын хүрээлэн (2014), *Монгол нүүдэлчдийн тайлбар толь*, Монсудар хэвлэлийн газар, Улаанбаатар.

탈히 말가이 Талхи малгай (Talkhi malgai)

바야드 부족이 겨울에 방한용으로 쓰는 모자

탈히 말가이는 바야드 부족의 겨울용 모자이며 머리 부분이 하늘색이고 붉은 잘라(술)와 양쪽의 붉은 끈으로 구성되었다. 뒷마개는 없다. 모자의 형태가 까치가 앉아 있는 것처럼 보여서 '샤즈가이 말가이(shaazgai malgai,

바야드의 탈히 말가이

까치모자)'라고도 불린다.

참고문헌 А. Баасанхүү, Б. Батмөнх (2010), *Монголын ойрадуудын соёл*, Улаанбаатар. М.Амгалан (2008), *Баруун Монголчуудын эдийн соёлын дурсгалт зүйлс*, Улаанбаатар.

터그럭 말가이 Төгрөг малгай (Tögrög malgai)

호통 부족이 쓰는 둥근 모자

호통 부족에서는 검은 터그럭 모자를 착용하는데 터그럭(tögrög)은 몽골어로 '둥글다', 또는 '원형'이라는 뜻이다. 이 모자는 양쪽으로 푸른색의 끈이 달려 있고 오로이(oroi)가 둥근 모양이며, 모자의 꼭대기에 고리 모양의 삼핀(sampin)이 달려 있다. 또한 앞챙이 넓으며 뒷쪽의 덮개, 그리고 작은 쉴렙치(shilevch)가 있다.

호통의 터그럭 말가이

참고문헌 Монгол хэл соёлын хүрээлэн (2014), *Монгол нүүдэлчдийн тайлбар толь*, Монсудар хэвлэлийн газар, Улаанбаатар. М.Амгалан (2008), *Баруун Монголчуудын эдийн соёлын дурсгалт зүйлс*, Улаанбаатар.

토르촉 Тоорцог (Toortsog)

정수리 부분이 둥근 모자

정수리 부분, 즉 오로이가 둥근 모자이며 오로입치(oroivch), 호브 토르촉(khuv toortsog), 치흐테이 토르촉(chikhtei toortsog) 등 몇 종류가 있다. 토르촉은 원나라 시기의 투구에서 유래되었다. 주로 결혼식이나 연회 자리에 많이 착용한다. 토르촉은 겨울용과 여름용, 의식용과 일반용으로 나눌 수 있고 직물에 따라 에스기(펠트) 토르촉, 비단 토르촉이 있다. 토르촉은 특별한 의미와 상징을 나타내는 오로이(oroi)를 4~6개를 이어 붙

할하 부인용 토르촉

할하 미혼 여성이 쓰는 겨울용 귀마개 달린 토르촉

토르고드 여성용 토르촉

토르고드 토르촉

더르워드 여성용 토르촉

바야드 여성 토르촉

얼드 여성용 토르촉

여 형태를 만들고, 끈과 고리 모양의 삼핀(sampin), 비단천으로 만든 잘라(zalaa)로 구성된다. 모자에 금, 은실로 문양을 새겨 넣는다.

자흐친, 바야드, 더르워드 부족의 토르촉은 6개 조각천을 이어 만들고 오로이(oroi)가 낮으며 치흐(chikh)는 없다. 파랑, 갈색, 초록색으로 만든다. 얼드와 할하의 남성용 토르촉은 몇 개의 천으로 이은 오로이(oroi)와 치흐(chikh)가 있기도 하고 없기도 하다. 토르고드 여성은 산호 장식이 있는 검은 토르촉을 사계절 착용한다. 겨울에는 이마와 귀, 턱 마개를 착용한다. 얼드 부족에서는 남녀노소 상관없이 토르촉을 착용한다. 여성은 동그란 장식과 금, 은실로 화려한 문양을 넣은 비단으로 만들고 남성들은 평범한 색의 면직물로 만든다. 호통 토르촉(toortsog)은 6개 조각을 연결하여 만든 오로이(oroi)와 큰 고리형의 삼핀(sampin), 붉은색의 잘라(zalaa)로 구성된다.

참고문헌 Шинжлэх ухааны академи, түүхийнхүрээлэн (1987), *БНМАУ-ын угсаатны зүй. 1 (Халхын угсаатны зүй)*, Улаанбаатар. Perleyisangbuu (1997), *Mongγul ündüsüten-ü qubčasu jasal-un soyul*, Liyooning-un ündüsüten-ü keblel-ün qoriy-a, Х. Нямбуу (2002), *Монгол хувцасны түүх*, Улаанбаатар. А. Баасанхүү, Б. Батмөнх (2010), *Монголын ойрадуудын соёл*, Улаанбаатар. М.Амгалан (2008), *Баруун Монголчуудын эдийн соёлын дурсгалт зүйлс*, Улаанбаатар. International Institute for the Study of Nomadic Civilizations (2006), *History and culture of the Mongols*, Ulaanbaatar. Рашцэрэн нар. (1991), *Монгол хувцас засал*, ӨМ-ын шинжлэх ухаан техник мэргэжлийн хэвлэлийн хороо.

토이롤 ᠲᠣᠶᠢᠷᠤᠤᠯ Тойруул (Toiruul)

더르워드 부족이 쓰는 모자

토이롤은 더르워드 부족의 모자이며 붉은 술과 모자 꼭대기에 매듭 장식(샴핀, campin)이 있고 붉은색 레이스가 달려 있다. 모자챙은 하늘색이며 머리 부분은 둥근 형태이다.

더르워드의 토이롤

참고문헌 Л. Сономцэрэн (1992), *Монголын эдийн соёл ардын урлагийн зүйлчилсэн тайлбар толь*, Улаанбаатар. 任明美 (1990), 『蒙古服飾』, 耕春社.

톡 오로이토이 말가이 ᠲᠤᠭ ᠣᠷᠣᠢᠲᠠᠢ ᠮᠠᠯᠠᠭᠠᠢ

Туг оройтой малгай (Tug oroitoi malgai)

자흐친 부족이 쓰는 둥근 투구 모양의 모자

톡 오로이토이 말가이는 오로이(oroi) 모양이 둥글어 돌가 오로이토이 말가이(duulga oroitoi, 투구)라고도 한다. 자흐친 부족에서 남녀 구분 없이 착용하고 검은 새끼 양의 털가죽을 모자에 두른다. 푸른색의 오로이와 붉은색의 매듭 장식(삼핀, sampin), 옆에는 붉은 끈이 달려 있다.

자흐친의 여성용 톡 오로이토이 말가이

참고문헌 А. Баасанхүү. Б. Батмөнх (2010). *Монголын ойрадуудын соёл*. Улаанбаатар. М.Амгалан (2008). *Баруун Монголчуудын эдийн соёлын дурсгалт зүйлс*. Улаанбаатар. Х. Нямбуу (2002). *Монгол хувцасны түүх*. Улаанбаатар.

톰라이 말가이 Тумлай малгай (Tumlai malgai)

얼드 부족의 겨울철 방한용 모자

톰라이는 몽골 얼드 부족이 겨울철에 쓰는 모자이다. 갈색 매듭이 있으며 자수가 놓인 푸른색 정수리는 여러 실로 수를 놓았다. 푸른 바탕에 검은 쥐가죽을 덧댔다. 톰라이 말가이는 얼드 부족 외에 더르워드, 자흐친 부족에서도 착용한다.

얼드의 남성용 톰라이

더르워드의 톰라이

자흐친의 겨울용 남성 톰라이

참고문헌 Л. Сономцэрэн (1992). *Монголын эдийн соёл ардын урлагийн зүйлчилсэн тайлбар толь*. Улаанбаатар. М.Амгалан (2008). *Баруун Монголчуудын эдийн соёлын дурсгалт зүйлс*. Улаанбаатар. 任明美 (1990). 『蒙古服飾』. 耕春社.

티르첵 Тийрцэг (Tiirtseg)

몽골에서 일상적으로 쓰는 양털로 만든 모자

티르첵은 양털을 가공하여 모양을 만드는 특수한 틀에 씌워서 만든다. 찬 말가이라고도 한다.

참고문헌 Л. Сономцэрэн (1992). *Монголын эдийн соёл ардын урлагийн зүйлчилсэн тайлбар толь*. Улаанбаатар. Х. Нямбуу (2002). *Монгол хувцасны түүх*. Улаанбаатар.

하이브 Хайв (Khaiv)

호통 부족이 겨울에 착용하는 털모자

하이브는 호통 부족이 겨울에 방한용으로 착용하는 털모자이다. 둥근 형태의 모자 꼭대기에 장식이 달려 있다. 분홍색 비단에 검은 양털가죽을 덧붙인 챙과 붉은색 턱끈이 달려 있다.

호통의 하이브

참고문헌 Л. Сономцэрэн (1992). *Монголын эдийн соёл ардын урлагийн зүйлчилсэн тайлбар толь*. Улаанбаатар. Perleyisangbuu (1997). *Mongɣul ündüsüten-ü qubčasu jasal-un soyul*. Liyooning-un ündüsüten-ü keblel-ün qoriy-a.

할방 말가이 Халбан малгай (Khalban malgai)

위테가 아래보다 넓게 퍼지는 모양의 몽골 모자

할방 말가이는 정수리 부분이 둥근 것과 높은 것 두 종류가 있다. 모양이 둥근 것은 칼묵, 부리야트, 내몽골에서 착용하며, 정수리 부분이 높은 것은 할하에서 사용된다. 할하족은 힐렝 말가이(khilen malgai)라 부르고, 바르가, 부리야트족은 토이롭시, 오르도스족은 도고릭 말가이(dugarig malgai)라 부르고 있다.

더르워드족의 할방 말가이

자흐친족의 할방 말가이

참고문헌 А. Баасанхүү, Б. Батмөнх (2010), *Монголын ойрадуудын соёл*, Улаанбаатар. М.Амгалан(2008), *Баруун Монголчуудын эдийн соёлын дурсгалт зүйлс*, Улаанбаатар. International Institute for the Study of Nomadic Civilizations (2006), *History and culture of the Mongols*, Ulaanbaatar. 任明美(1990), 『蒙古服飾』, 耕春社.

홉 토르촉 Хув торцог (Khuv toortsog)

모자 꼭대기에 붉은 색의 매듭 장식과 술,이음선으로 장식된 토르촉

몽골 모자 토르촉의 한 종류이다. 붉은 모자 꼭대기에 붉은 색의 매듭 장식(삼핀, sampin)과 모자술(잘라, zalaa),이음선(khavchaar)으로 장식된 것이 특징이다.

홉 토르촉은 두꺼운 직물 조각을 연결하여 만들고 산호, 구슬, 돌로 장식하고 잘라를 매단다. 주로 문인나 상인들이 홉 토르촉을 착용한다. 중국의 토르촉과 매우 비슷하다. 다르하드 부족에서는 아주 큰 매듭 장식과 붉고 넓은 머리띠로 구성된 에스기(펠트)의 홉 토르촉을 착용한다.

참고문헌 International Institute for the Study of Nomadic Civilizations (2006), *History and culture of the Mongols*, Ulaanbaatar. Рашцэрэн нар. (1991), *Монгол хувцас засал*, ӨМ-ын шинжлэх ухаан техник мэргэжлийн хэвлэлийн хороо. Х. Нямбуу (2002), *Монгол хувцасны түүх*, Улаанбаатар.

힐렝 말가이 Хилэн малгай (Khilen malgai)

할하 부족이 여름철에 특별한 의식이나 행사에 참여할 때 착용하는 모자

몽골어로 '힐렝(khilen)'은 벨벳을 뜻한다. 할방 모자(khalban malgai)의 일종으로, 할하 부족이 여름철에 열리는 의식이나 행사에 참석할 때 주로 착용한다. 정수리 부분은 고깔 모양이고 32줄의 시침질 땀이 있다. 붉은색 매듭 장식의 삼핀(sampin)과 뒤쪽에 을지 문양이 새겨진 잘라(zalaa)가 달려 있다. 남성용 힐렝 말가이의 오로이는 낮고, 장식이 적고 챙이 넓적한 원형이다. 여성용 힐렝 말가이는 정수리 부분이 높은 고깔 모양이며, 챙을 검은 벨벳으로 씌우고 뿔 문양의 은장식을 한다. 또한 몽골 승려들이 착용하는 힐렝 말가이의 정수리 부분은 노란색이며 벨벳으로 만든다.

할하 남성의
힐렝 말가이

할하 여성의
힐렝 말가이

얼드의 여성용
힐렝 말가이

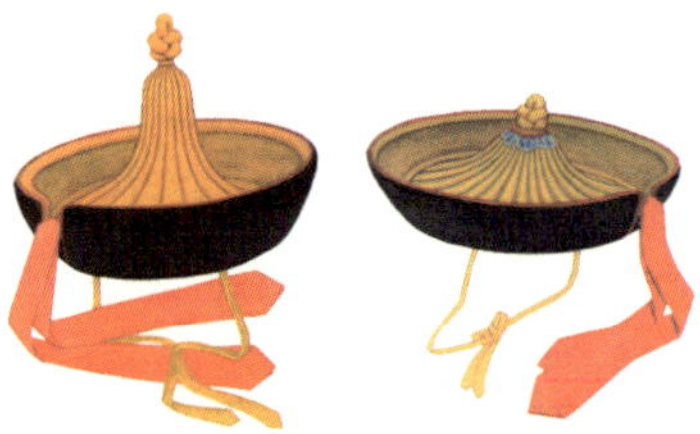

힐렝 승모

참고문헌 M.Амгалан (2008), *Баруун Монголчуудын эдийн соёлын дурсгалт зүйлс*, Улаанбаатар. 任明美(1990), 『蒙古服飾』, 耕春社. Шинжлэх ухааны академи, түүхийн хүрээлэн (1987),*БНМАУ-ын угсаатны зүй. 1* (*Халхын угсаатны зүй*), Улаанбаатар. Х. Нямбуу (2002), *Монгол хувцасны түүх*, Улаанбаатар. Монгол хэл соёлын хүрээлэн (2014), *Монгол нүүдэлчдийн тайлбар толь*, Монсудар хэвлэлийн газар, Улаанбаатар. International Institute for the Study of Nomadic Civilizations (2006), *History and culture of the Mongols*, Ulaanbaatar.

신발

고탈 Гутал (Gutal)

몽골인들이 신는 부츠 형태의 전통 신

유목민들의 일상에 가장 잘 어울리는 신발은 고탈이다. 몽골 고탈은 부족에 따라 형태를 조금씩 달리하면서 부르는 명칭도 달라진다. 오리앙하이의 마가(maaga), 다르하드의 쇼르몬(shurmun), 차탄의 고돈(godun), 부리야트의 샤르히(sharkhi), 서히(söökhii), 할하의 에텐(eeten), 얼드의 고손(gosun), 내몽골의 서히(söökhii), 토르고드의 토호(tookuu) 등 다양한 종류가 존재한다.

할하족의 에텐은 앞부분이 위로 치켜 올라 있는 형태에 복숭아뼈 부분, 목부분, 윗부분을 양뿔무늬(오갈즈, ugalz)로 장식한 것이 특징이다. 얼드, 더르워드, 바야드, 자흐친 족들은 모두 '고손'을 신는다. 남성의 고탈은 검은 색이고, 여성의 것은 붉은 색이다. 고탈의 속에 펠트로 만든 버선(오임스, oims)을 신는다.

몽골 사람들에게 신발은 '받치다, 지지하다'라는 의미 외에 신발 안으로 물질의 풍요가 넘쳐 나기를 기원하는 의미가 있다. 신발은 사람의 몸을 지탱해 주는 신체 일부인 발을 보호하고 곧게 설 수 있게 한다. 몽골 전통 신발은 세계적으로 독특한 디자인을 하고 있으며 할하, 부리야트, 오이라드 부족마다 다르다.

몽골 사람들은 신발을 통해 그 사람에 대해 알 수 있다고 본다. 신발을 끌고 다니면 운명에 액운이 들고 병이 생긴다고 해서 금기시한다.

몽골 신발은 특이한 모양이다. 에텐은 흉노 시기에서 대몽골제국 시기에 현재의 모양이 형성되었다. 이것은 몽골 지역의 기후와 자연에 맞게 만들어졌다. 신발의 앞코가 올라온 것은 돌과 땅을 찰 때 벗겨지지 않고 또한 가부좌로 앉았다가 일어설 때 신발이 빠지지 않게 하기 위함이다. 앞코와 반들반들한 밑창은 땅을 파헤치지 않고 동식물을 보호한다는 뜻이 담겨 있다.

몽골 신발의 안쪽에는 목화솜을 누빈 양말이 있고 앞코가 올라오게 만들었다. 두 양말 사이에 공간을 둔 것은 겨울에는 따뜻하고 여름에는 시원하게 하기 위한 것이다. 몽골 신발은 말을 타고 서서 달릴 때 말등자에서 떨어지지 않도록 하는 역할도 한다. 신발의 종아리 부분과 발등 부분은 소가죽을 무두질하여 철과 나무틀을 눌러 문양을 넣는다. 신발의 가죽 부분을 연결할 때 녹색 가죽 3개를 꼬아 힘주어 꿰맨다. 신발 안에는 문양이 있고 누빈 펠트, 목면 양말을 신는다. 에텐 신발은 8~10개의 문양이 그려지고 나이가 든 어른들이 신는다. 야보트 에텐 신발은 여성들이 신는 신발인데, 앞코는 높고 10~12개의 둥근 문양이 그려진다.

바닥(고탈링 올)

고탈링 졸락

신발의 목(투리)

신발의 뒤축(합차르)

다양한 문양의 몽골 고탈

참고문헌 Монгол хэл соёлын хүрээлэн (2014), *Монгол нүүдэлчдийн тайлбар толь*, Монсудар хэвлэлийн газар, Улаанбаатар. Л. Сономцэрэн (1992), *Монголын эдийн соёл ардын урлагийн зүйлчилсэн тайлбар толь*, Улаанбаатар. Х. Нямбуу (2002), *Монгол хувцасны түүх*, Улаанбаатар.

덱티 Дэгтий (Degtii)

몽골 사람들이 추운 계절에 신발 위에 신는 덧신

추운 계절에 신발 위에 신는 덧신을 덱티(degtii)라고 한다. 주로 겨울철에 밖에서 오래 앉아 있거나 활동하는 사람들이 신는다. 산양, 늑대, 염소 등의 털가죽으로 만드는데, 발목 위에 양쪽 끈으로 발을 감싸 추위를 막고 밑창은 두꺼운 가죽으로 발을 보호한다.

겨울용 덱티

참고문헌 А. Баасанхүү, Б. Батмөнх (2010), *Монголын ойрадуудын соёл*, Улаанбаатар. Монгол хэл соёлын хүрээлэн (2014), *Монгол нүүдэлчдийн тайлбар толь*, Монсудар хэвлэлийн газар, Улаанбаатар. Л. Сономцэрэн (1992), *Монголын эдийн соёл ардын урлагийн зүйлчилсэн тайлбар толь*, Улаанбаатар.

보이톡 Бойтог (Boitog)

아기가 태어나서 걷기 시작할 때 신는 신발

아기가 태어나서 걷기 시작할 때 신는 신발을 '보이톡(boitog)'이라고 한다. 양의 털가죽이나 새끼 양가죽으로 만든다. 추운 겨울철

아기용 보이톡

에 아기의 발을 추위로부터 보호하기 위해 신기며, 벗겨지지 않도록 발목에 끈으로 묶는다.

참고문헌 Монгол хэл соёлын хүрээлэн (2014), *Монгол нүүдэлчдийн тайлбар толь*, Монсудар хэвлэлийн газар, Улаанбаатар. Х. Нямбуу (2002), *Монгол хувцасны түүх*, Улаанбаатар.

부리야트 고탈 Буриад гутал (Buriad gutal)

부리야트 부족이 신는 부츠 형태의 전통 신

부리야트 부족의 신발은 송아지 가죽, 벨벳 등의 소재로 만든다. 펠트로 밑창을 만들고 흰 옥양목으로 옆면을 덮어 누빈다. 신발의 앞코를 견고히 만들고 송아지 가죽으로 장식을 한다. 신발의 구조는 높이 솟은 에텐(eeten) 앞코, 누빈 펠트 밑창, 딱딱한 뒤꿈치, 부드러운 털가죽과 피혁으로 만든 발등과 종아리 부분으로 이루어진다. 더운 시기에는 목면으로, 추운 시기에는 털가죽이나 펠트로 신발 안을 덧댄다. 둥근 문양이 있거나 없는 등 여러 모양의 신발이 있다.

부리야트의 고탈

참고문헌 Монгол хэл соёлын хүрээлэн (2014), *Монгол нүүдэлчдийн тайлбар толь*, Монсудар хэвлэлийн газар, Улаанбаатар. Х. Нямбуу (2002), *Монгол хувцасны түүх*, Улаанбаатар.

샬태 고스 Шалтай гос (Shaltai gos)

서부 몽골 사람들이 신는 부츠 형태의 전통 신

서부 몽골인들은 딱딱한 밑창과 앞코가 뾰족하게 위로 올라온 샬태 고스라는 신발을 신는다. 신발 등과 목에 있는 중심선은 빳빳한 가죽으로 감치고 신발 안은 누빈 에스기(펠트)를 댄다. 신발 겉에는 자수로 문양을 장식한다. 신발 밑창이 신발보다 더 넓은 것이 특징이다. 추운 겨울철에 에스기 양말 위에 신는데 주로 얼드 부족에서 신는다. '하토 고탈(khatuu gutal)'이라 부르기도 한다.

서부 몽골의 샬태 고스

참고문헌 Монгол хэл соёлын хүрээлэн (2014), *Монгол нүүдэлчдийн тайлбар толь*, Монсудар хэвлэлийн газар, Улаанбаатар. М. Амгалан (2008), *Баруун Монголчуудын эдийн соёлын дурсгалт зүйлс*, Улаанбаатар. Л. Сономцэрэн (1992), *Монголын эдийн соёл ардын урлагийн зүйлчилсэн тайлбар толь*, Улаанбаатар.

오리앙하이 막 고탈 Урианхай мааг гутал (Uriankhai maag gutal)

오리앙하이 부족이 신는 부츠 형태의 전통 신

오리앙하이 부족이 신는 고탈의 한 종류인 막(maag)은 산악 지역에 적합한 신발이며 소가죽으로 만들어서 아주 견고하다. 밑창과 발등 부분의 가죽을 연결한 부분은 녹색 얇은 가죽으로 이어 붙이고 편자 모양의 구두굽과 굽 위에 붉은 가죽으로 덧씌운다. 졸락

태 고스(zulagtai gos)라고도 부른다.

오리앙하이의 막 고탈

참고문헌 А. Баасанхүү, Б. Батмөнх (2010), *Монголын ойрадуудын соёл*, Улаанбаатар. М. Амгалан (2008), *Баруун Монголчуудын эдийн соёлын дурсгалт зүйлс*, Улаанбаатар. Л. Сономцэрэн (1992), *Монголын эдийн соёл ардын урлагийн зүйлчилсэн тайлбар толь*, Улаанбаатар.

오임스 Оймс (Oims)

몽골의 전통 신발인 고탈 안에 신는 양말

오임스는 몽골 전통 신발인 고탈 안에 신는 양말인데, 에스기(펠트)나 무명, 솜으로 만든다. 추위를 막는 것 외에 신발이 벗겨지는 것을 막아 준다. 두꺼운 가죽 또는 비단을 여러 겹 접어 양말의 목 부분에 연결하고 여러 문양을 장식하여 고탈 위로 보이게 한다.

몽골 오임스

참고문헌 Монгол хэл соёлын хүрээлэн (2014), *Монгол нүүдэлчдийн тайлбар толь*, Монсудар хэвлэлийн газар, Улаанбаатар. International Institute for the Study of Nomadic Civilizations (2006), *History and culture of the Mongols*, Ulaanbaatar.

참 고탈 Цамын гутал (Tsamyn gutal)

몽골의 불교 의식인 참 의식 때 신는 신발

몽골 불교의 '참(tsam)' 의식은 17세기 중엽부터 흥성하여 여러 형태의 의식 관습과 복장이 오늘날까지 전해 내려왔다. 참 의식에 사용되는 신발은 붉은 비단천으로 만들고 녹색의 악어 모양을 한 앞코와 두꺼운 흰 밑창이 특징적이다. 신발의 모양은 전통 몽골 신발인 고탈과 유사하지만 소재와 색상이 다르다.

몽골 불교 의식용 참 고탈

참고문헌 International Institute for the Study of Nomadic Civilizations (2006), *History and culture of the Mongols*, Ulaanbaatar, Монгол хэл соёлын хүрээлэн (2014), *Монгол нүүдэлчдийн тайлбар толь*, Монсудар хэвлэлийн газар, Улаанбаатар. Urtnasan Norov (2010), *Intangible cultural heritage of the Mongols*, Ulaanbaatar.

카자흐 마시 Казах маси (Kazakh masi)

카자흐 부족의 여성들이 신는 전통 신

카자흐 부족의 여성들은 마시 또는 케비스(kebis)라는 신발을 신는다. 신발 안에는 펠트, 겉은 송아지 피혁으로 만든 무릎 양말을 신고 그 위에 단화를 신는다. 남의 집에 방문할 때 단화를 벗고 무릎 양말만 신고 들어간다.

카자흐의 여성용 마시

참고문헌 M. Амгалан (2008), *Баруун Монголчуудын эдийн соёлын дурсгалт зүйлс*, Улаанбаатар.

토호 고탈 Тоокуу гутал (Tookuu gutal)

토르고드 부족이 신는 부츠 형태의 전통 신

토르고드 부족은 남녀 모두 토호라는 특이한 형태의 신발을 신는다. 이 신발은 에스기(펠트)로 만들고 바닥은 가죽으로 만들어서 대고 가죽끈으로 묶는다. 색상은 검은색, 흰색이 있다. 검은 신발은 예식용으로 예의를 갖출 때 신는다.

토르고드의 토호

참고문헌 А. Баасанхүү, Б. Батмөнх (2010), *Монголын ойрадуудын соёл*, Улаанбаатар. М. Амгалан (2008), *Баруун Монголчуудын эдийн соёлын дурсгалт зүйлс*, Улаанбаатар. Монгол хэл соёлын хүрээлэн (2014), *Монгол нүүдэлчдийн тайлбар толь*, Монсудар хэвлэлийн газар, Улаанбаатар. Л. Сономцэрэн (1992), *Монголын эдийн соёл ардын урлагийн зүйлчилсэн тайлбар толь*, Улаанбаатар.

음식

개관

몽골 음식 Монгол хоолны тойм (Mongol khoolny toim)

몽골에서 전해 내려오는 고유의 음식이나 식사

유목 민족들의 음식은 크게 차강 이데(tsagaan idee, 유제품), 올랑이데(ulaan idee, 고기류), 곡물류로 나누어진다. 차강 이데는 주로 가축의 젖이 생산되는 여름철의 식품이며 올랑이데는 추운 계절의 식품이다. 몽골인들이 여름에 차강 이데만을 먹는 이유는 가축의 보호 외에 육식으로 인한 체내의 노폐물을 정화시키는 목적도 가지고 있다. 몽골인들은 추운 계절에는 육식을 주로 한다. 맨 처음 서리가 내린 후 하계 목장에서 키운 가축들을 도살하기 시작하는데, 도살된 가축들은 고기로 저장된다. 그 외의 계절에는 가축의 도살을 거의 하지 않는다.

몽골인들이 가장 맛있게 여기는 고기는 양고기이며 다음으로는 소고기, 염소고기이다. 양고기와 소고기를 주식으로 삼는 것은 『흑달사략(黑韃事略)』의 "양을 주식으로 삼으며, 소가 그 다음이다"라는 기록과도 일치하고 있다. 그러나 모든 지방의 몽골인들이 모두 양이나 소고기를 주식으로 삼는 것은 아니다. 고비 지역에 사는 주민들은 지역의 특성상 낙타고기를 식용으로 삼는다. 또한 일부 지역에서는 때에 따라 말고기도 식용으로 사용하기도 한다. 그러나 말이나 낙타와 같은 가축들이 식용의 목적을 위해 도살되는 경우는 거의 없다.

거의 대부분의 몽골인들은 고기를 구워 먹지 않고 삶아 먹는 것을 좋아한다. 고기는 삶기 전에 먹기 좋게 조각 낸 다음 물에 넣고 끓인다. 이때 소금도 함께 풀어 소금기가 자연스레 고기에 스며들어가게 한다.

역사적으로 몽골과 한국은 음식을 조리할 때 탕을 위주로 한 조리법을 쓰고 있다. 이는 기름에 튀기는 것을 위주로 한 중국이나 바베큐를 위 주로 한 돌궐이나 유럽과는 큰 차이를 가지고 있다. 이러한 음식문화의 유사성으로 인해 원대에는 고려의 음식이 몽골에서 유행하기도 하였다. 또 갈비를 먹을 때 끝까지 벗겨 먹는 것도 두 민족만의 특징이다. 오늘날 몽골인들의 주식은 양고기를 넣고 끓인 고릴태 셜(guriltai shöl)이다.

유목 민족들은 흉노 이래로 곡물류도 보조 식품으로 사용하고 있다. 유목 민족 중 일부는 흉노 때부터 셀렝게 강 유역에서 농경에 종사하기도 하였는데 그들이 재배한 곡물은 몽골고원에서 야생하는 몽골 아모(mongol amuu) 등이다. 고대 몽골인들은 가축고기나 곡물 이외에도 물고기와 조류도 즐겨 먹었다. 특히 봄철에 날아오는 청둥오리와 기러기는 몽골인과 거란인들이 매우 즐겼던 별미이다. 산지 초원에서 흔히 볼 수 있는 타르박(tarbag, 설치류의 일종)도 먹을거리로 이용된다. 몽골의 강이나 호수에는 물고기가 아주 많다. 몽골의 초원이나 강가에는 식용식물이나 야생 과일들이 많이 자라고 있다. 식용식물류에는 대파(gogod)와 야생마늘(mangir), 부추(khömöl)가 대표적이고, 야생 과일류는 차차르간(tshatsargana)이 대표적이다. 몽골인들은 부추를 잘게 썬 뒤 소금으로 간을 해 한국의 김치처럼 절임으로 먹기도 한다. 원래 몽골인들은 채소류를 주식으로 삼는 정주 농민들을 경시하는 관념이 있다. 몽골인들의 "가축은 풀을 먹고 사람은 가축을 먹는다. 가축이 먹는 풀을 사람이 어찌 먹는단 말인가"라는 관용구는 바로 정주 농민들을 경시하는 표현의 하나이다.

참고문헌 Бүрэнтөгс (1991), *Монголын идээн товчоо*, Улаанбаатар. Д. Энэбиш (2007), *Амьдрах ухаанд суралцах бичиг*, Улаанбаатар.박원길(1996), 『몽골의 문화와 자연지리』, 서울, 두솔.

고기류

게데스 ᠭᠡᠳᠡᠰᠦ Гэдэс (Gedes)

가축의 창자에 그 가축의 피와 내장들을 넣어 삶은 음식

가축의 창자에 그 가축의 피와 내장들을 넣어 만든 음식으로 한국의 순대와 유사하다. 게데스는 몽골어로 '배[腹]'의 의미를 가지고 있는데, 이 때문에 내장 요리를 '게데스'라고 하기도 한다.

게데스를 조리하는 모습
© B.Norovnyam, 2014.7.4.

참고문헌 Бүрэнтөгс (1991), *Монголын идээн товчоо*, Улаанбаатар. 박원길 (1999), 『몽골의 문화와 자연지리』, 서울, 민속원.

고르갈다이 ᠭᠤᠷᠭᠠᠯᠳᠠᠢ Гургалдай (Gurgaldai)

양이나 염소의 내장 요리

양이나 염소의 직장을 깨끗하게 씻은 후에 가늘고 길게 썬 가슴살과 똥집 부위의 살을 집어넣은 다음 이를 굽거나 쪄서 먹는 내장 요리를 고르갈다이라고 한다. 주로 양 머리를 삶을 때 함께 삶아 먹는 경우가 많다. '호시노고(khoshnogo)'라고도 한다.

참고문헌 Бүрэнтөгс (1991), *Монголын идээн товчоо*, Улаанбаатар. Д. Энэбиш (2007), *Амьдрах ухаанд суралцах бичиг*, Улаанбаатар.

고르반 심틴 셜 ᠭᠤᠷᠪᠠᠨ ᠱᠢᠮᠲᠡ ᠶᠢᠨ ᠰᠢᠯᠦ Гурван шимтийн шөл (Gurvan shimtiin shöl)

세 가지 부위의 양 뼈를 밀폐된 통에 넣고 쪄서 나온 국물

세 살배기 양의 견갑골 손잡이, 복사뼈 밑의 작은 뼈, 머리뼈 등 세 가지 부위의 뼈를 틀어막은 통에 쪄서 나온 국물을 말한다. 이 국은 칼슘과 콜라겐이 많아 환자나 나이가 든 사람의 원기 회복에 도움을 준다고 한다.

참고문헌 Бүрэнтөгс (1991), *Монголын идээн товчоо*, Улаанбаатар. Д. Энэбиш (2007), *Амьдрах ухаанд суралцах бичиг*, Улаанбаатар.

고릴태 셜 ᠭᠤᠷᠢᠯᠲᠠᠢ ᠰᠢᠯᠦ Гурилтай шөл (Guriltai shöl)

양고기를 넣고 끓인 칼국수

오늘날 몽골인들의 주식은 양고기를 넣고 끓인 칼국수 즉 고릴태 셜이다. 몽골에서 이러한 식사 습속이 언제부터 시작되었는지는 명확히 알려지지 않고 있다. 몽골인들이 칼국수를 먹는다는 것을 최초로 기록한 문헌은 1820년대에 청나라를 방문했던 작자 미상의 조선인이 남긴 『부연일기(赴燕日記)』이다. 이 문헌에는 다음과 같은 기록이 있다.

> "옹화궁(雍和宮) 뒷 당(堂)에서 승도 수백 명이 모여 식사하고 염불하는데 그 소리가 유달랐다. 모두 몽골 승려였다. 먹는 것은 바로 양고깃국에다 넓고 납작하게 조각 낸 밀가루 섞은 것을 각각 작은 나무바리로 하나씩 먹었다.… 그 뒤로 큰 당이 있으니 바로 법륜전(法輪殿)이다. 이곳에서는 수백 명의 몽골 승려가 경을 읽고 회식을 하는데 그 소리가 마치 개구리 우는 소리 같으면서 웅대하다. 먹는 것은 밀가루로 뭉친 큼직큼직한 조각을 양고깃국에 섞어 작은 목기에 담아 한 그릇씩 먹는다."

이 관찰 기록에 나오는 칼국수의 형태는 오늘날 몽골인들이 먹는 칼국수와 조금도 다르지 않다. 몽골의 몇몇 지역에서는 고릴태 셜을 '기다(giidaa)', '랍샤(lapsha)'라고도 한다. 소화가 잘 되는 음식이어서 몽골인들이 즐겨 먹는다.

참고문헌 Бүрэнтөгс (1991), *Монголын идээн товчоо*, Улаанбаатар. Ж. Октябрь (2012), *Монголчуудын хүнс хоол*, Улаанбаатар. 박원길 (2010), 『조선과 몽골』, 서울, 소나무.

구제니 호르혹 ᠭᠦᠵᠡᠨ ᠦ ᠬᠣᠷᠬᠣᠭ Гүзээний хорхог (Güzeenii khorkhog)

양의 위 속에 달군 돌과 양고기, 야채를 넣어 찐 몽골 요리

구제니 호르혹은 양의 내장인 위를 깨끗이 씻어 그 속에 작게 썬 양고기와 달군 돌을 겹겹이 넣고 양파와 소금과 물을 첨가해서 약한 불에 쪄낸 음식이다. 10분 가량 끓인 다음에 위가 흐트러지지 않게 저어 주는 것이 중요하다.

참고문헌 Ж. Октябрь (2012), *Монголчуудын хүнс хоол*, Улаанбаатар.

구젠드 차나산 톨고이 Гүзээнд чанасан хонины толгой (Guzeend tshanasan khoniny tolgoi)

양의 창자에 손질한 양의 머리를 넣고 삶은 요리

양의 머리를 불로 그을려 털을 제거하고 깨끗이 씻은 후 눈과 코에 양파와 마늘을 채운다. 이것을 양의 창자에 넣고 삶는데, 이 음식을 구젠드 차나산 톨고이라 한다. 이 음식은 보양식으로 오래 전부터 치료용으로 사용되어 왔다. 민간요법으로 두통이 있는 사람이 먹으면 효과가 있다고 한다.

참고문헌 Ж. Октябрь (2012), *Монголчуудын хүнс хоол*, Улаанбаатар.

다브하르 하이스 네레흐 Давхар хайс нэрэх (Davkhar khais nerekh)

숫양의 뼈와 고기를 삶아서 낸 국물

숫양의 여러 부위의 뼈와 고기를 삶아서 국물을 내는 것을 다브하르 하이스 네레흐라고 한다. 이것은 마디별로 분리해 놓은 양고기 중 고기의 1/4 가량이 뼈에 붙어있게 손질한 후 뿔을 제거하고, 뼈가 고기에서 분리되지 않도록 잘 씻는다. 그리고 깨끗하게 손질한 내장들에서 각각 일부분을 조금씩 잘라 넣고 콩팥과 심장은 통째로 질그릇이나 도자기 그릇에 함께 담는다. 그 위에 피를 조금 뿌리고 향신료와 꿀, 술, 소기름 버터 등을 약간씩 넣고, 양파 2개를 적당하게 넣어 삶는다. 이 음식을 '할롱 토공 셜(khaluun togoon shöl)'이라고도 한다.

참고문헌 Бүрэнтөгс (1991), *Монголын идээн товчоо*, Улаанбаатар. Д. Энэбиш (2007), *Амьдрах ухаанд суралцах бичиг*, Улаанбаатар.

달 더르번 언더르 Дал дөрвөн өндөр (Dal dörvön öndör)

양갈비를 삶은 음식

몽골인들은 옛부터 잔치나 명절, 결혼 등 특별한 날에 양고기 요리로 기쁨을 함께 나누어 왔다. 달(dal)은 몽골어로 견갑골 부위의 고기를 이르는 말로, 몽골인들은 최고의 고기로 여기며 귀한 손님이 오면 나누어준다. 또한 가장 크고 긴 네 갈비를 '더르번 언더르(dörvön öndör)'라 이르며, 이 갈비를 사용한 음식을 특별한 고급 요리로 여긴다. 더르번 언더르의 고기는 비계와 살코기의 조화가 잘 어우러져야 한다. 양고기 요리는 영양이 풍부하고 정성이 들어간 귀한 요리이기에 몽골인들이 귀한 손님이나 명절에 친척이 방문했을 때 대접하면서 존경의 마음을 표하는 특별한 음식이다.

참고문헌 Ж. Октябрь (2012), *Монголчуудын хүнс хоол*, Улаанбаатар.

더르번 심틴 셜 Дөрвөн шимтийн шөл (Dörvön shimtiin shöl)

네 가지 부위의 양 뼈를 푹 곤 국

두 살배기 양의 견갑골 손잡이, 복사뼈 밑의 작은 뼈, 무릎뼈, 등골뼈 등 네 가지 부위의 뼈에 소금을 넣고 푹 삶은 국을 말한다. 양의 연골이 녹아 내려서 영양 보충에 좋으며, 한기 때문에 상한 몸을 회복시키는 데 좋다고 한다.

참고문헌 Бүрэнтөгс (1991). *Монголын идээн товчоо*. Улаанбаатар. Д. Энэбиш (2007). *Амьдрах ухаанд суралцах бичиг*. Улаанбаатар.

도토르 마흐 Дотор мах (Dotor makh)

가축의 위나 창자 등 부속물을 삶은 요리

가축의 내장을 끓여 삶아 내놓는 요리를 '도토르 마흐'라고 한다.주로 양과 소의 내장을 많이 사용한다. '게데스'라고도 한다.

참고문헌 Д. Энэбиш (2007). *Амьдрах ухаанд суралцах бичиг*. Улаанбаатар. 서혜경, 이효지, 윤덕인(2000). '몽골의음식문화'. 『비교민속학』 제19집. 비교민속학회.

반시 Банш (Bansh)

만두국을 끓여 먹기 위한 목적으로 만든 만두

반시(bansh)는 만두국으로 만들어 먹기 위해 빚은 만두이다. 만드는 방법이나 크기에 따라 여러 가지 반시가 있다.

참고문헌 Бүрэнтөгс (1991). *Монголын идээн товчоо*. Улаанбаатар. 박원길 (1999). 『몽골의 문화와 자연지리』. 서울. 민속원.

반탕 Бантан (Bantan)

끓는 고깃국물에 반죽한 밀가루를 손으로 비벼 넣고 끓인 국

반탕은 끓는 고깃국물에 반죽한 밀가루를 손으로 비벼 넣고 끓인 국을 이르는 말이다. 밀가루 반죽의 크기에 따라 반죽의 크기가 가장 큰 '우헤르 반탕', 그보다 다소 작은 '호닌 반탕', 그리고 반죽의 크기가 가장 작은 '호르간 반탕'이 있다. 이유식을 하는 어린아이나 지친 노인들이 즐겨 먹는다.

참고문헌 Ж. Октябрь (2012). *Монголчуудын хүнс хоол*. Улаанбаатар.

보독 Боодог (Boodog)

가축의 털을 제거한 후 달군 돌을 가축의 몸에 집어넣어 익히는 조리 방식

보독은 몽골 유목민의 독특한 요리법으로, 가축을 잡아 불로 겉의 털을 그을려 태운 후 달군 돌을 가축의 몸 속에 넣어 익히는 조리 방식이다. 주로 타르박, 염소고기에 사용하고 야채와 소금을 돌과 함께 넣어 요리한다.

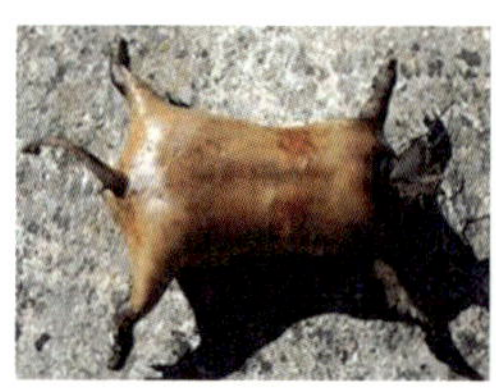
보독

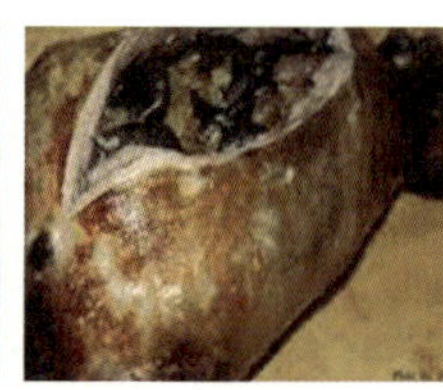
보독을 가른 모습

참고문헌 Ж. Октябрь (2012). *Монголчуудын хүнс хоол*. Улаанбаатар.

보르츠 Борц (Borts)

말린 고기로 한국의 육포에 해당한다.

몽골인들은 추운 겨울에 고기를 말린 뒤 이듬해 양식으로 삼거나 혹은 먼 길을 떠날 때

가지고 가기도 하는데, 이를 보르츠(borts)라 한다. 보르츠는 건조한 지방일 경우 1~2년간 보존할 수 있다. 고대 몽골인들은 원정을 떠날 때 원정의 규모에 따라 보르츠를 준비하는데 보르츠의 양이 많을수록 대규모의 장기 원정이다. 원정 때 보르츠는 주로 소의 방광에 집어넣는데 방광 속에는 잘 건조된 소 한 마리분의 건육이 들어간다. 보르츠는 몽골이 세계를 정복할 수 있었던 군수품 중의 하나이다.

(오른쪽) 보르촉을 말리는 모습
© B.Norovnyam, 2012. 7. 3.

참고문헌 Бүрэнтөгс(1991), *Монголын идээн товчоо*, Улаанбаатар. 박원길(1999), 『몽골의 문화와 자연지리』, 서울, 민속원.

보르츠태 게투르테 셜 Борцтой гэтүүртэй шөл (Bortstoi getüürtei shöl)

말린 고기와 적당한 크기로 떼어 낸 밀가루 반죽을 넣고 끓인 국

몽골어로 말린 고기(육포)를 보르츠(borts)라고 하는데 보르츠를 물에 불린 후 밀가루 반죽을 떼어 넣고 끓인 국을 보르츠태 게투르테 셜이라고 한다.

참고문헌 Ж. Октябрь (2012), *Монголчуудын хүнс хоол*, Улаанбаатар.

보즈 Бууз (Buuz)

고기소를 넣어 빚은 만두

보즈(buuz)는 고기 만두의 일종이다. 몽골인들은 예부터 귀중한 손님이 오면 대부분 보즈라 불리는 고기만두를 대접한다. 만두소는 소고기나 양고기를 넣고 만두피가 두꺼운 것이 특징이다. 이는 만두소의 육즙이 빠져나가지 않도록 하기 위함이다. 만두의 모양이나 소에 따라서 여러 가지 명칭이 있다.

망학 보즈

호닌 보즈

체츠겡 보즈

헤텝칭 보즈

참고문헌 Бүрэнтөгс (1991), *Монголын идээн товчоо*, Улаанбаатар. 박원길 (1999), 『몽골의 문화와 자연지리』, 서울, 민속원.

부헬 마흐 Бүхэл мах (Bükhel makh)

다양한 부위의 고기를 뼈째 썰어 삶은 요리

유목민의 일품 요리를 '부헬 마흐'라고 하는데 이 요리는 뼈째 고기를 썰어 삶은 것이다. 삶은 고기는 굵은 국수와 양파, 감자, 소금과 함께 곁들여 먹는다.

참고문헌 Ж. Октябрь (2012), *Монголчуудын хүнс хоол*, Улаанбаатар.

비투 셜 Битүү шөл (Bitüü shöl)

양고기를 중탕해서 익혀 먹는 국이나 탕

고기 1~2근 정도 들어갈 수 있는 질그릇이나 사기그릇에 양고기를 썰어 넣고 물과 몸의 기를 다스리는 약초를 함께 넣는다. 그 다음 그릇의 입구를 흰 밀가루 전병 같은 것으로 덮어 이를 솥에 앉힌다. 이때 그릇에 넘쳐 들어가지 않을 정도로 물을 부은 후 솥의 뚜껑을 닫고 이를 2시간 가량 중탕한 다음 꺼내어 먹는다. 이 음식은 떨어진 기력을 보충해 준다고 한다. 양의 머리를 같은 방식으로 익혀 먹는 것은 '혼니 톨고인 비투 셜(khoniny tolgoin bitüü shöl)'이라고 한다. 이 음식은 정신 질환에 효험이 있다고 한다.

참고문헌 Бүрэнтөгс (1991), *Монголын идээн товчоо*, Улаанбаатар. Д. Энэбиш(2007), *Амьдрах ухаанд суралцах бичиг*, Улаанбаатар.

빈테 하르 셜 Бинтэй хар шөл (Bintei khar shöl)

양고깃국과 부추 요리를 함께 낸 음식

몽골의 하르 셜은 양고기를 얇고 납작하게 썰어 먼저 고기 육수를 내고, 국물이 우러나면 소금과 양파 등을 넣어 요리한다. 이 때 국 표면의 거품이나 찌꺼기는 버리지 않는다.

빈(bin)은 얇게 밀어서 편 밀가루 반죽에 잘게 썬 부추를 함께 말아 넣은 후 양쪽을 번갈아 튀긴 것을 말한다. 우리나라의 작은 크기의 부추전과 유사하다.

빈테 하르 셜은 양고깃국인 하르 셜과 빈을 함께 낸 음식을 일컫는다.

샤르산 엘렉 Шарсан элэг (Sharsan eleg)

양이나 염소의 간을 구운 요리

양이나 염소의 간에서 쓸개를 떼어 낸 후에 이를 불에 뒤집어 가며 굽다가 기름기 있는 창자로 싸서 다시 불에 굽는데 이때 기름이 떨어지기 시작하면 불에서 꺼내어 약간 덜 익은 채로 먹는다. 샤르산 엘렉은 눈과 관련된 질병에 아주 좋다고 한다.

참고문헌 Бүрэнтөгс (1991), *Монголын идээн товчоо*, Улаанбаатар. Д. Энэбиш (2007), *Амьдрах ухаанд суралцах бичиг*, Улаанбаатар.

샤와이 Шавай (Shavai)

양이나 염소의 피에 소금, 양파, 파를 잘게 썰어 섞은 후 이것을 가축의 위에 넣고 삶은 음식

양이나 염소의 피에 밀가루를 약간의 물과 섞은 후 소금, 양파, 파를 잘게 썰어 가축의 위에 넣고 삶은 것을 샤와이라고 한다.

참고문헌 Ж. Октябрь (2012), *Монголчуудын хүнс хоол*, Улаанбаатар.

셈지 Сэмж (Semj)

가축의 내장을 싸고 있는 두께 3~4mm의 지방 그물막

가축의 내장을 싸고 있는 두께 3~4mm의 희멀건 지방 그물막을 셈지라고 한다. 몽골인들은 양을 잡았을 때 생간을 잘라 셈지에 싸서 불에 구워 먹는 것을 무척 즐긴다.

참고문헌 Бүрэнтөгс (1991), *Монголын идээн товчоо*, Улаанбаатар.

슈스 Шүүс (Shüüs)

양 한 마리를 통째로 요리한 음식

명절이나 축제 때 혹은 귀중한 손님이 왔을 때 몽골인들은 양 한 마리를 통째로 요리한 음식을 내놓는 경우가 많다. 이를 슈스 혹은 이흐 부헬(ikh bükhel)이라 한다.

양을 통째로 요리하여 상에 올릴 때는 목살과 척추 윗부분 및 가슴살을 맨 처음에 놓는다. 그리고 그 위에 등판을 올려놓는데 등판은 먼저 놓은 고기의 일부분이 보이도록 놓는다. 등판 위에는 양의 머리를 놓는다. 등판의 양옆에는 앞발 부분과 뒷다리를 배치한다. 또 목살이나 양의 머리는 손님 쪽을 향하도록 해야 한다.

가축을 분할하여 상에 올릴 때는 어깨 부분과 갈비, 앞다리 쪽의 넓적다리와 엉치뼈 부분, 앞다리 쪽의 종아리 부분과 대퇴부 및 뒷발 쪽의 넓적다리를 각각 다른 그릇에 구분지어 내놓는다. 양이나 소의 내장은 아주 맛있는 부분이지만 정식의 연회에서는 사용되지 않는다.

참고문헌 Бүрэнтөгс (1991), *Монголын идээн товчоо*, Улаанбаатар. 박원길 (1999), 『몽골의 문화와 자연지리』, 서울, 민속원.

아르츠태 반시태 셜 Аарцтай банштай шөл (Aartstai banshtai shöl)

고기소를 넣은 만두를 소뼈를 곤 국물에 넣어 끓인 국

다진 고기에 소금, 고추, 마늘, 향신료를 넣고 반시(작은 만두)를 만든다. 소뼈 국물에 반시 만두를 넣고 10분 정도 끓인 후 아르츠를 넣고 다시 끓이면 아르츠태 반시태 셜이 완성된다. 몽골인들은 기후에 따라 유제품을 음식에 넣어 즐겨 먹는다.

참고문헌 Ж. Октябрь (2012), *Монголчуудын хүнс хоол*, Улаанбаатар.

야스니 한드 Ясны ханд (Yasny khand)

양의 뼈를 고아 낸 국

양을 잡아서 뼈를 하나도 빠지지 않게 깨끗이 씻어서 고아 낸 것을 야스니 한드라고 한다. 양의 뼈를 오랫동안 끓이면서 냄비 위에 있는 기름을 걷어낸다. 뼛속에 있는 혈관이 보이지 않을 때까지 끓인 후 뼈를 건져내고 필요한 약초들을 넣어서 약한 불에 곤다. 약초가 타지 않도록 주의해서 국물이 없어질 때까지 끓인 후 약초를 동그랗게 만들어 바람에 말린다. 병이 있는 사람은 한 달 동안 거르지 않고 먹으면 병이 빨리 회복된다고 한다.

참고문헌 Бүрэнтөгс (1991), *Монголын идээн товчоо*, Улаанбаатар. Д. Энэбиш(2007), *Амьдрах ухаанд суралцах бичиг*, Улаанбаатар.

엘레긴 소르스 Элэгний сорс (Elegnii sors)

내장을 둘러싼 비계에 가축의 생간을 싸서 구운 요리

가축의 내장을 둘러싸고 있는 얇은 비계에 가축의 생간을 양파와 함께 넣고 말아서 소금을 뿌린 후 구워 먹는 음식을 엘레긴 소르스라고 한다. 이 음식은 혈액 순환을 좋게 한다고 한다.

참고문헌 Ж. Октябрь (2012), *Монголчуудын хүнс хоол*, Улаанбаатар.

오랄도르 Уралдуур (Uralduur)

등뼈에 붙어 있는 살에 소금과 양파, 마늘 등을 함께 식도에 넣어 묶은 후 삶아 내는 음식

오랄도르는 말의 등갈비뼈의 살을 발라내어 식도에 넣고 묶어 삶는 음식이다. 특별한 날에 먹는 귀한 음식이었으며, 주로 아이들의 영양 보충을 위해 만들었다. 남자아이들에게는 "빠른 말처럼 힘있게", 여자아이들에게는 "아름다운 바느질처럼" 등 덕담과 축복을 기원하며 만드는 몽골 전통 음식 중 하나이다.

참고문헌 Ж. Октябрь (2012), *Монголчуудын хүнс хоол*, Улаанбаатар.

오츠 Ууц (Uuts)

양이나 소고기의 허리 아래부터 볼기살까지를 통째로 삶아 내놓는 요리

오츠는 몽골의 전통적인 육류 음식으로 설날이나 경사스러운 날에 먹는 대표적인 음식이다. 양의 가죽을 벗기고 사지를 자른 몸통을 통째로 삶아 식탁 위에 올려놓고 필요할 때마다 칼로 잘라 내어 먹는다.

참고문헌 Бүрэнтөгс (1991), *Монголын идээн товчоо*, Улаанбаатар. Б.Ганбат(2011), *Монголын уламжлалт хоолны жоруud*, Арирaн хангүг ертөнц, Улаанбаатар. Д. Энэбиш (2007), *Амьдрах ухаанд суралцах бичиг*, Улаанбаатар. 서혜경, 이효지, 윤덕인 (2000), '몽골의 음식문화', 『비교민속학』 제19집, 비교민속학회.

올고인 비투 셜 Олгойн битүү шөл (Olgoin bitüü shöl)

양의 창자에 고기와 야채를 썰어 넣고 실로 묶은 후 삶거나 찐 음식

막창에 고기, 비계, 간을 잘게 썰어 넣고, 그 다음 야채, 소금, 물을 적당히 채워 넣은 후 이를 삶거나 쪄 먹는 음식을 '모하르 올고인 비투 셜'이라 한다. 이것은 맛이 좋을 뿐만 아니라 노인들과 여성들의 영양 보충에 좋다고 한다. 일부 지역에서는 이를 '올고인 셜(olgoin shöl)'이라고도 부른다.

참고문헌 Бүрэнтөгс (1991), *Монголын идээн товчоо*, Улаанбаатар. Д. Энэбиш (2007), *Амьдрах ухаанд суралцах бичиг*, Улаанбаатар.

운헬첵 Үнхэлцэг (Ünkheltseg)

가축의 심장을 저며서 양념한 후 볶거나 삶아 낸 음식

가축의 심장 판박을 썰어 저민 후, 소금과 양파 등으로 간을 하여 볶거나 가느다란 나무 막대기를 꽂아 끓는 물에 약한 불로 삶아 내는 음식이 운헬첵이다. 몽골에서 예부터 전통적으로 어린아이들의 영양 보충을 위해 만들어 왔다.

참고문헌 Ж. Октябрь (2012), *Монголчуудын хүнс хоол*, Улаанбаатар.

좀 셜 Зум шөл (Zum shöl)

양의 배쪽 비계 껍데기를 잘게 썰어 끓인 국

몽골어로 좀(zum)은 양의 배쪽 비계 껍데기를 말하는데, 이것을 그을려 털을 없앤 후 잘게 썰어 국을 끓이면 좀 셜이 된다. 이 국에 밀가루 반죽을 둥글게 말아 썰어 넣는다.

참고문헌 Ж. Октябрь (2012), *Монголчуудын хүнс хоол*,

Улаанбаатар.

짐비 Жимбий (Jimbii)

고비 지역에서 뼈 있는 양고기를 야채와 함께 넣어 끓인 요리

냄비에 뼈가 있는 양고기와 야채를 넣고 위에 밀가루 반죽으로 덮은 뒤 끓인다. 주로 고비 지역에서 가을과 겨울철에 먹는다. 이 요리는 호르혹의 일종으로 지역 사투리로 '짐비'라고도 한다.

참고문헌 Ж. Октябрь (2012), *Монголчуудын хүнс хоол*, Улаанбаатар.

차나산 자사 Чанасан засаа (Chanasan zasaa)

어린 양이나 염소, 송아지의 콩팥을 우유에 삶아 먹는 음식

'호르가(khurga: 새끼양)', '이식(ishig: 새끼염소)', '뱌로(byaruu: 두 살배기 송아지)'의 콩팥을 깨끗이 손질한 후에 이를 우유에 삶아서 내어 놓는 요리를 차나산 자사라 한다. 이 음식은 '버스기(böösgii)'라고도 한다.

참고문헌 Бүрэнтөгс (1991), *Монголын идээн товчоо*, Улаанбаатар. Д. Энэбиш (2007), *Амьдрах ухаанд суралцах бичиг*, Улаанбаатар.

차나산 톨고이 Чанасан толгой шийр (Tshanasan tolgoi shiir)

몽골에서 섣달 그믐달 아침에 먹는, 양의 머리와 정강이 뼈를 삶은 음식

몽골에서는 섣달 그믐날 아침에 모든 가정에서 삶은 양 머리와 정강이뼈를 먹는다. 양의 머리와 정강이뼈 겉의 털을 불에 그을린 다음 깨끗이 씻어 삶는다. 이때 양 꼬리를 함께 삶기도 한다. 그믐날 아침에 양 머리를 쪼개어 부처님 제사상에 올려놓은 후 머리와 정강이뼈를 나누어 먹는다. 이러한 몽골의 전통은 게세르 서사시(토올)와 관련 있다고 전해진다. 차나산 톨고이를 '쉬르(shiir)'라고도 한다.

참고문헌 Ж. Октябрь (2012), *Монголчуудын хүнс хоол*, Улаанбаатар.

차르차막 Царцаамаг (Tsartsaamag)

소의 정강이 살을 약불에서 오래 끓인 음식

차르차막은 소의 정강이 살을 물에 넣고 4~5시간 정도 약불에서 끓여 만드는 음식이다. 끓인 정강이 살을 뼈에서 발라내어 작게 썰어 낸 후 10분 정도 다시 삶고, 이를 다시 식혀 일정한 크기로 잘라 낸다. 모양은 한국의 전약(煎藥)과 유사하다. 이 차르차막은 영양 보충과 원기 회복에 탁월하다고 알려져 있다.

참고문헌 Бүрэнтөгс (1991), *Монголын идээн товчоо*, Улаанбаатар. Д. Энэбиш (2007), *Амьдрах ухаанд суралцах бичиг*, Улаанбаатар.

초이왕 Цуйван (Tsuivan)

면에 고기와 채소를 넣고 볶은 음식

초이왕은 면에 고기와 채소를 넣고 볶은 음식으로 중국에서 유래한 볶음국수의 일종이다. 근대 초 한족의 유입과 함께 전해진 음식으로 주로 여행 때 간편식으로 만들어 먹

는다.

초이왕 © B.Norovnyam, 2013. 10. 5.

참고문헌 Бүрэнтөгс (1991), *Монголын идээн товчоо*, Улаанбаатар. 박원길 (1999), 『몽골의 문화와 자연지리』, 서울, 민속원.

카즈 Каз (Kaz)

말의 작은 창자에 야채와 향신료를 넣고 찐 음식

말의 작은창자에 야채와 향신료를 넣고 찐 음식을 카즈라고 하는데, 이 음식은 서부 지역 카자흐 부족에서 해 먹는 음식이다.

참고문헌 Ж. Октябрь (2012), *Монголчуудын хүнс хоол*, Улаанбаатар.

타반 출린 기투르테 셜 Таван цулын гэтүүртэй шөл (Tavan tsulyn getüürtei shöl)

가축의 내장을 통째로 삶은 뒤 소금과 양파 등을 넣고 끓인 국

타반 출린 기투르테 셜에는 가축의 심장, 허파, 간, 콩팥, 비장이 들어간다. 이 내장들을 통째로 삶은 후, 맑은 국물을 걸러낸다. 삶은 다섯 부위를 썰어 소금과 양파 등으로 간을 한 후, 다시 우려낸 국물에 넣어 끓인다.

가축의 다섯 장기가 모두 들어가 있기에 영양이 매우 풍부하며, 만성피로와 병후 회복에 도움을 주는 음식으로 알려져 있다. 몽골인들은 특히 타반 출린 기투르테 셜을 몸의 조화와 균형을 맞추어주는 음식으로 여긴다.

타반 출링 호르가 Таван цулын хуурга (Tavan tsulyn khuurga)

가축의 내장인 오장을 볶아 만든 음식

가축의 오장, 즉 심장, 간 허파, 비장, 콩팥을 부분적으로 잘라 볶은 다음 물이나 전분 등을 풀어 넣고 향료를 섞은 후 그릇에 담아 내놓는 것을 타반 출링 호르가(다섯 가지 부위 볶음 음식)라고 한다.

참고문헌 Бүрэнтөгс (1991), *Монголын идээн товчоо*, Улаанбаатар. Д. Энэбиш (2007), *Амьдрах ухаанд суралцах бичиг*, Улаанбаатар.

하람착 셜 Хярамцаг шөл (Khyaramtsag shöl)

양이나 염소의 내장을 넣어 끓인 국

겨울에 양이나 염소의 간, 폐, 내장을 잘게 썰어서 피와 섞어 양의 위에 넣어서 얼려 놓았다가 겨울 내내 국으로 끓여 먹는 것을 하람착 셜이라고 한다. 얼렸다가 녹여서 먹는 음식이어서 몽골 사람들은 이 음식에 회생(回生)의 상징적 의미를 부여하기도 한다. 따라서 이 음식은 봄에 지치기 쉬운 기력을 보충해 준다고 한다. '햐람착태 고릴태 셜(khyaramtsagtai guriltai shöl)'이라고도 한다.

참고문헌 Бүрэнтөгс (1991), *Монголын идээн товчоо*, Улаанбаатар. Д. Энэбиш (2007), *Амьдрах ухаанд суралцах бичиг*, Улаанбаатар. Ж. Октябрь (2012), *Монголчуудын хүнс хоол*, Улаанбаатар.

호르혹 Хорхог (Khorkhog)

고기를 달군 돌과 함께 쇠통에 넣어서 익혀 먹는 조리방식

명대의 기록인 『북로풍속(北虜風俗)』에는 쇠통이나 가축의 몸통에 달군 돌멩이를 집어넣어 요리하는 좀(zum)이라는 방식과 유사한 것이 소개되어 있다. 원래 이 방식은 고대 몽골군들의 행군 때 주로 사용되었던 조리 방식이다. 오늘날에도 특별한 손님이 왔을 때 혹은 여름철의 별미로 이 조리법이 널리 사용되고 있다. 그러나 지금은 좀이라는 말 대신 보독(boodog)이나 호르혹(khorkhog)이라는 말을 많이 사용하는데 보독은 달군 돌을 가축의 몸에 집어넣어 익히는 경우를 이르는 말이고, 호르혹은 달군 돌과 고기를 쇠통에 집어넣어 익히는 경우에 사용한다. 또 조리 후 나오는 국물은 나누어 마신다. 그리고 조리에 사용된 돌은 신경통에 좋다고 하여 조리 후 꺼낸 뜨거운 돌을 손으로 비비기도 한다.

허르헉을 조리하는 모습 ©이선아, 2008. 8. 2.

참고문헌 Бүрэнтөгс (1991), *Монголын идээн товчоо*, Улаанбаатар. 박원길 (1999), 『몽골의 문화와 자연지리』, 서울, 민속원.

호쇼르 Хуушуур (Khuushuur)

만두를 튀겨 만든 음식

호쇼르는 튀김 만두의 일종이다. 만두소는 주로 고기를 넣는데 양파와 섞어서 넣기도 한다. 크기는 성인 남자의 손바닥 정도 크기이다. 몽골인들이 즐겨 먹는 대표 음식 중의 하나이며 먼 길을 떠날 때에 가지고 가는 여행용 음식이기도 하다.

호쇼르 © B.Norovnyam, 2012. 7. 3.

참고문헌 Бүрэнтөгс (1991), *Монголын идээн товчоо*, Улаанбаатар. 박원길(1999), 『몽골의 문화와 자연지리』, 서울, 민속원.

유제품

낙타젖 Ингэний сүү (Ingenii süü)

낙타의 젖

낙타의 젖은 양젖처럼 농도가 짙으며 영양가도 높다. 내몽골의 오르도스와 알샤 지방에서는 낙타젖으로 아이락, 차강 토스, 샤르 토스, 아롤, 호로드, 어럼 등을 만든다. 낙타젖에는 다른 동물의 젖에서 찾아볼 수 없는 독특한 성분이 있으며 열량도 말젖과 소젖보다 높다. 낙타젖은 모유에 가장 가까운 성분을 지닌 것으로 알려져 있어 옛날부터 몽골인들은 산모의 젖이 부족할 경우 낙타젖을

모유의 대체용으로 사용하고 있다.

일반적으로 낙타젖은 결핵을 비롯한 모든 종류의 만성병을 치료하고 소화기관과 호흡기관을 강하게 해주는 효능이 있다고 알려져 있다. 낙타젖이 결핵을 억제한다는 것은 낙타젖을 애용하고 있는 지역의 유목민들이 여타 지역의 유목민들보다 결핵 발생률이 낮았다는 최근의 통계에서도 잘 입증되고 있다. 『몽골의학지』에는 낙타젖이 "기를 상승시켜 자궁의 종양과 부종(浮腫), 치질을 치료한다. 또 혈전을 예방하며 기생충도 구제한다" 라고 기록되어 있다.

암낙타(ingen)는 매우 유순하며 주인에게 아주 친숙하다. 암낙타는 젖이 나올 때가 되면 암소처럼 유방이 아파 오기 때문에 스스로 젖 짜는 곳으로 돌아와 젖을 짜줄 때까지 되새김질을 하면서 멈춰 있는다. 만약 주인이 정해진 시간보다 약간이라도 늦을 것 같으면 게르 쪽을 향해 울음소리를 내거나 게르로 다가가 머리로 벽체나 차박(tsavag: 벽에 두른 펠트)를 밀어붙이기도 한다.

낙타젖의 채유 방법은 지방마다 약간씩 다르다. 오르도스의 유목민들은 낙타의 오른쪽에서 왼쪽다리를 앞으로 뻗치고 오른쪽 다리를 구부린다. 그리고 오른쪽 다리의 발바닥을 왼발의 무릎에 올려놓고 오른쪽 무릎 위에 통을 올려 놓은 다음 오른쪽 어깨를 낙타의 몸에 기대면서 젖을 짠다. 그러나 알샤 지방은 이와는 정반대로 왼쪽 발을 뻗치고 오른쪽 다리를 구부린 채 젖을 짠다. 일부 지방에서는 통에 끈을 달아 어깨에 맨 다음 젖을 짜기도 한다. 채유에 길들여지지 않은 암낙타는 끈으로 뒷다리를 묶은 뒤 젖을 짜는 경우가 많지만 묶지 않고 노래를 불러 달래가면서 짜는 경우도 적지 않다. 몽골의 서부 지방에서는 모두 새끼 낙타를 이용하여 젖을 짜지만 동부의 일부 지역은 새끼 낙타를 이용하지 않는다. 만약 암낙타가 새끼를 돌보지 않는다면 암낙타의 마음이 새끼에게 향하도록 피리 소리를 들려주거나 노래를 불러주기도 한다. 내몽골의 오르도스 지방에서는 주로 겨울과 봄에 채유를 한다. 1회 채유량은 3~4㎏ 정도이다.

낙타젖은 농도가 짙어 차에 조금만 넣고 저으면 양젖을 넣을 때처럼 차의 색깔이 아주 좋아진다. 낙타젖으로는 아이락을 만들 수 있지만 타락은 만들 수 없다. 낙타젖으로 아이락을 발효할 때는 강력한 효소를 사용해야만 한다. 낙타젖으로 만든 아이락을 다른 가축의 젖으로 만든 아이락과 섞어 아르히를 만들 때 "베세르겔렌 네레흐(besergelen nerekh: 혼합 증류하다)라는 말을 사용한다. 혼합 증류된 아르히는 맛이 보통급이라고 알려져 있다. 오르도스 지방에서는 아이락에서 기름을 분리할 경우 거리를 계산한 뒤 아이락이 담긴 통을 낙타에 싣고 요동시켜 추출하는 방법을 사용하기도 한다.

참고문헌 Бүрэнтөгс (1991), *Монголын идээн товчоо*, Улаанбаатар. 박원길 (1999), 『몽골의 문화와 자연지리』, 서울, 민속원.

말젖 ᠭᠡᠭᠦᠨ ᠦ ᠰᠦᠨ Гүүний сүү (Güünii süü)

말의 젖

말젖은 차강 이데를 대표하는 식품 중의 하나이다. 말젖으로는 주로 말젖술을 만든다. 내몽골이나 서부 몽골에서는 말젖으로 빚은 술을 '체게(tsegee)'라고 부른다. 그러나 몽골국에서는 체게라는 단어 대신 '아이락(airag)' 라는 말을 많이 사용한다. 몽골의 8대 음식

중 “하얀 벽옥의 물(tsagaan khasyn eeden)”이라 불리는 것이 바로 체게다.

말젖은 영양이 풍부하고 따뜻한 성질을 지니고 있다. 또 신맛을 띠면서 약간의 소금기도 지니고 있다. 말젖은 위장과 폐를 강화시키는 효능이 있어 건강에 매우 보탬이 된다. 몽골의 민간의학에서는 말젖을 황달이나 결핵 및 수족 떨림의 치료약으로 사용하고 있다.

몽골인들의 말젖 채취는 『몽골비사』의 “테무진이 여덟 필의 담황색 말을 찾으러 갈 때 나코바얀의 아들인 보르초가 말 떼의 옆에서 암말의 젖을 짜고…”라는 기록에서도 입증되듯이 아주 이른 옛날부터 행해진 것으로 보인다. 말젖의 채취는 조슬랑(zuslan: 여름 방목지)이나 나마르자(namarjaa: 가을 방목지)에서 주로 행해진다. 유목민들은 말젖으로 체게를 만들기 위해 최상의 유목지를 고르지 않으면 안 된다. 즉 물과 초지가 훌륭할 뿐만 아니라 체게를 발효시키기에 적합한 기후 조건을 가진 지역을 선택하여야 한다.

말젖의 채유는 흔히 “오나가 젤레흐(unaga zellekh: 새끼를 묶어라)”라고 표현된다. 채유 때 새끼가 딸린 암말만 남기는 것을 “구 바리흐(güü barikh: 암말을 잡아라)”라고 부른다. 또 채유가 끝난 암말들을 말떼로 되돌려 보내는 것을 “구 타비흐(güü tavikh ; 암말을 놓아라)”라고 부른다. 암말은 1년에 여름과 가을 두 계절 동안만 채유한다. 암말의 초유를 ‘삼(saam)’이라 부른다.

말젖을 채유할 때 가장 주의할 점은 어미와 새끼 두 마리가 동시에 더위에 지치지 않게 해야 하는 것이다. 이들이 더위에 지치면 연간 채유량이 크게 줄어든다. 다음으로 조심해야 할 점은 채유 시간이다. 만약 채유 시간을 길게 잡으면 망아지가 젖먹는 행동을 잊을 우려가 있다. 채유 시간은 말마다 모두 다르지만 일반적으로 낙타젖 짜는 시간보다는 짧다. 채유 기간 중 기후가 건조하면 망아지를 호수 주위의 습기 있는 초지에 매어 두어야 하며 폭우가 쏟아질 때에는 비를 피할 수 있는 장소에 매어 두어야 한다. 더운 낮에는 망아지를 나무 그늘 아래에 매어 두거나 햇빛을 가릴 수 있는 차양을 쳐야 한다. 아주 무덥거나 빗방울이 비치는 음산한 날에는 매어 두지 않는 것이 좋다.

암말은 하루에 4~6번 정도 채유하는 것이 보통이다. 그러나 몽골의 일부 할하 부족 및 오리앙하이 부족과 내몽골의 서너드(Sönöd)족은 하루에 8번 정도 채유한다. 1회 채유량은 마리당 200~300g 정도이지만 채유에 익숙한 말일 경우 600g까지 가능하다. 채유에 익숙지 않은 암말은 젖을 짜기 전에 끈으로 앞의 왼쪽다리와 뒤의 왼쪽다리를 묶은 뒤 뒤쪽에서 젖을 짠다. 또한 채유를 거부하는 말은 별도의 끈으로 앞의 왼쪽 다리를 꺾어 묶은 다음 앞의 오른쪽 다리와 뒤의 왼쪽다리를 한 줄로 묶어 벌을 준다. 채유된 말젖은 곧바로 수십에서 수백 kg의 용량을 지닌 나무통에 담겨 발효 과정으로 들어간다.

참고문헌 Бүрэнтөгс (1991), *Монголын идээн товчоо*, Улаанбаатар. 박원길(1999), 『몽골의 문화와 자연지리』, 서울, 민속원.

메헤르테 어르먼 하일막

Мэхээртэй өрмөн хайлмаг
(Mekheertei örmön khailmag)

차강 토스에 메밀가루를 넣고 만든 식품

메밀은 헙스골, 헨티 지역에서 자생하는데,

차강 토스에 메밀가루를 넣고 만든 것을 메헤르테 어르먼 하일막이라고 한다. 농도가 짙은 죽 형태를 띤다.

참고문헌 Шинжлэх ухааны академи (2007), *Монгол хэлний дэлгэрэнгүй тайлбар толь*, Улаанбаатар.

몽골 차 Монгол цай (Mongol tsai)

몽골에서 식물의 잎이나 뿌리, 과실 따위를 달이거나 우리거나 하여 만든 마실 것을 통틀어 이르는 말

기원전 2세기 아시아 지역에서 차(茶)가 사용되었다는 역사 기록이 있다. 당시 아시아 대륙의 고온 다습한 지역에서 자생하는 식물을 차로 사용하기 시작하여 이후 중앙아시아를 거쳐 유럽 지역에 전해졌다. 몽골 유목민들도 오래 전부터 차를 마시기 시작하였다고 한다. 가비 바마나(Gabi Bamana)라는 몽골 학자가 저술한 『차의 길』에서 16~17세기 중국에서 유럽에 이르는 차의 운송로는 몽골 서쪽을 지났고, 이후 불교가 흥성하면서 티벳에서 처음으로 차가 들어왔다고 한다.

대부분의 몽골 사람들은 겨울과 여름을 막론하고 뜨거운 차를 애용한다. 어느 면에서 몽골인들에게 차는 음료라기보다는 식품에 속한다. 몽골인들이 차를 마시기 시작한 시기는 라마교가 널리 보급된 1570년대 이후이다. 몽골인들이 즐겨 애용하는 차는 중국의 한구(漢口)에서 주로 생산되는 전차(塼茶)이다. 전차란 찻잎을 수증기로 익힌 다음 벽돌처럼 만든 것을 말한다. 몽골인들은 전차를 가지고 우유를 섞은 수태 채(süütei tsai)와 우유를 섞지 않은 하르 채(khar tsai)를 만든다.

몽골 사람은 영양가가 풍부하고 소화가 잘되는 여러 종류의 차를 마셨는데 이것은 유목 생활양식과 밀접하다. 아침부터 저녁까지 밖에서 가축을 돌보기 때문에 아침에 마시는 차는 식사용으로 영양가가 높아야 한다. 특히 겨울과 같은 추운 계절에는 체력을 강화하기 위해 칼로리가 높은 차와 음식을 섭취하면서 추위로부터 몸을 보호하게 된다.

몽골 차는 각 부족에 따라 차 만드는 방법도 다양한데 일반적으로 몽골 차는 수태 채와 하르 채 2가지로 나뉜다. 만드는 방법과 재료에 따라 유르딘 채(Yerdiin tsai), 토스테 채(Tostoi tsai), 히츠테 채(Khiitstei tsai), 마흐니 오르츠테 채(Makhny ortstoi tsai), 에민 업스, 오르가말린 채(Emiin övs urgamlyn tsai), 엠칠게니 채(emtshilgeenii tsai), 토스게 아르가르 차나흐 채(tusgai argaar tshanakh tsai) 등으로 나뉜다.

참고문헌 Бүрэнтөгс (1991), *Монголын идээн товчоо*, Улаанбаатар. Д. Энэбиш (2007), *Амьдрах ухаанд суралцах бичиг*, Улаанбаатар.

뱌슬락 Бяслаг (Byaslag)

산화된 젖에서 샤르 오스를 걸러낸 다음 무거운 것으로 눌러 고형(固形)으로 만든 식품

뱌슬락은 주로 봄이나 가을에 양이나 염소의 젖으로 만든다. 뱌슬락은 생젖으로 만드는 방법과 어럼(öröm)을 제거한 젖으로 만드는 방법이 있다. 생젖으로 만드는 것을 '투히 수니 뱌슬락(tüükhii süünii byaslag)'이라 하고 어럼을 제거한 젖으로 만드는 것을 '볼손 수니 뱌슬락(bolson süünii byaslag)'이라 부른다. 어럼을 제거한 젖으로 뱌슬락을 만들 경우 젖의 종류에 구애받지 않는 특징이 있다.

투히 수니 뱌슬락을 만드는 방법은 다음과 같다. 먼저 생젖을 솥에다 붓고 불을 약하게 한 뒤 거품이 나도록 젓는다. 젖이 어느 정도 끓으면 다시 젖의 10분의 1 비율로 아이락을 주입해서 같이 끓인다. 그러면 젖은 곧 산화된다. 산화된 젖을 목면포를 사용해 샤르 오스를 걸러낸 다음 남은 것을 하얀 목면포로 네모지게 싼다. 그리고 목면포를 깨끗한 나무판에 올려놓고 무거운 것으로 눌러두면 뱌슬락이 만들어진다. 이것을 히식텐 지방에서는 에뎀(eedem)이라 부르며 에뎀을 잘라서 말린 것을 뱌슬락이라고 한다.

볼손 수니 뱌슬락을 만드는 방법은 투히 수니 뱌슬락을 만드는 방법과 같다. 단지 차이점은 어럼을 제거한 젖을 원료로 사용한다는 점이다. 볼손 수니 뱌슬락은 붉은색을 띠고 있으며 투히 수니 뱌슬락은 약간 백색을 띠고 있다.

덩어리 채로 건조된 뱌슬락을 다시 가늘게 잘라 말리는 일이 많다. 바싹 마른 뱌슬락을 찬물 속에 10시간 정도 담가두면 방금 만든 뱌슬락처럼 물렁물렁해진다. 뱌슬락은 농도가 짙고 기름지다. 뱌슬락을 차나 밥에 섞어서 먹어도 된다. 내몽골의 실링골 지방에서는 투히 수니 뱌슬락과 볼손 수니 뱌슬락을 만들 때 특별한 것을 첨가하기 때문에 향기와 색깔과 맛이 독특하다.

참고문헌 Бүрэнтөгс (1991), *Монголын идээн товчоо*, Улаанбаатар. 박원길 (1999), 『몽골의 문화와 자연지리』, 서울, 민속원.

보르츠태 채 Борцтой цай (Bortstoi tsai)

밀가루와 말린 고기, 조, 쌀을 넣고 끓인 차

보르츠태 채는 밀가루와 보르츠(말린 고기), 조, 쌀을 넣고 끓인 차를 이르는 말이다. 몇몇 곳에서는 차강 토스와 샤르 토스를 넣어서 먹기도 한다. 몽골인들이 식사 대용으로 흔히 먹는 차이다.

참고문헌 Д. Энэбиш (2007), *Амьдрах ухаанд суралцах бичиг*, Улаанбаатар.

보브 Монгол үндэстний боов боорцгийн зүйл (Mongol undestnii boov boortsgiin züil)

몽골에서 밀가루를 반죽하여 튀긴 과자

몽골에 밀가루를 반죽하여 튀긴 과자로 '보브(boov), 보르츠(boortsog)가 있다. 보브는 만드는 모양에 따라 삼나이(samnai), 헤빈(kheviin), 구르멜(gürmel) 보브가 있다.

보브는 밀가루를 반죽하여 크고 작은 형태의 빵을 만든 뒤 샤르 토스에 튀긴 것이다. 몽골인들은 설날이나 연회 때 보브를 높이 쌓고 그 위에 차강 이데에 사탕 등을 얹혀둔다. 또 여행할 때 튀김만두인 호쇼르와 함께 많이 가지고 가는 식품에 속한다.

구르멜 보브

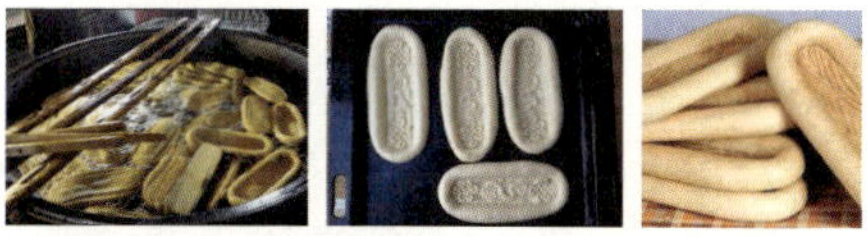

헤빈 보브(또는 올 보브)

모쉬기아

참고문헌 Бүрэнтөгс (1991), *Монголын идээн товчоо*,

Улаанбаатар. 박원길 (1999), 『몽골의 문화와 자연지리』, 서울, 민속원.

샤르 수 ᠰᠢᠷ᠎ᠠ ᠰᠦ Шар сүү (Shar süü)

아롤을 만들 때 나온 물

아롤을 만들 때 나온 물을 샤르 수라고 한다. 샤르 수에는 '호로드니 샤르 수(khuruudny shar us)'와 '차가니 샤르 수(tsagaany shar us)' 두 종류가 있다. 호로드니 샤르 수는 아르히를 증류하고 밀가루를 발효할 때 사용되며, 차가니 샤르 수는 야위고 허약한 가축의 보약제로 쓰인다. 차가니 샤르 수로 가죽을 무두질하면 표면이 부드러워지며 털도 매끄럽게 될 뿐 아니라 방수 작용이 생겨 습기를 먹어도 가죽이나 털이 뻣뻣해지지 않는다. 옛날부터 몽골인들은 차가니샤르 수를 세정제로 사용했다. 몽골의 민간의학에서는 차가니샤르 수를 만성적인 등허리의 통증이나 류마티즘, 관절염을 치료하는 약으로 사용하여 왔다.

참고문헌　Бүрэнтөгс (1991), *Монголын идээн товчоо*, Улаанбаатар. 박원길 (1999), 『몽골의 문화와 자연지리』, 서울, 민속원.

샤르 토스 ᠰᠢᠷ᠎ᠠ ᠲᠣᠰᠤ Шар тос (Shar tos)

차강 토스를 녹인 황색의 물렁물렁한 식품

차강 토스를 작은 솥에 녹여 얻은 깨끗하고 투명한 황색의 물렁물렁한 물체를 샤르 토스라고 한다. 버터와 유사한 식품이다. 몽골인들은 주로 소, 양, 염소, 낙타의 젖을 발효시켜 샤르 토스를 얻는다.

샤르 토스는 두 가지 방법으로 얻어낸다. 하나는 소, 양, 염소, 낙타의 젖으로 만든 아이락을 치대어 차강 토스를 분리해 낸 다음 차강 토스에서 샤르 토스를 녹여 내는 방법이다. 또 하나는 소젖으로 만든 저히에서 샤르 토스를 추출해 내는 방식이다. 저히를 분쇄한 후 나온 노란 물을 휘저을 때에는 어럴(öröl), 알림(alim), 아가르(agar) 등과 같은 향기로운 나무로 만든 막대기를 사용한다. 저히를 통해 얻은 샤르 토스를 내몽골의 지렘이나 조드 지방에서는 '에르치센 어럼(ertshsen öröm)'이라고 부른다. 또 저히에서 샤르 토스를 추출하는 작업을 '어럼 에르체흐(öröm ertsheekh)'라고 부른다.

내몽골의 오르도스나 알샤 지방에서는 차강 토스를 녹여 샤르 토스를 만들 때 차강 토스 속에 스며 있는 아이락이나 물 등을 빨리 제거하기 위해 쌀이나 백기장을 600g 정도 솥에 집어넣기도 한다. 차강 토스를 녹일 때의 불의 화력은 은근해야 한다. 샤르 토스는 주로 가축의 위나 내장에 보관하지만 도자기나 깨끗한 나무통에도 보관할 수 있다.

소젖으로 만든 샤르 토스는 입자가 균일하기 때문에 오렌지 빛깔을 띠고 양젖으로 만든 샤르 토스는 붉은 황색을 띤다. 또한 염소젖으로 만든 샤르 토스는 황색을 띠고 낙타젖으로 만든 샤르 토스는 백색을 띤다. 샤르 토스를 몽골 의학에서는 최상의 식품으로 간주하고 있다. 새벽에 샤르 토스를 먹으면 심장이 튼튼해지고 폐가 깨끗해진다고 한다. 샤르 토스는 모발에 영양을 공급하며 얼굴에 윤기를 돌게 한다. 또 갈증을 해소하며 수명을 연장시키는 효능이 있다. 피부가 매끄럽지 못한 사람이 샤르 토스를 30일 이상 1년 정도 장기 복용하면 피부가 매끄러워진다고 알려져 있다. 골절상, 냉혈증, 동상에 걸린 사람이 샤르 토스를 술과 같이 복용하면 곧 회복된다고 전해진다. 옛날 몽골인들은 원정을 떠날 때 기아를 견디기 위해 샤르 토스를 한 사발씩 먹고 갔다고 전해진다. 현재 몽골인들은 샤르 토스를 밥에 비벼 먹거나 보즈(booz)를 튀기는 데 사용하고 있다.

참고문헌 Бүрэнтөгс (1991), *Монголын идээн товчоо*, Улаанбаатар. 박원길 (1999), 『몽골의 문화와 자연지리』, 서울, 민속원.

설 상차림 Идээ засах ёс (Idee zasakh yos)

몽골에서 설날에 먹는 음식과 상차림

몽골의 설날음식에는 보르 이데(bor idee), 차강 이데(tsagaan idee)가 있다. 보르 이데에는 고기, 만두, 술이 있고 차강 이데에는 유제품, 튀긴 과자류, 아이락 등이 속한다.

설날 음식 상차림은 보브(boov)라는 과자를 쌓아 올리고 그 위에 유제품과 과자류를 올린다. 보브는 세 단에서 81단까지 쌓을 수 있는데 세 단은 인생에서 행복, 고통, 행복이 연달아 온다는 의미를 나타내고 다섯 단은 오행(五行)과 오장(五臟)의 조화를 기원한다.

참고문헌 Д. Энэбиш (2007), *Амьдрах ухаанд суралцах бичиг*, Улаанбаатар. Ж. Октябрь (2012), *Монголчуудын хүнс хоол*, Улаанбаатар.

소젖 Үнээний сүү (Üneenii süü)

소의 젖

소는 가축 중 젖의 분출량이 가장 많으며 수요도 가장 크다. 소젖은 영양이 풍부하고 아주 맛있는 차강 이데의 하나이다. 소젖은 여타 차강 이데를 만드는 주요한 원료이기 때문에 유목민들은 소젖을 짜는 것을 가장 선호한다. 유목민들은 소젖으로 차강 호로드, 샤르 토스, 저히, 어럼, 뱌슬락, 처츠기 등을 만들어 먹으며 또 아이락을 끓여 쉬밍 아르히라는 술을 빚기도 한다.

몽골인들은 전통적으로 소젖을 차가운 성질을 가진 젖이라고 간주하고 있다. 그래서 방금 짠 따뜻한 젖이나 혹은 그것을 약간 끓여 마시면 건강에 매우 유익하다고 말한다. 소젖은 소화 촉진, 기의 보강, 피의 생성, 자궁의 열창 치료 등 의학적인 효능도 있다고 알려져 있다. 대원제국 때에 편찬된 『음선정요(飮膳正要)』에는 소젖의 의학적인 효능에 대해 "소젖에 번초(蕃椒)를 넣어 끓여 마시면 설사를 멈춘다"라고 기술하고 있다. 현대 의학자들은 소젖이 비타민 B2와 A의 보고이며 갓난아이들의 뇌의 발육과 뼈의 성장에 탁월한 효과가 있다는 연구 결과를 내놓고 있다.

몽골인들에게 매우 높은 영양식품을 제공해 주고 있는 몽골의 암소는 아주 놀라운 동물이다. 몽골의 암소는 주인의 음성과 냄새까지 알고 있으며 또 매우 근면하고 온순하다. 암소는 젖을 짤 시간이 되면 습관적으로 우리로 돌아와서 주인을 기다린다.

몽골에서 젖을 짜는 일은 여자들이 담당한다. 채유 방법은 먼저 새끼에게 유방을 빨게 해 젖이 나오게 한 다음 짠다. 채유는 아주 조심스럽게 행해지는데 특히 방금 새끼를 난 3세의 암소에 대한 채유는 세심한 주의를 기울여야 한다. 채유에 익숙지 않은 초산의 암소는 아주 온화하게 새끼에게 젖을 빨리게 한 후 목과 등허리, 넓적다리 등을 쓰다듬으면서 기분 좋게 되새김질을 하도록 한 다음 젖을 짠다. 일반적으로 소젖을 짤 때는 유방을 더운물로 깨끗이 씻긴 뒤 소의 오른쪽에 쪼그려 앉아 젖을 짠다. 채유 통은 햇빛에 잘 말린 것을 사용한다. 채유를 할 때 허흐 투루(khökh türüü : 흡혈파리의 일종)가 암소를 물면 암소는 날뛰면서 성질이 사나워지고 또 젖도 나오지 않기 때문에 아주 조심해야한다. 이때 암소를 때리는 것은 금기시 된다.

몽골의 대부분 지방에서는 1년 내내 소젖을 짠다. 채유 기간은 지역마다 차이가 있는데 이는 기후나 목장의 조건에 의해 좌우된다. 주요 채유 기간은 초여름 중순부터 늦가을 중순까지이다. 채유 기간 중 유목민들은 "어미를 피곤하지 않게, 새끼를 마르지 않게"라는 원칙을 가지고 있다. 몸집이 큰 암소는 12~15달 정도 채유가 가능하다. 채유는 이른 새벽인 3~4시부터 5시까지와 해가 질 때 2차례 이루어지며 채유 시간은 각각 1시간 정도이다. 채유량은 몸집이 좋은 암소일 경우 하루 12~15kg이다. 봄이나 겨울철은 실질적인 채유 기간이 아니며 이 기간 중에 행해지는 채유의 주요 목적은 어린이나 늙은이들의 음료용일 경우가 많다. 이 때 채유된 젖은 주로 수태 채(süütei tsai)나 아이락을 만든다.

참고문헌 Бүрэнтөгс (1991), *Монголын идээн товчоо*, Улаанбаатар. 박원길(1999), 『몽골의 문화와 자연지리』, 서울, 민속원.

수태 채 ᠰᠦᠲᠡᠢ ᠴᠠᠢ Сүүтэй цай (Süütei tsai)

전차의 찻가루를 물에 끓인 후 우유에 섞어 마시는 차

수태 채는 우유를 섞은 차를 이르는 말인데, 몽골인들이 즐겨 마시는 차이다. 수태 채를 만드는 방법은 벽돌처럼 된 전차(磚茶)를 나무절구 속에 넣고 가루로 만든 다음 물에 넣어 끓인다. 물이 끓으면 신선한 우유와 소금을 넣고 잘 젓는다. 때에 따라서는 양 기름을 첨가하기도 한다.

수태 채는 영양이 아주 풍부하다. 몽골인들이 살고 있는 게르에는 수태 채가 늘 준비되어 있다. 몽골인들은 수태 채를 마실 때 약간의 고기 덩어리나 차강 토스 혹은 샤르 토스를 섞어서 먹기도 한다. 수태 채의 맛과 간은 지역에 따라 다르다. 서부는 약간 짠 맛, 동부로 갈수록 염도가 낮아진다. 몽골인들은 식사 대용으로 수태 채를 많이 마시는데, 특히 나이가 많은 할머니들은 수태 채를 끼니 대용으로 하는 경우가 많다. 그래서 수태 채를 많이 마시는 사람을 할머니 같다고 하기도 한다.

쉬밍 아르히 ᠰᠢᠮ᠎ᠡ ᠶᠢᠨ ᠠᠷᠢᠬᠢ Шимийн архи (Shimiin arkhi)

아이락으로 만든 증류주

아이락으로 만든 술을 쉬밍 아르히라고 한다. 쉬밍 아르히는 살린 아르히(saaliin arkhi), 네르멜 아르히(nermel arkhi), 아이라긴 아르히(airgiin arkhi), 몽골 아르히(mongol arkhi) 등으로 불리기도 한다. 세부적으로 소젖의 아이락으로 만든 아르히를 우네니 수니 아르히(üneenii süünii arkhi), 말젖으로 만든 것을 구니 수니 아르히(güünii süünii arkhi)라고 부르며 낙타와 말을 제외한 다른 가축의 아이락과 혼합해 증류한 것을 베스렉 아르히(besreg arkhi: 혼혈 아르히)라고 부른다.

아이락으로 술을 증류하는 작업을 토

고 네르흐(togoo nerekh: 솥으로 증류한다)라고 부른다. 토고 네르흐에는 양조항아리(bürkheer)로 증류하는 방법과 증류관으로 증류하는 방법이 있다. 몽골의 대부분 지방에서는 양조항아리를 사용하여 술을 만들고 있다. 양조항아리를 사용하는 증류법은 다시 폐쇄증류법과 개방증류법으로 나누어진다. 증류관 증류법은 내몽골의 알샤 지방에서 주로 행해진다.

쉬밍 아르히는 옛날부터 체게에 버금가는 성스러운 음료로 간주되어 왔다. 따라서 축일이나 결혼식 등 특별한 날에는 쉬밍 아르히가 체게와 함께 손님들에게 증정되었다. 쉬밍 아르히 가운데 말젖으로 만든 아르히는 의학적으로도 큰 효능이 있다고 알려져 있다. 즉 구니 수니 아르히를 데워 설탕이나 샤르 토스를 넣어 마시면 위나 허리 및 다리의 통증이 치유된다고 알려져 있다.

참고문헌 Бүрэнтөгс (1991), *Монголын идээн товчоо*, Улаанбаатар. 박원길 (1999), 『몽골의 문화와 자연지리』, 서울, 민속원.

아롤 Aapyyл (Aaruul)

눌러 짜거나 농축한 아르츠를 적당한 크기로 잘라 말린 식품

눌러 짜거나 농축한 아르츠를 말갈기 털이나 칼, 호소르로 네모반듯하게 절단하여 말린 것 혹은 손으로 둥그렇게 만들어 말린 것을 아롤이라고 한다. 아롤을 내몽골의 오르도스 지방에서는 '처럼(tsöröm)' 혹은 '어르먹(örmög)'이라 부르며 바르가 지방에서는 '아이롤(airuul)'이라 한다. 아롤은 회색이 섞인 크림색을 띠고 있으며 신맛이 아주 강하다. 몽골에서는 어느 지방할 것 없이 모두 아롤을 만든다. 대부분의 지방에서는 아롤을 두부를 썬 모양으로 만들지만 일부 지방에서는 매우 특이한 모양으로 만들기도 한다. 일례로 바즈말(bazmal) 혹은 슈르멕(shüürmeg)이라 불리는 아롤은 칼국수 같은 모양을 하고 있다.

아롤은 몇 년간 보관해도 부패하지 않는다. 아롤을 차에 섞어 먹거나 양고기 국에 넣어 먹으면 아주 포만감이 있다. 아롤은 소화기관을 강화해주는 식품이다. 몽골인들은 먼 길을 떠날 때 반드시 아롤을 가지고 가는데 그 이유는 아롤이 배탈에 특효약이기 때문이다. 즉 풍토와 물이 달라 배탈이 났을 때 아롤을 녹여 국처럼 먹으면 즉시 치유된다. 아롤은 두통이나 고혈압에도 효능이 있다고 알려져 있다. 또 감기몸살 때 몇 년간 말린 아롤을 3살 난 양의 고기로 만든 국에 넣어 마시면 곧 회복된다고 전해진다.

참고문헌 Бүрэнтөгс (1991), *Монголын идээн товчоо*, Улаанбаатар. 박원길 (1999), 『몽골의 문화와 자연지리』, 서울, 민속원.

아르츠 Aapц (Aarts)

차가에서 샤르 오스를 짜내고 남은 찌꺼기

차가를 깨끗한 천으로 감싼 뒤 나무판 위에 놓고 무거운 돌로 눌러 샤르 오스를 짜내면 농도가 짙은 찌꺼기가 남는다. 이것을 아르츠라 한다. 몽골에서는 아르츠를 생젖이나 꿀, 설탕과 반죽하여 먹거나 볶은 곡물류와 섞어서 먹기도 한다. 또 차강 호로드나 아롤 등을 넣어서 먹기도 한다.

참고문헌 Бүрэнтөгс (1991), *Монголын идээн товчоо*, Улаанбаатар. 박원길 (1999), 『몽골의 문화와 자연지리』, 서울, 민속원.

아이락 Айраг (Airag)

소나 말, 양 등 가축의 젖을 발효시켜 만든 식품

현재 몽골의 대부분의 지역에서는 아이락을 체게(말젖술)의 대용으로 쓰고 있지만 정확히 구분하면 아이락은 체게를 포함한 발효 젖류이다. 몽골에서는 주로 말젖으로 아이락을 만든다. 그러나 양, 염소, 낙타젖으로도 만드는 경우도 있다.

아이락을 발효시킬 때 발효에 사용되는 효모는 보관된 것을 사용하거나 효모를 새로 만들어 쓰기도 한다. 젖을 발효시키는 효모로는 첫째 하르 아르히 효모(khar arkhi khöröngö)가 있다. 하르 아르히 효모 500g을 깨끗한 흰 천에 싸서 젖을 보태 반죽하면서 발효시킨다. 두 번째로 곡물류를 이용한 효모가 있다. 곡물과 하르 아르히를 2:1로 섞어서 암소의 초유나 혹은 방금 짠 따뜻한 젖에 초석(硝石)을 넣고 젖을 추가하면서 반죽한다. 반죽한 것을 깨끗한 도자기나 통에 넣은 뒤 깨끗한 천으로 입구를 덮어 묶는다. 이 통을 15℃ 이상의 따뜻한 곳에 놓아두면 25시간 혹은 2~3일 내에 발효가 된다. 이것을 '에흐 허렁거(ekh khöröngö)' 즉 효모라고 부른다.

효모를 발효시킬 때 온도를 따뜻하게 유지해야 하며 동시에 청결에도 매우 주의를 기울여야 한다. 평소에 사용하던 통이나 국자, 또는 막대기에 고기나 국의 찌꺼기가 남아 있으면 효모는 그것과 엉켜 잘 발효되지 않는다. 이것을 '보로 이세흐(buruu isekh)'라고 부른다. 효모가 잘못 발효되면 유동하는 동시에 나쁜 냄새가 난다. 잘 발효된 효모는 유동하지 않을 뿐 아니라 농도가 짙고 맛도 좋다.

발효된 효모 위에 아침저녁으로 짠 젖을 첨가하면 아이락이 된다. 내몽골의 오르도스 지방에서는 이것을 '호라산 투히 아이락(khuraasan tüükhii airag)'이라고 말하며 알샤 지방에서는 '사곤 아이락(saguun airag)'이라 부른다. 아이락에는 천연 소금을 집어넣으면 절대로 안 된다.

몽골에서는 본격적인 채유가 이루어지는 기간 동안 거의 대부분 아이락을 만든다. 몽골인들은 나무통 속의 아이락을 상하로 잘 치대어 차강 토스를 분리해 낸 뒤 남은 아이락으로 살린 아르히(saaliin arkhi)를 증류시킨다. 채유하지 않는 기간에는 작은 통에다 아이락을 발효시켜 거품을 긁어모아 먹기도 한다.

아이락을 치대는 작업은 세심한 주의와 전문적인 능력 및 지속적인 노동을 필요로 한다. 아이락을 치댈 때 필요한 물건은 나무통, 즉 아이라긴 허넉(airgiin khönög, 나무통 혹은 가죽으로 만든 통)과 나무방망이, 그리고 방망이가 매끄럽게 드나들 수 있는 구멍 뚫린 뚜껑이다. 나무방망이는 곧고 단단한 나무로 만들며 뚜껑은 습기에 강한 나무로 만든다. 뚜껑의 밑면은 통의 입구와 꽉 물리도록 묶여 있으며 윗면은 거품이 흘러나오지 않도록 움푹 파여져 있다. 뚜껑의 가운데에는 나무방망이가 드나드는 구멍이 있다.

아이락을 치댈 때 통의 크기와 아이락의 양을 잘 조절해야만 한다. 보통 통에 아이락을 2/3 가량 넣는다. 아이락을 치댈 때는 아이락의 온도에 주의해야 한다. 아이락의 온도가 낮으면 지방이 분리되지 않는다. 이때는 통의 주위를 천으로 두툼하게 감싼 뒤 따뜻한 곳으로 옮겨서 치댄다. 아이락의 온도가 높다면 지방이 번들거리며 뭉쳐지지 않는다. 이럴때 물을 약간 집어넣으면 지방이 잘 뭉쳐져 분리된다.

차강 토스를 분리시키기 위해 아이락을 치대는 횟수는 24㎏의 아이락일 경우 약 4,500번 정도이다. 먼저 3,500번 정도 치댄 다음 물을 약간 집어넣고 다시 1,000번 정도 치대면 지방이 분리되어 나온다. 물을 약간 집어넣는 작업을 내몽골의 알샤 지방에서는 '햐마르(khyamar)'라 부른다. 지방이 분리되어 떠오르면 통을 기울여 따라낸 뒤 찬물을 이용하여 남은 아이락을 제거한다. 지방을 제거한 아이락은 살린 아르히를 만드는 원료이다. 아이락을 치댈 때 젖의 종류에 따라 게르의 온도를 조절해 주어야 한다. 이는 위에서도 설명한 바 있듯이 젖의 성질이 모두 다르기 때문이다. 아이락을 치댈 때 게르의 적정 온도는 양젖일 경우 20~22℃, 소젖일 경우 22~24℃, 낙타젖일 경우 24~26℃이다.

아이락은 해독의 능력이 있다. 따라서 식중독에 걸린 사람이나 동물이 아이락을 먹으면 곧바로 해독된다. 또 악성 종기나 뱀에 물린 상처에 아이락의 효모를 바르면 독을 흡수한다. 아이락의 거품을 겨울이나 봄철에 먹으면 속병이 치료되고 혈압이 안정된다. 몽골의 가축은 일년 중 여름철에 싱싱한 풀을 집중적으로 섭취한다. 이에 따라 배탈

아이락을 발효시키는가죽 통
©류병재, 2015, 볼강아이막

을 일으키는 가축도 발생한다. 이럴 경우 잘 발효된 아이락을 먹인 뒤 물을 먹지 못하도록 묶어 둔다. 그러면 다음날 대변이 좋아지고 가축도 안정을 되찾는다.

참고문헌 Бүрэнтөгс (1991), *Монголын идээн товчоо*, Улаанбаатар. 박원길 (1999), 『몽골의 문화와 자연지리』, 서울, 민속원.

양젖 ᠬᠣᠨᠢᠨ ᠤ ᠰᠦ Хонины сүү (Khoniny süü)

양의 젖

몽골의 양은 들판에서 많은 종류의 풀들을 먹기 때문에 젖의 농도가 짙고 기름지다. 유목민들은 양젖으로 뱌슬락, 타락, 아이락, 에즈기, 샤르 토스, 어럼 등 많은 종류의 유제품이나 음료를 만든다.

몽골의 전통의학서에는 양젖이 "맛있고 기름지며 무겁고 따뜻한 성질을 가지고 있다. 방금 짠 양젖은 괴혈병을 치료하는 탁월한 효능을 가지고 있다"라고 기록되어 있다. 양젖을 손가락으로 찍어 맛보면 신맛이 난다. 양젖은 소젖보다 초산의 함량이 높기 때문에 특별히 가열해 주지 않아도 산화가 신속히 진행된다. 따라서 양젖은 처럼(tsöröm: 아롤의 일종)을 만드는 데 아주 적합하다.

양젖은 짙은 노란색을 띠고 있으며 농도가 높아 조금만 차에 섞어도 차색깔이 변한다. 예컨대 1.8ℓ 용량의 차 주전자에 20g 정도의 양젖을 넣고 저으면 차의 색깔이 초유와 같은 빛을 띤다. 양젖을 넣은 차는 향기와 맛이 아주 좋고 영양가도 높다.

양은 조용하고 온화한 성질을 가지고 있으며 실생활에 쓰임새가 많다. 이 때문에 일반적인 유목민들은 양을 모든 가축 중의 으뜸이자 행복을 가져다 주는 상징으로 간주하여

"할롱 호쇼트 호니(khaluun khoshuut mal: 뜨거운 입김을 지닌 양)"라는 애칭으로 부르고 있다.

양젖의 채유는 여타 가축과 같이 먼저 새끼양에게 젖을 빨린 후 곧 새끼를 분리시켜 젖을 짜는 방법을 사용한다. 양은 여타 가축에 비해 수가 많기 때문에 대부분 우리 속에 가두어 놓은 뒤 젖을 짠다. 젖을 짤 때는 한 마리씩 잡아 짜거나 일렬로 목을 묶어 짜기도 한다. 일렬로 목을 묶을 때에는 수십 개의 반달형의 매듭이 서로 엇갈려 연속적으로 이어진 '젤(zel)'이라는 끈을 사용한다. 젤은 양이나 낙타의 털로 꼬아 만든다. 몽골의 대부분의 지방에서는 두 줄로 정렬된 양들의 얼굴이 서로 엇갈리도록 묶지만 내몽골의 한 부족인 히식텐(Khishigten)인들은 3마리씩 서로 엇갈리도록 매듭을 3개 3개씩 교대로 배치하기도 한다. 양들의 목에 젤을 맨 유목민(여자)들은 양의 뒤에 앉아 뒷다리 사이에 통을 놓고 젖을 짜는데 한 손만을 사용하거나 혹은 두 손을 번갈아 사용하기도 한다. 젖 짜는 순서는 한쪽 줄을 먼저 짠 다음 반대편 줄을 짠다. 양은 하루에 2번 채유가 가능하다.

새끼 양이 젖을 먹는 모습

참고문헌 Бүрэнтөгс (1991), *Монголын идээн товчоо*, Улаанбаатар. 박원길 (1999), 『몽골의 문화와 자연지리』, 서울, 민속원.

어럼 ᠥᠷᠦᠮ Өрөм (Öröm)

가축의 젖을 가열하면서 퍼올려 떨어뜨릴 때 생기는 거품이 엉겨서 만들어진 식품

소나 양, 염소 낙타 등의 생젖을 솥에 넣고 약한 불로 오래 가열하면서 국자로 젖을 퍼올려 떨어뜨리기를 계속하면 거품이 일어나기 시작한다. 그리고 이 거품은 마치 표피를 벗듯 그물처럼 오그라들면서 서로 엉키는데 이 그물막을 어럼이라고 한다. 어럼을 몽골에서는 '허룰선 어럼(khöörüülsen öröm)', '하타산 어럼(khataasan öröm)', '타르하 어럼(tarkhaa öröm)', '허셔선 어럼(khöshöösön öröm)', '투히 어럼(tüükhii öröm)'이라는 다양한 이름으로 부르고 있다.

몽골인들은 소, 양, 염소, 낙타젖을 이용하여 어럼을 만드는데 주로 가을철에 많이 만든다. 계절에 따라 어럼을 만드는 젖이 차이가 있는데 봄과 여름철에는 양과 염소의 젖을 겨울철에는 소와 낙타젖을 주로 사용한다. 어럼을 만드는 것은 아주 세심한 작업에 속한다. 먼저 생젖을 솥(일부 지역에서는 생젖 속에 백미 한 그릇을 집어넣기도 한다)에 넣고 80°C 정도가 되도록 가열한 뒤 이 온도를 1시간 가까이 유지하면서 국자로 젖을 퍼올려 떨어뜨리기를 계속한다.

거품이 어느 정도 두껍게 생기면 화력을 낮춘다. 그러면 거품은 천천히 흩어지며 가느다란 막이 형성된다. 가느다란 막이 형성되면 다시 생젖을 부어 휘저은 뒤 약한 불에 2시간 정도 가열한다. 그리고 거품의 형태가 흐트러지지 않을 정도로 불의 강도를 서서히 높인다. 거품이 적당히 요동치면 불을 끄고 서서히 식힌다. 만약 불의 강도가 너무 세면 그물막의 중심부가 볼록볼록 튀어나올 뿐만 아니라 그물막 자체가 절단되기도 한다. 또 곳곳에 구멍이 뚫린다. 이때는 젖을 더 보충해 주어야 하며 젖을 보충해 주지 않을 경우 어럼이 망가질 우려가 있다.

어럼을 두껍게 만들기 위해선 젖을 계속적으로 보충해 주어야 한다. 젖의 보충은 솥 속에 형성된 어럼의 주위를 나무주걱으로 잘라낸 뒤 그 사이로 새 젖을 주입하면 된다. 이 같은 식으로 2시간 조금 넘게 한 번씩 보충하면 하루에 3~4번 보충이 가능하다. 어럼이 두껍게 형성되면 솥을 서늘한 곳으로 옮겨 하루 정도 지난 다음 칼이나 나무주걱으로 어럼의 끝단을 들어낸다. 그리고 어럼의 가운데에 갈대를 집어넣어 반달처럼 접은 뒤 판에다 말린다. 어럼을 제거한 젖은 아이락 속에 붓거나 차에 섞어 먹기도 한다.

몽골에서는 어럼을 맛있게 만들기 위해 갓 꺼낸 어럼 위에 젖을 뿌린 다음 백설탕이나 포도, 살구를 집어넣기도 한다. 젖이 충분하지 않은 늦가을이나 초겨울에는 이틀에 걸쳐 어럼을 형성시키는 방법을 사용하기도 한다. 즉 첫날 생성된 어럼을 거두어들이지 않고 다음날 짠 젖을 첨가하여 어럼을 만드는 방법이다. 그러나 이 경우 대부분 어럼이 얇게 형성된다는 약점이 있다.

어럼은 아주 아름다운 황금색 빛깔을 띠고 있으며 영양이 매우 풍부하다. 이렇기 때문에 어럼은 차강 이데 중에서도 가장 널리 알려진 유명한 식품이다. 몽골인들은 어럼을 빵이나 볶은 밥 혹은 하르차이에 섞어 먹는다. 어럼은 체력을 보강해주고 소화를 촉진시키는 작용이 있다고 알려져 있다. 몽골의 민간의학에서는 어럼을 소화불량의 특효약으로 간주하고 있다. 특히 겨울철에 어럼을 먹으면 감기를 물리칠 수 있다고 한다.

어럼이 생성되는 모습 © B.Norovnyam, 2013. 7. 4.

참고문헌 Бүрэнтөгс (1991), *Монголын идээн товчоо*, Улаанбаатар. 박원길 (1999), 『몽골의 문화와 자연지리』, 서울, 민속원.

에뎀 Ээдэм (Eedem)

끓인 우유에 타락을 넣어 섞은 후 이때 생긴 샤르 오스를 제거하여 만든 유제품

끓인 우유에 약간의 타락을 넣고 섞으면 샤르 오스가 생긴다. 이것을 제거한 것을 에뎀이라고 한다. 에뎀은 기운을 돋구워 주고 몸의 나쁜 독을 빼준다고 한다. 특히 쓸개에 좋은 약이라고 한다.

참고문헌 Ж. Октябрь (2012), *Монголчуудын хүнс хоол*, Улаанбаатар.

에렘 Ээр, Ээрэм (Eerem)

살린 아르히를 증류할 때 증류 솥에 눌어붙었던 아르츠를 벗겨 내어 햇빛에 말린 유제품

살린 아르히를 증류할 때 증류 솥에 눌어붙었던 아르츠를 벗겨내어 햇빛에 말린 것을 에렘 혹은 에르라고 한다. 에렘을 차에 넣어 먹으면 아주 맛이 있다. 냄새가 심하게 나는 고기로 국을 끓일 때 에렘을 넣고 끓이면 냄새가 사라진다.

참고문헌 Бүрэнтөгс (1991), *Монголын идээн товчоо*, Улаанбаатар. 박원길 (1999), 『몽골의 문화와 자연지리』, 서울, 민속원.

에즈기 Ээзгий (Eezgii)

산화된 젖을 졸여서 농축된 응결물을 모아 볕에 말린 유제품

몽골에서는 에즈기를 주로 양이나 염소젖의 에드센 수(발효된 젖)로 만든다. 왜냐하면 양이나 염소젖의 에드센 수는 침전물이 많이 발생해 순 호로드를 만들기에 적합하지 않기 때문이다. 에즈기는 순 호로드를 만들 때 생겨나는 샤르 오스나 생젖 혹은 산화된 젖으로도 만들기도 한다. 에즈기를 일부 지방에서는 처럼(tsöröm)이라고도 부른다.

샤르 오스로 에즈기를 만드는 방법은 샤르 오스를 약한 불 위에서 응결물이 생길 때까지 서서히 농축시킨다. 그리고 농축된 응결물을 천으로 짜서 통째로 말리거나 혹은 잘라서 말린다. 이렇게 말린 것을 에즈기라고 부르는데 일부 지방에서는 아롤(aaruul)이라고 부르기도 한다.

에드센 수로 에즈기를 만드는 방법은 에드센 수에서 샤르 오스를 분리시키지 않고 같이 끓여 응결시킨다. 끓일 때 절대로 휘젓지 않도록 한다. 응결된 것을 꽉 짜서 지붕 위에서 말린다. 이것을 에즈기 혹은 처럼이라 부른다.

생젖이나 볼손 수(끓여서 멸균한 젖)로 에즈기를 만드는 방법은 먼저 뱌슬락을 만드는 방식으로 젖을 산화시킨다. 그리고 샤르 오스를 추출한 후 졸여서 응결시킨다. 그 다음 불을 끄고 시간이 적당히 경과한 뒤 응결물을 긁어모아 지붕 위에 널어 말린다. 이것을 내몽골의 히식텐 지방에서는 에즈기라 부르지 않고 슈멕(shüümeg)이라 부르고 있다.

에즈기는 말리기 쉽고 또 장기간 보관해도 부패하지 않는 특성이 있다. 또 휴대하기에 편리하다. 이 때문에 몽골인들은 옛날부터 에즈기를 원정의 식품으로 삼았다. 몽골인들은 말을 타고 갈 때 가죽자루에 물과 몇 웅큼의 에즈기를 같이 넣고 말안장에 매달아 진동시켜 호르목(khoormog)를 만들어 먹기도 한다.

참고문헌 Бүрэнтөгс (1991), *Монголын идээн товчоо*, Улаанбаатар. 박원길 (1999), 『몽골의 문화와 자연지리』, 서울, 민속원.

염소젖 Ямааны сүү (Yamaany süü)

염소의 젖

염소는 들판이나 경사가 심한 곳, 혹은 계곡에서 상하좌우로 움직이며 많은 종류의 풀들을 뜯어 먹지만 물을 적게 마시기 때문에 젖의 농도는 양에 비해 매우 엷을 뿐만 아니라 젖의 질도 약간 거칠다. 젖의 색깔은 약간 푸른빛을 띠고 있다.

몽골인들은 전통적으로 염소젖을 가볍고 차가운 성질을 지닌 젖이라고 간주하고 있다. 염소젖은 단백질과 지방의 함유량이 소젖에 비해 매우 적다. 이러한 이유로 염소젖은 아이락, 타락를 발효시킬 때 질 좋은 최초의 원료로 사용된다. 염소젖은 양젖과 마찬가지로 뱌슬락, 에즈기, 타락, 아이락 등의 유제품이나 음료를 만드는 데 사용된다.

염소젖의 발효법은 양젖의 발효법과 거의 같다. 그러나 아이락에 젖을 섞을 경우 양젖으로 섞는 경우는 없다. 왜냐하면 양젖은 지방질이 많기 때문에 아이락을 발효시키지 않을 뿐만 아니라 아이락을 망가뜨린다. 이에 반해 염소젖은 지방이나 단백질의 함유량이 적기 때문에 아이락이나 타락를 발효시키는

데 아주 적합하다.

일반적으로 염소젖은 허약한 체력을 보강해주고 내장기관을 보호하는 능력이 있다고 알려져 있다. 몽골의 민간의학에서는 염소젖을 장티푸스나 황달의 치료약 및 혈전용해제로 사용하고 있다. 또 호흡이 고르지 않을 때, 어깨가 시릴 때, 배가 더부룩하고 아플 때, 신장에 통증이 있을 때에도 염소젖을 마시면 효과가 있다고 말한다. 『몽골의학지(Mongol emiin oillogo)』에는 염소젖이 "피를 맑게 하며 호흡을 고르게 해주고 갈증을 해소시킨다. 황달과 장티푸스를 치료한다"고 기록되어 있다. 고대 몽골인들은 산모의 젖이 부족할 경우 새끼를 낳은 후 1~2개월 동안 짙게 나오는 염소젖을 모유의 대체용으로 사용하기도 했다.

참고문헌 Бүрэнтөгс (1991), *Монголын идээн товчоо*, Улаанбаатар. 박원길 (1999), 『몽골의 문화와 자연지리』, 서울, 민속원.

저히 Зөөхий (Zöökhii)

가축의 젖이 산화되면서 표면에 형성된 두꺼운 막

몽골에서는 소, 양, 염소, 낙타의 젖으로 모두 저히를 만든다. 온도가 대략 20~30℃로 고르게 유지되는 날에 생젖을 나무통에 붓고 서늘한 방에다 6~8시간 놓아두면 젖은 산미를 띠면서 위에 그물 같은 막이 형성된다. 황색의 그물막은 서서히 상하로 눌어붙으면서 곧 4~6cm의 두께의 두꺼운 층을 형성한다. 이것을 저히라고 한다. 몽골의 일부 지방에서는 저히를 '어럼(öröm)'이라고 부르며 어럼을 '하타산 어럼(khataasan öröm: 말린 어럼)'이라 부르고 있다.

젖의 산화와 저히의 생성은 기후와 밀접한 관계가 있기 때문에 어떤 때에는 젖을 방치한 뒤 며칠이 지난 다음 저히가 생성되는 경우도 있다. 몽골인들은 숟가락으로 통속의 젖을 눌러 보아 생젖이 보이지 않으면 젖이 산화된 것으로 간주한다. 젖이 산화되었다고 간주되면 곧 저히를 거두어들인다.

저히를 거둔 뒤 저히와 젖 사이에 형성된 얇은 막을 '신겡 저히(shingen zöökhii)'라고 부른다. 신겡 저히를 제거하지 않고 호로드를 만들면 호로드는 아주 기름지고, 제거하고 만들면 호르드는 약간 딱딱한 성질을 지닌다. 몽골국 및 내몽골의 알샤, 실링골, 조드, 지렘, 헐런보이르, 향간(Khyangan) 등의 지방에서는 모두 저히를 만든다. 내몽골 동북부의 바르가(Barga) 지방의 경우는 6㎏의 젖을 산화시켜 1.2~1.8㎏의 저히를 얻기도 한다.

저히는 날것으로 먹거나 끓여 먹어도 된다. 저히는 계속적으로 발효가 진행되는데 발효 때 푸르게 변하는 특성이 있다. 몽골인들은 여행을 떠날 때나 초원으로 나갈 때 저히를 끓여서 가지고 간다. 왜냐하면 끓인 저히는 푸르게 변하거나 부패되지 않기 때문이다.

저히를 먹는 방법은 아주 다양하다. 생 저히에다 설탕을 뿌려 볶은 밥에 섞어 먹으면 아주 맛이 좋다. 이것을 '저히테 호트가산 홀(zöökhiitei khutgasan khool)'이라 한다. 몽골인들은 저히를 국처럼 만들어 먹기도 하며 만두나 빵 등에 뿌려 먹기도 한다. 또 토마토나 할가이(khalgai: 가시초)를 끓인 뒤 저히를 약간 첨가해 먹기도 한다. 하르 채(khar tsai: 우유를 넣지 않은 차)에 저히를 섞으면 냄새가 아주 향기로우며 맛이 좋다. 저히는 몽골인들에게 아주 편리한 인스턴트 식품이다.

저히는 체력을 보강해 줄 뿐만 아니라 병을 치료하는 효능도 가지고 있다. 대원제국 때에 편찬된 『음선정요(飮膳正要)』에는 저히가 “심장과 가슴을 튼튼하게 해주며 갈증을 멈추게 한다. 감기와 가슴의 응혈을 치료해 주며 객혈을 멈추게 한다. 또 모발에 영양을 공급하는 효능이 있다”고 기록되어 있다.

참고문헌 Бүрэнтөгс (1991). *Монголын идээн товчоо*. Улаанбаатар. 박원길 (1999). 『몽골의 문화와 자연지리』. 서울. 민속원.

차가 Цагаа (Tsagaa)

살린 아르히를 증류하고 남은 찌꺼기

살린 아르히를 증류하고 남은 찌꺼기를 차가라 부른다. 내몽골의 알샤 지방에서는 이것을 보즈목(bozmog)이라 부른다. 지방을 뺀 아이락을 끓여 얻은 응결물도 차가라고 부른다. 또한 순 호로드를 만들 때 나온 샤르 오스를 끓여 농축한 후 효소를 섞어 발효시킨 것도 차가라 부른다.

차가는 신맛을 내는 맛좋은 식품이다. 차가는 그 자체로 식품으로 먹기도 하지만 대개는 아롤을 만들기 위하여 제조한다. 차가를 면포에 싸서 짜면 샤르 오스가 되는데 그때 면포에 남는 것이 아롤이다.

차가는 습진이나 괴혈병을 치유하는 탁월한 효능을 가지고 있다. 차가에 차강 토스나 샤르 토스를 섞어서 끓인 것을 보즈(boz)라고 한다. 보즈는 소화를 도와주는 건강식품이자 의학적으로도 기(氣)의 부족, 체력 저하, 땀이 많이 나오는 병 등에 아주 탁월한 효과가 있다.

참고문헌 Бүрэнтөгс (1991). *Монголын идээн товчоо*. Улаанбаатар. 박원길 (1999). 『몽골의 문화와 자연지리』. 서울. 민속원.

차강 이데 Цагаан идээ (Tsagaan idee)

가축의 젖으로 만든 식품을 통틀어 이르는 말

유목민들은 아주 오래 전부터 소, 양, 염소, 낙타, 순록, 샤를라그 등의 젖을 짜왔다. 말, 소, 낙타, 양, 염소 등의 젖으로 가공된 식품은 백색의 깨끗한 식품이라는 뜻에서 “차강 이데”라고 불린다. 차강 이데는 유목민들이 오랜 세월을 거치면서 창출해 낸 유제품류로서 유목생활을 영위하는 데 꼭 필요한 영양식품이다. 또 질병을 치료하는 데도 큰 역할을 하고 있다. 몽골인들은 차강 이데를 신이 유목민에게 내린 축복이자 신성하고 고귀함을 나타내는 상징물로 간주하고 있다. 따라서 귀중한 손님을 맞거나 떠나보낼 경우 우유나 말젖술 등의 차강 이데로 경의나 안녕을 표한다. 차강 이데의 종류는 저히(zöökhii), 순 호로드(süün khuruud), 차강 토스(tsagaan tos), 샤르토스(shar tos), 처츠기(tsötsgii), 어럼(öröm), 뱌슬락(byaslag), 에즈기(eezgii), 아이락(airag), 체게(tsegee), 타락(tarag), 살린아르히(saaliin arkhi=shimiin arkhi), 차가(tsagaa), 호르목(khoormog), 아르츠(aarts), 차강 호로드(tsagaan khuruud),

몽골 유제품 아롤, 뱌슬락 등의 모습
© B.Norovnyam, 2013. 7. 6.

아롤(aaruul), 샤르 오스(shar us), 에렘(eerem) 등이 있다.

참고문헌 Бүрэнтөгс (1991), *Монголын идээн товчоо*, Улаанбаатар. 박원길 (1999), 『몽골의 문화와 자연지리』, 서울, 민속원.

차강 토스 Цагаан тос (Tsagaan tos)

아이락이나 어럼에서 추출한 유지방

몽골에서는 차강 토스를 두 가지 방법으로 만든다. 하나는 저히에서 만드는 것인데, 저히를 눌러 짜 노란 빛깔의 물을 받아낸 다음 그것을 통에 집어넣고 막대기로 저으면 지방이 노란 물로부터 분리된다. 이것을 차강 토스라고 부른다. 이 방법은 내몽골의 조드나 지렘 등의 지방에서 주로 행해진다.

두 번째는 아이락을 치대어 차강 토스를 분리하는 방법이다. 아이락을 만들 때 사용되는 젖은 두 가지가 있는데 하나는 어럼을 제거한 젖이고 또 하나는 생젖이다. 생젖의 경우 아이락을 생성시키는 효모 속에 집어넣고 휘저으면 신맛을 띤다. 효모 속에 젖을 첨가한 뒤 포말이 일기 시작하면 3,500번 정도 상하로 치댄다. 그 다음 물을 첨가하여 다시 1,000번 정도 치대면 지방이 분리된다. 이것을 차강 토스라고 부른다. 이 방법은 몽골이나 내몽골의 알샤, 올란차브, 실링골 등의 지방에서 주로 행해진다. 이러한 방법으로 만든 차강 토스를 실링골 지방에서는 허쉬멀 저히니 차강 토스(khöshmöl zöökhiinii tsagaan tos)라고 부르고, 다른 지역에서는 하일산 토스(khailsan tos), 홀손 토스(kholson tos)라고도 한다.

차강 토스는 샤르 토스를 만드는 재료이다. 내몽골의 유목민들은 밥에다 차강 토스를 섞어 먹기도 한다. 차강 토스를 오래 보관하려면 소금을 집어넣어 수분을 뺀 뒤 서늘한 곳에 두면 된다.

참고문헌 Бүрэнтөгс (1991), *Монголын идээн товчоо*, Улаанбаатар. 박원길 (1999),『몽골의 문화와 자연지리』, 서울, 민속원.

처츠기 Цөцгий (Tsötsgii)

차강 토스에서 샤르 토스를 추출하고 남은 것

차강 토스에서 샤르 토스를 추출하고 남은 노랗고도 하얀 색깔을 띤 것을 처츠기라 부른다. 처츠기를 내몽골의 히식텐 지방에서는 차강 토스(tsagaan tos)라고 부르며 바르가 지방에서는 서스기(sösgii)라고 부른다. 서너트 지방에서는 처츠기를 처브(tsöv)라고 부르며 저히와 에드센 수(eedsen süü, 발효용으로 사용되는 젖) 사이에 있는 막을 처츠기라고 부른다.

오랫동안 산화시킨 저히에다 처츠기를 함께 먹으면 몸에 좋다고 한다. 일부 지방에서는 처츠기 속에 말린 밥, 백설탕, 사탕을 집어넣어 평평하게 만들어 과자처럼 만든 것도 있다. 이 과자 같은 처츠기는 맛이 좋다. 그러나 과도히 먹으면 위에 좋지 않다. 산화되지 않은 처츠기에 볶은 아몬드를 넣어 먹으면 기름지고 맛이 좋다. 처츠기는 풀독이나 물독을 해소시키는 해독작용이 있다. 또한 발열작용이 있어 추울 때 먹으면 효과적이다. 처츠기는 비타민의 함량이 풍부해 비타민 결핍증을 치료하는 약으로도 쓰인다.

참고문헌 Бүрэнтөгс (1991), *Монголын идээн товчоо*, Улаанбаатар. 박원길 (1999), 『몽골의 문화와 자연지리』, 서울, 민속원.

체게 Цэгээ (Tsegee)

말젖을 발효시켜 만든 술

체게는 일명 말젖술이다. 오늘날 몽골에서는 일부 지방을 제외하고는 체게를 아이락이라고 부르고 있다. 체게는 허약한 몸을 튼튼하게 해주는 보약과도 같다. 그래서 몽골인들은 옛날부터 체게를 최상의 음식이자 최고의 정성과 존경을 나타내는 상징으로 간주해왔다. 따라서 칸이나 귀족들의 접대, 연회나 축제, 대원정 시 전기(戰旗, tug)에 대한 제사, 주요한 강이나 옹곤에 대한 제사, 활불(活佛)지명 의식이나 승려에 대한 공양 시에는 반드시 체게를 사용했다. 체게에 관한 기록은 마르코폴로의 여행기에서도 언급되고 있다.

몽골인들은 잔에 가득히 체게를 담아 손님을 대접한다. 몽골인들은 친한 친구들이나 존경하는 사람들과 체게 마시기를 매우 즐긴다. 체게를 마실 때에는 여흥으로 노래나 풀피리를 불기도 한다.

체게를 만들려면 발효 효모가 필요하다. 체게의 효모를 발효시키는 방법은 소젖으로 만든 아이락의 효모에 말젖을 아주 차갑게 해서 집어넣어 특별한 통속에서 발효시키는 방법, 이미 발효된 체게로부터 효모를 뽑아내 발효시키는 방법, 가축의 초유에 아이락의 효모를 집어넣고 발효시키는 방법, 몽골 곡물류에 하르 아르히를 조금 집어넣고 섞은 다음 통의 입구를 잘 묶어 발효시키는 방법, 말젖에 소량의 하르 아르히를 집어넣어 계속 치대면서 발효시키는 방법 등 다섯 가지가 있다. 일반적으로 체게의 효모는 22℃ 정도의 기온에서 5~7일간 놓아두면 모두 발효된다.

체게의 효모가 만들어지면 말젖을 넣고 나무방망이로 치댄다. 말젖을 치댈 때는 아이락을 치댈 때와 같이 나무방망이, 구멍 뚫린 뚜껑, 통이 사용된다. 말젖을 나무방망이로 잘 치대면 곧 발효가 시작된다. 잘 발효된 체게는 아주 향긋한 향기가 감돌며 거품이 일어난다. 또 유동성이 강하며 백색의 색깔을 띤다. 잘못 발효된 체게는 농도가 짙고 엷은 막 같은 것이 나타나 이리저리 떠다닌다. 그리고 부패한 어렴처럼 굳어지면서 나쁜 냄새가 난다. 체게가 너무 발효되었다면 새로운 젖을 부어 마셔도 된다. 몽골의 일부 지방에서는 발효한 체게에 다른 가축의 아이락을 조금 섞어 체게 아르히(tsegee arkhi)라는 것을 만들어 먹기도 한다. 몽골인들은 체게를 만 번 정도 치대면 최고로 향기가 좋고 맛이 있다고 말한다. 이는 체게를 아주 많이 치대면 치댈수록 좋다는 말과 같다. 몽골인들이 옛날부터 맛있는 말젖을 만들기 위해 아주 많이 치댔다는 것은 『몽골비사』의 "밤부터 새벽까지 말젖을 치대는 소리"라는 기록에서도 입증되고 있다. 체게는 동일 지역에서도 기후나 초지의 조건에 따라 생산되는 곳도 있고 안 되는 곳도 있다.

체게는 아주 효능이 뛰어난 건강 음료이다. 육식을 주로 하는 유목 민족들은 여름철 동안 고기를 먹지 않고 체게를 주로 마시는데 체게는 육식으로 인한 몸의 노폐물을 정화해 주는 기능이 있다. 고대의 몽골인들이 장수했던 비결은 체게와 밀접한 상관관계가 있다. 또한 체게는 만성병과 성인병을 치유하는 뛰어난 효능이 있다. 몽골에서는 옛날부터 체게를 심장병, 폐결핵, 고혈압, 위장병, 괴혈병, 부종(浮腫), 황달, 다리나 허리병 등의 치료약으로 사용하여 왔다. 체게의 치병 효과는 현대의학에서도 과학적으로 입증되고 있다.

참고문헌 Бүрэнтөгс (1991), *Монголын идээн товчоо*, Улаанбаатар. 박원길 (1999), 『몽골의 문화와 자연지리』, 서울, 민속원.

타락 ᠲᠠᠷᠠᠭ Тараг (Tarag)

소나 양 등 가축의 젖을 데운 다음 효모를 넣고 발효시켜 만든 식품의 하나

타락은 주로 볼손 수(끓여서 멸균한 젖)로 만든다. 그러나 일부 지방에서는 볼손 수에 생젖을 첨가하여 만들기도 한다. 타락을 만들 때에는 아이락을 발효할 때처럼 효모를 사용한다. 젖과 효모의 혼합 비율은 100 대 1~3이다.

타락을 만드는 방법은 다음과 같다. 먼저 젖을 40~45℃ 정도로 데운 다음 효모를 집어넣고 잘 섞어 통에다 주입해 밀봉한다. 그리고 35~40℃ 정도의 따뜻한 곳에 놓아둔다. 타락은 아이락처럼 치대어 발효시키지 않고 통을 흔들어 발효시킨다. 타락은 주로 겨울에 만들기 때문에 보온을 유지하기 위해 양가죽이나 천으로 통을 감싸는 경우도 있다. 타락은 실내온도, 효모의 강도, 젖의 특성 및 온도 등의 상태에 따라 1~3시간 내에 발효된다.

타락이 발효되면 곧바로 서늘한 장소로 옮겨 식힌다. 서늘한 장소에서 식힐 경우 조직이 짙어지고 향기와 맛이 아주 좋아진다. 효모가 너무 강하거나 젖의 온도가 너무 높으면 질 나쁜 타락이 만들어진다. 질 나쁜 타락은 맛이 아주 강할 뿐 아니라 샤르 오스나 가스를 발생시킨다. 타락은 날씨가 더운 여름에는 부패되기 쉽다. 따라서 몽골인들은 여름철에 타락에 젖을 부어 호르목을 만들어 먹는 일이 흔하다.

몽골인들은 타락의 효모를 세심하게 간직한다. 효모의 보관법은 아주 잘 발효된 타락을 물기를 짜 건조시키거나 에즈기나 아롤에 주입하는 방법을 사용한다. 효모는 서늘한 장소에서 보관하는데 보관 기간은 3개월부터 1년 정도이다. 말린 효모를 사용할 때에는 따뜻한 젖으로 부드럽게 녹여내야 한다.

몽골에서는 타락을 주로 소젖, 양젖, 염소젖으로 만든다. 소젖으로 발효시킨 것을 '우흐린 타락(ükhriin tarag)', 양젖으로 발효시킨 것을 '호니니 타락(khoniny tarag)', 염소젖으로 발효시킨 것을 '야마니 타락(yamaany tarag)'라고 부른다. 호니니 타락은 젖의 특성상 우흐린 타락이나 야마니 타락보다 산도가 강하기 때문에 먹을 때 매우 상쾌한 느낌을 준다.

타락은 다른 발효 식품과는 달리 젖 냄새를 간직하고 있다. 또 맛이 시기 때문에 먹으면 상쾌함을 느낀다. 타락에 설탕이나 꿀을 첨가하면 주스와 같은 음료 효과를 낼 수 있다.

타락은 혈전을 제거하고 피를 형성시키며 설사를 멈추게 하는 효능이 있다. 또 간장이나 담즙의 병 및 피부병을 치유하는 효능도 있다. 몽골에서는 옛날부터 타락을 일사병의 치료제로 사용하였는데, 타락이 일사병의 특효약이라는 사실은 현대의학에서도 인정되고 있다.

타락은 옛날부터 상급 음료의 하나로 간주되어 축제나 회의 때에 많이 사용되었다. 옛날 몽골인들은 축제나 회의 때 먼저 타락을 하늘에 바쳐 올리면서 "아름다운 가축들이 들판에 가득 차 타락이나 아이락의 통을 부유하게 하소서!"라고 읊었다. 몽골에서 타락은 주로 겨울철에 만들기 때문에 일부 지역에서는 "타락을 만든다"는 말이 "겨울을 난다"는 뜻으로 사용되기도 한다.

참고문헌 Бүрэнтөгс (1991), *Монголын идээн товчоо*, Улаанбаатар. 박원길 (1999), 『몽골의 문화와 자연지리』, 서울, 민속원.

할타르 아르바인 잠바

Халтар арвайн замбаа (Khaltar arvain zambaa)

보리나 귀리를 빻아 말린 후 둥그렇게 만든 빵

보리나 귀리를 빻아서 말린 다음 완자 모양으로 둥글게 만든 빵을 할타르 아르바인 잠바라고 한다. 몽골 동부 지역에서는 이를 잠다(zamdaa)라고도 부른다.

참고문헌 Ж. Октябрь (2012), *Монголчуудын хүнс хоол*, Улаанбаатар.

호로드 Хуруудд (Khuruud)

아롤의 하나로 설탕을 넣고 반죽한 아르츠를 일정한 판형에 넣고 찍어 낸 뒤 말린 식품

호로드는 몽골 사람들이 가장 좋아하고 즐겨 하는 유제품 중의 하나이다. 호로드는 차강 호로드(tsagaan khuruud)와 순 호로드(süün khuruud)가 있다. 만드는 방법은 대체로 유사하고 크기가 다르다.

차강 호로드는 차강 이데의 백미라고 불리는 식품이다. 차강 호로드는 아르찬 호로드(aartsan khuruud)라 부르기도 한다. 차강 호로드는 겉면에 새긴 문양이 아름다울 뿐만 이 아니라 맛도 그에 뒤지지 않는다. 또 장기간 보관해도 부패하지 않는 특성을 지니고 있다. 차강 호로드는 옛부터 유목민들이 칸이나 귀족들에게 의무적으로 진상해야만 하는 식품이었다. 유목민들은 사슴이나 산양의 가죽으로 만든 주머니에 차강 호로드를 담아 진상했다고 한다.

차강 호로드를 만드는 재료는 아르츠다. 아르츠에 약간의 설탕이나 꿀을 섞어 반죽한다. 꿀을 섞는 이유는 부패를 방지하기 위한 것이다. 반죽이 끝나면 문양이 있는 판형에 적당량씩 집어넣고 찍어낸다. 판형 작업이 끝난 차강 호로드는 음지에서 계속 뒤집으면서 말린다. 말린 차강 호로드를 통이나 가죽주머니 속에 보관할 때 입구에 접착제를 바르면 오래 보관해도 곰팡이가 생기지 않는다. 아롤과 성분이 비슷한데 크기가 크다.

순 호로드는 주로 소의 에드센 수로 만든다. 순 호로드를 내몽골의 실링골 지방에서는 노갈람(nugalam), 차하르 지방에서는 헤빈 호로드(kheviin khuruud)라는 이름으로 부르고 있다. 내몽골의 경우 호로드는 지렘이나 조드 지방에서 많이 만든다.

순 호로드를 만드는 방법은 다음과 같다. 저히를 걷어낸 다음 남은 에드센 수를 솥에 옮겨 약한 불에서 오랫동안 가열하면 에드센 수의 윗부분이 걸쭉하게 말리면서 샤르 오스를 배출해 낸다. 걸쭉한 부분이 약간 길게 늘어져 뭉쳐지면서 위로 말리듯 올라갈 때 국자로 모든 부분을 한번 휘저어 준다. 그리고 불의 화력을 높이면서 샤르 오스를 모두 퍼낸다. 다음 남은 걸쭉한 부분이 솥에 눌어붙지 않게 국자로 잘 휘저으면서 한곳으로 모은다. 걸쭉한 부분이 어느 정도 응결되면 호로드의 문양을 새기는 판형의 용량에 맞게 국자로 그것을 퍼 올린다. 그리고 판형에 부

어 잘 압착한 다음 서늘한 장소에서 말린다. 이것을 순 호로드라 한다.

걸쭉한 부분을 퍼 올려 순 호로드를 만들 때 호로드가 투명하게 되는 것을 방지하기 위하여 약간의 저히나 샤르 토스를 넣어 휘젓는다. 이때 호로드를 더욱 맛있게 만들기 위해 오디, 백설탕, 사탕 등을 섞어도 된다. 호로드를 판형에서 꺼낸 뒤 무늬가 어느 정도 굳는 반나절 동안은 그대로 놓아둔다. 호로드가 옮겨도 부서지지 않을 정도가 되는 반나절 후에는 서늘한 곳으로 옮겨 말린다.

호로드를 만드는 판형은 지역에 따라 차이가 있다. 내몽골의 히식텐 지방에서는 두께 12~16㎝, 길이 12~22㎝의 직사각형 혹은 정사각형의 판형을 가지고 있으며 바린이나 차강 머런(tsagaan mörön)강 주변의 지방에는 두께 6㎝, 길이 18㎝ 정도의 판형을 가지고 있다. 또 바린의 남쪽에 위치한 오그니고드(Ogniguud), 오한(Uukhan), 지렘 등의 지방에는 두께 4㎝ 정도의 직사각형 판형을 가지고 있으며 차하르나 실링골 등에서는 둥그런 모양, 반달 모양, 복숭아 모양 등의 판형을 가지고 있다. 판형의 바닥에는 만자문(卍字紋), 행운의 문양, 다섯 동물 문양, 7개의 보석 문양, 8개의 공물(供物) 문양 등이 새겨져 있기 때문에 호로드의 앞 표면은 아주 아름답다.

두꺼운 호로드는 물렁물렁하며 젖의 향기가 배어 있다. 얇은 호로드는 기름기가 많아 먹으면 사르르 녹는 느낌이 든다. 혹시 암소가 조금밖에 없는 경우, 혹은 초지와 물이 부족하여 젖이 만족할 만큼 나오지 않는 경우, 혹은 새끼가 성장함에 따라 젖의 배출량이 줄어든 경우 등등 여러 가지 원인으로 하루동안 채취한 젖이 호로드를 만들기에 부족한 경우가 생긴다. 이럴 경우 날마다 에드센 수를 솥에 붓고 약한 불로 가열한 다음 며칠간 모은다. 이것을 수 허셔흐(süü khöshöökh)라 부른다. 몽골의 일부 지역에서는 며칠 동안 이처럼 젖을 모아 호로드를 만드는 곳도 있다.

호로드는 고농도 영양식품이다. 호로드를 밀가루 음식과 섞은 뒤 샤르 토스를 첨가해 먹어도 좋다. 물렁물렁한 호로드는 저히와 섞어 먹어도 좋다. 일부 몽골인들은 물렁물렁한 호로드를 솥에 끓여 바지 호로드(bazi khuruud=suvimal khuruud)를 만들기도 한다. 내몽골의 차하르, 서너트, 실링골 등의 지역에서는 에드센 수가 부족한 경우는 물론 부족하지 않더라도 일부러 에드센 수에 약간의 생젖을 섞어 호로드를 만들고 있다. 생젖을 섞은 호로드는 투명도가 높으며 건조시킬 경우 노란빛이 감돈다. 이러한 호로드는 끈기가 있어 잡아당겨도 늘어날 뿐 잘 끊어지지 않는다. 이 호로드는 농도가 짙기 때문에 부패하는 시기가 길어 오랫동안 보관할 수 있다. 이 호로드를 솥 안에 놓고 찌면 마치 새로 만든 호로드처럼 부드러워질 뿐만 아니라 맛도 거의 같아진다.

참고문헌 Бүрэнтөгс (1991), *Монголын идээн товчоо*, Улаанбаатар. 박원길 (1999), 『몽골의 문화와 자연지리』, 서울, 민속원.

호르목 Хоормог (Khoormog)

타락에 생젖이나 멸균한 젖을 혼합한 유제품의 하나

호르목은 차가나 아이락, 타락에 생젖이나 볼손 수를 섞은 것을 말한다. 차가나 아이락의 경우 생젖이나 볼손 수를 3~4배의 비율로 섞고 타락의 경우에는 6~7배의 비율로 섞는다. 내몽골의 알샤 지방에서는 호르목을 홀리목(kholimog)이라 부르며 아브가(avga)나 서너트 지방에서는 샬흐막(shalkhmag)이라 부른다. 호르목은 영양가가 높은 음료이다. 체력이 약한 사람이 호르목을 매일 한 그릇씩 먹으면 원기가 회복된다고 한다.

참고문헌 Бүрэнтөгс (1991), *Монголын идээн товчоо*, Улаанбаатар. 박원길 (1999), 『몽골의 문화와 자연지리』, 서울, 민속원.

호삼 ᠬᠤᠰᠠᠮ Хусам (Khusam)

차강 토스를 끓여서 만들 때 솥 아래에 눌어붙은 것

우유를 끓인 후 냄비 밑에 눌어붙은 것을 호삼이라고 한다. 어럼(öröm)을 녹일 때 눌은 것도 호삼이라고 한다. 호삼의 색은 눌은 상태에 따라 흰색, 갈색, 검은색이 있다.

참고문헌 Ж. Октябрь (2012), *Монголчуудын хүнс хоол*, Улаанбаатар.

히츠테 채 ᠬᠢᠴᠢᠲᠡᠢ ᠴᠠᠢ Хийцтэй цай (Khiitstei tsai)

샤르 토스와 밀가루를 섞은 후 찻잎을 넣고 끓인 차

버터의 일종인 샤르 토스와 밀가루를 섞은 후 찻잎을 넣고 끓인 차를 히츠테 채라고 한다. 먹기 전에 약간의 소금과 우유를 넣고 끓인다.

참고문헌 Д. Энэбиш (2007), *Амьдрах ухаанд суралцах бичиг*, Улаанбаатар.

주거

게르

게르 ᠭᠡᠷ Гэр (Ger)

동북아시아 몽골 유목민의 이동식 천막집으로 '유르트(yurt)'라고도 한다.

몽골은 유목민족으로서 예로부터 한 곳에 정착해 살기보다는 양과 말을 기르기 위해 풀을 찾아 여기 저기 이동하면서 살아왔다. 따라서 이러한 유목 생활 형태에 맞추어 주거도 이동하기에 편리한 천막집을 주된 주거 형태로 사용해왔다. 나무와 펠트(양털)를 주된 재료로 조립되는 이러한 형태의 가옥을 몽골포 또는 게르(ger)라고 부른다.

몽골인들은 전통적으로 게르를 우주로 간주하는 경향이 있는데, 이는 우주가 둥글다는 인식에서 유래된 것이라고 한다. 천막을 우주로 보는 몽골인들의 인식은 일상생활에서도 잘 나타나고 있다. 예컨대 임산부가 진통을 시작하면 긴 실타래를 화로 부근의 기둥에 감아 천장 밖으로 내어 묶는데 이것은 인간이 생명은 하늘이 내려다 준다는 신앙에 바탕을 둔 것이며, 화로는 그집 가계의 상징이라고 볼 수 있다. 여기서 기둥에 실타래를 묶는 것은 게르의 기둥이 우주의 나무를 상징하기 때문인데, 샤먼도 그것을 타고 하늘로 올라간다고 몽골인들은 믿고 있다. 또한 몽골족은 그들의 게르를 그대로 해시계로 이용한다. 하늘창을 통해 들어오는 태양빛이 닿는 곳을 보고 시간을 파악하는데, 해시계는 하루를 중심으로 보통 묘시(6시)에 시작하여 유시(18시)에 끝난다.

게르는 몽골고원의 풍토와 이동을 기본으로 하는 유목생활에 편리하도록 생활 편의적 구조로 생겨났다. 그래서 게르의 구조는 여러 가지로 유목생활에 적합하게 꾸며져 있는데, 예를 들자면 여름철엔 펠트의 흰색이 강렬한 햇빛을 막아 주고, 천막 밑자락을 걷어 올리게 되어 있어 통풍과 함께 온도 조절 기능을 하게 된다. 반면 겨울철엔 게르의 원형 구조가 겨울의 강력한 북서풍을 누그러뜨리는 효과를 가져오는 합리적이고 과학적인 설계로 되어 있다. 또한 유목생활에 걸맞게 이동도 간편하게 되어 있어서 몇 사람이 신속하게 조립 해체가 가능하고 게르 부품을 싣고 운반하는 작업도 매우 간단하게 되어있다. 그리고 게르 안에 있을 때도 늘 밖에 있는 가축 떼의 동정을 살피고 이리나 외적의 습격에 민첩하게 대응할 수 있게 되어있다.

게르의 뼈대는 몽골어로 게린 야스 모드(geriin yas mod)라고 하는데, 하늘창(토노, toono), 서까래(오니, uni), 벽체(한, khana), 문(할가, khaalga)으로 구성된다. 게르를 짓는 순서는 다음과 같다.

① 벽을 친다.

격자 형태의 접이식 벽체(한, khana)를 둥글게 펼쳐 게르의 몸체를 만든다. 요즘에는

벽체 세우기

벽을 치기 전에 큰 세간을 먼저 놓고 벽을 설치하는데, 이렇게 하면 이삿짐 이동이 쉬워진다.

② 문을 세운다.

게르 문을 남쪽, 또는 동남쪽으로 향하게 설치한다. 또한 게르 문을 산 정상이 조금 보이는 곳에 설치하지 않으며, 성산, 고개, 도랑을 향해 설치하지도 않는다.

문 세우기

③ 하늘창(토노, toono)을 올린다.

벽을 치고 문을 세운 다음 게르의 주인과 남성이 하늘창을 올린다. 하늘창은 기둥에 세워 놓거나 사람이 손으로 들고 있으면서 서까래를 끼워 벽체와 연결시킨다.

하늘창은 일종의 환기 구멍인데 이 구멍을 통해 들어온 햇빛과 그 햇빛을 받는 둥근 벽이 일종의 해시계와 같은 역할을 했다. 유목민들은 벽에 비치는 햇빛의 이동을 표준으로

하늘창 세우기

삼아 가축을 돌보고 물을 먹이는 시간을 정했다. 고대 행군을 할 때도 게르를 이용하여 시간을 파악했다.

④ 서까래(오니, uni)를 끼운다.

하늘창과 벽체를 연결하는 서까래를 끼운다. 먼저 하늘창의 구멍에 서까래를 끼우고 나서 벽체에 서까래를 고정시킨다. 몇 개의 서까래를 끼워 하늘창을 고정시킨 다음 나머지 서까래를 끼운다.

서까래 끼우기

⑤ 차왁을 씌운다.

흰 에스기 또는 광목, 옥양목으로 만든 차왁을 설치한 게르 골조 위에 씌우고 끈으로 벽과 연결하여 고정시킨다.

차왁 씌우기

⑥ 데웨르(지붕 덮개 천)를 씌운다.

흰 차왁 위에 지붕 덮개를 씌우고 단단히 끈으로 묶는다. 데웨르는 편리한 설치를 위해 앞쪽과 뒷쪽 두 개로 나누어 뒷쪽은 하늘창을 덮게 한다. 데웨르는 일반적으로 세 겹으로 하는데 데웨르를 한 겹 씌운 다음 벽면 덮개를 덮는 식으로 겹겹이 씌워 데웨르 이음 부분에 바람이 들어가는 것을 막는다.

데웨르 씌우기

⑦ 토르가(벽 덮개 천)를 두른다.

지붕 덮개를 씌운 다음 벽 덮개 천인 토르가를 두른다. 토르가는 에스기(펠트) 또는 솜으로 세 겹으로 한다. 토르가는 설치와 이동에 편리하도록 세 조각으로 나누어졌다. 먼저 서남쪽 토르가를 두르고 다음에 동쪽과 북쪽 조각을 두르는 것이 관습이다.

토르가 두르기

⑧ 바깥 덮개 천을 씌운다.

바깥 덮개 천인 가도르 부레스는 흰광목, 옥양목으로 하고 지붕과 벽면에 씌운 천에

바깥 덮개 천을 씌운 후 끈으로 고정하기

눈과 비를 막는 역할을 한다. 이 외에 게르의 위엄과 외관을 좋게 하고 멀리서도 눈에 띄게 한다.

⑨ 끈으로 묶는다.

바깥 덮개 천을 씌운 다음 문틀에 연결된 고리에 끈으로 연결하여 벽을 두른 천을 단단히 고정시킨다.

⑩ 하늘창 덮개를 씌운다.

게르 덮개 천을 밧줄로 고정시킨 다음 맨 마지막으로 하늘창 덮개인 어르흐(örkh)를 씌운다. 어르흐는 두 사람이 함께 게르 위에 설치하는 것이 관습이고 평소 때는 사각형을 반을 접어 하늘창을 열고 밤이나 비 또는 눈이 올 때는 연결된 끈으로 어르흐를 덮는다.

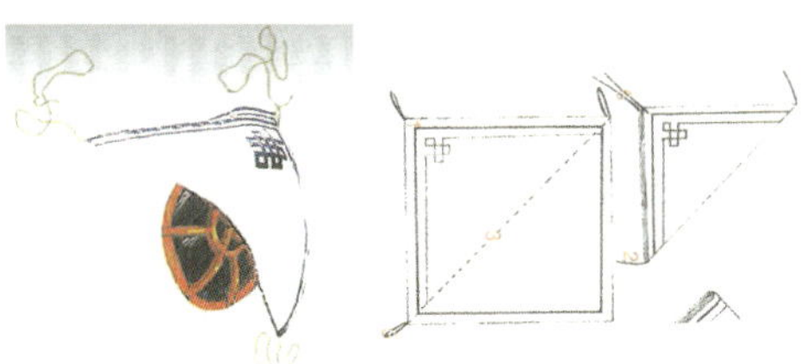

어르흐의 펼친 모습과 접은 모습

전통적인 몽골 게르

몽골 게르의 형태는 4가지로 발전되었다. 첫 번째는 '오니트 게르(unit ger)'인데, 이 게르는 서까래로만 세운 게르이다. 두 번째는 '오니트 토노트 게르(uni toonot ger)'로 하늘창과 서까래만 있는 게르이다. 세 번째는 '한토노트 게르(khana toonot ger)'인데 이것은 하늘창과 벽체가 있는 게르이다. 네 번째는 하늘창, 서까래, 벽체가 모두 있는 '토노트, 오니, 하나트 게르(toono, uni, khanat ger)'이다.

몽골인들에게 게르는 작은 우주를 상징한다. 그래서 게르 내부를 12지(十二支)로 분류하여 가구를 배치하거나 사람이 자리를 잡는다. 몽골인들에게 12지는 다음과 같은 상징적 의미를 갖는다.

① 쥐(子) 방향

게르의 정북향. 몽골인들은 쥐가 재물을 토해낸다고 여기기 때문에 쥐 방향인 정북향에 부처 상재물 보관함이나 보석류를 놓는다.

② 소(丑) 방향

소의 젖을 짜서 보관하는 방향. 여자아이의 지혜가 생기는 방향이라고 여기기 때문에 실, 바늘 등 바느질도구를 놓는다. 게르에서 가장 시원한 방향이다.

③ 호랑이(寅) 방향

게르의 주인이 앉는 방향. 호랑이의 힘과 용맹함을 상징하는 방향이다.

④ 토끼(卯) 방향

온화한 성품의 여성을 상징하는 방향. 게르의 안주인이 앉는 자리이며, 침대를 놓는 자리이기도 하다. 침대의 아래에는 안주인의 전용 보관함이 놓인다. 혼수로 가져온 물건들과 귀중품 등을 보관하는 자리이다.

⑤ 용(辰) 방향

비를 내리고 초목을 키우며, 대지의 영양이 차오르는 방향이라 여긴다. 때문에 게르의 솥과 국자, 그릇 등을 놓는 자리이다.

⑥ 뱀(巳) 방향

뱀이 용을 돕는다고 여기기 때문에 물과 음료와 관련된 물건들을 뱀 방향에 놓는다.

⑦ 말(午) 방향

게르의 정남향으로, 문이 위치하는 자리이다. 말을 잘 자라도록 보살피는 자리이며, 해가 게르로 비추는 자리이기 때문에 정남향을 등지고 앉지 않는다. 또한 말을 타고 정남향으로 게르를 향해 올 수 없으며, 말을 탄 사람은 서북쪽으로 돌아서 들어와야 한다.

⑧ 양(未) 방향

게르의 복과 재물이 풍성해지는 방향으로 여기기 때문에 이 방향에서 게르의 토르가를 함부로 털지 않는다. 또한 가축과 관련된 도구를 이 방향에 보관하며, 수호신과 차강 어브겅(흰노인) 등이 들어오는 자리라고 여긴다.

⑨ 원숭이(申) 방향

몽골 샤머니즘에서는 원숭이 방향을 가축이 건강하게 번성하는 방향으로, 하늘의 보살핌이 있는 자리라고 여긴다.

⑩ 닭(酉) 방향

정서향. 손님이 게르에 왔을 때 앉는 방향이다. 하늘이 손님을 보호하는 자리라고 여긴다.

⑪ 개(戌) 방향

몽골인들은 개가 재물을 지켜준다고 생각하기에 활과 화살, 총, 사냥 무기 등을 이 방향에 보관한다. 개를 묶어두는 방향이기도 하다.

⑫ 돼지(亥) 방향

돼지가 대지의 힘을 모은다고 여기기에 돈궤와 그릇 등을 돼지 방향에 보관한다.

참고문헌 Б. Баярсайхан (2006), *Монгол гэр барих арга*, Улаанбаатар. Монгол хэл соёлын хүрээлэн (2014), *Монгол нүүдэлчдийн тайлбар толь*, Монсудар хэвлэлийн газар, Улаанбаатар. International Institute for the Study of Nomadic Civilizations (2006), *History and culture of the Mongols*, Ulaanbaatar. Монсудар хэвлэлийн газар (2011), *МОНГОЛЧУУД. XX зууны эхэнд. Зурагт түүх*, Улаанбаатар. Ц. Батсайхан, Г. Мэнд-Ооёо (2009), *Монгол нүүдэлчдийн эдийн соёл*, Улаанбаатар, Urtnasan Norov, editor in chief (2010), *Intangible cultural heritage of the Mongols*, Ulaanbaatar.

게르 테렉 Гэр тэрэг (Ger tereg)

중세 몽골인들이 수레 위에 설치한 이동식 집

게르 테렉은 중세 몽골인들이 수레(테렉, tereg) 위에 설치한 가옥으로, 분해해서 운반할 수 있는 이동식 가옥을 이른다. 이 이동식 가옥에 대한 것은 조선시대 연행록에도 소개되어 있을 정도로 잘 알려져 있다. 그러나 몽골족이 만주족의 지배하에 들어간 17세기 이후 이동의 자유를 제한하는 맹기제(盟旗制)의 강화와 라마교의 영향으로 인하여 청나라 말 무렵에 이르러서는 수레 형태의 게르는 사라지고 땅에 설치하는 게르나 그와 결합된 고정 가옥들이 주류를 이루게 되었다.

참고문헌 Б. Баярсайхан (2006), *Монгол гэр барих арга*, Улаанбаатар. Шинжлэх ухааны академи (2009), *Монголын үндэсний нэвтэрхий толь*, Улаанбаатар. 백승정 · 박원길 (2011), 「몽골의 게르(Ger)에 나타난 북방문화원형 디자인 연구」, 『몽골학』 31호, 한국몽골학회.

게를룩 Гэрлүг (Gerlüg)

네 개의 바퀴가 달린 수레 위에 만들어 올려놓은 게르

게를룩은 네 개의 바퀴가 달린 수레 위에 게르를 올려 놓고 소가 끌게 한 것으로 게르 테렉과 비슷하나 역할에서 다르다. 게를룩은 항상 거주하는 가옥이 아닌 여행이나 집회에 참석하는 사람을 태우는 의식용으로 사용되었다.

참고문헌 Д. Майдар, Л. Дарьсүрэн (1976), *Гэр. Орон сууцны түүхэн тойм*, Улаанбаатар. Монгол хэл соёлын хүрээлэн (2014), *Монгол нүүдэлчдийн тайлбар толь*, Монсудар хэвлэлийн газар, Улаанбаатар. 內蒙古人民出版社 編 (2002), 『蒙古族傳統文化圖鑑』, 內蒙古人民出版社.

기쉬구르 게르 Гишгүүр гэр (Gishgüür ger)

벽체가 없는 사각형 형태의 게르

기쉬구르 게르는 벽체가 없는 사각형 형태의 게르이며 하라치 하늘창, 하트고르 서까래, 에스기 문, 하차르문, 천막으로 구성되었다. 하늘창은 일반 게르보다 작고 서까래가 긴 것이 특징적이다. 바깥에서 끈으로 묶어 구조물을 고정시키는데, 설치가 쉽고 안정적이다. 더르워드 부족에서 유래되었다고 한다.

참고문헌 М. Амгалан(2008), *Баруун Монголчуудын эдийн соёлын дурсгалт зүйлс*, Улаанбаатар. Монгол хэл соёлын хүрээлэн (2014), *Монгол нүүдэлчдийн тайлбар толь*, Монсудар хэвлэлийн газар, Улаанбаатар.

데글레 Дэглэй (Deglei)

몽골 유목민의 임시 거처로 '자블라이(javlai)'라고도 불린다.

데글레는 서까래, 벽체, 문 등으로 골조가 구성되고 펠트로 덮은 게르를 말한다. 주로 토와, 오리앙하이 사람들이 먼 곳으로 유목 이동을 하는 시기에 사용한다. 서부 몽골인들은 이러한 형태를 졸롬(jolom) 또는 델히 게르(delkhii ger)라고 부른다.

참고문헌 Монгол хэл соёлын хүрээлэн (2014), *Монгол нүүдэлчдийн тайлбар толь*, Монсудар хэвлэлийн газар, Улаанбаатар. Л. Сономцэрэн (1992), *Монголын эдийн соёл ардын урлагийн зүйлчилсэн тайлбар толь*, Улаанбаатар.

델레헤이 Дэлээхэй (Deleekhei)

두세 개의 벽체를 둥글게 세운 후 몇 개의 서까래를 얹어 그 끝이 한 곳에 모아지도록 만들어진 게르

외관상으로는 에스기 게르와 차이가 없으나 하늘창이 없다. 또한 벽과 서까래의 수는 에스기 게르보다 적은 것이 특징이다. 2~3개의 벽체를 둥글게 세운 후에 몇 개의 서까래를 얹어 그 끝이 한 곳에 모아지도록 한다. 유목 생활에서 이동할 때 임시 천막으로 사용하거나, 물품 보관용 창고의 역할도 하였다. 주로 서부 오리앙하이 부족에서 볼 수 있다. 데글레(deglee)라고도 한다.

참고문헌 Г. Гонгоржав (2001), *Монголчуудын модон өв соёл*, Улаанбаатар. Д. Майдар, Л. Дарьсүрэн (1976), *Гэр. Орон сууцны түүхэн тойм*, Улаанбаатар.

마이한 Майхан (Maikhan)

예전에 대상들이 이동할 때 임시 거처로 만들었던 천막

마이한은 오래 전 대상(隊商)들에 의해 만들어졌다. 두 개의 지지대와 대들보와 면포로 구성된 임시 천막이다. 두 개의 지지대와 대들보 외에 7~9개의 나무 막대가 사용된다.

대들보를 두 개의 기둥에 고정하고 면포를 씌운다. 옛 몽골 유목민들의 마이한은 형태적 측면에 있어서 오늘날의 마이한과 상당히 유사하다. 마이한은 주로 유목과 대상의 이동 시 사용된다. 가장 큰 마이한은 십여 명을 수용하고 가장 작은 것은 2~4명을 수용할 수 있다.

2인용 마이한의 모습

참고문헌 Д. Майдар, Л. Дарьсүрэн (1976), *Гэр. Орон сууцны түүхэн тойм*, Улаанбаатар. Г. Гонгоржав (2001), *Монголчуудын модон өв соёл*, Улаанбаатар.

바르가 게르 Барга гэр (Barga ger)

바르가 부족이 여름에 거주하기 위해 만든 게르

바르가 게르는 대나무로 만든 지붕과 버드나무로 만든 벽체로 구성된 게르이다. 바르가 부족이 주로 여름에 거주하는데 대나무로 만들어서 시원하고 방충에 좋다.

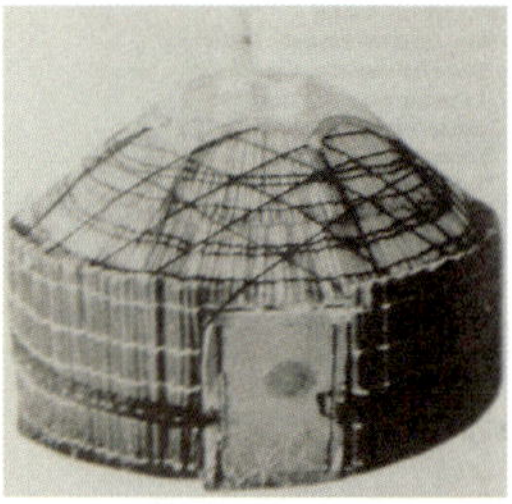

바르가의 홀트손 게르

참고문헌 Монгол хэл соёлын хүрээлэн (2014), *Монгол нүүдэлчдийн тайлбар толь*, Монсудар хэвлэлийн газар, Улаанбаатар.

발간 Балгаан (Balgaan)

몽골의 함니강 부족에서 임시 거처로 만들었던 천막

주로 몽골 함니강족에서 볼 수 있었던 임시 천막이다. 3~4개의 가는 막대를 위쪽은 서로 모아서 묶고 아래쪽은 펼쳐서 남쪽을 향해 고정시킨다. 겨울에는 위쪽을 가죽으로 덮는다. 5~6월에 나무의 습기가 많을 때 나무 줄기의 껍질을 벗겨서 말린다. 발간을 많은 풀로 두껍게 바른 것을 오보호이 게르(ovookhoi ger)라고 불렀다.

함니강의 발간

참고문헌 Г. Гонгоржав (2001), *Монголчуудын модон өв соёл*, Улаанбаатар.

보르가산 게르 Бургасан гэр (Burgasan ger)

몽골인들이 살던 옛 주거 형태

보르가산 게르는 버드나무로 엮어 만든 옛 주거 형태로 13세기부터 보르하손(burkhasun)으로 불렸다. 오래 전에는 벽체, 하늘창, 서까래가 없었지만, 18~19세기에 들어와 버드나무로 벽체와 하늘창, 서까래를 만들어 사용하였다.

참고문헌 Д. Майдар, Л. Дарьсүрэн (1976), *Гэр. Орон сууцны түүхэн тойм*, Улаанбаатар. Монгол хэл соёлын хүрээлэн (2014), *Монгол нүүдэлчдийн тайлбар толь*, Монсудар хэвлэлийн газар, Улаанбаатар.

보르가산 분헤르 Бургасан бүнхэр (Burgasan bünkher)

몽골 유목민들이 전투를 할 때 만든 임시 천막

보르가산 분헤르는 전투에서 사용하던 임시 천막이다. 작은 것은 4개의 벽, 큰 것은 6개의 벽으로 만들며 벽체와 지붕으로만 구성된다. 게르의 윗부분은 쇠똥이나 진흙으로 덮는다. 원형과 사각형 두 가지 형태가 있다.

참고문헌 Г. Гонгоржав (2001), *Монголчуудын модон өв соёл*, Улаанбаатар. Д. Майдар, Л. Дарьсүрэн (1976), *Гэр. Орон сууцны түүхэн тойм*, Улаанбаатар.

볼가산 게르 Булгаасан гэр (Bolgasan ger)

부리야트 부족이 거주하기 위해 만든 나무 게르

타이가 지역의 부리야트 부족에서 거주용으로 만든 나무 게르를 볼가산 게르라고 한다. 일반 게르처럼 둥근 형태이며 하라치 하늘창, 나무 지붕과 통나무 벽체로 구성된다. 사계절 동안 거주가 가능하다.

부리야트의 볼가산 게르

참고문헌 Монгол хэл соёлын хүрээлэн (2014), *Монгол нүүдэлчдийн тайлбар толь*, Монсудар хэвлэлийн газар, Улаанбаатар.

쇼보호이 Шовоохой (Shovookhoi)

꼭대기가 가파른 작은 임시 천막

쇼보호이는 꼭대기가 가파른 작은 임시 천막으로 세 개의 벽체, 문, 그리고 여러 개의 서까래로 구성되어 있다. 벽체를 둥글게 말아서 서까래를 그 안에 모아 세워 놓는데 서까래의 꼭대기 부분을 한데 동여맨다. 이러한 형태의 게르는 벽체가 있는 게르의 원시적 모습의 하나로 여겨진다. 꼭대기의 모양은 오르츠(urts)와 유사하다. 유목민들이 이동 및 사냥을 할 때 임시 천막으로 사용했다. 또 물품을 보관하거나 갓 태어난 가축을 보살피는 공간으로도 이용했다.

참고문헌 Г. Гонгоржав (2001), *Монголчуудын модон өв соёл*, Улаанбаатар. Д. Майдар, Л. Дарьсүрэн (1976), *Гэр. Орон сууцны түүхэн тойм*, Улаанбаатар. Д. Наранхүү, Б. Мягмарбаяр (2007), *Монгол гэрийн үүсэл хөгжлийн түүх*, Улаанбаатар.

수이진 게르 Сүйжин гэр (Süijin ger)

두 개의 벽체와 헬헤 하늘창, 문으로 구성된 작은 임시 게르

수이진 게르는 두 개의 벽체와 헬헤 하늘창, 문으로 구성된 작은 임시 게르를 이르는 말이다. 게르를 설치할 때 서까래는 북쪽에서 시작하여 동, 서, 남쪽 방향으로 끼운다. 이 게르는 몽골 동부 지역에서 사용한다.

참고문헌 Монгол хэл соёлын хүрээлэн (2014), *Монгол нүүдэлчдийн тайлбар толь*, Монсудар хэвлэлийн газар, Улаанбаатар.

실투스테 게르 Шилтүстэй гэр (Shiltüstei ger)

예전에 게르 벽체 사이에 얇은 철판을 두른 게르

실투스테 게르는 『몽골비사』에 나오는 옛 주

거 형태의 일종으로, 게르 벽체 사이에 얇은 철판을 두른 게르이다. 적의 공격을 방어하기 위하여 벽체 사이에 철판을 둘렀다고 한다.

참고문헌 Монгол хэл соёлын хүрээлэн (2014), *Монгол нүүдэлчдийн тайлбар толь*, "Монсудар" хэвлэлийн газар, Улаанбаатар.

알라촉 ᠠᠯᠠᠴᠤᠭ Алачуг (Alachug)

몽골 옛 주거 형태의 하나

알라촉은 땅 위에 몇 개의 나무막대를 세우고 가운데를 둥근 나무 고리로 고정시킨 다음 그 위에 가죽으로 덮은 게르이다. 이것은 다르하드 부족에서는 좁곤(jovgon), 토바 지역에서는 알라지(alajii)라고 부르고 오르츠(urts), 토비 게르(tovi ger), 졸롬(jolom)과 유사하다.

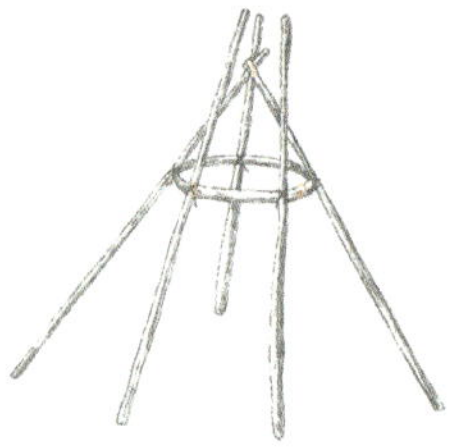

알라촉의 골조

참고문헌 Д. Майдар, Л. Дарьсүрэн (1976), *Гэр. Орон сууцны түүхэн тойм*, Улаанбаатар. Монгол хэл соёлын хүрээлэн (2014), *Монгол нүүдэлчдийн тайлбар толь*, Монсудар хэвлэлийн газар, Улаанбаатар.

어르거 ᠥᠷᠭᠦᠭᠡ Өргөө (Örgöö)

몽골에서 불상을 모시는 게르나 일반 게르를 높여 이르는 말

예전에 몽골의 왕이나 귀족 등 높은 관직에 있는 사람이 거주하는 게르를 어르거라고 하였다. 어르거는 일반적으로 불상을 모시는 게르나 일반 게르를 높여 이르는 말이다. 불상을 모시는 게르를 보얀니 게르(buyany ger) 또는 샤르 부신 어르거(shar büsiin örgöö)라고 한다. 1639년 언더르 게겐 자나바자르를 몽골 불교의 수장으로 추대하고, 쉬레 차강 노르(Shiree tsagaan nuur)에 승려들의 주거지를 마련하였는데, 이곳을 어르거라고 불렀다.

어르거

참고문헌 Д. Майдар, Л. Дарьсүрэн (1976), *Гэр. Орон сууцны түүхэн тойм*, Улаанбаатар. Монгол хэл соёлын хүрээлэн (2014), *Монгол нүүдэлчдийн тайлбар толь*, Монсудар хэвлэлийн газар, Улаанбаатар. Монсудар хэвлэлийн газар (2011), *МОНГОЛЧУУД. XX зууны эхэнд. Зурагт түүх*, Улаанбаатар.

업선 넴불 ᠥᠪᠡᠰᠦ ᠨᠡᠮᠪᠦᠯ Өвсөн нэмбүүл (Övsön nembüül)

어린 버드나무 줄기를 둥글게 구부려 만든 게르

업선 넴불은 『몽골비사』에 나오는 옛 주거 형태의 일종으로, 버드나무 묘목으로 둥글게 만든 게르를 이르는 말이다. 비와 바람을 막아주기 때문에 유목 생활에 적합하다.

참고문헌 Д. Майдар, Л. Дарьсүрэн (1976), *Гэр. Орон сууцны түүхэн тойм*, Улаанбаатар. Монгол хэл соёлын хүрээлэн (2014), *Монгол нүүдэлчдийн тайлбар толь*, Монсудар хэвлэлийн газар, Улаанбаатар.

에루케 게르 Эрүкэ гэр (Erüke ger)

원시 시대 몽골 사람들이 거처하기 위해 만들었던 막집

원시 시대 몽골 사람들은 분지나 골짜기에 땅을 파서 막집을 짓고 살았는데 이것을 에루케 게르라고 한다. 이러한 주거 형태는 일만 년 전에 등장하여 이후 흉노족이 돌과 통나무를 함께 사용하였다는 기록이 있다.

참고문헌 Д. Майдар, Л. Дарьсүрэн (1976), *Гэр. Орон сууцны түүхэн тойм*, Улаанбаатар. Д. Наранхүү, Б. Мягмарбаяр (2007), *Монгол гэрийн үүсэл хөгжлийн түүх*, Улаанбаатар. Монгол хэл соёлын хүрээлэн (2014), *Монгол нүүдэлчдийн тайлбар толь*, Монсудар хэвлэлийн газар, Улаанбаатар.

오르드 게르 Орд гэр (Ord ger)

예전에 몽골에서 국가의 의식이나 행사를 치르기 위해 지은 대형 게르

오르드 게르는 형태는 몽골 게르와 유사하지만 구조물과 설치하는 방법이 다르다. 마르코 폴로의 『동방 견문록』에 의하면 오르드 게르는 외국의 국빈을 맞이하거나 회담과 대회의, 왕 대관식 등 국가의 의식이나 행사를 치르는 곳으로 사용되었다고 한다. 1,250명의 군인을 수용하는 큰 게르이다. 게르의 뼈대는 대나무로 만들고 외부는 흰 에스기로 덮어 씌운 후 그 위에 호랑이, 담비, 수달 등의 동물 가죽을 덮는다. 기둥은 금색으로 장식한다.

참고문헌 Д. Майдар, Л. Дарьсүрэн (1976), *Гэр. Орон сууцны түүхэн тойм*, Улаанбаатар. Монгол хэл соёлын хүрээлэн (2014), *Монгол нүүдэлчдийн тайлбар толь*, Монсудар хэвлэлийн газар, Улаанбаатар.

오보호이 Овоохой (Ovookhoi)

서까래로만 세운 게르

둥근 형태의 오르츠를 오보호이라고 한다. 『몽골비사』에서는 할하손(khalkhasun)이라고 나온다. 현재 게르의 전 단계 형태이다. 1.2m~1.5m의 버드나무 가지를 구부려서 둥근 형태를 만든 뒤 그 위에 무두질하지 않은 가죽을 펼쳐서 덮거나 나무껍질을 벗겨 펼친 것으로 덮는다. 오니트 게르(unit ger)의 일종이다.

참고문헌 Д. Майдар, Л. Дарьсүрэн (1976), *Гэр. Орон сууцны түүхэн тойм*, Улаанбаатар. Д. Наранхүү, Б. Мягмарбаяр (2007), *Монгол гэрийн үүсэл хөгжлийн түүх*, Улаанбаатар.

일루 게르 Илүү гэр (Ilüü ger)

유제품이나 짐을 보관할 목적으로 만든 작은 게르

일반적으로 일루 게르는 유제품을 만들고 보관하거나 짐을 보관하기 위해 만든 작은 게르를 이르는 말이다. 서부 몽골에서는 바낙(banag)이라고 부르는데 이것은 티베트어에서 유래된 말이다. 티베트에서는 사를락 소의 털로 짠 천막식 게르를 바낙(banag)이라고 한다.

참고문헌 Монгол хэл соёлын хүрээлэн (2014), *Монгол нүүдэлчдийн тайлбар толь*, Монсудар хэвлэлийн газар, Улаанбаатар.

자란 토비 Зараан товь (Zaraan tovi)

예전에 어린 나뭇가지를 구부려 만든 둥근 형태의 게르

버드나무, 포플러나무의 어린 가지를 구부려 만든 둥근 형태의 게르를 자란 토비라 한다.

문과 하늘창, 하늘창 덮개가 있고 천막으로 덮어 씌운다.

참고문헌 Монгол хэл соёлын хүрээлэн (2014), *Монгол нүүдэлчдийн тайлбар толь*, Монсудар хэвлэлийн газар, Улаанбаатар.

조드고르 Жодгор (Jodgor)

면포로 만들어진 작은 임시 천막

조드고르는 면포로 구성된 임시 천막 중 가장 작은 형태이다. 조드고르는 한 명만 이용할 수 있다. 옛날에는 탁발승들이 조드고르를 주로 이용했는데 해체하여 등에 지고, 두 개의 기둥은 지팡이 삼아 짚고 다녔다고 한다. 몽골에서 17세기 말부터 19세기 초까지 사원을 떠난 승려들이 많이 이용했다고 한다.

참고문헌 Г. Гонгоржав (2001), *Монголчуудын модон өв соёл*, Улаанбаатар. Д. Майдар, Л. Дарьсүрэн (1976), *Гэр. Орон сууцны түүхэн тойм*, Улаанбаатар.

졸롬 Жолом (Jolom)

토르고드 부족에서 나뭇가지로 지은 임시 천막

나뭇가지로 지은 임시 천막을 토르고드 부족에서는 졸롬이라고 부른다. 벽체 없이 하늘창과 서까래만으로 구성되어 있다는 점에서 하트고르 게르 (khatguur ger)와 유사하다.

토르고드의 졸롬

하늘창에 연결된 서까래의 하부가 바로 땅에 고정되고 비바람에 흔들리지 않게 하기 위해 서까래끼리 끈으로 묶는다. 이동에 편리하고 혼자 설치가 가능하다.

참고문헌 М. Амгалан (2008), *Баруун Монголчуудын эдийн соёлын дурсгалт зүйлс*, Улаанбаатар. Монгол хэл соёлын хүрээлэн (2014), *Монгол нүүдэлчдийн тайлбар толь*, Монсудар хэвлэлийн газар, Улаанбаатар.

차차르 Цацар (Tsatsar)

네모난 형태에 벽체가 없는 임시 천막의 한 형태

네모난 형태에 벽체가 없는 것이 특징이다. 면포로 만든 천을 대들보에 얹어 아래로 내려뜨린 후 네 귀퉁이에 박아놓은 지지대에 끈으로 연결한다. 벽 부분이 덮여 있는 차차르를 차치르(tsatsir)라고 부른다. 주로 축제나 의식을 거행할 때 그늘을 만드는 역할로 사용된다.

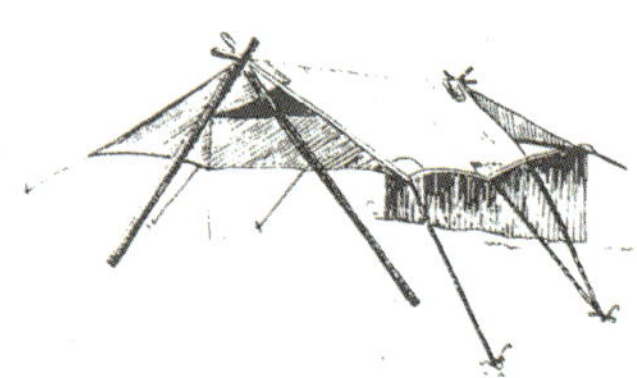

그늘용 차차르

참고문헌 Г. Гонгоржав (2001), *Монголчуудын модон өв соёл*, Улаанбаатар. Д. Майдар, Л. Дарьсүрэн (1976), *Гэр. Орон сууцны түүхэн тойм*, Улаанбаатар.

체지 게르 Цээж гэр (Tseej ger)

몽골 유목민들이 임시로 거주하기 위해 하늘창과 서까래만으로 만든 집

몽골 할하 동부 지방에서 사르히낙 하늘창(사르히낙 천창틀)과 서까래만으로 만든 임

시 가옥 형태이다. 오래전에는 하늘창과 서까래가 따로 분리되었었는데 오늘날에 와서는 서로 연결이 되어 있다. 목초지를 따라 이동해야 하는 유목민들의 생활 환경에 맞춰 변화된 것이다. 벽체가 없는 것이 특징이다.

참고문헌 Д. Майдар, Л. Дарьсүрэн (1976), *Гэр. Орон сууцны түүхэн тойм*, Улаанбаатар. Монгол хэл соёлын хүрээлэн (2014), *Монгол нүүдэлчдийн тайлбар толь*, Монсудар хэвлэлийн газар, Улаанбаатар.

카자흐 게르 Казах гэр (Kazakh ger)

카자흐족이 거주하는 게르

카자흐 게르는 휘어진 서까래와 에스기 덮개, 하트고르 하늘창이 특징적이다. 게르의 외형은 벽체가 낮고 지붕 부분이 둥글고 높다.

참고문헌 Монгол хэл соёлын хүрээлэн (2014), *Монгол нүүдэлчдийн тайлбар толь*, Монсудар хэвлэлийн газар, Улаанбаатар.

토비 게르 Товь гэр (Tovi ger)

예전에 몽골 유목민들이 임시로 거처하기 위해 지은 집의 하나

토비 게르는 옛 몽골의 임시 게르이며 19세기 말까지 사용하였다고 전한다. 벽체와 서까래, 문, 하늘창이 없지만 둥글게 휘어진 나무를 연결하여 벽체와 서까래 역할을 하도록 했다.

옛 토비 게르 복원도

참고문헌 Г. Гонгоржав (2001), *Монголчуудын модон өв соёл*, Улаанбаатар. Д. Майдар, Л. Дарьсүрэн (1976), *Гэр. Орон сууцны түүхэн тойм*, Улаанбаатар.

톡담 Тугдам (Tugdam)

고대 몽골의 왕궁 게르를 티베트어로 이르는 말

톡담은 고대 몽골 왕궁의 일종으로, 20세기 초에 '톡담'이라는 티베트어를 사용하게 되었다. 제8대 복드 젭준담바 호탁트가 왕좌에 오르자 터린 톡담이라고 하여 15개의 벽을 두른 큰 게르를 지었다.

참고문헌 Монгол хэл соёлын хүрээлэн (2014), *Монгол нүүдэлчдийн тайлбар толь*, Монсудар хэвлэлийн газар, Улаанбаатар.

하난 도간착 Ханан дуганцаг (Khanan dugantsag)

예전에 임시로 거주하기 위해 지은 집의 하나

하난 도간착은 2~3개의 벽체를 둥글게 만들고 출입문을 낸 게르이다. 게르의 위에 여러 개의 서까래 막대기를 엇걸어 놓고 지붕을 얹는다. 이 게르는 수용력이 우수하고, 바람에도 잘 견디는 장점이 있어 목초지를 따라 이동하는 유목민들이 쉽게 설치하여 머물 수 있었다. 더운 계절에는 유제품을 저장하는 곳으로 사용하기도 하였다.

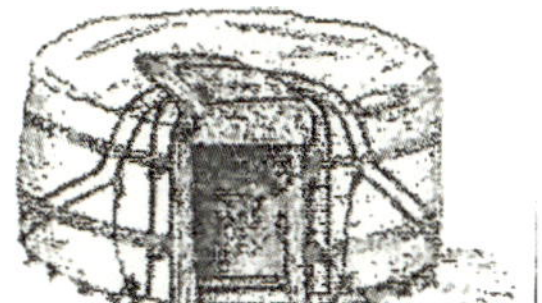

하난 도간착

참고문헌 Г. Гонгоржав (2001), *Монголчуудын модон өв соёл*,

Улаанбаатар. Монгол хэл соёлын хүрээлэн (2014), *Монгол нүүдэлчдийн тайлбар толь*, "Монсудар" хэвлэлийн газар, Улаанбаатар.

하난 머르굴렉 Ханан мөргүүлэг (Khanan mörgüüleg)

예전에 몽골 유목민들이 이동 중에 잠시 머무르기 위해 만든 임시 천막의 하나

하난 머르굴렉은 두 개의 벽체를 기대어 만든다. 네 개의 벽체로 만들 때에는 벽체를 각각 두 개씩 맞대어 묶는다. 이렇게 하면 네 사람이 충분히 들어갈 수 있다. 유목을 위해 이동 중에 잠시 머무르는 곳으로 사용하였다.

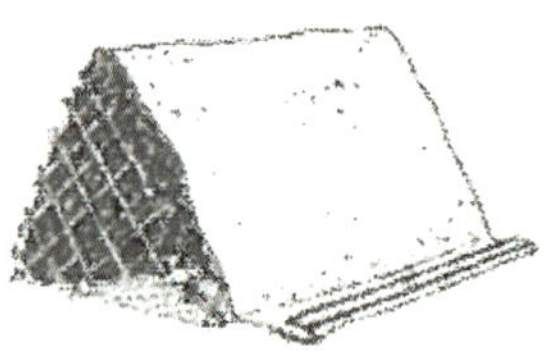

임시용 하난 머르굴렉

참고문헌 Г. Гонгоржав (2001), *Монголчуудын модон өв соёл*, Улаанбаатар. Монгол хэл соёлын хүрээлэн (2014), *Монгол нүүдэлчдийн тайлбар толь*, Монсудар хэвлэлийн газар, Улаанбаатар.

하트고르 게르 Хатгуур гэр (Khatguur ger)

예전에 몽골 유목민들이 거처하던 서까래와 하늘창만으로 이루어진 게르의 하나

하트고르 게르는 벽체 없이 서까래와 하늘창으로만 이루어진 주거 형태이다. 주로 할하 지방에서 많이 볼 수 있고 서까래와 하늘창틀로 만들어진 둥근 형태와 네모난 형태 등 두 종류가 있었다. 하트고르 게르는 나무로 만든 서까래를 땅에 고정시키고, 그 끝부분을 둥근 하늘창틀에 끼운다. 하트고르 게르의 골조를 이루는 서까래의 수는 총 24개이다. 이 중에 12개는 길이가 1.5m로 벽체의 역할을 하는데, 3개씩 모아 땅에 펼쳐 세우고, 나머지 서까래들과 교차시켜 땅에 고정시킨다. 출입구가 나는 쪽의 서까래는 상방(上枋)과 연결되기 때문에 길이가 짧다.

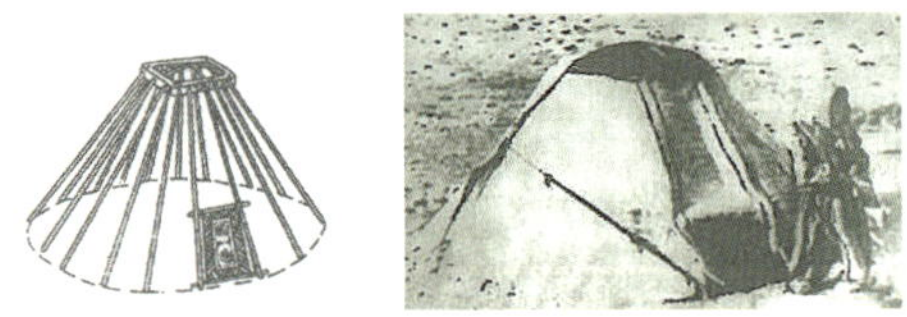

하트고르 게르의 모습

참고문헌 Монгол хэл соёлын хүрээлэн (2014), *Монгол нүүдэлчдийн тайлбар толь*, Монсудар хэвлэлийн газар, Улаанбаатар. Д. Майдар, Л. Дарьсүрэн (1976), *Гэр. Орон сууцны түүхэн тойм*, Улаанбаатар. М. Амгалан (2008), *Баруун Монголчуудын эдийн соёлын дурсгалт зүйлс*, Улаанбаатар.

할하 게르 Халх гэр (Khalkh ger)

할하 부족에서 주거용으로 만든 게르

할하 부족의 게르는 형태적인 면에서 몽골 타 부족의 게르와 다르다. 서까래, 벽체는 훨씬 높은 편이고, 하늘창은 조금 낮고 평평하다. 호롤 하늘창을 주로 사용한다. 이것은 초원의 심한 바람에 게르를 안정적으로 고정시키기 위해서이다. 게르는 주로 가볍고 견

할하의 일반 게르
©김경나, 2015. 7. 5.

고한 소나무로 짓고 벽체는 버드나무로 한다. 게르 내부의 나무 구조물은 단색으로 색칠하거나 형형색색의 화려한 오갈즈 문양으로 장식하기도 한다.

참고문헌 Монгол хэл соёлын хүрээлэн (2014), *Монгол нүүдэлчдийн тайлбар толь*, Монсудар хэвлэлийн газар, Улаанбаатар. Шинжлэх ухааны академи, түүхийн хүрээлэн (1987), *БНМАУ-ын угсаатны зүй. 1 (Халхын угсаатны зүй)*, Улаанбаатар.

허쉴록 게르 ᠬᠣᠱᠯᠣᠭ ᠭᠡᠷ Хошлог гэр (Khoshlog ger)

서까래를 하늘창과 땅 사이에 둥글게 구부려 고정시켜 만든 게르

허쉴록 게르는 원형 또는 사각형의 작은 하늘창과 지면 사이에 둥글게 구부린 서까래를 연결하여 고정시켜 만든 게르이다. 이 게르는 우젬친 부족에서 주로 사용하고 하트고르 톱 게르라고 불리기도 한다. 서까래의 길이는 2.2~2.5m 이고 2~3인이 거주할 수 있다. 일반적으로 하트고르 게르와 유사하지만 문이 없는 것이 특징이다. 유목 생활을 할 때 이동 중에 일정 기간 머무르기 위해 설치하거나 가축을 맹수로부터 보호하기 위해 설치하는 게르이다.

참고문헌 Д. Майдар, Л. Дарьсүрэн (1976), *Гэр. Орон сууцны түүхэн тойм*, Улаанбаатар. Монгол хэл соёлын хүрээлэн (2014), *Монгол нүүдэлчдийн тайлбар толь*, Монсудар хэвлэлийн газар, Улаанбаатар.

홀트손 게르 ᠬᠣᠯᠲᠤᠰᠤᠨ ᠭᠡᠷ Холтсон гэр (Kholtson ger)

예전에 낙엽송의 나무껍질로 만든 몽골 유목민들의 게르의 하나

홀트손 게르는 낙엽송의 나무껍질로 만든 벽체 4개짜리 게르이다. 서까래 위에 1델렘(delem: 한 팔의 손가락 끝에서 다른 쪽 어깨까지의 거리, 활 시위를 당길 때의 거리) 정도의 넓이로 벗긴 나무 껍질을 말려 서까래를 덮는다. 낙엽송의 수피는 빗물과 습기를 차단하기 때문에 건강에 좋다.홀트손 게르는 몽골 항가이 아이막의 일부 지역에 있었다.

함니강의 홀트손 게르

참고문헌 Монгол хэл соёлын хүрээлэн (2014), *Монгол нүүдэлчдийн тайлбар толь*, Монсудар хэвлэлийн газар, Улаанбаатар. Монсудар хэвлэлийн газар (2014), *МОНГОЛЧУУД. XVII-XX зууны эхэн үе. Зурагт түүх*, Улаанбаатар.

후줍친 토노트 게르 ᠬᠦᠵᠦᠭᠦᠪᠴᠢᠨ ᠲᠣᠭᠣᠨᠣᠭᠲᠤ ᠭᠡᠷ Хүзүүвчин тоонот гэр (Khüzüüvtshin toonot ger)

중세 몽골에서 널리 사용했던 형태의 게르

고대 몽골 사람들이 거주했던 오르드 게르(ord ger)와 형태는 유사하나 이중 테두리가 있는 하늘창을 사용하는 것이 특이하다. 이 하늘창은 화로의 연기를 빼내기 위해 사용하였고 중세 시대 널리 거주했던 주거 형태이다.

참고문헌 Монгол хэл соёлын хүрээлэн (2014), *Монгол нүүдэлчдийн тайлбар толь*, Монсудар хэвлэлийн газар, Улаанбаатар. С. Бадамхатан (1976), *Гэр*, Улаанбаатар. Шинжлэх ухааны академи, түүхийн хүрээлэн (1987), *БНМАУ-ын угсаатны зүй. 1 (Халхын угсаатны зүй)*, Улаанбаатар.

흉노의 게르 ᠬᠦᠨᠨᠦ ᠭᠡᠷ Хүннү гэр (Khünnü ger)

흉노족이 살던 주거 형태

흉노족은 에스기 게르에서 거주하였고 투르크족의 주거 형태와 비슷하였다. 흉노족의 주거는 선비, 유연 시대에 발전되어 오늘날 몽골 게르 형태가 되었다.

참고문헌 Монгол хэл соёлын хүрээлэн (2014), *Монгол нүүдэлчдийн тайлбар толь*, Монсудар хэвлэлийн газар, Улаанбаатар.

게르의 문

두짝 문 ᠬᠠᠴᠠᠷ ᠬᠠᠭᠠᠯᠭ᠎ᠠ Хацар хаалга (Khatsar khaalga)

게르에서 두 개의 문짝을 안쪽으로 여닫는 문

두 개의 문짝을 안쪽으로 당겨 여는 문을 몽골어로 하차르 할가(khatsar khaalga)라고 한다. 이 문은 달라브친 할가(dalavtshin khaalga), 합한 할가(khavkhan khaalga), 합트산 할가(khavtsan khaalga)라고도 한다. 이 문 밖에 에스기 문을 설치하기도 한다. 예전에 불교 사원에서 많이 사용하였으나 현재는 사용하지 않는다.

하차르 할가의 모습

참고문헌 Д. Майдар, Л. Дарьсүрэн (1976), *Гэр. Орон сууцны түүхэн тойм*, Улаанбаатар. Монгол хэл соёлын хүрээлэн (2014), *Монгол нүүдэлчдийн тайлбар толь*, Монсудар хэвлэлийн газар, Улаанбаатар.

문 ᠬᠠᠭᠠᠯᠭ᠎ᠠ Хаалга (Khaalga)

게르의 출입문

게르의 문은 몽골어로 '할가(khaalga)'라고 하는데, 게르의 유일한 출입구이며 바람이나 비, 짐승의 공격을 막아주는 역할을 한다. 동굴에서 살았던 고대 선조들이 큰 바위를 문으로 사용한 것이 기원이 된다. 보통 잣나무로 만들고 문의 바깥과 안쪽에 전통적 문양인 오갈즈를 그려 넣는다. 여닫이 방식으로 주로 외짝이지만 쌍으로 된 것도 있다. 문에는 그 집을 지키는 수호신이 있다고 믿고 있다. 출입을 할 때 문턱을 밟지 않게 조심하고 문틈으로 안을 엿보는 것을 금기시하였다.

게르의 문 © O. Demchigmaa, 2014. 6. 1.

참고문헌 Д. Майдар, Л. Дарьсүрэн (1976), *Гэр. Орон сууцны түүхэн тойм*, Улаанбаатар. Монгол хэл соёлын хүрээлэн (2014), *Монгол нүүдэлчдийн тайлбар толь*, Монсудар хэвлэлийн газар, Улаанбаатар. 內蒙古人民出版社 編 (2002), 『蒙古族傳統文化圖鑑』, 內蒙古人民出版社.

문설주 ᠬᠠᠲᠠᠪᠴᠢ Хатавч (Khatavtsh)

게르의 출입문을 끼워 달기 위하여 문의 양쪽에 세운 기둥

게르 양쪽 문틀인 문설주를 몽골어로 '하탑

치(khatavtsh)'라고 하는데, 벽체와 연결되는 부분이다. 몽골에서는 문설주 가까이에 앉거나 문설주 사이로 엿보는 것을 금한다. 부리야트 부족에서는 문설주를 에르헨(erhen)이라고 한다.

게르 문틀 하탑치(붉은 네모 부분)

참고문헌 Монгол хэл соёлын хүрээлэн (2014), *Монгол нүүдэлчдийн тайлбар толь*, Монсудар хэвлэлийн газар, Улаанбаатар. 内蒙古人民出版社 編 (2002), 『蒙古族傳統文化圖鑑』, 内蒙古人民出版社.

문인방(門引枋) Тотго (Totgo)

게르 출입문을 달 수 있도록 문의 위에 이어댄 테두리

문틀에서 위쪽 틀을 지칭한다. 몽골어로는 토트고라고 한다.

게르의 토트고(붉은 네모 부분)
© O. Demchigmaa, 2014. 6. 1.

참고문헌 Монгол хэл соёлын хүрээлэн (2014), *Монгол нүүдэлчдийн тайлбар толь*, Монсудар хэвлэлийн газар, Улаанбаатар.

문지방 Хаалганы босго (Khaalgany bosgo)

출입문 밑의 두 문설주 사이에 가로로 댄 나무

문지방은 몽골어로 할가니 보스고(khaalgany bosgo)라고 한다. 몽골사람은 문지방을 귀히 여기는데 이에 관련된 금기사항이 오래전부터 많이 전해 내려온다. 우선 문지방을 밟으면 안된다. 대몽골제국 시기 문지방에 발을 대는 사람은 중한 벌에 처하였다. 문에서 나올 때 사람이 문지방에 걸려 넘어지면 손해가 난다고 하여 다시 집으로 들어가 아르갈(소똥)로 불을 피우고 나온다. 하지만 들어갈 때 문지방에 걸려 넘어지면 횡재한다고 점친다.

게르 문지방(붉은 네모 부분)
© O. Demchigmaa, 2014. 6. 1.

참고문헌 Монгол хэл соёлын хүрээлэн (2014), *Монгол нүүдэлчдийн тайлбар толь*, Монсудар хэвлэлийн газар, Улаанбаатар.

삼바르태 할가 Самбартай хаалга (Sambartai khaalga)

7~8개의 나무판을 연결하여 만든 게르의 출입문

삼바르태 할가는 옛날부터 가장 많이 사용하였던 문으로, 7~8개의 나무판을 연결하여 문짝을 만든다. 왼쪽 문설주에 문짝 고리를 연결한다.

삼바르태 할가

참고문헌 Монгол хэл соёлын хүрээлэн (2014). *Монгол нүүдэлчдийн тайлбар толь*, Монсудар хэвлэлийн газар, Улаанбаатар. Д. Майдар, Л. Дарьсүрэн (1976). *Гэр. Орон сууцны түүхэн тойм*, Улаанбаатар.

이중문 Зургаан ястай хаалга (Zurgaan yastai khaalga)

이중으로 되어 있는 게르의 출입문

이중문을 몽골어로 조르간 야스태 할가(zurgaan yastai khaalga)라고 한다. 조르간은 몽골어로 6개라는 뜻으로 4개의 문설주와 2개의 인방(引枋)을 합친 6개의 문틀을 지칭한다.

조르간 야스태 할가

참고문헌 Монгол хэл соёлын хүрээлэн (2014). *Монгол нүүдэлчдийн тайлбар толь*, Монсудар хэвлэлийн газар, Улаанбаатар.

자신 할가 Жашин хаалга (Jashin khaalga)

15개 정도의 나무 판자를 연결하여 만든 게르의 출입문

자신 할가는 15개 정도의 나무 판자를 연결하여 만든 게르의 출입문을 이르는 말이다. 도르노드, 수흐바타르 등 동부 아이막의 할하 부족과 내몽골의 우젬친, 바르가, 서너드, 바린 부족에서 이 문을 사용한다.

도르노드의 자신 할가

참고문헌 Монгол хэл соёлын хүрээлэн (2014). *Монгол нүүдэлчдийн тайлбар толь*, Монсудар хэвлэлийн газар, Улаанбаатар.

펠트 문 Эсгий үүд (Esgii üüd)

고대 몽골의 게르에서 에스기로 만든 출입문

고대 몽골인들은 에스기로 문을 만들어 사용하였다. 따뜻한 계절에는 에스기를 말아 문

게르의 에스기 우드를 지붕으로 올린 모습(붉은 네모 부분)

위에 걸쳐놓는다. 에스기 문은 반드시 오른쪽에서 들어올리고 문틈으로 엿보는 것을 금한다.

참고문헌 Монгол хэл соёлын хүрээлэн (2014), *Монгол нүүдэлчдийн тайлбар толь*, Монсудар хэвлэлийн газар, Улаанбаатар. Ц. Батсайхан, Г. Мэнд-Ооёо (2009), *Монгол нүүдэлчдийн эдийн соёл*, Улаанбаатар.

게르의 벽과 서까래

가도르 호쉴롱 Гадуур хошлон (Gaduur xoshlon)

게르의 벽체에 천막을 고정시켜 묶는 끈

가도르 호쉴롱은 게르의 벽체에 천막을 고정시켜 묶는 끈이나 밧줄을 이르는 말이다. 주로 말갈기나 꼬리털, 낙터털로 만든다.

참고문헌 Монгол хэл соёлын хүрээлэн (2014), *Монгол нүүдэлчдийн тайлбар толь*, "Монсудар" хэвлэлийн газар, Улаанбаатар.

기둥 Багана (Bagana)

게르를 지탱해 주는 기둥

게르를 지탱해 주는 기둥을 몽골어로 바가나(bagana)라 한다. 하늘창을 떠받치는 것 외에 거친 바람 속에서 게르를 지탱해주는 역할을 한다. 몽골 기둥은 고대 석기 시대에 에루케(eruke)라는 움집에 살면서 기둥을 사용한 것에서 기원하였다. 기둥은 보통 자작나무로 만들며, 높이는 게르의 크기에 따라 228cm~245cm이다. 예전에는 하나의 기둥이 토노 중앙을 떠받쳤는데 오늘날에는 두 개의 기둥이 사용된다. 기둥은 머리와 손잡이 두 부분으로 나뉘고 기둥 머리의 모양에 따라 아츠태(atstai), 알한(alkhan), 달바트(dalbaat) 기둥이 있다.

달바트 기둥, 알한 기둥, 아츠태 기둥, 달바트 기둥

참고문헌 International Institute for the Study of Nomadic Civilizations (2006), *History and culture of the Mongols*, Ulaanbaatar. Монгол хэл соёлын хүрээлэн (2014), *Монгол нүүдэлчдийн тайлбар толь*, Монсудар хэвлэлийн газар, Улаанбаатар. 內蒙古人民出版社 編 (2002), 『蒙古族傳統文化圖鑑』, 內蒙古人民出版社.

뎁스게르 Гэрийн дэвсгэр (Geriin devsger)

게르 안에 까는 깔개

몽골 사람들은 오래전부터 변덕스런 날씨 속에서 추위와 습기를 막기 위해 난로 주위에 가죽이나 털가죽으로 만든 깔개를 깔았는데 이것을 뎁스게르라고 한다. 오늘날에는 옛 방식의 가죽 깔개를 사용하지 않고 장판이나 카펫을 깐다.

참고문헌 Монгол хэл соёлын хүрээлэн (2014), *Монгол нүүдэлчдийн тайлбар толь*, Монсудар хэвлэлийн газар, Улаанбаатар.

도갈로르 Дугалуур (Dugaluur)

게르 안에 까는 누빔 깔개

게르 안에 까는 누빔 깔개를 도갈로르라고 한다. 오래전에는 동물의 생가죽이나 털가죽으로 깔았는데 오늘날에 와서는 디자인과 문양을 다양하게 변화시켜 장식용으로 깔기도 한다.

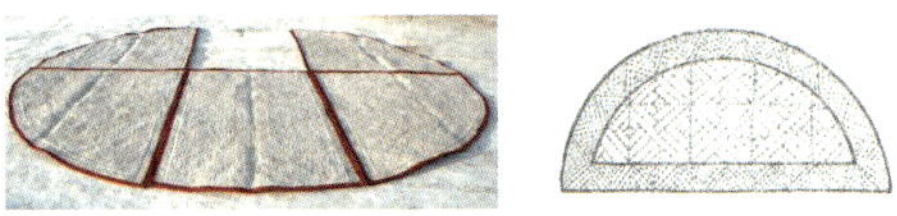

도갈로르를 펼친 모습

참고문헌 Монгол хэл соёлын хүрээлэн (2014), *Монгол нүүдэлчдийн тайлбар толь*, Монсудар хэвлэлийн газар, Улаанбаатар.

도토르 호쉴롱 Дотуур хошлон (Dotuur khoshlon)

벽체를 둥글게 에워 묶는 띠

격자 나무 벽체를 세우고 지붕 덮개를 씌우기 전에 벽체를 튼튼히 지탱하기 위해 벽체 둘레를 둥글게 에워 묶는 띠를 이르는 말이다. 벽체 윗부분에 한 개의 띠를 두른다. 가도르 호쉴롱(지붕 덮개 고정 끈)보다 가늘다.

게르 벽체를 묶는 도토르 호쉴롱

참고문헌 Монгол хэл соёлын хүрээлэн (2014), *Монгол нүүдэлчдийн тайлбар толь*, Монсудар хэвлэлийн газар, Улаанбаатар.

바닥 Шал (Shal)

몽골 게르 구조물의 하나

게르의 바닥에 나무 혹은 그와 유사한 재료로 만든 것을 설치하는데 이것을 샤르라고 한다. 이것은 유목 생활을 하는 게르에는 사용하지 않고 오늘날 이동하지 않는 게르에 사용된다.

게르의 바닥 판 부분

참고문헌 Б. Баярсайхан (2006), *Монгол гэр барих арга*, Улаанбаатар. Монгол хэл соёлын хүрээлэн (2014), *Монгол нүүдэлчдийн тайлбар толь*, Монсудар хэвлэлийн газар, Улаанбаатар.

벽체 Хана (Khana)

게르의 지붕을 떠받치는 격자 모양의 구조물

벽체는 게르의 지붕을 떠받치는 격자 모양의 구조물로, 몽골어로는 '한(khana)'이라고 한다. 벽체는 서까래와 하늘창을 연결한다.

벽체를 구성하는 길고 납작한 나무 막대 하나하나를 하닌 모드(khanyn mod)라고 하는데, 주로 버드나무, 소나무, 자작나무, 낙엽송, 포플러 나무로 만들지만 이전에는 주로 단단하고 습기에 강한 버드나무를 사용하였다. 낙엽송은 단단하지만 무겁기 때문에 이동하기에 불편하여 정주민 게르에 주로 이용된다.

하닌 모드를 연결하여 한 개의 벽체를 만

들 때는 하닌 우데르라고 하는 가죽못을 사용하여 연결한다. 이렇게 가죽못으로 연결이 된 벽체는 접었다 폈다 할 수 있게 되어 게르의 이동과 설치가 편리해진다. 하닌 모드의 모든 교차점에 가죽못을 박는 것은 아닌데, 이렇게 격체의 격자 모양에서 하닌 우데르(가죽못)가 없는 부분을 '하닌 히(khanyn khii)'라고 한다.

하닌 히 부분
© O. Demchigmaa, 2014. 6. 1.

벽체는 서로 연결되어 게르 한 채의 벽을 완성한다. 따라서 벽체의 수에 의해 게르의 크기가 결정된다. 일반적인 게르의 벽체 수는 다섯 개로 20~30㎡의 크기이며, 여섯 개짜리는 30~50㎡이다. 문과 벽체가 이어지는 벽체를 '하탑치(khatavtsh)'라 부르는데 보통의 벽체보다 약간 짧다. 이처럼 문과 연결된 벽을 '하탑치 벽(khatavtshny khana)'이라고 하고 그렇지 않은 벽을 '비(非) 하탑치 벽(khatavtshny bish khana)'이라 부른다. 벽체의 윗부분은 '하닌 톨고이(khanyn tolgoi: 벽의 머리)'라고 하며 벽의 아랫부분은 '하닌 쉬르(khanyn shiir: 벽의 다리)'라고한다. 하닌 톨고이 부분에 서까래를 올려 놓고 연결한다. 하닌 톨고이가 10개 미만인 경우를 '조랍치 한(zuuravtsh khana)'이라고 한다. 큰 게르를 지을 때 사용된다. 가죽못과 격자 모양이 크고 길게 펼쳐지는 벽을 '자이단 한(zaidan khana)'이라고 한다.

게르를 구성하는 벽체의 높이는 '하닌 에르스(khanyn ers)'라고 한다. 벽체의 높이는 자연과 기후에 따라 다르게 나타난다. 바람이 많고 센 지역에서는 벽체의 높이를 낮게 설치하고, 바람이 적은 지역은 높게 설치한다. 항가이 지역은 벽체가 높고 고비 지역은 낮다.

게르 벽체의 넓이를 지칭하는 말은 '하닌 누츠(khanyn nüüts)'라고 한다. 벽체의 넓이는 벽체의 높이와 가죽못, 벽체의 톨고이에 의해 결정된다. 벽체를 넓게 펼치면 게르의 높이는 낮고 공간이 넓어지는 반면 좁게 펼치면 게르의 높이는 높고 공간은 좁아진다. 벽체 넓이는 계절에 따라 다르게 나타난다. 겨울에는 하닌 누츠를 넓게 펼쳐 벽체의 높이를 낮추고 여름에는 하닌 누츠를 좁게 펼쳐서 벽체의 높이를 높게 한다.

벽체의 높이와 벽체의 넓이에 따라 벽체의 마름모꼴이 달라지는데, 이렇게 벽체를 펼쳤을 때 나타나는 마름모꼴을 '하닌 누드(khanyn nüd)'라고 한다.

벽체를 폈을 때의 모습

벽체를 접었을 때의 모습

참고문헌 Б. Баярсайхан (2006), *Монгол гэр барих арга*, Улаанбаатар. Монгол хэл соёлын хүрээлэн (2014), *Монгол нүүдэлчдийн тайлбар толь*, Монсудар хэвлэлийн газар, Улаанбаатар. International Institute for the Study of Nomadic Civilizations (2006), *History and culture of the Mongols*, Ulaanbaatar. 백승정 · 박원길 (2011), 몽골의 게르(Ger)에 나타난 북방문화원형 디자인 연구, 『몽골학』 31호, 한국몽골학회. 이안나 (2005), 『몽골인의 생활과 풍속』, 첫눈에. 内蒙古人民出版社 編 (2002) , 『蒙古族傳統文化圖鑑』, 内蒙古人民出版社.

사갈다르가 Унийн сагалдарга (Uniin sagaldarga)

게르를 구성하는 서까래와 벽체를 연결할 때 사용하는 끈

사갈다르가는 서까래와 격자 벽을 연결할 때 사용하는 끈을 이르는 말이다. 주로 끈은 말갈기나 낙타갈기로 만든다. 인방(引枋)의 서까래는 끈 연결이 필요없다.

사갈다르가

사갈다르가를 끼워 넣는 구멍

참고문헌 Монгол хэл соёлын хүрээлэн (2014), *Монгол нүүдэлчдийн тайлбар толь*, Монсудар хэвлэлийн газар, Улаанбаатар. 內蒙古人民出版社 編 (2002), 『蒙古族傳統文化圖鑑』, 內蒙古人民出版社.

서까래 Унь (Uni)

게르를 만들 때 하늘창과 벽체를 연결하는 나무막대

게르에서 서까래는 하늘창과 벽체를 연결하는 나무막대를 이르는 말인데, 몽골어로 '오니(uni)'라고 한다. 서까래는 버드나무, 사시나무, 낙엽송 등으로 만든다. 서까래의 길이는 게르의 크기에 따라 2~2.5m이며, 그 숫자도 65~98개로 다양하다. 하늘창에 연결된 서까래는 방사형으로 햇살이 퍼지는 모양과 흡사하다. 서까래의 형태에 따라 여러 종류가 있는데, 주스멜 오니(züsmel uni)는 산업혁명 이후 공장에서 대량 생산하는 서까래를 이르는 말이다.

촐바르 오니(tsuulbar uni)는 나무의 결을 살려서 만든 서까래로 내구성이 강하다. 마트말 오니(matmal uni)는 버드나무나 낙엽송 등을 잘라서 쪼개지 않고 통나무로 구부려서 만든 서까래이며, 삽한 오니(savkhan uni)는 수분을 약간 머금은 버드나무나 낙엽송을 얇게 잘라서 만든 서까래로, 단단하며 이동 시 무게가 가벼워서 어떤 종류의 서까래에도 사용할 수 있다. 쇼르골진 오니(shorgooljin uni)는 벽체의 윗부분에 연결시키는 서까래로, 주로 몽골의 동부 지방에서 사용한다. 벅터르 오니(bögtör uni)는 벽체에 연결되는 서까래 부분이 약간 둥글게 구부러져 있는 서까래이다. 숄론 오니(shuluun uni)는 곧은 서까래로 주로 옛날에 사용되었다.

숄론 오니

참고문헌 Г. Гонгоржав (2001), *Монголчуудын модон өв соёл*, Улаанбаатар. Монгол хэл соёлын хүрээлэн (2014), *Монгол нүүдэлчдийн тайлбар толь*, Монсудар хэвлэлийн газар, Улаанбаатар. International Institute for the Study of Nomadic Civilizations (2006), *History and culture of the Mongols*, Ulaanbaatar. 內蒙古人民出版社 編 (2002), 『蒙古族傳統文化圖鑑』, 內蒙古人民出版社.

오닌 톨고이 Унийн толгой (Uniin tolgoi)

게르를 구성하는 하늘창의 구멍에 끼우는 서까래의 머리 부분을 이르는 말

오닌 톨고이는 하늘창의 구멍에 끼우는 서까래의 머리 부분을 지칭하며 사각형, 원형, 납작한 형태가 있다. 오닌 제트(uniin zet)라고도 한다.

게르의 오닌 톨고이

참고문헌 Монгол хэл соёлын хүрээлэн (2014), *Монгол нүүдэлчдийн тайлбар толь*, Монсудар хэвлэлийн газар, Улаанбаатар. 内蒙古人民出版社 編 (2002) ,『蒙古族傳統文化圖鑑』, 内蒙古人民出版社.

토르가 Туурга (Tuurga)

게르 벽체를 두르는 덮개

게르 벽체를 두르는 덮개인 토르가는 펠트로 만들며 외부의 습기나 추위로부터 보호하는 역할을 한다. 몽골 사람은 남동쪽 토르가를 중요히 여기는데, 이는 이곳으로부터 집안에 복이 들어온다고 여기기 때문이다. 그래서 남동쪽 토르가는 함부로 털지 않는다. 서쪽 토르가는 밖에서 들어오는 먼지를 막아준다.

토르가 (붉은 네모 부분)

참고문헌 Монгол хэл соёлын хүрээлэн (2014), *Монгол нүүдэлчдийн тайлбар толь*, Монсудар хэвлэлийн газар, Улаанбаатар. 内蒙古人民出版社 編 (2002) ,『蒙古族傳統文化圖鑑』, 内蒙古人民出版社.

하닌 보돌 Ханын боодол (Khanyn boodol)

게르를 구성하는 격자 모양의 벽체를 잇는 끈

하닌 보돌은 격자 모양의 벽체를 잇는 끈을 이르는 말이다. 주로 말갈기나 낙타 갈기 부분의 억센 털을 사용한다.

벽체를 하닌 보돌로 이은 모습

참고문헌 Монгол хэл соёлын хүрээлэн (2014), *Монгол нүүдэлчдийн тайлбар толь*, Монсудар хэвлэлийн газар, Улаанбаатар.

하닌 암 Ханын ам (Hanyn am)

게르의 격자 벽체를 서로 연결하는 이음새 부분

하닌 암은 게르를 지을 때 세우는 격자 모양 벽체에서 벽체를 서로 연결하는 이음새 부분을 이르는 말이다.

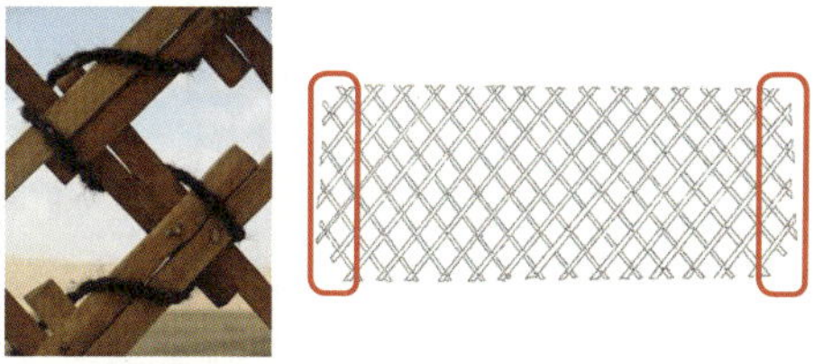
하닌 암을 연결한 모습, 하닌 암 (붉은 네모 부분)

참고문헌 Монгол хэл соёлын хүрээлэн (2014), *Монгол нүүдэлчдийн тайлбар толь*, Монсудар хэвлэлийн газар, Улаанбаатар. 内蒙古人民出版社 編 (2002) ,『蒙古族傳統文化圖鑑』, 内蒙古人民出版社.

하닌 엘렉 Ханын элэг (Khanyn eleg)

게르 벽체의 안쪽으로 벽체의 중간에서 조금 위쪽 부분

하닌 엘렉은 게르의 안쪽 벽체에서 벽체의 중간에서 조금 위쪽 부분을 이르는 말이다. '엘렉'이라는 말은 '간(肝)'을 의미하는데, '하닌 엘렉'이라는 말은 우리 몸속 간의 위치에서 비롯된 말이다. 몽골 사람은 하늘창으로 들어오는 햇빛의 그림자를 통해 시간을 알 수 있기에 벽체의 위치에도 각각의 명칭이 있다.

게르의 하닌 엘렉 (붉은 원 부분)

참고문헌 Монгол хэл соёлын хүрээлэн (2014), *Монгол нүүдэлчдийн тайлбар толь*, Монсудар хэвлэлийн газар, Улаанбаатар. 内蒙古人民出版社 編 (2002), 『蒙古族傳統文化圖鑑』, 内蒙古人民出版社.

하닌 우데르 Ханын үдээр (Khanyn üdeer)

게르를 구성하는 벽체에서 격자 나무들을 연결하는 가죽못

하닌 우데르는 벽체를 구성하는 격자 나무들을 연결하는 가죽못을 이르는 말이다. 가죽못은 변형이 없어야 하므로 주로 낙타가죽으로 만든다.

벽체를 하닌 우데르로 박은 모습 (붉은 원 안)

참고문헌 Монгол хэл соёлын хүрээлэн (2014), *Монгол нүүдэлчдийн тайлбар толь*, Монсудар хэвлэлийн газар, Улаанбаатар. 内蒙古人民出版社 編 (2002), 『蒙古族傳統文化圖鑑』, 内蒙古人民出版社.

하닌 하야 Ханын хаяа (Khanyn khayaa)

게르를 구성하는 벽체의 밑부분

하닌 하야는 게르를 지을 때 세우는 벽체의 밑부분을 이르는 말이다. 이곳에 추위와 습기를 막기 위해 '하얍치(khayaavtsh)'를 설치한다.

하닌 하야 (붉은 네모 부분)

참고문헌 Монгол хэл соёлын хүрээлэн (2014), *Монгол нүүдэлчдийн тайлбар толь*, Монсудар хэвлэлийн газар, Улаанбаатар. 内蒙古人民出版社 編 (2002), 『蒙古族傳統文化圖鑑』, 内蒙古人民出版社.

하얍치 Хаявч (Khayaavtsh)

나무나 펠트로 에워싼 게르의 바깥 하단부

게르의 바깥 하단부를 '하야(khayaa)'라고 하

고 여기를 나무나 펠트로 에워싸는 곳을 할하 몽골에서는 '하얍치', 오이라트 몽골 부족은 '이르게'라고 한다. 높이는 20~25cm이며, 바람이 없고 기온이 높은 때에는 말아올린다. 하얍치는 게르 내부 온도를 유지시키고, 바람과 먼지, 습기를 막아주는 역할을 한다.

하얍치의 색깔은 각 부족의 전통에 따라 각각 다른 특징을 보인다. 먕가드 부족은 푸른 바탕에 검은 문양을 넣은 하얍치를 하고 부리야트 부족은 검붉은색의 하얍치를 설치한다.

더르워드 부족의 하얍치

나무 하얍치

먕가드 부족의 하얍치

참고문헌 Монгол хэл соёлын хүрээлэн (2014), *Монгол нүүдэлчдийн тайлбар толь*, Монсудар хэвлэлийн газар, Улаанбаатар. 內蒙古人民出版社 編 (2002), 『蒙古族傳統文化圖鑑』, 內蒙古人民出版社.

하탑치 벽 Хатавчны хана (Khatavtshny khana)

게르의 문과 연결하는 벽체

한쪽 면은 문, 다른 한쪽 면은 벽채와 연결하는 벽을 하탑치 벽이라고 한다.하탑치 벽은 기존의 벽 길이보다 짧다. 게르를 지을 때 하탑치 벽을 제일 먼저 세운 다음 동쪽으로 벽체를 세우면서 둥글게 벽을 설치해 나간다.

하탑치 벽 (붉은 네모 부분) © O. Demchigmaa, 2014. 6. 1.

참고문헌 Монгол хэл соёлын хүрээлэн (2014), *Монгол нүүдэлчдийн тайлбар толь*, Монсудар хэвлэлийн газар, Улаанбаатар.

게르의 하늘창

골 헤츠 Гол хэц (Gol khets)

게르의 구조물인 하늘창을 남북 방향으로 가로지르는 틀

골 헤츠는 하늘창을 남북 방향으로 가로지르는 틀을 지칭하는 말인데, 골 헤츠는 문쪽의 방향과 일직선이 되게 설치한다.

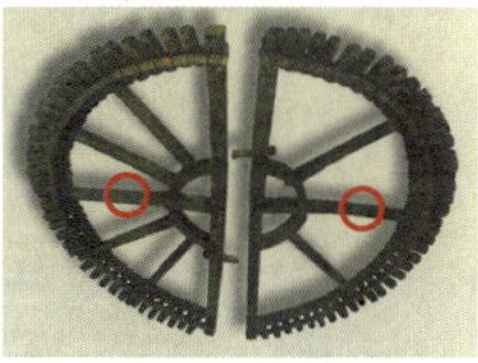
하늘창의 골 헤츠 (붉은 원 부분)

참고문헌 Монгол хэл соёлын хүрээлэн (2014), *Монгол нүүдэлчдийн тайлбар толь*, Монсудар хэвлэлийн газар, Улаанбаатар. International Institute for the Study of Nomadic Civilizations (2006), *History and culture of the Mongols*, Ulaanbaatar.

노욘 헤츠 Ноён хэц (Noyon khets)

게르의 구조물인 하늘창을 동서 방향으로 가로지르는 틀

노욘 헤츠는 헬헤 하늘창에서 동서 방향을 가로지르는 틀을 이르는 말이다. 분리가 가능해서 이동과 조립이 용이하다. 예전에 주로 사용했던 하늘창이고, '이흐 골(ikh gol)'이라고도 한다.

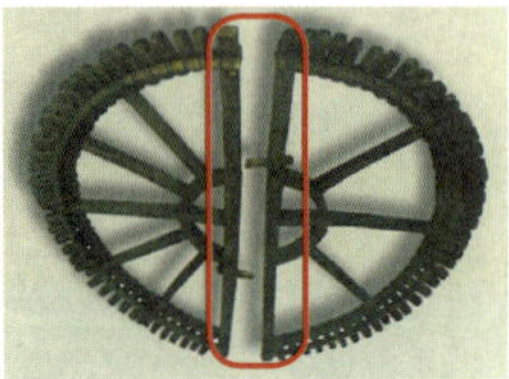

하늘창의 통골 (붉은 네모 부분)

참고문헌 Монгол хэл соёлын хүрээлэн (2014), *Монгол нүүдэлчдийн тайлбар толь*, Монсудар хэвлэлийн газар, Улаанбаатар.

데웨르 Дээвэр (Deever)

게르의 지붕을 덮는 덮개

데웨르는 펠트로 만든 지붕 덮개를 말하며 게르 외부에서 비나 눈이 안으로 들어오지 못하게 막는 역할을 한다. 지붕의 중앙부에서 반원 형태로 잘린 부분이 있는데 이쪽을 북쪽으로 놓고 지붕 덮개로 덮어 환기구 역할을 하게 한다. 지붕 덮개는 앞, 뒤 두 부분으로 나뉘어 있고 게르를 설치하고 분해하는 데 쉽게 하기 위해 정해진 접는 방법이 있다. 또는 덮개를 무겁게 하여 추위와 돌풍에 견디게 한다.

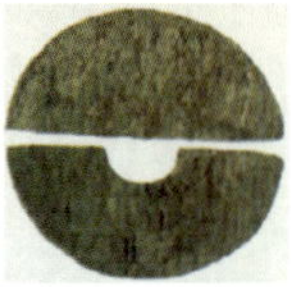

데웨르를 펼친 모습

데웨르를 접은 모습

참고문헌 Монгол хэл соёлын хүрээлэн (2014), *Монгол нүүдэлчдийн тайлбар толь*, Монсудар хэвлэлийн газар, Улаанбаатар.

마트말 하늘창 Матмал тооно (Matmal toono)

나무를 둥글게 휘어 만든 하늘창

마트말 하늘창은 버드나무나 자작나무 등을 둥글게 휘어 만든 하늘창을 통칭하는 말이다.

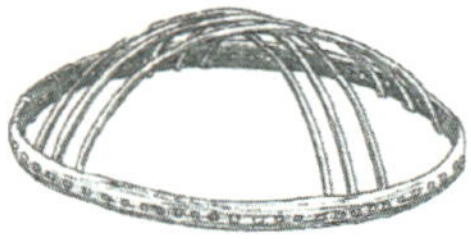

마트말 하늘창

참고문헌 Монгол хэл соёлын хүрээлэн (2014), *Монгол нүүдэлчдийн тайлбар толь*, Монсудар хэвлэлийн газар, Улаанбаатар. Шинжлэх ухааны академи, түүхийн хүрээлэн (1987), *БНМАУ-ын угсаатны зүй. 1 (Халхын угсаатны зүй)*, Улаанбаатар.

사르히낙 하늘창 Сархинаг тооно (Sarkhinag toono)

하늘창의 틀이 분리되도록 만든 하늘창

사르히낙 하늘창의 가장 큰 특징은 하늘창의 틀이 분리된다는 점이다. 그래서 이동할 때 운반이 용이하다. 사르히낙 하늘창은 호롤 하늘창(khorol toono)과 유사하나 호롤 하늘창에는 가장자리의 틀이 없다. 중앙에 작은 원형 테가 없고 중앙이 분리된다. 앞뒤로 분리된 창에 각각 세 개씩 여섯 개의 살이 있다. 게르를 지을 때는 붙여서 하나로 만든다. 이때 가죽끈으로 분리된 창을 고정시킨다. 사르히낙 하늘창의 게르는 한 사람의 힘으로도 세울 수 있다.

사르히낙 하늘창

참고문헌 Д. Майдар, Л. Дарьсүрэн (1976), *Гэр. Орон сууцны түүхэн тойм*, Улаанбаатар. Д. Наранхүү, Б. Мягмарбаяр (2007), *Монгол гэрийн үүсэл хөгжлийн түүх*, Улаанбаатар.

사르히아 하늘창 Сархиа тооно (Sarkhia toono)

하늘창 내부에 나무를 3~4줄의 격자 모양으로 끼운 하늘창

하늘창 테두리에 가는 나무 막대를 세 개씩 십자(十字)로 가로지른 하늘창을 사르히아 하늘창이라 한다. '참흐라 하늘창(tsamkhraa toono)', '삼 하늘창(sam toono)'이라고도 한다.

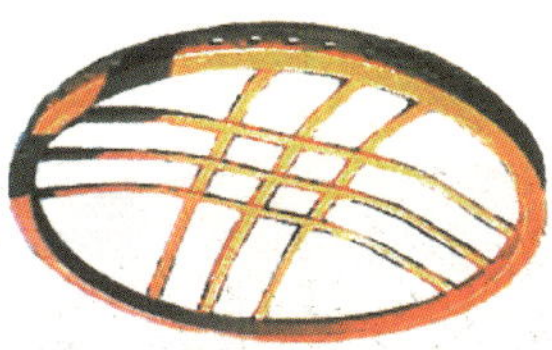

사르히아 하늘창

참고문헌 Б. Баярсайхан (2006), *Монгол гэр барих арга*, Улаанбаатар. Д. Наранхүү, Б. Мягмарбаяр (2007), *Монгол гэрийн үүсэл хөгжлийн түүх*, Улаанбаатар.

어르흐 Өрх (Örkh)

게르의 하늘창을 덮는 덮개

어르흐는 하늘창을 덮도록 만든 사각형의 펠트를 말한다. 덮개를 치거나 걷어서 게르 내부의 환기와 채광을 조절한다. 하늘창 덮개의 네 모서리에 각각 하나씩 달려있는 끈을 하늘창 덮개 끈(örkhnii oosor)이라고 한다. 모든 덮개 끈은 벽의 하단부 또는 바닥까지 늘어져 있어야 한다. 어르흐를 걷을 때는 사각형 앞쪽에 있는 덮개 끈을 뒤로 넘겨 묶는다.

몽골 사람들은 하늘창 덮개를 게르의 모자, 정상(頂上)의 장식이라 하여 귀히 여긴다. 그리하여 어르흐에 대한 금기가 많다. 예를 들어 어르흐를 밟거나 그 위에 앉는 행동, 또는 깔거나 덮는 행동을 금한다. 이는 집의 가장 꼭대기에 있는 어르흐가 하늘과 교감한다는 믿음에 기인하는 것으로 보인다.

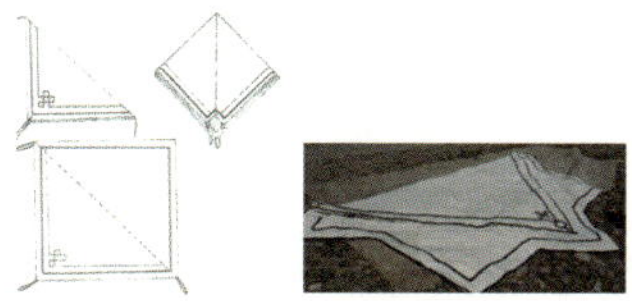

어르흐의 펼친 모습과 접은 모습

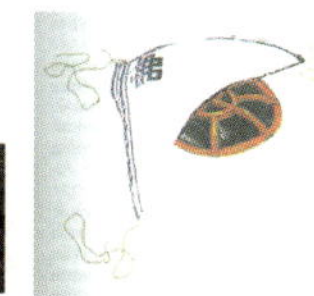

어르흐에 달린 끈, 즉 하늘창 덮개 끈

참고문헌 Б. Баярсайхан (2006), *Монгол гэр барих арга*, Улаанбаатар. Монгол хэл соёлын хүрээлэн (2014), *Монгол нүүдэлчдийн тайлбар толь*, Монсудар хэвлэлийн газар, Улаанбаатар. 이안나 (2005), 『몽골인의 생활과 풍속』, 첫눈에.

졸곤 하늘창 Жовгон тооно (Jovgon toono)

원시 게르인 움집의 하늘창

졸곤 토노는 원시 게르인 움집의 하늘창으로, 막대 기둥 가운데에 붉은 버드나무로 만든 둥근 틀을 이르는 말이다. 이것은 몽골 게르 하늘창의 원형이다. 헙스걸 아이막의 다르하드 차탄 부족이 오늘날까지 사용하고 있다.

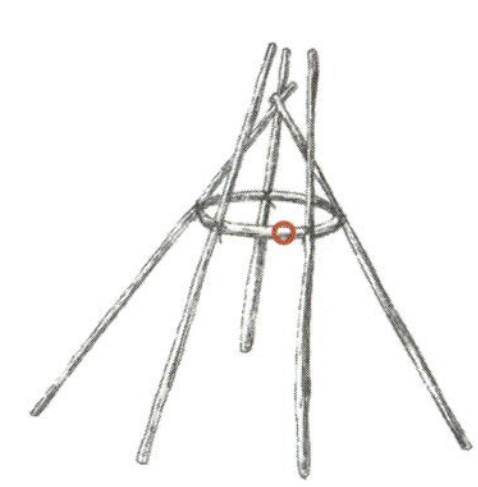

졸곤 하늘창

참고문헌 Монгол хэл соёлын хүрээлэн (2014), *Монгол нүүдэлчдийн тайлбар толь*, Монсудар хэвлэлийн газар, Улаанбаатар.

주이멜 하늘창 Зүймэл тооно (Züimel toono)

합판으로 만든 하늘창

주이멜 하늘창은 원목이 아닌 합판으로 만든 현대식 하늘창을 이르는 말이다. 주로 공장에서 대량으로 제작한다. 공장 제작이 보편화되면서 현재는 대부분 주이멜 하늘창을 사용한다.

참고문헌 Монгол хэл соёлын хүрээлэн (2014), *Монгол нүүдэлчдийн тайлбар толь*, Монсудар хэвлэлийн газар, Улаанбаатар.

차가릭 Цагариг (Tsagarig)

게르의 구조물인 헬헤 하늘창의 테두리

헬헤 하늘창의 원형 테두리를 차가릭이라고 하는데, 이것은 서까래를 지지해 주는 역할을 한다. 원형 테두리가 하나일 때는 '단 차가릭(dan tsagarig)'이라 하고 이중 테두리일 경우에는 '다브하르 차가릭(davkhar tsagarig)'이라고 한다. 주로 어린 대나무를 사용한다.

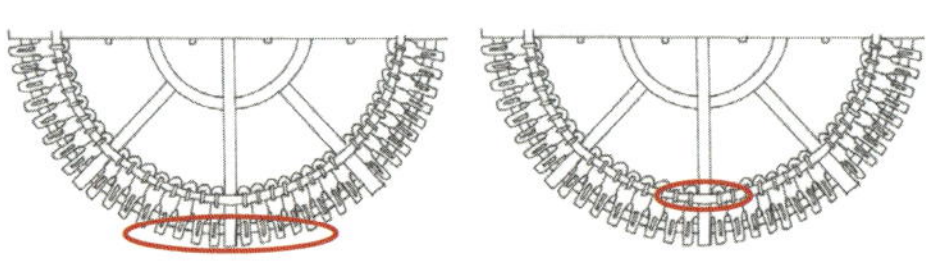

홑 테두리 겹 테두리

참고문헌 Монгол хэл соёлын хүрээлэн (2014), *Монгол нүүдэлчдийн тайлбар толь*, Монсудар хэвлэлийн газар, Улаанбаатар.

차왁 Цавag (Tsavag)

게르의 지붕 덮개인 데웨르 밑에 씌우는 얇은 천

지붕 덮개 밑에 씌우는 얇은 에스기 천을 차왁이라고 한다. 게르의 골조가 만들어지면 가장 먼저 게르 서까래에 얹히는 덮개이다. 모양과 크기는 지붕 덮개와 같다. 흰색 에스기 차왁은 집안을 환하게 하고 더러워지면 쉽게 세탁할 수 있다. 서쪽 몽골인인 더르워드 부족에서는 차왁을 씌우지 않지만 그대신 에스기 조각을 연결한 것을 차왁이라고 하고 벽면에 덮는 토르가와 연결한다. 최근에는 차왁을 흰 천으로 한다.

게르에 차왁을 씌운 모습

참고문헌 Монгол хэл соёлын хүрээлэн (2014), *Монгол нүүдэлчдийн тайлбар толь*, Монсудар хэвлэлийн газар, Улаанбаатар.

착타가 Чагтага (Chagtaga)

게르의 구조물인 하늘창의 중심에서 묶어 아래로 늘어뜨린 끈

하늘창의 중심에서 묶어 아래로 늘어뜨린 끈을 착타가라 하는데, 이것은 기둥과 마찬가지로 바람과 폭풍에 집채가 쓰러지지 않게 단단히 고정시키는 역할을 한다. 착타가는 낙타나 말갈기 등으로 튼튼하게 만든다. 보통 착타가의 둘레를 붉은색의 천 등으로 감고, 보리와 소금 등을 싼 하닥을 위쪽에 묶어서 가정이 곡식처럼 번성하기를 기원한다. 이 긴 끈은 풍요를 상징하는 양의 배 모양이나 길상(吉祥) 문양의 매듭으로 만들어 천장 받침목에 끼워 놓는다.

착타가 (붉은 원 부분)

© O. Demchigmaa, 2014. 6. 1.

참고문헌 Б. Баярсайхан (2006), *Монгол гэр барих арга*, Улаанбаатар. Монгол хэл соёлын хүрээлэн (2014), *Монгол нүүдэлчдийн тайлбар толь*, Монсудар хэвлэлийн газар, Улаанбаатар. 백승정 · 박원길, '몽골의 게르(Ger)에 나타난 북방 문화원형 디자인 연구', 『몽골학』 31호, 한국몽골학회.

참학 Цамхаг (Tsamkhag)

하늘창의 원형 테두리 틀을 제외한 상층부

참학은 하늘창의 원형 테두리 틀을 제외한 상층부를 지칭한다. 참학은 토놀즈(toonolj), 토닌 삼(toonyn sam), 토닌 후르드(toonyn khürd), 토닌 다가(toonyn daaga) 등으로 구성된다.

하늘창의 참학 (붉은 네모 부분)

참고문헌 Монгол хэл соёлын хүрээлэн (2014), *Монгол нүүдэлчдийн тайлбар толь*, Монсудар хэвлэлийн газар, Улаанбаатар.

토놀즈 Тоонолж (Toonolj)

게르의 구조물인 하늘창에서 헤츠가 십자(十字)로 연결된 부분

토놀즈는 하늘창에서 헤츠가 십자로 연결된 부분인데, 게르가 균형을 유지해야 하기 때문에 헤츠 부분이 정확히 직각을 유지하는 것이 중요하다.

호롤 하늘창의 토놀즈

참흐라 하늘창의 토놀즈

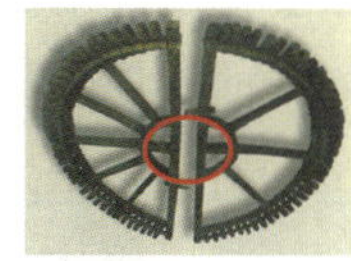

사르히낙 하늘창의 토놀즈

참고문헌 Монгол хэл соёлын хүрээлэн (2014), *Монгол нүүдэлчдийн тайлбар толь*, Монсудар хэвлэлийн газар, Улаанбаатар. International Institute for the Study of Nomadic Civilizations (2006), *History and culture of the Mongols*, Ulaanbaatar.

토닌 게겝치 Тооны гэгээвч (Toonyn gegeevch)

하늘창의 남쪽 토닌 철러르히에 끼워 넣는 것

하늘창의 남쪽 부분에 비닐이나 유리로 네 개의 토닌 철러르히의 크기나 모양에 맞게 만들어서 끼워 넣는 것을 이르는 말이다. 겨울에는 바람을 막고 채광을 하기 위해, 여름에는 해충을 막기 위하여 만든다.

토닌 게겝치 (붉은 원 부분)

© O. Demchigmaa, 2014. 6. 1.

참고문헌 Монгол хэл соёлын хүрээлэн (2014), *Монгол нүүдэлчдийн тайлбар толь*, Монсудар хэвлэлийн газар, Улаанбаатар.

토닌 골 Тооны гол (Toonyn gol)

게르의 구조물인 하늘창의 정 중앙점

토닌 골은 하늘창의 정 중앙점를 이르는 말이다. 여기에 착타가(tshagtaga)가 연결되어 있다.

토닌 골에 착타가가 연결되어 있는 모습

참고문헌 Монгол хэл соёлын хүрээлэн (2014), *Монгол нүүдэлчдийн тайлбар толь*, Монсудар хэвлэлийн газар, Улаанбаатар. 內蒙古人民出版社 編 (2002), 『蒙古族傳統文化圖鑑』, 內蒙古人民出版社.

토닌 다가 ᠲᠣᠭᠣᠨ ᠤ ᠳᠠᠭᠠ Тооны даага (Toonyn daaga)

게르의 구조물인 하늘창의 중앙과 테두리 사이에 연결된 나무틀을 이르는 말

하늘창의 중앙과 테두리 사이에 연결된 나무틀을 토닌 다가라고 한다. 이것은 하늘창의 틀을 견고히 하고 하늘창 덮개 천이 안으로 처지지 않게 받쳐 주는 역할을 한다.

하늘창의 토닌 다가 (붉은 원 부분)

참고문헌 Монгол хэл соёлын хүрээлэн (2014), *Монгол нүүдэлчдийн тайлбар толь*, Монсудар хэвлэлийн газар, Улаанбаатар. International Institute for the Study of Nomadic Civilizations (2006), *History and culture of the Mongols*, Ulaanbaatar. 內蒙古人民出版社 編 (2002), 『蒙古族傳統文化圖鑑』, 內蒙古人民出版社.

토닌 삼 ᠲᠣᠭᠣᠨ ᠤ ᠰᠠᠮ Тооны сам (Toonyn sam)

사르히아 하늘창의 테두리를 가로지르는 나무틀

사르히아 하늘창의 테두리 위를 가로지르는 나무틀을 토닌 삼이라고 한다. 일반적으로 나무막대를 휘어 테두리틀에 끼우는 데, 일반적으로 가로, 세로 세 줄씩 끼운다. 예전에는 일반적으로 토닌 삼을 사용했는 데, 지금은 서부 몽골 지역에서 주로 사용한다.

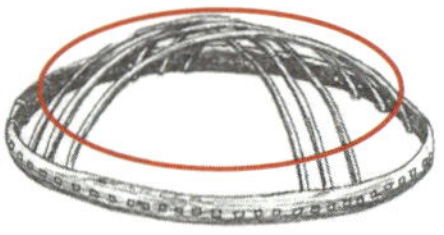

사르히아 하늘창의 토닌 삼 (붉은 원 부분)

참고문헌 Монгол хэл соёлын хүрээлэн (2014), *Монгол нүүдэлчдийн тайлбар толь*, Монсудар хэвлэлийн газар, Улаанбаатар.

토닌 에르굴렉 ᠲᠣᠭᠣᠨ ᠤ ᠡᠷᠭᠢᠭᠦᠯᠡᠭ Тооны эргүүлэг (Toonyn ergüüleg)

하늘창의 방향을 조절하기 위해 네 방향으로 연결한 끈

게르를 설치할 때 하늘창의 방향을 조절하기 위해 네 방향에 끈을 연결하는데, 이것을 에르굴렉(ergüüleg)이라고 한다.

하늘창의 끈

참고문헌 Монгол хэл соёлын хүрээлэн (2014), *Монгол нүүдэлчдийн тайлбар толь*, Монсудар хэвлэлийн газар, Улаанбаатар.

토닌 우데르 ᠲᠣᠭᠣᠨ ᠤ ᠦᠳᠡᠭᠡᠷ Тооны үдээр (Toonyn üdeer)

헬헤 하늘창의 원형 테두리에 낙타 가죽으로 만든 연결 고리

토닌 우데르는 게르의 구조물인 헬헤 하늘창의 원형 테두리에 연결된 연결 고리를 이르는 말이다. 이 연결 고리는 낙타 가죽으로 만든다.

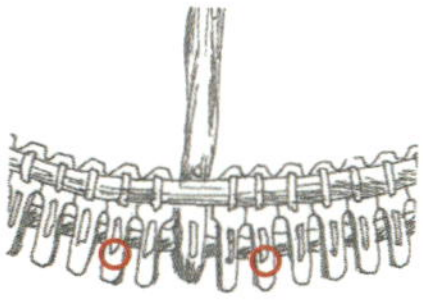

토닌 우데르 (붉은 원 부분)

참고문헌 Монгол хэл соёлын хүрээлэн (2014), *Монгол нүүдэлчдийн тайлбар толь*, Монсудар хэвлэлийн газар, Улаанбаатар.

토닌 철러르히 ᠲᠣᠭᠣᠨ ᠤ ᠴᠥᠯᠦᠷᠬᠡᠢ Тооны цөлөрхий (Toonyn tsölörkhii)

게르의 구조물인 하늘창을 가로지르는 틀 사이의 공간

게르에서 하늘창을 가로지르는 틀 사이의 공간을 토닌 철러르히라고 하는데, 이곳을 통해 채광과 환기를 조절한다.

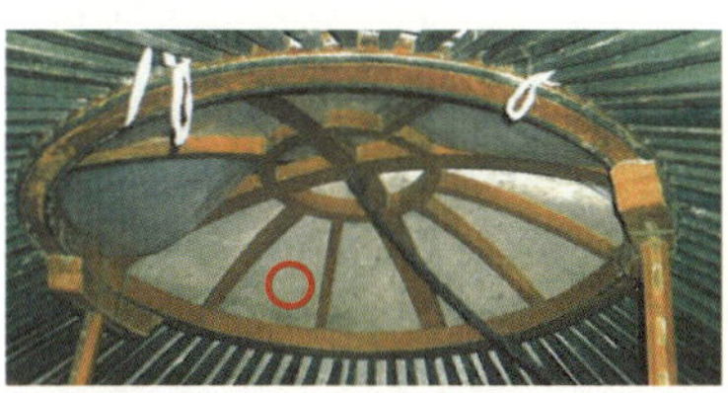

하늘창의 토닌 철러르히 (붉은 원 부분)

참고문헌 Монгол хэл соёлын хүрээлэн (2014), *Монгол нүүдэлчдийн тайлбар толь*, Монсудар хэвлэлийн газар, Улаанбаатар. International Institute for the Study of Nomadic Civilizations (2006), *History and culture of the Mongols*, Ulaanbaatar.

토닌 추 ᠲᠣᠭᠣᠨ ᠤ ᠴᠤᠤ Тооны цүү (Toonyn tsüü)

헬헤 하늘창 두 개의 틀을 연결할 때 사용되는 나무못

토닌 추는 헬헤 하늘창 두 개의 틀을 연결할 때 사용되는 나무못을 이르는 말이다. 토닌 추는 재질이 단단한 나무를 사용한다.

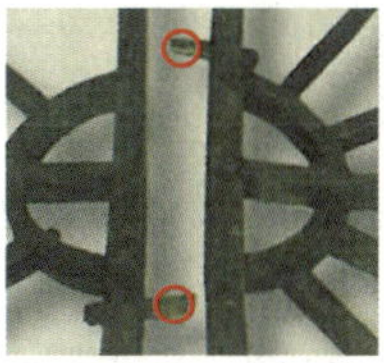

하늘창의 틀을 연결하는 토닌 추 (붉은 원 부분)

참고문헌 Монгол хэл соёлын хүрээлэн (2014), *Монгол нүүдэлчдийн тайлбар толь*, Монсудар хэвлэлийн газар, Улаанбаатар. International Institute for the Study of Nomadic Civilizations (2006), *History and culture of the Mongols*, Ulaanbaatar.

토닌 헬헤르 ᠲᠣᠭᠣᠨ ᠤ ᠬᠡᠯᠬᠢᠶᠡᠷ Тооны хэлхээр (Toonyn khelkheer)

헬헤 하늘창에 서까래를 끼워 연결하는 끈

게르의 구조물인 헬헤 하늘창에 서까래를 끼워 연결하는 끈을 토닌 헬헤르라고 하며 말총으로 만든다.

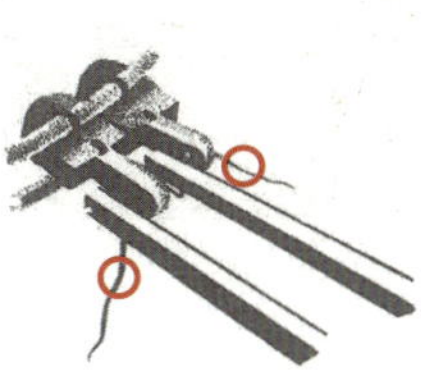

토닌 헬헤르 (붉은 원 부분)

참고문헌 Монгол хэл соёлын хүрээлэн (2014), *Монгол нүүдэлчдийн тайлбар толь*, Монсудар хэвлэлийн газар, Улаанбаатар.

토닌 호로 할바가 Тоонын хуруу, халбага (Toonyn khuruu, khalbaga)

헬헤 하늘창에서 서까래를 연결하는 부분

토닌 호로는 게르의 헬헤 하늘창에서 서까래를 연결하는 연결 고리를 이르는 말이다.

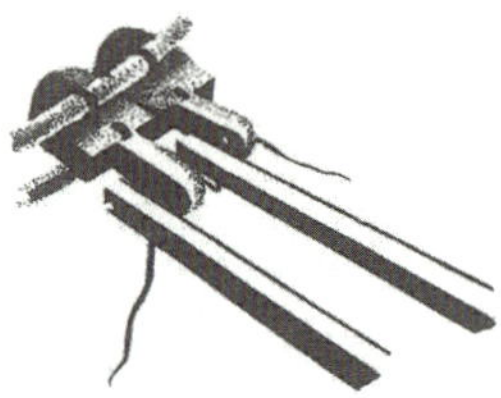

토닌 할바가, 토닌 호로

참고문헌 Монгол хэл соёлын хүрээлэн (2014), *Монгол нүүдэлчдийн тайлбар толь*, Монсудар хэвлэлийн газар, Улаанбаатар.

토닌 후르드 Тоонын хүрд (Toonyn khürd)

게르의 구조물인 하늘창의 윗부분에 있는 원형틀

토닌 후르드는 토놀즈(toonolj)와 통골(tongol)을 합친 하늘창 상층의 원형틀을 이르는 말이다.

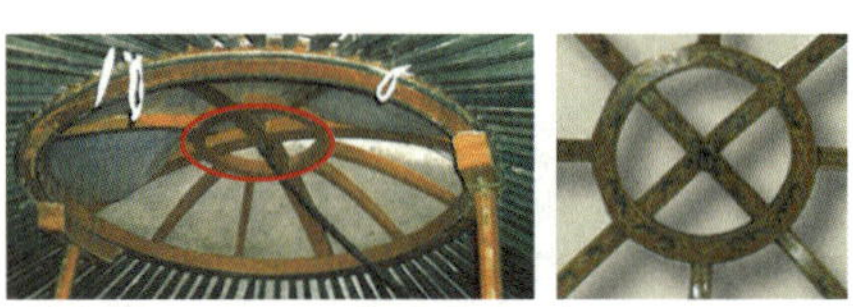

하늘창의 토닌 후르드 (붉은 원 부분)

참고문헌 Монгол хэл соёлын хүрээлэн (2014), *Монгол нүүдэлчдийн тайлбар толь*, Монсудар хэвлэлийн газар, Улаанбаатар. International Institute for the Study of Nomadic Civilizations (2006), *History and culture of the Mongols*, Ulaanbaatar.

톤골트 하늘창 Тонголт тооно (Tongolt toono)

하늘창의 일종

헬헤 하늘창과 형태는 유사하지만 중심부의 둥근 테두리와 그와 연결하는 다가가 있는 것이 특징이다. 이것은 이사와 이동 및 설치를 용이하게 한다. 주로 우젬친, 호치드, 차하르 부족에서 널리 사용한다.

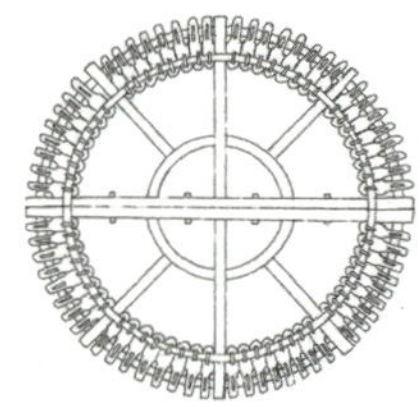

우젬친의 톤골트 하늘창

참고문헌 Монгол хэл соёлын хүрээлэн (2014), *Монгол нүүдэлчдийн тайлбар толь*, Монсудар хэвлэлийн газар, Улаанбаатар.

통골 Тоонын тонгол (Toonyn tongol)

게르의 구조물인 하늘창의 중심부에 있는 원형틀

통골은 하늘창의 중앙에 있는 원형틀을 이르는 말인데, 보통 서부 몽골 지역에서 이르는 말이다. 하늘창을 보다 견고하게 유지하기 위해 통골을 설치하는 것을 중요하게 여긴다. 토닌 다가나 노욘헤츠와 연결된다.

하늘창의 통골

참고문헌 Монгол хэл соёлын хүрээлэн (2014), *Монгол нүүдэлчдийн тайлбар толь*, Монсудар хэвлэлийн газар, Улаанбаатар. International Institute for the Study of Nomadic Civilizations (2006), *History and culture of the Mongols*, Ulaanbaatar.

하늘창 Тооно (Toono)

게르의 가장 꼭대기에 있는 둥근 형태의 구조물

하늘창은 게르의 가장 꼭대기에 위치하는 둥근 형태의 구조물을 이르는 말인데, 몽골어로는 '토노(toono)'라고 한다. 하늘창은 지붕의 뼈대 역할을 하는데 오늘날까지 큰 변화 없이 전해 내려오고 있다. 하늘창은 오래전부터 번성과 영원의 의미를 지닌 빨강, 주황색의 안료를 칠하였는데 오늘날에는 페인트로 칠한다. 하늘창은 게르의 머리라고 하여 소중하게 여기기 때문에 하늘창 위를 지나거나 밟아서는 안된다. 이사를 할 때에도 짐 맨 위에 올리고 하늘창을 설치할 때는 반드시 남성이 들어올려야 한다.

하늘창은 환기 및 통풍의 기능 외에 햇빛의 위치에 따른 그림자의 이동을 통해 시간을 추정할 수 있는 시계의 기능도 한다.

게르의 하늘창은 만드는 방법에 따라 옛 방식의 마트말 하늘창(matmal toono)과 오늘날 방식인 주이멜 하늘창(züimel toono)으로 구분된다. 또한 형태에 따라 좁곤 하늘창(jovgon toono), 참흐라 하늘창(tsamkhraa toono), 헬헤 하늘창(khelkhee toono), 후주테 하늘창(khüzüütei toono), 톤골트 하늘창(tongolt toono), 호롤 하늘창(khorol toono), 하트고르 하늘창(khatguur toono), 하라치 하늘창(kharaatsh toono)으로 구분한다.

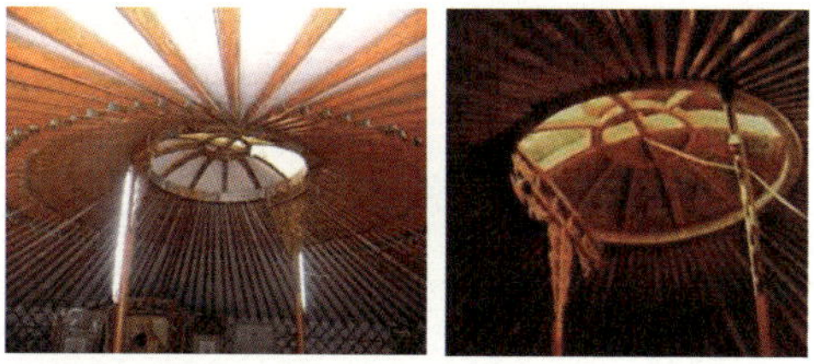

게르의 하늘창 © O. Demchigmaa, 2012. 7. 28.

참고문헌 Д. Наранхүү, Б. Мягмарбаяр (2007), *Монгол гэрийн үүсэл хөгжлийн түүх*, Улаанбаатар. Монгол хэл соёлын хүрээлэн (2014), *Монгол нүүдэлчдийн тайлбар толь*, Монсудар хэвлэлийн газар, Улаанбаатар. Шинжлэх ухааны академи, түүхийн хүрээлэн(1987), *БНМАУ-ын угсаатны зүй. 1* (*Халхын угсаатны зүй*), Улаанбаатар. International Institute for the Study of Nomadic Civilizations (2006), *History and culture of the Mongols*, Ulaanbaatar. 內蒙古人民出版社 編 (2002), 『蒙古族傳統文化圖鑑』, 內蒙古人民出版社.

하늘창 테두리 Тооны хүрээ (Toonyn khüree)

게르의 구조물인 하늘창을 구성하는 원형 테두리

하늘창의 가장자리 부분인데, 몽골어로 '토닌 후레'라고 한다. 서까래를 끼울 수 있도록 구멍이 뚫려 있는 것(하트고르 하늘창)도 있고, 낙타 가죽으로 고리 모양을 만들어 서까래를 연결할 수 있도록 한 것(헬헤 하늘창)도 있다.

하늘창의 테두리

참고문헌 Монгол хэл соёлын хүрээлэн (2014), *Монгол нүүдэлчдийн тайлбар толь*, Монсудар хэвлэлийн газар, Улаанбаатар. 內蒙古人民出版社 編 (2002), 『蒙古族傳統文化圖鑑』, 內蒙古人民出版社.

하라치 하늘창 Хараач тооно (Kharaach toono)

오이라트 부족에서 널리 사용하는 하늘창

주로 오이라트 부족에서 널리 사용되는 하늘창이며 마트말 하늘창(matmal)과 참흐라트 하늘창(tsamkhraat)의 일종이다. 자작나무와 소나무의 연한 가지를 구부려 하늘창틀을 만든다. 바야드부족에서도 주로 하라치 하늘창을 사용한다.

오이라트의 하라치 하늘창

참고문헌 А. Баасанхүү, Б. Батмөнх (2010), *Монголын ойрадуудын соёл*, Улаанбаатар. Монгол хэл соёлын хүрээлэн (2014), *Монгол нүүдэлчдийн тайлбар толь*, Монсудар хэвлэлийн газар, Улаанбаатар.

하트고르 하늘창 Хатгуур тооно (Khatguur toono)

하늘창의 구멍에 서까래를 끼우는 방식의 하늘창

하늘창에 서까래를 끈으로 연결하지 않고 구멍에 끼우는 방식의 하늘창을 하트고르 하늘창이라고 통칭한다. 하트고르 하늘창에는 마트말 하늘창(matmal), 주이멜 하늘창(züimel) 등이 속한다. 이동과 설치가 용이하기 때문에 오늘날에는 대부분 하트고르 하늘창을 사용하게 되었다.

하트고르 하늘창 게르를 설치하는 모습

참고문헌 Монгол хэл соёлын хүрээлэн (2014), *Монгол нүүдэлчдийн тайлбар толь*, Монсудар хэвлэлийн газар, Улаанбаатар.

헐트럭 Хөлтрөг (Khöltrög)

하늘창 덮개의 하나로 끈이 길게 달려 있다.

헐트럭은 '헐(khöl: 다리)'을 가진 어르흐(örkh), 즉 다리를 가진 하늘창 덮개라는 뜻이다. 눈과 비, 바람으로부터 게르를 보호하기 위해 게르 천막 위에 헐트럭을 덮는다. 헐트럭을 덮는 것은 방수와 보온의 역할 외에 게르의 위엄과 장식을 위한 목적도 있다. 오래전에는 에스기로 만들었지만 오늘날에는 여러 문양을 그리고 붉고 푸른색의 다양한 소재의 직물을 사용한다. 일반적으로 의전용인 어르거에 사용한다.

참고문헌 Монгол хэл соёлын хүрээлэн (2014), *Монгол нүүдэлчдийн тайлбар толь*, Монсудар хэвлэлийн газар, Улаанбаатар.

헤츠테 하늘창 Хэцтэй тооно (Khetstei toono)

노욘 헤츠와 연결된 여섯 개의 헤츠가 있는 하늘창

헤츠테 하늘창은 노욘 헤츠(noyon khets)와 연결된 여섯 개의 헤츠가 있는 하늘창이다. 몽골 고비지역 및 내몽골 실린골에 거주하는

헤츠테 하늘창

몽골 사람들이 주로 사용한다.

참고문헌 Монгол хэл соёлын хүрээлэн (2014), *Монгол нүүдэлчдийн тайлбар толь*, Монсудар хэвлэлийн газар, Улаанбаатар.

헬헤 하늘창 Хэлхээ тооно (Khelkhee toono)

하늘창과 서까래를 끈으로 연결하는 하늘창

헬헤 하늘창은 하늘창과 서까래를 끈으로 연결하는 하늘창을 이르는 말인데, 주로 자작나무로 만든다. 하늘창에 서까래를 연결하여 하늘창을 들어올린 후 남서쪽부터 서까래를 벽체에 고정시킨다.

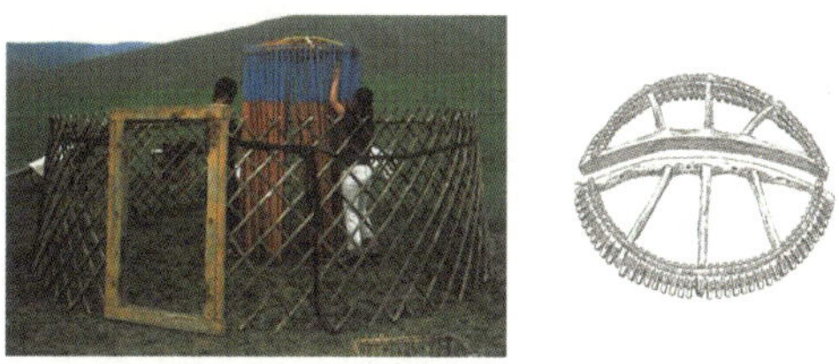

헬헤 하늘창을 연결하는 모습 © O. Demchigmaa, 2014. 6. 1.

참고문헌 Монгол хэл соёлын хүрээлэн (2014), *Монгол нүүдэлчдийн тайлбар толь*, Монсудар хэвлэлийн газар, Улаанбаатар. Ц. Батсайхан, Г. Мэнд-Ооёо (2009), *Монгол нүүдэлчдийн эдийн соёл*, Улаанбаатар.

호롤 하늘창 Хорол тооно (Khorol toono)

하늘창 중심부에 작고 둥근 테가 있는 하늘창

호롤 하늘창은 하늘창 중심부에 작고 둥근 테가 있는 하늘창이다. 이 하늘창은 크고 작은 토놀즈 두 개와 중앙의 후르드, 네 개의 다가로 구성되며, 몽골 지역에서 가장 보편적으로 사용되는 하늘창이다. 오래전부터 후르데트 하늘창(khürdet toono)이라고도 불렀다.

호롤 하늘창

참고문헌 Б. Баярсайхан (2006), *Монгол гэр барих арга*, Улаанбаатар. Д. Наранхүү, Б. Мягмарбаяр (2007), *Монгол гэрийн үүсэл хөгжлийн түүх*, Улаанбаатар. Монгол хэл соёлын хүрээлэн (2014), *Монгол нүүдэлчдийн тайлбар толь*, Монсудар хэвлэлийн газар, Улаанбаатар. International Institute for the Study of Nomadic Civilizations (2006), *History and culture of the Mongols*, Ulaanbaatar.

유목생활

편찬 : 노르브냠, 박원길
교정 : 김경나, 노로브냠, 류병재, 이성규, 주경미

통과의례

출생 습속

개명 의식 Нэр солих ёс (Ner solikh yos)

사람의 이름을 바꿀 때 행하는 의식

몽골에서는 이름이 좋은 사람은 운수가 좋고 이름이 좋지 않으면 나쁜 병이 자주 생긴다고 간주한다. 그래서 몽골 사람들은 하는 일이 자주 실패하거나 나쁜 병이 자주 생길 때에는 이름을 바꾸는 개명 의식을 한다. 1921년 사회주의 혁명 이전 라마교가 성행했을 때에는 개명을 원할 경우 라마승을 찾아가 새 이름을 받았다. 새 이름을 받은 후에는 가족 친지나 이웃 사람들에게 새 이름으로 바뀌었음을 공표하는 조촐한 잔치를 열기도 하였다.

참고문헌 Ч.Арьяасүрэн, Г.Чингэл, Х.Нямбуу (1992), *Монгол ёс заншлын их тайлбар толь(I)*, Улаанбаатар.

거헐 습속 Гөхөл (Gökhöl)

옛날에 몽골에서 세 살이 된 남자아이들의 머리를 깎던 풍습

고대 몽골에서 남자아이들은 3세가 되면 머리를 깎는 의식을 행한다. 이 의식에서 아이들은 '거헐'이라 불리는 일부 머리털만 남기고 삭발된다. 이때 정수리 앞의 앞머리만 네모나게 남긴 형태의 머리 모양을 허헐(khökhöl)이라 이르기도 한다. 오늘날에도 남자아이들은 3살이 될 때까지 여자처럼 머리를 길게 기르는데, 이는 어린 남자아이를 잡아가는 악마로부터 아이를 보호하기 위한 습속에서 나온 것이다. 거헐의 습속은 오늘날에 '아이 머리카락을 자르는 의식'으로 계승되고 있는데, 사람과 가축 머리에 한 가닥 머리털을 남기는 형태로 이어지고 있다. 오늘날 머리카락을 자르는 모양은 형태에 따라 살마이(salmai), 허헐(khökhöl), 에웨르(ever), 손조(sonjuu) 등으로 구분된다.

참고문헌 박원길 (1999), 『몽골의 문화와 자연지리』, 서울, 민속원. БНМАУ-ын ШУА Түүхийн хүрээлэн (1987), *БНМАУ-ын угсаатны зүй (I, Халхын угсаатны зүй)*, Улаанбаатар. Ч.Арьяасүрэн, Г.Чингэл, Х.Нямбуу (1992), *Монгол ёс заншлын их тайлбар толь(I)*, Улаанбаатар.

먈랄가 Мялаалга (Myalaalga)

아이들의 신발이나 옷에 동물의 지방을 묻혀 성공과 부귀를 축원하는 의식

몽골인들은 아이가 태어나서 어느 정도 자라면 동물의 지방을 아이의 신발이나 옷에 묻혀 성공과 부귀를 축원하는 풍습이 있다. 이 풍습은 성장한 아이가 첫 사냥을 나갈 때 엄지손가락에 동물의 지방을 문질러 주던 밀라가 의식에서 유래된 것으로 보인다.

참고문헌 박원길 (1996), 『몽골의 문화와 자연지리』, 서울, 두솔. Ч.Арьяасүрэн, Г.Чингэл, Х.Нямбуу (1992), *Монгол ёс заншлын их тайлбар толь(I)*, Улаанбаатар.

몽골의 이름 짓기 Монголчуудын хүүхэддээ нэр өгөх ёс (Mongolchuudyn khüükheddee ner ögökh yos)

몽골인들이 태어난 아기들의 이름을 짓는 습속

몽골인들은 아이들의 이름을 짓는 데 매우 주의를 기울인다. 『몽골비사』나 『원사(元史)』, 『고려사(高麗史)』 등의 문헌을 통해 볼 때 몽골 민족의 이름 짓기는 여타 민족과는 달리 매우 다양한 방법으로 명명되고 있음을 확인할 수 있다. 그래서 몽골인들의 이름만 가지고도 당시 사회의 시대상 및 문화 교류를 재조명해 볼 수 있을 정도이다.

고대 문헌에 나타난 몽골인들의 이름이나 현대 몽골인의 이름을 분석해 보면 대개 두 개의 단어로 이루어진 결합어가 주류를 이루고 있다. 『몽골비사』에는 타타르족의 족장인 테무진을 예수게이가 포로로 잡아 가지고 왔을 때 허엘룬이 아기를 낳았기 때문에 그 아기의 이름을 테무진이라고 붙였다는 기록이 나오고 있다. 즉 승전을 기념하여 자기의 아기에게 적군의 이름을 붙였다는 것인데 실제 이러한 경우는 예외적인 일에 속한다.

역사적으로 살펴볼 때 몽골인들의 명명법은 크게 아래의 몇 가지로 분류된다.

1. **동물을 지칭하는 말로 이름을 짓는 경우**: 동물을 지칭하는 말로 사람의 이름을 짓는 것은 몽골이 유목 및 수렵을 기반으로 살아가는 사회이기 때문으로 보인다. 이름 중의 보흐(Bukha: 황소), 고난(Gunan: 세 살 난 동물), 홀란(Khulan: 세 살 난 야생마), 나친(Nachin: 매), 하르 굴렉(Khar khüleg: 검은 개), 하사르(Khasar: 맹견), 아르슬랑(Arslan: 사자) 등이 그 예이다. 원대 고려인들도 몽골의 영향을 받아 동물을 자기의 이름으로 붙인 예들이 많이 보이는데, 기완자불화(奇完者不花), 임몽고불화(林蒙古不花) 등의 불화(不花: 황소)나, 삼가(三哥), 상가(桑哥: 티베트어로 사자), 익지예보화(益智禮普花: 어린 황소란 뜻으로 충선왕의 본명) 등이 그 예들이다.

2. **부족명으로 이름을 짓는 경우**: 고대 몽골인들은 자기의 출신 씨족이나 어머니의 출신 씨족으로 이름을 삼는 경우가 많다. 또 문화 교류의 확대에 따라 몽골 이외의 국가 명으로 이름을 삼는 경우가 많은데 이 경우 반드시 그가 그 국가의 출신이라는 의미를 지니고 있지는 않다. 이름 중의 사르키스(Sarkis: 코카사스 사람), 케레데이(Kereyidei: 케레이드 사람), 망쿠타이(Mangkhutai: 망쿠드 씨족 사람), 주르치데이(Jürchidei: 여진족 사람) 등이 그런 예에 속한다. 원대(元代) 고려인들의 이름 중에는 유몽고대(劉蒙古大)라는 예가 이 경우에 속한다.

3. **미덕이나 축복, 총명을 뜻하는 단어로 이름을 짓는 경우**: 이름 중의 빌릭(Bilig: 지혜), 바타르(Baatar: 용사), 나스트(Nast: 長壽), 바얀(Bayan: 부유), 보얀(Buyan: 선행), 멍크(Mönkh: 영원)가 그런 예에 속한다. 원대 고려인들의 이름 중 강백안(姜伯顔), 김파두(金波豆), 문백안불화(文伯顔不花), 안백안불화(安伯顔不花), 이몽가(李蒙哥), 강완자독(康完者篤), 새한(賽罕), 백안첩목아(伯顔帖木兒: 공민왕)라는 예가 이 경우에 속한다.

4. **단단하고 견고한 것이나 보석류로 이름을 짓는 경우**: 이름 중의 하단(Khadaan: 암석), 알탄(Altan: 황금), 에르데네(Erdene: 보석의 일종), 촐론(Chuluun: 바위), 터머르(Tömör: 철), 토곤(Togoon: 솥)이 그런 예이

다. 원대 고려인들의 이름 중 기새인첩목아(奇賽因帖木兒), 공첩목아(孔帖木兒)라는 예가 이 경우에 속한다. 특히 솥을 뜻하는 토곤의 경우 아주 부유하고 앞날이 활짝 열린다는 상징으로 널리 쓰이고 있다.

5. 무기 이름으로 이름을 짓는 경우: 이름 중의 수흐(Sükh: 도끼), 제베(Zev: 화살촉)가 이 예에 속한다.

6. 안색이나 외모를 기준으로 이름을 짓는 경우: 이름 중의 차강(Tsagaan: 백색), 허흐(Khökh: 푸른), 고아(Goo: 미인), 오힝(Okhin: 소녀), 체첵(Tsetseg: 꽃) 등이 이 예에 속한다.

7. 숫자로 이름을 짓는 경우: 이름의 숫자만큼 장수하라는 뜻으로 이렇게 이름을 짓는데, 아이가 탄생할 당시 아이의 아버지나 어머니의 나이를 아이의 이름으로 짓는 경우도 있다. 나얀(Nayan: 80), 지란다이(Jirantai: 60), 육십노(六十奴) 등이 이 예에 속한다.

8. 비천하게 이름을 짓는 경우: 아이의 이름을 비천하게 짓는 이유는 악귀의 노림을 방지하기 위한 것이다. 즉 이 인물은 이름대로 일고의 가치가 없기 때문에 악귀가 해치지 않는다는 믿음에서 이렇게 이름을 비천하게 짓는 것이다. 이름 중의 모 노호이(Muu-Nokhoi: 나쁜 개), 엘직데이(Eljigidei: 당나귀), 보자르(Buzar: 불결한), 대도려(大都驢), 백구아(白狗兒), 매려(賣驢), 흑구(黑狗), 불가노(佛家奴)가 이 예에 속한다. 원대 고려인들의 이름 중 심노개(沈奴介), 이나해(李那海), 이노개(李奴介), 김나해(金那海), 최흑려(崔黑驢)라는 이름들이 이 예에 속한다.

몽골에서는 이렇게 비천하게 이름을 짓는 것을 "이름을 금기하다"라는 뜻인 "이름 금기" 라고 표현한다.

9. 외래어로 이름을 짓는 경우: 몽골은 지리상이나 역사상 주변 국가와 접촉이 빈번한 편이다. 따라서 주변 제국의 훌륭한 인물이나 흔한 인명을 따서 이름을 짓는 경우도 많다. 이름 중 아랍어인 아브 사이드(Abu Said), 터키어인 타시(Tash), 거란 불교 이름인 강화상(康和尙), 관음보(觀音保), 명화상(明和尙) 등이 그것이다. 청나라 지배기에는 만주어로 이름을 짓는 일이 많았으며 한족과 러시아와의 접촉이 잦아진 근대에는 한명과 러시아명을 많이 사용하기도 한다.

10. 종교 속의 인물로 이름을 짓는 경우: 이름 중의 안톤(Anton, 安童), 게오르기스(Georgis, 闊里吉思), 니콜라(Nichola), 마르쿠스(Markhus)(이상 기독교), 우즈베크(Uzbek), 하사나(Hasana), 마흐메드(Mahmed)(이상 이슬람교), 아난다(Ananda), 힌두(Hindu), 부다시리(Buddha Shiri), 빡파(Pags-pa), 도르지(Dorji) (이상 불교) 등이 이 예에 속한다. 원대 고려인들의 이름 중 오초아지(吳抄兒志), 이금강(李金剛), 모니노(牟尼奴), 보탑실리(普塔失里: 충혜왕), 팔사마타아지(八思麻朶兒只: 충목왕) 등도 이 예에 속한다. 몽골인들은 라마교가 전교된 후 순수 티베트어나 몽골어와 티베트어가 혼합된 이름을 많이 가지고 있는데 이는 라마승들이 이름을 지어 주기 때문이다.

11. **태어날 때 부모가 처음 본 것이나 자연 속의 현상 또는 사물로 이름을 짓는 경우**: 이 경우에는 순수한 몽골어로 이름을 짓는 경우가 많다. 이름 중 게렐(Gerel: 빛), 사르(Sar: 달), 나라(Nar: 태양), 오동게렐(Odongerel: 별빛), 솔롱고(Solongo: 무지개), 헤를렌(Kherlen: 강 이름), 레나(Lena: 강 이름)가 그런 예에 속한다.

12. **직업이나 직위로 이름을 짓는 경우**: 이름 중 타이시(Taish: 태자), 셍귬(Senggüm: 거란의 고대 관직명), 모도치(Modoch: 목공인), 테메치(Temeech: 낙타치기) 등이 이 예에 속한다.

원래 몽골인들은 친족 관념이 매우 강해 "7대조까지 알지 못하는 사람은 숲 속을 방황하는 원숭이와 같고 친척을 알지 못하는 개와 같다"라는 속담이 있을 정도이다. 몽골인들은 자신들의 혈통을 나타내는 족보를 생명처럼 중시한다. 그러나 북원(北元)의 멸망 후 청나라 및 러시아의 식민통치를 거치는 동안 점차 자신들의 계보를 잃어버려 지금은 아버지의 이름으로 성을 대신하고 있다. 오늘날 성의 복원은 몽골인들에게 매우 중요한 문제의 하나이다. 그러나 실제 일부 사람들을 제외하고는 성을 복원할 수 없기 때문에 일부 뜻있는 지식인들(내몽골)은 자기가 살고 있는 기(旗)의 이름을 성으로 삼아 자식에게 물려주는 경우가 많다.

참고문헌 박원길 (1996), 『몽골의 문화와 자연지리』, 서울, 두솔. А.Дариймаа (1986), *Монгол хүний нэрийн толь*, Улаанбаатар. БНМАУ-ын ШУА Түүхийн хүрээлэн (1987), *БНМАУ-ын угсаатны зүй* (*I, Халхын угсаатны зүй*), Улаанбаатар. Ч.Арьяасүрэн, Г.Чингэл, Х.Нямбуу (1992), *Монгол ёс заншлын их тайлбар толь*(*I*), Улаанбаатар.

몽골의 출생 의례 Нярайлахтай холбоотой монгол зан үйл (Nyarailakhtai kholbootoi mongol zan üil)

몽골인들이 아이를 낳은 뒤 행하는 의례

한국과 같은 자연법적 인식 체계(샤머니즘)를 지닌 몽골 민족은 여자가 임신하는 순간부터 태아를 독립된 인격체로 간주하여 어머니의 뱃속에 있는 기간까지 나이에 합산한다. 따라서 몽골인들의 나이는 한국과 마찬가지로 다른 나라 사람들보다 한 살이 많다. 몽골인들은 아이들을 매우 좋아하며 아기의 탄생을 대사로 여긴다. 몽골에서는 라마교가 들어오기 이전까지 여자 무당들이 산파역을 담당했다.

몽골인들은 아기가 태어나자마자 말젖술로 아기의 입술을 닦아 주면서 일생의 행복을 축수한다. 말젖술이 소독 작용을 하기 때문에 말젖술로 아기의 입을 닦아주는 관습이 생긴 것이다. 말젖술로 입술을 닦아준 다음에는 따뜻한 물로 아기를 목욕시킨다. 그리고 아기의 몸에 어럼(öröm)이나 기름을 발라 피부를 매끈하게 한 다음 요람에 눕힌다. 요람은 유목민족들의 창작품으로 목제와 은제 두 가지가 있으며 길이는 대략 70㎝이며 폭은 30㎝ 정도이다. 요람은 양쪽이 둥글게 되어 있으며 위쪽은 넓고 아래쪽은 좁다. 또 요람의 밑부분에는 반달 모양을 한 2개의 나무판이 붙어 있어 아주 잘 흔들리도록 되어 있다. 나무판에는 끈으로 묶기 편하게 구멍을 많이 만들어 두었다. 아기를 포대기로 잘 싸서 요람에 넣고 아기가 움직이지 않게 요람을 끈으로 묶은 후 흔들면 아기는 별로 울지도 않고 잠을 잘 잔다. 몽골인들은 요람을 이용하여 아이를 키우면 허리가 단정하고 튼튼해질 뿐만 아니라 다리도 곧게 자란다고 믿고 있다. 아기의 포대기는 수달피로 만든 것을 최상품으로 친다.

아기를 낳은 산모는 보통 7일 동안 산후 관리를 하며 음식은 새끼 양의 고기로 만든 국을 주로 먹는다. 그러나 몽골의 동부 지방인 할흐골 솜의 여인들은 푹 고운 잉어국을 먹기도 한다. 만약 산모의 젖이 부족하면 소젖이나 양젖으로 대체한다. 부자나 귀족의 집안은 유모를 두는 경우가 많다. 몽골 사회에서 유모는 매우 존경과 칭송을 받는다.

아기가 태어나면 산부의 방에는 21일 동안 외부인의 출입이 금지된다. 이는 면역성이 없는 아이를 보호하기 위한 조치이다. 『고려사』에는 한국으로 시집온 코빌라이칸의 딸 코톡록-카이미시-베키가 충선왕(忠宣王)을 낳은 후 아기에게 경하드리기 위해 들어오는 문무백관마다 옷을 벗겼다는 체웨르(設比兒, sibir, sebir) 의식이 실려 있는데, 이는 면역성이 없는 아기를 보호하기 위한 조치였을 것이다. 『원사』에는 원대 몽골 황실의 출산 습속이 실려 있는데, 아기의 출산이 임박하면 궁 밖에 설치한 게르로 옮겨 아이를 낳은 뒤 1달 정도 그곳에서 살다가 궁으로 돌아간다고 되어 있다. 또 출산 때 만약 황자가 태어나면 백관들에게 금, 은, 비단 등의 선물을 하사하는 습속이 있는데 이를 '사다르카이'(sadarkhai)라고 부른다.

사회주의가 성립되기 이전 몽골인들은 남자아이가 태어나면 게르의 밖에다 활과 화살을 걸어두고 여자아이가 태어나면 붉은 수건을 걸어두었다. 활과 화살은 남자를 상징하는 동시에 악마가 방에 들어오지 못하게 하는 역할을 하며 붉은 수건은 사악한 것을 물리치는 부적과 같다.

고대의 몽골인들은 아기가 태어나면 무당을 불러 축수하게 하였다. 그러나 16세기 알탄칸이 라마교를 받아들인 이래 아기에 대한 축수는 라마승들이 담당하고 있다. 이 관습은 현재도 남아 있다. 아이가 태어난 지 만 1개월이 되면 주변 사람들을 초대해 축하 의식을 거행한다. 대부분의 지방에서는 만 1개월 이전에 머리를 깎아 주거나 모자를 씌우는 것을 금기시 한다. 축하 의식에 참가한 사람들도 아기에게 예물을 바칠 때 모자를 줄 수 없다.

자손이 귀한 가정에서 아기가 태어났을 때 행하는 습속은 따로 있었다. 병으로 자식이 많이 죽거나, 힘들게 아기를 가진 가정에서 아기가 태어날 때 행하는 다양한 관습이 관찰되는데, 남자가 아기를 받거나 아기의 아버지가 탯줄을 바위나 돌 위에 올려놓고 칼로 자르는 산파 역할을 하기도 한다. 또한 아기가 뱃속에서 나오면 아기를 개 밥통에 받아 아버지의 델 오른쪽 소매로 감싸기도 한다. 빈 게르나 천막 등 특별히 지정된 곳에서 출산하기도 하고 아기를 솥이나 소나 양의 반추위(反芻胃)로 받기도 했다.

참고문헌 박원길 (1996), 『몽골의 문화와 자연지리』, 서울, 두솔. БНМАУ-ын ШУА Түүхийн хүрээлэн (1987), *БНМАУ-ын угсаатны зүй* (*I*, *Халхын угсаатны зүй*), Улаанбаатар. Ч.Арьяасүрэн, Г.Чингэл, Х.Нямбуу (1992), *Монгол ёс заншлын их тайлбар толь*(*I*), Улаанбаатар.

밀라가 Милга (Milaga)

예전에 몽골에서 남자아이들이 첫 사냥을 나갈 때 행하던 의식

사냥 능력은 유목 생활과 수렵 생활을 하는

몽골에서는 아주 중요한 능력 중의 하나였다. 그래서 몽골에서는 남자아이가 자라서 첫 사냥을 나가게 되면 특별한 의식을 치르는 습속이 있었는데, 아이들이 맨 처음 사냥을 나갈 때 고기와 지방으로 엄지손가락을 문질러 주는 것이었다.

이 의식은 아주 오래전부터 행해진 것으로 보이는데, 페르시아의 일칸국에서 출판된 몽골 제국 역사서인 『집사(集史)』에 다음과 같은 내용이 나온다.

> "1224년 칭기스칸은 서아시아 원정을 마치고 귀국길에 올랐다. 몽골 경내에 들어서자 11살의 코빌라이와 9살의 훌레구가 칭기스칸을 영접하러 나왔다. 칭기스칸은 그들을 데리고 옛 나이만부 경내인 이밀 쿠진(Imil Küjin) 부근의 아이마르 후이(Aimar Hüi)에서 사냥을 하였는데 코빌라이는 멧돼지를 잡았고 훌레구는 산양을 잡았다. 칭기스칸은 친히 그들의 엄지손가락에 지방을 발라 주었다."

참고문헌 박원길 (1996), 『몽골의 문화와 자연지리』, 서울, 두솔.

변발 의식 Гэзэг тавих ёс (Gezeg tavikh yos)

청나라 때 몽골인들 사이에서 성년이 된 청소년의 머리를 땋아 주던 의식

대다수의 사회에서는 유아기에서 성년기로 들어갈 때 통과의례의 하나로 성년식을 거행한다. 청나라 지배 시기의 몽골인들은 남자아이가 18~19세가 되면 머리를 뒷부분만 남기고 나머지 부분을 깎아 뒤로 길게 땋아 늘이는 변발을 만드는 의식을 행했다. 이것은 성인이 되었음을 축하한다는 의미이다. 특히 라마승이 되지 않은 사람은 속인임을 나타내기 위해 반드시 변발을 해야만 했다. 변발 의식은 그 지역에서 나이가 많고 존경하는 사람이 주관했다.

참고문헌 БНМАУ-ын ШУА Түүхийн хүрээлэн (1987), *БНМАУ-ын угсаатны зүй* (*I*, *Халхын угсаатны зүй*), Улаанбаатар.

사다르카이 Садаркай (Sadarkai)

예전에 몽골에서 황자가 태어났을 때 행하던 선물 하사 의식

예전에 몽골 황실에서는 황자가 태어나면 이를 축하하여 문무백관들에게 금, 은, 비단 등을 하사하는 의식이 있었다. 『원사』의 「제사지」에는 고대 몽골 황실의 출산 습속에 대하여 기록하고 있는데, "무릇 황후나 비빈이 임신을 하여 출산달이 다가오면, 궁 밖에 게르를 치고 주거를 그곳으로 옮긴다. 만약 황자를 낳으면 백관들에게 금, 은, 비단을 하사하는데 이것을 사다르카이(撒答解, Sadarkai)라고 부른다. 한 달 뒤 다시 궁으로 돌아오는데, 황후나 비빈이 아이를 낳고 머물렀던 게르는 가까운 신하들에게 하사된다"라고 실려 있다. 이러한 출산 습속은 고려로 시집온 코빌라이칸의 딸 코토록-카이미시-베키가 이궁(離宮= 몽골 게르)에서 충선왕을 낳았다는 『고려사』의 기록에서도 확인된다.

사다르카이 습속은 오늘날에는 보이지 않는다.

참고문헌 박원길 (1996), 『몽골의 문화와 자연지리』, 서울, 두솔.

산파 Авсан ээж (Avsan eej)

아이를 낳을 때에, 아이를 받고 산모를 도와주는

일을 하는 사람

몽골에서는 16세기 라마교가 들어오기 이전까지 주로 여자 무당(udgan)들이나 나이와 경험이 많은 여인들이 산파역을 담당했다. 산파는 임산부가 아이를 낳을 때에 아이를 받고 산모를 도와주었다. 산파는 아브산 에지(avsan eej: 받아준 어머니) 외에 가자르 에지(gazar eej: 대지의 어머니), 에흐 바리산 에지(ekh barisan eej: 처음 받은 어머니)라는 이름으로 불린다.

참고문헌 박원길 (1996), 『몽골의 문화와 자연지리』, 서울, 두솔. БНМАУ-ын ШУА Түүхийн хүрээлэн (1987), *БНМАУ-ын угсаатны зүй* (*I*, *Халхын угсаатны зүй*), Улаанбаатар. Ч.Арьясүрэн, Г.Чингэл, Х.Нямбуу (1992), *Монгол ёс заншлын их тайлбар толь*(*I*), Улаанбаатар.

산후 조리 Нярайлсны дараах гам (Nyarailsny daraakh gam)

출산 후 산모의 몸조리를 위해 행하는 관습

출산 후 3일간을 '냐라일스니 감(nyarailsny gam: 특별 산후 조리)'이라고 하는데, 이 기간 동안 먹는 것에 특별히 신경쓰고, 출산 후 바로 자는 것을 금한다. 또한 산모는 다리는 뻗고 앉을 수 없는데, 이는 다리에 피가 몰려 만성병이 생긴다는 믿음 때문이다. 따라서 산모를 의자에 반쯤 기대어 앉게 한다. 산모가 먹는 것은 소량의 수테차와 양고기 국물이다. 그러나 산모의 산후 음식으로 다르하드 지방에서는 차강 자가스(tsagaan zagas: 물고기의 일종), 도르노드 지방의 보이르 호수 부근에서는 볼로 차강 (buluu tsagaan: 잉어)국을 먹는 관습도 있다.

참고문헌 Ч.Арьясүрэн, Г.Чингэл, Х.Нямбуу (1992), *Монгол ёс заншлын их тайлбар толь*(*I*), Улаанбаатар.

살마이 Салмай (Salmai)

아이들의 머리카락을 자르는 거헐 의식을 행할 때 만드는 머리 모양의 하나

고대 몽골에서 남자아이들은 세 살이 되면 머리카락을 깎는 의식인 거헐 의식을 행했다. 이때 머리 앞부분의 머리카락만을 남겨 기르는 머리 모양을 이른다.

참고문헌 Ч.Арьясүрэн, Г.Чингэл, Х.Нямбуу (1992), *Монгол ёс заншлын их тайлбар толь*(*I*), Улаанбаатар.

손조 Сонжуу (Sonjuu)

아이들의 머리카락을 자르는 거헐 의식을 행할 때 만드는 머리 모양의 하나

고대 몽골에서 남자아이들은 세 살이 되면 머리카락을 깎는 의식인 거헐 의식을 행했다. 이때 뒷부분의 머리카락만 남겨 기르는 머리 모양을 이른다. 길게 땋은 머리는 술과 은실로 장식한다.

참고문헌 Ч.Арьясүрэн, Г.Чингэл, Х.Нямбуу (1992), *Монгол ёс заншлын их тайлбар толь*(*I*), Улаанбаатар.

아기 탄생 축원 의식 Сан тавиулах (San taviulakh)

출산 후 맨 처음 아기를 씻길 때 라마승이 행하는 축원 의식

아이가 태어난 후 3일이 지나면 산파의 주도 하에 아이를 씻기는 의식이 행해진다. 이 때 특별히 라마승을 초청하여 아이의 행복과 건강을 비는데 이 의식을 축원 의식이라 한다.

참고문헌 БНМАУ-ын ШУА Түүхийн хүрээлэн (1987), *БНМАУ-ын угсаатны зүй* (*I*, *Халхын угсаатны зүй*), Улаанбаатар.

Ч.Арьясүрэн, Г.Чингэл, Х.Нямбуу (1992), *Монгол ёс заншлын их тайлбар толь(I)*, Улаанбаатар.

아이 배냇머리를 자르는 의식 Хүүхдийн даахь авах ёс (Khüükhdiin daakhi ürgeekh yos)

아이들의 머리카락을 자를 때 치르는 의식으로 예전에 몽골에서 행하던 거헐 습속의 유산이다.

일반적으로 아이 머리카락을 자르는 의식은 남자아이의 경우 3살, 5살 등 홀수 해에, 여자아이는 4살, 6살 등 짝수 해에 행해진다. 주로 여름과 가을에, 그리고 초파일과 보름, 월요일과 금요일에 아이의 머리를 자르는 의식을 행하지만 화, 목요일은 피한다.

의식에는 아이에게 멋진 델(deel)을 입힌 후 처음에는 나무로 만든 칼로 머리를 자르는 흉내를 내고, 다음에는 하닥(khadag) 천을 묶은 가위로 이마 쪽 머리털부터 자른 후 이 하닥 천에 자른 머리털을 싸서 보관해 둔다. 머리털을 자르는 모양은 형태에 따라 살마이(salmai), 허헐(khökhöl), 에웨르(ever), 손조(sonjuu) 등으로 분류된다.

이 의식에 참여한 손님에게는 오오츠(uuts: 삶은 양의 등판)와 함께 음식을 접대한다. 음식 중에 건포도나 아아르츠 (aarts)를 넣은 흰 밥인 차갈가(tsagaalga)라는 음식을 특별히 준비하여 나누어 먹는다. 아이의 부모는 의식에 온 어린아이들에게 특별히 준비한 선물을 나누어 준다.

아이의 베냇머리를 자르는 모습

참고문헌 БНМАУ-ын ШУА Түүхийн хүрээлэн (1987), *БНМАУ-ын угсаатны зүй (I, Халхын угсаатны зүй)*, Улаанбаатар.
Ч.Арьясүрэн, Г.Чингэл, Х.Нямбуу (1992), *Монгол ёс заншлын их тайлбар толь(I)*, Улаанбаатар.

아이 씻기기 Хүүхдийн угаалга (Khüükhdiin ugaalga)

출산 후 맨 처음 아기를 씻길 때 행하는 출생 의례의 하나

아기가 태어난 후 3일이 지나면 산파의 주도 하에 아기를 씻기는 의식이 행해진다. 일반적으로 이 의식에 참가하는 사람들은 집안 식구와 이웃들이며, 산파를 제외하고는 특별히 손님을 부르는 일은 없다. 산모를 위해 준비한 국은 통째로 삶은 양고기 앞에 놓는다. 산모에 대한 이러한 경의는 몽골 민족에서 보편적으로 행해진다.

이 의식의 주관자인 산파는 게르의 상석에 앉아 3개의 띠가 있는 양가죽 포대기를 아기에게 선물로 준다. 그리고 아기 씻기는 의식을 행한다. 아기는 먼저 차를 달인 물이나 우유를 섞은 물로 씻긴다. 그리고 다시 양고기와 뼈를 넣고 삶은 국물로 아기를 씻긴다. 아기 씻기가 끝나면 산파는 천으로 아기를 감싸 요람에 눕힌다. 이 의식에 특별히 라마승을 초청하여 축원 의식을 치르는 경우도 있다.

참고문헌 БНМАУ-ын ШУА Түүхийн хүрээлэн (1987), *БНМАУ-ын угсаатны зүй (I, Халхын угсаатны зүй)*, Улаанбаатар.
Ч.Арьясүрэн, Г.Чингэл, Х.Нямбуу (1992), *Монгол ёс заншлын их тайлбар толь(I)*, Улаанбаатар.

에웨르 Эвэр (Ever)

아이들의 머리카락을 자르는 거헐 의식을 행할 때 만드는 머리 모양의 하나

고대 몽골에서 남자아이들은 세 살이 되면 머리카락을 깎는 의식인 거헐 의식을 행한다. 이때 양쪽 부분만 머리카락을 남겨 기르는 머리 모양을 이른다.

참고문헌 Ч.Арьяасүрэн, Г.Чингэл, Х.Нямбуу (1992), *Монгол ёс заншлын их тайлбар толь(I)*, Улаанбаатар.

이름 금기 Цээр нэр (Tseer ner)

몽골의 이름 짓는 습속의 하나로 아이의 이름을 비천하게 짓는 습속

몽골의 이름 중에 모 노호이(Muu-Nokhoi: 나쁜 개), 엘지기데이(Eljigidei: 당나귀), 보지르(Buzir: 불결한), 대도려(大都驢) 등의 이름들을 들 수 있는데, 이렇게 비천하게 이름을 짓는 이유는 악귀의 노림을 방지하기 위한 것이다. 즉 이 인물은 이름대로 일고의 가치가 없기 때문에 악귀가 해치지 않는다는 믿음에서 생긴 습속이다. 특히 자손이 귀한 집안에 태어난 남자아이의 경우 이러한 이름이 많다.

참고문헌 А.Дарийммаа (1986), *Монгол хүний нэрийн толь*, Улаанбаатар. БНМАУ-ын ШУА Түүхийн хүрээлэн (1987), *БНМАУ-ын угсаатны зүй (I, Халхын угсаатны зүй)*, Улаанбаатар.

입양 의식 Хүүхэд үрчлэх (Khüükhed ürchlekh)

아이가 없는 집에 아이를 입양하는 의식

몽골 관습에서 입양하는 아이를 어르거멀(örgömöl: 받아들임), 테제웨르(tejeever: 양육), 우르칠게슨(ürchlegdsen: 양자, 양녀가 된 아이)이라고 부른다. 아이를 입양하는 부모는 좋은 날을 택해 선물을 준비해서 아이를 낳은 집에 간다. 입양 의식은 1년 중 계절에 상관없지만, 좋은 날을 택하고 특별히 선물 준비에 신경을 쓴다. 입양하는 부모는 아이를 낳은 가족들에게 옷감을 주거나 말과 양 1마리씩을 주는 관습도 있었다. 몽골의 중부 및 남부 지역에서는 가장 큰 선물로 낙타 1마리를 주는 관습이 있었다. 입양할 때는 양부모는 친부모의 가정에 미리 와서 머무르고 다음날 아침 해가 떠오르면 입양 의식을 행한다. 입양하는 부모는 먼저 아이를 낳아준 부모에게 하닥을 바친다. 그러면 아이의 부모나 아이의 외삼촌이 아이를 건네준다. 아이를 건네받으면 준비해 간 요람에 아이를 넣어 데리고 온다. 입양한 아이를 데리고 집에 도착하면 먼저 시계 방향으로 집을 돈다. 이는 입양된 아이가 가족이 되었음을 의미한다. 집에 들어오면 난로를 시계방향으로 돈 후 동남쪽에 요람을 놓고 여자아이의 경우는 솥의 손잡이를 잡게 하고, 남자아이의 경우는 책과 문서, 오르가(uurga: 말을 잡는 올가미)를 잡게 한다.

참고문헌 БНМАУ-ын ШУА Түүхийн хүрээлэн (1987), *БНМАУ-ын угсаатны зүй (I, Халхын угсаатны зүй)*, Улаанбаатар. Ч.Арьяасүрэн, Г.Чингэл, Х.Нямбуу (1992), *Монгол ёс заншлын их тайлбар толь(I)*, Улаанбаатар.

태반 묻는 의식 Ихэс оршоох (Ikhes orshookh)

아이를 출산한 후 태반을 땅에 묻는 출생 의례의 하나

몽골족에서는 출생 의례의 하나로, 아기가 태어난 후 태반을 땅에 묻는 독특한 의식이 있다. 산모가 아이를 출산하면 주변 사람들이 향을 피우고 태반을 추스려 모은다. 출산 후 3일 안에 좋은 위치와 날짜를 택하여 태반을 땅에 묻는다. 집안 화로에 불을 피우고 남은 재를 모아 둔 곳에 태반을 묻고 위에 곡식과 씨앗을 뿌리거나, 혹은 태반을 암캐에게 던져 주는 등 여러 형태로 의식이 치러진다.

참고문헌 Ч.Арьясүрэн, Г.Чингэл, Х.Нямбуу (1992), *Монгол ёс заншлын их тайлбар толь(I)*, Улаанбаатар.

토노트 의식 Тооноот тахих ёс (Toonot takhikh yos)

부리야트족에서 행하는 출생 의례의 하나

산모가 출산을 하면 에스기(펠트)로 작은 주머니를 만들어 그 속에 태반을 넣고 빨간 끈으로 동여 묶는데, 이 주머니를 토노트라고 한다. 아기가 태어난 3일 후 토노트 의식를 행한다. 집 밖 산모의 침구 반대편에 작게 구덩이를 파고 그 안에 씨앗, 동전을 넣고 그 위에 토노트를 올려 덮는다. 그리고 그 위에 소나무 껍질로 작은 움집을 세워 놓고 그 위를 얇은 지방기름과 하닥으로 덮는다.

토노트 의식이 끝난 후 젊은 남녀들이 이 움집 주위를 한 바퀴 돈 후에 앉아 그 움집 위에 기름을 붓고 불을 피워 활활 타오르게 한다. 타는 동안 이 움집이 무너져 내리는 쪽에 앉아 있는 여자는 돌아오는 해 아이를 가진다고 예견한다. 출산한 여자는 차강 이데(백색 유제품)를 접시에 놓고, 삶은 고기를 들고 와 의식에 참석한 사람과 함께 토노트를 묻은 지역을 시계 방향으로 세 바퀴 돈 다음 둘러 앉아 의례 음식을 나누어 먹는다. 젊은 여자들은 옷자락을 펼쳐 앉아 토노트 쪽으로 머리를 조아린 다음 맨 마지막에 집안 손님들에게 음식을 대접한다.

옹긴 부리야트 사람들은 아이의 태반을 숯, 씨앗, 3개의 검은 돌 또는 은화, 자작나무 가지와 함께 자작나무 원통에 넣은 후 그 위에 술을 뿌린다. 씨앗은 나무처럼 무성히 잘 자라라는 의미에서 "씨앗처럼 흩어져 곡식처럼 번성하라"라고 말한다. 3개의 검은 돌을 넣을 때는 "검은 돌처럼 쨍그랑거리고, 바윗돌처럼 단단하라"고 말하며 아이가 돌처럼 강인하기를 기원한다. 은화는 장수를 기원하며 "은처럼 영원히 살 수 있기를"이라고 말한다. 자작나무 가지를 넣을 때는 "자작나무의 잎과 가지가 무성한 것처럼 자자손손 오랜 대를 잇기를"라고 말한다.

참고문헌 Ч.Арьясүрэн, Г.Чингэл, Х.Нямбуу (1992), *Монгол ёс заншлын их тайлбар толь(I)*, Улаанбаатар. Х.Сампилдэндэв, Н.Уртнасан, Т.Доржгагва (2006), *Монгол зан үйл, баяр ёслолын товчоон*, Улаанбаатар.

친족 칭호 Төрөл садны нэрлэлт (Töröl sadny nerlelt)

몽골인들이 친족들 간에 부르는 호칭어나 지칭어

족외혼을 근간으로 하는 몽골에서는 친족 칭호도 매우 발달해 있다. 몽골의 친족 용어인 '터르헴(törkhöm)'은 아버지나 아버지의 친족이 어머니나 어머니 쪽의 친족을 일컫는 말인데, 이 말은 그들이 사는 땅을 이르기도 한다. '나가츠(nagats)'는 처가쪽의 사람들을 뜻하는 말이며 '나가츠 나르(nagats nar)'는 처의 친족을 뜻하는 말이다. 어머니는 자신의 친족을 '터럴(töröl)'이라고 부른다. '아바가(avga)'는 아버지측의 사람들을 뜻하는 말이며 '아바가 나르(avga nar)'는 아버지의 친족을 뜻하는 말이다. 『몽골비사』에서는 아버지의 처를 계승할 수 있는 종형제들을 '우예 카야(üye khaya)'라 표현하고 있다. 혼인을 맺은 집안이나 씨족 간에는 남성의 경우 '호드(khud)', 여성의 경우 '호드고이(khudgui)'라고 서로를 지칭하고 있으며 더 나아가 광의의 친족을 뜻하는 '사돈(sadan)'이라는 칭호를 사용하는 경우도 있다.

참고문헌 박원길 (1996), 『몽골의 문화와 자연지리』, 서울, 민속원.

결혼 습속

몽골인의 혼례 Эрт, дунд үеийн монголчуудын хуримын ёс (Ert, dund üyiin mongolchuudyn khurimyn yos)

몽골인들이 결혼할 때 행하던 의식

1. 고대와 중세 몽골인의 혼례

고대 몽골에서 성년으로 간주하는 나이는 15세(만 14세)이며, 이때부터 결혼도 하고 군대에 징집되었다. 광활한 몽골 고원은 인적이 드문 지역이다. 또 족외혼이 엄격하게 행해졌던 관계로 청년들은 아주 멀리 떨어진 다른 씨족의 거주지로 신부감을 얻으러 가지 않으면 안 되었다. 몽골에서는 '시집가다'를 '모르도흐(mordokh: 말 타고 떠나다)'라고 부른다. 혼약이 이루어진 처녀가 말을 타고 신랑한테로 가 가정을 이룬다는 이 말뜻 속에는 딸이 한번 집을 떠나면 다시는 돌아오지 못한다는 의미가 숨겨져 있다. 고대 몽골의 혼인은 대개 씨족장이나 부모의 명에 의해 결정되었다.

몽골족의 결혼 풍속을 최초로 기록한 문헌은 『몽골비사』이다. 『몽골비사』에는 칭기스 칸의 약혼과 혼인 과정을 위시한 혼인 관련 기록들이 적지 않게 나오고 있다. 고대와 중세 몽골인들의 혼례는 『몽골비사』나 『북로풍속(北虜風俗)』 등의 문헌을 통해 엿볼 수 있다. 그 과정을 복원해 보면 다음과 같다. 고대의 혼인은 철저한 족외혼제의 전통을 지키고 있었다. 약혼은 부모가 주관하며 남녀의 연령이 10세 안팎일 정도로 상당히 어린 시절에 이루어진다. 약혼할 때 남자는 가계가 중요하며 여자는 미색이 중요하다. 따라서 얼굴이 예쁜 여자는 비교적 좋은 집안으로 시집을 갈 수 있었다.

청혼 시 많은 덕담들을 주고받는다. 그러나 딸을 가진 측은 상대방의 청혼에 경솔히 답하지 않는다. 그 이유는 경솔히 확약할 경우 자신이나 딸이 남들에게 경시 당한다고 생각하는 당시 몽골 사회의 습속 때문이다. 이 같은 몽골 사회의 습속은 충렬왕과 코톨룩 카이미시(Khutulug Khaimish) 공주의 결혼사를 기록한 『고려사』에서도 입증되고 있다. 『고려사』는 "청혼한 일에 관해서는 코빌라이칸이 내린 성지에 이르기를 '몽골법에 결혼을 하여 일가가 되는 것은 진실로 교친하는 것이라 했으니 어찌 허락하지 아니하리오. 그러나 지금 다른 일 때문에 와놓고 결혼사를 청하는 것은 너무 서두르는 것 같으니 일단 나라로 돌아가 백성을 잘 다스리도록 하라. 그리고 특사를 보내와 정식으로 요청하면 허락할 것이다. 짐의 친딸들은 이미 모두 남에게 출가하였다. 예수진카톤 출생인 코톨록-카이미시 공주의 약혼 파기와 고려로의 출가에 관해서는 형제와 의논하여 허락하도록 하겠다."라고 기록하고 있다.

약혼식 잔치인 볼자르(Buuljar)는 매우 중요하게 여겨졌고 또 상당히 융성하게 치러진 것으로 보인다. 후대의 기록에 의하면 약혼식에는 서로 영원히 헤어지지 말라는 상징으로 매우 질긴 양의 목 부분의 고기가 주로 쓰였다고 한다. 『고려사』에는 볼자르를 한자 음역인 '패아찰연'(孛兒札宴)으로 기록하고 있다.

약혼이 결정되면 약혼자인 남자는 미래의 장인 집에서 얼마간 생활한다. 또 남자측은 반드시 여자 측에 약혼의 예물을 증정한다. 고대 몽골인들은 약혼 때 반드시 말을 예물로 바치는 습속이 있었으며 현재 일부 지방에 이 흔적이 남아 있다고 한다. 남자가 데릴사위로 미래의 처갓집에 머무는 습속은 고대 고구려나 오환(烏桓)족의 사회에서도 존재하고 있었다.

고대 몽골은 샤머니즘 사회이기 때문에 혼인의 성사 여부가 샤먼의 점복에 의해 좌우되었다. 데이-세첸이 칭기스칸을 데릴사위로 삼은 직접적인 원인도 바로 샤먼에 의해 길몽으로 해석된 꿈 때문이었다. 라마교가 전래된 이후로는 라마승들이 혼인의 점복을 주관하였다.

결혼이 결정되면 신랑은 처갓집으로 가 예단을 증정한 뒤 신부를 데리고 온다. 처갓집에 머물 동안은 합방을 시키지 않으며 잔치만을 베푼다. 신부가 시댁에 올 때 신부의 부모가 동행하며 신부는 신랑의 부모 및 시댁어른들에게 바칠 예단을 가지고 온다. 또 신부는 '인제(inje)'라고 표현되는 혼수물을 가지고 온다. 신부가 시집올 때 가져온 인제 즉 혼수물은 '인제말(inje mal ; 신부가 가져온 가축)'이란 표현에서도 나타나듯이 죽을 때까지 신부의 소유로 남는다. 『몽골비사』에는 '타타조(tataju)'라 하여 신부가 인제의 하나로서 몸종을 데려오는 경우도 있었다고 전하고 있다. 여자가 시집올 때 인제 외에 시댁의 재산 증식을 위해 가져오는 물품인 '시드귤(shitgül)'과 시댁의 어른들에게 바치는 예물인 '엄스걸(ömsgöl)'이 있는데 시드귤과 엄스걸은 인제와는 달리 소유권이 시댁 쪽에 있었다. 이같은 습속은 한국과 별반 다르지 않다.

신랑은 신부를 데리고 가는 도중 적당한 지점에서 하늘에 제를 올려 부부가 되었음을 고한다. 『북로풍속』에는 신부가 시댁에 이르면 먼저 그 집안의 상징인 화로, 즉 골롬트(golomt)에 제사를 드린 뒤 시댁 식구들에게 예물을 바친다고 기록되어 있다. 골롬트는 집안의 연속성을 나타내는 성스럽고 고귀한 상징이다.

시댁과의 상견례가 끝나면 잔치가 열리는데, 귀족의 경우 매우 성대하게 치러진다. 『장춘진인서유기(長春眞人西游記)』에 "결혼식을 행할 때 5백 리 내의 수령들이 모두 말젖술을 싣고 오며, 게르가 붙은 수천 대의 달구지가 열을 이루고 있다."라는 기록에서 볼 수 있듯이 그 규모가 매우 성대했음을 짐작할 수 있다.

잔치가 끝나면 신랑과 신부는 새로 만든 게르에 입주한다. 신랑 신부가 게르에 들어가기 전에 백양의 지방을 게르에 묻혀 부정을 제거하는 의식을 행한다. 동물의 지방으로 부정을 제거하는 의식은 남자아이들의 옷에 지방을 묻혀 성공과 부귀를 축원하는 고대 몽골의 밀라가(milaga)라는 의식과 연관이 있는 것으로 보인다. 『고려사』에도 "당시 코빌라이칸이 토코(脫忽)에게 공주를 호송해 모시고 가도록 명했다. 토코는 먼저 도착하여 게르를 세운 다음, 백양의 지방으로 게르를 정화하는 의식을 행했다."라는 기록이 있어 동물의 지방으로 게르를 정화했음을 보여주고 있다.

게르에 입주한 신혼부부는 첫날밤을 치르는데 『북로풍속』에는 말꼬리털로 만든 신부의 속옷을 신랑이 칼로 잘라 벗기는 첫날밤의 의식이 묘사되어 있다. 너무 질겨서 손으로 끊을 수 없는 신부의 말꼬리털 속옷은 신부의 순결을 상징한다. 옛 몽골인들은 남녀 모두 혼전의 순결을 매우 중시하였다. 오이라트 법전에는 신부나 신랑이 순결하지 않다는 소문이나 증거가 있을 경우 이혼과 함께 서로 상대방에 손해배상을 해야 하는 법조문까지 실려 있다.

2. 근대 몽골인의 혼례

일반적으로 근대 몽골의 혼례는 매파의 중신, 양가 어른의 상면, 약혼, 빙례(娉禮), 약혼 잔치(볼자르), 영친(迎親), 송가(送嫁), 시집 식구 상면식, 결혼 잔치 순으로 진행된다.

약혼은 매파의 중신을 통해 쌍방의 가장들이 결정하는데 약혼자들의 연령은 대부분 14~15세 전후이다. 약혼을 할 때 약혼의 당사자들은 어떤 의사도 표명할 수 없다. 양가간에 약혼이 합의되면 약혼 당사자들의 사주를 라마승에게 의뢰한다. 이때 사주가 좋으면 약혼이 결정되며 나쁘면 파기된다.

약혼이 결정되면 양가는 약혼 잔치를 거행한다. 약혼 잔치는 여자 집에서 거행하는데 이 때 예비 신랑은 친족과 함께 양 2~3마리, 술과 밀가루를 가지고 약혼녀의 집에 간다. 연회에는 여자 측의 친족도 참가한다. 약혼 잔치가 벌어지면 예비 신랑은 맨 먼저 약혼녀의 부모에게 정중히 술을 바치고 다음에는 나이 순서에 따라 약혼녀의 친족들에게 술을 따른다. 약혼 잔치 때 남자 측의 가장이 여자 측의 가장에게 딸을 주어서 고맙다는 표시로 술을 올리는 예도 많다.

약혼 잔치에서 양가는 혼인 날짜 및 예물 등등 혼인에 필요한 제반 사항을 논의하여 합의를 이룬다. 남자가 여자 측에 보내는 예물은 대부분 소 · 말 · 양 등의 가축 및 금은 · 비단이다. 가축의 숫자는 길상의 수인 9를 기준으로 삼는데 9는 장수를 상징하는 수이기도 하다. 그러나 가난한 집에서는 9마리를 채울 수 없기 때문에 홀수인 1 · 3 · 5 · 7을 기준으로 가축의 수를 정한다. 여자가 남자 측에 보내는 예물은 혼수라는 성격이 강하기 때문에 어떤 특별한 규정은 없다.

약혼 후 수년이 경과한 뒤 즉 남자가 17~19세가 되고 여자가 16~17세가 되면 결혼식을 올린다. 근대 몽골인들은 라마승들에게 좋은 날을 잡도록 하여 날이 잡히면 친지나 친구들에게 통고한다. 결혼 의식은 지방마다 조금씩 차이가 있는데 일반적으로 영친(迎親), 송친(送親), 전례(典禮), 인친(認親) 등의 순서로 진행된다.

영친이란 신랑이 신부를 데리러 처갓집에 가는 것을 말한다. 이때 신랑 측에서는 많은 사람들이 동행하는데 이들은 수백 리 떨어진 곳도 마다 않고 뒤따라간다. 신랑 측은 신부 측의 집 가까이 다다르면 불을 피운 뒤 하늘과 땅에 제사를 올린다. 신랑 측의 사람들이 이르면 신부 측은 이들을 지극히 환대한다. 신랑은 처가에 도착한 후 같이 따라온 사람들과 기거하다가 좋은 날을 잡아 다회일(茶會日, tsai uulgakh)을 연다. 이날 신랑은 가지고 온 예품을 처가에 바친다. 이 때 신부의 친구들도 신랑에게 예품을 선사한다. 예품의 증정이 끝나면 간단한 연회가 열리는데 연회에는 수태차와 차강이데(tsagaan idee) 및 면류(국수)가 나온다. 연회에 나오는 차강이데는 풍요와 행복을 상징하는 식품이다.

이후 신랑은 정해진 날에 신부를 맞이하러 처갓집으로 향한다. 이 때 신랑은 황금색 허리띠를 두른 붉은색 델을 입고 긴 장화를 신는다. 그리고 어깨에 활을 차고 허리띠에는 화살이 담긴 화살통 및 담뱃대 · 칼 · 젓가락 · 부싯돌 등이 서로 얽힌 헤트(khet)를 찬다. 신랑이 처가에 접근하면 신부 측에서는 고의로 그가 신부가 있는 게르로 접근하지 못하도록 방해한다. 즉 신부 측의 사람들은 게르의 입구를 원형이나 반원형으로 감싸 신랑의 진입을 방해한다. 이러면 쌍방 간에는 소위 헬메르치(khelmerch)라는 달변가들이 나와 말싸움을 벌인다. 신랑 측의 논객은 자기들이 이곳에 목적과 신랑의 가계 및 집안의 전통을 자랑한다. 신부 측의 논객은 상대방의 물음에 교묘히 답하면서 처가의 미덕이나 뛰어난 전통을 늘어놓는다. 이들 간에 사용되는 언어는 모두 시적 문체이다.

양측의 논전이 끝나면 신랑은 게르로 들어간다. 게르로 들어간 신랑은 맨 처음 불상이 놓여 있는 불단을 향해 고개를 숙인 다음 장인 장모에게 하닥을 바친다. 그리고 신부 측의 어른들에게는 코담배를 올리며 문안 인사를 한다. 문안 인사가 끝나면 신랑 측의 어른이 신부 측의 어른을 향해 정식으로 신부를 맞아 가겠다는 의사를 표명하면서 축사를 읊는다. 축사가 시작되면 신부는 한 무릎을 꿇고 그것을 듣는다. 이 축사는 한 편의 초원문학 작품과 같다.

축사가 끝나면 신부의 부모는 신랑에게 머리부터 발끝까지 새 복장을 입혀 주며 새로 만든 좋은 활과 화살을 매어 준다. 신랑과 신부의 상견례 후 지방에 따라서는 그날 저녁 잔치를 베풀기도 하지만 대부분의 경우는 곧바로 신랑의 집을 향해 떠난다. 신랑을 보내지 않고 잔치를 벌일 경우 신랑은 자기 측 사람들과 같이 밤을 지새우며 절대로 신부와 합방을 하지 않는다. 상견례를 마친 신랑은 신부를 데리고 고향으로 떠난다. 이 때 신부 측에서는 8~10명 혹은 수십 명을 딸려 보낸다. 그리고 신부의 부모를 대신하여 부모와 친한 두 명을 보내 시댁에 도달할 경우 자신들을 대표하게 한다.

신부의 부모는 딸이 준마를 타고 신랑을 따라 천애의 곳으로 떠날 때 하염없이 눈물을 흘린다. 또한 신부도 눈물 속에 소리 내어 우는데 이는 자기를 키워준 부모와 친정을 영원히 잊지 않겠다는 의미를 담고 있다. 내몽골의 농목 지구에서는 딸을 떠나보낼 때 말을 사용하지 않고 가마를 사용하기도 한다. 이 때 가마를 매는 사람들은 고모부나 이모부 등 모두 외족의 사람들로 충당한다. 신부 측은 딸이 떠나간 다음 주변 사람들을 위해 잔치를 베푼다. 주변 사람들은 잔치 때 딸을 떠나보낸 신부의 부모를 위해 시를 읊고 노래를 부른다. 시와 노래는 처갓집의 교양과 신부의 정절을 기리고 미래의 축복을 비는 내용이 주류를 이룬다. 이 잔치에는 입구를 가죽으로 봉한 술독(항아리)이 등장한다. 술독 속의 술도 물론 새 술이다. 신부 측의 사람들은 새로 장만한 상아 젓가락으로 술독을 봉한 가죽을 뚫어 술을 따라낸 다음 주변 사람들에게 권한다. 이 의식은 이 집의 딸이 흠이 없이 매우 청결하다는 것을 상징하는 것이다.

신부는 집을 떠날 때 화려한 신부복을 입는다. 동시에 머리에서부터 다리까지 단일색으로 만들어진 베일을 쓴다. 베일의 색깔은 점괘에 의해 결정되기 때문에 신부마다 차이가 있다. 신랑과 신부는 광활한 초원을 가는 도중 마음에 드는 곳을 만나면 말에서 내려 하늘에 제사를 올린다. 이 제사는 이들이 정식으로 부부가 되었음을 하늘에 고하는 의식이다. 제사가 끝나면 신부는 옷 위에 걸친 베일을 걷는다. 그리고 계속 나아가 신랑 집에 이른다.

신부는 신랑 집에 도착하면 먼저 게르의 주위를 세 번 돈 뒤 신랑과 함께 두 무더기로 피워둔 불 사이를 통과하는 의식을 거행한다. 이 의식은 애정이 견고하게 지속되며 사악을 제거하고 융성을 희구하는 뜻을 담고 있다. 의식을 거행한 신혼부부는 게르로 들어가 또 한 번의 의식을 거행한다. 즉 신랑은 활을 거는 의식을 거행하며 신부는 불상을 향해 무릎을 꿇어 참배한 뒤 조왕신에게 제를 올린다. 의식이 끝나면 신랑의 부모 및 친척들에게 일일이 인사하면서 하닥 속에 예물을 바친다. 이후 신랑은 신부의 머리 모양을 부인의 머리 모양으로 바꾸어 준다. 머리의 예식이 끝나면 곧바로 잔치가 벌어진다. 혼례의 택일은 라마승이 주관하지만 잔치에는 친족인 라마승 외에 여타의 라마승은 참가할 수 없다. 왜냐하면 속세와의 인연을 끊은 출가승은 자식을 출산하는 목적을 지닌 혼례식에 참석하는 것이 종지에 위배되기 때문이다.

잔치가 시작되면 신랑과 신부는 각각 술병과 술잔을 들고 참석한 모든 사람에게 한잔씩 술을 따라 올린다. 이 때 주변 사람들은 마두금이나 여타의 악기를 연주하여 분위기를 고조시킨다. 잔치는 축복의 시나 행복을 기구하는 노래가 밤늦도록 지속된 후에 비로소 끝난다. 잔치를 치른 신부 측의 인사들은 다음날 고향으로 떠나는데 이 때 신랑은 게르 밖에서 그들에게 말젖술을 바친다. 또 신랑 측 인사들은 이들과의 이별을 아쉬워하는 노래를 불러주면서 몇 리를 같이 동행해준다. 신부 측 인사들이 모두 떠나가면 신랑과 신부는 새로 지어진 게르에 입주하여 신혼생활을 시작한다.

신랑의 부모는 결혼식에 맞춰 신혼부부가 살 게르를 짓는다. 게르가 완성되면 부모는 백년해로 및 일생의 행복이나 자손의 번영 등을 기리는 노래나 축사, 주문을 읊으면서 게르의 천장을 향해 우유를 뿌린다. 겔 속에는 신혼부부를 위한 침대가 준비되는데 누구도 그 위에 앉거나 물건을 놓을 수 없다. 신혼부부는 그들이 죽을 때까지 이 침대를 다른 것으로 바꾸지 않고 영원히 사용한다.

참고문헌 박원길 (1996), 『몽골의 문화와 자연지리』, 서울, 두솔. Ч.Арьяасүрэн, Г.Чингэл, Х.Нямбуу (1992), *Монгол ёс заншлын их тайлбар толь(I)*, Улаанбаатар. Jagchid-Sechin and Paul Hyer (1979), *Mongolia's Culture and Society*, Boulder.

기치 볼가흐 ᠭᠡᠶᠢᠴᠢ ᠪᠠᠭᠤᠯᠭᠠᠬᠤ Гийч буулгах (Giich buulgakh)

신랑이 신부 집 옆에 신혼 게르를 짓는 의식

신랑은 신랑 측 몇몇 사람과 함께 신부의 집에 가서 신부 집 옆에 신혼 게르를 짓는다. 이 의식을 기치 볼가흐라고 하는데 '손님을 맞다'는 뜻이다. 신부의 아버지가 자신의 집의 동남쪽에 집터를 정해 주면 그곳에 게르를 짓는다. 집을 지을 때 신부의 아버지가 게르 기둥과 밧줄, 문, 환기구 덮개 등을 마련하여 가져온다. 고대 데릴사위의 유습인 이 습속은 1940~1950년대 이후에 거의 사라졌다.

참고문헌 А.Баасанхүү, Б.Батмөнх (2010), *Монголын ойрадуудын соёл*, Улаанбаатар.

다리강가의 문 지키기 Дарьгангачуудын үүдэн дарлага (Darigangachuudyn üüden darlaga)

신혼 게르에 신부를 맞이하는 의식

신부가 신혼 게르에 들어가기 전에 시댁 부모님과 친척들은 게르 기둥으로 문을 막아 신부를 들어가지 못하게 한다. 문을 사이에 놓고 양가의 사람들은 말 재주를 뽐낸다. 서로 자신의 가문이 내력 있고 훌륭한 집안임을 떠벌인다. 때로는 양가가 힘겨루기를 하기도 한다. 이후 신부는 신혼집에 들어간다. 이러한 의식을 '문을 지킨다'는 뜻을 지닌 '우덴 다를라가(üüden darlaga)'라고 한다.

참고문헌 МУ-ын ШУА Түүхийн хүрээлэн (1996), *Монгол улсын угсаатны зүй* (*III, Буриад, Барга, Үзэмчин, Дарьганга, Хотон, Тува-Цаатан, Тува-Малчин, Хамниган ястнуудын угсаатны зүй*), Улаанбаатар.

다리강가의 신랑 신부 축사 Дарьганга хуримын бошго дэлбэлэх үг (Dariganga khurimyn boshgo delbelekh üg)

신랑 신부를 축원하는 말

혼례가 끝날 무렵 신랑 측에서는 신부와 함께 온 일행들을 위해 연회를 베푼다. 일행들을 신혼 게르에 모시고 차와 음식, 술을 대접한다. 이때 신부 측에서 한 사람이 나와 신랑과 신부 두 사람의 결혼과 신혼 게르를 축복하는데 이것을 '보쉬고 델베레흐 욱(boshgo delbelekh ug)'이라고 한다. 축원하는 말은 사람에 따라서 짤막하게도 하고 긴 축사로 이어지는 경우도 있다.

참고문헌 МУ-ын ШУА Түүхийн хүрээлэн (1996), *Монгол улсын угсаатны зүй* (*III, Буриад, Барга, Үзэмчин, Дарьганга, Хотон, Тува-Цаатан, Тува-Малчин, Хамниган ястнуудын угсаатны зүй*), Улаанбаатар.

다리강가의 신부 데려오기 Дарьганга нарын бэр буулгах ёс (Dariganga naryn ber buulgakh yos)

신랑 측에서 신부를 데려오는 의식

다리강가 부족에서는 신랑 측에서 신부를 데려올 때 '타힐린 호림(takhilyn khurim)'이란 독특한 의식을 치른다. 먼저 신부 측에서 연결혼 잔치가 진행되는 동안 신부는 자신의 얼굴을 감춘다. 잔치 다음날 아침에 신랑은 신부를 데려오기 위해 친구 몇 명과 함께 신부 집으로 신부를 데리러 간다. 이때 신부는 신부 친구들 사이에 앉아 서로 허리띠로 묶은 채 앉아 있다. 그러면 신랑은 신부 측에서 준비한 고기와 음식을 먹은 후, 신부 친구들 사이에 앉아 있는 신부를 빼앗는 시늉을 하며 혼례식 장소로 데리고 간다.

참고문헌 МУ-ын ШУА Түүхийн хүрээлэн (1996), *Монгол улсын угсаатны зүй* (*III, Буриад, Барга, Үзэмчин, Дарьганга, Хотон, Тува-Цаатан, Тува-Малчин, Хамниган ястнуудын угсаатны зүй*), Улаанбаатар.

다리강가의 신부 맞이하기

Дарьгангачуудын бэр угтах ёс (Darigangachuudyn ber ugtakh yos)

신랑 측에서 신부를 맞이하는 의식

신부와 그 일행이 신랑 집에 가까이 오면 신랑측 사람이 마중나가서 차와 음식을 뿌린다. 이것은 부정을 제거하는 의미이다. 신부가 도착하면 신랑 측은 신혼 게르 문 입구에 흰 에스기(펠트)를 깔고 그 위에 쌀을 뿌리고 신부가 그 위를 걸어 신혼 게르에 들어간다.

참고문헌 МУ-ын ШУА Түүхийн хүрээлэн (1996), *Монгол улсын угсаатны зүй (III, Буриад, Барга, Үзэмчин, Дарьганга, Хотон, Тува-Цаатан, Тува-Малчин, Хамниган ястнуудын угсаатны зүй)*, Улаанбаатар.

다리강가의 신부 절 올리기

Дарьгангачуудын бэр мөргүүлэх ёс (Darigangachuudyn ber mörgüülekh yos)

신부가 시댁 부모와 친지들에게 절을 올리는 의식

신부는 신혼 게르에 들어가 화로 앞에서 또한 시댁 부모님과 친척 어른에게 절을 올린다. 그리고 부인복과 모자, 머리 장신구를 갖춰 입는다. 신부가 치장하고 있을 때 게르 밖에서는 신부 측 사람들이 천막을 치고 잔치를 준비한다.

참고문헌 МУ-ын ШУА Түүхийн хүрээлэн (1996), *Монгол улсын угсаатны зүй (III, Буриад, Барга, Үзэмчин, Дарьганга, Хотон, Тува-Цаатан, Тува-Малчин, Хамниган ястнуудын угсаатны зүй)*, Улаанбаатар.

다리강가의 신혼 게르 짓기

Дарьгангачуудын шинэ гэр барих ёс (Darigangachuudyn shine ger barikh yos)

신랑측에서 신혼 게르를 짓는 의식

신랑이 신부를 데려오는 날 아침, 신랑 측은 신부 측에서 보내온 신혼 게르를 신랑 아버지 집의 뒤편에 짓는다. 신혼의 바깥 살림살이 중 부족한 것은 그 전에 확인해서 신랑측이 준비한다. 게르가 지어지면 맨 먼저 신랑과 신랑 측 친구들이 안으로 들어간다. 신랑 친구들이 불을 피우고 우유를 끓이는 동안 신랑은 화살을 게르 위에 올려놓는다. 그리고 신부 측에서 보내 온 샤가이(양의 복사뼈)를 베개 아래 숨긴 후 자기의 모자를 베게 위에 놓는다. 이러한 의식이 끝나면 신랑이 아버지 집에 들어가 신부 일행이 오길 기다린다.

참고문헌 МУ-ын ШУА Түүхийн хүрээлэн (1996), *Монгол улсын угсаатны зүй (III, Буриад, Барга, Үзэмчин, Дарьганга, Хотон, Тува-Цаатан, Тува-Малчин, Хамниган ястнуудын угсаатны зүй)*, Улаанбаатар.

다리강가의 타힐린 호림

Дарьгангын тахил тавих ёслол (Darigangyn takhil tavikh yoslol)

양가가 혼례를 합의하면 예비 신랑이 신부 집에 방문하여 선물을 전달하고 신부측에서 잔치를 여는 결혼 의례의 한 과정으로 '타힐 타비흐 요술롤(takhil tavikh yoslol)'이라고도 한다.

양가가 혼례를 합의하면 신랑이 될 사람은 친인척 몇 사람을 데리고 신부 측에 선물을 가지고 방문한다. 부유층은 흰 낙타, 검은 담비, 흰 말, 양, 음식, 술, 다과 등을 선물로 준비한다. 신부 측에서는 음식과 술을 준비하여 신랑을 맞이하고 악기 연주와 노래로 연회를 베푼다. 또 양다리 꺾기를 통해 신랑의 힘을 시험해 보기도 한다. '타힐린 호림'이 끝나면 신부 측에서는 신랑에게 예복을 입혀 준다. 이후 신랑은 신부 측에서 준비한 신혼 게르 및 신혼 용품을 가지고 집으로 돌아간다.

참고문헌 МУ-ын ШУА Түүхийн хүрээлэн (1996), *Монгол улсын угсаатны зүй (III, Буриад, Барга, Үзэмчин, Дарьганга, Хотон, Тува-Цаатан, Тува-Малчин, Хамниган ястнуудын угсаатны зүй)*, Улаанбаатар.

다리강가의 하닥 올리기 ᠳᠠᠷᠢᠭᠠᠩᠭ᠎ᠠ ᠶᠢᠨ ᠬᠠᠳᠠᠭ ᠲᠠᠯᠪᠢᠬᠤ ᠶᠣᠰᠣ Дарьгангын хадаг тавих ёс (Darigangyn khadag tavikh yos)

혼례를 올리기에 앞서 불상과 양가 부모님에게 하닥을 올리는 의식

다리강가 부족은 결혼식을 거행하기에 앞서 예비 신랑과 신부가 먼저 양가 부모님에게 하닥을 올린다. 이후 양가에서 혼례 준비를 위해 상의를 하는데, 신랑 측에서 먼저 가축과 금품을 약속한다. 신부 측에서는 주로 세간과 옷감을 약속한다.

참고문헌 МУ-ын ШУА Түүхийн хүрээлэн (1996), *Монгол улсын угсаатны зүй (III, Буриад, Барга, Үзэмчин, Дарьганга, Хотон, Тува-Цаатан, Тува-Малчин, Хамниган ястнуудын угсаатны зүй)*, Улаанбаатар.

더르워드의 게르 천장 덮개 만들기 의식 ᠳᠥᠷᠪᠡᠳ ᠨᠠᠷᠢᠨ ᠡᠷᠬᠡ ᠣᠶᠣᠬᠤ Дөрвөд нарын өрх оёх (Dörvod naryn örkh oyokh)

신혼 게르의 환기구를 덮을 덮개를 만들 때 행하는 의식

더르워드 부족에서 혼담이 성사되면 신랑 측은 신혼 게르를 짓는다. 게르를 지을 때는 맨 먼저 그 해 운수가 좋은 사람이 게르 짓기를 시작한다. 집을 지을 때 신부 측 사람들을 초대하는데 신부의 어머니는 에스기(펠트), 밧줄, 끈 등을 가지고 온다. 신부 측 어머니는 가지고 온 에스기로 게르 환기구를 덮을 덮개를 재단한다. 이후 양가의 어머니가 함께 바느질을 시작한다. 또한 신부의 어머니와 함께 온 재단사와 친척들도 바느질을 거든다. 환기구 덮개를 만든 후 그 위에 신부 측 정중한 사람을 태우고 서로 잡아당겨 무두질을 한다. 이렇게 하면 환기구 덮개가 부드럽게 되어 환기구에 잘 맞게 된다. 신부 측의 정중한 사람을 모시는 이유는 생명의 근원이 모계에서 시작했다는 몽골의 습속 때문이다.

참고문헌 А.Баасанхүү, Б.Батмөнх (2010), *Монголын ойрадуудын соёл*, Улаанбаатар. МУ-ын ШУА Түүхийн хүрээлэн (1996), *Монгол улсын угсаатны зүй (II, Ойрадын угсаатны зүй)*, Улаанбаатар.

더르워드의 문 빼앗기 놀이 ᠡᠭᠦᠳᠡ ᠲᠠᠲᠠᠬᠤ ᠨᠠᠭᠠᠳᠤᠮ Үүд татах наадаан (Üüd tatakh naadaan)

신부를 맞이하면서 행하는 놀이의 일종

더르워드 부족에서는 신부가 신랑 집에 올 때 짐을 실은 낙타 위에 게르의 문에 사용할 에스기(펠트)를 걸쳐 놓는다. 결혼식을 진행하는 자가 시작 신호를 보내면 양가의 친척들이 이 에스기를 빼앗기 위해 서로 힘을 겨룬다. 신랑 측이 이기면 에스기를 신혼집의 문틀에 매단다. 신부 측이 이기면 이것을 깔

고 앉는데, 그러면 신랑 측 어머니가 이긴 편 사람들을 후하게 대접하여야 이 에스기를 돌려받을 수 있다.

참고문헌 А.Баасанхүү, Б.Батмөнх (2010), *Монголын ойрадуудын соёл*, Улаанбаатар.

더르워드의 양 머리 던지기 놀이 Дөрвөд нарын хонины толгой шидэх наадаан (Dörvod naryn khoniny tolgoi shidekh naadaan)

혼례를 축하하는 의식의 일종

더르워드 부족에서는 저녁에 혼례 잔치가 벌여지면 삶은 양의 머리를 게르 지붕으로 던져 집 밖에 있는 사람들이 잡는 놀이가 행해진다. 집 밖에서 이 양 머리를 받아 잡은 사람은 게르 문 안으로 다시 던진다. 이렇게 세 번 반복하는데 땅에 떨어뜨리지 않고 양 머리를 받으면 이기게 된다. 양 머리를 던진 후 신부의 신발도 이와 같은 방식으로 던지는 놀이를 한다.

참고문헌 А.Баасанхүү, Б.Батмөнх (2010), *Монголын ойрадуудын соёл*, Улаанбаатар.

더르워드의 예단 보내기 Дөрвөд нарын эд хүргэх ёс (Dörvod naryn ed khürgekh yos)

신랑 측이 신부 측에 혼례복 옷감을 보내는 의식

더르워드 부족에서 혼담이 성사되면 신랑 측 어머니가 신부 집에 혼례복을 만들 옷감을 가지고 방문한다. 주로 2~6 필의 비단 옷감이다. 이때 신부 측 식구들이 모여 함께 신부 혼례복을 만든다. 일부 지방에서는 옷감이 아닌 고기를 가지고 와서 신부 측 가족들과 함께 나눠 먹기도 한다.

참고문헌 А.Баасанхүү, Б.Батмөнх (2010), *Монголын ойрадуудын соёл*, Улаанбаатар. МУ-ын ШУА Түүхийн хүрээлэн (1996), *Монгол улсын угсаатны зүй II*, (*Ойрадын угсаатны зүй*), Улаанбаатар.

더르워드의 혼수이불 만들기 Дөрвөд нарын ор дэр оёх ёслол (Dörvod naryn or der oyokh yoslol)

신랑 신부를 위한 신혼 침구류를 만드는 의식

더르워드 부족에서 혼담이 확정되면 신랑 측 어머니는 에스기(펠트)와 음식, 유제품을 가지고 신부 집을 방문한다. 신부 측에서는 신랑 측 어머니가 가지고 온 에스기로 제일 먼저 4각 이불과 요를 만든 후 다른 침구류를 만든다. 신부 측 아버지는 침구류 만드는 일이 완성되면 이웃이나 가까운 친척을 불러 차와 음식을 대접한다.

참고문헌 А.Баасанхүү, Б.Батмөнх (2010), *Монголын ойрадуудын соёл*, Улаанбаатар. МУ-ын ШУА Түүхийн хүрээлэн (1996), *Монгол улсын угсаатны зүй* (*II*, *Ойрадын угсаатны зүй*), Улаанбаатар.

더르워드의 혼인 승낙 의식 Дөрвөдийн лав авах ёс (Dörvodiin lav avakh yos)

혼인을 받아들이는 의식

더르워드 부족에서는 신랑 측이 중매인을 통해 신부 측에게 하닥을 보내면 신부 측은 한

달 내에 혼인을 승낙하는 의식을 행한다. 신부 측에서 혼인하기 좋은 날을 정하여 신랑 측에 의사를 전달한다. 만약 혼인을 거절하면 하닥을 돌려 보낸다. 바야드, 오리양하이, 토바 부족에서는 이러한 의식이 없다.

참고문헌 БНМАУ-ын ШУА Түүхийн хүрээлэн (1987), *БНМАУ-ын угсаатны зүй* (*I, Халхын угсаатны зүй*), Улаанбаатар. Ч.Арьяасүрэн, Г.Чингэл, Х.Нямбуу (1992), *Монгол ёс заншлын их тайлбар толь* (*I*), Улаанбаатар.

말칭토와의 며느리맞이 Тува–малчин нарын бэр дархлах ёс (Tuva–malchin naryn ber darkhlakh yos)

시부모가 며느리를 받아들이는 결혼 의례의 한 과정

말칭 토와에서 혼례를 치를 때, 신부가 신혼집 화로 앞에서 절을 올리고 나서 직접 차를 끓여 시댁 어른들을 대접한다. 이 순서가 끝나면 신부가 시부모님을 비롯해서 시댁 어른들에게 절하고 인사를 올린다. 이 때 신부가 시아버지에게 담배통 주머니, 시어머니에게 그릇 주머니를 드리는데, 이것으로 신부의 바느질 솜씨를 확인한다. 이 의식을 홀 알치르(khol alchiir) 즉 며느리 받아주기 의식이라고 한다.

이것이 끝나면 신랑 신부가 시댁에 들어가서 신부가 시댁 화로 앞에서 양 다리뼈를 손에 쥐고 3번 절한다. 이어서 신부가 화로 위에 솥을 올려 놓는데, 바로 놓는지 여부를 따라 신부를 평가한다. 시부모는 절을 하는 며느리와 아들에게 오래 오래 잘 살기를 기원하며, 며느리에게 옷감과 금, 은 장신구를 선물하여 덕담을 한다. 또한 말이나 소를 선물로 주기도 한다.

참고문헌 МУ-ын ШУА Түүхийн хүрээлэн (1996), *Монгол улсын угсаатны зүй* (*III, Буриад, Барга, Үзэмчин, Дарьганга, Хотон, Тува-Цаатан, Тува-Малчин, Хамниган ястнуудын угсаатны зүй*), Улаанбаатар.

말칭토와의 신부 절 올리기 Тува–малчин нарын бэр мөргүүлэх ёс (Tuva–malchin naryn ber mörgüülekh yos)

신부가 시댁 어른들에게 인사 겸 절을 올리는 의식

신부맞이 의식이 끝나면 신부가 화로 앞에 깐 카펫에 앉아 화로 안에서 타오르는 불을 향해 3번 절한다. 이 때 올케 두 사람이 불이 잘 타라고 향과 기름을 넣는다.

참고문헌 МУ-ын ШУА Түүхийн хүрээлэн (1996), *Монгол улсын угсаатны зүй* (*III, Буриад, Барга, Үзэмчин, Дарьганга, Хотон, Тува-Цаатан, Тува-Малчин, Хамниган ястнуудын угсаатны зүй*), Улаанбаатар.

말칭토와의 신부맞이 Тува–малчин нарын бэр буулгах ёс (Tuva–malchin naryn ber buulgakh yos)

시댁에서 신부를 맞이하는 결혼 의례의 한 과정

말칭 토와의 혼례식 날 아침 일찍 해가 뜨기 전에 신랑이 어머니와 친인척 일행과 함께 신부 집에 도착한다. 이 때 일행 인원수는 홀수이어야 한다. 신부를 맞이하러 왔다고 알린다. 신부가 집을 떠나기 전에 어머니 옷자락 안쪽에 얼굴을 씻는 시늉을 하는데, 이것은 복을 집에 남겨 간다는 의미를 나타낸다. 이 의식이 끝나고 딸을 보내는데, 신부 어머니나 친언니가 함께 수행하여 따라가다가 길 도중에서 돌아온다. 신부 측 일행이 시댁에 가까이 이르면 일행 중에서 한 사람이 먼저 달려가서 신부가 온다는 것을 알린다. 신부 일행이 신랑 집에 도착하면 신랑의 올케인 두 사람이 흰 양탄자를 깔아서 말에 탄 신부를 그 위에 내리게 한다. 그런 다음 두 사람은 신부를 데리고 시댁으로 안내한다. 그리고 나서 우유를 들어 마시게 한 다음에 새 옷을 입히고, 열두 가닥 땋은 머리를 풀어 신랑 머리카락과 붙여 세 번 빗질한다. 이 의식이 끝나면 부인 머리로 두 가닥을 땋는다.

참고문헌 МУ-ын ШУА Түүхийн хүрээлэн (1996), *Монгол улсын угсаатны зүй (III, Буриад, Барга, Үзэмчин, Дарьганга, Хотон, Тува-Цаатан, Тува-Малчин, Хамниган ястнуудын угсаатны зүй)*, Улаанбаатар.

말칭토와의 신혼집 장만 Тува−малчин нарын шинэ гэр бүрэх ёс (Tuva−malchin naryn shine ger bürekh yos)

신랑과 신부가 혼인례를 올린 후 부부로서 새로 살 집을 마련하는 일

청혼이 이루어지고 혼인 날짜가 정해지면 신혼집을 마련하는 일이 생긴다. 신혼집은 아들을 장가보내는 부모가 마련한다. 신혼 게르를 지을 때는 신랑 부모가 길일을 택해서 친인척들에게 알린다. 신혼 게르를 지을 때 게르의 덮개 부분만큼은 특별히 고수를 초대하여 만든다. 장가가는 남자의 외가 쪽 한 사람이 게르의 덮개를 짜 맞추어 가위로 잘라 놓으면 여자들은 바느질을 맡는다. 남자들은 게르의 뼈대를 세운 뒤, 여자들이 바느질해 놓은 덮개를 씌워 게르를 완성한다. 게르를 지을 때 근처에 사는 사람들은 먹을 것을 준비해 와서 집 짓는 사람들을 대접한다. 게르 내의 가구는 여자들이 정리한다. 신혼집이 완벽히 갖춰지면 신랑 아버지가 안에 들어가서 신혼부부의 침대 위쪽 천장에 채찍을 끼어두는데, 이는 악귀를 물리친다는 의미다. 신혼집을 마련하는 이 일을 '버데이 부루르(bödei bürür)'이라고 지칭한다.

참고문헌 МУ-ын ШУА Түүхийн хүрээлэн (1996), *Монгол улсын угсаатны зүй (III, Буриад, Барга, Үзэмчин, Дарьганга, Хотон, Тува-Цаатан, Тува-Малчин, Хамниган ястнуудын угсаатны зүй)*, Улаанбаатар.

말칭토와의 청혼 Тува−малчин нарын бэр гуйх ёс (Tuva−malchin naryn ber guikh yos)

결혼을 청하는 의식

말칭토와의 혼례는 청혼으로 시작한다. 남자 측이 청혼 의식을 치르기 전에 한 사람을 시켜 '악 커크'를 보낸다. 악 커크는 유제품(乳製品)을 뜻한다. 이것은 청혼하러 사람들이 온다는 것을 미리 알리는 행위이다. 정한 날 혼인할 남자의 부친이나 삼촌이 말솜씨가 뛰어난 한 명과 함께 청혼할 여자의 집을 찾아간다. 이때 잔칫상에 올릴 음식물을 준비해 간다. 먼저 여자 집 신당에 상을 올리고, 그 집 주인에게 온 목적을 말한다. 그러나 관습상 여자의 부모는 청혼을 쉽게 허락하지 않는다. 계속되는 청혼 요청에서 여자의 부모가 남자 측 대변인이 내미는 담배나 바친 술을 받는다면 청혼을 받아들인다는 뜻이다. 이 때 준비해 온 잔칫상을 차리고 연회를 한다. 담배나 술을 안 받아주면 잔칫상도 못 차리고 그냥 돌아가야 한다. 청혼하는 날 양측에서 혼인 시기를 합의한다.

참고문헌 МУ-ын ШУА Түүхийн хүрээлэн (1996), *Монгол улсын угсаатны зүй (III, Буриад, Барга, Үзэмчин, Дарьганга, Хотон, Тува-Цаатан, Тува-Малчин, Хамниган ястнуудын угсаатны зүй)*, Улаанбаатар.

말칭토와의 혼례

Тува–малчин нарын хуримын ёс (Tuva–malchin naryn khurimyn yos)

말칭 토와의 혼례 풍습

말칭토와 부족의 혼례 풍속은 몽골족 혼례 풍속과 일치하는 부분이 있다. 19~20세기 초반에 남자 아이는 17~25세에 여자 아이는 18세가 되면 혼례를 치렀다. 말칭 토와인들 사이에 아이가 어릴 적에 약혼을 시키는 풍습이 있었다. 남자 아이 부모가 여자 아이 집에 가서 나중에 딸 아이를 며느리로 삼고 싶고, 몇 살 때 혼례를 치르자는 이야기를 나누고, 예물로 금과 은 장신구를 여자 아이 포대기에 달아 두었다. 대부분의 경우 아이의 포대기, 띠, 저르게크(jörgek; 아이의 엉덩 밑에 까는 염소가죽)를 서로 바꾸어 가졌다. 이 의식을 저르게크 솔추르(jörgek solchur)이라고 하며, 일종의 약혼식인 셈이었다.

결혼 당사자들의 부모가 두 아이의 궁합이 맞는지 알아보고, 여자의 나이가 짝수일 때 청혼을 하고, 홀수일 때 혼례식을 올린다. 혼례는 청혼하기, 새집 마련, 신부 맞이, 신부의 절 받기, 잔치의 순서대로 이루어진다.

참고문헌 МУ-ын ШУА Түүхийн хүрээлэн (1996), *Монгол улсын угсаатны зүй (III, Буриад, Барга, Үзэмчин, Дарьганга, Хотон, Тува-Цаатан, Тува-Малчин, Хамниган ястнуудын угсаатны зүй)*, Улаанбаатар.

말칭토와의 혼례 잔치

Тува–малчин нарын хурим найр (Tuva–malchin naryn khurim nair)

시댁에서 혼례 절차를 마친 신랑, 신부가 신혼집에 들어가 손님들과 함께 벌이는 잔치

시댁에서 혼례 절차를 마친 신부가 신랑과 함께 신혼집에 들어가면서 혼례 잔치가 시작된다. 신랑 부모가 신당 앞자리에 앉으면 그 오른편에 신부 아버지, 왼쪽에 신부 어머니가 앉는다. 그런 다음 오른편에 남자들이 나이에 따라 순서대로 나란히 앉는다. 반대편은 여자들의 자리다. 신랑 아버지가 잔치가 시작됨을 알리고, 신랑 신부에게 덕담을 해 준다. 그 다음은 특별히 초대 받은 가수가 '버데이 이리(bödei iri)'라는 새집 축가(祝歌)를 부르면서 본격적인 잔치가 시작되며, 신랑과 신부가 손님들을 대접한다. 신부를 수행해 온 무리가 사돈집 일가에서 밤 세우는 것을 금기시하며 돌아갈 때 신부의 옷자락 위에 돌을 올려 놓는데, 시댁을 영원히 떠나지 않고 남아라는 의미를 나타낸다. 잔치가 끝날 무렵 시댁에서 사돈 쪽 일가에게 특별히 준비한 선물을 주는데, 옷감일 경우가 대부분이며 사돈댁 일가를 배웅해 주거나 집까지 모셔다 드린다.

참고문헌 МУ-ын ШУА Түүхийн хүрээлэн (1996), *Монгол улсын угсаатны зүй (III, Буриад, Барга, Үзэмчин, Дарьганга, Хотон, Тува-Цаатан, Тува-Малчин, Хамниган ястнуудын угсаатны зүй)*, Улаанбаатар.

먕가드의 바로트 잔치

Мянгадын бяруут хурим (Myangadyn byaruut khurim)

신랑측이 신부 집으로 가축을 보내어 여는 잔치

먕가드 부족에서는 혼인을 앞두고 예물을 보낸 이후 길일을 택해 신랑 측에서 짝수로 구성된 6명이 일정한 수의 가축을 몰고 신부 집으로 간다. 가축에는 두 살 짜리 수소가 꼭 있어야 한다. 소떼가 번성하기를 기원하는 여러 덕담을 나눈다. 신부측에서 잔치를 베풀고 온 손님들을 대접한다.

참고문헌 А.Баасанхүү, Б.Батмөнх (2010), *Монголын ойрадуудын соёл*, Улаанбаатар.

먕가드의 신부 맞이

Мянгадын бэр буулгах ёс (Myangadyn ber buulgakh yos)

신부를 맞이하여 친가에서 행하는 의식

먕가드 부족에서는 처가에서 행한 이흐 나이르가 끝나면 신부가 흰 면사포를 쓰고 말을 타고 신랑 일행과 함께 떠난다. 이 때 신부의 짐과 가구도 낙타에 실어 신랑 신부 일행보다 먼저 신랑 집에 보낸다. 짐꾼이 신부의 짐을 미리 옮겨 온 신혼집에 배치한다. 신부가 도착하면 신혼집에 들여 머리를 푸는데 신랑이 가르마를 타면 신랑 신부측 각각 한 사람이 머리를 두 가닥으로 땋아 부인 옷을 입힌다. 신혼집에서 신랑이 화로에 불을 붙이고 신부가 바람을 불어준다. 이것은 새로운 한 가정이 생겼다는 의미를 나타낸다. 이어서 신부가 시부모에게 3번 절을 올린다. 친인척들에게도 절을 올리면 신랑 신부를 축하하는 잔치가 시작된다. 다음 날 아침에 신부와 같이 온 신부 어머니가 돌아가는데, 가기 전에 신부의 옷자락에 돌을 얹어 둔다. 이것은 딸이 시집갔으니 그 자리를 지키라는 의미를 담고 있다. 혼례식 3일 후에 신부 아버지가 딸을 보러 온다. 신부는 1년 동안 친정 집에 갈 수 없다.

참고문헌 А.Баасанхүү, Б.Батмөнх (2010), *Монголын ойрадуудын соёл*, Улаанбаатар

먕가드의 예물 보내기

Мянгадын сүй хүргэх (Myangadyn süi khürgekh)

신랑측이 신부 집으로 예물을 보내는 일

먕가드 부족에서는 혼인을 앞두고 길일을 택해 예물을 보낸다. 신랑측에서 짝수로 이루어진 6명 이상이 예물을 신부 아버지께 드리고 덕담을 나눈다. 신랑측 일행이 돌아갈 때 신부측에서 약간의 선물을 준다. 예물이 전달된 후 신부 부모가 예물로 온 비단으로 신부의 혼례복을 만든다.

참고문헌 А.Баасанхүү, Б.Батмөнх (2010), *Монголын ойрадуудын соёл*, Улаанбаатар.

먕가드의 이흐 호림

Мянгадын их хурим (Myangadyn ikh khurim)

신랑측이 신부 집으로 가축을 보내어 여는 잔치

먕가드 부족에서는 합치긴 나이르를 한 다음 날 새벽에 신랑 일행이 신부를 맞으러 신부 집에 간다. 신랑이 화살과 활(이후에 사냥총)을 메고 와서 처가 집에 도착하면 말에서 내려 게르 위에 활과 화살을 올려 둔다. 그리고 나서 신랑과 신랑의 올케와 같이 집 앞에 깔아 놓은 흰 펠트에 앉는다. 올케 옆에 흰 양 한 마리를 준비해 둔다. 신랑이 신부 부모님께 절을 3번 올리면 올케도 양머리를 눌러 3번 절하게 한다. 그 다음은 양을 신부 아버지 가축 떼에 풀어 놓고, 신랑이 처가 집에 들어간다. 신부측이 새 신랑에게 허리띠, 칼, 신발 셋을 선물한다. 그 다음에 잔치를 시작한다. 이 과정 전체를 '이흐 호림' 즉 대(大) 잔치라고 한다. 먹고 마시고 덕담을 나누며, 양가 사람들이 교대로 노래를 부르며 즐긴다.

참고문헌 А.Баасанхүү, Б.Батмөнх (2010), *Монголын ойрадуудын соёл*, Улаанбаатар

먕가드의 청혼 의식

Мянгадын ам нээх ёслол (Myangadyn am neekh yoslol)

먕가드 부족의 청혼 의식

먕가드 부족에서는 신랑 측이 신부 측에 청혼을 하기 위해 길일을 택하여 유제품 음식을 가지고 신부 집을 방문한다. 그리고 신부 측 식구들에게 코담배를 건넨다. 코담배를 받은 신부 측 부모는 혼인을 허락할 경우 코담배통을 열어 받지만, 허락하지 않을 경우 그냥 돌려 준다. 혼인을 승낙한 경우에는 신랑 측이 가지고 온 음식 중에서 일부를 신당에 올리고 나머지 음식으로 상을 차려 가족, 친지들을 대접한다.

참고문헌 А.Баасанхүү, Б.Батмөнх (2010), *Монголын ойрадуудын соёл*, Улаанбаатар.

먕가드의 하닥 올리기

Мянгадын хадаг тавих ёс (Myangadyn khadag tavikh)

혼담을 확정하는 의미로 신랑측이 신부측에 하닥을 올리는 의식

먕가드 부족에서는 혼담을 확정하는 의미로 신랑 어머니가 남자 한 명과 함께 신부 집을 방문한다. 이 때 유제품과 술을 준비해 간다. 신부 집에 미리 알리기 때문에 신부 친인척이 모여 있다. 신랑 어머니가 사돈댁 신당과 화로에 준비해 온 먹을 것 중에서 올리는 동안 같이 온 남자가 하닥을 신부 부모에게 드린다. 그리고 나서 준비해 온 술로 모인 친인척을 대접하는데 이때 대접받은 사람들이 덕담을 나눈다.

참고문헌 А.Баасанхүү, Б.Батмөнх (2010), *Монголын ойрадуудын соёл*, Улаанбаатар.

먕가드의 합치긴 나이르

Мянгад хавчигийн найр (Myangad khavchigiin nair)

신랑이 신부의 집 옆에 게르를 옮겨 와 짓고 벌이는 잔치

먕가드 부족에서는 혼인 잔치를 앞서 신랑측 일행이 신부의 집 옆에 신혼 게르를 옮겨 짓는데 아직 완성되지 않은 일부 즉 게르의 띠를 신부측에서 준비해 게르 짓기를 완성시킨다. 이렇게 완성된 게르에 양가의 친척이 모여 잔치를 벌인다. '합치그(khavchig)'란 나무로 짠 양동이를 뜻하는데, 신랑 측이 나무 양동이에 술을 가득 채워 벌이는 잔치라서 '합치그의 잔치'라고 지칭한다. 새로 지은 신혼 게르에서 양가 친척들이 모여 이 술을 마신다.

참고문헌 А.Баасанхүү, Б.Батмөнх (2010), *Монголын ойрадуудын соёл*, Улаанбаатар.

며느리 피로연 Бэргэдийн

найр (Bergediin nair)

혼인 잔치 다음 날 신부가 시댁의 동서나 친정의 올케들에게 차를 대접하는 의식

혼인 잔치가 끝난 다음 날, 신부는 잔치가 열리는 동안 수고한 시댁의 동서나 친정의 올케들을 위로하기 위해 차를 대접하는데, 이 의식을 '며느리들의 연회'라는 뜻의 '베르게딘 나이르'라고 한다.

참고문헌 А.Баасанхүү, Б.Батмөнх (2010), *Монголын ойрадуудын соёл*, Улаанбаатар.

바르가의 결혼 확약 의식

Бэр ноёны ёс (Ber noyony yos)

양가가 사돈 관계를 맺었다는 확약으로 신부가 시댁 어른에게 절을 올리는 의식

바르가 부족의 혼인 의례 과정에서 혼담이 성사되면 양가가 사돈 관계를 맺었다는 표시로 예비 신부가 신랑 측의 특정 어른에게 절을 올린다. 이렇게 절을 받은 사람은 예비 신부에게 덕담과 함께 코담배를 주며, 첫 인사를 나눈다. 이것은 신부가 시댁 어른들을 평생 모시겠다는 의미를 나타낸다.

참고문헌 МУ-ын ШУА Түүхийн хүрээлэн (1996), *Монгол улсын угсаатны зүй (III, Буриад, Барга, Үзэмчин, Дарьганга, Хотон, Тува-Цаатан, Тува-Малчин, Хамниган ястнуудын угсаатны зүй)*, Улаанбаатар.

바르가의 나르 볼랄다흐 요스

Баргын нар булаалдах ёс (Bargyn nar bulaaldakh yos)

혼인 의례 중 행해지는 놀이의 하나로, 신부를 마중 나온 양가의 사람들이 벌이는 시합

신부가 혼인식을 위해 친정에서 시댁으로 가게 되는데, 이때 신랑 측 일행이 마중을 나온다. 신부 일행과 마중 나온 신랑 일행이 도중에 만나면 서로 편을 갈라 시합을 한다. 이 시합에 신랑이 참석하며 일정한 거리를 정해 놓고 말 경주 시합하는데 반드시 해가 도는 방향으로 돌아야 한다.

참고문헌 МУ-ын ШУА Түүхийн хүрээлэн (1996), *Монгол улсын угсаатны зүй (III, Буриад, Барга, Үзэмчин, Дарьганга, Хотон, Тува-Цаатан, Тува-Малчин, Хамниган ястнуудын угсаатны зүй)*, Улаанбаатар.

바르가의 보란탁 볼랄다흐

Бурантаг булаалдах (Burantag bulaaldakh)

혼인 의례 과정에서 행해지는 놀이의 하나

혼인 의례 과정에서 신부가 시댁 어른께 인사를 드리는 중 게르 밖에서 결혼식에 참석한 사람들이 하는 놀이이다. 소가죽이나 말의 털로 밧줄을 만들어 한국의 줄다리기와 비슷한 시합을 한다.

참고문헌 МУ-ын ШУА Түүхийн хүрээлэн (1996), *Монгол улсын угсаатны зүй (III, Буриад, Барга, Үзэмчин, Дарьганга, Хотон, Тува-Цаатан, Тува-Малчин, Хамниган ястнуудын угсаатны зүй)*, Улаанбаатар.

바르가의 신부맞이 의식

Хүргэн хүү эргэж мэндлэх ёс (Khürgen khüü ergej mendlekh yos)

신랑 측에서 신부를 맞이하는 의식

혼인 의례 과정에서 신부가 시댁으로 가는 도중 신랑은 먼저 집에 도착하여 음식물을 준비해서 몇몇 사람과 함께 신부를 마중한다. 신랑이 신부의 일행을 다시 만나면 초원

에서 잠깐 쉬어 양가의 나이 많은 어른끼리 서로 코담배를 나누며 이야기를 나눈다.

참고문헌 МУ-ын ШУА Түүхийн хүрээлэн (1996), *Монгол улсын угсаатны зүй (III, Буриад, Барга, Үзэмчин, Дарьганга, Хотон, Тува-Цаатан, Тува-Малчин, Хамниган ястнуудын угсаатны зүй)*, Улаанбаатар.

바르가의 신혼 게르 짓기

Шинэ гэр барих (Shine ger barikh)

신혼부부가 새로 살게 될 신혼 게르를 짓는 일

신혼 살림용 새 게르는 신랑 측에서 짓는다. 게르 짓는 것을 친척들에게 알리면 여자들은 에스기(펠트)와 밧줄을 만들거나 바느질을 통해 일손을 돕는다. 게르 짓는 데 도움을 주기 위해 모인 사람들에게는 정성스레 음식을 대접하는 관습이 있다. 혼례를 올리는 날 부모님 게르의 동편에 게르를 세우고 게르 가운데에 놓인 화로에 절을 올린다.

참고문헌 МУ-ын ШУА Түүхийн хүрээлэн (1996), *Монгол улсын угсаатны зүй (III, Буриад, Барга, Үзэмчин, Дарьганга, Хотон, Тува-Цаатан, Тува-Малчин, Хамниган ястнуудын угсаатны зүй)*, Улаанбаатар.

바르가의 우덴 다를라가

Үүдэн дарлага (Üüden darlaga)

신부가 시댁으로 들어갈 때 신랑 측이 신부를 맞이하는 의식의 일종

신부의 머리 땋는 의식을 마친 후 신랑과 신부는 신랑 부모님이 계신 집으로 이동한다. 가는 도중에 신랑 일행의 수장이 '신부가 절을 한다' 하여 외치면 그때마다 신부 측에서 덕담을 한다. 신부가 신랑 부모님 댁에 도착하면 신랑 측이 시부모 집 기둥으로 문을 막는다. 이 때 여러 재미있는 말을 주고 받으며, 신부 측은 게르 기둥에 덕담을 하고 하닥을 매단 후 들어갈 수 있다. 기둥을 다시 집안에 세워 둔다.

참고문헌 МУ-ын ШУА Түүхийн хүрээлэн (1996), *Монгол улсын угсаатны зүй (III, Буриад, Барга, Үзэмчин, Дарьганга, Хотон, Тува-Цаатан, Тува-Малчин, Хамниган ястнуудын угсаатны зүй)*, Улаанбаатар.

바르가의 접시 뺏기 놀이

Таваг булаалдах (Tavag bulaaldakh)

혼례 행사의 하나로 행해지는 놀이

임시 게르와 신랑 부모님 집 사이에서 이루어지는 시합으로, 양가 사람들이 접시를 잡고 당기면서 힘을 겨루는 놀이이다.

참고문헌 МУ-ын ШУА Түүхийн хүрээлэн (1996), *Монгол улсын угсаатны зүй (III, Буриад, Барга, Үзэмчин, Дарьганга, Хотон, Тува-Цаатан, Тува-Малчин, Хамниган ястнуудын угсаатны зүй)*, Улаанбаатар.

바르가의 타힐 타비흐 요스

Тахил тавих ёс (Takhil tavikh yos)

신랑이 신부집 제단에 공물을 드리는 의식

혼담을 이루어지면 신랑 측은 그것을 확인하기 위해 신부 측 집의 불상에 공물을 바치며 예를 올린다. 신랑 측과 동행한 친척들도 각자 음식을 준비하여 신부 측에 전달하고 신부 측이 준비한 잔치에 참가한다.

참고문헌 МУ-ын ШУА Түүхийн хүрээлэн (1996), *Монгол улсын угсаатны зүй (III, Буриад, Барга, Үзэмчин, Дарьганга, Хотон, Тува-Цаатан, Тува-Малчин, Хамниган ястнуудын угсаатны зүй)*, Улаанбаатар.

바르가의 후겐 나돌라흐 ᠬᠦᠭᠡᠨ ᠨᠠᠭᠠᠳᠤᠭᠤᠯᠬᠤ

Хүүгэн наадуулах (Khüügen naaduulakh)

신부가 자신의 친인척 집을 돌며 인사를 올리는 의식

신부는 혼인 전 친척들에게 결혼 사실을 알리기 위해, 방문 날짜를 잡은 뒤 친척집을 직접 방문하여 인사를 올린다. 친척들은 신부를 대접하여 선물을 준다. 이 의식은 신부가 결혼 전에 친척들을 찾아 뵙고 결혼을 알리는 통보 의식으로, 전 몽골민족 사이에 널리 퍼져 있다.

참고문헌 МУ-ын ШУА Түүхийн хүрээлэн (1996), *Монгол улсын угсаатны зүй (III, Буриад, Барга, Үзэмчин, Дарьганга, Хотон, Тува-Цаатан, Тува-Малчин, Хамниган ястнуудын угсаатны зүй)*, Улаанбаатар.

바르가의 후겐 메둘레흐 요스 ᠬᠦᠭᠡᠨ ᠮᠡᠳᠡᠭᠦᠯᠬᠦ ᠶᠣᠰᠣ Хүүгэн мэдүүлэх ёс (Khüügen medüülekh yos)

혼인 전 신부가 자신의 친척에게 혼인을 알리는 의식

신부의 친언니 혹은 이모 집에서 신부에게 전통 모자와 초브(tsuv: 바르가 부족의 전통 의복)를 입힌다. 이 의식에는 신부의 친구들이 참석한다. 옷을 차려 입은 신부가 친척 집을 방문한다. 이 의식을 신부가 시집 가게 된 것을 알리기 즉 후겐 메둘레흐(khüügen medüülekh yos)라고 한다. 이어서 '후겐 나돌라흐(khüügen naaduulakh)' 의식을 한다.

참고문헌 МУ-ын ШУА Түүхийн хүрээлэн (1996), *Монгол улсын угсаатны зүй (III, Буриад, Барга, Үзэмчин, Дарьганга, Хотон, Тува-Цаатан, Тува-Малчин, Хамниган ястнуудын угсаатны зүй)*, Улаанбаатар.

바야드의 기치 볼가흐 ᠵᠣᠴᠢᠨ ᠪᠠᠭᠤᠯᠭᠠᠬᠤ

Баядын гийч буулгах (Bayadyn giich buulgakh)

신랑이 신부 집 옆에 신혼 게르를 짓는 의식

신랑은 신랑 측 몇몇 사람과 함께 신부 집 옆에 신혼 게르를 짓는다. 이 의식을 '기치 볼가흐' 라고 하는데 '손님을 맞다'는 뜻이다. 신부의 아버지가 자신의 집의 동남쪽에 집터를 정해 주면 그곳에 게르를 짓는다. 집을 지을 때 신부의 아버지가 게르 기둥과 밧줄, 문, 환기구 덮개 등을 마련하여 가져온다. 고대 데릴사위의 유습인 이 습속은 1940~50년대 이후에 거의 사라졌다.

기치 볼가흐 ©류병재 2013.07

참고문헌 А.Баасанхүү, Б.Батмөнх (2010), *Монголын ойрадуудын соёл*, Улаанбаатар.

바야드의 성 닐레흐 ᠰᠦᠨ ᠨᠡᠶᠢᠯᠡᠬᠦ Баядын сөн нийлэх (Bayadyn sön niilekh)

결혼 의례 과정에서 신랑과 신부 측에서 준비한 술을 한 통에 넣고 합치는 의식

혼인식이 끝난 다음 3일 후에 신랑 신부 부친 2명이 신부의 침상 앞에 친 커튼을 내린다. 이것은 신부가 이제 부인이 되었을 알리는 의미를 지닌다. 커튼을 내리면 신랑측 모인 사람들의 노래를 시작으로 다시 한 차례 잔치를 연다. 이를 위해 양가에서는 술을 준비한다. 그리고 준비한 술을 한 통에 넣고 합치는 의식을 행한다. 이때 신랑 측은 노래를 부르고 신부 측은 장단을 맞춘다. 성 닐레흐는 술을 합친다를 뜻한다.

참고문헌 А.Баасанхүү, Б.Батмөнх (2010), *Монголын ойрадуудын соёл*, Улаанбаатар.

바야드의 세브 닐루레흐 Баядын сэв нийлүүлэх (Bayadyn sev niilüülekh)

신랑 신부의 푼 머리카락을 합치는 의식 즉 부부 선언식

신랑과 신부의 머리를 풀고 신랑은 왼쪽 신부는 오른쪽 어깨에 넘겨서 두 머리카락을 합친다. 이것은 신랑 신부가 한 몸이 되었다는 의미를 지닌다. 세브 닐루레흐(sev niilüülekh)는 머리카락을 합친다는 뜻이다. 이 의식이 끝나면 모인 사람들이 여러 혼례 놀이를 즐긴다.

참고문헌 А.Баасанхүү, Б.Батмөнх (2010), *Монголын ойрадуудын соёл*, Улаанбаатар.

바야드의 신부 머리 풀기 Баядын гэзэг буулгах (Gezeg buulgakh)

신부의 머리를 풀어 주는 의식

신부는 친척집을 방문하여 대접 받고 돌아가는 마지막 날을 친정 집과 가까운 이웃 친척 집에서 보낸다. 다음날 아침에 땋은 머리를 풀어 주는 의식을 그 집에서 행한다. 머리를 풀어 주는 사람은 친언니와 새언니이다. 이 의식은 신부가 부인이 되었다는 것을 의미한다.

참고문헌 А.Баасанхүү, Б.Батмөнх (2010), *Монголын ойрадуудын соёл*, Улаанбаатар.

바야드의 신부맞이 Бэр булаалдах (Bayadyn ber bulaaldakh)

바야드 부족의 신부맞이 의식

신랑측이 신부를 맞으러 신부 집에 간다. 신부측이 상을 차리고 손님들을 대접하는데, 신랑 앞에 꼭 양의 삶은 복숭아뼈가 달린 정강이뼈 수육을 차린다. 신랑이 고기를 먹고 정강이뼈에서 복숭아뼈를 엄지손가락으로 떼어낸다. 이것은 신랑의 힘을 시험해보는 의미를 지닌다. 그 다음에 신부 어머니가 사위에게 새 저고리를 입혀 허리에 띠를 차 준다. 잔치를 계속해서 밤이 되면 신혼집으로 자리를 옮겨서 잔치를 즐긴다. 자리를 옮긴 후 다른 집에 있던 신부가 친정 집에 들어와서 친구들 사이에 앉는다. 새벽에 신랑측 친구들이 들어와서 친구들 사이에서 신부를 빼앗아 가 신혼집에 들인다.

참고문헌 А.Баасанхүү, Б.Батмөнх (2010), *Монголын ойрадуудын соёл*, Улаанбаатар.

바야드의 신혼 게르 점화 의식 Баядын хуримын гэрийн хэт цахих (Bayadyn khurimyn geriin khet

tsakhikh)

결혼 의례 과정에서 신혼 게르의 화로에 불을 붙이고 가문을 이어가는 새 가정이 생김을 알리는 의식

결혼 의례 과정에서 신부가 신혼집으로 들어가면 커튼 뒤에서 머리를 두 가닥으로 나누어 묶고, 장식한다. 부인이 되면 머리를 두 가닥으로 땋아야 하기 때문이다. 또한 부인복을 입힌다. 이 때 양가의 남자 두 사람은 신혼 게르의 화로에 부싯돌로 불을 붙인다. 신부 올케가 화로 위의 솥에 우유를 넣으면서 '솥이 먹을 것으로 넘치고 화로에서 항상 불이 타 오르기를' 기원한다. 그리고 나서 차를 끓여 신랑을 시작으로 손님들을 대접한다.

참고문헌 А.Баасанхүү, Б.Батмөнх (2010), *Монголын ойрадуудын соёл*, Улаанбаатар.

바야드의 신혼집 마련하기

Баядын шинэ гэр бүрэх (Bayadyn shine ger bürekh)

결혼 의례 과정에서 신혼집을 마련하는 의식

바야드 부족에서는 신랑측이 아들이 장가가서 살 집을 마련하는데, 나무로 만드는 게르의 본체는 미리 준비해 둔 상태에서 택일을 하여 친인척 이웃에게 알리고 게르를 짓는 의식을 행한다. 새 집을 신랑 아버지 집 서남쪽에 짓는데, 초대받아 온 사람들이 게르 본체에 맞추어 펠트를 재단하여 손수 지어낸다. 이 의식에 신부 어머니가 게르 천장 덮개를 만들 펠트를 가지고 와서 직접 만들어 게르 위에 씌운다. 게르를 짓고 나면 게르 안에 화로를 설치해서 신부 아버지가 불을 붙이고 신부 어머니가 불에 바람을 불어넣고 활활 타도록 한다. 이후 특별하게 초대받아 온 사람이 새 집에 대한 덕담을 하여 의식이 그날 하루 안에 끝난다.

참고문헌 А.Баасанхүү, Б.Батмөнх (2010), *Монголын ойрадуудын соёл*, Улаанбаатар.

바야드의 암 하닥 타비흐

Баядын ам хадаг тавих ёс (Bayadyn am khadag tavikh yos)

결혼 의례 과정에서 혼담을 결정짓는 일

바야드 부족에서는 혼담이 오가고 결정되면 신랑 측이 남자 한 명을 보내 신부 아버지에게 하닥을 올린다. 이 때 하닥과 함께 유제품을 준비해서 보낸다. 유제품을 신부 집 신당에 올린다. 하닥을 신부 아버지가 받으면 예식을 올릴 생각이 있는 것이고, 받지 않고 돌려 보내면 혼담이 깨지는 것이다.

참고문헌 А.Баасанхүү, Б.Батмөнх (2010), *Монголын ойрадуудын соёл*, Улаанбаатар.

바야드의 조스 하닥

Баядын зус хадаг тавих ёс (Bayadyn zus khadag tavikh yos)

혼담을 확인하여 의논하는 과정

바야드 부족에서는 신랑 측이 혼담이 결정되면 남자 둘, 여자 한 명을 신부 집에 보낸다. 이때 그들은 하닥과 함께 풀을 가지고 가는데 풀은 접합제로서 혼인 약속을 확정하여 풀로 붙여서 혼담이 깨어지지 않을 것이라는

의미를 가진다. 그런 의미에서 하닥과 풀을 신부 아버지에게 드리고, 예물과 신혼집 마련하기 등에 대해서 이야기를 나눈다. 바야드에서는 일반적으로 신부측이 신혼집 가구를 준비한다.

참고문헌 А.Баасанхүү, Б.Батмөнх (2010), *Монголын ойрадуудын соёл*, Улаанбаатар.

바야드의 체게 오흐 Цэгээ уух (Tsegee uukh)

결혼 의례 과정에서 신부가 혼례식을 앞두고 친인척 집을 방문하여 대접을 받는 의식

바야드 부족에서는 신부가 혼인식 전에 친척 집 집을 방문하여 대접을 받는다. 이것은 일종의 작별 인사 즉 혼인 신고식이라고 보아도 된다. 새 신부를 신부의 친구들이 수행한다. 또한 '바당치'라고 하는 남자 한 명이 따라 가는데, 친척들이 신부에게 주는 선물을 챙기는 일을 맡는다. 신부는 할반(khalban) 모자를 쓰고 옷깃 뒤에 흰 하닥을 단 망토를 입고 다닌다.

바야드의 체게 오흐
출처: http://malchin.uvs.khural.mn/n/tx5y

참고문헌 А.Баасанхүү, Б.Батмөнх (2010), *Монголын ойрадуудын соёл*, Улаанбаатар.

바야드의 태양에 절 올리기 Баядын шар наранд мөргүүлэх (Shar narand mörgüülekh)

결혼 의례 과정에서 신혼부부가 태양을 향해 절을 올리는 의식

신부가 새로 지은 게르에 들어갈 때 신부의 부모님 게르와 신혼집 게르 사이에 흰 펠트를 깔고 그 위에 혼례 주선자가 앉아 신부 부모님께 하닥을 올린다. 신랑 측이 혼례 주선자를 통해 신부 측이 준비한 예물을 물어보면 신부 측에서 옷, 신부 머리장식, 침구류, 주방용품, 안장 등을 내보인다. 그 후 흰 펠트에 신랑과 신부가 앉아 함께 양 정강이 뼈의 양쪽 끝을 각각 잡으면 두 사람의 엄지에 빨강 끈을 묶는다. 신랑 신부가 태양을 향해 3번 절을 올린다. 이것은 부부가 됨을 신에게 알리는 의미를 지닌다.

참고문헌 А.Баасанхүү, Б.Батмөнх (2010), *Монголын ойрадуудын соёл*, Улаанбаатар.

부리야트 신부의 말 탐색하기 Буриадын бэрийн морь шинжих (Buriadyn beriin mori shinjikh)

신부가 시댁에 예물로 보낸 말을 평가하는 의식

신랑은 신부의 말을 타고 마을을 세 번 돌면서 말의 걸음걸이와 달리는 모습을 모인 사람들에게 보여드린다. 신랑 외에 다른 한 명이 함께 따라가는데 이 사람이 '신부의 말(beriin mori)'이라고 외치면 마을 사람과 혼례에 참석한 사람들도 말의 모습을 보고 좋은 말인지를 평가한다. 좋은 말로 인정되면 신혼집 안의 함(函) 위에 말의 안장을 올려

놓고 그 함에 신부의 옷을 넣어둔다. 신부의 말을 평가하는 의식이 진행될 때 참석한 사람들은 게르 밖에 나가서 둥글게 앉아 음식을 먹으며 잔치를 즐긴다.

참고문헌 МУ-ын ШУА Түүхийн хүрээлэн (1996), *Монгол улсын угсаатны зүй(III, Буриад, Барга, Үзэмчин, Дарьганга, Хотон, Тува-Цаатан, Тува-Малчин, Хамниганястнуудын угсаатны зүй)*, Улаанбаатар. Г.Гантогтох (2007), *Монголын зан үйлийн аман яруу найргийн уламжлал*, Улаанбаатар.

부리야트의 꼬리잡기 놀이 Буриадын шөвөг шөөх наадаан (Buriadyn shövög shööx naadaan)

부리야트 신부의 친가에서 하는 오친 노래 행사에서 행하는 놀이의 일종

오친 노래 행사에서 행하는 놀이인데, 한국의 꼬리잡기 놀이와 비슷하다. 술래인 한 사람이 일렬로 서 있는 맨 끝에 있는 사람을 잡는다. 사람들은 술래가 맨 끝 사람을 못 잡도록 방해 작전을 펼친다. 게임 시작은 술래가 일렬의 맨 앞 사람부터 '송곳'이 있냐고 묻고 없다고 하면 다음 뒷사람에게 다시 물으면서 술래는 맨 뒷사람에게로 향하게 된다.

참고문헌 МУ-ын ШУА Түүхийн хүрээлэн (1996), *Монгол улсын угсаатны зүй(III, Буриад, Барга, Үзэмчин, Дарьганга, Хотон, Тува-Цаатан, Тува-Малчин, Хамниганястнуудын угсаатны зүй)*, Улаанбаатар. Г.Гантогтох (2007), *Монголын зан үйлийн аман яруу найргийн уламжлал*, Улаанбаатар.

부리야트의 나르 볼랄다흐 놀이 Буриадын нар булаалдах наадаан (Buriadyn nar bulaaldakh naadaan)

혼례식에서 신부가 신랑 집에 도착한 후 양가 사람들이 겨루는 말 경기

혼인 의례 과정에서 신부가 신랑 집에 도착하면 밖에서 신랑과 신부 측 사람들이 말 경기를 한다. 상대편의 동쪽에서 왼쪽으로 먼저 도는 쪽이 이기는데, 이때 이겼다는 뜻으로 "태양을 잡았다 (nar avsan)"라고 한다. 신부는 신혼 게르에서 살림을 정리하고 머리를 두 갈래로 땋은 후 장신구와 부인복을 착용한다. 이때에는 신랑 측 사람들이 신혼 게르에 들어가지 못하는데, 만약 이것을 엿보는 사람이 있으면 벌로 얼굴에 그을음을 묻힌다.

참고문헌 МУ-ын ШУА Түүхийн хүрээлэн (1996), *Монгол улсын угсаатны зүй(III, Буриад, Барга, Үзэмчин, Дарьганга, Хотон, Тува-Цаатан, Тува-Малчин, Хамниганястнуудын угсаатны зүй)*, Улаанбаатар. Г.Гантогтох (2007), *Монголын зан үйлийн аман яруу найргийн уламжлал*, Улаанбаатар.

부리야트의 니르겔렉 나담 Буриадын ниргэлэг наадам (Buriadyn nirgeleg naadam)

시집가는 딸을 배웅하는 의미로 친지들과 지역 주민들이 벌이는 놀이

시집가는 딸을 위한 오친 노래 행사 막판에서 친지들과 지역 주민들은 놀이를 즐긴다. 행사에 참석하는 사람들은 모닥불 주위를 돌면서 춤추며 노래를 부른다. 춤사위 모습이 마치 한국의 강강술래처럼 둥글게 원을 그리면서 춤춘다. 둥근 원 형태의 춤은 지역과 자연의 수호신들을 기쁘게 한다고 생각하기 때문이라고 한다. 친지와 지역민들의 이러한 춤은 신부가 신의 보살핌을 받아 잘 살기를 기원하는 의미를 담고 있다.

참고문헌 МУ-ын ШУА Түүхийн хүрээлэн (1996), *Монгол улсын угсаатны зүй(III, Буриад, Барга, Үзэмчин, Дарьганга, Хотон, Тува-Цаатан, Тува-Малчин, Хамниган ястнуудын угсаатны зүй)*, Улаанбаатар. Г.Гантогтох (2007), *Монголын зан үйлийн аман яруу найргийн уламжлал*, Улаанбаатар.

부리야트의 말 바리흐 Буриадын мал барих (Mal barikh)

신랑 측이 신부 측에 예물로 보내는 가축

혼인이 확정되면 신랑 측은 자신들이 소유하고 있는 가축 가운데 좋은 가축들을 골라 신부 측에 예물로 보낸다. 예물로 보내온 가축을 하나 하나 점검하고 나서 양측이 혼례식 날을 정한다. 혼례 날이 정해지면 신부측이 예물로 온 가축을 팔아 신부의 혼례 준비를 시작해야 한다.

참고문헌 МУ-ын ШУА Түүхийн хүрээлэн (1996), *Монгол улсын угсаатны зүй(III, Буриад, Барга, Үзэмчин, Дарьганга, Хотон, Тува-Цаатан, Тува-Малчин, Хамниган ястнуудын угсаатны зүй)*, Улаанбаатар. Г.Гантогтох (2007), *Монголын зан үйлийн аман яруу найргийн уламжлал*, Улаанбаатар.

부리야트의 바스강 자이흐 Буриадын басган зайх ёслол (Buriadyn basgan zaikh yoslol)

신부가 친척집을 방문하여 인사를 올리는 의식

부리야트 부족에서는 결혼 의례 과정에서 신부와 그 친구들이 남성 두 명과 동행하여 가까운 친척집 집을 방문하여 인사를 올리고 하루를 묵는다. 이때 동행한 남성 두 명 중 나이 많은 사람을 '어브겅 투루(övgön türüü: 나이 든 수장 어른)'라고 하는데, 이 사람이 신부가 묵을 집을 정한다. 방문한 친척집에서는 신부 일행에게 통째로 삶은 양고기의 머리 고기, 유제품, 술을 대접하며 잔치를 연다. 신부는 방문한 집마다 선물을 올리며, 선물을 받은 집에서는 신부에게 답례의 선물을 준다. 잔치를 여는 집에서 동네 사람들을 불러 노래를 불고, 먹고, 놀이를 즐기는데, 이 때에 '니르겔렉', '에렘시흐', '반지 숨기기' 등 놀이를 한다.

이 의식을 바야드 부족에서는 체게 오흐(tsegee uukh), 얼드 부족에서는 바스강 차일라흐(basgan tsailakh), 할흐 부족에서는 차이 오흐 (tsai uukh)라고 한다.

참고문헌 МУ-ын ШУА Түүхийн хүрээлэн (1996), *Монгол улсын угсаатны зүй(III, Буриад, Барга, Үзэмчин, Дарьганга, Хотон, Тува-Цаатан, Тува-Малчин, Хамниган ястнуудын угсаатны зүй)*, Улаанбаатар. Г.Гантогтох (2007), *Монголын зан үйлийн аман яруу найргийн уламжлал*, Улаанбаатар.

부리야트의 반지 숨기기 놀이 Буриадын бэлзэг нуух наадаан (Buriadyn belzeg nuukh naadaan)

신부가 친척 집을 방문하여 인사 올리는 바스강 자이흐 의식 때 행하는 놀이의 일종

신부를 배웅하는 의미로 신부 친척 집에서 잔치를 하는데, 이 때 반지 숨기기 놀이를 한다. 사람들은 두 편으로 나누어 반지 숨기기 놀이를 한다. 한쪽 편은 반지를 숨기는 역할, 다른 편은 그것을 찾는 역할을 맡는다. 반지가 없는 편의 사람이 반지를 가지고 있는 상대편 사람을 맞추면, 맞춘 쪽에서 노래를 부르며 즐긴다.

참고문헌 МУ-ын ШУА Түүхийн хүрээлэн (1996), *Монгол улсын угсаатны зүй(III, Буриад, Барга, Үзэмчин, Дарьганга, Хотон, Тува-Цаатан, Тува-Малчин, Хамниган ястнуудын угсаатны зүй)*, Улаанбаатар. Г.Гантогтох (2007), *Монголын зан үйлийн аман яруу найргийн уламжлал*, Улаанбаатар.

부리야트의 베르 고이흐

Буриадын бэр гуйх ёс (Buriadyn ber guikh yos)

신부를 정하는 의식

부리야트 부족에서는 혼담을 진행할 때 아들과 딸의 의견을 묻지 않고 부모들이 그 지역의 승려에게 두 사람의 출생연도와 생년월일 등을 알려 궁합을 본 후, 궁합이 잘 맞으면 아들을 둔 부모가 딸의 부모에게 찾아가 혼담을 나누었다.

무당이나 스님한테 물어보고 궁합이 맞으면 신랑의 어머니는 옷의 오른쪽 어깨에 장식으로 매단 은 동전을 빼어 위로 던지는데, 동전의 앞면이 나오면 며느릿감을 잘 고른 것으로 점치고 혼사를 진행시켰다. 신랑의 아버지는 신부의 집을 찾아가 혼인 의사를 밝힌다. 혼담이 성사되면 신랑 아버지가 신부가 될 사람에게 은잔을 준다. 은잔을 받은 신부가 다시 그것을 시아버지에게 돌려준다. 그러면 신랑 아버지는 점쳤던 은 동전을 꿰어 목걸이로 만들어 신부의 목에 걸어준다. 사돈이 되는 두 부친은 서로 허리띠를 교환한다.

참고문헌 Г.Гантогтох (2007), *Монголын зан үйлийн аман яруу найргийн уламжлал*, Улаанбаатар. МУ-ын ШУА Түүхийн хүрээлэн (1996), *Монгол улсын угсаатны зүй* (*III, Буриад, Барга, Үзэмчин, Дарьганга, Хотон, Тува-Цаатан, Тува-Малчин, Хамниган ястнуудын угсаатны зүй*), Улаанбаатар.

부리야트의 베르 머르거흐

Буриадын бэр мөргөх (Buriadyn ber mörgökh)

신부가 신랑 집에 도착한 후 신랑 측 사람들에게 인사 올리는 의식

신부는 측근 두 사람과 함께 신혼 게르에 들어가서 부인복을 입고 치장을 한 후 신랑의 부모 집으로 향한다. 시댁으로 향하는 동안에 세 번 절을 하며 간다.

신랑 친인척들이 신랑 부모님 집의 문을 게르의 자작나무 기둥으로 막고 있으며, 신부 측에서 왜 들어가는 길을 막느냐고 묻고 답하는 식으로 신부 신랑측이 재미있는 말놀이를 한다. 결국 하닥을 올리고 신부가 시댁에 들어간다. 신부는 신랑 부모님 집에 들어가 먼저 신당에 모셔진 불상에 절을 하고 또 화로에 세 번 절을 올린다. 이때 신부에게 장작에 기름을 발라 주면 신부는 이 나무를 화로에 넣고 절을 올린다. 그 후 신랑 측 부모님과 친척들에게 절을 올리는데 이때 양꼬리를 접시에 담아 올린다. 신부가 시댁 어른들에게 인사 올린 후 신랑 신부의 엄지 손가락을 붉은 실로 이어 묶고, 친척들이 덕담을 해 준다.

참고문헌 МУ-ын ШУА Түүхийн хүрээлэн (1996), *Монгол улсын угсаатны зүй(III, Буриад, Барга, Үзэмчин, Дарьганга, Хотон, Тува-Цаатан, Тува-Малчин, Хамниган ястнуудын угсаатны зүй)*, Улаанбаатар. Г.Гантогтох (2007), *Монголын зан үйлийн аман яруу найргийн уламжлал*, Улаанбаатар.

부리야트의 볼조

Буриадын болзоо (Buriadyn bolzoo)

신랑 측에서 신부 측에 혼인을 확약하는 의식

혼담이 성사되어 청혼을 하고 나면 신랑 측에서 다시 한 번 결혼 약속에 대한 확인을 하여 신부 집에 암소나 이불을 만드는 양털을 선물한다.

참고문헌 МУ-ын ШУА Түүхийн хүрээлэн (1996), *Монгол улсын угсаатны зүй(III, Буриад, Барга, Үзэмчин, Дарьганга, Хотон,*

Тува-Цаатан, Тува-Малчин, Хамниган ястнуудын угсаатны зүй), Улаанбаатар. Г.Гантогтох (2007), *Монголын зан үйлийн аман яруу найргийн уламжлал*, Улаанбаатар.

부리야트의 부스 초히흐

Буриадын бүс цохих (Buriadyn büs tsokhikh)

신부가 시집가기 전 친정 집에서 잔치를 여는데, 이 때 행하는 놀이의 일종

혼례에 참석한 사람들이 100m 정도의 거리를 두고 두 편으로 나누어 양쪽에 일렬로 선다. 술래인 사람이 상대편의 한 명을 지명하면 그 사람과 달리기 경주를 시작하는데 상대편까지 빨리 도착하는 사람이 이긴다.

참고문헌 МУ-ын ШУА Түүхийн хүрээлэн (1996), *Монгол улсын угсаатны зүй(III, Буриад, Барга, Үзэмчин, Дарьганга, Хотон, Тува-Цаатан, Тува-Малчин, Хамниган ястнуудын угсаатны зүй)*, Улаанбаатар. Г.Гантогтох (2007), *Монголын зан үйлийн аман яруу найргийн уламжлал*, Улаанбаатар.

부리야트의 신부 뺏기

Буриадын басган булаалдах ёс (Buriadyn basgan bulaaldakh yos)

혼례 잔치에서 행하는 놀이의 일종

혼례식 날 신부가 신부 친구들과 델의 허리띠로 서로 얽어매 앉아 있으면 신랑이 신랑 친구들과 같이 들어와 신부를 풀어 빼앗는 놀이이다. 이 놀이가 끝나면 신부가 신랑을 따라 친정 집을 떠난다. 신부가 해당 해에 운수가 좋고 궁합이 잘 맞는 사람과 함께 말을 타고 신랑 집으로 향한다.

참고문헌 МУ-ын ШУА Түүхийн хүрээлэн (1996), *Монгол улсын угсаатны зүй(III, Буриад, Барга, Үзэмчин, Дарьганга, Хотон, Тува-Цаатан, Тува-Малчин, Хамниган ястнуудын угсаатны зүй)*, Улаанбаатар. Г.Гантогтох (2007), *Монголын зан үйлийн аман яруу найргийн уламжлал*, Улаанбаатар.

부리야트의 신부 탐색

Буриадын бэр шинжих (Buriadyn ber shinjikh)

신부맞이에서 행하는 신부 탐색 의식

신랑 측에서 신부가 가지고 온 옷과 장식을 보자고 재촉하면 신부가 가지고 온 사계절 의복을 꺼내어 모여 있는 친인척에게 보여준다. 신랑 측 사람들은 이 옷 하나 하나가 마음에 든다며 신부에게 칭찬과 덕담을 건넨다. 그리고 신부의 옷소매에 사탕을 넣은 후 밖으로 나가 신부의 옷을 흔들며 아이들에게 사탕을 나누어 준다. 신랑측이 신부에게 예복을 입힌 후 신부의 친정식구들에게 선물을 주는데, 친정 식구들도 신랑측에게 답례의 선물을 한다.

참고문헌 МУ-ын ШУА Түүхийн хүрээлэн (1996), *Монгол улсын угсаатны зүй(III, Буриад, Барга, Үзэмчин, Дарьганга, Хотон, Тува-Цаатан, Тува-Малчин, Хамниган ястнуудын угсаатны зүй)*, Улаанбаатар. Г.Гантогтох (2007), *Монголын зан үйлийн аман яруу найргийн уламжлал*, Улаанбаатар.

부리야트의 신부를 시댁으로 보내기

Буриадын бэр мордуулах ёс (Buriadyn ber morduulakh yos)

신랑 집으로 신부를 보내는 의식

신부가 신랑 집으로 떠나기 전에 노파가 신부의 얼굴과 손을 씻기는 정결 의식을 치른다. 신부는 말을 타고 출발하는데 젊은 여자들은 따라가지 않고 신부의 어머니, 친척들,

노파가 따라간다. 신부의 어머니가 시댁까지 따라가는 의식은 『몽골비사』에도 등장하는 오래된 몽골족의 관습이다.

참고문헌 МУ-ын ШУА Түүхийн хүрээлэн (1996), *Монгол улсын угсаатны зүй(III, Буриад, Барга, Үзэмчин, Дарьганга, Хотон, Тува-Цаатан, Тува-Малчин, Хамниган ястнуудын угсаатны зүй)*, Улаанбаатар. Г.Гантогтох (2007), *Монголын зан үйлийн аман яруу найргийн уламжлал*, Улаанбаатар.

부리야트의 신부맞이

Буриадын угтамж (Buriadyn ugtamj)

신부를 신랑측에서 마중하는 행사

신부가 신랑 집으로 가는 도중에 신랑 측에서 몇 사람이 마중 나온다. 이들이 술과 음식물을 준비해 온다. 양측이 길 중간에서 고수레 의식을 행한 후 다시 길을 떠난다. 신랑 집이 가까워지면 신부 측 3남자가 먼저 가 신랑 집에 가서 낙타를 잃어버려서 찾는다고 알린다. 이것은 곧 신부가 옴을 알리는 의미를 지닌다. 신랑 측이 3 사람을 대접한다. 이 때 먼저 신부의 짐이 도착한다. 신부의 짐을 풀고 신혼집에 가구 배치를 하고 나면 신부 일행이 도착한다.

참고문헌 МУ-ын ШУА Түүхийн хүрээлэн (1996), *Монгол улсын угсаатны зүй(III, Буриад, Барга, Үзэмчин, Дарьганга, Хотон, Тува-Цаатан, Тува-Малчин, Хамниган ястнуудын угсаатны зүй)*, Улаанбаатар. Г.Гантогтох (2007), *Монголын зан үйлийн аман яруу найргийн уламжлал*, Улаанбаатар.

부리야트의 신혼집 짓기

Буриадын шинэ гэр барих (Buriadyn shine ger barikh)

혼례 전에 신랑 측이 신혼집을 장만하는 일

신랑 측이 길일을 택하여 친인척이 모여 신혼집을 만든다. 집을 짓고, 그 위에 덮어 씌울 양탄자 보를 만든다. 신혼집을 신랑 아버지 집 왼쪽에 짓는다. 신혼집뿐만 아니라 가구 중에서 집 안에 깔아놓을 양탄자, 반닫이, 침대 등도 준비한다. 이날 신부 측에서 새 게르의 천장 덮개(örkh)와 문을 가지고 오는 것이 관례이다. 게르 천장 덮개와 게르의 바깥벽을 묶는 밧줄은 신부 측에서 준비하여 그 날 신랑 측에 전달한다. 신혼집을 마련하는 과정에 신부 측이 더 이상 관여하지 않는다. 새 집의 천장 덮개를 신랑 부친이 올려 덮으며, 화로에 불 피우는 것도 신랑 아버지가 맡는다.

참고문헌 МУ-ын ШУА Түүхийн хүрээлэн (1996), *Монгол улсын угсаатны зүй(III, Буриад, Барга, Үзэмчин, Дарьганга, Хотон, Тува-Цаатан, Тува-Малчин, Хамниган ястнуудын угсаатны зүй)*, Улаанбаатар. Г.Гантогтох (2007), *Монголын зан үйлийн аман яруу найргийн уламжлал*, Улаанбаатар.

부리야트의 엄스걸 벨데흐

Буриадын өмсгөл бэлдэх (Buriadyn ömsgöl beldekh)

신부의 혼례복과 시댁 친인척에게 드리는 옷을 만드는 일

혼례복은 신부 측에서 준비한다. 신부는 신랑 측 부모와 신랑 측의 가까운 친척들의 델을 지어서 선물용으로 준비한다. 이러한 습속은 고대 몽골족의 '에무스겔(emüsgel)'의 유풍으로, 에무스겔은 신부가 시댁의 어른들에게 바치는 예물을 뜻한다.

참고문헌 МУ-ын ШУА Түүхийн хүрээлэн (1996), *Монгол улсын угсаатны зүй(III, Буриад, Барга, Үзэмчин, Дарьганга, Хотон, Тува-Цаатан, Тува-Малчин, Хамниган ястнуудын угсаатны зүй)*, Улаанбаатар. Г.Гантогтох (2007), *Монголын зан үйлийн аман яруу найргийн уламжлал*, Улаанбаатар.

부리야트의 오친 노래

Буриадын ууцын дуу (Buriadyn uutsyn duu)

신부가 시집 생활을 잘하기를 기원하는 행사

혼례 날을 앞두고 신부측에서 행사를 하는데, 이 때 부르는 노래를 오친 노래라고 지칭한다. 노래의 내용은 시집가는 신부가 시댁에 가서 시부모님과 신랑을 잘 모시고 말과 행동을 조심하라는 가르침의 내용 즉 딸을 보내는 부모와 형제들의 애틋한 마음을 표현하고 있다. 이 노래의 내용은 시기에 따라 다양하게 전해진다.

초원에서 자라는 한 그루의 나무에 손을 떼지 말아라
남의 집 외동 아들을 섬겨 살아라
초원 길이 험하다, 말도 걸릴 수 있다
외지가 힘들다, 섬긴다고 착각 말아라.

교훈을 주는 여러 노래를 불러 행사가 끝나면 신부 집 밖에 나가서 여러 놀이를 즐기는데, 반지 숨기기, 부스 초히흐, 꼬리 잡기, 니르겔렉 등 놀이가 그것이다.

참고문헌 МУ-ын ШУА Түүхийн хүрээлэн (1996), *Монгол улсын угсаатны зүй(III, Буриад, Барга, Үзэмчин, Дарьганга, Хотон, Тува-Цаатан, Тува-Малчин, Хамниган ястнуудын угсаатны зүй)*, Улаанбаатар. Г.Гантогтох (2007), *Монголын зан үйлийн аман яруу найргийн уламжлал*, Улаанбаатар.

부리야트의 의복 선물하기

Буриадын хувцас бэлэглэх (Buriadyn khuvtsas beleglekh)

신부측에서 신랑측 여자들에게 의복을 선물하는 의식

신부 맞이하기의 한 과정으로, 신부 측에서 신랑 측 여자들에게 델, 상의, 하의, 두루마기, 신발 등을 선물한다. 신랑에게는 상의와 허리띠를 선물한다. 그리고 신랑 측 남자들을 삶은 말머리, 양머리로 대접한다. 말머리, 양머리는 의례용 음식에서 최고로 친다.

참고문헌 МУ-ын ШУА Түүхийн хүрээлэн (1996), *Монгол улсын угсаатны зүй(III, Буриад, Барга, Үзэмчин, Дарьганга, Хотон, Тува-Цаатан, Тува-Малчин, Хамниган ястнуудын угсаатны зүй)*, Улаанбаатар. Г.Гантогтох (2007), *Монголын зан үйлийн аман яруу найргийн уламжлал*, Улаанбаатар.

부리야트의 이불보 보내기

Буриадын хөнжил хүргэх (Buriadyn khönjil khürgekh)

신랑 측에서 신부에게 이불보를 보내는 의식

신랑 측 손님들 중 두 명의 여자가 유제품을 들고 신부 측 집을 방문한다. 그리고 신부 측 아버지를 펠트 위에 앉게 한 후 탁자 위에 이불보를 펼친다. 펼친 이불보 위에 가져온 선물을 놓는다. 신부 측 어머니는 가져온 선물을 확인하고, 이불에 이불보를 씌우고 바느질을 한다. 신랑 측에서 신부 측에 이불보를 건네주는 것을 '헌질 후르게흐(khönjil khürgekh)'라고 부른다.

참고문헌 МУ-ын ШУА Түүхийн хүрээлэн (1996), *Монгол улсын угсаатны зүй(III, Буриад, Барга, Үзэмчин, Дарьганга, Хотон, Тува-Цаатан, Тува-Малчин, Хамниган ястнуудын угсаатны зүй)*, Улаанбаатар. Г.Гантогтох (2007), *Монголын зан үйлийн аман яруу найргийн уламжлал*, Улаанбаатар.

부리야트의 자리 뺏기 놀이

Буриадын суурь булаалдах (Buriadyn suuri bulaaldax)

혼인 잔치에서 행하는 놀이의 일종

신혼 게르 안에 모인 사람들은 둥글게 모여 앉아 한국의 수건 돌리기와 비슷한 형태의 놀이를 한다. 술래가 된 사람이 앉아 있는 사람들을 돌면서 어느 한 사람에게 신호를 보낸다. 술래와 신호를 받은 사람 중 재빨리 술래의 자리를 차지하는 쪽이 이기는 놀이이다.

참고문헌 МУ-ын ШУА Түүхийн хүрээлэн (1996), *Монгол улсын угсаатны зүй(III, Буриад, Барга, Үзэмчин, Дарьганга, Хотон, Тува-Цаатан, Тува-Малчин, Хамниган ястнуудын угсаатны зүй)*, Улаанбаатар. Г.Гантогтох (2007), *Монголын зан үйлийн аман яруу найргийн уламжлал*, Улаанбаатар.

부리야트의 청혼식 Буриадын сүй хэлэлцэх ёс (Buriadyn süi khelelchekh yos)

혼인을 약속하는 일

부리야트 부족에서는 혼담이 성사되면 청혼식을 치른다. 청혼하는 날은 라마 승려가 길일을 택해 고른다. 청혼 하는 날에 신랑 아버지는 신랑 측 일행과 함께 신부 집에 가서 사돈끼리 인사를 하여 약혼 선물을 전한다.

참고문헌 МУ-ын ШУА Түүхийн хүрээлэн (1996), *Монгол улсын угсаатны зүй(III, Буриад, Барга, Үзэмчин, Дарьганга, Хотон, Тува-Цаатан, Тува-Малчин, Хамниган ястнуудын угсаатны зүй)*, Улаанбаатар. Г.Гантогтох (2007), *Монголын зан үйлийн аман яруу найргийн уламжлал*, Улаанбаатар.

부리야트의 하닥 올리기 의식 Буриадын хадаг тавих (Buriadyn khadag tavikh)

불전에 하닥을 올리는 약혼 의식의 한 과정

혼담이 성사되면 신랑 측에서 서너 명의 남자가 신부 집을 방문하여 신부 측 부모에게 예물을 올린다. 이때 하닥을 불전에 올리고 세 번 절을 올린다. 이러한 의식을 치르면 약혼이 성사된 것으로 여긴다.

참고문헌 МУ-ын ШУА Түүхийн хүрээлэн (1996), *Монгол улсын угсаатны зүй(III, Буриад, Барга, Үзэмчин, Дарьганга, Хотон, Тува-Цаатан, Тува-Малчин, Хамниган ястнуудын угсаатны зүй)*, Улаанбаатар. Г.Гантогтох (2007), *Монголын зан үйлийн аман яруу найргийн уламжлал*, Улаанбаатар.

부리야트의 할 습속 Буриадын 'хал' зан үйл (Buriadyn khal khemeekh zan üil)

혼례 전에 신부 집에서 행하는 의식의 일종

결혼식 2~3일 전에 신랑과 신랑 측 사람들이 술, 고기, 유제품 등을 준비해 신부 집을 찾아간다. 신부 측은 집밖에 모닥불을 피워놓고 신랑측이 가지고 온 음식물로 상을 차리고, 먹기 전에 고수레를 한다. 그리고 모닥불 주위에 둘러앉아 음식을 먹고 술을 마신다. 저녁이 되면 신랑과 신부 측 친구들이 신랑의 땋은 머리에 장식을 달고 옷에 청동으로 만든 종 모양의 '할(khal)'이라고 하는 단추를 달아준다.

참고문헌 МУ-ын ШУА Түүхийн хүрээлэн (1996), *Монгол улсын угсаатны зүй(III, Буриад, Барга, Үзэмчин, Дарьганга, Хотон, Тува-Цаатан, Тува-Малчин, Хамниган ястнуудын угсаатны зүй)*, Улаанбаатар. Г.Гантогтох (2007), *Монголын зан үйлийн аман яруу найргийн уламжлал*, Улаанбаатар.

부리야트 혼례에서 신부의 청혼 선물 Буриадын бэлэг барих ёс (Buriadyn beleg barikh yos)

신부에게 약혼을 기념하는 선물을 주는 의식

부리야트 부족에서 혼담이 성사되어 약혼식

을 하게 되면 신랑 측 남자 서너 명이 하닥과 약혼 선물을 가지고 신부 측으로 간다. 그리고 어떠한 선물을 가져왔는지 설명한다. 선물을 전달할 때 신랑 측 남자들은 쉽게 선물을 주지 않으려고 짓궂게 장난치며 시간을 끈다.

신부 측 여자들 또한 귀한 신부를 신랑 측으로 쉽게 줄 수 없다고 서로 실랑이를 벌이며 말장난을 한다. 이 때에도 상을 차려 즐기는데, 행사 절차가 끝날 무렵 예물로 보낼 가축을 몇 마리, 언제, 어떻게 보낼지 의논한다.

참고문헌 МУ-ын ШУА Түүхийн хүрээлэн (1996), *Монгол улсын угсаатны зүй(III, Буриад, Барга, Үзэмчин, Дарьганга, Хотон, Тува-Цаатан, Тува-Малчин, Хамниган ястнуудын угсаатны зүй)*, Улаанбаатар. Г.Гантогтох (2007), *Монголын зан үйлийн аман яруу найргийн уламжлал*, Улаанбаатар.

사위 예복 입히기 Өмсгөл өмсгөх (Ömsgöl ömsgökh)

결혼 의례 과정에서 신부의 어머니가 사위에게 예복을 입히는 의식

신랑이 신부 측 집에 오면 신부 측은 샤갸이(shagai)가 있는 양고기를 준비한다. 신랑은 양고기를 뜯어 샤갸이를 빼낸 후 말장화의 윗부분 안쪽에 샤갸이를 넣는데, 이것은 신랑의 복을 비는 행위이다. 그러면 신부의 어머니가 사위에게 새 옷을 입히고 허리띠를 매어 준다.

참고문헌 А.Баасанхүү, Б.Батмөнх (2010), *Монголын ойрадуудын соёл*, Улаанбаатар.

성 닐레흐 Сөн нийлэх (Sön niilekh)

결혼 의례 과정에서 신랑과 신부 측에서 준비한 말젖술을 합치는 의식

혼인 잔치를 위해 양가에서는 말젖술을 준비한다. 그리고 준비한 말젖술을 서로 합치는 의식을 행한다. 이때 신랑 측은 노래를 부르고 신부 측은 장단을 맞춘다. '성 닐레흐'에서 '성(sön)'은 '큰 그릇에 따라 둔 말젖술'을 뜻한다.

참고문헌 А.Баасанхүү, Б.Батмөнх (2010), *Монголын ойрадуудын соёл*, Улаанбаатар.

시드쿨 Шидкүл (Shitkül)

신부가 시댁의 재산 증식을 위해 가져오던 물품

고대나 중세의 결혼 습속에서 여자가 시집올 때 시댁의 재산 증식을 위해 가져오는 물품을 이르는데, 주로 보석 패물류나 주방용품들이었다. 이 물품의 소유권은 시댁 쪽에 있다.

참고문헌 박원길 (1996), 『몽골의 문화와 자연지리』, 서울, 두솔. 박원길 (1997), 『몽골비사 역주 (I)』 서울, 두솔. 額爾登泰, 烏云達賚, 阿薩拉圖 (1980), 『蒙古秘史詞匯選釋』, 呼和浩特.

신부 머리 풀기 Гэзэг буулгах (Gezeg buulgakh)

신부의 머리를 풀어 주는 의식

친척집을 방문하여 말젖술을 대접 받고 돌아온 신부는 다음 날 아침 땋은 머리를 풀어 주는 의식을 행한다. 머리를 풀어 주는 사람은 친언니와 새언니이다. 이 의식은 신부가 부인이 되었다는 것을 의미한다.

참고문헌 А.Баасанхүү, Б.Батмөнх (2010), *Монголын ойрадуудын соёл*, Улаанбаатар.

신혼 게르 점화 의식 Хуримын гэрийн хэт цахих (Khurimyn geriin khet tsakhikh)

결혼 의례에서 신혼 게르의 화로에 불을 붙이는 의식

결혼 의례 과정에서 신혼부부가 태양을 향해 절을 올린 다음 신부는 새 집으로 들어간다. 신부가 옷을 갈아입고 머리를 장식하는 동안에 양가의 남자들은 신혼 게르에 첫 불을 붙이는 의식으로 부싯돌로 화로에 불을 붙인다.

참고문헌 А.Баасанхүү, Б.Батмөнх (2010), *Монголын ойрадуудын соёл*, Улаанбаатар.

어르흐 먈라흐 Өрх мялаах (Örkh myalaakh)

신혼 게르의 천장 덮개를 만드는 의식

신혼 게르를 지을 때 신부의 어머니는 양 한 마리, 에스기(펠트), 델 만드는 비단 옷감, 술, 아아롤, 치즈, 낙타털로 만든 끈, 지붕 덮개 밧줄 등을 가지고 온다. 가지고 온 에스기로 게르 지붕 덮개를 재단한 후 그 위에 앉아 차를 마시고 유제품을 맛본다. 그리고 지붕 덮개 가운데 친정 쪽 어른을 앉힌 뒤, 지붕 덮개를 서로 잡아 당겨 무두질을 한다.

참고문헌 А.Баасанхүү, Б.Батмөнх (2010), *Монголын ойрадуудын соёл*, Улаанбаатар.

어얼드의 말 바리흐 Өөлдийн мал барих (Ööldiin mal barikh)

신랑 측이 신부 측에 예물로 보내는 가축

혼례가 확정되면 신랑 측 한 사람이 신부 측에 먼저 가서 혼례의 준비와 신부 신랑 측이 각각 무엇을 준비해야 되는지를 의논한다. 이후 신랑 측 3~5명이 술과 치즈, 신당에 올릴 하닥 또한 신부의 옷을 만드는 옷감, 혼례 준비에 필요한 가축이나 돈 등을 준비해서 신부 집을 찾는다. 예물을 보내온 이날 양측이 혼례식 날을 정한다.

참고문헌 А.Баасанхүү, Б.Батмөнх (2010), *Монголын ойрадуудын соёл*, Улаанбаатар.

어얼드의 술을 올리는 의식 Өөлдийн архи өргөх ёс (Ööldiin arkhi örgökh yos)

혼담이 오간 후 정식으로 확정하는 일

신랑 측의 두세 사람이 술, 오츠, 치즈와 20여 개의 하닥을 가지고 신부 집을 방문한다. 그리고 신부 측 가족과 친척들에게 선물을 올리며 음식과 술을 차리고 신부측을 대접한다. 이때 의혼을 하며 '조스(zus: 가축을 끓여 만든 풀)'를 올리는 날을 결정한다.

참고문헌 А.Баасанхүү, Б.Батмөнх (2010), *Монголын ойрадуудын соёл*, Улаанбаатар.

어얼드의 신혼집 짓기 Өөлдийн шинэ гэр бүрэх (Ööldiin shine ger bürekh)

혼례식 전에 신랑 측이 신혼집을 장만하는 일

신랑 측이 길일을 택하여 친인척을 불러 신혼집을 만든다. 집의 벽과 서까래, 문, 천장 등을 미리 준비해 둔다. 새 집을 만드는 데에 도움을 주고자 온 사람들이 새 가정에 필요한 그릇이나 주전자 등 무언가를 선물로 가져온다. 천장 덮개 만들 펠트를 친가 쪽 어르신이 준비해 오며 제일 먼저 만든다. 게르 안쪽 띠나 줄은 흰색, 바깥쪽 게르를 동이는 띠는 검은 색이어야 한다. 새 집의 천장 덮개를 신랑이 직접 올려 덮으며, 게르가 완성되면 참석한 사람들을 새 집 안으로 모시고 상을 차리고 잔치를 즐긴다. 잔치가 끝나가면 온 사람마다 선물을 주고 보낸다.

참고문헌 А.Баасанхүү, Б.Батмөнх (2010), *Монголын ойрадуудын соёл*, Улаанбаатар.

어얼드의 오트 오틀라흐

Уут уутлах (Uut uutlakh)

신랑 측이 신혼 게르를 짓고 벌이는 잔치

얼드 부족에서는 신혼 게르를 신부 집에서 신랑 집으로 옮겨 오면, 시아버지가 집터에 게르 기둥을 잡고 서 있는다. 그러면 신랑 신부가 집터를 오른쪽으로 3바퀴 돈 다음 게르를 짓기 시작한다. 이때 신부는 시아버지 집에 들어가 시아버지와 화로에 절을 올린 다음 밖으로 나와 성산(聖山)에도 절을 올린다. 이 날 저녁 새로 지은 게르에 양가의 친척들이 모여 잔치를 벌인다.

참고문헌 А.Баасанхүү, Б.Батмөнх (2010), *Монголын ойрадуудын соёл*, Улаанбаатар.

어얼드의 이불 보내기

Өөлдийн хөнжил хүргэх (Ööldiin khönjil khürgekh)

신랑 신부 어머니가 이불을 만드는 의식

신랑 어머니가 신혼 부부의 이불을 만들 비단과 새끼 양 가죽을 준비해 신부 집에 간다. 신부 어머니도 비슷한 재료를 준비한 상태에서 두 사람이 함께 이불을 만든다. 준비된 이불이 신부 집에 남는다. 이것을 '헌질 후르게흐(khönjil khürgekh)'라고 부른다.

참고문헌 А.Баасанхүү, Б.Батмөнх (2010), *Монголын ойрадуудын соёл*, Улаанбаатар.

어얼드의 조스 타비흐 의식

Өөлдийн зус тавих ёс (Ööldiin zus tavikh yos)

혼담이 성사되었음을 알리는 의식

의혼 뒤 양가가 정한 '조스 타비흐 (zus tavix)' 날에 신랑 측의 3~7명이 100여 명을 대접할 수 있는 양의 술과 치즈, 선물, 하닥을 가지고 신부 집을 방문한다. 신부 측은 가까운 친척과 동네 사람들을 불러 차를 대접하고 신랑 측의 선물을 받는다. 이때 혼례를 통해 두 사람이 합하여 붙여진다는 뜻으로 신랑 측이 조스(풀)와 하닥을 신부 측에 전한다. 이어서 예물을 언제 보내야 되는지에 대해서 상의한다.

참고문헌 А.Баасанхүү, Б.Батмөнх (2010), *Монголын ойрадуудын соёл*, Улаанбаатар.

어얼드의 텝쉬 타비흐 의식

Өөлд нарын тэвш тавих ёс (Ööldnaryn tevsh tavikh yos)

신랑 측에서 신부 측에게 말을 선물하는 의식

신랑 측에서 삶은 양고기와 다섯 개의 하닥, 그리고 두 명의 가수를 데리고 신부 집에 간다. 집안의 신당과 신부의 부모님께 하닥을 올리고 가지고 간 양고기를 서로 나누어 먹는다. 두 명의 가수가 노래를 끝내면 '텝쉬 타비흐' 의식을 진행하는 사람이 신부 집으로 온다. 신랑 측에서 술잔을 들어 올리면서 준비한 말을 신부 측에 전달한다. 신부 측에서 말의 치아, 생김새, 체력을 살펴보고 말이 마음에 들면 신부의 아버지가 술잔을 받는다. 가끔 신부 측에서 말이 마음에 들지 않으면 언쟁을 일으키는 경우도 있다

참고문헌 А.Баасанхүү, Б.Батмөнх (2010), *Монголын ойрадуудын соёл*, Улаанбаатар.

어얼드의 혼인식 ᠥᠯᠥᠳ ᠦᠨ ᠬᠤᠷᠢᠮ

Өөлдийн хурим (Ööldiin khurim)

신랑 신부가 부부 관계를 맺는 의식

신랑측이 잔치 게르와 신혼 게르 두 채를 신부 집 옆에 옮겨 온다. 신랑이 부모, 친인척과 함께 온다. 또한 개 한 마리를 끌고 와야 한다. 신부 집 옆에 집을 짓고 나면 신랑이 한 통 술을 준비해 친구 한 사람과 함께 신부 집에 간다. 신부 측이 신랑에게 부싯돌이나 성냥을 주는데, 신랑이 신혼집 화로에 불을 붙인다. 이어서 신랑 측에서 신부 측에 말 한 필, 낙타 한 마리를 보낸다. 신부 측이 낙타에 신부의 짐을 실어 신혼집으로 옮긴다. 이 때 짐꾼 한 사람, 신부의 올케와 함께 신혼집에 들어가서 신부의 짐을 풀어 가구를 배치하고, 올케가 화로에 차를 끓여 생활하기에 지장 없이 모든 것을 준비한다.

이어서 '텝쉬 타비흐' 의식이 거행되면 신랑 측 젊은 남자 4명이 신부 집에 들어가 신부를 올려 들고 나온다. 신부가 집에서 나가는 정해진 시간을 엄숙히 지킨다. 신랑 신부가 신혼집에 들어오면 침대에 앉히고 그 앞에 커튼을 친다. 커튼 뒤에서 신부의 머리를 두 가닥으로 땋고 옷을 갈아 부인복을 입힌다.

신랑 측에서 신부 측을 신혼집에 초대하여 대접한다. 이 때 신랑 아버지가 신부를 가린 커튼을 들어올린다. 신랑 아버지가 신부에게 담배를 주고, 이름을 묻고 나면 신부가 시부모와 시댁 어르신들에게 큰절을 한다. 큰절이 끝나면 잔치가 옮겨온 잔치 집에서 밤새도록 이어진다. 다음 날 신랑 측 일행이 돌아가고 게르도 옮긴다. 신부를 따라 신부 어머니와 올케 등 5~7명이 간다. 신부가 신혼집에서 차를 끓이고 나서 시댁 집에 들어가서 시부모에게 다시 큰절을 올린다. 그리고 시부모, 친인척에게 선물을 나누어 드린다. 시아버지가 신부에게 선물을 주고 신부가 앞으로 타고 다닐 말을 정해 준다.

신부 측 일행이 돌아가기 전에 허식 타일라흐 의식을 거행한다. 이것은 신랑 신부의 침대를 가리고 친 커튼을 신랑 신부 어머니가 걷어 커튼으로 침대를 덮어둔다. 이것으로 공식 일정이 끝나고 잔치가 계속된다.

참고문헌 А.Баасанхүү, Б.Батмөнх (2010), *Монголын ойрадуудын соёл*, Улаанбаатар.

엄스걸 ᠥᠮᠰᠭᠥᠯ Өмсгөл (Ömsgöl)

신부가 시댁의 어른들에게 바치던 예단

고대나 중세의 결혼 습속에서 여자가 시집올 때 시댁의 어른들에게 바치는 예물을 가져왔는데, 주로 의류나 옷을 만들 옷감들이었다. 이 예물의 소유권은 시댁 쪽에 있다.

참고문헌 박원길 (1996), 『몽골의 문화와 자연지리』, 서울, 두솔. 박원길 (1997), 『몽골비사 역주 (I)』 서울, 두솔. 額爾登泰, 烏云達

賁, 阿薩拉圖 (1980),『蒙古秘史詞匯選釋』, 呼和浩特.

오리양하이의 셉게르 나이르롤라흐

Урианхайн сэвгэр найрлуулах (Uriankhain sevger nairluulakh)

신부가 친정 가족, 친척들에게 인사드리는 일

신부가 시집을 가기 전에 친정 가족과 친척을 찾아 뵙고 작별 인사를 드리는 의식이다. 이때 친척 어른들은 신부를 위해서 덕담을 하고 선물을 준다.

참고문헌 А.Баасанхүү, Б.Батмөнх (2010), *Монголын ойрадуудын соёл*, Улаанбаатар.

오리양하이의 신부가 부인이 되는 의식

Урианхайн авгай болох ёс (Uriankhain avgai bolokh yos)

신부가 부인이 되었음을 알리는 의식

새 신혼 게르에 신부가 들어오면 여러 갈래로 땋았던 머리를 두 갈래로 나누어 땋는다. 신부는 모자를 쓰고 머리싸개와 머리 장식으로 치장을 한 뒤 델을 입고 신발을 신는다. 그런 다음 주위 사람들에게 인사를 올림으로써 부인으로 인정받게 된다.

참고문헌 А.Баасанхүү, Б.Батмөнх (2010), *Монголын ойрадуудын соёл*, Улаанбаатар

오리양하이의 신부 얼굴 씻기는 의식

Нүүр угаах (Nüür ugaakh)

시집갈 신부의 얼굴을 씻기는 의식

신부를 시집보내기 전에 친정아버지는 신부의 언니와 여자 친구들을 불러 모은 후 신부의 얼굴을 씻기는 의식을 진행한다. 먼저 화로 앞에 델을 펼쳐 그 위에 신부를 앉힌다. 그리고 손에는 곡식을 쥐게 한다. 이 의식은 딸이 낯선 집의 며느리가 되는 과정에 아무 탈 없이 순조롭게 이루어질 것과 시집간 집안에서 자손을 많이 낳아 그 집안을 번성시키기를 기원하는 의미를 갖는다. 이 의식이 끝나면 고기와 음식을 나누어 먹는다. 신부는 친정집을 떠날 때 손에 쥐어졌던 곡식을 밖에 뿌린다.

참고문헌 А.Баасанхүү, Б.Батмөнх (2010), *Монголын ойрадуудын соёл*, Улаанбаатар.

오리양하이의 신혼 초야 의식

Урианхайн бүргэндэх ёс (Uriankhain bürgendekh yos)

신랑과 신부가 첫날밤을 치르는 의식

혼인 잔치가 끝나고 손님들이 돌아가면 형수는 신랑, 신부에게 조언과 덕담을 해 주며, 침실을 정리한 후 두 사람을 신혼 방으로 들여보낸다.

참고문헌 А.Баасанхүү, Б.Батмөнх (2010), *Монголын ойрадуудын соёл*, Улаанбаатар

오리양하이의 친행 의식

Урианхайн дээж өргөх ёс (Uriankhain deej örgökh yos)

신부가 혼인 1년 뒤에 친정 부모를 찾아 인사하는 의식

신부가 시집을 와서 만 1년이 지나면 친정을 방문할 수 있다. 친정을 갈 때 남편과 함께

가는데, 이 때 짝수로 이루어진 구성원 친척들이 수행한다. 일행은 술과 아아롤(aaruul) 등 상 차릴 먹을거리, 고급 비단 등 예물을 준비해 간다. 딸을 맞은 친정아버지는 선물에 대한 답례로 딸에게 가축을 선물한다.

참고문헌 А.Баасанхүү, Б.Батмөнх (2010), *Монголын ойрадуудын соёл*, Улаанбаатар.

우젬친의 네르 작치드 Нэр заагчид (Ner zaagchid)

신부를 데리러 오는 신랑 측 일행

혼례를 치르는 날 아침에 신부를 데려오기 위해 신랑 측에서 신부 집으로 몇몇 사람을 보내는데, 그 일행을 이르는 말이다. 신랑 측 아버지와 여자는 동행하지 않으며 사위는 반드시 화살 통을 메고 가야 한다.

참고문헌 МУ-ын ШУА Түүхийн хүрээлэн (1996), *Монгол улсын угсаатны зүй (III, Буриад, Барга, Үзэмчин, Дарьганга, Хотон, Тува-Цаатан, Тува-Малчин, Хамниган ястнуудын угсаатны зүй)*, Улаанбаатар.

우젬친의 등자 맞추기 Дөрөө харгуулах (Dörөö kharguulakh)

신부가 신랑 집으로 갈 때 신랑이 뒤따라가는 것

혼인 의례를 치르기 위해 신부가 신랑 집으로 갈 때 신부가 먼저 출발한다. 얼마 후 신랑이 뒤따라가게 되는데, 신랑은 걸음을 빨리하여 신부 측 행렬과 보조를 맞추게 되는데, 이것을 '등자 맞추기'라 한다.

참고문헌 МУ-ын ШУА Түүхийн хүрээлэн (1996), *Монгол улсын угсаатны зүй (III, Буриад, Барга, Үзэмчин, Дарьганга, Хотон, Тува-Цаатан, Тува-Малчин, Хамниган ястнуудын угсаатны зүй)*, Улаанбаатар.

우젬친의 신랑 감사 의식 Эхийн цагаан сүү хариулах ёс (Ekhiin tsagaan süü khariulakh yos)

신랑 측이 신부 측에 표하는 감사 의식

혼인 잔치가 벌어지면 신랑 측에서 한 사람이 나와 신부 어머니에게 우유가 담긴 은잔과 선물을 올리고 축사를 읊는다. 이것은 딸을 잘 양육하여 며느리로 주신 것에 대한 감사를 나타내는 의식이다.

참고문헌 МУ-ын ШУА Түүхийн хүрээлэн (1996), *Монгол улсын угсаатны зүй (III, Буриад, Барга, Үзэмчин, Дарьганга, Хотон, Тува-Цаатан, Тува-Малчин, Хамниган ястнуудын угсаатны зүй)*, Улаанбаатар.

우젬친의 신부 가르마 가르는 의식 Үс хагалах (Üs khagalakh)

신부의 가르마 가르는 의식

신부가 신랑 집에 도착하면 먼저 우유를 맛보고 혼인식을 위해 마련한 장소로 들어간다. 그곳에서 그 해 운세가 좋은 사람이 상아로 만든 비녀로 신부의 가르마를 가르고 두 갈래로 머리를 땋아 준다.

참고문헌 МУ-ын ШУА Түүхийн хүрээлэн (1996), *Монгол улсын угсаатны зүй (III, Буриад, Барга, Үзэмчин, Дарьганга, Хотон, Тува-Цаатан, Тува-Малчин, Хамниган ястнуудын угсаатны зүй)*, Улаанбаатар.

우젬친의 신부 정하기 Бэр сонгох (Ber songokh)

신부를 고를 때 행하는 의식

우젬친 부족은 신부를 고를 때 여자의 생년월일을 따져 신랑과 궁합을 보고 혈통, 부족, 직업, 성품, 건강, 인상 등을 살펴본다. 또 라마승을 찾아가 궁합을 보기도 한다. 물론 신부 측에서도 신랑과의 궁합을 본다.

참고문헌 МУ-ын ШУА Түүхийн хүрээлэн (1996), *Монгол улсын угсаатны зүй* (*III, Буриад, Барга, Үзэмчин, Дарьганга, Хотон, Тува-Цаатан, Тува-Малчин, Хамниган ястнуудын угсаатны зүй*), Улаанбаатар.

우젬친의 신혼 게르 잔치

Шинэ гэрийн цайллага (Shine geriin tsaillaga)

혼례식을 올리기 전 신랑 측에서 신혼 게르를 짓고 여는 잔치

혼례 전에 신랑 측은 신부를 맞이하기 위해 신혼 게르를 짓고 가족과 가까운 친척을 불러 잔치를 베푼다. 지역에 따라 혼례 후에 신혼 게르를 짓기도 한다. 잔치 때 축시를 잘 읊는 사람(yöroolch)을 모셔와 축시를 읊는다. 축시를 읊을 때 오른손은 하닥을 맨 화살을 쥐고 천장을 향하도록 하며, 왼손에는 음식이 담긴 접시를 든다. 축시가 끝나면 복주머니에 화살과 음식을 넣어 잘 보관해 둔다. 이는 우젬친 부족만의 독특한 혼례 풍습이다.

참고문헌 МУ-ын ШУА Түүхийн хүрээлэн (1996), *Монгол улсын угсаатны зүй* (*III, Буриад, Барга, Үзэмчин, Дарьганга, Хотон, Тува-Цаатан, Тува-Малчин, Хамниган ястнуудын угсаатны зүй*), Улаанбаатар.

우젬친의 오르긴 투루

Ургийн түрүү (Urgiin türüü)

혼인을 주관하는 사람

혼례를 주관하는 사람을 택할 때는 법도를 잘 지키고 행실이 올바른 것을 선발 기준으로 삼는다. 오르긴 투루가 선발되면 남자 측은 그와 함께 몇 사람을 신부 측에 보내 혼례 절차에 대해 의논한다. 오르긴 투루는 신부 측 아버지에게 옷감, 하닥, 다과 등의 선물을 전달한다. 이후 결혼 예정의 양가는 서로 '사돈'이라는 칭호를 사용하며 각 친척집을 돌면서 혼인 사실을 알린다.

참고문헌 МУ-ын ШУА Түүхийн хүрээлэн (1996), *Монгол улсын угсаатны зүй* (*III, Буриад, Барга, Үзэмчин, Дарьганга, Хотон, Тува-Цаатан, Тува-Малчин, Хамниган ястнуудын угсаатны зүй*), Улаанбаатар.

우젬친의 우덴 다를라가

Үзэмчин нарын үүдэн дарлага (Uzemchin naryn üüden darlaga)

신부 집에서 신랑을 맞이하는 의식

신랑 측 일행이 신부 집에 들어갈 때 신부 가족들은 게르의 기둥으로 문을 막는다. 신랑 측 일행은 문을 막고 있는 신부 측 사람들과 말씨름을 한 후 신부 집에 들어간다. 양가 사람들이 하는 말씨름을 우덴 다를라긴 욱(üüden darlagyn üg)이라고 한다. 게르의 안에 있는 신부는 얇은 비단천으로 얼굴을 가린 상태로 장식이 달린 모자, 귀걸이, 혼례복을 갖춰 입는다.

참고문헌 МУ-ын ШУА Түүхийн хүрээлэн (1996), *Монгол улсын угсаатны зүй* (*III, Буриад, Барга, Үзэмчин, Дарьганга, Хотон, Тува-Цаатан, Тува-Малчин, Хамниган ястнуудын угсаатны зүй*), Улаанбаатар.

우젬친의 인즈 손고흐 욱

Инж сонгох үг (Inj songokh üg)

신혼집에 신혼살림을 들이는 의식의 하나

혼인 잔치 중에 신랑 측에서 신혼집에 혼수품을 들여놓을 때 신랑 측의 혼수품 목록을 시처럼 운율의 넣어 읊는 것을 이르는 말이다.

참고문헌 МУ-ын ШУА Түүхийн хүрээлэн (1996), *Монгол улсын угсаатны зүй (III, Буриад, Барга, Үзэмчин, Дарьганга, Хотон, Тува-Цаатан, Тува-Малчин, Хамниган ястнуудын угсаатны зүй)*, Улаанбаатар.

우젬친의 차이 올가흐 Цай уулгах (Tsai uulgakh)

혼인식을 앞둔 신부가 친척집을 방문하여 인사하는 일

결혼 준비를 마친 신부는 혼례 3일전에 귀걸이와 꼬리가 달린 모자를 착용하고 형제나 친척집을 방문하여 인사를 올린다. 이 의식은 신부가 친척들에게 어떻게 성장했는지를 보여주는 것이며 친척 어른들은 신부에게 앞으로 시댁에서 지켜할 도리와 예절, 덕담 등을 전하는 작별 인사이다.

부리야트 부족에서는 바스강 자이흐(basgan zaikh), 바야드 부족에서는 체게에 오흐(tsegee uukh), 어얼드 부족에서는 바스강 차이라흐(basgan tsailakh) 할흐 부족에서는 차이 오흐(tsai uukh) 라고 한다.

참고문헌 МУ-ын ШУА Түүхийн хүрээлэн (1996), *Монгол улсын угсаатны зүй (III, Буриад, Барга, Үзэмчин, Дарьганга, Хотон, Тува-Цаатан, Тува-Малчин, Хамниган ястнуудын угсаатны зүй)*, Улаанбаатар.

인제 말 Инж мал (Inj mal)

신부가 시집올 때 가지고 온 가축

결혼을 하게 되면 신부는 시집올 때 여러 가지 혼수품을 가지고 오는데, 이때 신부가 가져온 가축을 이르는 말이다. 혼수품의 일종으로, 이 가축들은 신부가 죽을 때까지 소유권을 갖는다.

참고문헌 박원길 (1996), 『몽골의 문화와 자연지리』, 서울, 두솔. 額爾登泰, 烏云達賚, 阿薩拉圖(1980), 『蒙古秘史詞匯選釋』, 呼和浩特. Jagchid-Sechin and Paul Hyer (1979), *Mongolia's Culture and Society*, Boulder.

자흐친의 다르항 타비흐 Дархан тавих (Darkhan tavikh)

신부를 며느리로 받아들이는 혼인 의례의 한 과정

신부를 한 가정의 며느리로 인정하는 혼례 의식을 다르항 타비흐라고 한다. 며느리는 시댁 부모님과 어른들께 절을 올리고 그들로부터 덕담을 듣는다. 이 의식은 혼례식 또는 설날에 이루어진다.

참고문헌 МУ-ын ШУА Түүхийн хүрээлэн (1996), *Монгол улсын угсаатны зүй (II, Ойрадын угсаатны зүй)*, Улаанбаатар.

자흐친의 모자 던지기 놀이 Малгай уралдуулах (Malgai uralduulakh)

모자를 던지는 혼례 놀이의 하나

신부 측의 두 처녀가 신혼집 게르 안으로 모자를 던지는 놀이를 '말가이 오랄돌라흐(malgai uralduulakh)'라고 한다. 던진 모자가 사람의 입 위로 날아가면 운수가 좋고 아래로 날아가면 운수가 나쁘다고 점친다.

참고문헌 А.Баасанхүү, Б.Батмөнх (2010), *Монголын ойрадуудын соёл*, Улаанбаатар.

자흐친의 신랑 힘 시험하기

Чөмөг татуулах (Chömög tatuulakh)

신부 측이 신랑의 힘과 재치를 시험하는 의식

신부 측이 양의 정강이뼈를 준비하여 신랑이 부러뜨릴 수 있는지 시험하는 의식을 '처먹 타톨라흐(chömög tatuulakh)'한다. 이 의식을 통해 신랑의 힘과 재치를 알아볼 수 있다.

참고문헌 МУ-ын ШУА Түүхийн хүрээлэн (1996), *Монгол улсын угсаатны зүй (II, Ойрадын угсаатны зүй)*, Улаанбаатар. А.Баасанхүү, Б.Батмөнх (2010), *Монголын ойрадуудын соёл*, Улаанбаатар.

자흐친의 신부 인사

Халхаар цайлуулах (Khalkhaar tsailuulakh)

혼인식 이전에 신부가 신부 가족들에게 인사를 올리는 의식

혼인을 앞둔 신부가 자신의 가족, 형제 집에 방문하여 인사드리는 것을 '할하르 차일룰라흐(khalkhaar tsairuulakh)'라고 한다. 이 때 신부와 신부 친구들이 동행하며, 예비 신부를 거들어 주는 여자 한 명도 동행한다.

참고문헌 А.Баасанхүү, Б.Батмөнх (2010), *Монголын ойрадуудын соёл*, Улаанбаатар.

자흐친의 우드 다라흐

Захчины үүд дарах ёс (Zakhchiny üüd darakh yos)

신랑이 신부 집에 들어가는 의식

신부를 데려가기 위해 신랑이 신부 집에 오면 신부 측은 문을 닫고 열어 주지 않는다. 혼례 진행자가 세 번 정중하게 부탁하면 신부 측에서 문을 열어 준다.

참고문헌 А.Баасанхүү, Б.Батмөнх (2010), *Монголын ойрадуудын соёл*, Улаанбаатар.

자흐친의 친행

Бэр төрхөмчлөх (Ber törkhömchlökh)

신부가 혼례를 올린 후 처음으로 친정에 가서 부모를 만나 뵙는 의식

신부가 결혼한 지 일년 정도가 되면 친정에 인사를 드리러 간다. 이는 신부가 시집살이를 잘하고 있음을 친정 식구에게 보여 주기 위함이며, 돌아올 때 친정으로부터 신부의 재산(가축)을 받아오기 위함이다. 예전에는 신부가 시집 와서 3~5년이 지난 다음에야 친정에 갔다.

참고문헌 МУ-ын ШУА Түүхийн хүрээлэн (1996), *Монгол улсын угсаатны зүй (II, Ойрадын угсаатны зүй)*, Улаанбаатар. А.Баасанхүү, Б.Батмөнх (2010), *Монголын ойрадуудын соёл*, Улаанбаатар.

자흐친의 하닥 타비흐

Захчины хадаг тавих (Zakhchiny khadag tavikh)

혼담 이후 신랑측이 신부 측에 하닥을 보내 청혼하는 의식

신부측과 미리 혼담이 이루어진 후 신랑 측 2–3명이 하닥과 옷감, 음식물, 술을 가지고 신부 집에 간다. 이들 두세 명은 같은 색의 말을 맞춰서 타고 가서 신부 집에서 거리가 좀 있는 데에서 말에서 내려 걸어간다. 소식을 미리 들은 신부 측 측근 친인척이 신부 집에 모여 있다. 신부 측이 손님들을 차로 대접하며, 손님들도 온 목적을 말하고 우유 고수레를 먼저 산신에게 올리고, 화신(火神)

에게 올리고 하닥을 신부 부모에게 올린다. 그 다음으로 술을 올리고, 친인척에게 옷감을 드린다. 이 의식을 치른 후 한두 달이 되면 '이데니 데즈(ideenii deej)'이라고 음식물을 준비해서 또 다시 신부 집을 찾는다. 이때 신부 측에서 작은 잔치를 벌인다.

참고문헌 А.Баасанхүү, Б.Батмөнх (2010), *Монголын ойрадуудын соёл*, Улаанбаатар.

자흐친의 호이흐 후르게흐

Хуйх хүргэх (Khuikh khürgekh)

신랑이 신부 측에 예물을 보내는 의식

신랑 측 남녀가 신부 집에 음식, 모피, 술, 치즈를 보내며, 신부 머리를 한 가닥으로 땋는 의식을 이르는 말이다. 이때 신랑 측에서 온 여자가 '스물 가닥 머리가 하나가 된다' 하며 신부의 머리를 풀어 하나로 묶는다. 이 의식은 신부가 곧 부인이 된다는 의미를 나타난다.

참고문헌 А.Баасанхүү, Б.Батмөнх (2010), *Монголын ойрадуудын соёл*, Улаанбаатар.

차탕 토와의 베르 고이흐 요스

Бэр гуйх ёс (Ber guikh yos)

혼담이 오고간 뒤 신부 집에 신랑 측 사람들이 가서 청혼하는 의식

이 의식은 차탕 토와 부족의 혼례 절차 중 첫 절차이다. 예비 신랑의 아버지나 직계 가족 중 몇 사람이 여자의 집에 가서 청혼식을 한다. 대표로 온 사람들은 예비 신부의 집 신당에 우유와 유제품을 올리고, 화로에 향과 기름을 올린다. 이후 "자식의 행복이라는 것이 나라의 안전이다. 호수가 늘고, 화살이 멀리 갈 수 있기를"이라고 말하면서 예비 신부의 아버지에게 하닥을 바친다. 예비 신부의 아버지는 전통 예법에 따라 침묵을 지키면서 하닥을 받지 않는다. 신랑측 또다시 예비 신부의 어머니에게 하닥을 올리면서 "사람은 대화를 나누며 서로 알게 된다며, 하닥을 받아 주기를 청한다. 신부 어머니가 못 이긴 척 '우리 양가가 인연이 있었던 것 같다."며 신부의 어머니는 하닥을 받아 신당에 올린다. 그 다음 예비 신랑 측 손님들을 대접하면서 혼인 날짜를 택하며, 의혼 절차를 밟는다. 혼인날까지는 신랑 측이 페백을 준비하고, 신부 측이 신부의 옷과 장신구, 집을 마련한다.

참고문헌 МУ-ын ШУА Түүхийн хүрээлэн (1996), *Монгол улсын угсаатны зүй (III, Буриад, Барга, Үзэмчин, Дарьганга, Хотон, Тува-Цаатан, Тува-Малчин, Хамниган ястнуудын угсаатны зүй)*, Улаанбаатар.

차탕 토와의 친행

Төрхөмчлөх ёс (Törkhömchlökh yos)

신혼부부가 결혼한 지 3년 후에 친정집을 찾아와서 신부의 재산을 배분 받는 의식

혼인하고 3년이 지나면 신혼부부가 친정과 친척 집을 방문한다. 신랑이 신부의 집에 들어와서 화로와 신당에 제사를 올리고, 장인 장모와 친척들에게 선물을 준다. 그러면 신부 집에서 상을 차려 잔치를 벌인다. 화담 중 장인이 사위에게 이곳에서 얼마나 묵을 것인지를 묻는다. 이것은 선물에 대한 답례와 신부의 재산 분배 날짜를 알아보기 위해서이다. 사위와 딸이 돌아가기 전에 친정 집에서 딸에게 재산을 나누어 준다. 나누어 주

는 재산목록에는 비단과 물품, 순록 등이 포함된다. 평균 50~60마리의 순록을 키우는 가정이면 딸에게 10마리의 순록을 준다. 시집살이가 어려워서 신부가 몰래 도망쳐 오면 친정 부모가 이혼이라고 보고 딸을 받아 주나 다른 경우에 신부를 받아 주지 않는다.

참고문헌 МУ-ын ШУА Түүхийн хүрээлэн (1996), *Монгол улсын угсаатны зүй* (*III, Буриад, Барга, Үзэмчин, Дарьганга, Хотон, Тува-Цаатан, Тува-Малчин, Хамниган ястнуудын угсаатны зүй*), Улаанбаатар.

차탕 토와의 혼례 풍습 Цаатан Тува нарын хуримын ёс (Tsaatan Tuva naryn khurimyn yos)

혼인 의례를 치르는 풍습

차탕 토와 부족의 혼례 풍속은 청혼, 혼례식, 신혼부부의 친행 이 3가지 의례로 구성된다. 차탕 토와 부족에서는 남녀 모두 20~24세가 되면 결혼하기에 적당한 나이라고 여긴다. 옛날에는 극히 일부의 연애 결혼을 제외하고, 대부분 부모가 혼인 상대를 골라 주었다. 만약 여자 측 부모가 결혼을 반대할 경우 보스굴라흐(bosguulakh)라고 하고 여자가 부모 모르게 남자를 따라가 혼례를 하고, 일정한 시간이 지난 다음 납폐를 하고, 의식을 치르는 혼인 형태가 있었던 것으로 보인다. 차탕에서 같은 씨족끼리의 혼인은 절대로 허락되지 않는다.

참고문헌 МУ-ын ШУА Түүхийн хүрээлэн (1996), *Монгол улсын угсаатны зүй* (*III, Буриад, Барга, Үзэмчин, Дарьганга, Хотон, Тува-Цаатан, Тува-Малчин, Хамниган ястнуудын угсаатны зүй*), Улаанбаатар.

차탕 토와의 혼례식 Цаатан Тува нарын хурим (Tsaatan Tuva naryn khurim)

혼인 의례를 행하는 의식

혼례를 앞두고 일정한 날을 정해 신랑이 아버지와 함께 신부의 집에 와서 오르츠(urts: 차탕 토와 부족 전통 가옥)를 준비한다. 신부 측이 경제적 능력이 있으면 오르츠는 단독으로 짓지만 그러지 못할 경우 신랑 측이 오르츠의 덮개를 마련할 수도 있다. 오르츠 입구 쪽에 잣나무를 세우고, 하닥을 묶어 둔다. 그러면 건장하고 나이도 좀 있는 사람이 불을 피우는데, 이 때 부싯돌을 써야 한다.

혼례일이 되면 신랑이 순록을 타고 친인척들과 함께 신부 집에 온다. 신부의 어머니는 신부의 머리를 가르마를 내어 길게 땋아 준다. 그러면 신랑과 신랑의 형수가 신부를 데리고 나가 준비해 온 순록에 태워서 새로 만든 오르츠로 간다. 오르츠에 도착하면 해가 도는 방향으로 오르츠를 세 바퀴 돈 다음, 신부를 데리고 오르츠에 들어간다. 신랑 신부가 나란히 같이 앉는데, 신랑 측이 오른편, 신부 측이 왼편에 앉아서 잔치를 시작한다. 첫날밤에는 신랑 신부와 신부 측 외가 할머니 한 사람이 신랑 신부와 같이 오르츠에서 밤을 지낸다. 다음날 할머니가 "신랑 신부가 궁합이 잘 맞고, 좋은 가정을 이룰 것이다"라고 예언하면, 신랑 측에서 신부 측에 사냥총, 솥, 부싯돌, 젖이 나오는 암컷 순록을 선물로 준다. 차와 담배, 순록 등을 주기도 한다. 신랑은 신부 집에서 3일을 보낸 뒤, 신부를 데리고 자신의 집으로 돌아온다. 이때 신부 측 사람은 따라 가지 않는다. 시댁 집 옆에 준비한 새 집에서 신혼부부가 살게 된다. 3일이 지나면 신부가 시아버지에게 절을 하며 인사를 올린다. 신부는 시부모와 신당에 하닥을 바치고 화로에 향과 기름을 넣는 예를 갖춘다. 인사 의례가 끝나면 시부모가 며느리에게 상을 차려 준다. 시아버지는 며느리에게 살림 밑천으로 순록을 배분해 준다. 이것으로 신부는 이 가문의 일원이 된다.

참고문헌 МУ-ын ШУА Түүхийн хүрээлэн (1996), *Монгол улсын угсаатны зүй* (*III, Буриад, Барга, Үзэмчин, Дарьганга, Хотон, Тува-Цаатан, Тува-Малчин, Хамниган ястнуудын угсаатны зүй*), Улаанбаатар.

토르고드의 낙타 고삐 빼앗기 놀이

Хамар булаалдах (Khamar bulaaldakh)

신부가 시댁에 들어갈 때 행하는 놀이의 일종

신부가 시댁에 올 때쯤 먼저 도착한 신부의 짐을 실은 낙타 위에 걸친 양탄자를 양측에서 잡아 당기는 사이 짐 실은 낙타가 빠져나가는데 이 때 낙타의 재갈을 서로 다투는 놀이로 '하마르 볼랄다흐(khamar bulaaldakh)'가 있다. 이긴 쪽이 진 쪽을 접대해야 한다.

참고문헌 А.Баасанхүү, Б.Батмөнх (2010), *Монголын ойрадуудын соёл*, Улаанбаатар.

토르고드의 셉 후르게흐

Сэв хүргэх (Sev khürgekh)

신랑 측에서 신부 측에 예물로 혼례복 옷감을 드리는 의식

혼담이 확정된 후 신랑 측에서 신부 측에 고수레용 우유를 전달하고 이어서 혼례 옷감을 예물로 보낸다. 예물을 받은 신부 측은 신랑 측 사람들에게 차를 대접하고 작은 잔치를 연다. 신랑 측 사람들은 가지고 간 술을 신부 측에서 만든 술과 바꿔 집으로 돌아간다.

참고문헌 А.Баасанхүү, Б.Батмөнх (2010), *Монголын ойрадуудын соёл*, Улаанбаатар.

토르고드의 양탄자 뺏기 놀이

Торгуудын ширдэг татах (Torguudyn shirdeg tatakh)

신부가 시댁에 들어갈 때 행하는 놀이의 일종

신부의 짐이 시댁에 도착하면 짐 실은 낙타가 시댁 집을 세 바퀴 돈다. 이때 신부 짐 위에 걸쳐 놓은 양탄자를 양측에서 각각 한 사람이 빼앗는 놀이를 하는데, 이를 '쉬르덱 타타흐(shirdeg tatakh)'라고 한다.

참고문헌 А.Баасанхүү, Б.Батмөнх (2010), *Монголын ойрадуудын соёл*, Улаанбаатар.

토르고드의 청혼 의식

Аман үг хүргэх (Aman üg khürgekh)

남자 측에서 여자 측에 혼담을 꺼내는 일

토르고드 부족에서는 신랑 측에서 신랑의 친가나 외가 쪽 한 사람을 여자 측에 보내 혼담을 한다. 고대 토르고드 부족에서는 양가의 아버지 또는 어머니들이 만나 혼담을 주고받았다.

참고문헌 А.Баасанхүү, Б.Батмөнх (2010), *Монголын ойрадуудын соёл*, Улаанбаатар.

할흐의 모드 타비흐 요스

Мод тавих ёс (Mod tavikh yos)

신혼집에 세간을 갖추어 주는 행위

신혼집에 신부 측이 준비한 가구와 물품들을

들여 놓는 것을 이르는 말이다.

참고문헌 БНМАУ-ын ШУА Түүхийн хүрээлэн (1987), *БНМАУ-ын угсаатны зүй* (*I, Халхын угсаатны зүй*), Улаанбаатар.

할흐의 사위 맞이 의식 Хүргэн үзэгдэх, тамхилах ёс (Khürgen üzegdekh, tamkhilakh yos)

사위를 맞이하는 의식

신랑이 신부 집에 와서 혼례 고사를 마친 후 저녁에는 사위를 맞는 의식이 행해진다. 사위는 차고 온 화살집과 총을 장인 집안에 놓아두고 코담배를 서로 주고받으며 가족들과 인사를 나눈다. 이때 신부 측에서는 신랑에게 새 옷을 입혀 주거나 허리띠를 두르게 한 뒤 우유를 발효시킨 타락을 맛보게 한다. 이것은 사위를 자신의 가족 일원으로 맞이한다는 뜻이다.

참고문헌 БНМАУ-ын ШУА Түүхийн хүрээлэн (1987), *БНМАУ-ын угсаатны зүй* (*I, Халхын угсаатны зүй*), Улаанбаатар.

할흐의 접시 던지는 의식 Таваг хаях ёс (Tavag khayakh yos)

시댁에서 신혼부부를 맞이하는 의식

할흐 부족의 혼인 의례 과정에는 신부가 친정집에서 시집으로 오는 길에 접시를 깨는 의식이 행해진다. 이 의식은 양가의 친척이 양편으로 나누어 힘을 겨루는 경기이다. 멀리서 신부의 짐을 실은 말이 보이면 신랑 측에서 두 사람이 맞으러 나가 먼저 짐 주변을 세 번 돈다. 그리고 접시에 담은 음식을 뿌린 후 접시를 품에 안고 도망간다. 그러면 신부 측 사람들이 쫓아가면서 힘과 말의 속도를 겨룬다. 이때 신부 집에서 가져오는 새 게르, 신부 짐, 처갓집 사람보다 신랑 측 사람들이 먼저 들어와야 한다(신랑 집에 도착해야 한다). 신랑 측은 흰 에스기 위에 신부가 탄 말을 세우고 안장과 신부를 내린다.

참고문헌 БНМАУ-ын ШУА Түүхийн хүрээлэн (1987), *БНМАУ-ын угсаатны зүй* (*I, Халхын угсаатны зүй*), Улаанбаатар.

함니간의 바가 나담 Бага наадам (Baga naadam)

혼인을 앞둔 예비 신부가 가까운 친인척 집을 방문하여 인사하는 일

혼인날이 다가오면 예비 신부는 친언니나 친구 몇 명과 함께 하루 이틀 동안 가까운 친척 집을 방문한다. 친척 집에서는 상을 차려 신부와 그의 일행을 대접하고 선물을 준다. 이것을 '바가 나담(baga naadam: 작은 잔치)'이라 부르는데, 처녀가 시집가게 되었다는 것을 주변의 친인척에게 알리고 인사하는 의식이다.

참고문헌 МУ-ын ШУА Түүхийн хүрээлэн (1996), *Монгол улсын угсаатны зүй* (*III, Буриад, Барга, Үзэмчин, Дарьганга, Хотон, Тува-Цаатан, Тува-Малчин, Хамниган ястнуудын угсаатны зүй*), Улаанбаатар.

합방 의식 Дэр нийлүүлэх (Der niiluulekh)

신혼부부가 처음으로 합방을 하는 일

혼인 잔치가 끝나면 신랑과 신부는 신혼 게르의 환기창 덮개를 덮고 첫날밤을 보낸다. 몽골어로 '데르 닐룰레흐(der niiluulekh)'는 '베개를 합친다'라는 뜻이다. 다음날 아침에 신부는 일어나 게르의 환기창 덮개 밧줄에

하닥을 묶고 덮개를 연다. 그리고 차를 끓여 부모님께 올린다.

참고문헌 А.Баасанхүү, Б.Батмөнх (2010), *Монголын ойрадуудын соёл*, Улаанбаатар.

헬메르치 Хэлмэрч (Khelmerch)

결혼식에서 신랑과 신부 측이 자신들의 집안 내력을 대변하기 위해 내세운 논객

근대까지 몽골인들의 결혼에서는 헬메르치라 불리는 사람들이 양가를 대표하여 신랑·신부에 대한 자랑과 가계의 전통을 입씨름하듯 읊는 습속이 있었다. 이때 이들은 먼저 불의 신에 대한 찬송시를 음률에 맞추어 읊은 다음 남녀 각 가계의 내력을 소개한다. 매우 장중하면서도 경쾌한 이 의식은 신부가 신랑 쪽 식구로 된다는 뜻을 담고 있다. 이후 쌍방을 대표하는 헬메르치들은 서로 상대방의 물음에 교묘히 답하면서 신랑이나 신부 집안의 미덕이나 뛰어난 전통을 늘어 놓는다. 이들 간에 사용되는 언어는 모두 시적 문체이다. 만약 혼가가 귀족 집안이라면 쌍방 간의 대화는 아주 정채를 띠며 주위에서 한동안 그것을 따라 배울 정도이다. 이러한 대화는 어떤 특정한 형식이 없으며 논객의 재능에 좌우된다.

참고문헌 박원길 (1996), 『몽골의 문화와 자연지리』, 서울, 두솔. Ч.Арьясүрэн, Г.Чингэл, Х.Нямбуу (1992), *Монгол ёс заншлын их тайлбар толь(I)*, Улаанбаатар. Jagchid-Sechin and Paul Hyer (1979), *Mongolia's Culture and Society*, Boulder.

호통의 금기 깨기 Цээр тавих ёс (Tseer tavikh yos)

혼례가 끝난 후 신랑이 장인 장모를 집에 모시고 와서 행하는 의식

혼인식이 끝나면 신랑이 장인 장모를 처갓집까지 모셔 드린다. 이 때 양고기를 통째로 삶아 가지고 간다. 처갓집에서 새 사위가 후하게 접대를 받다가 '금기를 깬다'는 의식을 치르는데, 게르의 한 가운데 자리를 잡은 화로에 타는 불을 시계 방향으로 한 바퀴 돌아 다시 제 자리에 와서 앉아서 다시 대접을 받는다. 이것을 "금기를 깬다(tseer tavikh yos)"라고 한다. 의식이 끝나 사위가 돌아갈 때 장인 장모가 덕과 복이 많고, 자식 많이 낳고 잘 살기를 기원하며 배웅한다.

참고문헌 МУ-ын ШУА Түүхийн хүрээлэн (1996), *Монгол улсын угсаатны зүй (III, Буриад, Барга, Үзэмчин, Дарьганга, Хотон, Тува-Цаатан, Тува-Малчин, Хамниган ястнуудын угсаатны зүй)*, Улаанбаатар.

호통의 몰다 의식 Молда ёслол (Molda yoslol)

신랑 신부에게 양부모를 정해 주는 의식

호통 부족의 혼례에서 신랑과 신부에게 양부모를 정해 주는 의식을 '몰다 요슬롤(molda yoslol)' 즉 '몰다의 의식'라고 한다. '몰다'란 이슬람교의 스님을 뜻하는 말로 몰다가 의식을 주관한다. 몰다 앞에 솥에 우유차를 담아 놓고, 상을 차려 양고기 수육을 준비한다. 몰다가 이슬람교의 '니하(nikha)'라는 경전을 독경한다. 몰다는 독경을 마치고 신랑과 신부에게 양부모의 이름을 큰 소리로 말해 준다. 신랑과 신부도 '친부모처럼 모시겠다'고 대답한다. 양부모는 신랑 신부의 친가 성씨에서 모신다.

이 의식은 호통인들이 이슬람교를 받아들이면서, 이슬람교에서 아이가 5~7살이 되면 스승을 두는 의식이 변이되어 혼례식에서 행

해지게 된 것으로 추정된다. 이후 신랑 신부가 양쪽 부모에다 양부모 등 모두 8명의 부모를 모셔야 한다. 신랑 신부가 양부모를 친부모처럼 모셔야 하고, 양부모도 신랑 신부를 친자식처럼 훈육해야 한다.

참고문헌 МУ-ын ШУА Түүхийн хүрээлэн (1996), *Монгол улсын угсаатны зүй (III, Буриад, Барга, Үзэмчин, Дарьганга, Хотон, Тува-Цаатан, Тува-Малчин, Хамниган ястнуудын угсаатны зүй)*, Улаанбаатар.

호통의 신부맞이 Бэр буулгах ёс (Ber buulgakh yos)

신부를 맞이하는 의식

'몰다 의식'이 끝나면 신랑 측 두 여인이 빗으로 가르마를 양쪽으로 갈라 머리를 두 가닥으로 땋고, 신부에게 혼례복을 입힌다. 두 여인은 신부를 시어머니가 보내준 말에 태워 안내한다. 신부의 짐을 두 마리 낙타에 실어 신랑 측 한 사람이 낙타를 끌고 신부 뒤를 따라 간다. 신부와 친정 어머니, 올케, 양부모, 친인척 중 열여 명이 동행한다. 신부 일행이 목적지에 도착해서 시댁과 신혼집을 시계 방향으로 세 번 돈 뒤 신혼집 앞에 선다. 이 때 깔아 놓은 흰색 양탄자 양편에 각각 한 사람이 서서 흰색 천으로 장막을 만들어 들고 있다. 신부가 장막 뒤에서 말에서 내린다. 신부 아버지가 손님들을 상 차리고 대접한다. 동시에 신부의 짐을 신랑과 신부 측 사람들이 신혼집으로 옮겨서 배치한다. 이 때 '알초르 타타흐'(alchuur tatakh)라는 놀이를 한다. 놀이가 끝나면 손님들이 신랑 아버지 집에 들어가 잔치를 계속한다. 신랑 아버지가 자기 집 기둥을 빼내 신혼집에 설치하고, 화로에 불을 붙이고 나간다. 시아버지가 나가면 신부와 올케가 신혼집에 들어가서 우유차를 끓이고 상을 차려 준비한다. 신부와 올케가 준비한 차와 상을 들고 시댁 집 앞에 오면 신랑측 한 사람이 문을 막고 기다리고 있다. 이어서 '문 지키기' 의식이 행해진다.

참고문헌 МУ-ын ШУА Түүхийн хүрээлэн (1996), *Монгол улсын угсаатны зүй (III, Буриад, Барга, Үзэмчин, Дарьганга, Хотон, Тува-Цаатан, Тува-Малчин, Хамниган ястнуудын угсаатны зүй)*, Улаанбаатар.

호통의 신혼집 장만 Гэр бүрэх ёс (Ger bürekh yos)

신랑과 신부가 혼인례를 올린 후 부부로서 새로 살 집을 마련하는 일

혼담이 성사되고 서로 '직물 보내기' 의식이 이루어지고 나면 양측이 각자 혼례 준비를 시작하는데, 신랑 측에서는 신혼 게르를 마련해야 한다. 신랑 측은 먼저 집의 골조를 이루는 나무를 확보해서 지역 목수한테 맡겨서 게르의 벽과 서까래, 환기구를 만든다. 게르 덮개로 사용되는 펠트를 친척들과 함께 만든다. 신부 측은 오른쪽 벽과 환기구 측 천장을 덮는 펠트를 보태어 준다. 게르의 외곽과 내용물이 준비되면 양측이 게르를 세우는 날을 정한다. 정해진 날이 되면 먼저 게르 안에 반닫이 두 개와 한 보따리 보리를 놓아두고 게르를 짓는다. 보리와 반닫이는 성장과 번식을 기원하는 상징적인 의미를 담고 있다.

참고문헌 МУ-ын ШУА Түүхийн хүрээлэн (1996), *Монгол улсын угсаатны зүй (III, Буриад, Барга, Үзэмчин, Дарьганга, Хотон, Тува-Цаатан, Тува-Малчин, Хамниган ястнуудын угсаатны зүй)*, Улаанбаатар.

호통의 어머니 술 Хотон ээжийн сөн (Khotony eejiin sön)

신부가 혼례식 때 시어머니에게 올리는 마유주와 우유

호통 부족의 전통 혼인 의례에서 신부가 시부모와 시댁의 어른들에게 선물을 드리는 의식이 있는데, 이 의식에서 신부가 시어머니에게 올리는 마유주(馬乳酒)와 우유를 이르는 말이다.

참고문헌 МУ-ын ШУА Түүхийн хүрээлэн (1996), *Монгол улсын угсаатны зүй(III, Буриад, Барга, Үзэмчин, Дарьганга, Хотон, Тува-Цаатан, Тува-Малчин, Хамниган ястнуудын угсаатны зүй)*, Улаанбаатар. Г.Гантогтох (2007), *Монголын зан үйлийн аман яруу найргийн уламжлал*, Улаанбаатар.

호통의 어머니 은혜에 대한 보답 Хотоны эхийн сүүний харамж (Khotony ekhiin süünii kharamj)

신랑의 아버지가 신부의 어머니에게 가축 한 마리를 선물하는 일

호통 부족에서는 혼인식에서 신랑 아버지가 신부 어머니에게 딸을 낳아 키워 준 것에 대한 보답으로 가축 한 마리를 선물한다. 사위도 시어머니에게 옷을 만들어 입으시라고 비단과 하닥을 드린다.

참고문헌 МУ-ын ШУА Түүхийн хүрээлэн (1996), *Монгол улсын угсаатны зүй(III, Буриад, Барга, Үзэмчин, Дарьганга, Хотон, Тува-Цаатан, Тува-Малчин, Хамниган ястнуудын угсаатны зүй)*, Улаанбаатар. Г.Гантогтох (2007), *Монголын зан үйлийн аман яруу найргийн уламжлал*, Улаанбаатар.

호통의 직물 보내기 Бөс хүргэх ёс (Bös khürgekh yos)

혼담이 성사된 후 신부 측에 직물을 보내는 의식

호통 부족의 혼례에서 남자 측이 청혼을 하고 여자 측이 그 청혼을 받아들여 서로 혼담이 성사되면 신랑 측이 신부 측에게 혼례용 직물을 보낸다. 이 의식을 '버스 후르게흐 요스(bös khürgekh yos)'라고 한다.

참고문헌 МУ-ын ШУА Түүхийн хүрээлэн (1996), *Монгол улсын угсаатны зүй (III, Буриад, Барга, Үзэмчин, Дарьганга, Хотон, Тува-Цаатан, Тува-Малчин, Хамниган ястнуудын угсаатны зүй)*, Улаанбаатар.

호통의 청혼 Хотон нарын ам нээх ёс (Khoton naryn am neekh yos)

남자 측이 여자 측에 혼인을 청하는 의식

호통 부족에서는 남자가 장가갈 나이가 되면 남자의 형이나 삼촌 중 나이가 많은 사람을 중매인으로 세워 청혼할 여자의 집에 보낸다. 중매인이 '암 네흐(am neekh: 입을 열다)'를 하러 왔다고 하면서 두 사람의 궁합이나 각자의 가문을 고려해서 정한 것이라고 말한다. 신부가 될 여자의 부모가 이 요청을 허락하면 예비 신랑 측은 예비 신부 부모에게 차와 하닥 그리고 술 등을 올려 예물을 보낼 날짜를 정한 뒤 돌아간다.

참고문헌 МУ-ын ШУА Түүхийн хүрээлэн (1996), *Монгол улсын угсаатны зүй (III, Буриад, Барга, Үзэмчин, Дарьганга, Хотон, Тува-Цаатан, Тува-Малчин, Хамниган ястнуудын угсаатны зүй)*, Улаанбаатар.

호통의 커튼 풀기 Хөшиг тайлах ёс (Khöshig tailakh yos)

혼인 의례 과정에서 행하는 의식의 하나

혼례식이 끝난 다음 날 아침 신부가 올케와

함께 시댁 천장 덮개를 열어 두고 집에 들어 와서 아침상을 준비한다. 신랑이 준비된 아침상을 부모 집에 갖다 드린다. 신랑도 신부와 함께 자기 집에서 아침을 먹고 신부의 친정집에 간다. 그리고 장인 장모에게 신혼집의 '커튼을 풀어 달라'고 부탁하면서 코담배를 꺼낸다. 초대를 받은 장인 장모는 친인척과 함께 신랑 측 사람들이 모여 있는 신혼집에 온다. 신부의 부모는 차 대접을 받고나서 딸에게 비단 옷감과 가축을 선물로 주고 '커튼 풀기' 의식을 시작한다. 의식의 시작은 신랑이 밖에 나가서 향을 피우고 촛불을 밝히는 것으로부터 시작된다. 신부는 커튼을 드리운 침대에 앉아 있다. 신부 양쪽에 두 여인이 도우미로 지키고 있다. 신랑과 신부 부모가 비단 옷감을 하닥과 함께 '커튼의 선물'이라고 두 도우미한테 주면 친인척들이 순서대로 선물을 준다. 도우미 두 여인이 받아서 커튼의 봉에다가 올려 걸친다. 선물 전달식이 끝나면 두 여인이 커튼을 풀어 그것으로 침대를 덮는다. 이후 신부가 차와 양 수육, 술 등으로 손님들을 대접하여 잔치를 벌인다.

참고문헌 МУ-ын ШУА Түүхийн хүрээлэн (1996), *Монгол улсын угсаатны зүй* (*III, Буриад, Барга, Үзэмчин, Дарьганга, Хотон, Тува-Цаатан, Тува-Малчин, Хамниган ястнуудын угсаатны зүй*), Улаанбаатар.

호통의 혼례 습속

Хотон нарын хуримын ёс (Khoton naryn khurimyn yos)

혼인 의례와 관련하여 내려오는 풍습

호통 부족은 남자가 19살이 되면 혼인할 나이라고 본다. 전통 혼례에서는 주로 부모가 짝을 정해 주었다. 일반적으로 호통 부족의 혼인은 청혼, 직물 보내기, 신혼집 마련하기, 혼인 날짜 정하기, '벨렉 합촐라가(beleg khavchuulga)', '몰다(molda)' 의식, 신부 맞이, '알초르 타타흐(alchuur tatakh)' 놀이, 신부의 선물 나누기, 신부 엿보기, 장막 열기, 금기 깨기 등의 순서로 진행된다.

참고문헌 МУ-ын ШУА Түүхийн хүрээлэн (1996), *Монгол улсын угсаатны зүй* (*III, Буриад, Барга, Үзэмчин, Дарьганга, Хотон, Тува-Цаатан, Тува-Малчин, Хамниган ястнуудын угсаатны зүй*), Улаанбаатар.

호통의 혼인 날짜 정하기

Хуримын чандлага (Khurimyn chandlaga)

혼담이 성사된 후 혼인 날짜를 정하는 의식

호통 부족의 혼인 의례 과정에서 중매장이에 의해 혼담이 오고가고, 혼담이 성사되면 남자 측이 여자 측 부모에게 양 두 마리를 갖다 주면서 혼인 날짜를 의논해 정한다. 이 의식을 '호리민 창들라가(khurimyn chandlaga)'라고 한다.

참고문헌 МУ-ын ШУА Түүхийн хүрээлэн (1996), *Монгол улсын угсаатны зүй* (*III, Буриад, Барга, Үзэмчин, Дарьганга, Хотон, Тува-Цаатан, Тува-Малчин, Хамниган ястнуудын угсаатны зүй*), Улаанбаатар.

혼수품 Инж (Inj)

신부가 시집올 때 가지고 오던 물품을 통틀어 이르는 말

고대나 중세의 결혼 습속에서 결혼을 하게 되면 신부의 부모가 신부와 동행하며, 신부는 신랑의 부모 및 시댁 어른들에게 바칠 예단을 가지고 온다. 신부가 시댁에 올 때 가

져오는 물품은 인제(inj), 시드귤(shitgül), 엄스걸(ömsgöl) 세 종류가 있다. 인제는 신부가 시집을 오면서 가져오던 물품으로 주로 가축들이었고, 이 가축의 소유권은 신부가 죽을 때까지 가지고 있었다. 인제의 습속이 최초로 기록된 문헌은 『몽골비사』이다. 『몽골비사』에는 '타타조(tataju)'라 하여 신부가 인제의 하나로서 몸종을 데려오는 경우도 있었다 한다. 시드귤은 시댁의 재산 증식을 위해 가져오는 물품이었고, 엄스걸은 시댁의 어른들에게 바치는 예물이었는데, 인제와 달리 시드귤과 엄스걸의 소유권은 시댁 쪽에 있었다.

참고문헌 박원길 (1996), 『몽골의 문화와 자연지리』, 서울, 두솔. Ч.Арьяасүрэн, Г.Чингэл, Х.Нямбуу (1992), *Монгол ёс заншлын их тайлбар толь(I)*, Улаанбаатар. Jagchid-Sechin and Paul Hyer (1979), *Mongolia's Culture and Society*, Boulder,額爾登泰, 烏云達賚, 阿薩拉圖(1980), 『蒙古秘史詞匯選釋』, 呼和浩特.

상장례 습속

거란의 장례

Киданчуудын оршуулгын ёс
(Kidanchuudyn orshuulgyn yos)

고대 거란 민족에서 죽은 사람을 장사 지낼 때의 습속

장례는 죽은 사람의 시신을 처리하는 과정과 절차를 말하는데, 대부분의 사회에서는 죽음을 단순히 인간의 생물학적인 활동의 정지를 뜻하는 것이 아니라 인간의 영혼이 현세에서 타계로 옮겨간다고 믿고 있으며, 장례의 절차에는 이러한 관념들이 일정한 행위로 표현되고 있다.

거란의 장례에 대한 기록은 『수서(隋書)』「거란전(契丹傳)」과 『구당서(舊唐書)』「거란전(契丹傳)」에 실려 있는데, 이 기록들을 토대로 발흥 초기 거란의 장례 의식을 살펴볼 수 있다.

거란인들은 사람이 죽으면 죽은 사람에 대하여 슬픔을 겉으로 표현하지 않는 모습을 보였다. 기록에 의하면 '자식이나 손자가 죽으면 부모는 아침저녁으로 곡을 하지만, 부모가 죽으면 자손은 곡하지 않는다.'(『구당서』「거란전」)고 하였고, '부모가 죽은 뒤 슬프게 통곡하는 사람은 마음이 굳건하지 못한 자로 간주한다'(『수서』「거란전」)고 하였다. 이 특이한 감정 통제 방식은 당시 북방의 패자였던 돌궐인들이 피눈물을 흘리며 애통해하는 모습과는 아주 상반된 것이다.

장례의 절차를 보면 먼저 사람이 죽으면 마차에 그 시신을 싣고 큰 산에 들어가 나무 위에 두었다. 3년이 지나면 그 뼈를 수습하여 화장을 하는데, 화장을 할 때 술 등을 땅에 뿌리면서 기원하기를 "겨울철엔 따뜻한 음식을 바라고 여름철에는 시원한 음식을 바라옵나이다. 만약 내가 사냥을 나갈 때 돼지나 사슴을 많이 잡게 해주십시오"라고 기원한다. 상복이나 정해진 상례의 기일은 따로 두지 않았다. 또한 죽은 사람을 위해 봉분을 따로 만들지 않았다.

기록에 의하면 거란인들은 사람이 죽으면 먼저 3년 동안 수장(樹葬)[風葬]을 한 다음 그 뼈를 거두어 다시 화장하는 장례 방식, 즉 복장(復葬)을 취하고 있었다. 이러한 수장의 방식은 인근의 해족(奚族)이나 몽골족계인 실위계(室韋系) 부족에서 주로 발견된다. 수장을 행한 후 3년이 지난 다음 다시 화장(火葬)을 행하는 복장(復葬)[二重葬]의 방식은 고래의 습속임은 분명하지만 요 제국의 건립을 전후한 시기에는 그 대상이 귀족이 아닌 일반 평민층에 한정되었다.

거란은 제국 건립 후 주변 제국의 영향을 받아 봉분을 만드는 습속이 널리 퍼져 나갔다. 즉 장례 습속의 변화가 일어났다. 근년 내몽골의 조드(Jagun uda)맹 바린(Baarin)기 등지에 분포된 거란 고분군을 발굴한 결과 시신의 영구 처리에 사용된 것으로 보이는 다량의 수은이나 죽은 자를 위해 살해된 인물들이 발견되었다. 이는 풍장 후 화장하는 전통적인 습속이 점차 시신을 영구 보존하는 습속으로 전환되고 있으며 고인을 위한 부장품 매장 및 순장도 행하고 있었다는 점을 보여준다.

참고문헌 박원길 (1998), 「북방민족의 장례습속에 대하여 -툴레시(Tüleshi)祭를 중심으로-」, 『민속학연구』5, 국립민속박물관. 賈洲杰(1978), 「契丹喪葬制度研究」, 『內蒙古大學學報』 1978-2. 杜承武(1987), 「遼代墓葬出土的銅絲網絡與面具」, 『遼金史論集』, 上海.

고대 몽골의 장례 ᠡᠷᠲᠡᠨ ᠦ ᠮᠣᠩᠭᠣᠯᠴᠤᠳ ᠤᠨ ᠣᠷᠣᠰᠢᠭᠤᠯᠭ᠎ᠠ ᠶᠢᠨ ᠶᠣᠰᠣ Эртний монголчуудын оршуулгын ёс (Ertnii mongolchuudyn orshuulgyn yos)

고대 유목 민족인 몽골족에서 죽은 사람을 장사 지낼 때의 습속

고대 몽골족의 장례에 대해서는 『원사』와 아르메니아 출신의 역사학자인 도손(D'Ohsson)의 『몽골사』에 기록이 되어 있는데, 비교적 그 내용을 자세히 기록하고 있다.

먼저 『몽골사』에 보면 기록된 고대 몽골족의 장례 방식은 매장이었다. 죽으면 곧바로 매장을 하였는데, 이는 죽은 이가 이미 악령의 통제를 받고 있기 때문이라고 생각했기 때문이다. 사람이 죽으면 유체 앞에 고기와 우유를 차려 두었고, 평소 가깝게 지내던 지인들도 음식을 가지고 와서 바쳤다. 시신을 매장할 때는 고인이 저 세상에서 쓸 수 있도록 고삐와 안장을 채운 그의 애마 및 기물·화살·활 등도 함께 묻었다. 칸의 묘에는 게르와 귀중 물품들, 암말 한 마리, 망아지 한 마리, 안장과 고삐가 채워진 수말 한 마리가 합장되었다. 매장지의 위치를 비밀로 하기 위해 능지기를 배치한 뒤 주위를 삼엄히 경계하였고, 고인의 게르에서는 3대에 이르기까지 고인의 이름을 부르지 않는 풍습이 있었다.

『원사』「제사지(祭祀志)」에도 비교적 자세한 장례 의식이 기록되어 있는데, 기록을 토대로 몽골족의 장례 절차를 보면 다음과 같다.

대칸이나 카톤이 병이 들어 위독한 상태에 이르면 궁궐 밖에 있는 게르로 옮겨 임종을 맞게 한다. 대원제국의 대칸들이 겔에서 임종을 맞는 이유에 대해 일부 학자들은 유목민족의 전통 고수와 관련이 있는 것으로 보고 있지만 아직 그 정확한 이유는 밝혀지지 않고 있다. 질병에 걸려 죽음을 앞둔 자의 집 앞에는 창을 꽂아 일반인들의 출입을 제한하였는데 이는 원인불명의 질병이 주변에 퍼지는 것을 예방하려는 조치로 볼 수 있다. 또 "병자가 죽으면 곧바로 매장한다"는 도손의 기록은 아마 원인불명의 병이나 전염병에 걸린 사람의 장례의식을 표현한 대목이라 보인다.

사망하면 게르 속에서 염을 하였는데, 염을 할 때 수달피수의를 입히고 흰색의 신발이나 허리띠를 사용하고 있음을 보여주고 있다. 노욘산에서 발굴된 흉노 귀족의 무덤에서도 검은 수달의 모피가 발견되었는데 몽골

의 경우로 미루어 수의였을 가능성이 높다. 수달피수의는 근대 초까지 몽골 봉건귀족들의 수의로 사용되었다. 대칸이 죽으면 관은 향남목을 썼는데, 향남목의 가운데를 갈라 두 쪽으로 나눈 뒤 가운데를 사람 모양으로 파내는데 그 폭과 길이는 겨우 시신이 들어갈 정도로 하였다. 관의 재료로 쓰이는 향남목(香楠木)은 위도 18℃~32℃ 사이의 아열대지방에서 주로 자라는 높이 20m, 지름 2m에 달하는 거목이다. 약재나 방향 · 방충제 및 장뇌(樟腦)를 추출하기도 하는 이 나무는 몽골 고유의 수종이 아닌 수입목이다. 향남목은 몽골족 발흥기 때에는 사용되지 않았다고 추정되지만 나무를 반으로 잘라 관을 만드는 습속은 같았으리라 추측된다. 관의 제작에서 신체의 치수에 맞추어 나무속을 파는 방법은 『노정사실(虜廷事實)』에 기록된 여진족의 방식과 매우 유사함을 알 수 있다. 시신을 입관시킬 때 부장품으로는 순금제 병 2개, 잔 하나, 사발, 평상, 숟가락도 하나씩 집어 넣었다.

염이 끝나면 황금으로 만든 테 4개를 관의 사각 모서리에 둘러 관을 단단히 묶었고 운구차는 하얀색의 펠트로 꾸민 다음 청록색의 페르시아비단을 둘러치며 관 역시 페르시아비단으로 덮었다. 이는 북방으로의 이동에 대비하여 영구차와 관을 치장하고 안치한 것이다. 운구차나 관에 사용하는 페르시아제 비단인 납실실(納失失: nachid)은 당시 최고가의 비단이다.

운구차 앞에는 새 옷으로 단장하고 말에 탄 몽골 무당(udgan) 한 사람이 황금으로 꾸며진 안장과 고삐 및 페르시아비단으로 꾸며진 말 1필을 끌고 가는데 이 말을 금령마(金靈馬)라고 불렀다. 북방으로 떠나는 장례행렬에서 대칸이 저승에 타고 갈 금령마를 아름다운 옷으로 장식한 여자 샤먼이 끌고 간다는 것인데, 이 대목은 몽골인들의 내세관을 보여준다.

매장을 행하기 전까지 하루에 3차례씩 양을 잡아 대칸에게 제를 올렸는데, 제사상에는 고기 한 접시와 마유주 한 잔을 올려놓았다. 능지에 도착하면 땅을 파 흙을 퍼 올린 후 흙은 파 올린 순서대로 배열하며 관이 들어간 뒤 다시 순서대로 흙을 덮었다. 몽골인들의 평장 습속을 구체적으로 묘사한 대목이다. 『흑달사략(黑韃事略)』에도 몽골인들의 평장 습속이 "몽골의 무덤은 봉분이 없으며 말로 단단히 다져서 평지처럼 만든다.(其墓, 無塚, 以馬踐蹂, 使如平地)"처럼 기록되어 있는데 『초목자(草木子)』의 저자인 섭자기(葉子奇)는 그 이유를 도굴을 방지하기 위한 것이라고 해석하고 있다. 도손은 매장시 고인이 저승에서 사용하도록 그가 생전에 사용하던 애마 및 기물 · 화살 · 활 등을 부장품으로 묻는다고 기록하고 있는데 이 역시 몽골인들의 내세관을 보여주는 대목이다.

장례 후 49일까지 매일 2차례씩 양으로 소반(燒飯) 의식을 올렸는데, 이는 49제 기간에 행해지는 툴레시 제의의 습속을 나타내주고 있다. 대칸을 비롯한 지배 계층의 경우 하루에 양 두 마리씩을 태우고 있음을 알 수 있다. 그러나 일반인들은 경제적인 이유에서 도손의 기록처럼 간단한 제사음식을 차려 그것을 태우거나 버리는 것으로 대체했을 가능성이 높다고 보인다.

장례를 주관하는 관원 3인을 파견해 능지의 5리 밖에 거주하게 하면서 하루 한 차례씩 소반(燒飯)을 올렸는데, 이 관리들은 3년 후에 돌아온다고 기록된 것을 보면 대칸이나 카톤의 경우는 사후 3년까지 비교적 장기적으로 하루에 한 차례씩 퉅레시 제의가 행해짐을 보여 주고 있다. 몽골족이 3년 상을 치르는 것은 실위(室韋)는 물론 그들과 체질 인류학적이나 언어학적으로 유사한 계통에 속한 거란 및 맥족계의 고구려나 백제가 3년 상을 치른다는 것으로 미루어 볼 때 동북계 민족의 고유의 유습을 이어받은 것으로 보인다. 일반적으로 3년상의 제도가 중국에서 기원한 것으로 간주하는 경향이 강한데 동북 민족들이 3을 성수로 간주하고 있는 것을 고려하면 그렇지 않을 가능성이 더 높을지도 모른다.

장례 후 대칸의 게르를 근신에게 하사하는 습속이 있었다. 몽골 황실에서는 카톤이나 비빈(妃嬪)들이 황자(皇子)를 낳은 후에도 그 게르를 근신들에게 하사하는 습속이 있었다. 황자가 출생한 게르나 대칸이 임종한 게르를 근신들에게 하사하는 습속은 서로 연관이 있다고 보이는데 그 정확한 의미는 아직 밝혀지지 않고 있다. 몽골인들은 일반적으로 장례가 끝나면 도손의 기록처럼 부정을 제거하기 위하여 두 개의 불 사이를 지난다. 또 고인이 기거했던 게르에서는 제3대에 이르기까지 고인의 이름을 부르지 않는 습속이 있는데 이는 현재도 준수되고 있다.

당시의 몽골인들은 『원사』「제사지」 국속구례조(國俗舊禮條)나 『초목자(草木子)』 등의 기록으로 미루어 볼 때 고인의 기일(忌日)이나 특별 기념일일 경우 고인을 위시한 선조들에게 퉅레시 제의를 올리는 습속이 있음을 알 수 있다. 또 대제에는 말 특히 백마를 제물로 바친 것으로 보인다. 그러나 몽골의 퉅레시 제의 습속은 16세기 중반 라마교의 전입을 기점으로 내세관은 물론 장례의식까지 크게 바뀜에 따라 오르도스 같은 일부 지역을 제외하고는 대부분의 지역에서 소멸되었다.

참고문헌 박원길 (1998), 「북방민족의 장례습속에 대하여 -툴레시(Tüleshi)祭를 중심으로-」, 『민속학연구』5, 국립민속박물관.

고차의 장례 Өндөр тэрэгтнүүдийн оршуулгын ёс (Öndör teregtnuudiin orshuulgyn yos)

고대 유목 민족인 고차족에서 죽은 사람을 장사 지낼 때의 습속

고차의 장례 습속은 『위서(魏書)』「고차전(高車傳)」에 비교적 자세히 실려 있다. 고차족(高車族, Gocha)은 사람이 죽은 뒤 장례를 거행할 때 땅을 파서 묘혈(墓穴)을 만든 다음 그 가운데 시신을 안치한 후 묘혈을 흙으로 메우지 않고 그대로 방치한다고 기록되어 있는데, 이는 풍장식으로 매장하는 습속을 엿보게 하는 기록이다. 시신의 어깨를 펴서 활을 당기게 하고 칼을 허리에 채우며 창을 끼게 하는 것이 생시와 다름이 없다는 기록은 고인의 유품을 저승에서 사용하라는 뜻으로 해석되며 이는 여타 유목 민족이 고인의 유물을 불태우거나 부장(副葬)하는 습속과 의미상 큰 차이가 없다. 잡축을 많이 희생으로 죽이고 뼈를 태우면서 제사를 지냈으며, 제사 때 말을 타고 그 주위를 도는데 많이 도는 자는 수백 번에 이르렀다 한다. 남녀노소를 가리지 않고 모두 모여 가족이 화평하고 별탈이 없는 사람들은 춤과 노래로 흥겨워하지만 사람이 죽은 집안은 비애에 잠겨 슬피 흐느꼈다고 한다. 『구당서(舊唐書)』「회흘전(回紇傳)」에 실린 영국공주(寧國公

主)의 "위구르법에 의거해 얼굴에 상처를 내고 크게 운다(依回紇法, 剺面大哭)"라는 구절을 참조할 때 고차인들도 사람이 죽으면 돌궐인처럼 얼굴에 상처를 내어 피눈물을 흘리는 습속이 있었다고 판단된다.

때로 벼락 맞아 죽은 자가 생기거나 역병이 돌 경우에는 복을 갈구하는 굿을 하였고, 굿을 한 뒤 별일이 생기지 않고 안전하면 또 굿으로 위무하였다는 기록은 고차인들의 넋풀이나 액막이를 보여주는 대목으로 고대 샤머니즘의 굿 형태를 잘 나타내 주고 있다. 벼락 맞아 죽은 사람을 위해 행하는 굿은 한국 무속의 진오기굿과 유사하며 역병이 돌 때 행하는 굿은 한국 무속의 병굿을 연상시킨다.

참고문헌 박원길 (1998), 「북방민족의 장례습속에 대하여 -툴레시(Tüleshi)祭를 중심으로-」, 『민속학연구』5, 국립민속박물관. 박원길 (2001), 『유라시아 초원제국의 역사와 민속』, 서울, 민속원.

금령마 Алтан сүнсэн морь (Altan sünsen mori)

대원제국에서 대칸의 장례에 사용되던 순장마

대원제국의 대칸 장례 의례에서 사용되는 순장마에 대하여 『원사』「제사지(祭祀志)」에는 "운구차 앞에는 새 옷으로 단장하고 말에 탄 몽골 무당 한 사람이 황금으로 꾸며진 안장과 고삐 및 페르시아비단으로 꾸며진 말 1필을 끌고 가는데 이 말을 금령마(金靈馬)라고 부른다.(前行用蒙古巫媼一人, 衣新衣騎馬, 牽馬一匹, 以黃金飾鞍轡, 籠以納失失, 謂之金靈馬)"라고 기록되어 있다.

북방 계통의 민족 중 벽화가 비교적 잘 발달된 거란이나 고구려에서는 기마인물도나 부장품으로의 말 그림이 온전히 보존된 것들이 있다. 그 중 가장 대표적인 것이 고구려의 개마총(鎧馬塚) 현실서벽(玄室西壁) 천장 받침 1층에 그려진 말 그림이다. 개마총의 말 그림에는 '총주착개마지상(塚主着鎧馬之像)'이라고 붓글씨가 있는데 이는 바로 말이 영혼을 태우고 저승으로 떠나는 기능을 맡고 있음을 구체적으로 입증해 주고 있다. 고구려는 기원적으로 북방에서 유래된 민족으로 8세기에 동몽골에서 발원한 몽골족과 민속적인 유사성을 지닐 가능성이 높다. 이러한 민속적인 유사성을 근거로 개마총의 벽화를 해석해 보면 개마총의 말 그림은 장례지로 떠나는 행렬을 묘사한 것이고, 신마(神馬) 앞에 위치한 쌍각관(雙角冠)의 키 작은 사람과 화려한 입식관(立飾冠)을 쓴 사람은 샤먼일 가능성이 높다고 보인다. 그리고 말의 뒷부분에 장식된 오색의 천 조각들은 신성을 나타내는 잘라마(Jalama)로 보인다.

참고문헌 박원길 (2001), 『유라시아 초원제국의 역사와 민속』, 서울, 민속원.

데르 촐로 Дэр чулуу (Der chuluu)

고대 몽골의 장례 습속에서 시신을 안치하던 한 형태

중석기 시대부터 지금의 몽골 지역에 살고 있던 고대인의 고분을 추적해 보면 초원의 유목 민족들은 인생의 다음 '순간'인 저승에 있는 그 '집 공간'을 돌로 조성하는 문화를 가지고 있음을 확인할 수 있다. 흉노의 대표적인 묘제인 판석묘도 그 하나의 예에 속한다. 몽골 지역에서는 신석기 시대부터 13세기에 살았던 몽골인들의 무덤도 발견되고 있는데, 종종 머리와 다리에 돌로 받침대를 하는 장례 습속이 나타난다. 이러한 습속은 현대 몽골인들의 장례 습속에서도 유지되고 있다. 몽골인들은 태어날 때에 '탯줄을 누른 돌(khüi darsan chuluu)'이라며 귀하게 여기는 돌이 있다. 성장하여 가정을 꾸리는 혼인 잔치 때에 신부의 옷자락에 "신부가 앉은 곳에, 돌을 던진 자리에(ber suusan gazraa chuluu shidsen bairandaa)"라며 신부의 옷자락에 돌을 놓는 관습이 있다. 이는 신부가 그 집의 정식 가족이 되었음을 확인해 주는 의식이다. 고대 몽골인들이 인생만사를 뒤로 하고 생을 마감할 때 머리와 발에 돌로 받침대를 하는 것은 '대지의 어머니'에게 영원히 안겨 스며든다는 상징 의미를 갖는다.

참고문헌 Д.Эрдэнэбаатар (2008), *Монгол Алтай-Соёны бус нутгийн археологийн соёлууд*, International Leadership Conference and World Assembly of the Mongolian Peoples' Federation for World Peace, Ulaanbaatar, Mongolia – September 8.

돌궐 석인상 ᠲᠦᠷᠦᠭ ᠦᠨ ᠬᠦᠮᠦᠨ ᠴᠢᠯᠠᠭᠤ Түрэгийн хүн чулуу (Türegiin khün chuluu)

6~8세기 돌궐인들이 사망자를 기리기 위해 제사 유적지에 세운 고인의 석상

돌궐 석인상은 사망한 영웅을 추모하기 위하여 세운 것으로 간주되고 있다. 돌궐 석인상은 몽골 외에 산악 지대인 알타이, 토와, 하카스, 카자흐스탄, 키르키즈스탄, 중화인민공화국의 신강위구르 자치구, 내몽골 등 돌궐 부족이 활동했던 모든 지역에서 나타난다.

보편적으로 돌궐 석인상은 넙적한 얼굴에, 긴 코, 콧수염을 지니고 있으며, 복식, 무기, 장신구 및 물품들이 묘사되어 있다. 돌궐 석인상에는 코와 눈썹을 한 선으로 이어서 돋을새김으로 'T'자 모양으로 제작하고, 또한 손가락의 위치를 아주 곱게 표현하는 돌궐기법이라는 특별한 제작 기법이 엿보인다.

돌궐 석인상에 널리 표현된 의상은 주로 좌임과 번령인데 이는 돌궐족 의상의 특성이다. 돌궐 석인상에 반드시 묘사되는 특징은 전투 무기를 달아 늘어뜨리는 허리띠이다. 허리띠를 제작할 때 대가리가 큰 사각형이나 원형의 장식용 징과 요패를 표현하고 있는데, 이것은 이 시대 고분 발굴을 통해서 많이 발굴되었다. 허리띠에는 길게 뻗은 검, 손잡이가 옆으로 난 단검, 마제석검 등이 매달려 있다.

돌궐 석인상은 아르항가이의 허셔어-차이담, 날라이흐의 바얀촉트 등지에 있는 돌궐 칸이나 지배층을 위하여 조성한 제사유적지 등 몽골 중서부 지역에 주로 분포하지만 동부 지역에서도 적지 않다. 돌궐 석인상은 일정한 형태, 형식에 따라 세부적인 구조로 조성된 제사 유적에 포함되어 나타나는데, 제사 유적지는 모두 공통적인 한 기법에 따라 조성되었다는 특징을 지니고 있다.

돌궐 석인상은 제사 유적지에서 네모난 곽 형태 구조물의 동쪽에 박혀 있는 경우가 많다. 이 석인상의 남쪽에 많은 돌을 줄지어 땅에 꽂아 박은 것을 '발발(Balbal)'이라고 한다. 『수서(隋書)』에는 이것이 그 용사가 살아 있을 때 죽인 적의 수만큼 돌을 세운 것으로 기록되어 있다. 그러나 이것들의 역할이나 목적에 대하여 연구한 일부 학자들은 죽인 적의 수가 아니라 사망한 귀인의 장례식과 제사 의식에 참석한 자들의 수, 또는 그 의식에 참석한 자들이 말을 맸던 말뚝이라는 주장도 있다.

돌궐 제사 유적지에서 석곽 같은 형태의 시설에 대해 초기의 연구자들은 무덤이라고

보았지만 수년 간의 발굴 연구 결과 사망자를 위해 제사를 지내는 묘당이라는 것이 밝혀졌다. 이러한 석제 제사 시설은 죽은 자의 출신, 지위에 따라 규모나 구성 면에서 차이가 나는데, 일반적으로 평민과 지배 계층의 2가지 형태로 분류된다. 평민의 제사 유적은 거의 다듬지 않은 일반 판석 몇 개씩을 무리지어 땅에 박고서 네모난 가운데 공간에 돌과 흙을 섞어 채웠다. 여기에 놓은 돌도 역시 보잘것없는 모양새이며, 석인상의 남쪽에 줄지어 배치한 '발발'의 수 역시 적다.

출신이 고귀한 지배층의 묘당을 조성할 때에는, 장식 문양을 도안한 4개의 판석으로 곽을 세운 뒤 동쪽에는 세련되게 잘 다듬은 석인상을 세우고 많은 수의 '발발'을 줄 지어 배치시켰다. 특히 돌궐에 특별한 공적을 세운 칸, 장군, 대신들의 제사 유적을 조성할 때에는 토담으로 주변을 두르고 물길로 둘러싼 뒤 그 중앙에 묘당을 건축했다. 묘당 문 앞에는 많은 수의 최측근 인물들의 석인상, 사자와 양 같은 동물 석상을 배치시켰고, 당사자의 공적을 기술한 공적비를 세웠다. 대형 묘당에 있는 최측근들 인물의 석인상들은 전신을 묘사한 입식 및 좌식이 위주를 이룬다. 좌식 석인성은 가부좌이거나 무릎을 꿇고 앉는 등 차이가 나게 표현하였는데 이는 그들의 직위, 지위에서 비롯된다.

돌궐인들이 정말 언제부터 제사 유적지에 석인상을 세웠는가에 대해서는 논란이 많았다. 석인상을 세우는 습속은 제1돌궐제국 시기(552~630년)에는 없었지만, 제2돌궐제국 시기(682~745년)에 생겼다는 의견이 최근까지도 지배적이었다. 그러나 근래 중화인민공화국 신강위구르 자치구 일리의 몽골-후레라는 곳에서 발견한 석인상을 통해 제 1 돌궐제국 시기에도 석인상을 세웠다는 증거가 나타났다. 이 석인상의 배 위에 소그드 문자로 쓴 문구가 있는데, 해독 결과 6세기 말에 서돌궐제국기로 판명되었다.

돌궐시대 석인상
©장장식, 2005. 7.

참고문헌 Д.Баяр (1997), *Монголын төв нутаг дахь түрэгийн хүн чулуу*, Улаанбаатар.

돌궐의 장례

Түрэгийн оршуулгын ёс (Türegiin orshuulgyn yos)

고대 유목 민족인 돌궐족에서 죽은 사람을 장사지낼 때의 습속

돌궐(突厥)의 장례에 대해서는 『수서(隋書)』「돌궐전」과 『주서(周書)』「돌궐전」에 비교적 상세히 기록되어 있다. 기록을 통해 돌궐에서 사람이 죽었을 때 행하는 의식과 제사 의식, 장례 방식 등을 엿볼 수 있다.

돌궐인들은 사람이 죽으면 유르트(Yurt; 帳) 속에 시신을 일정 기간 안치하였다. 시신의 안치 장소도 고인이 생활하던 유르트인 것이다. 사망 소식이 알려지고 시신이 안치되면 가족이나 친지들이 고인을 위해 제사를 지내며 자신들의 비애감을 나타내는 자해 행

위를 행하는 의식이 전개된다.

제사 의식은 집안 식구나 친지들이 대부분 소나 말을 잡아 제사를 올렸다고 기록되어 있는데, 이는 남녀를 불문하고 고인을 위해 각자 양, 소, 말을 잡아 희생으로 바치고 있음을 나타낸다. 유목을 영위하는 사회에서 사람들이 고인을 위한 단순한 희생물로 양을 비롯한 소나 말 등 대형 가축을 잡는다는 것은 사실 생각하기 어렵다. 이러한 점에서 아마 『수서』나 『주서』가 묘사하고 있는 장례 의식은 일반인들이 아니라 귀족 계급들의 장례 의식일 가능성이 높다고 본다. 제사를 지낸 다음에 조문객들은 먼저 고인의 유르트를 7번 돌고 나서 고인이 잠자고 있는 문에 다가온다. 그리고 어떤 조문객을 막론하고 모두 7차례에 걸쳐 얼굴에 상처를 내 피눈물을 흘리면서 고인에 대한 자신들의 비애감을 나타냈다.

조문객의 참배가 끝나고 길일(吉日)이 잡히면 시신을 말에 태워 화장하였는데 이때 고인이 생시에 사용하던 의복 등의 물품도 동시에 불태웠다. 말이나 물품을 태우는 행위는 바로 툴레시 제의를 나타내고 있다. 시신의 화장과 함께 물품의 툴레시 제의를 행한 후 매장의 길일이 정해지면 장례를 행하였다. 이 길일의 선택은 "봄이나 여름에 죽으면 풀이 시들고 나뭇잎이 떨어질 때를 기다려 매장하며 가을이나 겨울에 죽으면 나뭇잎이 무성해지기를 기다린 다음 땅을 파서 매장한다"는 기록으로 보아 죽은 사람의 계절과 반대되는 계절에 행한 것으로 보인다. 매장일에는 고인이 죽은 날에 행했던 것과 똑같은 의식을 행하였다. 매장이 끝나면 나무로 푯말을 세워 무덤을 나타냈다. 그리고 무덤 앞에 고인의 형상 및 그가 생시에 참가했던 전투도를 그려 봉안하기 위한 유르트를 세우고 또 적을 사살한 수만큼 돌을 세워놓는다고 기록하고 있는데 이는 장군이나 귀족 계급의 무덤을 묘사한 것으로 본다.

돌궐시대 무덤터 ©박원길, 2010. 7.

참고문헌 江上波夫(1951), 「ユーラシア北方民族の葬禮における剺面 · 截耳 · 剪髮について」, 『ユーラシア北方文化の研究』, 東京. 박원길 (1998), 「북방민족의 장례습속에 대하여 -툴레시(Tüleshi)祭를 중심으로-」, 『민속학연구』5, 국립민속박물관. 박원길 (2001), 『유라시아 초원제국의 역사와 민속』, 서울, 민속원.

만주족의 장례

Манж нарын оршуулгын ёс (Manj naryn orshuulgyn yos)

만주족이 죽은 사람을 장사 지낼 때의 습속

만주족의 장례 습속은 전통적으로 화장을 행해 왔는데, 청의 옹정제(擁正帝) 이후에는 화장을 금하고 토장을 장려한 것으로 보인다. 만주족의 장례 습속에 대해서는 몇몇 기록들을 통해 유추해 볼 수 있을 따름이다. 우선 『건주견문록(建州見聞錄)』의 "죽으면 다음 날 들판에서 화장을 한다(死則翌日擧之于野而焚之)"나 『절역기략(絕域紀略)』의 "49일 이내에 반드시 염을 해 화장한다(七七內必殯, 火化而葬)"라는 기록에서 만주족의 전통 장례는 화장이었음을 알 수 있다. 1735년 10월 20일 청나라 옹정제(擁正帝)는 화장

금지 칙서를 내리게 되는데, 이는 곧 화장이 기본 장례로 치루어졌음을 방증하고 있다.

그런데 『조선왕조실록』(성종 14년(1483년) 10월 무인조(戊寅條))에 만주족의 장례 습속이 기록되어 있는데, 그 내용은 “부모가 죽으면 집에서 염을 한다. 그리고 소를 죽여 제사를 올린다. 3일 후 양지 바른 곳을 택해 매장을 한다. 매장을 할 때 그가 늘 사용했던 물건들도 같이 묻는다. 또 고인이 타던 말을 죽여 고기는 버리고 가죽만 묻는다.” 라고 되어 있다. 이 기록에 따르면 만주족은 토장(土葬)의 습속을 가지고 있는 것으로 해석될 수도 있다. 그러나 다른 역사적 기록과 비교 유추해 볼 때 이것은 한화(漢化)된 만주족이나 만주족으로 위장한 한족의 습속을 적었을 가능성이 매우 높다.

옹정제(擁正帝)의 화장 금지 조치 이전 만주족의 장례 습속은 청나라 초기의 분묘가 집중된 심양(瀋陽)의 만당향(滿堂鄕) 등의 예로 미루어 볼 때 화장 후 그 뼈를 항아리에 담아 다시 매장하는 이중장(二重葬)의 형태를 띠고 있었다고 보인다. 옹정제 이후 만주족의 장례 습속은 『심양만족지(瀋陽滿族志)』나 『봉천통지(奉天通志)』에 상세히 기술되어 있는데 장례 때 붉은 색을 금기시 한다는 등의 몇 가지 점만 제외하고는 그 형식이 한족과 매우 유사하다. 그러나 청대 만주족의 장례에서 툴레시 제의는 발견되지 않는다.

참고문헌 박원길 (1998), 「북방민족의 장례습속에 대하여 -툴레시(Tüleshi)祭를 중심으로-」, 『민속학연구』5, 국립민속박물관. 李路陽, 畏冬(1994), 『中國淸代習俗史』, 北京.

말갈의 장례

Мохайчуудын оршуулгын ёс (Mokhaichuudyn orshuulgyn yos)

고대 동북 민족인 말갈에서 죽은 사람을 장사 지낼 때의 습속

말갈의 장례 의식은 『구당서(舊唐書)』 「말갈전(靺鞨傳)」과 『신당서(新唐書)』 「북적열전(北狄列傳)」(흑수말갈(黑水靺鞨)조)에 실려 있는데, 『구당서』의 기록이 비교적 구체적이다.

말갈인들은 사람이 죽으면 염을 하거나 관을 쓰지 않고 땅을 파서 매장을 하였는데, 시신 위에 직접 흙을 덮었다. 또한 고인이 생시에 타던 말을 시신 앞에서 죽여 제사를 올렸다.

말갈의 장례 의식은 대체적으로 숙신이나 물길의 장례 습속과 큰 차이를 보이지 않는다.

참고문헌 박원길(1998), 「북방민족의 장례습속에 대하여 -툴레시(Tüleshi)祭를 중심으로-」, 『민속학연구』5, 국립민속박물관.

몽골 석인상

Монголын үеийн хүн чулуу (Mongolyn üyeiin khün chuluu)

13~14세기 몽골인들이 사망자의 영혼을 위해 복합적으로 조성한 제사 유적지에 세운 고인의 석상

몽골국 동남부 지역 및 그곳과 연결된 중화인민공화국 내몽골 자치구 지역에서는 13~14세기 몽골 석인상로 편년되는 석인상들이 분포되어 있다. 몽골 동남부 지역의 석인상들은 1927년 소련 학자인 카자키예비치(Kazakevich)에 의해 처음 학계에 알려졌다. 다리강가 지역을 중심으로 분포된 이 석인상들은 매우 독특한 모습을 하고 있는데 1990년까지 이 석인상들은 돌궐 석인상의 한 특이한 형태라고 간주되었다.

1990년까지 유라시아 고고학에서 석인상은 오직 6~8세기 돌궐 제국에만 해당하는 유적이라는 시각이 일반적이었다. 중앙아시아에서 발생한 석인상 제작 문화는 이후 10~11세기에 남부 러시아 평원에 살던 킵차크-폴롭츠(코만)인들이 계승 발전시켰으며 이것으로 몽골 초원에서의 석인상 문화 전통은 단절되었다고 여겨왔다. 그러나 최근 바야르 교수의 연구를 통해 다리강가 지방을 중심으로 분포된 매우 독특한 모습의 석인상들은 양식과 연대 상 돌궐 석인상과는 차이가 있으며, 13~14세기 몽골인들과 관련 있는 독자적인 유물이라는 것이 판명되었다.

몽골국에는 약 550개의 석인상이 존재하는데 이 가운데 몽골 석인상으로 분류된 것은 69기이다. 69기 중 52기는 수흐바타르 아이막에 있으며, 도르노드 아이막에 5기, 터브 아이막에 4기, 돈드고비 아이막에 2기, 어워르항가이 아이막에 2기, 고비-알타이 아이막에 2기, 도론고비 아이막에 1기, 헨티 아이막에 1기가 존재한다. 바야르 교수의 연구에 따르면 몽골 석인상의 형태와 특징은 다음과 같이 나타난다.

몽골 석인상의 형태 중 가장 일반적인 특징은 오른손에 잔을 잡고 등받이와 팔걸이가 있는 의자에 앉아 있는 사람을 전신으로 표현하고 있다는 것이다. 이것은, 대부분이 서있는 모습을 표현한 돌궐 시대 석인상과는 완전히 차별화되는 반면 앉은 채로 표현한 폴롭츠 석인상과는 유사하다. 이들 석인상 대부분은 몽골 전통의상인 델을 입고 장신구와 용품을 함께 찬 것을 표현하고 있다. 그러나 전혀 옷을 입지 않은 나체 석인상도 존재한다. 대부분의 석인상들은 남성을 표현했지만 여성의 신체와 의상, 용품의 특성을 따로 표현한 석인상도 존재한다. 어떤 석인상은 아주 특별히 섬세하게 의상, 두발, 용품을 묘사한 반면 어떤 것들은 의상만 대충 표현하고 있는데, 이것은 그들의 출신, 사회에서 차지하는 위상을 반영하는 것인 듯하다. 석인상에 묘사된 의상, 두발, 무기, 장신구들은 역사 기록, 고고학적 및 민속학적 자료, 미술 작품 등의 자료들과 비교를 통해 몽골족과의 역사 문화적인 관련성 및 연대를 판명할 수 있었다.

몽골 석인상은 분포 지역에서도 나타나듯이 몽골족이 퍼져 살던 모든 지역을 망라해서 분포하는 유적은 아니고 일정 지역, 다시 말해 몽골 동남부에 집중되는 유적이다. 지금까지 알려진 바에 따르면 이런 종류의 석인상은 원나라의 상도(上都) 부근에서부터 북쪽의 몽골 대칸과 지배 계층의 원주지인 오논강, 헤를렌강, 톨강 3하 유역을 향해 선(線) 모양으로 분포하는 것이 관찰된다.

동몽골의 몽골 석인상들은 지름 3~10m, 높이 20~100cm로 돌을 쌓아 만든 원형의 돌무지 앞이나 가운데 배치되어 있다. 돌무지를 발굴하기 전에는 이 유적의 성격을 알 수 없었는데, 돌무지의 발굴 결과 이 유적은

동몽골 석인상

사망자를 위하여 제사를 지내던 제의 시설이라는 것이 입증되었다. 그리고 내몽골에서 이루어지고 있는 연구 성과 역시 이런 결론에 도달했다. 즉 몽골 석인상들은 무덤이 아니라 사망자의 영혼을 위해 복합적으로 조성한 제사 유적지에 세워진 제사 유적의 하나이며, 그 형상은 사망한 대칸들이나 지배층의 모습으로 추정되고 있다.

참고문헌 Д.Баяр (1995), *Монголуудын чулуун хөрөг*, Улаанбаатар. Д.Баяр (2002), *Монголуудын чулуун хөрөг 13-14 зуун*, Улаанбаатар. 데.바이에르(박원길 역) (1994), 『몽골석인상의 연구』, 서울, 혜안. 박원길 (1998), 「북방민족의 장례습속에 대하여 -툴레시(Tüleshi)祭를 중심으로-」, 『민속학연구』5, 국립민속박물관.

몽골인의 죽음 표현 Нас эцэслэхийг илэрхийлэх монгол үг хэллэг (Nas etseslekhiig ilerkhiilekh mongol üg khelleg)

몽골인들이 죽음을 나타내는 표현 방법

몽골인들은 다양한 어휘를 구사하여 죽음을 표현하고 있다. 이 표현들은 몽골인들의 죽음에 대한 관념을 엿볼 수 있는 좋은 자료들이다. 죽음을 나타내는 표현법은 아주 많지만 대표적인 것만을 들어보면 다음과 같다.

우헤브(ükhev): "죽었다"라는 뜻으로 일반인들이 보편적으로 사용하는 말이다. 그러나 존경하는 사람에게는 쓸 수가 없다.

엉거러브(öngöröv): "지나갔다, 과거로 되었다"라는 뜻으로 누구에게나 사용할 수 있다.

아미스갈 호라브(amisgal khuraav): "숨을 거두다"라는 뜻으로 일반인들이 보편적으로 사용하는 말이다.

어드 볼로브(ööd bolov): "높은 곳으로 올라갔다"는 뜻으로 공경하는 사람에게 사용한다.

탈리가치 볼로브(taliigch bolov): "고인이 되었다, 모습을 감추었다"라는 뜻으로 예의를 갖출 때 주로 사용한다. 몽골인들은 고인의 사망 후 일정 기간 동안 고인의 누나나 동생을 부를 때 직접 이름을 부르지 않고 탈리가친 엑츠(taliigaachiin egch)나 탈리가친 두(taliigaachiin düü)로 호칭하여 애도를 표하는 습관이 있다.

나스 바라브(nas barav): "수명을 다했다"는 뜻으로 노인이나 공경하는 사람에게 사용한다.

나스 보얀 턱서브(nas buyan tögsöv): "수명을 행복하게 다했다"는 뜻으로 노인이나 공경하는 사람에게 사용한다.

텡게리 볼로브(tenger bolov): "하늘로 승천했다"는 뜻으로 칸이나 귀족 및 연장자들에게 사용된다.

할리브(khaliv): "창공을 날다"라는 뜻으로 영혼이 하늘로 올라갔다는 것을 의미한다. 칸에게만 사용된다.

탈랄 턱서브(taalal tögsöv): "이 세상에서의 좋은 일을 끝마쳤다."는 뜻으로 즉 "이 세상에서의 일이 이미 끝났기 때문에 더 이상 머무르지 않고 떠난다"라는 의미를 지니고 있다. 이 말은 극히 존경하는 인물이나 귀족들에게만 사용된다.

접 에스 볼로브(jöv es bolov): 중국어의 "불예(不豫)"에 해당하는 뜻으로 칸에게만 사용된다.

보르항 볼로브(burkhan bolov): "성불(成佛)했다"는 뜻으로 연장자나 존경하는 사람에게 사용된다.

니르바니 게렐 우줄레브(nirvany gerel üzüülev): “열반의 빛에 들었다”는 뜻으로 큰 라마승에게만 사용된다.

우구이 볼로브(ügüi bolov): “없어졌다”는 뜻으로 13세기 때 많이 사용되었다.

참고문헌 박원길 (1996), 『몽골의 문화와 자연지리』, 서울, 두솔. Jagchid-Sechin and Paul Hyer (1979), *Mongolia's Culture and Society*, Boulder.

무혈형(無血刑)

Цус гаргалгүй нөгчөөх (Tsus gargalgui nögchookh)

피를 흘리지 않고 죽거나 죽이는 고대 몽골인들의 상장 의례의 하나

『몽골비사』 201절에는 칭기스칸의 안다(anda: 의형제)이자 숙적이었던 자모카(Jamukha)가 칭기스칸에게 사로잡힌 뒤 “나를 죽일 때 피가 나오지 않게 죽여다오! 내가 죽어 넘어지면 나의 유골을 높은 산 위에 묻어다오. 그러면 나는 영원히 너의 자손의 자손에 이르기까지 가호를 내려주고 축복하여 주겠다.”라는 유언이 수록되어 있다. 자모카의 유언은 “피를 흘리고 죽으면 떠도는 악귀가 되어 저승에 갈 수 없다”는 북방 고유의 자연법적 인식 체계를 반영한 것이다. 칭기스칸은 자모카의 요구대로 피를 흘리지 않고 죽이는 교살형(絞殺刑)을 베풀고 있는데 이 조치는 몽골인들의 마음을 울리는 미담과도 같다.

이러한 믿음으로 인해 몽골의 대칸들은 친속이나 귀족들에게 죽음을 내릴 경우 참수형이 아닌 교살형이나 익사형을 택하며, 대부분의 경우는 종신 유배형을 선호하고 있다. 익사형의 대표적인 예는 멍케 칸(Möngke Khagan)의 등장 후 어거데이(Ögödei) 당파를 숙청하는 과정에서 1252년 8월 구육 칸(Güyüg Khagan)의 카톤인 오골-카이미시(Ogul-Khayimish)를 펠트 자루에 집어넣어 카라코롬강에 던져 익사케 한 사건이다. 멍케카간이 어거데이카간의 당파로 지목된 장군들을 모두 참수하면서도 오골-카이미시만큼은 익사형에 처한 것은 황족에 대한 예의에서 비롯된 것이다. 이렇듯 교살형이나 익사형이 특권 계층에 한했기 때문에 원나라 때의 일반 사형수들은 『경세대전(經世大典)』의 “참수만 있고 교살형은 없다(有斬無絞)”, 『원사』 「형법지(刑法志)」의 “사형에는 참수만 있고 교살형은 없다(死刑, 則有斬而無絞)”라는 기록처럼 모두 참수형에 처해졌다. 원나라는 중국 역사상 일반 사형수들에게 교살형을 시행하지 않았던 유일한 왕조로 기록될 만큼 북방 고유의 자연법적 인식 체계(샤머니즘)를 고수한 왕조에 속한다.

참고문헌 박원길 (1996), 『몽골의 문화와 자연지리』, 서울, 두솔. Ч.Арьяасүрэн, Г.Чингэл, Х.Нямбуу (1992), *Монгол ёс заншлын их тайлбар толь(I)*, Улаанбаатар. Jagchid-Sechin and Paul Hyer (1979), *Mongolia's Culture and Society*, Boulder.

물길의 장례

Уцзи-ийн оршуулгын ёс (Wuji-giin orshuulgyn yos)

고대 동북 민족인 물길에서 죽은 사람을 장사 지낼 때의 습속

물길(勿吉)의 장례 의식은 『위서(魏書)』 「물길전(勿吉傳)」에 실려 있어 소략하나마 그 습속을 엿볼 수 있다. 기록에는 “부모가 봄이나 여름에 죽으면 즉각 매장하며 무덤 위에 가옥을 만들어 비나 습기가 스며들지 않

게 한다."고 기록되어 있는데, 이는 물길인이 토장(土葬)을 행하였음을 보여주고 있다. 또한 무덤이 비나 습기에 젖지 않도록 그 위에 임시 가옥을 세우고 있음을 알 수 있는데 이러한 것은 고구려의 후계 제국인 발해(渤海)에서도 발견되고 있다. "만약 가을이나 겨울에 죽으면 그 시신으로 담비를 잡는다. 그들은 시신을 먹으려는 담비를 아주 많이 포획한다."라는 기록도 있는데, 이는 땅이 얼어 매장이 쉽지 않을 경우에는 이듬해 매장하려고 일시 풍장(風葬)을 하였는데 그것을 노리고 담비가 접근하는 일이 많아 가족들이 시신을 지키려고 담비를 제거한 것으로 이해된다.

물길의 장례 습속에 대한 기록이 워낙 소략하여 위의 내용으로는 물길이 토장을 한다는 것만 확인할 수 있을 뿐 툴레시 제의나 부장품의 유무에 대해서는 판단할 수 없다.

참고문헌 박원길 (1998), 「북방민족의 장례습속에 대하여 - 툴레시(Tüleshi) 祭를 중심으로 -」, 『민속학연구』5, 국립민속박물관.

부리야트의 고대 장례 Буриадын эртний оршуулгын зан үйл (Buriadyn ertnii orshuulgyn zan üil)

고대 부리야트족에서 죽은 사람을 장사 지낼 때의 습속

고대 부리야트족은 시신을 화장하였다. 사람이 죽으면 친척들이 모여 시신에 옷, 신발, 모자 등을 입혔다. 허리띠에는 검과 칼과 나무 숟가락을 채우고, 목에는 담뱃대를 걸었다. 화살은 시신 곁에 두었다. 고인이 타던 말에 말안장을 올리고 재갈을 채운 뒤, 말안장 위에 시신을 실어 화장터로 향한다. 고인의 뒤를 따라가는 가족과 친지들은 도중에 뒤쪽을 향해 활을 쏘는데 이것은 악귀가 쫓아오는 것을 막기 위한 것이다. 부자나 지위가 높은 자가 죽으면 사냥한 짐승이나 노비도 함께 화장을 했다. 화장할 때 말안장 깔개 위에 시체를 놓고 말안장에는 시체 머리를 놓는다. 이 관습은 고대 수렵 생활 때 말안장을 베고 안장 깔개를 까는 것에서 유래했다. 정사각형으로 쌓은 나무 장작에 시체를 태운 뒤 돌아오는 길에 뒤를 돌아보지 않는다. 돌아본 사람은 고인과 함께 저승으로 간다고 생각한다. 3일이 지난 후 가족 친척이 모여 음식을 함께 먹고 화장한 곳에 가서 유골과 철 장신구를 모아 땅에 묻는다. 고대 부리야트족은 나이 든 사람을 안락사 시키기 위해 가늘고 긴 비계를 입에 넣어 기도를 막은 뒤 숨을 거두게 하는 관습도 있었다.

참고문헌 МУ-ын ШУА Түүхийн хүрээлэн (1996), *Монгол улсын угсаатны зүй* (*III, Буриад, Барга, Үзэмчин, Дарьганга, Хотон, Тува-Цаатан, Тува-Малчин, Хамниган ястнуудын угсаатны зүй*), Улаанбаатар.

사슴돌 Буган хөшөө (Bugan khöshöö)

카라수크 문화 시기에 몽골과 중앙아시아의 초원 지대에 세워졌던 거석 기념물

사슴돌은 청동기 시대와 초기 철기 시대에 몽골과 중앙아시아의 초원 지대에 세워졌던 매우 독특한 거석 기념물이다. 높이는 1~4m로 다양한데, 지금까지 700여 기가 확인되었다. 긴 돌을 4면으로 다듬어 무늬를 새겼는데, 대개 상부에는 해와 달 모양의 고리, 하부에는 도끼나 단검 같은 도구를 허리띠에 매단 것 같은 형태로 새기고, 그 중간

에 양식화된 형태의 사슴을 새겼다.

사슴돌은 제단이지만 그 자체로 뛰어난 예술작품일 뿐만 아니라 고대 북방 사람들의 영혼 불멸 사상(자연법적인 인식 체계)을 상징하는 최초의 정형화된 표현 체계이다. 700여 개의 사슴돌 중 550개 정도가 몽골에 위치해 있다. 또 몽골에서도 사슴돌이 밀집된 곳은 호이드-타미르 강 유역, 자르갈랑트 계곡 등 몽골 중부 및 서부 지역이다.

볼코프(V. Volkov)는 사슴돌의 종류를 지역과 문양의 형태에 따라 크게 유라시아형(Eurasian type), 알타이-소욘형(Altai-Saian type), 몽골-바이칼형(Mongolia-Trans Baikal type)으로 분류했다. 유라시아형의 특징은 동물 이미지가 없으며, 알타이-소욘형의 특징은 사슴이나 기타 동물들이 사실적으로 묘사된 점, 몽골-바이칼형의 특징은 사슴이 상징적으로 묘사된 점을 들었다. 또 일부 학자들은 몽골-바이칼형 사슴돌은 고대 시기에, 유라시아형 및 알타이-소욘형 사슴돌은 청동기 후기에 속한다고 주장하기도 하였다.

그러나 몽골국의 학자인 에르덴바타르(D. Erdenebaatar)는 최근의 고고학적 발굴 결과 몽골-바이칼형 및 알타이-소욘형의 사슴돌이 함께 존재한다는 사실을 들어 그의 견해를 부정하고 몽골-바이칼형은 남성을, 알타이-소욘형과 유라시아형 사슴돌은 여성을 상징적으로 나타낸 것이라는 새로운 견해를 내놓았다. 그는 그 근거로 몽골-바이칼형 사슴돌에는 남성이 사용하는 물품인 허리띠, 무기, 방패, 장신구 등을 묘사한 반면, 알타이-소욘형 및 유라시아형의 사슴돌에는 대부분이 여성용품인 목걸이, 작은 찌르개 칼, 정면의 사선이 2줄이나 3줄로 묘사되어 있다는 점을 들었다.

노브고라도바(E. A. Novogorodova)는 사슴의 형태와 문양의 변천을 중심으로 사슴돌을 세 개의 유형으로 나누었다. 제1유형의 사슴돌은 가지 달린 뿔과 부리 모양의 얼굴을 가진 양식화된 사슴 표현이 있는 사슴돌이고, 제2유형의 사슴돌은 곧게 뻗은 다리로 서 있는 큰사슴 · 사슴 등의 동물 표현이 있는 사슴돌이다. 사슴의 형상은 점차 말의 형상에 의해 대체되기도 한다. 제3유형의 사슴돌은 동물의 표현이 없는 석상으로, 동물 표현을 대신하여 앞면이나 중간 허리 부위에 위치한 무기 등의 모든 끝부분이 말머리로 장식된 역만자형(逆卍字形) 등이 나타나는 유형이라고 하였다.

몽골 지역에 산재한 사슴돌 가운데 제일 많은 것이 제1유형이나 몽골-바이칼형이다. 나는 듯 질주하는 형상을 지닌 사슴돌은 몽골 이외의 그 어떤 지역에도 없다. 카라수크 문화 시대에 등장하는 사슴은 순록(*Rangifer tarandus*)이 아니라 붉은 사슴(*Cervus elaphus*)이며, 비상(飛上)하는 모습도 실제의 질주 모습과는 전혀 무관한 신화적으로 형상화된 자세를 표현한 것이다.

청동기 시대의 카라수크인들은 사슴을 이승에서 저승으로 영혼을 데리고 가는 동반자로 간주했다. 카라수크 문화 시기(Karasuk Culture, B.C.1200년~B.C.700년)에 형성된 사슴의 수호신적 개념은 춤추는 용도의 가면, 샤먼의 머리 장식, 수령과 함께 매장된 말의 가면(파지리크 고분) 등으로 확산되어 나갔다. 그러나 사슴돌은 카라수크 문화의 몰락과 함께 사라지고, 유라시아-알타이 지역 문화의 상징도 사슴에서 말로 대체되었다. 이와 함께 사슴에 대한 숭배적-신화적 관념도 말에게 전이되었다.

Э.А.노브고라도바의 사슴돌 분류도

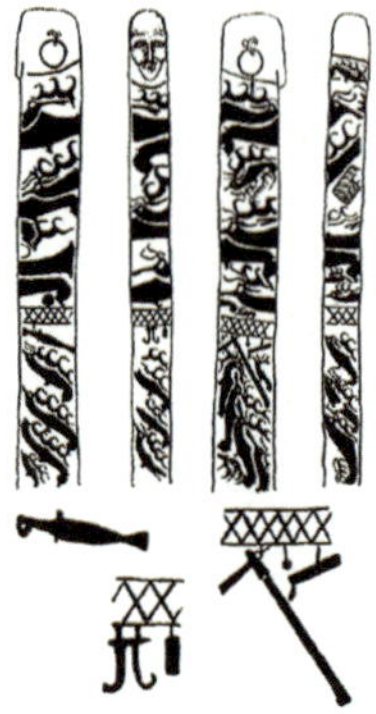

제1유형에 속한 사슴돌

사슴돌 ©류병재, 아르항가이, 2015, 2016

참고문헌 E.A.노브고라도바 (1995), 『몽고의 선사시대』, 서울, 학연문화사. 백승정, 박원길 (2012), 「몽골 청동기시대 장식용품에 나타난 문양디자인 고찰 - 특히 사슴돌문양의 시공(時空) 인식체계를 중심으로-」, 『몽골학』33, 한국몽골학회. Ж.Гантулга, Ч.Ерөөл-Эрдэнэ, М.Цэнгэл, Ж.Магайл (2011), *Хойд Тамирын голын сав нутаг дахь буган хөшөө*, Улаанбаатар. Ц.Төрбат, Ж.Баярсайхан, Д.Батсүх, Н.Баярхүү (2011), *Жаргалантын амын буган хөшөө*, Улаанбаатар.

삼궤구고두 Гурав сөхөрч ес мөргөх (Gurav sökhörch yös mörgökh)

세 번 무릎 꿇고 아홉 번 절하던 종교 의례로 '삼배구고두(三拜九叩頭)'라고도 한다.

삼궤구고두(三跪九叩頭)의 예는 하늘이나 성스러운 산에 대한 제사, 대칸의 즉위나 장례 등에서 행하는 북방 민족의 오래된 종교 의례이다. 이 의례가 문헌에 비교적 구체적으로 나타난 때가 칭기스칸 등장 무렵인데, 『몽골비사』 103절에는 칭기스칸이 보르칸 칼돈(Burkhan Khaldun) 산을 향해 제사 지내는 모습을 "태양을 향해 선 다음 부스(büs; 허리띠)를 목에 걸고 모자를 손에 걸고 손으로 가슴을 치면서 태양에 아홉 번 무릎을 꿇어 절을 했다. 그리고 태양을 향해 술을 뿌리면서 축문을 올렸다."라고 묘사하고 있다.

삼궤구고두의 예는 청나라에서도 잘 관찰되는데, 그 모습을 가장 상세하게 기록한 것이 북경을 방문하여 청나라 황제를 직접 알현했던 조선 사신 홍대용(洪大容, 1731~1783)의 여행기인 『담헌연기(湛軒燕記)』이다. 『담헌연기』에는 삼배구고두의 모습을 "조회에 참석하여 황제에게 절하고 고두(叩頭)하는 법은, 무릎을 굽히고 단정히 꿇어앉아 두 손을 땅에 내리고 궁둥이를 발바닥에 붙이지 않는 것을 배(拜)라 하고, 두 손으로 땅을 짚고 머리를 땅에다 대는 것을 고두(叩頭)라고 하는데, 3번 머리를 땅에 댄 다음 일어나 다시 절한다. 이같이 3번을 하면 모두 3번 절하고 9번 고두[三拜九叩頭]하게 되는데 이것이 군신의 예다"라고 상세하게 기록하고 있다.

참고문헌 矢野仁一 (1928), 「三跪九叩頭の禮について」, 『狩野敎授還暦記念支那學論叢』, 東京. 박원길 (2010), 『조선과 몽골 - 최덕중, 박지원, 서호수의 여행기에 나타나는 몽골인식』, 서울, 소나무.

성지 Ихсийн газар (Ikhsiin gazar)

고대 몽골인들이 조상의 초상이나 상징물을 모신 성지를 이르던 말

고대 몽골인들은 조상의 영혼도 자신이나 씨족을 지켜주는 능력을 지니고 있다고 간주하여 경배하고 있다. 몽골인들은 조상을 예케스(ikhes) 혹은 데게두스(deedes)라 부르고 있는데『몽골비사』에는 조상의 초상이나 상징물을 모신 성지(聖地)인 예케신 가자르(Ikhsiin gazar)에 대한 제사가 몇 번 언급되고 있다. 청나라 시기 몽골의 왕공들은 자신들의 조상이 묻힌 가문 고유의 매장지를 옹곤(Ongon)이라 부르고 있다.

참고문헌 札奇斯欽 (1987),『蒙古文化與社會』, 台北, 박원길 (1996),『몽골의 문화와 자연지리』, 서울, 민속원.

숙신의 장례

Зүрчидийн оршуулгын ёс (Zürchidiin orshuulgyn yos)

고대 동북 민족인 숙신에서 죽은 사람을 장사 지낼 때의 습속

숙신(肅愼)의 장례 습속은『진서(晉書)』「동이열전(東夷列傳)」 숙신조(肅愼條)에 실려 있다. 기록에 따르면 숙신에서는 사람이 죽으면 당일 들판에 매장하였는데, 나무를 짜 맞추어 작은 곽(槨: 덧널)을 만든 후 돼지를 죽여 곽 위에 쌓아 두고 죽은 자의 양식으로 삼았다 한다. 숙신족은 성질이 흉악무도하여 근심이나 슬퍼하지 않을 뿐 아니라 서로 존중하는 일도 없기 때문에 부모가 죽어도 남자는 곡하지 않았으며 곡하는 사람은 마음이 굳건하지 못한 자로 간주하였다고 한다.

숙신의 장례 습속에서 주목할 만한 것은 사람이 죽으면 당일에 들판에 매장한다는 것과 고인의 양식으로 돼지를 죽여 바친다는 점이다. 대체적으로 숙신의 장례 습속은 물길(勿吉)과 말갈(靺鞨)의 장례 습속과 유사하다.

참고문헌 李健才 (1990),「從肅愼挹婁到女眞滿族埋葬習俗的演變」,『古民俗研究』, 長春, 박원길 (1998),「북방민족의 장례습속에 대하여 -퉐레시(Tüleshi)祭를 중심으로-」,『민속학연구』5, 국립민속박물관.

실위의 장례

Шивэй нарын оршуулгын ёс (Shivei naryn orshuulgyn yos)

고대 동북 민족인 실위족에서 죽은 사람을 장사 지낼 때의 습속

몽골족의 전신인 실위족(室韋族)의 장례 의식에 대해서는『위서(魏書)』「실위전(失韋傳)」과『수서(隋書)』「실위전(室韋傳)」에 소략하게나마 기록이 남아 있다. 기록에 의하면 실위족은 사람이 죽으면 시신을 나무의 위에 안치하거나 부락에 만들어 둔 큰 시렁 위에 안치했다고 한다. 상례 기간은 3년이며, 1년에 네 번 곡을 하였다고 한다. 실위족의 나무장[수장, 樹葬]은 거란이나 해족(奚族)과 유사하지만 아메리카 인디언의 장례 습속처럼 부락 공동의 대붕(大棚)을 마련하여 시신을 안치한다는 것이 매우 독특하다. 아마 이들도 3년 간의 풍장(風葬) 후 거란이나 근대의 오론촌(Orunchun)족처럼 화장이나 토장을 거행했다고 본다. 근대 초까지 부리야트나 야쿠트의 일부 사람들은 사람이 죽으면 시신을 자작나무 껍질로 싸서 아랑가(aranga)라 불리는 망루 같은 곳에 안치하는 습속을 지니고 있었는데, 이러한 장례 습속은 고대 실위족의 유습으로 보인다.

참고문헌 박원길 (1998), 「북방민족의 장례습속에 대하여 -툴레시(Tüleshi)祭를 중심으로-」, 『민속학연구』5, 국립민속박물관. 박원길 (2001), 『유라시아 초원제국의 샤머니즘』, 서울, 민속원.

아랑가 [Mongolian script] Арaнгa (Aranga)

부리야트나 야쿠트 지방에서 시신을 안치하던 망루나 대를 이르는 말

근대 초까지 부리야트나 야쿠트의 일부 사람들은 사람이 죽으면 시신을 자작나무 껍질로 싸서 망루 같은 곳에 안치하는 습속을 지니고 있는데, 시신을 안치하는 망루나 대(臺)를 아랑가(aranga)라고 한다. 아랑가는 고대 실위족(室韋族)의 유습으로 보인다.

참고문헌 박원길 (2001), 『유라시아 초원제국의 샤머니즘』 서울, 민속원. Uno Harva (1938), *Die Religiösen Vorstellungen der Altaischen Völker*, Helsinki.

암장 [Mongolian script] Хадны оршуулга (Khadny orshullga)

바위 틈새에 시신을 안치하는 중세 몽골 무덤의 한 형태. '바위장'이라고도 한다.

암장(巖葬)은 시신을 바위굴 또는 바위틈이나 바위 가장자리에 올려 놓는 시신 처리 방법이다. 암장은 중세 몽골인들의 장례 습속의 하나로, 근래 고고학적 발굴로 그 존재가 확실히 입증되었다. 현재까지 몽골에서 발견된 13~14세기 몽골족의 무덤은 약 130여 기인데, 그 중 산의 동굴, 암벽 틈, 양지바른 비탈의 바위 틈새에 그대로 드러나게 묻은 암장이 많은 수를 차지한다. 몽골 알타이 지역에서 발견된 암장의 대부분은 일반인이었으나 몽골 상위 계층의 묘장도 있었다. 바얀얼기 아이막 올란호스솜 지역에서 발견된 암장에 사용한 관은 나무틀을 짜 바깥을 가죽으로 두른 반면, 바양홍고르 아이막에서 발견된 암장은 목관이었다. 헨티 아이막에서 발견된 암장은 몽골 전통 가옥인 게르의 격자 문양 벽체에 펠트로 피장자를 요람에 싼 것처럼 안치한 모습이었다. 이처럼 암장의 형태도 각각 달랐다.

암장은 불교가 전래된 근대에서도 종종 발견되는데 이는 중세 몽골인들 가운데 일반적이었던 바위 장례 형태가 상당한 생명력을 지닌 채 보존되어 왔음을 보여 주고 있다. 이로 인해 몽골인들 가운데 장례 의식에서 비롯된 적지 않은 관용어들이 생겼는데, "바위 집은 가까워지고, 격자문 벽체 집은 멀어졌다(khadan ger oirtoj khanan ger kholdloo)", "머리에다 부싯돌을 깨다(tolgoi deer tsakhiur khagalakh)" 등의 표현들은 모두 암장과 연관되어 생겨난 구어(口語)이다.

암장에서 발견되고 있는 시신, 부장품 등은 비교적 일정한 온도와 건조하고 추운 여건 하에 있었기 때문에 그 보존성은 땅에 매장한 고분 유물보다 훨씬 더 양호하다. 때문에 고대사 연구에 극히 귀중하고 드문 자료가 되고 있다. 현재까지 발견된 대표적인 암장 2개를 소개해 보면 다음과 같다.

〈후이텐-호쇼 암장〉

1986년 헨티 아이막 델게르한 솜 후이텐-호쇼라는 곳에서 발견된 암장이다. 후이텐-호쇼라는 바위고개 남단의 바위 틈 안에서 몽골 전통 주거 형태인 게르의 벽으로 몸을 말고 그 머리를 동쪽으로 향하도록 안치한 50세 전후의 여성 유구가 나왔다. 아래에는 골제 안장 장식이 있는 목제 안장을 가로질러 놓았다. 이 안장은 안장대는 넓고, 앞

가리개는 높이 솟아 있으며, 뒤가리개는 넓게 경사져 있는데, 이것은 이전에 발굴, 연구한 일부 몽골 고분의 출토물, 오르도스의 칭기스칸 안장 등과 같다. 여기에 철제 지환형 장식, 귀고리, 대가리가 큰 장식용 구리징, 시신의 발에는 가죽 신발 일부가 있었다. 가장 흥미로운 것은 이 피장자의 후두부에서 몇 갈래로 땋아 덩어리지도록 묶은 변발이 남아 있었는데, 이것은 13~14세기의 몽골인들을 묘사한 그림, 석상 등 많은 자료와 문헌 사료 등에 누차 나오는 '쉬빌게르(shivelger)' 라는 변발이다. 후이텐-호쇼 바위장은 역사상 처음으로 '쉬빌게르' 변발이 실물 확인된 곳으로 큰 가치를 지닌다.

〈보르가스타인 암장〉

2005년 돈드고비 아이막 달란자르갈란솜 나르틴-하드의 보르가스타인-암 골짜기에서 발견되었다. 이 유구는 비탈 꼭대기 돌출부에 있었으며, 얇고 가는 소가죽끈이 있는 목관에 델을 온전하게 입힌 여성의 시신을 안장했다. 이 여성의 몸에는 겨울철 양가죽 델, 비단 상의, 발에는 가죽 장화를 신겼으며 델 한 벌은 머리 아래에 받쳤다. 가슴에는 13~14세기 몽골 유부녀가 쓰던 복탁 모자의 윗부분을 분리해 놓았다. 손잡이를 부러뜨린 청동 거울, 나무 빗, 속이 얕은 그릇, 철제 칼을 부장하였으며 돌을 늘어뜨린 구리 귀고리를 달아 묻었다. 이 출토물은 중세 몽골인의 의복, 문화, 습속을 연구해서 그들의 모습을 복원, 규명하는 데 매우 귀중하고 드문 사료이다.

바위 장례

참고문헌 Д.Эрдэнэбаатар (2008), *Монгол Алтай-Соёны бус нутгийн археологийн соёлууд*, International Leadership Conference and World Assembly of the Mongolian Peoples' Federation for World Peace, Ulaanbaatar, Mongolia - September 8.

어턱 Өтөг (Ötög)

축제나 제사 때 잔을 들고 축원을 할 수 있는 특권

대몽골제국이나 대원제국에서 가장 영광스러운 자리는 연회에서 술잔을 들고 "자! 마시자!"라고 선창하는 것이었다. 이 선창자는 황제나 그에 준하는 공신들에게만 한정되었다. 이것을 어턱(ötog, 喝盞)이라고 부른다.

어턱의 권위를 가장 잘 묘사한 기록이 『몽골비사』 187절의 "바다이(Badai)와 키실리크(Kishilig) 두 사람은 권위의 상징인 활과 화살을 항상 찰 것이며 두 사람은 연회 때에도 어턱(ötög)의 지위를 누릴 것이다."라는 대목이다. 바다이와 키실리크는 1203년 적들이 칭기스칸을 사로잡으려는 음모를 꾸몄을 때 그 정보를 사전에 알려 칭기스칸이 위기에서 탈출할 수 있게 만들어 준 인물들이다.

참고문헌 박원길 (1996), 『몽골의 문화와 자연지리』, 서울, 민속원. 박원길 (2010), 『조선과 몽골 - 최덕중, 박지원, 서호수의 여행기에 나타나는 몽골인식』, 서울, 소나무.

에젠 호로의 제례 Эзэн хороо (Ezen khoroo)

내몽골 오르도스 지방의 에젠 호로에서 매년 음력 3월에 행해지는 칭기스칸을 위한 제사 의례

내몽골 오르도스 지방의 에젠 호로에서는 매년 칭기스칸에 대한 제사 의례가 융성하게 행해지고 있다. “주군의 담장(즉 무덤)”이란 뜻을 지닌 ‘에젠-호로’는 칭기스칸의 유체가 아닌 유물이 보관된 곳으로 중국인들은 성릉(成陵)이라 부른다.

에젠-호로의 제사 의례는 몽골 민족에게는 큰 의미를 지니고 있기 때문에 그 역사를 간략히 소개할 필요가 있다. 코빌라이칸은 대원제국을 건립한 후, 대도(大都)에 태묘(太廟)를 세워 몽골고원의 카라코롬에 있었던 대칸들의 초상과 유물을 옮겨 와 이곳에 안치했다. 이 태묘를 몽골어로 여덟 채의 백색 게르란 뜻의 “나이만 차강 게르(Naiman tsagaan ger)”라 부르는데 『원사』에는 “팔실(八室)”, 『몽골원류』에는 “팔백실(八白室)”로 번역되어 있다. 원나라의 멸망 후 대도의 태묘는 다시 몽골고원으로 옮겨졌고, 그 중 칭기스칸을 제외한 나머지 대칸들의 유물은 소실되었다. 칭기스칸의 유물이 모셔진 “나이만 차강 게르”는 15세기 중엽 오르도스 지방으로 들어와 오늘날까지 그곳에 남아 있다. 오르도스 지방의 본래 명칭은 하투(河套)인데 “나이만 차강 게르”의 진입 이후 그것을 수호하는 오르도스(Ordos)부의 이름을 따 오르도스라고 불려졌다. “나이만 차강 게르”는 몽골족들이 조상 숭배 전통을 보여 주는 아주 좋은 예이다.

근대 초 “나이만 차강 게르”가 흥륭산(興隆山)에 안치되었을 때 올라안자브(烏蘭察布)의 맹장(盟長)인 조치-카사르의 후예 린친셍게(Linchin Sengge)와 같이 제사 의례에 참가했던 작치드-세친(Jagchid Sechin)은 “칭기스칸의 관은 길이 약 210~240㎝, 높이와 폭이 120㎝인 장방형의 동관(銅棺)이며 관의 상면에는 은으로 부조된 꽃모양의 장식 무늬가 수놓아져 있다. 샤르다르항(shar darkhan: 능지기)의 말에 따르면 이것은 대칸과 버르테 카톤의 관이라고 한다. 서북쪽에도 이와 유사한 관이 놓여 있는데 이것은 콜란 카톤의 관이라 한다. 제품은 양 한 마리와 술이다. 술잔은 원통형 모양의 동제잔이며 은으로 만든 꽃무늬가 표면에 수놓아져 있다. 잔의 높이는 30㎝이며 입구의 직경은 약 1.5~1.9㎝, 하변은 약 2.4~2.7㎝이다. 제사는 샤르다르항의 찬시로 시작된다. 이것이 끝나면 제관은 하닥을 바치고 향을 피운 뒤 술을 따른다. 그리고 삼궤구고두(三跪九叩頭)의 예를 행한다. 이후 다시 샤르다르항의 제문 낭송이 이어진다. 이 의식이 끝나면 지위에 따라 차례대로 큰 잔에 담긴 술을 나눠 마신다. 이것은 아마도 고대 어턱(ötög 喝盞)의 유습일 것이다. 그리고 다시 고배(叩拜: 무릎을 꿇고 머리를 조아리며 절함)의 예를 행한다. 제사에 참가한 몽골인들은 모두 크게 감격하여 하염없이 눈물을 흘린다.”라는 목격기를 남겼다.

참고문헌 內蒙古伊克昭盟檔案館(年代不記), 『Chinggis Khagan-u Naiman Chagan Ordos(成吉思汗八白室)』第1輯~第7輯, 賽音吉日嘎拉. 沙日勒岱 著 郭永明譯(1987), 『成吉思汗祭奠』, 呼和浩特. 梁冰(1988), 『成吉思汗陵與鄂爾多斯』, 呼和浩特.

여진의 장례

Алтан улсын оршуулгын ёс (Altan ulsyn orshuulgyn yos)

고대 동북 민족인 여진에서 죽은 사람을 장사 지낼 때의 습속

여진(금나라)은 거란과는 달리 한문화의 침투가 강해 세종(世宗, 1161년~1189년)의 여진화(女眞化) 운동에서도 알 수 있듯이 건국 후 자신들의 고유 습속이 한문화에 많이 침

식된 상태에 있었다. 따라서 고대 여진(女眞)의 장례 습속은 그들의 선조격인 숙신(肅愼)·말갈(靺鞨)의 장례 습속을 참고로 할 필요가 많다. 여진의 장례 의식은『대금국지(大金國志)』초흥 풍토조(初興 風土條)에 실려 있다.

기록에 따르면 여진족은 친속이나 벗이 죽으면 칼로 이마를 상처내 피와 눈물이 섞여 흘러내리게 하였는데 이를 송혈루(送血淚)라 불렀다. 남은 자들이 죽은 자를 위하여 자신들의 비애감을 처절하게 표현하는 이러한 습속은 흉노·오환·돌궐·위구르의 습속과 일치하고 있다. 그러나 이러한 애통의 습속이 숙신·말갈은 물론 당시의 주변 민족인 거란에서 관찰되지 않는다는 점 때문에 손진기(孫進己)와 같은 일부 학자들은 돌궐이나 위구르에서 전래되었을 가능성을 제기하였다.

여진족은 시신을 매장하였으나 관이나 덧널을 사용하지 않았다. 이 습속은 이들의 선조격인 숙신·말갈로부터 이어져 내려온 전통적인 방식으로 보인다. 그러나 이 방식은 금나라의 성립 이후 한문화의 영향을 받아 관곽(棺槨)을 사용하는 방식으로 급속히 대체되었다. 또『노정사실(虜廷事實)』에서는 여진인이 나무의 속을 말구유처럼 파서 그 속에 시신을 안치한 뒤 숲속에 봉분 없이 매장하였다고 기록하고 있다.『노정사실』의 기록은 여진인의 일반적인 매장 습속을 묘사한 것이 아니라 어떤 특정 지역, 즉 한문화와 접촉이 적은 삼림지대에 거주하는 여진족의 장례 습속을 나타낸 것이라 보인다.

여진족은 귀족이 죽었을 경우 귀족이 생시에 총애하던 노비를 산채로 불태워 고인이 사용하던 안장과 말과 함께 순장하였는데, 이는 흉노나 부여에서도 관찰되는 순장의 풍속이다. 역사적으로 여진 완안부(完顔部)의 발원지인 아십하(阿什河, 현 흑룡강성 阿城市 부근) 일대는 부여의 고지(故地)에 속한다. 따라서 이 지역에서 발원한 완안부가 이전의 부여 문화를 받아들여 순장을 행한다는 것은 어느 면에서는 당연하지만 노비를 불태워 순장한다는 방식은 매우 독특하다. 그러나 고인을 저승에서 모시라고 노비를 불태운다는 점에서 툴레시 제의의 일종이라고 간주할 수 있다. 말을 죽여 부장품으로 묻는 습속은 금나라 후기에 이르면 쇠도끼 같은 것을 묻는 것으로 바뀌었다.

또한 제사에 사용된 음식물은 모두 태웠는데 이를 소반(燒飯)이라 불렀다. 이 역시 툴레시 제의의 일종이다. 여진의 툴레시 제의는 흥안령의 동쪽에서 흥기했던 부여나 고구려 및 숙신·말갈 등의 나라에서 툴레시 제의에 대한 기록이 나타나지 않음을 감안할 때 고유의 습속이라기보다는 거란에서 전래되었을 가능성이 높다. 또 금대(金代) 여진의 분묘에서는 부장품도 많이 발견되는데 여진 역시 거란과 마찬가지로 툴레시 제의에 덧붙여 고인을 위한 부장품 매장까지 행하고 있었음이 나타난다.

참고문헌 黑龍江文物考古研究所(1989),「金源故地發現齊王墓」,『北方文物』1, 永吉縣文管所(1989),「吉林永吉舊站金代墓葬調查簡報」,『北方文物』1, 景愛(1984),「哈爾濱王崗華濱金墓」,『黑龍江文物叢刊』1.

오환의 장례

Ухань нарын оршуулгын ёс (Ukhani naryn orshuulgyn yos)

고대 유목 민족인 오환에서 죽은 사람을 장사 지낼 때의 습속

오환(烏桓)의 장례 의식은 『삼국지(三國志)』 「오환전(烏丸傳)」에 비교적 상세히 실려 있다. 기록에 따르면 사람이 죽으면 시신을 염한 뒤 관에 넣었고, 사람이 죽으면 비통하게 울었으며 묻으러 갈 때에는 노래와 춤을 추며 죽은 이를 보냈다고 한다. 장례일이 되면 밤에 친구들이 모두 개와 말을 끌고 와 둥그렇게 모여 앉아 노래를 부르거나 비통하게 울면서 고기를 던져 죽은 사람에게 주었다고 한다. 그리고 두 사람에게 주문을 읊도록 하였는데, 내용인 즉 죽은 자의 영혼이 험난한 곳을 지나칠 때 악귀에 방해받지 않도록 보호받으면서 빨리 적산에 이르도록 하는 내용이었다. 이 습속은 한국의 다시래기와 자리걷이에 해당한다.

또한 살찌게 키운 개를 색깔 있는 끈으로 묶어 망자를 끌게 하였는데, 특히 개에게 죽은 자의 영혼을 잘 호송해 적산(赤山)에 무사히 이르도록 누차 부탁하였다고 한다. 적산은 요동 서북쪽의 수천 리 되는 곳에 있는데, 적산이란 중국인이 죽어 혼백이 돌아간다는 태산(泰山)과 같은 곳이다. 이는 오환의 내세관을 보여주는 것으로, 여기서 주목을 끄는 것이 영혼의 인도자로서 개의 존재이다. 북방 계통의 민족은 사후 영혼이 하늘나라로 가기 위한 이동 수단으로 말이나 깃털 등을 매장 하든가 오환이나 돌궐처럼 말을 태우는 방식을 사용하고 있었다. 말의 매장이나 화장(火葬)은 비록 표현 방식상의 차이는 있지만 영혼의 인도자라는 의미에서 같다.

죽은 자가 타던 말과 입고 쓰던 의복과 물건 및 생전의 복식들을 모두 태워 망자에게 보내고, 장례에 썼던 개와 말 및 의복과 물건 등도 모두 불태웠다.

참고문헌 박원길 (1998), 「북방민족의 장례습속에 대하여 -툴레시(Tüleshi)祭를 중심으로-」, 『민속학연구』5, 국립민속박물관. 박원길 (2001), 『유라시아 초원제국의 역사와 민속』, 서울, 민속원.

옹곤 Онгон (Onggon)

청대 몽골 봉건 영주들의 매장지를 이르던 말

청대 몽골의 봉건 영주들은 옹곤(ongon)이라 불리는 가문 고유의 매장지를 가지고 있었다. '옹곤'은 '성스럽고 신성하다'는 뜻을 지닌 몽골어이다. 옹곤에서의 장례 의식은 경우에 따라 매장도 하고 천장(天葬: 풍장의 일종)을 택하기도 한다.

참고문헌 札奇斯欽 (1987), 『蒙古文化與社會』, 台北.

장례식 접대 Уй гашуу тайлах ёс (Ui gashuu tailakh yos)

장례 후 문상객들에게 음식을 대접하는 의식

현대의 몽골인들은 장례 후 문상객들에게 음식을 대접하는 습속이 있는데 이를 '고인을 추도한다'는 뜻을 지닌 '오이 가쇼 타일라흐 요스(ui gashuu tailakh yos)'이라고 부른다. 장지에 가지 않고 집에 남아 있는 사람은 집을 정돈하거나 혹은 새로운 게르를 짓고 대접할 음식을 준비한다. 그리고 장지에서 돌아온 사람들의 손 씻을 물과 사례품을 준비한다. 장지에서 돌아온 문상객들은 먼저 집 밖에서 머리와 옷을 정돈한 후 부정을 제거하는 두 불 사이를 통과한다. 그리고 손을 씻어 정결 의식을 마무리한다. 시신을 운구한 사람에게는 차(茶)와 돈을 주고, 일반 문상객에게는 실과 바늘, 성냥을 사례품으로 준다. 음식을 대접할 때 반짝 반짝 빛나는 그릇과 컵을 사용하는 것을 금기시한다.

참고문헌 Ч.Арьясүрэн, Г.Чингэл, Х.Нямбуу (1992), *Монгол ёс заншлын их тайлбар толь(I)*, Улаанбаатар.

청대 몽골의 장례 ᠮᠠᠨᠵᠤ ᠴᠢᠩ ᠤᠯᠤᠰ ᠤᠨ ᠮᠣᠩᠭᠣᠯᠴᠤᠳ ᠤᠨ ᠣᠷᠤᠰᠢᠭᠤᠯᠤᠭᠰᠠᠨ ᠶᠣᠰᠤ Манжийн үеийн монголчуудын оршуулгын ёс (Manjyn üyiin mongolchuudyn orshuulgyn yos)

청나라 때 몽골에서 죽은 사람을 장사 지낼 때의 습속

청나라 때 (16세기 중엽) 몽골에 라마교가 전해지면서 몽골인들은 라마교를 신봉하였는데, 신앙의 변화는 생과 사의 관념에 중대한 변화를 일으켰으며, 이에 따라 장례 의식도 변하게 되었다. 즉 이전의 “하늘에서 명을 받는다”는 사상이 사라져 가는 대신에 인연 · 지옥 · 윤회의 관념이 새로이 자리 잡았다. 또 죽은 뒤 샤먼의 힘을 빌려 텡게리(tenger; 하늘)로 가야만 영혼이 고통 받지 않는다는 믿음이 불교 신봉 후에는 업보에 따라 극락이나 지옥이 결정된다는 믿음으로 바뀌었다. 따라서 몽골인들은 극락이나 비교적 좋은 윤회를 받기 위해 열심히 경을 외워 초탈을 간구하게 되었다. 불교에서의 죽음이란 영혼이 불결한 육체를 떠나는 것에 불과하다. 임종 때 누구도 슬픈 표정을 지을 수 없다. 이는 고대의 유습이자 라마교의 전통이기도 하다. 주변 사람들은 경건히 침묵을 지켜 임종에 임한 사람이 조용하고 평온한 상태에서 부처님을 맞도록 한다. 주변에 라마승이 있으면 그에게 경전을 읽게 해 그 소리를 들으면서 세상을 떠나게 하기도 한다.

세상을 떠나면 시신 앞에 촛불을 밝혀 두는데 이것은 부처에게 공양하는 등과 향을 의미한다. 죽은 지 하루 동안은 영혼이 놀라는 것을 방지키 위해 시체를 옮기는 것을 엄금한다. 이 때 슬픔을 나타낼 수는 있지만 울부짖는 것은 엄금한다. 임종 후 사람들은 고인의 영혼이 어둠 속을 헤매지 말고 극락정토나 행복한 곳에 환생하도록 라마승을 찾아가 보시를 바치면서 축원해 주기를 청한다. 죽은 자를 위한 경문 읽기는 21일, 35일, 49일 단위로 이루어진다.

화장은 불교의 관례이다. 몽골과 티베트에서는 고승이 아니면 화장할 자격을 얻지 못한다. 왜냐하면 일반적인 스님들이나 중생들은 모두 불결한 몸을 지니고 있기 때문에 그를 화장한다면 성스러운 하늘을 오염시킬 염려가 있기 때문이다. 고승을 화장하면 종종 몸에서 사리가 나오는데 이 사리는 사리탑을 세워 보관한다. 이곳에는 사람들이 접근할 수 없다.

라마교의 전파 후에도 내몽골의 남부 지방은 거의 예외 없이 토장을 하였다. 그러나 내몽골의 북부서부터 바이칼호에 이르는 지방은 풍장을 하는 경향이 짙었다. 시신을 금수에게 바쳐 최후의 덕을 베푸는 이러한 시체 유기의 장법은 경건한 불교도에게는 지고의 선행과 같다. 현재 이 같은 풍장은 몽골에서는 완전히 사라졌다. 그러나 어떠한 경우를 막론하고 전염병으로 죽은 사람은 모두 토장을 하여 병이 확산되는 것을 막는다.

몽골인들은 토장이나 풍장을 막론하고 시체를 누일 때 반드시 머리는 북쪽, 다리는 남쪽을 향하도록 하는 관습을 가지고 있다. 상례는 불행한 일이기 때문에 악령의 저주를 만날 위험이 있다. 따라서 상례에 참가한 사람들은 집으로 돌아갈 때 두 개의 불 사이를 지나 부정을 제거한다. 이것은 고대로부터 내려온 유습으로 오늘날에도 보존되고 있다. 장례가 끝난 상가는 라마승을 초청하여 부정을 제거하는 경문을 읽게 한다.

참고문헌 박원길 (1998), 「북방민족의 장례습속에 대하여 -툴레시(Tüleshi)祭를 중심으로-」, 『민속학연구』5, 국립민속박물관. 札奇斯欽 (1987), 『蒙古文化與社會』, 台北.

케렉수르 Хиргисүүр (Khirgisüür)

청동기 및 초기 철기 시대 있었던 거대한 돌무더기 형태의 매장 유적

케렉수르는 사슴돌과 함께 카라수크 문화(Karasuk Culture, B.C.1200년 ~ B.C.700년) 시대를 대표하는 매장 유적이다. 케렉수르는 러시아 알타이, 토바, 서북 몽골에서부터 남부리야트, 동몽골에 이르는 광범위한 지역에 분포되어 있다. 몽골국에서 케렉수르가 집중적으로 분포되어 있는 곳은 서부 지역이다. 중부 지역에서는 판석묘와 섞여서 함께 존재하기도 하는데, 이는 이들 문화가 서로 섞이거나 통합되었다는 것을 나타낸다. 동몽골의 경우 서부 지역인 헨티 아이막의 빈데르솜, 바얀아드라가솜, 어믄델게르솜, 델게르하안솜 등지에 200여 기의 케렉수르가 산재한다. 케렉수르는 복잡한 구조인데다 대규모이기 때문에 아직 판석묘처럼 많이 발굴하여 연구되지는 못하였다. 무덤의 일반적인 구조는 주로 봉긋 솟아오른 퇴적석과 이것을 둘러싼 사각형이나 원형의 묘역, 이것들 바깥쪽으로 둘러친 많은 수의 둥근 방사형 적석 시설로 이루어진다. 케렉수르 및 부속 제사 구조물들의 형태는 아직 개별적으로 상세하게 연구되지는 못한 상태이지만 몇 개의 개략적인 연구 성과가 나와 있다.

러시아의 고고학자 E.A.노브고라도바는 케렉수르가 사각형이거나 원형이지만 부속된 구조는 여러 가지 형태로서 비교적 같지 않은 모양이 60여 형태가 존재한다는 것을 발굴이 아닌 관찰을 통해 연구, 기술하였다. 그리고 근년 몽골과 중화인민공화국 및 러시아 연방의 알타이 산맥 지역에서 행한 고고학적 성과에 근거해 일부 케렉수르가 케렉수르 한 가운데 퇴적석의 동쪽에서부터 '수염' 모양의 돌기단이 있다는 점을 주목하여 모든 형태를 살펴본 연구도 있다. 몽골 및 바이칼 호수 부근 지역에서 발굴 조사한 케렉수르 유적들을 알타이 산맥 지역에 위치하는 케렉수르 유적들과 비교해 보면, 그 민족문화적 주요 성질들이 서로 큰 차이점이 없는 동일한 민족문화의 부족민들이 남긴 것임이 분명하게 나타난다. 일반적으로 케렉수르를 발굴 조사한 경우 출토물이 매우 드물었다. 학자들은 그 원인을 무덤이 이미 대대적으로 도굴 당하였거나 또는 원래부터 물품을 부장하지 않는 습속에서 유래되었을 가능성과 관련이 있을 가능성도 배제하지 않고 있다.

대형 케렉수르 ©류병재, 아르항가이, 2015

참고문헌 Д.Эрдэнэбаатар (2002), *Монгол нутгийн дөрвөлжин булш, хиргисүүрийн соёл*, Улаанбаатар.

탁발선비의 장례 Табгач нарын оршуулгын ёс (Tabgach

naryn orshuulgyn yos)

고대 유목 민족인 탁발선비족에서 죽은 사람을 장사 지낼 때의 습속

탁발선비족(拓跋鮮卑族, 타브가치; Tabgach)의 장례 습속은 『송서(宋書)』 「색로전(索虜傳)」에 간략히 소개되어 있다. 이곳에 기록된 장례 의식은 매우 간략하지만 한화(漢化)되기 이전의 소박한 풍속을 보여 주고 있다.

기록에 의하면 탁발선비족은 사람이 죽으면 비밀리에 매장하며 분묘는 세우지 않는다고 하였는데, 이는 탁발선비족이 몽골족처럼 장지를 비밀에 부친 채 평장(平葬)의 형식을 취하고 있음을 보여준다. 또한 장례를 치를 때에는 모두 가짜 관을 만들어 곽(槨: 덧널) 안에 관(棺)을 안장하고 분묘를 세웠다고 기록하고 있는데, 이는 진짜의 매장지와 가짜의 매장지가 다르며 무덤의 형식에도 차이가 있음을 나타내 주고 있다. 그리고 탁발선비인들이 비밀리에 매장할 때도 관(棺)이나 곽(槨: 덧널)을 사용하고 있다는 암시를 준다는 점에서 매우 의미 있는 대목이다. 이 장례 습속은 이후의 몽골족과 아주 유사하다는 점에서 주목된다. 비밀 매장을 취하는 몽골족도 관이나 덧널을 사용하고 있다. 또 시신의 매장지와 제례용의 매장지를 달리하는 관습은 진짜 매장지를 비밀에 부치고 다른 장소에 석인상 등을 세워 제사를 지내는 몽골의 방식과 일치하고 있다. 탁발선비족은 고인이 생전에 사용하던 달구지 · 말 · 물품 등을 모두 태워 고인에게 보냈는데, 이는 퉅레시 제의를 나타내는 것이다.

참고문헌 박원길 (1998), 「북방민족의 장례습속에 대하여 -퉅레시(Tüleshi)祭를 중심으로-」, 『민속학연구』5, 국립민속박물관. 박원길 (2001), 『유라시아 초원제국의 역사와 민속』, 서울, 민속원.

퉅레시 ᠲᠦᠯᠡᠰᠢ Түлш (Tülsh)

동북 아시아계 민족들이 죽은 사람을 위해 그가 쓰던 생전의 물건이나 제물(祭物)을 태워 바치던 장례 습속

퉅레시제에 대한 최초의 문헌 기록은 『삼국지(三國志)』 「오환전(烏丸傳)」에 보이는 "소반(燒飯)"이다. 오환에서 최초 관찰된 퉅레시는 이후 타브가치[拓跋鮮卑], 요(遼) · 금(金) 및 대원제국에서도 계속적으로 발견되고 있다. 중국 문헌에 '소반(燒飯)'이라고 표기된 퉅레시의 원명이 최초로 기록된 문헌은 『몽골비사』이다. 『몽골비사』에는 1199년 겨울 오늘날 바얀홍고르 지방에 위치한 바이다라크-벨치르(Baidarag-Belchir)에서 케레이트부의 옹칸 및 그의 동맹자인 몽골부의 테무진과 자모카의 군대가 서나이만부의 용장인 커그세우-사브라크(Kögse'ü-Sabrag) 군과의 대전을 앞두고 자중지란 끝에 뿔뿔이 흩어져 퇴각하고 있는 내용을 담고 있는데, 그 가운데 "이들은 우리들을 제사밥 (Tülesh)으로 만들려 한다"라는 표현이 나온다. 바로 '제사밥'이 '소반(燒飯)'의 원명이다. 당시의 몽골인들은 누군가의 비열한 음모로 위기에 빠졌을 때 "우리들을 제사밥으로 만들려 한다"는 비유적인 표현으로도 퉅레시를 쓰고 있음을 알 수 있다.

대원제국의 퉅레시에 관한 기록은 『원사(元史)』 「제사지(祭祀志)」 국속구례조(國俗舊禮條)와 『초목자(草木子)』에 각각 "장례 후 매일 양을 사용해 두 차례씩 소반 의례를 행하는데, 49일에 이르러 그친다."와 "원나라 사람들은 죽으면 제를 올리는데 그것을 소반이라고 한다. 큰 제사에는 말을 태운다"라고 기록하고 있다. 또 『몽골원류』의 기록에 따르면 몽골인들은 대원제국의 멸망 이후에도 16세기 중엽 라마교가 전파될 때까지 툴레시 제의를 지속하고 있었음이 나타난다.

라마교의 전입은 몽골인들의 일상사는 물론 습속에서도 큰 변화를 일으켰는데 툴레시 제의도 라마교의 영향으로 대부분의 지방에서는 소멸하였다. 이에 따라 툴레시란 단어도 역사 용어로 사라졌으며 툴레시의 현재어인 툴쉬(tülsh의 구어체인 Tülshi의 음변)는 『몽문삼합편람(蒙文三合便覽)』의 "소시(燒柴)"라는 주석처럼 단지 '나무나 종이를 태우다'라는 뜻밖에 가지고 있지 않다.

참고문헌 陳述(1980), 「談遼金元"燒飯"之俗」, 『歷史硏究』 5, 蔡志純(1984), 「元代"燒飯"之禮研究」, 『史學月刊』 1, 曹彦生(1995), 「北方遊牧民族"燒飯"和"勞面"習俗的傳承」, 『內蒙古大學學報』 2, 박원길 (1998), 「북방민족의 장례습속에 대하여 -툴레시(Tüleshi)祭를 중심으로-」, 『민속학연구』5, 국립민속박물관.

판석묘 Дөрвөлжин булш (Dörvöljin bulsh)

청동기 및 초기 철기 시대에 땅을 파서 시신을 안치한 다음 판석으로 덮은 뒤 무덤 주변에 다시 판석을 세웠던 무덤 양식

판석묘(板石墓)는 몽골의 청동기 시대에 나타나는 독특한 무덤 양식이다. 강이나 하천 인근의 산기슭이나 초원의 한가운데에 군집하여 나타나는데, 부장품으로는 청동제 화살촉, 칼, 투구 등 다량의 무기와 동물 문양 패식, 목걸이 등이 확인된다.

몽골 지역은 청동기 및 초기 철기 시대에 판석묘 문화와 케렉수르, 사슴돌 문화로 대표되는 두 문화권으로 나누어져 있다. 즉 몽골국의 동쪽 지역에 판석묘 문화가 넓게 분포하였다면, 서쪽 지역은 케렉수르와 사슴돌을 만든 사람들의 문화가 퍼져 있었다. 또 동부 지역에 이 두 문화 유적이 경계를 마주하거나 때로 겹쳐지면서 서로 섞이거나 합쳐진 것도 관찰된다.

이 시기 동몽골 고고 문화의 모습을 밝혀주는 판석묘 분포지의 중심지는 동몽골, 자바이칼, 헐런보이르, 내몽골 북부이다. 동쪽 경계는 헐런 호수, 할흐골, 흥안령 서쪽 산허리에 이른다. 남쪽 경계는 그리 분명하지 않으며 남산 북부에서부터 음산 북부까지 몽골 국경선을 따라 이어진다. 서쪽 경계는 대산맥들의 분지, 고비 알타이 서변이다. 북쪽 경계는 협스걸 호수의 북변, 제드강 하곡, 하마르다와 고개의 남쪽 산허리, 올란우드시 북쪽으로 셀렝게 하곡을 포함하면서 실카강에 이른다.

판석묘는 모양에 따라 높은 석곽과 네 모서리에 높게 세운 돌이 있는 형, 납작하고 네모난 널돌 곽과 그 바깥으로 납작한 퇴적석으로 둘러친 형, 사방이 안쪽으로 내려앉은 납작한 퇴적석이 있는 형의 3가지 유형으로 분류된다.

동몽골의 판석묘에 대하여, 몽골국 학자들은 터브 아이막의 헤를렌강과 토올강 유역, 돈드고비 아이막 남부지역, 헨티 아이막의 헤를렌강, 오논강, 호르흐강 유역, 동몽골 평원인 수흐바타르 아이막의 멍흐한, 에르덴 차강 솜 지역, 도르노드 아이막의 바양동, 차강 오보, 세레글렝, 고르반 자갈, 바양올, 다쉬발바르 솜 지역에서 수많은 고분을 발굴 조사하였다.

일반적으로 판석묘를 발굴 조사했을 때 청동 화살촉 및 골제 화살촉, 청동투구 등 전투 및 사냥용 무기류, 대가리가 큰 장식용 청동징, 겹겹으로 돋을새김을 한 드리개, 숟가락 모양의 드리개, 허리띠 장식 같은 장신

구, 토기 파편 등의 기물과 부장한 가축 뼈 등의 유물이 나왔다. 판석묘에서 나온 생물체에서 추출된 것을 탄소 연대 측정 방법으로 분석했는데 이것들은 기원전 13~7세기에 해당되었다.

판석묘들의 세부적인 발굴 현황과 유물 출토 현황을 구체적으로 두 개만 소개하면 다음과 같다.

헨티 아이막 빈데르솜 아스가트 톨고이 고개 남쪽 비탈에 위치하는 판석묘 한 기를 발굴 조사하였을 때 이 무덤의 덮개 돌 틈새에서 짧은 손잡이가 달린 금속 주물인 작은 바가지를 발견하였다. 깊이 140㎝에서 피장자의 매장 상태가 드러났는데, 머리는 동쪽을 향하며 뒤통수를 보이고 있었고 시신은 곧게 편 상태로 매장하였다. 여기에서 반쪽 틀에 주물을 뜬 청동마의 형상, 허리띠에 매다는 6개의 융기 마디가 있는 길쭉하고도 길게 늘어뜨리는 장식품 14점, 청동 화살촉, 부싯돌의 박편 등등의 유물을 발굴하였다. 바로 이 청동마의 형상은 동몽골에서부터 흑해에 이르기까지 광범위한 지역에 퍼진 스키타이-시베리아 동물 문양 예술품과 유사하며 이 예술품의 분포는 판석묘 방식의 매장 문화가 동쪽에서부터 서쪽으로 퍼졌다는 또 하나의 구체적인 증거가 되는 발굴물이다. 이 발굴물들을 비교 연구한 결과 기원전 10~8세기에 해당된다고 보고 있다.

1993년 몽골-한국이 합동으로 구성한 '동몽골' 프로젝트의 현장 답사단은 헨티 아이막 쳉헤르만달솜 '오스틴-암'이라는 곳의 고분군 중에서 판석묘 한 기를 발굴 조사하였다. 이 무덤의 머리 쪽에 위치한 납작한 돌 아래에서는 말과 양의 머리와 턱뼈를 동쪽을 향해 두었는데 바위돌과 함께 정수리가 위로 향하도록 두었다. 이 고분에서 몇 부분으로 깨진 작은 금속 주물 바가지, 허리띠의 대가리가 크고 둥근 장식용 청동징들, 두 갈래나 세 갈래로 홈이 파진 나뭇잎형 화살촉 등등 흥미로운 유물을 발굴하였다. 대가리가 크고 둥근 장식용 청동징들은 중앙아시아 청동기 시대 오르도스 문화에 해당하며 스키타이와 카라수크 문화 이전 시기와 관련이 있다. 유물 상태에 근거하여 연구자들은 이 무덤의 연대를 기원전 10~8세기에 편년시켜 보았다.

역사적으로 판석묘는 흉노의 문화로 간주된다. 흉노는 기원전 10세기 무렵에 판석묘 문화권을 지닌 동몽골의 어느 지역에서 연제(攣鞮, Luantai) 부족을 중심으로 하는 연맹체로 시작되어 오르도스 지역으로 이동해 나간 것으로 보인다.

자르갈란트 암 지역의 판석묘 ©류병재, 아르항가이, 2015

참고문헌 Д.Наваан (1972), 'Монголын дөрвөлжин булш, *Монголын эртний түүх соёлын зарим асуудал*, Улаанбаатар. Д.Эрдэнэбаатар (2002), *Монгол нутгийн дөрвөлжин булш, хиргисүүрийн соёл*, Улаанбаатар.

평장 ᠪᠤᠯᠱᠢ ᠶᠢ ᠲᠡᠭᠰᠢᠯᠡᠬᠦ Булшийг тэгшлэх (Bulshyg tegshlekh)

사람을 매장할 때 봉분을 만들지 않고 평평하게 다져 매장의 흔적을 남기지 않는 고대 몽골인의 무덤 형태 고대 몽골인들은 죽은 사람을 매장할 때 봉분을 만들지 않는 평장(平葬) 방법을 택하였다. 평장을 택하는 중요한 원인은 도굴을 방지하기 위해서이다. 고대 몽골의 장례 의식의 일종인 평장은 1237년에 남송의 서정(徐霆)이 편찬한 『흑달사략(黑韃事略)』에도 "몽골의 무덤은 봉분이 없으며 말로 단단히 다져서 평지처럼 만든다. 테무진의 무덤 같은 것은 화살을 꽂아 울타리를 만든 뒤[넓이가 30리를 넘는다] 순라기(巡邏騎)가 호위한다."라고 기록되어 있다. 평장과 관련을 맺는 동물이 낙타이다. 낙타는 새끼를 끔찍이 사랑하는 동물이다. 평장을 했던 고대의 몽골인들은 낙타의 이같은 점을 이용하여 조상의 무덤을 찾아내는 방법을 사용했다고 전해진다. 즉 장례 후 어미낙타가 보는 앞에 새끼를 죽여 무덤 위에 던져 둔다. 그리고 1년 후 조상의 기일에 어미낙타를 데리고 매장 추정지로 와서 풀어 주면 어미낙타는 자기 새끼가 죽었던 곳을 신통하게 찾아내 슬피 운다고 한다. 어미낙타가 슬피 우는 곳이 바로 조상의 무덤이다.

참고문헌 박원길 (1996), 『몽골의 문화와 자연지리』, 서울, 민속원. Ч.Арьяасүрэн, Г.Чингэл, Х.Нямбуу (1992), *Монгол ёс заншлын их тайлбар толь(I)*, Улаанбаатар.

함니강의 장례

Хамниганы оршуулгын ёс (Khamnigany orshuulgyn yos)

함니강 부족에서 죽은 사람을 장사 지낼 때의 습속

퉁구스라고도 불리는 함니강 부족의 장례 의식은 매장지를 정하는 것에서 시작한다. 매장지가 정해지면 염을 시작하며, 염이 끝나면 고대 몽골족의 장례 풍습과 같이 시신을 오른쪽 옆으로 누인다. 그리고 주변에 등을 켜고 향을 피운다. 또 게르 옆에 움집을 지어 거기에 2~3일간 시신을 안치해 두기도 한다. 고대에 함니강 부족은 샤먼이 죽으면, 숲속에 풍장을 하거나 움집을 만들어 그 안에 안치해 두었다. 또는 나무껍질에 싸서 나무판 위에 올려놓기도 했다. 근대 시기에는 먼저 매장한 이후 다시 유골을 수습해 풍장을 하기도 했다.

참고문헌 МУ-ын ШУА Түүхийн хүрээлэн (1996), *Монгол улсын угсаатны зүй* (*III, Буриад, Барга, Үзэмчин, Дарьганга, Хотон, Тува-Цаатан, Тува-Малчин, Хамниган ястнуудын угсаатны зүй*), Улаанбаатар.

호통의 장례

Хотонгуудын оршуулгын ёс (Khotonguudyn orshuulgyn yos)

호통 부족에서 죽은 사람을 장사 지낼 때의 습속

서부 몽골의 호통 부족은 부모의 장례가 끝난 후 7, 21, 40, 100일 되는 날에 '정결한 차(tsever tsai)' 라는 독특한 제사 의식을 행한다. 이 제사 의식의 제품(祭品)은 기일에 따라 차이가 있는데, 7번째 기일에는 차(茶)와 고기, 21번째 기일에는 차와 빵, 40번째 기일에는 차와 고기, 100번째 기일에는 차와 고기, 빵이 차려진다. 특히 마지막 기일에 해당하는 100번째 기일에는 고인을 위해 이슬람교 경전을 읽으면서 차와 양 갈비 3대, 빵 두 개를 불에 태운다. 이 의식을 주관하는 사람들은 이슬람교의 지도자들이다. 이 의식의 목적은 돌아가신 부모로부터 복과 가호를 받기를 기원하는 데 있다.

참고문헌 МУ-ын ШУА Түүхийн хүрээлэн (1996), *Монгол улсын угсаатны зүй* (*III, Буриад, Барга, Үзэмчин, Дарьганга, Хотон, Тува-Цаатан, Тува-Малчин, Хамниган ястнуудын үгсаатны зүй*), Улаанбаатар.

흉노의 장례

Хүннү нарийн оршуулах ёс (Hünnu naryn orshuulgyn yos)

고대 유목 민족인 흉노에서 죽은 사람을 장사 지낼 때의 습속

북방 민족 최초의 유목 제국인 흉노(匈奴)의 장례 의식은 『사기(史記)』 「흉노전(匈奴傳)」에 "장례를 치를 때 널과 덧널을 사용하며, 그 속에 금은과 가죽옷을 넣는다. 흙을 쌓아 올려 무덤을 만들고 나무를 심어 묘표(墓標)로 삼는 일은 없다. 상복은 입지 않는다. 임금이 죽으면 근신이나 첩 등 따라 죽는 사람이 많을 때는 몇 십 명에서 몇 백 명에 달한다."라고 기록되어 있다. 또 『후한서(後漢書)』 「경병전(耿秉傳)」에는 사람이 죽으면 남은 자들이 고인을 위해 얼굴에 상처를 내면서 비애감을 표시한다는 피눈물의 습속이 소개되어 있다. 흉노의 순장(殉葬) 습속은 고고학적으로 매우 유명한 발견이었던 노욘올(Noyon uul) 흉노 고분의 출토품에서도 잘 입증되고 있다. 이 무덤은 1920년대 초 몽골 중북부 지방에 위치한 높이 1772m의 노욘올[산 이름]에서 우연히 발견되어 1924년부터 1925년까지 발굴 작업이 진행되었는데 무덤 속에는 순장 당한 인물들과 함께 많은 부장품들이 묻혀 있었다. 얼굴에 상처를 내며 비애감을 나타내는 피눈물의 습속은 이후 돌궐과 위구르, 여진(金)에서도 관찰되고 있다.

노욘올 흉노 20호무덤 발굴장면과 출토 유물

참고문헌 박원길 (1998), 「북방민족의 장례습속에 대하여 -툴레시(Tüleshi)祭를 중심으로-」, 『민속학연구』5, 국립민속박물관. 박원길 (2001), 『유라시아 초원제국의 역사와 민속』, 서울, 민속원.

계절 의례

몽골의 계절 의례

Жилийн дөрвөн улиралд хийдэг баяр ёслол (Jiliin dörvon ulirald khiideg bayar yoslol)

몽골에서 일년을 주기로 매년 같은 시기에 되풀이되는 세시 의례

몽골인들은 전통적으로 몽골 특유의 태음력(太陰曆)을 사용하여 한 해를 표시한다. 몽골의 태음력으로 1월 1일을 차강사르(tsagaan sar: 하얀 달)라 부른다. 설날을 차강사르라고 부르는 것은 백색이 길상, 풍부, 순결을 의미하고 있기 때문이다.

음력 정월 15일서부터 30일까지 각 사원에서는 제1차 대법회가 열린다. 이 때 각지의 목민들이 모두 참가하여 예불을 올리고 보시를 바친다.

음력 3월말부터 새싹이 조금씩 솟는 4월 중순에 이르기 기간은 모래바람이 북풍을 타고 하늘로 솟구쳐 오르는 시기이다. 거센 바람이 몰아치는 초원에는 아직도 잔설이 많이 남아 있다. 목민에게는 이 시기가 고난의 시기로 굶어죽거나 폐사하는 가축이 대량으로 발생하고 있다. 그러나 이 고난의 시기인

3월에 몽골의 또 하나의 큰 명절이 자리 잡고 있다. 즉 3월 21일 칭기스칸의 대제일(大祭日)이 바로 그것이다. 사회주의 성립이전 내 · 외몽골의 몽골인들은 이 날이 오면 오르도스지방에 위치한 에젠 호로(ezen khoroo)로 모여들어 성대한 제사를 올렸다.

음력 4월부터 새 풀이 솟아나는데 이때는 몽골의 가축들이 새끼를 낳는 시기이다. 초원은 하루가 다르게 짙푸른 빛으로 변해가고 새끼를 낳은 가축들은 젖을 풍부하게 분비하기 시작한다. 몽골인들은 음력 4월에 가축을 도살하지 않을 뿐만이 아니라 식사도 가축의 젖으로만 해결한다. 몽골인들은 젖을 차강이데(tsagaan idee), 즉 '백색 음료'라 부른다. 라마교의 전파 후 몽골인들은 음력 4월에 가축을 도살하는 것을 더욱 금기시 했는데 이는 4월 8일이 석가모니의 탄생일이기 때문이다. 불교사원에서는 석가모니의 탄생일을 기념하기 위하여 음력 4월 1일부터 15일까지 대법회를 개최한다. 이 법회는 일 년 중 가장 중요한 법회이다.

음력 4월은 말의 갈기를 깎아주는 계절이다. 몽골말들은 야생마적 기질을 지니고 있기 때문에 모두 잡아 묶어 놓고 갈기를 깎아주어야 한다. 갈기를 깎으면서 동시에 행하는 작업이 두 살 난 숫망아지가 종마의 자격이 있는가 없는가를 조사하는 일이다. 몽골에서는 망아지가 두 살이 될 때까지 절대로 안장을 얹지 않고 야생 그대로 생활시킨다. 종마의 자격이 없는 숫망아지들은 모두 거세시킨다.

음력 5월 초가 되면 푸른 초원 위에는 꽃이 만발하게 피기 시작한다. 초원 곳곳에는 재두루미들이 날개를 펴면서 짝짓기 춤에 열중하고 있고 하늘에는 흰 구름들이 떠돌아 마치 한 폭의 그림과도 같은 계절이 된다. 계절의 향기를 만끽하듯 청춘남녀들은 말을 타고 초원을 질주하며 또 곳곳에서는 말젖을 짜기 시작한다.

몽골을 포함한 역대 유목 민족들에게 음력 5월부터 9월 사이의 모임은 겨울 동안 가축이 얼마나 폐사되고 또 여름 동안 얼마나 늘어났는지를 조사하는 동시에 가축의 번식을 추구하는 제사를 드리기 위한 성격을 지니고 있다. 이 시기에 행해지는 것이 오보제와 나담이다. 오보는 산 위나 비교적 높은 곳에 위치해 있다. 오보의 주된 기능은 그 지역 사람이나 가축을 보호하는 역할이다. 이 때문에 가축이 번성하는 음력 5월 중순부터 8월말까지 도처에서는 끊이지 않고 오보에 대한 제사를 올리고 있다. 광활한 초원에서 높은 곳에 자리 잡은 오보는 위용을 자랑한다. 오보는 대부분 산봉우리에 위치해 있기 때문에 먼 곳에서도 관망이 가능하여 이정표 역할을 하기도 한다. 오보제 후에는 나담이라는 일종의 오락 대회가 열린다. 나담은 씨름, 말 경주, 활쏘기로 나누어 행해지는데 그 열기가 아주 상당하다.

음력 6월은 각 사원에서 하계법회를 개최하는 계절이다. 하계 법회는 종료 시에 참배객들에게 일종의 종교 가면 무용극인 참(Tsam)을 선사한다. 이 가면 무용극은 티베트의 폭군이었던 랑 다르마(Lang dharma)가 악마의 지시를 받아 불교를 탄압하자 불교의 고승이 불법을 사용하여 악마를 소멸시키고 다시 평화로운 세상을 건설했다는 주제를 바탕으로 전개된다. 이 가면 무용극에서 각종의 탈을 쓴 라마승들이 불교의 음악이 울려 퍼지는 가운데 춤추는 모습은 일대장관이다.

음력 8월은 바야흐로 천고마비의 계절로서 유목 사회에서는 가장 풍요로운 때이다. 8월이 되면 몽골인들은 "복을 부른다"는 뜻을 지닌 달라가(dallaga) 의식을 거행한다. 원래 이 의식은 샤먼의 유풍이지만 라마교의 전입 후 라마승들이 샤먼을 대신하여 축수를 해주고 있다. 이 달라가 의식과 동시에 "말젖술의 향연(tsegeenii nair)"이란 잔치를 거행한다. 이 때 사람들은 말젖술을 마시면서 노래를 주고받는다.

음력 9월부터 10월까지는 10월 25일 티베트 황교의 창시자인 총카파(Zongkha−pa, 1357~1419)의 성도일을 제외하고는 특별한 명절이 없다.

음력 10월과 11월은 수렵을 행하기에 아주 좋은 계절이다. 이 두 달은 야생동물들의 모피가 가장 좋은 상태일 뿐만이 아니라 눈이 아직 얼어붙지 않았기 때문에 그들의 행적을 추적하기가 매우 용이하다. 그러나 동지가 지나면 모피를 얻기 위해 수렵을 하는 사람은 드물다. 동지 이후에 채집한 모피는 털이 손쉽게 빠진다고 알려져 있다. 10월과 11월은 소나 양을 도살하여 건조 · 보관하기에 아주 좋은 계절이다.

음력 12월은 한해가 저무는 마지막 달이다. 고대 몽골인들은 음력 9월과 12월에 제화(祭火) 의식을 거행하고 있다. 12월의 제화 의식은 12월 16일 이후에 주로 거행하고 있다. 지금도 대부분의 몽골인들은 12월말에 제화를 거행한다. 불은 부정을 씻어줄 뿐만이 아니라 불길을 복으로 바꾸어 준다.

참고문헌 박원길 (1996), 『몽골의 문화와 자연지리』, 서울, 두솔. 박원길 (2001), 『유라시아 초원제국의 샤머니즘』, 서울, 민속원. Ч.Арьяасүрэн, Г.Чингэл, Х.Нямбуу (1992), *Монгол ёс заншлын их тайлбар толь(I)*, Улаанбаатар.

경칩 Ичигсэд хөдөлмүй, хаврын дунд сарын амьсгал (Ichigsed khödolmüi, khavryn dund saryn amisgal)

몽골의 24절기 중 하나로 양력 3월 5일경이다.

몽골의 24절기는 중국의 습속에서 전래된 것이다. 몽골의 경칩(驚蟄)은 음력 2월 초순이고, 양력 3월 5~6일이다. 이 절기에 겨울잠을 자는 짐승들이 깨어나기 시작하며 짐승의 털이 떨어져 사냥하는 것이 적합하지 않기에 사냥을 금지한다. 이 시기에 가축이 새끼를 낳는다. 갓 낳은 새끼를 열흘 간 집에 두고 보호하면서 눈이나 얼음이 녹은 물을 먹이는 것을 금한다. 곡간의 문을 열어 두어 씨앗을 건조시키고 알곡을 선별한다.

참고문헌 МУИС-ГХСС Солонгос судлалын тэнхим (2010), *Солонгос монгол толь бичиг*, Улаанбаатар. Ч.Арьяасүрэн, Г.Чингэл, Х.Нямбуу (1992), *Монгол ёс заншлын их тайлбар толь(I)*, Улаанбаатар.

고대 동북아시아의 계절 의례 Зүүн хойд Азийн эртний үндэстэн угсаатны улирлын чанартай зан үйлүүд (Züün khoid Aziin ertnii nüüdelchdiin ulirlyn chanartai zan üilüüd)

고대 동북아시아 민족들에서 일년을 주기로 매년 같은 시기에 되풀이되는 세시 의례

고대 동북아시아 민족들은 유목 경제 패턴에 따라 풀의 색깔이 바뀌는 봄과 가을 두 차례에 걸쳐 국가적 규모의 계절 의례를 성대하게 거행하고 있다. 하늘을 최고의 숭배 대상

으로 삼고 또 군장도 하늘의 아들이라고 지칭하는 관념과 결합된 동북아 민족들의 계절 의례는 흔히 제천 행사라고도 표현된다.

역사상 최초의 유목 제국을 성립시킨 흉노는 『후한서(後漢書)』 「남흉노전」의 기록에 따르면 매년 정월 · 5월 · 9월, 즉 계절의 중요한 전환점마다 하늘에 제사를 올렸다고 한다. 흉노 이래 13세기 몽골에 이르기까지 동북아시아계의 모든 민족들은 봄과 겨울이 시작되는 계절의 분기점에 계절 의례를 행하고 있는데, 각기 계절 의례를 부르는 특수한 명칭을 가지고 있다. 그것이 바로 흉노의 용성대제(蘢城大祭), 선비의 요낙수제(饒樂水祭), 타브가치의 춘추대제(春秋大祭), 돌궐의 타인수제(他人水祭)이다. 이러한 계절 의례는 한반도에서 카스피해 일대에 이르는 역대 모든 북방 민족들에게서 발견되고 있는데, 고구려의 동맹(東盟)이나 부여의 영고(迎鼓) 등도 이러한 계절 의례에 속한다.

참고문헌 박원길 (2001), 『유라시아 초원제국의 샤머니즘』, 서울, 민속원.

곡우

Тариалангийн хур, хаврын сүүл сарын дунд (Tarialangiin khur, khavryn süül saryn dund)

몽골의 24절기 중 하나로 양력 4월 20일 경이다.

몽골의 곡우(穀雨)는 음력 3월 중순, 양력 4월 20~21일이다. 비가 내려 농사를 짓기 시작한다. 경작지에 물을 대고 땅을 갈아 농사 준비를 한다. 곡우가 시작되면 10일 안에 콩과 식물, 20일 안에 밀을 파종한다. 또한 이 시기에 갈매기, 두루미 등 철새가 돌아온다.

참고문헌 МУИС-ГХСС Солонгос судлалын тэнхим (2010), *Солонгос монгол толь бичиг*, Улаанбаатар. Ч.Арьяасүрэн, Г.Чингэл, Х.Нямбуу (1992), *Монгол ёс заншлын их тайлбар толь(I)*, Улаанбаатар.

관부의 봉인식

Яамны тамга битүүмжлэх ёс (Yamny tamga bitüümjlekh yos)

청나라 때 몽골 관청에서 연말에 행하던 봉인 의식

17세기 몽골이 청에 복속된 이후 12월 말에 행해지던 주요 행사가 관청의 봉인 의식이다. 봉인이 이루어지면 관리들은 공무를 멈춘다. 봉인은 다음해 1월 15일 이후 개봉된다.

참고문헌 박원길 (2001), 『유라시아 초원제국의 샤머니즘』, 서울, 민속원.

구백지공(九白之貢)

Есөн цагаан бэлэг барих ёсон (Yösön tsagaan beleg barikh yoson)

청나라 때 외몽골의 활불과 3대 봉건 영주가 매년 청나라 황제에게 행하던 의례

외몽골의 활불(活佛)과 3대 봉건 영주였던 투시에투칸, 체첸칸, 자삭토칸이 청나라의 황제에게 복종의 표시로 매년 1필의 백색 낙타와 8필의 백마를 바치는 의례로 강희(康熙) 30년(1691)에 법률(『대청회전(大淸會典)』)로 정해졌다.

참고문헌 박원길 (2001), 『유라시아 초원제국의 샤머니즘』, 서울, 민속원.

달라가 의식 Даллага авах ёс (Dallaga avakh yos)

몽골에서 매년 음력 8월에 행하는 복을 부르는 의식

음력 8월은 바야흐로 천고마비의 계절로서 유목 사회에서는 가장 풍요로운 때이다. 8월이 되면 몽골인들은 "복을 부른다"는 뜻을 지닌 달라가(dallaga)의식을 거행한다. 원래 이 의식은 샤먼의 유풍이지만 라마교의 전입 후 라마승들이 샤먼을 대신하여 축수해 주고 있다.

복을 부르는 법술은 화살을 사용하는데 오래된 화살일수록 효험이 있다. 화살의 상단에 하닥을 비롯한 각색의 비단 끈을 매단다. 독경이 시작되면 겔의 주인이나 그 아들이 화살을 손에 쥐고 겔 밖으로 나가 왼쪽에서 오른쪽으로 돌면서 "모여라"라는 뜻을 지닌 "호라이(khurai)! 호라이!"를 끊임없이 외친다. 이 때 소유의 가축들이 모두 몰려든다. 이 달라가 의식은 물자를 풍부하게 내려준 하늘에 감사를 표하는 동시에 가족과 씨족은 물론 온 나라에 더욱 더 하늘이 풍요로움을 내려주기를 갈구하는 마음을 담고 있다.

참고문헌 박원길 (2001), 『유라시아 초원제국의 샤머니즘』, 서울, 민속원. Ч.Арьяасүрэн, Г.Чингэл, Х.Нямбуу (1992), *Монгол ёс заншлын их тайлбар толь(I)*, Улаанбаатар.

대서 Их халуун, зуны сүүл сарын дунд (Ikh khaluun, zuny süül saryn dund)

몽골의 24절기 중 하나로 양력 7월 23일 경이다.

몽골의 대서(大暑)는 음력 6월의 중순이고 양력 7월 23~24일에 시작한다. 더위가 심해지고 습도가 높아 무덥다. 가축이 살찌기 시작하며 큰 비가 내리는 시기이다.

참고문헌 МУИС-ГХСС Солонгос судлалын тэнхим (2010), *Солонгос монгол толь бичиг*, Улаанбаатар. Ч.Арьяасүрэн, Г.Чингэл, Х.Нямбуу (1992), *Монгол ёс заншлын их тайлбар толь(I)*, Улаанбаатар.

대설 Их цас, өвлийн дунд сарын амьсгал (Ikh tsas, övliin dund saryn amisgal)

몽골의 24절기 중 하나로 양력 12월 7일 경이다.

몽골의 대설(大雪)은 음력 11월 초순이고 12월 7~8일에 시작한다. 활이 굳어 뻣뻣해지고, 꿩의 울음소리가 들리지 않는다. 추위가 심해져 물이 얼기 시작한다.

참고문헌 МУИС-ГХСС Солонгос судлалын тэнхим (2010), *Солонгос монгол толь бичиг*, Улаанбаатар. Ч.Арьяасүрэн, Г.Чингэл, Х.Нямбуу (1992), *Монгол ёс заншлын их тайлбар толь(I)*, Улаанбаатар.

대한 Их хүйтэн, өвлийн сүүл сарын дунд (Ikh khuiten, övliin süül saryn dund)

몽골의 24절기 중 하나로 양력 1월 20일 경이다.

몽골의 대한(大寒)은 양력 1월 20~22일에 시작한다. 추위의 기세가 맹렬해진다. 추위는 일시 누그러지는 약한 추위와 맹렬히 추워지는 강한 추위가 서로 반복하는 특징을 보인다.

참고문헌 МУИС-ГХСС Солонгос судлалын тэнхим (2010), *Солонгос монгол толь бичиг*, Улаанбаатар. Ч.Арьяасүрэн, Г.Чингэл, Х.Нямбуу (1992), *Монгол ёс заншлын их тайлбар толь(I)*, Улаанбаатар.

동지

Өвлийн туйл, өвлийн дунд сарын дунд (Övliin tuil, övliin dund saryn dund)

몽골의 24절기 중 하나로 양력 12월 21일 경이다.

몽골의 동지(冬至)는 음력 11월 중순이며 양력 12월 21일~23일에 시작한다. 이날 눈이 내리지 않으면 이듬해 가뭄이 들고, 바람이 심하게 불면 이듬해는 따뜻해진다고 여긴다. 또한 가을의 마지막 달과 겨울의 첫 달이 흰 말과 흰 원숭이, 흰 닭의 날에 들면 조드(zud; 일종의 자연재해)가 일어난다고 점친다. 이때부터 '유승 유스(yösön yös)'가 시작된다

참고문헌 МУИС-ГХСС Солонгос судлалын тэнхим (2010), *Солонгос монгол толь бичиг*, Улаанбаатар. Ч.Арьяасүрэн, Г.Чингэл, Х.Нямбуу (1992), *Монгол ёс заншлын их тайлбар толь(I)*, Улаанбаатар.

말젖 짜기

Цэгээний найр (Tsegeenii nair)

암말의 젖을 채취할 때 행하는 잔치

칭기스칸 시대에는 말젖술을 '에숙(esüg)'이라고 불렀지만 이후 '아이락 체게(airag tsegee)'라고 하였으며, 오늘날 지방에 따라서 '아이락' 혹은 '체게'라고 부르고 있다. 말젖의 채취는 조슬랑(zuslan: 여름 방목지)이나 나마르자(namarjaa: 가을 방목지)에서 주로 행해진다. 목부들은 말젖으로 말젖술을 만들기 위해 최상의 목지를 고른다. 즉 물과 초지가 훌륭할 뿐만이 아니라 말젖술을 발효시키기에 적합한 기후 조건을 가진 지역을 선택해야 한다. 말젖술은 동일 지역에서도 기후나 초지의 조건에 따라 생산되는 곳도 있고 안 되는 곳도 있다.

말젖의 채유는 흔히 "오나가 젤레흐(unaga zellekh: 새끼를 묶어라)"라고 표현된다. 채유 때 새끼가 달린 암말만 남기는 것을 "구 바리흐(güü barikh: 암말을 잡아라)"라고 부른다. 또 채유가 끝난 암말들을 무리 속으로 되돌려 보내는 것을 "구 타비흐(güü tavikh: 암말을 놓아라)"라고 부른다. 암말은 1년에 여름과 가을 두 계절 동안만 채유한다. 몽골인들은 채유를 시작할 때와 끝맺을 때 "말젖술의 향연 (tsegeenii nair)"와 "망아지의 축제(unagany bayar)"라 불리는 두 번의 연회를 개최한다. "말젖의 연회"에서는 "암말마다 최상품을!"이라고 말하면서 방금 짠 젖을 옹곤(Ongon: 수호신)이나 조상들을 위해 열 개의 방향으로 몇 방울씩을 뿌린다. "망아지의 축제"는 젖을 뗀 망아지를 축하해 주기 위해 베푸는 연회이다.

참고문헌 박원길 (1999), 『몽골의 문화와 자연지리』, 서울, 민속원. Ч.Арьяасүрэн, Г.Чингэл, Х.Нямбуу (1992), *Монгол ёс заншлын их тайлбар толь(I)*, Улаанбаатар.

망종

Их дүүрэн, зуны дунд сарын амьсгал (Ikh düüren, zuny dund saryn amisgal)

몽골의 24절기 중 하나로 양력 6월 6일 경이다.

몽골의 망종(芒種)은 음력 5월의 초순이고 양력 6월 6~7일에 시작한다. 꽃이 피고 거미를 비롯하여 여러 동물이 번식하는 시기이다. 밀의 알곡이 꽉 차기 시작한다.

참고문헌 МУИС-ГХСС Солонгос судлалын тэнхим (2010), *Солонгос монгол толь бичиг*, Улаанбаатар. Ч.Арьяасүрэн, Г.Чингэл, Х.Нямбуу (1992), *Монгол ёс заншлын их тайлбар толь(I)*, Улаанбаатар.

몽골의 역법

Эртний монголчуудын цаг тоолол (Ertnii mongolchuudyn tsag toolol)

몽골인들이 사용하는 전통적인 역법

몽골인들은 유목과 수렵 생활에 관계된 특색 있는 역법(曆法)을 사용하고 있다. 이들은 먼저 쥐(khulgana), 소(üker), 호랑이(bars), 토끼(tuulai), 용(luu), 뱀(mogoi), 말(mori), 양(khonin), 원숭이(bich), 닭(takhia), 개(nokhoi), 돼지(gakhai)의 순으로 이루어진 12년을 한 주기로 삼고, 1년을 다시 12개월로 나눈다. 그리고 12개월을 봄 · 여름 · 가을 · 겨울에 맞추어 3개월씩 4등분 한 다음 다시 각 계절마다 시작, 중간, 끝이라는 표현을 써서 나타내고 있다. 예컨대 4, 5, 6월은 여름의 첫 달(juny tergüün sar), 여름의 가운데 달(juny dund sar), 여름의 마지막 달(juny etses sar)이라고 표현한다. 또 대부분의 경우 달(sar) 앞에 쥐, 소, 호랑이, 토끼, 용, 뱀, 말, 양, 원숭이, 닭, 개, 돼지 등의 띠를 함께 끼워 넣는다. 13세기의 몽골인들은 이 역법에 따라 계절 의례를 거행하고 있다.

참고문헌 박원길 (2001), 『유라시아 초원제국의 샤머니즘』, 서울, 민속원.

백로

Цагаан шүүдэр, намрын дунд сарын амьсгал (Tsagaan shüüder, namryn dund saryn amisgal)

몽골의 24절기 중 하나로 양력 9월 8일 경이다.

몽골의 백로(白露)는 음력 8월의 초순이며 양력 9월 8~9일에 시작한다. 서리가 내리고 서늘한 기운이 찾아온다. 사슴들이 울음소리를 내며 짝짓기를 시작한다. 들쥐는 겨울먹이를 모으며 동면 준비를 시작한다. 열매가 무르익고 감자와 채소를 수확한다. 수질이 좋아져 약수를 먹거나 온천욕으로 병을 치료하기도 한다. 나뭇잎과 풀의 색깔이 변하고 조금씩 추워지기 시작한다.

참고문헌 МУИС-ГХСС Солонгос судлалын тэнхим (2010), *Солонгос монгол толь бичиг*, Улаанбаатар. Ч.Арьяасүрэн, Г.Чингэл, Х.Нямбуу (1992), *Монгол ёс заншлын их тайлбар толь(I)*, Улаанбаатар.

사초구 의식

Өвсөн хүн, нохойн дүрст хүүхэлдэйг харвах зан үйл (Övson khün, nokhoi dürst khüükheldeig kharvakh zan üil)

원나라 때 몽골인들이 12월 하순 무렵에 거행하던 액막이 의식

『원사』「제사지」에는 몽골인들이 12월 하순 무렵 한 해의 재난을 털어 내기 위하여 제화의식(祭火儀式)과 함께 사초구(射草狗)라는 일종의 재난 추방 의식을 거행한다고 기록되어 있다. 의식은 먼저 갈대로 만든 사람 및 개 형상의 인형에 각종 채색 비단을 잘라 만든 창자와 위를 붙인 다음 인형에 화살을 쏘아 형태를 알아볼 수 없도록 흐트러뜨린다. 화살을 쏜 사람들은 입고 있던 옷을 주변의 샤먼에게 주면 샤먼은 주문을 외우면서 재앙을 턴 뒤 다시 당사자에게 돌려준다. 풀로 만든 사람과 개 형상의 인형에 화살을 쏘아 한 해의 재난을 털어 내는 이 의식은 오늘날 몽골에서 찾아볼 수 없는 고대 몽골인들의

독특한 액막이 의식이다.

참고문헌 박원길 (2001), 『유라시아 초원제국의 샤머니즘』, 서울, 민속원.

상강

Хяруу унамуй, намрын сүүл сарын дунд (Khyaruu unamui, namryn süül saryn dund)

몽골의 24절기 중 하나로 양력 10월 23일 경이다.

몽골의 상강(霜降)은 음력 9월의 중순이고 양력 10월 23~24일에 시작한다. 된서리가 많이 내려 풀과 식물이 피해를 입는다. 동면에 들어간 동물은 저장해 둔 먹이를 먹고 사람들은 곡식을 저장한다. 기러기가 남쪽으로 이동한다.

참고문헌 МУИС-ГХСС Солонгос судлалын тэнхим (2010), *Солонгос монгол толь бичиг*, Улаанбаатар. Ч.Арьяасүрэн, Г.Чингэл, Х.Нямбуу (1992), *Монгол ёс заншлын их тайлбар толь(I)*, Улаанбаатар.

소만

Өчүүхэн дүүрэн, зуны тэргүүн сарын дунд (Öchüükhen düüren, zuny tergüün saryn dund)

몽골의 24절기 중 하나로 양력 5월 21일 경이다.

몽골의 소만(小滿)은 음력 4월의 중순이고 양력 5월 21~22일에 시작된다. 작년에 심은 밀이 익고 자작나무에 잎이 무성하고, 노호인 호쇼니 꽃(nokhoin khoshuuny tsetseg)이 핀다. 남쪽 지방에서는 각종 씨앗을 심고 파종을 끝낸다. 소만은 가축이 풀을 뜯어 먹어 배가 조금 부르다는 의미도 지닌다.

참고문헌 МУИС-ГХСС Солонгос судлалын тэнхим (2010), *Солонгос монгол толь бичиг*, Улаанбаатар. Ч.Арьяасүрэн, Г.Чингэл, Х.Нямбуу (1992), *Монгол ёс заншлын их тайлбар толь(I)*, Улаанбаатар.

소서

Бага халуун, өчүүхэн халуун, зуны сүүл сарын амьсгал (Baga khaluun, öchüükhen khaluun, zuny süül saryn amisgal)

몽골의 24절기 중 하나로 양력 7월 7일 경이다.

몽골의 소서(小暑)는 음력 6월 초순이고 양력 7월 7~8일에 시작된다. 더운 바람이 불고 열매가 익는다. 곤충의 수가 증가하고 가축이 풀을 먹고 배가 부른다. 더위가 약간 누그러진다.

참고문헌 МУИС-ГХСС Солонгос судлалын тэнхим (2010), *Солонгос монгол толь бичиг*, Улаанбаатар. Ч.Арьяасүрэн, Г.Чингэл, Х.Нямбуу (1992), *Монгол ёс заншлын их тайлбар толь(I)*, Улаанбаатар.

소설

Бага цас, өчүүхэн цас, өвлийн тэргүүн сарын дунд (Baga tsas, öchüükhen tsas, övliin tergüün saryn dund)

몽골의 24절기 중 하나로 양력 11월 22일 경이다.

몽골의 소설(小雪)은 음력 10월 중순이고 양력 11월 22~23일에 시작한다. 눈이 조금 내리고 추위가 시작되어 땅이 전부 언다. 이 시기에 동물 털이 완전히 자라난다.

참고문헌 МУИС-ГХСС Солонгос судлалын тэнхим (2010), *Солонгос монгол толь бичиг*, Улаанбаатар. Ч.Арьяасүрэн, Г.Чингэл, Х.Нямбуу (1992), *Монгол ёс заншлын их тайлбар толь(I)*, Улаанбаатар.

소한 Бага хүйтэн, өчүүхэн хүйтэн, өвлийн сүүл сарын амьсгал (Baga khüiten, öchüükhen khüiten, övliin süül saryn amisgal)

몽골의 24절기 중 하나로 양력 1월 5일 경이다.

몽골의 소한(小寒)은 양력 1월 5~6일에 시작한다. 추위가 심해지고 짐승들은 먹이를 찾으러 돌아다닌다. 기러기는 남쪽으로 이동하고 까치는 둥지를 정비하며 꿩은 울음소리를 내기 시작한다.

참고문헌 МУИС-ГХСС Солонгос судлалын тэнхим (2010), *Солонгос монгол толь бичиг*, Улаанбаатар. Ч.Арьяасүрэн, Г.Чингэл, Х.Нямбуу (1992), *Монгол ёс заншлын их тайлбар толь(I)*, Улаанбаатар.

오보제 Овоо тахилга (Ovoo takhilga)

오보에 드리는 제사

몽골의 오보제는 6월부터 8월 말 사이의 여름철에 행해진다. 오보제가 열리는 곳은 지방을 수호하는 오보와 성스러운 샘물 등 특수 기능을 가진 오보들이다. 오보제의 주요한 목적은 가축의 번식, 승마의 안전, 부락의 안녕, 비가 내려 목초가 잘 자라도록 바라는 것 등을 신에게 기원하는 데 있다. 몽골의 오보제는 라마교의 전입 이후 샤먼적 색채가 강한 오보제는 사라졌지만 기본적인 골격은 변하지 않았다.

몽골의 오보제는 지방에 따라 차이는 있지만 1년에 한 번 열리는 것이 관례처럼 되어 있다. 근대 초 견문기에 나타난 오보제의 제일(祭日)에 대한 기록을 검토해 보면 대체적으로 음력 5월 13일과 7월 24일을 전후한 시기로 구분된다. 이 제일에서 주목되는 것은 오보제가 여름의 시작인 6월과 마지막 달인 8월에 집중되어 있다는 것이다. 이 같은 제일의 집중성은 풀이 솟고 시드는 주기에 맞추어 생산 활동을 하는 유목 경제의 생산 패턴과 밀접한 관계를 가지고 있다고 볼 수 있다. 오보제의 제의 방식은 지방과 종족에 따라 스타일을 달리하는 점이 많다. 예컨대 라마교가 우세한 지역에서는 라마가 주관하고 라마교가 미약한 지방에서는 마을의 장로나 샤먼들이 주관한다. 그러나 기본적인 형식과 내용은 큰 차이는 없다. 오보제의 제의 방식은 크게 오보의 단장, 제문의 봉독과 제사, 오보의 주위를 돌기, 연회 및 나담으로 나누어진다.

참고문헌 박원길 (1996), 「몽골의 오보(oboo) 및 오보祭」, 『중앙민속학』 8, 중앙대학교 한국문화유산연구소. 박원길 (2001), 『유라시아 초원제국의 역사와 민속』, 서울, 민속원.

우수 Хур усны цаг, үндэсний үе, тэргүүн сарын дунд (Khur usny tsag, ündesnii üye, tergüün saryn dund)

몽골의 24절기 중 하나로 양력 2월 19일 경이다.

몽골의 우수(雨水)는 음력 정월 중순 즉 양력 2월 19~20일에 시작된다. 우수는 비가 내리는 것이 아니라 눈과 얼음이 녹아 강수를 형성한다는 의미이지만, 몽골에서는 아직 눈과 얼음이 녹지 않고 얼어붙어 있는 한겨울에 속한다.

참고문헌 МУИС-ГХСС Солонгос судлалын тэнхим (2010), *Солонгос монгол толь бичиг*, Улаанбаатар. Ч.Арьяасүрэн, Г.Чингэл, Х.Нямбуу (1992), *Монгол ёс заншлын их тайлбар моль(I)*, Улаанбаатар.

원대 황실의 제화 의식 Юань улсын ордны гал тахих ёслол (Yuan ulsyn ordny gal takhikh yoslol)

대원제국의 황실에서 12월 16일 이후의 길일에 행하는 액막이 의식

『원사』「제사지」에는 원대 황실에서 매년 12월 16일 이후 길일을 잡은 뒤 1년의 묵은 악을 불로 없애 버리는 제화(祭火) 의식이 기록되어 있다. 이 제화 의식은 두 가지 방식을 겸용하고 있다. 하나는 샤먼의 주관 하에 백색과 흑색의 양털로 만든 실로 대칸과 카톤 및 태자의 온 몸 즉 머리끝에서부터 팔다리에 이르기까지 묶은 다음 샤르토스(shar tos, 버터)가 타는 향기로 몸을 훈증한 뒤 그것을 끊어 화로에 던지는 의식이다. 다른 하나는 대칸이 붉은 색의 천을 손으로 잘라 3번 침을 뱉어 불 속에 던진 뒤, 자기가 입고 있는 옷을 벗어 샤먼에게 주어 부정을 제거하는 의식이다. 이 의식은 오늘날 몽골에서 찾아볼 수 없는 고대 몽골인들의 독특한 액막이 의식이다.

참고문헌 박원길 (2001), 『유라시아 초원제국의 샤머니즘』, 서울, 민속원.

유승 유스 Есөн есийн хүйтэн (Yösön yösiin khüiten)

동지부터 81일 동안의 혹한기를 나타내는 말

몽골에서는 겨울 혹한기를 '아홉'의 '아홉'이라는 뜻으로 '유승 유스(yösön yös)'라고 한다. 이것은 몽골 혹한기가 12월 22일에 시작하여 아흐레(9일)가 아홉 번 되는 81일간이기 때문이다. 최초의 27일간을 발치르 고르반 유스(balchir gurvan yös), 그 다음 27일간을 이데르 고르반 유스(ider gurvan yös), 마지막 27일간을 흑신 고르반 유스(khögshin gurvan yös)라 한다. 또 혹한기의 81일을 9일 단위로 분류하여 날씨의 특징을 9단계로 분류하기도 하는데, 그것을 소개하면 다음과 같다.

최초의 9일: 술이 언다.
두 번째 9일: 아리흐(가축의 젖을 발효해 만든 술)가 언다.
세 번째 9일: 세 살배기 소의 뿔이 언다.
네 번째 9일: 네 살배기 소의 뿔이 언다.
다섯 번째 9일: 밖에 둔 쌀이 얼지 않는다.
여섯 번째 9일: 눈이 녹아 길이 보인다.
일곱 번째 9일: 언덕 꼭대기의 눈이 녹는다.
여덟 번째 9일: 언 땅이 질퍽질퍽해 진다.
아홉 번째 9일: 따뜻해지기 시작한다.

참고문헌 Ч.Арьясүрэн, Г.Чингэл, Х.Нямбуу (1992), *Монгол ёс заншлын их тайлбар толь(I)*, Улаанбаатар.

입동 Өвлийн уур, өвлийн тэргүүн сарын амьсгал (Övliin uur, övliin tergüün saryn amisgal)

몽골의 24절기 중 하나로 양력 11월 6일 경이다.

몽골의 입동(立冬)은 음력 10월 초순이고 양력 11월 6~8일에 시작한다. 입동이 음양오행의 불(火)이 들어간 일요일, 화요일과 일치하면 따뜻한 겨울이 되고 물(水)이 들어간

월요일, 수요일과 일치하면 봄에 눈이 많이 내리고 여름에는 가뭄이 든다고 여긴다. 또한 검은 쥐, 원숭이해가 들면 이듬해에 힘들고 가축에 병이 돌기 쉽다고 여긴다. 이 절기에는 추위가 시작되어 강물이 살얼음 끼고 무지개가 뜨지 않으며 동물들은 동면에 들어간다.

참고문헌 МУИС-ГХСС Солонгос судлалын тэнхим (2010), *Солонгос монгол толь бичиг*, Улаанбаатар. Ч.Арьяасүрэн, Г.Чингэл, Х.Нямбуу (1992), *Монгол ёс заншлын их тайлбар толь(I)*, Улаанбаатар.

입추

Намрын уур, намрын тэргүүн сарын амьсгал (Namryn uur, namryn tergüün saryn amisgal)

몽골의 24절기 중 하나로 양력 8월 8일 경이다.

몽골의 입추(立秋)는 음력 7월 초순이며 양력 8월 8~9일에 시작한다. 더위가 조금씩 누그러지고 시원한 바람이 불기 시작한다. 뻐꾸기 울음소리가 끝나고 열매가 무르익는다.

참고문헌 МУИС-ГХСС Солонгос судлалын тэнхим (2010), *Солонгос монгол толь бичиг*, Улаанбаатар. Ч.Арьяасүрэн, Г.Чингэл, Х.Нямбуу (1992), *Монгол ёс заншлын их тайлбар толь(I)*, Улаанбаатар.

입춘

Хаврын уур, хаврын тэргүүн сарын амьсгал (Khavryn uur, khavryn tergüün saryn amisgal)

몽골의 24절기 중 하나로 양력 2월 5일 경이다.

몽골의 입춘(立春)은 음력 정월 초, 양력 2월 3~5일, 혹은 5~6일에 시작한다. 땅 밑에서부터 해동이 되어 얼었던 물이 녹는다. 사람들은 가축우리 안에 쌓인 양과 염소의 분뇨를 청소한다. 가축의 분뇨는 농사의 비료로 사용한다. 입춘을 맞이하면 가축 기르기에 힘쓰는데 이 시기에 가축병이 쉽게 돌아 낙태의 위험이 높다. 그래서 눈과 얼음이 녹은 물을 먹이는 것을 주의한다. 또한 가축에게 염분을 자주 먹여서도 안 된다. 그러나 소에게는 눈과 얼음이 녹은 물을 먹여도 된다.

참고문헌 МУИС-ГХСС Солонгос судлалын тэнхим (2010), *Солонгос монгол толь бичиг*, Улаанбаатар. Ч.Арьяасүрэн, Г.Чингэл, Х.Нямбуу (1992), *Монгол ёс заншлын их тайлбар толь(I)*, Улаанбаатар.

입하

Зуны уур, зуны тэргүүн сарын амьсгал (Zuny uur, zuny tergüün saryn amisgal)

몽골의 24절기 중 하나로 양력 5월 5일 경이다.

몽골의 입하(立夏)는 음력 4월의 초순이고 양력 5월 5~6일에 시작된다. 뻐꾸기가 지저귀고 개구리가 울며 우물물이 차가워진다. 날이 따뜻해져서 뱀이 땅에서 나오는 때이다. 이때가 되면 사람들은 땅을 갈고 씨를 뿌린다.

참고문헌 МУИС-ГХСС Солонгос судлалын тэнхим (2010), *Солонгос монгол толь бичиг*, Улаанбаатар. Ч.Арьяасүрэн, Г.Чингэл, Х.Нямбуу (1992), *Монгол ёс заншлын их тайлбар толь(I)*, Улаанбаатар.

제석

Битүүлэг (Bituuleg)

몽골인들이 섣달 그믐날에 행하는 풍습

1년의 마지막 날을 보내는 제석(除夕)은 아

주 바쁜 날 중의 하나이다. 이 날 몽골인들은 조상에 대한 예를 올리며 아이들에게는 선물을 준다. 한 해가 저무는 이 날의 저녁 식사는 종종 양 한 마리가 통째로 나온다. 식사 전 모든 사람들은 새 옷으로 갈아입고 게르에 안치된 불단을 향해 경배한 다음 부모나 형제들에게 그동안의 자비와 도움에 감사하다는 말들을 주고받는다. 양을 먹을 때 가장은 먼저 칼로 양의 머리에다 일자 내지 십자형 상처를 낸다. 그리고 머리와 꼬리 및 다리 한쪽을 분리해 불상 앞에 놓는다. 살생을 금지하는 부처 앞에 고기를 바치는 습속은 고대 몽골인들이 집에 모신 우상 앞에 고기를 바치는 관습에서 비롯된 것이다. 16세기 중엽 라마교의 전입 후 우상의 자리는 부처로 교체되었지만 고기로 제물을 바치는 의식은 여전히 계승되었다. 이후 가족들은 양고기를 나누어 먹는다. 저녁식사 후 몽골인들은 설날 아침에 일찍 일어나기 위해 곧바로 잠자리에 든다. 몽골인들에게는 수세(守歲)의 습속이 없다.

참고문헌 박원길 (1999), 『몽골의 문화와 자연지리』, 서울, 민속원. Ч.Арьяасүрэн, Г.Чингэл, Х.Нямбуу (1992), *Монгол ёс заншлын их тайлбар толь(I)*, Улаанбаатар.

졸골고 의식 Хадаг барьж золгох ёс (Khadag barij zolgokh yos)

설날에 연장자와 연소자가 서로 하닥을 마주 대는 의식

몽골인들은 설날에 각자가 휴대한 하닥을 가지고 나이 순서에 따라 부모나 연장자와 하닥을 마주 대며 인사하는 신년 하례식을 갖는다.

하닥을 접을 때는 반드시 세 겹으로 접으며 하닥을 상대방에 증정할 때에는 열려진 방향이 손님 쪽을 향하도록 한다. 이는 앞날이 '무궁하라'는 뜻과 함께 무한한 복을 받으라는 의미를 지니고 있다. 하닥을 마주 댈 때에도 나이에 따라 방법의 차이를 갖는다. 즉 연소자가 연장자에게 하닥을 바칠 때에는 하닥을 두 팔뚝 사이에 걸친 뒤 양손의 손바닥이 위로 향하도록 한다. 이 때 연장자는 연소자와는 정반대로 양손의 손바닥을 아래로 향해 그를 맞는다. 동년배의 경우에는 한 손바닥은 아래 한 손바닥은 위로 향하도록 해서 서로 하닥을 마주 댄다. 이러한 예절 법은 하닥이 없을 때에도 그대로 적용된다. 하닥을 마주 댄 후 연소자들은 연장자를 향해 예를 취하며 이 때 연장자는 연소자에게 앞날을 축복하는 말을 해 준다. 이후 남자들의 경우에는 휴대하고 있는 코담배를 서로 교환하기도 한다.

참고문헌 박원길 (1999), 『몽골의 문화와 자연지리』, 서울, 민속원. Ч.Арьяасүрэн, Г.Чингэл, Х.Нямбуу (1992), *Монгол ёс заншлын их тайлбар толь(I)*, Улаанбаатар.

차강사르 Цагаан сар (Tsagaan sar)

몽골에서 태음력으로 1월 1일을 이르는 말로 한국의 설날에 해당한다.

몽골인들은 전통적으로 몽골 특유의 태음력(太陰曆)을 사용하여 한 해를 표시한다. 몽골의 태음력으로 1월 1일을 차강사르(tsagaan sar: 하얀 달)라 부른다. 설날을 차강사르라고 부르는 것은 백색이 길상, 풍부, 순결을 의미하고 있기 때문이다. 차강사르, 즉 설날은 한해를 시작하는 날이자 최대의 길일이다. 따라서 몽골인들은 설날을 최고의 명절로 꼽는다. 삭풍이 몰아치는 속에서 맞는 몽골의 설날은 매우 춥다.

설날이 되면 몽골인들은 모두 일찍 일어나 설빔을 입는다. 고대에 몽골(대원제국)을 방문했던 마르코 폴로(Marco Polo, 1254~1324)의 『동방견문록』에는 설날에 대칸을 비롯한 몽골의 귀족들이 길상을 의미하는 백색의 옷을 입었다고 기록되어 있다. 설빔을 입은 후 밖으로 나가 동이 트기를 기다린다. 동이 트면 먼저 해가 뜨는 방향으로 오른쪽 무릎을 꿇어 예를 올린다. 그리고 다시 남쪽, 서쪽, 북쪽 순으로 예를 올린다. 하늘에 예를 올릴 때 가장은 말젖술이나 우유 혹은 술을 하늘로 뿌리는데 이것을 차찰(tsatsal)이라고 부른다. 평화와 부귀를 뜻하는 백색의 음료를 하늘로 뿌리는 의식은 고대로부터 전승되어 내려오는 습속이다. 또 유목민들이 동쪽을 향해 예를 올리는 것은 흉노 · 돌궐 · 거란 이래의 전통이다.

차찰 의례가 끝나면 게르로 돌아와 불상이 모셔진 곳으로 가서 예를 올린다. 예가 끝나면 연장자는 자녀나 친지들의 새해 인사를 받는다. 이때 연소자들은 오른쪽 다리를 꿇고 하닥 위에 말젖술이나 우유 혹은 차가 담긴 잔을 연장자에게 올린다. 잔을 받은 연장자는 오른손의 네 번째 손가락으로 내용물을 찍어 하늘을 향해 3번 퉁겨 올린다. 이같은 습속은 천지 및 제 신령에게 제를 올리는 것으로 한국의 고수레와 유사하다. 이후 매인은 각자가 휴대한 하닥을 가지고 나이 순서에 따라 부모나 연장자와 교환하는 졸골고(zolgolgo)라 부르는 신년 하례식을 갖는다. 하닥을 접촉시킨 후 연소자들은 연장자를 향해 예를 취하며 이 때 연장자는 연소자에게 앞날을 축복하는 말을 해 준다. 이후 남자들의 경우에는 휴대하고 있는 코담배를 서로 교환하기도 한다.

몽골인들은 마르코폴로 『동방견문록』의 "설날에…서로 껴안고 인사를 나눈다."라는 기록에서도 나타나듯이 귀중한 손님이나 친구들을 만날 때 서로 끌어안는 관습이 있다. 이 습속은 지금도 변하지 않고 있는데 설날에 이같은 광경을 많이 목격할 수 있다. 러시아의 포옹식 인사법은 몽골인들의 인사법이 알탄칸국의 러시아 지배 때 러시아인들에게 전승된 것이다.

신년 하례식이 끝난 뒤 해가 떠오를 때까지 모두 차를 마시면서 환담을 즐긴다. 날이 밝으면 대부분의 남자들은 라마사원으로 가 라마승과 부처에게 예를 올린다. 그리고 이웃을 방문하여 신년 인사를 올린다.

몽골의 어린이들은 설날에 제기차기를 하면서 노는 일이 많다. 원래 제기차기란 다리의 근육을 풀어 주는 일종의 무술로서 기마민족에게만 나타나고 있다. 제기를 몽골어로는 테웩(teveg)이라고 하며 가축의 털을 뭉쳐서 만든다.

일부 학자들은 "13세기나 그 이전의 몽골인들은 대지가 푸름을 찾고 가축이 원기를 회복하는 4월을 신년으로 삼고 있었다고 주장하고 있다. 이 달은 백색의 식품[젖]이 풍부하게 나오기 때문에 차강사르라는 별칭이 생겼다."라는 주장을 하기도 한다. 고대 돌궐인들은 『수서(隋書)』「돌궐전」의 "돌궐에는 역법이 없으며, 푸른 풀[이 솟아나는 시기를 첫해의 시작으로] 기록한다(突厥無曆法, 以靑草爲記)"처럼 신년을 음력 4월로 잡은 흔적이 보인다. 고대 몽골인들도 『건염이래조야잡기(建炎以來朝野雜記)』의 "푸른 풀이 한

번 나고 지는 것으로 1년을 삼는다(以靑草一度爲一歲)"라는 기록으로 미루어 볼 때 신년을 음력 4월로 잡았을 가능성이 높다. 『몽골비사』에는 4월 16일이란 날짜가 두 번에 걸쳐 나오는데, 일부 학자들은 이 날이 새해일 가능성이 높다고 보고 있다.

참고문헌 박원길 (1996), 『몽골의 문화와 자연지리』, 서울, 두솔. 박원길 (2001), 『유라시아 초원제국의 샤머니즘』, 서울, 민속원. Ч.Арьяасүрэн, Г.Чингэл, Х.Нямбуу (1992), *Монгол ёс заншлын их тайлбар толь(I)*, Улаанбаатар.

차찰 의례 Цацал өргөх ёс (Tsatsal örgökh yos)

말젖술이나 우유를 하늘에 뿌리며 예를 올리는 의식

하늘에 예를 올릴 때 말젖술이나 우유, 혹은 술을 하늘로 뿌리는데 이것을 차찰(tsatsal)이라고 부른다. 평화와 부귀를 뜻하는 백색의 음료를 하늘로 뿌리는 의식은 고대로부터 전승되어 내려오는 샤먼 신앙의 유풍이다. 백색 음료 중에서도 말젖술을 주로 사용하는 이유는 말이 오축을 대표하는 가축이기 때문이다. 몽골인들은 가축의 젖인 백색의 차강 이데를 가축의 정화이자 복의 상징으로 간주하고 있다. 또 백색은 몽골인에게 "처음, 풍부, 순결, 평안"을 상징하는 색깔이다. 설날이나 특별한 의식 때 말젖술을 뿌리는 것은 위와 같은 여러 의미가 포함되어 있는 최상급의 제품을 신령에게 바친다는 의미를 지니고 있다.

차찰의 고대어는 '사촐리(satsuli)'이며, 그 의미는 '희생물'이다. 한국 무속에서 "사슬 세운다"의 표현에서 나오는 '사슬'은 바로 희생을 뜻하는 북방어 '사촐리(tsatsal)'와 동계어이다.

참고문헌 박원길 (1999), 『몽골의 문화와 자연지리』, 서울, 민속원. Ч.Арьяасүрэн, Г.Чингэл, Х.Нямбуу (1992), *Монгол ёс заншлын их тайлбар толь(I)*, Улаанбаатар.

처서 Сэрүүний цаг, халуун эгэмүй, намрын тэргүүн сарын дунд (Seruunii tsag, khaluun egemui, namryn tergüün saryn dund)

몽골의 24절기 중 하나로 양력 8월 23일 경이다.

몽골의 처서(處暑)는 음력 7월 중순이고, 양력 8월 23~24일에 시작한다. 더위가 누그러지고 서늘해진다. 천둥소리가 적어지며 강수량이 적어 강물이 마른다. 가을바람이 불면서 조금씩 선선해지기 시작한다.

참고문헌 МУИС-ГХСС Солонгос судлалын тэнхим (2010), *Солонгос монгол толь бичиг*, Улаанбаатар. Ч.Арьяасүрэн, Г.Чингэл, Х.Нямбуу (1992), *Монгол ёс заншлын их тайлбар толь(I)*, Улаанбаатар.

청명 Нээсэн ханш, хаврын сүүл сарын амьсгал (Neesen khansh, khavryn süül saryn amisgal)

몽골의 24절기 중 하나로 양력 4월 5일 경이다.

몽골의 청명(淸明)은 음력 3월 초반의 15일, 양력 4월 5~6일에 시작한다. 샘물이 솟고, 강물이 녹는다. 이 절기에 양 우리를 손질하고 청소를 한다. 가축의 털이 빠지기 때문에 사냥을 금한다. 가축의 배설물을 곡식이나 채소를 경작할 땅에 거름으로 뿌린다.

참고문헌 МУИС-ГХСС Солонгос судлалын тэнхим (2010), *Солонгос монгол толь бичиг*, Улаанбаатар. Ч.Арьясүрэн, Г.Чингэл, Х.Нямбуу (1992), *Монгол ёс заншлын их тайлбар толь(I)*, Улаанбаатар.

추분

Намрын хугас, намрын дунд сарын дунд (Namryn khugas, namryn dund saryn dund)

몽골의 24절기 중 하나로 양력 9월 23일 경이다.

몽골의 추분(秋分)은 음력 8월 중순이고 양력 9월 23~24일에 시작한다. 낮과 밤의 길이가 같아지고 서리가 내린다. 풀과 나뭇잎 색이 물들고 원앙과 두루미 등의 철새가 낮은 곳으로 날아온다.

참고문헌 МУИС-ГХСС Солонгос судлалын тэнхим (2010), *Солонгос монгол толь бичиг*, Улаанбаатар. Ч.Арьясүрэн, Г.Чингэл, Х.Нямбуу (1992), *Монгол ёс заншлын их тайлбар толь(I)*, Улаанбаатар.

춘분

Хаврын хугас, хаврын дунд сарын дунд (Khavryn khugas, khavryn dund saryn dund)

몽골의 24절기 중 하나로 양력 3월 21일 경이다.

몽골의 춘분(春分)은 음력 2월 중순, 양력 3월 21~22일에 시작한다. 이 시기에는 낮과 밤의 길이가 같아지면서 점점 낮이 길어진다. 춘분이 시작되는 날에 구름이 끼면 곡식이 잘 자라고 반면에 날이 청명하면 사람과 가축에 병이 생긴다고 여긴다. 또한 서풍이 불면 곡식 농사가 흉년, 동풍이 불면 풍년, 남풍이 불면 하지(夏至) 전에 몹시 덥고 가물며, 북풍이 불면 곡식 등 농작물이 잘 자라지 못한다고 여긴다.

참고문헌 МУИС-ГХСС Солонгос судлалын тэнхим (2010), *Солонгос монгол толь бичиг*, Улаанбаатар. Ч.Арьясүрэн, Г.Чингэл, Х.Нямбуу (1992), *Монгол ёс заншлын их тайлбар толь(I)*, Улаанбаатар.

코담배 인사

Хөөрөг зөрүүлэн мэндлэх ёс (Khöörog zörüülen mendlekh yos)

코담배통을 바꾸면서 행하는 몽골의 전통 인사법

몽골인들은 담배를 탐히(tamkhi)라 부른다. 몽골의 담배는 17세기 중엽 조선에서 전래되었다. 이후 담배는 몽골의 각지로 퍼져 독특한 담배 문화를 만들어 냈다. 긴 담뱃대는 말할 것도 없고 코담배라는 독특한 흡연법까지 생겨났다. 원래 승려들은 흡연이 허용되지 않았기 때문에 귀중한 돌로 만든 작은 통에다 담배 가루와 향료를 섞어 코로 들이켰다. 승려들이 코담배를 즐기자 귀족들이나 일반 사람들도 그것을 따라 배우기 시작했다. 이후 몽골인들은 처음 만날 때 반드시 서로의 코담배통을 교환한 뒤 인사말을 꺼낼 정도가 되었다.

몽골인들은 예의를 중시하기 때문에 코담배의 교환에도 지위나 나이에 따른 법도를 만들어 냈다. 먼저 일반적으로 코담배통을 교환할 때는 반드시 오른손으로 감싸 서로 악수하듯 동시에 교환해야 한다. 그러나 귀족이나 승려가 코담배통을 줄 경우에는 두 손으로 공손히 받아 자신의 눈썹 부근까지 올린 뒤 되돌려 준다. 그리고 자신의 코담배통을 건네준다. 그것을 받은 귀족이나 승려는 코담배통을 열어 내용물을 엄지손톱에 조금 떨어뜨린 뒤 흡입하는 흉내를 낸다. 평민들도 동년배일 경우에는 코담배통을 교환한 뒤 서로 같이 코담배통의 내용물을 엄지손톱에 조금 떨어뜨린 뒤 흡입하는 흉내를 낸다. 연장자가 연소자에게 코담배통을 건넬 경우 연소자는 귀족이 평민에게 줄 때와 같은 행동을 취한 뒤 되돌려준다. 연소자가 연장자에게 코담배통을 바칠 경우 연장자는 위의 귀족들처럼 내용물을 자신의 엄지손톱에 조금 떨어뜨린 뒤 흡입하는 흉내를 낸다. 이 인사 습속은 지금도 아주 중시되고 있다.

코담배를 건네며 인사하는 모습
© B. Norovnyam, 2010. 7.

참고문헌 박원길 (1996), 『몽골의 문화와 자연지리』, 서울, 두솔.
Ч.Арьяасүрэн, Г.Чингэл, Х.Нямбуу (1992), *Монгол ёс заншлын их тайлбар толь(I)*, Улаанбаатар.

하닥 ᠬᠠᠳᠠᠭ Хадаг (Khadag)

몽골인이 존경의 뜻을 나타낼 때 바치는 비단 천

하닥이란 존경의 뜻을 나타낼 때 바치는 견직물로 크기나 형태가 여러 가지이다. 하닥의 색깔은 한국 무속의 오방기처럼 다섯 개로 구성되는데, 색깔별로 나름대로의 뜻을 지니고 있다.

하늘색 하닥(tsenkher khadag)은 푸른 하늘의 색깔로, 평화와 행복을 상징하고, 붉은색 하닥(ulaan khadag)은 골롬트(golomt)의 불이 활활 타오르듯이 발전하는 모습을 상징한다. 하얀색 하닥(tsagaan khadag)은 모유의 색깔로 성스러운 마음과 깨달음, 선행을 상징하고, 노란색 하닥(shar khadag)은 일체의 나쁜 기운을 정화하고, 불교를 받드는 것을 상징이다. 또한 녹색 하닥(nogoon khadag)은 번영과 풍요를 상징한다.

하닥은 하얀색으로 만든 것을 최고로 간주되는데 이는 하얀색이 하늘에서 지상으로 내려온 최초의 색깔이라는 믿음 때문이다. 하닥을 바치는 예절을 '하닥 바리흐 요스(khadag barikh yos)'라고 부르는데, 결혼 때 바치는 하닥은 '하닥 타비흐(khadag tavikh)'라는 말로 표현한다.

하닥을 바칠 때 나이든 사람이나 존중하는 사람들에게는 부처의 모습이 새겨진 아요시 하닥 (ayush khadag)을 사용하며, 일반적인 사람에게는 불교의 꽃무늬나 해와 달 등의 갖가지 문양이 새겨진 낭즈왕당 하닥(nanjvandan khadag)을 사용한다. 하닥을 접을 때는 반드시 세 겹으로 접으며 하닥을 상대방에 증정할 때에는 열려진 방향이 손님 쪽을 향하도록 한다. 이는 앞날이 '무궁하라'는 뜻과 함께 '무한한 복을 받으라'는 의미를 지니고 있다.

조선시대 문헌에 "합달이란 것은 몽골어로 부처를 받드는 길상스러운 비단을 뜻한다."(김경선(金景善)의 『연원직지(燕轅直指)』)라는 기록이 나오는데, 여기서 '합달(哈達)'은 몽골의 하닥을 뜻한다. 박지원의 『열하일기』에는 하닥의 유래에 대한 귀중한 기록이 있는데, "이것을 합달(哈達)이라 부른다. 반선은 스스로 그의 전신(前身)이 파사팔(巴思八)이라 일컫는다. 파사팔의 어머니가 향내 나는 수건을 물고 그를 낳았으므로, 반선을 알현하는 자는 반드시 수건[합달]을 지니는 것이 예의이다. 황제도 반선을 볼 때마다 역시 누런 수건을 지닌다고 한다."라고 기록되어 있다.

참고문헌 박원길 (1996), 『몽골의 문화와 자연지리』, 서울, 두솔. 박원길 (2010), 『조선과 몽골 - 최덕중, 박지원, 서호수의 여행기에 나타나는 몽골인식』, 서울, 소나무. Ч.Арьяасүрэн, Г.Чингэл, Х.Нямбуу (1992), *Монгол ёс заншлын их тайлбар толь(I)*, Улаанбаатар.

하지

Зуны туйл, зуны дунд сарын дунд (Zuny tuil, zuny dund saryn dund)

몽골의 24절기 중 하나로 양력 6월 21일 경이다.

몽골의 하지(夏至)는 음력 5월의 중순이고 양력 6월 21~22일에 시작한다. 사슴의 뿔이 떨어지며 열매가 맺는다. 강수가 많아져 물에 독이 없다.

참고문헌 МУИС-ГХСС Солонгос судлалын тэнхим (2010), *Солонгос монгол толь бичиг*, Улаанбаатар. Ч.Арьяасүрэн, Г.Чингэл, Х.Нямбуу (1992), *Монгол ёс заншлын их тайлбар толь(I)*, Улаанбаатар.

한로

Хүйтэн шүүдэр, намрын сүүл сарын амьсгал (Khüiten shüüder, namryn süül saryn amisgal)

몽골의 24절기 중 하나로 양력 10월 8일 경이다.

몽골의 한로(寒露)는 음력 9월의 초순이고 양력 10월 8~9일에 시작한다. 천둥소리가 끝나고 굴에 사는 동물들이 겨울잠에 들어간다. 감자와 채소의 수확이 끝난다.

참고문헌 МУИС-ГХСС Солонгос судлалын тэнхим (2010), *Солонгос монгол толь бичиг*, Улаанбаатар. Ч.Арьяасүрэн, Г.Чингэл, Х.Нямбуу (1992), *Монгол ёс заншлын их тайлбар толь(I)*, Улаанбаатар.

오축과 유목생활

가축 모는 소리 Малын тухайт үгс (Malyn tukhait ügs)

목부가 가축에게 자신의 뜻을 전달하기 위해서 내는 특별한 소리나 의성어

유목 문화에서는 목축업이 주산업이다. 목부들은 가축의 성격과 특징, 울음소리 등을 수천 년 동안 살펴보면서 키워 왔기 때문에 그들 사이에도 의사 전달의 언어가 생겨났다. 그래서 가축을 달리게 하거나 설득할 때, 가축에게 주의 시키거나 경고할 때 특별한 소리를 내어 그 뜻을 전달한다.

예를 들어, 말을 앞으로 가게 할 때는 '추(chüü)', 멈추거나 진정시킬 때는 '하야(khaaya)', 이리 오라고 부를 때는 '고로이(gurui)'라고 한다. 염소를 제어하고 다룰 때에는 '차(chaa)', 이리 오라고 부를 때는 '조오, 조오(zuu zuu)' 등의 소리를 낸다. 유목의 다섯 가축, 즉 양과 염소, 말, 소, 낙타에 따라 목부의 의사 표시 소리가 다르다. 또 필요에 따라 의사 표시를 소리나 음률로 하거나 악기 연주가 동반되기도 한다. 일반적으로 몽골 민족 간에는 그 뜻과 소리가 비슷하지만 음률 면에서는 지방이나 가문, 유목민에 따라 서로 차이가 있기도 한다.

참고문헌 БНМАУ-ын ШУА Түүхийн хүрээлэн (1987), *БНМАУ-ын угсаатны зүй (I, Халхын угсаатны зүй)*, Улаанбаатар.

가축의 거세 ᠮᠠᠯ ᠬᠦᠩᠭᠡᠯᠡᠬᠦ Мал хөнгөлөх (Mal khöngölökh)

가축의 생식기를 없애서 생식 기능을 잃게 하는 일

가축의 거세는 암컷과 종축(種畜) 수를 조절하기 위함이다. 새끼 양과 염소는 한 살 때, 송아지는 두 살 때, 망아지는 3살 때쯤 거세를 한다. 거세는 음력으로 여름 첫 달(양력으로 5월경) 1일이나 15일에 거행한다. 거세에는 얇고 뾰족한 칼을 쓴다. 거세에 사용하는 칼은 오직 거세할 때만 사용하며 평소에는 하닥에 감아 보관한다. 수컷을 거세한 집에서는 3일 동안 자기 집에서 만든 술[아리히]이나 유제품 등 음식물이나 식재료, 물건을 남에게 주는 것을 금기시한다. 이것은 거세가 잘못돼서 가축이 죽거나 손해를 초래한다고 믿기 때문이다.

새끼 양이나 염소는 거세할 때 그 집의 오른편 바깥에 양탄자를 깔고 게르 기둥의 북쪽을 향하여 거세할 새끼 양이나 염소를 눕혀 놓는다. 거세를 거행하는 사람 옆에는 조나 쌀을 담은 봉투와 물을 탄 우유통을 차려 놓고 향을 피운다. 이는 가축이 번성하기를 기원하는 의미를 담고 있다. 거세를 거행하는 사람이 '이마에 점이 있는 새끼 양을 데려오라'고 말하면 그때에 씨수컷으로 키울 새끼 양을 그 옆에 데려간다. 거세를 행하는 사람이 새끼 양의 이마에 우유나 기름을 바른 뒤 향을 피우고 번성하기를 기원하는 축담을 읊으면서 놓아 준다. 이후 이 씨수컷 양을 제외한 나머지는 모두 거세를 시작한다.

참고문헌 Ч.Арьяасүрэн, Г.Чингэл, Х.Нямбуу (1992), *Монгол ёс заншлын их тайлбар толь(I)*, Улаанбаатар.

가축의 염분 섭취 ᠮᠠᠯ ᠬᠤᠵᠢᠷᠯᠠᠬᠤ Мал хужирлах (Mal khujirlakh)

가축이 건강하게 자랄 수 있도록 염분을 섭취시키는 요령이나 방법

가축은 특성 상 염분을 적당히 먹어야 튼튼하다. 염분을 먹이지 않고 방치하면 가축이 살이 빠지고 힘이 약해진다. 그래서 목부는 가축의 상태를 보아 염분을 먹인다. 가축을 염분이 있는 장소(짠 호수나 염분이 있는 목초지)로 몰아가거나 염분이 없는 방목지에서는 염분을 확보해 호트(khot)에 두고 먹인다. 염분을 먹일 때 주의해야 할 점들이 있다. 우선 염분을 먹이기 전에 충분히 방목시켜 풀을 먹이고 물도 마시게 한다. 그리고 염분을 섭취한 후에는 물을 주지 말아야 한다. 만약 오랫동안 염분을 먹이지 못했으면 염분을 한꺼번에 많이 먹이는 것이 아니라 섭취 시간을 조금씩 하루하루 늘려가야 한다. 가축은 한 번에 염분을 충분히 섭취할 수 없기 때문에 하루 이틀 염분이 있는 근처에 머물면서 염분 섭취가 충분히 될 수 있도록 한다.

참고문헌 БНМАУ-ын ШУА Түүхийн хүрээлэн (1987), *БНМАУ-ын угсаатны зүй (I, Халхын угсаатны зүй)*, Улаанбаатар.

가축의 젖짜기 ᠮᠠᠯ ᠰᠠᠭᠠᠬᠤ Мал саах (Mal saakh)

소, 염소, 양 따위의 젖을 짜는 일

어미 양과 염소는 떼를 이루어 서로 마주보게 하고 뒷목에 끈을 묶은 뒤 젖을 짠다. 덩치가 큰 어미 소와 말, 낙타는 한 마리씩 뒷다리나 앞다리를 각각 묶어 마음대로 움직이지 못하게 고정시킨 뒤에 젖을 짠다. 가축의 성격에 따라 주인이 다리를 묶지 않고 짜는

경우도 있다. 일반적으로 소를 많이 키우는 지방에서는 양과 염소의 젖은 짜지 않는다. 또 키우는 가축의 종류나 지역, 유제품의 소비와 필요에 따라 소젖 등 특정 가축의 젖만 짜는 경우가 있다. 젖 짜기를 시작하는 시기는 가축이 새끼를 낳고 난 다음 따뜻한 봄철에 시작할 수도 있지만 일반적으로 양과 염소는 여름에, 말은 여름부터 가을까지, 소는 봄부터 늦가을까지 이어진다. 낙타는 2년 동안 젖을 짤 수 있다. 젖은 유목민들의 음료이자, 치즈, 요구르트, 아아롤 등 유제품을 만드는 주요한 재료이다.

참고문헌 БНМАУ-ын ШУА Түүхийн хүрээлэн (1987), *БНМАУ-ын угсаатны зүй* (*I*, *Халхын угсаатны зүй*), Улаанбаатар.

고비형 유목 Говь нутгийнхны нүүдэл (Govi nutgiinkhny nüüdel)

오늘날 몽골의 고비 지역에서 행해지는 유목의 한 형태

고비형 유목 형태의 특징은 연평균 이동 횟수가 10~15회이며 이동 거리는 50~100km 정도이다. 이동로는 정해진 장소가 있다. 겨울 유목지인 어월저(övöljö)는 나지막한 산자락이나 기슭이며 여름 유목지인 조슬랑(zuslan)은 약간 탁 트인 초원이다.

참고문헌 박원길 (1999), 『몽골의 문화와 자연지리』, 서울, 민속원. Д.Базаргүр, Б.Чинбат, С.Шийрэв-Адъяа (1989), *БНМАУ-ын Малчдын нүүдэл*, Улаанбаатар.

곤지 Гунж (Gunj)

낙타나 소의 나이별 명칭의 하나

가축이 중요한 의미를 갖는 몽골에서는 낙타나 소의 나이에 따라 부르는 말이 따로 존재한다. 몽골에서는 젖니가 빠지지 않은 만 세 살짜리 낙타나 만 세 살짜리 암컷 소를 이를 때 곤지라고 한다.

참고문헌 Ч.Арьяасүрэн, Г.Чингэл, Х.Нямбуу (1992), *Монгол ёс заншлын их тайлбар толь*(*I*), Улаанбаатар.

나마르자 Намаржаа (Namarjaa)

몽골에서 가을 유목지를 이르는 말

몽골 유목민들은 계절에 맞추어 유목지를 찾아 이동하게 되는데, 이때 가을에 찾는 유목지를 나마르자라 한다.

참고문헌 後藤富男(1968), 『内陸アジア遊牧民社會の研究』, 東京. 박원길 (1999), 『몽골의 문화와 자연지리』, 서울, 민속원. Д.Базаргүр, Б.Чинбат, С.Шийрэв-Адъяа (1989), *БНМАУ-ын Малчдын нүүдэл*, Улаанбаатар.

낙타 Тэмээ (Temee)

몽골 5대 가축의 하나로 목과 다리가 길며 등에 지방을 저장하는 혹 모양의 육봉이 있다.

유목 민족인 몽골 사람들에게 가축은 매우 소중한 자산이다. 그래서 낙타는 몽골인들이 아주 중요하게 여기는 가축 중의 하나이다. 몽골의 낙타는 쌍봉낙타(雙峯駱駝)로서 체구가 크고 강인하며 추위에 견디는 능력이 강하지만 혹서에는 약한 특성을 지니고 있다. 낙타의 털 깎기는 모피가 자연 탈락하여 나체 상태가 되기 직전인 6~7월에 이루어진다. 낙타털의 약 40%는 장모(長毛)이며 60%는 융모(絨毛)이다. 몽골에서 가축 털의 총량 중 낙타털이 1위를 차지할 정도로 낙타털은 몽골에서 중요한 자원이다.

낙타는 많은 유용성에도 불구하고 길들이기가 쉽지 않기 때문에 낙타를 다루는 데는 큰 숙련을 요한다. 낙타는 태어난 지 2년째부터 길들이기를 한다. 우선 코뚜레를 하는데, 나무막대기로 코 아래에 있는 연골에 구멍을 뚫는다. 연골에 꿰는 막대기의 방향은 오른쪽에서 왼쪽으로 향한다. 그리고 이 나무의 왼쪽에 낙타의 털로 만든 가느다란 끈을 맨 뒤 그것을 사용하여 무릎을 꿇리고 앉거나 일어서는 것, 전진이나 정지 등을 가르친다. 3세가 되면 가벼운 화물을 싣거나 사람을 태우는 것을 훈련시킨다. 그러나 대상(隊商, caravan)을 수행하는 등 큰 일은 성장이 끝난 6세부터 가능하다.

낙타는 혹을 다치면 치명적인 손상을 입기 때문에 안장을 매거나 풀 때 세심한 주의를 기울여야 한다. 예컨대 안상(鞍傷)이 생기기 쉬운 여름에 일을 시킬 경우 목적지에 닿으면 짐을 내린 뒤 1~2시간 동안 안장을 벗기지 않고 신체가 냉각되기를 기다려 안장을 벗긴다. 또 안장을 벗긴 뒤에도 강한 직사광선으로부터 등을 보호하기 위해 펠트로 덮어주어야 한다. 선천적으로 측대보(側對步)를 구사하는 낙타를 데리고 고갯길을 내려갈 때는 아주 주의를 기울여야 한다. 왜냐하면 디딜 곳이 마땅치 않은 상황에서 낙타의 발꿈치가 땅을 헛딛어 미끄러지면서 다리가 꺾이는 일이 많이 발생하기 때문이다. 따라서 낙타는 사막지대를 종단할 경우에는 탁월한 능력을 발휘하지만 요철이 많은 구릉 지대에서는 거의 쓸 수가 없다.

낙타가 일렬로 행진하는 경우에는 순서대로 뒷 낙타의 코 끈을 짐을 적재한 앞 낙타의 나무받침의 양단에 실을 감듯 묶는다. 끈은 단단히 묶지 않고 약간만 당기면 저절로 풀어지도록 묶는다. 이는 무엇인가의 원인으로 한 마리가 정지하지 않으면 안 되는 경우를 대비한 것이다. 낙타의 코 아래에 있는 연골은 아주 약하고 무르면서 매우 예민하기 때문에 코끈을 사용하여 낙타를 자유로이 조종하기에는 어떠한 힘도 필요 없다. 그러나 낙타가 놀라서 소동을 피울 때 끈을 강하게 잡아당기면 연골이 파열되어 연골에 박은 나무가 빠지는 경우가 있다.

낙타는 소에 비해 여러 용도로 사용되지만 "사막의 배"라는 별칭에서도 볼 수 있듯이 주로 화물의 운송 수단으로 사용된다. 근대적인 교통수단이 나오기 전까지 낙타는 중국에서 외몽골이나 카스피해를 잇는 주요한 운송 수단이었다. 철도가 생기기 전 중국과 소련으로 수출되는 몽골의 짐은 모두 낙타가 운송했으며 중국과 중앙아시아 간에도 연간 1천만 톤의 화물을 운송했다. 낙타는 주로 등에 짐을 싣지만 동몽골의 평지에서는 짐마차를 끄는 낙타도 볼 수 있다. 낙타는 등에 160~240㎏의 짐을 실을 수 있으며 하루에 행진하는 길은 편제 방식에 따라 30~35㎞(중국-회족 스타일 낙타 편제 방식) 내지 60㎞(몽골 스타일 낙타 편제 방식)에 이른다. 짐마차를 끄는 낙타는 등짐 낙타에 비해 1배 이상의 짐을 더 운송할 수가 있다. 낙타 카라반은 몽골의 아름다운 경관 중의 하나이다.

참고문헌 박원길(1999), 『몽골의 문화와 자연지리』, 서울, 민속원. Б.Лувсан (1975), *БНМАУ-ын тэмээний аж ахуй*, Улаанбаатар.С.Жамбалдорж (1997), *Тэмээ тэнгэрийн амьтан*, Улаанбаатар.

낙타 목털 깎기 ᠲᠡᠮᠡᠭᠡ ᠵᠣᠭᠳᠣᠷᠯᠠᠬᠤ Тэмээ зогдорлох (Temee zogdorlokh)

낙타의 목털을 깎는 일

봄이 되면 이웃이나 친척 몇 명을 불러서 낙타 목털을 깎는다. 낙타의 목털은 질기고 강해서 이것을 꼬아서 줄을 만든다. 이 줄은 게르를 지을 때 펠트를 고정시키는 데 사용하기도 하고, 생활에 유용한 끈을 만들어 쓰기도 한다.

낙타의 목털을 깎는 날 낙타 주인집에서는 음식물을 준비하고 낙타 목털을 깎는 데 도움을 준 사람들을 대접한다. 낙타의 목털을 족도르(zogdor)라고 하는데, 13세기 때 여인들의 모자 끝단에 이 털을 매달아 장식하기도 하였다.

낙타의 목털을 깎는 모습 © 박원길, 2007. 7.

참고문헌 Ч.Арьяасүрэн, Г.Чингэл, Х.Нямбуу (1992), *Монгол ёс заншлын их тайлбар толь(I)*, Улаанбаатар.

다가 Даага (Daaga)

말의 나이별 명칭 중 하나

몽골에서는 말이 중요한 가축 중의 하나이므로, 말의 나이에 따라 부르는 말이 따로 존재한다. 몽골에서는 태어나서 1년이 지난, 만으로 한 살짜리 말을 이를 때 '다가'라고 한다.

참고문헌 Ч.Арьяасүрэн, Г.Чингэл, Х.Нямбуу (1992), *Монгол ёс заншлын их тайлбар толь(I)*, Улаанбаатар.

던 Дөнө (Dönö)

낙타나 소의 나이별 명칭 중 하나

몽골에서는 만 네 살짜리 수소나 만 네 살짜리 수낙타를 이를 때 던이라고 한다.

참고문헌 Ч.Арьяасүрэн, Г.Чингэл, Х.Нямбуу (1992), *Монгол ёс заншлын их тайлбар толь(I)*, Улаанбаатар.

던지 Дөнж (Dönj)

낙타나 소의 나이별 명칭 중 하나

몽골에서는 만 네 살짜리 암소나 만 네 살짜리 암낙타를 이를 때 던지라고 한다.

참고문헌 Ч.Арьяасүрэн, Г.Чингэл, Х.Нямбуу (1992), *Монгол ёс заншлын их тайлбар толь(I)*, Улаанбаатар.

동부형 유목 Дорнод монголчуудын нүүдэл суудал (Dornod Mongolchuudyn nüüdel suudal)

오늘날 몽골의 동부 지역에서 행해지는 유목의 한 형태

동부형 유목 형태의 특징은 연평균 이동 횟수가 7~8회이며 이동 거리는 30~40km 정도이다. 사계절 모두 광활한 초원 지대 사이를 옮겨 다닌다. 이동의 거리나 횟수는 초지의 상태에 좌우 받는 일이 많다.

참고문헌 박원길 (1999), 『몽골의 문화와 자연지리』, 서울, 민속원. Д.Базаргүр, Б.Чинбат, С.Шийрэв-Адьяа (1989), *БНМАУ-ын Малчдын нүүдэл*, Улаанбаатар.

라샹 Рашаан (Rashaan)

비교적 많은 양의 광물질을 함유하고 있는 샘

라샹은 광천수를 가리킨다. 할룽 라샹(khaluun rashaan)은 온천을, 라샹 엠넬렉(rashaan emneleg)는 온천 치료소를 뜻하는 말이다. 몽골 지역에는 라샹이 매우 많다. 몽골 사람들은 옛날부터 몸이 아프거나 병에 걸리면 라샹을 찾아가 며칠씩 묵으면서 라샹 물을 마시기도 하고 물로 몸을 씻기도 하여 효험을 보았다고 한다.

몽골의 할룽 라샹 © 박원길, 2007. 7.

참고문헌 Ч.Арьясүрэн, Г.Чингэл, Х.Нямбуу (1992), *Монгол ёс заншлын их тайлбар толь(I)*, Улаанбаатар. Ш.Шагдар (1978), *Монголын газарзүйн нэрийн товч толь бичиг*, Улаанбаатар.

말 ᠮᠣᠷᠢ Морь (Mori)

말과의 포유류로 몽골의 5대 가축의 하나이다.

유목 민족인 몽골 사람들에게 가축은 매우 소중한 자산이다. 말은 몽골인들이 아주 중요하게 여기는 가축 중의 하나이며, 때문에 몽골의 대부분 지역에서 방목되고 있다. 몽골 말은 어깨를 기준으로 할 경우 높이가 대개 122~129㎝ 사이이며 몸무게는 320~330㎏ 정도로 비교적 왜소한 편이다. 그러나 체격에 비해 말 머리는 비교적 큰 편에 속한다. 몽골 말은 체격 상으로 볼 때 알타이말과 아주 흡사하다. 몽골 말은 지구력이 좋고 추위를 견디는 능력이 아주 강하다. 몽골인들은 기용으로 사용되는 1~2필의 말을 제외하고는 모두 겔로부터 멀리 떨어진 곳에서 방목하고 있다.

몽골 말들은 광활한 초원을 자유로이 뛰놀며 자신들의 생활을 영유한다. 무리를 이루어 방목되는 말떼는 폭풍이나 풍설이 몰아치는 밤을 제외하고는 특별히 사람의 손길이 필요하지 않다. 눈이 내릴 경우 그들은 단단한 발굽을 이용하여 눈을 헤치고 풀을 뜯어먹는다. 말은 풀을 뜯어먹을 때 풀뿌리까지 먹는 일이 없다.

말의 관리는 주로 남자들에 의해서 이루어지는데 목부들은 방목된 말을 잡을 때 오르가(urga)라는 긴 장대를 사용한다. 봄에 말들은 아즈라가(azarga ; 種馬)의 마리 수에 따라 소그룹으로 나누어지며 아즈라가는 자기의 소그룹을 철저하게 관장한다. 현재 몽골에서는 한 마리의 아즈라가 당 일반 말 10~50마리를 배치한다. 몽골인들은 갈기털과 꼬리털을 잘라 그 털을 이용하는데 채취 시기는 일정하지 않다. 그러나 전통적으로 아즈라가의 털은 자르지 않는다. 따라서 아즈라가는 무리 가운데에서도 쉽게 눈에 띈다. 아즈라가는 5월부터 8월까지 교미를 하는데 하루 교접 횟수는 5~6회이다. 암말은 2살 때부터 발정하는 경우도 있지만 4살 때부터 발정하는 것이 정상이다. 가을에 각 소그룹이 모여 대그룹을 이루는데 대그룹은 약 100마리 내지 그 이상의 말로 이루어진다.

목부들은 망아지가 3세가 되면 조련을 시작한다. 말떼에서 망아지를 포획한 후 처더르(chödör)를 매어 일주를 방지한 다음 두 사람이 달려들어 재갈을 물린다. 재갈을 물린 후 한 사람이 말 등에 올라타면 다른 한 사람은 재빨리 처더르를 제거한다. 사람을 태운 말은 곧 미친 듯이 날뛰지만 목부는 교묘히 말을 다루면서 지쳐 스스로 멈출 때까지 산야를 달린다. 말의 길들이기는 온순한 말일 경우 3일이며 족하고 성질이 거친 말일 경우라도 5일을 넘지 않는다. 길들이기를 마친 말에 본격적으로 안장을 얹는 시기는 말이 4세가 되는 때부터이다. 말은 훈련을 지속적으로 받는 사이 고삐나 기수의 다리 등의 동작에 대응하는 감각을 체득하는데 장거리 질주나 여행은 말이 성숙기에 들어서는 6세 때부터 시작된다.

몽골 말은 30세 전후에 죽음을 맞이한다. 죽을 때는 네 다리를 곧바로 펼친 채 죽는다. 몽골인들은 준마가 죽으면 머리와 네 다리를 잘라 높은 산의 정상에 위치한 오보 위에 안치하여 경의를 표한다. 몽골의 준마는 하루에 150㎞를 달린다.

몽골인은 세 살 때부터 말 타는 것을 배운다. 몽골인들은 굶어 죽는 한이 있더라도 말 안장만은 남에게 팔지 않는다. 몽골인에게 있어 말은 소중한 친구이자 충실한 조수이다. 몽골의 말은 목부들이 가축을 돌보고 잃어버린 가축을 수색할 때 유용한 역할을 하며 원거리 여행을 가능하게 해 주는 역할을 하고 있다. 어떤 일이 있어도 말 머리를 때리는 것을 금기로 하는 몽골인들은 종종 겔의 입구에 천마를 그린 깃발을 내걸고 있는데 이는 말이 행운을 가져다 준다는 믿음 때문이다.

고대의 몽골인들은 사후 하늘나라로 올라갈 때 말이 없으면 올라갈 수 없다는 믿음에서 말을 순장하는 풍습이 있었다. 백색을 가장 존중하는 몽골인들은 말 중에서도 백마를 가장 귀한 것 즉 길상과 고귀의 상징으로 간주했다.

참고문헌 박원길(1999), 『몽골의 문화와 자연지리』, 서울, 민속원. 伊藤幸一(1975), 『モンゴル經濟史序說』, 名古屋. С.Жамбалдорж (1996), *Морин эрдэнэ*, Улаанбаатар.

말갈기 다듬기 Адуу дэллэх (Aduu dellekh)

봄철에 말의 목덜미에서 등까지 난 긴 털을 다듬는 의식

봄철에 말갈기를 다듬는 의식을 치른다. 길일을 택해서 이웃들이 모여 말갈기를 짧게 자르는데, 이때 하닥을 단 가위를 각자 가져와야 한다. 일반적으로 암컷 수컷 구별 없이 자르지만 일부 지역이나 가정에 따라서는 종마나 '세테르(seter)'를 단 말의 말갈기에는 손을 안 대는 습속도 있다. 말갈기를 다듬는 작업이 모두 끝나면 각자 준비해 온 음식을 꺼내 먹고 즐긴다.

참고문헌 Ч.Арьяасүрэн, Г.Чингэл, Х.Нямбуу (1992), *Монгол ёс заншлын их тайлбар толь(I)*, Улаанбаатар.

몽골 우마차 Монголын үхэр тэрэг (Mongolyn ükher tereg)

몽골에서 소나 말을 이용한 운송 수단

유목 민족들은 흉노 이래 거세한 황소를 주요한 운송 수단의 하나로 사용하고 있다. 북방 아시아에서 최초로 유목 제국을 건립한 흉노는 지금의 몽골인과는 달리 주로 달구지 게르에서 생활하고 있으며 황소는 낙타와 함께 수레를 이끄는 주요한 가축이었다. 달구지 게르의 생활은 몽골 제국 시대에 들어와 지상에 거주하는 게르의 형식으로 바뀌었지만 일부 귀족들은 과거의 흔적인 달구지 게르를 유지하기도 하였다. 13세기 당시 몽골

을 여행한 루브루크(William of Rubruck)는 『루브루크 여행기(*The Journey of William of Rubruck*)』에서 22두의 황소가 하나의 달구지 게르를 운반하고 있었다는 기록을 남기기도 하였다. 그러나 몽골인들은 몽골 제국 시대부터 황소를 달구지 게르의 운반보다는 화물을 운반하는 우마차용으로 사용하고 있었으며 그 관행은 지금도 지속되고 있다.

황소가 끄는 우차는 160~190kg의 화물을 적재할 수 있으며 하루 가는 거리는 18~25km이다. 우차의 바퀴는 중국인들의 바퀴 모양과는 차이가 있는데 몽골 우차의 바퀴살은 일본어인 キ와 아주 흡사하다.

조선시대의 여행기인 『연행록』에는 몽골의 달구지에 대한 모습이 자주 등장한다. 홍대용(洪大容)의 『담헌연기(湛軒燕記)』에는 "노상에서 자주 몽골 사람들을 만났는데 아무리 춥더라도 여관에 드는 법이 없다. 날이 저물면 달구지를 길가에 세워 두고 물과 풀이 있는 곳으로 가서 밥을 지어 먹고 달구지 위에서 노숙했다. 우리가 매번 새벽에 떠날 때 보면 서리와 눈이 온통 옷이나 모자에 가득 덮여 있어도 쿨쿨 자면서 아무렇지 않게 여겼다."라고 기록되어 있으며, 이갑(李玾)의 『연행기사(燕行記事)』에는 "아주 추운 때라도 단지 달구지 위에 장막을 치고 길에서 자며 아침에 눈을 털고 일어난다."라고 기록되어 있다.

초원에 세워져 있는 우마차의 모습
© 박원길, 2007. 7.

참고문헌 박원길(1999), 『몽골의 문화와 자연지리』, 서울, 민속원. 박원길(2010), 『조선과 몽골 - 최덕중, 박지원, 서호수의 여행기에 나타나는 몽골인식』, 서울, 소나무. Х.Пэрлээ (1955), *Монгол тэрэг*, Улаанбаатар.

몽골의 낙타 편제 ᠲᠡᠮᠡᠭᠡᠨ ᠵᠢᠩ Тэмээн жин (Temeen jin)

몽골에서 낙타 카라반에 사용하는 낙타 편제 이동 방식

몽골인들은 카라친(kharchin) 방식과 할흐(khalkh) 방식이라는 두 가지 운송 방식을 사용하는데 할흐 방식이 보편적이다. 카라친 방식은 중국 회족 방식과 유사한 1일 1회의 행진법이지만 중국 회족 방식과는 달리 해가 진 후 출발하여 해가 뜰 때까지 약 12시간 정도 밤에만 행진한다. 1일 2회 행진의 할흐 방식은 먼저 한밤중에 행진을 시작하여 다음 날 아침 늦어도 9시나 10시경에 멈춘다. 낙타는 양과 반대로 하루 중 첫 번째 방목 시 아침 이슬이 촉촉이 젖어 있는 서늘한 풀을 먹여야만 한다. 그렇지 않을 경우 낙타의 몸에 이상이 생기기 쉽다. 아침에 멈춘 곳에서 오후까지 휴식을 취한 다음 오후에 출발하여 밤 10시경까지 행진한다. 이 방법에 의하면 하루에 2번 짐을 하역하는 번거로움이 있지만 하루의 행진 거리가 중국 회족 방식이 35~45km인 것에 비하여 무려 60km에 이른다.

몽골도 낮에는 중국 회족 방식처럼 일렬종대로 행진하지만 밤에는 4열 종대법을 택한다. 낙타는 아주 신경질적인 성질을 지니고 있으며 특히 경험이 일천한 어린 낙타는 광분하기 쉽다. 따라서 야간 행진 시에는 경험이 없거나 신경이 과민한 것들을 가운데 2열에 배치하고 그 양측에 노련한 낙타를 배치하여 만일의 사태에 대비한다. 또 이러한 4열 종대법은 방목지를 쉽게 발견할 수 있다는 장점을 가지고 있다. 4열 종대법은 원래 전투 시의 전법으로서 부대의 전개나 밀집이 용이한 특징을 지니고 있다. 일렬종대를 붕괴시키지 않고 간격도 많이 두지 않는 중국 회족 방식의 카라반에 비하여 몽골의 방식은 약간 자유분방해 보이지만 몽골인들은 자기들의 방식이 낙타에게 가장 적합한 방식이라고 자부하고 있다.

참고문헌 박원길 (1996), 『몽골의 문화와 자연지리』, 서울, 두솔. 梅棹忠夫(1991), 『回想のモンゴル』, 東京.

몽골의 오축 Таван хошуу мал (Tavan khoshuu mal)

몽골 유목민들이 유목 생활을 영위하기 위해 키우는 주요한 다섯 종류의 가축

몽골의 5대 가축(五畜)이란 말, 소, 낙타, 양, 염소를 말하며 가축의 중요도도 위의 배열 순서에 따른다. 몽골국에서 나온 일부 저작물에는 5대 가축의 배열이 양, 염소, 말, 소, 낙타 순으로 기록되어 있지만 이는 역사성과 경제성을 무시한 자의적인 해석에 불과하다. 몽골의 5대 가축은 최초의 유목 제국인 흉노 이래 현재까지 유목민들의 귀중한 재산이자 정신적인 반려자이기도 하다. 몽골의 일부 지방에서는 5대 가축 이외에 약간 특이한 가축을 기르기도 하는데, 홉드(Uvs) 지방의 당나귀, 헙스걸(Khövsgöl) 지방의 순록이 그 예에 속한다.

참고문헌 박원길 (1999), 『몽골의 문화와 자연지리』, 서울, 민속원. 後藤富男(1968), 『内陸アジア遊牧民社會の研究』, 東京. Д.Базаргүр, Б.Чинбат, С.Шийрэв-Адъяа (1989), *БНМАУ-ын Малчдын нүүдэл*, Улаанбаатар.

몽골의 유목 형태 Монголчуудын нүүдлийн мал аж ахуй (Mongolchuudyn nüüdliin mal aj akhui)

몽골 유목민들이 일정한 지역에서 계절에 따라 초지를 옮겨 다니면서 목축을 하여 사는 형태

몽골인들은 1206년 칭기스칸이 몽골 고원을 통일하고 평화를 이룩하기 전까지는 집단 방어 형태를 지닌 쿠리엔식 유목 형태를 가지고 있었지만 통일 이후에는 가축의 관리와 생산에서 효율적인 아일식 유목 형태로 바뀌었다. 아일식 유목 형태는 오늘날까지 이어지고 있으며, 정해진 목지를 1년 4계절에 맞추어 이동하는 방식을 택하고 있다.

오늘날 몽골 지역의 유목 형태는 헨티형, 항가이형, 고비형, 서부형, 동부형 등 크게 다섯 가지로 나누어진다. 또 1년 4계절에 맞추어 이동하는 유목지를 어벌저(övöljöö: 겨울 유목지), 조슬랑(zuslan: 여름 유목지), 나마르자(namarjaa: 가을 유목지), 하와르자(khavarjaa: 봄 유목지)라고 부르는데, 이중 가장 중요한 것이 겨울 유목지이다.

참고문헌 박원길 (1999), 『몽골의 문화와 자연지리』, 서울, 민속원. 後藤富男(1968), 『内陸アジア遊牧民社會の研究』, 東京. Д.Базаргүр, Б.Чинбат, С.Шийрэв-Адъяа (1989), *БНМАУ-ын Малчдын нүүдэл*, Улаанбаатар.

바이다스 Байдас (Baidas)

말의 나이별 명칭 중 하나

몽골에서는 만 세 살에서 다섯 살까지의 암컷 말을 바이다스라고 한다.

참고문헌 Ч.Арьясүрэн, Г.Чингэл, Х.Нямбуу (1992), *Монгол ёс заншлын их тайлбар толь(I)*, Улаанбаатар.

방목지 Бэлчээр (Belcheer)

가축을 방목해서 키울 수 있는 목초지

유목민들은 토지를 방목의 목적으로 사용해 왔다. 목축업에서 제일 중요한 것은 방목지를 잘 골라서 가축을 키우는 것이다. 계절에 따라 물과 풀의 성분, 특징을 고려해서 가축을 방목시키면 가축이 살쪄 힘이 생기게 된다. 방목지는 벨체르(belcheer)라고 부르는데 가을, 겨울, 봄의 방목지가 정해져 있다. 계절에 따라 기후와 물, 바람막이를 고려해서 정해진 것이다. 초원 지역의 목부들은 겨울 방목지를 특히 중요시한다. 그래서 겨울 방목지는 오보를 세우거나 돌을 쌓아 두어 표시한다.

방목지의 사정에 따라 키우는 가축도 정해진다. 초원 지대에서는 다섯 가축을 모두 키우는데 반해, 산림 지역에서 양과 소, 말을, 고비 지역에서는 낙타와 양, 염소를 위주로 키운다. 가축을 아침에 방목시킬 때는 일정한 길로 이동시켜서 저녁때 돌아올 때도 그 길을 따라 오게 한다. 방목지는 먼 방목지와 가까운 방목지로 나누어 사용한다. 가까운 방목지는 가축을 알아볼 수 있는 거리의 목초지를 말하는 것이고 먼 방목지는 가축을 알아볼 수 없는 목초지를 이른다. 가축들은 먼 방목지에 방목된 뒤 가까운 방목지로 이동하는 정해진 패턴으로 사육된다.

참고문헌 БНМАУ-ын ШУА Түүхийн хүрээлэн (1987), *БНМАУ-ын угсаатны зүй (I, Халхын угсаатны зүй)*, Улаанбаатар.

뱌로오 Бяруу (Byaruu)

소의 나이별 명칭 중 하나

몽골에서는 만 한 살이 지난 새끼소를 이를 때 뱌로오라고 한다.

참고문헌 Ч.Арьясүрэн, Г.Чингэл, Х.Нямбуу (1992), *Монгол ёс заншлын их тайлбар толь(I)*, Улаанбаатар.

보드 Бод (Bod)

큰 가축을 작은 가축과 교환할 때의 계산 단위

몽골에서는 가축을 셈할 때 보드라는 가정 단위(假定單位)를 사용한다. 보드는 말, 소 등 큰 가축의 단위이다. 그래서 말이나 소 한 마리를 1보드라 하고, 이 가축들을 교환할 때는 동일한 가치로 교환한다. 양은 5~7마리가 1보드에 해당되며, 염소는 7~10마리가 1보드에 해당된다. 낙타는 1.5~2마리가 1보드에 해당된다.

참고문헌 박원길 (1999), 『몽골의 문화와 자연지리』, 서울, 민속원. Ч.Арьясүрэн, Х.Нямбуу (1992), *Монгол ёс заншлын их тайлбар толь*, Улаанбаатар.

보르 Буур (Buur)

씨를 받기 위해 기르는 수컷 낙타를 이르는 말

낙타는 일반적으로 거세를 하는데, 종자로 쓰기 위한 낙타는 거세를 하지 않는다. 보르로 정해진 낙타는 60개월 이상이 되면 짝짓기를 할 수 있다.

참고문헌 Ч.Арьясүрэн, Г.Чингэл, Х.Нямбуу (1992), *Монгол ёс заншлын их тайлбар толь(I)*, Улаанбаатар.

보올토르고 Боолторго (Booltorgo)

소의 나이별 명칭 중 하나

몽골에서는 만 두 살이 되지 않은 어린 소를 이를 때 보올토르고라고 한다.

참고문헌 Ч.Арьяасүрэн, Г.Чингэл, Х.Нямбуу (1992), *Монгол ёс заншлын их тайлбар толь(I)*, Улаанбаатар.

보트고 Ботго (Botgo)

낙타의 나이별 명칭 중 하나

몽골에서는 1개월에서 10개월이 된 새끼 낙타, 즉 만 한 살이 되지 않은 낙타를 이를 때 보트고라고 한다.

참고문헌 Ч.Арьяасүрэн, Г.Чингэл, Х.Нямбуу (1992), *Монгол ёс заншлын их тайлбар толь(I)*, Улаанбаатар.

보흐 Бух (Bukh)

씨를 받기 위해 기르는 수컷 소를 이르는 말

일반적으로 수소는 태어나 두 살이 되면 거세를 하게 되는데, 종우(種牛)로 삼기 위해 거세하지 않은 소를 보흐라 한다.

참고문헌 Ч.Арьяасүрэн, Г.Чингэл, Х.Нямбуу (1992), *Монгол ёс заншлын их тайлбар толь(I)*, Улаанбаатар.

볼락 Булаг (Bulag)

물이 땅에서 솟아나오는 곳 즉 샘

볼락은 분출하는 샘을 이르는 말이다. 그러나 일반적으로 모든 종류의 샘물을 이르기도 한다.

유목 생활에서 가장 중요한 것은 사람과 가축이 먹을 수 있는 식수원의 확보이다. 따라서 유목민들에게 샘에 대한 정보는 매우 중요하며, 그 때문에 샘의 형태에 대한 표현어도 발달하였다.

샘은 지표 아래에 있는 것과 지표면으로 솟아나오는 것으로 분류된다. 일반적으로 지표면 아래에 있는 우물 형태의 샘은 호닥(khudag)이라 부르며, 지표면으로 솟아나는 것은 볼락(bulag)이라고 부른다. 또 광천수는 라샨(rashaan)이라 부른다. 몽골에는 유목 생활의 특성상 지명에 '알탄볼락'(Altan bulag: 황금의 샘)처럼 샘물의 명칭을 붙이는 경우가 많다.

몽골 홉드 지역의 볼락 © B. Norovnyam, 2015. 7.

참고문헌 О.Пүрэв(1983), *Монгол ардын хувсгалын түүхэнд холбогдох нутаг, газар усын нэрийн товч тайлбар толь*, Улаанбаатар. Х.Сүхбаатар (2001), *Монголын газар усны нэрийн домог*, Улаанбаатар. Ч.Арьяасүрэн, Г.Чингэл, Х.Нямбуу (1992), *Монгол ёс заншлын их тайлбар толь(I)*, Улаанбаатар. Ш.Шагдар (1978), *Монголын газарзүйн нэрийн товч толь бичиг*, Улаанбаатар.

볼락 하쉴락 Худгийн хашилга (Khudgiin khashilga)

샘을 보호하는 울타리

유목 민족에게 샘은 생명과 직결된 중요한 것이다. 그래서 샘이 있는 곳에는 샘을 보호하기 위해 샘 주변에 돌이나 나무로 울타리를 만든다.

볼락 하쉴락 © B.Norovnyam, 2013. 7.

참고문헌 Ч.Арьяасүрэн, Г.Чингэл, Х.Нямбуу (1992), *Монгол ёс заншлын их тайлбар толь(I)*, Улаанбаатар. Ш.Шагдар (1978), *Монголын газарзүйн нэрийн товч толь бичиг*, Улаанбаатар.

부르드 Бурд (Bürd)

샘의 한 종류

부르드는 지하에서 솟아 나와 고인 물을 가리킨다. 물이 귀한 고비 지역에는 이러한 형태의 샘이 많다. 따라서 고비 지역의 목부들은 부르드를 볼락과 같은 의미로 사용하기도 한다.

참고문헌 Ш.Шагдар (1978), *Монголын газарзүйн нэрийн товч толь бичиг*, Улаанбаатар. Ч.Арьяасүрэн, Г.Чингэл, Х.Нямбуу (1992), *Монгол ёс заншлын их тайлбар толь(I)*, Улаанбаатар.

사르와 Сарваа (Sarvaa)

말의 나이별 명칭 중 하나

봄에 태어난 망아지에 대해 태어난 후 늦은 가을부터 다음해 5, 6월까지의 망아지를 사르와라고 한다. 즉 갈기가 자라기 직전인 망아지를 이르는 말이다.

참고문헌 Ч.Арьяасүрэн, Г.Чингэл, Х.Нямбуу (1992), *Монгол ёс заншлын их тайлбар толь(I)*, Улаанбаатар.

사를락 Сарлаг (Sarlag)

몽골의 고산 지역에서 사육하는 소의 한 종류. 티베트의 야크와 같은 계열에 속한다.

사를라그는 몽골국의 북부 산간 지대에 광범하게 분포되어 있다. 사를라그는 채유용과 운수용으로 사용되는데 고기의 육질은 일반 소에 미치지 못한다. 1941년 몽골에는 사를라그가 70여만 두 정도 있었다. 사를라그는 온몸에 긴 털이 자라고 있으며 "후르-후르-"라고 하는 독특한 울음소리를 낸다. 고산 동물인 사를라그는 한랭하고 습한 고산 초지를 좋아하는 동물이며 험준한 고개를 능히 통과할 수 있어 산지에서는 아주 유용한 운수용 동물이다. 몽골인들은 이 소의 털을 이용하여 단단한 끈을 만들기도 한다. 배 쪽에 늘어진 긴 털은 여자의 겨울 외투에 사용된다. 사를라그의 우유는 지방의 함유 비율이 6~7%에서 10~12%에 달하기 때문에 품질이 우수한 버터를 제조할 수 있다. 사를라그는 티베트 야생 사를라그의 직계 후대이다.

참고문헌 박원길 (1999), 『몽골의 문화와 자연지리』, 서울, 민속원.

사흐 타비흐 Саах тавих (Saakh tavikh)

어미 양의 젖을 짜기 위해 이웃하고 있는 유목민 두 부락이 합의해서 새끼 양 떼를 바꿔 방목시키는 일

따뜻한 여름철이 와 젖 짜기를 시작할 때쯤 이웃에 사는 유목민 두 부락이 합의해서 두 부락의 어미 양과 새끼 양들을 각각 분리해 새끼 양 떼를 바꿔 방목시킨 후 저녁에 젖

을 짜고 나면 각자 자리로 합치게 한다. 그렇게 해서 새끼가 어미젖을 먹을 수 있게 한다. 젖을 충분히 먹고 어미와 한동안 편안히 지낸 새끼 양은 깜깜해지기 직전에 다시 어미와 분리해서 두 부락이 바꿔 몰아간다. 이것은 낮 동안 방목하면서 새끼 양이 어미젖을 못 먹게 하기 위함이다. 새끼 양 떼를 바꿔 방목하기로 합의한 두 부락 사람들은 여름 방목지로 이동해 서로 가까운 거리에 자리를 잡는다. 그렇게 정착을 하면 서로 초대하여 대접한다.

사흐 의식을 시작하는 날에는 어미와 새끼 양을 갈라 따로 무리를 만든 다음 두 부락의 아이들한테 과자나 사탕 등 먹을 것을 준다. 아이들이 주로 새끼 양 떼를 방목시키거나 분리하는 일을 매일 도와주기 때문이다. 첫날 어미 양 떼를 방목하는 사람한테는 하닥과 우유를 올려 양 떼가 무사하기를 빈다. 보통은 두 부락이 양 젖이 안 나오게 될 때까지 이웃으로 지낸다.

참고문헌 Ч.Арьяасүрэн, Г.Чингэл, Х.Нямбуу (1992), *Монгол ёс заншлын их тайлбар толь(I)*, Улаанбаатар.

새끼 입양시키기 Төл авахуулах (Töl avakhuulakh)

어미에게 버림 받은 새끼나 고아가 된 새끼 가축에게 어미를 만들어 주는 일

가축도 우울증에 걸리고 그러면 자기가 낳은 새끼를 버리는 경우가 종종 있다. 그때 특별한 음율이나 노래, 악기를 써서 새끼를 버리지 않도록 하는데, 이 방법으로 어미를 잃은 새끼도 다른 어미를 찾아 줄 수 있다. 가축의 종류를 따라서 들려주는 음률이 서로 다른데, 어미 낙타에게는 허스(khöös), 소에게는 허위(ööv), 양과 염소에게는 토익toig)이라는 노랫소리를 해 준다.

참고문헌 Ч.Арьяасүрэн, Г.Чингэл, Х.Нямбуу (1992), *Монгол ёс заншлын их тайлбар толь(I)*, Улаанбаатар.

샤르 실베 Шар шилбэ (Shar shilbe)

낙타의 나이별 명칭 중 하나

몽골에서는 만 두 살이 된 낙타를 이를 때 샤르 실베라고 한다.

참고문헌 Ч.Арьяасүрэн, Г.Чингэл, Х.Нямбуу (1992), *Монгол ёс заншлын их тайлбар толь(I)*, Улаанбаатар.

샹드 Шанд (Shand)

샘의 한 종류

샹드는 분출하는 샘을 이르는 말 중 하나로, 규모가 작은 샘을 가리킨다.

참고문헌 Ч.Арьяасүрэн, Г.Чингэл, Х.Нямбуу (1992), *Монгол ёс заншлын их тайлбар толь(I)*, Улаанбаатар. Ш.Шагдар (1978), *Монголын газарзүйн нэрийн товч толь бичиг*, Улаанбаатар.

서부형 유목 Баруун Монголчуудын нүүдэл суудал (Baruun Mongolchuudyn nüüdel suudal)

오늘날 몽골에서 행해지는 유목의 한 형태

서부형 유목 형태의 특징은 연평균 이동 횟수가 10~15회이며 이동 거리는 150km 정도이다. 겨울 유목지인 어월저(övöljöö)는 산의 입구처이다. 가을 유목지인 나마르자(namarjaa)나 봄 유목지인 하와르자

(khavarjaa)는 해발이 높지 않은 초원 지대인데 초원 지대에는 돌이 아주 많다. 여름 유목지인 조슬랑(zuslan)은 해발이 높은 산중턱이다.

참고문헌 박원길 (1999), 『몽골의 문화와 자연지리』, 서울, 민속원. Д.Базаргүр, Б.Чинбат, С.Шийрэв-Адьяа (1989), *БНМАУ-ын Малчдын нүүдэл*, Улаанбаатар.

세르흐 Сэрх (Serkh)

염소의 나이별 명칭 중 하나

몽골에서는 거세한 다섯 살 된 수컷 염소를 세르흐라고 한다.

참고문헌 Ч.Арьясүрэн, Г.Чингэл, Х.Нямбуу (1992), *Монгол ёс заншлын их тайлбар толь(I)*, Улаанбаатар.

소 Үхэр (Ükher)

솟과의 포유류로 몽골의 5대 가축의 하나이다.

유목 민족인 몽골 사람들에게 가축은 매우 소중한 자산이다. 소는 몽골인들이 아주 중요하게 여기는 가축 중의 하나이며, 때문에 몽골의 대부분 지역에서 방목되고 있다. 몽골의 소는 신체가 그다지 큰 편이 아니다. 소의 평균 몸무게는 300~400㎏이며 황소(bukh)의 경우는 500㎏에 달한다. 체형 면으로 볼 때 몽골소와 야쿠트소, 키르키즈소는 아주 유사하지만 유럽의 소들과는 큰 차이가 있다.

몽골에서 소는 양 다음으로 활용성이 큰 가축이며 가을철에 도살되는 소의 평균 몸무게는 385㎏ 정도이다. 이 중 고기와 지방의 중량은 203㎏이며 가죽의 무게는 28.6㎏, 머리와 발굽이 24㎏이다. 몽골소는 고기와 지방의 비율이 50% 이상에 달한다. 소젖은 몽골인들의 음식에서 큰 비중을 차지한다. 몽골 암소의 평균 채유량은 하루 2~4ℓ이며 연간 채유량은 700~750ℓ에 달한다. 포유 기간은 7~8개월이다.

현재 한국에서 사육되는 전통 한우들은 병자호란 이후에 수입된 누렁이 계통의 몽골 소들이다. 조선에서는 1636~1637년 사이에 유래가 없을 정도의 우역(牛疫)이 돌아 농경을 할 수 없는 지경에 이르렀다. 이에 인조(仁祖)는 1638년 성익(成釴)을 내몽골로 파견해 담배와 소를 바꾸도록 지시했다. 한우는 바로 이때 전래된 몽골소의 후예이다. 따라서 한우는 몽골소처럼 육질이 좋고 뼈를 끓일 경우 질 좋은 국물을 얻을 수 있다. 이 국물을 고대 몽골에서는 슐렁(sülen)이라고 하였다.

참고문헌 박원길(1999), 『몽골의 문화와 자연지리』, 서울, 민속원.

소욜롱 Соёолон (Soyoolon)

양이나 염소, 말의 나이별 명칭 중 하나

소욜롱은 만 네 살 난 양이나 염소, 말을 이르는 말이다.

참고로 몽골인들은 소욜롱(soyoolon)을 자신들이 기르는 가축의 나이를 구분하는 기본 단위로 삼기도 한다. 즉 "다섯 살(만으로 네 살)"을 나타내는 용어로도 사용하고 있다. 예컨대 '쉰 소욜롱(shine soyoolon)'은 약 5살 정도의 말을 의미하며, '소욜롱 곤나(soyoolon guna)'는 5살인 암소, '호친 소욜롱(khuuchin soyoolon)' 대략 6살 정도의 말을 의미한다. 또 합칙 소욜롱(khavchig soyoolon)은 자신이 기르는 가축이 6살이라는 뜻인데, 주로 말에 사용한다. 합칙(khavchig)는 봄에 태어난 염소 새끼나 송아지 등 가축의 새끼를 일반적으로 부르는 말이다.

참고문헌 Ч.Арьяасүрэн, Г.Чингэл, Х.Нямбуу (1992), *Монгол ёс заншлын их тайлбар толь(I)*, Улаанбаатар.

수즈 호닥 Сүж худаг (Süj khudag)

우물의 한 종류

수즈 호닥은 물이 풍부하며, 깊은 곳에서 솟아 나와 가뭄에도 마르지 않는 우물을 이르는 말이다.

참고문헌 Ш.Шагдар (1978), *Монголын газарзүйн нэрийн товч толь бичиг*, Улаанбаатар.

슈들렝 Шүдлэн (Shüdlen)

말이나 염소의 나이별 명칭 중 하나

슈들렝은 태어나서 2년이 지난, 만으로 두 살 난 말을 이르는 말인데, 이때 말은 젖니가 빠지고 앞 두 개의 이만 자란다. 슈들렝은 또한 태어나서 1년이 지난, 만으로 한 살 난 염소를 이르는 말이기도 한데, 이때의 염소를 보를롱(borlon)이라고도 한다.

참고로 몽골인들은 슈들렝을 말이나 소와 같은 대형 가축은 3살짜리(만 2살), 양이나 염소 같은 소형 가축은 2살짜리(만 1살)를 나타낼 때 사용하는 경우도 많다.

참고문헌 Ч.Арьяасүрэн, Г.Чингэл, Х.Нямбуу (1992), *Монгол ёс заншлын их тайлбар толь (I)*, Улаанбаатар.

아일 Айл (Ail)

유목의 기본 단위 중 하나로 하나의 세대주를 뜻한다.

아일(Ail)은 하나의 세대주를 뜻하는 말로 고대부터 유목의 기본 단위로 사용되었다. 아일의 수는 주변의 초지에 따라 정해지는 경우가 많은데 한 아일은 보통 2~5개의 게르로 구성되어 있다.

참고문헌 박원길(1999), 『몽골의 문화와 자연지리』, 서울, 민속원. 伊藤幸一(1975), 『モンゴル經濟史序說』, 名古屋.

아일식 유목 Айлсах (Ailsakh)

몽골 유목민들이 행하는 유목의 한 형태

아일(ail)식 유목은 2~3호가 한 단위를 이루어 행하는 유목 형태이다. 이 형태는 가축의 관리와 생산이라는 면에서 집단을 이루어 유목을 행하는 쿠리엔식 유목 형태보다 매우 효율적이지만 평화 시에만 가능하다는 조건을 가지고 있다.

참고문헌 Б.Владимирцов (外務省調査部譯) (1941), 『蒙古社會制度史』, 東京. 吉田順一 (1969), 「クリエン考」, 『古代學』, 16-1.

아즈라가 Азарга (Azarga)

말 무리를 이끌고 번식을 책임지는 종마(種馬)

봄에 말들은 아즈라가의 마리 수에 따라 소그룹으로 나누어지며 아즈라가는 자기의 소그룹을 철저하게 관장한다. 현재 몽골에서는 한 마리의 아즈라가 당 일반 말 10~50마리를 배치한다. 몽골인들은 전통적으로 아즈라가의 갈기털과 꼬리털을 자르지 않는다. 따라서 아즈라가는 무리 가운데에서도 쉽게 눈에 띈다. 아즈라가는 5월부터 8월까지 교미를 하는데 하루 교접 횟수는 5~6회이다.

참고문헌 박원길(1999), 『몽골의 문화와 자연지리』, 서울, 민속원. Ч.Арьяасүрэн, Г.Чингэл, Х.Нямбуу (1992), *Монгол ёс заншлын их тайлбар толь(I)*, Улаанбаатар.

아트 Ат (At)

낙타의 나이별 명칭 중 하나

아트는 다섯 살 이상의 거세한 수컷 낙타를 이르는 말이다. 아탕 테메(atan temee)라고 하기도 한다. 더르워 다르상 아트(dörvöö darsan at)는 열 살이 된, 앞 두 개의 이가 닳은 낙타를 말하고, 시레 아트(shiree at)는 쌍봉이 우뚝 솟아 있는 낙타를 말한다.

참고문헌 Ч.Арьяасүрэн, Г.Чингэл, Х.Нямбуу (1992), *Монгол ёс заншлын их тайлбар толь(I)*, Улаанбаатар.

양 Хонь (Khoni)

솟과의 동물로 몽골의 5대 가축의 하나이다.

유목 민족인 몽골 사람들에게 가축은 매우 소중한 자산이다. 양은 몽골인들이 아주 중요하게 여기는 가축 중의 하나이며, 때문에 몽골의 대부분 지역에서 방목되고 있다.

몽골의 양은 보편적으로 머리 부분이 검고 몸통은 백색을 띠고 있다. 전통적인 몽골의 양은 꼬리의 지방이 두툼한 양과 꼬리의 지방이 빈약한 양의 잡종이거나 꼬리의 지방이 아주 두툼한 양과 꼬리의 지방이 약간 두툼한 양 간의 트기로 간주되고 있다. 몽골의 양은 육질이 아주 훌륭하며 양모의 질도 매우 좋다. 양모의 채취는 가을철에 주로 이루어진다.

몽골에서는 양과 염소를 함께 방목하는데, 그 이유는 늘 움직이기를 좋아하는 염소가 한곳에 머물러 있기를 좋아하는 양을 이리저리 이끌고 다님으로써 초지를 보호할 수 있기 때문이다.

양은 역사적으로 호트(khot, khoton, khodon)와 아일(ail)이라는 유목 형태를 만들어 낼 만큼 사람의 손이 매우 많이 가는 가축이다. 한 무리의 양 떼는 번식용의 암컷, 수컷 외에 거세한 양과 새끼 양으로 이루어져 있다. 양 떼의 방목은 걸어서 관리할 경우에는 150~200두, 말을 타고 관리할 경우에는 1000두까지 가능하다. 몽골의 일반적인 목부들은 가구당 200~300두의 양을 거느리고 있다. 양의 1일 행동 반경은 약 6㎞이기 때문에 양 떼의 관리는 주로 12~13세의 소년이나 부녀자들이 담당하고 있다.

양의 수태 기간은 5개월로 1년에 2번의 임신이 가능하다. 그러나 어미 양의 건강이나 착유 관계상 목부들은 수태 기간을 1년에 1회로 인위적으로 제한하고 있다. 양이 새끼를 분만하는 시기는 4월이며 갓 태어난 새끼들은 어미들과 분리되어 보호된다. 겨울 유목지에서 태어난 새끼들은 생후 1개월 후부터 풀을 먹기 시작하는데 이때 목부들은 먹이의 절대적인 부족에 부딪치게 된다. 따라서 목부들은 4월 중순부터 새로운 목초지를 찾아 끊임없이 이동하게 되는데 이 이동은 "기아를 벗어나기 위한 필사의 도주"라고 지칭될 만큼 처절한 것이다. 이로 말미암아 4~5월은 역사적으로 유목 민족들이 가장 약점을 드러내는 시기이다. 양은 5월에 가장 많이 죽는다.

참고문헌 박원길 (1999), 『몽골의 문화와 자연지리』, 서울, 민속원. 伊藤幸一(1975), 『モンゴル經濟史序說』, 名古屋.

양털 깎기 ᠬᠣᠨᠢ ᠬᠢᠶᠠᠷᠭᠠᠬᠤ Хонь хяргах (Khoni khyargakh)

여름에 길게 자란 양털을 깎는 일

여름이 오면 양이 털갈이가 시작된다. 이 때 양털 깎기 의식을 치른다. 이웃과 친척들이 주인집에 모여서 간단히 차를 마시고 나서 양털 깎기를 시작한다. 집주인이나 그 집 남자 아이가 먼저 양털에 손을 대고 가위질을 한다. 양의 주인은 도와주러 오는 사람의 숫자에 맞추어 가위나 양의 발 다리를 묶을 끈을 미리 준비해 둔다. 양의 수가 많으면 이 일은 하루 종일 이어지기도 한다. 주인집에서 상을 차려서 양털 깎기를 하는 사람들을 대접한다.

양털깎기 ©장장식, 2001

참고문헌 Ч.Арьяасүрэн, Г.Чингэл, Х.Нямбуу (1992), *Монгол ёс заншлын их тайлбар толь(I)*, Улаанбаатар.

어워 ᠦᠨᠢᠶ᠎ᠡ ᠥᠪᠡᠯᠡᠬᠦ Үнээ өөвлөх (Ünee öövlökh)

어미로부터 버림 받았거나 고아가 된 송아지에게 어미 소를 되찾아 줄 때 부르는 노랫소리

가축의 새끼는 어미의 보살핌이 있어야 제대로 성장할 수 있다. 그런데 어떤 이유로 어미에게 버림을 받거나 어미가 죽는 경우가 있는데, 이때 새끼에게 어미를 찾아 주거나 입양시켜야 한다. 암소가 자기가 낳은 새끼 송아지를 멀리 하고 젖을 먹이지 않으면 그 옆에서 음률을 넣어 '어워(övöö)'라는 애절한 노랫소리를 한다. 이 노랫소리는 어미 소가 송아지를 핥아 주고 젖을 먹일 때까지 한다. 새 어미를 만들 때에도 마찬가지이다.

참고문헌 Ч.Арьяасүрэн, Г.Чингэл, Х.Нямбуу (1992), *Монгол ёс заншлын их тайлбар толь(I)*, Улаанбаатар.

어월저 ᠡᠪᠦᠯᠵᠢᠶ᠎ᠡ Өвөлжөө (Övöljöö)

유목지의 하나

몽골 유목민들이 1년 4계절에 맞추어 이동하는 유목지 중 겨울 유목지를 이르는 말이다. 양지 바른 곳이나 바람을 막기 위해 산을 등진 곳에 있다.

알타이 산맥의 어월저 ©류병재, 몽골알타이 산맥, 2015

참고문헌 박원길 (1996), 『몽골의 문화와 자연지리』, 서울, 민속원. Д.Базаргүр, Б.Чинбат, С.Шийрэв-Адъяа (1989), *БНМАУ-ын Малчдын нүүдэл*, Улаанбаатар. 後藤富男(1968), 『内陸アジア遊牧民社會の研究』, 東京.

에헬베르 호닥 Эхэлбэр худаг (Ekhelber khudag)

우물의 하나

물이 풍부한 우물을 이르는 말이다. '수즈 호닥'이라고도 한다.

참고문헌 Ш.Шагдар (1978), *Монголын газарзүйн нэрийн товч толь бичиг*, Улаанбаатар. Ч.Арьяасүрэн, Г.Чингэл, Х.Нямбуу (1992), *Монгол ёс заншлын их тайлбар толь(I)*, Улаанбаатар.

염소 Ямаа (Yamaa)

솟과의 동물로 몽골의 5대 가축의 하나이다.

유목 민족인 몽골 사람들에게 가축은 매우 소중한 자산이다. 염소는 몽골인들이 아주 중요하게 여기는 가축 중의 하나이며, 때문에 몽골의 대부분 지역에서 방목되고 있다.

몽골 염소의 키는 약 1.2m~1.6m이며 체중은 약 45kg~90kg이다. 염소는 황량한 지방에 적응하는 능력이 매우 뛰어날 뿐만 아니라 추위를 견디는 능력도 아주 뛰어나다. 염소의 육질은 양에 비해 좀 뒤떨어지지만 가죽과 우유는 매우 질이 좋은 편이다. 캐시미어의 원료인 염소털의 채취는 보편적으로 봄철에 행해진다. 몽골에서는 양과 염소를 함께 방목하는 방법을 쓰고 있는데 그 이유는 늘 움직이기를 좋아하는 염소가 한곳에 머물러 있기를 좋아하는 양을 이리저리 이끌고 다님으로써 초지를 보호할 수 있기 때문이다. 자연환경이 매우 거친 홉드 등의 지방에서는 순수히 염소떼만 방목하는 것도 어렵지 않게 목격할 수 있다. 한 무리의 염소떼는 번식용의 암컷, 수컷 외에 거세한 염소과 새끼 염소로 이루어져 있다.

참고문헌 박원길(1999), 『몽골의 문화와 자연지리』, 서울, 민속원. 伊藤幸一(1975), 『モンゴル經濟史序說』, 名古屋.

염소 털 채취하기 Ямаа самнах (Yamaa samnakh)

염소의 부드러운 털을 빗질해서 뽑는 일

봄이 되면 염소는 털갈이를 한다. 거칠고 긴 털 밑에 있는 부드러운 털은 봄이 되면 자연히 빠지므로 빠지기 직전에 빗으로 빗어 모아 고급 직물의 원료로 쓴다.

참고문헌 Ч.Арьяасүрэн, Г.Чингэл, Х.Нямбуу (1992), *Монгол ёс заншлын их тайлбар толь(I)*, Улаанбаатар.

오나가 Унага (Unaga)

말의 나이별 명칭 중 하나

오나가는 1개월에서 10개월까지의 새끼 말을 이르는 말이다.

참고문헌 Ч.Арьяасүрэн, Г.Чингэл, Х.Нямбуу (1992), *Монгол ёс заншлын их тайлбар толь(I)*, Улаанбаатар.

오르톰 Ортоом (Ortoom)

하이낙이 낳은 새끼 소를 이르는 말

몽골 소와 사를락 (야크) 사이에서 태어난 잡종을 하이낙이라고 하는데, 하이낙이 낳은 송아지를 '오르톰'이라 한다. 씨수컷 몽골 소와 씨암컷 하이낙의 새끼는 나란 오르톰 (naran ortoom)이라 하고, 씨수컷 야크와 씨암컷 하이낙의 새끼는 오상 오르톰(usan ortoom)이라 하여 서로 구분한다.

참고문헌 Ч.Арьяасүрэн, Г.Чингэл, Х.Нямбуу (1992), *Монгол*

ёс заншлын их тайлбар толь(I), Улаанбаатар.

오토르 Отор (Otor)

풀을 따라서 이동하는 유목 방식의 하나

유목민들에게는 가축을 살찌우기 위해서 좋은 방목지를 찾는 것이 중요한 일이다. 그래서 좋은 방목지를 찾아 이동하게 되는데, 풀을 따라서 이동하는 유목 방법을 '오토르'라 한다. 이 방법은 가축에게 살을 찌우게 할 때 주로 사용한다. 대상 가축은 양과 염소가 주를 이루며, 기간은 1개월에서 3개월 등 일정하지 않다. 오토르는 가축에게 알맞은 풀이 자라는 지역을 잘 알고 있어야 하기 때문에 그에 종사하는 사람을 특별히 오토르친(otorchin)이라고 한다.

참고문헌 Ч.Арьяасүрэн, Г.Чингэл, Х.Нямбуу (1992), *Монгол ёс заншлын их тайлбар толь(I)*, Улаанбаатар.

오흐나 Ухна (Ukhna)

씨를 받기 위해 기르는 수컷 염소를 이르는 말

다섯 살이 되어야 씨수컷 염소가 된다.

참고문헌 Ч.Арьяасүрэн, Г.Чингэл, Х.Нямбуу (1992), *Монгол ёс заншлын их тайлбар толь(I)*, Улаанбаатар.

온드랄 Ундрал (Undral)

샘의 한 종류

분출량이 풍부해 가뭄에도 마르지 않는 샘을 이르는 말이다. 때로는 강물의 수원지(水源池)를 이르기도 한다.

참고문헌 Ш.Шагдар (1978), *Монголын газарзүйн нэрийн товч толь бичиг*, Улаанбаатар.

우레 Үрээ (Üree)

말의 나이별 명칭 중 하나

우레는 만 세 살에서 다섯 살까지의 거세한 수컷 말을 이르는 말이다. 슈들렝 우레(shüdlen üree)는 3살 된 거세마, 햐잘랑 우레(khyazaalan üree)는 4살 된 거세마, 솔롱 우레(soyoolon üree)는 5살 난 거세마를 가리킨다. 그러나 아즈라가 우레(azarga üree)는 세 살에서 다섯 살까지의 종마를 가리킨다.

참고문헌 Ч.Арьяасүрэн, Г.Чингэл, Х.Нямбуу (1992), *Монгол ёс заншлын их тайлбар толь(I)*, Улаанбаатар.

유목 Нүүдлийн соёл (Nüüdliin soyol)

유목의 기원 및 유목 형태와 방법에 관한 개설

가. 유목의 기원 및 유목 형태 · 방법

유목의 기원에 관해서는 논란이 많지만 크게 수렵사회 기원설, 농경사회 기원설, 절충설로 대별된다. 수렵사회 기원설은 수렵민들이 동물을 다루는 과정에서 유목 생활의 전제 조건이 되는 착유(搾乳) · 거세(去勢) · 기마(騎馬)의 기술을 발명했으며 이로부터 유목 생활이 시작되었다는 가설이다. 농경사회 기원설은 중앙아시아의 오아시스 국가에서 소규모로 시작된 목축이 점차 확대하여 초원의 유목으로 이어졌다는 가설이다. 현재 이 설은 고고학적인 입증에 의해 제일 유력한 설로 대두되어 있다. 절충설은 말[馬]의 사육은 수렵민, 양 · 염소의 사육은 중앙아시아 산간 지대의 반농반목민에 의해 시작되었으며 이 양자가 결합하여 유목 사회를 성립시켰다는 가설이다.

유목 생활은 지역과 민족에 따라 약간의 차이를 가진다. 학자들은 각 지역의 유목 형태 및 방법을 토대로 몇 가지 가설을 내세우고 있다. 그 대표적인 가설 3개를 소개해 보면 다음과 같다.

첫 번째로 에웨르하르트(W. Eberhardt)는 사육되는 가축의 종류를 기준으로 유목의 형태를 티베트식 유목(양이 위주), 몽골식 유목(소가 위주), 터키식 유목(말이 위주)으로 분류하고 있다. 그러나 에웨르하르트의 분류는 최초부터 주력 가축을 잘못 선정했고 그 전제 하에 시도된 유목 분류는 신빙성을 가질 수 없다는 비판에 직면해 있다.

두 번째는 유목의 발전 단계를 기준으로 한 라티모어(O. Lattimore)의 분류이다. 그는 오아시스에 접한 스텝(Steppe) 혹은 산악·삼림에 가까운 스텝에서 농경이나 수렵(때로는 어업)을 병용하고 있는 미발달의 유목을 녹변유목(綠邊遊牧, Marginal Nomadism), 목축을 경제적 기반의 전업으로 발달시키고 전문화시킨 유목을 스텝유목(Pastoral Nomadism)이라고 명명한 뒤 녹변유목은 스텝유목의 전 단계라는 가설을 제시했다. 그러나 이와무라시노부(岩村忍) 같은 일부 학자들은 여러 가지 실례를 들면서 녹변유목이 스텝유목의 전 단계라는 가설을 비판하고 있기도 하다.

세 번째는 지리적 조건에 기준을 둔 카로에(O. Caroe)의 분류이다. 그는 유목의 형태를 겨울에는 저지의 동영지(冬領地)로 여름에는 고지의 하영지(夏領地)로 계절 이동을 행하는 유목과 광범위한 지역의 스텝유목이라는 두 가지로 나누고 있다. 저지와 고지를 오가는 계절 이동의 유목은 주로 이란과 터키에서 행해지며 스텝유목은 몽골이나 카자흐에서 주로 행해진다.

나. 몽골의 유목 형태

유목이란 기본적으로 동물의 무리와 인간 가족과의 공생이라고 할 수 있다. 스텝의 중심점에 놓여 있는 몽골의 유목 형태는 이란이나 터키처럼 규칙이 명확한 계절 이동이 아니라 오히려 불규칙적인 방황에 가깝다. 만주제국 때 내몽골 일대에서 학술 조사를 행한 바 있는 서북연구소(西北研究所) 소속 일본 학자들의 보고서에 의하면 몽골인들의 유목 형태가 매우 다채롭게 나타나고 있다는 것을 발견할 수 있다. 서북연구소의 주축 멤버였던 우메사오타다오(梅棹忠夫)는 다년간에 걸친 조사 결과를 토대로 몽골인들의 유목 형태를 정형이 없는 유목 형태라고 단정짓고 있다. 그는 유목의 형태를 가장 잘 보여주는 이동의 원인과 횟수에 대해 다음과 같은 조사 결과를 내놓았다.

> "이동의 원인을 살펴보면 가족이나 가축이 병이 있는 경우가 많았다. 이 경우 흔히 라마승이 이동의 장소나 방향을 제시해 주고 있었다. … 예컨대 내몽골의 경우 풀이 제일 좋은 지방에 유목하고 있는 우젬친족의 경우 연 30회에 가까운 이동을 하고 있다. 그러나 베수트족은 연 2~3회에 불과하며 가장 어려운 때라도 연 7회 이상을 옮기는 예가 없었다. 중국인들과 접경한 차하르 지방의 경우 남부는 고정 생활을 하고 있으며 북부는 이동 생활을 영위하고 있다. … 몽골인들의 유목은 반드시 풀의 상태에 좌우되지 않는다."

우메사오타다오(梅棹忠夫)의 결론은 1940년대 외몽골에서 몽골인들의 유목 형태를 고찰한 무르자에프의 보고와 일치하고 있다. 스탈린 훈장을 수여받을 정도로 뛰어난 지리학자인 무르자에프는 몽골인들의 유목에 대해 "몽골인들은 결코 통일된 유목 방식을 가지고 있지 않다. 어느 지방의 목부들은 겨울에 산지 양측의 골짜기를 찾기도 하며 여름에는 오논하와 같은 큰 강의 초원 골짜기에 진입하기도 한다. 그러나 고비알타이와 같은 일부 지방에서는 이와는 정반대로 여름철을 산지 목장에서 지낸 다음 겨울철에는 산전 지대로 향한다. 이러한 유목 방식은 대략 10여 종에 이르는데 이는 모두 역사상, 행정상, 경제상의 원인에 기인한 것이다."라는 결론을 내리고 있다.

몽골인민공화국 성립 후 몽골인들의 유목 형태에 대하여 주목할 만한 몇몇의 연구 보고서가 발표되었는데 그 중 하나가 자그와랄(H. Jagvaral)의 연구 보고이다. 그는 몽골의 유목 형태를 ① 헨티형 ② 항가이형 ③ 고비형 ④ 서부형 ⑤ 동부형 등의 5가지로 분류하고 있다. 또 그라이보론스키(B. B.Graivoronskii)도 자그와랄의 분류와 유사한 ① 고산 형태(서몽골과 헙스걸 일대), ② 항가이 형태(헨티와 항가이산지 일대), ③ 초원 형태(중부와 동부 지방), ④ 고비 형태(고비 지방), ⑤ 항가이와 고비가 혼성된 형태(산록과 고비가 병존하는 지방) 등 5가지의 유목 형태를 제시하고 있다.

1989년 바자르구르(D.Bazargür), 친바트(B. Chinbat), 쉬렙-아디야(S.Shiirev-Adiya)라는 일군의 연구자는 몽골 18 아이막 내 유목민들의 유목 이동로를 조사한 보고서를 『몽골인민공화국내 유목민들의 이동로(BNMAU-iin malchdyn nüüdel)』(UB)라는 제목으로 출판하였다. 이 보고서에는 현 몽골의 유목 형태를 크게 산악형과 평원형이라는 2가지로 분류한 뒤 세부적으로 항가이-헨티형, 알타이형, 중부 및 동부 지방의 초원형, 고비형이라는 4개의 유목 형태로 나누고 있다. 그리고 현재의 유목 이동은 어떤 특정화된 규칙보다는 풀을 쫓아 이동하는 형태로 나타난다고 결론 짓고 있다.

역사적으로 몽골의 유목 이동은 유목지의 구분이 확정된 청조(清朝) 이래 일정한 이동의 노선이 생겨났을 가능성이 높다. 이는 13세기의 기록과 비교해 볼 경우 아주 명확히 구별된다. 그러나 그 경우에도 위의 여러 학자들의 보고서처럼 어떤 이동의 정형이 존재하지 않는 것을 알 수 있다. 이는 몽골의 유목 형태가 계절과 목장의 정황에 따라 자의적으로 정해진다는 것을 암시해 주고 있다. 일례로 가뭄이나 눈이 많이 내렸을 경우에는 유목 반경이 수백 ㎞에 이른다.

참고문헌 박원길 (1996), 『몽골의 문화와 자연지리』, 서울, 두솔. Д.Базаргүр, Б.Чинбат, С.Шийрэв-Адъяа (1989), *БНМАУ-ын Малчдын нүүдэл*, Улаанбаатар. 後藤富男(1968), 『内陸アジア遊牧民社會の研究』, 東京.

이렉 ᠢᠷᠡᠭ Ирэг (Ireg)

양의 나이별 명칭 중 하나

이렉은 만 다섯 살 이상의 거세한 수컷 양을 이르는 말이다. 부둥 에르 호니(büdüün er khoni)라고도 한다.

참고문헌 Ч.Арьяасүрэн, Г.Чингэл, Х.Нямбуу (1992), *Монгол ёс заншлын их тайлбар толь(I)*, Улаанбаатар.

이쉭 ᠢᠱᠢᠭ Ишиг (Ishig)

염소의 나이별 명칭 중 하나

이쉭은 태어나서 아직 한 살이 안 된 새끼 염소를 이르는 말이다.

몽골 새끼 염소의 모습 © B.Norovnyam, 2013. 7.

참고문헌 Ч.Арьяасүрэн, Г.Чингэл, Х.Нямбуу (1992), *Монгол ёс заншлын их тайлбар толь(I)*, Улаанбаатар.

이흐 나스 ᠶᠡᠬᠡ ᠨᠠᠰᠤ Их нас (Ikh nas)

말의 나이별 명칭 중 하나

이흐 나스는 여섯 살에서 일곱 살인 말을 이르는 말로, 여섯 개의 이와 두 개의 송곳니가 모두 올라온 상태의 말이다.

참고문헌 Ч.Арьяасүрэн, Г.Чингэл, Х.Нямбуу (1992), *Монгол ёс заншлын их тайлбар толь(I)*, Улаанбаатар.

조드 ᠵᠤᠳ Зуд (Zud)

가뭄이나 큰 눈 등의 자연재해로 가축이 풀을 먹을 수 없을 정도로 방목지가 훼손된 상태

조드는 자연재해의 일종으로, 눈이 많이 내리거나 눈이 적게 내리면 가축을 방목하는데 어려움이 생겨 많은 가축이 죽기도 한다. 조드는 세부적으로 3가지로 구분된다. 첫째는 차강 조드(tsagaan zud)이다. 이는 눈이 너무 많이 내려 가축이 풀을 뜯어먹을 수 없어 아사하는 상태를 말한다. 또 폭설로 인한 유목지의 부족 상태를 말하기도 한다. 둘째는 하르 조드(khar zud)이다. 이는 겨울 유목지에 눈이 내리지 않아 방목이 불가능할 정도로 물이 부족한 상태를 말한다. 셋째는 토라이 조드(tuurai zud)이다. 이는 지나치게 좁은 목초지에 가축이 집중되어 풀이 완전히 짓밟혀져 방목할 수 없게 된 상태를 말한다. 이는 인위적인 재해의 성격이 강하다.

참고문헌 박원길 (1996), 『몽골의 문화와 자연지리』, 서울, 두솔. Ч.Арьяасүрэн, Г.Чингэл, Х.Нямбуу (1992), *Монгол ёс заншлын их тайлбар толь(I)*, Улаанбаатар.

조삭 ᠵᠤᠰᠠᠭ Зусаг (Zusag)

양과 염소의 나이별 명칭 중 하나

조삭은 태어나서 2년이 지난, 만으로 두 살짜리 양과 염소를 이르는 말이다.

참고문헌 Ч.Арьяасүрэн, Г.Чингэл, Х.Нямбуу (1992), *Монгол ёс заншлын их тайлбар толь(I)*, Улаанбаатар.

조슬랑 ᠵᠤᠰᠯᠠᠩ Зуслан (Zuslan)

유목지의 명칭

몽골 유목민들이 1년 4계절에 맞추어 이동하는 유목지 중 여름 유목지를 이르는 말이다. 조슬랑은 초원 지대에서는 주로 바람이 잘 통하고 시원한 곳에 위치하며, 서쪽 지역에서는 고지대로 이동한다.

참고문헌 박원길 (1999), 『몽골의 문화와 자연지리』, 서울, 민속원. Д.Базаргүр, Б.Чинбат, С.Шийрэв-Адьяа (1989), *БНМАУ-ын Малчдын нүүдэл*, Улаанбаатар. 後藤富男(1968), 『内陸アジア遊牧民社會の研究』, 東京.

종마 선별 의식 ᠠᠵᠠᠷᠭ᠎ᠠ ᠲᠠᠪᠢᠬᠤ ᠶᠣᠰᠣ Азарга тавих ёс (Azarga tavikh yos)

씨를 받기 위해 좋은 말을 고르는 의식

몽골에는 '말떼에 종마가 없으면 온전한 떼를 이루지 못한다'는 말이 있다. 종마는 자기의 말떼를 이끌고 생활하면서 늑대로부터 자기의 말떼를 보호한다. 튼튼한 몸통, 넓은 이마, 큰 콧구멍과 눈, 긴 귀, 굵은 목, 넓은 가슴 등 30여 개의 조건을 갖춘, 혈통이 좋은 3~5살 수말을 골라 종마로 세운다. 선정이 되면 종마에게 우유를 먹이고, 머리와 갈기, 엉덩이에 우유를 뿌리면서 다음과 같은 축담을 해 준다.

술이 많은 갈기
출렁거리는 꼬리를 지니고
새끼 수가 많고
자기의 떼를 잘 돌보고
오는 적을 물리치고
만 마리를 거느리라!

참고문헌 Ч.Арьясүрэн, Х.Нямбуу (1992), *Монгол ёс заншлын их тайлбар толь*, Улаанбаатар.

종우 선별 의식 Бух тавих ёс (Bukh tavikh yos)

씨를 받기 위해 좋은 소를 고르는 의식

종우는 넓은 이마, 굵고 짧은 뿔, 굵고 근육진 목, 넓은 가슴, 거무스름한 빛깔 등 10가지의 조건을 갖춘 혈통이 좋은 2살짜리 송아지를 선정한다. 선정된 송아지에게는 우유를 먹이고, 이마에 우유를 뿌리며 축담을 해 준다.

참고문헌 Ч.Арьясүрэн, Г.Чингэл, Х.Нямбуу (1992), *Монгол ёс заншлын их тайлбар толь(I)*, Улаанбаатар.

종자 낙타 선별 의식 Буур тавих ёс (Buur tavikh yos)

씨를 받기 위해 좋은 낙타를 고르는 의식

튼튼한 근육, 넓은 이마, 높은 주둥이, 둥글고 큰 눈, 평평하고 튼튼한 발바닥, 좋은 성격 30여 개의 조건을 갖춘, 혈통이 좋은 암낙타와 겨울철에 낳은 붉은 갈색이나 검은 갈색 털을 가진 3~5살짜리의 수컷 낙타를 종자 낙타로 선정한다. 종자 낙타가 선정되면 다음과 같은 축원을 올린다.

뒷 골짜기를 붉게 물들이는
노란색 눈동자를 지닌
쌍봉이 치솟는
고운 몸매를 지닌
삼십 개의 손가락 길이의 털을 지닌
만 마리의 낙타를 거느리는
붉디붉은 종자 낙타가 되기를…

참고문헌 Ч.Арьясүрэн, Г.Чингэл, Х.Нямбуу (1992), *Монгол ёс заншлын их тайлбар толь(I)*, Улаанбаатар.

종자 염소 · 양 선별 의식 Ухна хуц тавих ёс (Ukhna khuts tavikh yos)

씨를 받기 위해 좋은 염소와 양을 고르는 의식

몸통이 크고, 주둥이가 길쭉하고, 뿔이 날카롭지 않고, 털이 어두운 색 빛을 띠는 등 10가지 조건에 맞는, 혈통이 좋은 새끼 양이나 염소를 종자 가축으로 선정한다. 종자 양·염소에 선정되면 뿔과 이마, 발톱에 버터를 바르고, 우유를 먹이고, 또 우유를 하늘을 향해 뿌리며 다음과 같이 축원한다.

바위를 타면 힘 빠지지 말고

미끄러져 떨어지지 말고
총명하고, 크게 울음을 내고
칼처럼 큰 뿔을 지니고
천 마리의 아비가 되고
만 마리를 거느리는
튼튼한 종자 염소 · 양이 되기를…

참고문헌 Ч.Арьясүрэн, Г.Чингэл, Х.Нямбуу (1992), *Монгол ёс заншлын их тайлбар толь(I)*, Улаанбаатар.

종축 숭배 의식

Эцэг эх малыг шүтэх ёс (Etseg ekh malyg shütekh yos)

가축의 번성을 기원하는 의식의 하나

유목민들은 종축(種畜)인 씨수컷, 씨암컷 가축을 숭배하는 의식이 많다. 씨수컷을 선정해서 입과 이마, 허리, 꼬리에 우유를 뿌려 번성을 기원한다. 설날에 해가 떠오르는 집 동쪽 방향에 오보를 만들어서 그 꼭대기에 버드나무를 세워 둔다. 이 버드나무에 오축(소, 말, 양, 염소, 낙타)의 털을 매달아 가축이 번성하기를 기원한다. 씨수컷을 잡는 것은 금기시한다. 씨수컷이 죽으면 머리는 산꼭대기나 오보에 올려 둔다. 씨수컷의 모양을 그리거나 나무로 조각하거나 은과 구리로 주조를 하여 신당에 올려놓고 숭배한다. 어린 가축이 새끼를 낳으면 가축 수가 늘어나겠다며 좋아한다.

참고문헌 Ч.Арьясүрэн, Г.Чингэл, Х.Нямбуу (1992), *Монгол ёс заншлын их тайлбар толь(I)*, Улаанбаатар.

중국 회족의 낙타 편제

Хунхууз нарын тэмээн жин (Xunkhuuz naryn temeen jin)

중국 회족에서 낙타 카라반에 사용하는 낙타 편제 이동 방식

근대 초까지 중앙아시아 일대에서 성행했던 낙타의 편제나 여행법, 취급 기술은 중국 회족(漢回)과 몽골인들 사이에 큰 차이를 가지고 있었다. 중국 회족의 카라반은 하나의 카라반이 100마리를 넘어가는 대규모 조직이 많다. 그러나 내부적으로는 18마리를 1단위로 삼는 것을 원칙으로 하고 있다. 그리고 1단위마다 한 사람의 낙타지기가 따라붙으며 2단위씩 조합을 이루어 서로 협력 관계에 들어간다. 즉 2인의 낙타지기가 36마리를 간수하며 짐을 부릴 때에도 서로 협동한다. 이것에 대하여 몽골은 24마리를 1인이 간수하며 짐의 적재나 하역도 1인이 담당한다. 중국 회족 스타일 낙타 편제 이동 방식의 낙타지기는 짐을 운송할 때 시종 낙타의 옆에 붙어 도보로 따라가지만 몽골은 1두의 승용 낙타를 가지고 있다. 따라서 카라반의 평균 시속도 차이가 있는데 중국 회족 스타일은 대략 4㎞이고 몽골 스타일은 6㎞이다.

중국 회족 방식은 오후에 숙영지를 출발하여 약 7~8시간을 행군한 다음 어두워지면 행진을 멈추고 곧 짐을 하역한다. 낙타는 원칙적으로 야간에 방목하지 않기 때문에 꿇어앉힌 장소에서 휴식을 시킨다. 이때 낙타지기 두 명이 교대로 야경을 서면서 36두의 낙타를 보살핀다. 그리고 다음날 어둠이 채 걷히지 않은 새벽에 부근의 목지로 데리고 가 정오까지 방목하는데 방목은 목부 역을 맡은 사람이 담당한다. 목부가 낙타를 방목하고 있는 사이 나머지 사람들은 모두 휴식을 취하며 정오 무렵 1일 1회의 식사를 한다. 오후에 낙타지기들은 낙타를 원래의 짐 사이에 꿇어앉혀 최초 출발할 때와 같은 순번을 이

루게 한 후 출발한다.

참고문헌 박원길(1999), 『몽골의 문화와 자연지리』, 서울, 민속원. 梅棹忠夫(1991), 『回想のモンゴル』, 東京.

차강 조드 Цагаан зуд (Tsagaan zud)

조드의 한 형태

차강 조드는 눈이 너무 많이 내려 가축이 풀을 뜯어먹을 수 없어 아사하는 상태를 말한다. 또 폭설로 인한 유목지의 부족 상태를 말하기도 한다.

참고문헌 박원길 (1999), 『몽골의 문화와 자연지리』, 서울, 민속원. Ч.Арьяасүрэн, Г.Чингэл, Х.Нямбуу (1992), *Монгол ёс заншлын их тайлбар толь(I)*, Улаанбаатар.

처더르 Чөдөр (Chödör)

말이 멀리가지 못하도록 말의 발을 묶는 끈

처더르는 말이 멀리가지 못하도록 말의 두 앞발과 한 뒷발을 묶는 끈을 말한다. 몽골말이 사육되었던 제주도에는 말의 발을 묶는 끈을 '지달'이라고 하는데, 지달은 중세 몽골어 '치도르(chidör)'의 차용어이다.

말의 발을 처더르로 묶은 모습
© L. Ganchimeg, 2013. 7.

참고문헌 박원길 (1999), 『몽골의 문화와 자연지리』, 서울, 민속원.

타일락 Тайлаг (Tailag)

낙타의 나이별 명칭 중 하나

타일락은 3~5살까지의 수컷 낙타를 이르는 말이다. 더르번 슈드테이 타일락(dörvon shüdtei tailag)은 이빨이 네 개 난 수컷 낙타를, 비투 슈드테이 타일락(bituu shüdtei tailag)은 아직 이가 나지 않은 수컷 낙타를 말한다.

참고문헌 Ч.Арьяасүрэн, Г.Чингэл, Х.Нямбуу (1992), *Монгол ёс заншлын их тайлбар толь(I)*, Улаанбаатар.

털럭 Төлөг (Tölög)

양의 나이별 명칭 중 하나

털럭은 태어나서 1년이 지난, 만으로 한 살짜리 양을 이르는 말이다.

참고문헌 Ч.Арьяасүрэн, Г.Чингэл, Х.Нямбуу (1992), *Монгол ёс заншлын их тайлбар толь(I)*, Улаанбаатар.

토갈 Тугал (Tugal)

소의 나이별 명칭 중 하나

토갈은 태어나서 아직 한 살이 안 된 새끼소를 이르는 말이다. 때로는 코끼리와 한드가이 사슴 등 큰 동물의 새끼를 지칭하기도 한다.

참고문헌 Ч.Арьяасүрэн, Г.Чингэл, Х.Нямбуу (1992), *Монгол ёс заншлын их тайлбар толь(I)*, Улаанбаатар.

토라이 조드 Туурай зуд (Tuurai zud)

조드의 한 형태

토라이 조드는 지나치게 좁은 목초지에 많은 가축이 방목되어 풀이 완전히 짓밟혀져 방목할 수 없게 된 상태를 말한다. 즉 인위적인 재해의 성격이 강하다.

참고문헌 박원길 (1999), 『몽골의 문화와 자연지리』, 서울, 민속원. Ч.Арьяасүрэн, Г.Чингэл, Х.Нямбуу (1992), *Монгол ёс заншлын их тайлбар толь(I)*, Улаанбаатар.

토롬 Тором (Torom)

낙타의 나이별 명칭 중 하나

토롬은 만 한 살이 넘은 새끼 낙타를 이르는 말이다.

참고문헌 Ч.Арьяасүрэн, Г.Чингэл, Х.Нямбуу (1992), *Монгол ёс заншлын их тайлбар толь(I)*, Улаанбаатар.

토와르 Туувар (Tuuvar)

가축을 몰고 다니는 일

가축을 멀리 몰고 갈 때 사용하는 이동 방식, 또는 가축 등을 팔 목적으로 특정 지역에서 특정 지역까지 몰고 가는 것을 이르는 말이다. 이런 일에 종사하는 사람을 특별히 '토와르친(tuuvarchin)'이라고 하는데 미국의 카우보이에 해당한다.

참고문헌 Ч.Арьяасүрэн, Г.Чингэл, Х.Нямбуу (1992), *Монгол ёс заншлын их тайлбар толь(I)*, Улаанбаатар.

토익 Хонь ямаа тойглох (Khoni yamaa toiglokh)

어미에게 버림 받았거나 고아가 된 새끼 양이나 염소에게 어미를 찾아 줄 때 부르는 노랫소리

가축의 새끼는 어미의 보살핌이 있어야 제대로 성장할 수 있다. 그런데 어떤 이유로 어미에게 버림을 받거나 어미가 죽는 경우가 있는데, 이때 새끼에게 어미를 찾아 주거나 입양시켜야 한다. 새 어미를 찾아 주기 위해서 노래 잘 하는 사람이 음률을 넣어 토익(toig)이라는 노랫소리를 한다. 이 소리는 어미 양과 염소를 달래는 행위이다. 어미와 새끼를 한 자리에 두고 그 옆에서 노래를 하면 어미 양이나 염소가 점점 새끼에게 다가가 핥아 주고 젖을 먹이게 된다. 이는 자기의 새끼로 받아들였다는 것을 뜻한다.

톨긴 촐로 Тулгын чулуу (Tulgyn chuluu)

유목민들이 이동할 때 게르를 쳤던 곳에 남기는 세 개의 돌

유목민들은 다른 지역으로 이동할 때 게르를 쳤던 곳에 세 개의 돌을 남기는데, 이는 다시 돌아왔을 때 이전의 집터를 손쉽게 찾기 위함이다. 이런 이유로 톨긴 촐로는 '다시 돌아온다'는 뜻으로도 쓰인다. 몽골 목부들은 다른 곳으로 떠나기 전에 먼저 집터를 깨끗이 청소하고 그 위에 톨긴 촐로를 놓고 떠난다. 목부들은 톨긴 촐로가 있는 곳에는 불이 있고 생활이 있다고 말한다. 몽골 전통 서사시에도 "멀리 떠나간 아들을 위하여 톨긴 촐로 밑에 유언을 남긴다."는 기록이 있는데, 이는 부모가 멀리 떠나간 아들이 자신들이 세상을 떠난 후 돌아왔을 때를 대비하여 톨긴 촐로 아래에 유언장을 묻는다는 뜻이다.

참고문헌 Ч.Арьяасүрэн, Г.Чингэл, Х.Нямбуу (1992), *Монгол ёс заншлын их тайлбар толь(I)*, Улаанбаатар.

하르 조드 Хар зуд (Khar zud)

조드의 한 형태

하르 조드는 겨울 유목지에 눈이 내리지 않아 방목이 불가능할 정도로 물이 부족한 상태를 이르는 말이다.

참고문헌 박원길(1999), 『몽골의 문화와 자연지리』, 서울, 민속원. Ч.Арьясүрэн, Г.Чингэл, Х.Нямбуу (1992), *Монгол ёс заншлын их тайлбар толь(I)*, Улаанбаатар.

하와르자 Хаваржаа (Khavarjaa)

유목지의 명칭

몽골 유목민들이 1년 4계절에 맞추어 이동하는 유목지 중 봄 유목지를 이르는 말이다. 대개 산을 등지고 양지 바르고 바람을 막아줄 수 있는 곳에 위치한다. 이곳에서 가축들은 새끼를 낳는다.

참고문헌 박원길 (1999), 『몽골의 문화와 자연지리』, 서울, 민속원. Д.Базаргүр, Б.Чинбат, С.Шийрэв-Адъяа (1989), *БНМАУ-ын Малчдын нүүдэл*, Улаанбаатар.

하이낙 Хайнаг (Khainag)

사를락(야크)과 일반 소의 1대 잡종

하이낙은 황량한 환경 속에서도 매우 잘 견디며 몸집이 아주 거대하다. 그러나 매우 희귀하여 좀처럼 보기가 어렵다. 하이낙은 황소에 비하여 1.5~2배의 짐을 운반할 수 있다. 그러나 이 소의 2대는 1대처럼 품종이 우수하지 않다. 하이낙의 부계가 몽골 소일 경우 '나란 하이낙(naran khainag: 태양의 하이낙)'이라 하고 사를락일 경우에는 '사란 하이낙(saran khainag: 달의 하이낙)'이라 부른다. 거세한 하이낙은 '하이나긴 샤르(khainagiin shar)'라고 한다.

참고문헌 박원길 (1999), 『몽골의 문화와 자연지리』, 서울, 민속원. Ч.Арьясүрэн, Г.Чингэл, Х.Нямбуу (1992), *Монгол ёс заншлын их тайлбар толь(I)*, Улаанбаатар.

항가이형 유목 Хангай нутгийн нүүдэл (Khangai nutgiin nüüdel)

오늘날 몽골에서 행해지는 유목의 한 형태

항가이형 유목 형태의 특징은 연평균 이동 횟수가 6~8회이며 이동 거리는 15~20km 정도이다. 겨울 유목지인 어월저(övöljöö)는 계곡의 상류 지방이나 그 주변이며 여름 유목지인 조슬랑(zuslan)은 산 사이에 펼쳐진 넓은 분지이다.

참고문헌 박원길 (1999), 『몽골의 문화와 자연지리』, 서울, 민속원. Д.Базаргүр, Б.Чинбат, С.Шийрэв-Адъяа (1989), *БНМАУ-ын Малчдын нүүдэл*, Улаанбаатар.

햐잘랑 Хязаалан (Khyazaalan)

말, 양, 염소 따위의 나이별 명칭 중 하나

햐잘랑은 태어나서 3년이 지난, 만으로 세 살 난 말이나 양, 염소를 이르는 말이다. 햐잘랑 말은 네 개의 앞니가 자란 상태이다.

참고문헌 Ч.Арьясүрэн, Г.Чингэл, Х.Нямбуу (1992), *Монгол ёс заншлын их тайлбар толь(I)*, Улаанбаатар.

허스 Ингэ хөөслөх (Inge khööslökh)

새끼를 돌보지 않는 어미 낙타에게 새끼를 돌보도록 할 때 부르는 노랫소리 낙타가 새끼를 낳고 나서 젖을 먹이지 않고, 방목해도 풀을 먹거나 물을 마시지도 않으며 자기 무리를 멀리하고 자꾸 뒤로 돌아서서 우는 등의 증세를 보이는 경우가 있다. 산후 우울증에 걸린 낙타인데, 이럴 경우 새끼 낙타는 어미의 보살핌을 받지 못하게 된다. 이런 어미 낙타에게 새벽이나 늦은 저녁 사방이 잠잠할 때 애절한 음악 소리와 함께 음률을 넣어 허스라는 노랫소리를 들려 주며 어미를 달래 준다. 새끼 낙타를 어미 낙타 옆에 잡아 두고, 노래를 하는 사람이나 악기 연주자가 그 옆에서 연주와 노래를 계속하면 어미 낙타가 점점 새끼 낙타의 냄새를 맡고 핥아 가면서 새끼를 받아 준다. 어떤 낙타는 이 과정에서 눈물을 흘리기도 한다.

참고문헌 Ч.Арьяасүрэн, Г.Чингэл, Х.Нямбуу (1992), *Монгол ёс заншлын их тайлбар толь(I)*, Улаанбаатар.

허워르 Үхэр адуу хөөврөлөх (Ükher aduu khöövörlökh)

소와 말에서 채취한 얇은 털

봄철에 소와 말의 굵은 털 사이사이로 올라온 얇은 털을 채취하는데, 이 털을 허워르라고 한다. 허워르는 따뜻한 옷을 만드는 데 주 재료로 쓰인다.

참고문헌 Ч.Арьяасүрэн, Г.Чингэл, Х.Нямбуу (1992), *Монгол ёс заншлын их тайлбар толь(I)*, Улаанбаатар.

헨티형 유목 Хэнтийнхний нүүдэл (Khentiinkhnii nüüdel)

오늘날 몽골에서 행해지는 유목의 한 형태

헨티형 유목 형태의 특징은 연평균 이동 횟수가 2~4회이며 이동 거리는 10km 미만이다. 겨울 유목지인 어월저(övöljöö)는 하곡지(河谷地)이며 주변의 목부들은 각각 독립적으로 게르를 짓고 가축을 키운다. 여름 유목지인 조슬랑(zuslan)에는 고정 가옥이 많이 설치되어 있다.

참고문헌 박원길 (1999), 『몽골의 문화와 자연지리』, 서울, 민속원. Д.Базаргүр, Б.Чинбат, С.Шийрэв-Адъяа (1989), *БНМАУ-ын Малчдын нүүдэл*, Улаанбаатар.

호니 홀보흐 Хонь холбох (Khoni kholbokh)

젖을 짜기 위해서 가축의 암컷들을 특정한 방법으로 줄지어 묶는 행위

양과 염소 떼는 주로 섞어서 같이 키운다. 그러므로 젖을 짤 때도 똑 같이 묶어서 젖을 짜게 된다. 양과 염소는 방목에서 돌아온 뒤, 해가 지는 저녁 시간에 젖을 짠다. 양과 염소 떼를 한 군데에 몰아서 모이게 한 다음 서로 마주하여 줄을 세운 뒤 목을 끈으로 묶는다. 끈을 묶을 때는 특정 매듭을 사용하는데 이를 '호니 홀보 (khonin kholboo)'라고 한다. 이 매듭 형태를 사용하는 이유는 양과 염소를 움직이지 않게 하면서 안전하게 젖을 짤 수 있기 때문이다. 젖을 짜기 위해 양이나 염소를 몰 때, 여자들은 '홀보(khoolboi)'라고 소리를 내는데, 이는 어미 양 떼나 염소 떼에게 젖 짜기를 암시하는 소리이다. 어미 양이나 염소들은 이 소리를 들으면 젖을 짜기 위한 대형을 짓는다.

참고문헌 Ч.Арьяасүрэн, Г.Чингэл, Х.Нямбуу (1992), *Монгол ёс заншлын их тайлбар толь(I)*, Улаанбаатар.

호닥 Худаг (Khudag)

우물을 이르는 말

물이 나올 만한 곳을 깊이 파서 물이 고이도록 한 곳을 호닥이라고 한다. 이때 우물물을 퍼 올리기 위해 두레박을 사용하는데, 이를 '호다긴 소롤'(khudgiin soruul)이라고 한다.

참고문헌 Ч.Арьяасүрэн, Г.Чингэл, Х.Нямбуу (1992), *Монгол ёс заншлын их тайлбар толь(I)*, Улаанбаатар. Ш.Шагдар (1978), *Монголын газарзүйн нэрийн товч толь бичиг*, Улаанбаатар.

호르가 Хурга (Khurga)

양의 나이별 명칭 중 하나

호르가는 태어나서 아직 한 살이 안 된 새끼 양을 이르는 말이다.

참고문헌 Ч.Арьяасүрэн, Г.Чингэл, Х.Нямбуу (1992), *Монгол ёс заншлын их тайлбар толь(I)*, Улаанбаатар.

호보 Хобоо (Khovoo)

우물이나 샘에서 물을 퍼 나르는 그릇을 통틀어 이르는 말

유목민이 물을 담아 나를 수 있는 모든 그릇을 통틀어 이르는 말인데, 옛날에는 가축의 가죽으로 만들었다.

참고문헌 박원길 (1996), 『몽골의 문화와 자연지리』, 서울, 민속원. Ч.Арьяасүрэн, Г.Чингэл, Х.Нямбуу (1992), *Монгол ёс заншлын их тайлбар толь(I)*, Улаанбаатар.

호츠 Хуц (Khuts)

씨를 받기 위해 기르는 수컷 양을 이르는 말

몽골에서 계통이나 몸집이 우수하고, 거세하지 않는 양을 종자 양으로 키운다. 몸무게는 대략 70kg 정도 나가며, 한번에 1~2kg 정도의 털을 제공한다. 고기는 식용으로 별로 안 쓰는 이유가 고기가 질기고, 특이한 냄새가 있기 때문이다.

참고문헌 Ч.Арьяасүрэн, Г.Чингэл, Х.Нямбуу (1992), Монгол ёс заншлын их тайлбар толь(I), Улаанбаатар.

호트 아일 Хот айл (Khot ail)

3~4개의 아일로 이루어진 유목 단위

어미 양이 건강을 회복하고 새끼가 풀을 뜯어먹을 수 있는 5월부터 젖짜기가 시작된다. 양젖을 짜기 위해서는 어미 양, 숫양, 새끼 양의 분리가 필수적인데, 이 때 3~4개의 아일로 이루어진 호트 간에 노동력을 빌려주는 사할트(saakhalt) 등의 협력 관계가 형성된다. 서로 협력 관계에 있는 호트는 상대방을 "우리 사할트 아일(manai saakhalt ail)"이라 부르면서 아침과 저녁 두 차례에 걸쳐 새끼 양들을 교환한다. 이는 양이 자기의 새끼 이외에는 절대로 젖을 먹이지 않는 성질을 이용한 것이다. 일반적으로 이동이나 숙영을 할 때 호트와 호트 간의 거리는 1.5~3㎞의 간격을 두는데, 이는 이 거리가 쌍방의 양 떼가 서로 섞이지 않고 목지를 다툴 필요가 없을 뿐만이 아니라 매일 아침과 저녁으로 새끼 양을 교환하기에 적당한 거리이기 때문이다. 이 관계는 양의 젖짜기가 끝나는 8월 말까지 약 4개월 동안 지속된다.

참고문헌 박원길 (1996), 『몽골의 문화와 자연지리』, 서울, 두솔. 伊藤幸一(1975), 『モンゴル經濟史序說』, 名古屋, Ч.Арьяасүрэн, Г.Чингэл, Х.Нямбуу (1992), *Монгол ёс заншлын их тайлбар толь(I)*, Улаанбаатар.

후레 유목 Хүрээлж нүүдэллэх (Khüreelj nüüdellekh)

고대 몽골 유목민들이 행하던 유목 형태의 하나

후레 유목 형태는 수백 호가 한 집단을 이루어 대규모로 유목하는 형태를 말한다. 이 유목 형태는 전쟁과 같은 혼란이 생기면 흩어져 지내던 아일이 함께 모여서 대규모 집단을 이루어 유목을 하는 형태이다. 대개 한 사람의 지방 통치자 밑에 아일들이 모여드는데, 이곳에서 군인을 내보내기도 하고 군대를 지원하는 역할을 하기도 한다.

참고문헌 Б.Владимирцов(外務省調査部譯)(1941),『蒙古社會制度史』, 東京. 吉田順一(1969),「クリエン考」,『古代學』16-1.

히식 어더르 Хишиг өдөр (Khishig ödör)

호트에서 돌려가며 양 떼를 방목할 때 방목하는 순서가 된 날

호트 아일은 3~4개의 아일로 이루어져 있기 때문에 각 아일에 속한 가정들이 순서를 정해 돌려가며 양 떼를 방목시킨다. 가축수가 많은 가정이 이틀을 연달아 방목한다면 가축수가 적은 가정은 하루를 하는 등 서로 합의해서 순서를 정해 둔다. 이때 양 떼를 방목시키는 순서가 된 날을 '히식 어더르'(khishig ödör)라고 한다. 그날 양 떼를 방목시킨 사람을 '양 모는 사람(khoniny khün)'이라고 그 사람한테 음식을 따로 만들어 주기도 한다.

참고문헌 Ч.Арьясүрэн, Г.Чингэл, Х.Нямбуу (1992), *Монгол ёс заншлын их тайлбар толь(I)*, Улаанбаатар.

나담축제

나담 Монгол наадам (Mongol naadam)

몽골 민족들이 봄이나 가을의 축제 때 행하는 놀이를 통틀어 이르는 말

근대 초 내몽골, 외몽골 지역을 여행한 바 있는 사람들의 여행기에는 오보제와 그 뒤에 이어 열리는 나담에 관한 기록들이 실려 있다. 나담은 말 경기, 씨름, 활쏘기를 즐기는 몽골의 전통 민속 축제이다. 몽골의 나담은 초원 민족의 역사적 변천 과정을 반영하듯 놀이보다는 전투적인 성향이 매우 강한 스포츠 제전에 가깝다. 몽골의 나담은 격렬한 몸놀림이나 강고한 체력이 요구되기 때문에 흔히 '에린 고르왕 나담(eriin gurvan naadam: 남성 3종 경기)'라는 별칭으로 불리기도 한다. 몽골의 나담은 몽골국이나 중국의 내몽골 자치구를 막론하고 몽골족이 거주하는 모든 지역에서 작게는 마을 단위로부터 시작해 크게는 국가 단위로 행해지고 있다. 오늘날 세계적으로 매우 유명한 축제의 하나인 울란바타르 나담(ulsyn bayar naadam: 매년 7월 11일~13일에 개최됨)은 바로 국가 단위의 나담에 속한다. 나담이 열리는 시기는 지역과 부족마다 차이는 있지만 5월부터 8월 사이에 거행되는 오보제와 거의 동시에 열린다는 공통점을 지니고 있다. 이로 인해 대부분의 지역에서는 나담을 오보의 나담(ovoony naadam)이라 칭하고 있다.

오늘날 놀이의 총칭으로 부르는 나담이란 용어는 청대 초기인 1640년대부터 쓰였다. 청대 이전의 문헌 기록을 살펴보면 고대 몽

골의 축제는 나담이란 용어 대신 토이(toi), 볼자르(buuljar), 호림(khurim), 나이르(nair) 등으로 표기되고 있다. 즉 축제나 놀이라는 뜻을 지닌 나담이란 명칭은 티베트 불교[라마교]가 몽골의 정신적인 지주로 자리 잡은 이후에 생겨난 특수 명칭이다. 나담이 청초에 생긴 명칭이고 또 주로 오보제와 결합되어 행해진다고 해도 나담은 내용상 오랜 기원을 가진 것임에는 분명하다. 이로 인해 대다수의 사람들은 나담을 고대 북방 유목 민족들 사이에서 제천 행사 때 행해진 유목 문화의 놀이 전통을 계승한 것으로 여기고 있다.

참고문헌 박원길 (2000), 「몽골 나담에 관한 역사 · 민속학적 고찰(上)」,『몽골학』10, 한국몽골학회. 박원길 (2001), 「몽골 나담에 관한 역사 · 민속학적 고찰(下)」, 『몽골학』11, 한국몽골학회. 大平, 寧導(1977), 『中國那達慕』, 呼和浩特. Б.Орхонсэлэнгэ, Б.Лхагваа, Д.Балдандорж (1995), *Эрийн гурван наадам*, Улаанбаатар. Р.Галиндэв (1977), *Эрийн гурван наадам*, Улаанбаатар. Х.Магсаржав (1960), *Долоон хошуу наадам*, Улаанбаатар. Ц.Бат-очир (1996), *Эрийн гурван наадам*, Улаанбаатар.

고탈 Гутал (Gutal)

몽골 전통 신발을 이르는 말

신발은 밑창이 아주 단단하고 신발 코가 위로 솟은 장화 형태로 되어 있다. 동부형의 씨름에서 선수들은 고탈을 신고 경기를 하는데, 그 이유는 서로 버틴 상태에서 다리의 기술을 많이 사용하기 때문이다. 바닥이 평평하고 단단한 고탈은 다리의 기술을 사용할 때 아주 유용하며 또 상대편에게 부상을 줄 위험이 적다.

참고문헌 박원길 (2001), 「몽골 나담에 관한 역사 · 민속학적 고찰(下)」, 『몽골학』11, 한국몽골학회. Ж.Дамдин (1971), *Монгол бөх*, Улаанбаатар. Л.Ням-Осор (1964), *Халх бөхийн барилдаан*, Улаанбаатар.

기마사류 Уд харвах ёслол (Ud kharvakh yoslol)

거란에서 행했던 활쏘기 시합의 한 방식

기마사류(騎馬射柳)란 말을 타고 달리며 표적이 달린 버드나무 가지를 쏘아 땅으로 떨어뜨리는 기마 속사의 활쏘기 방식이다.

참고문헌 박원길 (2001), 「몽골 나담에 관한 역사 · 민속학적 고찰(下)」, 『몽골학』11, 한국몽골학회. О.Намнандорж (1957), *Сур харвах, намнах тухай*, Улаанбаатар. Ч.Арьяасүрэн, Г.Чингэл, Х.Нямбуу (1992), *Монгол ёс заншлын их тайлбар толь(I)*, Улаанбаатар.

깅고 Гийнгоо (Giingoo)

말 경주 때 어린 기수들이 말의 신에게 말의 위력과 신의 가호를 구하는 일종의 주문

준마에 올라탄 어린 기수들은 말의 신인 담딘 부르항(Damdin burkhan=Khayankhyarvaa burkhan)에게 말의 위력과 신의 가호를 구하는 일종의 주문을 외운다. 아주 서정적인 이 주문은 "깅~ 고~! 수많은 말의 선두여, [우승해 찬미를 받으며] 비단 고삐가 들리기를! 수많은 거세 말의 으뜸이여, [우승해 찬미를 받으며] 비단 고삐가 들리기를!"라는 식의 아주 서정적인 가사로 이루어져 있다. '깅고'라는 명칭은 오랜 옛날 나담에 참가하러 온 깅(Giin) 소년과 그의 2살 난 말인 고

(Goo)가 왕의 수비대에 억류당했을 때 풀어주기를 기원하면서 부른 노래에서 유래했다고 한다.

참고문헌 박원길 (2001), 「몽골 나담에 관한 역사 · 민속학적 고찰(下)」, 『몽골학』11, 한국몽골학회. С.Жамбалдорж (1996), *Морин эрдэнэ*, Улаанбаатар. Ч.Арьяасүрэн, Г.Чингэл, Х.Нямбуу (1992), *Монгол ёс заншлын их тайлбар толь(I)*, Улаанбаатар.

낙타 경주 ᠲᠡᠮᠡᠭᠡᠨ ᠦ ᠤᠷᠠᠯᠳᠤᠭᠠᠨ Тэмээний уралдаан (Temeenii uraldaan)

내몽골의 서부 및 몽골국의 남부 지역에서 나담 때 행하는 낙타 경주

오늘날 몽골의 일부 지역 즉 내몽골 서부의 알샤(Alashaa), 에젠 골(Ezen gol), 신장(Shinjaan), 오르도스(Ordos)와 몽골국의 남고비나 도르노드(ömnod, dornod) 등 고비 지역에서는 나담 때 말 경주와 함께 낙타 경주(temeenii uraldaan)나 행진(temeen jagsaal)을 시키는 습속을 지니고 있다. 또 이들 지역에서는 새해 첫날에도 낙타 경주를 하거나 행진을 시키는 습속도 유지하고 있다. 그러나 내몽골의 경우 한족화가 많이 진행되어 몽골 낙타가 급속히 감소하고 있기 때문에 낙타 대신 노새 경주를 하는 경우가 늘어나고 있다.

몽골 학자들은 낙타 경주의 전통이 『후한서(後漢書)』「남흉노전」 "말과 낙타 경주를 즐긴다(走馬及駱駝爲樂)"라는 기록을 근거로 흉노 이래 북방 민족의 전통을 계승한 것이라고 여기고 있다. 『후한서』「남흉노전」에 기록된 흉노의 낙타 경주는 『동관한기(東觀漢記)』「남흉노선우전(南匈奴單于傳)」에서는 '낙타 싸움(鬪橐駝)'으로 기록되어 있다. 흉노인들이 즐겼던 낙타 경주나 낙타 싸움은 청나라 때의 낙타 경기인 '낙타 뛰어넘기'와 '낙타 교대로 타고 달리기' 등을 참조할 때 낙타끼리의 싸움보다는 사람과 연관된 놀이를 각기 다른 이름으로 묘사한 것으로 보인다. '낙타 뛰어넘기'는 낙타를 꿇어앉힌 상태, 낙타가 두 발만 일으킨 상태, 낙타가 일어난 상태 등 높이의 순위를 정해 두 손만 사용하여 뛰어넘는 경기이다. '낙타 교대로 타고 달리기'는 3~4인이 한 조를 이루어 60~80m의 거리를 교대로 타 가장 먼저 결승점에 이르는 팀이 승리하는 경기이다.

낙타 행진의 유래는 문헌에 구체적으로 기록된 예가 없지만 몽골 학자 냠보(Kh. Nyambuu)는 그것이 고대 전쟁의 습속에서 유래되었다고 간주하고 있다. 그는 "전쟁 때에 많은 낙타들을 옆으로 가지런히 묶어 세운 뒤 그 위에 에스기(esgii: 펠트)로 만든 천을 덮는다. 그리고 물을 뿌리면 적군의 화살이 관통할 수 없으며 적군이 진격해 들어올 수 없는 장벽이 된다. 바로 오늘날 보이는 낙타 행진은 이러한 전쟁의 습속에서 유래된 것이다."라고 설명하고 있다.

참고문헌 박원길 (2001), 「몽골 나담에 관한 역사 · 민속학적 고찰(下)」, 『몽골학』11, 한국몽골학회. С.Жамбалдорж (1997), *Тэмээ тэнгэрийн амьтан*, Улаанбаатар. Х.Нямбуу (1992), *Хүндлэхийн дээд хөх монголын төрийн ёсон*, Улаанбаатар.

낙타 행진 ᠲᠡᠮᠡᠭᠡᠨ ᠵᠢᠭᠰᠠᠭᠠᠯ Тэмээн жагсаал (Temeen jagsaal)

낙타 사육 지역에서 나담 때 낙타를 타고 줄지어 나아가는 놀이

낙타 행진은 내몽골의 서부 및 몽골국의 남부 등 낙타 사육 지역에서 나담 때 행하는 놀이의 일종이다. 내몽골 서부의 알

샤(Alashaa), 에젠 골(Ezen gol), 신장(Shinjaan), 오르도스(Ordos)와 몽골국의 어믄 고비, 도른 고비, 돈드 고비 (ömnö, dorno, dund govi) 등 고비 지역에서 나담 때 말 경주와 함께 행해진다. 사람들이 낙타를 타고 일렬 종대로 죽 늘어서서 행진을 하는데, 이들 지역에서는 새해 첫날에도 이러한 습속을 행하고 있다. 오늘날 몽골국의 고비 지역에서 설날에 하는 낙타 행진을 '테멘 작살(temeen jagsaal)'보다 '먕간 테메니 바야르(myangan temeenii bayar; 수많은 낙타의 축제)'라는 이름으로 즐겨 부르고 있다.

어믄 고비의 낙타 행진 © L. Ganchimeg, 2010. 7.

참고문헌 박원길 (2001), 「몽골 나담에 관한 역사 · 민속학적 고찰(下)」, 『몽골학』11, 한국몽골학회.С.Жамбалдорж (1997), *Тэмээ тэнгэрийн амьтан*, Улаанбаатар. Х.Нямбуу (1992), *Хүндлэхийн дээд хөх монголын төрийн ёсон*, Улаанбаатар.

내몽골 씨름 Өвөр Монгол бөхийн барилдаан (Övör mongol bökhiin barildaan)

중화인민공화국 내몽골 자치구 지역에서 널리 행하는 내몽골 부족의 전통 씨름

내몽골 부족의 전통적인 씨름으로 동부형 씨름에 속한다. 씨름 복장은 씨름 하의가 바지 형태라는 것을 제외하고는 할흐 몽골의 복장과 일치한다. 내몽골의 씨름 복장과 무늬는 일반적으로 은이나 청동제의 둥근 핀을 많이 박아 장식하며 복대가 매우 두툼하다. 또 우승을 많이 한 유명한 선수일 경우 푸른색, 붉은색, 노란색 천으로 만든 다발을 목이나 허리에 두르고 나오는데 푸른색은 하늘, 붉은색은 태양, 노란색은 대지를 상징한다고 알려져 있다. 내몽골 씨름의 법칙과 기술, 진행의 세부적인 습속은 할흐 씨름과 차이가 없다.

내몽골 씨름꾼 ©류병재, 내몽골 올란차브, 2014

참고문헌 박원길 (2001), 「몽골 나담에 관한 역사 · 민속학적 고찰(下)」, 『몽골학』11, 한국몽골학회. 大平, 寧導(1977), 『中國那達慕』, 呼和浩特.

놈 Нум (Num)

몽골의 활쏘기에서 사용되는 길이의 단위

놈(num)은 활의 길이를 재는 단위로, 1놈은 약 1.5m~1.6m에 해당한다.

참고문헌 박원길 (2008), 「13~14세기 몽골군의 무기와 보급체계의 연구」『배반의 땅과 서약의 호수 - 21세기 한국에 몽골은 무엇인가』, 서울, 민속원. 박원길 (2000) 「몽골 나담에 관한 역사 · 민속학적 고찰(上)」, 『몽골학』10, 한국몽골학회. О.Намнандорж (1957), *Сур харвах, намнах тухай*, Улаанбаатар. Ч.Арьяасүрэн, Г.Чингэл, Х.Нямбуу (1992), *Монгол ёс заншлын их тайлбар толь(I)*, Улаанбаатар.

다가 경주 Дааганы уралдаан (Daagany uraldaan)

말 경주의 하나

다가 경주는 한 살부터 두 살 난 말들이 참가하는 장거리 경주로, 경주 길이는 10~12㎞이다.

참고문헌 박원길 (2001). 「몽골 나담에 관한 역사 · 민속학적 고찰(下)」. 『몽골학』11. 한국몽골학회. С.Жамбалдорж (1996). *Морин эрдэнэ*, Улаанбаатар. Ч.Арьяасүрэн, Г.Чингэл, Х.Нямбуу (1992). *Монгол ёс заншлын их тайлбар толь(I)*, Улаанбаатар.

더르버드 씨름 ᠳᠥᠷᠪᠡᠳ ᠦᠨ ᠪᠥᠬᠡ ᠪᠠᠷᠢᠯᠳᠤᠭᠠᠨ Дөрвөдийн бөх барилдаан (Dörvodiin bökh barildaan)

서부 몽골의 더르버드 부족에서 행하던 씨름 형태

오이라트 씨름의 한 계열로 더르버드 부족 지역에서 행하던 씨름이다. 씨름 형태는 상의를 벗은 상태에서 머리를 아래로 향한 채 씨름 바지나 허리에 맨 띠(büs)를 붙잡고 경기를 시작해 두 어깨를 땅에 닿게 하는 것으로 승부를 가린다. 이 씨름은 흉노의 전통을 계승한 서부형 씨름에 속한다.

참고문헌 박원길 (2001). 「몽골 나담에 관한 역사 · 민속학적 고찰(下)」. 『몽골학』11. 한국몽골학회. МУ-ын ШУА Түүхийн хүрээлэн (1996). *Монгол улсын угсаатны зүй (II. Ойрадын угсаатны зүй)*, Улаанбаатар.

돈드 데벨트 ᠳᠤᠮᠳᠠ ᠳᠡᠪᠡᠯᠲᠡ Дунд дэвэлт (Dund develt)

몽골 전통 씨름에서 행하는 춤 동작의 하나

몽골 씨름에서 이긴 자들은 승리의 횟수에 맞추어 제각기 다른 새의 날갯짓을 하는 전통을 지니고 있다. 참가한 씨름 선수가 64명 남았을 때 선수들은 하르차가, 숑호르의 날갯짓을 하며 16명 남았을 때에는 나친의 날갯짓을 한다.

참고문헌 박원길 (2001). 「몽골 나담에 관한 역사 · 민속학적 고찰(下)」. 『몽골학』11. 한국몽골학회. Л.Ням-Осор (1964). *Халх бөхийн барилдаан*, Улаанбаатар. Н.Зоригтбаатар (1992). *Гайхамшигт монгол бөх*, Улаанбаатар.

돌론 호쇼 단식 나담 ᠳᠣᠯᠣᠭᠠᠨ ᠬᠣᠰᠢᠭᠤ ᠳᠠᠨᠰᠢᠭ ᠨᠠᠭᠠᠳᠤᠮ Долоон хошуу даншиг наадам (Doloon khoshuu danshig naadam)

1641년부터 1913년까지 외몽골의 쉬레에트 차강노르에서 할흐 7기(旗)가 연합해 벌인 나담. '바트 오르실(Bat-orshil)', 또는 '단식(Danshig) 나담'이라 불리기도 한다.

1641년에 시작된 이 나담은 처음에는 3년 간격으로 개최되다가 이후에는 해마다 개최되었다. 그리고 자나바자르의 열반 후 '이흐 단식', '바가 단식'이라는 이름으로 1년에 2회가 개최되었다. 이 나담은 할흐 3부가 1691년 7기에서 34기로 세분되고, 또 1725년에 사인 노욘 칸(Sain Noyon Khan)부의 성립으로 34기가 75기로 세분된 후에도 최초의 명칭을 유지하면서 지속되었다. 할흐 몽골의 75기와 일종의 황교독립기(黃教獨立旗)인 다섯 개의 샤비(shavi)가 모두 참가하는 이 나담은 몽골 자치국 시기인 1913년까지 존속되었으며 총 280회 개최되었다. 쉬레에트 차강노르는 투시에트칸 아이막 다이친 왕긴 호쇼(Tüsheet khan aimgiin Daichin vangiin khoshuu), 즉 오늘날 볼강 아이막(Bulgan aimag)의 고르반 볼락(Gurvan bulag) 솜에 위치한 허그너 타르닌골(Khögnö Tarnyn gol)의 발원지 주변에 있는 호수이다. 호수 곁에는 이흐 바가 몽골산(Ikh baga Mongol uul)이 솟아 있다. 쉬레트 차강노르는 얼지 쉬레트(Ölzii shireet)라고도 불린다.

참고문헌 박원길 (2000), 「몽골 나담에 관한 역사 · 민속학적 고찰(上)」,『몽골학』10, 한국몽골학회. 박원길 (2001), 「몽골 나담에 관한 역사 · 민속학적 고찰(下)」, 『몽골학』11, 한국몽골학회. Б.Лхагваа, Д.Балдандорж (1995), *Эрийн гурван наадам*, Улаанбаатар. Х.Магсаржав (1960), *Долоон хошуу наадам*, Улаанбаатар.

말 경주 ᠮᠣᠷᠢᠨ ᠤ ᠤᠷᠠᠯᠳᠤᠭᠠᠨ Морины уралдаан (Moriny uraldaan)

몽골의 나담 때 행하는 말들의 경주

말이 지구상에 출현한 때는 지금으로부터 약 7000~6000만 년 전이다. 그리고 진화를 거듭하여 오늘날과 같은 말의 형태를 띠게 된 때가 지금으로부터 약 2천만 년 전이다. 말은 종류에 따라 초원마[Przewalsky], 고원마[Tarpan], 삼림마[Robustus]로 크게 나누어지는데 역대 유목 제국의 말들은 초원마와 고원마의 계통을 이은 혼혈마에 속한다. 흉노 이래 역대 북방 유목 제국은 가공할 속도력과 파괴력을 지닌 기마 군단을 이끌고 주변 제국을 끊임없이 압박했다. 그들이 총포라는 현대적인 무기가 등장하기 전까지 주변 제국에 비해 월등한 군사적인 우위를 누릴 수 있었던 비결은 '남선북마(南船北馬)'라는 표현처럼 강고한 몽골 말과 그 말을 자유자재로 통제할 수 있었던 기술이라 할 수 있다. 원래 북방 민족들은 말 위에서 태어나 말 위에서 죽는다는 표현처럼 일생을 말과 같이 보내는 사람들이다. 이들에게 있어 말은 생존의 무기일 뿐만이 아니라 인생의 동반자이기도 하다. 몽골을 포함한 북방 민족들이 말에게 쏟는 애정은 고대 고분에서 발견되는 순장마(旬葬馬), 어떤 일이 있어도 말머리를 때려서는 안 된다는 금기, 굶어 죽는 한이 있더라도 말 안장만은 남에게 팔지 않는다는 전통 등에서도 잘 나타나고 있다.

〈말 경주의 역사〉

말과 일생을 보내는 북방 민족들이 흉노 이래 가장 애호했던 놀이 중의 하나가 말과 한 몸을 이루어 행하는 말 경주이다. 오늘날 몽골족의 나담에서 보이는 말 경주의 형태가 최초 문헌에 등장한 시기는 청 제국 때로, 목란위장(木蘭圍場) 나담 때의 말 경주를 묘사한 『청패류초(淸稗類鈔)』가 그 대표적인 기록이다. 이에 따르면 청나라 때 몽골족의 말 경주는 15~20㎞(30~40華里)부터 50㎞(100華里)에 이르는 몇 개의 경주 방식으로 나누어 행해졌으며, 남녀 어린이가 모두 참가하였고 우승마에게 붉은 수건을 둘러주는 습속이 있었던 것으로 나타난다. 또 이 문헌에는 수백 마리의 명마들이 경주를 벌여 먼저 도착한 36명의 어린 기수들이 상을 받았다는 기록과 함께 출발선이 약 10㎞(20화리) 밖이라는 것, 말의 갈기나 꼬리를 아름답게 장식하고 있다는 것, 안장을 씌우지 않았다는 것도 기록되어 있다. 말의 중량을 줄이기 위해 15세 이하의 남녀 아이들이 출전하였고 또 말의 부상을 방지하기 위해 말 안장을 제거하였으며 출전마들은 아름답게 꾸몄다고 기록되어 있는데, 이는 오늘날의 말 경주에 그대로 이어지고 있다.

〈말 경주의 종류〉

몽골의 말 경주는 1920년대 중반에 이르기까지 이흐 나스(ikh nas: 6세 이상의 말), 소욜롱(soyoolon: 5세의 말), 햐잘랑(khyazaalan: 4세의 말)의 3개 경주밖에 없었다. 오늘날 나담에 보이는 아즈라가(azarga:

種馬), 슈들렝(shüdlen: 3세의 말)의 경주는 1923~1926년에 첨가된 것이며, 다가(daaga: 1~2세의 말), 조로모리(joroo mori)의 경주는 1927년부터 시작된 것이다.

오늘날 몽골 나담에서 행해지는 말 경주는 위에서 언급한 대로 이흐 나스, 소욜롱, 햐잘랑, 슈들렝, 다가, 아즈라가, 조로모리 등 모두 7종류이다. 이 가운데 조로모리는 장거리 경주가 아니라 지정된 장소에서 지정된 거리를 원형으로 돌면서 승부를 가리는 방식으로, 승부의 기준은 안정된 주법으로 빠르게 뛰는 미관이 아름다운 말로 가린다. 나머지 6종류는 속도와 인내력을 테스트하는 장거리 경주로 이흐 나스는 25~30㎞, 소욜롱은 22~25㎞, 햐잘랑은 18~20㎞, 슈들렝은 14~16㎞, 다가는 10~12㎞, 아즈라가는 22~25㎞를 뛴다. 말 경주는 보통 2일로 나누어 행하는데 이흐 나스와 아즈라가의 경주가 가장 인기가 높다. 경주에 참가하는 말들은 모두 대회 기간에 맞추어 한 달 전부터 기수와 함께 특별 조련에 들어간다. 기수는 15세 이하의 남녀 아이로 그 중 6~8세의 어린이가 가장 많다.

참고문헌 남도영 (1996), 『韓國馬政史』, 과천, 한국마사회마사박물관. 박원길 (2001), 「몽골 나담에 관한 역사 · 민속학적 고찰(下)」, 『몽골학』11, 한국몽골학회. А.Очир (1991), *Монгол хурдан морины шинж, сойлго, засал*, Улаанбаатар. Х.Лувсанбалдан (1989), *Хүлгийн шинж*, Улаанбаатар.

메르겐 Мэргэн (Mergen)

활쏘기 우승자에게 내려주는 칭호

메르겐은 활쏘기의 최종 우승자에게 내려주는 신궁(神弓) 칭호이다. 고대 몽골의 신궁 칭호인 메르겐은 부여의 주몽(朱蒙)이나 흉노의 사조자(射雕者, bürged namnagch: 날고 있는 새를 쏘아 맞추는 신궁)와 같은 의미를 지니고 있다.

참고문헌 박원길 (2000), 「몽골 나담에 관한 역사 · 민속학적 고찰(上)」, 『몽골학』10, 한국몽골학회. О.Намнандорж (1957), *Сур харвах, намнах тухай*, Улаанбаатар. Ч.Арьясүрэн, Г.Чингэл, Х.Нямбуу (1992), *Монгол ёс заншлын их тайлбар толь(I)*, Улаанбаатар.

목란위장 나담 Муглан вижан наадам (Muglan vijang naadam)

청나라 때 청나라 황제와 몽골의 왕공들이 목란위장에서 행했던 나담

청나라 때 청나라 황제와 몽골의 왕공들이 북경의 위쪽에 위치한 목란위장(木蘭圍場)에서 서로 만나 회맹(會盟)을 할 때 행한 나담이다. 목란위장 회맹은 대원제국의 사마연(詐馬宴)을 연상시킬 만큼 매우 성대하게 행해졌다. 또 이곳에서는 색연사사(塞宴四事)라 하여 몽골의 전통 가무와 함께 씨름이나 마장마술 및 말 경주 등이 큰 규모로 행해졌다. 목란위장의 나담에서 가장 주목되는 것은 씨름과 말 경주이다. 『흠정열하지(欽定熱河志)』에는 목란위장의 나담에서 수백 마리의 명마들이 경주를 벌여 먼저 도착한 36명의 기수가 상을 받는 기록이 실려 있다. 목란위장 나담에서 행해진 씨름을 가장 잘 묘사한 것은 청대의 저명한 학자인 조익(趙翼, 1727~1874)의 「상박(相撲)」이라는 시이다. 청대에 행해진 몽골 나담에 대한 기록은 금양(金梁)의 『만문비당(滿文秘檔)』이나 『소형잡록(嘯亭雜錄)』 등 적지 않은 문헌에 수록되어 있다. 이중 주목되는 것은 『만문비당』에 실린 씨름 우승자의 칭호 즉 'arslang tüsiyetü böke (阿爾薩蘭 土射圖 布庫: 사자와 같이 은사 받은 씨름꾼)', 'jagan böke(扎布庫: 코끼리와 같은 씨름꾼)', 'bars bagatur böke(巴爾 巴圖魯 布庫: 호랑이와 같은 용사 씨름꾼)'이다. 이 칭호는 오늘날 몽골에서 씨름의 우승자들에게 수여하는 사자(arslan, 아르슬랑), 코끼리(zaan, 장), 매(nachin, 나친)와 그 맥을 같이 하고 있다.

참고문헌 박원길 (2000), 「몽골 나담에 관한 역사 · 민속학적 고찰(上)」,『몽골학』10, 한국몽골학회. 박원길 (2001), 「몽골 나담에 관한 역사 · 민속학적 고찰(下)」,『몽골학』11, 한국몽골학회.

몽골식 사법(射法) ᠮᠣᠩᠭᠣᠯ ᠰᠤᠷ ᠤᠨ ᠬᠠᠷᠪᠤᠬᠤ

Монгол сур харвах (Mongol sur kharvakh)

몽골인들이 활을 쏘는 전통적인 방식

대몽골제국은 역대 북방 민족 중 활과 화살에 대한 기술이 가장 정점에 달한 제국이다. 당시 군사 정찰의 목적으로 남송이나 유럽에서 몽골로 파견된 사신단들의 보고서인 『몽달비록(蒙韃備錄)』, 『흑달사략(黑韃事略)』, 『몽골 여행기(*History of the Mongols*)』, 『루브루크 여행기(*The Journey of William of Rubruck*)』 등의 기록을 종합해 보면 당시 몽골의 활은 이중 꺾임(double curve) 구조의 완양각궁(頑羊角弓)이 주류를 이루며 무게는 7.2㎏ 이상으로 나타난다. 또 화살대는 주로 버드나무로 만들며 근거리용 화살의 경우 그 길이는 90㎝ 정도이다. 화살대의 끝 부분에는 3매의 깃털을 붙여 날아가는 도중 강한 회전력을 유지케 해 사정거리의 안정성을 높이고 있다. 시위는 사슴의 목 가죽으로 만든 것을 주로 사용한다. 활을 쏘는 방식은 거의 수직에 가깝게 활을 잡은 뒤 왼손의 엄지 위에 화살을 놓고 오른손 엄지의 제2 관절로 시위를 당겨 발사하는 독특한 방식을 사용한다. 몽골의 활은 시위를 잡아당기면 모양이 둥근 형태가 되기 때문에 화살의 속도가 매우 빠르고 사정거리도 매우 길다.

참고문헌 박원길 (2008), 「13~14세기 몽골군의 무기와 보급 체계의 연구」,『배반의 땅과 서약의 호수 - 21세기 한국에 몽골은 무엇인가』, 서울, 민속원. О.Намнандорж (1957), *Сур харвах, намнах тухай*, Улаанбаатар. Ч.Арьясүрэн, Г.Чингэл, Х.Нямбуу (1992), *Монгол ёс заншлын их тайлбар толь(I)*, Улаанбаатар.

몽골 씨름 ᠮᠣᠩᠭᠣᠯ ᠪᠥᠬᠡ ᠢᠢᠨ ᠪᠠᠷᠢᠯᠳᠤᠭᠠᠨ Монгол бөхийн барилдаан (Mongol bökhiin barildaan)

몽골 민족들이 나담 때 행하는 놀이의 하나

〈몽골 씨름의 역사〉

인간이 맨몸으로 맞붙어 싸우는 씨름은 역사 시대 이래 동서양의 모든 문명권에서 발견되고 있다. 그러나 그 형식에서는 각각의 문명권마다 약간의 차이를 보이고 있다. 이런 차이는 각자의 문명권이 가지고 있는 생활 환경의 차이에서 비롯된 것일 가능성이 높다. 인류 역사상 씨름이 가장 보편화되고 또 활성화된 지역은 유라시아 초원 지대에 자리 잡고 있는 유목 민족들이다. 유목 민족들은 유목의 특성상 보다 좋은 품종을 유지하기 위해 매년 소나 말, 낙타 등의 큰 가축과 씨름하여 거세를 행해야만 한다. 또 기마의 특성상 다리가 안으로 휘는 것(안짱다리)을 방지하기 위해 늘 다리 근육을 풀어주어야 한다. 즉 환경적인 면에서 씨름은 정착 민족보다는 유목 민족에서 발전할 가능성이 매우 높은 경기이다.

〈몽골 씨름의 형태〉

몽골 씨름의 형태는 크게 흉노의 씨름인 서부형과 거란의 씨름인 동부형으로 대별된다. 서부형의 씨름은 지역마다 약간의 차이는 있지만 상의를 벗은 상태에서 머리를 아래로 향한 채 씨름바지나 허리에 맨 띠 (büs)를 붙잡고 경기를 시작해 두 어깨를 땅에 닿게 하는 것으로 승부를 가린다. 동부형 씨름은 땅에 넘어지는 것으로 승부를 가린다.

북방 민족의 씨름이 역사상 처음 출현한 때는 흉노이다. 흉노의 씨름은 1957년 객성장(客省庄) 제140호 고분에서 출토된 각저동패(角觝銅牌)에 사실적으로 묘사되어 있는데, 형태적인 면에서 오늘날 서부 몽골(오이라트)의 씨름인 보흐 놀동(bukh nooldoon)과 일치한다. '소싸움'이란 뜻을 지닌 보흐 놀동은 웃통을 벗은 상태에서 샬보르(shalbuur)라 불리는 긴 씨름바지를 입고 맨발로 경기를 벌여 어깨가 땅에 닿는 것으로 승패를 가리는 경기이다. 흔히 서부형이라고 불리는 이 방식은 오늘날의 자유형 레슬링과 매우 유사하다. 이러한 씨름 방식은 고구려는 물론 돌궐이나 몽골 제국 초기에도 관찰되고 있다. 고구려의 씨름은 각저총 고분에 묘사되어 있다. 서부형 씨름은 오늘날 몽골의 오이라트의 보흐 놀동과 부리야트 및 더르버드 지역에서 행해지는 조랄당 놀동(zuuraldaan noololdoon)으로 전승되고 있다.

동부형 씨름인 거란의 씨름은 1931년에 요나라의 동경(東京) 성터에서 발견된 팔각형백색도관(八角形白色陶罐)의 8면에 아주 구체적으로 묘사되어 있다. 동부형 씨름은 오늘날 몽골 국가 나담에서 행해지는 할흐의 전통 씨름인 할흐 체르부 바릴당(khalkh tservuu barildaan)에서 나타나듯이 몽골 씨름의 주류를 이루고 있다. 내몽골의 전통적인 샬랍힐레흐 바릴당(shalavkhiilekh barildaan = khöloor tashikh barildaan), 그리고 오르도스 씨름과 우젬친 씨름 등도 동부형 씨름에 속한다. 동부형의 씨름은 지역마다 비록 복장의 차이는 있지만 장군모(janjin malgai) 씨름 상의(zodog), 씨름 하의(shuudag), 신발(gutal)을 착용하고 있다는 점에서는 모두 일치한다. 또 이 씨름의 특징은 다리의 힘을 강하게 하기 위해 전통적인 신발을 신고 상의와 하의를 모두 입은 채 손과 발을 모두 이용해 상대편을 땅을 넘어뜨림으로서 승부를 가린다.

〈몽골 씨름의 대진 방식〉

몽골 씨름의 대진 방식은 매우 독특하다. 씨름에 참가하는 선수들의 숫자는 나담의 규모에 따라 차이가 있는데 대형 나담은 512 내지 1024명, 중형은 256명, 소형은 128 혹은 64명이다. 씨름은 동서 각 진영에서 8명씩 도합 16명을 한 단위로 하여 경기를 벌인다. 참가 선수들은 동과 서의 양편으로 나누어 대진을 벌이는데 동쪽에 속한 자들은 '아흘라흐(akhlakh: 선두)'라 부르고 서쪽에 속한 자들은 '다라흐(daraakh: 그 다음)'라고 부른다. 두 명의 선수가 대진할 때 한 쪽은 '오그톨(ugtuul: 도전을 받은 상위의 싸움꾼)', 다른 한 쪽은 '암(am: 도전 선수)'이라 부른다. 또 대진 때 8명을 이끌고 나가는 상위의 선수를 '마그나이(magnai: 이마)'라고 부른다.

몽골 씨름의 특성은 몸무게와 상관이 없으며 씨름 시간의 제한도 없다. 또 씨름판의 범위도 제한하지 않고 있다. 이는 짧은 기간 동안 많은 씨름꾼들이 경기를 갖기 위해서이다. 씨름 선수가 많이 참여한 규모가 큰 나담일 경우 씨름 경기는 2~3일 동안 지속된다. 몽골 씨름은 몽골의 전통에 따라 특별한 습속으로 입장한다. 가장 위대한 칭호를 가진 선수는 동쪽에서 첫 번째로 등장한다. 즉 나담이 열리는 광장의 동북쪽에서 입장한다. 이것은 몽골인들이 태양이 뜨는 동쪽을 존귀한 방향으로 간주하는 관념 때문이다. 유명한 칭호를 가진 선수들은 대전 선수를 배정받을 때 스스로 선택할 수 있는 특권이 있다. 원래 몽골에서는 대진의 횟수를 몽골의 상징적인 숫자 즉 7에 맞추어 이 관문을 통과하면 우승하도록 만들고 있다. 몽골에서 7이라는 숫자는 고난을 상징하는 숫자이다. 따라서 7은 가장 어려운 횟수라는 상징이 되었으며 여기에 맞추어 128명의 씨름 선수를 선정한다. 128 이란 숫자는 '고난의 고난'이란 뜻으로 강함을 상징하는 숫자이기도 하다. 씨름의 대진 방식은 참가자의 4분의 3, 4분의 2, 4분의 1이 남는 방식으로 그 숫자를 줄여 나간다. 이러한 대진 방식이 준수되었던 것이 바로 돌론 호쇼 나담(doloon khoshuu naadam)이다. 씨름에 참가한 선수들은 64명이 남을 때부터 '하르차가'(khartsaga: 매)라는 칭호를 받기 시작하지만 16명에서부터 부여받는 칭호를 영광으로 생각하고 있다.

참고문헌 박원길 (2000), 「몽골 나담에 관한 역사 · 민속학적 고찰(上)」,『몽골학』10, 한국몽골학회. 박원길 (2001), 「몽골 나담에 관한 역사 · 민속학적 고찰(下)」, 『몽골학』11, 한국몽골학회. Б.Орхонсэлэнгэ, Б.Лхагваа, Д.Балдандорж (1995), *Эрийн гурван наадам*, Улаанбаатар. Г.Эрдэнэ (1992), *Барилдах ур*, Улаанбаатар. Н.Зоригтбаатар (1992), *Гайхамшигт монгол бөх*, Улаанбаатар.

거란 씨름

흉노 씨름

고구려 씨름 (무용총)

몽골 씨름 ©장장식, 2001

바가 데벨트 Бага дэвэлт (Baga develt)

몽골 전통 씨름 때 행하는 춤 동작의 하나

몽골 씨름에서 이긴 자들은 승리의 횟수에 맞추어 제각기 다른 새의 날갯짓을 하는 전통을 지니고 있다. 바가 데벨트는 씨름 선수가 128명에 이를 때까지 행하는 날갯짓이다.

참고문헌 박원길 (2001), 「몽골 나담에 관한 역사 · 민속학적 고찰(下)」, 『몽골학』11, 한국몽골학회. Л.Ням-Осор (1964), *Халх бөхийн барилдаан*, Улаанбаатар. Н.Зоригтбаатар (1992), *Гайхамшигт монгол бөх*, Улаанбаатар.

바얀 호도드 Баян ходоод (Bayan khodood)

말 경주에서 다가 경주의 입상식 때 꼴찌 말에게 내려주는 칭호

가장 나이 어린 말과 어린아이들이 참가하

는 다가 경주에서는 우승 말과 그 기수, 꼴찌 말과 그 기수를 함께 불러 축사와 함께 격려를 해 주는 전통이 있다. 나담의 주관자는 꼴찌를 한 아이에게 "기술과 조련이 미숙하여 맨 뒤로 들어왔지만 내년에는 맨 처음의 '투메니 에흐(Tümen ekh)'가 되기를 바라며 축복을 내린다"라고 격려하면서 삶은 양의 위를 말에 묶어 준다. 이 때문에 꼴찌를 한 말은 "부귀한 위(胃)"라는 뜻을 지닌 '바얀 호도드(Bayan khodood)'라 불린다.

참고문헌 С.Жамбалдорж (1996), *Морин эрдэнэ*, Улаанбаатар. Ч.Арьяасүрэн, Х.Нямбуу (1992), *Монгол ёс заншлын их тайлбар толь*, Улаанбаатар.

부리야트 씨름 Буриад бөх (Buriad bökh)

부리야트 부족에서 행하던 씨름 형태

부리야트 씨름은 맨 가슴에 숄보르(shulbuur)라는 은제의 둥근 장식(핀)들이 박힌 씨름 팬티와 차착(tsatsag: 冠毛)이 달린 장화를 신고 경기를 벌인다. 선수들은 서로 이마를 맞댄 상태에서 경기를 시작하지만 오이라트 씨름과는 달리 무릎이 지면에 닿는 것으로 승패를 가린다. 이 씨름은 흉노의 전통을 계승한 서부형 씨름에 속한다.

참고문헌 박원길 (2001), 「몽골 나담에 관한 역사 · 민속학적 고찰(下)」, 『몽골학』11, 한국몽골학회. МУ-ын ШУА Түүхийн хүрээлэн (1996), *Монгол улсын угсаатны зүй (III, Буриад, Барга, Үзэмчин, Дарьганга, Хотон, Тува-Цаатан, Тува-Малчин, Хамниган ястнуудын угсаатны зүй)*, Улаанбаатар.

북방 민족 활쏘기 Сур бөмбөг харвах ёслол (Sur bömbög kharvakh yoslol)

청동기 시대부터 현재에 이르는 북방 민족들의 활쏘기 역사

몽골 지역에는 청동기 시대에 속하는 바위그림들이 무수히 산재해 있다. 또 이 바위그림에는 샤먼의 제구용(祭具用) 활(khavchaakhai num)이나 사냥용 활들이 수없이 묘사되어 있다. 원래 북방 민족들은 부여(夫餘)의 주몽(朱蒙)이나 흉노의 사조자(射雕者, bürged namnagch: 날고 있는 새를 쏘아 맞추는 신궁), 몽골의 메르겐 (Mergen)이라는 칭호에서도 나타나듯이 백발백중의 선사자(善射者)를 매우 우대하고 칭송하는 관습이 있었다. 바위 그림에 활이 무수히 묘사되어 있고 유목 국가 성립 후 선사자를 중시하는 관습이 내려오고 있는 것은 바로 활이 북방 민족의 생존에 매우 필요한 도구이자 무기였기 때문이다. '파르티안 활쏘기'로 상징되는 북방 민족의 기마 사법은 정확도와 사정 거리에서 가공할 파괴력을 지니고 있다. 북방 유목 제국이 중국이나 페르시아 등 주변 제국보다 군사적인 우위를 지니게 된 원인도 바로 이 사법에 있었다고 해도 과언이 아니다. 북방 유목 민족의 활쏘기가 오늘날 몽골의 나담과 같은 체계적인 스포츠 형태로 선보이기 시작한 때는 거란 제국부터이다. 거란의 활쏘기 경기는 돌궐이나 후대 몽골에서도 보이는 서서 쏘기 대회는 보이지 않고 오직 말을 달리는 상태에서 목표한 버드나무의 특정 부분을 맞추는 기마사유(騎馬射柳, ud kharvakh yoslol) 방식만이 나타나고 있다. 기마사유란 파르티안 활쏘기를 계승한 기마속사(騎馬速射)의 경기 방식이다. 몽골은 근대 초까지 나담에서 기마속사와 서서 쏘기의 방식이 모두 나타나고 있다. 그러나 오늘날 몽골 국가 나담에서 행하는 활쏘

기의 형태는 '서서 쏘기' 한 종류뿐이다.

참고문헌 박원길 (2000), 「몽골 나담에 관한 역사 · 민속학적 고찰(上)」,『몽골학』10, 한국몽골학회. Б.Орхонсэлэнгэ, Б.Лхагваа, Д.Балдандорж (1995), *Эрийн гурван наадам*, Улаанбаатар. О.Намнандорж (1957), *Сур харвах, намнах тухай*, Улаанбаатар. Ч.Арьясүрэн, Г.Чингэл, Х.Нямбуу (1992), *Монгол ёс заншлын их тайлбар толь(I)*, Улаанбаатар.

사람파이 하르바흐 Сарампай харвах (Sarampai kharvakh)

활쏘기 시합의 한 방식

사람파이 하르바흐는 청나라 때 할흐 몽골 지역에서 행해진 '서서 쏘기' 경기의 하나이다. 40놈(약 60m)의 거리에서 양가죽이나 소가죽을 늘려 만든 과녁에 20개의 화살을 쏘아 맞추는 방식으로 시합이 치러진다.

참고문헌 박원길 (2001), 「몽골 나담에 관한 역사 · 민속학적 고찰(下)」, 『몽골학』11, 한국몽골학회. 大平, 寧導 (1977), 『中國那達慕』, 呼和浩特. Ц.Бат-очир (1996), *Эрийн гурван наадам*, Улаанбаатар.

사수안 Шовхгор бүүрэг эмээл (Shovkhgor büüreg emeel)

몽골의 전통적인 말안장

몽골의 전통적인 말안장인 사수안(射手鞍)은

몽골의 전통 말안장
© 몽골국립역사박물관 소장

앞부분이 솟아 있고 전후의 폭이 짧은 기러기형 모습을 지니고 있다. 몽골어로 '쇼브흐고르 부렉 에멜(shovkhgor büüreg emeel)'이라 부르는 사수안은 파르티안 활쏘기를 구사하기 위해 고안된 안장이다.

참고문헌 박원길 (2008), 「13~14세기 몽골군의 무기와 보급체계의 연구」『배반의 땅과 서약의 호수 - 21세기 한국에 몽골은 무엇인가』, 서울, 민속원.

샬보르 Шалбуур (Shalbuur)

오이라트 씨름에서 착용하는 씨름 바지

서부 몽골의 오이라트 씨름에서 씨름 선수가 입는 바지이다. 통이 약간 넓으며 길이가 길어 무릎 밑 정도까지 내려온다. 내몽골 씨름의 바지와 유사하다.

참고문헌 박원길 (2001), 「몽골 나담에 관한 역사 · 민속학적 고찰(下)」, 『몽골학』11, 한국몽골학회. Г.Батнасан, А.Очир (1987), *Бух ноололдоон*, ШУА, Улаанбаатар.

소욜롱 경주 Соёолон морины уралдаан (Soyoolon moriny uraldaan)

말 경주의 하나

소욜롱 경주는 다섯 살 난 말들이 참가하는 장거리 경주로, 경주 길이는 22~25㎞이다. 소욜롱 경주는 말 경주 중에서 최고의 경주로, 이 경주가 있는 날에는 많은 사람들이 경주를 관람한다. 몽골 사람들에게는 이 경주를 관람하면 일년 운이 좋다는 믿음이 있다.

참고문헌 박원길 (2001), 「몽골 나담에 관한 역사 · 민속학적 고찰(下)」, 『몽골학』11, 한국몽골학회. С.Жамбалдорж (1996), *Морин эрдэнэ*, Улаанбаатар. Ч.Арьясүрэн, Г.Чингэл, Х.Нямбуу

(1992), *Монгол ёс заншлын их тайлбар толь(I)*, Улаанбаатар.

쇼닥 Шуудаг (Shuudag)

할흐의 전통 씨름에서 착용하는 하의

씨름 하의인 쇼닥은 내몽골의 긴 바지형과는 달리 짧은 팬티형으로 되어 있다. 쇼닥에는 사자나 호랑이 등 힘 있는 동물들의 형상이나 강력함을 상징하는 나착도르지(natsagdorj), 아망 후주(aman khüzuu), 호약 헤(khuyag khee) 등의 전통 문양이 묘사되어 있다.

참고문헌 박원길 (2001), 「몽골 나담에 관한 역사 · 민속학적 고찰(下)」, 『몽골학』11, 한국몽골학회. Ж.Дамдин (1971), *Монгол бөх*, Улаанбаатар. Л.Ням-Осор (1964), *Халх бөхийн барилдаан*, Улаанбаатар.

숄보르 Шулбуур (Shulbuur)

부리야트 씨름에서 착용하는 씨름 바지

부리야트 씨름인 조랄당 놀동(zuuraldaa nooloIdoon)에서 착용하는 씨름 바지로, 은제의 둥근 장식(핀)들이 박혀 있다.

참고문헌 박원길 (2001), 「몽골 나담에 관한 역사 · 민속학적 고찰(下)」, 『몽골학』11, 한국몽골학회. МУ-ын ШУА Түүхийн хүрээлэн (1996), *Монгол улсын угсаатны зүй (III, Буриад, Барга, Үзэмчин, Дарьганга, Хотон, Тува-Цаатан, Тува-Малчин, Хамниган ястнуудын угсаатны зүй)*, Улаанбаатар.

슈들렝 경주 Шүдлэн морины уралдаан (Shüdlen moriny uraldaan)

말 경주의 하나

슈들렝 경주는 세 살 난 말들이 참가하는 장거리 경주로, 경주 길이는 14~16㎞이다.

참고문헌 박원길 (2001), 「몽골 나담에 관한 역사 · 민속학적 고찰(下)」, 『몽골학』11, 한국몽골학회. Б.Орхонсэлэнгэ, Б.Лхагваа, Д.Балдандорж (1995), *Эрийн гурван наадам*, Улаанбаатар. С.Жамбалдорж (1996), *Морин эрдэнэ*, Улаанбаатар.

씨름 모자 Жанжин малгай (Janjin malgai)

몽골 전통 씨름에서 착용하는 모자

장씨름을 할 때 착용하는 모자를 '장진 말가이'라고 하는데, 이는 '장군모'라는 뜻이다. 장진 말가이는 세브섹(sevseg)라 불리는 4 조각의 반월형 몸체로 이루어져 있으며 모자 꼭대기에는 투구의 뾰족한 부분을 상징하는 붉은색 삼핀(sampin: 모자 봉오리)이 있다. 그리고 모자의 뒷면에는 두 갈래의 긴 붉은색 술(zalaa)을 붙이고 있다. 장진 말가이는 "4개의 귀를 가진 모자"라는 뜻의 '토비 말가이(tovi malgai)'라고 부르기도 하다.

참고문헌 박원길 (2001), 「몽골 나담에 관한 역사 · 민속학적 고찰(下)」, 『몽골학』11, 한국몽골학회. Ж.Дамдин (1971), *Монгол бөх*, Улаанбаатар. Л.Ням-Осор (1964), *Халх бөхийн барилдаан*, Улаанбаатар.

씨름 우승자에 대한 찬가 Бөхийн магтаал (Bökhiin magtaal)

씨름에서 승리한 사람을 찬미하는 노래

몽골에는 씨름에 대한 찬미시가 아주 많다. 씨름 선수들은 나친으로 등극할 때부터 찬시를 받게 되는데 오늘날 전승되고 있는 대표적인 찬미시를 소개해 보면 다음과 같다.

나친의 칭호(nachny tsol)

새로이 나타나 빛을 발하는 [복받은 매!]
더욱 커지고 강한 힘을 가질 [복받은 매!]
끝없이 자라날 복 받은 매!

장의 칭호(zaany tsol)
찬연한 위광(威光)으로 모든 사람들에게 주목받는 [절세의 기술을 가진 코끼리여!]
비할 바 없는 힘을 자랑하며 끊임없는 투지의 화신과도 같은 절세의 기술을 가진 코끼리여!

아르슬랑의 칭호(arslangiin tsol)
모든 자들에게 믿음을 선사하는 강력한 전사여!
누구도 이길 수 없는 힘과 민첩한 움직임을 지닌 [사자여!]
독수리의 날갯짓을 뽐내는 젊은 사자여!

아바르가의 칭호(avargyn tsol)
항가리드의 날갯짓을 과시하는 이 세상 최고의 역사(力士)여!
모든 자들에게 존경받는 역사 중의 역사, 나담의 우승자여!
완벽한 힘을 지닌 최고의 사나이여!
뛰어난 위력으로 만인에게 기려지는 바다와 같은 아바르가여!

참고문헌 박원길 (2001), 「몽골 나담에 관한 역사 · 민속학적 고찰(下)」, 『몽골학』11, 한국몽골학회. 榮蘇赫(1991), 「蒙古族男子三項那達慕歌」,『内蒙古社會科學』6, Ч.Арьяасүрэн, Г.Чингэл, Х.Нямбуу (1992), *Монгол ёс заншлын их тайлбар толь(I)*, Улаанбаатар.

씨름 우승자의 명칭 Бөхийн цол (Bökhiin tsol)

몽골 씨름의 우승자들에게 내려주는 명예로운 칭호

나담에 참가한 씨름 선수들은 승리의 횟수가 올라감에 따라 명예로운 칭호를 받는다. 씨름의 우승자들에게 칭호를 수여하는 관습은 1633년 정월에 행해진 씨름에서 청나라 태종이 승리를 거둔 몽골인 3명에게 '사자(arslan, 아르슬랑)', '코끼리(zaan, 장)', '호랑이(bars, 바르스)'라는 명칭을 주고 있는 것에서도 잘 나타나듯이 매우 오래된 전통을 가지고 있다. 몽골 씨름에서는 국가 나담이나 지방 나담을 막론하고 참가자 중 64명이 남을 때부터 칭호를 수여하기 시작한다. 즉 64명 이내에 들면 '하르차가(khartsaga: 매의 일종)', 16명 내에 들면 '나친(nachin: 매의 일종)', 4명 내에 들면 '장(zaan: 코끼리)'이란 칭호를 주고 우승자에게는 '아르슬랑(arslan: 사자)'이란 칭호를 수여한다. 또 국가 나담에서 2~3회 우승한 선수에게는 '아브라가(avarga: 전설 속의 뱀)'라는 칭호를 수여한다.

국가 나담이나 지방 나담에서 칭호를 부여받은 선수들은 칭호 앞에 국가[uls]나 지방[sum]의 이름을 붙여 서로를 구별한다. 예를 들면 국가 나담에서 우승한 선수는 '올신 아르슬랑(ulsyn arslan: 국가의 사자)', 지방 나담에서 우승한 선수는 '솜민 장(sumyn zaan: 군의 코끼리)'이라고 불러 양자를 명확히 구분한다. 이 칭호들은 항상 이름에 덧붙여 언급될 만큼 명예로운 것이며 사후에도 효력이 지속된다. 이 칭호들이 얼마나 위대하고 명예로운 것인가는 『만문비당(滿文秘檔)』에 실린 청 태종의 법령에 "[오늘] 이후 [그에게] 내려준 명칭을 부르지 않고 원명을 부르는 자는 죄에 처한다."라고 규정해 놓은 것에서도 그 일단을 엿볼 수 있다.

참고문헌 박원길 (2001), 「몽골 나담에 관한 역사 · 민속학적 고찰(下)」, 『몽골학』11, 한국몽골학회. Ж.Дамдин (1971), *Монгол бөх*, Улаанбаатар. З.Дагва (1997), *Монгол бөхийн цомог*,

Улаанбаатар. Л.Ням-Осор (1964), *Халх бөхийн барилдаан*, Улаанбаатар.

씨름 춤 ᠪᠥᠬᠡ ᠶᠢᠨ ᠳᠡᠪᠡᠯᠲᠡ Бөхийн дэвэлт (Bökhiin develt)

몽골 전통 씨름에서 행하는 춤 동작

몽골 씨름에서 가장 주목받고 있는 분야의 하나가 경기 전후에 벌이는 선수들의 춤 동작이다. 몽골 씨름꾼들은 출전이나 승리 후 무언가를 상징하는 무릎 두드림과 날갯짓을 하고 있다. 몽골국 학자인 체. 아리야수렝 등은 씨름의 기원이 동물을 잡아 넘어뜨리거나 묶어 두는 행위에서 비롯되었다고 간주하고 있다. 즉 생존을 위한 일종의 격투술에서 비롯된 것이 이후 자손들로의 전수 과정에서 점차 놀이로 바뀌게 되었다고 보고 있다. 그리고 오늘날 보이는 선수들의 기묘한 동작들은 바로 그 전수 과정에서 가르친 기술을 형상화한 것이라고 해석하고 있다. 체. 아리야수렝 등은 몽골 씨름 선수들이 벌이는 춤 동작은 바로 조류 사냥에 사용된 하르차가(khartsaga: 매의 일종), 숑호르(shonkhor: 송골매), 나친(nachin: 매의 일종) 등의 모습을 상징화한 것이라고 설명하고 있다.

몽골 씨름에서 행하는 춤 동작들은 각각의 상징적인 의미가 있다. 매의 분신이 된 씨름 선수는 씨름판에 입장하여 자기의 심판에게 가기 전에 먼저 엉덩이나 무릎을 3번 두드리는 행위를 취한다. 이를 '힘을 보인다(khüchee üzeye)'라고 한다. 엉덩이나 무릎을 세 번 두드리는 이유는 '3'이 '힘'을 상징하는 숫자이기 때문이다. 심판에게 도달한 다음 그는 심판의 어깨에 한 손을 얹고 다른 손을 쳐들어 날갯짓을 하며 심판의 주위를 돈다. 그리고 그 손을 다시 심판의 어깨 위에 내린 뒤 두 발을 힘껏 땅에 내리밟는다. 이 모습은 주인의 어깨 위에 묶여 있는 매가 사냥을 나가기 전에 참기 어려운 열망의 몸부림을 상징한다.

이후 심판이 선수에게 '(놓을까? tavikh uu)'라고 물으면 '(놓아: taviya aa)'라고 하면서 모자를 벗어 심판에게 맡긴다. 이 행위는 바로 끈에 묶인 동물을 '풀어 줄까?'라고 말하는 것을 상징한다. '놓아라'라고 말할 때 심판이 모자를 갖는 것은 새들의 눈에 씌운 안대를 풀어 주는 것을 상징한다. 또 심판은 선수를 놓으면서 "저들 저들은 어떤 씨름꾼들인가"라고 말하는데 이는 사냥감인 새를 식별한다는 의미이다.

심판으로부터 떨어진 선수들은 앞을 향해 날아오르듯 달려나가는 행동을 취한다. 그리고 뛰어 오른 상태에서 땅을 바라보며 새처럼 날갯짓을 한다. 날갯짓은 몽골 씨름의 정수이자 예술과 같은 것으로 이 씨름 선수들의 날갯짓을 흔히 '항가리딘 데벨트(Khangardiin develt)'라고 부른다. 그리고 자기의 힘을 과시하는 땅, 즉 상대 선수를 만나면 먼저 무릎 앞뒤를 한번씩 두드린다. 이것은 넘어지거나 넘어뜨려도 유감이 없다는 의미이다. 두 번을 두드리는 이유는 몽골인들이 '2' 라는 숫자를 화합이나 평등한 권리를 상징하는 것으로 간주하고 있기 때문이다. 이러한 습속은 몽골인들이 친구와 헤어질 때 서로 두 개의 돌이나 두 개의 샤가(동물의 복사뼈)를 바꾸어 가지고 가는 '엡태 바이야(evtei baiya : 서로를 회상하면서 가자)'라는 사고방식과도 일치한다.

씨름 경기의 진행에 따라 지고 이기는 자가 발생한다. 이긴 자들은 승리의 횟수에 맞추어 제각기 다른 새의 날갯짓을 하는 흥미로운 전통을 가지고 있다. 또 승리의 횟수에 따른 날갯짓을 '바가(baga)', '돈드(dund)', '항갈(khangal)', '이흐(ikh)' 라고 구분한다. 예컨대 128명에 이를 때까지 행하는 날갯짓은 모두 '바가 데벨트(baga develt)'라 부른다. 그리고 64명 남았을 때 선수들은 하르차가, 숑호르의 날갯짓을 하며 16명 남았을 때에는 나친의 날갯짓을 한다. 이것을 '돈드 데벨트(dund develt)'라고 한다.

또 4명 남았을 때에는 전설의 새인 항가리드(Khan gardi)의 날갯짓을 한다. 이를 '이흐 데벨트(ikh develt)'나 '항갈 데벨트(khangal develt)'라고 부른다. '이흐 데벨트'는 하르차가부터 항가리드에 이르는 서로 다른 형태의 날갯짓을 하나씩 반복하는 네 번의 날갯짓을 한다. 이로 인해 몽골인들은 씨름이 벌어지는 곳에 늦게 오더라도 선수들의 날갯짓을 보면 어디까지 씨름이 진행되었다는 것을 손쉽게 파악할 수 있다.

몽골 씨름 춤 ©장장식, 2001

참고문헌 박원길 (2001), 「몽골 나담에 관한 역사 · 민속학적 고찰(下)」, 『몽골학』11, 한국몽골학회. Л.Ням-Осор (1964), *Халх бөхийн барилдаан*, Улаанбаатар. Н.Зоригтбаатар (1992), *Гайхамшигт монгол бөх*, Улаанбаатар.

아르딩 자스깅 나담

Ардын засгийн наадам (Ardin zasgiin naadam)

1921년 사회주의 인민 혁명 때 행한 나담

아르딩 자스깅 나담은 말 그대로 몽골의 사회주의 혁명과 깊은 관계를 가지고 있는 나담이다. 몽골의 독립 영웅인 수흐바타르(D. Sükhbaatar)는 소비에트 적군의 지원 하에 1921년 6월 인민혁명군을 거느리고 몽골과 소련의 국경 도시인 알탄볼락(Altanbulag)으로부터 다 후레(Da khüree: 오늘날의 울란바타르)로의 진군을 결의했다. 그는 진군에 앞서 인민혁명군들에게 앞으로 이곳에서 승리의 나담을 거행하자고 제안했다. 소비에트 적군의 지원을 받은 몽골의 인민혁명군은 그 해 7월 11일 다 후레에를 해방시키는 데 성공했다. 그리고 그해 9월말 알탄볼락의 남쪽에 위치한 솔다트 톨고이(Soldat tolgoi) 언덕의 군대 오보(tsergiin ovoo)에 제사를 지낸 뒤 인민혁명 성공 후의 최초의 나담을 행했다. 이것이 '인민정부의 나담'이란 뜻을 지닌 '아르딩 자스깅 나담'이다. 이 나담의 명칭은 곧 '아르딩 자스깅 질루데드 체르깅 나담(ardyn zasgiin jiluuded tsergiin naadam)'으로 개칭되었다.

참고문헌 박원길 (2000), 「몽골 나담에 관한 역사 · 민속학적 고찰(上)」,『몽골학』10, 한국몽골학회. 박원길 (2001), 「몽골 나담에 관한 역사 · 민속학적 고찰(下)」, 『몽골학』11, 한국몽골학회. 大平, 寧導 (1977), 『中國那達慕』, 呼和浩特. Б.Орхонсэлэнгэ, Б.Лхагваа, Д.Балдандорж (1995), *Эрийн гурван наадам*, Улаанбаатар. Ц.Бат-очир (1996), *Эрийн гурван наадам*, Улаанбаатар.

아르방 자스깅 나담

Арван засгийн наадам (Arvan zasgiin naadam)

외몽골의 활불 지도자인 자나바자르(Zanabazar)를

기리기 위해 1924년까지 존속된 나담

아르방 자스깅 나담은 투시에트칸부에 소속된 10기(旗)의 봉건 영주(Jasag)와 귀족(noyon)들이 몽골 불교의 지도자인 자나바자르, 즉 젭춘담바 코톡토에게 성스러운 만다라를 만들어 바치면서 벌였던 나담이다. 이 나담은 1772년부터 동몽골의 세첸칸부 및 복드칸(Bogd khan: 활불) 직할령의 3개의 샤비(shavi) 지역 불교 지도자들까지 참여하는 대규모의 나담으로 성장했다. 또 참여 범위의 확대와 함께 몽골의 성산인 복드한(Bogd khan), 헨티한(Khentii khan) 산까지 제사 지내는 기능도 겸하게 되었다. 그 때문에 이 나담은 '복드한, 헨티한 올 나담(Bogd khan, Khentii khan uulyn naadam)'이라는 이름으로도 불리게 되었다. 아르반 자스긴 나담은 1819년을 전후로 자삭토칸부나 사인노욘칸부 및 복드한 직할령의 여타 샤비 지역 소속의 선수들도 참가하는 전국적인 나담으로 변모되었다. 이 나담은 1924년까지 존속되었다. 샤비(shavi)란 원래 '제자'란 뜻이지만 티베트 불교 전입 이후 '불제자'를 의미하는 뜻으로 주로 사용되었다. 몽골의 라마교 사원에는 그에 소속된 유목지나 예속 목민(Albat)이 있는데 이를 샤비 호쇼(shavi khoshuu)라 부른다. 이 나담은 1924년까지 존속되다가 1925년 아르딩 자스깅 나담과 합쳐져 오늘날의 나담이 되었다.

참고문헌 박원길 (2000), 「몽골 나담에 관한 역사 · 민속학적 고찰(上)」,『몽골학』10, 한국몽골학회. 박원길 (2001), 「몽골 나담에 관한 역사 · 민속학적 고찰(下)」, 『몽골학』11, 한국몽골학회. 大平, 寧導(1977), 『中國那達慕』, 呼和浩特. Б.Орхонсэлэнгэ, Б.Лхагваа, Д.Балдандорж (1995), 『Эрийн гурван наадам』, Улаанбаатар. Ц.Бат-очир(1996), 『Эрийн гурван наадам』, Улаанбаатар.

아즈라가 경주 Азарганы уралдаан (Azargany uraldaan)

말 경주의 하나

아즈라가 경주는 종마(種馬)들이 참가하는 장거리 경주로, 경주 길이는 22~25㎞이다. 아즈라가 경주는 이흐 나스 경주와 함께 인기가 높은 경주이다.

참고문헌 박원길 (2001), 「몽골 나담에 관한 역사 · 민속학적 고찰(下)」, 『몽골학』11, 한국몽골학회. Б.Орхонсэлэнгэ, Б.Лхагваа, Д.Балдандорж (1995), *Эрийн гурван наадам*, Улаанбаатар. С.Жамбалдорж (1996), *Морин эрдэнэ*, Улаанбаатар.

알드 Алд (Ald)

몽골의 활쏘기에서 사용되는 길이의 단위

알드(ald)란 두 손을 좌우로 쭉 펼친 상태에서 중지와 중지 사이의 길이를 나타내는 몽골의 전통적인 척도로, 그 길이는 약 150~175㎝이다. 한국의 전통 길이 단위인 '발'과 같다.

참고문헌 О.Намнандорж (1957), *Сур харвах, намнах тухай*, Улаанбаатар.

오르도스 씨름 Ордос бөх (Ordos bökh)

내몽골의 오르도스 부족에서 행하던 씨름

오르도스 씨름은 동부형 씨름에 속한다. 씨름 복장은 씨름 하의가 바지 형태라는 것을 제외하고는 할흐 몽골의 복장과 일치한다. 씨름 형태에서 일부 지역에서는 한국처럼 샅바를 매고 경기에 임하는 경우도 있다.

참고문헌 박원길 (2001), 「몽골 나담에 관한 역사 · 민속학적 고찰(下)」, 『몽골학』11, 한국몽골학회. 楊道爾吉 (1993), 『鄂爾多斯風俗錄』, 呼和浩特.

오이라트 씨름 Ойрадын бух ноололдоон (Oiradyn bukh noololdoon)

서부 몽골의 오이라트 부족에서 행하던 씨름

'소싸움'이란 뜻을 지닌 보흐 놀동은 웃통을 벗은 상태에서 샬보르(shalbuur)라 불리는 긴 씨름 바지를 입고 맨발로 경기를 벌여 어깨가 땅에 닿는 것으로 승패를 가리는 경기이다. 이 씨름은 경기 방식의 특성상 선발된 씨름꾼이라 하더라도 많은 횟수를 할 수 없기 때문에 통상 바흘로르-아르반(bakhluur arvan), 돈드 아르반(dund arvan), 아다그 아르반(adag arvan) 이라는 3회식 방식을 택한다. 이 씨름은 흉노의 전통을 계승한 서부형 씨름에 속하며, 오늘날의 자유형 레슬링과 매우 유사하다.

참고문헌 박원길 (2001), 「몽골 나담에 관한 역사 · 민속학적 고찰 (下)」, 『몽골학』11, Г.Батнасан, А.Очир (1987), *Бух ноололдоон*, ШУА, Улаанбаатар.

오하이 Уухай (Uukhai)

활쏘기 경기를 할 때 벌어지는 합창

나담의 활쏘기에서 주목되는 것이 활쏘기 전후에 벌어지는 합창이다. 이 합창을 오하이라 부르는데 오하이에는 활을 쏘기에 앞서 부르는 오하이, 과녁에 맞춘 것을 축하하는 축복의 오하이, 화살을 맞은 표적의 오하이라는 3개의 오하이가 있다. 일부 학자들은 이 습속이 고대 몽골군의 군사 신호에서 유래했을 것으로 추측한다.

참고문헌 박원길 (2001), 「몽골 나담에 관한 역사 · 민속학적 고찰(下)」, 『몽골학』11, 한국몽골학회. 大平, 寧導(1977), 『中國那達慕』, 呼和浩特. Ц.Бат-очир (1996), *Эрийн гурван наадам*, Улаанбаатар.

올싱 바야르 나담 Улсын баяр наадам (Ulsyn bayar naadam)

1925년 기존 행해지던 아르반 자스긴 나담과 아르딘 자스긴 질루데드 체르긴 나담을 합쳐 만든 나담. 몽골 최대의 나담으로 발전하였다.

1925년 몽골 인민정부는 아르방 자스깅 나담과 체르깅 나담을 합쳐 명실상부한 몽골 최대의 나담을 출범시켰다. 그리고 명칭도 '국가의 경사스러운 나담'이란 뜻인 올싱 바야르 나담(ulsyn bayar naadam)으로 정했다. 또 나담의 개막일도 울란바타르(다 후레)의 해방일을 기념하여 매년 7월 11일로 고정시켰다. 이것이 바로 오늘날 세계적으로 매우 유명한 축제의 하나인 울란바타르 나담의 전신이다.

참고문헌 박원길 (2000), 「몽골 나담에 관한 역사 · 민속학적 고찰(上)」,『몽골학』10, 한국몽골학회. 박원길 (2001), 「몽골 나담에 관한 역사 · 민속학적 고찰(下)」, 『몽골학』11, 한국몽골학회. 大平, 寧導(1977), 『中國那達慕』, 呼和浩特. Б.Орхонсэлэнгэ, Б.Лхагваа, Д.Балдандорж (1995), *Эрийн гурван наадам*, Улаанбаатар. Ц.Бат-очир (1996), *Эрийн гурван наадам*, Улаанбаатар.

우승마 입상 의식 Айргийн тав (Airgiin tav)

말 경주에서 입상하는 말들에게 행하는 의식

결승점에 도달한 말들은 1등서부터 25등까지 순위를 부여받는다. 첫 번째의 준마가 들어오면 사람들은 모린 호르(morin khuur: 마두금)의 반주에 맞추어 '홀치모리(kholch mori)'라는 노래를 합창한다. 이는 우승자와 말에 대한 전통적인 습속이다. 일부 지방에서는 이 노래를 '조농 하르(jonon khar)'라고 부른다. 각 경주에서 우승한 말에게는 '투멘니 에흐(tümnii ekh: 만 마리 말의 으뜸)'라는 칭호가 부여되며 결승점에 도달한 모든 말들에게도 '부렌 자르갈(büren jargal: 모두 복 받은 말)'이라는 칭호를 수여한다.

각 경주의 입상은 큰 경주일 경우 25등까지이며 각 등수에 따라 아름다운 이름들이 수여된다. 입상 의식은 '아이르긴 탑(Airgiin tav)'이라 하여 우승마부터 5등까지 입상한 말에 한해 행해진다. 우승마를 비롯한 5등까지의 말은 광장을 3번 돌면서 그 우아한 자태를 과시한 뒤 고삐를 높이 들고 찬시와 함께 말젖술이 머리와 엉덩이에 뿌려진다. 그리고 어린 기수와 말의 주인에게도 말젖술이 하사된다. 우승마들은 이마에 메달을 부착하는데 뛰어난 준마의 경우 매우 많은 메달을 이마에 주렁주렁 매달고 있다. 나담에서 입상한 말들에게 내려주는 칭호(moriny tsol)과 찬사(yörool magtaal)는 몽골 문학의 정수를 보는 것처럼 매우 서정적이며 아름답다. 또 몽골인들은 말을 사랑하는 민족답게 그 지방에서 배출한 명마를 기념하기 위해 말의 칭호를 지역명으로 삼는 경우도 흔하다. 오늘날 몽골의 지명 중의 '아르바이 헤르(arvai kheer)'나 '후흥 홍고르(khüükhen khongor)' 등이 바로 그 한 예이다.

참고문헌 박원길 (2001), 「몽골 나담에 관한 역사 · 민속학적 고찰(下)」, 『몽골학』11, 한국몽골학회. БНМАУ-ын шинжлэх ухааны академи хэл зохиолын хүрээлэн (1982), *Арван гурван хүлгийн дуун (Ойрд аман зохиолын цоморлог)*, Улаанбаатар. Ч.Арьясүрэн, Х.Нямбуу (1992), *Монгол ёс заншлын их тайлбар толь*, Улаанбаатар.

우젬친 씨름 Үзэмчин бөх (Üzemchin bökh)

동몽골의 우젬친 부족에서 행하던 씨름

우젬친 씨름은 동부형 씨름에 속한다. 그러나 세부적으로 씨름 규칙, 의상 등 몽골의 여타 부족들에게 찾아볼 수 없는 그들만의 독특한 성격이 존재한다. 우젬친 씨름의 가장 큰 특징은 손은 손으로 발은 발로만 겨룬다는 점이다. 즉 손으로는 상대편의 씨름 상의인 조독만을 잡을 수 있으며 허리 아래를 잡을 경우에는 실격된다. 이는 대몽골제국의 씨름 규칙인 "경기는 서로 다리를 잡지 않는 조건으로 한다."라는 말을 상기시키게 하는데 디산(T. Disan)과 같은 학자들은 우젬친 씨름이 고대 몽골인들의 씨름 규칙을 상당 부분 계승하고 있다고 간주하고 있다. 우젬친 씨름에서 주로 사용되는 기술은 손보다는 발에 관련된 기술이며 그 중 가장 대표적인 것이 '발로 미는 기술(khöloor khayakh mekh)'이다. 심판은 특별히 임명된 자가 행하며 판정을 내리는 것을 '톨가흐(tulgakh)'라고 부른다. 우젬친 씨름에서는 경기를 관전할 때 떠들고 웃는 것이 금지되며 또 경기 중간에 자리를 뜰 수가 없는 등 매우 엄숙한 분위기에서 진행된다.

참고문헌 박원길 (2001), 「몽골 나담에 관한 역사 · 민속학적 고찰(下)」, 『몽골학』11, 한국몽골학회. МУ-ын ШУА Түүхийн хүрээлэн (1996), *Монгол улсын угсаатны зүй (III, Буриад, Барга, Үзэмчин, Дарьганга, Хотон, Тува-Цаатан, Тува-Малчин, Хамниган ястнуудын угсаатны зүй)*, Улаанбаатар. П.Төмөр, Ө.Содном (1986), *Үзэмчин бөх*, ӨМХ.

유목 민족의 활 Нүүдэлчдийн нум сум (Nüüdelchdiin num sum)

유목 민족이 사용해 온 활

일반적으로 활은 1.8m를 기준으로 장궁(長弓)과 단궁(短弓)으로 나뉘며 재료에 따라 크게 단궁(單弓=單板弓)과 복합궁(複合弓=合板弓)으로 분류된다. 단궁(單弓)은 나무나 대나무의 단일 재료로 만들어진 활이며 복합궁은 두 종류 이상의 재료로 만들어진 활이다.

최초의 유목 제국인 흉노에서부터 몽골에 이르는 역대 유라시아 기마 민족들의 활은 말 위에서 화살을 발사하는 '파르티안 활쏘기[Parthian shaft]', 즉 기마사법에 알맞게 길이가 1.5~1.6m 정도의 단궁(短弓) 계열이며 재료 면에서는 모두 복합궁에 속한다. 활은 전투용과 수렵용의 2 종류가 있으며 화살은 사용 용도에 따라 다양한 종류가 있다. 역대 북방 민족 중 활과 화살의 기술이 가장 정점에 달한 시기는 13세기의 대몽골제국 때이다. 1932년 고고학적인 출토물을 근거로 흉노의 활을 복원한 바 있는 알푈디(Alföldi)와 J. 웨르네르(Werner)의 연구 보고서에 따르면 흉노의 전투용 활은 길이가 140~160㎝이고 스키타이나 몽골의 활처럼 이중 꺾임[double curve]구조를 가지고 있으며 후대 몽골의 활과 같이 심줄과 뼈를 사용하여 강도를 높인 것으로 나타났다.

몽골의 활은 나무로 틀을 잡고 양면에 동물의 뿔과 심줄을 끓여 압축해 붙인 형태를 가지고 있다. 즉 시위를 당기는 쪽에 압축성이 매우 뛰어난 소나 산양의 뿔을 가공해 붙이고 그 반대쪽에 신축성이 강한 심줄을 붙이고 있다. 그리고 접착력을 높이기 위해 활 전체를 나무껍질로 말아 감으며 온도의 변화를 예방하기 위해 도료를 칠한다. 흉노의 고분에서는 전투용 활과 함께 부장된 사냥용 활이 출토되었는데, 고대 몽골에서도 그 존재가 확인되고 있다. 사냥용 활은 고고학적 유물이나 『몽골비사』 등의 문헌에 기록된 것을 참조로 할 경우 전투용 활과는 달리 이중 꺾임 구조가 아닌 C-형 구조를 가지고 있다고 판단된다.

활을 제작하는 모습 © 박원길, 2005. 11.

참고문헌 O.J.Maenchen-Helfen (1973), *The World of the Huns - Studies in Their History and Culture -* , Berkeley and London, 岩村忍 (1968), 『モンゴル社會經濟史の硏究』, 京都.

이흐 나스 경주

Их насны морьдын уралдаан (Ikh nasny moridyn uraldaan)

말 경주의 하나

이흐 나스 경주는 6세 이상의 말들이 참가하는 장거리 경주로, 경주 길이는 25~30㎞이다. 이흐 나스 경주는 아즈라가 경주와 함께 인기가 높은 경주이다.

참고문헌 박원길 (2001), 「몽골 나담에 관한 역사 · 민속학적 고찰(下)」, 『몽골학』11, 한국몽골학회. Б.Орхонсэлэнгэ, Б.Лхагваа, Д.Балдандорж (1995), *Эрийн гурван наадам*, Улаанбаатар. С.Жамбалдорж (1996), *Морин эрдэнэ*, Улаанбаатар.

이흐 데벨트 Их дэвэлт (Ikh develt)

몽골 전통 씨름 때 행하는 춤 동작의 하나

몽골 씨름에서 이긴 자들은 승리의 횟수에 맞추어 제각기 다른 새의 날갯짓을 하는 전통을 지니고 있다. 이흐 데벨트는 참가한 씨름 선수가 4명만 남았을 때 행하는 날갯짓이다. 선수들은 먼저 하르차가, 숑호르, 나친의 춤 동작을 취한 다음 네 번째로 전설의 새인 항가리드의 날갯짓을 한다. 이흐 데벨트는 '항갈 데벨트(khangal develt)'라고도 불린다.

참고문헌 박원길 (2001), 「몽골 나담에 관한 역사 · 민속학적 고찰(下)」, 『몽골학』11, 한국몽골학회. Л.Ням-Осор (1964), *Халх бөхийн барилдаан*, Улаанбаатар. Н.Зоригтбаатар (1992), *Гайхамшигт монгол бөх*, Улаанбаатар.

자솔 Засуул (Zasuul)

몽골 씨름의 심판관

몽골 씨름에서 선수들의 현란한 날갯짓과 함께 또 하나 이채를 띠는 것이 선수들의 주변에 포진된 심판들과 우승자들에게 부여하는 칭호이다. 몽골 씨름은 선수마다 한 명씩의 심판, 즉 자솔치가 조언자 겸 심판관으로 따라 붙는다. 이들은 과거에 모두 씨름 칭호(bökh tsollokh)를 부여받은 바 있는 유명한 선수들로 지역 사회에서 매우 존경받는 인물들이다. 이들은 선수들이 시합하기 전 우렁찬 목소리로 선수들의 출신 지역 및 능력을 장엄하게 칭송한다. 그리고 씨름을 하는 동안 선수들의 모자를 들고 주위를 돌면서 조언과 함께 승패의 판정을 내린다.

이들은 선수들이 씨름을 할 때 무엇보다도 선수들의 다리를 주시한다. 몽골 씨름은 오래 대치하다가도 순식간에 동시에 넘어지면서 승패의 결정이 나는 경우가 많다. 따라서 다리의 모양새는 판정 시비가 날 때 가장 중요한 판단 근거가 된다. 이로 인해 이들을 '헐링 체츠(khöliin tsets)'라고 부르기도 한다. 몽골 씨름에서 심판의 역할은 상담·조언·판정을 모두 겸하고 있는 특성을 보인다. 매우 기묘한 느낌을 들게 하는 이러한 복합적인 성격은 심판과 선수가 '매의 주인'과 '매'라는 상징 관계에서 유래된 것이 아닌가 한다.

참고문헌 박원길 (2001), 「몽골 나담에 관한 역사 · 민속학적 고찰(下)」, 『몽골학』11, 한국몽골학회. Г.Эрдэнэ (1992), *Барилдах ур*, Улаанбаатар.

조독 Зодог (Zodog)

할흐의 전통 씨름에서 착용하는 상의

씨름 상의인 조독은 근육질의 몸매를 과시할 수 있도록 배와 가슴 부분이 터져 있으며 조독의 하단에 달린 두 개의 끈으로 배꼽 근처에서 얽어맨다. 조독에는 사자나 호랑이 등의 힘 있는 동물들의 형상, 강력함을 상징하는 나착도르지(natsagdorj), 아망 후주(aman khüzüü), 호약 헤 (khuyag khee) 등의 전통 문양이 묘사되어 있다.

참고문헌 박원길 (2001), 「몽골 나담에 관한 역사 · 민속학적 고찰(下)」, 『몽골학』11, 한국몽골학회. Ж.Дамдин (1971), *Монгол бөх*, Улаанбаатар. Л.Ням-Осор (1964), *Халх бөхийн барилдаан*, Улаанбаатар.

조로 모리 Жороо морь (Joroo mori)

낙타와 같은 방법으로 달리는 말이나 말의 주법. 한자어로는 '측대보(側對步)'라 한다.

조로 모리 주법(走法)은 파르티안 활쏘기[parthian shaft; 뒤로 활 쏘는 법]를 구사하기 위해 말의 반동을 제어하기 위해서 고안

된 주법이다. 달릴 때 상하의 진동이 없이 아주 매끄럽게 달리는 이 주법을 가장 잘 구사하는 말들이 몽골 고원에 서식하는 중형마들이다. 북방 유목 민족의 중형마들이 뛰어난 전마로서의 명성을 가지며 세계를 제패할 수 있었던 원인의 하나가 바로 이 주법을 구사할 수 있었기 때문이었다. 조로 모리 주법을 구사하는 말들에게는 그 주법에 어울리는 승마 방식이 필요한데, 그것이 양발로 발걸이를 확실히 누르고 거의 좌측으로 기우는 감이 있게 허리를 들어 올리는 방식이다. 그러나 조로 모리 주법은 말에게 부자연스러운 주법인 만큼 피로가 빨리 올 수밖에 없다. 따라서 북방 유목 민족들은 말의 피로를 막기 위해 항상 교체할 수 있는 종마(從馬)들을 데리고 다니지 않으면 안 되었다. 고대 몽골군의 경우 최소 2~3마리부터 최대 6~7마리까지의 종마를 거느리고 있는데 이는 바로 조로 모리 주법으로 인한 말의 피로를 방지하기 위해서 나타난 현상이다. 조로 모리는 그 뛰는 양식에 따라 다시 세밀하게 구분되는데, 오늘날 몽골 지역에서 가장 유명한 조로 모리의 산지는 서부 알타이 지방이다.

참고문헌 박원길 (2001), 「몽골 나담에 관한 역사 · 민속학적 고찰(下)」, 『몽골학』11, 한국몽골학회. Б.Орхонсэлэнгэ, Б.Лхагваа, Д.Балдандорж (1995), *Эрийн гурван наадам*, Улаанбаатар. С.Жамбалдорж (1996), *Морин эрдэнэ*, Улаанбаатар. 後藤富男 (1968), 『内陸アジア遊牧民社會の研究』, 東京.

차착 Цацаг (Tsatsag)

부리야트 씨름 신발에 장식된 관모

부리야트에서 씨름 경기를 할 때 착용하는 씨름 신발에 부착된 관모(冠毛)를 차착이라 한다.

참고문헌 박원길 (2001), 「몽골 나담에 관한 역사 · 민속학적 고찰(下)」, 『몽골학』11, 한국몽골학회. МУ-ын ШУА Түүхийн хүрээлэн (1996), *Монгол улсын угсаатны зүй (III, Буриад, Барга, Үзэмчин, Дарьганга, Хотон, Тува-Цаатан, Тува-Малчин, Хамниган ястнуудын угсаатны зүй)*, Улаанбаатар.

체르깅 나담 Цэргийн наадам (Tsergiin naadam)

1921년 사회주의 인민혁명 때 행한 '아르딩 자스긴 나담'을 전국 규모로 확대하면서 바꾼 명칭

1921년의 인민혁명 승리 후 인민정부는 기존의 '아르딩 자스깅 나담'을 '체르깅 나담(ardyn zasgiin jiluuded tsergiin naadam)'으로 개칭하여 규모를 확대시켰다. 이 나담은 1924년까지 행해졌으며 이후 '올싱 바야르 나담(ulsyn bayar naadam)'에 흡수되었다.

참고문헌 박원길 (2000), 「몽골 나담에 관한 역사 · 민속학적 고찰(上)」,『몽골학』10, 한국몽골학회. 박원길 (2001), 「몽골 나담에 관한 역사 · 민속학적 고찰(下)」, 『몽골학』11, 한국몽골학회. 大平, 寧導 (1977), 『中國那達慕』, 呼和浩特. Б.Орхонсэлэнгэ, Б.Лхагваа, Д.Балдандорж (1995), 『Эрийн гурван наадам』, Улаанбаатар. Ц.Бат-очир (1996), *Эрийн гурван наадам*, Улаанбаатар.

칭기스칸 비문 Чингисийн чулууны бичиг (Chingisiin chuluunii bichig)

몽골 제국 시대의 활쏘기 대회가 기록되어 있는 비문

예숭게 기공비라고도 하는 칭기스칸 비문은 1224년 칭기스칸이 서정에서 돌아와 제국의 서부 지역인 보카 소치카이(Bukha Sochigai)에서 코릴타 및 축제를 벌일 때 원거리 사격 대회에서 우승한 예숭게가 그것을 기념하기 위하여 자기의 본거지인 동몽골의 어를렁거

(Örlöngö) 강 부근에 세운 비문이다. 예숭게 기공비는 비문에 최초로 등장하는 칭기스칸의 이름을 따 칭기스칸 비석[Chinggis Khan Stone]이라고 불리기도 한다. 이 비문은 현존 최고의 몽골 비문으로 위구르자 몽골문으로 깊게 새겨져 있다. 19세기 초에 발견된 이 비문은 1818년 최초로 학계에 소개되었으며 1829년 상트 페테르부르크로 이관되었다. 현재는 러시아의 에르미타쥐 박물관에 소장되어 있다. 비문의 내용은 다음과 같다.

> 칭기스칸이 사르톨 백성이 있는 곳으로 돌아와 하마(下馬)하여 모든 몽골국의 귀족들을 보카 소치카이에 모았을 때 예숭게는 멀리 나가는 화살로 335알드를 쏘았다.

이 비문의 존재는 대규모 원정을 자주 벌였던 당시의 몽골인들에게 원거리 사격 대회가 매우 중시되었으며 그곳에서의 우승이 큰 영광이라는 것을 보여 주고 있다. 위 비문에 등장하는 알드(ald)란 두 손을 좌우로 쭉 펼친 상태에서 중지와 중지 사이의 길이를 나타내는 몽골의 전통적인 척도로 그 길이는 약 150~175㎝이다. 335알드는 5,000~5,800m에 해당한다.

참고문헌 愛宕松男 (1939), 「所謂"成吉思汗碑名"に對する諸研究について-クリュ-キンの論文の飜譯紹介を中心として-」,『東洋史研究』4-3, 杉山正明 (1996), 『モンゴル帝國の興亡(下)』, 東京. 박원길 (2000), 「몽골 나담에 관한 역사 · 민속학적 고찰(上)」, 『몽골학』10, 한국몽골학회.

타힘 아바흐 Тахим авах (Takhim avakh)

씨름에서 이긴 후 행하는 우승 의식

씨름에서 승패는 피할 수 없다. 몽골에서는 상대 선수를 넘어뜨리는 것을 '오르히흐(orkhikh: 마치다)'라고 부른다. 몽골의 민속학자인 헤. 다람바자르는 '이기다'라는 말을 쓰지 않은 이유에 대해 서로가 서로를 존경하고 있기 때문이라고 해석하고 있다. 승리한 선수들은 날갯짓을 3번 하면서 패배한 선수에게로 가면 패배한 선수는 배에 맨 조독의 끈을 풀고 오른쪽 손을 들어 이긴 선수의 머리 위로 넘기는 동작을 취한다. 이는 자기의 타힘(takhim: 무릎 관절)을 상대편에게 주면서 패배를 인정하는 상징적인 의식이다.

이긴 자는 타힘을 가지고 심판에게 가 모자를 돌려받아 쓴 뒤 깃발이 있는 곳에 가 새의 날갯짓을 하며 그 주위를 돈다. 경기에서 승리하여 깃발을 돌고 온 선수들은 승리의 횟수에 관계없이 경기장의 가운데에 쳐진 천막으로 와 말젖술을 한 사발 먹은 다음 판에 놓인 아롤(aaruul: 치즈의 일종)이나 뱌슬락(byaslag : 치즈의 일종)를 집어 몇 개를 하늘을 향해 던진다. 그리고 나머지 것은 땅에 떨어뜨리지 않도록 꼭 움켜잡고 되돌아간다. 꼭 움켜잡는 행위는 마치 매의 동작을 연상시킨다. 또 선수들은 자기를 환호하는 관중들에게도 아롤 등을 던지는데 이 때 사람들도 아롤이 땅에 떨어지기 전에 공중에서 움켜잡는다. 이 역시 매의 행위를 상징하고 있다.

참고문헌 박원길 (2001), 「몽골 나담에 관한 역사 · 민속학적 고찰(下)」, 『몽골학』11, 한국몽골학회. Г.Эрдэнэ (1992), *Барилдах ур*, Улаанбаатар.

톨가흐 Тулгах (Tulgakh)

우젬친 씨름에서 심판관이 내리는 판정

우젬친 씨름은 동부형 씨름에 속하지만 세부적으로 씨름 규칙, 의상 등 그들만의 독특한 성격이 존재한다. 특히 고대 몽골의 씨름처럼 발에 관련된 기술이 발달해 있어 엄격한 판정이 필요한 경우가 많다. 이로 인해 심판은 특별히 임명된 자가 행하며 판정을 내리는 것을 톨가흐(tulgakh)라고 부른다.

참고문헌 박원길 (2001), 「몽골 나담에 관한 역사 · 민속학적 고찰(下)」, 『몽골학』11, 한국몽골학회. МУ-ын ШУА Түүхийн хүрээлэн (1996), *Монгол улсын угсаатны зүй (III, Буриад, Барга, Үзэмчин, Дарьганга, Хотон, Тува-Цаатан, Тува-Малчин, Хамниган ястнуудын угсаатны зүй)*, Улаанбаатар. П.Төмөр, Ө.Содном (1986), *Үзэмчин бөх*, ӨМХ.

투멘니 에흐 Түмний эх (Tümnii ekh)

말 경주 때 부르는 전통 노래

말 경주에 참가하는 어린 기수들은 저마다 독특한 출정복(yoslolyn deel khantaaz)과 장군모(janjin malgai)를 착용하고 손에 기(旗)를 잡고 행사장으로 들어온다. 그리고 이들을 이끄는 선두 말을 따라 행사장을 3번 돈다. 오늘날에는 거의 관찰되지 않지만 동부 내몽골 지역에서는 근대 초까지 행사장에 평안을 기원하는 불을 피워 놓고 어린 기수들이 그 주변을 도는 의식을 행하였다고 한다. 어린 기수들은 행사장이나 불 주변을 돌 때 모두 '깅고(Giingoo)'라는 노래를 합창하며 자신들의 말을 찬미하고 격려한다. 이들이 행사장을 나가 출발지로 떠날 때 음악과 함께 '투멘니 에흐(tümnii ekh: 만 마리의 으뜸)'라는 노래가 울려 퍼진다. 그 가사를 일부 소개하면 다음과 같다.

어린 용사들이여!
수많이 늘어선 말 가운데에서
훈련 받고 준비된 그 말 가운데에서
힘차게 달려 들어올 때
가장 멋지고 빠른 말은 그 어느 말일까

출발선을 떠난 말들이 결승점에 이르기 시작하면 다시 '투멘니 에흐'라는 노래가 연주되면서 분위기를 돋운다. 경주에서 우승한 말에게는 '투멘니 에흐'라는 칭호가 부여된다.

참고문헌 박원길 (2001), 「몽골 나담에 관한 역사 · 민속학적 고찰(下)」, 『몽골학』11, 한국몽골학회. 札奇斯欽(1987), 『蒙古文化與社會』, 台北. С.Жамбалдорж (1996), *Морин эрдэнэ*, Улаанбаатар.

파르티안 활쏘기 Морин дээрээс арагш харвах (Morin deerees aragsh kharvakh)

말 위에서 뒤를 겨누어 화살을 발사하는 북방 유목 민족들의 기마 사법

말이 본격적으로 인류 역사에 등장한 시기는 B.C. 3세기 중엽으로 추정된다. 스키티안(Scythian) 계통의 유목 민족인 파르니(Parni) 부족은 파르티아 제국(Parthian Empire, B.C.247~A.D.228)을 건설하였는데, 이때 재갈과 고삐, 징, 안장 등의 기마 도구를 개발하고, 말 위에서 화살을 발사하는 파르티안 활쏘기[Parthian shaft], 즉 기마 사법(騎馬射法)을 창안하였다.

파르티아 제국의 기마 도구나 기마 사법은 곧바로 주변의 유목 민족들에게도 전파되어 북방 아시아에서 흉노라는 거대 유목 기마 제국이 탄생하는 기반을 이루었다. 파르티안 활쏘기는 초원을 무대로 한 경장기병부대의 전법이며, 말머리가 높은 대형마보다는 중형마에 어울리는 사법이다. 이 전법은 기

동력이 둔한 적을 만날 경우 여러 방면에서 적을 향해 돌진하다가 가까운 거리에 이르면 갑자기 일제히 말머리를 오른쪽으로 돌려 분산하면서 뒤돌아보듯이 좌 · 후방으로 화살을 일제히 발사한 뒤 멀리 이탈해 가기를 반복하여 적을 흐트러뜨린 후 격멸하는 전투법이다. 파르티안 활쏘기를 구사하기 위해서는 말의 반동을 제어하는 주법을 구사할 필요가 있는데, 이러한 주법을 측대보(側對步, amble)라 한다.

측대보는 말이 낙타의 주법처럼 뛰는 것을 말하는데 몽골어로는 조로모리(joroo mori)라고 부른다. 파르티안 활쏘기는 고구려의 기마수렵도에도 묘사되어 있으며, 몽골인들은 이 기마 사법을 '호드라가 고다스 남나흐(khudarga gudas namnakh)'라고 부른다. 조로모리 주법으로 파르티안 활쏘기를 구사하기 위해서는 말안장이 앞부분은 솟아 있고 전후의 폭은 짧은 기러기형 스타일의 사수안(射手鞍, shovkhgor büüreg emeel)을 사용한다.

참고문헌 박원길 (2001), 『유라시아 초원제국의 역사와 민속』, 서울, 민속원. 後藤富男 (1968), 『内陸アジア遊牧民社會の研究』, 東京. O.Намнандорж (1957), *Сур харвах, намнах тухай*, Улаанбаатар.

하나 Xанаа (Khanaa)

몽골 나담의 활쏘기 대회에 사용되는 원통형 표적

하나는 길이 8cm의 원통형 표적 120~300개를 3단에서 6단까지 가지런히 쌓아올린 것을 말한다.

참고문헌 Б.Орхонсэлэнгэ, Б.Лхагваа, Д.Балдандорж (1995), *Эрийн гурван наадам*, Улаанбаатар. О. Намнандорж (1957), *Сур харвах, намнах тухай*, Улаанбаатар.

하사 Xacaa (Khasaa)

몽골 나담의 활쏘기 대회에 사용되는 원통형 표적

하사는 길이 8cm의 원통형 표적 120~300개를 2단으로 쌓아올린 것을 말한다.

참고문헌 O.Намнандорж (1957), *Сур харвах, намнах тухай*, Улаанбаатар. Б.Орхонсэлэнгэ, Б.Лхагваа, Д.Балдандорж (1995), *Эрийн гурван наадам*, Улаанбаатар.

할흐 몽골의 나담

Халх монголын наадам (Khalkh mongolyn naadam)

외몽골에서 역사적으로 행해진 각종 나담

외몽골 할흐족 나담의 기원은 1641년이다. 1641년은 할흐 투셰트 칸 아이막(Tüsheet khan aimag)의 출신인 롭산담비잘찬(Luvsangdambiijaltsan)이 몽골의 황교(Gelug pa) 지도자로 선출되어 자나바자르(Zanabazar)라는 존호를 받은 역사적인 해이다. 이를 기념하기 위하여 벌어졌던 나담이 할흐 몽골의 돌론 호쇼 단식크 나담이다. 이 나담을 시작으로 몽골 각지에는 각 맹(盟, aimag)이나 기(khoshuu) 별로 크고 작은 나담이 벌어지기 시작했다. 할흐 몽골의 나담 중 국가 규모로 행해지는 나담은 돌론 호쇼 단식 나담 이외에 두 가지가 더 있는데, 하나는 아르방 자사그 나담(Arvan zasgiin naadam: 10 자사그의 나담)이고 다른 하나는 아르딩 자사그 나담(Ardyn zasgiin naadam: 인민정부의 나담)이다. 이 나담들은 1925년에 모두 하나로 합쳐져 '국가의 경사스러운 나담'이란 뜻의 올싱 바야르 나담(ulsyn bayar naadam)이 되었으며, 매년 7월 11일에 몽골의 수도인 울란바타르에서 개최된다.

롭산담비잘찬(1635~1723)은 다얀칸(Dayan-Khan)의 4대 손인 투시에트칸 곰보도르지(Gombodorj)의 아들이다. 어린 시절부터 아주 총명하여 대덕을 지닌 고승의 전세(轉世)로 간주되었으며 이로 인해 라마승이 되었다. 다섯 살 되던 해인 1639년 할흐 각부의 귀족들은 정식으로 그에게 언더르 게겐(Öndör gegeen: 지고의 광명)이라는 칭호를 수여했다. 언더르 게겐은 복드 게겐(Bogd Gegeen: 성스러운 광명)이라고도 불려졌다. 또한 동시에 수많은 사람들을 하사하여 쉬레에트 차강노르 지역에다 유목 이동 사원을 건립하게 하였으며 이 사원을 어르거(örgöö)라고 불렀다. 그는 1650년 티베트에 도착하여 달라이라마 5세로부터 젭춘담바 코툭토(Javzandamba khutagt)라는 법호를 수여받았다. '게겐'(Gegeen)이나 '호탁트'(Khutagt)는 '활불(活佛)'을 의미한다.

참고문헌 박원길 (2000), 「몽골 나담에 관한 역사 · 민속학적 고찰(上)」,『몽골학』10, 한국몽골학회. 박원길 (2001), 「몽골 나담에 관한 역사 · 민속학적 고찰(下)」, 『몽골학』11, 한국몽골학회. 大平, 寧導(1977), 『中國那達慕』, 呼和浩特. Б.Орхонсэлэнгэ, Б.Лхагваа, Д.Балдандорж (1995), *Эрийн гурван наадам*, Улаанбаатар. Ц.Бат-очир (1996), *Эрийн гурван наадам*, Улаанбаатар.

할흐 씨름 Халх цэрвүү барилдаан (Khalkh tservüü barildaan)

몽골국 나담에서 행하는 할흐의 전통 씨름

오늘날 몽골국 나담에서 행해지는 할흐의 전통 씨름인 할흐 체르부 바릴당(khalkh tservuu barildaan)은 동부형 씨름에 속한다. 이 씨름의 특징은 다리의 힘을 강하게 하기 위해 전통적인 신발을 신고 상의와 하의를 모두 입은 채 손과 발을 모두 이용해 상대편을 땅을 넘어뜨림으로서 승부를 가린다. 일정한 간격을 두고 씨름을 시작하는 할흐 몽골의 씨름은 복장, 경기 전후에 벌이는 선수들의 춤 동작과 의식, 대진 방식과 씨름의 기술, 심판관들과 승리자들의 명칭 등 법칙과 기술은 물론 진행의 세부적인 습속까지도 정해져 있는 세계에서 유래가 없을 정도로 체계화된 씨름이다.

〈할흐 씨름의 복장〉

씨름은 일반적으로 체력을 시험하는 것 이외에 명민한 판단력과 멋진 기술을 존중하는 예술이기도 하다. 따라서 씨름 선수들은 그들의 위력을 나타내 주는 특별한 옷을 입는다. 몽골의 영웅서사시인『용감한 한 하란고이(*Eriin sain Khan Kharangui*)』에는 "낙타의 가죽으로 만든 조독, 황소의 가죽으로 만든 쇼닥"이라는 대목이 나온다. 몽골의 낙타나 황소의 가죽은 활도 관통할 수 없는 매우 질긴 가죽으로 고대 몽골군의 갑옷으로 애용되기도 했다. 영웅서사시에 묘사된 이러한 씨름 복장은 이들이 용감하고 전투적인 전사라는 것을 상징해 주고 있다. 몽골의 전통적인 씨름 복장이 성립된 때는 정확히 판단할 수 없지만 아마 북원 말기부터 청나라 초기일 가능성이 높다. 할흐 몽골의 씨름 복장은 장군모(janjin malgai), 조독(zodog: 씨름 상의), 쇼닥(shuudag 씨름 하의), 고탈(gutal: 신발코가 뾰족하게 올라온 장화) 4가지로 이루어져 있다. 이 복장들은 전투 때의 투구를 상징하는 장군모의 존재에서도 알 수 있듯이 전사의 복장을 형상화한 것이다.

장군모는 세브섹(sevseg)이라 불리는 4조각의 반월형 몸체로 이루어져 있으며 모자 꼭대기에는 투구의 뾰족한 부분을 상징하는 붉은 색 삼핀(sampin: 모자 봉오리)이 있다. 그리고 모자의 뒷면에는 두 갈래의 긴 붉은 색 술(zalaa)을 붙이고 있다. 씨름 상의인 조독은 근육질의 몸매를 과시할 수 있도록 배와 가슴 부분이 터져 있으며 조독의 하단에 달린 두 개의 끈으로 배꼽 근처에서 얽어맨다. 쇼닥은 내몽골의 긴 바지형과는 달리 짧은 팬티형으로 되어 있다. 조독과 쇼닥에는 사자나 호랑이 등의 힘 있는 동물들의 형상, 강력함을 상징하는 나착도르지(natsagdorj), 아망 후주(aman khüzüü), 호약 헤(khuyag khee) 등의 전통 문양이 묘사되어 있다. 신발은 밑창이 아주 단단하고 신발 코가 위로 솟은 장화 형태로 되어 있다. 동부형의 씨름이 신발을 사용하는 이유는 서로 버틴 상태에서 다리의 기술을 많이 사용하기 때문이다. 바닥이 평평하고 단단한 몽골의 신발은 다리의 기술을 사용할 때 아주 유용하며 또 상대편에게 부상을 줄 위험이 적다.

참고문헌 박원길 (2001), 「몽골 나담에 관한 역사 · 민속학적 고찰(下)」, 『몽골학』11, 한국몽골학회. Г.Эрдэнэ (1992), *Барилдах ур*, Улаанбаатар. Ж.Дамдин (1971), *Монгол бөх*, Улаанбаатар. З.Дагва (1997), *Монгол бөхийн цомог*, Улаанбаатар. Л.Ням-Осор (1964), *Халх бөхийн барилдаан*, Улаанбаатар. Н.Зоригтбаатар (1992), *Гайхамшигт монгол бөх*, Улаанбаатар. Ш.Ванчинхүү (1949), *Монгол бөхийн барилдааны тухай*, Улаанбаатар. Ц.Шагдаргочоо (1960), *Монголын бөх*, Улаанбаатар.

할흐 활쏘기 Халх монголын харвах ёслол (Khalkh mongolyn kharvakh yoslol)

몽골 나담에서 행하는 활쏘기 경기 방식

오늘날 몽골국 나담에서 행하는 활쏘기는 기마 속사가 아닌 '서서 쏘기' 방식을 계승한 것이다. 청나라 때의 나담에서는 기마 속사와 '서서 쏘기' 모두를 행하였다. 그러나 총포류의 급속한 발전에 따라 전투 훈련적인 성격이 강한 기마 속사는 청나라의 멸망과 함께 사라지고 서서 쏘기만이 심신 단련의 성격을 띤 스포츠로 존속하게 되었다. 오늘날 몽골국 나담에서 행해지는 활쏘기는 할흐식 서서 쏘기 경기이다. 청대 할흐의 서서 쏘기 경기는 40놈(약 60m)의 거리에서 양가죽이나 소가죽을 늘려 만든 과녁에다 20개의 화살을 쏘아 맞추는 방식의 '사람파이 하르바흐(sarampai kharvakh)', 8개의 양가죽을 결합해 만든 과녁에 적의 형상을 그린 뒤 40~50알다의 거리에서 20개의 화살을 쏘아 맞추는 방식 등 다양한 종류가 관찰되고 있다. 그러나 현재 울란바타르 나담에서 행해지는 활쏘기는 45놈의 거리에서 하나(khanaa)와 하사(khasaa)라는 길이 8cm의 가죽 원통에 각각 20개의 화살을 쏘아 맞추는 경기 방식으로 통일되어 있다. 하나란 120~300개의 원통형 표적을 3단에서 6단까지 가지런히 쌓아올린 것이며 하사란 2단으로 쌓아 올린 것을 말한다. 활쏘기는 청나라 때까지 남자만 참가할 수 있었으나 사회주의 혁명 이후 남녀 모두 참가할 수 있도록 규칙이 개정되었다. 남자의 경우는 45놈(75m), 여자의 경우는 40놈(60m)을 표준 거리로 삼는다. 나담의 첫날에는 하나 맞추기 경기, 다음날에는 하사 맞추기 경기가 벌어진다. 경기는 개인전과 단체전으로 벌어지며 우승은 원통형 표적을 맞춘 수에 따라 결정된다. 매 경기마다 20발을 다 맞추면 1등이고 19~14개를 맞춘 자들 가운데 2등에서 7등까지를 뽑는다.

참고문헌 박원길(2001), 「몽골 나담에 관한 역사 · 민속학적 고찰(下)」, 『몽골학』11, 한국몽골학회. Б.Орхонсэлэнгэ, Б.Лхагваа, Д.Балдандорж (1995), *Эрийн гурван наадам*, Улаанбаатар.

О.Намнандорж (1957), *Сур харвах, намнах тухай*, Улаанбаатар. Ч.Арьяасүрэн, Г.Чингэл, Х.Нямбуу (1992), *Монгол ёс заншлын их тайлбар толь(I)*, Улаанбаатар.

항갈 데벨트 Хангал дэвэлт (Khangal develt)

몽골 전통 씨름 때 행하는 춤 동작의 하나

'이흐 데벨트(ikh develt)'를 달리 이르는 말이다.

햐잘랑 경주 Хязаалан морины уралдаан (Khyazaalan moriny uraldaan)

말 경주의 하나

햐잘랑 경주는 네 살 난 말들이 참가하는 장거리 경주로, 경주 길이는 18~20㎞이다.

참고문헌 박원길 (2001), 「몽골 나담에 관한 역사 · 민속학적 고찰(下)」, 『몽골학』11, 한국몽골학회. 札奇斯欽(1987), 『蒙古文化與社會』, 台北. С.Жамбалдорж (1996), *Морин эрдэнэ*, Улаанбаатар.

헐링 체츠 Хөлийн цэц (Khöliin tsets)

몽골 씨름에서 심판관인 '자솔(zasuul)'을 달리 부르는 말

몽골 씨름의 심판관은 '자솔치'라고 하는데, 이를 "다리의 심판관"이란 뜻인 '헐링 체츠'라고 부르기도 한다. 그 이유는 몽골 씨름이 오래 대치하다가도 순식간에 동시에 넘어지면서 승패의 결정이 나는 경우가 많은데, 이때 승패의 판단이 다리의 모양새로 결정되는 경우가 많기 때문이다. 그래서 심판관은 선수들이 씨름을 할 때 무엇보다도 선수들의 다리를 주시한다.

참고문헌 박원길 (2001), 「몽골 나담에 관한 역사 · 민속학적 고찰(下)」, 『몽골학』11, 한국몽골학회. Г.Эрдэнэ (1992), *Барилдах ур*, Улаанбаатар.

호드라가 고다스 남나흐 Хударга гудас намнах (Khudarga gudas namnakh)

'파르티안 활쏘기[Parthian shaft]'를 몽골어로 이르는 말

몽골 활쏘기에서 말을 타고 달리며 뒤를 보고 활을 쏘는 것을 말한다.

홀치 모리 Холч морь (Kholch mori)

말 경주에서 장거리를 빨리 달리는 말

'홀치모리'는 말 경주에서 장거리를 지치지 않고 빨리 달리는 말을 이르는 말이다. 이런 말을 칭송하는 노래도 있다.

참고문헌 박원길 (2001), 「몽골 나담에 관한 역사 · 민속학적 고찰(下)」, 『몽골학』11, 한국몽골학회. БНМАУ-ын шинжлэх ухааны академи хэл зохиолын хүрээлэн (1982), *Арван гурван хүлгийн дуун(Ойрд аман зохиолын цоморлог)*, Улаанбаатар. Ч.Арьяасүрэн, Г.Чингэл, Х.Нямбуу (1992), *Монгол ёс заншлын их тайлбар толь(I)*, Улаанбаатар.

활쏘기 대회 우승자의 명칭 Мэргэн харваачдын цол (Mergen kharvaachdyn tsol)

몽골 나담의 활쏘기 시합에서 우승자들에게 내려주는 칭호

활쏘기의 최종 우승자에게는 고대 몽골의 신궁(神弓) 칭호인 메르겐(mergen)이 수여된다. 메르겐의 칭호는 "아주 놀라운 메르겐(mön gaikhamshigt mergen)", "끊임없이 분투하는 메르겐(khicheengui zorigt mergen)", "더욱 예리함을 드러내는 메르겐(ulam nemekh khurts mergen)", "아주 신뢰하는 명성 높은 메르겐(chin irgelt kheterkhii mergen)" 등 아주 다양하다. 이러한 칭호를 붙여 주는 전통이 언제부터 내려오는 것인지는 분명치 않지만 몽골 자치국 시기인 1912년에 행해진 복드 바트 오르실 어르거흐 나담(Bogdod bat orshil örgökh naadam)에서도 이러한 명칭들이 관찰된다. 당시 나담에서 20발을 모두 명중시킨 12명의 사수들이 나왔는데 복드게겐은 각기 이들에게 다음과 같은 명칭을 하사해 주었다.

"할흐 전체에서 가장 위대한 사수(khalkh dayar mash gaikhamshigt mergen), 할흐 전체에서 명성 높은 사수(khalkh dayar duursgalant mergen), 더욱 진보하는 사수(ulam örnön delgerekh mergen), 믿음이 넘쳐나는 신중한 사수(itgel nemekh nyagt mergen), 아주 노력하는 예리한 사수(ülemj khicheegui khurts mergen), 신중하고 예리한 사수(khicheengui khurts mergen), 불꽃처럼 피어나는 젊은 사수(tsog nemekh ider mergen), 쇠퇴를 모르는 의지의 사수(khariltgui zorigt mergen), 신중하며 지칠 줄 모르는 사수(nyagt khicheengui mergen), 타오르는 불꽃과 같은 사수(tun ch tsogt mergen), 예리한 젊은 사수(khurts ider mergen), 신중한 젊은 사수(nyagt ider mergen)".

참고문헌 박원길(2001), 「몽골 나담에 관한 역사 · 민속학적 고찰(下)」, 『몽골학』11, 한국몽골학회. Б.Орхонсэлэнгэ, Б.Лхагваа, Д.Балдандорж (1995), *Эрийн гурван наадам*, Улаанбаатар. О.Намнандорж (1957), *Сур харвах, намнах тухай*, Улаанбаатар. Ч.Арьяасүрэн, Х.Нямбуу (1992), *Монгол ёс заншлын их тайлбар толь*, Улаанбаатар.

유목신앙

편찬 : 노르브냠, 뎀치그마, 박원길, 오미영
교정 : 김경나, 노로브냠, 류병재, 이성규

샤머니즘

샤먼과 의례

고일가 ᠪᠥᠭᠡ ᠶᠢᠨ ᠭᠤᠶᠢᠯᠭ᠎ᠠ Бөөгийн гуйлга (Böögiin guilga)

굿을 하는 중에 신에게 고하는 청원

고일가(guilga)는 부탁이나 청원을 뜻하는 몽골어로, 굿에서는 일이 잘 안 풀리거나 운이 없거나 빚이 많고, 잡병이 많은 등 인간의 여러 고통과 고난, 그리고 자연 재해를 신에게 고하고 도와 달라는 청원의 뜻으로 사용되는 무경(巫經) 형태의 문학 장르를 일컫는 말이다.

고일가의 예를 들면 다음과 같다.

빚을 갚을 수 있게 해 주세요!
병에서 벗어나게 해 주세요!
멀리 간 자에게는 신의 가호를 주시고,
가까이 있는 자에게는 신의 은혜를 베풀기를!

참고문헌 Шинжлэх ухааны академи (2008), *Монгол хэлний дэлгэрэнгүй тайлбар толь*, Улаанбаатар.

골디족의 내림굿 ᠭᠣᠯᠳᠢ ᠪᠥᠭᠡ ᠶᠢᠨ ᠣᠩᠭᠣᠳ ᠠᠪᠬᠤ ᠵᠠᠩ ᠦᠢᠯᠡ Голди бөөгийн онгод авах зан үйл (Goldi böögiin ongod avakh zan üil)

골디족에서 신내림을 받아서 샤먼이 되려고 행하는 굿

시베리아 동부의 아무르와 우수리강 일대에 거주하는 골디족에서 샤먼이 되는 징후는 먼저 신병에 걸리는 것이다. 골디족의 샤먼을 연구한 쉬로코고로프(Shirokogorov)는 골디족도 여타 몽골 및 시베리아 샤머니즘에서 보이는 신병과 신내림의 과정을 밟는다고 기술하면서, 간헐적인 발작 후에 다시 보통의 건강한 상태로 돌아가는 것이 매우 신비하다고 말하고 있다. 신병에 걸린 사람은 큰 샤먼의 도움을 받아 내림굿을 받게 된다.

골디족의 내림굿은 산속의 제의장에서 이루어지는데, 이곳이 새로운 샤먼의 임명 장소이자 공물을 바치는 곳이다. 먼저 샤먼 후보자는 주변 인가를 방문하여 가벼운 굿을 한 뒤 내림굿에 필요한 공물을 도와달라고 부탁한다. 최초의 집을 방문할 때 그를 따르는 사람은 한 사람뿐이지만 집을 방문할수록 따르는 사람이 늘어나 마지막 집에서는 많은 사람들로 북적댄다. 이들은 내림굿을 받게 되어 있는 샤먼 후보자의 집에 모두 모인다.

제의를 시작하기 전날 굿춤이 열리는데 참가자 전원은 방울을 허리띠 밑으로 늘어뜨리고 손에 북을 잡는다. 춤추는 사람은 적어도 9명이 되어야 한다. 사람들이 북을 치면서 원을 이루어 춤을 추면 샤먼 후보자도 무복을 입고 춤추기 시작한다. 샤먼 후보자는 춤추는 사이사이 휴식을 취하면서 신령들을 기리는 찬가와 함께 자기가 뽑히게 된 사연을 말한다. 샤먼 후보자는 스스로 감당할 자신이 없다고 말하면서도 큰소리로 힘 있게 모두 따라야만 하는 세온(Seon: 골디족 샤먼의 혼령)의 가르침을 읊는다. 이때부터 9명이 샤먼 후보자의 앞에다 칠쭉의 일종인 백산차를 태운다. 골디인들은 이를 정화 의식이라고 한다. 새로운 샤먼 후보자의 노래가 끝나면 씨족의 최고 연장자가 무릎을 꿇고 그에게 한 잔의 술을 바친다. 샤먼 후보자는 왼쪽손가락에 술을 적셔 신령들을 위해 조금씩 뿌린다. 이 행위를 3번 반복한다.

다음날은 제물을 바치는 장소로 간다. 샤먼 후보자가 도착하고 희생물에 대한 도살 신호가 떨어지면 조수들은 미리 준비된 9마리의 돼지를 도살한다. 샤먼 후보자는 그 돼지의 피를 마시고 다시 굿을 시작한다. 굿을 하고 있는 그가 이윽고 망아 상태로 빠져들면 주변 사람들은 그에게 미래에 일어날 일들을 이것저것 묻는다. 이 향연은 고기와 술이 남아 있는 한 며칠이고 계속된다. 새롭게 탄생한 샤먼은 자신의 세온에 대하여 이같은 공물을 그 해에 결정된 수만큼 되풀이하여 바치지 않으면 안 된다.

참고문헌 Uno Harva(1938), *Die Religiösen Vorstellungen der Altaischen Völker*, Helsinki. И.А.Лопатин(1922), *Гольды Амурские, Уссурийские и Сунгарийские*, Владивосток. П.П.Шимкевич(1896), *Материалы для изучения шаманства у гольдов*, Хабаровск. С.М.Широкогоров(1919), *Опыт исследования основ шаманства у тунгусов*, Учен. Зап. Историко-филологического ф-та. Вып.1, Владивосток.

골디족의 장송 의례 Голди угсаатны талийгчтай холбоотой зан үйл (Goldi ugsaatny taliigchtai kholbootoi zan üil)

골디족 샤머니즘에서 죽은 이를 장사 지내어 보내는 의례

골디(Goldi)족에는 두 가지 장송(葬送) 의례가 있다. 하나는 죽은 지 이레, 혹은 그 이상의 기간(두 달)이 지난 다음에 베풀어지는 '님간(nimgan)'이라는 의례이고, 다른 하나는 이 의례 뒤에 행해지는 '카자타우리(kazatauri)'라는 큰 의례이다. 님간 의례 때 샤먼은 무고를 들고 사자의 집안으로 들어가 영혼을 찾아내서는 붙잡아 방석의 일종인 판야(fanya) 안에다 가둔다. 카자타우리의 끝 무렵에 사자(死者)의 영혼은 지하계로 천도된다.

참고문헌 M.Eliade, 이윤기 역(1992), 『샤머니즘-고대적 접신술』, 서울, 까치. Uno Harva(1938), *Die Religiösen Vorstellungen der Altaischen Völker*, Helsinki. И.А.Лопатин(1922), *Гольды Амурские, Уссурийские и Сунгарийские*, Владивосток.

네헬 Бөөгийн нэхэл (Böögiin nekhel)

굿을 할 때 신이 내리는 요구

네헬(nekhel)은 요구나 청구를 뜻하는 몽골어로, 굿에서는 신령의 요구를 뜻한다. 즉 굿을 하여 신이 내리면 샤먼은 신이 필요로 하는 것을 요구하는 내용의 무가를 부르는데, 이것을 네헬이라 부른다. 네헬은 단편 무가에 속한다. 네헬은 차와 음식, 술, 담배, 마유주, 타락(요구르트), 빵 등을 은어를 사용하여 요구하는 내용이 주를 이룬다.

참고문헌 Шинжлэх ухааны академи (2008), *Монгол хэлний дэлгэрэнгүй тайлбар толь*, Улаанбаатар. Г.Гантогтох, *Онгод цалигийн үг хэллэг*, хичээл.мн

달라가 Бөөгийн даллага (Böögiin dallaga)

여러 신들에게 바라는 일이 이루어지기를 비는 무가

달라가(dallaga)는 바라는 일이 이루어지기를 신에게 비는 기원 무가이다. 달라가는 자연신과 신령들에게 가축이 번성하고 곡식이 풍성해지기를 빌며, 음식과 물질, 자식, 좋은 며느리, 인덕과 장수, 기의 활력 등을 구하는 내용을 담은 무가이다. 무가를 할 때 치르는 특정 의식도 있다.

활활 타오를 기(氣)
더욱 완성될 사기
더욱 풍성해질 가축과 음식물
더욱 늘어날 덕을 오게 해 주십사 기원합니다.
온 일을 막힘없이 이루어낼 힘
온 일을 알 수 있는 지혜
온 일을 해낼 튼튼한 체력
필요한 모든 복을 오게 해 주십사 기원합니다.
호라이, 호라이, 호라이.

참고문헌 Шинжлэх ухааны академи (2008), *Монгол хэлний дэлгэрэнгүй тайлбар толь*, Улаанбаатар. Г.Гантогтох, *Онгод цалигийн үг хэллэг*, хичээл.мн

대장장이 샤먼

Умардын дархач бөө (Umardyn darkhach böö)

북방 샤머니즘에서 대장장이의 상징적 의미

북방 샤머니즘에서 대장장이들은 샤먼과 거의 동일하게 취급될 정도로 존경받고 있다. 이는 돌궐의 시조 설화에 등장하는 아사나(Asana)씨족의 족장이 대장장이, 즉 야금주술(冶金呪術)을 행하는 샤먼이었다는 학설에서도 나타나듯이 오랜 연원을 지니고 있다.

북방 샤머니즘에서 대장장이는 샤먼 후보자의 몸을 분쇄하여 속세의 인연을 끊고 영계와 접촉할 수 있는 신성한 몸으로 탄생시키는 재생 의례자의 역할을 맡고 있다. 샤먼 후보자는 차나르(Chanar),즉 입무 의식 때 명계로의 하강과 천상계로의 상승을 통해서 체험하는 죽음과 신비적인 부활을 맞게 되는데, 그 의식에서 대장장이는 죽음과 부활의 메신저와 같은 역할을 수행하고 있다.

몽골이나 중앙아시아에 전승되는 신화나 구전설화에서는 샤먼과 대장장이의 관계나 역할이 많이 묘사되어 있다. 이러한 설화나 전승을 요약해 보면 대장장이는 병을 고치는 능력과 미래를 예지하는 능력이 있을 뿐만 아니라 "샤먼은 대장장이의 영혼을 삼킬 수 없지만 대장장이는 샤먼의 영혼을 붙잡아 태워버릴 수 있다."고 할 만큼 매우 위력적으로 나타난다. 오늘날 몽골 문양 중 바로 '알항 헤(alkhan khee)'가 대장장이의 상징으로 간주되고 있는데, 알항 헤는 "망치모양의 문양"이란 뜻을 지니고 있다. 알항 헤는 얼지 헤(ölzii khee; 길상문양)와 함께 몽골의 전통 문양을 상징하며 현재까지 무려 110개에 이르는 문양 형태가 확인되고 있다. 한국에서는 이 문양을 '금박단'이라 표현하고 있다.

참고문헌 박원길(2001), 『유라시아 초원제국의 샤머니즘』, 서울, 민속원. 백승정 · 박원길(2010), 「한국과 몽골의 전통 문양디자인 비교」, 『몽골학』 28, 한국몽골학회. M.Eliade, 이재실 옮김(1999), 『대장장이와 연금술사』, 서울, 문학동네.

데르월게 찬가

Дэрвэлэг модны дуудлага (Derveleg modny duudlaga)

차나르 의식을 행할 때, 샤먼이 제사장에 마련된 데르월게를 찬양하는 무가

부리야트에서 샤먼은 차나르 의식을 행하기 위해 제사장을 마련하는데, 차나르 의식을 할 때 먼저 상징 나무에 제를 올린다. 상징 나무는 대개 자작나무를 사용하는데, 제사장에 아홉 그루씩 아홉 줄, 즉 81(9×9=81) 그루를 심거나, 아홉 그루씩 세 줄, 즉 27(3×9=27) 그루를 심는다. 이렇게 심어진 나무들을 '데르월게'라고 한다. 데르월게 가장 윗부분에 아버지 나무, 어머니 나무라는 두 그루의 나무를 지정하고 오색의 비단과 천으로

모든 나뭇가지를 장식한다. 샤먼이 신이 강림하기를 청하면 이 나무를 타고 신이 강림한다고 여긴다. 신이 강림하면 샤먼은 데르월게를 빙빙 돌며 데르월게를 찬양하는 무가를 읊는다. 내용은 다음과 같다.

금쪽 같은 대지 위에
아버지와 어머니 나무 선두로 데르월게를 준비해서,
근원과 수호신들, 옹고드를 청배해서
차나르 의례를 하려고 제사를 드리며 비나이다.
오이홍(Oikhon)섬의 13 노요드가 내려오시게
푸른색 비단 천막을 짓고
데르월게 나무를 세워서
알타이 항가이에서 자라는 두송 향을 피워 정화하는 제사를 올리며 마중하겠사옵니다.
차나르 나무 제당에 악귀가 있으면 쫓아서 내려와 주시고,
별난 나무 한 그루를 자르지 않고, 샤먼 나무도 베지 않았고,
숲속에서 그 연유를 말씀드리고 캐어내서
식순에 따라 세운 차나르 나무 제당에 내려오소서.
주무시는 당신을 북 소리로 깨우나이다.
날다람쥐, 족제비, 갈색 노루, 담비, 흰토끼를 마중 보내겠나이다.
따라 오는 자들 가득 채운 닥타이 통에 있는 유제품을 드시고,
지각생들 남은 찌꺼기를 드시라.
차나르 나무에 날아오셔라!
제당에 내려오시라!

참고문헌 장장식(2005), 『몽골 유목민의 삶과 민속』, 서울, 민속원. Г.Гантогтох(2007), *Монгол зан үйлийн аман яруу найргийн уламжлал*, Улаанбаатар.

도르들라가 Бөөгийн дурдлага (Böögiin durdlaga)

상차림, 신당, 사물에 대한 묘사로 이루어지는 몽골 샤먼의 무가.

도르들라가(durdlaga)는 몽골 샤머니즘에서 신당과 상차림, 의례를 행하기까지의 과정을 설명하고, 무구나 사물의 묘사를 중심으로 나열하는 샤먼의 무가를 말한다. 도르들라가는 세부적으로 신당에 올리는 제물에 대한 찬양, 신에게 바칠 제물에 대한 약속, 신의 형상에 대한 찬양, 의례를 행하기까지의 설명과 기원 등의 내용을 담고 있다.

참고문헌 Шинжлэх ухааны академи (2008), *Монгол хэлний дэлгэрэнгүй тайлбар толь*, Улаанбаатар. Г.Гантогтох, *Онгод цалигийн үг хэллэг*, хичээл.мн

메네리크 Менерик (Menerik)

야쿠트에서 신병에 걸린 사람을 이르는 말

메네리크(menerik)는 야쿠트에서 신병에 걸린 자를 이르는 말이다. 야쿠트 샤먼 연구가인 트로쉬안스키(Troshanskii)는 신병에 걸린 사람들은 일종의 히스테리성 신경 발작으로 고통을 당하는 경향이 많다고 보고하고 있다. 또 메네리크가 때때로 굿을 흉내 내면서 의도치 않게 망아(忘我)의 상태에 빠지는 일도 있다고 기록하고 있다. 참고로 한국에서는 신병에 걸린 자를 "허주들렸다"고 표현한다. '허주'란 허깨비에 씌웠다는 뜻이다. 따라서 내림굿을 허주굿이라고 표현하기도 한다.

참고문헌 박원길(2001), 『유라시아 초원제국의 샤머니즘』, 서울, 민속원. Uno Harva(1938), *Die Religiösen Vorstellungen der Altaischen Völker*, Helsinki. В.Ф.Трощанский(1902), *Эволюция черной веры у якутов*, Казань.

몽골 샤먼의 내림굿

Бөөгийн зам заах ёс (Böögiin zam zaakh yos)

몽골에서 샤먼이 될 사람이 신을 맞이할 때 행하는 굿

몽골 샤머니즘에서는 샤먼이 신병을 앓고 있는 사람에게 "하랑호이 오론(kharankhui oron: 빛이 없는 나라, 신령들의 나라)"으로 안내하는 내림굿을 "샤먼의 길로 인도하는 의식"이라고 부른다. 이 굿은 3단계로 이루어진다.

우선 영적인 기운을 받을 제자(예비 샤먼)의 무복을 스승 샤먼(신아버지나 신어머니)이 입고, 신내림을 받아야 하는 제자를 옆에 앉혀 7일 동안 밤에만 굿을 한다. 이 7일 밤 동안 제자에게 변화의 기세가 보이면 스승 샤먼이 입던 무복을 제자에게 입혀 굿을 시킨다. 스승 샤먼은 제자 샤먼의 굿을 보면서, 제자가 신령의 나라로 가는 길을 체득했다고 판단되면 굿을 끝낸다. 만약 7일 밤 동안 제자에게 어떠한 변화의 기세가 보이지 않으면 샤먼이 될 사람이 아니라고 본다.

첫 번째 7일 사이에 제자에게 증세가 나타나 굿을 한 번 했다면 그 다음 7일 밤 동안에는 스승 샤먼의 집에서 굿을 이어서 한다. 두 번째 7일 밤 동안 제자는 스승 샤먼이 모시는 신들을 스승 샤먼의 지도로 모신다. 이 때 스승 샤먼이 제자가 모셔야 하는 신을 지명 받는다. 굿하는 동안 제자는 밤에 밖에 나가는 것이 금지된다.

제자가 신을 모시게 되었다고 해서 곧 샤먼이 되는 것은 아니다. 신을 받은 신입 샤먼은 3년 동안 제자를 두어서 안 되고, 사람들에게 점을 쳐주거나 굿하는 행위도 금지된다. 이 3년 동안 제자는 스승 샤먼의 지도에 따라 무의와 함께 신을 모시는 방법을 배워야 한다.

참고문헌 О.Пүрэв(1999), *Монгол бөөгийн шашин*, Улаанбаатар. Ш.Сүхбат(2011), *Монгол бөөгийн дэлгэрэнгүй тайлбар толь*, Улаанбаатар.

몽골 샤먼의 장례

Бөөг оршуулах зан үйл (Böög orshuulakh zan üil)

몽골에서 샤먼이 세상을 떠났을 때 행하는 의식

몽골에서 19세기말까지 샤먼의 장례식은 다음과 같이 치러졌다. 샤먼이 죽으면 점성술가가 샤먼의 시신을 둘 곳을 티베트 영양의 뿔로 땅에다 그려 주었다. 그러면 사람들은 정성스럽게 염을 한 샤먼의 시신을 그곳으로 옮겨 흰 펠트를 깐 뒤 그 위에 놓았다. 그 다음 펠트의 가장자리에서 해 뜨는 방향의 순서대로 81개의 음식물과 제물을 펠트 주변에 빙 둘러 놓았다. 장례식에 참석한 사람들은 그곳에서 식사를 한다. 샤먼의 죽음을 애도하고 집으로 돌아올 때 사람들은 집 가까운 데에서 미리 준비한 향과 불 사이를 통과해 부정을 씻는다. 또한 물로 손을 씻고, 흰 우유를 조금 마신다. 이것도 부정을 정화하는 의미를 지니고 있다. 이것으로 샤먼의 장례식은 끝난다.

참고문헌 О.Пүрэв(1999), *Монгол бөөгийн шашин*, Улаанбаатар. Ш.Сүхбат(2011), *Монгол бөөгийн дэлгэрэнгүй толь*, Улаанбаатар.

강신(降神)

Онгод орох (Ongod orokh)

샤먼에게 신이 들어오는 것을 이르는 말

몽골에서 샤먼에게 신이 들어오는 것을 '옹고드 오르흐(ongod orokh)'라고 한다. 이는 "신령이 들어온다"는 뜻이다.

참고문헌 О.Пүрэв(1999), *Монгол бөөгийн шашин*, Улаанбаатар. Г.Гантогтох(2007), *Монгол зан үйлийн аман яруу найргийн уламжлал*, Улаанбаатар.

바쉬투르칸 Алтай бөөгийн тулмааш (Altai böögiin tulmaash)

샤먼이 공물을 바치는 의식을 할 때 샤먼을 도와주는 사람

바쉬투르칸(Bashturkan)은 알타이 샤머니즘에서 샤먼이 공물을 바치는 의식을 행할 때 조수로 일하는 사람을 말한다. 바쉬투르칸은 샤먼이 천계 여행을 할 때 제3천에서 샤먼의 피곤한 말을 인수하는 역할을 하기도 한다.

알타이 샤먼과 바쉬투르칸
러시아 사진가 S.I.Borisov 작품, 현재 바르나울시 박물관에 소장

참고문헌 M.Eliade, 이윤기 역(1992), 『샤머니즘-고대적 접신술』, 서울, 까치. Uno Harva(1938), *Die Religiösen Vorstellungen der Altaischen Völker*, Helsinki. В.И.Вербицкий(1893), *Алтайские инородцы*, Москва.

뱌슬락 올리기 Бяслаг тавих ёс (Byaslag tavikh yos)

몽골에서 큰 굿을 행할 때 굿판의 제사상에 치즈를 올리는 일

몽골에서 큰 굿을 행할 때는 굿판의 제사상에 뱌슬락이라고 하는 치즈를 올린다. 제사상의 뱌슬락은 태양을 상징하기 때문에 모양도 태양을 본 따 둥근 형태를 지니고 있다. 뱌슬락은 독립된 접시에 담아 올린다.

샤먼 보조자의 뱌슬락 놓기 ©류병재 2006.07

참고문헌 О.Пүрэв(2003), *Монгол бөөгийн шашны нэр томъёоны тайлбар толь*, Улаанбаатар. Ш.Сүхбат(2011), *Монгол бөөгийн дэлгэрэнгүй толь*, Улаанбаатар.

버 잘랄라흐 Бөө залаалах (Böö zalaalakh)

몸에 내린 신을 맞아서 샤먼이 되려고 신에게 비는 굿

버 잘랄라흐(böö zalaalakh)는 "샤먼의[모자에

쓰는] 리본(zalaa)을 붙인다"는 뜻의 몽골어로, 몽골 샤머니즘에서는 신병을 앓는 사람이 내림굿을 통해 샤먼이 되는 것을 말한다.

참고문헌 О.Пурэв(1999), *Монгол бөөгийн шашин*, Улаанбаатар. Ш.Сүхбат(2011), *Монгол бөөгийн дэлгэрэнгүй тайлбар толь*, Улаанбаатар. Ш.Сүхбат(2011), *Буриад бөө мөнх тэнгэрийн элч*, Улаанбаатар.

부리야트의 샤먼 Буриад бөө (Buriad böö)

부리야트에서 신과 영적인 교류를 하며 예언, 치병(治病), 악마 퇴치, 공수 따위의 행위를 하는 사람

부리야트의 샤먼은 크게 백샤먼(tsagaan böö)과 흑샤먼(khar böö)으로 구분된다. 백샤먼은 사람들에게 행운이나 재물을 가져다 주는 선신(善神)을 모시는 샤먼이고, 흑샤먼은 상대에게 형벌을 내리거나 징치를 할 수 있는 무섭고 엄한 신을 모시는 샤먼이다. 그래서 흑샤먼은 저주나 악담 등을 굿에 사용하기도 한다.

부리야트의 샤먼에 대한 자료는 백샤먼과 흑샤먼에 대한 가장 구체적인 정보를 제공하고 있다. 1880년대 초 부리야트의 샤머니즘을 연구했던 아가피토프(N.N.Agapitov)와 한갈로프(M.N.Khangalov)는 1883년의 저작에서 샤먼은 착한 신을 숭배하는가, 악한 신을 숭배하는가에 따라 백과 흑의 두 그룹으로 나누어진다고 기술하면서 그 특징을 다음과 같이 묘사하고 있다.

> "백샤먼은 착한 신을 숭배한다. 백샤먼은 착한 신에게 자기가 바라는 것을 갈구한다. 착한 신은 인간에게 행복과 축복을 가져다주는 신이며 결코 인간들에게 나쁜 일을 행하지 않는다. 이에 반해 흑샤먼은 인간에게 재앙을 가져다주는 악령, 즉 악한 신만을 숭배한다. 이들이 믿는 악신은 '동쪽의 텡게르, 동쪽의 제후, 알혼섬의 주인, 에를렌 칸(Erlen khan), 검은 말의 주인'이며 공물도 이들에게만 바친다. 무복에 있어서도 백샤먼은 백색, 흑샤먼은 청색비단 혹은 목면으로 만든 것을 입는다. 일부 부리야트인은 샤먼이 죽은 뒤 이러한 무복을 입힌다고 말하지만 발라간스크(Balagansk) 지방의 샤먼은 특별한 내림굿을 받은 후 생존 시에 이미 그같은 무복을 입는다고 한다. 샤먼의 유해를 화장한 후에도 백샤먼의 재는 하얀색, 흑샤먼의 재는 청색의 천으로 만든 작은 자루에 담아 나무 구멍 속에 넣어둔다."

참고문헌 Uno Harva(1938), *Die Religiösen Vorstellungen der Altaischen Völker*, Helsinki. Н.Н.Агапитов и М.Н.Хангалов(1883), "Шаманство у бурят Иркутской губерии", *ИВСОРГО XIX,1-2*, Иркутск. С.Шашков(1864), "Шаманство в Сибири", *ЭРГО*, Ст.Петербург.

부리야트 샤먼의 장례 Буриад бөөгийн цамхаглах ёс (Buriad böögiin tsamkhaglakh yos)

부리야트에서 샤먼이 죽었을 때 행하는 의례

부리야트 샤머니즘에서는 죽은 샤먼을 앉은 자세로 앉힌 다음 그 앞에는 북과 삶은 고기를 차려 놓고 그 위에 천막을 짓는다. 그리고 천막을 빙 둘러 돌을 나열한다. 그 다음 천막 옆에 먹을 것을 남겨두고, 샤먼이 살아 있었을 때 타던 말을 빨간 끈으로 발을 묶어 놓는다. 이 말은 다음날 풀어준다. 이런 장례 습속을 '참학라흐(tsamkhaglakh)'라고 한다.

참고문헌 Ш.Сүхбат(2011), *Монгол бөөгийн дэлгэрэнгүй тайлбар толь*, Улаанбаатар. Ш.Сүхбат(2011), *Буриад бөө мөнх тэнгэрийн элч*, Улаанбаатар.

부리야트의 내림굿 Буриад бөөгийн онгод авах ёс (Buriad böögiin ongod avakh yos)

부리야트에서 샤먼이 될 사람이 신을 맞이할 때 행하는 굿

부리야트인은 죽은 자가 미래의 샤먼을 결정하며 어릴 때에 그를 선택한다고 믿고 있다. 누가 샤먼이 되는가는 독특한 징후에 의해 결정된다. 독특한 징후란 자꾸 실신해 넘어지며 신령을 보고 환각을 일으키거나 사람을 두려워하고 산이나 숲에 틀어박히는 등의 이상 행동이다. 그러면 주변사람들은 그를 샤먼에게 데리고 간다. 부리야트인의 경우 신병은 정신병의 형태로 나타나는데 환각이나 다른 자에는 보이지 않는 신령과의 대화 및 마비 상태로 나타난다고 한다.그리고 때때로 억제가 불가능한 충동이 급습하여 뛰듯이 춤추며 박자에 맞추어 노래를 부르기도 하는데 이것을 하면 기분이 좋아진다고 한다. 이러한 과정을 겪는 가운데 그는 내림굿을 통해 샤먼으로 입문하게 된다.

부리야트(Buryat)에서는 모든 샤먼이 내림굿을 받는 것이 아니라 일부 선택된 자들만 받는다. 따라서 내림굿을 받은 샤먼은 그렇지 않은 샤먼보다 높은 계급에 속하며 그들만의 그룹을 따로 만든다.

〈내림굿의 준비 의식〉

내림굿은 이전에 내림굿을 받았던 스승[신아버지]이 주관한다. 내림굿을 받을 샤먼 후보자는 먼저 부정 탄다고 간주되는 행위, 예컨대 돼지고기를 먹는 등의 행위를 하면 안 된다. 또 반드시 정화 의식을 통해 몸을 깨끗이 해야 한다. 내림굿에 종사하는 조수는 특별히 선발된 9명의 소년, 일명 '9명의 샤먼의 아들'이다. 샤먼 후보자는 리본이나 헝겊이 매어져 있는 조그마한 자작나무를 손에 쥐고 있다. 이들은 함께 말을 타고 주변의 집들을 방문하여 제의에 필요한 물품을 모으면서 의례를 준비한다. 마을 사람들은 이들이 방문하면 우유나 술 등을 제공하면서 물품이나 돈을 헌상물로 바친다.

부리야트 발라간스크(Balagansk: 러시아 이르쿠츠크 주에 위치) 지방의 내림굿 준비 의식은 여타 지방에 비해 독특하다. 내림굿을 앞둔 샤먼 후보자는 리본이나 헝겊이 매어져 있는 조그마한 자작나무를 손에 쥐고 주변의 인가를 방문하면서 예물을 걷는데, 그 때 따라나선 '9명의 샤먼의 아들'들도 손에 어린 자작나무의 가지를 쥐고 있다. 이후 샤먼 후보자와 '샤먼의 아버지(신아버지)' 및 '샤먼의 아들들'은 내림굿에 앞서 모두 특별히 만든 천막에 들어간다. 그리고 차와 곡식에 물만 넣어 끓인 죽을 먹으면서 9일간 단식한다. 또 관습에 따라 천막의 밖을 말의 갈기와 꼬리털로 만든 끈으로 3번 감은 뒤 그 금줄에 작은 삼림동물의 모피, 천, 불루르(büluur: 말젖술을 찧을 때 쓰는 각봉), 숟가락과 유사한 물건을 매단다. 이들이 천막에 기거할 동안 다른 사람들은 내림굿에 필요한 모든 것을 준비한다.

〈신목 세우기〉

내림굿을 할 때 먼저 하늘로 오르는 통로를 상징하는 신목을 세운다. 신목으로 쓰일 나무를 자르러 갈 때, 술과 양 한 마리를 가지고 가 숲의 "주인"에게 바친다. 신목은 주로 자작나무를 사용하는데 게르안에 하나, 게르 밖에 두 개를 세우고 그 주변에 희생물을 공

양하는 나무를 아홉 개를 세운다. 게르 안에 세우는 신목과 게르의 밖에 세우는 두 개의 신목 중 하나는 뿌리가 붙은 것을 사용한다. 게르 안에 세우는 신목은 나무 끝이 연기구멍 밖으로 삐쳐 나오도록 뿌리 부분을 화로[골롬타, golumta] 곁에 묻는데, 이는 샤먼이 이 나무를 통해 하늘로 올라가기 때문이다. 이 나무를 '우데시 보르칸(üdeshiin burkhan)'이라 부른다. 게르의 문밖에 세워져 있는 뿌리를 가진 또 하나의 자작나무는 '예케 사라 모드(ikh sar mod: 큰 달나무)'이라 부른다. 이 나무 역시 샤먼이 하늘로 올라가는 데 중요한 역할을 담당한다. 그리고 희생물을 공양하기 위해 세우는 아홉 개의 자작나무도 있다. 아홉 개의 자작나무는 애초부터 뿌리도 없고, 또 땅에 박기 위해 밑단을 뾰족하게 깎기 때문에 '고사(枯死)된 자작나무'라고 불린다. 이 아홉 그루의 자작나무는 일렬로 나란히 세워지는데 모두 백마의 갈기로 만든 끈으로 연결되어 있다. 또 끈이 하늘로 올라가는 모습을 나타내도록 최초의 나무는 낮게, 그 다음의 나무는 조금 높게 하여 순서대로 끈으로 연결한다. 이 끈들은 하늘로 오르는 다리, 즉 무지개를 상징한다. 아홉 개 자작나무의 동쪽 끝에는 색색의 천으로 장식된 나뭇잎이 붙어 있는 자그마한 한 그루의 자작나무인 투르게(Türge)가 세워져 있으며 그 아래에 펠트를 깐 제단이 있다.

시베리아의 샤먼 의례를 조사한 학자들의 기록과 전문에 따라 약간의 차이는 있지만 색색의 천으로 장식된 투르게(Türge)의 뒤에는 또 다른 공양을 위해 세운 '주헬(Jükhel)'라 부르는 자작나무가 있는 경우도 있다. 이 주헬리 나무는 부리야트 전설에 금성[Solbon]의 종으로 등장하고 있는 더베더이(Dobedoi)를 위해 희생물을 바치는 나무로 기록되어 있다. 더베더이를 위해 바쳐진 공물, 즉 양의 뼈는 제의가 끝난 후 불태워지며 모피는 주헬리 나무에 매단다.

〈정화 의식〉

신입 샤먼과 그 조수들은 굿을 할 때 백색 외투를 입고 등장하는데 "샤먼의 아들"들의 외투 가장자리에도 백색 리본이 늘어뜨려져 있다. 신아버지와 샤먼 후보자는 모두 붉은 비단의 술을 붙인 모자를 쓴다.

신아버지는 내림굿에 앞서 죽마(竹馬)같이 생긴 막대기와 호르(khuur)를 정화시킨다. 죽마의 정화는 죽마에 생명을 불어넣는 행위이다. 죽마는 샤먼이 영혼 세계를 여행할 때 살아 있는 말로 변해 샤먼을 태우고 다닌다. 죽마의 정화는 "죽마의 주인(Khorbosh noyon)과 부인(Khorbosh khatan)"을 위해 양 한 마리를 도살한 뒤 그 주위에 술을 뿌리면서 예를 올리는 방식으로 진행된다. 때로는 죽마의 밑 부분에 양의 피를 묻히는 일도 있다. 현악기를 정화할 때에도 영체에게 바치는 공물을 소홀히 하면 안 된다. 부리야트인은 술[다라손]을 만들 때 이 고귀한 술이 증류 솥에서 호르 위로 곧장 떨어지도록 귀가 달린 항아리 속에 호르를 집어넣는다. 신은 이렇게 정화한 호르에 귀를 잘 기울인다고 전해진다.

〈본굿〉

내림굿은 정화 의식이 끝난 나음날부터 시작된다. 굿은 맨 처음에 내림굿의 신령인 에르길 보르한 노욘 톤코이(Ergil burkhan noyon tonkhoi)에게 술을 뿌리며 그를 기리는 것으로부터 시작한다. 그리고 샤먼의 기원문 가운데 "지상에 강림한 아홉 나라의 군주, 부리야트인의 수호령으로 되어서, 은제 허리띠와 은제 칼"을 차고 있다고 읊어지는 "서쪽의 칸들" 및 그의 아홉 아들에게도 술을 권하지 않으면 안 된다. 또 정해진 순서에 따라 술을 공양해야 하는 영체로는 신아버지의 선조, 토지 신, 아홉 사람의 샤먼 수호령, 그 지방 및 주변에서 잘 알려져 있는 고인이 된 큰 샤먼들, 위력이 있는 신령들이다. 술을 바친 후 샤먼 후보자는 신아버지가 다양한 신령에 올리는 기원문을 읽을 때마다 그것을 따라 읊는다. 전승에 의하면 이때 샤먼 후보자는 하늘로부터 간택될 때에 받았다고 말하는 검을 손에 잡는다. 마지막으로 샤먼 후보자는 천막의 중심에 서있는 자작나무를 타고 올라가는데 때때로 연기 구멍을 넘어 지붕 위까지 나가기도 한다. 샤먼 후보자는 이 때 큰소리로 신에게 힘을 내려주기를 청한다.

이것이 끝나면 내림굿의 장소로 이동한다. 이동할 때 송진이 묻은 막대기에 불을 붙이는데 하나는 앞서가는 신아버지가, 다른 하나는 그 뒤를 따라가는 샤먼 후보자가 가지고 간다. 그리고 그 뒤를 "샤먼의 아들들"이 굿에 필요한 펠트 깔개나 그 밖의 제구(祭具)를 가지고 따라간다. 이들 일행의 뒤에는 이전에 내림굿을 받았던 샤먼들이나 초대받은 빈객들이 뒤따른다. 가지고 온 모든 물건들은 천막 앞에 지핀 두송나무(arts mod)의 연기에 쏘여 정화한다. 또 빈객들의 머리 위에도 두송나무 연기가 피어오르는 향로를 세 번 돌려 정화시킨다. 천막을 떠날 때 샤먼 후보자를 뒤쫓는 일행은 자작나무가 열을 지어 서있는 곳까지 가서 정해진 격식대로 노래를 부른다. 줄지어 늘어선 자작나무의 동쪽 끝에는 색색의 천으로 장식된 나뭇잎이 붙어 있는 자그마한 자작나무(투르게, Türge)가 세워져 있으며 그 아래에 펠트를 깐 제단이 있다. 펠트 위에는 술이나 타락을 가득 채운 그릇과 제육이 담긴 그릇을 나란히 놓여 있다. 부리야트의 제의에는 "아홉"이라는 숫자가 중요한 의미를 가진다. 따라서 술잔이나 빵 등도 항상 아홉 개를 놓는다. 내림굿을 주도하는 샤먼과 샤먼 후보자는 투르게 옆에 반원형으로 앉는다. 일반인들은 줄지어 늘어선 자작나무의 북쪽에 놓여 있는 9개의 솥 주변에 앉는다.

부리야트의 내림굿에서 가장 중요한 행사의 하나가 샤먼 후보자를 피로 씻어 정화하는 의식이다. 샤먼 후보자는 웃옷을 벗고 백색 펠트 위에 앉는다. 조수들은 하얀 염소 한 마리를 앉아 있는 신입자의 머리 위로 들어 올린 뒤 칼로 염소의 갈비뼈를 찌른다. 그러면 핏방울이 튀는데 샤먼 후보자는 아홉 번 피 세례를 받는다. 세례가 끝나 땅에 내려진 염소는 청년들에 의해 도살된다.

1880년대 초 부리야트의 샤머니즘을 연구했던 한갈로프(M.N.Khangalaov)는 1883년의 저작에서 피 세례 때 대부분의 샤먼 후보자는 "자기의 머리, 귀와 눈"에 피를 칠하는 경우가 많으며, 이르쿠츠크주 앙가라 강변에 위치한 발라칸스크 지방에서는 그 피를 마시기도 한다고 보고하고 있다.

피 묻히기가 끝나면 다시 몸을 물로 씻는 정화 의식을 치른다. 정화 의식에 사용되는 물은 "샤먼의 아들들"이 세 곳의 샘에서 길어온다. 세 곳의 샘물이 섞인 물통에 달군 돌을 집어넣어 따뜻하게 데운 뒤 파랗게 물이 오른 자작나무들을 묶어 만든 다발을 그 속에 적신다. 그리고 핏자국이 없어질 때까지 샤먼 후보자의 몸을 두드린다.

염소의 피로 정화하는 의식이 끝나면 이어 샤먼이 일생 동안 준수하고 지켜야 하는 수칙을 엄숙히 맹세하는 의식이 이어진다. 부리야트의 샤머니즘을 연구했던 한갈로프는 1883년의 저작에서 그 수칙을 다음과 같이 전하고 있다. "가난한 자가 도움을 요청하면 그곳까지 걸어서 가라. 수고의 대가로 큰 보수를 요구하지 말고 주는 것만 받아라. 항상 가난한 자의 입장에서 생각하며 그에게 힘이 되어 주라. 그를 악령과 마법으로부터 지켜주도록 신들에게 가호를 구하라. 부유한 자가 부른다면 소를 타고 가라. 그러나 역시 많은 보수를 구하지 말라. 만약 부자와 가난한 자가 동시에 너를 부른다면 너는 먼저 가난한 집으로 간 다음에 부잣집으로 가야 한다."

맹세가 끝나면 희생 동물의 도살이 시작된다. 희생 동물의 수는 아홉 마리이다. 그러나 사람들이 많을 경우에는 더 많이 도살된다. 공물로 식사 준비를 하고 있는 사이 다시 굿이 벌어진다.

내림굿의 가장 엄숙한 순간은 바로 승천의식이다. 먼저 신아버지는 뿌리가 붙어 있는 자작나무를 아홉 번 돌아 꼭대기까지 기어오른다. 샤먼이 나무를 오를 때 그의 혼도 하늘로 오른다고 간주된다. 나무를 한 번 도는 것은 하늘의 특정 층 하나를 돌파하는 것과 같다. 이때 샤먼은 보고들은 것을 주변 인물들에게 말한다. 최고의 하늘인 제9천까지 오르면 다시 아홉 번을 돌면서 지상으로 내려온다. 샤먼이 나무에서 내려올 때 "샤먼의 아들들"은 그가 무사히 내려오게끔 나무 밑에다 펠트를 편다. 그러면 그 펠트 위로 샤먼이 내려온다. 이어 샤먼 후보자도 신아버지와 똑같이 나무에 올라가 하늘의 각층을 관통하는 여행을 한다. 그곳에 모인 사람들은 이때 샤먼이 접신의 상태에 들어간다고 말한다.

신입 샤먼은 나무 위에서 여러 신령들에게 자기에게 "힘을 주십사!"라고 술을 뿌리며 기원한다. 물론 이러한 의식은 지역마다 약간씩 차이가 있다. 예컨대 발라간스크 지방에서는 펠트 위에 신입 샤먼을 태우고 일렬로 늘어선 아홉 그루의 자작나무 주위를 동쪽에서 서쪽으로 아홉 번 돈다. 이때 신입 샤먼은 모든 자작나무를 순서대로 올라가 아홉 번을 돌면서 꼭대기에 이른다. 신입 샤먼은 꼭대기에 이르면 밑에서 나무의 주위를 돌며 굿하고 있는 신아버지와 똑같이 "굿을 한다." 19세기 말에 부리야트의 신 내림굿을 목격한 포타닌(Potanin)은 1893년의 저작에서 다음과 같은 보고를 하고 있다. "아홉 그루의 나무가 겔의 입구에서 오른쪽 방향으로 일렬로 늘어서 있다. 신입 샤먼은 펠트에 태워져 그곳으로 운반된다. 맨 가장자리에 위치한 나무에 이르면 신입 샤먼은 펠트에서 나무로 뛰어 오른다. 나무 꼭대기에 오른 샤먼은 그곳에서 재빨리 나무의 주위를 세 번 돈다. 그리고 옆의 나무로 옮겨가 똑같은 의식을 치른다. 이렇게 마지막 나무까지 끝나면 그곳에서 다시 펠트 위로 내려온다." 샤먼이 하늘로의 여행 때 아홉 그루의 나무를 도는 것은 이 나무들이 하늘의 9층을 나타내고 있기 때문이다.

〈뒷전풀이〉

내림굿을 행하는 사이 제수용 고기가 익으면 특별한 그릇에 제육을 가득 담아 투르게(Türge) 밑에 둔다. 한 마리씩 따로 나누어 끓인 고기 역시 별도의 그릇에 담는다. 음식을 먹기 전에 반드시 먼저 "불의 신"에게 약간의 고기와 국물을 바쳐야 한다. 신아버지와 "샤먼의 아들들" 및 기타의 샤먼은 국과 고기가 든 그릇을 손에 쥐고 일렬로 나란히 서서 신을 향해 아홉 샤먼의 공물을 받으시라고 기원하면서 음식물의 일부를 공중이나 불에 던진다. 그런 다음 신아버지를 비롯한 사람들이 음식을 먹기 시작한다. 희생 동물의 뼈는 쑥으로 싸서 신령에게 바치는 공양제를 행한다. 공양제가 끝나면 샤먼은 천막으로 돌아온다. 다음 날에는 금성[Solbon]의 종인 더베더이(dobedoi)를 위해 다시 양 한 마리를 잡는다. 양의 뼈는 태우며 모피는 투루게 뒤에 세운 주헬(zükhel)이라 부르는 자작나무에 매단다. 만약 보카 노욘(Bukh noyon)에게 공물을 바치는 경우에는 흑회색의 수소가 공양된다. 공양되는 수소는 먼저 정화수로 목욕을 시킨다. 그리고 리본이 매어져 있는 작은 멍에를 목에 건다. 다음 간단한 축문과 함께 술을 머리에 뿌린 뒤 소를 놓아준다. 이러한 의식이 때에 따라 9일간 계속되는 경우도 있다. 이 의식이 끝나면 샤먼은 자작나무에서 리본과 모피를 떼어내 자신의 성구(聖具)를 넣어두는 상자에 집어넣고 신 내림굿을 마무리 짓는다.

〈한국의 내림굿과의 유사성〉

부리야트의 내림굿은 시베리아와 알타이 지역에서 가장 정교하다. 또 첫 번째 내림굿을 받은 후 두 번째와 세 번째 입문 의례는 각각 3년 그리고 6년 뒤에 행해진다.

한국 무속의 내림굿도 큰 샤먼의 주관 하에 3년 3단계로 진행된다. 첫 단계는 좌정굿(허튼굿)이다. 신이 몸에 들어오면 요동을 치게 때문에 몸주(신)를 안정시키는 의식이 필요하다. 이를 "자리에 앉힌다"고 표현한다. 이때 무병을 받은 사람은 말문(공수)이 터지게 되는데 이 말문에 따라 큰 샤먼은 이 샤먼이 어떤 신을 받았는지를 알게 된다. 샤먼은 굿의 학습에 의해 큰 샤먼이 된다. 두 번째 단계는 내림굿으로, 좌정굿 후 1년 뒤 거행한다. 세 번째 단계는 솟을굿(불림굿)으로, 내림굿 후 1년 뒤 거행하는데 솟을굿은 "훌륭한 샤먼이 되어라"라는 의미의 굿이다.

부리야트의 내림굿의 각 단계 과정 역시 한국의 무속과 유사한데, 이는 종교사적으로 매우 주목된다. 한국 내림굿의 기본 요소는 "① 정화(淨化, 장소와 입무자 자신), ② 주무에 의한 초신(招神) → 강신(降神) → 신탁(공수), ③ 입무자의 빙신과 말문 열기(공수), ④ 입무자의 영력 시험→통과, ⑤ 끝맺음(액의 추방, 제사 도구를 불태움)"이다.

부리야트족의 내림굿에는 미트라교(Mithraism)의 비의를 연상시키는 요소가 있다. 페르시아 신화에서 미트라는 빛과 진리의 신이며 후에 태양신이 되었다. 미트라교는 미트라를 숭배하는 종교로 기원전 3세기에 페르시아에서 생겨나 소아시아, 로마제국 등지에서 성행했다. 부리야트족의 신 내림굿에서 샤먼 후보자는 염소의 피로 재계를 받는데, 이 염소가 바로 이 샤먼 후보자의 머리 위에서 도살되는 경우도 있다. 지역에 따라 샤먼 후보자는 희생된 짐승의 피를 마시기도 한다. 이는 가축을 도살하고 그 피를 마시며 희생 동물로 삼지창에 사슬을 세우는 한국도 마찬가지다. 사슬은 희생을 뜻하는 고대 북방 샤머니즘의 용어인 사촐리(Sachuli)의 음변이다.

참고문헌 Uno Harva(1938), *Die Religiösen Vorstellungen der Altaischen Völker*, Helsinki. Н.Н.Агапитов и

М.Н.Хангалов(1883), *Шаманство у бурят Иркутской губерии, ИВСОРГО XIX, 1-2*, Иркутск. Б.Э.Петри(1928), *Старая вера бурятского народа*, Иркутск. Г.Н.Потанин(1893), *Очерки северо-западной монголи* IV, Ст.Петербург. Virlana Tkacz, Sayan Zhambalov, Wanda Phipps(2002), *Shanar: Dedication Ritual of a Buryat Shaman in Siberia*, Parabola Bööks. 이부영(2012),『한국의 샤머니즘과 분석심리학 - 고통과 치유의 상징을 찾아서-』, 서울, 한길사. M.Eliade, 이윤기 역(1992), 『샤머니즘-고대적 접신술』, 서울, 까치.

부리야트의 차나르 의례

Чанар хийх ёс (Chanar khiikh yos)

샤먼의 능력을 향상시키기 위해서 단계별로 행하는 굿

부리야트족 샤먼은 내림굿을 받은 뒤 내림굿을 주관한 큰 샤먼에게 굿을 배우면서 13단계의 '차나르(chanar)' 의식을 치른다. 차나르는 그 동안 자기가 배운 모든 굿을 스승과 여러 사람들 앞에서 시연하는 것이다. 13번의 차나르를 하면 비로소 정식으로 큰 샤먼인 자이랑(zairan)이 된다. 일반적으로 1년에 한 번씩 차나르를 치르지만, 샤먼의 학습 정도에 따라 정도의 차이가 존재한다.

차나르 의식을 행하기 위해서 우선 81그루나 27그루의 나무를 제장에 심는다. 이를 데르윌게라 한다. 데르윌게의 앞쪽에 아버지 나무와 어머니 나무를 세우고 장식한다. 어머니 나무에 비단과 천 조각으로 새집 3개를 만들고 양털로 9개의 알을 만들어 각각 3개씩 넣어둔다. 차나르의 나무들은 금은색을 띤 줄로 연결한다. 그리고 연세가 지긋한 성인 남녀를 아버지와 어머니로 선정한다. 이렇게 하면 차나르 의식을 위한 준비가 끝난다. 이제 본격적으로 제의가 시작이 되는데, 먼저 향초를 넣고 삶은 물로 몸의 부정을 씻는다. 그리고 무신도 앞에서 차나르 나무를 찬양하며 청배를 한다. 굿은 3일 밤낮을 가리지 않고 진행된다. 굿을 마치면 차나르 나무를 철거한 후 뒷전풀이를 한다.

참고문헌 Г.Гантогтох(2007), *Монгол зан үйлийн аман яруу найргийн уламжлал*, Улаанбаатар. Ш.Сүхбат(2011), *Монгол бөөгийн дэлгэрэнгүй тайлбар толь*, Улаанбаатар. 장장식(2005), 『몽골 유목민의 삶과 민속』, 서울, 민속원.

북방 민족의 방위색

Умардын бөө мөргөлтний өнгөний бэлгэдэл (Umardyn böö mörgöltnii öngönii belgedel)

북방 민족에서 방위를 상징하는 색

역대 북방 민족들의 방위색은 흉노 이래 오늘날의 몽골이나 한국에 이르기까지 모두 일치하고 있다. 즉 동방은 푸른색, 북방은 검은색, 남방은 붉은색, 서방은 흰색을 상징하고 있다. 고구려의 경우는 이 방위색에 따라 지배 부족의 거주지를 정할 정도로 실생활 방면에서도 철저히 준수되고 있었다.

방위색(方位色)은 한국을 비롯한 북방 샤머니즘에서 샤먼이 길흉을 판단하는 일종의 척도로 사용하고 있다. 또 방위색으로 잘라마(jalama)라는 신성한 끈을 만들어 사용하고 있다. 잘라마는 북방 샤머니즘에서 신이 오는 길이나 부정한 것의 접근을 막는 신성의 상징으로 간주될 만큼 중요한 역할을 수행하고 있다. 오늘날 몽골의 오보나 한국의 굿당에서 잘 관찰되는 울긋불긋한 끈이 바로 잘라마의 남겨진 흔적이다. 몽골의 흰색 숭상이나 한국 무속의 오방기 신점은 모두 이러한 방위색 관념의 반영이라고 보아도 무방하다. 한국의 무속에서는 산신거리, 초감흥거리, 대감거리, 작두거리, 신장거리 뒤에 오방기로 신점을 치는 습속이 존재한다. 오방기의 방위는 중앙을 의미하는 노란색과 함께 북방 민족들의 방위색과 일치한다. 오방기는 ① 빨간색(장군기) ② 하얀색(칠성기) ③ 초록색(신장기) ④ 노랑색(조상기) ⑤ 남색(대감기)으로 이루어져 있는데 빨간색과 하얀색의 기는 행운을, 나머지는 액운을 의미한다.

참고문헌 박원길(2001), 『유라시아 초원제국의 샤머니즘』, 서울, 민속원. 額爾登泰 外(1981), 『蒙古秘史詞匯選釋』, 呼和浩特. 札奇斯欽(1979), 『蒙古秘史新譯並註釋』, 台北. С.Дулам(2007), *Монгол бэлгэдэл зүй, Өнгөний бэлгэдэл зүй* II *боть*, Улаанбаатар.

북방 민족의 성수 ᠲᠣᠭᠠᠨ ᠤ ᠪᠡᠯᠭᠡᠳᠡᠯ Тооны бэлгэдэл (Toony belgedel)

북방 민족에서 종교적 또는 전승적으로 신성하게 여기는 수

역대 북방 민족들은 숫자 3 과 7 및 9(3×3)를 성수(聖數)로 간주하고 있다. 북방 샤머니즘에 있어 7을 중시하는 민족들은 바이칼호 주변이나 그 서부 지역의 삼림지대에서 기원한 돌궐, 위구르, 사모예드, 예니세이인 등이며, 3을 중시하는 민족들은 동서 문물의 교류대에 위치한 유목 계통의 민족이라는 특징을 지니고 있다. 또 종교학적으로 3은 고대 페르시아 지역의 세계상을 의미하고 있으며 그와 가장 근사한 개념이 북방 유목 민족들의 세계관, 즉 천상계 · 지상계 · 지하계라는 것은 이미 널리 알려진 사실이다. 이로 미루어 볼 때 흉노를 위시한 몽골족계 민족의 성수인 3은 페르시아 지역에서 발원한 종교와 관계를 맺고 있는 것으로 보인다. 일부 학자는 북방 샤머니즘 사유 체계의 특징을 "3수 분화의 세계관"이라고 정의한 뒤 이것을 "동북아시아의 모태 문화"로 간주하고 있다. 그는 3수 분화의 세계관에 보이는 독특한 수(數)의 상징적 의미에 대해서 "먼저 영적(靈的) 세계의 존재를 인정하고, 하나(1)에서 셋(3)으로 분화되고, 셋이 각각 셋으로 분화되어 아홉(9)이 생겨난다. 이러한 인식 틀에서 3은 '변화의 계기수'가 되고, 9는 '변화의 완성수'가 되며, 9의 자기 복제수인 81(9x9=81)은 '우주적 완성수'를 의미한다."고 설명하고 있다. 북방의 성수 7은 메소포타미아 지역에서 기원된 관념이 북방으로 전해진 것이다. 이 수는 주로 죽음과 관계를 맺고 있다.

참고문헌 박원길(2001), 『유라시아 초원제국의 샤머니즘』, 서울, 민속원. 우실하(1998), 『전통 문화의 구성 원리』, 서울, 소나무. Д.Цэдэв(1993), *Монголын нууц товчоонды тооны билэгдэлийн асуудалд(гурван тоо, түүний билэгдэлэлийл тухай)* 『몽골학』 1, 한국몽골학회. С.Дулам(2007), *Монгол бэлгэдэл зүй, Тооны бэлгэдэл зүй* I *боть*, Улаанбаатар.

북방 샤머니즘의 빙의 ᠤᠮᠠᠷᠠᠳᠤ ᠶᠢᠨ ᠪᠦᠭᠡ ᠶᠢᠨ ᠣᠩᠭᠣᠳ ᠣᠷᠣᠬᠤ Умардын бөөгийн онгод орох (Umardyn böögiin ongod orokh)

북방 샤머니즘에서 샤먼에게 신이 강림하는 형태

북방 샤머니즘에서 샤먼의 빙의 형태는 크게 두 가지로 나누어진다. 하나는 신령이 몸에 들어와 공수를 내리는 빙령형(憑靈型, possession style) 샤먼 그룹이다. 역사적으로 설연타 유목 제국의 샤먼들이 이에 속하는데, 오늘날 한국의 모든 샤먼은 신령이 몸에 들어와 공수를 내리는 빙령형 샤먼 계열이다. 다른 하나는 샤먼이 자신의 몸 밖으로 나가 신령들을 만나는 접신 형태의 샤먼 그룹이다. 오늘날 몽골 샤먼들이 이 계열에 속한다.

참고문헌 박원길(2001), 『유라시아 초원제국의 샤머니즘』, 서울, 민속원. M.Eliade, 이윤기 역(1992), 『샤머니즘－고대적 접신술』, 서울, 까치. Uno Harva(1938), *Die Religiösen Vorstellungen der Altaischen Völker*, Helsinki.

북방 샤머니즘의 하늘 관념 ᠤᠮᠠᠷᠠᠳᠤ ᠶᠢᠨ ᠪᠥᠭᠡ ᠮᠥᠷᠭᠥᠯ ᠳᠡᠬᠢ ᠲᠩᠷᠢ ᠶᠢᠨ ᠲᠤᠬᠠᠢ ᠣᠢᠯᠠᠭᠠᠯᠲᠠ Умардын бөө мөргөл дэх тэнгэрийн тухай ойлголт (Umardyn böö mörgöl dekh tengeriin tukhai oilgolt)

북방 샤머니즘에서 하늘의 층을 구분하는 관념

천상의 절대신에 대한 믿음은 유라시아 알타이 샤머니즘의 특징이자 또 상당히 유서가 깊은 신앙 체계이다. 그러나 특이하게도 하늘의 층에 대한 관념은 민족에 따라, 또 같은 민족 내에서도 지역과 샤먼에 따라 차이를 가지고 있다. 예니세이(Enisei) 강 상류 및 시베리아 중남부의 사얀산 중턱에 거주하는 소요트(Soyot)족과 카라카스(Kharakhas)는 3층이나 7층으로 이루어진 하늘을 가지고 있다. 이르티시(Irtysh) 강 주변에 거주하는 오스티야크(Ostyak)족, 서부 시베리아의 오브강 지류 유역에서 수렵과 어로에 종사하는 보굴(Vogul)족, 네네츠(Nenets)족으로 더 잘 알려진 유라크 사모예드(Yurak－Samoyed)족은 7층으로 이루어진 하늘을 가지고 있다. 야쿠트(Yakut)족과 돌간(Dolgan)족, 석백족(錫伯族)은 9층, 텔레우트(Teleut)족은 16층으로 이루어진 하늘을 가지고 있다. 그러나 시베리아와 알타이 등 동일 지역 내에서도 샤먼에 따라 7층, 9층이 있는가 하면 12층, 16층, 17층, 심지어 33층도 있다. 또 공통적인 특징은 하늘이 3층, 7층, 9층 등이라고 여기는 지역이나 샤먼들은 지하 세계도 같은 층으로 이루어져 있다고 여긴다는 사실이다. 3층 이상의 하늘 관념을 가지고 있는 지역에서 모든 샤먼들은 가장 지나기 어려운 하늘의 층을 3번째 층으로 지목하고 있다. 일단 이곳만 통과하면 다음부터는 안락하게 여행할 수 있다고 한다.

참고문헌 박원길(2001), 『유라시아 초원제국의 샤머니즘』, 서울, 민속원. Uno Harva(1938), *Die Religiösen Vorstellungen der Altaischen Völker*, Helsinki. Christina Pratt(2007), *An Encyclopedia of Shamanism*, 2Vols, The Rosen Publishing Group.

북채로 점 치기 ᠬᠠᠮᠨᠢᠭᠠᠨ ᠲᠦᠩᠭᠦᠰ ᠪᠥᠭᠡ ᠶᠢᠨ ᠬᠡᠩᠭᠡᠷᠭᠡ ᠶᠢᠨ ᠴᠣᠬᠢᠭᠤᠷ ᠢᠶᠠᠷ ᠮᠡᠷᠭᠡᠯᠡᠬᠦ ᠶᠣᠰᠣ Хамниган түнгүс бөөгийн хэнгэргийн цохиураар мэргэлэх ёс (Khamnigan tungus böögiin khengergiin tsokhiuraar mergelekh yos)

함니강 퉁구스에서 북채를 던져서 점을 치는 일

함니강 퉁구스나 몇몇 시베리아의 민족들은 굿을 마친 뒤 북채를 하늘로 던져 점을 치는 습속이 있다. 즉 공중으로 던진 북채가 땅에 떨어진 뒤 북채의 앞면[타면, 打面]이 하늘로 향하면 긍정적인 답을 얻었다고 간주한다. 일부 지방에서는 굿을 마친 후 샤먼이 모든 참석자들을 위하여 북채를 그들의 다리 앞으로 던지는 경우도 있다. 한 사람씩 모두 북채의 점복을 받는데 북채의 타면이 위로 향해 있으면 그가 바라는 목적이 이루어졌거나 혹은 이루어진다고 말한다. 이러한 행위는 한국에서 샤먼이 굿을 끝낸 뒤 칼을 던져 칼날의 끝이 향하는 방향에 따라 길흉을 정하는 방식과 유사하다. 예컨대 한국의 철무리굿(경사 굿)에서 만신이 신청 울림이 잘 되었는지를 알아보기 위해 대신 칼을 던지는데 이때 칼끝이 밖으로 향하면 잘되었다고 여기며, 반대로 칼끝이 안으로 향하면 밖으로 향해질 때까지 계속 축원하면서 대신 칼을 던진다. 몽골의 샤먼들은 굿과 상관없이 북채만 가지고 점을 치는 경우가 많다. 점치는 방식은 북채를 점을 보러 온 사람의 뒤로 던지는 방식으로 이루어진다. 그러면 점을 보러 온 사람은 북채를 주워 다시 샤먼에게 건네주는데, 이것을 세 번 반복한다.

참고문헌 M.Eliade, 이윤기 역(1992), 『샤머니즘-고대적 접신술』, 서울, 까치. Uno Harva(1938), *Die Religiösen Vorstellungen der Altaischen Völker*, Helsinki. G.Bethlenfalvy, Á.Birtalan, A.Sárközi, J.Vinkovics eds(1992), *Altaic Religious Beliefs and practices*, Budapest.

비툴렉 타일라흐 Битүүлэг тайлах (Bitüüleg tailakh)

신내림을 받은 샤먼이 학습을 하며 일정 기간 뒤 행하는 굿

내림굿을 치룬 후 새 샤먼은 학습을 계속하여 6년 혹은 8년 뒤에 다른 샤먼들과 함께 동네 집집을 돌며 굿을 하는데 이것을 비툴렉 타일라흐(bitüüleg tailakh)라고 한다. 샤먼은 굿을 해 준 사람들한테서 많은 선물을 가지고 돌아온다. 이 의례가 끝나면 비로소 진짜 샤먼으로 인정을 받는다.

참고문헌 Ч.Далай(1958), *Монголын бөөгийн мөргөлийн товч түүх*, Улаанбаатар. О.Пүрэв(1999), *Монгол бөөгийн шашин*, Улаанбаатар. Ш.Сүхбат(2005), *Монгол нүүдэлчин ардын шашин шүтлэгийн зан үйл*, Улаанбаатар.

사모예드족의 내림굿 Самоед бөөгийн өвчин (Samoyed böögiin övchin)

사모예드족에서 샤먼이 될 사람에게 신령이 찾아오는 일

시베리아 사모예드족의 경우 샤먼의 자식 모두가 아버지의 직업을 계승하는 것은 아니며 신령이 선택한 자만이 신내림을 받고 신병(神病)을 앓는 등 일정한 징조가 나타난다고 한다. 즉 어린아이 때부터 신령의 선택을 받아 특별한 전조를 나타내는 자만이 샤먼이 될 수 있다고 보고 있다.

참고문헌 박원길(2001), 『유라시아 초원제국의 샤머니즘』, 서울, 민속원. Uno Harva(1938), *Die Religiösen Vorstellungen der Altaischen Völker*, Helsinki. Вениамин(1853), *Самоеды мезенские*, ВРГО III, Ст.Петербург.

샤먼 북 제의(來歷祭儀) Алтайчуудын хэнгэрэг амилуулах зан үйл (Altaichuudyn khengereg amiluulakh zan üil)

일반 북에 생명을 부여하여 샤먼의 북으로 만드는 제의

알타이족의 경우 샤먼이 북에 술을 뿌리면 북의 몸체가 된 나무는 생명을 부여받아 샤먼을 통해 자기의 내력을 말한다. 어떻게 해서 그 숲에 살게 되었고, 어떻게 잘리고, 어떻게 마을까지 운반되어왔는지 그 내력을 말한다. 이 과정이 끝나면 샤먼은 가죽에도 술을 뿌려 생명을 부여한다. 그러면 이 가죽도 자기의 과거를 말한다. 어떤 동물의 가죽이고 그 동물의 부모는 누구이며 어린 시절은 어떠했다는 식으로 사냥꾼의 화살에 쓰러질 때까지의 과거를 송두리째 고백한다. 북의 몸체가 된 나무와 가죽의 이야기 제의는 샤먼에게 충성을 다하겠다는 말로 끝난다.

참고문헌 M.Eliade, 이윤기 역(1992), 『샤머니즘-고대적 접신술』, 서울, 까치. Uno Harva(1938), *Die Religiösen Vorstellungen der Altaischen Völker*, Helsinki. G.Bethlenfalvy, Á.Birtalan, A.Sárközi, J.Vinkovics eds(1992), *Altaic Religious Beliefs and practices*, Budapest.

샤먼 영혼 분리 의식

Лусаас салгах ёс (Lusaas salgakh yos)

죽은 샤먼의 영혼을 대지에서 분리시키는 의식

샤먼이 죽은 지 3년이 지나면 신령화 습속(ongod bolgokh yos)에 따라 샤먼의 영혼은 성주신(geriin ongod)이나 초원의 신(kheeriin ongod)으로 부활하게 된다. 이렇게 샤먼의 영혼을 대지의 신으로부터 분리시키는 의식을 로사스 살가흐 요스(lusaas salgakh yos)라고 한다.이 의식 뒤에 행해지는 것이 죽은 샤먼의 영혼을 신으로 부활시키는 의식이다.

참고문헌 О.Пүрэв(1999), *Монгол бөөгийн шашин*, Улаанбаатар. О.Пүрэв(2003), *Монгол бөөгийн шашны нэр томъёоны тайлбар толь*, Улаанбаатар. Ш.Сүхбат(2011), *Монгол бөөгийн дэлгэрэнгүй толь*, Улаанбаатар.

샤먼의 머르걸 Бөөгийн

мөргөл (Böögiin mörgöl)

굿을 할 때 신에게 드리는 기원문

머르걸(mörgöl)은 기도를 뜻하는 몽골어로, 굿에서는 신에게 드리는 기원문을 뜻한다. 즉 하늘과 수호신들, 자연신들, 신령들에게 무릎을 꿇고 양손을 이마에 대고 머리를 숙여 절하면서 은혜를 베풀기를 기원하는 글이다. 그 한 예를 제시하면 다음과 같다.

호쇼들을 연결하여
먼 데, 가까운 데의 조상을 청배하여
운과 덕을 빌고 절합니다.
저승 문 앞에다
순수한 황갈색 염소를
아홉 그루의 나무로 장식하여
그 희생양을
신령들에게 바칩니다.

참고문헌 Шинжлэх ухааны академи (2008), *Монгол хэлний дэлгэрэнгүй тайлбар толь*, Улаанбаатар. Г.Гантогтох, *Онгод цалигийн үг хэллэг*, хичээл.мн

샤먼의 북소리 Бөөгийн

хэнгэрэг (Böögiin khengereg)

북방 민족에서 굿을 하면서 치는 북의 소리

샤먼이 굿을 할 때 북을 치는데, 이때 울리는 북소리는 크게 두 가지 의미를 갖는다. 첫째는 신령을 부르기 위함이고 둘째는 악령을 쫓기 위함이다.

극북의 유라크(Yurak)족 샤머니즘을 연구한 카르잘라이넨(K.F.Karjalainen)은 1921년의 연구 보고서에서 "오스티야크(Ostyak)인에게 북을 치는 목적을 묻자 그는 망설이지 않고 '샤먼이 지금 필요로 하는 신령들을 불러 도움을 얻기 위해서'라고 말했다. 지역에 따라서는 샤먼의 보조령들을 부르기 위한 것이라고도 한다."라고 기술하고 있다.

1920년대 초 아무르, 우수리강변 일대에 거주하는 골디(Goldi)족 샤먼을 연구했던 로빠띤(I.A.Lopatin)도 1922년의 저작에서 "골디의 샤먼이 무복을 입은 뒤 북을 치는 것은 세온을 불러 도움을 얻기 위해서"라고 보고하고 있다. 또 그 모습도 다음과 같이 묘사하고 있다. "샤먼은 처음에는 저음으로 드문드문 북을 치기 시작하다가 점점 강하고 빨리 치는 방식을 취한다. 그러면서 신령들에게 도와주시기를 청하는 노래를 부른다. 또 샤먼은 노래를 부르면서 신령들을 만나 해답을 듣고 있는듯한 몸놀림도 취한다." 시베리아 지역의 샤먼을 연구했던 힐덴(H.Hildèn)은 1916년의 저작에서 "알타이인과 야쿠트인들은 신령들을 북 안으로 모으기 위해 북을 친다."는 현장 보고 기록을 남기고 있다.

샤먼이 북을 치는 것은 악령을 쫓기 위한 것이라는 주장도 있다. 예컨대 알타이인들은 사람이 죽은 뒤 혼이 아직 집을 떠나지 못하고 방황하고 있다고 생각될 때 샤먼을 불러 굿을 한다. 이때 알타이의 샤먼은 구석구석으로 북을 치면서 악령을 한 곳으로 몰아낸다. 그리고 최후에 악령을 북과 북채의 사이에 끼워 포획한다. 무복이 악령들을 위협하기 위한 도구라고 간주되고 있듯이 북에다 방울이나 그밖의 금속물을 붙여 소리를 증폭시키는 행위도 악령을 위협하기 위한 것이라고 볼 수 있다. 실제 많은 민족들이 이러한 방법으로 집에서 악령을 추방하고 있다.

참고문헌 K.Hildén(1916), *Om shamanismen i Altai, speciellt bland lebed-tatarerna*, 『Terra』, Helsinki. K.F.Karjalainen(1921), *Die Religion der Jugra-Völker*, 『FFC』63. И.А.Лопатин(1922), *Гольды Амурские, Уссурийские и Сунгарийские*, Владивосток. W.Radloff(1884), *Aus Sibirien* I-II, Leipzig. Uno Harva(1938), *Die Religiösen Vorstellungen der Altaischen Völker*, Helsinki.

샤먼의 신어 ᠣᠩᠭᠣᠳ ᠤᠨ ᠬᠡᠯᠡ Онгодын хэл (Ongodyn khel)

샤먼이 전달하는 신의 말

샤먼은 굿을 할 때 사용하는 비밀 말(語), 즉 신어(神語)를 가지고 있다. 이러한 사실은 서부 시베리아의 렙족에서부터 이르티시(Irtysh) 강 주변에 거주하는 오스티야크(Ostyak)족, 동북 시베리아의 추크치(Chukchi)족과 야쿠트족 그리고 중부 및 남부 시베리아의 함니강 퉁구스(에벤키)족에 이르기까지 모두 나타난다.

샤먼이 사용하는 그 말은 주로 동물의 언어로 나타난다. 샤먼은 이 신비한 말을 통해 갖가지 신령들과 소통한다. 샤먼은 스승으로부터 이 신비한 말을 배우기도 하고 스스로의 노력을 통해 신령들로부터 직접 전수받기도 한다. 함니강 퉁구스(에벤키)족의 샤먼은 접신 중에 모든 종류의 언어를 이해하는 것처럼 보이는 경우가 많다. 키르키즈 타타르족(Kirgiz Tatar)의 샤먼은 천막 안을 뛰어다니며 소리를 지른다. 개처럼 짖으면서 구경꾼들의 냄새를 맡기도 하고 황소처럼 울기도 하고 외마디 소리를 지르기도 하고 양처럼 울기도 하고 돼지처럼 꿀꿀거리기도 하고 새처럼 울기도 하는 등 매우 정확하게 짐승의 울음소리, 새 우는 소리와 나는 소리 등을 모방하여 구경꾼들을 사로잡는다. 강신(降神)은 대개 이렇게 동물의 소리를 흉내 내는 것으로써 신이 내린 것을 보여준다.

샤먼이 굿하는 중에 사용하는 언어의 상당수는 새나 짐승의 울음소리에 그 기원을 두고 있다. 샤먼은 북과 가성(假聲)을 이용해서 접신 상태에 이른다. 또 어디에서건 주술적인 가사를 노래한다. 세계적으로 동물, 특히 새들의 언어를 배운다는 것은 자연의 비밀을 배우는 것과 같다. 자연의 비밀을 알게 되므로 예언을 할 수 있는 것이다. 샤먼은 뱀이나 이와 비슷한 주력(呪力)을 가진 것으로 믿어지는 동물을 잡아먹음으로써 새들의 언어를 배운다. 이런 동물이 미래의 비밀을 샤먼 앞에 드러낼 수 있다고 사람들이 믿는 까닭은 이런 동물에 죽은 자의 영혼이 깃들어 있어 이를 통해 신과 소통할 수 있기 때문이라고 본다. 샤머니즘에서 새들은 영혼의 안내자이다. 스스로 새가 되었다는 것, 혹은 새와 함께 한다는 것은 살아 있으면서도 천상계와 저승으로 접신적인 여행을 할 능력을 얻었음을 의미한다. 굿하는 중에 이런 신비한 말을 흉내 낸다는 것, 동물이 내는 소리를 흉내 낸다는 것은 샤먼이 세 우주권, 즉 지하계와 지상계 그리고 천상계를 자유자재로 왕래할 수 있다는 또 하나의 징표로 본다.

참고문헌 박원길(2001), 『유라시아 초원제국의 샤머니즘』, 서울, 민속원. M.Eliade, 이윤기 역(1992), 『샤머니즘-고대적 접신술』, 서울, 까치. Uno Harva(1938), *Die Religiösen Vorstellungen der Altaischen Völker*, Helsinki.

샤먼의 신통력 ᠪᠦᠭᠡ ᠶᠢᠨ ᠴᠢᠳᠠᠯ Бөөгийн чадал (Böögiin chadal)

샤먼이 가지고 있는 영묘하고 불가사의한 힘이나 능력

신령들이 샤먼에게 불가사의한 능력을 준다는 관념은 몽골 및 시베리아의 모든 민족에서 발견된다. 골디족도 신들린 샤먼은 불에 데지 않고 엄한에도 동상에 걸리지 않으며 물에 빠져 죽지도 않는다고 믿는다. 또 난폭하게 때리거나 칼 등의 무기류로 찌르거나 잘라도 신들린 샤먼은 어떠한 영향도 받지 않는다. 부리야트 샤머니즘을 연구한 피에트리(Petri)는 부리야트 샤먼의 경이적인 행위, 즉 불 위에서 춤추는 것, 맨발로 달구어진 철판 위를 걷는 것, 시뻘겋게 달구어진 낙인을 혀로 핥는 것, 타오르는 숯을 삼키는 것, 끓고 있는 물을 순식간에 찬물로 만들어 버리는 것 등에 대하여 기술하고 있다.

샤먼의 이와 같은 능력은 시베리아의 민족에서만 관찰되는 것이 아니라 핀란드의 랩족에서도 찾아볼 수 있다. 샤먼의 견습생[애동제자]들도 발작을 일으킬 때면 불이나 물에 몸을 던지고 또 반라의 상태로 혹독한 추위 속을 돌아다닌다. 그들 중에는 발작이 엄습했을 때 통증을 느끼지 않고 자기 몸을 예리한 칼로 자르는 것이 가능하다는 자도 있다. 그러나 노련한 샤먼의 경우 주변의 인물들이 아주 불가사의한 것을 보았다고 할 정도로 교묘한 인위적인 기술을 구사하기도 한다.

함니강 퉁구스나 골디의 여자 샤먼은 본족의 신령들 외에 때때로 타족 출신의 신령들이 몸속으로 들어오는 일이 있다. 이러한 수벤(Süben)은 외국어를 구사하기 때문에 그 신령을 받은 여자 샤먼도 외국어를 구사한다. 함니강 퉁구스족 여자 샤먼이 굿을 할 때 때때로 야쿠트어 · 다고르어 · 만주어 · 중국어 등 본인도 모르는 말을 사용하는 경우가 있는데, 이는 타족의 신령이 샤먼의 몸속으로 들어온 증거로 간주된다.

참고문헌 Uno Harva(1938), *Die Religiösen Vorstellungen der Altaischen Völker*, Helsinki. Б.Э.Петри(1928), *Старая вера бурятского народа*, Иркутск. И.А.Лопатин(1922), *Гольды Амурские, Уссурийские и Сунгарийские*, Владивосток.

샤먼의 영혼 보내기 ᠪᠦᠭᠡ ᠶᠢᠨ ᠰᠦᠨᠡᠰᠦ ᠳᠡᠭᠳᠡᠬᠦ Бөөгийн сүнс дэгдээх (Böögiin süns degdeekh)

죽은 샤먼의 영혼을 보내는 의식

샤먼이 죽고 나서 3년이 지나면 풍장한 데에서 죽은 자의 뼈 조각, 나머지 유품들을 보아 가까운 높은 곳에서 태운다. 이것을 "샤먼의 영혼 보내기"라고 부른다. 이 의식은 자연신들을 위해 시체로 더러워졌던 땅을 청소한다는 의미와 죽은 샤먼과 유물의 영혼을 자연신에게서 분리하여 저쪽 세상으로 보내는 의미를 담고 있다.

참고문헌 О.Пүрэв(1999), *Монгол бөөгийн шашин*, Улаанбаатар. Ш.Сүхбат(2011), *Монгол бөөгийн дэлгэрэнгүй тайлбар толь*, Улаанбаатар.

샤먼의 위계 Бөөгийн зэрэг дэв (Böögiin zereg dev)

부리야트 샤머니즘에서 샤먼으로서 인정 받은 지위의 등급

부리야트의 샤머니즘에는 내림굿이나 큰 굿을 많이 주관할수록 샤먼의 품급이 올라가며 그것을 나타내는 표식이 존재했다. 위계(位階)의 등급에 대해 한갈로프(M.N.Khangalov)는 9품급, 피예트리(V.E.Petri)는 5품급이 있었다고 서로 다르게 기술하고 있다. 내림굿을 주관하는 샤먼은 그때마다 큰 존경과 함께 자신의 위계를 나타내는 표식을 사용한다고 전해지는데 현재 그것이 어떤 것인지는 명확치 않다.

첫 번째 내림굿에서 받았던 칼은 샤먼이 천계를 여행할 때 사용한다. 악령들은 칼을 휘두르는 것을 두려워한다고 한다. 피예트리는 다섯 번째 큰 굿을 주관한 샤먼은 '자린(zairin)'이라는 존칭으로 불린다고 한다. 일부 학자들은 이러한 샤먼의 위계를 티베트 불교의 영향이라고 간주하고 있다.

오늘날 부리야트에서는 큰 굿을 많이 할수록 모자의 쇠뿔 가지가 늘어난다. 또 남자 샤먼의 경우 큰 굿을 아홉 번 이상 할 때 '자이랑(zairan)'이라는 칭호를 받으면서 존경의 대상이 된다.

한국 무속에서도 큰 굿을 많이 주관한 샤먼은 그 횟수를 나타내는 표식을 가지고 있다. 그 징표 중의 하나가 대신발이다. 대신발은 대동굿이나 진오기굿을 한 뒤 그에 사용된 삼베의 왼쪽 매듭을 취해 만든다.

참고문헌 Uno Harva(1938), *Die Religiösen Vorstellungen der Altaischen Völker*, Helsinki. Б.Э.Петри(1928), *Старая вера бурятского народа*, Иркутск. М.Н.Хангалов(1958), *Сторание сочинений*, Том I, Улан-Удэ.

샤먼의 제윗날 Есөнгөө (Yösöngöö)

부리야트 흑샤먼이 제사를 지내는 날짜

부리야트 샤먼의 제의 날짜는 백샤먼과 흑샤먼 간에 차이가 있다. 흑샤먼은 주로 9, 19, 29일에 제의를 드리는데 이를 '여성거(yösöngöö)'라고 한다.

참고문헌 Virlana Tkacz, Sayan Zhambalov, Wanda Phipps(2002), *Shanar: Dedication Ritual of a Buryat Shaman in Siberia*, Parabola Bööks. А.И.Балдунников(1927), Первый шаман, *Бурятведческий сборник*, Иркутск. Т.М.Михайлов(1962), *Бурятское шаманство и его пережитки*, Иркутск.

샤먼의 조수 Бөөгийн хэлмэрч (Böögiin khelmerch)

샤먼이 굿을 할 때 거들며 도와주는 사람

신령이 무의식 상태에 빠진 샤먼의 몸속으로 들어오면 샤먼은 망아 상태에서 공수를 내린다. 이 때 샤먼의 입에서 나오는 공수는 샤먼의 말이 아니라 그의 몸속에 들어온 신령의 말이다. 샤먼은 의식이 돌아온 후 신령이 자신을 매개로 무엇을 했는가는 알지 못한다. 따라서 샤먼이 무의식 상태에 빠질 때 그 옆에서 샤먼의 거동을 주의 깊게 관찰하면서 샤먼에게 일어난 일을 분명히 기억해 두는 노련한 인물이 필요하다. 그는 샤먼의 몸에 들어온 신령에 대해 당신은 누구이며 왜 왔고 바라는 것이 무엇인가 등에 대하여 물으면서 그것을 기억해 둔다. 굿을 행할 때 샤먼의 옆에서 이러한 일을 거드는 인물을 샤먼의 조수(助手)라고 부른다.

핀란드인은 랩족 샤먼의 조수를 "수수께끼 해독인"이라 부르는데, 이는 샤먼이 망아 상태에 빠져 발설했던 아주 희미하고 또 분명치 않은 말들을 조수가 해독하여 전달해 주기 때문이다.

참고문헌 박원길(2001), 『유라시아 초원제국의 샤머니즘』, 서울, 민속원. Uno Harva(1938), *Die Religiösen Vorstellungen der Altaischen Völker*, Helsinki. С.М.Широкогоров(1919), *Опыт исследвания основ шаманства у тунгусов*, Учен. Зап. Историко-филологического ф-та. Вып.1, Владивосток.

샤먼의 칭호 Бөөгийн нэршил (Böögiin nershil)

샤먼을 이르거나 부르는 말

고대 몽골의 샤먼 칭호에는 남자의 경우 버게(böge)와 그 존칭인 베키(beki)가 있으며, 여자의 경우에는 오도강(udugan)이 있다. 이외 "주술에 능통한 사람"이란 뜻의 자이랑(jayirang)과 남녀 샤먼 모두에게 사용하는 고아(göa)라는 존칭도 존재하고 있다.

현대 샤먼의 칭호는 매우 다양한데, 먼저 여자 샤먼을 뜻하는 오도강은 대지의 여신인 에투겐(etügen)에서 기원했다는 것이 가장 일반적인 견해이다. 남자 샤먼 혹은 샤먼의 일반적인 칭호인 버(böö)의 어원에 대해 러시아 학자인 코진(S.A.Kozin)은 '현자, 샤민'을 뜻하는 투르크어의 부구(bügü)에서 기원했다고 보고 있다.

샤먼을 지칭하는 또 다른 용어로는 자이랑(zairan)이 있다. 자이랑은 일반적으로 샤먼의 13단계 차나르(chanar) 가운데 9단계를 거친 남무(男巫)인 박수(때로는 여자 샤먼을 이르기도 한다)를 이른다. "주술에 능통한 사람"이란 뜻의 자이랑은 오늘날 "천신과 교통하는 자", "신의 명령을 전하는 자"로 의미가 변화하였으며, 이 말의 기원은 몽골어로 '가르치다, 가리키다'를 뜻하는 자흐(zaah)에서 왔을 가능성이 높다고 보고 있다. 차나르 의례를 많이 하여 능력을 인정받은 여자 샤먼은 도리스하(duuriskha), 아브지아(abjia)라는 칭호를 사용하여 존중한다. 할흐 몽골인들은 샤먼을 아즈라이(ajrai)라고도 한다.

유카기르(Yukagir)족은 스스로 샤먼의 자손들이라고 자칭하고 있다. 유카기르족의 샤먼 칭호에는 2개가 있는데, 하나는 알마(alma)이고 다른 하나는 이르케예(irkeye)이다. 알마는 "한다"라는 동사에서 온 말이며, 이르케예(irkeye)는 "떠는 사람"이라는 뜻이다. 알마는 병자를 돌보고 제사를 주관하고, 신들에게 사냥이 잘되기를 기원하고 초자연적인 세계, 그림자 왕국과 원만한 관계를 유지할 수 있게 한다. 코략(Koryak)족은 샤먼을 에네날렌(enenalen)이라 부르는데, 이 말은 "영신들에게 들린 자"라는 뜻이다. 야쿠트(Yakut)족은 샤먼을 "신들에게 제물을 바치는 자"란 뜻의 아지 오주나(ajy ojuna 혹은 ai oyuna)와 "악령들과 관계를 맺고 있는 자"란 뜻의 아바시 오주나(abasy ojuna 혹은 oyuna)라고 부르는데, 전자의 경우 샤먼이 아닌 사제도 포함된다.

참고문헌 О.Пүрэв(2003), *Монгол бөөгийн шашны нэр томъёоны тайлбар толь*, Улаанбаатар. Uno Harva(1938), *Die Religiösen Vorstellungen der Altaischen Völker*, Helsinki. Christina Pratt(2007), *An Encyclopedia of Shamanism*, 2Vols, The Rosen Publishing Group.

샤먼의 통과의례

Бөөгийн есөн даваа (Böögiin yösön davaa)

샤먼으로 인정 받기 위해 넘어야 하는 아홉 가지 시련

"샤먼의 아홉 고개(böögiin yösön davaa)"는 몽골의 황샤먼 사이에 전승되는 시련의 의식이다. 아홉 가지 고개는 가시나무 숲을 통과하기, 꽂아 놓은 창끝을 맨발로 밟기, 펠트에 꽂아놓은 바늘 위를 걷기, 여러 개의 칼날 밑으로 기어나가기, 불을 맨발로 밟아 끄기, 불에 달군 인두를 9번 핥기, 끓는 기름 속에서 맨손으로 쇠를 건지기, 칼날 위를 걷기, 불 위를 걷기이다.

티베트 불교가 몽골에 들어온 후 라마승들은 샤먼의 성소를 파괴하는 동시에 샤먼들의 대를 끊기를 원했다. 그래서 샤먼이 되려고 한다면 위의 9가지 시험을 통과한 자만이 가능하다는 공포를 하였다. 샤먼들은 이 시험을 통과할 경우 사원에서 인정하는 샤먼(황샤먼)으로 활동할 수 있는 권한을 부여받았다. 몽골 코르친(Khorchin)부의 경우 몇몇 샤먼이 이 가혹한 시험을 통과했다는 실제 사례도 입증되고 있다. 황샤먼은 불교의 영향을 받은 샤먼들이다. 티베트 불교의 전입 이후 몽골 서북부의 토와 지역과 코르친(Khorchin)부 등 일부 지역을 제외하고는 모두 황샤먼이 우세한 지역으로 변했다.

참고문헌 Ш.Сүхбат(2011), *Монгол бөөгийн дэлгэрэнгүй тайлбар толь*, Улаанбаатар. 장장식(2005), 『몽골유목민의 삶과 민속』, 민속원.

샤먼의 투를렉

Бөөгийн түрлэг (Böögiin türleg)

굿판에서 샤먼이 무가를 부르면 신도들도 그것에 응수하는 소리

샤먼의 투를렉(türleg)은 굿판에서 샤먼이 무가를 부르면 신도들도 그것에 응수해 다양한 소리를 하는데 판소리의 추임새와 비슷하다. 샤먼의 흥과 신에 대한 찬양, 청배에다 힘을 더해주는 의미를 지닌다. 또한 샤먼이 특정 신이 강림할 때에도 해당 신의 강림을 알리는 특정 소리를 낸다. 다음은 그러한 소리 중 하나의 예이다.

에에-에에-허
아아-아야-라 요-호이 미네-거
아아-하이 요호이 미네-거
아아-요 바이-더 미네-거

참고문헌 Г.Гантогтох(1996), "Бөө мөргөлийн ухиялын дуудлагын үг хэллэг", *МУИС. МСС Эрдэм шинжилгээний бичиг* 7(117), Улаанбаатар. Г.Гантогтох(1999), "Бөөгийн шахангийн үг хэллэг", *МУИС. МСС Эрдэм шинжилгээний бичиг* . Улаанбаатар. Г.Гантогтох(2007), *Монгол зан үйлийн аман яруу найргийн уламжлал*, Улаанбаатар.

샤먼 춤

Бөөгийн бүжиг (Böögiin büjig)

샤먼이 굿을 할 때 행하는 몸 동작

시베리아 샤먼이 벌이는 굿은 지역적으로, 또는 개인적으로 독자성이 있지만 가장 본질적이며 기원적인 부분에는 큰 차이가 없다. 샤먼의 춤은 움직임과 몸짓에서 나타난다. 이 몸놀림은 무가보다도 북치는 것과 더 밀접한 관계를 맺고 있다. 샤먼의 춤은 일종의 독특한 몸동작으로 옷에 붙인 금속편을 울리면서 정해진 박자에 따라 앞으로 움직이는 방식을 취한다. 그리고 때로는 기묘하게 돌기도 하고 뛰기도 한다. 이러한 춤은 마치

어느 동물의 흉내를 내고 있는 듯이 보인다.

샤먼은 굿을 할 때 몸을 이리저리 움직이면서 무가를 부른다. 무가는 샤먼이 2~3마디를 부를 때마다 조수가 그것을 되풀이한다. 이 원시적인 가요의 단조로운 박자에 변화를 주는 것이 샤먼이 때때로 행하는 속삭임과 절규 및 자연의 소리를 모방한 소리들이다.

1750년대 초 동부 시베리아의 샤먼 굿을 목격한 그멜린(I.G.Gmelin)은 1752년의 저작에서 함니강 퉁구스(에벤키) 샤먼의 노래는 "곰이 웅얼거리는 소리, 사자의 울부짖음, 개의 울음소리, 고양이의 울음소리"를 재현하고자 하는 것 같았다고 기록하고 있다.

샤먼의 다양한 동작과 소리는 샤먼의 복장과 일치하고 있다. 즉 무복이 나타내고 있는 동물의 동작과 소리를 모방한 것이다. 또 샤먼의 몸속에 들어왔다고 간주되는 신령의 종류에 따라 그 밖의 동물이나 영체도 표현한다. 유카끼르(Yukagir)족의 샤먼은 굿을 할 때 다양한 동물이나 새의 울음소리를 흉내 낸다. 야쿠트족의 샤먼은 새의 울음소리를 잘 흉내 낸다. 사모예드의 샤먼은 무가를 부를 때 마치 무언가를 흉내 내듯 북극오리와 같은 동작을 하며 끊임없이 비틀비틀 걷는다. 부리야트족의 샤먼은 자신의 몸속에 보호 노욘(Bukh noyon)이 들어오면 소처럼 네 발로 걸으며 웅얼거리면서 땅을 파고 주변에 있는 사람들에게 돌진하려고 하는 경우도 있다.

이른 시기의 시베리아 샤먼과 북

참고문헌 В.И.Иохельсон(1900), Бродячие роды тундры между реками Индигиркой и Колымой, Ст.Петербург. J.G.Gmelin(1752), *Reise durch Sibirien von dem Jahr 1733 bis 1743* II, Göttingen. М.Н.Хангалов(1890), *Новые материалы о шаманстве у Бурят* II-1, Иркутск.

샤항 Шахан (Shakhan)

샤먼 후보자가 내림굿에서 신령들에게 하는 맹세의 무가

샤항(shakhan)은 샤먼 후보자가 내림굿에서 신령들에게 맹세하는 행위를 뜻하는 몽골어이다. 즉 맹세의 무가라고 할 수 있는데, 그 한 예를 소개해 보면 다음과 같다.

샤하 샤항,
자, 이제
내가 말한 맹세를
염라대왕이 들을지어다!
대지의 여신이 증명하리라,
여기서 한 맹세를!
어기면,
헛딛으면,
나의 수명이 끊겨라!
(우리 집)문이 닫혀라!
(우리 집)천장이 어두워지라!
(우리 집)불이 꺼지라!
(우리 집)말뚝이 부러지리라!

참고문헌 Ш.Сүхбат(2011), *Монгол бөөгийн дэлгэрэнгүй толь*, Улаанбаатар.

샨당 Шандан (Shandan)

죽은 샤먼의 유품을 안치해 두는 장소

부리야트에서는 샤먼이 세상을 떠난 후 그의 유품을 인적이 없는 처녀지에 안치해 두는데 이곳을 샨당(shandan)이라고 한다. 부리야트 샤먼이 많이 거주하는 몽골의 도르노드 아이막 다쉬발바르(Dashbalbar sum)솜에 이런 샨당이 있다.

참고문헌 Ш.Сүхбат(2011), *Монгол бөөгийн дэлгэрэнгүй толь*, Улаанбаатар. О.Пүрэв(2003), *Монгол бөөгийн шашны нэр томъёоны тайлбар толь*, Улаанбаатар.

세르짐 Бөөгийн сэржим (Böögiin serjim)

제사 때 하늘에 올리는 술이나 우유, 차 따위의 음료를 통틀어 이르는 말

세르짐(serjim)은 원래 '황금 음료'라는 뜻의 티베트어다. 세르짐은 제사 때 하늘에 뿌려 올리는 젖으로 만든 술, 우유, 차를 뜻한다. 이러한 행위를 '세르짐 어르거흐(serjim örgökh)'라고 한다.

참고문헌 이안나(2012), 『몽골 민간신앙 연구』, 서울, 한국문화사. 박원길(2001), 『유라시아 초원제국의 샤머니즘』, 서울, 민속원. Uno Harva(1938), *Die Religiösen Vorstellungen der Altaischen Völker*, Helsinki.

술 올리기 Онгодод архи өргөх ёс (Ongodod arkhi örgökh yos)

몽골의 큰 굿에서 제사상에 술을 올리는 일

신령들을 위한 큰 굿에서는 제사상에 술이 포함된다. 술은 차와 타락(요구르트), 뱌슬락(치즈), 어럼(버터), 삶은 고기, 우유를 올린 다음에 올린다. 굿을 할 때 일반적으로 술을 조금 찍어 뿌리는 고수레를 한다. 때로 술을 좋아하는 옹고드[신령]에게는 큰 그릇에 술을 담아 올리기도 한다.

참고문헌 О.Пүрэв(2003), *Монгол бөөгийн шашны нэр томъёоны тайлбар толь*, Улаанбаатар. Ш.Сүхбат(2011), *Монгол бөөгийн дэлгэрэнгүй толь*, Улаанбаатар.

신들림 Онгод нөхцөх (Ongod nökhtsökh)

북방 샤머니즘에서 신이 샤먼의 몸에 들어오는 현상

신들림은 몽골어로 '옹고드 너흐처흐(ongod nökhtsökh)'이다. 샤먼이 굿을 할 때 신이 내려와서 샤먼의 몸에 깃드는 것을 의미한다. 이런 현상은 샤먼이 아닌 일반 사람에게도 일어날 수 있다.

부리야트인들은 샤먼이 굿을 시작하면 "선조의 신령" 혹은 "신령"이 샤먼의 몸 속으로 들어온 것으로 여긴다. 1920년대에 부리야트 샤머니즘을 연구한 피에트리(V.E.Petri)는 1928년의 저작에서 부리야트 샤먼의 굿을 "신령이 샤먼의 몸에 들어오는 순간 샤먼의 몸은 앞으로 약간 기울어진다. 또 그 상태에서 다리를 약간 벌리고 고개를 아래로 늘어뜨린다. 그리고 큰 소리로 아브르르(abrrr)! 라 외친다"처럼 묘사하고 있다. 부리야트인들은 이 몸짓이야말로 신령이 샤먼의 몸 속으로 들어온 표증이라 설명하고 있다. 또 피에트리는 그 때 주변 사람들의 눈에는 마치 샤먼이 "혼이 나간 것"처럼 비친다고 언급하고 있다. 신령이 샤먼의 몸 밖으로 나가면 샤먼은 깊은 숨을 토한다. 그리고 옷단으로 땀을 닦으면서 매우 기분 좋은 모습을 취한다.

참고문헌 О.Пүрэв(1999), *Монгол бөөгийн шашин*, Улаанбаатар. Ш.Сүхбат(2011), *Монгол бөөгийн дэлгэрэнгүй тайлбар толь*, Улаанбаатар. Г.Гантогтох(2007), *Монгол зан үйлийн аман яруу найргийн уламжлал*, Улаанбаатар.

신령의 문 Онгод орох гарах үүд (Ongod orokh garakh üüd)

신령이 들어오거나 나가는 문

몽골 무복은 양쪽 겨드랑이 부분이 뚫려 있다. 또한 샤먼이 쓰는 모자도 두건 형태이기 때문에 뒤에서 묶을 수 있게 끈이 달려 있다. 몽골 샤먼들은 이곳이 신령이 들어오거나 나가는 문이라고 말하고 있다.

참고문헌 О.Пүрэв(2003), *Монгол бөөгийн шашны нэр томъёоны тайлбар толь*, Улаанбаатар. Ш.Сүхбат(2011), *Монгол бөөгийн дэлгэрэнгүй толь*, Улаанбаатар. Ш.Сүхбат(2011), *Буриад бөө мөнх тэнгэрийн элч*, Улаанбаатар.

신령화(神靈化) 습속 Онгод болгох ёс (Ongod bolgokh yos)

죽은 샤먼을 신으로 만드는 의식

몽골 샤머니즘에서는 "죽은 샤먼을 신으로 만드는 의식"을 '옹고드 볼고흐 요스(ongod bolgokh yos)'라고 한다. 일반적으로 샤먼이 죽으면 3년 뒤에 그의 영혼을 옹고드[신령]로 좌정(坐定)시키는 굿을 한다. 이러한 의식을 위해서 먼저 사람들은 죽은 샤먼을 풍장했던 장소에 가서 남은 것들을 모아 불태우고 주변 땅을 깨끗이 청소한다. 그리고 죽은 샤먼이 유언한 장소가 없다면, 다른 샤먼이 아사르(asar: 샤먼의 영혼이 머무르는 곳)를 세울 장소를 지정한다. 아사르를 지정하는 샤먼은 죽은 샤먼과 친척 관계는 아니지만 평소 잘 알고 지냈던 샤먼이라야 한다. 신당이 세워지면 샤먼은 "죽은 샤먼의 영혼을 대지에서 분리시키는 의식"과 함께 "죽은 샤먼의 영혼을 신으로 부활시키는 의식"을 치른다. 이 의식을 통해 샤먼의 영혼은 성주신(geriin ongod)이나 초원의 신(kheeriin ongod)으로 부활한다.

참고문헌 О.Пүрэв(2003), *Монгол бөөгийн шашны нэр томъёоны тайлбар толь*, Улаанбаатар. Ш.Сүхбат(2011), *Монгол бөөгийн дэлгэрэнгүй толь*, Улаанбаатар.

신병 Бөөгийн өвчин (Böögiin övchin)

몽골에서 샤먼이 될 사람이 걸리는 병

몽골인은 로스(수신(水神))에 실리거나 옹고드(ongod)가 내리는 경우 샤먼이 된다고 간주한다. 몽골에서 샤먼은 주로 세습무(世襲巫)이다. 샤먼의 가계에 속한 사람들은 원하건 원하지 않건 신령이 임하는데, 신령은 세대를 바꾸어 남자와 여자 순으로 교대로 내리는 경우가 많다. 신병에 걸리면 특별한 징후가 나타나는데, 정신을 잃고 쓰러지거나, 유령이나 헛것을 보게 된다. 이러한 과정을 겪는 가운데 신병을 앓는 사람은 내림굿을 통해 샤먼으로 입문하게 된다.

참고문헌 Г.Гантогтох(2007), *Монгол зан үйлийн аман яруу найргийн уламжлал*, Улаанбаатар. О.Пүрэв(1999), *Монгол бөөгийн шашин*, Улаанбаатар. Ш.Сүхбат(2011), *Монгол бөөгийн дэлгэрэнгүй толь*, Улаанбаатар.

신상화(神像化) 습속 Онгод тэнгэрийг хөрөглөх ёс (Ongod tengeriig khöröglökh yos)

숭배 대상이나 샤먼의 영혼을 신상(神像)으로 만드는 의식 유라시아 알타이 민족들은 옛날부터 숭배 대상의 혼령을 형상화하여 숭배해 왔는데, 그 대표적인 것이 청동기시대의 바위그림이나 사슴돌이다. 흉노제국 때부터는 신상을 나무나 양털로 만들어 모셨다. "신령을 형상화하는 습속"은 몽골어로 "옹고드 텡게르그 허러글러흐 요스(ongod tengeriig khöröglökh yos)"라 하는데, 몽골 샤머니즘에서는 "죽은 샤먼의 영혼을 신으로 부활시키는 의식"으로 사용된다.

몽골 샤머니즘에서는 샤먼이 죽은 지 3년이 지나면 신령으로 만드는 습속에 따라, 샤먼의 영혼은 성주신(geriin ongod)나 초원의 신(kheeriin ongod)로 부활하게 된다. 죽은 샤먼의 영혼을 신으로 부활시키는 의식은 죽은 샤먼의 영혼을 대지에서 분리시키는 의식(lusaas salgakh yos) 다음에 행해지는 굿이다.

참고문헌 О.Пүрэв(2003), *Монгол бөөгийн шашны нэр томъёоны тайлбар толь*, Улаанбаатар. Ш.Сүхбат(2011), *Монгол бөөгийн дэлгэрэнгүй толь*, Улаанбаатар. О.Пүрэв(1999), *Монгол бөөгийн шашин*, Улаанбаатар.

아리오트갈 Ариутгал (Ariutgal)

불순하고 더러운 것들을 깨끗하게 하는 의식

아리오트갈(ariutgal)은 소독을 뜻하는 몽골어로, 굿에서는 악귀나 병, 온갖 더러운 것들을 불로 정화하는 일, 향나무나 전나무를 태워서 그 연기로 정화하는 일, 향나무나 향초를 넣고 삶은 물로 깨끗이 씻거나 뿌려 악귀를 물리치는 일 등 일체의 정화 의식을 이르는 말이다.

참고문헌 О.Пүрэв(2003), *Монгол бөөгийн шашны нэр томъёоны тайлбар толь*, Улаанбаатар. Г.Гантогтох(2007), *Монгол зан үйлийн аман яруу найргийн уламжлал*, Улаанбаатар.

아바시의 구멍 Абашийн өрх (Abasi oibono)

무복에 문양으로 새겨져 있는 지하 세계로 통하는 구멍

야쿠트 샤머니즘에서 아바시 오이보노(abasi oibono)는 아바시의 구멍(대지의 문)이란 뜻이다. '아바시의 구멍'이란 무복에 새겨진, 지하 세계로 통하는 구멍을 말한다. 아바시는 선남선녀의 모습을 하고 있는 신령들이다.

참고문헌 박원길(2001), 『유라시아 초원제국의 샤머니즘』, 서울, 민속원. M.Eliade, 이윤기 역(1992), 『샤머니즘-고대적 접신술』, 서울, 까치. Uno Harva(1938), *Die Religiösen Vorstellungen der Altaischen Völker*, Helsinki.

아브갈다이 제의 의식 Авгалдайн зан үйл (Avgaldain zan üil)

아브갈다이 신령에게 제를 올리는 과정 및 절차

호리, 아기 부리야트 샤먼들은 굿을 마칠 때 가장 마지막에 아브갈다이(avgaldai)를 모셔 들인다. 아브갈다이 신을 부를 때는 가면을 쓰고 부른다. 아브갈다이 신령이 임하면 아브갈다이 신상의 입에 양의 꼬리를 물려 줄을 당겨 묶어서 게르의 안측에 모신다. 샤먼들은 보통 때에도 아브갈다이 신상에 차와 음식을 올리며 지성을 드린다.

아브갈다이 제의 의식은 치병뿐만 아니라 제물을 바치기 위한 굿이기도 한다. 아브갈다이 제의의식은 다음과 같이 진행된다. 샤먼이 아브갈다이 가면을 쓰고 아브갈다이 옹고드를 청배한 다음 신이 들린 샤먼과 조수가 대화를 나눈다. 신들린 샤먼의 모습과 행동이 달라지면서 아브갈다이가 안부를 물으며 들어온다. 그러면서 왜 불렀는지에 대해서 모인 사람들에게서 묻는다. 조수들이 신을 청배한 연유를 아뢴다. '누구의 아들 누가 검푸른 색 염소를 죽음의 문턱 앞에 자기 대신 보낸다. 데려가 달라'고 기도한다. 아브갈다이가 신도들의 제의를 받아드리면 담배를 달라고 요청해서 담배를 피며, 올린 술을 먹는데 시간이 지날수록 초조해져 '헤테르헹(아브갈다이의 부인)이 보이냐?'고 자꾸 묻는다. 조수가 '헤테르헹 샤먼이 오고 있다'고 하면 아브갈다이 옹고드가 얼른 일어나서 '죽음의 왕의 집 앞에 올린 제물을 데려다 주고, 죽음을 면하도록 하겠다. 큰 암석 바위가 닳아서 없어질 때까지 죽음 없이 살고, 모든 병이 사라지기를 기원한다. 나는 바위 집에 가겠다! 승천하겠다! 있는 데로 돌아가겠다!'며 신이 나간다.

참고문헌 Т.Галсан(1998), *Буриадын язгуур домгийн товчоон*, Улаанбаатар. Г.Гантогтох(2005), *Дашбалбар Дашбалбарайхии*, Улаанбаатар. Г.Гантогтох(2007), *Монгол зан үйлийн аман яруу найргийн уламжлал*, Улаанбаатар.

아사르 Асар (Asar)

죽은 샤먼의 시신을 안치하기 위하여 나무로 만든 누대

토와나 부리야트에서는 샤먼이 죽으면 숲속에다 그의 혼령이 머무는 사후 안식처인 나무 누대를 만드는데, 이것을 아사르(asar)라고 부른다. 아사르의 형태는 아랑가(aranga)와 유사하다.

몽골의 샤머니즘 학자인 오.푸렙 교수 부친의 아사르

참고문헌 박원길(2001), 『유라시아 초원제국의 샤머니즘』, 서울, 민속원. Uno Harva(1938), *Die Religiösen Vorstellungen der Altaischen Völker*, Helsinki. Ш.Сүхбат(2011), *Монгол бөөгийн дэлгэрэнгүй толь*, Улаанбаатар.

아일트갈 Айлтгал (Ailtgal)

굿을 하게 된 연유 및 주제자(主祭者)를 신에게 알리는 일로 한국 무속의 '청배(請陪)'에 해당한다.

아일트갈(ailtgal)은 '말씀 드리기'나 '상소'를 뜻하는 몽골어로, 굿에서는 신이 강림하면 먼저 인사하고 샤먼의 내력을 소개하면서 무의를 하게 된 연유를 신에게 알리는 행위를 뜻한다. 아일트갈은 용도에 따라 인사, 샤먼의 내력, 연유 등으로 나누어진다.

참고문헌 Ш.Сүхбат(2011), *Монгол бөөгийн дэлгэрэнгүй толь*, Улаанбаатар.

아자랄 Ажаарал (Ajaaral)

굿을 끝낸 후에 불렀던 신을 돌려보내는 일로 한국 무속의 '송신'에 해당한다.

아자랄(ajaaral)은 '주의'나 '조심'을 뜻하는 몽골어의 경어(敬語)로서, 굿에서는 청배한 신령을 돌려보내는 송신(送神)의 뜻으로 사용된다. 즉 굿이 끝날 때 신들을 원래 있는 자리로 돌려보내는 무가이다.

송신무가(送神巫歌)의 한 예를 제시하면 다

음과 같다.

바위산 집으로 가시라
덤불 집으로 가시라
우주공간으로 가시라
본 고향으로 가시라
신들의 집으로 가시라
물의 신[水神]의 집으로 가시라

참고문헌 Ш.Сүхбат(2011), *Монгол бөөгийн дэлгэрэнгүй толь*, Улаанбаатар.

알타이의 샤먼 Алтайн бөө (Altain böö)

알타이에서 신과 영적인 교류를 하며 예언, 치병, 악마 퇴치, 공수 따위의 행위를 하는 사람

알타이 지역에서 샤먼은 크게 백샤먼(tsagaan böö)과 흑샤먼(khar böö)으로 구분된다. 백샤먼은 사람들에게 행운이나 재물을 가져다 주는 선신(善神)을 모시는 샤먼이고, 흑샤먼은 상대에게 형벌을 내리거나 징치를 할 수 있는 무섭고 엄한 신을 모시는 샤먼이다. 그래서 흑샤먼은 저주나 악담 등을 굿에 사용하기도 한다.

1920년대 초 알타이 지역에서 샤머니즘을 연구했던 아노힌(A.V.Anokhin)은 1924년의 저작에서 알타이 타타르족에게는 백샤먼(ak Kam)과 흑샤먼(khara Kam)이 있으며, 그 구분을 다음과 같이 기록하고 있다.

"백샤먼(ak Kam)과 흑샤먼(khara Kam)은 모두 북을 무구(巫具)로 사용하고 있다. 백샤먼과 흑샤먼의 구별은 숭배 대상과 무복의 차이에 있다. 백샤먼은 저승나라의 왕인 에를릭을 숭배하지 않으며 무복을 입지 않는 대신 백색 새끼 양의 모피로 만든 모자를 착용한다. 흑샤먼은 모든 영체(tös)와 관계를 가져야 하기 때문에 무복을 착용하고 있다. 백샤먼이 백색의 모자를 쓰는 원인은 그가 모시는 대상이 "청결한 영체(aru Tös)"인 '바이 울겐'과 그 아들들 및 착한 신령들이기 때문이다. 백샤먼은 올빼미의 깃털 장식을 붙인 모자의 뒤쪽에 3개의 하얀 리본을 땅에 닿을 정도로 늘어뜨리고 있다."

참고문헌 А.В.Анохин(1924), "Материалы по шаманству у алтайцев", *СМАЭ* IV-2, Ленинград. Uno Harva(1938), *Die Religiösen Vorstellungen der Altaischen Völker*, Helsinki. G.Bethlenfalvy, Á.Birtalan, A.Sárközi, J.Vinkovics eds(1992), *Altaic Religious Beliefs and practices*, Budapest.

알타이의 신병 Алтайчуудын бөөгийн өвчин (Altaichuudyn böögiin övchin)

알타이 지방에서 샤먼이 될 사람이 걸리는 병

알타이 지방의 샤먼을 연구한 베르비츠키(V.I.Verbitskii)는 샤먼의 소질은 집안으로 계승되는 일종의 병 같은 것이라고 언급하고 있다. 샤먼의 소질, 즉 신내림이 일종의 병과 같은 현상으로 나타난다는 것은 몽골과 시베리아 지역은 물론 한국에서도 나타나는 공통적인 현상이다. 라들로프(B.B.Radloff)는 이 신내림의 현상을 다음과 같이 묘사하고 있다. "이 발작성의 병은 돌발적으로 다가온다. 갑자기 권태감에 빠지면서 팔다리가 마비되고 몸이 뒤틀린다. 그리고 알 수 없는 하품이 계속 나오면서 가슴에 압박을 느낀다. 이로 인해 환자는 아주 독특한 소리를 질러댄다. 몸을 뒤틀던 환자는 갑자기 귀신이 들린 것처럼 눈을 부릅뜨고 벌떡 일어나 미친 듯이 둥글둥글 돌기 시작한다. 그리고는 입에 거품을 물면서 땅에 쓰러져 떼를 피우듯 괴롭게 몸부림친다. 이때 팔다리는 어떤 감촉도 느낄 수 없는 무감각의 상태로 들어간다. 환자는 시뻘겋게 달구어진 물체나 뾰족한 물건을 삼켜도 아주 평온한 듯이 보인다. 삼킨 물체는 잠시 뒤에 뱉어낸다. 환자가 겪는 고통은 북을 움켜잡고 굿을 할 때까지 지속된다. 굿[내림굿]을 하면 원래의 모습대로 회복된다. 만약 이 부름에 응하지 않고 끝끝내 샤먼이 되는 것을 거절하면 환자는 정신병으로 급사하게 된다."

참고문헌 Uno Harva(1938), *Die Religiösen Vorstellungen der Altaischen Völker*, Helsinki. В.И.Вербицкий(1893), *Алтайские инородцы*, Москва. W.Radloff(1884), *Aus Sibirien* I-II, Leipzig.

알타이 타타르 샤먼의 천계 여행 굿

ᠠᠯᠲᠠᠢ ᠶᠢᠨ ᠲᠠᠲᠠᠷᠴᠤᠳ ᠤᠨ ᠪᠦᠭᠡ ᠶᠢᠨ ᠦᠢᠯᠡ Алтайн татарчуудын бөөгийн үйл (Altain Tatarchuudyn böögiin üil)

알타이 타타르 샤머니즘에서 샤먼이 천계를 여행하는 굿

19세기 후반 알타이 샤머니즘을 연구했던 라들로프(V.V.Radloff)의 1884년 저작과 비에르비츠키(V.I.Verbitskii)의 1893년 저작에는 어느 고사본(古寫本)에서 인용한 3일간에 걸치는 샤먼의 천계 여행굿이 상세히 서술되어 있다. 그것을 간략히 소개해 보면 다음과 같다.

첫날, 태양이 지기 시작하면 굿의 준비가 시작된다. 샤먼은 멀리 떨어진 곳에 위치한 자작나무숲에서 적당한 굿터를 고른다. 비교적 앞이 탁 트인 숲속의 공지에 문 입구를 놓으로 낸 펠트 천막을 세운다. 천막 속에 자작나무를 세우는데 천을 맨 나무의 끝단이 연기 구멍으로 뾰족이 나와 있다. 가지를 제거한 줄기는 밑단에서 윗단으로 여러 개의 깊은 홈(tapty)을 새겼다. 샤먼은 말무리에서 천신에 바치는 백말을 골라 그날 밤 도살하면서 '너의 혼'이 제9천에 올라가 천신의 '백색 천막'의 곁에 머무르도록 명령한다.

굿은 다음날에 최고 정점에 달한다. 해가 지면 천막 안에 불을 피운 뒤 먼저 '북의 주인'과 '불의 어머니'에게 음식을 공양하고, 마지막에는 이곳에 모여든 잡신들도 향응한다. 이후 샤먼은 장식을 붙인 끈(söltü)을 천막의 앞으로 길게 늘어뜨려 그것에 목면이나 털 혹은 비단으로 만든 9벌의 무복을 매단다. 샤먼은 두송의 연기로 이것들을 정화하면서 '말이 실을 수 없을' 정도로 공물을 바친다. 이어 북을 정화하고 무복을 입는다. 샤먼은 북의 가죽을 불에 쪼여 팽팽하게 부풀린 다음 무가와 함께 북을 친다. 그리고 정해진 수순에 따라 신령들의 이름을 부른다. 샤먼은 신령이 하나씩 나타날 때마다 특이한 동작과 함께 '아 캄 아이!'라 외치면서 신령을 북 속에 잡아둔다. 신령이 많이 모일수록 샤먼의 북소리는 더욱 강해진다.

샤먼은 천막 속에 세워진 자작나무의 주위를 몇 차례 돈 뒤에 '문의 수호령(Üdesh burkhan)'에게 어느 신령의 협력을 구해야 하는가를 묻는다. 그리고 원하는 답을 받으면 샤먼은 다시 '집의 수호령'에게 악령이 의식을 방해하지 못하도록 청동검으로 파수를 보아달라고 부탁한다. 이후 샤먼은 공양자와 그 일행들도 정화시키면서, 천막에 들어온 모든 악령을 내쫓는다. 기묘한 것은 샤먼이 손에 활을 쥐지 않았는데도 활쏘기에 관한 무가를 읊는다는 것이다. 이는 일찍이 활이 악령 제거의 도구로 사용되었다는 것을 암시해 주는 흔적이다.

도입부의 행사가 끝나면 샤먼은 하늘로의 여행에 착수한다. 샤먼은 하늘로의 여행 도중 자기가 지금 어디까지 와 있는가를 다양한 노래나 소리 혹은 몸 떨림으로 나타낸다. 또 자작나무를 오를 때 하늘의 어느 층까지 도달했는가를 보여주는 의미로 각 하늘의 층에 해당하는 홈(눈금)에 다리를 건다. 다리를 건 뒤 곧 쓱쓱 소리가 울리면 샤먼은 '자, 돌파했다'고 외친다. 그리고 샤먼은 무가와 함께 격렬히 북을 두드리면서 화로와 자작나무 주위를 뛰듯 돌다가 점점 황홀 상태에 빠져 들어간다.

하늘의 제3천에 달하면 지금까지 샤먼을 태우고 왔던 희생 말(pura)이 피곤한 기색을 드러낸다. 그러면 샤먼은 그 말을 '머리를 지탱하는 손(bashturkan: 공물 바치는 의식 때에 조수로 일하는 사람)'에 위임한다. 그의 혼은 말의 혼을 따라간다. 다음 샤먼은 독수리를 불러 그 울음소리를 흉내 내면서 독수리의 등에 탄다. 이때 샤먼은 손짓으로 독수리의 비상을 손으로 흉내 내는 일이 많다. 독수리는 제3천의 "우유바다"에서 목을 적시고 수로(süro)산을 한 입 먹는다. 하늘의 층 중 가장 지나기 어려운 곳이 제3천이다. 이때 샤먼은 "머리를 지탱하는 손"을 통하여 너무 여행이 괴로워서 돌아가 버리고 싶다고 불평을 늘어놓으면서 잠시 쉰다. 샤먼은 쉬는 도중에 그 동안 보고 겪은 것, 예컨대 자신을 압박해 오는 어두운 하늘, 병이나 재난 등을 주변 사람들에게 이야기한다. 또 여행 도중 다른 샤먼을 만나 그에게 들은 이야기도 전한다.

샤먼은 원기가 회복되면 다시 여행을 떠난다. 샤먼은 다른 하늘 층을 여행할 때에도 관찰을 계속한다. 그리고 이때 본 것을 역시 주변사람들에게 전달한다. 예컨대 제4천에서는 독수리가 뻐꾸기를 쫓고 있는 모양, 제5천에서는 위험한 신령, 제6천에서는 달, 제7천에서는 태양을 만난 것 등을 이야기와 몸짓으로 전달한다. 샤먼은 다양한 의례를 바치면서 제9천으로 다가간다. 그곳에서 샤먼은 최고신에 바쳤던 공물이 제대로 인수되었는지를 확인한 뒤, 최고신을 만나 그가 원하는 각종의 정보를 받는다. 이때 샤먼은 엑스터시의 극에 달한다. 굿은 3일째 밤에도 계속 이어진다. 이날 부유한 자들은 음식물을 지참하며 또 공양의 술을 눈금이 새겨진 자작나무에 뿌린다.

참고문헌 M.Eliade, 이윤기 역(1992), 『샤머니즘－고대적 접신술』, 서울, 까치. Uno Harva(1938), *Die Religiösen Vorstellungen der Altaischen Völker*, Helsinki. В.И.Вербицкий(1893), *Алтайские инородцы*, Москва.

알타이 타타르의 신병(神病) ᠠᠯᠲᠠᠶ᠋ᠢᠨ ᠲᠠᠲᠠᠷᠴᠤᠳ ᠤᠨ ᠪᠥᠭᠡ ᠶᠢᠨ ᠡᠪᠡᠴᠢᠨ Алтайн татарчуудын бөөгийн өвчин (Altain Tatarchuudyn böögiin övchin)

알타이 타타르족에서 샤먼이 될 사람이 걸리는 병

알타이 타타르의 샤먼을 연구한 소볼리예프(Soboliyev)는 알타이 타타르의 경우 샤먼이 되는 사람은 이미 태어날 때부터 그 소질을 가지고 있으며 최초의 발작도 아이 때부터 시작되는 일이 많다고 언급하고 있다. 발작이 시작된 샤먼 후보자는 때때로 의식을 잃고 사람들을 피하며 혼자 오랫동안 비참한 상태로 지내는 일이 많다. 이러한 과정을 겪는 가운데 그는 신내림 굿을 통해 샤먼으로 입문하게 된다.

참고문헌 Uno Harva(1938), *Die Religiösen Vorstellungen*

der Altaischen Völker, Helsinki. Ф.Собольев(1876), 'Остатки Язычества у Якутов,', *Сборник газеты Сибири I* , Ст.Петербург. А.В.Анохин(1929), 'Душа и ее свойства по представлению телеутов', *СМАЭ VIII*, Ленинград.

암 하갈라흐 Ам хагалах (Am khagalakh)

샤먼의 말문을 틔우는 의식

암 하갈라흐(am khagalakh)는 "속마음을 털어놓다"란 뜻의 몽골어로, 일종의 "말문 트기" 의식이다. 이 의식은 몽골 일부 지역의 황샤먼 사이에서 행해진다. 의식의 방식은 스승 샤먼이 제자 샤먼의 입속에 창을 넣고, 주술을 부리고, 덕담을 해주는 식으로 진행된다. 이 의식을 치르면 제자 샤먼이 유창한 능변이 되기도 하고, 음색이 좋은 샤먼이 된다고 한다.

참고문헌 Ш.Сүхбат(2011), *Монгол бөөгийн дэлгэрэнгүй тайлбар толь*, Улаанбаатар. Шинжлэх ухааны академи (2008), *Монгол хэлний дэлгэрэнгүй тайлбар толь*, Улаанбаатар.

야쿠트와 돌간의 치병굿 Якут, Долган бөөгийн засал (Yakut Dolkan böögiin zasal)

야쿠트족과 돌간족에서 샤먼이 아픈 사람을 치유하기 위해 벌이는 굿

야쿠트와 돌간족의 샤먼들은 다른 지역의 샤먼과 마찬가지로 환자에게 붙은 악령을 제거하고 또 사라진 혼을 찾아오는 것을 중요한 임무로 삼고 있다. 이들의 치병굿은 '청배 → 병의 원인이 되는 악령 찾아내기 → 악령의 축출→샤먼의 천계 여행 굿'으로 이루어져 있다.

의례의 첫 번째 단계인 청배에서 샤먼이 청배하는 신령들은 불의 신, 성주신, 자신의 수호 신령, 유명한 죽은 샤먼의 혼령은 물론 병의 원흉이라 지목된 무시무시한 아바시(abasi)에 이르기까지 매우 다양하게 나타난다. 샤먼이 신을 청배하는 장소는 주로 천막 안에 지펴 있는 화로 곁이다.

청배가 끝나면 샤먼은 의례의 두 번째 단계로 들어가 환자의 혼을 뺏은 악령이 숨어 있는 곳부터 수색을 시작한다. 샤먼은 격하게 북을 두드리다가 이따금씩 멈추어 아득한 저편을 바라보고 있는 듯한 모습을 취한다. 굿할 때 샤먼은 말의 울음소리나 새의 울음소리를 흉내 내기도 한다.

의례의 세 번째 단계에서 샤먼은 환자의 몸에 들어가 있던 모든 아바시를 자기한테 모은다. 샤먼은 아바시를 환자의 몸에서 몰아내기 위해 모양이 창과 매우 흡사한 잔가지를 제거한 자작나무를 사용한다. 자작나무에는 세 곳에다 껍질을 벗겨 고리모양의 장식을 붙이고 3~7개소에 말의 털을 붙인다. 샤먼은 악령들을 위협하듯이 큰소리를 지르면서 이 신비의 무기를 환자의 몸에 얹는다. 악령이 샤먼의 몸으로 들어오면 샤먼은 몸을 움찔 떠는데 이 때 주변 사람들은 창으로 샤먼을 찌르는 흉내를 낸다. 이어 샤먼은 무가와 함께 북을 치면서 악령이 원래 있었던 장소로 데리고 간다. 만약 환자의 몸에 다수의 악령들이 들어가 있다면 샤먼은 그것을 모두 차례대로 추방하지 않으면 안 된다.

치병굿의 네 번째 단계는 천계 여행 굿이다. 1890년부터 1910년대 이 지역의 샤머니즘을 연구했던 학자들의 연구 보고서에는 야쿠트과 돌간족 샤먼의 천계 여행 굿이 다음과 같이 기술되어 있다.

먼저 샤먼은 천막의 남쪽에 나 있는 창으로 간다. 창의 바깥 측에는 가지가 제거된 3그루의 나무가 벽을 따라 일렬로 늘어서 있다. 나무 3그루 중 가운데의 나무는 자작나무이며 주위의 2그루는 흑송(黑松)이다. 자작나무의 끝단에는 갈매기가 희생으로 달려 있는데 부리가 남쪽 하늘 위로 향하도록 들려있다. 자작나무 동쪽에 위치한 흑송에는 말의 두개골을 얹혀 놓고 있다. 서쪽에 위치한 흑송에는 무어라 단정할 수 있는 특정한 제물을 올리지 않았다. 이 3그루의 나무는 모두 말의 털과 천으로 장식이 되어 있다. 이 3그루 이외의 나무는 말의 털로 짠 끈으로 서로 연결해 놓았다. 나무와 벽 사이에 공양대가 붙은 기둥을 세운 뒤 공양대 위에 술을 채운 잔을 놓아둔다.

샤먼은 북채를 쥔 오른손을 흔들면서 온몸을 부드럽게 움직이는데 이 몸짓은 명확히 새가 나는 모습을 나타내고 있다. 하늘에는 9개의 머무는 장소(olokh)가 있는데 하늘을 여행하는 샤먼은 각 장소에 이를 때마다 그곳을 관장하는 신령에게 선물을 바치지 않으면 안 된다. 샤먼은 하늘의 각층을 올라갈 때마다 아래위로 눈길을 돌린다.

샤먼이 지상으로 돌아올 때 앞이 온통 거울로 된 '가운데의' 세계 즉 인간 세계에 도착할 때는 거의 실신 상태에 이르기 때문에 그의 정기를 되돌리기 위해 불꽃을 일으켜 준다. 샤먼이 스스로 의식이 회복되었다고 말하면 그의 오른발, 목덜미, 정수리 등의 신체 어느 부분에다 불부치돌을 쳐 불꽃을 일으켜 주어야 한다. 이는 사모예드족의 샤먼이 굿을 한 후 숯불이나 불붙은 장작으로 몸을 정화(purification)하는 것과 의미가 같다. 사람들은 샤먼이 굿 한 거리를 끝내고 화로 주변에 잠시 앉을 때마다 화롯불 속에 말의 털이나 버터를 공물로 바친다.

천계 여행 굿에서 자작나무 기둥의 끝단에 붙어 있는 '샤먼의 앞을 살짝 스쳐 지나가는' 갈매기는 하늘의 신령들에게 바치는 희생물이다. 같은 장소에서 다른 샤먼이 이와 똑같은 굿을 행할 때 이 3개 기둥의 끝단마다 새의 조각상이 붙여진다. 서쪽 나무에는 '억서커쿨(öksökö−kyl : 신화적인 두 개의 머리를 가진 새)', 가운데에는 '게이쿨(käi−kyl : 역시 신화적인 새)', 동쪽 나무에는 '소르(suri : 까마귀)'가 놓인다. 나무를 조각해 만든 이 신화적인 새들은 희생의 새가 아니라 샤먼의 혼을 안내하는 길잡이들이다.

참고문헌 Kai Donner(1915), *Siperian Samojedien keskuudessa vuosina 1911-1913 ja 1914*, Helsinki. В.Я.Серошевский(1896), *Якуты*, Ст.Петербург. Н.А.Виташевский(1918), Из наблюдений над якутскими шаманскими действями, *СМАЭ*, Петроград.

야쿠트의 내림굿 ᠶᠠᠺᠤᠲ ᠪᠥᠭᠡ ᠶᠢᠨ ᠦᠶᠢᠯᠡ Якут бөөгийн үйл (Yakut böögiin üil)

야쿠트족에서 몸에 내린 신을 맞아서 샤먼이 되려고 신에게 비는 굿

야쿠트(Yakut)의 큰 샤먼은 신입 샤먼에게 초보적인 학습부터 자신의 특기까지 전수시키며 동시에 에메게트의 신상을 가져다주는 것이 관습이다. 18세기 후반 야쿠트족의 샤머니즘을 연구했던 프리푸조프(N.P.Pripuzov)는 1885년의 저작에서 야쿠트의 신 내림굿을 다음과 같이 묘사하고 있다. "나이 많은 샤먼이 신입자를 산 위나 광야로 데리고 가 그곳에서 무복을 입힌 뒤 북, 북채, 말의 갈기를 감은 어린 버드나무 가지를 준다. 또 신입자의 오른 쪽에는 9인의 품행이 방정한 청

년, 왼쪽에는 순결한 9인의 처녀를 세운다. 무복을 입고 신 내림굿을 주관하는 늙은 샤먼이 신입자의 뒤에 서서 문구를 외우면 신입자도 그 문구를 따라 읊는다. 먼저 신입자는 늙은 샤먼 앞에서 일생동안 신령을 받들겠다고 약속한다. 신입 샤먼은 마지막에 동물 한 마리를 도살하여 그 피를 자신의 옷에 묻힌다. 동물의 고기는 이 의식에 참가했던 모든 자에게 나누어준다.

참고문헌 Uno Harva(1938), *Die Religiösen Vorstellungen der Altaischen Völker*, Helsinki. J.Statling(1912), *Shamanismen i norra Asien*, Stockholm. Н.П.Припузов(1885), Сведения для изучения шаманства у якутов Якутского округа, *ИВСОРГО* XV, 3-4, Иркутск.

야쿠트의 샤먼 Якут бөө (Yakut böö)

야쿠트에서 신과 영적인 교류를 하며 예언, 치병, 악마 퇴치, 공수 따위의 행위를 하는 사람

야쿠트에서 샤먼은 크게 백샤먼(tsagaan böö)과 흑샤먼(khar böö)으로 구분된다. 백샤먼은 사람들에게 행운이나 재물을 가져다 주는 선신(善神)을 모시는 샤먼이고, 흑샤먼은 상대에게 형벌을 내리거나 징치를 할 수 있는 무섭고 엄한 신을 모시는 샤먼이다. 그래서 흑샤먼은 저주나 악담 등을 굿에 사용하기도 한다.

1900년대 초 야쿠트의 샤먼을 연구했던 트로쉬안스키(V.F.Troshanskii)는 1902년의 저작에서 야쿠트 지방의 샤머니즘에 관한 이전의 연구 보고서에 백샤먼과 흑샤먼이라는 용어가 나오지만, 동일한 샤먼이 천상과 지하의 신령을 모두 방문하고 있다는 것으로 볼 때 양자 간에 무슨 차이가 있는지 알 수 없다고 말하고 있다. 그는 단지 야쿠트인이 백샤먼을 '아유 오요나(Ayu oyuna)', 흑샤먼을 '아바수 오요나(Abasu oyuna)'라 부른다는 것만 알고 있다고 기록하고 있는데, '아유 오요나'는 '승려'를 뜻하는 말이다.

참고문헌 Uno Harva(1938), *Die Religiösen Vorstellungen der Altaischen Völker*, Helsinki. Н.П.Припузов(1885), "Сведения для изучения шаманства у якутов Якутского округа", *ИВСОРГО XV, 3-4*, Иркутск. В.Ф.Трощанский(1902), *Эволюция черной веры у якутов*, Казань.

야쿠트의 신병 Якут бөөгийн өвчин (Yakut böögiin övchin)

야쿠트에서 샤먼이 될 사람이 걸리는 병

야쿠트족의 샤먼을 연구한 시쉬킨(Schukin)은 야투크족의 경우 샤먼이 될 사람은 그 소질이 이미 어린아이 때부터 관찰된다고 말하고 있다. 그는 샤먼이 될 운명을 지닌 자는 어릴 때부터 정신박약아처럼 행동하고 숲속을 방황하며 스스로 생명을 끊고자 물이나 불에 뛰어들고 흉기를 손에 잡기도 하는데, 이러한 징후가 계속되면 가족들은 그가 샤먼이 될 것이라는 결론을 내린다고 기록하고 있다. 이러한 증상은 간혹 청년기나 그 이후에 나타나는 경우도 있다.

야쿠트족의 신병은 어느 신령이 해당인을 압박하여 자신을 받들라고 요구하는 것으로부터 시작되며, 이 요구를 응낙하면 신내림굿을 통해 신을 받게 된다. 이러한 사례는 야쿠트족 어느 샤먼의 회고록에서도 잘 나타난다. "나는 스무 살 되던 해 나는 무병에 걸렸다. 다른 사람의 눈에는 보이지 않는 것이 내 눈에는 보였고 다른 사람의 귀에는 들리지 않는 것이 내 귀에는 들렸다. 나는 9년간 일어났던 일들을 아무에게도 말하지 않았

다. 내가 신령과 다투고 있다고 말하면 누구도 이 사실을 믿어 줄 것 같지 않았고 또 남들이 나를 깔볼까 두려웠다. 나는 점점 병이 깊이 들어 죽을 고비에 이르게 되었다. 그래서 내림굿을 하게 되었다. 그러자 병이 씻은 듯이 나았다."

참고문헌 Uno Harva(1938), *Die Religiösen Vorstellungen der Altaischen Völker*, Helsinki. Н.Щукин(1844), *Поездка в Якутск*, Ст.Петербург. J.Statling(1912), *Shamanismen i norra Asien*, Stockholm.

어럼 올리기 Өрөм өргөх ёс (Öröm örgökh yos)

몽골에서 큰 굿을 행할 때 굿판의 제사상에 버터를 올리는 일

몽골에서 큰 굿을 행할 때는 굿판의 제사상에는 버터의 일종인 어럼(öröm)을 올린다. 제사상의 어럼은 뱌슬락처럼 태양을 상징하는 것이기 때문에 둥근 모양으로 만들어 뱌슬락 위에 놓는다.

참고문헌 О.Пүрэв(2003), *Монгол бөөгийн шашны нэр томъёоны тайлбар толь*, Улаанбаатар. Ч.Арьясүрэн, Г.Чингэл, Х.Нямбуу(1992), *Монгол ёс заншлын их тайлбар толь(I)*, Улаанбаатар.

어르기스키 Өргиски (Örgiski)

함니강 퉁구스에서 샤먼이 행하는 지하 하강 굿

어르기스키(örgiski)는 "어르기(örgi)의 방향", 즉 "지하 혹은 서쪽 지역"이라는 뜻을 갖고 있는데, 샤먼이 행하는 지하 하강 굿을 이르는 말이다. 이 굿은 저승에 있는 조상들이나 사자들에게 제물을 드려야 할 때, 병자의 길 잃은 영혼을 찾아 이승으로 되돌려놓아야 할 때, 이승을 떠나기 싫어하는 사자의 영혼을 저승으로 안내하고 그 땅에 안주하게 해야 할 때 행한다.

참고문헌 M.Eliade, 이윤기 역(1992), 『샤머니즘-고대적 접신술』, 서울, 까치. Uno Harva(1938), *Die Religiösen Vorstellungen der Altaischen Völker*, Helsinki.

어칙 Өчиг (Öchig)

굿을 행하기 위해 신을 불러 모시는 일로 한국 무속의 '청배(請陪)'에 해당한다.

어칙(öchig)는 '증언, 진술'이나 '약속'이란 뜻의 몽골어로, 굿에서는 굿의 이유와 목적을 신에게 알리는 행위를 말한다. 샤먼이 큰 소리로 어칙을 행하는 행위는 몽골에서 구비문학의 한 장르로 분류될 만큼 문학성이 풍부하다. 다음에 소개되는 부분은 먈랑고드의 어칙 중 한 대목이다.

펠트로 만든 너의 집이
무너지지 않고 튼튼해지기를!
온 나라의 칸(황제)과 카톤(황후)과 국민이
평안하기를!

참고문헌 Шинжлэх ухааны академи (2008), *Монгол хэлний дэлгэрэнгүй тайлбар толь*, Улаанбаатар.

예르 메시 Ер мэш (Yer mesh)

알타이 타타르 샤머니즘에 등장하는 지하 세계로 가는 구멍

예르메시(Yer mesi)는 알타이 타타르 샤머니즘에 등장하는 지하 세계로 가는 구멍 즉 "대지의 아가리"를 말한다. 예르 메시는 "대지의 굴뚝"이란 뜻의 '예르 투니기(Yer tunigi)'라고도 불린다. 알타이 타타르 샤머니

즘의 설화에는 꼭대기가 하늘을 찌르는 철의 산에 대한 이야기가 있다. 이 산은 힘이 부쳐서 꼭대기에 이르지 못하고 죽은 샤먼들의 백골과 이들이 타고 온 말들의 백골로 덮여 있다. 이 산 꼭대기에 이른 샤먼은 다시 말을 타고 다른 세계의 문인 구멍에 이르는데, 이 구멍이 바로 예르 메시이다.

참고문헌 M.Eliade, 이윤기 역(1992), 『샤머니즘-고대적 접신술』 서울, 까치. Uno Harva(1938), *Die Religiösen Vorstellungen der Altaischen Völker*, Helsinki. Christina Pratt(2007), *An Encyclopedia of Shamanism*, 2Vols, The Rosen Publishing Group.

엠겔즈 Эмгэлж (Emgelj)

몽골에서 악령이나 잡귀를 물리친다는 부적

몽골에서는 악령이나 잡귀를 물리치기 위해 부적을 이용하기도 한다. 부적은 천으로 만드는데, 게르의 문 가운데에 붙이거나 걸어 둔다. 밖에서 누군가가 생고기를 줄 경우 이 생고기를 따라서 집안에 잡귀가 들어오는 것을 막기 위해 부적을 문에 걸어 두기도 한다.

참고문헌 박원길(2001), 『유라시아 초원제국의 샤머니즘』, 서울, 민속원. Ш.Сүхбат(2005), *Монгол нүүдэлчин ардын шашин шүтлэгийн зан үйл*, Улаанбаатар. Uno Harva(1938), *Die Religiösen Vorstellungen der Altaischen Völker*, Helsinki.

여럴 Ерөөл (Yeröööl)

몽골에서 굿을 마무리할 때 신령이 나가면서 하는 덕담

굿이 끝날 때쯤 옹고드[신령]가 나가면서 하는 덕담을 몽골어로 여럴(yerööl)이라 한다. 원래 여럴은 "행복을 바라는 운문"의 형태로 몽골 구비문학의 한 장르로 자리 잡고 있다. 굿에서 사용하는 여럴의 한 예를 제시하면 다음과 같다.

장수를 누리고 팔자가 피고
말과 가축수가 늘어나고
명예와 품위가 더욱 빛나고
모든 기쁨을 누리라.
모든 사람이 기쁨을 누리고
모든 싸움의 뿌리가 사라지고
모든 싸움과 다툼이 없어지고
모든 덕을 쌓아가길 기원하노라.

참고문헌 Шинжлэх ухааны академи (2008), *Монгол хэлний дэлгэрэнгүй тайлбар толь*, Улаанбаатар.

여선친 Есөнчин (Yösönchin)

몽골에서 신 내림굿을 할 때 이를 도와 주는 아홉 사람

여선친(yösönchin)은 "아홉 사람"을 뜻하는 몽골어로, 몽골 샤머니즘에서는 내림굿을 할 때 옆에서 도와주는 아홉 명의 아이를 가리킨다. 이 말의 유래는 구름을 타고 다니며 주술을 부리는 "아홉 명의 선녀" 신화와 관련이 있는 것으로 추측된다. 이들은 차나르[내림굿] 의식의 처음부터 끝까지 참여하면서 샤먼을 돕는다. 일종의 조무(助巫) 역할을 하는 이 아이들은 신자들 자녀 중에서 선발한다.

여선친의 모자에는 땅다람쥐 가죽을 매달아야 한다. 또 여선친의 우두머리에게는 "오르고이 모자(샤먼의 모자)"를 씌우고, 둘째 아이에게는 '소르비(sorbi)'를 들게 하고, 셋째 아이에게는 '바르닥(bardag)'을 들게 한다. 샤먼 후보자는 굿을 하기 전에 먼저 아홉 명의 아이들의 영혼이 하나가 되는 의식을 치

른다. 샤먼 후보자는 자기 북을 수평으로 놓고, 그 위에 술을 담은 술대접을 올려놓은 다음 크게 원을 그리며 두 바퀴를 돌면서 술대접을 던진다. 술대접이 똑바로 서면 굿이 진행되는 동안 아이들의 영혼이 함께 하는 것이고, 뒤집어지면 아이들의 영혼이 길을 잃었다고 판단한다. 그래서 술대접이 뒤집어진 아이는 똑바로 설 때까지 이것을 계속 한다. 그러면 굿을 하는 동안 아홉 명의 아이들의 영혼이 계속 샤먼의 영혼을 따라 다닐 수 있다고 한다. 그러므로 이들은 차나르 의식을 하는 동안 줄을 서서 붙어 다니는데, 서로 간격이 멀어지면 안된다. 술대접 던지기 의식이 끝나면 여선친들은 새로 심어놓은 데르웰게 나무를 둘러싸고 원을 그리면서 돌면서 "아허 요허 민네 허"라는 말을 반복적으로 합창한다.

참고문헌 О.Пүрэв(1999), *Монгол бөөгийн шашин*, Улаанбаатар. Г.Гантогтох(2007), *Монгол зан үйлийн аман яруу найргийн уламжлал*, Улаанбаатар. 장장식(2005), 『몽골 유목민의 삶과 민속』, 서울, 민속원.

오릴가 Урилга (Urilga)

굿할 때 신의 강림을 청하는 무가(巫歌)

오릴가(urilga)는 '초대'라는 뜻의 몽골어로, 몽골 샤머니즘에서는 굿할 때 조상신과 신령의 강림을 청하는 청배(請陪)의 뜻로 사용된다. 청배를 행할 때는 북이나 피리 등 악기를 쓴다.

참고문헌 Шинжлэх ухааны академи (2008), *Монгол хэлний дэлгэрэнгүй тайлбар толь*, Улаанбаатар. Г.Гантогтох, Онгод цалигийн үг хэллэг (hicheel.mn)

올로 Оло (Olo)

하늘의 각 층에 있다고 하는 아홉 군데 휴게소

올로(olo)는 야쿠트족의 샤먼들이 천계 여행을 할 때 아홉 층의 하늘에 하나씩 존재한다고 하는 휴게소를 이르는 말이다.

참고문헌 В.Я.Серошевский(1896), *Якуты*, Ст.Петербург. В.Ф.Трощанский(1902), *Эволюция черной веры(шаманства у якутов)*, Казань.

옹고딘 소달 Онгодын суудал (Ongodyn suudal)

헤츠 천에 매다는 작은 천 조각

옹고딘 소달(ongodyn suudal)은 "옹고드의 자리"란 뜻의 몽골어로, 옹고딘 헤츠(ongodyn khets)에 매다는 긴 직사각형의 천을 말한다. 천의 크기는 보통 10×15㎝ 또는 20×10㎝ 정도이다. 천의 색깔과 크기는 강림하는 옹고드[신령]의 성격에 따라 달라진다. 예를 들어 거친 성격의 신령은 검은색 천을 사용한다.

다양한 색깔과 크기의 옹고딘 소달

참고문헌 О.Пүрэв(2003), *Монгол бөөгийн шашны нэр томъёоны тайлбар толь*, Улаанбаатар. Ш.Сүхбат(2011), *Монгол бөөгийн дэлгэрэнгүй толь*, Улаанбаатар.

옹고딘 엠겔즈 Онгодын эмгэлж (Ongodyn emgelj)

몽골 샤머니즘에서 악령을 쫓거나 잡귀를 물리치

기 위해 매다는 부적의 하나

옹고딘 엠겔즈(ongodyn emgelj)는 샤먼의 신당(神堂)에 모시는 인형 모습의 신령인 부적을 말한다. 민간에서는 외부에서 들어오는 나쁜 기운을 막아준다는 뜻으로 문에 매달아 쓰기도 한다. 옹고딘 엠겔즈를 천, 에스기(펠트), 철 등으로 만들지만 너무 빤짝이는 것을 금한다.

참고문헌 박원길(2001), 『유라시아 초원제국의 샤머니즘』, 서울, 민속원. Шинжлэх ухааны академи (2008), *Монгол хэлний дэлгэрэнгүй тайлбар толь*, Улаанбаатар. Ш.Сүхбат(2011), *Монгол бөөгийн дэлгэрэнгүй толь*, Улаанбаатар.

옹고딘 헤츠 Онгодын хэц (Ongodyn khets)

샤먼의 신당에 모시는 인형 모양의 신령

샤먼의 신당(神堂)에는 옹고딘 헤츠라는 인형모습의 신령(神靈)이 모셔져 있다. 옹고딘 헤츠는 천으로 만들어지는데, 신을 형상화시킨 인형이다. 옹고딘 헤츠에는 옹고딘 소달(ongodyn suudal)이란 긴 직사각형의 천이 달리는데, 색깔은 강림한 옹고드[신령]에 따라 정해진다. 옹고딘 헤츠 안에 옹고딘 소달(ongodyn suudal)을 붙이고 옹고딘 엠겔즈(ongodyn emgelj)를 걸어둔다.

참고문헌 О.Пүрэв(2003), *Монгол бөөгийн шашны нэр томъёоны тайлбар толь*, Улаанбаатар. Ш.Сүхбат(2011), *Монгол бөөгийн дэлгэрэнгүй толь*, Улаанбаатар.

우유 올리기 Сүү өргөх ёс (Süü örgökh yos)

자연 상태의 굿터에서 굿을 할 때 신령에게 올리는 고수레

몽골 샤먼들은 자연 상태의 굿터에서 굿을 하게 되면 굿하기 전과 굿을 마무리한 후 구멍(홈)이 아홉 개가 있는 차찰(tsatsal)을 이용하여 세 차례에 걸쳐 우유로 고수레를 행한다. 한 차례마다 아홉 번씩 고수레를 행하기 때문에 9×9, 즉 81번의 성수가 완성된다. 우유를 고수레 하는 방식은 다음과 같이 이루어진다. 첫 번째는 샤먼이 자연 속에 세운 신당을 태양이 도는 방향으로 한 바퀴 돌면서 아홉 번 뿌리고, 두 번째는 신당에 들어가서 신상(神像) 앞에 꿇어 앉아 통에 있는 우유를 신상 쪽으로 아홉 번 뿌리고, 세 번째는 굿판 마지막에 아홉 번 뿌린다.

우유 올리기 ©류병재, 올란바타르, 2006

참고문헌 О.Пүрэв(2003), *Монгол бөөгийн шашны нэр томъёоны тайлбар толь*, Улаанбаатар. Ч.Арьяасүрэн, Г.Чингэл, Х.Нямбуу(1992), *Монгол ёс заншлын их тайлбар толь(I)*, Улаанбаатар.

인데르 Индэр (Inder)

돌로 만든 제사상

인데르(inder)는 '연단'이나 '무대'를 뜻하는 몽골어로, 몽골 샤머니즘에서는 신령에게 드리는 제사상을 이르는 말이다. 몽골에서는 죽은 샤먼의 무복이나 고인이 모셨던 신상(神像)을 3년 동안 자연에서 보관할 때, 또는

"신령화 습속(ongod bolgokh yos)"을 통해 죽은 샤먼의 영혼을 신으로 부활시켜 신당을 만들 때 그 앞에 돌로 제사상을 만들어 둔다.신당 앞에 위치한 인데르의 경우 신당까지의 거리는 몇 미터 정도이며, 높이는 30㎝ 정도이다. 오보(ovoo) 앞에 위치한 돌로 만든 제사상도 인데르라고 한다.

참고문헌 О.Пүрэв(2003), *Монгол бөөгийн шашны нэр томъёоны тайлбар толь*, Улаанбаатар. Ш.Сүхбат(2011), *Монгол бөөгийн дэлгэрэнгүй толь*, Улаанбаатар.

자야치 타히흐 Заяач тахих (Zayaach takhikh)

가축의 수호신인 자야치를 모셔 받드는 일

자야치(Zayaach)신은 몽골과 부리야트족이 모시는 99개의 천신 중 서쪽 55개의 온화한 천신의 하나로, 가축 수호신이자 인간의 행복을 좌우하는 능력도 지닌 신이다. 자야치란 말에는 3가지 뜻이 있다. 첫째는 천신의 하나, 둘째는 보말(buumal) 신령, 즉 직계 가계 가운데 샤먼이 없는 자에게 내리는 신령, 셋째는 무신도(巫神圖)이다.

몽골 계통의 여러 부족에서는 자야치를 세 가지 방식으로 모시고 있다. 우선 일반적인 의식으로 자야치의 무신도를 만들어 몽골 게르 오른쪽 벽에다 걸어 놓고 그 앞에서 집주인이 매일 제물을 올리며 기도하는 방식이다. 두 번째는 특별히 치르는 의식으로, 갑작스러운 자연 재해 등으로 인해 가축 수가 줄어들면 샤먼을 불러 자야치 굿을 하는 경우이다. 세 번째는 큰 굿인데, 3년에 한 번씩 7월에 크게 자야치 굿을 한다. 이때에 모시는 자야치의 무신도가 상하거나 너무 낡았으면 그것을 인적이 드문 곳에 있는 나무 밑에 묻고, 새로운 무신도를 만들어 모신다. 샤먼은 새로운 무신도에 영혼을 담는 굿을 하는데, 이 때 집주인은 흰 색 음식물(차 강이데 계통)과 빨간 색 음식물(육류) 가운데의 하나를 택해 제물을 올리고 기도한다. 흰 색 음식물은 버터와 곡물, 과자와 과일로 구성되는데, 상을 차린 뒤 촛불을 켜고 향을 피운다. 그리고 하닥이 아홉 개가 달린 화살과 샤먼의 무구인 창을 꽂아 둔다. 빨간 색 음식물은 양 한 마리로 구성되는데, 양고기를 삶아 99개의 그릇에 담아 제물로 올린다. 샤먼은 "노용(noyon: 귀족)님이시여!" 라고 세 번 부르며 자야치신을 청배한다. 그러면 곧 샤먼에게 자야치가 들어온다. 그 때 집주인은 자야치에게 가축 운수를 맡기며 계속 제물을 바치고 모시기를 약속한다. 이때 모인 사람들도 모두 절하여 기도한다.

자야치 무가의 내용은 신당에 대한 도르들라가(durdlaga), 자야치 보말에 대한 찬양, 자야치 무신도에 대한 찬양, 자야치신 청배, 자야치에게 보호를 갈구하기, 자야치에게 제사에 대한 여유와 목적을 알리기, 자야치에게 기도하기, 자야치의 은혜에 대한 찬양 등으로 구성된다.

참고문헌 Г.Гантогтох(2007), *Монгол зан үйлийн аман яруу найргийн уламжлал*, Улаанбаатар. Ч.Арьясүрэн, Г.Чингэл, Х.Нямбуу(1992), *Монгол ёс заншлын их тайлбар толь(I)*, Улаанбаатар.

작은 굿상 올리기 Бага шүүс өргөх ёс (Baga shüüs örgökh yos)

소규모의 굿판 때 신령에게 음식을 차려 올리는 일

'바가 슈스 어르거흐 요스(baga shüüs örgökh

yos)'는 "손님에게 작은 음식상을 올리는 습속"을 뜻하는 몽골어로, 몽골 샤머니즘에서는 신령들에게 올리는 "작은 굿상(baga shüüs)"을 의미한다. 작은 굿상은 지방질이 잘 붙어 있는 짧은 갈비(abid: 짧은 갈비는 보통의 갈비와는 달리 좌우로 하나씩 밖에 붙어있지 않다) 두 대, 긴 갈비 한 대, 가슴뼈 끝 부위, 꼬리뼈, 복숭아뼈가 붙어 있는 다리 살, 그리고 양의 등뼈 살 위주로 차린 상차림을 말한다. 작은 굿상은 큰 제사의 사이사이에 한두 신령을 모시고 굿할 때 차린다. 굿이 끝나면 위에 진열된 양고기를 부위별로 조금씩 떼어내 아궁이 불이나 모닥불에 태운다.

참고문헌 О.Пүрэв(2003), *Монгол бөөгийн шашны нэр томъёоны тайлбар толь*, Улаанбаатар. Ш.Сүхбат(2011), *Монгол бөөгийн дэлгэрэнгүй толь*, Улаанбаатар.

잘람 Залам (Zalam)

북방 샤머니즘에서 굿을 할 때 사용하는 성스러운 천이나 끈으로 한국 민속의 금줄에 해당한다.

몽골어로 잘람(zalam)은 고대 북방 샤머니즘과 관계된 용어로, 샤먼이 신을 부르거나 부정을 제거하는 의식을 행할 때 사용하는 천이나 끈을 이른다. 잘람은 북방 샤머니즘에서 신이 오는 길이나 부정한 것의 접근을 막는 신성의 상징으로 간주될 만큼 중요한 역할을 수행하고 있다. 잘람은 북방 샤머니즘의 방위색과 밀접한 연관을 맺고 있다. 고대 샤먼 의례의 상징 중 하나인 잘람은 오늘날 오보나 굿당의 신성을 장식하는 끈으로 사용되고 있다. 몽골의 오보나 한국의 굿당에서 관찰되는 울긋불긋한 끈이 바로 잘람의 흔적이다. 청나라 시기 몽골 지방의 습속에서 잘람은 오르도스 지방의 경우 제사에 바칠 희생 가축의 갈기나 목에 매둔 오색의 천 조각을 뜻하며 조오드, 나이만, 코르친 등의 지방에서는 축복을 기원하거나 제화(祭火) 때 사용하는 화살대 혹은 버드나무가지에 묶은 천 조각을 뜻한다. 부리야트에서는 잘람을 졸람(zulam)이라고 한다.

잘람의 오색은 다섯 가지 동물을 상징한다. 다섯 동물은 흰토끼, 다람쥐, 담비, 족제비, 수노루(또는 영양의 새끼)이다.

참고문헌 박원길(2001), 『유라시아 초원제국의 샤머니즘』, 서울, 민속원. 額爾登泰 外(1981), 『蒙古秘史詞匯選釋』, 呼和浩特. 札奇斯欽(1979), 『蒙古秘史新譯並註釋』, 台北.

잘비랄 Залбирал (Zalbiral)

신령에게 비는 의식

잘비랄(zalbiral)은 잘바릴(zalbaril)이라고도 하는데 '기도'나 '기원', '간청'을 뜻하는 몽골어로, 굿에서는 아프거나 고통 받는 자들, 아니면 한 가족 전체를 위해서 해와 달, 별자리, 신령들, 자연신들에게 호소하여 보살펴 주기를 비는 내용을 담고 있는 무가를 뜻한다. 즉 간청의 무가라고 할 수 있는데, 그 한 대목을 소개하면 다음과 같다.

> 태양의 나라
> 그대의 자식들이
> 나를 통해서 물어보고
> 보살펴달라고 부탁한다.
> 은혜를 베풀기를 바라고 있다.
> 쇼옥 쇼옥 쇼옥!
> (밤바 도르즈 샤먼의 기도문 중에서)

참고문헌 Ш.Сүхбат(2011), *Монгол бөөгийн дэлгэрэнгүй толь*, Улаанбаатар. Шинжлэх ухааны академи (2008), *Монгол хэлний дэлгэрэнгүй тайлбар толь*, Улаанбаатар.

Монгол бөөгийн дэлгэрэнгүй толь, Улаанбаатар.

잡자이 Завзай (Zavzai)

신당(神堂)의 하나

오이라트와 더르워드 등 서부 몽골 부족에서는 샤먼이 죽으면 죽은 샤먼의 옷과 유품을 신성하게 보관하고 제를 올리는데, 이때 제를 올리는 터를 잡자이(zavzai)라고 한다. 잡자이는 다르하드부족의 아사르(asar)와 기능이 같다.

참고문헌 Ш.Сүхбат(2011), *Монгол бөөгийн дэлгэрэнгүй толь*, Улаанбаатар.

장기아 Зангиа (Zangia)

몽골에서 악령 따위를 물리치기 위해 문에 걸어두는 부적의 일종

장기아(Jangia)는 몽골에서 잡귀나 악령의 접근을 막기 위해 문에 걸어 두는 부적을 이르는 말이다. 천으로 약간 길게 만들어서 문에 늘어지도록 걸어 둔다.

참고문헌 박원길(2001), 『유라시아 초원제국의 샤머니즘』, 서울, 민속원. Ш.Сүхбат(2005), *Монгол нүүдэлчин ардын шашин шүтлэгийн зан үйл*, Улаанбаатар.

조릭 Зориг (Zorig)

제의 때 쓰는 차

샤먼이 굿을 할 때 신령에게 바치는 차(茶)를 조릭(zorig)이라고 한다. 원래 이 말은 차의 첫술을 뜻한다.

참고문헌 Шинжлэх ухааны академи (2008), *Монгол хэлний дэлгэрэнгүй тайлбар толь*, Улаанбаатар. Ш.Сүхбат(2011),

주헬 Зүхэл (Zükhel)

몽골의 굿에서 제물을 바칠 때 행하는 의례

주헬(zükhel)은 '저주'란 뜻의 몽골어로, 굿에서는 신에게 양, 염소, 말 등을 제물로 바칠 때 제물의 영혼을 보내기 위해서 부르는 영혼의 무가를 말한다. 내용은 주로 굿을 할 때 제물을 바치기 위한 준비물의 나열, 제물을 바치겠다는 약속, 제물을 바친다는 기도, 제물로 갔다는 이별의 뜻, 이렇게 해도 기도가 잘 안 풀리면 샤먼 자신이 그렇게 제물이 될 것이라는 위협과 맹세의 시로 구성된다.

참고문헌 Г.Гантогтох, Онгод цалигийн үг хэллэг (hicheel.mn), 박원길(2001), 『유라시아 초원제국의 역사와 민족』, 민속원.

지아 Жиа (Jia)

부리야트에서 남을 저주하는 인형이나 그림으로 한국 민속의 제웅에 해당한다.

오늘날 부리야트인들은 남을 저주하는 인형이나 그림을 지아(Jia)라고 부른다. 인형을 이용하여 남을 저주하는 주술법은 흉노 때부터 나타나고 있는데, 그 대표적인 사례가 B.C.91년에 발생한 한나라 황실의 궁중 비극사인 무고지화(巫蠱之禍)이다. 한국의 역사에서도 인형을 사용하여 저주를 행하는 예가 많이 발견된다.

고려시대의 경우 그 대표적인 사례가 고려 의종 15년(1161) 정서(鄭敍)의 처 임씨(任氏) 등이 저지른 국왕 저주 사건, 고종 45년(1258) 홍복원(洪福源)의 영녕공(永寧公) 저주 사건, 충렬왕 2년(1276) 충렬왕의 후궁

정화궁주(貞和宮主)의 코톨룩카이미시 공주(Khutulug Khayimish Beki, 1259~1297, 齊國大長公主) 저주 사건, 충렬왕 3년(1277) 원종의 계비 경창궁주(慶昌宮主)의 충렬왕 저주 사건, 충렬왕 23년(1297) 궁인 무비(無比)의 코톨룩카이미시 공주 저주 사건, 충선왕 즉위년(1308) 조비(趙妃)의 보다시리베키(Buddha-Shiri Beki, 薊國大長公主) 저주 사건이다.

조선시대에도 왕실에서 무고 사건이 여러 차례 발생했는데, 대표적인 사례가 중종 22년(1527) 중종의 후궁 경빈(敬嬪) 박씨의 세자 저주 사건, 광해군 5년(1613) 인목대비(仁穆大妃)의 광해군 저주 사건, 인조 17년(1639) 인목대비의 딸 정명공주(貞明公主)의 인조 저주 사건, 인조 23년(1645) 소현세자비인 민회빈(愍懷嬪) 강씨의 인조 저주 사건, 효종 2년(1651) 인조의 후궁 조귀인(趙貴人)의 효종 저주 사건, 숙종 27년(1701) 장희빈(張禧嬪)의 인현왕후(仁顯王后) 저주 사건이다.

참고문헌 박원길(2001), 『유라시아 초원제국의 샤머니즘』, 서울, 민속원. Uno Harva(1938), *Die Religiösen Vorstellungen der Altaischen Völker*, Helsinki.

지하 세계 Бөө мөргөлийн доод ертөнц (Böö mörgöliin dood yörtönts)

야쿠트 샤머니즘에서 인식하고 있는 지하 세계

야쿠트의 샤먼은 굿을 할 때 '알라라키라르(allara kirar)'와 '위새키라르(üsä-kyrar)'라는 2개의 다른 표기를 사용한다. 전자는 샤먼이 지하계의 신령들을, 후자는 하늘의 신령들을 대할 때 쓰는 말이다. 일반적으로 샤먼은 앞의 굿을 먼저 한다. 이로 인해 학자들은 지하 세계의 굿이 하늘나라를 위한 굿보다 오래된 기원을 가졌다고 보기도 한다.

1900년대 초 야쿠트족의 샤머니즘을 연구했던 트로쉬안스키(V.F.Troschanskii)는 1902년의 저작에서 야쿠트의 샤먼은 치병굿을 할 때 지하 세계가 아닌 하늘로 올라가 목적을 수행한다고 기록하면서 샤먼이 지하의 신령들에게 원하는 것을 갈구하는 경우는 한 번도 보지 못했다고 언급하고 있다. 그러나 야쿠트의 샤먼이 신령들을 찾을 때 길 안내역을 하고 있는 잠수조(潛水鳥)의 존재나 무복에 지하 세계로 통하는 "아바시의 구멍(abasy-oibono)"이 묘사되어 있는 것으로 보면 지하 세계의 존재와 그를 위한 굿은 분명하게 존재한다고 보인다.

1880년대부터 1900년대에 걸쳐 야쿠트족의 샤머니즘을 연구했던 바실리예프(V.N.Vasiliyev)는 1890년 저작에서 야쿠트의 샤먼의 지하 세계 여행 모습을 "샤먼은 땅에 몸을 깐 뒤 마치 물속에 잠수한 것처럼 행동하면서 환자의 몸에서 추방된 악령을 하계로 데리고 간다"고 기술하고 있다. 그는 또 "기묘한 것은 퉁구스, 축치, 랩도 샤먼이 반쯤 잠들고 있는 듯한 상태로 들어가는 것을 '잠수한다'고 표현한다"라고 기록하고 있다. 이 같은 사례들은 저승이 물의 아래에 있다는 것을 암시한다.

참고문헌 В.Н.Васильев(1890), *Изображения долгано-якутских духов как атрибуты шаманства*, Ст.Петербург. В.Ф.Трощанский(1902), *Эволюция черной веры(шаманства у якутов)*, Казань. Н.А.Виташевский(1918), *Из наблюдений над якутскими шаманскими действями*, Петроград.

차나르 Чанар (Chanar)

몽골 샤머니즘에서의 제의, '굿'을 이르는 말이다.

차나르(chanar)는 '성질', '본성', '본질', '특성' 이란 뜻을 지닌 몽골어로, 몽골 샤머니즘에서는 굿을 나타내는 용어로 사용하고 있다.

몽골 부리야트 샤먼들은 입무 과정의 하나로 차나르 의식을 꼭 해야 한다. 샤먼이 되려는 사람은 스승무의 인도를 받아 굿을 해야 하는데, 총 13번의 차나르를 통해서 자이랑이라는 박수 등급에 오를 수 있다. 학습무들은 초기에 차나르를 행할 때는 스승의 지도로 하지만 후대로 갈수록 독립적으로 차나르를 행할 수 있다. 부리야트 샤먼은 차나르를 행하기 전에 제사장을 준비하는데, 81(9×9)그루 또는 27(3×9) 그루의 자작나무를 심는다. 이것을 데르윌게라고 한다. 이 데르윌게의 가장 윗부분에 아버지 나무, 어머니 나무라는 두 그루의 나무를 심고, 오색의 비단과 천으로 장식하고, 흰토끼, 다람쥐, 담비, 족제비, 사슴 등의 가죽을 걸어놓는다. 어머니 나무에 비단과 천 조각으로 새집을 3개 짓고 양털로 9개의 알을 만들어 넣는다. 어머니 나무 옆에는 9개의 문이 있는 후르지(hurj)라는 오두막을 짓고 제삿상을 차린다. 어머니 나무 밑에는 '강가'라는 식물로 향을 피우고 굿판 주변을 청결하게 한다.

집 안에서는 신당 앞에 상을 차려 굿을 한다. 차나르 의식을 행한 날에 양을 잡고 그 고기를 삶아 제삿상에 올린다.

학습무는 스승무 옆이나 신당 앞, 아니면 밖 데르윌게 옆에서 굿을 하는데, 이 때 '여슨친'이라고 불리는 남자아이 여섯 명과 여자아이 세 명이 학습무 아래쪽에 앉는다. 이들은 굿하는 동안 학습무에서 떨어지지 않고 붙어 다녀야 한다.

학습무는 신령, 보말, 수호신, 북쪽의 13 귀쪽이라는 신령, 하늘신들을 차례대로 부르는 등 3일동안 밤낮 굿을 한다. 이 때 여슨친들이 중간중간에 북소리와 투구소리를 끝임없이 내야 한다. 또한 스승무도 굿을 같이 할 수 있다.

참고문헌 장장식, (1999), 「몽골 보리야드 족 샤마니즘의 이해」, 『몽골의 무속과 민속』, 월인. О.Пүрэв(1999), *Монгол бөөгийн шашин*, Улаанбаатар. Ш.Сүхбат(2011), *Монгол бөөгийн дэлгэрэнгүй тайлбар толь*, Улаанбаатар.

차나린 오갈 Чанарын угаал (Chanaryn ugaal)

차나르 때 향초를 삶은 물로 정화하는 의식

차나린 오갈(chanaryn ugaal)은 "굿의 정화", 즉 굿을 시작하기 전에 행하는 정화 의식을 뜻하는 몽골어이다. 차나르를 위한 정화 의례는 차나르를 치르는 학습무들이 향초를 삶은 물에 세수를 하고, 구리 거울과 은제 거울을 씻는 것으로 시작한다. 그리고 스승 샤먼이 잎이 무성하게 달린 백양나무 다발을 향초물에 적신 다음 제자들의 몸에 때리듯이 뿌린다. 또 불에 달군 돌들을 꺼내 향초물을 붓는다. 달구어진 돌에서 김이 솟아나면 제자들은 그 위에 다리를 벌리고 서서 몸에 쐰다. 이어 굿을 준비한 사람들과 굿판에 온 사람들도 모두 백양나무가지에 향초물을 적셔 뿌린다. 그리고 옆에서 조수 한 사람이 국자로 물을 떠서 손을 씻도록 부어준다. 이렇게 하면 몸에 있는 나쁜 기운과 부정한 것을 몰아낸다고 한다. 이렇게 해서 몸이 청결해져야만 차나르 의식에 참가할 수 있다. 원래는 샤먼이나 참가자 모두 향초물에 목욕을 하는 것이 정식으로 알려져 있다.

참고문헌 장장식(2005), 『몽골 유목민의 삶과 민속』, 서울, 민속원. О.Пүрэв(1999), *Монгол бөөгийн шашин*, Улаанбаатар. Ш.Сүхбат(2011), *Монгол бөөгийн дэлгэрэнгүй тайлбар толь*, Улаанбаатар.

차 올리기 Цай өргөх ёс (Tsai örgökh yos)

몽골의 큰 굿에서 제사상에 차를 올리는 일

차(茶) 잎이나 가루차는 제사상에서 빠질 수 없는 중요한 재료이다. 벽돌처럼 생긴 전차(塼茶)는 제사상 제일 위쪽에 놓여지는 귀한 것이기 때문에 현재에도 굿을 할 때 제물용으로 많이 쓰인다. 제사상의 술은 타락으로 대신할 수 있지만 차를 대신할 수 있는 것은 없다. 그러므로 몽골에서는 '홍색(검은 색)을 띠더라도 칸이 마시는 음료이고, 갈색이 돌아도 복드(법왕)가 마시는 음료이다'라는 말이 전한다.

참고문헌 О.Пүрэв(2003), *Монгол бөөгийн шашны нэр томъёоны тайлбар толь*, Улаанбаатар. Ч.Арьяасүрэн, Г.Чингэл, Х.Нямбуу(1992), *Монгол ёс заншлын их тайлбар толь(I)*, Улаанбаатар.

찬드로 Чандруу (Chandruu)

부리야트 샤먼의 제의에 쓰이는 술의 일종

찬드로(chandruu)는 샤먼이 굿을 할 때 굿상에 올리는 술의 일종이다. 보통 찬드로를 만드는 방식은 다음과 같다. 먼저 굿터에 소줏고리를 준비하고 제사에 쓸 양 한 마리도 준비한다. 화덕 위에 솥을 얹고 발효 우유를 가득 담는다. 솥 위에는 나무로 된 석쇠를 걸치고 거기에 잡은 양고기를 올려놓는다. 그리고 양쪽에 관이 달린 통으로 씌우고 관을 아래로 늘어뜨려 소줏고리와 연결시켜 놓는다. 소줏고리는 그릇에 담아 두는데 여기에 수시로 찬물을 부어 수증기가 액화되어 술이 내려지도록 한다. 수증기가 새어나가지 않도록 밀가루를 반죽해서 틈새를 막는다. 화덕에 불을 때면 한참만에 술이 괴는데, 처음에 괴어져 나온 술을 신당에 올린다.

참고문헌 Virlana Tkacz, Sayan Zhambalov, Wanda Phipps(2002), *Shanar: Dedication Ritual of a Buryat Shaman in Siberia*, Parabola Böoks. Т.М.Михайлов(1962), *Бурятское шаманство и его пережитки*, Иркутск. Г.Гантогтох(2007), *Монгол зан үйлийн аман яруу найргийн уламжлал*, Улаанбаатар

찬드로 네레흐 Чандруу нэрэх (Chandruu nerekh)

부리야트에서 영험한 샤먼이나 무의가 되기 위해 거행하는 굿

찬드로 네레흐(chandruu nerekh)는 "술을 빚다"는 뜻을 지닌 몽골어지만 이 경우에 부리야트 샤머니즘에서는 영험한 샤먼이나 남을 치유할 수 있는 능력을 가진 무의(巫醫)가 되기 위해서 거행하는 굿을 가리킨다. 찬드로 네레흐는 백샤먼이 사용하는 용어이다. 이 의식을 행하기 위해서는 먼저 찬드로(chandruu: 샤먼의 제의에 쓰이는 술)를 만들어야 한다. 소줏고리에서 처음 괴어져 나온 술을 신당에 올린다. 그리고 신령에게 기도하면서 정직한 치유무의가 되겠다고 맹세하는 의식을 치른다. 이 의식을 치르고 무의가 된 사람은 치유를 관장하는 신령에게 자주 제사를 올려야 한다.

백샤먼의 의례인 찬드로 네레흐는 아홉 번, 흑샤먼의 차나르 의식은 열두 번 혹은 열세 번을 행한다.

참고문헌 Virlana Tkacz, Sayan Zhambalov, Wanda Phipps(2002),

Shanar: Dedication Ritual of a Buryat Shaman in Siberia, Parabola Böoks. Т.М.Михайлов(1962), *Бурятское шаманство и его пережитки*, Иркутск. Ш.Сүхбат(2011), *Монгол бөөгийн дэлгэрэнгүй тайлбар толь*, Улаанбаатар.

체즈 게르 Цээж гэр (Tseej ger)

몸의 부정을 씻는 신당

체즈 게르(tseej ger)는 "움막 혹은 임시 가옥"이란 뜻의 몽골어로, 무속에서는 몸의 부정을 씻는 신당(神堂)을 이르는 말이다. 부정을 씻는 절차로는 먼저 게르 신당을 세운 뒤 그 안에 여러 약초가 들어간 놋대야를 놓는다. 그리고 대야에 달군 돌을 집어넣어 약초들을 끓인다. 연기가 피어오르면 샤먼, 접골사들이 연기를 쐬며 몸을 씻는 훈증(薰蒸)요법의 의식을 치른다. 기도를 하고 주문을 외우면서 버드나무 가지로 몸을 때리기도 한다. 의식이 끝나면 게르를 해체한다.

참고문헌 Ш.Сүхбат(2011), *Монгол бөөгийн дэлгэрэнгүй толь*, Улаанбаатар.

큰굿상 올리기 Их сөн тавих ёс (Ikh sön tavikh yos)

대규모의 굿판 때 신령에게 제사상을 차려 올리는 일

이흐 성 타비흐 요스(ikh sön tavikh yos)는 몽골어로 "연회 때 큰 그릇에 담아 둔 마유주나 술을 올리는 예법"라는 뜻이며, '성(sön)'은 "연회 때에 큰 그릇에 따라 둔 마유주나 술"을 뜻한다. 몽골 샤머니즘에서는 이 말을 "큰굿상 올리기"라는 의미로 사용하고 있다. 몽골인들은 산신에게 제사를 올릴 때, 신당에 제사를 올릴 때, 그리고 세테르(seter) 의식을 치를 때에 제사상 음식으로 양 한 마리를 올린다. 큰굿상 올리기에 오는 손님들은 대부분 신령이 된 인간들의 혼령이다. 따라서 그들을 사람과 같이 취급하여 집에 오는 손님을 대접하듯이 양 한 마리를 통째로 삶아 양이 살아 있었을 때의 모습을 갖추어 제사상에 쌓는다. 아래 부분에는 다리, 중간에는 등, 맨 윗부분에는 머리가 올려진다. 이밖에 타락(요구르트), 마유주, 뱌슬락(치즈), 어럼(버터), 끓인 차, 술 등도 제사상에 올린다. 큰굿상 올리기는 "양 한 마리를 모두 차려놓는다."는 의미로 '전양연(全羊宴, ikh bükhel tavikh yos)'이라고도 한다.

참고문헌 Шинжлэх ухааны академи (2008), *Монгол хэлний дэлгэрэнгүй тайлбар толь*, Улаанбаатар. О.Пүрэв(2003), *Монгол бөөгийн шашны нэр томъёоны тайлбар толь*, Улаанбаатар. Ш.Сүхбат(2011), *Монгол бөөгийн дэлгэрэнгүй толь*, Улаанбаатар.

타락 올리기 Тараг өргөх ёс (Tarag örgökh yos)

몽골의 큰굿에서 제사상에 타락을 올리는 일

대규모의 굿판의 제사상에는 야쿠르트의 일종인 타락(tarag)도 올라가야 하는데, 타락은 우유, 아아르츠, 아아롤, 술, 마유주 등 5가지 유제품을 대신할 수 있다. 그래서 둥근 모양의 큰 통에 빚은 타락을 통째로 제사상 맨 위쪽에 올린 차(茶) 다음으로 차려둔다.

참고문헌 О.Пүрэв(2003), *Монгол бөөгийн шашны нэр томъёоны тайлбар толь*, Улаанбаатар. Ш.Сүхбат(2011), *Монгол бөөгийн дэлгэрэнгүй толь*, Улаанбаатар.

탐라가 Бөөгийн тамлага (Böögiin tamlaga)

신령의 억울하고 힘들었던 사연에 대한 무가

탐라가(tamlaga)는 '무가'라는 뜻의 몽골어로 굿에서는 신령이 사람으로 이 세상에 살았을 때 겪었던 억울하고 슬프고 힘들었던 사연을 나열하거나 그 힘든 과정을 극복한 것, 악과의 싸움, 그리고 승리, 영적인 힘이 센 샤먼이었던 것 등을 자랑스럽게 서술하는 내용을 담고 있는 무가이다.

참고문헌 Шинжлэх ухааны академи (2008), *Монгол хэлний дэлгэрэнгүй тайлбар толь*, Улаанбаатар. О.Пүрэв(1999), *Монгол бөөгийн шашин*, Улаанбаатар. Ш.Сүхбат(2011), *Монгол бөөгийн дэлгэрэнгүй толь*, Улаанбаатар. Г.Гантогтох, Онгод цалигийн үг хэллэг, (hicheel.mn).

투세르게 Түсэргэ (Tüserge)

부리야트에서 신령에게 올리는 제물

투세르게(tüserge)는 부리야트 샤머니즘에서 신령에게 올리는 제물을 이르는 말이다.

참고문헌 Ш.Сүхбат(2011), *Монгол бөөгийн дэлгэрэнгүй толь*, Улаанбаатар.

하이르하딘 아사르 Хайрхадын асар (Khairkhadyn asar)

신령들을 모시는 신당

하이르하드(khairkhad)는 '신령들', 아사르는 '천막'을 이르는 몽골어이며 신령들을 모시는 신당(神堂)을 '하이르하딘 아사르(khairkhadyn asar)'라고 한다. 이 신당은 나무판자로 만들며, 제를 올리는 시간 외에는 닫아 둔다. 20세기 초반에 몽골 지역에 이런 신당이 600여 채가 있었으며, 혈연 관계가 있거나 스승과 제자 등 서로 관련이 깊은 신령들을 한 군데에 모아 모셨던 것으로 조사되었다.

참고문헌 О.Пүрэв(2003), *Монгол бөөгийн шашны нэр томъёоны тайлбар толь*, Улаанбаатар. О.Пүрэв(1999), *Монгол бөөгийн шашин*, Улаанбаатар.

함니강 퉁구스의 신병 Хамниган түнгүс бөөгийн өвчин (Khamnigan tüngüs böögiin övchin)

함니강 퉁구스에서 샤먼이 될 사람이 걸리는 병

함니강 퉁구스인들도 샤먼이 되는 징후는 먼저 신병이다. 함니강 퉁구스족의 샤먼을 연구한 쉬로코고로프(S.M.Shirokogorov)는 함니강 퉁구스족의 신병과 신내림을 다음과 같이 기술하고 있다.

"샤먼이 죽으면 '영혼이 이탈한다'. 그리고 일족의 남녀 어린이들에게 불가사의한 병이 만연하기 시작한다. 병에 걸린 자들은 꿈에 빠진 것처럼 기가 빠져 버리며 일할 능력을 상실하고 헛소리를 한다. 또 수면 중에 방황하기도 하며 때때로 과민과 우울 증세에 빠져 황야로 도망치기도 한다. 누구도 치료할 수 없는 이 병은 히스테리성 발작과 통증을 수반한다. 샤먼의 신령이 최종적으로 한 명을 희생으로 선택하면 나머지는 신병에서 벗어나지만 선택된 자는 식욕을 잃고 불면증에 빠지는 등 상태가 더욱 악화된다. 또 저녁과 밤에 격렬한 발작을 일으켜 마치 샤먼이 된 듯이 몸을 떨고 펄펄 뛰어오르며 이를 갈기도 한다. 이런 상태가 되면 주변 사람들은 관습에 따라 그가 굿을 하여 빨리 망아의 상태로 들어가도록 손에 북을 쥐어준다. 함니강 퉁구스인들은 샤먼 후보자가 의식을 잃으면 신령이 몸속에 들어왔다고 믿는다. 신내림은 누구도 알 수 없는 곳 즉 발작이 일어나도 누구의 도움을 받을 수 없는 숲속에서 일어나기도 한다. 이 경우 그는 식구가 그를 찾아 집에 데려올 때까지 혹은 반죽음의 상태로 스스로 집에 돌아갈 때까지 며칠이고 굿을 계속한다."

신령은 샤먼을 자기를 위한 도구로 선택한다. 그러나 샤먼도 다양한 신령들을 자기를 위한 도구로 불러내 사용하는 것이 가능하다. 샤먼이 불러낸 다양한 신령들은 자기의 소임이 끝나면 떠나간다. 함니강 퉁구스 샤먼들은 신령이 물러가는 것은 갑작스레 일어난다고 말한다. 신령이 샤먼의 몸에서 물러나면 샤먼은 곧 진정을 되찾으면서 얼굴에 흘러내리는 땀을 닦고 물이나 차를 마신다. 그리고는 피곤함에 지쳐 곧 잠이 든다. 다음 날 유쾌한 모습으로 일어난 샤먼한테서 전날의 모습을 찾아볼 수가 없다.

참고문헌 박원길(2001), 『유라시아 초원제국의 샤머니즘』, 서울, 민속원. Uno Harva(1938), *Die Religiösen Vorstellungen der Altaischen Völker*, Helsinki. С.М.Широкогоров(1919), *Опыт исследования основ шаманства у тунгусов*, Учен. Зап. Историко-филологического ф-та. Вып.1, Владивосток.

함니강 퉁구스의 치병굿 Хамниган түнгүс бөөгийн засал (Khamnigan tüngüs böögiin zasal)

함니강 퉁구스에서 샤먼이 아픈 사람을 치료하기 위하여 행하는 굿

시베리아 대부분의 지방에서는 샤먼이 혼을 상실한 환자의 몸에 혼을 찾아 데려오기 전에 먼저 환자의 몸속에 들어가 있는 다른 영(靈)을 추방해야 한다는 관념이 널리 존재하고 있다. 함니강 퉁구스 역시 그러한 지방의 하나이다. 1910년대 시베리아 동부 지역의 함니강 퉁구스(에벤키)족의 샤머니즘을 연구했던 쉬로코고로프(S.M.Shirokogorov)는 1919년의 저작에서 당시 샤먼이 행하는 치병 굿거리의 순서를 다음과 같이 기술하고 있다. "① 샤먼은 먼저 자신의 수호 신령들을 부른다. 그러면 그중 하나가 샤먼의 앞에 와서 앉는다. ② 샤먼은 그의 도움에 의해 병의 원인 및 환자로부터 나간 혼이 어디 있는가를 알아낸다. ③ 샤먼은 다시 다양한 신령들을 불러내 그들과 함께 환자의 혼을 잡는다. ④ 샤먼은 불러들인 신령들의 도움으로 환자의 몸에 들어간 영체(靈體)를 추방한다. 샤먼은 이때 몸에 들어와 있던 영체를 그가 원래 살고 있었던 장소로 돌려보낸다. ⑤ 샤먼은 환자의 혼을 다시 원래의 육체로 돌려보낸다. ⑥ 샤먼은 힘을 도와준 신령들에게 감사를 올린다." 또 쉬로코고로프는 다음과 같은 기록을 덧붙이고 있다. "샤먼은 굿을 할 때 다른 신령들이 자신의 일을 방해하고 또 습격하는 것을 피하기 위해 반드시 수호 신령들의 비호를 받고 있다. 수호 신령들은 모두 고유의 능력 · 지식 · 언어와 몸짓을 가지고 있는데 샤먼은 굿을 할 때 그들의 몸짓이나 형상을 흉내 낸다."

참고문헌 Uno Harva(1938), *Die Religiösen Vorstellungen der Altaischen Völker*, Helsinki. С.М.Широкогоров(1919), *Опыт исследования основ шаманства у тунгусов*, Учен. Зап. Историко-филологического ф-та. Вып.1, Владивосток. Н.П.Дыренкова(1930), "Получение шаманского дара по воззрениям турецких племён", *СМАЭ IX*, Ленинград.

황샤먼 Шар бөө (Shar böö)

몽골에서 전통 샤머니즘과 티베트 불교가 혼합된 형태의 의식을 구사하는 샤먼

몽골에서는 흑샤먼과 황샤먼의 구분이 있다. 황샤먼은 티베트 불교에 영향을 받아 신

이나 제의의 용어 자체가 불교와 혼합된 것을 구사하는 샤먼을 말한다. 황샤먼은 몽골어로 '샤르 버(shar böö)'라 하는데, 이는 몽골인들이 티베트 황교(黃敎)를 "노란 종교"라는 뜻의 '샤르 샤진(shar shajin)'이라고 부르는데서 연유하였다.

황샤먼과 흑샤먼은 신내림의 용어에서도 차이를 보이는데, 흑샤먼은 "옹고드 사히오사 볼가흐(ongod sahiusaa buulgah: 옹고드 청배)"라고 하고, 황샤먼은 "사히오사 볼가흐(sahiusaa buulgah: 신 청배)"라고 한다.

참고문헌 박원길(2001), 『유라시아 초원제국의 샤머니즘』, 서울, 민속원. M.Eliade, 이윤기 역(1992), 『샤머니즘–고대적 접신술』, 서울, 까치. G.Bethlenfalvy, Á.Birtalan, A.Sárközi, J.Vinkovics eds(1992), *Altaic Religious Beliefs and practices*, Budapest.

후헤 토르곤 후르지 Хүхэ торгон хүрж (Khükhe torgon khürj)

신당의 일종

후헤 토르곤 후르지(khökh torgon khürj)는 부리야트 샤먼들이 모시는 오이홍(Oikhon)의 노요드 즉 13신령을 모시는 신당이다. 부리야트 샤먼들은 검푸른 비단천으로 천막을 지어 신당을 만들어 오이홍 신령들을 모셨다. 검푸른 비단천의 천막 위에는 금색 봉을 만들며, 5색 비단 직물으로 아홉 개의 문을 만든다. 이 신당 안에는 전차(磚茶), 하닥(khadag), 제사 음식을 올려 둔다. 샤먼은 13 신령 청배 때 신당 앞에서 세 번 절을 올리는 의례를 행한다.

참고문헌 Ш.Сүхбат(2011), *Монгол бөөгийн дэлгэрэнгүй толь*, Улаанбаатар. Г.Гантогтох(1998), "Арын арван гурван ноёдын дуудлагын үг, хэллэг", *Эрдэм шинжилгээний бичиг* №12 (135), МУИС-ийн МСС. Ж.Цолоо, Г.Гантогтох(2007), *Арван гурван ноёдын дуун*, Улаанбаатар.

훌첼 Хүлцэл (Khültsel)

굿하는 과정에서 일어난 그릇된 행동에 대하여 신들께 용서를 구하는 무가

훌첼(khültsel)은 '인내'나 '용서'를 뜻하는 몽골어로, 샤먼이 굿을 하는 동안에 예의를 갖추지 못한 부분, 능력 미달로 인한 실수 등에 대한 용서를 신들께 구하고 신령들을 달래는 내용을 담은 무가를 뜻한다. 훌첼의 한 예를 소개하면 다음과 같다.

> …줄드(züld: 머리 · 목 · 폐 · 심장)를 올렸다.
> 제사 앞에서 분노를 억누르시고,
> 신당 위에서 분노를 달래시기를!
> 노욘(Noyon: 봉건 영주)과 같이 온순하고
> 카간(kkhaan: 황제)과 같은 따뜻한 마음으로
> 봐주십사.

참고문헌 Г.Гантогтох(2007), *Монгол зан үйлийн аман яруу найргийн уламжлал*, Улаанбаатар. Ж.Цолоо, Г.Гантогтох(2007), *Арван гурван ноёдын дуун*, Улаанбаатар. Шинжлэх ухааны академи (2008), *Монгол хэлний дэлгэрэнгүй тайлбар толь*, Улаанбаатар.

흑샤먼 Хар бөө (Khar böö)

몽골의 샤머니즘에서 전통적으로 전해 내려오는 의식을 준수하는 샤먼

몽골에는 흑샤먼과 황샤먼의 구분이 있는데, 흑샤먼은 몽골어로 '하르 버(khar böö: 검은 샤먼)'라 하는데, 본래의 전통적인 의식을 준수하는 샤먼들이다. 흑샤먼이라 불리게 된 것은 몽골의 티베트 불교 수용과 밀접한 관련이 있다. 몽골인들은 티베트 불교를 수용한 이후 전통적인 샤머니즘을 "검은 종교"라는 뜻의 '하르 샤신(khar shashin), 혹은 "샤먼들의 종교"라는 뜻의 '버긴 샤신(böögiin shashin)'이라고 하였는데, 전통적인 샤머니즘을 따르는 샤먼도 이에 따라 '흑샤먼'이라 불리게 된 것이다. 흑샤먼은 신내림을 뜻하는 말을 "옹고드 사히오사 볼가흐(ongod sakhiusaa buulgakh: 옹고드 수호신을 청배하다)"라고 하는데, 이 표현에 나오는 '옹고드'가 바로 몽골에서 신령을 뜻한다. 참고로 황샤먼은 신내림을 "사히오스 볼가흐(sakhius buulgakh: 신을 청배하다)"라고 한다.

참고문헌 박원길(2001), 『유라시아 초원제국의 샤머니즘』, 서울, 민속원. M.Eliade, 이윤기 역(1992), 『샤머니즘-고대적 접신술』, 서울, 까치. G.Bethlenfalvy, Á.Birtalan, A.Sárközi, J.Vinkovics eds(1992), *Altaic Religious Beliefs and practices*, Budapest.

히렝 Хийрэн (Khiiren)

신병의 하나로 헛것이 보이는 현상

히렝(khiiren)은 몽골 샤머니즘에서 신병(神病)에 걸린 자에게 일반 사람의 눈에 보이지 않는 현상들이 보이는 현상을 이른다.

참고문헌 Шинжлэх ухааны академи (2008), *Монгол хэлний дэлгэрэнгүй тайлбар толь*, Улаанбаатар. С.Дулам(2009), 'Бөөгийн хийрэн гэж юу вэ?', Оюуны хэлхээ эрдэм шинжилгээний бичиг, Боть I (03), Антоон Мостаэрт монгол судлалын төв, Улаанбаатар

무구

놀흐 Нолх (Nolkh)

샤먼이 굿을 할 때 무복에 장식하는 방울

놀흐(nolkh)는 샤먼이 굿을 할 때 허리에 매달아 소리를 내는 철제 방울이다. '놀고(nolgo)'라고도 한다.

참고문헌 Шинжлэх ухааны академи (2008), *Монгол хэлний дэлгэрэнгүй тайлбар толь*, Улаанбаатар.

둥게렉 Дүнгэрэг (Düngereg)

투바와 몽골 북부 지역에서 샤먼의 북을 이르는 말

둥게렉(düngereg)은 투바 및 몽골 북부 지역에서 샤먼이 굿을 할 때 사용하는 북을 이르는 말이다.

둥게렉

참고문헌 О.Пүрэв(2003), *Монгол бөөгийн шашны нэр томъёоны тайлбар толь*, Улаанбаатар. Шинжлэх ухааны академи (2008), *Монгол хэлний дэлгэрэнгүй тайлбар толь*, Улаанбаатар.

둥게르 Дүнгэр (Dünger)

몽골 헙스걸 지역에서 샤먼의 북을 이르는 말

둥게르(dünger)는 몽골 헙스걸 지역의 투바 샤먼들이 굿을 할 때 사용하는 북을 이르는 말이다.

투바 샤먼과 둥게르

참고문헌 O.Пүрэв(2003), *Монгол бөөгийн шашны нэр томъёоны тайлбар толь*, Улаанбаатар. Шинжлэх ухааны академи (2008), *Монгол хэлний дэлгэрэнгүй тайлбар толь*, Улаанбаатар.

모르곤 카라 전설

Моргон карагийн домог (Morgon kara-gyn domog)

최초의 샤먼인 모르곤 카라와 그의 북에 얽혀 전해 내려오는 이야기

부리야트에는 최초의 샤먼인 모르곤 카라(Morgon kara)와 샤먼의 북에 대해 전해 내려오는 다음과 같은 이야기가 있다.

모르곤 카라는 저승의 군주 에를렌칸이 지하 세계로 데려가 버린 혼조차 다시 구출해 올 정도로 유능한 샤먼이다. 따라서 에를렌칸은 천신인 에세게말란텡게르(Esenge Malan Tenger)에게 그에 대한 불평을 늘어놓았다. 그래서 천신은 샤먼의 능력을 시험해 보고자 했다. 천신은 고의로 한 인간의 혼을 잡아 데려가서 술 단지 속에 넣고 입구를 엄지손가락으로 막았다. 이로 인해 그 인간이 병에 걸리게 되자 그의 가족들은 모르곤 카라에 도움을 구했다. 모르곤 카라는 곧 일에 착수하여 숲 · 물속 · 계곡, 마지막에는 저승까지 그 혼을 수색했지만 찾을 수가 없었다. 최후로 그는 '북을 타고' 천계로 올라갔다. 천계를 오랫동안 수색하던 그는 마침내 환자의 혼이 구름 속에 갇혀있으며 또 천신이 그 입구를 손가락으로 누르고 있다는 것을 알았다. 술책에 능한 모르곤 카라는 작은 벌로 모습을 바꾸어 신의 이마를 쏘았다. 그러자 신은 깜짝 놀라 자기도 모르게 술 단지의 입구에서 손가락을 떼었다. 샤먼은 그 틈을 타 가엾은 혼을 구한 뒤 함께 북을 타고 지상으로 향했다. 모르곤 카라에게 혼을 뺏긴 천신은 몹시 화가 났다. 그래서 천신은 모르곤 카라의 힘을 약화시키기 위하여 북을 2개로 갈라 버렸다. 샤먼의 북은 원래 양면에 가죽이 붙어 있었지만 이때부터 한쪽에만 가죽이 붙어 있게 되었다.

참고문헌 박원길(2001), 『유라시아 초원제국의 샤머니즘』, 서울, 민속원. Uno Harva(1938), *Die Religiösen Vorstellungen der Altaischen Völker*, Helsinki. Д.Д.Дамеев(1927), *Легенда о происхождении шаманизма и падении волшебства*, Иркутск.

바르닥 Бардаг (Bardag)

샤먼이 굿을 할 때 사용하는 채찍

바르닥은 타쇼르(tashuur: 채찍)와 함께 나쁜 기운을 물리치는 기능을 하는 샤먼의 채찍이다. 또한 신을 청하거나 신의 축복을 전달할 때도 사용한다.

참고문헌 O.Пүрэв(2003), *Монгол бөөгийн шашны нэр томъёоны тайлбар толь*, Улаанбаатар. Шинжлэх ухааны академи (2008), *Монгол хэлний дэлгэрэнгүй тайлбар толь*, Улаанбаатар.

바약 Баяг (Bayag)

샤먼이 굿을 할 때 사용하는 무구의 하나

용 모양의 지팡이

바약(bayag)은 몽골의 산신(山神)인 차강어브겅(tsagaan övgön)이 타고 다니는 용 모양의 지팡이이다. 황샤먼의 굿에 사용하는 무구의 하나이다.

참고문헌 Г.Гантогтох(2011), *Буриад аялгууны толь*, Улаанбаатар. Шинжлэх ухааны академи (2008), *Монгол хэлний дэлгэрэнгүй тайлбар толь*, Улаанбаатар.

버긴 놈숨 Бөөгийн нум сум (Böögiin num sum)

북방 샤머니즘에서 부정을 제거하는 의식에 쓰이는 활과 화살

북방 민족의 샤머니즘에서 부정 제거 의식 때 가장 큰 역할을 하는 것이 북과 방울이다. 그러나 일부 지방에서는 활과 화살을 북 및 방울과 동등하게 혹은 단독으로 사용하고 있는 경우가 나타나고 있다. 화살이 지닌 부정제거 기능은 역사적으로 고차(高車)나 거란 등 유목제국에서도 나타나는데, 거란의 경우 활과 화살만으로 이루어진 감전의(勘箭儀)라는 독립된 의례까지 등장하고 있다. 이는 화살이 지닌 신성한 성격 때문이다.

고대 북방 사회에서 활과 화살이 지닌 신성함, 즉 태초의 기능을 가장 잘 보여주는 사례가 시베리아 오브하 하류에 거주하는 툰트라유라키의 샤먼 무가이다. 이 무가 속에는 북을 '활' 혹은 "노래하는 활"이라 부른다. 사모예드나 핀계 제민족의 경우도 "원래 샤먼은 활을 사용하여 악령들을 위협하고 또 악령들을 향해 화살을 쏘는 자이다. 북의 사용은 이차적인 것이다."라는 연구 보고서가 있다.

한국의 경우 소머리굿의 사냥거리가 활과 화살을 사용하는 굿이다. 또 한국의 경우 샤먼이 직접 북을 치는 경우가 없다는 점이 재미있다. 실제로 몇몇 돌궐계 민족은 굿을 할 때 활만을 사용하고 있다. 이러한 점들은 북방 샤머니즘에서 활이 북에 앞서 사용되었을 가능성이 매우 높다는 것을 시사한다. 또 북은 활의 악령 제거 기능에서도 입증되듯 원래부터 악령을 제거하는 도구로서 사용되었다고 보인다. 이렇듯 북방 사회에서의 활과 화살은 신석기 시대의 암각화에서도 흔히 나타나 고대부터 그 자체가 매우 신성시되어 왔음을 알 수 있다.

참고문헌 박원길(2001), 『유라시아 초원제국의 샤머니즘』, 서울, 민속원. M.Eliade, 이윤기 역(1992), 『샤머니즘-고대적 접신술』, 까치.

버긴 타쇼르 Бөөгийн ташуур (Böögiin tashuur)

샤먼이 굿을 할 때 사용하는 채찍

버긴 타쇼르(böögiin tashuur)는 "샤먼의 채찍"이란 뜻의 몽골어이다. 채찍은 샤먼이 신령을 부르거나 축복을 할 때 사용되는데, 주로 악한 혼령을 내쫓는 역할을 한다. 채찍 손잡이는 나무로 만들고 여기에 철로 된 검, 창 모형의 장신구를 매달아 장식할 수도 있다.

참고문헌 О.Пүрэв(2003), *Монгол бөөгийн шашны нэр томъёоны тайлбар толь*, Улаанбаатар. Шинжлэх ухааны академи (2008), *Монгол хэлний дэлгэрэнгүй тайлбар толь*, Улаанбаатар. Ш.Сүхбат(2011), *Буриад бөө мөнх тэнгэрийн элч*, Улаанбаатар.

버긴 호르 Бөөгийн хуур (Böögiin khuur)

샤먼이 굿을 할 때 사용하는 악기의 하나

버긴 호르(böögiin khuur)는 "샤먼의 호르"라는 뜻으로, 여기서 호르는 구금(口琴)을 가리킨다. 호르는 입에 넣고 손가락으로 줄을 튕기면서 연주를 하는 악기로 '헬호르(khel khuur)'나 '아망호르(aman khuur)'라고도 한다. 샤먼은 신령을 부를 때 북과 함께 호르를 사용한다. 북과 호르는 옹고드가 타는 것(ongodyn unaa)으로 간주된다. 1790년 동몽골의 카라친(Kharchin)과 투메드(Tümed)를 통과했던 서호수(徐浩修)는 『연행기(燕行記)』에서 몽골의 호르에 대해 "구금(口琴): 쇠 집게 같은 것에 철사를 꿰어 만든다. 가운데를 이빨로 물고 손가락으로 줄을 튕기면 소리가 난다. 곱게 굽이치고 꺾어지는 것이 아쟁이나 비파소리와 같다."라고 기록하고 있다. 호르는 흑룡강 일대의 소수민족, 몽골, 카자흐를 비롯한 유라시아 알타이 지역에 널리 분포하고 있으며, 13세기에 몽골 군대가 주둔했던 중국의 운남(雲南) 지방에도 나타나고 있다.

버긴 호르(샤먼의 호르)

참고문헌 박원길(2009), 『조선과 몽골』, 서울, 소나무. О.Пүрэв(2003), *Монгол бөөгийн шашны нэр томъёоны тайлбар толь*, Улаанбаатар. Шинжлэх ухааны академи (2008), *Монгол хэлний дэлгэрэнгүй тайлбар толь*, Улаанбаатар.

버긴 홍흐 Бөөгийн хонх (Böögiin khonkh)

샤먼이 굿을 할 때 사용하는 종

버긴 홍흐는 신령의 강림을 알리는 기능을 한다. 샤먼이 굿을 할 때 신령이 들어오면 종(鍾)이 저절로 울리는데, 이것은 신이 들어왔다는 신호이다. 황샤먼에서 불교 의례용 종을 받아들인 것으로 보인다.

버긴 홍흐(샤먼의 종)

참고문헌 Ч.Далай(1958), *Монголын бөөгийн мөргөлийн товч түүх*, Улаанбаатар. О.Пүрэв(1999), *Монгол бөөгийн шашин*, Улаанбаатар. О.Пүрэв(2003), *Монгол бөөгийн шашны нэр томъёоны тайлбар толь*, Улаанбаатар. Шинжлэх ухааны академи (2008), *Монгол хэлний дэлгэрэнгүй тайлбар толь*, Улаанбаатар.

북채 Хэнгэргийн цохиур (Khengergiin tsokhiur)

샤먼이 굿을 할 때 북을 치는 도구

북채는 단순히 북을 치는 도구가 아닌 샤먼의 말을 통역하는 중요한 역할을 담당한다. 북채는 "샤먼의 말(북)을 때리는 채찍"의 기능과 "신령의 말을 통역하는 통역관"이라는 두 가지의 의미를 가진다. 채찍이라는 뜻은 알타이, 사얀 및 시베리아 지역 대부분의 민족들에게서 사용된다. "신령의 통역관"이란 뜻은 몽골(할흐족)과 부리야트 샤먼들이 널리 사용하는데, 그 기원은 몽골 서북부 헙스걸 지구의 다르하드 샤먼들이다.

북채는 대부분 빨랫방망이 같은 길쭉하고 가느다란 막대기를 사용하고 있다. 알타이인은 일반적으로 어린 자작나무, 레베드타타르(Lebed-Tatar)인은 일종의 관목으로 북채를 만든다. 몽골의 북채는 주로 연한 잣나무로 몸체를 만든다. 그리고 북과 마주치는 면은 표범과 산양의 발바닥 가죽을 붙인다.

북채에는 조각이 새겨져 있으며 북을 치는 면은 토끼가죽이나 야생 산양 같은 동물의 가죽을 붙인다. 알타이 지방에서는 북채의 등에다 작은 금속제의 고리를 붙이고 있다. 또 손잡이에 뚫린 구멍에 매달린 고리에도 색색의 헝겊 끈을 늘어뜨리고 있다. 북채는 알타이의 무가에서 흔히 "채찍"이라 표현되는데 북채는 대부분 손에서 떨어지지 않도록 손목과 끈으로 연결되어 있다. 일부 종족들은 북채의 손잡이를 동물의 형상으로 만들기도 한다. 골디(Goldi)의 샤먼은 북채의 손잡이에 신상을 조각하기도 한다. 또 북채의 등 쪽에 금속제의 신상을 붙이는 곳도 있다. 등 쪽에는 무엇인가 금속제의 신상을 붙이는 지방도 있다.

골디는 북채의 상단부에 노루의 다리 가죽을 붙이며, 함니강 퉁구스는 순록이나 기타의 동물다리를 사용한다.다르하드 샤먼들은 북채 머리 부분에 나뭇가지 모양을 새기는데, 나뭇가지 모양이 물결무늬형태로 나타날 때도 있다. 북채에 나타난 나뭇가지 모양은 채찍의 의미로, 물결무늬 모양은 통역관의 의미로 사용된다. 이러한 채찍 기능을 가진 북채를 몽골어로 오르보(orbo)라고 하며 부리야트에서는 토이보르(toibuur)라고 한다.

북채

참고문헌 И.А.Лопатин(1922), *Гольды Амурские, Уссурийские и Сунгарийские*, Владивосток. А.В.Анохин(1924), 'Материалы по шаманству у алтайцев', *СМАЭ*, IV-2, Ленинград. Uno Harva(1938), *Die Religiösen Vorstellungen der Altaischen Völker*, Helsinki. О.Пүрэв(1999), *Монгол бөөгийн шашин*, Улаанбаатар. О.Пүрэв(2003), *Монгол бөөгийн шашны нэр томъёоны тайлбар толь*, Улаанбаатар. Ш.Сүхбат(2011), *Монгол бөөгийн дэлгэрэнгүй толь*, Улаанбаатар.

사드가 Садга (Sadga)

몽골 샤먼이 굿을 할 때 사용하는 종이 인형

사드가(sadga)는 샤먼의 종이 인형을 말한다. 샤먼은 이 종이 인형을 악령을 추방하거나 병과 고통을 일으킨 악귀를 물리치는 데에 사용한다. 샤먼은 북을 치면서 악령이나 악귀를 불러 종이 인형에 불어 넣는다. 악령을 물리치는 굿을 한 후에 그 종이 인형을 태우는데, 이런 행위는 악령이 사라지는 것으로 간주한다.

참고문헌 О.Пүрэв(2003), *Монгол бөөгийн шашны нэр томъёоны тайлбар толь*, Улаанбаатар. О.Пүрэв(1999), *Монгол бөөгийн шашин*, Улаанбаатар. Шинжлэх ухааны академи (2008), *Монгол хэлний дэлгэрэнгүй тайлбар толь*, Улаанбаатар.

샤먼의 거울 Бөөгийн толь (Böögiin toli)

샤먼이 굿을 할 때 무복에 착용하는 거울

샤먼의 거울(böögiin toli)은 샤먼이 굿을 할 때 매우 중요한 무구(巫具)의 하나이다. 몽골의 샤먼 전설에는 10개의 거울이 합치면 어떠한 저주와 악령의 급습도 방어할 수가 있다고 한다. 이러한 전설에서도 나타나듯이 거울의 주요 기능은 저주나 악령으로부터 샤먼을 지켜주는 데 있다. 모든 저주나 악령들이 거울에 반사되어 튕겨 나간다고 믿는 것이다.

샤먼의 거울은 주로 청동과 구리로 만들며, 주위에 12지 신상과 태양과 달, 성스러운 동물을 새겨놓는데 물고기까지 새기는 경우도 있다. 거울의 형태는 모두 원형이다.

샤먼들이 언제부터 거울을 썼는가에 대해 일부 학자들은 티베트 불교의 전입 이후라고 보고 있다. 그러나 흉노 고분에서도 청동거울이 발굴되고 있고, 또 같은 샤머니즘권인 동방의 고조선 지역에서도 청동방울, 청동검, 청동거울이 발견되는 것으로 보아 오랜 연원을 가진 것으로 보인다.

몽골 샤먼들은 오래된 거울을 "하늘의 거울"이라고 부른다. 그리고 굿을 할 때 9개의 크고 작은 거울을 착용한다. 일부 샤먼들은 차강 톨리(tsagaan toli: 백색 거울)를 걸지 않고 단지 하르 톨리(khar toli: 검은 거울)만을 맨다. 몽골의 샤먼은 거울로 점을 치는 경우도 있다. 서양에서는 거울이 큰 기운과 에너지를 끌어 모은다고 생각한다. 그러나 몽골 사람들은 거울에 사람의 혼이 들어갈 수 있는 것으로 본다. 그래서 사람이 죽으면 거울을 덮어두는 관습이 있다.

골디족 샤먼의 무복(巫服)에는 목에 두른 가죽 띠에 붙인 금속제 거울이 샤먼의 가슴과 등 쪽에 자리 잡고 있다. 거울에는 인간의 행위가 반영되어 나타날 뿐만이 아니라 거울 자체가 악령의 화살로부터 샤먼을 수호하는 기능을 가지고 있다고 여긴다. 샤먼은 굿이 끝난 뒤 악령에 맞은 화살 수만큼 그 방패에 가늘고 긴 것을 붙이지 않으면 안 된다. 특히 골디 샤먼은 사할린이나 북해도의 아이누족 사람들처럼 머리, 팔, 다리에 오리나무를 가늘게 깎아 만든 둥근 링을 붙이는 습속이 있다.

샤먼의 거울
http://zevtenger.blogspot.kr/2012/02/blog-post_8292.html

참고문헌 박원길(2001), 『유라시아 초원제국의 샤머니즘』, 서울, 민속원. И.А.Лопатин(1922), *Гольды Амурские, Уссурийские и Сунгарийские*, Владивосток. Uno Harva(1938), *Die Religiösen Vorstellungen der Altaischen Völker*, Helsinki. Пүрэв(2003), *Монгол бөөгийн шашны нэр томъёоны тайлбар толь*, Улаанбаатар. Шинжлэх ухааны академи (2008), *Монгол хэлний дэлгэрэнгүй тайлбар толь*, Улаанбаатар. О.Пүрэв(1999), *Монгол бөөгийн шашин*, Улаанбаатар.

샤먼의 등잔 Бөөгийн зул (Böögiin zul)

샤먼이 굿을 할 때 불을 피우는 등잔

'샤먼의 등잔(böögiin zul)'은 황샤먼이 굿을 할 때 불을 피우는 등잔이다. 불교 의식에서 등불을 피우는 것과 관련이 있는 것으로 추측된다. 등잔에 불을 피우고 끄는 "졸 만다흐(zul mandaakh: 등불을 밝히다)", "졸 버허흐(zul bökhöökh: 등불을 끄다)", "졸 자르가흐(zul jargaakh: 등불을 끄다)" 등의 의례 용어가 있다.

불 밝힌 등잔

참고문헌 Ш.Сүхбат(2011), *Монгол бөөгийн дэлгэрэнгүй толь*, Улаанбаатар.

샤먼의 무구 Бөөгийн зэмсэг (Böögiin zemseg)

샤먼이 굿을 할 때 사용하는 무구를 통틀어 이르는 말

샤먼의 무구(巫具)는 몽골어로 '젬세그(böögiin zemseg)'라 하는데, 샤먼이 접신하기 위해 주문을 외울 때 사용되는 도구의 총칭이다. 북, 북채, 거울, 등잔, 칼, 팔찌, 염주, 활, 화살, 종이 인형, 지팡이 등 여러 가지이나 지역마다 선택되는 무구의 종류가 다르다. 몽골 헙스걸 지역의 다르하드(Darkhad) 샤먼은 9개, 부리야트 샤먼은 27개 도구를 지닌다고 한다.

참고문헌 О.Пүрэв(2003), *Монгол бөөгийн шашны нэр томъёоны тайлбар толь*, Улаанбаатар. Шинжлэх ухааны академи (2008), *Монгол хэлний дэлгэрэнгүй тайлбар толь*, Улаанбаатар. О.Пүрэв(1999), *Монгол бөөгийн шашин*, Улаанбаатар. Ш.Сүхбат(2011), *Монгол бөөгийн дэлгэрэнгүй толь*, Улаанбаатар.

샤먼의 북 Сибирь бөөгийн хэнгэрэг (Sibir böögiin khengereg)

샤먼이 굿을 할 때 사용하는 북

북은 신석기 시대의 바위그림에 묘사되어 있는 것으로 미루어 그 기원이 매우 오랜 것임을 알 수 있다. 굿을 하는 데 없어서는 안 될 중요한 무구(巫具)인 북은 시베리아 샤먼의 무복에 나타난 것과 같은 상징성을 가지고 있다. 북은 분명 무복보다도 기원이 빠르며 현재 무복이 사라진 몇몇 민족의 경우에도 북만큼은 계속 남아있다. 이는 현재까지 랩족의 샤먼에게서 무복이 발견되었다는 보고는 하나도 없지만 북만큼은 반드시 가지고 있었다는 사실에서도 입증된다. 샤머니즘을 연구하는 학자들은 북이 처음부터 종교적인 목적으로 만들어져 사용되었다고 주장하고 있다.

〈북의 기능〉

북은 샤먼이 영적인 세계로의 여행을 떠날 때 샤먼을 태우는 도구, 즉 "샤먼의 말"로 간주된다. 19세기 말에 야쿠트의 샤먼을 조사한 바 있는 프리끌론스키(V.L.Priklonskii)는 1891년의 저작에서 북은 샤먼이 영계를 여행할 때 타고 가는 상징적인 동물을 나타낸 것이라고 기록하고 있다. 북은 야쿠트의 전설 속에 종종 '샤먼의 말'로 표현되고 있다. 야쿠트에는 샤먼이 북을 타고 하늘의 7층을 관통하여 날아간다는 전설이 전해지고 있다. 부리야트인도 북을 샤먼이 여행할 때 사용하는 말이라고 설명하고 있다. 알타이 지역의 카라카스와 쇼요트족의 샤먼도 "나는 샤먼! 야생의 마랄(큰 사슴의 일종)을 타고 간다."라고 읊고 있다. 실제 소요트족 샤먼들의 북에는 말의 모습이 그려져 있으며, 북 자체를 "샤먼의 말"이란 뜻의 카무아트(khamu-at)라고 부른다. 몽골에서는 북을 "옹고드의 말(Ongodyn unaa)"로 표현하고 있다. 이는 북이 굿을 할 때 샤먼을 태우는 여행의 도구나 혹은 샤먼을 수행하는 동물이라는 것을 명시해 준다. 알타이인이 북채를 '채찍'이라 부르는 것도 바로 이러한 관념과 일치하고 있다. 북이 샤먼을 태우는 도구라는 관념은 실제 샤먼이 강한 북소리와 함께 탈혼 상태에 빠져 영계를 여행한다는 외적 현상에서도 누구나 쉽게 상상할 수 있다.

〈북의 제작〉

– 북의 재료

북을 만드는 주 재료는 크게 나무와 가죽이다. 북의 테를 만드는 나무는 흑송(黑松), 자작나무, 버드나무이다. 북도 무복처럼 신성한 것으로 간주되기 때문에 베어서 가지고 올 때 오염되지 않도록 주의를 기울여야 한다. 오스티야크(Ostyak)족과 사모예드(Samoyed)족의 샤먼들은 도끼를 들고 눈을 가린 채 숲속으로 들어가 마음대로 나무 한 그루를 고른다. 그러면 사람들이 그 나무를 베어 가지고 온다. 함니강 퉁구스(에벤키)의 경우 북을 만드는 나무는 신성한 장소에서 골라야 한다. 알타이 지역의 경우 신령들이 샤먼에게 나무가 자라는 숲과 함께 사람이나 동물이 만지거나 꺾지 않은 신성한 나무의 위치를 정확하게 가르쳐준다. 그러면 샤먼은 자기를 보조해주는 사람들을 보내 그 나무를 베어오게 한다. 야쿠트족이나 몽골족의 경우 벼락을 맞은 나무가 가장 좋은 재료로 꼽힌다. 야쿠트인은 대부분 흑송으로 북을 만드는데 나뭇가지를 자를 때 나무의 생육에 지장이 없도록 조심스럽게 자른다. 이때 야쿠트인들은 희생물로 동물을 도살하여 나무줄기에 피와 술을 뿌린다.

북의 표면을 만드는 가죽은 극북 지방의 경우 순록의 가죽, 시베리아 동부 지방에서는 노루가죽, 야쿠트에서는 말가죽, 알타이의 카라카스와 쇼요트에서는 마랄 사슴가죽으로 만든다. 몽골에서는 암사슴, 사슴, 곰, 한드가이 사슴, 늑대의 가죽으로 만들고, 부리야트에서는 주로 염소가죽으로 만든다. 몽골의 흑샤먼들은 동쪽의 악한 신령들과 접신할 경우 늑대와 곰의 가죽으로 만든 북, 서쪽의 신령과 접신할 때에는 암사슴의 가죽으로 만든 북을 사용하는 관습이 있다. 가죽을 펼 때 가느다란 나무막대기를 가죽과 테 사이에 끼워 넣어 북의 높이를 잡는다. 북의 안쪽에는 십자형의 철제 막대기를 끼워 손잡이로 사용한다. 또 철제 막대기의 끝 부분은 가죽 끈을 사용하여 테에다 고정시킨다.

– 북의 그림

샤먼의 북에는 대부분 그림이 그려져 있다. 알타이 타타르 지역에는 샤먼이 흑 · 백, 때로는 갈색을 사용하여 북에 기묘한 그림을 그린다. 알타이 지방의 텔렌기트족은 북의 안쪽에도 그림을 그린다. 이 그림들은 보통 옷에 장식을 늘어뜨린 인간의 모습을 묘사하고 있지만 때로 샤먼들이 가지고 있는 전통적인 관념을 묘사한 것도 있다. 샤먼들의 북에 그려진 그림의 공통적인 특징은 먼저 북의 안쪽에서 가로로 건너지른 철막대기의 위 부분은 하늘과 별을 나타내는 데 사용된다. 북의 표면에도 역시 그림이 그려져 있는데 주목되는 것은 두 팔에 장신구를 매단 퉁구르 에지(북의 주인)를 묘사하고 있다는 점이다. 알타이 샤먼의 북에는 테에도 별이나 그 밖의 것이 그려져 있는 경우가 있다.

극북의 유라크(Yurak)족 거주지에서 연해주에 이르는 지역의 샤먼들도 북에 그림을 그린다. 함니강 퉁구스족(에벤키) 샤먼의 북에는 새, 뱀 그리고 그 밖의 동물 모양이 그려져 있다. 북 중앙에는 동물 대신 여덟 개의 이중선이 그려지는데, 이 선은 바다에서 대지를 떠받치고 있는 여덟 개의 다리를 상징한다. 야쿠트족의 북에는 붉은색과 검은색의 여러 가지 그림이 그려져 있는데, 이 그림은 인간과 동물을 나타낸다.

아바칸 타타르 샤먼의 북에는 표면에만 그

림이 그려져 있다. 북 그림의 일반적인 형태는 북의 표면에 분리 띠를 그어 북을 상단과 하단으로 나누는데, 이 분리 띠는 북 전체나 혹은 상단만을 감싸서 하늘을 나타내고 있다. 하늘에는 태양 · 달을 비롯한 천체가 묘사되어 있으며 활을 가지고 말 등의 동물을 쫓고 있는 말을 탄 사람도 그려져 있다. 어떤 그림에는 말을 탄 사람이 금성이라 간주되는 별을 손에 쥐고 있다. 또 하늘에 나무와 기둥을 그린 뒤 그 꼭대기마다 빛나는 별을 배치한 그림도 있다. 하단부에는 북을 가진 샤먼을 비롯해 저승의 다양한 동물이나 여성에게 병을 일으키는 악령들이 홀수로 일렬 혹은 2열로 나란히 있다. 그림의 전체구도는 2분법적인 세계관을 나타내고 있지만, 장식그림은 자못 개성적인 성격을 나타내듯 서로 간에 큰 차이를 보이고 있다.

북에 그려지는 그림의 지배적인 상징은 접신 여행이다. 샤먼은 접신 여행을 통해 한 소우주 권역과 다른 권역을 넘나들기도 하고, 세계의 중심에 이르기도 한다.

샤먼의 북에 그림이 전혀 없는 경우도 존재한다. 1910년대 알타이 지역의 샤머니즘을 연구했던 힐덴(K.Hildén)은 1916년의 저작에서 레베드 타타르(Lebed-Tatar) 샤먼들은 북에 어떠한 그림도 그리지 않는다고 보고하고 있다. 또 소요트족의 북에도 그림이 그려져 있지 않으며, 여타 알타이 지역 샤먼의 북에도 그림이 없는 경우가 있다는 것을 기록으로 남기고 있다. 1910년대 여행자들이 몽골 북부 지역에서 찍은 몽골 샤먼의 북에도 그림을 발견할 수 없는데, 이들은 순록을 치는 차탕(tsaatan)족 샤먼들이다.

〈북의 형태〉

시베리아 민족의 북은 대부분 구조적으로 랩족의 체형(篩型)북과 유사하다. 돌궐, 몽골, 함니강 퉁구스 민족들의 거주 지역은 아주 광대하지만 그들이 사용하는 북은 모양이나 손잡이 형태의 부분적인 차이를 제외하면 일반적으로 소형이라는 특징을 지니고 있다. 알타이나 몽골 지역의 북은 거의 둥근 형이지만, 함니강 퉁구스(에벤키), 야쿠트, 돌간(Dolgan)의 북은 거의 대부분 타원형 모양을 취하고 있다. 몽골족의 북은 둥근형(tal dugui khengereg) 이외에 삼각형(tal gurvaljin khengereg)과 반구형(tal bömbörtsög khengereg)도 존재한다. 몽골족 샤먼들은 가벼운 기도나 차가앙 텡게르(tsagaan tenger)와 수신(水神)을 부를 때 반구형태의 북을 사용하고, 카라 텡게르(khar tenger)를 모실 때 삼각형 북을 사용한다.

북의 손잡이가 달려 있기도 한데, 북의 손잡이에서 십자형의 철제 손잡이는 대부분 날고 있는 새의 모습을 하고 있다. 또 북의 안쪽에는 방울이나 금속제 인형을 비롯해 소리나는 금속물들이 매달려 있다. 몽골 무속에서 이것을 북의 '심장' 즉 북의 주인 샤먼이 모시는 신령으로 본다. 1773년부터 1774년까지 시베리아 동부 지역을 여행했던 게오르기(Georgi)는 1775년의 저작에서 함니강 퉁구스(에벤키)의 북에 간혹 새나 뱀 및 그 밖의 동물을 그린 그림이 있고, 북의 손잡이에 철제 신상이 매어져 있다고 언급하고 있다. 알타이와 사얀 지방의 북도 위와 같은 구조를 가지고 있지만 간혹 테 부분에 혹이 달린 것이 있다. 소요트족의 경우 십자형으로 교차된 막대기를 손잡이로 쓰는데 이곳에는 신성한 리본들이 달려 있다.

민족학적인 입장에서 흥미 깊은 것은 알타이 지방과 아바칸 계곡에 사는 몇몇 타타르 종족의 북(dünger)이다. 삼나무나 버드나무로 만들어진 북의 테는 약간 타원형에 가까운 형태를 가지고 있으며 표면은 마랄 사슴이나 야생산양의 가죽, 혹은 어린 말의 가죽을 붙였다. 샤먼 연구학자인 힐덴(K.Hildèn)은 레베드 타타르(Lebed Tatar)도 야생산양의 가죽으로 북의 표면을 만든다고 기술하고 있다. 랩족의 테형(篩型)북과 같이 안쪽을 두 부분으로 나누고 있는 자작나무제 손잡이를 가지고 있는데 특히 아바칸 타타르(Abakan-Tatar)의 경우 손잡이 아래 · 위 부분에 예술적인 조각이 수놓아져 있다

〈북의 부정 제거 의식〉
알타이에서는 북을 연기에 쏘이거나 술을 뿌려 부정을 제거한다. 북을 오래 사용하여 가죽이 찢어지면 언제라도 가죽을 교체하는 것은 가능하지만 테만큼은 함부로 바꿀 수 없다. 만약 샤먼의 가족이 죽어 북이 오염된 경우가 발생하면 역시 가죽을 교체한다. 오래 사용하여 찢어진 가죽은 버리지 않고 나무에 매단다. 몽골이나 알타이, 시베리아 지역에서는 샤먼이 죽으면 그의 무덤 옆에 북을 안치한다.

샤먼의 북 ©류병재, 올란바타르, 2006

참고문헌 M.Eliade, 이윤기 역(1992), 『샤머니즘-고대적 접신술』, 서울, 까치. A.B.Анохин(1924), 'Материалы по шаманству у алтайцев', *СМАЭ*, IV-2, Ленинград. G.Bethlenfalvy, Á.Birtalan, A.Sárközi, J.Vinkovics eds(1992), *Altaic Religious Beliefs and practices*, Budapest. K.Hildén(1916), *Om shamanismen i Altai, speciellt bland lebed-tatarerna*, 『Terra』, Helsinki. Olsen(1915), *Et primitivt folk, De mongolske rennomader*, Kristiania. Uno Harva(1938), *Die Religiösen Vorstellungen der Altaischen Völker*, Helsinki. O.Пурэв(2003), *Монгол бөөгийн шашны нэр томъёоны тайлбар толь*, Улаанбаатар. Шинжлэх ухааны академи (2008), *Монгол хэлний дэлгэрэнгүй тайлбар толь*, Улаанбаатар.

샤먼의 염주 ᠪᠥᠭᠡ ᠶᠢᠨ ᠡᠷᠢᠬᠡ Бөөгийн эрих (Böögiin erikh)

샤먼이 굿을 할 때 목에 거는 염주

염주를 몽골말로 '에르흐(Erike)'라 한다. 불교의 영향을 받은 황샤먼들이 굿을 할 때 악귀의 접근을 물리치기 위해 어깨에 걸고 사용한다. 그래서 "어깨의 염주"라는 뜻인 머린에르흐(mörnii erikh)라고도 불린다. 염주에는 검은 색과 백색 계통이 있다. 황샤먼에게 염주는 흑샤먼의 무복에 해당하는 무구라 할 수 있다. 왼쪽 어깨의 염주는 검은 색, 오른쪽 어깨의 염주는 백색을 띤다. 검은 염주는 돌, 뼈, 산호 같은 다양한 종류가 있다. 백색 염주는 나무 종류로 만든 염주이다. 일부 샤먼들은 검은 염주만을 매기도 하고, 혹은 매지 않기도 한다.

참고문헌 Ш.Сүхбат(2011), *Монгол бөөгийн дэлгэрэнгүй толь*, Улаанбаатар.

샤먼의 지팡이 ᠪᠥᠭᠡ ᠶᠢᠨ ᠲᠠᠶᠠᠭ Бөөгийн таяг (Böögiin tayag)

샤먼들이 굿을 할 때 북 대신에 사용하는 지팡이

북을 사용하지 않는 키르키즈 샤먼들은 나

무막대에 사각 판을 붙인 뒤 그곳에 방울과 철제 인형을 매단 도구를 가지고 있다. 샤먼은 흥분 상태로 돌입하면 그 지팡이를 움켜잡고 요란하게 흔들면서 춤추기 시작한다. 두 명의 샤먼이 공동으로 굿을 하는 경우 한 사람은 노래를 부르고 다른 한 사람은 지팡이를 움켜잡고 춤을 춘다. 1880년대 야쿠트의 샤머니즘을 연구했던 프리끌론스키(Priklonskii)는 야쿠트의 샤먼도 북이 없을 때에는 지팡이[죽마(竹馬)]를 사용한다고 기록하고 있다. 또 부리야트의 일부 샤먼도 자작나무의 줄기나 쇠로 만든 '말'이라 칭하는 지팡이를 2개 가지고 있는데 맨 위 부분은 말대가리 모습을, 맨 아래 부분은 발굽 모양을 하고 있다. 일부의 경우 지팡이의 가운데 부분에 '정강이'를 만든 것도 있다. 보편적으로 오른손에 잡은 지팡이의 길이는 왼손의 것보다 길다. 이 2개의 지팡이에는 신상이나 조그마한 삼림동물의 모피가 많이 매달려 있다. 한갈로프(M.N.Khangalov)는 북과 죽마란 샤먼이 여행할 때 샤먼을 태우는 말로 사용되기 때문에 실제 같은 기능을 가지고 있다고 설명하고 있다. 북을 만들 때처럼 지팡이를 만들 때에도 신성한 장소에서 그 재료를 취하는데 대개 샤먼을 매장한 곳에서 그것을 취한다고 한다. 알타이 지방의 토드진(Todjin: 삼림지대의 토바인) 샤먼들도 이러한 지팡이를 사용한다고 알려져 있다.

샤먼의 지팡이

참고문헌 W.Radloff(1884), *Aus Sibirien I-II*, Leipzig. В.Л.Приклонский (1891), *Три года в Якутской область*, *ЖСт*, Ст.Петербург. Н.Н.Агапитов и М.Н.Хангалов(1883), *Шаманство у бурят Иркутской губерии*, *ИВСОРГО XIX*,1-2, Иркутск.

샤먼의 칼 ᠪᠥᠭᠡ ᠶᠢᠨ ᠢᠯᠳᠦ Бөөгийн илд (Böögiin ild)

샤먼이 굿을 할 때 사용하는 칼

샤먼이 굿을 하면서 주문을 외울 때 특수한 칼을 사용하는데, 시베리아 일대의 샤먼 문화권에서 확인된다. 극동 시베리아 순록 유목민들에게는 순록을 제물로 바칠 때 사용하는 의례용 칼도 있는데, 샤먼의 칼과 같은 것으로 추측된다.

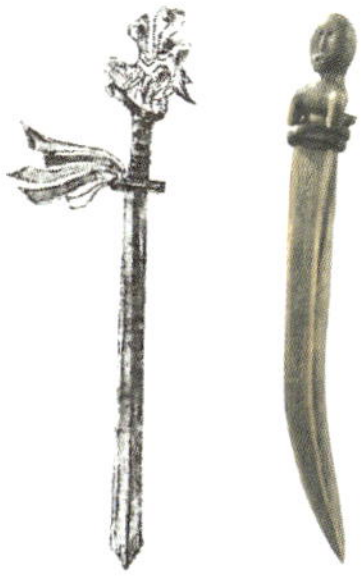

샤먼의 칼

참고문헌 국립민속박물관(2011), 『하늘과 땅을 잇는 사람들, 샤먼』, 서울, 국립민속박물관.

샤먼의 팔찌 ᠪᠥᠭᠡ ᠶᠢᠨ ᠵᠡᠰ ᠪᠤᠭᠤᠢᠪᠴᠢ Бөөгийн зэс бугуйвч (Böögiin zes buguivch)

샤먼이 굿을 할 때 팔에 차는 팔찌

샤먼의 팔찌를 몽골어로 '제스 보고입치(Jes buguyibchi)'라고 하는데, 이는 '청동 팔찌'라는 뜻을 갖고 있다. 샤먼은 굿을 할 때 악령의 접근을 막기 위해 이것을 팔에 찬다.

샤먼의 팔찌

참고문헌 M.Eliade, 이윤기 역(1992), 『샤머니즘-고대적 접신술』, 서울, 까치. Uno Harva(1938), *Die Religiösen Vorstellungen der Altaischen Völker*, Helsinki. G.Bethlenfalvy, Á.Birtalan, A.Sárközi, J.Vinkovics eds(1992), *Altaic Religious Beliefs and practices*, Budapest.

샤먼의 한삼 Сэвэр (Sever)

몽골에서 샤먼이 굿을 할 때 사용하는 한삼

몽골 샤먼이 신령을 부를 때 사용하는 한삼(汗衫)을 이르는 말인데, 몽골어로 '세웨르(sever)'이다. 세웨르는 비단 같은 얇은 천으로 만들며, 양끝에 손으로 잡을 수 있는 손잡이를 매단다. 샤먼이 처음에 오른손으로 세웨르를 잡고 빙빙 돌린 다음 왼손으로 위아래 나부끼면서 신령을 부른다. 이것은 샤먼의 무구 가운데 북을 대신하는 기능이 있다. 세웨르 행위는 그 큰 움직임 때문에 샤먼 춤의 한 형태로도 간주된다.

참고문헌 О.Пүрэв(1999), *Монгол бөөгийн шашин*, Улаанбаатар. Ш.Сүхбат(2011), *Монгол бөөгийн дэлгэрэнгүй толь*, Улаанбаатар.

얼거츠 Өлгөц (Ölgöts)

샤먼이 굿을 할 때 사용하는 무구의 하나

게르 서까래 사이를 매는 끈을 얼거츠라고 하는데, 샤먼의 무복이나 무구를 걸어두는 끈이다.

참고문헌 Шинжлэх ухааны академи (2008), *Монгол хэлний дэлгэрэнгүй тайлбар толь*, Улаанбаатар. Ш.Сүхбат(2011), *Монгол бөөгийн дэлгэрэнгүй толь*, Улаанбаатар.

오르보 Орбо (Orbo)

몽골에서 샤먼이 북을 칠 때 사용하는 북채

오르보(orbo)는 샤먼이 굿을 하면서 북을 칠 때 사용하는 북채의 몽골어 별칭이다. 샤먼의 채찍 기능을 한다.

참고문헌 Шинжлэх ухааны академи (2008), *Монгол хэлний дэлгэрэнгүй тайлбар толь*, Улаанбаатар. Ш.Сүхбат(2011), *Монгол бөөгийн дэлгэрэнгүй толь*, Улаанбаатар.

졸고 Жолго (Jolgo)

샤먼이 굿을 할 때 사용하는 활

오늘날 툰트라 유라크(Yurak)족이나 알타이 지방의 샤먼들은 굿을 할 때 북을 사용하지 않고 화살이 매어진 활인 졸고(jolgo)만 사용한다. 화살의 형태는 오늘날 몽골인들이 달라가(dallaga) 의식 때 사용하는 화살과 유사하다.

참고문헌 박원길(2001), 『유라시아 초원제국의 샤머니즘』, 서울, 민속원. M.Eliade, 이윤기 역(1992), 『샤머니즘-고대적 접신술』, 서울, 까치. Uno Harva(1938), *Die Religiösen Vorstellungen der Altaischen Völker*, Helsinki.

차찰 Цацал (Tsatsal)

샤먼이 굿을 할 때 우유나 술을 뿌리는 도구

차찰(tsatsal)은 샤먼뿐만 아니라 일반 사람들

이 대지나 신령들에게 바치는 우유나 술을 뿌리는 도구를 말한다.

차찰

참고문헌 Ш.Сүхбат(2011), *Монгол бөөгийн дэлгэрэнгүй толь*, Улаанбаатар. Ч.Арьясүрэн, Г.Чингэл, Х.Нямбуу(1992), *Монгол ёс заншлын их тайлбар толь(I)*, Улаанбаатар.

카무아트 Каму ат (Kamü at)

소요드(Soyod) 지방에 사는 민족 사이에서 샤먼의 북을 이르는 말

카무아트(khamu at)란 예니세이(Enisei) 강 상류 및 시베리아 중남부의 사얀산 중턱에 거주하는 소요드(Soyod) 지역 사람들이 샤먼들이 북을 이르는 말인데, "샤먼의 말(馬)"이란 뜻이다. 소요트족 샤먼들의 북에는 말의 모습이 그려져 있다.

참고문헌 박원길(2001), 『유라시아 초원제국의 샤머니즘』, 서울, 민속원. M.Eliade, 이윤기 역(1992), 『샤머니즘－고대적 접신술』, 서울, 까치. Uno Harva(1938), *Die Religiösen Vorstellungen der Altaischen Völker*, Helsinki. G.Bethlenfalvy, Á.Birtalan, A.Sárközi, J.Vinkovics eds(1992), *Altaic Religious Beliefs and practices*, Budapest.

토이보르 Тойбуур (Toibuur)

부리야트 샤먼들이 굿을 할 때 치는 북채를 이르는 말

토이보르(toibuur)는 부리야트 샤먼의 북채를 이르는 말이다. 채찍의 기능을 가지고 있다. 토이보르는 악령을 쫓는 도구로 쓰이는데, 악령이 깃든 사람을 이 채찍으로 치면 악령이 물러난다고 여긴다.

참고문헌 Г.Гантогтох(2011), *Буриад аялгууны толь*, Улаанбаатар. Ш.Сүхбат(2011), *Монгол бөөгийн дэлгэрэнгүй толь*, Улаанбаатар.

퉁구르 에지 Дүнгэр ээж (Dünger eej)

알타이 샤먼의 북 손잡이에 새겨져 있는 인간의 얼굴

알타이의 북에는 손잡이의 위 부분에 인간의 얼굴이 새겨져 있으며 눈을 동제의 금속으로 만들어 붙였다. 맨 아래 부분은 두개의 다리가 묘사되어 있다. 머리에 해당하는 곳에 색동 리본을 맨 이 신상을 '퉁구르 에지'라 하는데 이는 "북의 주인"이라는 뜻이다. 알타이의 몇몇 지방에서는 레베드타타르(Lebed－Tatar)처럼 손잡이의 위아래 부분을 인간의 얼굴처럼 만들고 있다. 북의 손잡이에 묘사된 것과 매우 유사하게 닮은 인형들이 집안에도 모셔져 있는데, 이들은 저승에 있는 샤먼의 조상이라고 설명하고 있다. 몽골 샤먼의 북 가운데에도 간혹 손잡이 위에 사람의 머리가 붙어 있는 경우가 있는데, 그 모습이 알타이의 퉁구르 에지와 매우 유사하다는데

북 손잡이에 새겨진 사람 얼굴 형상

주목된다.

참고문헌 M.Eliade, 이윤기 역(1992), 『샤머니즘-고대적 접신술』, 서울, 까치. 박원길(2001), 『유라시아 초원제국의 샤머니즘』, 서울, 민속원. Uno Harva(1938), *Die Religiösen Vorstellungen der Altaischen Völker*, Helsinki. G.Bethlenfalvy, Á.Birtalan, A.Sárközi, J.Vinkovics eds(1992), *Altaic Religious Beliefs and practices*, Budapest.

헤츠 Хэц (Khets)

샤먼이 굿을 할 때 치는 단면 북을 이르는 말

헤츠(Khets)는 몽골에서 샤먼이 굿을 할 때 쓰는 단면 북을 이르는 말이다. 헙스걸 지역의 다르하드족 샤먼들은 헤츠를 둥게르(dünger)와 혼용하여 쓰고 있다. 몽골에서 일반적으로 버긴 헤츠(böögiin khets)라고도 하고 버긴 헹게레그(böögiin khengereg)라고도 말한다.

헤츠(단면 북)

참고문헌 Шинжлэх ухааны академи (2008), *Монгол хэлний дэлгэрэнгүй тайлбар толь*, Улаанбаатар. Ш.Сүхбат(2011), *Монгол бөөгийн дэлгэрэнгүй толь*, Улаанбаатар.

헹게렉 Бөөгийн хэнгэрэг (Böögiin khengereg)

몽골에서 샤먼들이 굿을 할 때 사용하는 북을 이르는 말

헹게렉(khengereg)은 몽골에서 샤먼의 북을 이르는 말이다. 원래 '헹게렉'은 양면 북을 뜻하는데, 샤먼의 단면 북을 구별하기 위해서 '탈 헹게렉', 즉 '단면 북'이라고 불렀다.

샤먼의 북

참고문헌 О.Пүрэв(2003), *Монгол бөөгийн шашны нэр томъёоны тайлбар толь*, Улаанбаатар. Шинжлэх ухааны академи (2008), *Монгол хэлний дэлгэрэнгүй тайлбар толь*, Улаанбаатар.

호리브 Хорви (Khorvi)

샤먼이 굿을 할 때 사용하는 무구의 하나

호리브(khorvi)는 말 머리의 모양을 가진 무구의 일종인데, 신이 이승과 저승을 타고 다니는 교통수단이라는 상징적인 의미를 갖는다.

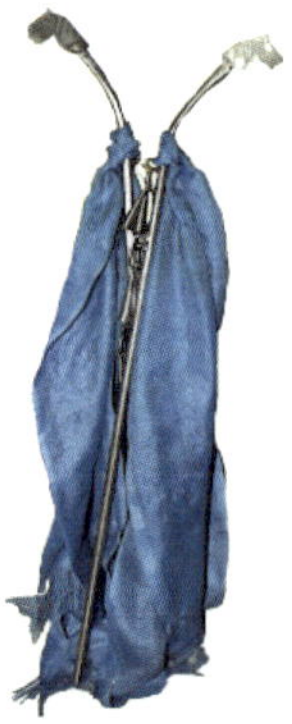

말 머리 모양의 호리브

참고문헌 О.Пүрэв(2003), *Монгол бөөгийн шашны нэр томъёоны тайлбар толь*, Улаанбаатар. Шинжлэх ухааны академи (2008), *Монгол хэлний дэлгэрэнгүй тайлбар толь*, Улаанбаатар.

무복

무복 ᠪᠥᠭᠡ ᠶᠢᠨ ᠬᠤᠶᠠᠭ Бөөгийн хуяг (Böögiin khuyag)

샤먼이 굿을 할 때 입는 옷

샤먼은 사람이면서 동시에 영적인 존재로, 악령과 악귀를 물리치거나 사람에게 축복을 내리기도 하고, 죽은 사람의 영혼을 저 세상으로 인도하는 역할도 하는 특별한 존재이다. 그래서 오래 전부터 샤먼은 일반 사람에 비해 특별한 존재로 인식되었고, 이러한 특별성은 샤먼이 굿을 할 때 입는 무복에도 반영되어 있다.

〈무복의 유래〉

북방 샤머니즘의 무복을 시베리아에서는 만야크(manyak)라 부르며, 몽골인들은 '갑옷'이란 뜻의 몽골어인 호약(khuyag)이라 부른다. 티베트인들은 '샤먼의 갑옷'이란 뜻의 만하그(mankhag)라고 부른다. 그러나 만야크(manyak)나 만하그(mankhag)는 엄밀히 말하자면 무복에 장식된 띠나 끈, 장식물들을 말한다. 이를 몽골어로는 만지그(manjig)라고 한다.

무복은 악령을 제어하거나 추방하기 위한 얼굴 가림(가면)에서 유래되었다는 것이 정설이다. 학자들은 고대의 문신이 가면의 원초적인 형태일 가능성이 높다고 간주하고 있다. 신성동물이나 특정 문양을 얼굴이나 몸에 문신으로 새기는 이유는 그 자체가 수호신적 개념이자 부정을 제거하는 샤머니즘적 인식 체계에서 유래한 것이다. 문신에서 무복으로의 변천은 고고학적 사실로도 입증된다.

소련의 고고학자들이 알타이 지방에 소재한 7세기 무렵의 한 고분에서 "꿇어앉아 있는 3인의 기사(騎士)"가 선으로 새겨진 돌판을 발굴했는데, 학자들은 돌판에 묘사된 2인은 동물의 모피로 머리에서 등까지 걸치고 있는 샤먼으로 해석하고 있다. 남시베리아의 바위그림에도 인간의 다리에 동물의 머리와 꼬리를 가진 수두인신상(獸頭人身像) 샤먼이 묘사되어 있다. 설연타의 늑대머리신(狼頭人身神)이나 거란의 선대 시조 설화에 등장하는 돼지머리에 돼지가죽을 입은 군주도 모두 동물계통의 무복을 입고 있는 샤먼으로 볼 수 있다.

〈무복의 형태〉

오늘날 알타이 및 시베리아의 무복은 동물에서 유래된 뿔 형상의 무복과 수리부엉이에서 유래된 새 모양[鳥型]의 무복으로 크게 나누어진다. 뿔 형상의 무복은 다시 크게 순록 모양과 곰 모양 무복으로 나누어진다.

무복 중 가장 특별한 존재는 새 모양의 무복이다. 사모예드족과 알타이 지역의 샤먼들은 모자에 고니, 독수리, 올빼미 등의 깃털을 꽂는다. 알타이 샤먼은 금빛 수리나 갈색 올빼미의 깃털, 소요트(Soyot)족과 카라가스(Kharagas)족은 일반적인 올빼미 깃털을 꽂는다. 미누신스크 타타르(Minusinsk Tatars)족, 텔레우트(Teleut)족, 카라가스족 샤먼의 무복은 올빼미와 비슷하다. 소요트족 샤먼의 무복은 새 모양의 대표적인 모델로 모방의 주된 대상은 수리이다. 골디족 샤먼도 새 모양의 무복이 다수를 점한다. 이보다 북쪽 지역에 사는 돌간족, 야쿠트족, 함니강 퉁구스족(에벤키)도 마찬가지다. 유카기르(Yukagir)족 샤먼의 무복에도 새의 깃털이 등장한다.

극북지방의 새 모양 무복의 특징 중 가장 눈에 띄는 부분은 "새의 날개"를 상징하고 있는 소매의 재봉선이다. 그리고 등 쪽에 수직으로 늘어뜨린 무복의 옷자락 부분에 위치한 가죽 끈인데 이는 아마 "새 꼬리"를 묘사한 것일 가능성이 높다. 또 작은 나뭇잎 혹은 원통형 모양의 금속품도 "새의 날개"라 불리고 있다. 이것들은 옷에만 붙어 있는 경우가 대부분이지만 드물게는 장화에까지 붙어 있기도 한다. 함니강 퉁구스족 샤먼의 장화는 새의 발과 매우 흡사하다. 가장 복잡한 새 모양의 무복을 만들어 입는 자들은 야쿠트족의 샤먼들이다. 이들의 무복은 쇠로 만든 새의 형해(形骸) 모양을 하고 있다. 새 모양의 의상은 샤먼이 다른 세계로 날아가는 데 사용되는 도구이다.

시베리아와 알타이 지역의 샤먼들 가운데에는 새 모양의 무복 이외에 다른 동물의 형태를 취한 무복도 등장하고 있다. 이 무복의 가장 중요한 특징은 모자에 붙인 뿔이다. 이 경우 샤먼의 모자는 둥근 고정 테(철 테 혹 나무 테)와 그 위 부분을 십자형으로 가로지르는 구조를 가지고 있다. 모자의 정점에 위치한 십자형의 교차 지점에는 많은 가지를 가진 뿔 2개 혹은 삼지창 모양을 한 뿔 2개를 붙여 고정시킨다. 뿔 형상의 동물형 무복에는 모자 및 샤먼의 등 쪽에 뿔이 나타나고 있다. 1733년부터 1743년까지 시베리아를 여행했던 그멜린(J.G.Gmelin)은 1752년의 저작에서 함니강 퉁구스(에벤키)의 한 샤먼이 무복의 양어깨에다 몇 개의 가지를 가진 철제 뿔을 붙이고 있는 것을 보았다고 기술하고 있다. 러시아와 시베리아의 박물관에 소장된 대부분의 함니강 퉁구스의 무복들도 뿔이 거의 양어깨 사이에 장치한 가느다란 쇠막대의 양쪽 끝 부분에 붙어 있다. 무복의 뒤쪽에 몇 개씩 나란히 붙어 있기도 한, 이러한 뿔을 매다는 쇠띠는 동부 시베리아에서 서방에 위치한 예니세이와 사모예드 지역까지 널리 퍼져나가 무복의 한 고정된 형식을 이루고 있다.

뿔 형상의 무복은 새 모양의 무복과 평행하여 발전한 것으로 보인다. 뿔 형상의 무복에서 뿔 형상이 상징하는 것은 순록의 뿔 모양이라는 설과 노루의 뿔 모양이라는 설이 있다. 순록의 뿔을 상징하고 있다는 설은, 17세기 초 동부 시베리아를 여행했던 위트센(Witsen)이 1705년의 저작에서 함니강 퉁구스의 샤먼을 기술하면서 그들의 모습을 스케치한 것이 있다. 이 스케치는 비록 불투명한 점이 많지만 연대적으로 가장 오래된 그림이라는데 의미가 크다. 그림 속에 나오는 샤먼의 모자에는 가지가 많이 나누어진 순록의 뿔 같은 것이 묘사되어 있는데 예니세이인도 역시 이러한 형태를 취하고 있다.

노루의 뿔을 상징하고 있다는 설은, 쉬로코고로프(S.M.Shirokogorov)가 동쪽의 함니강 퉁구스(에벤키) 종족들의 샤먼 모자에 붙인 철제 뿔은 사슴이나 노루의 뿔을 나타낸 것이라고 기술하고 있다. 또 그는 이전 이들에게서 자연산인 진짜 노루 뿔을 붙인 모자를 보았다고 기록하고 있다. 그렇다면 그 무복도 노루의 가죽으로 만들어졌을 가능성이 높다. 18세기에 러시아 동부 지역을 여행했던 팔라스(P.S.Pallas)는 1776년의 저작에서 당시 부리야트의 샤먼이 노루 뿔 형태를 한 철제 뿔을 모자에 붙이고 있는 것을 보았다고 기록하고 있다. 이는 이전의 부리야트의 샤먼도 위와 같은 뿔이 달린 무복을 사용하고 있었음을 나타내 주고 있다.

〈무복의 장식〉

샤먼들이 신령과 만날 때만 무복을 사용하는 것은 무복 자체가 샤먼을 지키는 역할과 함께 무복의 위력으로 재앙을 가져오는 악령들이 인간의 곁으로 다가오는 것을 차단하는 기능을 한다고 보기 때문이다. 또한 무복에 붙였던 많은 장식품들 역시 악령들을 위협하는 도구라는 상징적 의미를 갖고 있다.

시베리아 지역의 무복에는 철제 뼈들이 붙어 있다. 아마 이 뼈들은 원래 하나의 통합체에서 분해된 것이라고 판단된다. 일부 연구자들은 그 뼈가 무복이 상징하는 동물의 뼈를 나타낸 것이라고 간주하고 있다. 예컨대 새의 모양을 한 무복에 붙어 있는 뼈는 새의 뼈라는 설명이다. 그러나 카이 돈네르(Kai Donner)나 우노 하르바(Uno Harva), 트로쉬안스키(V.F.Troschanskii) 등 일부 연구자들은 현장 보고서를 토대로 이를 인간이나 샤먼 자신의 뼈라고 간주하고 있다.

실제 예니세이강 주변의 샤먼들은 그들의 무복에서 장화 이외의 곳에 붙인 뼈는 샤먼 자신의 뼈를 나타낸다고 말하고 있다. 또 카이 돈네르는 어느 예니세이인의 말을 인용해 샤먼이 자신의 뼈를 주의하여 보호하지 않으면 안 되는 예도 연구 보고서에 제시하고 있다. 야쿠트 샤먼들은 악령이 샤먼의 육체의 모든 관절을 흐트러뜨린 뒤 이 뼈가 전부 유용한가 아닌가를 조사한다고 상상하고 있다. 사실 야쿠트의 샤먼이 무복에서 관절부분에 해당하는 곳들을 금속판으로 덧씌우는 것이나 알타이의 샤먼이 그곳에 산고양이의 모피 토막을 붙이고 있는 것은 샤먼 자신의 관절을 보호하기 위한 것으로 볼 수 있다.

알타이와 소요트 샤먼의 무복에는 뱀 모양을 한 장식이 많이 붙어 있다. 뱀 가운데 일부는 두 눈을 뜨고 아가리를 벌리고 있는 뱀의 머리 모양을 제대로 갖추고 있다. 이런 뱀 중 큰 뱀은 꼬리가 여섯이다. 몸이 셋이면서 머리가 하나뿐인 뱀도 있다. 이런 뱀 모양이 1,070개나 달린 무복의 존재도 연구 보고서에 수록되어 있다. 또 둥근 거울이나 신상(神像)도 붙어 있다. 뱀 혹은 그와 유사한 장신구는 부리야트와 함니강 퉁구스(에벤키) 샤먼의 무복에도 종종 보인다. 시베리아 동부에 거주하는 함니강 퉁구스(에벤키)의 무복에는 너비 약 30cm, 길이 약 1m 되는 긴 댕기가 늘어뜨려져 있는데, 이 댕기를 구렁이(kulin)라고 부른다. 이 구렁이는 샤먼을 지하 세계로 안내하는 역할을 담당한다.

알타이 및 시베리아의 무복에는 금속 물품 외에도 샤먼을 돕는다고 알려진 다양한 형태의 신상(神像)들이 매달려 있다. 신상은 네 발 달린 동물, 새, 어류, 뱀으로 묘사되는데 그 중에서도 새가 많다. 특히 바다 까마귀와 그것에 유사한 논병아리 계열의 새는 영계를 방황하는 샤먼에게 길을 가르쳐주기 때문에 매우 신성시된다. 몇몇 무복에는 인간 모습의 신상도 나타난다. 한 연구 보고서는 알타이 샤먼의 무복에 매달린 인간 모습의 신상에 대한 것을 다음과 같이 기술하고 있다. “알타이 샤먼의 무복 옷깃에는 일곱 개의 인형과 방울이 매달려 있다. 인형들의 머리도 갈색 올빼미의 깃으로 만들어져 있다. 일곱 개의 인형은 천상에 있는 일곱 선녀, 일곱 개의 방울은 신령들을 부르는 일곱 선녀의 목소리를 상징한다. 또 지역에 따라 일곱 선녀가 아홉 명으로 나오기도 하는데, 이 경우 아홉 선녀는 천신 바이 울겐(Bai Ülgen)의 딸인 아홉 자매로 간주된다."

함니강 퉁구스와 부리야트 샤먼의 무복에는 철제 뼈 · 방울 · 인형 외에도 많은 금속 물품이 붙어 있다. 금속물품 가운데에는 등쪽에 매어져 있는 태양과 달의 형상물, 둥근 금속 거울, 한 가운데에 구멍이 있는 둥근 금속판 등도 있다. 원반의 구멍은 샤먼이 그 구멍을 통하여 아비새(Gavia stellata, Red-throated Diver)처럼 지하 세계로 내려가는 입구를 상징하며 원반은 평탄한 대지를 나타낸다. 몽골 샤먼 무복의 앞가슴 쪽에 9성(星)이나 태양과 달의 형상물을 붙인 것이 있기도 하는데 이것은 샤먼이 이승 저승을 다닐 때 잡귀로부터 샤먼을 보호해 주는 역할을 한다고 한다.

무복에 가장 많은 장식품을 붙이고 있는 곳은 야쿠트이다. 야쿠트 샤먼들의 경우 무복에 14kg~23kg의 쇠붙이 장식이 달린다. 야쿠트 샤먼의 춤이 지옥의 무도로 보이는 것도 이 장식에서 나는 소리 때문이다. 이런 금속 장식품에는 영혼이 있어 녹슬지 않는다.

동북아시아 무복

〈무복의 착용〉

알타이 지방의 샤먼은 굿을 할 때 바지를 입은 상태에서 무복을 입는 습관이 있다. 그러나 예외적으로 여름에는 알몸 위에 직접 입는다. 함니강 퉁구스의 경우는 계절에 상관없이 알몸의 상태에서 무복을 입는데 샤먼 연구가인 그멜린(J.G.Gmelin)은 이 착용법이 원형일 가능성이 높다고 보고 있다. 일반적으로 극북에 거주하는 민족들은 알몸의 상태에서 무복을 착용한다.

〈무복의 보관〉

무복은 그 자체가 주위의 속계(俗界)와는 다른 종교적인 소우주(小宇宙)이다. 즉 무복은 거의 완벽한 상징 체계를 가진 공간이 존재하며 그 곳에는 갖가지 영력(靈力)과 신령들로 채워져 있다. 따라서 보관에도 세심한 주의가 요구된다. 알타이 지방에서는 무복을 무구(巫具)와 함께 가죽 자루에 집어넣어 집의 한 구석에 위치한 게르메스의 상(像) 옆에 매어둔다. 무복이 들어 있는 가죽 자루는 이동시 말안장에 매다는데 여자들은 절대로 이 말을 끌 수 없다. 시베리아의 최북단에 거주하는 민족들도 역시 무복을 신성시한다. 함니강 퉁구스는 무복과 무구를 평시에는 절대로 사용하지 않으며 이동시에도 특별한 순록에 싣고 있다. 또 성스러운 무복이 오염되는 것을 매우 두려워하기 때문에 여자나 타인은 그것을 절대로 만질 수 없다.

〈무복의 정화 의식〉

알타이와 같은 일부 지방에서는 인간이 만든 무복을 무언가의 방법으로 정화시키지 않으면 안 된다고 간주하고 있다. 지역에 따라서는 정화 의식[성별(聖別)의 의식]이 샤먼의 수호 신령한테 공물을 바치는 의식과 결부되어 있다. 야쿠트의 샤먼은 무복의 정화 의식 때 가축을 도살하여 무복에 그 피를 칠한다. 오래된 옷에 손을 대거나 새로운 부분을 첨가하는 경우에도 같은 방식을 취한다.

〈무복의 처리〉

오랫동안 입어 무복으로서의 효력이 상실된 경우나 샤먼이 어떤 일로 인해 더 이상 무복을 사용할 수 없는 경우에 절대로 그것을 버리거나 훼손시키지 않고 숲으로 가지고가 그곳에 있는 나무 위에 매단다. 샤먼이 죽으면 그가 사용했던 무복을 묘에 가까이 있는 나무에 매단다. 이는 무복에 깃든 신령들이 무복을 떠나 새 무복에 깃들일 수 있게 하기 위함이다.

몽골에서는 죽은 샤먼의 무복 관리를 3년간 매우 정성스럽게 하는데 이를 “로스트 하드갈라흐 습속(lusad khadgalakh yos)”이라 한다. 몽골인들은 우선 죽은 샤먼의 무복을 숲속이나 사람과 동물의 발자취가 없는 데에 3년 동안 모셔 두고 잘 관리하면서 제물을 올린다. 이때 제물은 육류가 아닌 여러 가지 곡식이나 유제품, 과자를 올려야 한다. 육류 제물은 샤먼이 인간으로 살았을 때 무복에 붙은 악귀나 육체와 마음의 나쁜 기운과 관련을 맺고 있다고 생각하기 때문이다.

몽골인들은 죽은 샤먼의 무복은 이미 인간의 것이 아니라 신령의 것이 되었다고 믿는다. 즉 무복은 자연 속에서 깨끗해지고, 신성성을 띠게 된다고 본다. 그러나 함니강 퉁구스에서는 샤먼이 죽으면 무복을 그 집에 보관한다. 왜냐하면 함니강 퉁구스의 경우 무복은 부족 공동체의 소유이어서 마을을 떠날 수 없기 때문이다. 죽은 샤먼의 무복은 새로운 샤먼이 나타날 경우 부족 공동체의 토의를 거쳐 그 샤먼에게 양도된다. 함니강 퉁구스인들은 무복이 잘못될 경우 공동체 전체가 피해를 입는다는 믿음을 가지고 있다.

〈무복의 변화〉

현재 알타이의 어느 민족을 막론하고 완전한 형태로 보존된 무복은 찾아보기 힘들다. 이는 아직까지 샤먼의 영향이 강한 지역에서도 마찬가지이다. 또 평상복을 입은 채로 북만 들고 굿을 하는 샤먼도 눈에 띄는데 이러한 샤먼은 특히 알타이 지방에 많다. 확실히 오늘날 많은 지방에서는 전통적인 무복을 필수불가결한 무구(巫具)로 간주하는 경향이 점차 쇠퇴하고 있음이 보인다.

무복의 쇠퇴는 급격히 일어난 것이 아니라 무복의 어느 부분부터 생략이 일어나는 식으로 서서히 진행되어 왔다. 일찍이 샤먼의 무복은 상의, 북부에 위치한 민족들의 경우 머리를 통해 입는 동의(胴衣), 모자, 장갑, 정강이까지 이르는 긴 장화 등으로 이루어져 있었다. 무복의 변화는 최초로 장갑이 생략되었고 다음에는 장화가 생략되는 순으로 진행된 것으로 보인다. 상의와 모자는 비교적 수명이 길게 유지되었다.

오늘날 전해지는 무복 가운데에는 옛날의 무복을 추정케 해주는 흔적들이 남아 있는 것이 있다. 무복의 퇴행은 어느 부분이 소멸됨에 따라 그곳에 붙어 있었던 장신구까지 사라지게 된다. 특히 이전의 무복을 새로 만든 무복으로 교체할 때 종종 장신구의 위치를 잘못 붙이는 경우가 발생한다. 현재 시베리아에서는 완비된 형태의 무복을 입은 샤먼을 만날 수 없다. 오늘날 몇몇의 박물관에는 긴 세월에 걸쳐 수집된 샤먼의 의복들이 많이 수장되어 있다. 이 무복들은 무복의 기원과 의미를 밝히는 길을 열어줄지 모른다. 이 무복들은 다양한 지역에서 서로 다른 시대에 기록된 문헌 기록을 보충해 주는 역할을 할 것이다.

참고문헌 박원길(2001), 『유라시아 초원제국의 샤머니즘』, 서울, 민속원. 護雅夫(1967), 『遊牧騎馬民族國家』, 東京. А.В.Анохин(1924), 'Материалы по шаманству у алтайцев', *СМАЭ IV-2*, Ленинград. Uno Harva(1938), *Die Religiösen Vorstellungen der Altaischen Völker*, Helsinki. G.Bethlenfalvy, Á.Birtalan, A.Sárközi, J.Vinkovics eds(1992), *Altaic Religious Beliefs and practices*, Budapest. J.G.Gmelin(1752), *Reise durch Sibirien von dem Jahr 1733 bis 1743 II*, Göttingen. J.G.Georgi(1775), *Bemerkungen auf einer Reise im Russischen Reiche in den Jahren 1773 und 1774* I, St.Petersburg. В.Ф.Трощанский(1902), *Эволюция черной веры у якутов*, Казань. Uno Harva(1912), *The Shaman costume and its significance*, *AUFA* I-2, Turku. Kai Donner(1930), *Über die Jenissei-ostjaken und ihre Sprache*, XLIV-2, Helsinki. В.И.Анучин(1891), Очерк шаманства у Енисейских остякие, СМАЭ II, Ст.Петербург. Г.Н.Потанин(1893), *Очерки северо-западноймонголи* IV, Ст.Петербург.

골디족 샤먼의 무복

Голди бөөгийн хуяг (Goldi böögiin khuyag)

골디족 샤먼이 굿을 할때 입는 옷

시베리아 연해주와 흑룡강 하류 지역에 거주하는 골디족(Goldi) 샤먼들은 무복을 물고기의 껍질을 늘려 펴서 만들거나 중국제의 푸른 목면으로 만들고 있다. 허리띠 아래의 앞면에는 두 마리의 호랑이와 두 마리의 용 혹은 도마뱀 · 뱀 · 개구리 등 다양한 형상들이 묘사되어 있다. 골디족 샤먼 연구가인 로파틴(I.A.Lopatin)은 이 동물들이 샤먼을 돕는 역할을 한다고 설명하고 있다. 즉 용은 샤먼이 하늘로 갈 때 호랑이는 숲으로 갈 때 또 도마뱀과 뱀, 개구리는 샤먼이 강, 호수나 늪을 건널 때 동반한다. 이들은 무복를 입은 뒤 또 무복과 같은 재료로 만든 소매가 짧은 조끼를 입는다.

이 무복에서 가장 주목되는 것은 모자이다. 모자는 곰, 늑대, 여우, 너구리의 모피로 재단하며 모자 끈은 어깨까지 크게 덮일 정도로 길고 두툼하다. 큰 샤먼일 경우 모자에 순록의 뿔을 연상케 하는 철제 뿔을 붙이기도 한다. 골디족의 무복에는 방울이나 인형, 작은 금속제 거울 등이 붙어 있다. 골디의 무복에는 현란한 색깔로 작은 뱀, 도마뱀, 개구리의 그림을 그린 특별한 띠가 있는데 거기에는 많은 원통 형태의 철제 액세서리와 동제 인형이 붙어 있다.

시베리아 연해주와 흑룡강 하류 지역에 거주하는 골디족의 전설에 의하면 "새가 되어 영계를 날고 있는 샤먼의 신령이 깃털을 한 번 두드리자 그 날개가 곧 철제 깃털로 변해 샤먼의 무복이 되었다."고 한다.

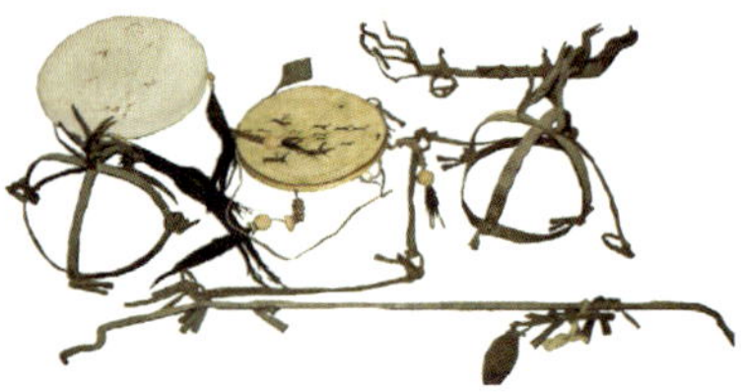

골디족 샤먼의 무구

참고문헌 П.П.Шимкевич(1896), 'Материалы для изучения шаманства у гольдов', *СПОРГО*, Хабаровск. И.А.Лопатин(1922), *Гольды Амурские, Уссурийские и Сунгарийские*, Владивосток. Uno Harva(1938), *Die Religiösen Vorstellungen der Altaischen Völker*, Helsinki. G.Bethlenfalvy, Á.Birtalan, A.Sárközi, J.Vinkovics eds(1992), *Altaic Religious Beliefs and practices*, Budapest.

라비르 Лавир (Lavir)

샤먼의 무복을 장식하는 장식물의 하나

라비르(Lavir)는 샤먼 무복의 허리 띠에서 매다는 짧은 술을 이르는 몽골어이다. 원래는 티베트 불교에서 불상에 두루는 장식을 이르는 말이었으나 황샤먼의 허리띠 장식을 이르는 말로 쓰이게 되었다.

참고문헌 Шинжлэх ухааны академи (2008), *Монгол хэлний дэлгэрэнгүй тайлбар толь*, Улаанбаатар. Ш.Сүхбат(2011), *Монгол бөөгийн дэлгэрэнгүй толь*, Улаанбаатар.

마이하브치 Майхавч (Maikhavch)

샤먼이 굿을 할 때 쓰는 모자

마이하브치(maikhavch)는 샤먼의 모자를 뜻하는 부리야트 방언이다. 마이하브치의 종류는 부족에 따라 매우 다양하다. 부리야트 부족 샤먼의 모자는 위가 열려 있지 않고, 깃털로 장식을 하지 않는 특징이 있다. 그 대신에 모자에 다섯 가닥의 술을 장식으로 매단다. 할흐, 호트고이드, 다르하드 부족의 샤먼 모자는 윗부분이 열려 있고, 깃털과 5~9가닥의 술 장식을 한다. 모자 윗부분이 열려 있는 것은 신이 내려오는 길이라는 상징적인 의미를 나타낸다.

샤먼의 모자

참고문헌 О.Пүрэв(1999), *Монгол бөөгийн шашин*, Улаанбаатар. Uno Harva(1938), *Die Religiösen Vorstellungen der Altaischen Völker*, Helsinki.

만지그 Манжиг (Manjig)

무복에 매단 술이나 끈 등을 이르는 말

만지그는 샤먼이 굿을 할 때 입는 옷인 무복에 매달아 두는 술이나 끈을 말한다. 만지그는 주로 양털, 목화솜으로 만들며 겉면을 고운 색의 면직물로 덮어 씌워 무복에 매단다. 무복에 매단 만지그의 대다수는 뱀을 형상화한 것이다. 몽골 샤머니즘에서 뱀은 샤먼이 신령과 교섭할 때 영매자로 상징되기도 하고, 수신(水神)이 신령에게 보내는 사자로서의 역할도 있는 것으로 확인된다.

만지그는 크게 비예 만지그(biye manjig)와 머르걸 만지그(mörgöl manjig)로 나누어진다.

무복에 매다는 만지그

참고문헌 О.Пүрэв(1999), *Монгол бөөгийн шашин*, Улаанбаатар. Ш.Сүхбат(2011), *Монгол бөөгийн дэлгэрэнгүй толь*, Улаанбаатарь Г.Н.Потанин(1893), *Очерки северо-западноймонголи* IV, Ст.Петербург.

말가잉 잘라

Бөөгийн малгайн залаа (Böögiin malgain zalaa)

샤먼의 모자에 달린 술

말가잉 잘라(malgain zalaa)는 샤먼 모자의 뒤에 매단 두 뼘 반 정도 길이의 술을 이르는 말이다. 일반적으로 무복을 갖춰 입지 않고 의례를 거행할 때 일상생활에서 쓰는 모자 뒤에 세 손가락 마디 정도의 폭을 지닌 흰 천 또는 흰 하닥을 매단 것을 의미한다.

말가잉 잘라

참고문헌 Ш.Сүхбат(2011), *Монгол бөөгийн дэлгэрэнгүй толь*, Улаанбаатар.

머르걸 만지그 Мөргөл манжиг (Mörgöl manjig)

샤먼의 무복에 좌우, 중앙으로 매단 만지그를 통틀어 이르는 말

머르걸 만지그(mörgöl manjig)는 샤먼이 굿을 할 때 입는 옷의 양쪽 어깨 부분과 목덜미 부분에서 매단 술이나 끈을 통틀어 이르는 말이다. 머르걸 만지그는 술을 매다는 위치에 따라 골 머르걸 만지그(gol mörgöl manjig: 중앙 만지그), 바룽 머르걸 만지그(baruun mörgöl manjig: 우측 만지그), 주운 머르걸 만지그(züün mörgöl manjig: 좌측 만지그)로 나누어진다.

골 머르걸 만지그는 어깨 중앙부 위치에 매다는 만지그로 가정의 신(성주신과 비슷함)을 잘 모시기 위한 의미를 지니고 있다. 이곳의 만지그는 집안 식구들의 생명을 보호하는 기능을 가진다. 어깨 중앙부에는 골 머르걸 만지그 외에 젤 홍히노르(zel khonkhinuur: 방울의 일종)와 헤츠(khets: 북) 등도 매달려 있다. 골 머르걸 만지그는 또한 수신(水神)의 사자인 뱀, 그들의 힘을 빌린 신령들에게 바치는 제물을 상징하기도 한다.

바룽 머르걸 만지그는 흑샤먼이 입는 무복의 오른쪽 뒤 어깨에 매다는 만지그를 말하는데, 샤먼과 관계되는 신령이 동방세계에서 우측 어깨에 강림하도록 만든 것이다. 주운 머르걸 만지그는 흑샤먼이 입는 무복의 왼쪽 뒤 어깨에 매다는 만지그를 말하는데, 샤먼과 상관없는 신령이 서방세계에서 좌측 어깨에 강림하도록 만든 것이다.

참고문헌 О.Пүрэв(1999), *Монгол бөөгийн шашин*, Улаанбаатар.
Ш.Сүхбат(2011), *Монгол бөөгийн дэлгэрэнгүй толь*,Улаанбаатар.
Г.Н.Потанин(1893), *Очерки северо-западноймонголи* IV, Ст.Петербург.

몽골 무복 Монгол бөөгийн хуяг (Mongol böögiin khuyag)

몽골 샤먼이 굿을 할 때 입는 옷

몽골 샤먼이 입는 무복은 몽골어로 '갑옷(böögiin khuyag khuvtsas)'이라는 의미를 지닌다. 무복이란 샤먼이 굿을 할 때 여러 악령으로부터 방어하거나 보호를 받기 위해 입는 일종의 전투복이다. 예로부터 몽골의 무복은 사슴, 노루, 염소가죽으로 만들었다.

몽골 샤먼의 무복은 비예 만지그(biye manjig), 머르걸 만지그(mörgöl manjig), 호르모이 홍히노르(khormoi khonkhinuur: 철제 장신구), 오야(uyaa: 끈, 밧줄), 소가(suga:

몽골 무복

소맷부리), 부치(büch: 끈), 부스(büs: 허리띠), 술(süül: 꼬리), 노로(nuruu: 척추), 톱치(tovch: 단추), 한초이(khantsui: 소매), 달라브치(dalavch: 날개), 호시목(khoshmog: 옷을 가장자리에 대는 끝동), 엥게르(enger: 옷깃) 부분으로 이루어져 있다.

참고문헌 국립민속박물관(2011), 『하늘과 땅을 잇는 사람들, 샤먼』서울, 국립민속박물관. О.Пүрэв(1999), *Монгол бөөгийн шашин*, Улаанбаатар. Ш.Сүхбат(2011), *Монгол бөөгийн дэлгэрэнгүй толь*, Улаанбаатар.

버긴 토녹 ᠪᠥᠭᠡ ᠶᠢᠨ ᠲᠣᠨᠣᠭ Бөөгийн тоног (Böögiin tonog)

무복의 장신구를 통틀어 이르는 말

버긴 토녹(böögiin tonog)은 샤먼의 무복에 붙어 있는 종, 깃털, 채찍 등의 모든 장신구를 통틀어 이르는 말이다.

갖은 장신구를 갖춘 무복을 입은 샤먼

참고문헌 О.Пүрэв(2003), *Монгол бөөгийн шашны нэр томъёоны тайлбар толь*, Улаанбаатар. Шинжлэх ухааны академи (2008), *Монгол хэлний дэлгэрэнгүй тайлбар толь*, Улаанбаатар. О.Пүрэв(1999), *Монгол бөөгийн шашин*, Улаанбаатар.

비예 만지그 ᠪᠡᠶ᠎ᠡ ᠮᠠᠨᠵᠢᠭ Бие манжиг (Biye manjig)

샤먼의 무복에 매단 술이나 끈 등을 이르는 말

비예 만지그(biye manjig)는 샤먼의 신체를 보호하는 기능을 가지고 있다. 비예 만지그는 심장, 등, 사지, 옆구리, 어깨, 쇄골, 가슴의 7개로 나누어진다. 신체의 각 부분에 해당되는 무복의 부분에 만지그를 다는데, 이러한 만지그들은 샤먼의 목, 척추, 등, 갈비뼈, 좌우 다리의 모든 마디 등을 악령으로부터 보호하는 역할을 한다. 샤먼의 신체 기관을 보호하는 만지그는 자신의 보호 신령으로부터 힘을 강하게 받기 위해 몇 개의 만지그를 엮어 매달기도 한다.

참고문헌 О.Пүрэв(2003), *Монгол бөөгийн шашны нэр томъёоны тайлбар толь*, Улаанбаатар. О.Пүрэв(1999), *Монгол бөөгийн шашин*, Улаанбаатар. Ш.Сүхбат(2011), *Монгол бөөгийн дэлгэрэнгүй толь*, Улаанбаатар. Г.Н.Потанин(1893), *Очерки северо-западноймонголи* IV, Ст.Петербург.

샤먼의 올복 ᠪᠥᠭᠡ ᠶᠢᠨ ᠣᠯᠪᠣᠭ Бөөгийн олбог (Böögiin olbog)

큰 샤먼이 신 내림굿을 할 때 샤먼 후보자에게 내리는 방석

신 내림굿에서 큰 샤먼인 신아버지나 신어머니는 흰 천으로 방석을 만들어 샤먼 후보자에게 깔고 앉게 하거나 머리 위에 씌운다. 이 방석을 올복, 즉 "샤먼의 방석(böögiin olbog)"이라고 한다. 신내림을 받은 샤먼은 이후 굿을 할 때 이것을 사용한다. 형태는 삼각형과 사각형의 두 종류가 있다. 사각형

샤먼의 방석

방석은 착한 신, 삼각형 방석은 사납고 힘이 센 신을 모신다는 의미를 갖는다.

참고문헌 국립민속박물관(2011), 『하늘과 땅을 잇는 사람들, 샤먼』, 서울, 민속박물관. Ш.Сүхбат(2011), *Монгол бөөгийн дэлгэрэнгүй толь*, Улаанбаатар.

소요트 샤먼의 무복 Соёд бөөгийн дээлийн өрвөлөг (Soyod böögiin deeliin örvölög)

소요트족 샤먼이 굿을 할 때 입는 옷

예니세이 강 상류 및 시베리아 중남부의 사얀산 중턱에 거주하는 소요트(Soyot)족 샤먼의 무복은 새모양 무복의 대표적인 사례이다. 원래 동물형 무복과 새 모양 무복에서 나타내고자 하는 관념은 매우 유사하다. 두 무복의 공통적인 특징은 무엇보다도 무복의 소매와 등 쪽에 늘어뜨린 천과 가죽의 끈이다. 또 이외에 각 무복에 붙어 있는 장식물의 용도도 서로 일치하고 있다.

알타이 지방의 무복에서 어깨 아랫부분에 늘어뜨린 끈의 묶음은 죽음의 나라의 신비한 동물인 뱀을 상징하고 있는데, 소요트 샤먼의 무복에도 이와 상응하는 대응물이 존재한다. 두 지역의 무복은 모두 금속 인형과 방울을 붙이고 있다. 소요트 샤먼의 무복 어깨부분에는 샤먼을 보호하기 위한 일종의 방패인 두 매의 철판이 붙어 있다. 또 모자도 폭이 좁은 머리띠의 위단에 수리부엉이의 깃털을 똑바로 꽂은 뒤 이마 부분의 머리띠 가운데에 옥으로 눈을 만들어 소위 얼굴처럼 만들고 있다. 머리띠의 밑단에는 이마까지 이르는 술들이 붙어 있다. 옛날 알타이의 샤먼도 쇼요트 샤먼의 것보다 폭이 넓은 띠에 술을 매달아 얼굴을 가리고 있었다.

소요트 샤먼의 무복에는 모자 외에 장화도 있다. 장화 가운데에는 정강이 부분에 조그마한 가죽조각, 즉 깃털을 늘어뜨리고 발등 쪽에 가죽을 가늘게 붙여 새의 발가락을 묘사한 것도 있다. 오늘날 헙스걸 일대의 몽골 샤먼의 무복은 소요트 샤먼의 무복과 가장 유사하다.

참고문헌 Uno Harva(1938), *Die Religiösen Vorstellungen der Altaischen Völker*, Helsinki. Heikel(1986), *En sojot, schamankostym*, Finskt Museum. G.Bethlenfalvy, Á.Birtalan, A.Sárközi, J.Vinkovics eds(1992), *Altaic Religious Beliefs and practices*, Budapest.

아르할리 Архаали (Arkhaali)

부리야트 샤먼의 무복에 달린 장신구의 하나

아르할리(arkhaali)는 샤먼의 뒤쪽에서 오는 악령들의 해악을 막기 위하여 부리야트족 샤먼의 무복에 단 장신구를 이르는 말이다. 샤먼의 모자 뒤 양쪽에 각각 24개의 뱀, 목 뒤에 다섯 마리의 까마귀 사자를 형상화한 철제를 천에 달아 그것으로 무복을 장식한다.

참고문헌 박원길(2001),『유라시아 초원제국의 샤머니즘』,민속원. Г.Гантогтох(2011), *Буриад аялгууны толь*, Улаанбаатар. Ш.Сүхбат(2011), *Монгол бөөгийн дэлгэрэнгүй толь*, Улаанбаатар. Ш.Сүхбат(2011), *Буриад бөө мөнх тэнгэрийн элч*, Улаанбаатар.

아미다이 Амьдай (Amidai)

동물의 가죽으로 만든 무복의 하나

'아미다이(amidai)'는 많은 신도들에게 받은 짐승 가죽을 연결하여 만든 무복, 즉 가죽으로 만든 무복을 말한다. 아미다이의 상부에는 사람의 뼈 모양으로 만든 철제 장신구를 달고, 앞에는 앞 보호대인 헬게브치(khelgevch) 및 가늘고 긴 타원형의 쇠 조각인 홀보고(kholbogo)와 종, 깃털 등을 단다.

참고문헌 Ч.Далай(1958), *Монголын бөөгийн мөргөлийн товч түүх*, Улаанбаатар. О.Пүрэв(1999), *Монгол бөөгийн шашин*, Улаанбаатар. Ш.Сүхбат(2011), *Монгол бөөгийн дэлгэрэнгүй толь*, Улаанбаатар.

알타이 샤먼의 무복

Алтай бөөгийн өмсгөл (Altai böögiin ömsgöl)

알타이 샤먼이 굿을 할 때 입는 옷

무복은 지역별로 공통의 관념을 가지고 있다. 알타이 지역의 무복은 그 자체가 어떤 특정한 동물을 상징하고 있는 경우가 많다. 알타이 지방에 사는 텔렌키트(Telengit) 샤먼의 무복은 노루나 마랄 사슴 혹은 양가죽으로 만들어져 있으며 그 형상이 큰 새의 특징을 나타내고 있다. 그 지방 사람들은 소매의 봉합선을 따라 늘어뜨려져 있는 술들이 "새의 방향타 날개"를 나타내고 있다고 말하고 있다. 어깨부터 늘어뜨려져 있는 가죽이나 천으로 만든 술은 "새의 날개"라 불리고 있는데 그 술 속에 올빼미의 깃털이 붙어 있는 경우가 많다. 특히 허리띠와 등에 붙어 있는 술들은 무복의 아랫부분을 장식하듯 거의 땅에 닿아 있다. 등 뒤에 늘어뜨린 술은 새의 '꼬리'를 나타낸다. 샤먼의 겨드랑이에는 때때로 수리부엉이의 깃털이 꼽혀 있는 경우도 있다. 무복에 표현된 개념은 '조우관(鳥羽冠)'이라 불리는 모자에도 나타나는데 오늘날 이 지방에서는 거의 계승되지 않고 있다. 모자는 보통 붉은 천으로 만들며 그 속에 금속제 단추, 작은 조개, 작은 구슬로 만든 술을 매다는데 이따금 나는 새의 형상을 붙인 것도 있다. 모자의 윗부분에는 올빼미의 깃털을 꽂았다. 아마도 옛적의 조우관은 오늘날보다도 훨씬 새의 모습에 가까웠다고 생각된다. 오늘날 알타이 샤먼의 무복은 모자만이 원형대로 계승되고 있다. 그러나 무복에 붙인 장식 즉 깃털의 존재로 유추해보면 무복 자체가 새의 형상 특히 수리부엉이의 형상을 하고 있다는 것은 의심할 바 없다.

미누신스크 타타르(Minusinsk Tatars), 텔레우트(Teleut)족, 예니세이(Enisei) 강 상류 및 시베리아 중남부의 사얀(Sayan)산 일대에 거주하는 소요트족과 카라가스족 등 알타이 지역에 거주하는 샤먼들은 굿을 할 때 반드시 수리부엉이를 형상화한 무복을 입는다. 1872년 이 지역에 거주하는 샤먼을 연구한 바 있는 란케나우(Lankenau)는 매우 오래된 알타이 샤먼의 무복에 대한 관찰기록을 다음과 같이 남기고 있다.

"붉은 색의 모자에는 회색 수리부엉이의 깃털과 꼬리가 붙어 있는데 무복의 등 쪽과 겨드랑이 아래에도 그와 똑같은 수리부엉이의 깃털이 달려 있다. 노루가죽으로 만든 만야크에는 새의 모양을 나타낸 가죽 끈들이 달려 있다. 무복의 등 쪽에는 12개의 흰담비의 모피 및 수리부엉이의 발톱이 긴 끈에 매어져 있다. 또 겨드랑이의 아래에도 아주 큰 방울 두 개가 붙어 있다. 이 지방에서 흰담비의 모피와 수리부엉이의 발톱은 방울처럼 악령을 쫓는 도구로 이용된다."

알타이의 샤먼은 악령을 쫓기 위해 다양한 물품을 무복에 붙이고 있다. 옷소매나 등 쪽에 붙인 방울이나 금속 물체가 바로 그것에 해당하는데, 소매 부분의 경우 보통 오른쪽에 다섯 개, 왼쪽에 네 개를 붙이며 등 쪽에는 2열 혹은 3열로 나란히 붙인다. 특히 등 쪽에 있는 작은 통 모양의 장식물과 함께 붙인 고리는 소리를 내기 때문에 악령을 물리치는 역할을 한다. 등 쪽의 장식물들은 만야크 뒷면에 가로지르듯 붙어 있는 철제 막대기에 매달려 있다. 이외에 등 쪽에는 때로 자그마한 금속제의 궁시(弓矢) 9개를 일렬로 나란히 붙인 것까지 있다. 이것들이 모두 악령을 추방하기 위한 도구이다. 역시 등 쪽에 일렬로 나란히 붙어 있는 자그마한 조개인 율란바수(yulan basu: 뱀의 머리)도 악령 추방의 목적을 가지고 있는 것으로 추정된다. 일부의 경우에는 끈의 하단에도 조개를 매단 것이 있다. 특히 주목할 만한 것은 어깨의 위라든가 팔꿈치, 손목 근처의 소매 등 다양한 부분에 잘라 붙인 살쾡이의 모피 토막이다. 이 모피 토막은 샤먼이 자신의 관절을 지키려는 의도로 붙인 것이라 추정된다.

이 가운데 가장 흔한 것은 무복의 목덜미 쪽에 붙은 아홉 개의 인형이다. 율겐의 딸들을 상징한다고 알려진 이 인형들의 머리에는 수리부엉이의 깃털이 곧게 꼽혀 있다. 또 무복에는 모양이 뱀과 유사한 동물의 형상들이 늘어뜨려져 있다. 검은 색 혹은 갈색의 천으로 만들어진 동물은 에를릭칸의 나라에 사는 주트파(Jutpa)라는 괴물을 나타내고 있다. 그 괴물은 찢어진 입, 두 개씩 대칭을 이룬 다리, 두 갈래의 꼬리를 가지고 있다. 녹색의 천으로 만들어진 동물은 아르바(Arba)라 불리는 죽음의 나라의 괴물을 나타내고 있다. 이 괴물의 다리와 꼬리는 반드시 붉은 색으로 만들어야 한다고 전승되고 있다. 이 괴물의 머리에는 올빼미의 깃털과 눈을 표시하는 자그마한 동판이 붙어 있다. 주트파나 아르바는 모두 샤먼이 죽음의 나라로 여행할 때 샤먼을 지키는 역할을 한다고 알려져 있다. 만야크의 허리 쪽에는 금속제 장식과 조개를 배합한 일종의 붉은 허리띠가 꿰매져 있다.

참고문헌 A.B.Анохин(1924), 'Материалы по шаманству у алтайцев', *СМАЭ* IV-2, Ленинград. Uno Harva(1938), *Die Religiösen Vorstellungen der Altaischen Völker*, Helsinki. G.Bethlenfalvy, Á.Birtalan, A.Sárközi, J.Vinkovics eds(1992), *Altaic Religious Beliefs and practices*, Budapest. Г.Н.Потанин(1893), *Очерки северо-западной монголи*, IV, Ст.Петербург. H.v.Lankenau(1872), *Die Schamanen und das Schamanwesen*, *Globus* XXII, Braunschweig.

야쿠트 샤먼의 무복

Якут бөөгийн өмсгөл (Yakut böögiin ömsgöl)

야쿠트 샤먼이 굿을 할 때 입는 옷

야쿠트 샤먼의 무복은 새 모양과 유사한 형태를 띠고 있다. 무복은 지방으로 무두질한 순록가죽으로 만든다. 새 모양 무복의 특징 중 가장 눈에 띄는 부분은 "새의 날개"를 상징하고 있는 소매의 재봉선이다. 또한 등 쪽에 수직으로 늘어뜨린 무복의 옷자락 부분에 위치한 가죽 끈이 있는데, 이는 아마 "새 꼬리"를 묘사한 것일 가능성이 높다. 또 작은 나뭇잎 혹은 원통형 모양의 금속품도 "새의 날개"라 불리고 있다. 무복의 소매에는 위 팔뚝 뼈와 연결된 척골(尺骨)과 요골(橈骨)을 나타내는 가늘고 긴 철제봉을 붙이고 있다. 상의의 겨드랑이에는 갈비뼈, 목 아래의 옷깃에는 빗장뼈[鎖骨], 어깨에는 견갑골 등이 보인다. 이 뼈들은 곰의 뼈를 상징하고 있다.

야쿠트 무복에는 장갑이 존재한다. 장갑이란 철판을 두들겨 다섯 발톱의 형태를 만든 뒤 그것을 소매 끝에 붙인 것이다. 이 장갑들은 오늘날에는 거의 사용되지 않는다.

참고문헌 Uno Harva(1938), *Die Religiösen Vorstellungen der*

Altaischen Völker, Helsinki. В.Н.Васильев(1910), 'Шаманский костюм и Улаанбаатар у якутов', *СМАЭ*, Ст. Петербург. В.Н.Васильев(1910), 'Плащ и Улаанбаатар якутского шамана', *МЭР* I, Ст.Петербург.

어르벌거 Өрвөлөг (Örvölög)

무복의 어깨 부분에 꽂는 깃털

어르벌거(örvölög)는 몽골 흑샤먼의 무복에 꽂은 독수리 깃털을 이르는 말이다. 몽골 샤머니즘의 신화에서는 옛날 위력 있는 샤먼들이 처형되어 죽을 때 몸 속에 내재되어 있던 신령이 새가 되어 두 어깨에서 날아간다고 한다. 그리하여 흑샤먼 무복의 양쪽 어깨에 독수리 깃털을 흰색 천으로 묶어 단다. 황샤먼은 부엉이 깃털을 붉은 천으로 묶어 꽂는다.

참고문헌 О.Пүрэв(1999), *Монгол бөөгийн шашин*, Улаанбаатар. Ш.Сүхбат(2011), *Монгол бөөгийн дэлгэрэнгүй толь*, Улаанбаатар.

엘게브치 Элгэвч (Elgevch)

샤먼의 무복 앞쪽에 붙이는 장식물의 하나

엘게브치(elgevch)는 신체의 중요 부분인 간을 보호하는 의미로 무복의 앞쪽에 붙이는 보호대를 이르는 말이다. 크기는 가슴 부분을 덮어주는 정도이며, 주로 면직물 또는 부드러운 가죽으로 만든다. 엘게브치에는 25개 정도의 구리 고리를 달고 옷자락 끝에는 종을 매단다.

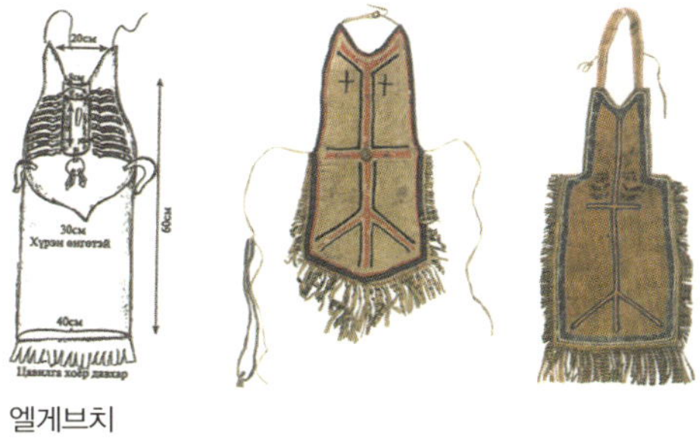

엘게브치

참고문헌 О.Пүрэв(1999), *Монгол бөөгийн шашин*, Улаанбаатар. Ч.Далай(1958), *Монголын бөөгийн мөргөлийн товч түүх*, Улаанбаатар. Ш.Сүхбат(2011), *Монгол бөөгийн дэлгэрэнгүй толь*, Улаанбаатар.

오르고이 Оргой (Orgoi)

샤먼이 굿을 할 때 쓰는 모자

오르고이(orgoi)는 철로 된 뿔 모양이 붙은 투구 모양의 샤먼 모자를 말한다. 이 모자는 철테나 나무테로 둥근 고정테를 만든 뒤 그 위 부분을 십자형으로 가로지르는 구조를 가진다. 모자의 정점에 여러 갈래의 뿔이 달려 있다. 몽골 지역의 샤먼 가운데, 황샤먼은 머리 위가 막힌 투구 형태의 모자를 쓴다. 흑샤먼은 머리 위가 뚫린 형태의 모자를 쓰는데, 이는 열린 하늘과 자유로이 소통하기 위한 것이다.

오르고이와 오르고이를 쓴 무당

참고문헌 Á.Birtalan(1996), *Hagyományos mongol müveltség*, Budapest. О.Пүрэв(1999), *Монгол бөөгийн шашин*, Улаанбаатар. Ш.Сүхбат(2011), *Монгол бөөгийн дэлгэрэнгүй толь*, Улаанбаатар.

울란 바수 Юлаан басу (Yulan basu)

무복의 등 쪽에 붙이는 장신구의 하나

알타이 샤먼에서 율란 바수(yulan basu)는 "뱀의 머리"라는 뜻으로, 무복의 등 쪽에 일렬로 나란히 붙어 있는 자그마한 조개를 가리킨다. 율란 바수는 악령을 추방하기 위한 도구이다.

참고문헌 А.В.Анохин(1924), '*Материалы по шаманству у алтайцев*', *СМАЭ, IV-2*, Ленинград. Uno Harva(1938), *Die Religiösen Vorstellungen der Altaischen Völker*, Helsinki. G.Bethlenfalvy, Á.Birtalan, A.Sárközi, J.Vinkovics eds(1992), *Altaic Religious Beliefs and practices*, Budapest.

잡다르 Завдар (Zavdar)

샤먼의 모자나 무복에 매다는 장식용 리본

잡다르(zavdar)는 부리야트족 황샤먼의 모자나 무복에 매다는 장식용 리본이다. 비단으로 넓게 만들어 단다. 샤먼을 악령으로부터 보호해 주는 기능을 한다.

참고문헌 Г.Гантогтох(2011), *Буриад аялгууны толь*, Улаанбаатар. Ш.Сүхбат(2011), *Монгол бөөгийн дэлгэрэнгүй толь*, Улаанбаатар.

조도로 Зодоороо (Zodooroo)

샤먼의 모자에 매다는 촉

조도로(zodooroo)는 부리야트 샤먼이 굿을 할 때 쓰는 두 줄의 붉은색 리본을 단 모자 꼭대기에 붙인 촉 혹은 뾰족한 쇠를 말한다.

참고문헌 고려대 민족문화연구원 민속학연구소편 (2011), 『몽골의 무속과 민속』, 서울, 월인. Balogh Mátyás (2011), 'Contemporary Buriad Shamanism in Mongolia', PhD diss., Eötvös Lorand University, Budapest. Г.Гантогтох(2011), *Буриад аялгууны толь*, Улаанбаатар.

조우관(鳥羽冠) Өдөт малгай (Kushi-pörük)

새 모양의 무복을 입은 샤먼의 모자를 이르는 말

알타이 지방에서 텔렌키트 샤먼의 무복에 나타나는 새의 깃털이 꽂힌 샤먼의 모자를 이르는 말이다. 새 모양의 무복을 입은 경우에 이 모자를 쓴다.

참고문헌 А.В.Анохин(1924), 'Материалы по шаманству у алтайцев', *СМАЭ* IV-2, Ленинград. Г.Н.Потанин(1893), *Очерки северо-западной монголи*, IV, Ст.Петербург. Uno Harva(1938), *Die Religiösen Vorstellungen der Altaischen Völker*, Helsinki.

좁도르 Зовдор (Zovdor)

부리야트 샤먼의 무복에 매다는 장식물의 하나

좁도르(zovdor)는 부리야트 샤먼의 무복에 달아놓은 길게 늘어뜨린 술들을 이르는 말이다. 무복 가슴 앞에서 매단 좁도르는 무당의 앞쪽을 보호한다고 하고 우측의 좁도르는 암컷 뱀, 좌측의 좁도르는 구렁이를 상징한다. 모자에서 늘어뜨린 술은 다섯 가닥, 옷에서 늘어뜨린 술은 세 가닥이다. 좁도르는 샤먼을 보호하는 역할을 한다.

참고문헌 Ш.Сүхбат(2011), *Монгол бөөгийн дэлгэрэнгүй толь*, Улаанбаатар. Ш.Сүхбат(2011), *Буриад бөө мөнх тэнгэрийн элч*, Улаанбаатар

주르헵치 Зүрхэвч (Zürkhevch)

무복을 장식하기 위해 매다는 장신구의 하나

주르헵치(zürkhevch)는 엘게브치(elgevch: 가슴 보호대)의 가운데에 부착된 심장 모양의 장신구를 이르는 말이다. 이것은 샤먼의 힘과 기운을 보여주는 심장을 상징한다. 주르헵치는 구리와 쇠로 만든다.

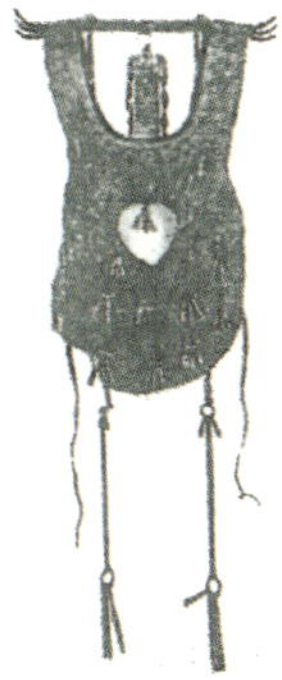

주르헵치

참고문헌 Ш.Сүхбат(2011), *Монгол бөөгийн дэлгэрэнгүй толь*, Улаанбаатар. Ш.Сүхбат(2011), *Буриад бөө мөнх тэнгэрийн элч*, Улаанбаатар.

차그놀 Чагнуул (Chagnuul)

무복에 매다는 장신구의 하나

몽골 샤머니즘에서는 멧돼지가 세상의 소리를 듣고 전달하는 영매자로 나타난다. 차그놀(chagnuul)은 몽골어로 '듣다'란 뜻인데, 무복의 오른쪽 옆구리에 차는 강철로 만든 멧돼지 장식을 이르는 말이다. 이는 멧돼지를 정탐꾼으로 삼아 지상의 세계를 냄새 맡게 한다는 전설에서 비롯되었다. 몽골 샤먼들은 "일곱 멧돼지 간첩(doloon bodon gakhai chagnuultanguud)"이라 부르는 차그놀을 차기도 한다. 무복의 옆구리는 신령이 들어오고 나가는 입구이다.

참고문헌 고려대 민족문화연구원 민속학연구소(2001), 『몽골의 무속과 민속』, 월인. О.Пүрэв(1999), *Монгол бөөгийн шашин*, Улаанбаатар. Ш.Сүхбат(2011), *Монгол бөөгийн дэлгэрэнгүй толь*, Улаанбаатар.

카라카스 샤먼의 무복 Каракас бөөгийн өмсгөл (Karakas böögiin ömsgöl)

카라가스족 샤먼이 굿을 할 때 입는 옷

카라가스(Karakas)족 샤먼은 새 모양의 무복을 착용하고 있다. 샤먼의 모자에는 수리부엉이의 깃털이 꼽혀 있으며 수많은 무복의 장식물 중 어깨에서 늘어뜨린 긴 끈의 묶음, 즉 "새 날개"가 명료하다.

참고문헌 A.B.Анохин(1924), 'Материалы по шаманству у алтайцев', *СМАЭ, IV-2*, Ленинград.Uno Harva(1938), *Die Religiösen Vorstellungen der Altaischen Völker*, Helsinki. G.Bethlenfalvy, Á.Birtalan, A.Sárközi, J.Vinkovics eds(1992), *Altaic Religious Beliefs and practices*, Budapest.

쿨린 Кулин (Kulin)

함니강 퉁구스 샤먼의 무복에 달린 긴 댕기

쿨린(kulin)은 시베리아 동부에 거주하는 함니강 퉁구스(에벤키) 샤먼의 무복에 달린 너비 약 30cm, 길이 약 1m 되는 긴 댕기를 말한다. 쿨린은 '구렁이'란 뜻으로 샤먼을 지하세계로 안내하는 역할을 담당한다.

참고문헌 A.B.Анохин(1924), 'Материалы по шаманству у алтайцев', *СМАЭ, IV-2*, Ленинград. Uno Harva(1938), *Die Religiösen Vorstellungen der Altaischen Völker*, Helsinki. G.Bethlenfalvy, Á.Birtalan, A.Sárközi, J.Vinkovics eds(1992), *Altaic Religious Beliefs and practices*, Budapest.

투루한스크 샤먼의 무복 Туруханск бөөгийн гутал (Turukhansk böögiin gutal)

투루한스크 샤먼이 굿을 할 때 입는 신발

시베리아 예니세이 강변에 거주하는 투르한스크(Turukhansk) 지역의 샤먼은 철제 형상을 붙인 무두질한 장화를 신는다. 이 장화에 붙인 금속 형상물은 모두 곰의 발바닥을 나타낸다.

참고문헌 A.B.Анохин(1924), 'Материалы по шаманству у алтайцев', *СМАЭ, IV-2*, Ленинград. Uno Harva(1938), *Die Religiösen Vorstellungen der Altaischen Völker*, Helsinki. G.Bethlenfalvy, Á.Birtalan, A.Sárközi, J.Vinkovics eds(1992), *Altaic Religious Beliefs and practices*, Budapest.

함니강 퉁구스 샤먼의 무복 Хамниган түнгүс бөөгийн дээл (Khamnigan tüngüs böögiin deel)

함니강 퉁구스 샤먼이 굿을 할 때 입는 옷

19세기 초 동부 시베리아 지역에서 샤먼 연구를 했던 쉬로코고로프(S.M.Shirokogorov)는 1919년 저작에서 자바이칼 지역의 함니강 퉁구스 샤먼은 새 모양의 무복과 노루를 나타내는 뿔 모양의 무복을 동시에 가지고 있다고 기록하고 있다. 이는 새 모양의 무복만으로는 바라는 것이 완전히 이루어지지 않기 때문인 것으로 해석된다. 새로 샤먼이 된 자는 옛 관습에 따라 새로운 무복을 만드는데, 함니강 퉁구스의 경우 1년마다 과부나 어린 처녀(소위 순결한 여자)가 무복을 만든다고 한다. 씨족의 비용 부담으로 모든 부속품이 완비된 무복이 만들어지면 새샤먼은 특별한 의식 없이 그것을 입는다.

18~19세기 시베리아 동부 지역을 여행했던 러시아 및 서양인들의 저작에는 당시 에벤키(퉁구스) 샤먼의 무복에 대한 기록이 수록되어 있다. 게오르기(Georgi)는 퉁구스 샤먼의 무복은 소매를 따라 긴 철제 줄이 붙어 있으며 소매 끝이 장갑처럼 되어 있다고 기술하고 있다. 위트센(N.Witsen)은 1705년의 저작에서 함니강 퉁구스 샤먼의 장갑에는 철제의 곰 발바닥이 붙어 있다고 기술하고 있는데 모르드비노프(A.Mordvinov)도 1860년의 저작에서 퉁구스 샤먼의 장갑에는 철제 '발톱'이 붙어 있다고 보고하고 있다. 또한 게오르기(Georgi)는 샤먼의 장화에도 소매처럼 "갑옷을 붙이고" 있다고 기술하고 있다.

1733년부터 1743년까지 시베리아를 여행했던 그멜린(Gmelin)은 1752년의 저작에서 함니강 퉁구스(에벤키) 샤먼의 장화는 위에서 아래까지 견고하게 철을 두드려 붙였으며 맨 아래에는 다섯 개의 발톱을 붙였다고 기술하고 있는데, 모르드비노프(A.Mordvinov)도 1860년의 저작에서 퉁구스 샤먼의 장화에는 철제 혹은 진짜 곰 발톱이 붙어 있다고 보고하고 있다.

퉁구스 샤먼의 무복

참고문헌 J.G.Gmelin(1752), *Reise durch Sibirien von dem Jahr 1733 bis 1743* II, Göttingen. J.G.Georgi(1775), *Bemerkungen auf einer Reise im Russischen Reiche in den Jahren 1773 und 1774* I, St.Petersburg. N.Witsen(1705), *Noord en Oost Tartarye(II)*, Amsterdam. A.Мордвинов(1860), *Инородцы обитающие в Туруханском крае*,『ВРГО』II, Ст.Петербург.

헤브넥 Хэвнэг (Khevneg)

부리야트 샤먼이 굿을 할 때 입는 옷.

헤브넥(khevneg)는 부리야트 샤먼들이 굿을 할 때 입는 무복을 이르는 말이다. 붉은색을 띠고 있으며 가장자리에 술이 달려 있다.

참고문헌 Ш.Сүхбат(2011), *Монгол бөөгийн дэлгэрэнгүй толь*, Улаанбаатар. Ш.Сүхбат(2011), *Буриад бөө мөнх тэнгэрийн элч*, Улаанбаатар.

홍히노르 ᠬᠣᠩᠬᠢᠨᠤᠭᠤᠷ Хонхинуур (Khonkhinuur)

샤먼의 무복에 매다는 장신구의 하나

몽골에서 무복은 샤먼을 악령으로부터 보호하는 갑옷의 역할을 한다. 갑옷에서 홍히노르는 중요한 의미를 가진다. 홍히노르(khonkhinuur)는 무복 뒷면 상단에 원형의 쇠테와 그 쇠테에 매달린 세 개의 쇠막대를 이르는 말이다. 홍히노르는 종(鍾)의 형태와 비슷하지만 추가 없고, 홍히노르 간에 부딪히면서 소리를 내므로 악기와 같은 역할을 한다. 간혹 양 어깨 위에도 하나씩 부착시킨다. 홍히노르는 대장장이에게 특별히 부탁하여 제작한다. 홍히노르는 신령에게 힘을 불어넣어주는 역할을 하며 샤먼에게 오는 나쁜 악령을 물리쳐 준다. 홍히노르는 그 쓰임과 의미에 따라 젤 홍히노르(zel khonkhinuur), 엄친 홍히노르(ömchiin khonkhinuur), 얄타스 홍히노르(yaltaskhonkhinuur), 올즈니 홍히노르(olzny khonkhinuur)가 있다.

젤 홍히노르는 1~3개의 줄로 되어 있는데, 줄의 숫자는 샤먼의 능력을 나타낸다. 입무(入巫)는 한 줄, 선수 무당은 세 줄이다. 이 줄에 매달린 쇠장식을 젤 홍히노르라 한다. 엄친 홍히노르는 입무(入巫)가 스승 샤먼에게서 받은 쇠장식을 이르는 말이다. 자신의 제자임을 인정하여 제자 입무에게 내리는 홍히노르이다. 얄타스 홍히노르는 몽골 흑샤먼의 무복에 매다는 장식물이다. 삽의 머리처럼 생긴 사각형의 얇은 철판을 말한다.

'올즈니 홍히노르(olzny khonkhinuur)'의 '올즈(olz)'는 고대의 용어로 전리품을 뜻한다. 고대 몽골 샤머니즘 의식에서 샤먼들 간에 악의 없이 영험한 능력을 발휘하는 관례가 널리 행해졌다. 능력 있는 샤먼은 다른 씨족이나 부족과 연합하여 자신의 세력권을 형성했다. 이러한 관례는 20세기 중엽까지 지속되었다. 샤먼은 자신의 영험한 능력으로 다른 샤먼과 무언가를 주고받으면서 자신의 능력을 시험하고 과시했다. 이를 통해 샤먼 간의 관계 정립과 존경을 표시했다. 이때 샤먼의 능력시험을 통해 서로 주고받은 홍히노르를 "전리품 홍히노르"라는 뜻의 "올즈니 홍히노르(olzny khonkhinuur)"라고 한다. 올즈니 홍히노르는 무복의 만지그에 연결하여 매단다.

홍히노르와 무복에 달린 홍히노르

참고문헌 고려대 민족문화연구원 민속학연구소(2001), 『몽골의 무속과 민속』, 서울, 월인. О.Пүрэв(1999), *Монгол бөөгийн шашин*, Улаанбаатар. Ш.Сүхбат(2011), *Монгол бөөгийн дэлгэрэнгүй толь*, Улаанбаатар.

샤먼 나무

골디족의 신목 ᠭᠣᠯᠳᠢ ᠪᠥᠭᠡ ᠶᠢᠨ ᠤᠳᠭᠠᠨ ᠮᠣᠳᠤ Голди бөөгийн удган мод (Goldi böögiin udgan mod)

골디족에서 생명의 원천, 우주의 중심이 된다고 여겨 수호신으로 모시는 나무

아무르와 우수리 강변 일대에 거주하는 골디(Goldi)족 샤먼은 세 그루의 신목(神木)을 가지고 있는데 하나는 하늘, 또 하나는 저승, 다음 하나는 지상에 있다. 골디족의 전설에는 골디족 최초의 샤먼인 카도(Khado)가 지상에 있는 나무에서 샤먼의 무구(巫具)를 받았다고 전해진다.

참고문헌 Uno Harva(1938), *Die Religiösen Vorstellungen der Altaischen Völker*, Helsinki. И.А.Лопатин(1922), *Гольды Амурские, Уссурийские и Сунгарийские*, Владивосток. П.П.Шимкевич(1896), *Материалы для изучения шаманства у гольдов*, Хабаровск.

데르웰게 Дэрвэлэг (Derveleg)

내림굿에 사용되는 샤먼 나무의 하나

몽골에서 내림굿을 받는 샤먼 후보자는 자신의 게르 앞쪽에 두 자 정도 되는 높이의 고른 가지와 나뭇잎이 있는 27(혹은 63, 81) 그루의 자작나무를 가져다가, 남쪽을 향해 아홉 그루씩 세 줄(또는 아홉 줄)로 나란히 심는다. 이것을 데르웰게(derveleg) 혹은 데르웰트(dervelt)라 한다. 서부 몽골에서는 이를 '체렉 모드(tsereg mod)'라고 한다. 지역에 따라서는 자작나무 대신에 백양나무를 사용하기도 한다. 오늘날 몽골이나 부리야트의 샤머니즘에서 데르웰게의 숫자는 샤먼에 따라서 서로 약간의 편차를 보이기도 한다.

데르웰게는 한국 굿에서 쓰이는 '신장대(神將竿)'와 비슷한 역할을 한다.

참고문헌 장장식(2005), 『몽골유목민의 삶과 민속』, 서울, 민속원. О.Пүрэв(1999), *Монгол бөөгийн шашин*, Улаанбаатар. Ш.Сүхбат(2011), *Монгол бөөгийн дэлгэрэнгүй толь*, Улаанбаатар.

뚜 Тү (Tü)

오로치족의 샤먼 나무

오로치(Orochi)족은 함니강 퉁구스(에벤키)에 속하는 민족이며 순록 유목 생활을 하기 때문에 역사적으로 "순록치는 에벤키"라고 불렸다. '뚜(tü)'는 오로치족의 샤먼 나무이다. 뚜에는 보조 정령들의 모습이 그려져 있거나, 새겨져 있다. 뚜 위에는 나무로 깎은 독수리나 오리를 올려놓는다. 이것은 거대한 새의 모습을 한 악령 '코리(kori)'를 상징한다. 샤먼이 살아있는 동안에는 일반 사람들이 함부로 이런 나무들을 벨 수 없다.

참고문헌 이건욱(2003), 「오로치 샤머니즘 고찰」, 『한국무속학』6, 한국무속학회. С.М.Широкогоров(1919), *Опыт исследования основ шаманства у тунгусов*, Учен. Зап. Историко-филологического ф-та. Вып.1, Владивосток. Н.П.Дыренкова(1930), *Полученке шаманского дара по воззрениям турецких племен*, Ленинград.

바리사 Барисаа (Barisaa)

부리야트 신목의 하나

부리야트에서 샤먼이 세운 두 개의 기둥을 바리사(Barisaa)라 부른다. 이것은 세르게(Serge)와 성격이 다르다. 이곳에서는 지나가는 자가 반드시 발걸음을 멈춰야 하며, 제

여러 가지 신목

물을 바쳐야 한다. 샤먼이 죽은 곳에도 이 신목(神木)을 세운다.

참고문헌 박원길(2001). 『유라시아 초원제국의 역사와 민속』. 서울. 민속원. Uno Harva(1938). *Die Religiösen Vorstellungen der Altaischen Völker*. Helsinki. Н.Н.Агапитов и М.Н.Хангалов(1883). *Шаманство у бурят Иркутской губерии*. Иркутск.

부모 나무 ᠡᠬᠡ ᠡᠴᠢᠭᠡ ᠮᠣᠳᠣ Эх эцэг мод (Ekh etseg mod)

제장에 있는 데르월게 중에서 특별히 신성시하여 구별하는 두 그루의 신목으로 어머니 나무, 아버지 나무라고도 한다.

몽골 및 시베리아, 알타이 지역에서는 사원이나 굿을 하는 제장(祭場) 주변에 어머니 나무와 아버지 나무라는 이름의 샤먼 나무들이 만들어져 있다. 굿이나 기원을 올릴 때 사람들은 이 나뭇가지에 오색의 비단과 천으로 장식하고 흰 토끼, 다람쥐, 담비, 족제비, 사슴 등의 가죽을 걸어 둔다. 오색의 천은 위에 언급한 다섯 동물을 상징한다. 부리야트에서는 아버지 나무의 꼭대기에 푸른 하닥이 걸려 있는데 이는 하늘을 상징한다. 혹은 자작나무 껍질에 붉은 색 비단을 붙여 이를 태양이라 부르면서 걸어두기도 한다.

역사적으로 흉노 이래 몽골에 이르기까지 북방 유목 민족들은 특정한 수목에 대해 신성시하며 존숭을 나타내는 수목 숭배 신앙을 가지고 있었다. 이러한 일례를 가장 잘 보여주는 것이 1246년 7월 몽골을 방문한 카르피니(John of Plano Carpini, 1180~1252)의 『몽골여행기(History of the Mongols)』에 수록된 "영혼을 위해 육성하도록 남긴 작은 숲이 있었는데, 우리들은 감히 그곳에서 작은 나무가지 하나 건드릴 수 없었다."라는 기록이다. 샤머니즘의 자연관은 대지에 기반한 영성이다. 즉 자연이 없으면 인간도 존재할 수 없다는 자연과의 조합을 이룬 사상이다. 카르피니의 말은 세계사적인 시야에서 볼 경우 샤머니즘의 자연관이 인류사에 실제 적용된 강력한 자연보호의 한 사례이다. 부모 나무 숭배 신앙도 이러한 맥을 이은 것이라 보인다.

참고문헌 장장식(2002). 「몽골의 '어머니 나무' 신앙과 한식 맞이굿」. 『한국무속학』4. 한국무속학회. 박원길(2010). 「몽골의 친환경적 사상에 대한 역사적 고찰」. 『몽골학』29. 한국몽골학회. Ш.Сүхбат(2011). *Монгол бөөгийн дэлгэрэнгүй толь*. Улаанбаатар.

북방 민족의 나무 숭배 ᠮᠣᠳᠣᠨ ᠤ ᠰᠢᠲᠦᠯᠭᠡ Мод шүтлэг (Mod shütleg)

북방 민족에서 특정한 나무에 신이 강림하여 머물러 있다고 여겨 믿고 숭배하는 일 또는 그러한 신앙

샤머니즘에서 특정한 나무는 하늘과 땅, 그리고 신과 인간을 만나게 하는 매개체로 알려져 있다. 이러한 나무를 신목(神木)이라 하는데, 신목은 샤먼이나 사람들에게 신앙과 숭배의 대상이 된다. 북방 민족들은 특정의 수종(樹種)에 속하는 나무만을 신목, 즉 샤먼나무로 간주하는 습속이 있다. 특정의 수종이란 지역과 민족에 따라 차이가 있지만 크게 자작나무, 버드나무, 소나무, 상수리나무로 나누어진다. 자작나무는 타이가 지대나 그 주변에 속하는 지역, 소나무나 상수리나무는 흑룡강 하류에서 한반도에 이르는 지역, 버드나무는 초원 지대 및 초원과 삼림이 혼재된 지역에서 주로 숭배되고 있다. 이 나무들은 모두 무성한 가지를 자랑하는 나무라는 점과 각종 질병 치료에 사용되는 나무라는 점에서 공통점이 있다.

북방 민족의 신목 중에서 역사적으로 가장

주목을 끄는 것이 바로 버드나무이다. 버드나무는 극북 지방에서도 발견될 정도로 분포 지역이 광범위하고 또 변종도 무척 많다. 북아시아 지역의 저지대나 물가 주변에 군락을 이루며 자생하는 버드나무는 유목 민족들에게 치병목(治病木)으로 간주될 만큼 중시되고 있다. 사실 의학적으로 버드나무는 그 껍질에 아스피린의 유도체인 살리실산이 함유되어 있기 때문에 진통 억제의 효과가 매우 뛰어나다. 또한 유목민들의 생존에 필요한 주거용의 골재 및 화살대의 재료까지 제공해 주고 있다. 몽골계 민족의 발원지에 해당하는 흑룡강 중상류 일대나 동몽골 지역에서 무성한 가지를 자랑하는 수종은 사실 버드나무 이외에 다른 나무를 찾아보기 힘들다.

강상파부(江上波夫)는 문헌 기록을 종합해 볼 때 흉노, 선비, 돌궐, 고차(高車), 거란, 강족(羌族), 몽골 등 역대 유목 민족들이 버드나무를 신목으로 숭상하고 있다는 사실을 지적하고 있다. 버드나무의 숭배는 오늘날 몽골족의 신목인 오드강 모드(udgan mod)가 대부분 가지가 무성한 버드나무라는 것과 오보 위에 꼽혀 있는 수종이 모두 버드나무의 가지라는 점에서도 그 맥이 끊어지지 않고 이어지고 있음을 알 수 있다. 이로 인해 버드나무는 몽골의 나무로도 불린다.

버드나무의 숭배는 위에 언급한 민족들 이외에도 고대 고구려나 여진족계 민족인 금나라나 만주족에서도 발견된다. 고구려는 원래 기원적으로 타브가치(Tabgach)나 몽골과 매우 유사성을 가지고 있는 민족에 속한다. 고구려나 부여계의 시조 설화에는 시조의 어머니로 유화(柳花)라는 여성이 등장하고 있는데 유화란 중세 몽골어로 'uda tsetseg(버드나무 꽃)'으로 복원된다. 또『계동록(啓東錄)』에는 금나라의 지배 씨족인 완안부(完顔部)의 출자를 버드나무와 연관시키고 있다. 버드나무와 샤머니즘과의 관계를 가장 잘 보여주는 경우가 만주족이다. 만주족은 복이나 자손을 점지하는 포도 마마(Fodo mama)를 극진히 섬기는 습속을 가지고 있다. 포도 마마는 만주족의 시조신이자 한국의 삼신할머니처럼 자손을 점지해 주는 능력이 있다하여 일명 오모시 마마(Omosi Mama)라고도 불린다. 또 만주족은 조상에게 제사를 지낼 때 신간(神竿: somo)을 세우는 습속이 있는데 아직도 일부 지역에서는 버드나무로 신간을 만드는 관습이 관찰되고 있다. 만주족의 예에서도 보이듯이 버드나무는 샤머니즘과 밀접한 관계를 맺고 있음이 나타난다. 따라서 고대 북방 민족들의 제천 행사나 고구려의 기원 설화에 등장하는 버드나무가 샤머니즘의 한 표징이라는 것은 의심할 바 없다.

참고문헌 박원길(2001),『유라시아 초원제국의 샤머니즘』, 서울, 민속원. 劉小萌, 定宜庄(1990),『薩滿教與東北民族』, 長春, 江上波夫(1948),『ユウラシア古代北方文化』, 東京, O.Пүрэв(1999), *Монгол бөөгийн шашин*, Улаанбаатар.

북방 샤머니즘의 신목 ᠲᠦᠷ ᠮᠣᠳᠣ Түр мод (Tur mod)

북방 샤머니즘에서 골디(Goldi)족이 생명의 원천, 우주의 중심이 된다고 여겨 수호신으로 모시는 나무

북방 민족의 신목(神木)은 투루 나무, 사모, 샤먼 나무 등으로 불리는데, 세계수(世界樹)나 우주목(宇宙木)의 개념이 있다. 현재 시베리아 일대에서 구전되고 있는 샤먼의 기원 설화들을 분석해 보면 북방 샤머니즘의 세계관이 페르시아 지역의 세계관과 똑같은 천

상계 · 지상계 · 지하계라는 삼분 구조로 이루어져 있음을 알 수 있다. 그런데 북방 샤머니즘에서 특징적인 것이 천상계와 지상계를 이어주거나 혹은 삼계(三界)를 관통하고 있는 신목(神木)의 존재이다. 신목은 지역에 따라 버팀목을 의미하는 세계주(世界柱)로 등장하기도 하는데 이들은 샤먼과 신령들을 연결시켜 주는 연결고리적인 기능을 가지고 있다.

학자들은 신목의 기원이 고대 페르시아나 인도에서 유래되었다고 간주하고 있다. 페르시아에서는 신목을 '독수리 나무'라고 부르기도 하는데 북방 샤머니즘에서는 그것이 세계주(世界柱) 위에 앉아 있는 쌍두 독수리의 모습으로 형상화되고 있다는 것을 지적하고 있다. 즉 북방 샤머니즘에 등장하는 신목은 인도나 페르시아 및 이집트에서 낙원을 상징하는 '생명의 나무' 신화가 문화교류에 의해 북방에 전입된 결과 나타난 것이다. 또 샤머니즘의 기원 설화에 등장하는 신목이 이후 신목의 모체가 되었다는 사실은 샤먼의 성무식이나 제의[굿]에 등장하는 샤먼목(tusput turu)의 존재로 미루어 의심할 바 없다. 부리야트에서는 신목을 투루(turu)라고 부르고 샤먼과 관계있는 나무를 세르게(Serge)와 바리사(Barisaa)로 부르는데 이 역시 이를 입증해 준다.

참고문헌 박원길(2001), 『유라시아 초원제국의 샤머니즘』, 서울, 민속원. 劉小萌, 定宜庄(1990), 『薩滿教與東北民族』, 長春. Uno Harva(1938), *Die Religiösen Vorstellungen der Altaischen Völker*, Helsinki.

샤먼 나무 Бөө мод (Böö mod)

샤먼이 자신의 생명과 관련하여 분신처럼 신성하게 여기는 나무

골디(Goldi), 오로치(Orochi), 돌간(Dolgan), 유라크(Yurak), 야쿠트(Yakut) 등 시베리아의 샤먼은 자신의 탄생[신내림]과 죽음에 관계를 맺고 있는 특별한 샤먼 나무들을 가지고 있다. 돌간족과 야쿠트족의 전설에는 이 나무를 투루(turu)라고 부른다. 1928년 극북의 유라크(Yurak)족 샤머니즘을 연구했던 레히살로(T.Lehtisalo)는 1930년의 저작에서 샤먼과 샤먼 나무의 관계에 대하여 다음과 같이 기술하고 있다.

"샤먼은 자기의 나무가 자라는 신성한 장소를 가지고 있다. 이 샤먼 나무 주변에는 사람 정도의 키를 가진 나무 장승 2개가 서 있는데, 이 장승은 샤먼 나무를 보호하는 역할을 하고 있다. 누군가가 샤먼 나무를 넘어뜨리면 샤먼은 죽는다. 누군가가 이 샤먼 나무를 도끼로 찍어 넘어뜨리려 한다면 도끼는 나무가 아닌 자신의 발등에 찍히기 때문에 결코 이 나무를 쓰러뜨릴 수는 없다. 샤먼이 죽으면 1년 내에 나무도 죽는다. 샤먼이 죽은 뒤 그의 나무가 서서히 기력을 잃게 되면 다른 샤먼이 그 나무를 쓰러뜨려 제물을 올린 후 그 나무로 유라크 사모예드인을 위한 장승을 만든다".

참고문헌 Uno Harva(1938), *Die Religiösen Vorstellungen der Altaischen Völker*, Helsinki. T.Lehtisalo(1930), *Kertomus työskentelystäni jurakkisamojedi Matvei Ivanovits Jaadnjen kanssa kesällä (1928)*, Helsinki. Л.Штернберг(1925), *Культ орла у сибирских народов* , СМАЭ V-2, Ленинград.

세르게 Сэргэ (Serge)

부리야트 신목의 하나

세르게(serge)는 샤먼인 조상의 영혼이나 존경하는 샤먼의 영혼을 위해 세운 둥근 나무

기둥이다. 높이는 대략 2.5m 정도이며, 기둥을 세부분으로 나누고 맨 위를 뾰족하게 하였다. 세르게는 하나에서부터 여러 개가 세워져 있는 경우가 있다. 부리야트에서는 굿을 할 때에도 세르게라 불리는 나무를 세우는데, 이는 옹고드가 타고 오는 말들을 묶는 것으로 나타난다.

부리야트 샤먼 굿에서는 이 세르게들 중에 특별히 하나를 정해 술잔을 매다는데, 이것을 '아도하니 세르게(aduhani serge)'라고 한다.

부리야트의 신목

참고문헌 박원길(2001), 『유라시아 초원제국의 역사와 민속』, 서울, 민속원. Uno Harva(1938), *Die Religiösen Vorstellungen der Altaischen Völker*, Helsinki. Н.Н.Агапитов, М.Н.Хангалов(1883), *Шаманство у бурят Иркутской губерии*, ИВСОРГО XIX,1-2, Иркутск. Б.Э.Петри(1928), *Старая вера бурятского народа*, Иркутск.

어머니 나무 ᠡᠵᠡ ᠮᠣᠳᠤ Ээж мод (Eej mod)

몽골에서 신성시하여 숭배하는 나무

현 몽골의 북쪽 지방 셀렝게 아이막에 '어머니 나무'라고 알려진 나무가 있는데, 이 지역 주민들은 소원을 들어주는 나무라고 하여 이 나무를 숭배하고 있다. 100여 년 전부터 어머니 나무를 모셔 왔다고 주민들이 전한다. 기존에 모셔졌던 어머니 나무는 사회주의 시절 셀렝게 아이막 도지사의 주도 하에 불태워졌다고도 하고 잘렸다고도 하는데, 불태운 사람이나 주도했던 사람 일가족이 몰살하는 일이 있었다고 전한다. 두 번째로 모셔졌던 어머니 나무는 자연적으로 쓰러졌다는 이야기가 있다. 세 번째 나무도 불탔으나 현재 꼿꼿한 자세로 서 있으며, 여전히 어머니 나무로 숭배되고 있다. 살아 있는 나무를 현재 네 번째 어머니 나무로 모시고 있는데, 2000년대부터 일부 무당이 어머니 나무 옆에서 매년 한식날에 정기적으로 한식맞이 굿을 거행하고 있다.

어머니 나무는 인칭인 '어머니'로 부를 정도로 신앙성이 강한 곳이며, 이에 대한 경외심이 높다. 일견 '어머니'에 대한 몽골인의 심성이 깊고 남다름을 엿볼 수 있는 신앙 현장이다. 몽골인들은 대지와 물의 주인을 '에투겐'이라고 부르는데, 이 말은 '어머니, 어머니의 배, 어머니의 자궁'을 뜻하는 말에서 비롯되었다. 대지와 물의 중요성을 어머니에 비유해서 표현한 것이다. 이런 점에서 어머니 나무는 그 유래가 언제인지는 모르지만 대지를 숭배하는 관념과 수목 신앙에 그 뿌리를 두고 있는 것으로 보인다.

셀렝게 아이막의 어머니 나무

참고문헌 장장식(2005), 『몽골 유목민의 삶과 민속』, 서울, 민속원. О.Пүрэв(1999), *Монгол бөөгийн шашин*, Улаанбаатар. Ш.Сүхбат(2011), *Монгол бөөгийн дэлгэрэнгүй толь*, Улаанбаатар.

오드강 모드 ᠤᠳᠭᠠᠨ ᠮᠣᠳᠤ Удган мод (Udgan mod)

몽골의 민간에서 신성시하는 나무

몽골에서는 특이하게 생기거나 아니면 초원에 혼자 솟아있거나 다른 나무보다 좀 멀리 떨어져 있는 한 그루의 나무를 신성시 여기고 함부로 손대지 않는다. 이런 나무를 '오드강 모드(udgan mod)' 혹은 '버 모드(böö mod)', 즉 무당나무라고 부른다. 민속학적으로 볼 때 한국의 '당산나무'와 유사한 관념이다.

특히 헙스걸 지역 다르하드 부족 사람들은 나무의 기형이 나무 꼭대기 부분에 있으면 '위 하늘의 무당나무', 중간에 있으면 '이승의 무당나무', 아래 부분에 있으면 '지하 세계의 무당나무'라고 하여, 이 셋 중에서 지하계의 무당나무를 제일 신성시 여긴다. 이것은 나무의 기형이 아래에 있으면서 지하계의 신들 즉 대지 및 수신, 조상신과의 교류가 활발히 이루어지고, 신들도 그 자리에서 모인다고 생각한다. 그러므로 이런 나무 옆에서 소리 지르거나 휘바람 불기, 잠을 자기, 그 나무 뿌리나 그늘을 밟기, 가지를 부러뜨리기, 바쳐진 제물에 손 대기 등을 금기시 한다.

참고문헌 O.Пүрэв (2009), *Монгол бөөгийн дэлгэрэнгүй толь*, Улаанбаатар. Ш.Сүхбат(2011), *Монгол бөөгийн дэлгэрэнгүй толь*, Улаанбаатар.

우르 모드 Үүр мод (Üür mod)

부리야트에서 신 내림굿을 할 때 세워 놓는 강신목(降神木). 나무는 하늘과 땅 사이에서 신의 내림대 역할을 하며 나무에 앉는 새는 하늘에서 내려온 사자로 간주된다.

부리야트에서는 신 내림굿을 할 때 아버지 나무의 앞과 옆에 '새집 나무'라는 뜻의 우르 모드(üür mod)를 두 그루 심는다. 이 나무들은 사전에 옹고드가 지시한 것을 잘라온 것들이다. 샤먼이 모시는 신령들인 옹고드들이 이 나무에 내려온다고 한다. 우르 모드는 일종의 강신목이다. 우르 모드에는 양털로 3개의 새집을 만들어 올려놓는다. 그리고 새집 안에는 역시 양털로 각각 3개씩 새알 모양을 만들어 넣는다. 우르 모드에는 오색 천을 짧게 잘라 매달아 놓는데, 이를 잘람(zalam)이라고 한다. 잘람은 신께 바치는 천이라는 뜻으로 고대 잘라마(Jalama)의 흔적이다. 또 흰 천에 옹고드의 모습을 그려 매달아 놓는다. 다섯 색깔은 숲에 사는 다섯 가지 총명한 동물을 상징한다. 흰색, 검은색, 빨간색, 파란색, 노란색의 오색은 각각 흰 토끼, 청솔모, 사슴, 족제비, 담비를 상징한다.

참고문헌 장장식(2005), 『몽골 유목민의 삶과 민속』, 서울, 민속원. O.Пүрэв(1999), *Монгол бөөгийн шашин*, Улаанбаатар. Г.Гантогтох(2007), *Монгол зан үйлийн аман яруу найргийн уламжлал*, Улаанбаатар.

체렉 모드 Цэрэг мод (Tsereg mod)

내림굿에 사용되는 샤먼 나무의 하나

서부 몽골의 경우 내림굿을 받는 샤먼 후보자는 자신의 게르 앞쪽에 두 자 정도 되는 높이의 고른 가지와 나뭇잎이 있는 27(혹은 81) 그루의 자작나무를 가져다가, 남쪽을 향해 아홉 그루씩 나란히 심는다.그런 뒤 남쪽 한 가운데 자작나무 한 그루를 심는다. 이 나무를 체렉 모드(tsereg mod)라 하며, 옹고드의 말을 묶는 역할을 한다. 몽골의 '데르월게'와 같은 역할을 한다.

참고문헌 O.Пүрэв(1999), *Монгол бөөгийн шашин*, Улаанбаатар.

Ч.Далай(1958). *Монголын бөөгийн мөргөлийн товч түүх*, Улаанбаатар. Ш.Сүхбат(2005). *Монгол нүүдэлчин ардын шашин шүтлэгийн зан үйл*, Улаанбаатар.

튀스퓌트 투루 Түспүт түрү (Tüspüt türü)

돌간족과 야쿠트족의 전설에 등장하는 성스러운 나무

튀스퓌트 투루(tüspüt türü)는 돌간(Dolgan)족과 야쿠트(Yakut)족의 전설에 등장하는 성스러운 나무로 “하늘에서 떨어진 나무”라는 뜻이다. 1880년대 야쿠트족과 돌간족의 샤머니즘을 연구했던 바실리예프는 1890년의 저작에서 그것에 대해 다음과 같이 기술하고 있다.

“최고신 아유 노욘(Ayu noyon)은 세계와 그 주민을 창조할 때 인간이 병 등의 불행한 일을 당할 경우 도와줄 목적으로 최초의 샤먼도 창조했고, 샤먼의 집 앞에 8개의 나무 가지가 있는 결코 넘어지는 일이 없는 성스러운 나무인 튀스퓌트 투루(tüspüt türü)를 만들었다. 그리고 그 가지의 그늘에 신의 아들인 빛을 내는 신령을 살게 했다. 동시에 아유노욘은 지상에 3그루의 나무를 창조한 뒤 그 아래에 앉아 갖가지 주술용구를 만들었다. 그리고 최초의 샤먼에게 인간에 적의를 품은 신령들과 싸울 때 이 도구들을 어떻게 사용하는가를 가르쳐 주었다. 모든 샤먼은 그 때의 흔적으로 자기가 샤먼이 되었을 때 자라기 시작하여 자기가 죽을 때 같이 쓰러져 죽는 투루(türu)라는 샤먼나무를 가지고 있다. 그러나 최고신이 사는 곳 앞에 자라고 있는 튀스퓌트 투루는 그러하지 않다. 이 나무는 아무리 세월이 지나도 결코 쓰러지지 않는다”.

참고문헌 M.Eliade, 이윤기 역(1992), 『샤머니즘-고대적 접신술』, 서울, 까치. Uno Harva(1938), *Die Religiösen Vorstellungen der Altaischen Völker*, Helsinki. В.Н.Васильев(1890), *Изображения долгано-якутских духов как атрибуты шаманства*, Петербург.

샤먼 동물

극동 시베리아의 개구리 숭배 Дорнод Сибирийн мэлхий шүтлэг (Dornod Sibiriin melkhii shütleg)

극동 시베리아에서 개구리에 대한 샤머니즘적인 신앙 관습

흑룡강이나 우수리 강변 주위에 살고 있는 오로치(Orochi)나 골디(Goldi)족의 샤먼들은 개구리 인형이나 그림을 가지고 있다. 도마뱀과 뱀, 개구리는 샤먼이 강, 호수나 늪을 건널 때 동반한다. 또 개구리는 활력과 다산의 상징이기 때문에 치병굿에서 불임과 부인병, 내장 질환을 치료하는 데 도움을 준다. 오로치 샤먼의 신당에는 질병을 치료하는 나무로 만든 작은 집이 있는데, 이 안에 나무로 깎은 곰과 개구리, 쌍둥이 인형이 있다.

오로치 샤먼의 치병굿에 쓰이는 개구리 인형

참고문헌 이건욱(2013), 「시베리아민족들의 동물에 대한 관념과 상징」, 『샤머니즘의 사상』, 서울, 민속원. И.А.Лопатин(1922), *Гольды Амурские, Уссурийские и Сунгарийские*, Владивосток.

П.П.Шимкевич(1896), *Материалы для изучения шаманства у гольдов*, Хабаровск.

극동 시베리아의 개 숭배 ᠳᠣᠷᠤᠨᠠᠳᠤ ᠰᠢᠪᠢᠷ ᠤᠨ ᠨᠣᠬᠠᠢ ᠰᠢᠲᠦᠯᠭᠡ Дорнод Сибирийн нохой шүтлэг (Dornod Sibiriin nokhoi shütleg)

극동 시베리아에서 개에 대한 샤머니즘적인 신앙 관습

극동 시베리아에서 순록 유목 생활을 하는 코략(Koryak)족은 중요한 일이 있을 때 하늘을 향해 개를 잡아 희생 제의를 올린다. 의례의 방식은 개를 죽인 뒤 먼저 내장을 대지의 네 방향으로 뿌린다. 그리고 몸통은 땅에 직각으로 세워진 긴 장대 끝에 뒷다리를 묶어 매단다. 큰 희생 제의는 20~30마리의 개가 희생된다.

2000년대 아무르강 유역에 사는 네기달(Negidal)족의 샤머니즘을 연구했던 파블린스카야(L.R.Pavlinskaya)는 2007년의 저작에서 이들의 개와 관련된 창조 설화를 다음과 같이 소개하고 있다. "보가(Buga)신이 땅을 만들고, 동물을 만들고, 물고기와 새를 만들고, 사람 즉 남자와 여자를 만들었다. 보가신은 일을 다 마치고는 개에게 자신의 창조물들을 지키게 하고 사람들에게 숨을 불어 넣어주기 위해 자리를 떠났다. 보가신이 없는 틈을 타 악마가 개에게 다가와 말했다. '보가신이 이 사람들에게 영원의 숨을 불어넣어주기 위해 자리를 비웠는데, 그렇게 되면 사람들은 죽지도 않을 것이다. 그러면 이 땅은 온통 사람들로 꽉 찰 것이다. 물고기와 짐승들이 남아나지 않을 것이다. 나는 이 사람들에게 늙으면 죽는 그런 숨을 넣어 줄 것이다. 그러면 죽더라도 다시 다른 모습으로 태어날 수가 있다.' 그리고 악마는 개에게 털가죽을 선물하기로 약속했다. 이때까지 개는 털이 없었다. 나중에 이 사실을 알게 된 보가신은 크게 노하여 개에게 말하기를 '이제부터 너는 사람의 말을 이해하는 것을 못하게 할 것이다. 사람의 분비물이나 먹고 살게 할 것이다.'라고 했다."

개가 불멸의 운명을 타고난 인간을 때가 되면 죽게 만드는 역할을 하게 된 이야기는 알타이 지역이나 부리야트족들에게도 전해진다. 부리야트족에는 개와 인간에 관한 다음과 같은 구전설화가 전해진다.

"신이 붉은 진흙으로 살을, 돌로 뼈를, 물로 피를 만든 다음 생명을 불어넣기 위해 잠시 자리를 비우게 되었다. 이 사이에 신은 개에게 인간을 잘 지킬 것을 명령했다. 그때 악마가 접근하여 개에게 털옷을 선사하면서 인간을 잠시 보게 해 달라고 하였다. 그래서 개는 털옷의 대가로 악마에게 잠시 인간을 구경시켜 주었다. 악마는 인간을 구경하다가 개가 한눈을 파는 틈을 타 인간이 손으로 감싼 부분을 제외하고 온통 침을 발랐다. 신이 돌아와 이 광경을 보고 분노하였다. 신은 먼저 침으로 더럽혀진 부분을 접어 몸 안으로 집어넣었다. 그래서 사람의 몸에서 털이 없어지게 되었으며, 털이 남아 있는 곳은 악마가 침을 바를 때 인간이 손으로 감싸고 있었던 머리와 생식기 부분이다. 신은 약속을 지키지 않은 개에게 털옷이 영원히 떨어지지 않도록 명령했다. 이때부터 개는 털옷을 입고 살게 되었다."

참고문헌 В.В.Горбачеба(2004), *Обряды и праздники Коряков*, Ст.Петербург. Л.Р.Павлинская(2007), *Мифы народов Сибири о происхождении смерти, Мифология Смерти*, Ст.Петербург. В.А.Тураев(1997), *История и культура Эвенов*, Ст.Петербург.

극동 시베리아의 거북 숭배 Дорнод Сибирийн яст мэлхий шүтлэг (Dornod Sibiriin yast melkhii shütleg)

극동 시베리아에서 거북에 대한 샤머니즘적인 신앙 관습

흑룡강이나 우수리 강변 주위에 살고 있는 오로치(Orochi)나 골디(Goldi)족의 샤먼들은 거북이 인형을 가지고 있다. 이 인형은 샤먼이 물과 지하 세계를 여행할 때 그를 무사히 인도하는 역할을 한다고 한다. 한국의 고대 설화인 고구려의 주몽 설화에 자라가 등장하는데, 주몽이 강을 건널 때 다리를 놔주는 점이 주목된다.

참고문헌 이건욱(2013), 「시베리아 민족들의 동물에 대한 관념과 상징」, 『샤머니즘의 사상』, 서울, 민속원. И.А.Лопатин (1922), *Гольды Амурские, Уссурийские и Сунгарийские*, Владивосток. П.П.Шимкевич(1896), *Материалы для изучения шаманства у гольдов*, Хабаровск.

다섯 동물 전령 Таван соргог амьтан (Tavan sorgog amitan)

부리야트에서 다섯 동물들에 대한 샤머니즘적인 신앙 관습

부리야트의 신 내림굿에서는 여러 나무들이 등장하는데, 아버지 나무와 그 옆에 위치한 새집 나무인 우르 모드(üür mod)에 다섯 색깔의 천이 걸린다. 이 다섯 색깔은 숲에 사는 다섯 가지 총명한 동물을 상징한다. 흰색은 흰토끼, 검은색은 다람쥐, 빨간색은 수노루, 파란색은 족제비, 노란색은 담비를 상징한다. 굿에서 이 동물들은 신의 세계로 가서 샤먼이 신을 모시겠다는 뜻을 알리고, 신을 모셔오는 동물들이다. 이 동물들은 샤먼에게 신이 온 것을 알리기도 하고, 신이 강림할 때 마중도 하는 역할을 맡는다고 한다.

참고문헌 장장식(2005), 『몽골 유목민의 삶과 민속』, 서울, 민속원. О.Пүрэв(1999), *Монгол бөөгийн шашин*, Улаанбаатар. Г.Гантогтох(2007), *Монгол зан үйлийн аман яруу найргийн уламжлал*, Улаанбаатар.

만주족의 개 숭배 Манж нарын нохой шүтлэг (Manj naryn nokhoi shütleg)

만주족에서 개에 대한 미신적인 신앙 관습

만주족은 청제국(1616~1911)을 건국한 민족으로, 그들의 시조 설화는 개와 관련을 맺고 있다. 누르하치(1559~1626) 때 여진을 방문한 조선장군 이민환(1573~1649)은 『건주문견록(建州聞見錄)』에서 "그들의 습속에서는 개를 시조로 간주하기 때문에 절대로 도살하지 않는다.(犬則胡俗以爲始祖,切不宰殺)"라고 기록하고 있다. 이러한 견문기는 당대에서부터 1920년대 장지량(張之亮)의 저작 속에 등장하는 "누르하치와 오낭견(五囊犬) 전설"에 이르기까지 한국 문헌에 시대별로 자세하게 기록되어 있다. 아마 한국에서 적을 부를 때 사용하는 오랑캐라는 용어는 여진의 시조 설화에 등장하는 개를 빗대 만주족을 비하하는 말에서 나왔다고 보인다.

참고문헌 박원길(2001), 『유라시아 초원제국의 샤머니즘』, 서울, 민속원. 박원길(2010), 『조선과 몽골』, 서울, 소나무. 張之亮(1929), 『滿蒙及熱河誌目錄』, 京城, 漢城圖書株式會社.

몽골의 까치 숭배 Шаазгай шүтлэг (Shaazgai shütleg)

몽골에서 까치에 대한 샤머니즘적인 신앙 관습

몽골 샤머니즘에서 까치는 지상 사람들의 말을 알아듣는 동물로 몽골 샤먼의 중간적인 매개자로 인식된다. 까치는 독수리, 까마귀와 함께 천상의 신령과 지상의 샤먼을 매개해 주는 동물로 나타난다. 몽골 사람들은 집 밖에서 까치가 울면 "까치야, 까치야, 무엇 때문에 우느냐? 좋은 소식은 말하고 나쁜 소식은 잊어다오."라며 길흉을 점친다. 제를 올릴 때 그곳에 까치가 오면 제사와 신령을 소통하는 매개자로 간주한다. 제사가 잘 끝나면 까치 외에 다른 동물도 온다고 말한다. 몽골의 일부 샤먼은 까치 울음소리를 해석한 연구서를 발간할 정도로 까치는 몽골 샤머니즘에서 길흉의 메신저이다. 몽골 격언에는 "한 마리씩 다니는 호랑이보다 무리지어 있는 까치가 강하다", "사이좋은 까치는 호랑이에게 이긴다"처럼 까치와 호랑이가 짝을 이루는 경우가 많은데, 그 이유는 알려져 있지 않다.

몽골에서 까치를 부르는 명칭은 시아즈가이(shaazgai), 찬즈가이(chanzgai), 착츠하이(chagchaakhai), 착흐치(chakuch) 등이 있다. 몽골 서부 더르워드(Dörvöd)족의 구전설화에서 까치는 원래 전설의 새이자 불사조인 항가리드(khangardi)의 왕비였는데, 일을 하지 않고 게으름만 피우기 때문에 쫓겨났다는 이야기가 전해지고 있다. 항가리드는 인도 베다 신화에 등장하는 가루다(garuda)이며, 가루다 설화는 고대에 중앙아시아를 거쳐 몽골 지역에 전해진 것으로 보고 있다.

참고문헌 박원길(2001), 『유라시아 초원제국의 샤머니즘』, 서울, 민속원. 이건욱(2013), 「시베리아민족들의 동물에 대한 관념과 상징」, 『샤머니즘의 사상』, 서울, 민속원. Ш.Сүхбат(2012), *Монгол бөөгийн амьд байгалийн шүтлэг*, Улаанбаатар.

몽골의 낙타 숭배 Монгол бөөгийн тэмээ шүтлэг (Mongol böögiin temee shütleg)

몽골에서 낙타에 대한 샤머니즘적인 신앙 관습

몽골 샤먼들이 모시는 옹고드에는 낙타 모양의 형상이 존재한다. 그 이유는 낙타가 원래 샤먼이었기 때문이라고 한다. 부리야트 학자인 한갈로프(M.N.Khangalov)는 샤머니즘과 낙타에 대하여 다음과 같은 설화를 소개하고 있다.

"낙타는 옛날에 유명한 여자 샤먼이었다. 어느 날 그녀는 신을 놀라게 하고 싶었다. 그래서 자신의 가슴을 잘라 그것을 등에 붙이고 신 앞에 나타났다. 이를 본 신은 화가 나서 그녀를 영원히 그 모습으로 살게 했다. 낙타는 예전에 사람이었기 때문에 낙타의 울음소리는 사람의 울음소리와 흡사하다고 한다."

참고문헌 이건욱(2013), 「시베리아민족들의 동물에 대한 관념과 상징」, 『샤머니즘의 사상』, 서울, 민속원. Ш.Сүхбат(2012), *Монгол бөөгийн амьд байгалийн шүтлэг*, Улаанбаатар. Б.Э.Петри(1928), *Старая вера бурятского народа*, Иркутск. М.Н.Хангалов(2004), *Собрание сочинений в трех томах*, Том Ⅲ, Улан-удэ.

몽골의 눈토끼 숭배 Чандага шүтлэг (Chandaga shütleg)

몽골에서 눈토끼에 대한 샤머니즘적인 신앙 관습

몽골 샤머니즘에서는 눈토끼(chandaga)를 '초원의 샤먼'으로 여긴다. 눈토끼는 눈이 녹는 봄에 저녁마다 "부-부-부"라고 소리를 내는데, 샤먼들은 이것을 눈토끼가 눈이 녹지 않게 주술을 거는 것이라고 한다. 알타이 오리앙하이 샤먼은 눈토끼 가죽을 벗겨 그 속에 짚을 넣고 옹고드 형상을 만든다. 그리고 이 옹고드 형상을 게르의 상석에 걸어놓고 제를 올린다.

1880년대 부리야트에서 샤머니즘을 연구했던 한갈로프(M.N.Khangalov. 1858~1918)는 토끼가 샤먼 의례에 사용되는 전설을 다음과 같이 소개하고 있다.

“높은 하늘과 넓은 땅이 사돈을 맺기로 했다. 넓은 땅은 딸을 보내는 대가로 높은 하늘에게 해와 달을 요구했고, 하늘은 이것을 주자 넓은 땅은 해와 달을 상자에 넣어 두었다. 그러자 하늘과 땅은 어두워졌다. 높은 하늘은 해와 달을 돌려받고 싶었으나 방법이 없었다. 높은 하늘에게는 아홉 명의 아들과 아홉 명의 딸이 있었다. 높은 하늘은 이들을 ‘자라 아자르가(jara azraga: 고슴도치)’에게 보내 해와 달을 돌려받을 조언을 구해오라고 했다. 높은 하늘은 자식들에게 고슴도치를 보거든 그가 땅에서 굴러다닌다고 절대 웃지 말라고 신신당부했다. 자식들은 게르에서 기다리다 고슴도치가 들어오자 그의 모습을 보고 도저히 웃음을 참을 수가 없어 모두 웃었다. 고슴도치는 화가 나서 나가 버렸다. 그러자 높은 하늘은 다섯 마리의 짐승을 보내 고슴도치를 찾아 그의 조언을 듣고자 했다. 다섯 마리 동물은 토끼, 어린 산양, 족제비, 다람쥐, 흰담비이다. 토끼가 먼저 화가 나있는 고슴도치를 찾아 그의 이야기를 듣고 높은 하늘에게 말했다. 고슴도치는 일단 무척 화가 났었고 욕을 퍼부어대면서 이렇게 말했다고 한다. ‘높은 하늘은 자식들에게 나를 존경할 것을 가르치지 않았다! 그들이 나를 보고 웃었다! 아홉 아들은 땅에 보내 서쪽의 아홉 신격, 아홉 딸들은 지상에 보내 아홉 신체가 되라고 하라! 높은 하늘은 넓은 땅과 사돈지간이니 넓은 땅에게 손님으로 가서 ‘숲속의 메아리’와 ‘물에 반사된 빛’을 선물로 달라고 하라. 넓은 땅이 그것을 어떻게 잡아서 줄 수 있겠는가. 결국 해와 달을 돌려 줄 것이다.’ 이 내용을 토끼는 높은 하늘에 전달했고, 이것 때문에 샤먼이 의례를 할 때 토끼 모피를 오른쪽 첫 번째 자리에 놓게 되었다. 높은 하늘은 넓은 땅에게 가서 자신에게 숲속의 메아리와 물에 반사된 빛을 선물로 달라고 부탁했다. 하지만 넓은 땅은 숲속의 메아리와 물에 비친 빛을 도저히 잡을 수 없었다. 결국 넓은 땅은 높은 하늘에게 해와 달을 돌려주었다. 집에 와서 높은 하늘은 다시 하늘의 불을 밝혔고, 예전처럼 하늘과 땅은 밝아졌다.”

참고문헌 센덴자빈 돌람 지음, 이평래 옮김(2007), 『몽골신화의 형상』, 태학사. 이건욱(2013), 「시베리아민족들의 동물에 대한 관념과 상징」, 『샤머니즘의 사상』, 서울, 민속원. G.Bethlenfalvy, Á.Birtalan, A.Sárközi, J.Vinkovics eds(1992), *Altaic Religious Beliefs and practices*, Budapest. Ш.Сүхбат(2012), *Монгол бөөгийн амьд байгалийн шүтлэг*, Улаанбаатар. М.Н.Хангалов(2004), *Собрание сочинений в трех томах*. Том Ⅲ, Улан-удэ.

몽골의 늑대 숭배 Монгол бөөгийн чоно шүтлэг (Mongol böögiin chono shütleg)

몽골에서 늑대에 대한 샤머니즘적인 신앙 관습

몽골인들은 늑대를 유목 생활에서 가축을 해치는 가장 두려운 대상인 동시에 강한 힘을 가진 신령한 동물로 숭배하는 이중적 태도를 지니고 있다. 그래서 늑대의 칭호도 “허더니 윰(khödöönii yum)”이나 “텡게르 노호이(tengeriin nokhoi)”, “얼럭친(ölögchin)” 등 저주와 숭배가 깃든 다양한 이름으로 부르고 있다.

원래 늑대 신앙은 고대 돌궐인들의 것이며 고대 몽골족에게는 발견되지 않는다. 몽골인들은 장거리 여행을 떠나거나 잃어버린 가축을 찾으려고 나갈 때 길에서 늑대를 만나면 길조로 여기는데, 이는 돌궐의 영향을 받아 생긴 것이다. 이때 늑대가 품속으로 들어가는 방향(왼쪽)이면 좋으나, 품에서 나가는 방향(오른쪽)으로 지나가면 나쁘다고 여긴다. 이럴 경우 다시 앞서 가서 품으로 들어가는 쪽으로 간다. 몽골의 유목민들은 늑대 침입을 막기 위해 "늑대의 주둥이를 막는다"는 의미로 가축의 털로 가위를 싸서 게르의 오른쪽 벽채 위에 걸어놓는 습속이 있다. 또 식사를 할 때 늑대라는 말을 꺼내는 것을 금기시 하는데, 이는 늑대의 이빨이 더 날카로워진다는 속설 때문이다. 목민들은 새로운 유목지로 이동하면 늑대가 가축들을 습격하는 것을 막기 위해 가축우리를 돌아가며 금을 긋고, 노끈을 당겨 줄을 치는 등 여러 가지 주술적인 방법을 사용한다. 또 늑대 주둥이에 버팀목을 대고, 발에 쇠사슬을 채운 그림을 찍은 천이나 늑대 형상을 나무로 만들어 게르에 달아놓는 습속도 있다.

부리야트 몽골인들은 늑대를 하늘의 동물로 생각하여 늑대가 가축을 가져가는 것은 이유가 있는 것으로 여겼다. 즉 신이 자신의 개(늑대)로 가축을 가져가는 것이라고 생각했다. 아이가 잘 유산되는 집에서는 아이의 탯줄을 늑대 힘줄로 싸고, 늑대의 복사뼈와 주둥이를 아이에게 달아주고, 아이를 늑대 가죽 포대기로 싸는 습속이 있다. 이러한 관습은 늑대에게 마법적인 능력이 있으며 그런 강한 힘으로 후손을 보호한다는 관념 때문에 생긴 것이다. 몽골 남자들은 늑대의 복사뼈가 남성의 정기를 살리고 불운이나 삿된 기운을 쫓는다 하여 허리춤에 차고 다니거나 자동차 열쇠고리에 달고 다닌다.

참고문헌 姜戎, 송하진 옮김(2004), 『늑대토템(Wolf Totem)』, 2vols, 서울, 김영사. О.Пүрэв(1999), *Монгол бөөгийн шашин*, Улаанбаатар. Ш.Сүхбат(2012), *Монгол бөөгийн амьд байгалийн шүтлэг*, Улаанбаатар.

몽골의 말 숭배 ᠮᠣᠩᠭᠣᠯ ᠪᠥᠭᠡ ᠶᠢᠨ ᠠᠳᠠᠭᠤ ᠰᠢᠲᠦᠯᠭᠡ

Монгол бөөгийн адуу шүтлэг (Mongol böögiin aduu shütleg)

몽골에서 말에 대한 샤머니즘적인 신앙 관습

북방 샤머니즘에서 말은 역사적으로 큰 사슴과 함께 사람을 저승으로 운반하는 역할을 맡는다는 상징적 의미를 가지고 있다. 또 흉노 유목제국의 성립 후에는 가축 중에서 말 숭배 사상이 두드러졌다. 이는 오늘날의 시베리아나 알타이, 몽골의 샤머니즘에서도 잘 나타난다. 하바롭스크 주변에 살고 있는 나나이족 샤먼은 날개 달린 자그마한 말의 신상을 가지고 있다. 사냥꾼들이 좋은 성과를 얻기 위해 샤먼에게 의례를 요청하면, 샤먼은 이 날개 달린 말을 천신에게 보내 성공적인 사냥을 부탁드린다. 샤먼이 쓰는 지팡이의 머리 부분은 말머리 모양이 많다. 부리야트 샤먼은 능력에 따라 13단계의 굿을 주관하는 자격이 생기는데, 3번째 단계의 굿을 주관하는 능력이 생길 때부터 이 지팡이를 받을 수 있다.

몽골인들은 말 숭배 사상(mori shütekh)이 강하다. 몽골인은 말을 함부로 욕하거나 때리면 가축의 복이 달아난다고 하여 매우 금기시한다. 경주마가 죽으면 오보 또는 샤먼 나무 등에 올려놓는데, 경우에 따라 하닥으로 싸서 올려놓는다. 말의 갈기털나 꼬리털을 오보나 신앙의 대상이 되는 나무에 묶어놓는다. 이것은 신이 좋아하는 제물이다. 특히 신은 말의 땀을 기뻐한다고 여긴다. 그래서 경주마의 갈기나 꼬리털을 집안의 천장 한 가운데나 착트가(chagtaga)에 걸어둔다. 착트가는 토노(toono)의 중심에서 오니(uni) 부분으로 걸치는 끈이다. 오니는 토노를 떠 바치고 있는 우산살 형태의 나무들이다. 이렇게 하면 하늘에서 말의 털을 타고 길하고 복된 기운이 내려와 집안에 깃든다고 믿는다.

몽골인들은 전투할 때 사용하는 톡(Tug)기에도 종마의 갈기나 꼬리털을 붙여 행운을 기원했다. 또한 말이 인간의 정기와 기백, 운을 살리는 힘이 있다고 여겨 말이 그려진 삼각형의 기[khiimoriin dartsag]를 오보나 샤먼 나무 등 신앙적 대상물에 매다는 관습이 있다. 몽골인들은 동물의 샤가이(shagai: 복사뼈)를 던져 점을 치는데 말 형태의 샤가이가 나오면 하려는 일이 잘된다고 여긴다.

참고문헌 박원길(2001), 『유라시아 초원제국의 샤머니즘』, 서울, 민속원. 박원길(2011), 「몽골의 게르에 나타난 북방문화원형 디자인 연구」, 『몽골학』31, 한국몽골학회. Ч.Арьяасүрэн, Г.Чингэл, Х.Нямбуу(1992), *Монгол ёс заншлын их тайлбар толь(I)*, Улаанбаатар.

몽골의 멧돼지 숭배

Монгол бөөгийн гахай шүтлэг (Mongol böögiin gakhai shütleg)

몽골에서 멧돼지에 대한 샤머니즘적인 신앙 관습

몽골 샤머니즘에서 멧돼지는 풍요의 동물로 상징되며, 신화, 설화, 수수께끼 등에서 자주 등장한다. 몽골인들은 우물을 파거나 이사를 할 경우 멧돼지 송곳니로 땅에 선을 긋는데, 이는 지신(地神)을 화나게 하지 않고 악령으로부터 보호를 받기 위해서이다. 또한 악령이 접근하지 못하도록 갓난아이 위에 멧돼지 송곳니를 매달아 두기도 한다. 가축들이 늑대나 개에게 공격당하지 않도록 울타리에 멧돼지 머리를 매달아 둔다. 어떤 지역은 멧돼지 코를 소중히 여긴다. 몽골에서는 여럿이 사냥하여 멧돼지를 잡았을 때 사냥에 가장 공헌을 한 사람에게 멧돼지 머리를 주는 관습이 있다. 몽골 속담에서 멧돼지는 학식이 높은 학자로도 표현된다.

참고문헌 박원길(2001), 『유라시아 초원제국의 샤머니즘』, 서울, 민속원. Ш.Сүхбат(2011), *Монгол бөөгийн дэлгэрэнгүй толь*, Улаанбаатар. Ч.Арьяасүрэн, Г.Чингэл, Х.Нямбуу(1992), *Монгол ёс заншлын их тайлбар толь(I)*, Улаанбаатар.

몽골의 사슴 숭배

Монгол бөөгийн буга шүтлэг (Mongol böögiin buga shütleg)

몽골에서 사슴에 대한 샤머니즘적인 신앙 관습

유라시아 알타이 지역의 문화 중 청동기 문화를 대표하는 것이 카라수크 문화(Karasuk Culture, B.C.1200~B.C.700)이다. "나는 사슴돌(flying deer stone)"로 대표되는 이 문화는 몽골과 바이칼호수를 중심으로 서쪽으로 우크라이나 지역까지, 남서쪽으로 카자흐스탄 지역까지, 남쪽으로는 오르도스 일대, 동쪽으로는 만주 및 연해주, 한반도까지 깊은 영향을 끼쳤다. 이곳에 등장하는 사슴은 붉은 사슴이다.

고대 북방 민족의 사슴 관련 신앙과 습속 가운데 가장 널리 알려져 있는 것이 황금뿔 사슴 전설이다. 전설의 내용은 두 가지인데, 하나는 태양을 나르는 사슴 이야기이고, 다른 하나는 우주 사슴을 쫓아 죽이는 맹수(사냥꾼) 형태의 이야기이다. 태양이 사슴뿔에 얹혀 하늘을 지나다녔다는 전설은 신석기 시대의 상징이라 할 만큼 오래된 신화체계에 속한다. 몽골에는 햇빛 처녀와 달 총각에 대한 설화가 구전되고 있는데, 이를 아리엘 골란(Ariel Golan)은 지옥의 주인이 여성 형상의 태양을 포로로 붙잡고 있고, 경쟁자인 사슴이 그 태양 처녀를 훔치려 하였다는 내용의 신석기시대의 신화를 계승한 것으로 해석하고 있다.

유라시아 알타이 지역의 샤먼들은 제의 때 쓰는 방울들을 "사라지는, 뿔이 없는(죽은) 사슴들의 영혼들"을 표현한 것이라고 한다. 또 그들 머리에 쓴 사슴뿔 형태를 한 철제 뿔모자는 그들이 죽음의 나라로 여행할 때 악령들로부터 자신을 지키는 보호 역할을 한다고 여긴다. 일부 사슴돌에는 당시 사람들의 얼굴이 새겨져 있는데 피츠후그(W.W.Fitzhugh)는 그들을 샤먼으로 간주하고 있으며, 이를 근거로 사슴돌 자체도 돌샤먼(stone shaman)으로 규정하고 있다.

몽골 샤머니즘에서는 샤먼이 사슴을 개인이나 집단을 수호하는 조상의 옹고드(ongod)나 여조신(女祖神)으로 간주하는 습속이 있다. 사슴의 어금니를 신성시하여 액막이로 아이들의 옷이나 장난감에 묶어주는 습속도 이러한 관념에서 유래했다.

사슴의 뿔은 우주목(宇宙木)을 상징한다. 이로 인해 사슴은 하늘과 땅을 이어 주는 매개자 즉 신과 인간을 연결해 주는 역할을 수행한다. 몽골 서북부 다르하드(Darkhad)족, 내몽골의 바르가(Barga)족, 차하르(Chakhar)족, 호르친(Khorchin)족의 샤먼들은 모자에 사슴뿔 형상을 쇠로 만들어 붙인다. 그리고 청동거울 혹은 북에 사슴 모양을 새겨둔다. 다르하드 샤머니즘에서 사슴은 샤먼을 저세상으로 데려다주는 운송 수단이다. 순록 유목 생활을 하는 차탕(Tsaatan)족의 남자 샤먼은 수컷 노루 가죽, 여자 샤먼은 암사슴 가죽으로 북을 만든다. 또 남자 샤먼은 북 표면에 붉은색으로 사슴을 그리고, 여자 샤먼은 흰색으로 암사슴을 그린다. 이것은 사슴이 죽은 것이 아니라 살아있다는 것을 나타낸다. 부리야트족에서는 사슴을 하늘의 신령인 '보말(buumal)'이라고 한다.

몽골 사슴돌

참고문헌 이안나(2010), 『몽골 민간신앙 연구』, 서울, 한국문화사. 박원길(2012), 「몽골 청동기시대 장식용품에 나타난 문양디자인 고찰 - 특히 사슴돌문양의 시공(時空) 인식 체계를 중심으로-」, 『몽골학』33, 한국몽골학회. О.Пүрэв(1999), *Монгол бөөгийн шашин*, Улаанбаатар. Ш.Сүхбат(2011), *Монгол бөөгийн дэлгэрэнгүй толь*, Улаанбаатар. William W. Fitzhugh(2009), *Stone Shamans and Flying Deer of Northern Mongolia: Deer Goddess of Siberia or Chimera of the Steppe?*: 『*Arctic Anthropology*』 *46*.

부리야트의 개 숭배

Буриад бөөгийн нохой шүтлэг
(Buriad böögiin nokhoi shütleg)

부리야트에서 개에 대한 샤머니즘적인 신앙 관습

개가 사람에게 길들여진 때는 약 1만 5천 년 전 북방아시아 북부의 어느 지역이다. 학자들은 중동 지역의 늑대가 사람을 따라 알타이 산맥 부근의 남부 시베리아로 들어가고 추운 빙하기에 사람들과 공생관계를 맺은 후, 해빙기에 세계 각지로 퍼져 나갔다고 보고 있다. 따라서 북방 샤머니즘에는 개에 관련된 많은 이야기와 신앙들이 존재한다.

개와 인간이 가장 먼저 공생을 시작했다고 간주되는 바이칼 호수 주변의 부리야트 지역에는 인간과 개와 관련한 설화가 전승되고 있다. 다음은 부리야트 학자 한갈로프(M.N.Khangalov)가 채집한 개와 인간과의 관계에 대한 이야기이다.

“옛날에 개 한 마리가 함께 살만한 상대를 찾기 위해 돌아다녔다. 먼저 늑대를 만나 그에게 ‘같이 살래?’하고 말했다. 늑대는 수락했고, 그들은 같이 살기 시작했다. 어느 날 밤 개는 숲에서 사각거리는 소리를 듣고 짖기 시작했다. 이때 늑대가 ‘짖지 마! 개야. 곰이 온다. 곰은 우리를 잡아먹을 거야.’라고 말했다. 다음날 아침 개는 늑대보다 곰이 더 강하다고 생각하여 늑대를 남겨놓고 곰을 찾으러 떠났다. 개가 곰을 만나 ‘같이 살까?’하고 말했고, 곰도 그러자고 했다. 어느 날 밤 개가 짖기 시작했다. 곰이 말했다. ‘짖지마. 개야. 사자가 온다. 사자가 우리를 잡아먹을 거야.’ 다음날 아침 개는 곰을 남겨놓고 곰보다 더 강한 사자를 찾아 떠났다. 사자를 만나 개는 ‘같이 살래?’하고 물었고, 사자도 좋다고 하였다. 그런데 어느 날 밤 개가 짖기 시작했다. 사자는 ‘짖지마. 개야. 등에 파란 쇠를 가진 사람이 온다. 그가 우리를 죽일 거야.’라고 했다. 다음날 아침 개는 파란 쇠를 가진 사람이 사자보다 강하다는 생각을 하며 사람을 찾아 나섰다. 개가 사람을 만나 ‘같이 살까?’하고 말하자 사람은 그러자고 했다. 어느 날 밤 개가 짖기 시작했다. 사람은 ‘어 그래. 그래’라고 말했다. 개는 사람보다 강한 동물은 없구나 생각을 했고 지금까지 사람과 함께 살고 있다.”

부리야트에서는 개를 통해 주변 환경의 변화를 감지하는 징조어도 발달해 있다. “만약 개 코끝이 붉은색이면 가축들에게 좋지 않다. 부리야트인들은 이런 개를 좋아하지 않는다. 만약 누군가 이런 개를 가지고 있으면, 그 집안의 가축들이 임신을 못하고 건강하지 못하다.”, “개가 문 앞에 누워 있으면 좋다. 개를 통해 나쁜 기운이 들어올 수 없기 때문이다. 배를 하늘로 향하고 누워 있는 것도 좋다. 개가 자면서 꿈속에서 보르항(Burkhan)에게 주인의 행복을 빌고 있는 것이기 때문이다.”, “개가 나무집이나 게르에 뛰어 들어와 오줌을 싸면 좋은 징조이다. 아들을 낳거나 큰 이익을 볼 징조이기 때문이다. 개가 문 안에 들어와 오줌을 싸는 것도 좋다. 그러나 집 안에서 길 바깥으로 싸는 것은 좋지 않다. 무엇인가 손해를 볼 징조이다. 앉아 있거나 서 있는 사람 옆에서 싸는 것도 좋다. 그 사람에게 아들이 생긴다는 의미다.”, “입천장까지 검은 검정개는 나쁜 기운과 정령을 집에 못 들어오게 한다. 나쁜 기운과 정령은 검정개를 무서워한다.”

참고문헌 이건욱(2013), 「시베리아민족들의 동물에 대한 관념과 상징」, 『샤머니즘의 사상』, 서울, 민속원. М.Н.Хангалов(2004), *Собрание сочинений в трех томах*. Том Ⅲ, Улан-удэ. Д.Цэрэнсодном(2012), *Монгол аман зохиолын тайлбарт дээж бичиг*, Улаанбаатар.

부리야트의 곰 숭배

Буриад бөөгийн баавгай шүтлэг (Buriad böögiin baavgai shütleg)

부리야트에서 곰에 대한 샤머니즘적인 신앙 관습

시베리아에서는 곰은 매우 신성시되기 때문에 곰을 함부로 부를 수가 없다. 대부분의 지역에서 곰을 직접적으로 지칭하는 경우는 거의 없다고 할 수 있을 정도이다. 이는 부리야트에서도 마찬가지다. 부리야트족은 연장자나 존경하는 신들의 이름에 '바와이(baavai)'를 붙이는데 이는 곰에 대한 존칭이다. 곰에 대해 이야기를 나눌 때는 마치 가족을 이야기하는 것처럼 지칭한다. 예를 들어 "외투를 입은 덩치 큰 삼촌", "외투 입은 할아버지", "엄마", "아빠"로 부른다. 사냥꾼들이 나누는 대화에서도 곰을 지칭하는 것은 금지되어 있다. 예를 들어 곰을 봤다면, "궁전을 찾았다." 또는 "여기 대왕이 살고 계시네." 식으로 돌려서 표현한다.

부리야트 샤먼은 곰 발바닥으로 아픈 곳을 문지르는 치병 의례를 하는데 부인병에 특효가 있다고 한다. 곰은 샤먼에게 주술적인 힘을 주는 존재로 인식되며, 심지어 "곰이 샤먼보다 높이 난다."는 표현도 있다. 부리야트의 전설 중에는 곰의 탄생에 대한 설화가 전승되고 있다. 첫 번째 설화는 다음과 같다. "곰은 옛날에 왕이었다. 어느 날 왕은 길 가던 사람을 놀라게 하고 싶었다. 그래서 그는 다리 밑으로 기어 들어가서 사람을 기다리다가 사람이 다리로 다가오자 다리 위로 뛰어올라 크게 소리쳤다. 그런데 다리를 건너던 사람은 다름 아닌 신이었다. 신은 왕에게 '곰으로 변해라! 숲속에서나 사람을 놀라게 해라!'라고 했다. 그래서 왕은 곰으로 변했고 숲으로 도망을 가게 되었다." 두 번째 설화는 하늘(텡게르)이 장난꾸러기들을 벌할 때 곰으로 변신시켰다는 이야기다.

참고문헌 이건욱(2013), 「시베리아 민족들의 동물에 대한 관념과 상징」, 『샤머니즘의 사상』, 서울, 민속원. М.Н. Хангалов(2004), *Собрание сочинений в трех томах*. Том Ⅲ, Улан-удэ. Д.Цэрэнсодном(2012), *Монгол аман зохиолын тайлбарт дээж бичиг*, Улаанбаатар. Ш.Сүхбат(2011), *Буриад бөө мөнх тэнгэрийн элч*, Улаанбаатар.

부리야트의 수리 숭배 ᠪᠤᠷᠢᠶᠠᠳ ᠪᠥᠭᠡ ᠶᠢᠨ ᠪᠦᠷᠭᠦᠳ ᠰᠢᠲᠦᠯᠭᠡ Буриад бөөгийн бүргэд шүтлэг (Buriad böögiin bürged shütleg)

부리야트에서 수리에 대한 샤머니즘적인 신앙 관습

샤머니즘의 기원 설화에는 수리가 신들의 사자로 등장하고 있다. 이로 인해 부리야트인은 수리를 매우 존경한다. 그들은 수리가 천막 위로 날고 있는 것을 보면 공중으로 우유 혹은 술을 뿌리면서 경의를 표하기도 한다. 또 수리를 죽이는 자는 반드시 죽는다고 믿고 있다.

부리야트 샤머니즘을 연구한 아가피토프(N.N.Agapitov)와 한갈로프(M.N.Khangalov)는 부리야트 샤먼의 기원 설화를 다음과 같이 소개하고 있다. "처음 이 세상에는 병이나 죽음도 없었지만 어느 때부터 악령이 병과 죽음의 채찍을 사용해 인간을 괴롭히기 시작했다. 그래서 신들은 인간을 돕기 위해 하늘로부터 수리를 내려 보냈다. 그러나 구원의 수리가 땅에 내려왔어도 인간들은 그 수리의 말을 듣지 않았고 수리가 내려온 목적도 이해하지 못하였다. 그러자 수리는 할 수 없이 신들에게로 되돌아갔다. 이에 신들은 수리에게 지상에서 맨 처음 만난 사람에게 샤먼의 재능을 주도록 명했다. 신의 명을 받고 다시 땅으로 내려온 수리는 나무 밑에서 잠자고 있는 여자를 만났다. 이 여자는 남편과 떨어져 홀로 살고 있었다. 수리는 이 여자와 관계를 맺어 임신을 시켰다. 임신을 한 여자는 이윽고 남편이 있는 곳으로 돌아가 사내아이를 출산했다. 이 사내아이가 최초의 '샤먼'이다. 다른 전설에 의하면 그 여자가 신령들을 볼 수 있는 최초의 샤먼이 되었다고도 한다."

참고문헌 Н.Н.Агапитов и М.Н.Хангалов(1883), *Шаманство у бурят Иркутской губерии*, 『ИВСОРГО』XIX,1-2, Иркутск. А.И.Балдунников(1927), *Первый шаман, Бурятведческий сборник*, Иркутск. С.Шашков(1864), *Шаманство в Сибири*, Петербург.

부리야트의 황소 숭배 ᠪᠤᠷᠢᠶᠠᠳ ᠪᠥᠭᠡ ᠶᠢᠨ ᠦᠬᠡᠷ ᠰᠢᠲᠦᠯᠭᠡ Буриад бөөгийн үхэр шүтлэг (Buriad böögiin ükher shütleg)

부리야트에서 황소에 대한 샤머니즘적인 신앙 관습

1880년대 초 부리야트의 샤머니즘을 연구했던 아가피토프(N.N.Agapitov)와 한갈로프(M.N.Khangalov)는 1883년의 저작에서 부리야트의 이흐레이드(Ikhired)와 볼가드(Bulgad) 씨족은 황소 숭배 신앙을 가지고 있다고 기록하고 있다. 실제 이 두 씨족은 "우리들은 보흐 노욘(Bukh noyon) 아버지, 보단 하탄(Budan khatan) 어머니를 가지고 있다"는 전승에서도 나타나듯이 현재도 황소인 보흐 노욘을 시조로 여기고 있다. 보흐 노욘은 부리야트인이 공물을 바치는 대상이자 샤먼의 무가를 통해 아름다운 전설이 전승되고 있다.

보흐 노욘은 수소 혹은 인간이라고도 전해지는데, 한편으로는 칸(Khan)의 딸, 즉 공주로부터 태어난 사내아이가 볼가드 씨족의 시조라고도 한다. 부리야트의 황소 숭배는 고대 유목제국인 위구르의 "소의 왕 설화"에서도 이미 나타나고 있으며, 노욘올의 흉노 고분에서도 이 설화와 관련이 있는 듯한 수소 모양을 새긴 원형의 금속판이 출토된 바 있다. 이러한 점에서 부리야트의 황소 숭배 사상은 고대의 전통을 이은 것이라 보인다.

참고문헌 박원길(2001), 『유라시아 초원제국의 샤머니즘』, 서울, 민속원. 이안나(2010), 『몽골 민간신앙 연구』, 한국문화사. Н.Н.Агапитов и М.Н.Хангалов(1883), *Шаманство у бурят Иркутской губерии*, *ИВСОРГО* XIX,1-2, Иркутск. Х.Сампилдэндэв(1999), *Монгол домгийн чуулган*, Улаанбаатар.

북방 민족의 고니 숭배 ᠤᠮᠠᠷᠠᠳᠤ ᠶᠢᠨ ᠪᠥᠭᠡ ᠶᠢᠨ ᠬᠤᠩ ᠰᠢᠪᠠᠭᠤ ᠰᠢᠲᠦᠯᠭᠡ Умардын бөөгийн хун шувуу шүтлэг (Umardyn böögiin khun shuvuu shütleg)

북방 민족에서의 고니에 대한 샤머니즘적인 신앙 관습

시베리아 민족들이 수리와 함께 또 하나의 성스러운 새로 여기는 것이 고니(백조)다. 고니 역시 수리와 마찬가지로 상처를 주거나 죽일 수 없다. 유라시아 알타이 민족 가운데 고니와 밀접한 관계를 지닌 민족은 부리야트와 한국이다. 부리야트의 대부분 씨족은 자신들의 기원을 고니와 연관시키고 있는데, 그 대표적인 설화가 '호리 투메드 호리다이 메르겐 설화(Khori Tümed Khoridai mergenii domog)'이다. 오늘날에도 호리 부리야트인들은 9월에 고니가 날아오면 차찰에 우유를 담아 하늘에 뿌리면서 자신들의 뿌리를 기억하고 또 시조를 축원한다. 여자들은 봄에 날아오는 최초의 고니를 보면 예의를 갖추어 인사를 하면서, 고니를 위해 먹을 것을 뿌려준다.

부리야트 민속학자인 갈산(T.Galsan)은 1998년의 저작에서 당시의 부리야트 샤먼들이 굿을 할 때 "고니는 우리의 기원! 자작나무는 우리의 세르게, 자작나무로 둘러싸인 호다르여! 물로 둘러싸인 오이홍 섬이여!"라는 노래를 부르며 시작한다고 기록하고 있다.

부리야트의 고니 설화는 발진 하탄(Baljin khathan) 설화와도 연계되어 있다. 발진 하탄 설화는 주로 호리 부리야트 지방에서 전승되는 무조설화(巫祖說話)로 성격상 한국의 바리공주 설화와 유사하다. 한국의 고니 설화는 "나무꾼과 선녀 설화"라는 이름으로 더 잘 알려져 있는데, 학자들은 이 설화의 기원지가 북방 바이칼호수 일대라고 보고 있다. 역사적으로 고대 한민족이 새 토템을 가지고 있었다는 것은 고깔모자[鳥羽冠]의 존재에서도 잘 나타나고 있다. 아마 호리 부리야트의 고니는 고대 한민족 사이에 퍼져 있던 새 토템을 상징화한 것일 가능성도 있다.

러시아연방 자바이칼주 아긴스키 지방 로지 호수의 백조 엄마 사원

참고문헌 Т.Галсан(1998), *Буриадын язгуур домгийн товчоон*, Улаанбаатар. Д.Дамдинжав (2009), *Буриад Монголчууд*, Улаанбаатар. Д.Цэрэнсодном(1989), *Монгол ардын домог үлгэр*, Улаанбаатар.

북방 민족의 곰 숭배 ᠤᠮᠠᠷᠳᠤ ᠶᠢᠨ ᠪᠥᠭᠡ ᠶᠢᠨ ᠪᠠᠭᠠᠪᠠᠢ ᠰᠢᠲᠦᠯᠭᠡ Умардын бөөгийн баавгай шүтлэг (Umardyn böögiin baavgai shütleg)

북방 민족에서 곰에 대한 샤머니즘적인 신앙 관습

유라시아 알타이 샤머니즘에서 곰은 특수한 동물에 속한다. 즉 많은 민족들이 자신들의 기원이 곰에서 유래되었다는 전승담을 가지고 있다. 그 대표적인 예가 알타이 타타르 지역에서는 하카스(Khakas), 쇼르(Shor), 토와(Tova)이며, 러시아 알타이공화국 테레시고에(Teleskoyee) 호수의 동쪽 기슭에 사는 텔렝키트족의 일족인 카라테레스도 곰을 자신들의 선조로 생각하고 있다. 동부 시베리아에서는 에벤키족 계열인 에벤이며, 한국도 그 대표적인 예에 속한다.

북방 샤머니즘에서 곰은 거의 절대적인 권위를 지닌다. 곰은 샤먼의 수호 정령으로 위력을 발휘한다. 다르하드, 부리야트, 오리앙하이 부족 등 몽골 샤머니즘에서는 일반적으로 곰을 정령이 타고 오는 동물로 간주한다. 부리야트 부족에서 유명한 사람을 '바바이(baavai)'라고 칭송하는데, 이것은 곰을 몽골어로 '바브가이(baavgai)'라고 하는 것에서 유래되었다. 곰은 병을 치료하는 무구로써의 역할도 수행한다. 부리야트에서는 곰 발바닥으로 아픈 곳을 문지르는 치병 의례를 샤먼이 하는데 부인병에 특효가 있다고 한다. 또 신의 기운을 지닌 인형으로 모셔져 각종 질병을 치료하는데 사용된다.

극동 시베리아 지역에 거주하는 오로치족 샤먼의 신당에는 곰을 신으로 모신 인형이 있는데, 이 인형을 "'테무 두에네니"라고 한다. 이 곰인형은 마음의 병을 치료하는 기능을 한다. 투바에서는 곰은 거리가 멀어도 웬만한 소리는 다 듣는다고 믿는다. 그래서 강력한 샤먼은 곰의 머리가죽으로 만든 머리장식을 가지고 있으며, 굿을 할 때 곰의 목소리를 흉내 내기도 한다. 부리야트에서도 곰은 샤먼에게 주술적인 힘을 주는 존재로 인식되며, 심지어 "곰이 샤먼보다 높이 난다."는 표현도 있다. 곰을 숭상하는 민족들은 곰에게 웅제(熊祭, baavgain yoslol)를 올리는 것 외에 곰을 사냥할 때 나름대로의 의식을 행하는 관습이 있다.

북방 민족의 곰 인형

참고문헌 이건욱(2013),「시베리아 민족들의 동물에 대한 관념과 상징」,『샤머니즘의 사상』, 서울, 민속원. Д.Цэрэнсодном(2012), *Монгол аман зохиолын тайлбарт дээж бичиг*, Улаанбаатар. Ш.Сүхбат(2012), *Монгол бөөгийн амьд байгалийн шүтлэг*, Улаанбаатар. Н.П.Дыренкова(1928), *Bear worship among Turkish tribes of Siberia*, Proceedings of the Twenty-third International Congress of Americanist, Sept.

북방 민족의 까마귀 숭배 Умардын бөөгийн хэрээ шүтлэг (Umardyn böögiin kheree shütleg)

북방 민족에서 까마귀에 대한 샤머니즘적인 신앙 관습

북방 유목 민족의 시조 설화에는 종종 까마귀가 성스러운 동물로 등장하고 있다. 원래 까마귀는 알타이 지역 및 야쿠트나 만주의 제의(祭儀)에서 명료하게 드러나듯 샤머니즘과 매우 밀접한 연관을 맺고 있는 동물이다. 야쿠트나 만주의 까마귀는 신의 뜻을 인간에게 전하는 전령으로 등장하거나 샤먼이 굿을 할 때 그의 혼을 명계로 인도하는 길잡이의 역할을 수행하고 있다.

야쿠트에서는 샤먼이 굿을 할 때 샤먼의 혼을 잘 안내하도록 3개의 기둥에다 나무로 조각해 만든 새의 조각상을 붙이는데 서쪽에는 억서커쿨(öksökö-kyl: 두 개의 머리를 가진 신화적인 새), 가운데에는 게이쿨(käi-kyl: 신화적인 새), 동쪽에는 소르(suor: 까마귀)가 놓인다.

시베리아 투르한스크(Turukhansk)의 샤먼들은 바다 까마귀를 샤먼들의 혼이라고 여긴다.그렇기 때문에 투르한스크 지방의 사람들은 샤먼이 죽으면 그 시신을 절대로 땅에 묻지 않는다. 왜냐하면 샤먼의 혼이라 간주되는 바다 까마귀가 다시 돌아오지 않기 때문이다. 투르한스크 사람들에게 바다 까마귀의 복귀는 죽은 샤먼의 친척 중의 한 사람이 다시 새로운 샤먼의 소질을 받게 된다는 것을 의미한다. 이 징후가 나타났다고 확인되면 그의 가족들은 나무로 새의 형상을 조각하면서 새로운 샤먼의 탄생을 준비한다.

함니강 퉁구스 샤먼의 혼도 바다 까마귀의 모습으로 새로운 샤먼의 몸속에 들어간다. 한국의 무신도인 산신도, 서낭신, 성수대감에도 까마귀, 혹은 까치가 그려져 있는데 이들은 신의 영험을 전달하는 기능을 지니고 있다.

극동 시베리아의 코략(Koryak)족에게는 큰 까마귀가 태양을 삼켜 세상이 어두워졌는데, 그의 딸이 그를 죽이고 배를 갈라 다시 태양을 꺼내 왔다는 신화가 전승되고 있다. 이로 인해 코략족은 구비전승을 시작할 때 반드시 "옛날에 큰 까마귀가 살았던 때에" 또는 "옛날에 큰 까마귀와 그의 사람들이 살았을 때에"라며 구술을 시작한다. 코략족에게 큰 까마귀는 첫 번째 사람이자, 코략족의 조상이며 수호신이다. 큰 까마귀와는 오직 영험한 샤먼만이 소통할 수 있다. 큰 까마귀의 부인 '미티'와 자녀들도 천상의 신격들로 대접 받는다. 특히 자녀들은 항상 나쁜 정령과 싸운다. 그래서 순록 유목을 하는 코랴족은 명절 때 어린 순록을 큰 까마귀에게 제물로 바친다.

캄차카 반도의 이텔멘(Itelmen)족의 신화에서도 까마귀는 세계의 창조자, 최초의 인간으로 나온다. 신화 속 까마귀의 이름은 '꿋흐'이며, 이텔멘족은 꿋흐의 아이들이다. 시베리아에서 네네츠(Nenets)족으로 더 잘 알려진 유라크사모예드(Yurak-Samoyed)족에게 까마귀는 순록의 수호 정령이다. 그들은 까마귀 신상을 만들어 높은 언덕 위에 세워놓는다. 늑대가 나타나 순록을 여기저기 흩어지게 할 때가 있는데, 이때 이 까마귀 신상은 순록들을 진정시켜 다시 한 곳으로 모이게 하는 힘을 가지고 있다. 늑대의 습격시 만약 순록들에게 아무 문제가 없으면 이 신상에 화려한 색의 옷감으로 새 옷을 입혀주며, 만약 늑대를 잡게 되면 늑대의 피를 신상에 바친다. 또한 순록들 중 늑대들의 습격 때 제일 먼저 원래 무리로 돌아온 순록을 잡아 신상에 제물로 바친다.

북방 민족의 제의 모습

참고문헌 박원길(2001), 『유라시아 초원제국의 샤머니즘』, 서울, 민속원. Uno Harva(1938), *Die Religiösen Vorstellungen der Altaischen Völker*, Helsinki. Н.В. Васильева(1993), *История и культура Коряков*, Ст.Петербург.

북방 민족의 눈표범 숭배 ᠤᠮᠠᠷᠠᠳᠤ ᠶᠢᠨ ᠪᠥᠭᠡ ᠶᠢᠨ ᠢᠷᠪᠢᠰ ᠰᠢᠳᠦᠯᠭᠡ Умардын бөөгийн ирвэс шүтлэг (Umardyn böögiin irves shütleg)

북방 민족에서 눈표범에 대한 샤머니즘적인 신앙 관습

눈표범은 몽골어로 '이르베스(irves 雪豹)'라 한다. 러시아의 아무르강과 우수리강, 중국 송화강 유역에 살고 있는 나나이(Nanai)족 샤먼들은 이르베스를 지상 세계에 있는 산의 주인으로 간주하며, 그 인형으로 치병굿을 벌인다. 골디족 샤먼은 치병굿 때 중풍으로 팔과 다리가 마비된 환자에게 다가가 중풍을 일으킨 기운을 잡아 이르베스 인형으로 옮겨놓은 뒤, 이 인형을 부족의 신성한 장소로 갖다 놓는다. 그러면 병이 낫는다고 한다.

(좌)몽골 서부 지역의 눈표범 (우)중풍으로 수족이 마비된 사람의 치병굿 때 사용하는 니브히(Nivkh)족의 눈표범 형상

참고문헌 이건욱(2013), 「시베리아 민족들의 동물에 대한 관념과 상징」, 『샤머니즘의 사상』, 서울, 민속원. И.А.Лопатин(1922), *Гольды Амурские, Уссурийские и Сунгарийские*, Владивосток. П.П.Шимкевич(1896), *Материалы для изучения шаманства у гольдов*, Хабаровск.

북방 민족의 뱀 숭배 ᠤᠮᠠᠷᠠᠳᠤ ᠶᠢᠨ ᠮᠣᠭᠠᠢ ᠰᠢᠳᠦᠯᠭᠡ Умардын могой шүтлэг (Umardyn mogoi shütleg)

북방에서 뱀에 대한 샤머니즘적인 신앙 관습

북방 샤머니즘의 뱀 숭배 신앙은 유목제국인

유연(柔然)의 토템 동물이 뱀이라는 역사적 사실에서도 나타나듯이 오래된 기원을 가지고 있다. 오늘날 몽골이나 시베리아 샤머니즘에서는 뱀을 '모고이(mogoi)'라 부르며 지방 신이나 용왕을 대표하는 성물로 간주하고 있다. 현재 뱀에 대한 신앙은 바이칼호나 흑룡강 중상류 일대에 사는 삼림계 민족에서 주로 나타나고 있다. 바이칼호 주변에 사는 함니강 에벤키인들은 두 개의 뿔을 가진 뱀이 자신들의 조상신이라고 믿고 있으며 흑룡강 중상류 일대에 거주하는 골디(Goldi)나 오론촌(Oronchun)족 샤먼들의 북 위에는 네 개의 다리를 가진 뱀 혹은 짧은 꼬리를 가진 뱀 등이 그려져 있다.

동몽골 일대에 이같은 뱀 숭배 신앙이 언제부터 존재했는가는 알 수 없다. 그러나 중앙아시아에 전승되는 샤머니즘의 창세 설화에 "뱀은 나무[신목]를 감고 있으며 수리인 가루다(Garuda)는 그것을 위협하고 있다."라는 내용이 실려 있는 것으로 미루어 보면 오래된 기원을 가지고 있는 것은 분명하다. 골디족의 신화에는 샤먼의 나무 또는 세계수는 거대한 뱀과 관련이 있다. 사실 북방 샤머니즘에서 지상과 지하의 힘을 상징하는 수리와 뱀이 차지하는 비중은 매우 크다.

뱀은 미래를 보는데 도움을 준다. 뱀은 매우 강력한 정령으로 산과 숲의 정령들보다 더 강하다. 에벤키 샤먼은 관절염을 예방하기 위해 뱀 형상의 부적을 만든다. 몽골 샤머니즘에서 뱀은 샤먼을 수호하는 동물이며 대지와 하늘을 연결하는 매개 영체이다. 그리하여 무복에 뱀을 형상화한 띠를 매다는데, 할흐족 무복에는 360개, 다르하드족 무복에는 81개, 부리야트족 무복에는 2개의 뱀 띠가 달려 있다.

골디족 샤먼의 무복으로 끈처럼 늘어진 것이 모두 뱀이다.

참고문헌 박원길(2001), 『유라시아 초원제국의 샤머니즘』, 서울, 민속원. Г.Сүхбаатар(1992), *Монгол нирун улс*(330~555), Улаанбаатар. 劉小萌, 定宜庄(1990), 『薩滿敎與東北民族』, 長春.

북방 민족의 수리부엉이 숭배 ᠤᠮᠠᠷᠠᠳᠤ ᠶᠢᠨ ᠪᠥᠭᠡ ᠶᠢᠨ ᠰᠢᠷ᠎ᠠ ᠱᠤᠪᠤᠭᠤ ᠰᠢᠲᠦᠯᠭᠡ Умардын бөөгийн шар шувуу шүтлэг (Umardyn böögiin shar shuvuu shütleg)

북방 민족에서 수리부엉이에 대한 샤머니즘적인 신앙 관습

몽골 샤머니즘에서는 수리부엉이를 신이한 동물로 여겨 '귀신의 친구' 또는 '죽은 사람의 영혼'이라고 생각한다. 때로는 사나운 사브닥(Savdag)이 수리부엉이로 변해 울며 온다고 하여 샤먼이 굿을 할 때 수리부엉이 소리를 내기도 한다. 샤먼 모자에 수리부엉이 깃털을 꽂아 장식하는데, 흉노 고분의 발굴품에서 2000년 전 흉노 샤먼의 모자에 꽂힌 수리부엉이 깃털이 발견되기도 하였다. 황 샤먼에 속하는 몽골 호트고이드 씨족 샤먼의 모자 위 부분에 수리부엉이 깃털 뭉치가 꽂혀있지만 몽골 다르하드족 흑샤먼의 모자에는 주로 독수리 깃털이 꽂힌다. 함니강 퉁구스(에벤키) 샤먼은 자신의 성소(이동형 천

막 '춤') 앞에 높은 장대를 세우고 그 위에 수리부엉이 상을 놓는다. 이것은 밤에 악한 정령이 접근할 때 수리부엉이가 악령의 접근을 샤먼에게 알려주는 역할을 한다고 여기기 때문이다.

참고문헌 이건욱(2013), 「시베리아 민족들의 동물에 대한 관념과 상징」, 『샤머니즘의 사상』, 서울, 민속원. Uno Harva(1938), *Die Religiösen Vorstellungen der Altaischen Völker*, Helsinki. Д.Цэрэнсодном(2012), *Монгол аман зохиолын тайлбарт дээж бичиг*, Улаанбаатар. Ш.Сүхбат(2012), *Монгол бөөгийн амьд байгалийн шүтлэг*, Улаанбаатар.

북방 민족의 호랑이 숭배

Умардын бар шүтлэг (Umardyn bar shütleg)

북방 민족에서 호랑이에 대한 샤머니즘적인 신앙 관습

극동 시베리아 오로치(Orochi)족의 신화와 신앙을 연구했던 베레즈니츠키는 1999년의 저작에서 오로치인들의 호랑이 숭배 사상에 대해 "극동 지역의 민족들 중 오로치인들은 호랑이를 숭배한다. 특히 아무르강 연안에 사는 오로치인들에게는 호랑이가 동물들의 조상으로 숭배된다. 오로치인들은 호랑이를 '아밈피'라고 부르는데, 이는 '우리의 아버지'라는 뜻이며, '비티 아밈피'라고도 부르는데, 이는 '너와 우리의 아버지'라는 뜻이다. 호랑이는 절대 사냥하지 않는다."라고 기록하고 있다.

아무르강 지역에 사는 에벤키 샤먼은 번개의 정령을 형상화해서 신체로 사용하는데, 번개는 샤먼의 수호 정령인 동시에 창조자이다. 번개의 정령이 사용하는 도구가 호랑이의 정령이다. 그래서 번개와 호랑이 정령을 각각 만들어 같이 묶어 놓고 사용한다. 오로치의 일족인 우데게(Udeghe)족 샤먼 중에는 나무로 만든 호랑이를 타고 있는 정령이 있다. 이 정령은 사냥의 정령이며 샤먼의 기도를 통해 사냥꾼에게 좋은 성과를 내게 해준다. 극동 지역에 사는 소수민족으로 어업에 종사하는 울치(Ulchi)족 샤먼은 호랑이를 타고 있는 곰 조각상을 질병 치료에 사용한다. 질병을 사람 몸에서 꺼내 호랑이 안에 넣으면 곰은 이 질병이 밖으로 못 나오게 지킨다. 질병이 갇힌 곰 조각상은 신성한 숲에 갖다 놓는다. 몽골인들의 구전설화에는 원래 초원에는 호랑이도 살았었는데 나중에 늑대 무리한테 전부 쫓겨났다고 한다. 또 "호랑이를 기르는 것은 근심을 기르는 일이고 늑대를 키우는 것은 재앙을 키우는 일"이라는 격언도 존재한다.

골디 샤먼의 호랑이 가면과 신상

참고문헌 이건욱(2013), 「시베리아민족들의 동물에 대한 관념과 상징」, 『샤머니즘의 사상』, 서울, 민속원. Uno Harva(1938), *Die Religiösen Vorstellungen der Altaischen Völker*, Helsinki. С.В.Березницкий(1999), *Мифология и верования Орочей*, СПб.

시베리아의 순록 숭배

Сибирийн цаа буга шүтлэг (Sibiriin tsaa buga shütleg)

시베리아에서 순록에 대한 샤머니즘적인 신앙 관습

시베리아에서 유목 생활을 하는 민족들에게

순록은 매우 중요하고 신성한 동물이다. 시베리아 북부 지역에 사는 에벤키족 계열인 에벤(Evens)족의 전설에는 순록과 세계 창조의 신화가 전승되고 있다. "세상과 인간이 동시에 창조될 때, 천상계에서 쫓겨난 선녀가 뿔이 여덟 개 달린 순록을 타고 내려오게 되었다. 그러나 지상에는 물밖에는 아무것도 없었다. 이때 순록이 선녀에게 자신을 죽여 사방에 흩뿌리라고 말했다. 이리하여 순록의 각 부분들은 땅이 되고, 산이 되고, 심장은 영웅이 되었다. 두 개의 폐는 남자와 여자로 변했다." 함니강 퉁구스(에벤키)족 계열의 남녀 샤먼들은 의례를 할 때 순록 뿔을 상징하는 모자를 쓴다. 부리야트의 샤먼들은 옛날에 뿔 달린 사슴이나 순록의 머리를 통째로 벗겨 그것을 쓰고 의례를 했다고도 한다. 모자에 달린 뿔의 수는 순록의 정령 숫자를 상징한다. 따라서 뿔이 많은 샤먼은 강력한 힘을 지닌다. 샤먼의 모자에서 뿔은 우주의 축 역할을 하기도 한다. 정수리 부분의 뿔은 신화 속의 "태양 순록"을 상징한다. 순록은 우주의 질서 등의 이야기를 담은 "천상의 사냥"이라는 신화에서 매우 중요한 역할을 한다. 순록은 시베리아 창세 신화에서 낮과 밤이 갈리게 된 원인 설명에 등장하는 등 우주와 세상 창조 등에 관련된 고대 신화 속에 등장하는 주요한 페르소나(persona)이다. 뿔이 많은 모자는 아무 샤먼이나 갖는 것이 아니라 경험 많고 강력한 샤먼만이 가질 수 있다. 시베리아에서 네네츠(Nenets)족으로 더 잘 알려진 유라크사모예드(Yurak Samoyed)의 샤먼들은 늑대로 인한 순록의 피해를 막기 위해 순록을 수호하는 신상을 만들어 초원에 세워 두기도 한다. 그리고 이 신상을 즐겁게 하기 위해 담배 냄새를 정기적으로 맡게 하며 주둥이에는 순록의 피를 발라 먹이기도 한다. 시베리아 순록 유목민들에게 살아 있는 순록은 매매의 대상이 아니기 때문에 살아 있는 순록을 파는 것은 '나쁜 짓(코략어로 아트킨 atkin)'으로 간주된다.

케트(Ket)족 샤먼의 관(표트르대제 인류학. 민족지학 박물관소장)

참고문헌 이건욱(2013), 「시베리아 민족들의 동물에 대한 관념과 상징」, 『샤머니즘의 사상』, 서울, 민속원. B.A.Тураев(1997), *История и культура Эвенов*, Санкт-Петербург. T.Lehtisalo(1927), *Entwurf einer Mythologie der Jurak-Samojeden*, Helsinki.

시베리아의 아비물새 숭배 Умард Сибирийн цахлай шүтлэг (Umard Sibiriin tsakhlai shütleg)

시베리아에서 아비물새에 대한 샤머니즘적인 신앙 관습

'아비'는 물새의 일종인데, 북시베리아의 민족들은 수리와 아비, 특히 붉은 아비 계통의 물새를 영적인 존재로 간주하기 때문에 절대로 사냥해서는 안 된다고 믿고 있다. 이 물새들의 조각은 함니강 퉁구스(에벤키), 돌간, 야쿠트족의 제의 장소나 묘지에서 특히 많이 발견된다. 이 조각들은 죽은 샤먼의 신령을 상징한다.

참고문헌 박원길(2001), 『유라시아 초원제국의 샤머니즘』, 서울, 민속원. Uno Harva(1938), *Die Religiösen Vorstellungen der*

Altaischen Völker, Helsinki. G.Bethlenfalvy, Á.Birtalan, A.Sárközi, J.Vinkovics eds(1992), *Altaic Religious Beliefs and practices*, Budapest.

야쿠트의 수리 숭배

Якут бөөгийн ууль шүтлэг (Yakut böögiin uuli shütleg)

야쿠트족에서 수리에 대한 샤머니즘적인 신앙 관습

야쿠트(Yakut)족은 독수리가 최초의 샤먼을 창조했다는 설화를 가지고 있다. 독수리는 '창조자'라는 뜻의 '아이(Ai)'혹은 "빛의 창조자"라는 뜻의 '아이토욘(Ai Toyon)'으로 불린다. 아이토욘의 자식들은 세계수의 가지에 앉아 있는 조령신(鳥靈神)으로 표현된다. 가지 꼭대기에 앉아 있는 쌍두의 독수리인 '토욘 쾨퇴르(Toyon Kötör: 새들의 주인)'는 빛의 창조자인 아이토욘 자신을 나타낸다. 따라서 야쿠트인은 부리야트인들처럼 수리를 신성하게 여기며, 수리를 다치게 하는 것을 큰 죄로 여기고 있다. 그들은 예기치 않게 수리가 그물에 걸려 죽으면 죽은 사람을 매장하는 방법과 똑같이 수리의 시체를 자작나무 껍질로 싸서 아랑가(aranga: 시신을 안치하는 망루)나 나무 위에 놓는다. 야쿠트 샤먼을 연구한 시예로쉬예프스키(V.Y.Sereshevskii)에 의하면 야쿠트인들은 수리의 뼈를 거두어 장례의식을 행할 때 "구리와도 같은 그대의 뼈를 아랑가(arangas) 위에 안치한다. 은과 같은 그대의 시신을 이 위에 올려놓는다."라는 말을 사용한다고 한다.

수리는 사람을 돕는 능력도 있지만 질병 등 재난을 불러일으키는 능력도 있다. 특별한 경우 야쿠트인은 수리의 모습을 만든 뒤 그 속에 자신의 혼을 불어넣고 천막의 존귀한 자리에 두기도 한다. 야쿠트의 샤먼을 연구한 트로쉬안스키(V.F.Troschanskii)에 의하면 야쿠트인들은 집 근처에 수리가 없을 때에도 수리를 위해 뜰 앞에 마련한 탁자 위에 희생 동물의 심장을 놓아둔다고 한다. 또 우연찮게 수리가 자신이 사는 곳 가까이로 다가올 때에는 가장이 새끼소를 도살하여 그 일부를 수리에게 바치는 일도 있다고 한다. 수리는 부리야트와 야쿠트만이 아니라 텔레우트(Teleut)족 등 알타이 타타르의 각지에서도 특별한 존경의 대상이 되고 있다. 알타이 샤머니즘에서 구전되는 수리에 대한 무가를 소개하면 다음과 같다.

초승달 부리는 얼음부리
그대의 왼손은 달을 가리고
그대의 오른 손은 해를 가리고
그대는 와서 내 오른 편에 앉으시라!

참고문헌 Uno Harva(1938), *Die Religiösen Vorstellungen der Altaischen Völker*, Helsinki. В.Я.Серошевский(1896), *Якуты*, Ст.Петербург. В.Ф.Трощанский(1902), *Эволюция черной веры(шаманства у якутов)*, Казань.

야쿠트의 신성한 새

Якутын шувуу шүтлэг (Yakutyn shubuu shütleg)

야쿠트족의 샤머니즘에 등장하는 신성한 새

야쿠트 신화에서 신성한 새로 독수리, 고니, 까마귀가 등장한다. 독수리는 홈푸룬 호타이(Khomporuun khotai) 천신의 아들이며, 인간 세계에는 불을 갖다 준 존재이다. 야쿠트족의 샤먼은 천상으로의 여행을 떠날 때 세 개의 기둥을 한 줄로 세우고 이 기둥 위에 새의 형상을 세우는 의식을 거행한다. 첫 번째 기둥에 세우는 것이 머리가 둘인 외크쇠큐우(öksükü)이다. 두 번째 기둥에는 까마귀, 세 번째 기둥에는 뻐꾸기를 세운다.

참고문헌 Г. У. Эргис(1974), *Очерки по якутскому фольклору*. Н.А.Алексеев (1975), *Традиционные религиозные верования якутов в XIX - нач. XX вв*, Новосибирск.

에벤족의 곰 숭배

Эвений баавгай шүтлэг (Evenii baavgai shütleg)

에벤족에서 곰에 대한 샤머니즘적인 신앙 관습

시베리아 북부 지역에 사는 에벤키족 계열인 에벤(Evens)족은 곰을 인간의 조상으로 여기고 있다. 에벤은 라무트(Lamut)라고 불리며 현 러시아연방 마가단 지역과 캄차카 지역, 사하 공화국 북서쪽에 살고 있다. 이들은 원래 바이칼 동부 지역에 살다가 시베리아 동북부로 이주한 것으로 알려져 있다. 에벤족은 자신들의 고유한 문화와 언어를 가지고 있는데, 1990년대 에벤족의 샤머니즘을 연구했던 투골루코프(V.A.Tugolukov)는 1997년의 저작에서 에벤족의 곰 설화 두 개를 다음과 같이 소개하고 있다.

〈1〉 어느 날 한 소녀가 곰이 사는 동굴에 들어가게 되었다. 겨울 내내 그녀는 곰의 앞발을 빨면서 지냈기 때문에 굶어죽지 않았다. 봄이 되어 잠에서 깨어난 곰은 그녀에게 집으로 가는 길을 알려주었다. 머지않아 그녀는 자신이 임신한 것을 알게 되었고, 한 동굴을 찾아 거기서 출산을 하였다. 먼저 태어난 것은 새끼 곰이었고, 그 다음은 사람 아기였다. 새끼 곰은 '나카트'라고 불렀고, 할머니의 손에서 컸다. 다 자라서는 숲으로 떠나 버렸다. 두 번째로 태어난 소년은 '토르가니'라는 이름으로 불렀다. 어느 날 토르가니와 나카트가 숲에서 만나 싸우게 되었고, 토르가니가 나카트를 죽여버렸다. 나카트는 죽어가면서 사람들에게 곰 축제를 어떻게 해야 하는지 알려주었다고 한다.

〈2〉 에벤족의 신화에 의하면 곰은 태초의 인간의 모습을 하고 있었다고 한다. 여자였던 이 곰은 죽으면서 사람들에게 유언하기를 자신의 시신으로 생업에 필요한 것을 만들라고 했다. 자신의 어깨로는 스키를, 갈비뼈로는 활과 화살을, 가슴으로는 배, 가죽으로는 유르트를 만들라고 했다. 에벤족에게 곰은 여성의 시작과 관련이 있으며, 이 여성은 태초의 인간이자 인간에게 문화를 가르쳐 준 것이다. 에벤족에게는 '네누켄'이라는 문답식의 수수께끼가 있다. 여기서도 곰은 모든 것의 시작점으로 나온다.

참고문헌 이건욱(2013),「시베리아 민족들의 동물에 대한 관념과 상징」, 『샤머니즘의 사상』, 서울, 민속원. В.А.Тураев(1997), *История и культура Эвенов*, Санкт-Петербург.

이에쿨

Амьтан онгод (Amitan ongod)

샤먼과 운명을 같이 한다고 여기는 동물

샤먼과 운명을 같이 하는 분신수(分身獸)인 '이에쿨(iyä-kul)'은 동물의 모습으로 방황하는 샤먼 고유의 혼일 가능성이 높다. 실제로 샤먼의 혼이 순록의 모습으로 배회한다는 관념은 아주 광범위한 지역에서 관찰된다. 골디(Goldi)족은 샤먼이 죽은 자를 저승으로 운반할 때 순록의 모습을 취한다고 믿고 있다. 삼림 유라크(Yurak)족은 샤먼의 혼이 저세상으로 사라지면 "어떤 사람이 수소의 모습으로 걷고 있다"고 말한다. 1920년대 중반 유라크사모예드(Yurak−Samoyed)족의 샤머니즘과 장례의례를 관찰한 레티살로는 1927년의 저작에서 "나이 많은 샤먼이 죽자 그의 아들은 뿔과 다리를 갖춘 순록의 상을 만들어 '아버지의 머리'라 불렀다. 고인의 처는 그것을 작은 새끼순록의 모피로 감싸 천막 속의 자기가 거주하는 자리에 세워두었다." 라고 기술하고 있다.

1870년 투르한스크 지방의 사모예드 샤머니즘을 연구했던 트리에치야코프(P.I.Tretiyakov)는 1871년의 저작에서 이에쿨의 능력에 대해 다음과 같이 기술하고 있다. "각 샤먼은 주변 가까이에 '순록의 모습으로 지내는', 부르면 곧 오는 분신수를 데리고 있다. 일종의 불가사의한 끈이 몸주와 동물을 연결해 주고 있는데 이 끈은 동물이 샤먼의 명을 받아 다른 곳으로 갈 때에도 절대로 끊어지지 않고 오직 늘어난다. 마음에 들지 않는 샤먼이 있을 경우 두 세 명의 샤먼이 힘을 합쳐 그에게 압력을 가하는 일도 있다. 압력은 '자신들의 순록'을 불러내 서로 힘을 합친 뒤 상대의 '순록'에 기습을 가하는 방법으로 행해진다. 상대의 '순록'이 고군분투하지 못하고 굴복하면 상대편의 샤먼도 생명을 잃는다."

아노힌(A.V.Anokhin)에 의하면 샤먼이 서로 다툴 경우 강한 샤먼이 약한 샤먼의 이에쿨을 잡아 다리와 목을 잘라 죽여 버리는 것이 가능하며 자신의 분신수가 죽은 샤먼은 2~3일 내에 죽는다고 한다. 이 같은 관념은 핀란드의 랩족에서도 발견된다. 시베리아로부터 아주 멀리 떨어진 곳에 사는 랩족에 이르기까지 샤먼의 분신수가 순록으로 등장한다는 사실은 흥미롭다.

참고문헌 А.В.Анохин(1929). 'Душа и ее свойства по представлению телеутов', *СМАЭ VIII*, Ленинград. П.И.Третьяков(1871). *Турханский край, его природа и жители*, Ст.Петербург. T.Lehtisalo(1927). *Entwurf einer Mythologie der Jurak-Samojeden*, Helsinki.

카라카스의 곰 숭배

Каракасын баавгай шүтлэг (Karakasyn baavgai shütleg)

카라카스 지역 토팔라르족에서 곰에 대한 샤머니즘적인 신앙 관습

토팔라르(Tofalar)족은 러시아연방 이르쿠츠크주 우다 강 근처 타이가 지대에 사는 소수 민족이다. 이들은 '토파', '토하', '카라가스'라고도 자칭하는데 자신들만의 언어가 있다. 1900년대 초 이들에 대한 민족학적 조사를 했던 멜니코바는 1994년의 저작에서 이들의 곰 신앙에 대해 다음과 같이 기술하고 있다. "먼저 이들에게는 곰을 부르는 칭호가 6개가 있다. 첫 번째는 '이레상'으로, '할아버지 곰'이란 뜻이다. 이는 곰이 사람처럼 두 발로 걷거나, 앞발을 손 삼아 무엇인가를 하기도 하고, 잠자리를 사람의 집처럼 꾸미는 것 등으로 인해 곰을 사람처럼 취급하면서 나온 이름이다. 두 번째는 '아쉬끼냑'으로 '짐승 남자'라는 뜻이다. 이는 곰이 지치지 않고 열심히 일하는 모습이 훌륭한 사냥꾼과 같다는 것이다. 세 번째는 '초르한의흐'으로 '따뜻한 외투를 입은 짐승'이라는 뜻이다. 네 번째는 '쿠숙타르'로 '견과류 채집자'라는 뜻이다. 다섯 번째는 '쉬이덴가'로 '어디든 갈 수 있는 짐승'이라는 뜻이다. 이는 곰이 산이든 강이든 모든 곳을 자유롭게 다니기 때문에 붙은 이름이다. 여섯 번째는 '까이헤르라르'로 '지방 덩어리'라는 뜻이다. 이는 곰이 겨울잠을

자려고 몸에 지방을 축척해 놓는 습성이 있기 때문에 붙여진 이름이다."

멜니코바는 또 "곰과 반목하는 물고기의 후손들"이란 설화도 다음처럼 소개하고 있다. "옛날에 한 형제가 살았다. 처음에는 우애 깊게 지냈으나 크게 싸운 후 따로 살게 되었다. 형은 숲으로 들어가 곰이 되었고, 동생은 강으로 가 어부가 되었다. 동생은 큰 물고기를 잡았는데, 그 물고기와 결혼하여 자식들을 낳았다. 자식들로부터 카라가스족이 시작되었다. 지금까지도 카라가스족과 곰은 사이가 좋지 않다. 카라가스인들은 곰을 발견하면 반드시 죽여 버린다. 그리고 죽은 곰의 뼈를 나무 구멍 등에 몰래 숨겨놓는다. 이것은 다른 곰이 곰을 죽인 카르가스를 찾지 못하게 하기 위함이다." 오늘날에도 토팔라르인들은 곰을 잡아 머리를 삶아 먹은 뒤 곰의 두개골에 숯을 문지른 다음 나무 구멍에 숨겨 놓고 다음과 같이 이야기 한다. "형제여. 내가 너를 죽인 게 아니다. 내가 너를 먹은 게 아니다. 다른 사람들이 너를 잡아먹은 거다."

참고문헌 이건욱(2013). 「시베리아 민족들의 동물에 대한 관념과 상징」. 『샤머니즘의 사상』. 서울. 민속원. Л.В. Мельникова(1994). *Тофы: Историко-этнографический очерк*. Иркутск. С.И.Вайнштейн(1994). *Тофалары*. *Народы Россий: Энциклопедия*. М., Изд-во БРЭ.

캄차달의 늑대 숭배

Камчадалын чоно шүтлэг (Kamchadalyn chono shütleg)

캄차달족에서 늑대에 대한 샤머니즘적인 신앙 관습

캄차달(Kamchadal)족은 캄차트카 반도에 사는 원주민을 지칭하는데 이텔멘(Itelmens)족이라고도 한다. 스텔러(G.W.Steller)는 1774년에 출판된 그의 저작에서 캄차트카 반도에 사는 캄차달은 쌍둥이가 태어나면 그 아버지가 늑대라고 간주하고 있다고 기술하고 있다. 또 캄차달은 10월에 행해지는 제의 때 건초로 늑대의 형상을 만들어 늑대와 마을 처녀를 결혼시키는데, 이 제의는 1년 중 가장 성대하다고 기술하고 있다.

참고문헌 이건욱(2013). 「시베리아 민족들의 동물에 대한 관념과 상징」. 『샤머니즘의 사상』. 서울. 민속원. Uno Harva(1938). *Die Religiösen Vorstellungen der Altaischen Völker*. Helsinki. G.W.Steller(1774). *Berschreibung von dem Lande Kamtschatka* . Frankfurt und Leipzig.

코략의 곰 숭배

Коряк угсаатны баавгай шүтлэг (Koryak ugsaatny baavgai shütleg)

코략족에서 곰에 대한 샤머니즘적인 신앙 관습

시베리아 동북에서 순록 기르며, 유목 생활을 하는 코략(Koryak)인들은 곰을 신성시 한다. 2000년대 초 이 지역에서 코략인들의 생활과 종교를 연구했던 고르바치에바(V.V.Gorbachev)는 2004년의 저작에서 "곰은 인간의 이복형제인데 사람에게 매우 실망하여 툰드라로 들어가 버렸고, 그 후 짐승이 되어 사람들에게 복수를 하기 시작했다."는 전설을 소개하고 있다.

참고문헌 이건욱(2013). 「시베리아 민족들의 동물에 대한 관념과 상징」. 『샤머니즘의 사상』. 서울. 민속원. Н.В.Васильева(1993). *История и культура Коряков*. Ст.Петербург. В.В.Горбачеба(2004). *Обряды и праздники Коряков*. Ст.Петербург.

코략의 늑대 숭배

Коряк угсаатны чоно шүтлэг

(Koryak ugsaatny chono shütleg)

코략족에서 늑대에 대한 샤머니즘적인 신앙 관습

코략(Koryak)족은 쌍둥이가 태어날 경우 첫째는 사람의 아이, 둘째는 곰의 아이 또는 늑대의 아이라고 한다. 그들은 늑대를 태초의 인간의 이복형제이며 순록의 지배자이고 툰드라의 절대자라고 여긴다. 또한 죽은 자를 살리는 강력한 샤먼의 모습이 늑대로 나타나는 것을 지켜보기도 했다. 코략족의 신화 등 구비전승에서는 늑대를 "큰 뼈를 가진 사람", "바깥 양반", "귀와 귀 사이가 널찍한 사람" 등으로 부르고 있다. 이들은 늑대를 함부로 죽이지 않는다. 죽이면 늑대가 부족들에게 복수를 한다고 생각한다. 만약 늑대를 죽이면 늑대의 영혼을 달래는 의례를 행해야 한다.

참고문헌 이건욱(2013), 「시베리아 민족들의 동물에 대한 관념과 상징」, 『샤머니즘의 사상』, 서울, 민속원. Н.В.Васильева(1993), *История и культура Коряков*, Ст.Петербург. В.В.Горбачеба(2004), *Обряды и праздники Коряков*, Ст.Петербург.

코리 Коори (Koori)

극동 시베리아의 샤머니즘에서 전해 내려오는 전설의 새

극동 시베리아의 샤머니즘에는 실제 존재하지 않는 새가 등장하는데, 그 대표적인 것이 나나이(Nanai), 울치(Ulchi), 오로치(Orochi)족 샤먼들의 '코리(koori)'라는 목인 긴 새이다. 샤먼은 이 새의 도움을 받아 장례 의례 때 죽은 자의 영혼을 지하 세계(저승)에 데려다 주고 무사히 돌아 올 수 있다고 믿는다. 나나이, 울치, 오로치의 샤먼 전설에는 "코리가 날 때 그 그림자 밑에 사람이 있으면 그는 평생 행복을 누린다."는 이야기가 있다. 오로치 샤먼들은 코리의 신상을 학이나 독수리, 거위의 모습으로 만든다. 일부 학자들은 코리의 모습과 기능을 통해 이 새가 인도 신화 속의 태양새이자 새의 왕인 가루다(Garuda)를 뜻하는 것이라고 간주하기도 한다. 새[鳥] 모양을 내거나 새 형상물을 단 모자는 역사적으로 고대 알타이족을 비롯하여 오늘날의 부리야트족에 이르기까지 광범위한 지역에서 사용되는 북방 샤머니즘의 대표적인 모자이다.

참고문헌 박원길(2001), 『유라시아 초원제국의 샤머니즘』, 서울, 민속원. 이건욱(2013), 「시베리아민족들의 동물에 대한 관념과 상징」, 『샤머니즘의 사상』, 서울, 민속원. Т.Ю.Сем, К.Ю.Соловьева(2006), *На грани миров. Шаманизм народов Сибири*, Москва.

토와의 곰 숭배

Тува нарын баавгай шүтлэг (Tuva naryn baavgai shütleg)

토와족에서 곰에 대한 샤머니즘적인 신앙 관습

토와(Tuva)족은 알타이 오리양카이족의 한 지류이다. 토와인들은 곰이 자신의 조상이며 원래 인간이었다는 신화를 가지고 있다. 토와에서 하의라칸은 최고의 신을 뜻하는데, 사람들은 이를 곰으로 해석을 한다. 부리야트에서는 곰이 한 가족처럼 나타났다면, 토와에서는 다소 위압감과 두려운 존재로 나타난다. 토와인들은 곰을 직접 지칭하지 않고, "고요한 분", "검은 존재", "땅의 귀를 가진 분", "천상의 신"이라고 부른다. 토와에서는 지금도 갑자기 안 좋은 일이 생기면 "으쉐, 하의라칸"이라고 외친다. 이것은 "비나이다. 하의라칸이여!", 즉 "비나이다. 곰이시여!"란 뜻이다. 토와의 샤머니즘을 연구하는 학자인 케닌롭산(Kenin−Lopsan)은 토와인들에게 전승되는 곰 설화 두 개를 다음과 같이 소개하고 있다.

〈1〉 옛날 에쥠 강에 툴루쉬 족이 살았다. 겨울이 되어 그들이 겨울 유목지로 이동을 했을 때, 한 여자가 잠자고 있다가 홀로 타이가에 남게 되었다. 그녀는 춥고 배가 고팠다. 그녀는 곰들이 동면하고 있는 동굴을 보았다. 그녀에게는 다른 방도가 없었기 때문에 그 동굴로 들어갔다. 다행히 곰들은 그녀를 해치지 않았고, 봄까지 같이 있게 되었다. 눈이 녹고 툴루쉬 족이 겨울 방목지에서 돌아왔을 때, 그들은 남자아이와 함께 있는 그녀를 보게 되었다. 그 다음부터 이 아이를 '아드의툴루쉬'라 부르게 되었다. 그리고 지금까지도 아드의 툴루쉬의 후손들이 살고 있다. "아드의"은 곰의 별칭이고, "툴루쉬"는 "투르크 사람"이라는 뜻이다.

〈2〉토와에서는 곰은 옛날에 사람이었다고 한다. 그러나 어쩌다 곰은 죄를 지었고 부르항(Burkhan)은 죄의 대가로 곰을 털복숭이로 만들어버렸다. 곰은 지금까지도 자신의 모습이 털복숭이인 것이 창피해서 타이가에 숨어 지내며, 사람들 앞에 모습을 잘 드러내지 않는다. 곰이 예전에 사람이었다는 것은 곰의 젖꼭지가 사람처럼 두개이며, 모양도 사람의 것과 똑같으며, 새끼에게 젖을 먹일 때도 사람처럼 안고 먹이는 것으로도 알 수 있다. 실제 오늘날에도 토와인들은 해부학적으로 암컷 곰은 여자와 비슷하고 수컷은 남자와 비슷하다고 여기고 있다. 그래서 곰을 함부로 죽이지 않는다. 곰의 옛 고향은 신들이 살고 있는 아자르라르(Azarrar)라는 곳이다.

참고문헌 국립민속박물관(2005), 『중앙아시아의 유목민, 투바인의 삶과 문화』, 서울, 국립민속박물관. 이건욱(2013), 「시베리아 민족들의 동물에 대한 관념과 상징」, 『샤머니즘의 사상』, 서울, 민속원. M.Кенин-Лопсан(2002), *Мифы тувинских шаманов*, Кызыл.

전통민간신앙

천신과 신령

가자린 어르흐 Газрын өрх (Gazryn örkh)

몽골 신화에서 대지에 사는 사람들이 지하 세계로 들어갈 수 있는 입구를 이르는 말

가자린 어르흐(gazryn örkh)는 "움푹 팬 구멍"이라는 뜻인데, 몽골 신화에서 대지의 사람들이 땅 밑 지하 세계로 들어갈 수 있는 입구이다. 몽골의 우주 기원 신화와 인간 기원 신화에 보면, 몽골의 창조신인 보르한(burkhan)과 처트거르(chötgör)가 대지의 중심(gazryn ör: 대지의 바탕)이라고 불리는 조그마한 땅을 맨 처음 만들었다고 한다. 두 형제가 협력하여 대지를 만들었지만 처트거르는 지상에서 자신의 몫을 얻지 못하게 되자 한쪽 발(일부 이본에서는 마법의 막대 또는 지팡이)로 지표면에 구멍을 내고 들어가 땅 아래 세상, 즉 지하 세계의 주인이 되었다고 한다. 아마도 이때 생긴 구멍이 '가자린 어르흐'인 것으로 보인다. 이는 원시공동체가 해체될 무렵 씨족 공동 재산을 유력자들이 전유(專有)하고, 나머지 구성원들이 여기에서 배제된 일련의 과정을 반영하고 있는

것이 아닌가 한다. 여러 민담과 신화에 나오는 바로는 훗날 처트거르가 개척한 이 구멍으로 이 세상 사람들 역시 지하 세계로 들어가게 되었다고 이야기한다.

참고문헌 С.Дулам(1989), *Монгол домог зүйн дүр*, Улаанбаатар.
센덴자빈 돌람 著, 이평래 역 (2007), 『몽골 신화의 형상』, 태학사.
W.Heissig(1980), *The Religions of Mongolia*, Berkeley.

가자린 에제드 Газрын эзэд (Gazryn ezed)

몽골 샤머니즘에서 특정한 지역이나 산과 산맥, 강과 물, 구름과 봉우리, 바위와 절벽 또는 유목민의 숙영지를 관장하는 신령

가자린 에제드(gazryn ezed)는 "대지의 신"이라는 의미를 갖고 있는데, 특정한 지역이나, 산과 산맥, 강과 물, 구름과 봉우리, 바위와 절벽 또는 유목민의 숙영지를 관장하는 신령이다. 그들은 각각 색다른 옷과 장신구를 걸치고, 무기를 들고, 말을 탄 모습으로 묘사되며, 각자 다른 거주공간이 있는 것으로 언급된다. 옛 몽골 시가를 보면 "소란 떨며 모이는 물의 주인들, 시끌벅적 모이는 땅의 주인들" 이라고 하여 땅과 물의 주인을 하나로 묶어 부르는 경우도 있다.

참고문헌 С.Дулам(1989), *Монгол домог зүйн дүр*, Улаанбаатар.
센덴자빈 돌람 著, 이평래 역 (2007), 『몽골 신화의 형상』, 태학사.
W.Heissig(1980), *The Religions of Mongolia*, Berkeley.

갈바(겁) Галав (Galav)

시기 또는 시대. 한국 불교의 '겁(劫)'에 해당한다.

불교 신화학에서 기원한 말로 몽골 신화학에서도 세상의 형성과 멸망 등 특정 시기를 가리키는 개념으로 사용되어 왔다. 예컨대 "시대가 바뀌다"(galav yüülekh)라고 하면 세상의 종말을 말하고, "불의 시대"(gal galav), "바람의 시대"(salkhin galav), "물의 시대"(usan galav)처럼 우주의 형성이나 종말의 시기를 말할 때 특정 물질(요소)을 앞에 넣어 표현한 것이다.

참고문헌 С.Дулам(1989), *Монгол домог зүйн дүр*, Улаанбаатар.
센덴자빈 돌람 著, 이평래 역 (2007), 『몽골 신화의 형상』, 태학사.
W.Heissig(1980), *The Religions of Mongolia*, Berkeley.

고르반 마랄 Гурван марал (Gurvan maral)

몽골 신화에 등장하는 세 마리 암사슴

고르반 마랄은 몽골 신화에 등장하는 명사수 후흐데이 메르겐의 오만한 기질을 억압하고 제어하기 위하여 하늘에서 보낸 세 마리 암사슴을 이르는 말이다. 이들은 후흐데이 메르겐에게 잡히지 않고 하늘로 올라가 오리온자리의 세별이 되었다고 한다.

참고문헌 С.Дулам(1989), *Монгол домог зүйн дүр*, Улаанбаатар.
센덴자빈 돌람 著, 이평래 역 (2007), 『몽골 신화의 형상』, 태학사.
W.Heissig(1980), *The Religions of Mongolia*, Berkeley.

구이델 Гүйдэл (Güidel)

옹고드나 귀신을 이르는 말

구이델(güidel)은 '귀신'이라는 뜻의 몽골어인데, 몽골 샤머니즘에서는 옹고드가 달리고 멈추고 서는 등의 활동을 이르는 것으로, '신기(神氣)의 흐름'을 이른다. 때로는 귀신이 다니는 길 또는 귀신이 깃든 곳을 이르기도 한다.

참고문헌 이안나(2012), 『몽골민간신앙연구』, 서울, 한국문화사.

Ш.Сүхбат(2005), *Монгол нүүдэлчин ардын шашин шүтлэгийн зан үйл*, Улаанбаатар. О.Пүрэв(1999), *Монгол бөөгийн шашин*, Улаанбаатар.

나란 에첵 사란 에흐

Наран эцэг саран эх (Naran etseg saran ekh)

몽골 신화에 등장하는 몽골족의 시조. 해님 아버지 달님 어머니/달님 아버지 해님 어머니

나란 에첵 사란 에흐(Naran etseg saran ekh)는 "해님 아버지, 달님 어머니"라는 의미로, 몽골 신화에 등장하는 몽골족의 시조이다. 어떤 자료에서는 태양을 아버지, 달을 어머니라고 한 데 반하여, 또 다른 자료에서는 달을 아버지, 태양을 어머니라고 부르는 경우가 있다. 그래서 '사란 에첵 나란 에흐(Saran etseg naran ekh)'라고도 한다. 그러나 해를 아버지, 달을 어머니라고 하는 경우가 일반적이다. 이런 경우는 신화학에서 보편적으로 나타나는 현상이다. 어떻든 해와 달은 먼 옛날 몽골인들의 신앙 대상물이었고, 이 점은 각종 문헌 자료와 역사 자료를 통하여 확인된다. 또한 해와 달은 몽골인들의 우주관에서도 중요한 지위를 차지하고 있다.

참고문헌 С.Дулам(1989), *Монгол домог зүйн дүр*, Улаанбаатар. 센덴자빈 돌람 著, 이평래 역 (2007), 『몽골 신화의 형상』, 태학사. W.Heissig(1980), *The Religions of Mongolia*, Berkeley.

눔 Нум (Num)

사모예드족의 천신

눔(Num)은 시베리아 사모예드(Samoyed), 네네츠족의 샤머니즘에 등장하는 천신(天神)을 이르는 말이다. 눔은 이 세상을 창조한 창조신이다. 그의 아들은 은가(Nga)이며, 지하 세계를 다스리는 신이다. 다른 신화에서 눔과 은가는 세계를 창조하고, 서로 협력하고 또한 서로 경쟁하는 신들로 나타난다.

참고문헌 Вениамин(1853), "Самоеды мезенские", *ВРГО III*, Ст.Петербург. Mircea Eliade(1991), "Histoire des croyances et des idées religieuses", *III, De Mahomet à l'âge des Réformes*, Paris, Payot. M.Eliade, 이윤기 역(1992), 『샤머니즘-고대적 접신술』, 서울, 까치.

눔토렘 Нум-турем (Num-Turem)

오스티야크족 샤먼들의 최고신

이르티시(Irtysh) 강 주변에 거주하는 오스티야크(Ostyak)족의 샤먼들은 하늘의 층이 7층으로 이루어져 있으며, 각층에는 각각 한 명씩 모두 일곱 신이 있다고 믿고 있다. 이 일곱 신들 가운데 최고신이 '눔토렘(Num Turem)'이다.

참고문헌 M.Eliade, 이윤기 역(1992), 『샤머니즘-고대적 접신술』, 서울, 까치. Uno Harva(1938), *Die Religiösen Vorstellungen der Altaischen Völker*, Helsinki. Kai Donner(1930), "Über die Jenissei-ostjaken und ihre Sprache", *JSFOu XLIV-2*, Helsinki.

다르한 구지르 텡게르

Дархан гүжир тэнгэр (Darkhan güjir tenger)

부리야트 아흔아홉 천신의 우두머리 신

호리 부리야트인들은 다르한 구지르 텡게르(Darkhan güjir tenger)를 전사의 무기를 책임지는 대장장이의 신으로 숭배하고 있다. 다르한 구지르 텡게르는 아흔아홉 천신의 우두머리 신으로, 천둥 · 번개 신으로도 묘사되며, 붉은 청동 황소를 타고 다닌다. 몽골의 천둥 · 번개 신들은 대부분 수소 혹은 황소와

관련을 갖고 있는데, 다르한 구지르 텡게르는 소의 수호신이 되기도 한다.

참고문헌 С.Дулам(1989), *Монгол домог зүйн дүр*, Улаанбаатар. 센덴자빈 돌람 著, 이평래 역 (2007), 『몽골 신화의 형상』, 태학사. Жагар бусад(2006), *Монголын нүүдэл соёлын түүхэн мөрдлөгө*, Улаанбаатар.

다르한 하르 텡게르

Дархан хар тэнгэр (Darkhan khar tenger)

몽골 할흐족에서 숭배하는 천신의 하나

다르한 하르 텡게르(Darkhan khar tenger)는 대장장이의 신이다. 이 신은 라마교 전입이후 불교의 영향을 받아 '담딘 도를릭 사히오스(Damdin dorlig sakhius)' 라는 이름으로 바뀌어 숭배되었다. 호리 부리야트와 아긴 부리야트(Khori buriad, Agyn buriad) 씨족의 샤먼들은 이를 '다르항 구지르 텡게르(Darkhan güjir tenger)'라는 이름으로 숭배한다. 몽골의 대장장이들은 담딘 도를릭 사히오스를 천신, 즉 텡게르로 간주하여 해마다 한 번 제를 올리는 습속을 가지고 있다. 제의는 때와 장소에 따라 샤먼 혹은 라마승들이 주관한다. 오늘날에도 몽골에는 대장간의 화로와 풀무의 주인들을 숭배하는 무가인 '도를릭 텡게린 청배 무가(Dorlig tengeriin duudlaga)'가 전승되고 있다.

참고문헌 С.Дулам(1989), *Монгол домог зүйн дүр*, Улаанбаатар. 센덴자빈 돌람 著, 이평래 역 (2007), 『몽골 신화의 형상』, 태학사. О.Пүрэв(1999), *Монгол бөөгийн шашин*, Улаанбаатар. Ш.Сүхбат(2005), *Монгол нүүдэлчин ардын шашин шүтлэгийн зан үйл*, Улаанбаатар. Г.Гантогтох(2007), *Монгод зан үйлийн аман яруу найргийн уламжлал*, Улаанбаатар.

다이친 텡게르 Дайчин тэнгэр

(Daichin tenger)

몽골 샤머니즘에서 나타나는 천신의 하나

다이친 텡게르는 전사와 전쟁의 수호신이다. 또한 가정과 사람들을 가호하고, 행복과 만족스러운 삶을 가져다주는 갈 골롬트(gal golomt: 화로)를 지켜주며 재난과 고난을 물리쳐주는 수호신이기도 하다. 다이친 텡게르는 '달흐 에젠(Dalkh ezen)'이라고도 하는데, '달흐(Dalkh)'는 티베트어로 "사나운 신" 즉 "전쟁의 신"을 일컫는 말이다. 다이친 텡게르는 수흐바타르 아이막의 다리강가의 알탄오보에 주로 좌정하며, 몽골 서북부 헙스걸 지역에 위치한 다얀 데르흐(Dayan deerkh) 사원의 주신이다. 군사들은 전쟁에 나가기 전에 반드시 다이친 텡게르에게 제의를 드린다.

오늘날 몽골의 일반적 굿에서 신을 부를 때 멍케 텡게르(영원한 하늘) 다음으로 바타르 텡게르(Baatar tenger), 자야치 텡게르(Zayach tenger) 등 수많은 신들을 청신해 부른다. 그러나 일반적으로 실제적인 제의가 이루어지는 천신은 다이친 텡게르(Daichin tenger), 망항 텡게르(Mankhan tenger), 아타 텡게르(Ataa tenger)이다.

참고문헌 С.Дулам(1989), *Монгол домог зүйн дүр*, Улаанбаатар. 센덴자빈 돌람 著, 이평래 역 (2007), 『몽골 신화의 형상』, 태학사. W.Heissig(1980), *The Religions of Mongolia*, Berkeley. Ш.Сүхбат(2005), *Монгол нүүдэлчин ардын шашин шүтлэгийн зан үйл*, Улаанбаатар.

담딘 도를릭 사히오스

Дамдин дорлиг сахиус (Damdin dorlig sakhius)

다르한 하르 텡게르(Darkhan khar tenger)의 불교식 이름

담딘 도를릭 사히오스(Damdin dorlig

sakhius)는 다르한 하르 텡게르(Darhan khar tenger)의 불교식 이름으로 "대장장이의 신"을 뜻한다. 자세한 것은 다르한 하르 텡게르(Darkhan khar tenger)를 참조.

대장장이의 신

참고문헌 С.Дулам(1989), *Монгол домог зүйн дүр*, Улаанбаатар. 센덴자빈 돌람 著, 이평래 역 (2007), 『몽골 신화의 형상』, 태학사. О.Пүрэв(1999), *Монгол бөөгийн шашин*, Улаанбаатар. Ш.Сүхбат(2005), *Монгол нүүдэлчин ардын шашин шүтлэгийн зан үйл*, Улаанбаатар. Г.Гантогтох(2007), *Монгод зан үйлийн аман яруу найргийн уламжлал*, Улаанбаатар.

데드 티브 Дээд тив (Deed tiv)

몽골 신화에서 하늘을 이르는 말

데드 티브(Deed tiv)는 "위의 세계", '천상(天上)'이라는 의미를 갖고 있는데, 몽골 신화에서 '하늘'을 이르는 말이다. 몽골 신화에 나오는 우주는 3단 구조로 이루어져 있는데, 데드 티브는 3단 구조 중 가장 위의 세계로 천신들의 공간을 이르는 말이다. 그래서 흔히 '위의 세계의 천신들'이라고 한다.

참고문헌 С.Дулам(1989), *Монгол домог зүйн дүр*, Улаанбаатар. 센덴자빈 돌람 著, 이평래 역 (2007), 『몽골 신화의 형상』, 태학사. W.Heissig(1980), *The Religions of Mongolia*, Berkeley.

도드 티브 Доод тив (Dood tiv)

몽골 신화에서 지하 세계를 이르는 말

도드 티브(Dood tiv)는 "아래 세계"라는 의미를 갖고 있는데, 몽골 신화에서 '지하 세계'를 이르는 말이다. 몽골 신화에 나오는 우주는 3단 구조로 이루어져 있는데, 도드 티브는 3단 구조 중 가장 아래 세계인 지하, 즉 에를릭이 관장하는 세계이다. 아래 세계에 대한 최초의 관념은 깊숙이 판 구덩이 또는 여러 가지 역겨운 모습을 한 동물들이 기거하는 곳이다. 그러나 이는 불교의 지옥 관념과는 큰 차이가 있다. 몽골 신화의 지하 세계는 보통 사람의 공간이자 유목민들이 일상생활을 하는 곳으로 인식되었다.

참고문헌 С.Дулам(1989), *Монгол домог зүйн дүр*, Улаанбаатар. 센덴자빈 돌람 著, 이평래 역 (2007), 『몽골 신화의 형상』, 태학사. W.Heissig(1980), *The Religions of Mongolia*, Berkeley.

돈드 티브 Дунд тив (Dund tiv)

몽골 신화에서 이 세상을 이르는 말

돈드 티브(Dund tiv)는 '중천(中天)', "중간 세계"라는 의미를 갖고 있는데, 몽골 신화에서 '이 세상', '이승'을 이르는 말이다. 몽골 신화에 나오는 우주는 3단 구조로 이루어져 있는데, 돈드 티브는 위에 있는 천신의 세계와 아래에 있는 에를릭의 세계 사이에 존재하는 세계이다. 즉 지하 세계와 천상의 중간에 있는 세계이다.

참고문헌 С.Дулам(1989), *Монгол домог зүйн дүр*, Улаанбаатар. 센덴자빈 돌람 著, 이평래 역 (2007), 『몽골 신화의 형상』, 태학사. W.Heissig(1980), *The Religions of Mongolia*, Berkeley.

돈토 Доонт (Doont)

극동 시베리아의 샤머니즘에 등장하는 신령의 하나

돈토(Doonto)는 골디와 야쿠트족 등 극동 시베리아의 샤머니즘에 등장하는 신령인 수벤(Süben)의 하나로, "곰의 신령"이다.

참고문헌 M.Eliade, 이윤기 역(1992), 『샤머니즘-고대적 접신술』, 서울, 까치. Н.Щукин(1844), *Поездка в Якутск*, Ст.Петербург. Mircea Eliade(1991), "Histoire des croyances et des idées religieuses". *III, De Mahomet à l'âge des Réformes*, Paris, Payot.

돌간 샤먼의 사자 Долган бөөгийн онгодын элч (Dolgan böögiin ongodyn elch)

돌간 샤먼이 굿을 할 때 샤먼이나 신의 명을 받아 전하는 신령

돌간의 샤먼은 굿을 할 때 늑대나 여우와 같은 동물로 사자(使者)를 만들어 신의 뜻을 인간에게 전하거나 인간의 소원을 신에게 전하는 임무를 부여한다.

참고문헌 Uno Harva(1938), *Die Religiösen Vorstellungen der Altaischen Völker*, Helsinki. Н.Щукин(1844), *Поездка в Якутск*, Ст.Петербург. В.Я.Серошевский(1896), *Якуты*, Ст.Петербург.

만장 구르멘 터데이 Манзан гүрмэн төөдэй (Manzan gürmen töödei)

부리야트 샤머니즘에서의 최고 여성신

만장 구르멘 터데이(Manzan gürmen töödei)는 부리야트 샤머니즘에서 은하수를 만든 할머니 신으로, 모든 신들을 지배하고 이끄는 최고의 여성신격이다.

참고문헌 이안나(2012), 『몽골민간신앙연구』, 서울, 한국문화사. С.Дулам(1989), *Монгол домог зүйн дүр*, Улаанбаатар. О.Пүрэв(1999), *Монгол бөөгийн шашин*, Улаанбаатар.

말라 Мала (Mala)

함니강 퉁구스 샤머니즘에 등장하는 신령의 하나

말라(Mala)는 함니강 퉁구스 샤머니즘에 등장하는 신령의 하나이다. 말라(Mala) 신령이 들어오면 샤먼은 가면을 써서 주변에 그 사실을 보여준다.

참고문헌 А.Мордвинов(1860), "Инородцы обитающие в Турханском крае", *ВРГО II*, Ст.Петербург. С.М.Широкогоров(1919), *Опыт исследвания основ шаманства у ов*, Владивосток. А.В.Анохин(1924), "Материалы по шаманству у алтайцев", *СМАЭ IV-2*, Ленинград.

망가르 하탄 에히 Мангар хатан эхий (Mangar khatan ekhii)

몽골 헙스걸의 다르하드 샤먼의 무조(巫祖)

'망가르 하탄 에히(Mangar ekhii)'는 여성신격으로, 몽골 헙스걸의 다르하드에서 최초의 샤먼으로 간주되는 샤먼이다. '에히'는 '어머니'라는 뜻인데, 이로 보아 청동기 시대 이전의 모계제 시대에 생겨난 인물로 간주된다. '망가르 하탄 에히'는 줄여서 '망가르 에히(Mangar ekhii)'라고도 한다.

참고문헌 이안나(2012), 『몽골민간신앙연구』, 서울, 한국문화사. С.Дулам(1989), *Монгол домог зүйн дүр*, Улаанбаатар. О.Пүрэв(1999), *Монгол бөөгийн шашин*, Улаанбаатар.

망항 텡게르 Манхан тэнгэр (Mankhan tenger)

몽골 샤머니즘에서 나타나는 천신의 하나

망항 텡게르는 사냥꾼이 숭배하는 천신이다. 사냥꾼들은 사냥을 나가기 전날 향을 피워 올리면서 신의 가호와 함께 사냥감을 잘 잡을 수 있기를 기원한다.

참고문헌 С.Дулам(1989), *Монгол домог зүйн дүр*, Улаанбаатар. 센덴자빈 돌람 著, 이평래 역 (2007), 『몽골 신화의 형상』, 태학사. W.Heissig(1980), *The Religions of Mongolia*, Berkeley. Ц.Дамдинсүрэн ed(1959), "Manakhan Tenggeri-yi takikhu yosun", *Mongɣol Uran Jokiyal-un Degeji Jaɣun Bilig Orusibai*, Улаанбаатар. Жагар бусад(2006), *Монголын нүүдэл соёлын түүхэн мөрдлөгө*, Улаанбаатар.

메르겐 텡게르 Мэргэн тэнгэр (Mergen tenger)

시베리아 알타이 타타르의 샤머니즘에서 나타나는 천신의 하나

메르겐 텡게르(Mergen Tenger)는 알타이 타타르(Altai tatar) 샤머니즘에 등장하는 천신 가운데 하나이다. 텔레우드(Teleud)족의 샤머니즘에서는 하늘의 층이 16천으로 이루어져 있는데, 메르겐 텡게르는 태양이 있는 7천에 거주한다. 메르겐 텡게르는 "전지전능한 신"이란 별칭을 가지고 있다.

참고문헌 С.Дулам(1989), *Монгол домог зүйн дүр*, Улаанбаатар. 센덴자빈 돌람 著, 이평래 역 (2007), 『몽골 신화의 형상』, 태학사. Uno Harva(1938), *Die Religiösen Vorstellungen der Altaischen Völker*, Helsinki.

모르곤 카라 Моргон хар (Morgan khar)

부리야트에서 최초의 샤먼으로 간주되는 전설 상의 인물

모르곤 카라(Morgonkhar)는 부리야트 샤머니즘에서 최초의 샤먼, 즉 무조(巫祖)로 간주되는 전설상의 인물이다. 그는 죽은 자를 저승에서 이승으로 데려올 수 있는 능력을 지녔다고 구전된다. 모르곤 카라는 문헌에 따라 보콜리 카라(Bokholi khar)라고도 표기된다. 모르곤 카라와 유사한 성격의 샤먼 무조설화가 오늘날 몽골이나 만주, 한국 등에도 전승되는데, 호리 부리야트족의 발진 하탄(Baljin khatan), 만주의 니샨 샤먼(Nishan shaman), 한국의 바리공주 등이 바로 그것이다.

참고문헌 박원길(2001), 『유라시아 초원제국의 샤머니즘』, 서울, 민속원. Uno Harva(1938), *Die Religiösen Vorstellungen der Altaischen Völker*, Helsinki. Д.Д.Дамеев(1927), "Легенда о происхождении шаманизма и падении волшебства", *БС III-IV*,Иркутск.

모르도 칸 Мордо хан (Mordo khan)

알타이 샤머니즘에서 나타나는 천신의 하나

모르도 칸(Mordo Khan)은 알타이 샤머니즘에서 숭배하는 천신의 하나이다. 비를 관장하는 신이기도 한다.

참고문헌 С.Дулам(1989), *Монгол домог зүйн дүр*, Улаанбаатар. 센덴자빈 돌람 著, 이평래 역 (2007), 『몽골 신화의 형상』, 태학사.

몽골 샤머니즘의 구십구 천신 Монгол бөөгийн шашны ерэн есөн тэнгэр (Mongol böögiin shashny yeren yösön tenger)

몽골 샤머니즘에서 나타나는 아흔아홉 천신

몽골 샤머니즘의 구십구 천신(天神)은 서방의 55천신, 동방의 44천신을 말한다. 고대 몽골에는 이러한 개념이 발견되지 않지만, 근대 몽골의 제의문화에 "위에 99천신, 아래

에 77지모신"이라는 말이 존재하는 것을 보면 어느 시대인가 정립이 된 것으로 보인다. 아래에 소개되는 것은 오늘날 할흐 몽골 및 부리야트 몽골 샤먼들이 주장하는 천신의 이름이다.

가. 서방의 흰 55천신(55 Tsagaan tenger)

1. 멍흐 텡게르(Mönkh tenger)
2. 술덴 텡게르(Sülden tenger)
3. 돌로온 오동 어브겅(Doloon odon övgön)
4. 멍흐 허흐 텡게르(Mönkh khökh tenger)
5. 사란 멍건 텡게르(Saran möngön tenger)
6. 요로올 차강 텡게르(Yorool tsagaan tenger)
7. 자야치 텡게르(Zayach tenger)
8. 오동 허흐 텡게르(Odon khökh tenger)
9. 허흐 텡게르(Khökh tenger)
10. 하이르하드 텡게르(Khairkhad tenger)
11. 차스틴 차강 텡게르(Tsastiin tsagaan tenger)
12. 머스틴 멍건 텡게르(Möstiin möngön tenger)
13. 갈 올란 텡게르(Gal ulaan tenger)
14. 허흐 망항 텡게르(Khökh mankhan tenger)
15. 허흐 멍건 텡게르(Khökh möngön tenger)
16. 옹고드 사히오스 텡게르(Ongod sakhius tenger)
17. 오드 에르헤스트 텡게르(Od erkhest tenger)
18. 잠민 텡게르(Zamyn tenger)
19. 엘치트 차강 텡게르(Elchit tsagaan tenger)
20. 아브랄린 에젠 텡게르(Avralyn ezen tenger)
21. 바아타르 차강 텡게르(Baatar tsagaan tenger)
22. 쇼다르가 올란 텡게르(Shudarga ulaan tenger)
23. 에빈 텡게르(Eviin tenger)
24. 우우덴 자야 텡게르(Üüden zaya tenger)
25. 나란 올란 텡게르(Naran ulaan tenger)
26. 호르딘 아르빈 텡게르(Khurdyn arvin tenger)
27. 호르마스트 텡게르(Khurmast tenger)
28. 자딘 차강 텡게르(Zadyn tsagaan tenger)
29. 망항 차강 텡게르(Mankhan tsagaan tenger)
30. 말린 히식 텡게르(Malyn khishig tenger)
31. 오동 차강 텡게르(Odon tsagaan tenger)
32. 솔롱고 텡게르(Solongo tenger)
33. 팁 텡게르(Tiv tenger)
34. 사란 차강 텡게르(Saran tsagaan tenger)
35. 보르한 할동 텡게르(Burkhan khaldun tenger)
36. 오트곤 차강 텡게르(Otgon tsagaan tenger)
37. 엘치트 올란 텡게르(Elchit ulaan tenger)
38. 앙긴 달라가 텡게르(Angiin dallaga tenger)
39. 달라이 차강 텡게르(Dalai tsagaan tenger)
40. 쇼다르가 차강 텡게르(Shudarga tsagaan tenger)

41. 이흐 텡게르(Ikh tenger)
42. 모린 에르데네 텡게르(Morin erdene tenger)
43. 오드민 자야 텡게르(Udmyn zayaa tenger)
44. 하닌 텡게르(Khaniin tenger)
45. 로오타이 차강 텡게르(Luutai tsagaan tenger)
46. 다르한 차강 텡게르(Darkhan tsagaan tenger)
47. 아르가틴 텡게르(Argatyn tenger)
48. 차힐강 차강 텡게르(Tsakhilgaan tsagaan tenger)
49. 자이랑 텡게르(Zairan tenger)
50. 아진 텡게르(Azyn tenger)
51. 아빈 텡게르(Aavyn tenger)
52. 에에진 텡게르(Eejiin tenger)
53. 어어린 텡게르(Ööriin tenger)
54. 다이친 바아타르 텡게르(Daichin baatar tenger)
55. 한 텡게르(Khan tenger)

나. 동방의 검은 44천신(44 khar tenger)

1. 아타아 텡게르(Ataa tenger)
2. 주르헨 하르 텡게르(Zürkhen khar tenger)
3. 하르 술뎀 텡게르(Khar sülden tenger)
4. 요린 하르 텡게르(Yoryn khar tenger)
5. 하다르간 하르 텡게르(Khadargan khar tenger)
6. 힐렌 하르 텡게르(Khilen khar tenger)
7. 다인 하르 텡게르(Dainy khar tenger)
8. 자딘 하르 텡게르(Zadyn khar tenger)
9. 아얀가 텡게르(Ayanga tenger)
10. 헤르긴 에젠 텡게르(Khergiin ezen tenger)
11. 졸 모오틴 텡게르(Zol muutyn tenger)
12. 가이트 하르 텡게르(Gait khar tenger)
13. 우일트 하르 텡게르(Üilt khar tenger)
14. 한 하르 텡게르(Khan khar tenger)
15. 하르 바라안 텡게르(Khar baraan tenger)
16. 헤데르 하르 텡게르(Kheder khar tenger)
17. 호톤 하르 텡게르(Khoton khar tenger)
18. 하란고이 하르 텡게르(Kharankhui khar tenger)
19. 하이고올 하르 텡게르(Khaiguul khar tenger)
20. 오이탄 하르 텡게르(Uitan khar tenger)
21. 시딘 하르 텡게르(Shidiin khar tenger)
22. 탕가락 하르 텡게르(Tangarag khar tenger)
23. 버언 하르 텡게르(Böön khar tenger)
24. 오드강 텡게르(Udgan tenger)
25. 가자린 하르 텡게르(Gazryn khar tenger)
26. 알다르 하르 텡게르(Aadar khar tenger)
27. 아양가 하르 텡게르(Ayanga khar tenger)
28. 호르마스트 하르 텡게르(Khurmast khar tenger)
29. 힐렌체트 하르 텡게르(Khilentset khar tenger)
30. 살힌 하르 텡게르(Salkhin khar tenger)
31. 하라알틴 하르 텡게르(Kharaalyn khar tenger)
32. 구지르 하르 텡게르(Güjir khar tenger)
33. 하지르 하르 텡게르(Khajir khar tenger)
34. 에를레긴 하르 텡게르(Erlegiin khar

tenger)

35. 오로올롱 하르 텡게르(Oroolon khar tenger)
36. 하르딘 하르 텡게르(Khardyn khar tenger)
37. 하토오 하르 텡게르(Khatuu khar tenger)
38. 보올틴 하르 텡게르(Buultyn khar tenger)
39. 아딘 하르 텡게르(Adyn khar tenger)
40. 어린 하르 텡게르(Öriin khar tenger)
41. 우를렉 하르 텡게르(Ürleg khar tenger)
42. 자야 모오틴 하르 텡게르(Zayaa muutyn khar tenger)
43. 자르가치 하르 텡게르(Zargach khar tenger)
44. 아즈 모오틴 텡게르(Az muutyn tenger)

참고문헌 W.Heissig(1980), *The Religions of Mongolia*, Berkeley. С.Дулам(1989), *Монгол домог зүйн дүр*, Улаанбаатар. О.Пүрэв(1999), *Монгол бөөгийн шашин*, Улаанбаатар.

몽골 샤머니즘의 영혼관 Монгол бөөгийн гурван сүнс (Mongol böögiin gurvan süns)

몽골 샤머니즘에서 구분하는 세 종류의 혼

몽골 샤머니즘에서는 살과 뼈, 영원성에 관련하여 세 가지 종류의 혼(魂)이 있다고 간주한다. 첫 번째는 어머니 편에서 형성된 "피와 살의 혼"이다. 이것은 사는 동안 인간의 모든 근육과 신체를 옮겨 다니며 존재하다가 죽을 때 심장에 깃든다. 심장이 사라지면 함께 사라지는 유한한 혼이다. 두 번째는 아버지 편에서 형성된 "뼈의 혼"이다. 이것은 사는 동안 인간의 모든 뼈를 통해 존재하다가 죽으면 엉덩이뼈(골반)에 깃들고, 엉덩이뼈가 사라지면 함께 사라지는 유한한 혼이다. 세 번째는 "지성의 혼" 혹은 "영혼"이다. 이것은 어머니 뱃속에 있을 때 왼손 약지를 통해 들어와 일생 동안 뇌와 척수의 관을 통해 있다. 그리고 죽으면 제1경추와 제2경추 사이 척수에 머물러 있다가, 두 목뼈가 분리될 때 하늘로 올라가 "검고 어두운 공간"에 머문다고 한다. 한국의 혼백(魂魄)의 관념으로 보면, '피와 살의 혼'과 '뼈의 혼'은 땅으로 스미는 '백(魄)'에 해당하고, "지성의 혼"은 하늘로 올라가는 '혼(魂)'에 해당한다.

참고문헌 이안나(2012), 『몽골민간신앙연구』, 서울, 한국문화사. О.Пүрэв(1999), *Монгол бөөгийн шашин*, Улаанбаатар. Ш.Сүхбат(2005), *Монгол нүүдэлчин ардын шашин шүтлэгийн зан үйл*, Улаанбаатар.

바바이 Баавай (Baavai)

신령의 이름 뒤에 붙은 첨사(添辭)

몽골의 신령 가운데에는 '바바이(Baavai)'라는 명칭이 붙은 것이 많은데, 원래 이 말은 곰을 일컫는 '바브가이(Baavgai)'에서 기원한 것으로 보인다. 신령의 이름 뒤에 붙어서 존경, 존칭의 의미를 부가한다. 때로 살아 있는 인물 가운데에서도 영향력이 있는 사람이거나 널리 이름이 나 있는 사람일 경우 '바바이'라는 존칭을 붙이기도 한다.

참고문헌 체렌소드놈 지음, 이평래 옮김(2001), 『몽골 민간신화』, 대원사. 이안나(2012), 『몽골민간신앙연구』, 서울, 한국문화사. Д.Цэрэнсодном(1989), *Монгол ардын домог үлгэр*, Улаанбаатар. С.Дулам(1989), *Монгол домог зүйн дүр*, Улаанбаатар.

바얀 다이다 Баян дайда (Bayan daida)

아기 부리야트(Agi-Buryat) 샤머니즘에서 사냥을 도와주는 여신

바얀 다이다(Bayan Daida)는 아기 부리야트 샤머니즘에서 사냥을 도와주는 여신의 이름이다. 또한 풍부한 대지(大地)를 이르는 말이다.

참고문헌 이안나(2012), 『몽골민간신앙연구』, 서울, 한국문화사. С.Дулам(1989), *Монгол домог зүйн дүр*, Улаанбаатар. С.Бадамхатан(1996), *БНМАУ-ын угсаатны зүй*, Улаанбаатар.

바이 바야나이 Бай баянай (Bai bayanai)

알타이의 샤머니즘에서 수렵을 관장하는 천신

바이 바야나이(Bai Bayanai)는 알타이 지역의 천신의 하나로, 수렵의 신이다. 이 신에게 바쳐지는 제물은 검은 들소이다. 검은 들소를 바치는 것은 신의 내력이 대지와 닿아 있음을 상징한다.

참고문헌 M.Eliade, 이윤기 역(1992), 『샤머니즘-고대적 접신술』, 서울, 까치. Uno Harva(1938), *Die Religiösen Vorstellungen der Altaischen Völker*, Helsinki. Christina Pratt(2007), *An Encyclopedia of Shamanism*, 2Vols, The Rosen Publishing Group.

바이 울겐 Бай үлгэн (Bai ülgen)

시베리아 알타이 타타르 샤머니즘에서 나타나는 천신의 하나

바이 울겐(Bai-Ülgen)은 알타이 타타르 샤머니즘에 등장하는 천신 가운데 하나이다. "풍부하고 위대한 자"라는 의미로 알타이 타타르족에서는 '하늘'과는 다소 다른 의미로 쓰고 있다. 바이 울겐에 대한 제의에는 말을 희생 제물로 바친다. 텔레우드(Teleud)족의 샤머니즘에서는 하늘의 층이 16천으로 이루어져 있는데, 바이 울겐은 16천에 있는 황금 산정의 황금 옥좌에 앉아 있는 신이다.

참고문헌 Uno Harva(1938), *Die Religiösen Vorstellungen der Altaischen Völker*, Helsinki. M.Eliade, 이윤기 역(1992), 『샤머니즘-고대적 접신술-』 서울, 까치. Mircea Eliade(1991), "Histoire des croyances et des idées religieuses". *III, De Mahomet à l'âge des Réformes*, Paris, Payot.

바타르 텡게르 Баатар тэнгэр (Baatar tenger)

몽골 샤머니즘에서 나타나는 천신의 하나

바타르 텡게르(Baatar tenger)는 단순히 천신(天神)의 군사를 총괄하고 정비하는 신이 아니라, 일반 군사들을 용사로 만들어 주고, 생명을 더해 주는 주술적인 힘을 가진 존재이다. 군사들은 전투할 때 바타르 텡게르의 가호를 기원한다. 또 한편 바타르 텡게르는 전사들의 사기와 생명을 더해 줄 뿐만 아니라 군마들에게 날개를 자라게 해주는 신이다.

참고문헌 С.Дулам(1989), *Монгол домог зүйн дүр*, Улаанбаатар. 센덴자빈 돌람 著, 이평래 역 (2007), 『몽골 신화의 형상』, 태학사. W.Heissig(1980), *The Religions of Mongolia*, Berkeley. Г.Гантогтох(2007), *Монгол зан үйлийн аман яруу найргийн уламжлал*, Улаанбаатар.

발진 하탄 Балжин хатан (Baljin khatan)

호리 부리야트(khori Buryat)족 샤머니즘의 무조

'발진 하탄(Baljin hatan)'은 호리 부리야트 샤머니즘의 무조(巫祖)로 '고니 어머니'라고 불린다. 일부 전승에서는 발진 하탄이 칭기스칸의 후예인 다얀칸(Dayan khaan Bayan

Mönkh, 1488~1517)의 손녀딸, 즉 알탄칸(Altan Khan, 1508~1582)의 딸로 묘사되어 있다. 전승에 따르면 발진 하탄은 오늘날 자바이칼주 아긴스키 몽골족 자치주의 알하나이(Alhanai)에서 청나라 군대에 잡혀 능지처참되었다. 머리, 손과 발, 내장 등은 알하나이에 버려졌고, 잘려진 두 가슴은 북쪽에 버려졌다. 북쪽에 버려진 가슴에서는 피 대신 젖이 흘러나왔는데, 그 젖이 흘러 만들어진 호수가 발진 호수(Baljin nuur)이다. 그래서 그 호수의 빛이 우유처럼 뿌옇다고 한다. 발진 하탄은 부리야트의 고니설화와도 연계되어 있다. 발진 하탄 설화는 주로 호리 부리야트 지방에서 전승되는 무조설화(巫祖說話)로, 성격상 한국의 바리공주설화와 유사하다.

발진하탄이 죽임을 당한 곳인 알하나이(Алханай)

참고문헌 박원길(2010), 『조선과 몽골』, 서울, 소나무. Т.Галсан(1998), *Буриадын язгуур домгийн товчоон*, Улаанбаатар. Д.Дамдинжав(2009), *Буриад Монголчууд*, Улаанбаатар.

보가 ᠪᠤᠭᠠ Буга (Buga)

함니강 퉁구스족의 샤머니즘에서 나타나는 천신

보가(Buga)는 함니강 퉁구스(에벤키)족의 천신으로 '하늘' 혹은 '세계'를 의미한다. 보가에게는 어떤 제사도 바치지 않는다. 보가는 전지전능한 존재이지만 인간사에는 관여하지 않으며 악인을 벌하지도 않기 때문이다. 퉁구스의 창조신이며, 지구, 불, 철분을 물과 혼합하여 인간을 만들었다고 본다.

참고문헌 Uno Harva(1938), *Die Religiösen Vorstellungen der Altaischen Völker*, Helsinki. M.Eliade, 이윤기 역(1992), 『샤머니즘-고대적 접신술-』 서울, 까치. Mircea Eliade(1991), "Histoire des croyances et des idées religieuses". *III, De Mahomet à l'âge des Réformes*, Paris, Payot.

보말 ᠪᠤᠤᠮᠠᠯ Буумал (Buumal)

몽골 샤머니즘에 나타나는 천둥 · 번개의 신

보말(buumal)은 몽골 샤머니즘의 신격에서 천둥 · 번개의 신인 '차힐강 차강 텡게르(Tsakhilgaan tsagaan tenger)'이다. 부리야트에서는 사슴을 하늘 동물이라고 여기면서 보말이라고 한다. 이는 사슴이 천기와 관련된다는 것을 말해 준다. 천기를 변화시키는 자딩촐로 가운데 사슴의 뱃속에 들어 있던 돌을 더 귀하게 여기는데 이것 역시 천기와 관련된다고 볼 수 있다.

보말은 또한 직계 가계 가운데 샤먼이 없는 자에게 내리는 신령[옹고드]을 말하기도 한다. 이외에도 호르친(khorchin)족이 모시는 차힐강 차강 텡게르(tsakhilgaan tsagaan tenger)의 힘으로 알탄 봄바이(Altan Bumbai)산에 내려와서 좌정한 신령이라는 뜻도 가지고 있다. 그리고 청동기 시대의 유물인 청동제 신령상(神靈象)이나 화살촉을 후대 사람들이 신당에 모셔 둔 것을 보말이라 하기도 한다.

참고문헌 О.Пүрэв(1999), *Монгол бөөгийн шашин*, Улаанбаатар. Жагар бусад(2006), *Монголын нүүдэл соёлын түүхэн мөрдлөгө*, Улаанбаатар. Г.Гантогтох(2007), *Монгол зан үйлийн аман яруу найргийн уламжлал*, Улаанбаатар.

보진도이 Божиндой (Bojindoi)

부리야트 샤머니즘의 신화에 등장하는 대장장이 신

보진도이(Bojindoi)는 부리야트 샤머니즘 신화에 등장하는 하늘의 대장장이이다. 그는 다르항 차강 텡게르의 명령으로 사람들에게 대장기술을 가르치게 하기 위해 아홉 아들을 지상으로 보냈는데, 그들은 망치, 모루, 풀무 등의 아홉 가지 도구를 지배하는 아홉 토템신이 되었다고 한다.

참고문헌 이안나(2012), 『몽골민간신앙연구』, 서울, 한국문화사. С.Дулам(1989), *Монгол домог зүйн дүр*, Улаанбаатар. Т.М.Михайлов(1962), *Бурятское шаманство и его пережитки*, Иркутск.

보콜리 카라 Бохоли хар (Bokholi khara)

부리야트 샤먼의 무조로 간주되는 전설상의 인물

보콜리 카라(Bokholi khara)는 모르곤 카라(Morgon khar)의 다른 이름이다. 그는 부리야트에서 최초의 샤먼, 즉 무조(巫祖)로 간주되는 전설상의 인물이다. 자세한 것은 '모르곤 카라(Morgon khar)'를 참조.

참고문헌 박원길(2001), 『유라시아 초원제국의 샤머니즘』, 서울, 민속원. Uno Harva(1938), *Die Religiösen Vorstellungen der Altaischen Völker*, Helsinki. Д.Д.Дамеев(1927), "Легенда о происхождении шаманизма и падении волшебства", *БС III-IV*, Иркутск.

보흐 노욘 Бух ноён (Bukh noyon)

부리야트 샤머니즘에서 북쪽에 거주하는 13신령의 하나

보흐 노욘(Bukh Noyon)은 부리야트 샤머니즘에서 북쪽에 거주하는 13신령의 하나로, 바이칼 호수 서북의 몬다릭(mundarig) 산에 거주하는 신령이다. 몬다릭 산은 부리야트의 이흐레드(Ikhred) 씨족, 볼가드(Bulgad) 씨족의 기원신화에 나오는 바룬 사리닥(Baruun saridag) 산봉우리이며, 보흐 노욘은 그 산봉우리에 있는 바위이다. 보흐 노욘은 흉노 이래 황소와 관계되는 숭배 사상의 원류를 이루고 있는데, 고대의 씨름 형태인 수소 싸움(bukh noololdoon)도 보흐 노욘 제의와 관련이 있는 것으로 보인다.

참고문헌 박원길(2001), 『유라시아 초원제국의 역사와 민속』, 서울, 민속원. Д.Ванчиндорж(2000), "Бух ноён Будан хатан ээжийн шүтээн", *Буриад Монголчуулын угсаа*, Улаанбаатар. А.Очир(2000), "Монголчуудын нохос, чонос, бухас, шарайгол хэмээх овгуудын тухай", *Сибирь болон монголын ард түмний угсаатны зүй*, Улаанбаатар.

부리야트의 십삼 신령 Арын арван гурван ноёд (Aryn arvan gurvan noyod)

부리야트 샤먼들이 모시는 13신령들

아린 아르반 고르반 노요드(aryn arvan gurvan noyod)는 "북쪽의 13 신령들"이란 뜻으로, 부리야트 샤먼들이 모시는 신령들의 일종이다. 이 신령들은 알혼섬에 있는 신당에 모셔지며, 부리야트 사람들의 운을 돋우는 신령이다. 부리야트 샤먼들은 모두 이 신령을 숭배한다. 13 신령의 이름은 "도신 노욘(doshin noyon), 자르가치 노욘(zargach noyon), 버흐 노욘(bökh noyon), 졸마드 노욘(zulmad noyon), 항 호드 바바이(khan khoto baavai), 쇼본 노욘(shuvuun noyon), 엠네그 차간 노욘(emneg chagaan noyon), 바트 차간 노욘(bat chagaan noyon), 바르담 하르 노욘(bardam khar noyon), 보흐 노욘 (bukh noyon), 에베르트 노욘(evert noyon), 다이고르 노욘(daiguur noyon), 암 차간 노욘(am chagaan noyon)"이다.

참고문헌 Ш.Сүхбат(2011), *Монгол бөөгийн дэлгэрэнгүй толь*, Улаанбаатар. Г.Гантогтох(1998), "Арын арван гурван ноёдын дуудлагын үг, хэллэг", *Эрдэм шинжилгээний бичиг №12 (135)*, МУИС-ийн МСС. Ж.Цолоо, Г.Гантогтох(2007), *Арван гурван ноёдын дуун(Буриад ардын аман зохиолын цоморлиг)*, Улаанбаатар.

부트추 ᠪᠦᠲᠴᠦ Бүтчү (Bütchü)

골디(Goldi)족의 샤머니즘에 나오는 신령의 하나

부트추(Bütchü)는 골디족의 샤머니즘에 나오는 무서운 권능을 지닌 보호 영신의 하나이다. 그는 얼굴은 사람이되 온몸이 깃털로 덮인 괴물이다. 이 신령은 목이 긴 새인 코리(Koori)와 함께 샤먼을 지하 세계에서 지상의 세계로 무사히 데려오는 역할을 수행한다.

참고문헌 M.Eliade, 이윤기 역(1992), 『샤머니즘-고대적 접신술』, 서울, 까치. Uno Harva(1938), *Die Religiösen Vorstellungen der Altaischen Völker*, Helsinki. И.А.Лопатин(1922), *Гольды Амурские, Уссурийские и Сунгарийские*, Владивосток.

북방 샤머니즘의 선녀 ᠤᠮᠠᠷᠠᠳᠤ ᠶᠢᠨ ᠪᠥᠭᠡ ᠮᠥᠷᠭᠥᠯ ᠳᠡᠭᠡᠳᠦ ᠲᠩᠷᠢ ᠶᠢᠨ ᠳᠠᠭᠢᠨᠠ Умардын бөө мөргөл дэх тэнгэрийн дагина (Umardyn böö mörgöl dekh tengeriin dagina)

북방 샤머니즘에 등장하는 일곱 선녀와 아홉 선녀

북방 샤머니즘의 공통적인 모티브 중 하나가 천상신의 일곱 선녀(또는 일곱 형제) 혹은 아홉 선녀(또는 아홉 형제)이다. 이 모티브는 모든 유라시아 알타이 민족들에게 나타난다고 해도 될 정도로 광범위하게 퍼져 있으며 한국도 예외는 아니다. 천상신의 일곱 자매(또는 일곱 형제) 혹은 아홉 자매(또는 아홉 형제)는 민족에 따라 성별이나 숫자에 약간 차이가 있지만, 이들은 공통적으로 샤먼과 특별한 관계를 맺고 있다. 즉 이들은 샤먼을 통해 인간을 도와주는 일을 한다.

일례로 텔레우트(Teleut)족의 샤머니즘에는 제14천에 바이 울겐의 딸 아홉 자매가 있다. 샤먼에게 시뻘겋게 불타고 있는 석탄 덩어리를 삼키게 하는 마력을 주는 것이 이 아홉 자매이다. 이들은 사람이 죽으면 샤먼의 부름을 받고 지상으로 내려와 죽은 사람의 영혼을 수습해 천상계로 올라간다. 또 하나의 예로 알타이 타타르 지역의 샤머니즘에서의 타시간(Tashigan)의 경우를 들 수 있다. 타시간(Tashigan)은 알타이 지역의 천신의 하나로 어머니 신이다. 그는 천신인 바이 울겐(Bai Ülgen)과 한 가정을 이루고 있는데, 그녀는 오른쪽에 딸 아홉 자매, 왼쪽에 딸 일곱 자매를 거느리고 있다. 시베리아에서 네네츠(Nenets)족으로 더 잘 알려진 유라크 사모예드(Yurak Samoyed)족의 샤먼들은 천상에 있는 일곱 천녀(天女)의 목소리를 상징하는 일곱 개의 방울을 무복에 달고 있다.

참고문헌 M.Eliade, 이윤기 역(1992), 『샤머니즘-고대적 접신술』, 서울, 까치. Uno Harva(1938), *Die Religiösen Vorstellungen der Altaischen Völker*, Helsinki. Christina Pratt(2007), *An Encyclopedia of Shamanism*, 2Vols, The Rosen Publishing Group.

사르기 ᠰᠠᠭᠠᠷᠭᠢ Саарги (Saargi)

함니강 퉁구스족의 샤머니즘에 등장하는 죽은 샤먼의 영혼

사르기(Saargi)는 함니강 퉁구스족의 샤머니즘에 등장하는 죽은 샤먼의 영혼을 이르는 말이다.

참고문헌 Uno Harva(1938), *Die Religiösen Vorstellungen der Altaischen Völker*, Helsinki. С.М.Широкогоров(1919), *Опыт исследования основ шаманства у ов*, Владивосток.

세온 Сеон (Seon)

골디족 샤먼의 신령

세온(Seon)은 골디(Gold)족 샤먼의 신령을 이르는 말이다. 골디인들은 굿을 할 때 신령들이 샤먼의 몸속으로 들어온다고 여긴다. 골디족 샤먼은 굿을 할 때 세온(Seon)을 부른 뒤 그것을 몸속으로 삼키기 위해 입을 벌린다. 만약 신령들이 동물 모습을 띠고 나타나면 샤먼은 그 동물의 몸짓을 흉내 내면서 그것이 몸속으로 들어오도록 유인한다.

참고문헌 박원길(2001), 『유라시아 초원제국의 샤머니즘』, 서울, 민속원. Uno Harva(1938), *Die Religiösen Vorstellungen der Altaischen Völker*, Helsinki. И.А.Лопатин(1922), *Гольды Амурские, Уссурийские и Сунгарийские*, Владивосток.

셍케 Сэнкэ (Senke)

시베리아와 알타이 타타르 샤머니즘에서 나타나는 천신의 하나

셍케(Senke)는 시베리아와 알타이 타타르 샤머니즘에 등장하는 천신 가운데 하나이다. 절대신에 대한 믿음은 유라시아 알타이 지역 샤머니즘의 역사적 특징인데, 이 신도 바이 울겐과 같은 최고신에 속한다. 셍케의 신격이나 특징에 대해 이르티시(Irtysh) 강 주변에 거주하는 오스티야크(Ostyak)족은 "찬란히 밝게 빛나다", 알타이 타타르족은 "흰빛(Ak Ayas)", 야쿠트족은 "세계의 아버지", 코략(Koryak)은 "높은 곳에 계시는 분"이라고 부른다.

참고문헌 박원길(2001), 『유라시아 초원제국의 샤머니즘』, 서울, 민속원. M.Eliade, 이윤기 역(1992), 『샤머니즘－고대적 접신술－』 서울, 까치. Mircea Eliade(1991), "Histoire des croyances et des idées religieuses". *III, De Mahomet à l'âge des Réformes*, Paris, Payot.

솔본 Солбон (Solbon)

부리야트 샤머니즘에서 새벽의 신으로 숭배하는 천신

솔본(Solbon)은 부리야트 샤머니즘에서 새벽의 신이다. 솔본은 지역에 따라 '솔보니(Solboni)'라고도 불린다. 이 신은 아홉 명의 딸을 가지고 있는데 그 딸들은 천신 테카 샤라 마츠칼라(Tekha Shara Matzkala)의 아내들이다. 솔본은 원래 '금성'을 뜻하는 부리야트어이다. 금성에 대한 신앙은 유라시아 알타이 민족 모두에게 나타날 정도로 믿음의 깊이가 강하고 넓다. 금성을 칭하는 명칭은 민족마다 방언이 차이가 있는데, 몽골은 '촐몬(Tsolmon)', 부리야트는 '솔본(Solbon)', 하카스(Hakas)는 '솔반(Solban)', 알타이 지역은 '촐몬(Tsolmon)', 토와지역은 '촐반(Cholban)' 혹은 '솔반(Sholban)', 야쿠트 및 에벤키족은 '촐본(Tsolbon)', 서부 몽골의 오이라트나 칼무크는 '촐비(Tsolbi)'라고 부른다.

참고문헌 M.Eliade, 이윤기 역(1992), 『샤머니즘－고대적 접신술』, 서울, 까치. Uno Harva(1938), *Die Religiösen Vorstellungen der Altaischen Völker*, Helsinki. Christina Pratt(2007), *An Encyclopedia of Shamanism*, 2Vols, The Rosen Publishing Group.

수벤 Сүбэн (Süben)

샤먼과 함께 지내거나 샤먼이 굿을 할 때 샤먼의 몸속으로 들어오는 신령

수벤(Süben)은 샤먼과 함께 지내는 신령이다. 쉬로코고로프(Shirokogorov)는 수벤에

대한 보고에서 수벤은 샤먼이 죽으면 다시 씨족원 중에 적당한 자를 선택하여 그 속으로 들어간다고 기술하고 있다. 수벤은 샤먼을 자기의 생각대로 조종하는 신령에 속한다. 그러나 샤먼도 자기 몸에 들어와 있는 수벤을 통해 다른 신령들에 접근할 수 있으며 그들의 도움을 받을 수도 있다. 수벤들이 이곳저곳 흩어져 있으면 씨족원들은 큰 불안에 빠진다. 샤먼은 아주 영향력이 강한 이러한 씨족의 신령들을 자기한테로 모아들이는 것이 가능하다. 따라서 샤먼이 사회적으로 얼마나 큰 역할을 하고 있는가는 이 예로도 잘 이해할 수 있다.

샤먼이 죽은 뒤 자손의 한 사람에게 들어간 샤먼의 혼령은 단독으로 나타나는 것이 아니라 일찍이 그의 수호 신령이었던 신령들까지도 모두 데리고 들어온다. 함니강 퉁구스 및 야쿠트 등 시베리아 샤먼들은 수벤을 일반적인 수호령과 별개라고 인식하고 있다. 그들은 샤먼의 육체에서 떨어져 나온 수벤이 스스로 공수를 내리는 것은 아니고 아주 광범위하게 돌아다니면서 보고들은 것을 전하는 '신령'을 통하여 공수를 내린다고 믿는다. 수벤은 다른 신령들과 함께 행동하면서 그 신령들이 무엇을 요구하고 있는가를 알아낸다. 더욱이 수벤은 원하는 것을 다른 신령들에 의뢰하거나 혹은 강제로 요구하면서 샤먼을 돕는다.

일반적으로 수벤은 각자의 능력은 물론 모습도 모두 다르다고 알려져 있다. 이들은 샤먼이 굿을 하고 있는 사이에 샤먼의 몸속으로 들어온다. 샤먼이 발휘하는 그 특유의 개성이나 능력은 어떠한 신령이 몸속으로 들어왔는가에 의하여 결정되며 결코 샤먼이 스스로 나타내는 것은 아니다. 일례로 주변의 도움이 없으면 움직이지도 못하는 아주 쇠약하고 눈먼 늙은 샤먼에게 혈기 왕성한 신령이 들어오면 그는 마치 청년처럼 날뛰며 육중한 무복을 입은 채 1미터의 높이에서 뛰어 내리기도 한다. 또 여자 샤먼에게 강한 힘을 지닌 신령이 들어오면 누구도 그를 잡아 누를 수 없을 만큼 그는 엄청난 힘을 발휘한다. 불을 좋아하는 신령이 샤먼의 몸속으로 들어오면 샤먼은 맨발로 이글이글 타오르는 숯불 위를 걷거나 새빨갛게 달구어진 철을 만지기도 하며 또 불붙은 초를 입 속으로 집어넣기도 한다. 아픔을 느끼지 않는 신령이 들어오면 칼이나 흉기로 아무리 샤먼을 찔러대도 샤먼은 통증을 느끼지 않는다.

동물 모습을 한 신령이 들어오면 샤먼은 해당 동물의 흉내를 낸다. 즉 뱀의 모습을 한 수벤이 샤먼의 몸속으로 들어오면 샤먼은 마치 뱀처럼 몸을 움직인다. 함니강 퉁구스는 수벤들 가운데 샤먼에게 회오리바람과 같은 능력을 주는 회오리 수벤도 있다고 이야기하고 있다. 샤먼의 몸속으로 들어온 신령이 샤먼의 몸에 어떠한 영향을 미치는가는 임신부의 신령이 여자 샤먼에게 들어왔을 경우 그 샤먼의 배가 마치 임신부처럼 부풀어 오른다는 것에서도 입증된다. 샤먼에 들어왔던 신령이 샤먼의 몸밖으로 나가면 샤먼은 원래의 상태로 회복된다.

참고문헌 박원길(2001), 『유라시아 초원제국의 샤머니즘』, 서울, 민속원. Uno Harva(1938), *Die Religiösen Vorstellungen der Altaischen Völker*, Helsinki. С.М.Широкогоров(1919), *Опыт исследования основ шаманства у тунгусов*, Владивосток.

술데 텡게르 ᠰᠦᠯᠳᠡ ᠲᠩᠷᠢ Сүлд тэнгэр (Süld tenger)

야쿠트와 부리야트 샤머니즘에서 나타나는 천신의

하나

술데 텡게르(Süld tenger)는 야쿠트와 부리야트족의 샤머니즘에서 등장하는 천신의 하나이다. 야쿠트족의 샤먼신화에는 일곱 절대신이 등장하는데, 술데 텡게르는 그 중의 하나이며 군신(軍神)이다. 부리야트족의 샤머니즘에서도 술데 텡게르는 전쟁의 신으로 등장하는데, 부리야트족의 샤먼 무가에서는 그의 아들인 9형제의 이름까지 일일이 거명하고 있다.

참고문헌 В.Н.Васильев(1890), "Изображения долгано-якутских духов как атрибуты шаманства", *ЖСт* Ст.Петербург. В.Ф.Трощанский(1902), *Эволюция черной веры у якутов*, Казань. Virlana Tkacz, Sayan Zhambalov, Wanda Phipps(2002), *Shanar: Dedication Ritual of a Buryat Shaman in Siberia*, Parabola Bööks.

아리마 Арима (Arima)

부리야트 샤머니즘의 악마신

아리마(Arima)는 부리야트 샤머니즘에서 악마의 신을 이르는 말이다. 아리마(Arima)는 북방 및 중앙아시아 지역에서 페르시아문화의 흔적을 반영하고 있는 단어로, 조로아스터교의 악령인 아흐리만(Akhriman)에서 유래된 것으로 추정된다.

참고문헌 박원길(2001), 『유라시아 초원제국의 샤머니즘』, 서울, 민속원. Uno Harva(1938), *Die Religiösen Vorstellungen der Altaischen Völker*, Helsinki. Mircea Eliade(1991), "Histoire des croyances et des idées religieuses", *III, De Mahomet à l'âge des Réformes*, Paris, Payot.

아마 Ама (Ama)

시베리아 샤머니즘에 등장하는 어둠의 신령

'아마(Ama)'는 오스티야크(Ostyak)족, 유라크(Yurak)족의 샤머니즘에 등장하는 어둠의 신령이다.

참고문헌 Uno Harva(1938), *Die Religiösen Vorstellungen der Altaischen Völker*, Helsinki. M.Eliade, 이윤기 역(1992), 『샤머니즘-고대적 접신술』, 서울, 까치. Mircea Eliade(1991), "Histoire des croyances et des idées religieuses", *III, De Mahomet à l'âge des Réformes*, Paris, Payot.

아바시 Абаши (Abasy)

야쿠트(Yakut)족과 돌간(Dolgan)족의 샤머니즘에 등장하는 신령의 하나

'아바시(abasi)'는 선남선녀의 모습을 한 신령들이다. 이들은 젊은 이성의 육체로 들어가 이 육체를 잠재우고 성적 관계를 맺는다. 일단 아바시에 걸린 청년은 더 이상 다른 여자에게 접근하려고 하지 않는다. 이런 청년 중에는 평생을 독신으로 사는 사람도 적지 않다. 만일 이 아바시가 기혼 남자에 깃들면, 이 기혼 남자는 성기능을 잃어 아내와 동침을 할 수가 없게 된다. 아바시는 샤먼의 꿈에 나타나기는 하지만 샤먼과 성적 관계를 맺지는 않는다. 샤먼과 성적 관계를 맺는 것은 아바시의 아들과 딸들이다. 아바시(abasi)는 아이(ayi)라고도 불린다.

참고문헌 박원길(2001), 『유라시아 초원제국의 샤머니즘』, 서울, 민속원. M.Eliade, 이윤기 역(1992), 『샤머니즘-고대적 접신술』, 서울, 까치. Uno Harva(1938), *Die Religiösen Vorstellungen der Altaischen Völker*, Helsinki.

아바칸 Абакан хан (Abakhan khan)

알타이 지역의 샤머니즘에서 나타나는 우사(雨師)

하카스인들의 조상으로 등장하며, 비(雨)의 신으로 숭배되기도 한다.

참고문헌 M.Eliade, 이윤기 역(1992), 『샤머니즘-고대적 접신

술』, 서울, 까치. Uno Harva(1938), *Die Religiösen Vorstellungen der Altaischen Völker*, Helsinki. Christina Pratt(2007), *An Encyclopedia of Shamanism*, 2Vols, The Rosen Publishing Group.

아브갈다이 ᠠᠪᠭᠠᠯᠳᠠᠢ Авгалдай (Avgaldai)

부리야트 샤먼이 모시는 신령의 하나

부리야트 샤먼들은 전통적으로 가면을 쓰지 않고 굿을 한다. 가면을 쓰는 경우는 딱 한 가지 경우인데, 바로 아브갈다이라는 신을 모실 때이다. 아브갈다이 신을 모실 때 샤먼들이 가면을 쓰는 이유는 아브갈다이 신의 기원 설화에서 확인된다. 샤먼들이 전하는 아브갈다이 신의 기원 설화는 다음과 같다. “아브갈다이는 골리(guuli)에서 온 왕자이다. 술을 좋아하던 그는 아들이 물가에서 놀다가 익사를 하는 순간에도 술에 취해 있어 사고를 막지 못했다. 그래서 괴로워하다가 자살을 하였다. 자살한 이후 그는 신격이 되어 부리야트 샤먼들이 정화 의례를 할 때 불러내는 신이 되었다. 아브갈다이는 사람들 앞에 나타나기를 부끄러워한다. 그래서 아브갈다이 신을 모실 때는 가면을 쓴다.”

아브갈다이 신의 기원 설화는 고대 한국과 관계를 가지고 있기 때문에 주목이 된다. 위의 기원 설화 이외에도 아브갈다이 신의 기원에 대하여 전해 내려오는 이야기는 다음과 같다.

전승 1: 아브갈다이는 함니강(khamnigan) 사람이었다. 그는 두 수신, 즉 검은 수신의 왕과 푸른 수신의 왕의 왕족이었기 때문에 박수가 되었다. 아내는 헤테르헹(Kheterkhen)이라는 샤먼으로 골리 왕의 딸이었다. 그런데 그들에게는 바항(Baakhan)이라는 아들이 하나 있었다. 아내는 샤먼이었기 때문에 어느 날 부름을 받고 굿을 하러 갔다. 갈 때 아내는 남편에게 아들을 그대로 내버려 두지 말고 잘 보살피고 있으라고 일렀다. 아브갈다이는 담배를 아주 많이 피우는 사람이었다. 마침 담배가 떨어져 아브갈다이는 이웃 마을로 담배를 얻으러 갔다. 아이는 아버지 없이 집에 혼자 있게 되었다. 아브갈다이가 이웃 마을에서 담배 한두 개피를 얻어서 집으로 돌아오니, 자고 있던 아들이 갑자기 집에서 나가더니 아버지를 등지고 달려갔다. 큰 소리로 부르며 쫓아가고 있는데, 회오리바람이 세차게 불어 아이가 바람에 휩쓸려 강물로 내던져졌다. 아브갈다이는 아들을 돌보지 않고 죽게 한 죄가 두려워 아내에게서 도망을 쳤다.

전승 2: 아브갈다이와 그의 부인 헤테르헹은 샤먼이었는데, 어느 날 부인이 신도 집에 굿을 하러 갔다. 그녀는 굿을 하러 가면서 남편에게 어린 아들을 잘 돌보고 있으라고 단단히 일렀다. 대단한 끽연가였던 아브갈다이는 마침 담배가 떨어지자 잠자고 있던 아들을 그대로 두고 멀리 떨어진 다른 집으로 갔다. 그 사이에 잠을 자던 아들이 깨어나 집을 나가버렸다. 아브갈다이는 아들을 부르면서 뒤따라갔으나, 아들은 갑자기 불어온 회오리바람에 휩쓸려 물에 빠져 죽고 말았다. 집에 돌아와 그 사실을 안 헤테르헹은 칼을 들고 남편을 쫓아가 느릅나무 아래에서 아브갈다이의 목을 잘라 죽였다. 그리고 머리를 나무에 걸어두고 “모든 사람들의 일을 떠맡으라.”고 했다. 그래서 아브갈다이의 영혼은 옹고드가 되었고, 그의 혼은 아직도 느릅나무를 오르내리고 있다고 한다.

호리 부리야트에서는 ‘아브갈다이’를 ‘사할트 바바이(sahalt baavai)’, 즉 “수염이 있는 아버지"라고 부른다.

참고문헌 이안나(2012), 『몽골민간신앙연구』, 서울, 한국문화사. Т.Галсан(1998), *Буриадын язгуур домгийн товчоон*, Улаанбаатар. Г.Гантогтох(2007), *Монгод зан үйлийн аман яруу найргийн уламжлал*, Улаанбаатар.

아야미 Аями (Ayami)

시베리아 남자 샤먼의 천상의 배우자

아야미(ayami)는 시베리아 샤머니즘에서 남성 샤먼의 여자 보호 신령인 동시에 그의 배우자이기도 하는 신령이다.

참고문헌 박원길(2001), 『유라시아 초원제국의 샤머니즘』, 서울, 민속원. M.Eliade, 이윤기 역(1992), 『샤머니즘-고대적 접신술』, 서울, 까치. Uno Harva(1938), *Die Religiösen Vorstellungen der Altaischen Völker*, Helsinki.

아유 노욘 Аюу ноён (Ayu noyon)

돌간족과 야쿠트족의 최고신

아유 노욘(Ayu noyon)은 돌간(Dolgan)족과 야쿠트(Yakut)족의 샤머니즘 기원 설화에 등장하는 최고신이다.

참고문헌 M.Eliade, 이윤기 역(1992), 『샤머니즘-고대적 접신술』, 서울, 까치. Uno Harva(1938), *Die Religiösen Vorstellungen der Altaischen Völker*, Helsinki. В.Н.Васильев(1890), "Изображения долгано-якутских духов как атрибуты шаманства", *ЖСт* Ст.Петербупг.

아이나 Айна (Aina)

아바간 타타르 샤머니즘에서 나타나는 악마 신

아이나(Aina)는 아바간 타타르 샤머니즘에서 악마의 신을 이르는 말이다. 아이나(Aina)는 북방 및 중앙아시아 지역에서 페르시아문화의 흔적을 반영하고 있는 단어로, 조로아스터교의 악령인 아흐리만(Akhriman)에서 유래된 것으로 추정된다.

참고문헌 Uno Harva(1938), *Die Religiösen Vorstellungen der Altaischen Völker*, Helsinki. Mircea Eliade(1991), "Histoire des croyances et des idées religieuses", *III, De Mahomet à l'âge des Réformes*, Paris, Payot.

아이 토욘 Ай тоён (Ai–toyon)

야쿠트족의 샤머니즘에서 나타나는 천신

아이 토욘(Ai Toyon)은 "빛의 창조자"라는 뜻으로, 야쿠트(Yakut)족의 천신이다. 아이 토욘(Ai Toyon)은 '창조자'란 의미의 '아이(Ai)'라고도 불리는데, 세계수의 가지 꼭대기에 앉아 있는 쌍두의 독수리인 '토욘쾨퇴르(Toyon Kötor: 새들의 주인)'와 동일시 된다.

참고문헌 M.Eliade, 이윤기 역(1992), 『샤머니즘-고대적 접신술』, 서울, 까치. В.Я.Серошевский(1896), *Якуты*, Ст.Петербург. В.Ф.Трощанский(1902), *Эволюция черной веры у якутов*, Казань.

아자 Ажа (Aja)

투바족의 샤머니즘에 등장하는 악령의 하나

투바(Tüba)족이 숭배하는 신의 하나로 악령의 신이다.

참고문헌 M. Кенин-Лопсан(2002), *Мифы тувинских шаманов*, Кызыл.

아타 텡게르 Атаа тэнгэр (Ataa tenger)

몽골 샤머니즘에 나타나는 천신의 하나

아타 텡게르(Ataa tenger)는 호리 부리야트 사람들 사이에서 말의 수호자로 나타난다.

원래 이 신은 천둥과 번개의 위엄 있는 힘을 대표하는 신이었지만 사회가 변화하면서 유목 부족들 사이의 전쟁과 혼란을 그치게 하고, 서로 평화롭게 사는 것을 주관하는 신으로 성격이 바뀌었다. 아타(Ataa)는 '시기, 질투'라는 뜻의 몽골어인데, 이 신은 동쪽의 44천신의 대표 신으로 서쪽의 55천신의 대표 신인 호르마스트와 대립적인 관계로 서로 적의를 품고 있는 존재이다.

참고문헌 С.Дулам(1989), *Монгол домог зүйн дүр*, Улаанбаатар. 센덴자빈 돌람 著, 이평래 역 (2007), 『몽골 신화의 형상』, 태학사. W.Heissig(1980), *The Religions of Mongolia*, Berkeley. Г.Гантогтох(2007), *Монгол зан үйлийн аман яруу найргийн уламжлал*, Улаанбаатар.

안 알라이 초툰 Ан алай чотун (An alai chotun)

알타이의 샤머니즘에서 대지를 관장하는 천신

안 알라이 초툰(An Alai Chotoun)은 알타이 지역의 천신의 하나로 "대지의 여신", "다정한 창조의 어머니", "다정한 탄생의 여신" 등으로 불린다.

참고문헌 Uno Harva(1938), *Die Religiösen Vorstellungen der Altaischen Völker*, Helsinki. Christina Pratt(2007), *An Encyclopedia of Shamanism*, 2Vols, The Rosen Publishing Group.

알라라 키라르 Алара кирар (Alara kirar)

야쿠트족의 샤머니즘에 등장하는 지하의 신령

알라라 키라르(alara kirar)는 야쿠트의 샤머니즘에서 지하의 신령들을 이르는 말이다.

참고문헌 В.Н.Васильев(1890), "Изображения долгано-якутских духов как атрибуты шаманства", *ЖСт* Ст.Петербург. В.Ф.Трощанский(1902), *Эволюция черной веры у якутов*, Казань. Н.А.Виташевский(1918), "Из наблюдений над якутскими шаманскими действиями", *СМАЭ*, Петроград.

알리아 홍고르 Алиа хонгор (Alia khongor)

알타이의 샤머니즘에서 나타나는 산신

알리아 홍고르(Alia khongor)는 알타이 산맥을 관장하는 주신(主神)이다.

알타이 칸 Алтай хан (Altai khan)

알타이 지역의 샤머니즘에서 나타나는 천신의 하나

알타이 칸(Altai khan)은 알타이 지역의 천신의 하나이다. 알타이 산맥을 신성시하여 신격화시킨 산신(山神)이다.

참고문헌 Uno Harva(1938), *Die Religiösen Vorstellungen der Altaischen Völker*, Helsinki. Christina Pratt(2007), *An Encyclopedia of Shamanism*, 2Vols, The Rosen Publishing Group.

알타이 타타르 샤먼의 사자(使者) Алтайн татар бөөгийн онгодын элч (Altain tatar böögiin ongodyn elch)

알타이 타타르에서 샤먼이 굿을 할 때 옆에서 보좌하는 동물 신령

시베리아 예니세이 강변 투루한스크(Turukhansk) 지역의 샤먼들은 굿을 할 때 다양한 동물들을 보좌역으로 쓰고 있다. 이 동물 신령들은 옹고드의 세계와 인간 세계를 왕래할 수 있는 존재이기에 샤먼이 굿을 할 때 신의 명을 전하거나 신께 소원을 전달하는 사자로서의 역할을 한다.

샤먼은 굿을 할 때 특별한 천막을 설치하고 그 주위에 조각물이 얹힌 8개의 기둥을 박는다. 나무로 깎아만든 조각물들은 태양, 달, 꿩을 위시한 여러 종류의 새를 나타내고 있으며 굿이 끝난 뒤에도 버리지 않고 보관한다. 천막의 동측에는 태양 · 꿩 · 백조 · 뻐꾸기를, 서측에는 달 · 학 · 바다 까마귀 · 아비 등을 배치한다. 또 샤먼이 천막 속의 화로 뒤편(북쪽)에 앉을 경우에도 다양한 동물의 형상들이 샤먼 주변에 배치된다. 샤먼의 왼쪽에는 송어 · 수달 · 늑대 · 로타(Lota: 대구과에 속하는 담수어), 오른쪽에는 복어 · 뱀 · 도마뱀 · 곰의 형상을 배치한다. 그리고 샤먼의 앞쪽에 도마뱀과 비슷한 목상을 세운다. 샤먼들은 이 동물들이 굿을 할 때 공중이나 물 속, 지상 및 지하에서 자신에게 도움을 준다고 생각하고 있다. 샤먼은 굿을 시작할 때 동물들의 형상을 교대로 바꿔가며 들어 올리는데 이때의 무게로 다양한 것을 헤아린다.

참고문헌 Uno Harva(1938), *Die Religiösen Vorstellungen der Altaischen Völker*, Helsinki. П.И.Третьяков(1871), *Турханский край, его природа и жители* , Ст.Петербург. А.В.Анохин(1924), "Материалы по шаманству у алтайцев", *СМАЭ IV-2*, Ленинград.

알타이 타타르 샤먼의 수호 신령 Алтайн татар бөөгийн онгод (Altain tatar böögiin ongod)

알타이 타타르 샤머니즘에서 샤먼을 보호하는 신령

알타이 타타르 지방에서 샤먼은 죽은 뒤 씨족의 수호 신령으로 등장한다. 알타이 타타르 사람들은 샤먼이 굿을 할 때 수호 신령들이 내려와 샤먼의 머리, 어깨, 팔, 다리 등에 머문다고 믿고 있다. 일부의 샤먼은 이같이 수호 신령을 다른 샤먼보다 많이 가지고 있는데 일반적으로 큰 샤먼은 10개, 작은 샤먼은 1~2개 정도 가지고 있다. 아노힌(Anohin)에 의하면 샤먼이 몇 개의 수호 신령들을 거느리고 있을 경우 족조(族祖) 출신인 수호 신령이 그들의 우두머리가 된다고 한다. 샤먼의 힘은 수호 신령의 소유 숫자에 따라 좌우되는데 영력(靈力)이 큰 샤먼은 다른 샤먼보다 많은 수호 신령을 보유할 수 있다. 일부 샤먼의 경우 다른 샤먼의 수호 신령을 가로채는 사례조차 있다고 전해지고 있다.

수호 신령들의 가장 중요한 역할은 샤먼의 상담역이다. 정적에 휩싸인 한밤중에 엄숙과 긴장으로 가득 찬 채 굿이 시작되면 샤먼은 자기의 신령들과 대화를 나누기 시작한다. 샤먼은 이 신령들을 통해 바라고 원하는 것들을 알게 된다. 사실 신령들은 초감각적인 공수의 전달자이다. 따라서 샤먼은 굿을 시작하면 신령들이 샤먼의 주위를 떠나가지 않도록 끊임없이 게르메스의 신상에 술을 뿌린다. 알타이 타타르의 경우 신령들은 전적으로 샤먼의 몸 밖에서 활동한다.

참고문헌 박원길(2001), 『유라시아 초원제국의 샤머니즘』, 서울, 민속원. Uno Harva(1938), *Die Religiösen Vorstellungen der Altaischen Völker*, Helsinki. А.В.Анохин(1924), "Материалы по шаманству у алтайцев", *СМАЭ IV-2*, Ленинград.

암바 Амба (Amba)

극동 시베리아의 샤머니즘에 등장하는 보조 신령의 하나

암바(Amba)는 골디와 야쿠트족 등 극동 시베리아의 샤머니즘에 등장하는 보조 신령, 즉 수벤(Süben)의 하나로, "호랑이의 신령"이다.

참고문헌 M.Eliade, 이윤기 역(1992), 『샤머니즘－고대적 접신술』, 서울, 까치. Н.Щукин(1844), *Поездка в Якутск*, Ст.Петербург. Mircea Eliade(1991), "Histoire des croyances et des idées religieuses", *III, De Mahomet à l'âge des Réformes*, Paris, Payot.

야유트시 Яюци (Yayutsi)

알타이 타타르 샤머니즘에 나타나는 천신의 하나

야유트시(Yayutsi)는 알타이 타타르 샤머니즘에 나오는 천신의 하나로, 하늘의 제 5천에 거주하는 최고의 창조신이다.

참고문헌 M.Eliade, 이윤기 역(1992), 『샤머니즘－고대적 접신술』, 서울, 까치. Uno Harva(1938), *Die Religiösen Vorstellungen der Altaischen Völker*, Helsinki. Christina Pratt(2007), *An Encyclopedia of Shamanism*, 2Vols, The Rosen Publishing Group.

야쿠트 샤먼의 사자 Якут бөөгийн онгодын элч (Yakut böögiin ongodyn elch)

야쿠트에서 샤먼이 굿을 할 때 샤먼이나 신의 명을 받아 전하는 신령

야쿠트의 샤먼은 굿을 할 때 늑대나 여우와 같은 동물로 사자(使者)를 만들어 신의 뜻을 인간에게 전하거나 인간의 소원을 신에게 전하는 임무를 부여한다.

참고문헌 Uno Harva(1938), *Die Religiösen Vorstellungen der Altaischen Völker*, Helsinki. Н.Щукин(1844), *Поездка в Якутск*, Ст.Петербург. В.Я.Серошевский(1896), *Якуты*, Ст.Петербург.

에를릭 칸 Эрлэг хаан (Erleg khaan)

알타이 샤머니즘에 나타나는 어둠의 신

에를릭 칸(Erlig khaan)은 알타이 샤머니즘에서 지하 세계를 관장하는 암흑의 신이다. 몽골과 알타이의 창조신 중 하나로, 벌을 받아서 지하 세계로 쫓겨난 신이다. 후대에 불교의 영향으로 한국의 염라대왕과 유사한 의미로 변화하였다.

참고문헌 박원길(2001), 『유라시아 초원제국의 샤머니즘』, 서울, 민속원. Uno Harva(1938), *Die Religiösen Vorstellungen der Altaischen Völker*, Helsinki.

에세게 말란 텡게르 Эцэг Малиан тэнгэр (Etseg Malian tenger)

부리야트 샤머니즘에 등장하는 천신의 하나

에세게 말란 텡게르(Etseg Malian Tenger)는 부리야트 샤머니즘에 등장하는 천신의 하나이다. 부리야트 신화에서 세상의 창조자로 등장하는데 가끔 에세게 말란 텡게르는 무수한 양떼의 주인으로, 그리고 샛별은 양치기로 등장한다.

참고문헌 Uno Harva(1938), *Die Religiösen Vorstellungen der Altaischen Völker*, Helsinki. Т.М.Михайлов(1962), *Бурятское шаманство и его пережитки*, Иркутск.

엠게트 Эмгэт (Emget)

사람을 샤먼으로 만드는 신령

야쿠트인들은 죽은 샤먼의 혼이 특정 사람에게 나타나 그를 샤먼으로 만드는 신령을 엠게트(Emget)라 부른다. 야쿠트인들은 엠게트의 형상을 인간과 유사하게 동판으로 만들어 샤먼의 무복에 매단다. 엠게트의 모양은 인형을 태운 조그만 배와 같다. 샤먼은 굿을 할 때 엠게트를 통해 원하는 것을 보고 듣는 것이 가능하다고 한다.

참고문헌 박원길(2001), 『유라시아 초원제국의 샤머니즘』, 서울, 민속원. Uno Harva(1938), *Die Religiösen Vorstellungen der Altaischen Völker*, Helsinki. Н.Щукин(1844), *Поездка в Якутск*, Ст.Петербург.

오이홍니 노요드 Ойхоны ноёд (Oikhony noyod)

부리야트 샤머니즘에 등장하는 신령

오이홍니 노요드(Oikhony noyod)는 바이칼 호수 내에 위치한 샤먼 성지인 알혼(Oikhon) 섬에 사는 신령들을 말한다. 알혼섬에는 보르한 바위라는 샤먼의 성지가 있다.

참고문헌 Ш.Сүхбат(2011), *Монгол бөөгийн дэлгэрэнгүй толь*, Улаанбаатар. Г.Гантогтох(1998), "Арын арван гурван ноёдын дуудлагын үг, хэллэг", *Эрдэм шинжилгээний бичиг№12 (135)*, МУИС-ийн МСС. Ж.Цолоо, Г.Гантогтох(2007), *Арван гурван ноёдын дуун(Буриад ардын аман зохиолын цоморлиг)*, Улаанбаатар.

옥투 칸 Окту хан (Oktu khan)

알타이 지역의 샤머니즘에 나타나는 천신의 하나

참고문헌 Uno Harva(1938), *Die Religiösen Vorstellungen der Altaischen Völker*, Helsinki. Christina Pratt(2007), *An Encyclopedia of Shamanism*, 2Vols, The Rosen Publishing Group.

옹고드 Онгод (Ongod)

일반적으로 몽골에서 '신령(神靈)'을 이르는 말

몽골 샤머니즘에서 죽은 무당의 영혼이 신으로 좌정한 것이 옹고드가 된다. 옹고드는 두 가지가 있는데, 하나는 말 그대로 죽은 샤먼의 영혼이 신이 된 경우이며, 다른 하나는 자연 숭배에서 온 천신(天神)과 지신(地神), 수신(水神)을 옹고드로 모시는 경우이다. 즉 자연의 모든 현상과 자연물에 그 주인인 신이 존재한다고 보고 그 신령을 모시는 것인데, 후대의 유일신인 멍흐 텡게르와는 다른 것으로 보인다. 그러므로 자연의 신령들을 '로스(lus)에서 기원한 옹고드(lustai ongod)'라 하고, 샤먼의 영혼인 옹고드를 '영혼 기원 옹고드(lusgui ongod)'라고 부른다.

옹고드는 "검고 어두운 세계"에 거주한다고 알려져 있다. '옹고드의 세계', 즉 "검고 어두운 세계"가 어디에 있는가에 대해 여러 설이 있다. 일반적으로 옹고드가 좌정하는 위치는 그 옹고드가 생전에 살던 샤먼의 고장이다. 그렇기 때문에 샤먼들은 옹고드의 위치가 고대 씨족, 부족들의 거주지와 세대마다 사람들이 이동했던 경로와 일치한다고 설명하고 있다. 그러나 알타이 오리앙하이 샤머니즘에서는 옹고드가 "하늘과 땅 사이의 지평선이 있는 아주 먼 곳"에 있다고 간주한다.

참고문헌 О.Пүрэв(2009), *Монгол бөөгийн шашин*, Улаанбаатар.

우룬 아이 토욘 Үрүн ай тоён (Urun ai toyon)

야쿠트족 샤머니즘에 나타나는 천신의 하나

우룬 아이 토욘(Ürun Ai Toyon)은 창조신이며, 하늘의 제7천에 거하면서 만사를 관장하는 야쿠트족의 천신이다. 그러나 징벌을 내리는 일은 없으며 오직 선만 행한다는 특징을 지니고 있다.

참고문헌 Uno Harva(1938), *Die Religiösen Vorstellungen der Altaischen Völke*』, Helsinki. Mircea Eliade(1991), "Histoire des croyances et des idées religieuses", *III, De Mahomet à l'âge des Réformes*, Paris, Payot.

울루 투이에르 울루 토욘 Үлү түер үлү тоён (Uluu tuyar Uluu Toyon)

알타이 지역의 샤머니즘에서 나타나는 천신의 하나

울루 투이에르 울루 토욘(Uluu tuyar Uluu Toyon)은 알타이 지역의 천신으로, "전능하고 무한한 신"이라는 의미를 갖고 있다. 울루 토욘은 까마귀의 모습으로 나타나며, 인간에게 불을 갖다 준 신이다. 울루 토욘은 분쟁을 해결하고, 샤먼들을 공정하게 관리하는 역할도 지닌다. 이 신 아래에는 무수한 악령들이 있다.

참고문헌 M.Eliade, 이윤기 역(1992), 『샤머니즘–고대적 접신술』, 서울, 까치. Uno Harva(1938), *Die Religiösen Vorstellungen der Altaischen Völker*, Helsinki. Christina Pratt(2007), *An Encyclopedia of Shamanism*, 2Vols, The Rosen Publishing Group. Габышев, Е.С. "Культ солнца в мифологии якутов : Проблема древних этнокультурных параллелей" Диссертация., Кандидата исторических наук, СПб., 1998.

위새 키라르 - Үс кирар (Üs kirar)

야쿠트족의 샤머니즘에 등장하는 하늘의 신령

위새 키라르(Üs kirar)는 야쿠트의 샤머니즘에서 하늘의 신령들을 이르는 말이다.

참고문헌 В.Н.Васильев(1890), "Изображения долгано-якутских духов как атрибуты шаманства", *ЖСт* Ст.Петербург. В.Ф.Трощанский(1902), *Эволюция черной веры у якутов*, Казань. Н.А.Виташевский(1918), "Из наблюдений над якутскими шаманскими действвями", *СМАЭ*, Петроград.

유트파와 아르바 Ютпа ба Арба (Yutpa ba Arba)

에를릭 칸(Erlig khaan)의 지하 왕국에 산다고 하는 꼬마 괴물들

알타이족 샤먼의 무복에는 에를릭 칸(Erlig khaan)의 지하 왕국에 산다는 꼬마 괴물의 모습이 장식되어 있다. 하나는 '유트파(Yutpa)'이고 다른 하나는 '아르바(Arba)'이다. 찢어진 입, 두 개씩 대칭을 이룬 다리, 두 갈래의 꼬리를 가지고 있다. 녹색의 천으로 만들어진 동물은 아르바(Arba)라 불리는 죽음의 나라의 괴물을 나타내고 있다. 이 괴물의 다리와 꼬리는 반드시 붉은 색으로 만들어야 한다고 전승되고 있다. 이 괴물의 머리에는 올빼미의 깃털과 눈을 표시하는 자그마한 동판이 붙어 있다. 유트파나 아르바는 모두 샤먼이 죽음의 나라로 여행할 때 샤먼을 지키는 역할을 한다.

참고문헌 박원길(2001), 『유라시아 초원제국의 샤머니즘』, 서울, 민속원. A.B.Анохин(1924), "Материалы по шаманству у алтайцев" *СМАЭ IV-2*, Ленинград. Uno Harva(1938), *Die Religiösen Vorstellungen der Altaischen Völker*, Helsinki.

자드 차강 텡게르 Зад цагаан тэнгэр (Zad tsagaan tenger)

부리야트 샤머니즘에서 바람을 관장하는 천신

부리야트인들은 바람을 일으키는 신을 자드 차강텡게르(Zad tsagaan tenger)라고 부르고 있으며, 이 신이 일으키는 비람을 여타의 바람과는 달리 자다(zad)라고 지칭하고 있다.

참고문헌 박원길(2001), 「자다제」, 『유라시아 초원제국의 역사와 민속』, 서울, 민속원. 小林高四郎(1983), 「雨雪を降らすジャダの呪法」, 『モンゴル史論考』, 東京. Ю.Болдбаатар(2011), *Монгол нутаг дахь эртний нүүдэлчдийн Задын шүтлэг*, Улаанбаатар.

자야치 텡게르 Заяач тэнгэр (Zayaach tenger)

몽골 샤머니즘에서 가축을 수호하는 천신

자야치 텡게르(Zayaach tenger)는 서쪽 55 천신에 속해 있으며, 가축을 지키는 신이다. 자야치 텡게르는 몽골인에게 복과 행운, 수명의 복을 주는 신이며, 가축과 재물을 번성케 하고, 풍족한 먹을거리를 주는 생활 속의 신이다. 이로 인해 자야치 텡게르는 몽골 민간에서 가장 보편적으로 신봉되고 있다.

참고문헌 С.Дулам(1989), *Монгол домог зүйн дүр*, Улаанбаатар. 센덴자빈 돌람 著, 이평래 역 (2007), 『몽골 신화의 형상』, 태학사. W.Heissig(1980), *The Religions of Mongolia*, Berkeley. Г.Гантогтох(2007), *Монгол зан үйлийн аман яруу найргийн уламжлал*, Улаанбаатар.

자이크 칸 Жайк хан (Jaik khan)

알타이 지역의 샤머니즘에 나타나는 천신의 하나

자이크 칸(Jaik khan)은 알타이 지역의 천신의 하나로, 신의 아들이며, 물의 신이다. 그는 새로 태어난 자를 위해 영혼을 보내는 역할을 하며 아버지 신에게 쫓겨 지하 세계에 갔고 영혼을 수령한다. 또한 그는 인간의 선행을 기록하는 염라대왕 역할을 수행한다. 지역에 따라서는 '자주츠(Jajutshi, Jajuts)' 칸으로 표기되기도 한다.

참고문헌 M.Eliade, 이윤기 역(1992), 『샤머니즘-고대적 접신술』, 서울, 까치. Uno Harva(1938), *Die Religiösen Vorstellungen der Altaischen Völker*, Helsinki. Christina Pratt(2007), *An Encyclopedia of Shamanism*, 2Vols, The Rosen Publishing Group.

쟈르가 Жярга (Jyarga)

극동 시베리아의 샤머니즘에 등장하는 보조 신령의 하나

쟈르가(Jyarga)는 골디와 야쿠트족 등 극동 시베리아의 샤머니즘에 등장하는 보조 신령, 즉 수벤(süben)의 하나로, "표범의 신령"이다.

참고문헌 M.Eliade, 이윤기 역(1992), 『샤머니즘-고대적 접신술』, 서울, 까치. Н.Щукин(1844), *Поездка в Якутск*, Ст.Петербург. Mircea Eliade(1991), "Histoire des croyances et des idées religieuses", *III, De Mahomet à l'âge des Réformes*, Paris, Payot.

카데이르 카하탄 부라이 토욘 Кадэйр кахатан Бурай тоён (Kahtyr-kahatan Bourai-Toyon)

알타이 지역의 샤머니즘에서 나타나는 천신의 하나

카데이르 카하탄 부라이 토욘(Kahtyr Kahatan Bouraï Toyon)은 알타이 지역의 천신으로, 지위는 울루 투이에르 울루 토욘(Ulu tuyer Ulu Toyon)의 다음 순위이다. 이 신은 얼굴이 흰 회색 말을 제물로 받는다.

참고문헌 M.Eliade, 이윤기 역(1992), 『샤머니즘-고대적 접신술』, 서울, 까치. Uno Harva(1938), *Die Religiösen Vorstellungen der Altaischen Völker*, Helsinki. Christina Pratt(2007), *An Encyclopedia of Shamanism*, 2Vols, The Rosen Publishing Group.

카도 Кадо (Kado)

골디족 샤머니즘에 등장하는 최초의 샤먼

카도(Kado)는 골디(Goldi)족 샤머니즘 기원 설화에 등장하는 최초의 샤먼이다. 골디족은 세 그루의 샤먼 나무[신목(神木)]를 가지고 있는데 하나는 하늘에, 또 하나는 죽음의 나라에, 나머지는 지상에 있다. 최초의 샤먼인 카도(Kado)는 지상에 있는 나무에서 샤먼의 무구(巫具)를 받았다고 전해진다.

참고문헌 Uno Harva(1938), *Die Religiösen Vorstellungen der Altaischen Völker*, Helsinki. И.А.Лопатин(1922), *Гольды Амурские, Уссурийские и Сунгарийские*, Владивосток. П.П.Шимкевич(1896), "Материалы для изучения шаманства у гольдов", *СПОРГО*, Хаваровск.

카라쿠스 Каракус (Karakus)

알타이 타타르 샤머니즘에 등장하는 신령의 하나

카라쿠스(Karaküs)는 알타이 타타르 샤머니즘에서 '검은 새'로 나타나는 신령이다.

참고문헌 M.Eliade, 이윤기 역(1992), 『샤머니즘－고대적 접신술』, 서울, 까치. Uno Harva(1938), *Die Religiösen Vorstellungen der Altaischen Völker*, Helsinki. Christina Pratt(2007), *An Encyclopedia of Shamanism*, 2Vols, The Rosen Publishing Group.

카르기 Карги (Kargi)

사람을 샤먼으로 만드는 신령

신령이 특정인을 선택하여 샤먼을 만든다는 믿음은 샤머니즘이 행해지고 있는 유라시아 전 지역에서 보편적으로 나타나고 있다. 트리예트야코프(P.I.Tretiyakov)는 예니세이 강변에 있는 투루한스크(Turuhansk) 지방의 경우 샤먼이 된 자들은 꿈속에서 카르기(Kargi)라 불리는 악마를 본 사람들이라고 보고하고 있다. 카르기에 대해서는 아직 구체적으로 밝혀져 있지 않다. 몽골학자 가담바(Sh.Gaadamba)는 몽골비사 제9절에 등장하는 샤먼인 신치바얀(Shinchi Bayan)의 '신치(Shinchi)'를 "시베리아 낙엽송[Kargai]의 여신" 이나 "나무의 정령[수호신]"이라고 해석하고 있는데, 이 해석에 따르면 '카르기(Kargi)'와 '카라가이(Kargai)'가 서로 연관을 가질 가능성이 높다.

참고문헌 박원길(2001), 『유라시아 초원제국의 샤머니즘』, 서울, 민속원. П.И.Третьяков(1871), *Турханский край, его природа и жители* , Ст.Петербург. Ш.Гаадамба(1976), *Нууц товчооны нууцаас*, Улаанбаатар.

칼라우 Калау (Kalau)

코략족의 샤머니즘에 등장하는 신령의 하나

칼라우(Kalau)는 코략(Koryak)족의 샤머니즘에 등장하는 악령이다.

참고문헌 Uno Harva(1938), *Die Religiösen Vorstellungen der Altaischen Völker*, Helsinki. В.И.Иохельсон(1900), "Бродячие роды тундры между реками Индигиркой и Колымой", *Жст*, Ст.Петербург.

켈레니 Келени (Keleni)

야쿠트 샤머니즘에 등장하는 죽은 샤먼의 혼령

야쿠트 샤머니즘에서 켈레니는 이전에 죽은 샤먼의 혼령을 이르는 말이다. 야쿠트의 샤먼은 굿을 시작할 때 먼저 켈레니(keleni)라 칭하는 한 무리의 혼령들을 천막으로 불러들인 뒤 이들과 대화를 나누면서 굿을 진행한다. 샤먼 영력의 강함과 약함은 그가 받드는 신령들의 힘에 좌우된다. 슈킨(N.Schukin)에 의하면 야쿠트의 샤먼은 켈레니에게 힘을 도와달라고 기원한다고 한다. 야쿠트의 샤먼은 굿을 할 때 경우에 따라서는 켈레니들의 이름을 나열하기도 한다.

참고문헌 박원길(2001), 『유라시아 초원제국의 샤머니즘』, 서울, 민속원. Uno Harva(1938), *Die Religiösen Vorstellungen der Altaischen Völker*, Helsinki. Н.Щукин(1844), *Поездка в Якутск*, Ст.Петербург.

코다이 Кудай (Kudai)

알타이 타타르 및 키르키즈 샤머니즘에서 나타나

는 천신

코다이(Kudai)는 알타이 타타르 및 키르키즈 샤머니즘에서 천신을 가리키는 말이다. 그는 열여섯 번째 천국의 황금 산에 살고 있다. 일부 신화에서 코다이는 최고 신의 일곱 아들을 가리키기도 한다. 코다이는 북방 및 중앙아시아 지역에서 페르시아 문화의 흔적을 반영하고 있는 단어로, 페르시아어의 신(神)인 '후다이(khudai)'에서 유래된 것으로 추정된다.

참고문헌 박원길(2001), 『유라시아 초원제국의 샤머니즘』, 서울, 민속원. Uno Harva(1938), *Die Religiösen Vorstellungen der Altaischen Völker*, Helsinki. Mircea Eliade(1991), "Histoire des croyances et des idées religieuses", *III, De Mahomet à l'âge des Réformes*, Paris, Payot.

쾨르뫼스 Көрмис (Körmis)

알타이 타타르 샤머니즘에 등장하는 악령

쾨르뫼스(Körmis)는 알타이 타타르 샤머니즘에 나오는 악령이다.

참고문헌 Uno Harva(1938), *Die Religiösen Vorstellungen der Altaischen Völker*, Helsinki. Christina Pratt(2007), *An Encyclopedia of Shamanism*, 2Vols, The Rosen Publishing Group.

쿠수간 텡게르 Кусуган тэнгэр (Kusugan tenger)

시베리아 알타이 타타르 샤머니즘에서 나타나는 천신의 하나

쿠수간 텡게르(Kusugan tenger)는 알타이 타타르 샤머니즘에 등장하는 천신 가운데 하나이다. 텔레우드(Teleud)족의 샤머니즘에서는 하늘의 층이 16천으로 이루어져 있는데, 쿠수간 텡게르는 9천에 거주한다. 쿠수간 텡게르는 "매우 강한 신"이란 별칭을 가지고 있다.

참고문헌 Uno Harva(1938), *Die Religiösen Vorstellungen der Altaischen Völker*, Helsinki. M.Eliade, 이윤기 역(1992), 『샤머니즘-고대적 접신술-』 서울, 까치. Mircea Eliade(1991), "Histoire des croyances et des idées religieuses", *III, De Mahomet à l'âge des Réformes*, Paris, Payot.

타시간 Ташиган (Tashigan)

알타이 지역의 샤머니즘에서 '어머니 신'으로 숭배되는 천신

타시간(Tashigan)은 알타이 지역의 천신(天神)으로, 어머니 신이다. 그는 천신인 바이 울겐(Bai Ülgen)과 한 가정을 이루고 있다. 타시간은 바이 울겐과의 사이에서 태어난 딸들이 있다. 타시간은 자신의 오른 쪽에 딸 아홉 자매, 왼쪽에 딸 일곱 자매를 거느리고 있다.

참고문헌 M.Eliade, 이윤기 역(1992), 『샤머니즘-고대적 접신술』, 서울, 까치. Uno Harva(1938), *Die Religiösen Vorstellungen der Altaischen Völker*, Helsinki. Christina Pratt(2007), *An Encyclopedia of Shamanism*, 2Vols, The Rosen Publishing Group.

터스 Тос (Tos)

알타이 타타르 샤머니즘에 등장하는 신령의 하나

터스(Tos)는 알타이 타타르 샤머니즘에 등장하는 신령의 하나이다.

참고문헌 Uno Harva(1938), *Die Religiösen Vorstellungen der Altaischen Völker*, Helsinki. A.B.Анохин(1924), "Материалы по шаманству у алтайцев", *СМАЭ IV-2*, Ленинград. Н.П.Дыренкова(1930), "Полученке шаманского дара по воззрениям турецких племен", *СМАЭ IX*. Ленинград.

테카 샤라 마츠칼라 Тэка шара мачкала (Teka Shara Machkala)

부리야트 샤머니즘에서 ‘풍요의 신’으로 숭배되는 천신

테카 샤라 마츠칼라(Teka Shara Machkala)는 부리야트 샤머니즘에서 춤과 풍요, 그리고 부의 신이다. 그는 새벽의 신인 솔본(Solbon)의 딸 아홉 자매와 함께 산다. 테카 샤라 마츠칼라는 샤먼들만이 모시는 신이자 그들만이 제물을 바칠 수 있다. 부리야트에서 신병에 걸린 젊은 샤먼 후보자의 영혼은 자주 테카 샤라 마츠칼라의 아홉 아내와 성적 관계[접신]를 갖는다. 이런 접신체험이 자주 나타나면 샤먼 후보자는 내림굿을 받아야 한다. 내림굿을 받고 샤먼이 되면 그는 하늘에서 다시 테카 샤라 마츠칼라의 아홉 아내를 만난다.

참고문헌 M.Eliade, 이윤기 역(1992), 『샤머니즘－고대적 접신술』, 서울, 까치. Uno Harva(1938), *Die Religiösen Vorstellungen der Altaischen Völker*, Helsinki. Christina Pratt(2007), *An Encyclopedia of Shamanism*, 2Vols, The Rosen Publishing Group.

텡게르 Тэнгэр (Tenger)

돌궐족계, 몽골족계, 만주족계 민족에서 최고의 신으로 숭배되는 천신의 통칭

텡게르는 돌궐족계, 몽골족계, 만주족계 민족에 공통적으로 존재하는 단어로 주로 신격화된 하늘, 즉 샤머니즘의 최고신을 나타낼 때 사용한다. 북방 민족들은 하늘을 지칭할 때 신격화된 하늘과 자연 상태의 하늘을 다른 단어로 구분하여 사용하는 경우가 많은데, 이는 흉노 이래의 전통이다. 흉노는 자연 상태의 하늘을 지칭할 때 ‘킬렌(kilen)’, 돌궐의 경우는 ‘퀴크(kük)’, 몽골의 경우는 ‘옥토르고이(ogtorgui)’라 부른다. 텡게르는 신전을 가지지 않으며, 신상의 형태로 표상되지도 않는다.

참고문헌 박원길(2001), 『유라시아 초원제국의 샤머니즘』, 서울, 민속원. M.Eliade, 이윤기 역(1992), 『샤머니즘－고대적 접신술－』 서울, 까치. Mircea Eliade(1991), “Histoire des croyances et des idées religieuses”, *III, De Mahomet à l'âge des Réformes*, Paris, Payot.

텡게르 하이라칸 Тэнгэр хайрхан (Tenger khairkhan)

시베리아 알타이 타타르족 샤머니즘에서 나타나는 천신의 하나

텡게르 하이라칸(Tenger khairkhan)은 알타이 타타르 샤머니즘에 등장하는 천신의 하나이다. 몽골에서 ‘하이르항(khairkhan)’은 신이 존재하는 산 혹은 산을 신성시하여 부르는 명칭이다. 서로 상통하는 면이 있는 것으로 보인다.

참고문헌 박원길(2001), 『유라시아 초원제국의 샤머니즘』, 서울, 민속원. Uno Harva(1938), *Die Religiösen Vorstellungen der Altaischen Völker*, Helsinki. M.Eliade, 이윤기 역(1992), 『샤머니즘－고대적 접신술』, 서울, 까치.

토렘 카레벨 - Торэм карэвэл (Torem karevel)

오스티야크족 샤먼들의 하늘 수호신

이르티시(Irtysh) 강 주변에 거주하는 오스티야크(Ostyak)족의 샤먼들은 하늘의 층이 제7층으로 이루어져 있으며, 각층에는 각각 1명씩 모두 일곱 신이 있다고 믿고 있다. 이 일곱 신들 가운데 최고신이 눔 토렘(Num Torem)이다. 나머지 여섯 신은 “하늘의 수호신” 혹은 “하늘의 통역”이란 의미의 토렘 카레벨(Torem Karevel)이라 불린다.

참고문헌 Uno Harva(1938), *Die Religiösen Vorstellungen der Altaischen Völker*, Helsinki. Kai Donner(1930), "Über die Jenissei-ostjaken und ihre Sprache", *JSFOu XLIV-2*, Helsinki.

톤 보라 Тун бура (Tun bura)

북방 샤머니즘에서 동물혼으로 변한 죽은 샤먼의 영혼

북방 샤머니즘에서 샤먼은 굿을 할 때 수많은 보조동물을 조수로 사용한다. 톤 보라는 알타이의 텔레우트(Teleut)족에서 죽은 샤먼의 영혼이 동물혼의 형태로 존재하는 것을 말한다. 다른 민족에서는 이것을 이에 쿨(Iye kül)이라 표현한다.

참고문헌 박원길(2001), 『유라시아 초원제국의 샤머니즘』, 서울, 민속원. Uno Harva(1938), *Die Religiösen Vorstellungen der Altaischen Völker*, Helsinki. O.Пүрэв(1999), *Монгол бөөгийн шашин*, Улаанбаатар.

하르산 텡게르 Харсан тэнгэр (Kharsan tenger)

씨족이나 부족의 조상신 또는 개인의 수호신

몽골의 샤먼들은 고대로부터 씨족과 부족, 인간들의 기원을 하늘에서 점지하여 태어난 늑대, 사슴, 고니, 소나무 등으로 간주하고 그러한 신앙적 대상을 하르산 텡게르(Kharsan tenger)라고 하여 숭배해 왔다. 이런 점에서 하르산 텡게르는 조상의 신으로 간주되며, 집단과 개인의 수호신이라 할 수 있다.

참고문헌 C.Дулам(1989), *Монгол домог зүйн дүр*, Улаанбаатар. 센덴자빈 돌람 著, 이평래 역 (2007), 『몽골 신화의 형상』, 태학사. W.Heissig(1980), *The Religions of Mongolia*, Berkeley.

하산 텡게르 Хасан тэнгэр (Khasan tenger)

몽골 샤머니즘에 나타나는 천신의 하나

하산 텡게르(Khasan tenger)는 몽골 샤머니즘에서 숭배하는 천신의 하나로 양과 염소를 주관하는 신이다.

참고문헌 C.Дулам(1989), *Монгол домог зүйн дүр*, Улаанбаатар. 센덴자빈 돌람 著, 이평래 역 (2007), 『몽골 신화의 형상』, 태학사. W.Heissig(1980), *The Religions of Mongolia*, Berkeley. Г.Гантогтох(2007), *Монгol зан үйлийн аман яруу найргийн уламжлал*, Улаанбаатар.

호르마스트 텡게르 Хурмаст тэнгэр (Khurmast tenger)

몽골 샤머니즘에 등장하는 최고신

몽골의 대부분의 신화에서는 대몽골제국 시대의 최고신인 멍케 텡게르(Mönkh tenger: 영원한 하늘)대신 호르마스트 텡게르(Khurmast tenger)가 등장한다. 호르마스트 텡게르는 조로아스터교의 최고 신인 '아후라마즈다(Ahuramazda)'에서 유래하였는데, 이는 조로아스터교가 몽골에 일찍부터 영향을 미쳤음을 보여준다. 종교사적인 입장에서 선과 악의 대립 구조 및 개가 신의 파수꾼으로 등장하는 신화 구조는 B.C.7세기에 페르시아에서 성립한 조로아스터교가 최초이다. 조로아스터교와 북방 및 중앙아시아의 창세설화들이 어떠한 관계를 가지고 있는가는 구체적으로 알려져 있지 않다. 그러나 아키나케스 단검 숭배나 불로 모든 것을 정화하는 습속, 몽골어에 등장하는 '호르마스트(Khurmast)'라는 단어 등으로 미루어 볼 때 양자 간에 어떤 연관성이 있다는 것은 의심할 바 없다. 부리야트 샤머니즘에서는 호르마스트 텡게르를 서방 55개 하늘을 대표하는 천신으로 간주하고 있으며, 이름도 '칸 호르마스트 텡게르(Khan khurmast tenger)'로 부르고 있다.

참고문헌 박원길(2001), 『유라시아 초원제국의 샤머니즘』, 서울, 민속원. 박원길(2011), 「대몽골제국의 국교 Möngke Tenggeri에 대하여 - 샤머니즘의 세계 종교화-」, 『몽골학』30, 한국몽골학회. С.Дулам(1989), *Монгол домог зүйн дүр*, Улаанбаатар. W.Heissig(1980), *The Religions of Mongolia*, Berkeley. 센덴자빈 돌람 著, 이평래 역 (2007), 『몽골 신화의 형상』, 태학사.

호시옹긴 Хошоонгин (Khoshoongin)

부리야트 샤머니즘에 등장하는 옹고드의 하나

호시옹긴(khoshoongin)은 부리야트 샤머니즘에서 사냥꾼에게 사냥감을 얻게 해주는 옹고드로, 야생동물의 주인이다.

참고문헌 Ч.Далай(1958), *Монголын бөөгийн мөргөлийн товч түүх*, Улаанбаатар. О.Пүрэв(1999), *Монгол бөөгийн шашин*, Улаанбаатар. Ш.Сүхбат(2005), *Монгол нүүдэлчин ардын шашин шүтлэгийн зан үйл*, Улаанбаатар.

북방민족의 샤머니즘과 제사 습속

갈링 타힐가 Галын тахилга (Galyn takhilga)

몽골에서 12월 말에 행하는 제화 의식

12월은 한해가 저무는 마지막 달이다. 대부분의 몽골인들은 12월말에 갈링 타힐가, 즉 제화(祭火) 의식을 거행한다. 갈링 타힐가[제화 의식]란 가계의 상징인 큰 화로(골롬타, golomt) 안에 통나무 조각들을 차곡차곡 쌓은 뒤 그 위에 양이 그려진 백지를 놓고 다시 백지 위에 각종의 차강이데와 사탕류 및 오색의 비단실을 얹혀 불태우는 의식이다. 불길이 훨훨 타오르면 모두 오른쪽 무릎을 꿇고 예를 올린다. 불은 부정을 씻어 줄 뿐만이 아니라 불길을 복으로 바꾸어 준다. 훨훨 타오르는 불꽃은 가계의 번영을 의미한다. 지금도 일부 지방에서는 양 그림 대신 살아 있는 검은 염소를 희생으로 바치고 있다. 양 그림이나 검은 염소를 태우는 것은 고대 툴레시 제의의 유풍이다. 제화의식은 지방마다 약간씩 차이를 가지고 있지만 그것이 지향하는 의미는 모두 같다.

제화 의식의 구성은 준비 과정, 청배(請陪), 기도, 찬양과 제사상의 나열, 기원, 용서 구하기, 송신(送神)으로 이루어져 있다. 이 구성은 몽골 샤먼의 굿거리와 일치하는데, 무가의 내용에서 원래의 무속 신들이 불교 신들로 대체된 모습을 확인할 수 있다. 갈링 타힐가 의식의 과정을 구체적으로 보면 다음과 같다.

〈청배〉

'청배(請陪)'는 제화 의식을 위해 불의 신을 불러 모시는 과정이다. 해가 지고 깜깜해져 별이 뜰 무렵, 집주인이 부싯돌로 불을 붙이면 안주인이 불을 받아 아궁이에 불을 붙인다. 집주인이 상에 차린 업추(övchuu: 양의 가슴살)를 들고 게르의 문 안쪽에 깐 펠트 위에 서서 바깥쪽을 향해 세 번 '호라이'라고 외치고 돌아서서 불을 향해 다시 세 번 '호라이'를 외친다. 그러고 나서 불의 신을 부른다. 부르는 방식은 먼저 그림으로 형상화된 불의 신의 모습을 나열하고, 불의 신과 그의 동료들을 부르며 내려오시기를 청한다. 불의 신이 옛적에 모든 사람의 소원을 들어주기로 한 약속대로 오시기를 청하고, 오시면 제사를 드리겠다고 약속한다. 그러고 나서 아홉 개의 향을 업추 위에 꽂아 불을 붙인 뒤 아궁이 앞에 진열한다. 또한 아궁이의 사방으로 술을 차려서 기도를 한다.

〈기도〉

청배가 끝나면 도르들라가(galyn takhilyn durdlaga)를 행한다. 제화(祭火)의 도르들라가란 제화의 습속이나 제물, 제화 때 쓰는 사물에 대한 묘사를 시처럼 읊는 것을 말한다. 제화 때 불의 신을 모시고, 타오르는 불에 바치는 제물의 이름을 하나하나 부르면서 기도를 한다. 제화 도르들라가의 한 형식을 소개하면 다음과 같다.

영양과 맛, 힘을 두루 갖춘 업추(가슴뼈와 살)를
새롭고 흰 실로 두루 감아
정강이와 갈비를
불의 신들에게 제물로 올리나이다.
기름진 비계와
순식간에 타오르는 갈대풀을
복을 돋우는 위의 하늘신과
수많은 신들에게 바치나이다.

〈찬양〉

제화에서 도르들라가를 구사하여 제물을 바치고 나면 불의 신에 대한 찬양을 읊게 된다. 찬양의 내용은 주로 불의 신을 형상화해서 그 모습을 묘사하는 것으로 이루어진다. 예컨대, 붉은 빛 얼굴에 눈이 세 개가 달려 있고, 눈썹과 수염이 짙은 빨간색이며, 한 손에 염주를 다른 한 손에 호리병을 들고, 황갈색 숫염소를 타고 있는 것 등으로 묘사한다. 불의 신을 찬양하고 나서 소망과 기원을 한다.

〈기원〉

제화에서 불의 신에 대한 찬양이 끝나면 이어서 제화를 하게 된 연유를 알리고 소원을 신에게 빈다. 이것이 불의 신에게 기원하기(galyn zalbiral)이다. 기원의 내용은 병도 죽음도 없고, 적이 없고, 자연 재해와 늑대의 습격도 없이 건강히 오래 살기를 소망하는 것들로 이루어져 있다.

제화 때에 의식에 참석하는 사람들이 양동이나 접시에 먹을 것을 담아두고 양손에 올려놓고 양손을 모아 좌우로 돌리며 복과 덕을 부르는 행위를 취한다. 이것을 불의 신에게 복을 비는 의례인 갈린 달라가(galyn dallaga)라고 부른다. 제사장인 샤먼이나 라마승이 복과 덕을 비는 시를 낭송하는 동안 술과 비계 등 음식물을 계속해서 불의 신에게 바쳐야 한다. 참석자들도 주머니를 열거나 옷 앞부분의 단추를 풀어 복이 들어오기를 기원한다. 의식이 끝나면 옷의 풀어 놓은 단추를 다시 여미는데, 이는 복이 나가는 것을 막기 위함이다. 기원문의 한 예를 소개하면 다음과 같다.

자비로운 큰 스님들의 덕
불법승 삼보의 덕
사천상의 덕
모든 인과 덕을 부르리라
호라이! 호라이! 호라이!
더욱 더 타오르는 총기(聰氣)와
더욱 더 퍼져나가는 위력과

더욱 더 풍성해지는 가축과
더욱 더 승화하는 복을 부르리라
호라이! 호라이! 호라이

〈용서 구하기〉

제화 의식을 치르는 동안 화로에 타는 불에 제물을 계속해서 바치면서 복을 기원한다. 제화경(祭火經)을 독경하고 나면 혹시나 제화를 치르는 동안 불의 신을 잘못 모신 것이 있으면 용서를 해 달라는 내용의 시를 낭송하는데, 이를 “불의 신에 용서구하기(galyn khültsel)”라고 한다. 그 한 대목을 소개하면 다음과 같다.

우리의 모자람과 힘의 부족으로
순결히 모시지 못한 것에 대해서
죄가 얼마나 깊은지를 반성하나이다.
너그러운 마음으로 용서해 주시기를!

〈송신〉

제화를 끝내는 의례는 송신(送神)으로 막을 내린다. 송신의식이 “불의 신을 보내기”이다. 송신 때 사용하는 가사의 한 예를 소개하면 다음과 같다.

능력이 출중한 불의 신을 모시니
자비로운 마음으로 우리의 일을 봐 주셨도다!
이제야, 본국에 승천하셔서
영원히 우리를 지켜주시기를!
온 세상에서 병과 다툼 등
모든 불행이 사라지고
모든 소원이 여름 공기처럼 퍼져
축원 속에서 행복을 누리소서!

참고문헌 박원길(1996),『몽골의 문화와 자연지리』, 서울, 두솔. 박원길(2001), 「제화(gal-un takhilga)」, 『유라시아 초원제국의 샤머니즘』, 서울, 민속원. О.Пурэв(2003), *Монгол бөөгийн шашны нэр томъёоны тайлбар толь*, Улаанбаатар.

개의 장례 습속 Нохой хөдөөлүүлэх ёс (Nokhoi khödöölüülekh yos)

고대 몽골에서 개가 죽었을 때 행했던 습속

고대 몽골인들은 개가 죽으면 아무렇게나 두지 않고 땅에 둥글게 금을 긋고, 그곳에서 멀리 떨어진 곳에 옮겨 머리를 서쪽으로 향하게 하여 남쪽 경사지에 두었다. 그리고 꼬리를 잘라 베어주고, 입에 누런 버터를 넣어주면서 내세에는 사람이 되어 태어나라고 기원을 해주었다. 만약 그렇게 해주지 않으면 개가 꼬리 때문에 수치스럽게 여겨 인간으로 태어나지 못한다고 생각했다.

참고문헌 이안나(2012), 『몽골민간신앙연구』, 서울, 한국문화사. С.Дулам(1989), *Монгол домог зүйн дүр*, Улаанбаатар. Ч.Арьясүрэн, Х.Нямбуу(1991), *Монгол ёс заншлын дунд тайлбар толь*, Улаанбаатар.

거란 샤먼의 무복 Кидан бөөгийн хуяг (Kidan böögiin khuyag)

거란 샤먼이 굿을 할 때 입었던 옷

『거란국지(契丹國志)』「초흥본말조(初興本末條)」에는 ‘괘가(喎呵) 군주 설화’라는 고대 거란의 시조 설화가 실려 있다. 이 군주는 멧돼지 가죽이나 늑대 머리가 붙은 가죽을 머리에 쓰고 있다. 멧돼지 가죽이나 늑대 머리가 붙은 가죽을 머리에 쓴다는 것은 가면을 쓰고 굿을 벌이는 샤먼을 묘사한 것이다. 거란의 괘가(喎呵) 군주는 설연타(薛延陀) 유목제국의 낭두인신신 (狼頭人身神)을 연상시킬 만큼 매우 흡사한 형태를 띠고 있다. 이러한 점에서 고대 거란 샤먼의 무복은 현존의 시베리아 샤머니즘에서 흔히 볼 수 있는 샤먼의 동물형 무복과 같은 계열로 추정할 수 있다.

참고문헌 박원길(2001), 『유라시아 초원제국의 샤머니즘』, 서울, 민속원. 陳述(1986), 「初興傳說的解析和大賀遙輦迭剌的由來」, 『契丹政治史稿』, 北京. 護雅夫(1967), 『遊牧騎馬民族國家』, 東京.

거란 샤먼의 점복

Кидан бөөгийн мэргэ төлгө (Kidan böögiin merge tölgö)

거란 샤먼의 점술과 복술(卜術)

샤먼의 직능에는 사제적 기능, 치병의 기능, 예언자적 기능이 있다. 점복(占卜)은 미래를 예시하는 예언자적인 기능의 대표적인 사례에 속한다. 『요사(遼史)』에는 신점을 잘 구사하고 있었던 야율을불가(耶律乙不哥)에 대한 사적이 특기되어 있는데, 그의 점술은 묘지터의 결정이나 실종된 매의 소재 등 매우 다양한 방면에 미치고 있다. 거란 샤먼들의 점술법에 대해서는 기록이 없어 구체적으로 판단할 수 없지만 『거란국지(契丹國志)』의 기록으로 미루어보면 후대의 몽골인들처럼 양의 견갑골을 태우는 방식[觀象占]을 사용했다고 보인다.

참고문헌 박원길(2001), 『유라시아 초원제국의 샤머니즘』, 서울, 민속원. M.Eliade, 이윤기 역(1992), 『샤머니즘-고대적 접신술』, 서울, 까치. 島田正郎(1979), 『遼朝史の研究』, 東京.

거란의 굿

Кидан бөөгийн дуудлага (Kidan böögiin duudlaga)

거란에서 샤먼들이 행했던 굿

거란에서 행해진 굿은 크게 치병굿과 정월 초하룻날에 행해진 부정 제거 의식을 들 수 있다.

먼저 치병굿을 보면, 샤먼의 전통적인 직능은 사제적 기능, 치병의 기능, 예언자적 기능이 있는데, 거란의 샤먼은 치병의 기능에 있어 다른 유목제국의 샤먼들과 차이가 있었다. 즉 의술적인 방면에서 거란은 흉노나 오환과는 달리 물리치료는 의관(醫官)이, 정신적인 치료는 샤먼이 담당하였다. 이를 보여주는 대표적인 사례가 『요사』에 실려 있는 야율적로(耶律敵魯)의 치병굿으로, 치료법은 환자의 앞에서 북과 징을 치며 부정을 제거하는 방식을 사용하였다.

거란의 굿에서 주목되는 것이 정월 초하루날에 행하는 부정 제거 의식이다. 이 의식에는 열두 명의 샤먼이 등장한다. 『요사』 「예지(禮志)」에는 거란인들이 정월 초하룻날에 찹쌀과 백양(白羊)의 골수를 섞어서 주먹만 하게 만든 떡을 집밖으로 던져 그 해의 길흉을 판단하고 또 부정을 제거한다는 기록이 실려 있다. 이 정월 초하루의 부정 제거 의식은 샤먼들이 주관하는데, 12명의 샤먼들이 화살과 방울을 들고 천막의 주변을 돌면서 부정을 제거하는 방식을 구사한다. 최근 요나라 때의 중경(中京)에 해당하는 현재의 내몽골자치구 영성현(寧城縣)에 위치한 고분에서 방울과 화살을 위시한 약간의 특수한 형태의 철기가 출토되었는데 고고학자들은 이 문물들을 요나라 때 샤먼들이 사용하는 신기(神器)라고 추정하고 있다. 정월 초하룻날의 부정 제거 의식에 등장하고 있는 열두 명의 샤먼 숫자는 후대 한국의 무속 의례를 참고할 경우 12거리를 암시하고 있는 것일 가능성도 있다.

참고문헌 박원길(2001), 『유라시아 초원제국의 샤머니즘』, 서울, 민속원. 島田正郎(1979), 『遼朝史の研究』, 東京. 王民信(1973), 『契丹史論叢』, 台北. 劉小萌, 定宜庄(1990), 『薩滿敎與東北民族』, 長春.

거란의 사귀전(射鬼箭) 의식

Киданчуудын нумаар харваж ариусгах зан үйл (Kidanchuudyn numaar kharvaj ariusgakh zan üil)

거란에서 화살을 쏘아 부정을 제거하던 의식

거란의 사귀전(射鬼箭) 의식은 황제친정의(皇帝親征儀)뿐만 아니라 사회적으로 큰 물의를 빚은 자에게 가하는 형벌의 일종으로 행해지고 있다. 죄수나 포로 등을 표적으로 세운 뒤 화살을 발사하는 사귀전 의식은 부정 제거에 목적을 두고 있다. 의식이 대규모로 행해진 대표적인 사례가 야율아보기의 즉위 후 발생한 '황제의 난(911~913)' 때이다. 그러나 이때는 사귀전이 어떤 목표물을 정하지 않은 채 단순히 하늘을 향해 발사되었다.이는 사귀전의 원형이 단순히 하늘을 향해 화살을 쏘는 형태일 가능성이 높다는 것을 보여주고 있다. 거란의 사귀전 의식의 원형은 "천둥이 치면 하늘을 향해 화살을 발사"하여 부정을 제거했던 의식인 고차(高車) 의식과 맥을 같이 하는 것으로 보인다.

참고문헌 박원길(2001), 『유라시아 초원제국의 샤머니즘』, 서울, 민속원. 島田正郎(1979), 『遼朝史の研究』, 東京. 唐統天(1982), 「遼代"射鬼箭"淺探」, 『史學評林』3-4.

거란의 샤머니즘 Кидан бөө мөргөл (Kidan böö mörgöl)

거란에서 신과 직접 접촉, 교류하면서 점복(占卜), 예언, 치병, 제의 따위를 행하는 샤먼을 중심으로 하던 종교적 형태

위구르의 뒤를 이어 몽골고원을 장악한 민족은 시라무렌 강 일대에서 발원한 몽골족계의 유목 민족인 거란(契丹, 907년~1125년)이다. 거란은 한자와는 다른 문자를 만들어 쓸만큼 문화적인 방면에서 중국과 차이를 가지고 있었는데, 이같은 문화의 특이성은 당시 동아시아에서 활발히 전개된 민족 자각의 시대 흐름과 맥을 같이 하고 있었다. 거란의 샤머니즘을 시조 설화, 장례 습속, 제사 습속, 관습과 금기 등에 따라 종합해 보면 다음과 같은 특징을 지닌 것으로 나타난다.

첫째, 거란은 정복 왕조[Conquer Dynasty]의 효시라는 역사적인 명칭에서도 나타나듯이 자신들의 전통문화인 샤머니즘적인 인식체계를 국가제도나 의례 속에 정형화시킨 왕조였다. 이러한 대표적인 사례가 거란 대칸의 즉위 의례인 재생의(再生儀)로, 이는 북방샤머니즘의 내림굿의 한 형태를 띠고 있다.

둘째, 거란의 샤머니즘적인 색채는 성산숭배인 제산의(祭山儀)나 장례 습속, 일상생활에서의 관습과 금기 등에서 명료하게 관찰할 수 있다. 이로 인해 도전정랑(島田正郎) 등 일부 학자들은 샤머니즘의 주술력이 거란의 사회질서를 유지하는 공공의 규범으로서 큰 역할을 수행하고 있다고 간주하고 있다. 또 이러한 바탕 위에 신진의 외래 사상인 북방 불교 특히 진언종(眞言宗)과 타라니신앙(陀羅尼信仰)를 수용했기 때문에 거란의 불교에서는 강한 샤머니즘적인 색채를 느낄 수 있다.

셋째, 거란의 샤머니즘에서 가장 주목되는 것은 대칸의 등극에 앞서 행해지는 재생

의(再生儀)와 시책의(柴冊儀)라는 의례이다. 시책의란 실제 세속 군주에 대한 신의 책봉 의식이며, 재생의는 신의 신성을 접하기 위한 일종의 속세 단절 의식이다. 재생의란 시베리아의 성무 의식이나 한국의 내림굿처럼 신의 선택을 받은 인물들이 신의 대변자로 등장하기에 앞서 행하는 재생 의례(속세 단절)와 깊은 관련이 있다.

넷째, 재생의와 시책의의 의례를 살펴볼 경우 거란 샤머니즘의 정치적 구조가 나타난다. 먼저 재생의 때 거란의 큰 샤먼인 태무(太巫)가 대칸에게 관을 씌워주는 의례가 시작되는데, 이는 신성을 접하기 전에 행해지는 일종의 부정 제거 의식이다. 이후 시책의를 통해 거란의 대칸은 신으로부터 성 · 속의 지배권을 부여받는다. 제산의(祭山儀)나 재생의에서 샤먼 집단이 제례를 주관하는 것은 흉노의 샤먼이나 후대 대몽골제국의 경우처럼 잠시 신권(神權)을 대칸에게 위임받은 상태에서 행하는 행위에 불과하다. 거란 샤머니즘의 정치적 구조는 하늘의 아들이나 대리자인 대칸을 중심으로 전개되고 있으며(칸권 신수설), 샤먼 집단의 사회적 지위나 권한은 대칸의 신권 대리자이자 권력의 옹호자로서의 성격 때문에 생긴 것이다. 이러한 정치적 논리 구조는 모든 북방 민족의 정치적 논리 구조와 일치한다.

다섯째, 거란 샤먼의 경우 샤먼의 전통적인 직능인 사제적 기능, 치병의 기능, 예언자적 기능 가운데에서 치병의 기능이 분화를 보이고 있다는 점이다. 즉 의술적인 방면에서 거란은 흉노나 오환과는 달리 물리치료는 의관(醫官)이, 정신적인 치료는 샤먼이 담당하는 분업 단계에 돌입해 있었다.

여섯째, 거란의 정치체제는 중원 지구의 한족을 다스리기 위한 남면관(南面官)과 유목지구의 사람들을 통치하기 위한 북면관(北面官)이라는 이중 체제로 이루어져 있는데, 샤머니즘적 통치 질서는 북면관(北面官) 지역에만 적용되었다. 이로 인해 일부 학자들은 거란의 문화 정체성을 샤머니즘의 국교화라는 말로 표현할 정도이다.

참고문헌 박원길(2001), 『유라시아 초원제국의 샤머니즘』, 서울, 민속원. 島田正郎(1979), 「遼の社會における咒術力の作用」, 『遼朝史の研究』, 東京. 王民信(1973), 「契丹的柴册儀與再生儀」, 『契丹史論叢』, 台北.

거란의 샤먼 ᠬᠢᠳᠠᠨ ᠪᠥᠭᠡ Кидан бөө (Kidan böö)

거란에서 신과 영적인 교류를 하며 예언, 치병(治病), 악마 퇴치, 공수 따위의 행위를 했던 사람

중국 문헌에 등장하는 거란 샤먼들의 명칭은 큰 샤먼을 뜻하는 '태무(太巫)', 일반적인 샤먼인 '무(巫)'나 '무사(巫師)', '무격(巫覡)'으로 나타나고 있다. 그리고 '적렬마도(敵烈麻都)'라 불리는 예관(禮官)이 등장하고 있는데 학자들은 이들이 샤먼이거나 그에 준하는 인물일 가능성이 높다고 추정하고 있다. 큰 샤먼인 태무는 국가 제의 때의 역할로 미루어 보아 국가가 인정하는 최고의 사제, 즉 국무(國巫)일 가능성이 높으며 또 사회적인 신분도 그에 준했으리라 보인다. 거란의 태무는 대몽골제국 초기의 오손 에부겐(Usun-Ebügen)처럼 대칸이 공식적으로 지명 · 선포하였다. 예관인 '적렬마도(敵烈麻都)'는 『흠정요사국어해 (欽定遼史國語解)』의 기록을 따르면 "규칙이나 형식을 준수한다."는 의미의 단어로 나타나며, 이는 후대 만주 · 몽골어의 'düremt'와 연관을 가지고 있다고 보인

다. 『요사』에는 샤먼인 ‘야율적로(耶律敵魯)’가 거란의 고려 침공 때 친위군단의 장군으로 나타나고 있다. 이 사례는 거란의 샤먼들이 직업이나 신분적으로 아무런 제약을 받지 않는다는 것을 보여주고 있다.

참고문헌 박원길(2001), 『유라시아 초원제국의 샤머니즘』, 서울, 민속원. 島田正郎(1979), 「敵烈麻都司と禮部－巫の技能と地位－」, 『遼朝史の研究』, 東京. 王民信(1973), 『契丹史論叢』, 台北.

거란의 성산 Кидан нарын уул шүтлэг (Kidan naryn uul shütleg)

거란에서 성스럽게 여겨 신앙적 대상으로 숭배하는 산

거란의 성산에 대해서는 『요사』「예지(禮志)」에 다음과 같이 기록되어 있다.

> “동짓날에 거란인들의 습속이다. 흰 양과 흰 말, 흰 기러기를 잡아 각각 피를 받은 다음 술에 섞는다. 천자는 이것을 가지고 흑산(黑山)을 바라보며 예를 올린다. 흑산은 국경의 북쪽에 위치하고 있다. 거란인들은 사람이 죽으면 혼백을 이 산의 신이 관장한다고 믿고 있는데, 이 산은 중국의 태산(泰山)과 같다. 해마다 이날이 오면 오경(五京)에서 종이를 보내와 인마(人馬) 1만여 개를 만들어 그 산을 향해 제사를 올리며 불사른다. 거란인들은 그 산을 매우 두려워하며, 제사를 지내지 않으면 죽어 그 산에 접근할 수 없다는 믿음을 지니고 있다.”

이 기록을 통해볼 때 거란의 성산은 거란의 국경 밖 북쪽에 위치한 흑산으로 나타난다. 거란의 성산인 흑산은 성격상 저승 세계를 나타낸다는 견해가 있다. 박원길은 이 산이 성격이나 위치상 오환(烏桓)의 저승 세계인 요동 서북 수천 리에 위치한 적산(赤山)과 일치하며, 오늘날 바이칼 호수 동북의 바르코진 지역에 있는 보르칸 칼돈 산일 가능성이 높다고 간주하고 있다.

참고문헌 박원길(2001), 『유라시아 초원제국의 샤머니즘』, 서울, 민속원. 박원길(2013), 「몽골 지역에 전승되는 고대 한민족 관련 기원 설화에 대하여」, 『몽골학』34, 한국몽골학회. 島田正郎(1979), 『遼朝史の研究』, 東京.

거란의 재생의 Кидан бөө мөргөл дэх дахин төрөх ёс (Kidan böö mörgöl dekh dakhin törökh yos)

거란 샤머니즘에서 신의 신성을 접하기 위해 행하던 속세 단절 의식

거란의 샤머니즘에서 가장 주목되는 것은 대칸의 등극에 앞서 행해지는 재생의(再生儀)이다. 재생의는 신의 신성을 접하기 위한 일종의 속세 단절 의식이다. 재생의란 시베리아의 성무 의식이나 한국의 내림굿처럼 신의 선택을 받은 인물들이 신의 대변자로 등장하기에 앞서 행하는 재생 의례(또는 속세 단절)와 깊은 관련이 있다. 재생의와 그 뒤에 행해지는 시책의(柴册儀)의 의례는 거란 샤머니즘의 내부적 구조를 보여준다.

재생의는 재생례(再生禮), 복탄례(復誕禮), 복탄의(復誕儀)라고도 하는데 황제, 태후, 태자 등 황족만이 12년에 한 번씩 행하는 것을 원칙으로 삼고 있다. 그러나 실제는 12년을 주기로 의식을 행한다는 원칙과는 달리 중대한 정치적인 사건이 발생할 때마다 자의적으로 거행하고 있다. 또 성격도 속세 단절이란 최초 뜻에서 점차 무병장수나 기복

(祈福)을 추구하는 의례로 변질되고 있다.

참고문헌 박원길(2001), 『유라시아 초원제국의 샤머니즘』, 서울, 민속원. 王民信(1973), 「契丹的柴册儀與再生儀」, 『契丹史論叢』, 台北. 島田正郎(1979), 『遼朝史の硏究』, 東京.

거란의 해골 숭배

Кидан бөө мөргөл дэх толгой шүтэх ёс (Kidan böö mörgöl dekh tolgoi shütekh yos)

거란에서 해골에 대한 샤머니즘적인 신앙 관습

『거란국지(契丹國志)』「초흥본말조(初興本末條)」에는 '내가(廼呵) 군주 설화' 라는 고대 거란의 시조 설화가 실려 있다. 내가 군주는 평소 두개골로 지내다가 큰 제사 때 두개골에서 사람의 모습으로 변신하여 제사를 주관한다고 한다. 내가 군주 설화는 흉노 이래 북방 민족에서 관찰되는 해골 숭배 사상을 보여주는 대표적인 사례이다.

북방 샤머니즘에서 두개골이 갖는 중요성은 두개골이 없을 경우 장례 자체가 불가능하다는 사실에서도 잘 나타난다. 중국의 진술(陳述)과 같은 일부 학자들은 내가 군주 설화가 북방 샤머니즘의 신들림과 공수의 형태를 나타낸 것이라고 보고 있다. 즉 이 설화에 나오는 두개골이란 앞선 임금을 암시하는 것이며 사람모습으로 나타난다는 것은 앞선 임금의 혼령이 능(陵)을 관리하는 침전학사(寢殿學士)의 몸을 빌려 행한 공수라고 해석하고 있다.

참고문헌 박원길(2001), 『유라시아 초원제국의 샤머니즘』, 서울, 민속원. 陳述(1986), 「初興傳說的解析和大賀遙輦迭刺的由來」, 『契丹政治史稿』, 北京. 島田正郎(1979), 『遼朝史の硏究』, 東京.

고대 몽골 샤먼의 굿

Эртний монгол бөөгийн зан үйл (Ertnii Mongol böögiin zan üil)

고대 몽골에서 샤먼들이 행했던 굿

13세기 때 대몽골제국을 방문한 루브루크의 『루브루크 여행기(The Journey of William of Rubruck)』에는 고대 몽골 샤먼들의 굿에 대한 기록이 다음과 같이 소개되어 있다.

"그들 가운데 어떤 자는 악령을 숭배한다. 밤중에 천막의 중앙에 요리한 고기를 놓고 악마의 예언을 구하는 사람들을 모은다. 기도예식을 갖춘 예언자(캄, Kham)는 마술을 비롯해 북을 격렬하게 친다. 그는 점점 광란의 상태로 빠져 들어가고 또 자신을 묶도록 한다. 밤이 되면 악령이 나타나는데 마술사는 그에게 고기를 바친다. 악령은 미혹된 계시를 내려준다."

이 기록에 나오는 굿 형태는 오늘날 토와나 부리야트 샤먼들의 굿 형태와 거의 차이가 없다.

참고문헌 박원길(2001), 『유라시아 초원제국의 샤머니즘』, 서울, 민속원. C.Dawson(1955), *The Mongol Mission*, London and New York. 札奇斯欽(1987), 『蒙古文化與社會』, 台北.

고대 몽골의 고수레

Эртний Монголын цацал (Ertnii Mongolyn tsatsal)

고대 몽골에서 음식을 먹기 전에 일정량을 떼어 하늘과 땅 및 조상에게 바치던 행위

고대 몽골인들이 가치 및 도덕 관념의 표준인 하늘이나 풍요의 상징인 대지에 대하

여 제물을 바치는 의식을 '사촐리(Sachuli)'라고 부른다. 중국 문헌에 기록된 '쇄전(洒奠)'은 사촐리의 의역이다. 한국의 고수레에 해당하는 이 의식은 카르피니(John of Plano Carpini)나 루브루크(William of Rubruck)의 여행기에도 "그들은 항상 맨 처음 짠 소젖이나 말젖술을 우상에게 바친다. 또 음식을 먹을 때에도 항상 약간의 음식과 음료를 먼저 우상에게 바친다." 나 "그들은 새로 빚은 쿠미스(말젖술)를 먼저 땅에 뿌린 뒤 성대한 연회를 개최한다."처럼 묘사되어 있다. 음식을 먹기 전에 일정량을 떼어 하늘과 땅 및 조상에게 바치는 행위가 샤머니즘적 인식 체계에 바탕을 둔 공경 의식이다.

참고문헌 박원길(2001), 『유라시아 초원제국의 샤머니즘』, 서울, 민속원. 札奇斯欽(1987), 『蒙古文化與社會』, 台北. C.Dawson(1955), *The Mongol Mission*, London and New York.

고대 몽골의 부정 제거 의식 [Mongolian script] Эртний Монголын ариусгах зан үйл (Ertnii Mongolyn ariusgakh zan üil)

대몽골제국 시기에 몽골의 샤먼들이 부정하거나 불결한 것을 제거하기 위해서 행했던 의식

13세기 때 대몽골제국을 방문한 카르피니(John of Plano Carpini, 1182년~1252년)의 『몽골여행기(History of the Mongols)』에는 고대 몽골 샤먼들의 부정 제거 의식이 다음과 같이 상세히 소개되어 있다.

> "죽은 자의 가족이나 그들의 소유물 및 죽은 자의 집에 들어왔던 사람들은 모두 불로 부정을 정화하는 의식을 거쳐야 한다. 이러한 의식은 아래의 방법에 따라 진행된다. 가장 먼저 두 개의 불무더기를 만든다. 그리고 두 개의 불무더기 옆에 긴 창을 하나씩 세운 뒤 창 끝을 끈으로 서로 연결한다. 끈 위에는 다시 몇몇의 천 조각을 달아맨다. 두 개의 불무더기 사이와 천 조각이 달린 끈 밑으로 사람들과 가축들, 세간살이들이 모두 통과하여 부정을 제거한다. 2명의 여자가 각각 양쪽의 불무더기 옆에 서서 불을 향해 끊임없이 정화수를 뿌리면서 슬픈 노래를 암송한다".

한국에서도 이와 유사한 부정 제거 의식이 단양군 대강면 방곡리 빗재에서 관찰되고 있다.

참고문헌 박원길(2001), 『유라시아 초원제국의 샤머니즘』, 서울, 민속원. C.Dawson(1955), *The Mongol Mission*, London and New York. 국립민속박물관(1994), 『충북지방 장승 · 솟대신앙』, 서울.

고대 몽골의 신년 의례 [Mongolian script] Эртний монголчуудын шинэ жилийн зан үйл (Ertnii mongolchuudyn shine jiliin zan üil)

고대 몽골에서 철을 두드리며 행하던 신년 의식

14세기 초 페르시아의 일칸국에서 몽골제국의 정사로 편찬된 『집사(集史)』에는 고대 몽골인들이 철산을 풀무로 녹여 초원으로 나왔다는 에르군네쿤(Ergüne Kün) 설화가 실려 있다. 또 아르메니아 사료에는 "칭기스칸의 후예인 몽골의 제왕들은 이를 기념하여 제전을 올리고 있다. 즉 신년의 전날에 대장장이들이 대칸의 면전에서 타오르는 철을 두드리며 참석자 모두 하늘에 감사를 올리는 것이 그것이다."라는 고대 몽골인들의 신년 제사 습속이 소개되어 있다. 풀무로 바람을 일으켜 철광의 갱구를 녹여 탈출하고 또 그것을

기념하기 위해 타철의식(打鐵儀式)이라는 신년 행사를 행한다는 사실은 몽골 역시 대장장이와 관련된 샤머니즘이 존재하고 있음을 확인시켜 주고 있다. 고대 몽골인들의 이름에는 테무르(Temür: 철)나 토곤(Togun: 솥) 등 철과 관계된 단어가 많이 들어가 있는데, 이는 철이 악령제거 및 부귀를 가져다준다는 믿음에서 비롯된 것이다.

참고문헌 박원길(2001), 『유라시아 초원제국의 샤머니즘』, 서울, 민속원. O.Пүрэв(1999), *Монгол бөөгийн шашин*, Улаанбаатар. 佐口透 譯註(1968), 『モンゴル帝國史(I)』, 東京.

고대 몽골의 전사자 수습

Талийгаачийг нутаглуулах эрт үеийн монгол зан үйл (Taliigaachiig nutagluulakh ert üyiin mongol zan üil)

고대 몽골에서 전사자의 시신을 수습해 오는 일

13세기 남송의 몽골 보고서인 『흑달사략(黑韃事略)』에는 전투에서 사망한 병사들의 시체를 낙타에 싣고 반드시 데리고 귀환한다는 기록이 수록되어 있다. 이러한 기록은 흉노 이래 역대 유목 민족에서도 관찰되고 있다. 유목 군대가 전투에서 전사한 동료들의 시체를 고향으로 가지고 간다는 것은 무엇보다도 유체가 없으면 장례 자체가 불가능한 그들의 샤머니즘적인 내세관에 기초를 두고 있다. 동서양의 모든 문헌에 매우 특이한 습속으로 비친 이 사체 귀환의 원칙은 사실 유목 군대가 강한 전투력을 발휘하게 만드는 원천을 이루고 있다. 이는 샤머니즘적인 인식 체계가 전투에 매우 효율적으로 이용되고 있다는 것을 보여주는 한 예이다. 낙타는 몽골인들에게 하늘의 동물이라 칭해질 정도로 결혼이나 장례식에 주로 사용된다.

참고문헌 박원길(2001), 『유라시아 초원제국의 샤머니즘』, 서울, 민속원. 박원길(2003), 「고대 몽골의 금기에 대하여」, 『민속학연구』11, 국립민속박물관. O.Пүрэв(1999), *Монгол бөөгийн шашин*, Улаанбаатар.

고대 몽골의 점복술

Эрт үеийн монголчуудын мэргэ төлгө (Ert üyiin mongolchuudyn merge tölgö)

고대 몽골에서 샤먼들이 행했던 점술과 복술

13세기 몽골에 대한 동서양의 여행기나 역사서에 기록된 것을 보면 몽골의 대칸들은 샤먼(Böö)이나 점복자(占卜者), 즉 털게치(Tölgech)를 이용하여 다양한 점술을 애용하고 있었다는 것을 알 수 있다. 대표적인 점복술로는 견갑골 점복, 장복점(腸卜占), 몽점(夢占)을 들 수 있다.

문헌 기록을 종합해 볼 때 고대의 몽골인들이 가장 애용했던 점복술은 견갑골 점복, 즉 양의 견갑골(Dalu)을 태워 길흉을 점치는 방식이었던 것으로 보인다. 견갑골을 태운 뒤 갈라진 무늬가 세로이면 길조이고 가로이면 흉조로 해석하였다. 고대의 몽골인들이 주로 양의 견갑골을 사용하여 점을 치는 이유에 대해서는 알려지지 않고 있다. 그런데 오늘날 전승되는 부리야트의 시조 설화에서는 그 유래에 대하여 다음과 같이 설명하고 있다.

"부리야트족의 시조가 신에게 받은 법전을 가지고 돌아오는 도중 건초더미가 있는데서 그만 깜박 잠이 들었다. 그 때 한 마리의 양이 건초를 먹으러 왔는데 그 양은 이 법전까지 먹어치웠다. 이로 인해 신의 법전이 양의 견갑골에 새겨져 버렸다."

양의 견갑골로 점을 치는 습속은 『요사(遼史)』의 '양복(羊卜)' 운운의 기록에서도 나타나듯이 역사적으로 이미 거란 때부터 관찰되고 있다. 그러나 양의 견갑골로 점을 치는 습속은 흉노 이래 전통적인 방식이었을 가능성이 높다. 그런데 견갑골에 나타난 문양의 길흉 판별법에서 주목되는 것은 몽골인들이 중국의 판독 방식과는 정반대의 방식을 취하고 있다는 점이다. 즉 중국의 전통적인 문양 판별법은 가로를 중시하는데 반해 몽골의 그것은 세로를 중시하고 있다. 아마 이는 두 민족 간의 관념 차이에서 유래하는 것으로 보인다. 13세기 몽골인들의 점치는 모습을 기록한 『흑달사략(黑韃事略)』이나 『루브루크 여행기』에는 양의 견갑골을 세 개 이상 태워 그 중에 만약 세로로 파열된 것이 하나라도 나올 경우 길조로 간주한다고 기록하고 있다. 이러한 방식 역시 중국과 미묘한 차이를 가지고 있다. 즉 고대 몽골의 견갑골 점복은 어느 면에서 길조의 출현 확률이 가장 높고 또 판별 방식이 비교적 간단한 점술이라고 볼 수 있다.

고대 몽골인들이 애용한 점복 중 또 다른 하나는 장복점(腸卜占)이다. 장복점은 제물로 바친 희생 동물의 내장에 나타난 모양에 따라 길흉을 예언하던 병점(病占)의 일종으로 오늘날 시베리아 지역에서도 발견되고 있다. 장복점을 치는 구체적인 방법은 1909년에 내몽골 오르도스 좌익기의 다르하드족 거주지에서 발견된 『성청축제행사요록(聖廳祝祭行事要錄)』에 상세히 기술되어 있다. 이 기록에 따르면 희생 동물을 죽인 후 그 동물의 혈액, 간장, 담낭 및 그밖의 내장의 색을 조사하여 혈액이 엷고 붉다면 병이 이미 심각한 단계에 이른 것으로 여긴다. 또 담낭이 굳어 녹황색을 띠면 병기는 있지만 회복할 수 있다고 한다.

세 번째로 고대 몽골인들이 애용한 점으로 몽점(夢占)을 들 수 있다. 꿈에 나타난 일을 풀어서 길흉을 점치는 것인데, 『몽골비사』 63절에는 테무진의 결혼과 관련된 데이세첸(Dei Sechen)의 꿈과 그 해몽이 다음과 같이 실려 있다.

"예수게이 사돈! 나는 어젯밤 꿈을 꾸었다. 백색 송골매가 태양과 달 두개를 움켜쥐고 날아와 내 손위에 앉았다. 이 꿈을 사람들에게 말하자 사람들은 '태양과 달은 멀리서 바라보이는 것이다. 지금 이 송골매가 그것을 움켜잡아 가지고 내 손위에 내렸다. 백색이 내렸다. 어떠한 좋은 일이 나타날까'라고 했다. 예수게이 사돈! 이 꿈은 당신이 아들을 데리고 오는 것을 보여준 꿈이다. 꿈을 잘 꾸었다. 아주 좋은 꿈이다. 그대 키야트인들의 수호신(sülder)이 와서 미리 예고했던 것이다."

몽골국 학자인 가담바는 "백색이 내렸다"라는 표현은 고대 몽골의 점술과 관계를 가지는 말이라고 간주하고 있다. 또 몽골 역사학자인 작치드세첸은 데이세첸의 꿈을 해몽해준 사람들은 바로 당시의 샤먼들이라고 간주하고 있다.

이외에도 사슴이나 순록의 뼈로도 점을 치고 있다. 또 새점[鳥占], 암소와 수소 한 쌍으로 치는 점, 말이나 낙타를 사용한 점 등이 있다. 위의 점복 종류 가운데에서 점을 치기 위해 특별히 선택된 암수 한쌍의 소에는 '고아 후케르(Göa khüker: 수소)', '고악친 후케르(Göagchin khüker: 암소)'라는 특수한 명칭이 붙여지는데, 고악친 후케르는 '자린 보카(Ja'arin bukha)'라고 부르기도 한다.

참고문헌 박원길(2001), 『유라시아 초원제국의 샤머니즘』, 서울, 민속원. G.Nioradze, 이홍직 역(1976), 『시베리아 제민족의 원시종교』, 서울, 신구문화사. 劉小萌, 定宜庄(1990), 『薩滿敎與東北民族』, 長春.

고대 몽골인의 금기 Эртний монголчуудын хорио цээр (Ertnii mongolchuudyn khorio tseer)

고대 몽골 사람들이 샤머니즘 신앙에 기초하여 반드시 지켜야 한다고 규정한 행위

13~14세기 몽골을 여행한 동서양의 여행가들이 남긴 기록을 보면 당시의 몽골인들은 그들의 자연법적인 인식 체계(샤머니즘)가 정치 · 군사 · 일상생활 등에 철저히 침투되고 반영되어 있음이 나타난다. 당시의 대표적인 여행기는 조공(趙珙)의 『몽달비록(蒙韃備錄)』, 팽대아(彭大雅) · 서정(徐霆)의 『흑달사략(黑韃事略)』, 카르피니(John of Plano Carpini, 1180~1252)의 『몽골여행기(History of the Mongols)』, 루브루크(William of Rubruck)의 『루브루크여행기(The Journey of William of Rubruck)』, 마르코폴로(Marco Polo, 1254~1324)의 『동방견문록』이다.

13~14세기 몽골인들의 금기를 가장 잘 기록한 것은 카르피니의 『몽골여행기(History of the Mongols)』이다. 이 책은 이탈리아 프란체스코회(Franciscan Order) 소속의 수도사인 카르피니가 1245년 교황 인노센트 4세(Innocentius IV)의 명을 받아 몽골에 파견된 후 몽골에서 보고 들은 것을 기록하여 교황에게 제출한 것이다. 이 책에 기록된 몽골인들의 자연신앙, 즉 금기를 도표로 제시하면 다음과 같다.

번호	항목	금지 수준
①	우상이 모셔진 신차(神車) 및 그의 공양에 관련된 금기	사형
②	음식에 관련된 금기	철저 준수
③	신마(神馬)에 대한 금기	철저 준수
④	해, 달, 불, 물, 땅의 숭배 및 그에 관련된 금기	철저 준수
⑤	말 및 기타 동물에 관련된 금기	철저 준수
⑥	부정과 청결에 관련된 금기	철저 준수
⑦	살인, 약탈, 비방, 무고, 간음 등에 관한 금기	사형
⑧	병과 죽음, 장례에 관련된 금기	철저 준수
⑨	매장지 및 신목에 관련된 금기	사형
⑩	문지방 금기	사형

동양의 문헌 중 13~14세기 몽골인들의 금기를 가장 잘 기록한 것은 『흑달사략(黑韃事略)』이다. 이 책은 1233년 6월과 1234년 12월 몽골 고원으로 파견된 남송 사신단의 일원인 팽대아(彭大雅)와 서정(徐霆)이 귀국 후 몽골에서 보고 들은 것을 서로 대증하여 정부에 제출한 몽골 리포트이다. 이 책에 기록된 몽골인들의 자연 신앙, 즉 금기를 도표로 제시하면 다음과 같다.

번호	항목	금지 수준
①	풀이 날 때 땅을 파는 자	가족 몰살
②	불씨를 남겨 목지를 태우는 자	가족 몰살
③	물건을 주운 자	사형
④	문지방을 밟은 자	사형
⑤	말의 머리를 채찍으로 때린 자	사형
⑥	음란 행위를 한 자	사형
⑦	음식을 먹은 뒤 목이 메어 캑캑 거리는 자	벌
⑧	입과 코에서 피가 나는 자	벌
⑨	펠트제 문을 돌돌 말아 올려 밖으로 나가는 자	책망

⑩	말을 달리다 서로 마주치게 될 때 상대방의 왼쪽으로 통과	칭찬
⑪	왼손을 사용	책망
⑫	그릇 없는 것	비난
⑬	벼락	부정

고대 몽골인들의 금기들은 그들의 인식 체계 정점인 멍케 텡게르(Mönkh Tenger)를 축으로 하여 성립하고 있다. 몽골의 금기에서 주목되는 것은 그것을 지키지 않을 경우 법률적 성격의 '죄악'으로 간주된다는 점이다. 이는 위 다섯 문헌에서 관찰되는 대부분의 금기가 칭기스칸의 대법전이나 격언에 법률적 금지나 강제 준수 사항으로 그대로 법제화되어 있다는 것에서도 잘 입증되고 있다. 이는 당시의 사회가 금기를 얼마나 중시했는가를 보여주는 일례와 함께 금기의 성격이 무엇인가를 그대로 보여주고 있다. 즉 당시의 금기는 'tseer(금지, 금령)' 계열의 단어에서도 잘 나타나듯이 그들 고유의 자연법적 인식 체계의 논리를 바탕으로 공동체 유지를 위한 의무적 준수의 철학적 · 법률적 계약에 가까운 성격을 지니고 있다. 고대 몽골의 금기는 오늘날까지 전통 민간신앙으로 그 맥이 존속되고 있다.

참고문헌 박원길(2001), 『유라시아 초원제국의 샤머니즘』, 서울, 민속원. 박원길(2003), 「고대 몽골의 금기에 대하여」, 『민속학연구』11, 국립민속박물관. 박원길(2010), 「몽골의 친환경적 사상에 대한 역사적 고찰」, 『몽골학』29, 한국몽골학회.

고대 북방 민족의 샤머니즘 ᠡᠷᠲᠡ ᠶᠢᠨ ᠤᠮᠠᠷᠠᠳᠤ ᠶᠢᠨ ᠪᠥᠭᠡ ᠮᠥᠷᠭᠥᠯ Эртний умардын бөө мөргөл (Ertnii umardyn böö mörgöl)

고대 북방 민족들에서 신과 직접 접촉 · 교류하면서 점복, 예언, 치병, 제의 따위를 행하는 샤먼을 중심으로 하는 종교적 형태

한민족을 비롯한 동북아시아계 민족은 전통적으로 하늘과 땅을 가장 큰 숭배의 대상으로 삼고 있다. 그 다음은 하늘과 땅 사이에 펼쳐져 있는 삼라만상, 즉 자연을 경배하는 습관이 있다. 학자들은 동북아시아계 민족의 원시 신앙을 여타 지구의 신앙과 구분하여 샤머니즘(Shamanism)이라 부르고 있다. 샤머니즘은 현재 부리야트나 시베리아의 몇몇 부족에서 겨우 명맥을 유지하고 있지만, 근대까지 중원의 유학(儒學)과 함께 동아시아의 주축을 이루고 있었던 사상이었다. 북방의 유목문화권과 삼림문화권에서 민중의 기축(祈祝) 신앙으로 자리 잡고 있었던 샤머니즘은 역사적으로 북방 민족들의 주체성을 상징하는 동시에 정치적으로도 상당한 영향력을 가지고 있었다.

샤머니즘이란 "흥분한 사람"이나 "미친 사람", 즉 신들린 사람을 뜻하는 에벤키족의 언어인 '샤먼(shaman)'에서 유래된 용어이다. 이 단어는 그들의 동남쪽에 거주하는 만주족계의 골디(Goldi) 및 만주족에서도 통용되고 있다. 그러나 '샤먼'이란 단어는 『삼조북맹회편(三朝北盟會編)』의 "샤먼이란 여진어로 여자 샤먼이다(珊蠻者,女眞語巫嫗也)"라는 기록처럼 이미 금나라 때부터 출현하고 있으며, 또 한국의 고어나 몽골어 중에도 그와 유사한 단어가 발견된다. D.반자로프(Banjarov)나 G.니오라쩨(Nioradze)를 위시한 대다수의 학자들은 '샤먼'이 동북아시아계 민족의 고유어일 가능성이 높다고 간주하고 있다. 그러나 카이돈네르(Kai Donner)와 같은 일부 학자들은 샤먼이 산스크리트어 'Śramaṇa'이나 파리어 'samaṇa(乞食僧)'와 관계를 가지고 있으며 더 나아가 토카라어의 'samāne'이나 소그드어의 'šmu=šaman' 및

중국어의 '사문(沙門)'도 이 어형에 속한다고 간주하고 있다. 한국 고대어의 '삼마'나 몽골어의 'samuun' 등에서도 나타나듯이 샤먼을 지칭하는 '샤먼'은 고대 동북아시아계 민족의 공통어라고 볼 수 있다. 그러나 고대 신라에서 샤먼을 칭할 때 '삼마' 대신에 '차차웅(次次雄)'으로 호칭한 것처럼 북방 유목 시대와 민족에 따라 '캄(Kam)'이나 '베키(Beki)' 등 나름대로 독자적인 칭호를 사용하고 있다. 역사적으로 유목 민족들의 샤먼은 부족장을 겸하고 있는 경우가 많았으며, 또 권부의 핵심에 포진하여 치열한 권력 다툼을 벌이기도 하였다.

원래 북방 민족의 자연법적인 인식 체계인 샤머니즘은 역사적으로 초원 지역과 삼림 지역의 샤머니즘으로 나누어진다. 양자 간에는 신통(神統)이나 의식(儀式) 면에서 이질적인 면이 적잖이 발견되지만 그 기본적인 골격은 대동소이하다고 볼 수 있다. 역사적으로 샤머니즘의 중심지는 부족 간의 단절이 심한 시베리아의 삼림문화권이 아니라 거대한 기마 군단으로 동서양의 농경문화권에 끊임없이 압박을 가했던 초원의 유목문화권에 존재했다. 그러나 시대의 변천과 함께 초원 민족의 샤머니즘은 이미 그 흔적만을 남긴 채 몸체는 사라진 실정이다. 그리고 그 배후에 위치했던 시베리아의 샤머니즘도 1930년대를 전후로 이미 그 형체가 서서히 사라져 가고 있다.

북방 샤머니즘에 대한 본격적인 연구는 20세기 초부터 부리야트, 골디, 오론촌(Oronchun, 鄂倫春), 야쿠트, 토와, 알타이, 에스키모 등 샤먼이 명맥을 유지하고 있었던 시베리아권의 삼림 지역을 중심으로 이루어졌다.

시베리아 민족 분포도와 샤먼 모습

참고문헌 박원길(2001), 『유라시아 초원제국의 샤머니즘』, 서울, 민속원. Uno Harva(1938), *Die Religiösen Vorstellungen der Altaischen Völker*, Helsinki. О.Пүрэв(1999), *Монгол бөөгийн шашин*, Улаанбаатар.

고차의 샤머니즘 Өндөр тэрэгтнүүдийн бөө мөргөл (Öndör teregtnüüdiin böö mörgöl)

고차에서 신과 직접 접촉 · 교류하면서 점복, 예언, 치병, 제의 따위를 행하는 샤먼을 중심으로 하던 종교적 형태

고차(高車)는 흉노 때 정령(丁零)이라 불리는 돌궐계 부족 가운데 북정령(北丁零)의 직계 후예이며, 후대 위구르의 전신이다. 고차라는 명칭은 그들의 수레바퀴가 다른 유목 민족에 비해 매우 높았기 때문에 붙여진 별칭이다. 고차의 샤머니즘은 시조 설화, 장례 습속, 제천 행사, 관습과 금기 등을 종합해

보면 다음과 같은 특징을 지니고 있음이 나타난다.

첫째, 고차는 여신(女神)이라 불리는 여인과 하늘에서 내려온 늑대 사이에서 태어난 인물로부터 기원했다는 늑대 시조 설화를 지니고 있다.

둘째, 고차의 습속에는 샤머니즘의 인식 구조를 보여주는 굿 형태가 비교적 명료하게 나타나고 있다. 또 장례 의식에서 죽은 자를 위해 생전에 사용했던 물품을 태우는 의식이 나타나는데, 이러한 습속은 북방 샤머니즘의 전형적인 특성이다. 후대 몽골에서는 이러한 의식을 툴레시(Tülsh)라고 부른다.

셋째, 고차 역시 샤머니즘적 인식 체계를 보여주는 성수(聖數) '3'을 준수하는 관습이 나타나고 있다.

넷째, 고차인들은 벼락과 천둥에 대한 인식이 매우 긍정적이다. 고차인들이 천둥과 벼락을 선호하는 이유는 분명치 않다. 그러나 오늘날 시베리아의 일부 부족 사이에 천둥을 큰 독수리의 화신으로 간주하여 토템으로 숭배하는 습속이 남아있다는 것과 벼락 역시 행운의 상징으로 여기는 사례가 종종 발견된다는 점으로 미루어 고차의 관습도 이러한 개념에서 나온 것이 아닌가 추정된다.

다섯째, 고차의 굿 의식에서는 굿에 참가한 부인들이 양의 뼈를 가죽에 싸서 머리에 이는 행위가 기록되어 있다. 이러한 행위는 개인이나 집안에 닥칠 액을 미리 막는 일종의 액막이 의식이라고 보인다.

여섯째, 『위서(魏書)』「고차전(高車傳)」에는 고차의 족장들이 50개의 점복막대(筮竹)를 사용해 길흉을 점친다는 기록이 보인다. 호아부(護雅夫) 등 일부 학자들은 이러한 기록을 근거로 고차의 족장도 여타 북방 유목민족의 예로 보아 샤먼이거나 그에 준하는 인물일 것이라고 간주하고 있다.

참고문헌 박원길(2001), 『유라시아 초원제국의 샤머니즘』, 서울, 민속원. 段連勤(1988), 『丁零 · 高車與鐵勒』, 上海. 護雅夫(1967), 『遊牧騎馬民族國家』, 東京. Uno Harva(1938), *Die Religiösen Vorstellungen der Altaischen Völker*, Helsinki.

고차의 제천 의식 Өндөр тэрэгтнүүдийн тэнгэр тахих ёс (Öndör teregtnüüdiin tenger takhikh yos)

고차에서 하늘과 신령들에게 제사를 올리던 부족 전체의 행사

고차(高車)의 제천의식은 『위서(魏書)』「고차전」에 "5부의 고차가 모여서 하늘에 제사를 올렸는데, 무리가 수만 명에 이르렀다. 말 경주를 행하고 희생 동물을 잡아 제를 올렸다. 신목(神木)을 둘러싸 서로 흥겹게 노래 부르며 즐겼다."라고 기록되어 있다. 이 기록에 나오는 제천의식은 북위 태무제(太武帝) 때 막북(漠北)에서 막남(漠南)으로 강제 이주된 고차 부족, 즉 하서칙륵(河西敕勒=西部敕勒)이 464년 음력 7월 문성제(文成帝)의 친림(親臨) 속에 그들의 유목지였던 오르도스에서 행한 것을 묘사한 것이다. 이 막남의 가을철 제천의식은 그 형식이나 성격 면에서 그들의 본거지에서 벌인 제천의식과 큰 차이가 없다고 볼 수 있다. 제천의식은 여타 북방 민족의 경우와 같이 신목의 주변을 도는 의식과 하늘에 제물을 바치는 희생의식이 거행되고 있음을 알 수 있다. 또 오늘날 몽골의 나담과 같은 말경주 축제가 벌어졌음을 보여주고 있다. 고차의 제천의식은 가을철의 것만 기록되어 있지만 봄에도 역시 일정 규

모의 제천의식이 거행되었다고 추정된다.

참고문헌 박원길(2001), 『유라시아 초원제국의 샤머니즘』, 서울, 민속원. 内田吟風(1975), 『北アジア史研究(鮮卑 · 柔然 · 突厥篇)』, 京都. 段連勤(1998), 『丁零 · 高車與鐵勒』, 上海.

구유크 칸의 편지 ᠭᠦᠶᠦᠭ ᠬᠠᠭᠠᠨ ᠤ ᠵᠠᠬᠢᠳᠠᠯ Гүюг хааны захидал (Güyüg khaany zakhidal)

1246년에 몽골의 구유크칸이 로마 교황 이노센트 4세에게 보낸 편지

대몽골제국의 세계 통치 이념인 '팍스 몽골리카[몽골의 평화]'를 뒷받침해 주는 핵심 사상이 조화와 융합을 강조한 멍케 텡게르(Mönkh tenger)이다. 대몽골제국의 국교인 멍케 텡게르 사상은 인류 역사상 종교문제가 없었던 유일한 제국이란 평가에서도 드러나듯이 그 역할과 효과가 매우 컸다. 이는 대몽골제국의 외교문서인 구유크 칸(Güyük Khagan, 1246~1248)의 편지를 볼 경우 더욱 명료히 그 모습이 나타난다. 카르피니(John of Plano Carpini, 1180~1252)를 통해 로마 교황 이노센트(Innocent) 4세에게 보낸 구유크 칸의 편지는 1246년 11월 3일 혹은 11일에 작성되었으며 페르시아어로 쓰였다. 그 내용은 다음과 같다.

멍케 텡게르의 힘으로 즉위한 대몽골제국 칸의 성지(聖旨) : 그대 대교황이 보내온 번역된 서신을 이슬람어로 통역을 받아 그 내용을 파악할 수 있었다. 그대가 우리의 도움을 바라며 제출한 청원서는 황제의 국토에서 열린 회의(코릴타)에서 너희 사신들로부터 들었다.

만약 그대의 사신이 그대가 있는 곳에 돌아가 보고를 한다면, 그대 대교황은 휘하의 모든 왕들과 함께 직접 이곳으로 와 우리들을 알현해야 할 것이다. 이때 나는 자사크의 모든 성지들을 공포하고자 한다.

그대는 또 말하기를 내가 세례를 받을 수 있는 기회를 가지도록 신에게 탄원하고 기도했다고 했다. 나는 그대의 기도가 무엇인지 이해할 수 없다. 그대는 나에게 다른 말도 보냈다. '나는 그대가 마자르와 기독교도의 모든 땅을 빼앗는 것에 놀랐다. 그들에게 무슨 잘못이 있는지 말해 달라'. 이 말들을 나는 역시 이해할 수 없다. 멍케 텡게르가 이 땅들 및 백성들을 죽이고 소멸시킨 것은 그들이 멍케 텡게르의 명령의 전파하는 칭기스칸이나 어거데이 카간에게 충성하지 않았기 때문이다. 그들이 멍케 텡게르를 준수하지 않았기 때문이다. 그대가 나에게 보내온 오만한 말처럼, 그들도 역시 매우 무례하고 오만할 뿐만 아니라 우리의 사신까지 죽였다. 어떻게 멍케 텡게르의 명령을 거부하면서 자기의 힘만 믿고 남을 체포하거나 죽일 수 있단 말인가.

비록 그대는 내가 네스토리안 기독교도가 되어 신을 숭배하고 수도자가 되어야 한다고 말하지만, 신이 누구를 사면하는지 진정 누구에게 자비를 나타내는지 그대가 어찌 알리오. 그대는 그대가 한 말이 신의 비준을 얻는지 어찌 알리오. 해가 뜨는 곳에서 해가 지는 곳까지 모든 땅은 나에게 항복했다. 누가 감히 신의 명령을 위반하고 이런 사업을 완성하리오.

지금 그대는 거짓 없는 마음으로 "나는 항복과 함께 그대에게 투항하기를 원합니다"라고 말해야 한다. 모든 왕들의 위에 있는 그대 본인은 즉시 투항하여 우리를 섬겨야 할 것이다. 그래야만 내가 너의 순종을 승인할 것이다.

만약 네가 신의 명령을 준수하지 않거나 나의 명령을 무시한다면, 나는 너를 나의 적으

로 간주할 것이다. 나는 네가 이 말뜻을 이해하기를 바란다. 만약 네가 그러하지 않는다면, 그 결과는 단지 신만이 알 것이다.

대칸의 도장 : 멍케 텡게르의 힘으로, 대몽골제국 전체 칸의 성지. 칙지(勅旨)가 이르는 곳의 백성들은 복종을 나타낼 것이며 경건하고 엄숙히 받들지어다.

구유크 칸의 편지는 "해가 뜨는 곳에서 해가 지는 곳까지 모든 땅은 나에게 항복했다"는 말 때문에 "세계 정복 선언"이라고도 불린다. 이 편지의 핵심은 멍케 텡게르의 명령에 복종할 것이며 그것을 준수하지 않을 경우 파멸만이 있을 것이라는 경고이다. 또 하늘의 뜻은 칭기스칸을 통해 이루어진다는 것을 강조하고 있다. 즉 구유크칸의 편지는 멍케 텡게르가 대몽골제국의 국교이며 그를 중심으로 세계의 종교들이 정립되어 있다는 것을 확인해주고 있다. 또 구유크 칸이 교황의 바람과는 달리 가톨릭의 특별 보호 등에 대한 언급이 없는 것은 에케 자사크 제11조에 언급된 것처럼 가톨릭 역시 다른 종교와 별 차이가 없다는 것을 암시한다.

참고문헌 박원길(2001), 『유라시아 초원제국의 샤머니즘』, 서울, 민속원. 박원길(2011), 「대몽골제국의 국교 Mönkh tenger에 대하여 - 샤머니즘의 세계 종교화- 」, 『몽골학』30, 한국몽골학회. C.Dawson(1955), *The Mongol Mission*, London and New York.

금나라 샤먼의 무복 Алтан улсын бөөгийн хуяг (Altan ulsyn böögiin khuyag)

금나라 샤먼이 굿을 할 때 입었던 옷

금나라의 샤머니즘에서 가장 주목되는 것은 샤먼의 복장이다. 명말청초(明末淸初)의 인물인 이청(李淸, 1602~1683)의 『남도록(南渡錄)』에는 송나라의 휘종(徽宗)과 흠종(欽宗)이 금나라에 압송되었을 때 관부에 늘어선 금나라의 샤먼들이 채색으로 장식된 무복과 화관을 쓰고, 방울을 흔들며 북을 치면서 주문을 읊고 있었다는 기록이 수록되어 있다. 이곳에 묘사된 샤먼들의 복장은 오늘날 몽골이나 시베리아 샤먼들보다는 한국 샤먼들의 무복과 유사하다는 점에서 매우 주목된다.

참고문헌 박원길(2001), 『유라시아 초원제국의 샤머니즘』, 서울, 민속원. 張踐(1994), 『中國宋遼金夏宗敎史』, 北京. 劉小萌, 定宜庄(1990), 『薩滿敎與東北民族』, 長春.

금나라 샤먼의 신통력 Алтан улсын бөөгийн чадал (Altan ulsyn böögiin chadal)

금나라 샤먼의 영묘하고 불가사의한 힘이나 능력

『금사』「시조이하제자전(始祖以下諸子傳)」에는 금나라의 샤먼들이 아이들의 출생과 이름 짓기에 깊숙이 개입되어 있다는 것을 보여주는 대표적인 사례가 실려 있다. 즉 샤먼인 양구(良久)가 소조(昭祖)에게서 태어날 아이들의 성별을 알아맞히고, 또 그들에게 미리 이름을 지어 주는 것은 물론 미래사도 예언하는 기록이 수록되어 있다. 이 기록은 금나라 샤먼들이 아이들의 출생과 이름 짓기에 관여했음을 보여주는 좋은 사례이다. 그런데 샤먼 양구의 기록에서 주목되는 것이 그가 장차 태어날 아들 중 오고출(烏古出)이 패륜아의 운명을 띠고 있다고 예언한 대목이다. 이 때문에 오고출은 소조가 죽은 뒤 피살될 위기에 놓였다가 그를 지지하는 백성들의 항의로 겨우 목숨을 부지할 수 있었다. 이는 당시 점괴의 위력이 어떠한가를 보여주는 좋은 일례라 할 수 있다. 샤먼이 아이들의 출생을 예언하고 또 이름까지 지어주는 사례는 오늘날 한국무속의 삼신굿에서도 발견되고 있다.

참고문헌 박원길(2001), 『유라시아 초원제국의 샤머니즘』, 서울, 민속원. 張踐(1994), 『中國宋遼金夏宗敎史』, 北京. 劉小萌, 定宜庄(1990), 『薩滿敎與東北民族』, 長春.

금나라 샤먼의 저주법 Алтан улсын бөөгийн зүхэл (Altan ulsyn böögiin zükhel)

금나라 샤먼이 남에게 저주가 내리게하기 위해 행했던 방법

『금사』 「장종원비이씨전(章宗元妃李氏傳)」에는 장종(章宗, 1189~1208)의 원비(元妃)인 이사아(李師兒)가 여무(女巫)인 이정노(李定奴)를 사주하여 황제의 대(代)가 끊어지도록 저주 굿을 벌였다는 기록이 실려 있다. 저주의 방법은 지목인(紙木人)과 원앙부(鴛鴦符)를 만들어 저주를 불어넣는 방식을 사용하고 있다. 지목인은 인형이고 원앙부는 부적이다. 황제를 둘러싼 비빈(妃嬪)들 간의 암투를 보여주는 이 기록은 금나라 샤먼의 저주법이 흉노 샤먼들의 저주법과 큰 차이가 없음을 보여주고 있다.

참고문헌 박원길(2001), 『유라시아 초원제국의 샤머니즘』, 서울, 민속원. 張踐(1994), 『中國宋遼金夏宗敎史』, 北京. 劉小萌, 定宜庄(1990), 『薩滿敎與東北民族』, 長春.

금나라의 샤머니즘 Алтан улсын бөө мөргөл (Altan ulsyn böö mörgöl)

금나라에서 신과 직접 접촉·교류하면서 점복, 예언, 치병, 제의 따위를 행하는 샤먼을 중심으로 하던 종교적 형태

거란의 뒤를 이어 북방의 대세력으로 등장한 금나라의 여진(女眞, Jüshin)족은 숙신계로 분류되는 민족이다. 금나라는 완안부(完顔部) 출신의 아코타(阿骨打, Akhuta)가 1115년에 건립한 제국으로 1234년 몽골제국의 어거데이카간에게 멸망당할 때까지 동아시아의 대국으로 군림했다. 금나라의 샤머니즘은 시조 설화, 장례 습속, 제사 습속, 관습과 금기 등을 종합해 보면 다음과 같은 특징을 보여주고 있다.

첫째, 금나라는 세종(1161~1189)의 여진화 운동에서도 나타나듯이 건국 초부터 중원 문화의 영향으로 국가 의례 등 제도적인 방면에서 자신들의 고유 습속을 많이 상실한 왕조에 속한다. 그러나 이들의 인식 체계가 샤머니즘에 기초를 두고 있었다는 사실은 죽은 자들이 사후 세계에서 쓸 수 있도록 생전의 물건을 태우는 툴레시(Tülsh) 장례 습속이 있었다거나, 동방을 중시하는 방위 관념 및 3, 7, 9라는 성수(聖數)의 체계가 존재했다는 것 등에서 입증된다.

둘째, 금나라의 시조 설화는 1117년 아코타가 고려에 보낸 국서 가운데의 "고려는 부모의 나라(高麗爲父母之邦)"라는 표현에서도 나타나듯이 한국과 관계가 깊다. 금나라의 시조 설화 중 시조의 4대 손인 소조(昭祖),즉 석로(石魯)는 샤먼 집단과 손잡고 국속(國俗)이라는 새로운 사회규범을 만들었다. 그의 개혁 조치가 성공을 거둘 수 있었던 원인은 사회적으로 강한 영향력을 지닌 샤먼 집단의 도움 때문이었다. 이는 후대의

대몽골제국의 성립 과정에서 칭기스칸과 샤먼과의 관계에서도 입증되듯이, 북방 사회에서의 기존 체제 개혁 운동이나 새로운 사상의 수입은 샤먼 집단의 도움으로 샤머니즘적인 인식 체계를 통할 경우에만 성공할 수 있다는 것을 보여준다. 즉 여진의 샤머니즘은 흉노 이래 대몽골제국에 이르기까지 북방 민족에게 사회개혁이나 새로운 사상의 수용은 샤머니즘적 인식 체계를 기본으로 이루어지고 있음을 다시 한 번 입증해 주고 있다.

셋째, 오늘날 북방 샤머니즘에서 보편적인 칭호로 불리는 샤먼이라는 명칭이 금나라 때부터 공식적으로 문헌에 등장한다. 이 명칭은 송나라 서몽신(徐夢莘)이 편찬한 『삼조북맹회편(三朝北盟會編)』에 "샤먼이란 여진어로 샤먼을 뜻한다(珊蠻者,女眞語巫嫗也)"라는 기록에서 처음 등장한다. 금나라에서 샤먼이란 칭호는 샤먼을 가리키는 것 이외에 뛰어난 재질을 가진 인물을 나타내는 별칭으로도 사용되었다. 그 대표적인 인물이 개국공신이자 유능한 행정 · 전략가인 완안희윤(完顔希尹, ?~1140)인데, 이러한 비유는 당시 샤먼의 사회적 지위가 높았음을 보여주고 있다.

넷째, 금나라의 샤머니즘에서 가장 주목되는 것은 샤먼의 복장이다. 『남도록(南渡錄)』에는 송나라의 휘종(徽宗)과 흠종(欽宗)이 금나라에 압송되었을 때 관부에 늘어선 여진의 샤먼들이 채색으로 장식된 무복과 화관을 쓰고, 방울을 흔들며 북을 치면서 주문을 읊고 있었다는 기록이 수록되어 있다. 이곳에 묘사된 샤먼들의 복장은 오늘날 몽골이나 시베리아 샤먼들보다는 한국의 샤먼과 유사하다는 점에서 매우 주목된다.

다섯째, 송나라 서몽신(徐夢莘)이 편찬한 『삼조북맹회편』에는 금나라 여진인들의 사냥 습속이 실려 있다. 이 사냥 습속에서 주목되는 것은 그들이 사냥물을 요리해 먹은 뒤 가죽이나 뼈만큼은 훼손하지 않고 보존한다는 대목이다. 근대 초 시베리아 샤머니즘을 연구한 바 있는 학자들은 몽골을 비롯한 북방 민족들이 동물의 뼈를 매우 소중하게 여기면서 그 원형을 보존하는 습속이 있다는 것을 모두 보고하고 있다. 뼈를 훼손하지 않고 원형대로 보존하는 이유는 뼈가 남아 있는 한 생명은 존속한다는 샤머니즘적 내세관에서 비롯된 것인데 이 같은 사례는 후대의 몽골뿐만이 아니라 현재 극동의 일부 지방에서 행해지고 있는 곰제(熊祭)에서도 잘 관찰된다. 학자들은 뼈의 원형을 준수하는 이러한 습속은 고대 동북아시아의 수렵 문화에서 유래된 것으로 간주하고 있다.

참고문헌 박원길(2001), 『유라시아 초원제국의 샤머니즘』, 서울, 민속원. 이정재(1997), 『동북아의 곰문화와 곰신화』, 서울, 민속원. Uno Harva(1938), *Die Religiösen Vorstellungen der Altaischen Völker*, Helsinki. 三上次男(1973), 「金室完顔家の始祖說話について」, 『金史硏究(III)』, 東京.

금나라의 치병굿 ᠠᠯᠲᠠᠨ ᠤᠯᠤᠰ ᠤᠨ ᠪᠥᠭᠡ ᠶᠢᠨ ᠠᠨᠠᠭᠠᠬᠤ ᠴᠢᠳᠠᠯ Алтан улсын бөөгийн анагаах чадал (Altan ulsyn böögiin anagaakh chadal)

금나라 샤먼이 병을 치유하기 위해서 행했던 굿

송나라 서몽신(徐夢莘)이 편찬한 『삼조북맹회편』에는 금나라 발흥 초기 여진 샤먼들의 치병굿에 관한 두 개의 기록이 실려 있다. 하나는 일반적인 치병굿으로, 주로 돼지와 개를 잡아 병귀를 물리치는 방식을 사용하고 있다. 다른 하나는 환자를 심산유곡에 숨겨 병을 치료하는 방식이다. 금나라 샤먼들이 환자를 심산유곡으로 데려가 병을 치료하는 이유에 대해서는 현재까지 명확히 밝혀지지 않고 있지만, 이 치료법이 현재 한국 무속의 대수대명(代數代命)과 유사하다는 점에 주목된다. 대수대명이란 샤먼이 환자를 데리고 산 속에 들어가 살아 있는 닭을 허공에 세 바퀴를 돌린 뒤 던져 풀어주는 병굿을 말한다. 위의 기록은 금나라 여진인들 역시 발흥 초기에 이전의 유목 민족들처럼 샤먼이 의사의 역할을 수행하고 있음을 보여주고 있다.

참고문헌 박원길(2001), 『유라시아 초원제국의 샤머니즘』, 서울, 민속원. 張踐(1994), 『中國宋遼金夏宗教史』, 北京. 劉小萌, 定宜庄(1990), 『薩滿教與東北民族』, 長春.

나치가이 Начигай (Nachigai)

고대 몽골에서 숭배되던 대지의 신

마르코폴로의 몽골 여행기인 『동방견문록』에는 "몽골인들은 대지의 신인 나치가이(Natigai)를 믿고 있는데, 그는 어린이, 가축, 수확을 수호한다. 나치가이신에 대한 숭배 신앙은 대단하여 그를 집에 모시지 않는 자가 없다. 즉 펠트라든가 헝겊 조각으로 신상(神像)을 만들어 이것을 저마다 집안에 모시고 있다. 그들은 같은 방법으로 나치가이신의 부인과 자식의 신상도 만들어 부인 신상은 신의 왼쪽에, 아들 신상은 전면에 안치하는데 이것에 대한 숭배심도 대단하다. 식사 때 먼저 그들은 지방을 약간 집어 그것을 나치가이신의 입술에 바른다. 그리고 부인 신과 아들 신의 입술에도 그것을 바른다. 이어 고깃국을 겔의 바깥에 조금 뿌려 그 이외의 여러 신령에게도 대접한다. 이 행사를 다하면 신들이 대접을 받았다고 말하면서 자기들도 음식을 먹는다."라고 기록되어 있다.

나치가이신은 원나라 때 장욱(張昱)의 『가간노인집(可間老人集)』에도 '펠트제 인형[전용(氈俑)]'의 형태를 취하고 있다고 기록되어 있는데 이 신의 이름은 대지의 여신인 '에투겐(Etügen)'의 오문(誤聞)이나 오사(誤寫)일 가능성이 높게 제기되고 있다. 현재 고대의 나치가이 신앙은 전승되지 않고 있으며, 그 신상의 모습도 파악할 수 없다. 참고로 일본 학자인 백조고길(白鳥庫吉)은 돌궐의 에투겐 산 숭배나 위의 기록을 근거로 북방 민족들도 중국의 풍수지리와 유사한 나름대로의 풍수사상이 있었다고 한다.

참고문헌 박원길(2001), 『유라시아 초원제국의 샤머니즘』, 서울, 민속원. 愛宕松男 譯註(1970), 『東方見聞錄(I)』, 東京. 白鳥庫吉(1970), 『塞外民族史研究(下)』, 東京.

대몽골제국의 샤머니즘 Их монгол улсын үеийн бөө мөргөл (Ikh Mongol ulsyn üyiin böö mörgöl)

대몽골제국에서 신과 직접 접촉 · 교류하면서 점복, 예언, 치병, 제의 따위를 행하는 샤먼을 중심으로 하던 종교적 형태

몽골족은 8세기 무렵 흑룡강의 상류인 에르군네 강 유역에서 '몽올실위(蒙兀室韋)'라는 이름으로 처음 역사상에 등장한다. 이들은 막북의 위구르, 중원의 당나라, 청해 · 티베트고원의 토번(吐蕃)제국이 붕괴하거나 와해되는 틈을 타 서서히 서진하여 11~12세기 무렵에는 오난(Onan) 강 일대까지 진출했다. 오난 강 일대로 진출한 몽골 부족은 케레이드(Kereyid), 메르키드(Merkid), 타타르

(Tatar), 나이만(Naiman) 등 주위의 여타부족들과 항쟁하면서 세력을 넓혀가 1206년에는 칭기스칸을 중심으로 유목 민족사상 가장 거대한 정복력을 지닌 대몽골제국(Yeke Monggol Ulus)을 탄생시켰다. 몽골의 샤머니즘은 대몽골제국의 발전에 따라 세계 사상사에 큰 영향을 미쳤는데, 당시 그들의 정치적 사상이나 종교관, 제사 습속, 관습과 금기 등을 종합해 보면 다음과 같은 특징을 지니고 있음이 나타난다.

첫째, 몽골의 시조 설화인 알랑고아(Alan-Göa) 설화는 몽골족계의 특징을 그대로 반영하고 있는 일광감응(日光感應)의 대표적인 설화이다. 몽골제국은 역대 유목제국 중 샤머니즘을 국기로 삼은 제국이라 일컬을 수 있을 정도로 일상생활은 물론 정치 · 군사적인 방면에서도 샤머니즘적 인식 체계를 손쉽게 발견할 수 있다. 몽골제국에서 준수되고 있는 샤머니즘적 인식 체계는 극히 일부를 제외하고는 거의 모든 방면에서 역대 유목 민족들의 전통적인 인식 체계와 일치하고 있다.

둘째, 역대 북방 민족의 정치권력은 '푸른 하늘'의 대리인인 군장을 정점으로 이루어진 정교일치의 구조를 가지고 있다. 이러한 정교일치적인 구조는 권력 계승과 권력 구조에도 그대로 반영되어 북방 유목제국들의 유지에 큰 역할을 수행하고 있다. 칭기스칸의 대몽골제국은 역대 유목 민족들의 샤머니즘적 인식 체계를 집대성하고 논리적으로 체계화했다고 해도 과언이 아닐 정도로 정치, 군사, 종교 방면에서 역대 유목 국가의 최고 정점을 차지하고 있다. 이는 하늘과 칸권에 대해서도 예외가 아니다. 실제 칭기스칸 이후 몽골의 대칸들은 칭기스칸을 하늘과 땅을 잇는 유일한 메시아적 존재로 설명하고 있다.

셋째, 몽골의 샤머니즘은 몽골제국의 확대 · 발전에 따라 세계로 퍼져나가 각지에서 지배자의 가치 체계에 큰 영향을 미쳤다. 이러한 현상에 대해 일부학자들은 샤머니즘의 세계 종교화라고 표현하고 있는데, 실제 제국의 세계 통치 이념인 '팍스 몽골리카[몽골의 평화]'를 뒷받침해 주는 핵심 사상이 조화와 융합을 강조한 '멍케 텡게르(Mönkh tenger)'였다. 대몽골제국의 국교인 멍케 텡게르 사상은 칭기스칸의 몽골고원 통일과 직접 관계를 맺으며 출현했으며, 제국의 확장을 통해 멍케 텡게르가 세계의 보편 종교로 자리 잡고 있음이 나타난다. 또한 인류 역사상 종교문제가 없었던 유일한 제국이란 역사적 평가에서도 드러나듯이 그 역할과 효과도 매우 컸음이 입증되고 있다.

넷째, 동서양의 각종 사서에는 몽골의 샤머니즘에 관한 다양한 기록이 실려 있다. 그런데 이 기록에서 주목되는 것은 몽골인들이 숭배하던 멍케 텡게르 사상을 서방이나 중동 등 일신교를 믿는 지역의 사제나 사람들은 자신들과 같은 일신교 사상으로 파악하고 있다는 점이다. 그 대표적인 사례가 1246년 7월 몽골을 방문했던 가톨릭 신부 카르피니(Plano Carpini)가 남긴『몽골인의 역사』에 수록된 유일신 운운의 기록이다. 서양의 성직자나 일반인이 모두 몽골의 종교 신앙을 자신들과 같은 유일신적 종교 체계로 인식했다는 점은 몽골의 멍케 텡게르 사상이 매우 체계적이고 논리적이라는 것을 보여주고 있다.

다섯째, 대몽골제국의 종교관은 동서양 각 지역의 종교 복합이 아니라 자신들의 고유한 사유 체계[샤머니즘]를 확고한 종교철학으로 정립하고 각 종교의 조화와 융합을 의도적으로 이끌고 있음이 나타난다. 이러한 종교철학을 집대성한 것이 칭기스칸의 '자삭(Zasag; 칭키스칸의 통치 이념을 담은 법령)'이다. 이러한 대몽골제국의 종교관은 원대 이후 급격히 붕괴되는데, 이는 후계자들이 자삭을 이해하지 못하고 주변의 기성 종교의 논리와 구조로 멍케 텡게르를 이해하고 설명하려 했기 때문이다. 이로 인해 멍케 텡게르 사상의 원상이 사라지고, 급기야 외부 종교의 공격을 받아 뿌리와 외형을 상실했다. 그러나 이러한 역사 과정에도 불구하고, 북방 민족의 사고(思考) 중심축을 이루고 있는 샤머니즘적 인식 체계는, 칭기스칸을 통해 멍케 텡게르라는 종교사상으로 발전해 세계의 보편 종교로 등장했다는 점에 큰 의미가 있다. 대몽골제국의 멍케 텡게르는 유라시아 북방 민족의 샤머니즘이 인류 역사에 남긴 보편 종교의 첫 사례이다.

참고문헌 박원길(2001), 『유라시아 초원제국의 샤머니즘』, 서울, 민속원. 박원길(2011), 「대몽골제국의 국교 Möngke Tenggeri에 대하여 - 샤머니즘의 세계 종교화- 」, 『몽골학』30, 한국몽골학회. 박원길(2012), "A Study on the Character of Yeke Jasag as the Code of the Mongol Empire)", *Mongilica Ulaanbaatarensia 2.*

돌궐 샤먼의 부정 제거 의식 Түрэг бөөгийн ариусгах зан үйл (Türeg böögiin ariusgakh zan üil)

돌궐에서 샤먼이 불결하거나 더러운 것을 제거하던 의식

돌궐 샤먼들은 부정하거나 불결한 것을 제거하는 의식에 불을 사용한 것으로 보인다. 568년 8월 동로마에서 서돌궐로 파견된 제마르코스(Zemarchos)의 보고서에는 돌궐 샤먼이 불로 부정을 제거하는 의식을 다음과 같이 상세하게 기록하고 있다.

> "그들은 악령을 제거하는 주술사처럼 '부쯔부쯔'라 말하면서 제마르코스의 수행원들이 있는 곳으로 와 그들의 짐 전체를 받아 중앙에 두었다. 이어서 그들은 향과 나뭇가지에 불을 붙인 뒤 스키타이말로 알아들을 수 없는 말을 중얼거리며 종과 큰북을 울리면서 왁자지껄하게 짐 주위에 모였다. 그리고 마치 미친 듯한 몸짓으로 향과 불타고 있는 작은 나뭇가지를 쥐고 짐 주위를 도는데 눈이 부시도록 몸을 흔들어대며 돌았다. 이것은 악령을 쫓기 위한 행위인데 그들은 이렇게 하면 악령을 물리칠 수 있다고 믿고 있었다. 악령을 제거한 후 그들은 제마르코스를 인도하여 이 불무더기의 가운데를 지나도록 했다. 왜냐하면 그들은 그렇게 하면 몸이 청결해진다고 믿고 있기 때문이었다."

돌궐을 비롯한 북방 민족들의 불의 관념 및 불을 이용한 부정 제거 의식은 조로아스터교의 영향을 받아서 형성된 것이다.

참고문헌 박원길(2001), 「祭火」, 『유라시아 초원제국의 역사와 민속』, 서울, 민속원. 内藤みどり(1988),「Theophanes chronographiaにみえる一史料について」, 『西突厥史の研究』, 東京. 護雅夫(1985),「突厥の信仰－とくにシャマニズムについて－」, 『三上次男博士喜壽記念論文集(歴史編)』, 東京.

돌궐의 동굴 신앙 Түрэгийн агуй шүтэх ёс (Türegiin agui shütekh yos)

돌궐 샤머니즘에서 동굴에 대해 가지고 있던 숭배 의식

돌궐의 시조 설화에는 늑대가 숨어든 성스러운 동굴이 등장한다. 이 동굴은 돌궐제국 성립 후 국가 규모의 선굴제(先屈祭)가 행해지는 성소로 등장하고 있다. 이 동굴의 위치에 대해 일본 학자인 호아부(護雅夫)는 오늘날 중국 신강자치구 고창(高昌)의 북쪽 혹은 서북쪽으로 추정하고 있으며, 송전수남(松田壽男)은 역사 · 지리학적 측면에서 이 동굴이 있는 산을 천산의 성스러운 봉우리인 복드산(Bogd uul)에 비정(比定)하고 있다. 종교학자인 엘리아데(M.Eliade)는 북방 샤머니즘에서 산에 위치한 동굴은 샤먼들이 저승으로 여행을 떠나는 통로를 상징한다고 해석하고 있다. 이러한 해석은 실제 오늘날 시베리아나 부리야트의 샤먼들의 무복에 매달린 장식물 중 한가운데에 구멍이 있는 둥근 금속판의 구멍이 지하 세계로 내려가는 입구를 상징한다는 점에서 성립할 가능성이 높다.

참고문헌 박원길(2001), 『유라시아 초원제국의 샤머니즘』, 서울, 민속원. 護雅夫(1985),「突厥の信仰－とくにシャマニズムについて－」, 『三上次男博士喜壽記念論文集(歷史編)』, 東京. M.Eliade, 이윤기 역(1992), 『샤머니즘－고대적 접신술』, 서울, 까치.

돌궐의 북두칠성 신앙

Түрэгийн долоон бурхан одны шүтлэг (Türegiin doloon Burkhan odny shütleg)

북두칠성에 대하여 예로부터 전하여 내려오는 신앙적 습속

고대 돌궐인들의 북두칠성 신앙은 『북두칠성경(Yitikän sudur)』에 집약되어 있는데 엘리아데는 이러한 신앙 개념이 메소포타미아에서 맨 처음 시작되었다고 주장하고 있다. 역대 북방 민족들의 숫자 관념을 살펴볼 경우 '3'과 '7' 및 '9(3×3)'를 성수(聖數)로 간주하고 있는데, 7의 경우 돌궐족의 장례 습속에서 집중적으로 나타나고 있다. 이때 '7'은 죽음의 숫자로 등장한다. 그 일례가 『주서(周書)』에 기록된 돌궐의 장례의식이다. 조문객들이 고인의 게르를 일곱 번 돌고 나서 고인이 모셔진 게르의 문에 다가온 뒤 모두 일곱 차례에 걸쳐 얼굴에 상처를 내 피눈물을 흘리면서 고인에 대한 자신들의 비애감을 나타낸다는 이 기록은 '7'이란 특정 숫자가 반복적으로 나타나는 것을 발견할 수 있다. 학자들은 돌궐의 장례 습속에 나타나는 '7'이 "순사(殉死)를 형식화한 것이나 죽은 자가 다시 소생하기를 바라는 주술적인 행위의 의례화",즉 인간의 수명을 관장하는 칠성신을 상징하는 것이 아닌가 보고 있다. 우리나라에서도 사람들이 죽으면 칠성판에 누이는데, 이러한 습속 역시 북방 민족들의 샤머니즘과 관련이 있다.

참고문헌 박원길(2001), 『유라시아 초원제국의 샤머니즘』, 서울, 민속원. 桂林, 楊富學 共譯(1997), 「吐魯番文獻所見古突厥語行星名稱」, 『敦煌硏究』2. 江上波夫(1951), 「ユーラシア北方民族の葬禮における剺面 · 截耳 · 剪髮について」, 『ユーラシア北方文化の硏究』, 東京.

돌궐의 샤머니즘

Түрэгийн бөө мөргөл (Türegiin böö mörgöl)

신과 직접 접촉 · 교류하면서 점복, 예언, 치병, 제의 따위를 행하는 샤먼을 중심으로 하던 종교적 형태

돌궐(Türk)은 예니세이하의 상류 일대에서 발원한 민족이다. 이들은 4세기 말~5세기 초에 알타이산의 서남쪽으로 이동해 와 유연(柔然)의 지배하에 있다가 552년 유연을 멸

망시키고 몽골고원의 중심부까지 진출하였다. 555년 무렵에는 동서로 요하(遼河)서부터 카스피해까지, 남북으로 바이칼호에서 만리장성에 이르는 대유목제국을 건설하였다. 돌궐은 역사적으로 제1제국(555~630)과 제2제국(682~745)으로 나누어진다. 돌궐의 샤머니즘은 시조 설화, 즉위 의례, 장례 습속과 제천 행사 및 일상생활에서의 관습과 금기 등을 종합해 보면 다음과 같은 특징을 지니고 있음이 나타난다.

첫째, 돌궐족의 시조 설화는 돌궐족계 민족에 등장하는 전형적인 늑대 설화 구조를 지니고 있다. 신화에 따르면 돌궐의 지배층은 남자아이와 암컷 늑대 사이에 태어난 아사나(Asana) 씨족이다.

둘째, 돌궐족의 시조 설화와 대칸의 즉위 의례는 북방 샤머니즘의 논리적 구조를 대변한다. 북방 민족 중 일광감응형 시조 설화를 지닌 민족들은 시조가 하늘에 직결되어 있는 만큼 그가 하늘의 아들이라는 의식이 그다지 필요하지 않지만, 늑대 설화를 지닌 민족들은 대칸이 하늘의 아들이라는 의식을 집요하리만큼 추구하고 있다. 즉 돌궐 대칸들의 즉위 의례는 일종의 차나르(Chanar) 의식, 즉 성무(成巫) 의식에 해당하며, 대칸들은 이 의식을 통해 하늘의 신성을 받고 있다. 이러한 사실은 늑대가 몽골족계 민족의 일광 감응처럼 하늘 그 자체를 상징하지 않는다는 점을 보여주고 있다.

셋째, 돌궐의 시조 설화에는 대장장이와 관계된 부분들이 나오는데, 샤머니즘적 인식 체계에서 대장장이는 샤먼의 입무(入巫)의식과 매우 밀접한 관계를 가지고 있다. 북방 샤머니즘에서 대장장이들이 샤먼과 거의 동일하게 취급될 정도로 준샤먼적 인물로 존경받고 있다.

넷째, 돌궐 대칸들의 즉위 의례에 나타나는 등반 의례는 샤머니즘적 인식 체계에서는 영계와 접신하면서 신의 계시를 받는 의미를 지니고 있다. 오늘날 북방 샤머니즘에서도 샤먼이 되는 최초의 의식이 신목을 오르는 등반 의례이다. 이러한 점에서 즉위식 때 행하는 등반 의례는 돌궐의 대칸이 바로 신과 인간을 연결시켜주는 대샤먼이자 속세의 인민을 통치하는 신의 대리자라는 것을 상징하고 있다.

다섯째, 장례 습속과 제천 행사는 그 민족이 지닌 샤머니즘적인 인식 체계를 가장 잘 반영해 주고 있는 부분에 속하는데, 돌궐 역시 여타 유목 민족과 마찬가지로 동일한 의미의 의식을 거행하고 있다.

여섯 번째, 오늘날 몽골고원에 산재된 돌궐 석인상들은 잔을 잡은 손가락의 형식 등에서 불교의 흔적을 발견할 수 있는데 이는 불교가 그들의 문화에 적지 않은 영향을 끼쳤다는 것을 보여주고 있다. 그러나 조로아스터교나 불교가 그들의 고유 사상인 샤머니즘까지 변화시켰다는 흔적은 발견할 수 없다. 이는 역으로 돌궐의 샤머니즘이 조로아스터교나 불교의 의식까지 흡수해 보다 정교하고 복잡한 의례로 발전하였다.

참고문헌 박원길(2001), 『유라시아 초원제국의 샤머니즘』, 서울, 민속원. M.Eliade, 이윤기 역(1992), 『샤머니즘－고대적 접신술』, 서울, 까치. 護雅夫(1985),「突厥の信仰－とくにシャマニズムについて－」,『三上次男博士喜壽記念論文集(歷史編)』, 東京.

돌궐의 성산 ᠲᠦᠷᠡᠭ ᠨᠠᠷ ᠤᠨ ᠠᠭᠤᠯᠠ ᠰᠢᠲᠦᠯᠭᠡ Түрэг нарын уул шүтлэг (Türeg naryn uul shütleg)

성스럽게 여겨 신앙적 대상으로 숭배하는 산

돌궐의 성산은 『주서(周書)』「돌궐전」에 "어도근(於都斤)의 서쪽 5백 리에 높은 산 하나가 솟아 있는데, 산 위에는 나무와 풀이 없다. 이 산을 발등응려(勃登凝黎)라 하는데 중국어로 땅의 신(地神)이란 뜻이다."라고 명료하게 기록되어 있다. 중국 문헌에는 어도근산(於都斤山)이 울독군산(鬱督軍山), 오덕건산(烏德鞬山) 등으로 표기되어 있는데, '어도근(於都斤)'은 퀼테긴(Kül Tegin) 비문이나 빌게칸(Bilge Khaan) 비문에는 "성스러운 위투켄(Idük Ütuken)"산으로 나타난다.

이 산은 오늘날 몽골국의 중앙부에 자리 잡고 있는 항가이(Khangai) 산맥으로 그 길이는 700㎞에 달한다. 이 산맥의 서쪽 끝단에 자리 잡고 있는 발등응려(勃登凝黎)는 오늘날 잡항 아이막의 성도인 올리아스태(Uliastai)시 동쪽에 위치한 높이 4,021m의 오트곤 텡게르(Otgon tenger)산이다. 발등응려(勃登凝黎)의 '발(勃)'은 『관자(管子)』의 '발조선(發朝鮮)', 『사기(史記)』「우제기(虞帝紀)」에 나오는 '발식신(發息愼)'의 '발(發)'과 같은 의미를 지니고 있는데, 일부 학자들은 주변 민족의 특정 단어 앞에 붙는 '발(勃), 발(發), 발(渤), 박(博), 박(薄)' 등은 "밝"의 음역일 가능성이 높다고 보고 있다. 돌궐인들이 이 산을 어떻게 숭배하는가에 대해서는 기록이 없어 알 수가 없지만 이 산을 지신(地神)이라 특기하고 있는 것으로 보면 이 산에서 신앙 제의가 열렸던 것은 분명해 보인다. 이 산은 돌궐뿐만이 아니라 이후의 돌궐계 유목제국인 설연타(薛延陀, Syr-Tardush)나 위구르에게도 매우 중시되고 있다. 13세기 때 이곳을 지나간 장춘진인(長春眞人)은 그의 여행기인 『서유기(西遊記)』에서 몽골제국 때의 몽골인들도 이 산을 숭배하고 있었다는 기록을 남기고 있는데, 오늘날에도 현지인들은 만년설로 덮여 있는 이 봉우리를 오치르왕(Ochir van), 복드올(Bogd uul), 오트곤 하이르한(Otgon khairkhan)이라 부르면서 신앙심을 나타내고 있다.

참고문헌 박원길(2001), 『유라시아 초원제국의 샤머니즘』, 서울, 민속원. 山田信夫(1989), 「テュルクの聖地ウトュケン山」, 『北アジア遊牧民族史研究』, 東京. 護雅夫(1964), 「ウチュケン山と古代遊牧國家」, 『内陸アジア史論集』1.

돌궐의 제천 의식

Түрэг нарын тэнгэр тахих ёс (Türeg naryn tenger takhikh yos)

하늘과 신령들에게 제사를 올리던 부족 전체의 행사

돌궐(突厥, Türk)의 제천의식은 『주서(周書)』「돌궐전」에 "음력 5월 중순, 타인수(他人水)에 모여 하늘과 신령들에 제사를 올린다."라고 기록되어 있고, 『수서(隋書)』「서돌궐전」에도 "해마다 음력 5월 8일에 모여 신령에게 제사를 올린다."라고 간략히 기록되어 있다. 또 『수서(隋書)』「돌궐전」에는 "5월 중 양과 말을 많이 죽여 하늘에 제를 올린다."라고 그 의식의 대강이 기록되어 있다.

음력 5월의 제천의식은 흉노의 용성대제나 몽골의 5월 중순에 열리는 오보제처럼 말젖술이 산출되는 시기에 거행되는 춘제(春祭)라 할 수 있다. 돌궐의 제천의식에서 주목되는 것은 타인수(他人水)라는 강명과 희생의식이다. 타인수의 위치에 대해서는 알려지지 않고 있지만 이곳이 돌궐의 성소 가운데 하나인 것만큼은 분명하다. 타인수는 음역(音역)이나, 당시 돌궐제국의 정치 판도를 고려할 때 오늘날 오르홍(Orhon)강의 좌안지

류인 타미르(Tamir)강일 가능성이 높다. 양과 말을 대량으로 잡아 하늘에 바치는 희생 의식은 돌궐의 제천의식이 여타 유목 민족과 큰 차이가 없다는 것을 보여준다. 돌궐의 제천의식에서는 후대 몽골의 나담과 같은 기록은 나타나지 않지만 "말젖술을 마시며 서로 노래 부르고 공놀이를 즐겼다"라는 기록은 남아 있다.

참고문헌 박원길(2001), 『유라시아 초원제국의 샤머니즘』, 서울, 민속원. 内田吟風(1975), 『北アジア史研究(鮮卑 · 柔然 · 突厥篇)』, 京都. 山田信夫(1989), 『北アジア遊牧民族史研究』, 東京.

멍케 칸의 편지 Мөнх хааны захидал (Mönkh khaany zakhidal)

대몽골제국 시기에 루브루크(William of Rubruck)를 통해 프랑스 왕 루이 9세에게 보내진 편지

대몽골제국의 멍케 칸(Möngke Khagan, 1251~1259)이 루브루크(William of Rubruck)를 통해 프랑스 왕 루이 9세에게 보낸 편지인 데, 그 내용은 다음과 같다.

> 우리들이 통지하는 것은 멍케 텡게르의 명령이다. 이 명령이 도달되어 네가 들을 때 반드시 믿어야 할 것이다. 만약 네가 우리들에게 복종하기를 바란다면 우리들에게 사신을 파견하라. 그러면 우리들은 네가 우리에게 평화를 바라는 것인지 전쟁을 바라는 것인지를 확실히 알 것이다. 멍케 텡게르의 힘으로 해가 뜨는 곳에서 지는 곳까지 모든 세계가 기쁨과 평화를 누리고 있을 때, 우리들이 해야 될 일이 무엇인지 분명하지 않은가. 만약 네가 멍케 텡게르의 명령을 듣고 이해한다면, 네가 주의를 기울이지 않으려도 해도 믿을 수밖에 없을 것이다. '우리나라는 멀리 떨어져 있고 산도 험하고 바다도 거칠다'고 말하며 배짱을 부린다면 너는 군대를 이끌고 우리와 싸워야 할 것이다. 우리들은 우리가 무엇을 해야 하는지를 알고 있다. 어려움을 쉬움으로 먼 곳을 가까운 곳으로 만들 수 있는 멍케 텡게르는 알지어다.

멍케 칸의 편지 역시 구유크 칸의 편지와 마찬가지로 멍케 텡게르를 중심으로 한 세계 종교 및 정치 질서의 구축을 나타내주고 있다.

참고문헌 박원길(2001), 『유라시아 초원제국의 샤머니즘』, 서울, 민속원. 박원길(2011), 「대몽골제국의 국교 Mönkh tenger에 대하여 - 샤머니즘의 세계 종교화- 」, 『몽골학』30, 한국몽골학회. C.Dawson(1955), *The Mongol Mission*, London and New York.

멍케 텡게르 Мөнх тэнгэр (Mönkh tenger)

고대 몽골에서 숭배하던 하늘의 최고신

고대 몽골인들의 자연법적 인식 체계에서 가장 주목되는 것은 멍케 텡게르(Mönkh tenger)의 존재이다. 하늘의 최고신을 지칭하는 멍케 텡게르라는 용어가 문헌상에 최초로 등장하는 것은 역대 유목 제국 중 몽골제국에서이다. 멍케 텡게르는 "영원한 하늘"이란 뜻을 지니고 있는데 『흑달사략(黑韃事略)』을 위시한 당시의 중국 문헌 속의 '장생천(長生天)'이 바로 '멍케 텡게르'의 의역이다. 몽골족이 언제부터 멍케 텡게르라는 최고신의 관념을 만들어 냈는가는 분명치 않다.

박원길을 비롯한 일부 학자들은, 멍케 텡게르라는 용어가 칭기스칸이 케레이드부를 멸망시키고 실질적으로 몽골고원을 통일한 1203년 이후 출현한다는 것을 근거로, 멍케 텡게르의 출현은 칭기스칸의 몽골고원 통일과 밀접한 관계를 맺고 있다고 한다.

멍케 텡게르는 천주교나 이슬람의 사제들이 자신들과 같은 유일신 계통으로 간주하고 있을 만큼 신학적인 체계를 지니고 있다. 멍케 텡게르 숭배 사상은 팍스 몽골리카의 확산과 함께 일시 세계 종교로 자리 잡았지만, 대몽골제국 붕괴와 함께 사라졌다. 이후 멍케 텡게르란 명칭은 샤머니즘의 한 신통으로만 남았는데, 점차 조로아스터교의 최고신인 호르마스트(Hurmust)와 동일시되어 이름 자체도 사라졌다.

참고문헌 박원길(2011), 「대몽골제국의 국교 Möngke Tenggeri에 대하여 - 샤머니즘의 세계 종교화-」, 『몽골학』30, 한국몽골학회. 蘇魯格(1996), 「蒙古民族"騰格里"觀念的形成 · 發展和演變」, 『內蒙古社會科學』6. 額爾德木圖(1995), 「蒙古英雄史詩與孛額唱詞中的"騰格里"」, 『內蒙古社會科學』5.

몽골의 문지방 금기 Гэрийн босготой холбоотой хорио цээр (Geriin bosgotoi kholbootoi khorio tseer)

고대 몽골에서 문지방을 절대로 발로 밟아서는 안 된다는 속신(俗信)

몽골인들의 샤머니즘적인 인식 체계를 보여주는 기록들 중 가장 주목되는 것이 문지방 금기이다. 문지방을 밟으면 처벌받는다는 기록은 칭기스칸의 예케 자사크(Ih Zasag: 대법령)에도 "사령관의 군영(軍營) 문지방을 발로 밟은 자는 사형에 처한다."라고 나타나 있으며 카르피니나 루브루크의 여행기에도 "그들은 우리에게 오르도 앞에서 왼쪽 무릎을 세 번 꿇으라고 말했다. 그리고 오르도에 들어갈 때는 절대로 문지방을 밟아서는 안 된다는 주의를 주었다. 만일 실수로 문지방을 밟게 되면 사형에 처해지기 때문에 우리는 매우 조심했다."나 "우리들은 멍케칸을 알현하러 들어갈 때 절대로 문지방을 건드리지 말라는 주의를 받았다."처럼 매우 큰 비중으로 처리되고 있다. 이러한 습속은 오늘날에도 철저히 준수되고 있을 뿐만 아니라 몽골의 지배를 받았던 러시아에서도 발견되고 있다. 코빌라이칸 때 몽골을 방문한 바 있는 마르코폴로는 그의 『동방견문록』에서 몽골인들이 문지방을 밟지 못하게 하는 이유에 대해 "이 규칙을 그토록 엄하게 준수시키는 것은 누군가가 문지방을 밟으면 반드시 재앙이 생긴다고 믿고 있기 때문이다."라는 기록을 남기고 있다.

오늘날에도 몽골인들은 문지방을 밟는 것을 주인의 목을 짓밟는 행위와 동일시하고 있다.

참고문헌 박원길(2003), 「고대 몽골의 금기에 대하여」, 『민속학연구』11, 국립민속박물관. C.Dawson(1955), *The Mongol Mission*, London and New York. 愛宕松男 譯註(1970), 『東方見聞錄(I)』, 東京.

몽골의 성산 Монголчуудын уул шүтлэг (Mongolchuudyn uul shütleg)

성스럽게 여겨 신앙적 대상으로 숭배하는 산

산악 신앙이 발달한 몽골 지역에서는 성스러운 산들이 곳곳에 존재한다. 현재 몽골에는 1,309개의 성산 제사 유적이 확인되고 있다. 몽골인들은 성산을 '복드(Bogda)', '하이르항(Khayirkhan)', '한올(Khan agula)'이라고도 표기하는데 이 명칭이 붙은 곳에는 고대로부터 신성한 의식이 행해지고 있다.

몽골에서 성산으로 여기는 산에 '복드'란 명칭이 붙은 것만 124개에 이를 정도로 매우 많은데, 오늘날의 개념으로 이 지역들은 모두 국립자연공원에 해당된다고 할 수 있다. 이는 성산에 관한 한 어느 민족도 몽골만큼 역사적 뿌리를 가지고 있지 않다는 것과 같다.

고대로부터 몽골의 성산은 보르칸 칼돈(Burkhan Khaldun)산이다. 이 산은 몽골족의 기원과 칭기스칸의 행적을 기록한 『몽골비사』의 제1절부터 등장한다. 보르칸 칼돈산은 오늘날 헨티 아이막 어믄델게르솜에 위치한 보르항 할돈(Burkhan Khaldun)산이다. 몽골의 성산인 '보르칸 칼돈'은 한국의 '불구내(弗矩內) · 불함산(不咸山)'과 연결 짓는 견해도 있으며, 성격적으로 오환(烏桓)의 적산(赤山)이나 거란의 흑산(黑山)처럼 저승세계와 관계가 있을 것으로 추정되기도 한다. 또 산 자체가 "할동 나무(Khaldun mod: 버드나무)에 새겨진 한헨티(Khan Khentii)의 성스러운 모습, 양지바른 곳에 선조들의 황금 보금자리가 있다"라는 몽골의 구전문학에서도 나타나듯이 버드나무와 연계되어 있다. 몽골국의 학자인 베. 린친(B.Rinchen)도 보르칸 칼돈 산을 버드나무와 연계된 샤먼의 성소라고 풀이하고 있다. 보르칸 칼돈산은 알랑고아 여신을 받드는 주겔리(Jügeli)제의 존재에서도 입증되듯이 저승과 관계를 가지고 있다.

보르칸 칼돈산은 칭기스칸의 생명을 구해 준 역사적 인연 때문에 대몽골제국 때부터 더욱 성역화되었다. 보르칸 칼돈 산 및 그 주변지역은 대몽골제국 때부터 19세기 말까지 이흐 호리크(대봉금지)로 선포되어 철저히 보호를 받았지만 소비에트 러시아의 통치를 받았던 사회주의 때 정치적인 이유로 일시 방치되었다. 그러나 1990년 몽골의 자유화 이후 1992년에 다시 입산 금지의 신성불가침 지구라는 특별 보호 구역으로 지정되었으며, 1995년부터 국가 법령에 의해 국가 제사가 행해지는 지위를 부여받았다. 그리고 2010년 12월부터 새로운 법령 반포로 인해 외국인 및 여자들의 출입이 엄격히 통제되고 있다.

고대로부터의 성산인 보르칸 칼돈산 이외에 청대(淸代)인 1778년에 오트곤 텡게르 (Otgon tenger khairkhan)산, 복드한 (Bogd khaan khairkhan)산이 덧붙어지면서 3대 성산이 형성되었다. 이 성산들은 1995년 몽골국의 법령에 의해 국가 제사가 행해지는 지위를 부여받았다. 몽골은 1991년 민주화 이후 현직 대통령의 참배를 의무화하는 국가 제사 성산들을 계속 늘려가고 있는데 그 대표적인 사례가 알탄오보가 위치한 다리오보산(Dari Ovoo uul, 2004년 지정), 알탄 허히산(Altan Khöhii uul, 2005년 지정), 한 허히산(Khan Khokhii uul, 2008년 지정), 소타이산(Sutai uul, 2008년 지정), 소브라가산(Suvarga khairkhan uul, 2008년 지정)이다.

몽골국 헹티도의 보르칸 칼돈산

몽골의 산악 신앙은 그대로 오늘날의 자연보호 사상과 맥을 같이 하는데 위에 언급한 3대 성산들은 1778년부터 "나무를 자르거나 사냥을 하거나 땅을 파는 행위 등이 공식적으로 금지" 되는 자연보호 구역으로 존속되어 왔다. 이러한 몽골의 뿌리 깊고 전통적인 자연보호 사상은 그 기저가 샤머니즘의 자연관에서 유래되었다.

참고문헌 박원길(2001), 『유라시아 초원제국의 샤머니즘』, 서울, 민속원. Д.Жамбаа(1996), *Их эзний домогт газрыг мөшгөсөн тэмдэглэл*, Өндөрхаан. Юнеско-гийн Монголын Үндэсний Комисс(2009), *Биологийн болон соёлын төрөл зүйлийг хамгаалахад тахилгат газар нутгийн ач холбогдол*, Улаанбаатар. Юнеско-гийн Монголын Үндэсний Комисс(2009), *Монгол улс дахь тахилгат газар нутаг*, Улаанбаатар. 三品彰英(1971),「ブルカン考－朝鮮における佛教と民族信仰－」,『三品彰英全集(3)』, 東京.

박시 테르겐 Багш тэргэн (Bagsh tergen)

대몽골제국 시기 몽골 샤먼의 이동식 사당

박시 테르겐(Bagshi tergen, 飯食車)이란 대몽골제국 시기 샤먼의 신사(神祠), 즉 사당을 말한다. 초원의 유목 민족들이 수레 위에 사당을 설치하는 것은 이전의 유목 제국인 타브가치나 거란에서도 보인다. 박시 테르겐에 대한 기록을 수록한 문헌은 13세기 몽골을 방문한 남송 사신단의 몽골 보고서인 『흑달사략(黑韃事略)』이다. 이 보고서에는 "달구지의 네 모퉁이에는 막대를 세우거나 널판지를 교차시켜 경천(敬天)을 나타내는 데 사용하고 있다. 이같은 달구지를 반식차(飯食車)라 부른다."고 이동식 사당의 구조와 명칭이 수록되어 있다. 몽골 샤먼의 이동식 사당인 '반식차(飯食車)'의 '반식(飯食)'은 마르코폴로가 『동방견문록』에서 묘사한 "각종의 요술에 노련한 자", 즉 샤먼을 칭하는 '박시(Bagshi)'의 음역이다. 달구지의 사각에 세운 막대기(杖)에 대해 내몽골 학자인 이자연(李自然)은 "고대나 중세의 몽골인들은 출정 때 전통적으로 카라 술데(Khar Süld, 黑纛)를 수레 위의 앞쪽이나 뒤쪽에 세우는 관습이 있으며 또 카라술데 주위에 네 개의 배독(陪纛)을 배치한다는 점"으로 미루어 볼 때 카라 술데의 배독일 가능성이 높다고 보고 있다.

참고문헌 박원길(2001), 『유라시아 초원제국의 샤머니즘』, 서울, 민속원. 李自然(1996), 「蒙古族的蘇里德及其早期象徵」, 『内蒙古社會科學』1. 愛宕松男 譯註(1970), 『東方見聞錄(I)』, 東京.

베키 Бэхи (Bekhi)

고대 몽골에서 샤먼을 높여 이르는 말

베키(Beki)라는 칭호는 고대 몽골의 샤머니즘을 언급할 때 반드시 등장하는 용어로, 일반적으로 샤먼적 성격을 지닌 족장의 존칭으로 알려져 있다. 즉 오늘날의 남자 샤먼 칭호인 '버(böö)'의 존칭어에 해당한다. 고대 몽골에서 '베키'라는 용어는 씨족장이나 부족장 등의 통치 계층 및 그에 준하는 귀족 계층, 그리고 통치 계층의 딸 등 크게 세 부류에 사용될 만큼 최고의 지위나 권위를 지닌 인물에게만 부여되었다. 이는 『몽골비사』 216절의 "몽골족의 제도엔 '귀인의 도리는 베키(beki)로 되는 것이다'라는 습속이 있다"라는 기록을 통해서도 잘 입증된다. '베키'의 어원에 대한 학설 중 가장 대표적인 것이 '현명한(mergen)', '주술에 능통한(zairan)'이란 뜻을 지닌 돌궐어 'Bügü'에서 유래되었다는 설이다.

참고문헌 박원길(2001), 『유라시아 초원제국의 샤머니즘』, 서울, 민속원. 札奇斯欽(1979), 『蒙古秘史新譯並註釋』, 台北. Ч.Далай(1958), *Монголын бөөгийн мөргөлийн товч түүх*, Улаанбаатар

보르칸 칼돈 산 제사 의례 Бурхан Халдун уулын тахилга (Burkhan Khaldun uulyn takhilga)

몽골의 성산인 보르칸 칼돈(Burkhan Khaldun)산에서 올리는 제사

몽골의 성산인 보르칸 칼돈 산이 고대에서부터 숭배의 대상이 되어왔지만 그 산에다 제사를 올린다는 기록이 명문화된 것은 칭기스칸 때부터이다. 『몽골비사』 103절에는 메르키드(Merkid)부의 습격을 받은 테무진이 보르칸 칼돈산의 도움으로 위기에서 벗어난 후 그 은덕을 잊지 않기 위하여 자손들에게 산에 대한 제사를 거행하라는 기록이 나온다. 그리고 그 스스로도 경건하게 의례를 올리고 있는데, 그 모습이 "태양을 향해 선 다음 부스를 목에 걸고 모자를 손에 걸고 손으로 가슴을 치면서 태양에 아홉 번 무릎을 꿇어 절을 했다. 그리고 태양을 향해 술을 뿌리면서 축문을 올렸다."고 상세히 기록되어 있다. 보르칸 칼돈 산의 제사 의례는 몽골이 사회주의를 받아들인 후 일시 멈추어졌지만 민주화 이후 1995년 몽골국의 법령에 의해 국가 제사가 행해지는 곳으로 지정되었다.

보르칸 칼돈 산의 제사 의례는 4년에 한 번씩 6월에 올린다. 비용은 국비로 충당된다. 제사 전날 간단사에서 승려가 독경을 하고 칠성제를 지낸다. 제사 당일날 산 정상의 제단에서 승려들이 보르칸 칼돈 산의 산신을 찬양하고 소원을 빌며, 덕담을 하는 내용의 경을 읊는다. 하늘을 향해 고수레를 하고 보르칸 칼돈 오보의 소르 모드에 하닥을 메고 공양물을 올린다. 한 사람이 하늘을 향해 활을 쏘고 3번 절하고 9번 기도한다. 그 다음에 세데르 의식을 한 후 모인 사람들이 모두 음식을 나누어 먹는다.

참고문헌 박원길(2001), 『유라시아 초원제국의 역사와 민속』, 서울, 민속원. Юнеско-гийн Монголын Үндэсний Комисс(2009), *Монгол улс дахь тахилгат газар нутаг*, Улаанбаатар. 矢野仁一(1928), 「三跪九叩頭の禮について」, 『狩野教授還暦記念支那學論叢』, 東京.

사글라가르 모드 Саглагар мод (Saglagar mod)

고대 몽골에서 신성하게 여겨 숭배하던 신목

『몽골비사』 57절에는 "코르코낙 조보르의 사글라가르 모드(Saglagar Mod) 주위를 돌면서 땅이 갈비뼈나 무릎 근처까지 파헤쳐질 정도에 이르기까지 춤추었다."라는 기록이 실려 있다. '사글라가르 모드'란 "무성한 나무"라는 뜻으로, 오늘날의 '오드강 모드(udgan mod: 巫女木)'에 해당한다. 따라서 『몽골비사』의 기록은 몽골인들이 신목의 주변을 돌면서 춤추었다는 것을 나타낸다.

사글라가르 모드는 라마교 전성시대를 거친 오늘날에도 사전에 "나뭇잎이 무성한 나무(saglagar mod)"로 등록되어 있는 것으로 보면 보통명사라기보다도 신목을 의미하는 고유명사였다고 보인다. 몽골국의 학자인 엔(H). 페를레(Perlee)는 사글라가르모드에 대해 옛날 몽골인들은 항상 사글라가르 모드의 주위에서 연회를 개최하고 춤추었기 때문에 그 나무를 무용목(舞踊木)이라고도 불렀다고 한다. 즉 사글라가르 모드는 한국의 경우 단군신화에 나오는 신단수나 마을 어귀에서 흔

히 발견되는 성황목, 귀신목에 해당된다고 볼 수 있다.

참고문헌 박원길(2001), 『유라시아 초원제국의 샤머니즘』, 서울, 민속원. 劉小萌, 定宜庄(1990), 『薩滿教與東北民族』, 長春. 江上波夫(1948), 『ユウラシア古代北方文化』, 東京.

선비의 샤머니즘

Сяньбийн бөө мөргөл (Siyanbiin böö mörgöl)

선비족에서 신과 직접 접촉 · 교류하면서 점복(占卜), 예언, 치병, 제의 따위를 행하는 샤먼을 중심으로 하는 종교적 형태

선비(鮮卑)는 오환과 마찬가지로 흉노에게 격파당한 동호(東胡)의 후예이다. 선비의 몽골고원 진출은 87년부터 본격화되기 시작하여 93년에는 북흉노(北匈奴)의 전역을 거의 장악하기에 이르렀다. 그리고 117년에 북흉노의 마지막 잔존 세력을 섬멸한 뒤 서서히 막북으로부터 요동 · 요서 · 오르도스 일대로 진출하였다. 막북과 막남의 일부를 장악한 선비족은 156년을 전후해서 '단석괴(檀石槐)'라는 걸출한 인물에 의해 흉노와 버금가는 거대 유목 제국[단석괴 제국(檀石槐帝國)]을 이룩하였다. 그러나 단석괴의 사후 선비 연합체는 붕괴되고 225년을 기점으로 몇 개의 부족 집단으로 분산되었다. 이후 이들은 모용부(慕容部), 토욕혼(吐谷渾), 걸복부(乞伏部), 우문부(宇文部), 단부(段部), 독발부(禿髮部)라는 이름으로 오호십육국의 하나를 장식하다가 역사상에서 사라져 갔다. 선비의 샤머니즘은 시조 설화, 제천 행사, 산악 신앙 등을 종합해보면 다음과 같은 특징을 지니고 있음이 나타난다.

첫째, 선비의 샤머니즘은 왕침(王沈)의 『위서(魏書)』에 "언어나 습속이 오환과 같다(言語習俗與烏丸同)"이라는 기록에서도 입증되듯이 오환과 매우 유사했다.

둘째, 몽골이나 한국 등 동북계열의 민족에게 보이는 불함산, 즉 적산(赤山)의 명칭이 '청산(靑山)'이라는 명칭으로 나타나고 있다는 것이다. 적산이나 청산은 의미적으로 모두 불함산과 연결되어 있다.

셋째, 시조 설화나 시조적 인물에 맞먹는 탄생 설화는 민족 계통을 밝히는 지표가 될 뿐만이 아니라 해당 민족의 샤머니즘을 살필 수 있는 좋은 자료이다. 선비족 단석괴의 탄생 설화는 그 전개 과정이 『삼국유사』에 실린 주몽의 탄생 설화와 매우 유사하다는 것을 한눈에 알 수 있을 정도로 동북아시아 민족들에게서 공통적으로 발견되는 전형적인 일광감응(日光感應)의 구조를 지니고 있다. 일광감응이란 지상의 여인이 하늘의 빛을 받아 하늘의 아이를 낳는다는 뜻이다. 빛의 형태는 민족에 따라 사람의 형상이나 백마, 혹은 우박 등 다양한 모습으로 형상화되어 있지만 빛 그 자체가 하늘, 즉 텡게르(Tenger)를 상징하고 있다는 것은 말할 필요도 없다. 따라서 일광감응의 탄생 설화를 가지고 있는 시조나 영웅들은 모두 아버지가 지상과 단절된 성스러운 인물이라는 특징을 지니고 있다. 아버지가 지상의 인물이 아닌 천계의 인물이라는 것은 곧 그 아들이 하늘의 아들이라는 것을 뜻한다. 하늘의 아들이란 흉노의 선우(單于)들이 자칭했던 '하늘의 아들(Tenger Kotu)'과 일맥상통하는 의미로서 바꾸어 말하면 이들이 신의 대리자라는 암시를 내포하고 있다.

넷째, 선비족은 하늘을 '카간(Khagan)'이라 부르는데, 이 칭호는 선비족의 북방 패권 장

악과 함께 이전 북방 민족의 최고 군장칭호인 '선우(單于, Targü)'를 대치할 정도로 이후 유목 군주들의 최고 칭호로 사용되었다. 이러한 칭호는 북방 고유의 철학사상, 즉 샤머니즘적인 인식 체계를 보여주는 좋은 실례로, 이를 일부 학자들은 칸권신수설이라 부르기도 한다.

참고문헌 박원길(2001), 『유라시아 초원제국의 샤머니즘』, 서울, 민속원. 船木勝馬(1989), 『古代遊牧騎馬民の國－草原から中原へ－』, 東京. 馬長壽(1962), 『烏桓與鮮卑』, 上海.

선비의 성황신

Сяньбийн овоо шүтлэг (Siyanbiin ovoo shütleg)

마을의 수호신으로 숭배되는 신

『북제서(北齊書)』「모용엄전(慕容儼傳)」에는 선비족이 성황신을 모시고 있다는 기록이 실려 있다. 성황이란 원래 성의 둘레에 파놓은 참호를 가리키는 말이지만 당나라 때부터는 도성을 지키는 신을 지칭하는 말로 전변되었다. 성황신의 기원에 대해서는 많은 논쟁이 있지만 현재까지의 연구에 의하면 양자강 일대의 토착 신앙에서 기원했다는 설이 유력하다. 북방 민족의 샤머니즘에서 사실 성황신의 존재는 발견되지 않고 있다. 그러나 북방 민족과 관계를 가지는 한국의 서낭신이 돌무더기 혹은 당집·당나무·돌무더기를 혼합한 형태를 띠고 나타나기 때문에 발음이 유사한 성황신이 북방의 신이 아닐까하는 의문이 꾸준히 제기되고 있다. 한국의 성황신을 연구한 바 있는 박호원은 문헌 기록이나 그밖의 정황으로 미루어 볼 때 사묘(寺廟)를 가지는 성황신과 돌무더기를 몸체로 가지는 한국의 서낭신은 기원적으로 다른 계통에 속한다고 언급하고 있다.

「모용엄전」에 나오는 성황신은 남방 계통의 토지신이 유사한 신관(神觀)을 가지고 있는 선비족에게 수용된 것으로 보인다. 사실 북방 민족에 있어서 돌무더기(오보)의 숭배는 문헌 기록을 통해볼 때 북원(北元) 초기부터 활성화된 것이지 고대부터 숭상된 것은 아니다. 샤머니즘을 믿는 북방 민족들은 성산만이 아니라 강이나 샘물의 정령 등 각처에 산재된 수많은 지방신들도 모시고 있다. 이러한 애니미즘적 관념과 가장 잘 어울리는 중국의 신이 바로 특정지방의 수호신적인 성격이 강한 성황신이다. 따라서 중원으로 진출한 북방 민족들은 성황신을 자기들의 관념에 따라 지방신의 하나로 자연스럽게 수용하였을 가능성이 매우 높다. 또 성황신이 주로 산악의 수호령으로 등장하는 것으로 보면 수용 과정에서 북방 민족의 기호에 맞게 변형된 것으로 보인다. 원래 샤머니즘은 자기와 유사한 관념을 가진 사상이 있으면 그것을 흡수하여 새로운 신앙 형태로 전환시키는 마력을 가지고 있다. 한국의 경우 성황신이란 명칭은 고려 시대에 처음으로 발견된다. 이 성황신은 고려에 전입된 이래 민족 고유의 산악신앙과 결합되어 호랑이[서낭신]나 호랑이와 노인의 결합체[산신]로 형상화되면서 산신신앙의 한 형태로 자리 잡았다. 이후 이 성황신은 민족 고유의 산악 신앙과 관계된 의식이나 명칭까지 모두 흡수하여 서낭신이라는 이름으로 재탄생하고 있다. 현재 한국에서 논란을 빚고 있는 서낭신은 명칭 상으로만 볼 때 북방계나 고유 명칭이 아닌 성황신의 전음이라는 것은 의심할 바 없다. 서낭이 북방 계통의 신이 아니라는 사실은 북방계 신명(神名)에 서낭과 유사한 음을 가진 신이 발견되지 않기 때문이다.

참고문헌 박호원(1996), 「중국 성황의 史的전개와 신앙성격」 『민속학연구』3, 국립민속박물관. 朴昊遠(1997), 『韓國 共同體 信仰의 歷史的 研究』(韓國精神文化研究院 박사학위논문). 박원길(2001), 『유라시아 초원제국의 샤머니즘』, 서울, 민속원.

선비의 제천 의식

Сяньби нарын тэнгэр тахилга (Siyanbi naryn tenger takhilga)

하늘과 신령들에게 제사를 올리던 부족 전체의 행사

선비(鮮卑)의 제천의식은 『후한서』「오환선비열전」에 "봄에 요락수(饒樂水) 주변에서 큰 모임을 갖는다."라고 간략히 기록되어 있다. 또 『한서』「흉노전」에 부기된 안사고(顔師古)의 주(註)에도 "선비의 습속에 옛날부터 내려오는 것으로 가을의 제천의식 때 나무가 없는 경우에는 버드나무 가지를 땅에 세운 뒤 사람들이 말을 타고 그 주위를 세 번 돈 뒤에 멈춘다."처럼 그 의식의 대강이 기록되어 있다.

참고문헌 박원길(2001), 『유라시아 초원제국의 샤머니즘』, 서울, 민속원. 白鳥庫吉(1970), 『塞外民族史研究(上)』, 東京. 内田吟風(1975), 『北アジア史研究(鮮卑 · 柔然 · 突厥篇)』, 京都.

선비족의 성산

Сяньби нарын уул шүтлэг (Siyanbi naryn uul shütleg)

성스럽게 여겨 신앙적 대상으로 숭배하는 산

선비족의 성산은 탄한산(彈汗山)이다. 『후한서』「오환선비열전」에는 "탄한산은 철구수(歠仇水) 상에 있는데 고유(高柳)로부터 북쪽 3백여 리에 있다."고 기록되어 있는데, 철구수(歠仇水)는 오늘날의 동양하(東洋河)이다. 동양하는 내몽골자치구 흥화현(興和縣)에서 발원하여 하북(河北) 회안현(懷安縣)에서 남양하(南洋河)와 합류하는 양하(洋河)의 북단줄기이다. 탄한산은 "고유의 북쪽 3백여 리"라는 기록으로 미루어 오늘날 장가구(張家口)의 서북에 위치한 산의 하나라고 보인다. 탄한산의 위치 고증에 대해서는 몇 가지 설이 있는데 그 대표적인 설로는 장가구(張家口)의 북서쪽에 위치한 소합령(昭哈嶺), 장북(張北)의 서북에 위치한 찰한뇨(察汗淖) 등이 있다. 선목승마(船木勝馬)를 비롯한 일부 학자들은 '탄한산'이 몽골어로 '백색의 산'을 뜻하는 '차강 아골라(Tsagaan uul)'의 음역이라고 간주하고 있는데, 박원길은 입산금지의 신성한 산을 뜻하는 '다르칸 아골라(Darkhan uul)'의 음역으로 보고 있다. 다르칸아골라는 산의 본명이 아닌 별칭이다. 백조고길(白鳥庫吉)은 백색의 산이나 성스러운 산이란 모두 북방 민족에 퍼져있는 '보르칸(Burkhan; 신·부처)'과 같은 의미를 지닌다고 간주하고 있다.

참고문헌 박원길(2001), 『유라시아 초원제국의 샤머니즘』, 서울, 민속원. 船木勝馬(1989), 『古代遊牧騎馬民の國－草原から中原へ－』, 東京. 平凡社(1969),「彈汗山」, 『アジア歷史事典』, 東京.

설연타의 샤머니즘

Сир－Тардушийн бөө мөргөл (Sir Tardushyn böö mörgöl)

설연타 부족에서 신과 직접 접촉 · 교류하면서 점복, 예언, 치병, 제의 따위를 행하는 샤먼을 중심으로 하던 종교적 형태

설연타(薛延陀, Syr Tardush)는 금산철륵(金山鐵勒)계의 돌궐 부족이다. 이들이 역사상

에 본격적으로 등장한 것은 605년 때부터이다. 이들은 629년 돌궐을 격파하고 몽골초원을 제패하였다. 이후 설연타제국은 당나라와 서로 버티며 대항하기를 거듭하다가 646년 6월 이적(李勣)의 당나라군과 연합한 위구르의 공격을 받아 붕괴하였다. 설연타의 샤머니즘은 전투 습속, 신상(神像)과 제례 의식 등을 종합해 보면 다음과 같은 특징을 지니고 있음이 나타난다.

첫째, 설연타제국은 중원의 진나라나 수나라처럼 극히 단명한 유목제국에 속하지만 샤머니즘적인 방면에 있어서는 매우 귀중한 기록을 남기고 있다. 그 하나가 늑대 머리에 사람의 몸을 지닌 신, 즉 낭두인신신(狼頭人身神)이다. 『신당서(新唐書)』「회골전(回鶻傳)」에는 설연타제국의 멸망을 예언한 '설연타의 늑대 머리에 사람의 몸을 지닌 신(狼頭人身神)'의 신탁이 수록되어 있다. 호아부(護雅夫)를 비롯한 일부 학자들은 늑대 머리에 사람의 몸을 지닌 신이란 실제 늑대의 모피를 걸치거나 혹은 늑대의 가면을 쓰고 굿을 벌이는 샤먼을 묘사한 것으로 보고 있다. 이 신은 "설연타는 또 멸망할 것이다!"라는 예언을 내리고 있는데, 이는 신령이 샤먼의 몸에 들어가 행한 신탁으로 볼 수 있기 때문에, 늑대 머리신은 빙령형(憑靈型) 샤먼에 속한다. 오늘날 한국의 모든 샤먼은 신령이 몸에 들어와 공수를 내리는 빙령형 샤먼 계열이다.

둘째, 설연타 제국의 샤먼 역시 여타 북방 유목 제국에서 나타나는 자다(Jada)라 불리는 기후 전환의 술법을 사용하고 있음이 나타난다. 이 술법이 사용된 때는 설연타군이 641년 12월 낙진수(諾眞水)에서 당나라 군대와 전투를 벌일 때이다.

참고문헌 박원길(2001), 『유라시아 초원제국의 샤머니즘』, 서울, 민속원. 段連勤(1988), 『丁零 · 高車與鐵勒』, 上海. 荒船淑子(1968),「薛延陀支配の成立をめぐって」, 『史觀』77. Uno Harva(1938), *Die Religiösen Vorstellungen der Altaischen Völker*, Helsinki.

술데르 Сүлдэр (Sülder)

고대 몽골 씨족의 수호신

『몽골비사』 63절에는 테무진의 결혼과 관련된 데이 세첸(Dei Sechen)의 꿈과 그 해몽이 실려 있는데, 그 가운데 "그대 키야트인들의 수호신[술데르, sülder]"이라는 표현이 나온다. 몽골학자 하칸출로(哈勘楚倫)는 데이세첸의 꿈속에 등장하는 백색 송골매를 키야트 씨족의 수호신으로 간주하고 있다. 고대 몽골 씨족의 수호신인 술데르(sülder)는 오늘날 대응되는 단어가 발견되지 않는다. 술데르(sülder)와 유사한 단어는 '길상, 복지, 위력, 수호신, 영혼, 정신, 기(旗), 군기라는 뜻을 지니고 있는 술데(süld)가 있다. 몽골 학자 작치드세첸은 내몽골 이흐조맹(伊克昭盟)에 있는 칭기스칸능(成吉思汗陵寢)에 끝이 뾰족한 창 밑에 검은색의 소꼬리털을 붙인 칭기스칸의 큰 기[대독기, 大纛旗]가 있는데 이 기를 '에젠 술데(Ejen Süld)'라 하고, 그 주위에 있는 4개의 부독기(副纛旗)를 '엘친 술데(Elchin Süld)'라고 부르고 있으며 이 기들은 몽골족의 수호 신령과 그것을 전하는 사신들을 상징하고 있다고 말하고 있다. 그리고 혁명전의 내몽골 각기(各旗)에는 기마다 칭기스칸의 유물이나 선조의 유물을 받드는 신비의 장소를 가지고 있는데, 주민들은 이를 '술데(süld)'라고 부르면서, 술데는 칭기스칸의 신위(神威) 및 각기의 수호신을 상징한다고 말하고 있다.

참고문헌 박원길(2001), 『유라시아 초원제국의 샤머니즘』, 서울, 민속원. 札奇斯欽(1979), 『蒙古秘史新譯並註釋』, 台北. 哈勘楚倫(1985), 「海東靑在蒙古族中的象徵及地位」, 『國際中國邊疆學術會議論文集』, 台北.

신치 바얀 Шинчи баян (Shinchi bayan)

고대 오리양카이 씨족에서 활동했던 샤먼

고대 몽골족의 시조 설화인 알랑고아(Alan Göa) 설화나 이동 설화인 코릴라르타이 메르겐(Khorilardai Mergen) 설화는 고구려의 시조 설화와 유사하다. 몽골의 시조 설화에는 보르칸 칼돈 산의 주인이자 보르칸이라는 신당(神堂)을 연 '신치 바얀(Shinchi Bayan)'이라는 고대 오리양카이(Urianhai) 씨족의 샤먼 이름이 등장한다. 신치바얀은 "부유한 신치"라는 뜻인데, '신치'라는 명칭이 『삼국지』 「위지동이전」에 나오는 '신지(臣智)'와 유사하다는 데 주목된다. 이쉬.가담바는 '신치(Shinchi)'가 대몽골제국시대의 큰 샤먼인 '커커추(Khökhochü)'의 별칭, 즉 '텝 텡게르(Teb Tenger)'와 같은 샤먼 계통의 단어이며, 그 뜻은 "시베리아 낙엽송(Kargai)의 여신"이나 "나무의 정령(수호신)"이라고 해석하고 있다.

참고문헌 박원길(2001), 『유라시아 초원제국의 샤머니즘』, 서울, 민속원. 劉小萌, 定宜庄(1990), 『薩滿敎與東北民族』, 長春. Ш.Гаадамба(1976), *Нууц товчооны нуущаас*, Улаанбаатар.

오드강 Удган (Udgan)

고대 몽골에서 여자 샤먼을 이르던 말

고대 몽골에서 여성 샤먼을 가리키는 오드강(Udugan)이란 칭호는 일반적으로 대지의 여신인 '에투겐(Etügen)'에서 유래되었다. 몽골학자인 체.달라이는 구체적인 근거는 밝히지 않은 채 이 칭호가 '버(böö)'보다 연원이 오래된 몽골어계 단어라고 한다. 그러나 대다수 학자들은 에투겐이라는 명칭이 음운적으로 돌궐의 성스러운 산인 '위튀캔(於都斤, Ütükän)'과 유사하다는 점에서 돌궐에서 유입된 명칭일 가능성이 높다고 보고 있다.

참고문헌 박원길(2001), 『유라시아 초원제국의 샤머니즘』, 서울, 민속원. О.Пүрэв(1999), *Монгол бөөгийн шашин*, Улаанбаатар. Ч.Далай(1958), *Монголын бөөгийн мөргөлийн товч түүх*, Улаанбаатар.

오손 에부겐 Усун өвгөн (Usun övgön)

대몽골제국 시기에 국가 샤먼으로 임명되었던 샤먼

칭기스칸은 몽골고원 통일전쟁에서 샤먼 집단을 이용하여 민심을 장악하였을 뿐만 아니라 그 자신도 스스로 점을 쳐 길흉을 판단할 만큼 샤머니즘에 대한 믿음이 높은 인물이었다. 몽골고원의 통일에 성공한 칭기스칸이 1206년 오손 에부겐(Usun Övgön)을 제국의 샤먼으로 임명한 뒤, "베키로 추대되면 흰옷을 입고 백색 거세마(Agt mori)를 타며 상석에 앉는다. 또 연·월의 길일을 택하는 일을 주관하라."라는 권위를 부여하고 있다. 대몽골제국의 국가 샤먼의 복장이 흰색이라는 사실은 주목되는데, 이 색깔은 거란의 국가 대제인 제산의(祭山儀)를 거행하는 샤먼들 역시 흰옷을 입고 있는 것으로 미루어보면 연원이 깊은 것으로 보인다. 오손 에부겐은 바아린씨족 출신의 큰 샤먼으로 1189년 칭기스칸에 귀부하여 1206년 천호장(千戶長)으로 임명되었다. 그는 직언을 잘 하는 인물로 『몽골비사』에 특기되어 있다.

참고문헌 박원길(2001), 『유라시아 초원제국의 역사와 민속』, 서울, 민속원. 박원길(1994), 『몽골 고대사연구』, 서울, 혜안. 島田正郎(1979), 『遼朝史の硏究』, 東京.

오손의 샤머니즘

Усун нарын бөө мөргөл (Usun naryn böö mörgöl)

오손 부족에서 신과 직접 접촉·교류하면서 점복, 예언, 치병, 제의 따위를 행하는 샤먼을 중심으로 하던 종교적 형태

오손(烏孫, Usun)은 B.C.3세기부터 역사상에 등장한 돌궐족계 부족으로 한나라와 흉노와의 전쟁 때 한나라와 연합하여 흉노의 서역 경영에 큰 타격을 주었던 유목 국가이다. 오손의 유목지는 시대에 따라 변동이 심한데, 대체로 흉노제국 초기에는 일정 기간 일리(Ili river) 강연변의 적곡성(赤谷城)에 근거지를 두고 있었다. 오손에 관한 기록은 『한서(漢書)』에 수록되어 있는데 그곳에 나오는 시조 설화와 성수(聖數) 개념을 종합해 보면 오손의 샤머니즘은 다음과 같은 특징을 지니고 있음이 나타난다.

첫째, 오손왕 곤막(昆莫)의 시조 설화에 돌궐족계 민족의 전형인 늑대 토템이 등장하고 있다. 북방 민족은 B.C. 2천년 무렵부터 오늘날 바이칼 호수의 남북을 기점으로 동쪽에는 몽골족계, 서쪽에는 돌궐족계 민족이 거주해 왔는데 시조 설화에서 명확한 차이를 지니고 있다. 몽골족계 민족은 시조가 하늘과 직결되어 있는 일광감응형 설화를 지니고 있지만, 돌궐족계 민족은 늑대를 통해 하늘과 연관된 시조 설화를 지니고 있다.

둘째, 오손왕 곤막(昆莫)의 시조 설화에 늑대와 함께 까마귀가 성스러운 동물로 등장하고 있다. 북방 샤머니즘에서 까마귀는 신의 뜻을 인간에게 전하는 전령으로 등장하거나 샤먼이 굿을 할 때 그의 혼을 명계로 인도하는 길잡이의 역할을 수행하고 있다. 따라서 곤막의 설화를 분석해 보면 오손의 왕은 늑대와 까마귀의 존재를 통해 하늘로부터 신성을 부여받고 있음이 나타난다. 즉 늑대와 까마귀는 몽골족계의 일광감응과 같은 역할을 수행하고 있음을 알 수 있다.

셋째, 오손은 흉노와 같이 국가를 삼분하여 통치하고 있는데, 국가를 삼분하여 통치하는 습속은 흉노 이래 북방 민족의 전통적인 관습이다. 이 삼분 통치의 관습이 북방 민족의 성수(聖數)인 '3'과 밀접한 관계를 맺고 있다는 것은 잘 알려져 있다.

참고문헌 박원길(2001), 『유라시아 초원제국의 샤머니즘』, 서울, 민속원. 白鳥庫吉(1970), 「烏孫についての考」, 『西域史硏究(上)』, 東京. 松田壽男(1970), 「烏孫についての疑」, 『古代天山の歷史地理學的硏究』, 東京.

오환 샤먼의 치병술

Ухуань бөөгийн анагаах зан үйл (Ukhuani böögiin anagaakh zan üil)

오환의 샤먼들이 병을 치료하기 위해 행했던 의술

샤먼의 전통적인 직능은 사제적 직능, 치병, 예언자적 직능이다. 『한서』「소무전(蘇武傳)」에는 흉노의 샤먼들이 행하는 전통적인 외과수술요법인 온열사혈요법(溫熱瀉血療法)이 소개되어 있다. 이러한 샤먼들의 치병기능을 가장 잘 나타내 주고 있는 기록이 왕침(王沈)의 『위서(魏書)』이다. 이 책에는 오환의 샤먼[무의(巫醫)]들이 몇 가지 방식, 즉 쑥뜸[艾灸], 달군 돌로 통증 부위를 문지르거나[燒石自熨], 뜨거운 곳에 눕히는 방법[燒地臥上], 통증 부위나 아픈 곳을 칼로 따

피를 내는 방법[隨痛病處, 以刀決脈出血], 천지와 산천의 신령에 기도하는 방법[祝天地山川之神] 등으로 환자들을 치료하고 있음을 나타내 주고 있다. 이 중에서 천지와 산천의 신령에게 기도하는 방법은 샤먼의 치병 의례 중 병굿을 묘사한 것이라고 판단된다. 달군 돌로 통증 부위를 문지르는 방법과 관련해서 주목되는 것이 오늘날 관찰되는 몽골인들의 식습관이다. 몽골인들은 여름철에 '보독(boodog)'이나 '호르혹(khorkhog)'이라는 찜통 요리를 즐기는데 그 과정에서 배출된 뜨거운 돌멩이를 신경통에 좋다고 그대로 손에 비비는 관습이 남아 있다. 이로 미루어 보면 오환(烏桓)의 소석(燒石) 치료법은 아마 신경통에 관계된 치료법일 가능성이 높으며, 오늘날 몽골인들의 관습은 고대의 관습을 이어받고 있는 것으로 보인다.

참고문헌 박원길(2001), 『유라시아 초원제국의 샤머니즘』, 서울, 민속원. 羽田亨(1915), 「北方民族の間に於ける巫に就いて」『藝文』7-12. 手塚隆義(1938), 「胡巫考」『史苑』11-3 · 4.

오환의 고수레

Ухуань нарын цацал өргөх ёс (Ukhuani naryn tsatsal örgökh yos)

음식을 먹기 전에 일정량을 떼어 하늘과 땅 및 조상에게 바치던 행위

오환의 제사 의례는 제사 후 신령들이나 고인을 위하여 희생물을 태워 바치는 특징을 지니고 있다. 몽골어로 툴레시(Tülsh)라 불리는 이 의식은 문헌적으로 오환에서 최초로 발견된다. 이러한 제사 의식을 지닌 오환인들에게 주목되는 것이 후대 몽골이나 한국의 고수레를 연상시키는 "음식을 먹기 전에 반드시 먼저 제를 올리는(飮食必先祭)" 의식이다. 음식을 먹기 전에 일정량을 떼어 하늘과 땅 및 조상에게 바치는 행위는 샤머니즘적 인식 체계에 바탕을 둔 공경 의식이다.

참고문헌 박원길(2001), 『유라시아 초원제국의 샤머니즘』, 서울, 민속원. 白鳥庫吉(1970), 「東胡民族考」, 『塞外民族史研究(上)』, 東京. 船木勝馬(1989), 『古代遊牧騎馬民の國－草原から中原へ－』, 東京.

오환의 샤머니즘

Ухуань нарын бөө мөргөл (Ukhuani naryn böö mörgöl)

신과 직접 접촉 · 교류하면서 점복, 예언, 치병, 제의 따위를 행하는 샤먼을 중심으로 하는 종교적 형태

오환(烏桓)은 『사기』「화식전(貨殖傳)」에 최초의 명칭이 나타난 이래 B.C.119년 막북지전(漠北之戰) 후 한나라가 흉노의 동부를 절단하기 위해 요하(遼河) 상류 일대에 거주하고 있던 오환족을 상곡(上谷), 어양(漁陽), 우북평(右北平), 요서(遼西), 요동(遼東)의 5군 북쪽으로 대거 이주시킴으로써 본격적으로 역사상에 등장한 민족이다. 이들은 이후 흉노를 격파하고 막남에 진출하는 등 한말위초(漢末魏初)의 정치적 격동기에서 큰 역할을 수행하다가 207년 오환의 기병군단을 탐낸 조조(曹操)가 20여만 명에 이르는 오환의 부중을 중국의 내지로 이주시켜 군호(軍戶)와 편호(編戶)로 흡수함으로써 역사상에서 사라져 갔다. 오환의 샤머니즘은 장례 습속, 산악 신앙 등을 종합해보면 다음과 같은 특징을 지니고 있음이 나타난다.

죽은 자가 저 세상에서 사용하도록 물품을 태우는 툴레시(Tüleshi) 습속이 발견된다는 점이다. 툴레시는 순장과 함께 북방 민족들

의 대표적인 장례 습속이다. 툴레시나 순장은 샤머니즘적 세계관의 한 표현이다.

참고문헌 박원길(2001), 『유라시아 초원제국의 샤머니즘』, 서울, 민속원. 劉小萌, 定宜庄(1990), 『薩滿教與東北民族』, 長春. 船木勝馬(1989), 『古代遊牧騎馬民の國－草原から中原へ－』, 東京.

오환의 성산 Ухуань нарын уул шүтлэг (Ukhuani naryn uul shütleg)

성스럽게 여겨 신앙적 대상으로 숭배하는 산

왕침(王沈)의 『위서(魏書)』에는 오환의 성산이 적산(赤山)이며, 그 위치는 요동에서 서북으로 수천 리 떨어진 곳에 있는데, 중국인들이 죽어 영혼으로 돌아가는 태산과 같은 성격을 지닌다는 기록이 실려 있다. 적산은 “붉은 산”이란 뜻으로 몽골어로 ‘올라간 아골라(Ulagan Agula)’라 표기한다. 일부 학자들은 ‘적산’이라는 명칭은 고대 한국의 ‘불구내(弗矩內)·불함산(不咸山)’이나 고대 몽골의 ‘보르칸 칼돈(Burkhan Khaldun)’산과 의미가 매우 유사하다고 보고 있다. ‘불구내’나 ‘불함산’은 몽골어 ‘보르칸(Burkhan)’과 관계를 가진 단어라는 것은 일본 학자인 미시나 아키히데(三品彰英)도 지적한 바 있다. 몽골족계에 속하는 북방 민족들은 대부분 빛이 주인공으로 등장하는 일광감응설화를 가지고 있는데 빛은 표현법에 따라 “희다, 밝다, 붉다, 노랗다”로 표기될 수 있다. 오환의 적산은 “붉은 빛을 내는 산”이라는 점에서 어원적으로 불함산(不咸山)이나 보르칸 칼돈과 큰 차이가 없다. 오환의 성산인 적산은 성격상 저승 세계를 나타낸다. 박원길은 이 산이 성격이나 위치상 거란의 저승세계인 요동 서북 수천 리에 위치한 흑산(黑山)과 일치하며, 오늘날 바이칼 호수 동북의 바르코진 지역에 있는 보르칸 칼돈 산일 가능성이 높다고 간주하고 있다. 근대 초 시베리아 샤머니즘을 연구한 학자들은 몽골을 포함한 대부분의 민족들이 아주 먼 북쪽에 저승 세계가 있다는 믿음을 가지고 있다고 보고하고 있다. 또 관을 내갈 때 저승의 방향을 좇아 북문으로 나간다는 관행이 북방의 여러 민족에서 보고되고 있다.

바르코진의 보르칸 칼돈 산

참고문헌 박원길(2001), 『유라시아 초원제국의 샤머니즘』, 서울, 민속원. 박원길(2013), 「몽골 지역에 전승되는 고대 한민족 관련 기원 설화에 대하여」, 『몽골학』34, 한국몽골학회. 三品彰英(1971), 「ブルカン考－朝鮮における佛教と民族信仰－」, 『三品彰英全集(III)』, 東京.

원대 황실의 제화 의식 Юань улсын ордны гал тахилга (Yuan ulsyn ordny gal takhilga)

대원제국의 황실에서 매년 12월 16일 이후의 길일에 행하는 액막이 의식

『원사』「제사지」에는 원대(元代) 황실에서 매년 12월 16일 이후에 오는 길일을 잡은 뒤 1년의 묵은 악을 불로 없애 버리는 제화 의식이 기록되어 있다. 이 제화 의식은 두 가지 방식을 겸용하고 있다. 하나는 샤먼의 주

관 하에 백색과 흑색의 양털로 만든 실로 대칸과 카톤 및 태자의 온몸, 즉 머리끝에서부터 팔다리에 이르기까지 묶은 다음 샤르토스(버터)가 타는 향기로 몸을 훈증한 뒤 그것을 끊어 화로에 던지는 의식이다. 다른 하나는 대칸이 붉은색의 천을 손으로 잘라 세 번 침을 뱉어 불 속에 던진 뒤, 자기가 입고 있는 옷을 벗어 샤먼에게 주어 부정을 제거하는 의식이다. 이 의식은 오늘날 몽골에서 찾아볼 수 없는 고대 몽골인들의 독특한 액막이 의식이다.

참고문헌 박원길(2001),『유라시아 초원제국의 샤머니즘』, 서울, 민속원.

위구르 샤먼의 기후전변술 Уйгар бөө мөргөл дэх зад (Uigar böö mörgöl dekh zad)

위구르 샤먼이 날씨나 바람의 방향 등 기후를 바꾸는 기술

위구르(Uigar)의 샤먼들도 여타 북방 민족의 샤먼처럼 샤먼의 전통적인 직능인 사제적 직능, 치병, 예언자적 직능을 갖추고 있었던 것으로 보인다. 이 가운데 예언자적 직능은 과학적 기능과 관련이 있는데, 위그르 샤먼들의 기후전변술은 주목할 만한다. '자다(Zad)의 비술'이라 알려진 기후전변술은 흉노나 유연의 샤먼들도 구사한 기술이지만 문헌에 명료하게 기록된 사례는 위구르와 몽골이다. 위구르의 샤먼이 모두가 지켜보는 가운데 기후전변의 주술을 사용한 대표적인 사례가 765년 10월 당과 위구르의 연합군과 토번(吐蕃) 사이에 벌어진 영대(靈臺)의 전투이다. 이후 몽골에 들어온 마니교의 사제들도 이 기술을 배워 사용했는데 중국 문헌에서는 이러한 마니교 사제들을 음양인(陰陽人)이라고 불렀다. 그러나 양자 간의 차이는 이후 샤머니즘과 마니교의 결합에 따라 급속히 줄어들어 결국 서로의 비법을 구별하지 못할 만큼 혼합되어 갔다.

참고문헌 박원길(2001),『유라시아 초원제국의 샤머니즘』, 서울, 민속원. 박원길(1997),「고대 몽골의 자다제에 대하여」,『민속학연구』4, 국립민속박물관. 護雅夫(1967),『遊牧騎馬民族國家』, 東京.

위구르의 까마귀 숭배 Уйгарын хэрээ шүтлэг (Uigaryn kheree shütleg)

위구르족의 시조 설화인 부쿠칸 설화에 나타나는 까마귀에 대한 샤머니즘적 신앙 관습

북방 유목 민족의 시조 설화에서 종종 까마귀가 성스러운 동물로 등장하고 있다. 위구르의 시조 설화인 부쿠칸설화에는 세마리의 까마귀가 등장하고 있는데, 이 설화에 등장하는 까마귀에서 주목되는 것은 그들이 각국어에 능통하다는 사실이다. 북방 민족에 전승되는 샤머니즘의 기원 설화에는 최초의 샤먼과 관련된 수리가 등장하고 있다. 그러나 이 수리는 회화의 능력이 없기 때문에 신의 명령을 전달하는 데 실패한다. 이에 반해 부쿠칸설화에 등장하는 까마귀는 회화(언어적) 능력을 갖추고 정찰병의 역할을 충실히 수행하고 있다.

참고문헌 박원길(2001),『유라시아 초원제국의 샤머니즘』, 서울, 민속원. Uno Harva(1938), *Die Religiösen Vorstellungen der Altaischen Völker*, Helsinki. M.Eliade, 이윤기 역(1992),『샤머니즘-고대적 접신술』, 서울, 까치.

위구르의 돌 숭배 Уйгаруудын чулуу шүтлэг (Uigaruudyn

chuluu shütleg)

특정한 돌을 성스럽게 여겨 신앙적 대상으로 여기는 일

고창왕세훈비(高昌王世勳碑)에는 위구르의 멸망이 복산(福山, Qutlug tag)에 위치한 성스러운 돌, 즉 성석(聖石)을 당나라 사신이 파괴했기 때문이라고 기록하고 있다. 이 성스러운 돌은 부쿠칸설화에 등장하는 벽옥(碧玉)을 의미하고 있음을 알 수 있는데 성스러운 돌의 파괴가 국가의 멸망과 직결된다는 사고방식은 고조선과 고구려, 백제의 석조(石祖) 숭배와 연관이 있다는 점에서 주목된다.

석조(石祖)란 조상의 영혼이 깃든 신앙석을 말한다. 13세기에 쓰여진 주바이니의 『세계정복자사』에는 위구르족의 서방 이동과 관련된 기록이 실려 있는데, 복산(福山)의 성석(聖石)이 파괴된 후 하늘의 뜻이 짐승들의 울음소리를 통해 위구르인들의 서방 이동을 명령하는 내용을 담고 있다. 짐승들의 울음소리란 샤머니즘적인 측면에서 복산을 수호하고 있었던 샤먼의 영혼들이 내는 비애감을 나타낸다는 점에서 매우 주목된다.

참고문헌 박원길(2001), 『유라시아 초원제국의 샤머니즘』, 서울, 민속원. 山田信夫(1989),『北アジア遊牧民族史研究』, 東京. J.A.Boyle tr(1958), *The History of the World Conqueror(I)*, Manchester.

위구르의 샤머니즘

Уйгаруудын бөө мөргөл (Uigaruudyn böö mörgöl)

신과 직접 접촉 · 교류하면서 점복(占卜), 예언, 치병, 제의 따위를 행하는 샤먼을 중심으로 하는 종교적 형태

돌궐의 뒤를 이어 북방의 패권을 장악한 민족이 바이칼호 남단에서 발원한 위구르이다. 위구르는 745년~840년까지 북방의 지배자로 군림하면서 중원의 당제국과는 비교적 우호관계를 유지하고 있었다. 그러나 기이하게도 중국측 문헌에는 위구르의 습속에 대한 기록이 거의 나타나지 않고 있다. 이는 그들의 습속이 돌궐이나 혹은 그들의 조상에 해당하는 고차(高車)와 매우 유사했기 때문이 아닌가 생각된다. 위구르의 샤머니즘은 시조설화, 토템, 일상생활에서의 관습과 금기 등을 종합해 보면 다음과 같은 특징을 지니고 있음이 나타난다.

첫째, 위구르는 '연합'이라는 뜻을 지니고 있는데, 한자로 표기할 때에는 자신들의 토템인 수리를 넣어 '회골(回鶻)'이라고 쓰고 있다. 회골이라는 표기법은 이전의 유연제국처럼 그들의 샤머니즘적 인식 체계에서 유래한 것이라 할 수 있다.

둘째, 대원제국 때의 문헌에는 위구르의 시조 설화와 연관된 우구즈칸(Ughuz Khan) 설화가 실려 있는데, 이 설화는 일광 · 나무 · 늑대가 합쳐진 복합 설화의 형태를 띠고 있다. 이는 위구르의 샤머니즘이 마니교의 수용 등 위구르 족의 역사 행로를 반영하고 있음을 보여주고 있다.

셋째, 대원제국 때의 문헌에는 위구르의 시조 설화와 연관된 부쿠칸(Bukhu Khan) 설화도 소개되어 있는데, 이 설화는 샤머니즘의 문화 수용을 나타내주는 주변 민족의 설화까지 개입된 복합 설화적인 성격을 띠고 있다. 이로 인해 부쿠칸설화는 북방 민족의 시조 설화에서도 매우 독특한 수조설화(樹祖說話)의 형식을 띠고 있다. 나무를 조상으로 삼는 이 수조설화는 서역의 서토수신(西土樹

神) 사상의 영향으로 발생한 것이다. 부쿠칸 설화에서 처음 등장한 수조(樹祖) 사상은 이후 몽골고원이나 만주로 전파되어 새로운 수목숭배 사상을 만들어 냈는데 그 대표적인 예가 몽골인과 오리앙하이인 사이에 전승되는 부조모수(父鳥母樹) 설화 및 청나라 애신각라(愛新覺羅) 씨족의 분묘종목(墳墓種木) 습속이다.

넷째, 위구르 샤머니즘에서는 "푸른색 신광(神光)", "푸른 눈동자", "푸른 털과 푸른 수염을 가진 늑대(Khökh böri)" 등 푸른색을 유달리 강조하고 있다. 푸른색을 강조하는 것은 돌궐의 퀼테긴비문에 기록된 "푸른 돌궐(Khökh türk)"이라는 표현과도 일맥상통하는 것으로, 즉 하늘의 색깔인 푸른색을 신성시하는 북방 민족의 고유 사상에서 유래된 것이다. 푸른색을 신성시하는 관습은 돌궐과 위구르뿐만이 아니라 후대의 몽골에서도 "푸른 몽골(Khökh Mongol)"이나 "푸른 하늘(Khökh tenger)"처럼 발견되는데 일부 학자들은 청나라의 청(淸)도 푸른 빛, 즉 청(靑)의 전음일 가능성이 높다고 간주하고 있다. 그런데 위구르의 푸른빛 숭배 사상에서 주목되는 것이 푸른색 신광(神光)이다. 위구르의 시조 설화인 부쿠칸설화나 우구즈칸설화에 등장하는 이 푸른색 신광은 사실 몽골족계 민족의 일광감응에서 영향을 받은 흔적이 농후하다고 보인다.

다섯째, 위구르는 군사작전까지 샤먼이 개입할 정도로 샤머니즘을 신봉하고 있는 민족이다. 또 그들의 방위 관념과 방위색, 숫자 관념, 성산 숭배 의식, 일상생활에서의 습속이나 금기 등도 여타 북방 민족과 차이가 없다. 이러한 샤머니즘적인 인식 체계는 820년 위구르가 마니교를 받아들인 이후에도 변하지 않았다. 위구르는 820년 전후에 세워진 구성회골비(九姓回鶻碑)에서도 입증되듯이 모우가한(牟羽可汗) 때부터 마니교(Manichaeism)를 국교로 삼아 제국의 멸망 후인 13세기 초까지도 그것을 유지했던 역사를 지니고 있다. 위구르가 조로아스터교 · 기독교 · 불교의 교리를 종합한 마니교를 국교로 삼은 이유는 논리 구조 자체가 북방 민족에게 어필할 수 있는 선 · 악 이원설이라는 점 이외에 마니교의 사제들이 환술(幻術)이나 천문(天文)에 능하고, 또 치병축귀(治病逐鬼) 및 비를 부르는 능력에서 종래의 샤먼보다 더 극적인 면이 많았기 때문인 것으로 보인다. 이러한 성향으로 인해 당나라에서는 마니교를 "환술사행(幻術邪行)"의 종교로 간주하여 포교를 엄금할 정도였다. 그러나 샤머니즘적 인식 체계를 가지고 있는 위구르인들에게는 사실 마니교가 종래의 샤머니즘과 별 차이가 없다는 점에서 매우 매력적인 종교였음이 분명하다고 보인다. 이는 일부의 위구르인들이 마니교의 교의에 따라 "검은 색 모자와 흰옷(黑冠白服)"을 입고 채식 생활을 영위한 점에서도 잘 입증되고 있다. 그러나 위구르가 마니교를 국교로 신봉한 이후에도 여전히 혼례나 즉위의례 등 국가의 중요 대사에는 고유의 샤머니즘적 전통을 준수하고 있다는 사실은 두 사상이 공존하고 있음을 보여준다. 이로 인해 학자들은 위구르의 경우 샤머니즘과 마니교가 서로를 접수했다고 표현하고 있는데, 이는 샤머니즘적 사상 체계가 원래 조화와 융합 사상에 바탕을 두고 있었기 때문에 가능한 것이다. 즉 북방 민족의 샤머니즘은 어떠한 사상이나 종교, 주변 문화와 혼합되어도 그 원상이 변하지 않은 채 여전히 새로운 사상의 중심에 자리 잡고 있는 외적 결합력이 매우 강한 사상이라는 것을 보여주고 있다.

참고문헌 박원길(2001), 『유라시아 초원제국의 샤머니즘』, 서울, 민속원. 劉義棠(1977), 『維吾爾研究』, 台北. 山田信夫(1989),『北アジア遊牧民族史研究』, 東京.

위구르의 성산

Уйгар нарын уул шүтлэг (Uigar naryn uul shütleg)

성스럽게 여겨 신앙적 대상으로 숭배하는 산

위구르의 시조 설화인 부쿠칸 설화와 우구즈칸 설화에는 아크 타크(Ak Tag), 텡게르 칸 타크(Tenger Khan tag, 天靈山), 코틀록 타크(Qutlug tag, 福山) 등의 산을 숭배하는 습속이 나타나 있다. 아크 타크는 "백색의 산"이란 의미로 몽골족계의 성산인 보르칸(Burkhan)과 의미가 일치하고 있다. 백조고길(白鳥庫吉)은 코틀록 타크(Qutlug tag)와 텡게르 칸 타크(Tenger Khan tag)는 『주서(周書)』「돌궐전」에 나오는 돌궐의 성산인 어도근산(於都斤山)과 발등응려산(勃登凝黎山)을 가리키는 것이라고 해석하고 있다. 고창왕세훈비(高昌王世勳碑)에는 위구르의 멸망이 코틀록 타크에 위치한 성스러운 돌을 당나라 사신이 파괴했기 때문이라고 기록하고 있다. 이 성스러운 돌은 부쿠칸 설화에 등장하는 벽옥을 의미하고 있음을 알 수 있는데 성석(聖石)의 파괴가 국가의 멸망과 직결된다는 사고방식은 고구려나 백제의 성석 숭배와 연관이 있다는 점에서 주목된다.

참고문헌 박원길(2001), 『유라시아 초원제국의 샤머니즘』, 서울, 민속원. 護雅夫(1964), 「ウチュケン山と古代遊牧國家」, 『内陸アジア史論集』1. 白鳥庫吉(1970),「突厥王庭鬱督軍山の位置とその名稱について」, 『塞外民族史研究(下)』, 東京.

위구르의 토템

Уйгаруудын тотем (Uigaruudyn totem)

위구르에서 신성하게 여겨 숭배하는 동물

북방 유목제국에서 토템을 국명으로 사용한 예는 유연(柔然)과 위구르(Uigar)에서 나타난다. 그러나 토템의 명칭은 나라의 원명이 아닌 한자로 음역할 경우에 한한다. 위구르는 한자로 '회골(回鶻)'이라 음역되는데, 이때 '골(鶻)'은 '송골매'를 뜻한다. 위구르가 국명을 한자로 음역할 때 송골매[鶻]를 삽입시킨 이유는 『구당서(舊唐書)』「회흘전(迴紇傳)」이나 『당회요(唐會要)』에도 수록되어 있듯이 송골매가 위구르의 토템 동물이었기 때문이다. 위구르 민족에는 "수리의 왕" 등을 형제로 둔 "소의 왕"의 시조 전설이 전승되고 있는데, 학자들은 노욘올(Noyon uul)의 흉노고분에서 발견된 수소의 금속판을 소의 왕의 설화를 상징하는 것으로 간주하고 있다.

참고문헌 박원길(2001), 『유라시아 초원제국의 샤머니즘』, 서울, 민속원. 山田信夫(1989),『北アジア遊牧民族史研究』, 東京. A.Alföldi(1931), "Die geistigen Grundlagen des hochasiatischen Tierstiles", *Forschungen und Fortschritte 20*.

유연의 샤머니즘

Нирун нарын бөө мөргөл (Nirun naryn böö mörgöl)

유연에서 신과 직접 접촉·교류하면서 점복, 예언, 치병, 제의 따위를 행하는 샤먼을 중심으로 하던 종교적 형태

유연(柔然)은 타브가치의 탁발의로(拓跋猗盧, 308~316) 시대부터 역사상에 모습을 드러낸 몽골족계의 민족이다. 이들은 초기에

타브가치나 고차(高車)에 복속해 몽골고원을 유목하고 있었던 약소 부족이었지만 사륜(社崙, 402~410) 때에 이르러 막북을 통일하고 북위와 서로 버티어 대항하는 대세력으로 성장하였다. 유연은 중원 세력과는 치열한 공방을 주고받았지만 동방의 고구려나 서 투르키스탄의 에프탈리트(Ephtalit)와는 비교적 우호관계를 유지하였다. 유연은 555년 돌궐에게 멸망당했지만, 일부가 서방으로 이주하여 아바르(Avars)라는 이름으로 6세기 중엽부터 8세기말까지 유럽에서 맹위를 떨쳤다. 유연의 샤머니즘은 시조 설화와 토템, 제천행사, 샤먼 티만(Timan)의 권력 남용과 피살 사건 등을 종합해보면 다음과 같은 특징을 지니고 있음이 나타난다.

첫째, 유연의 명칭은 그들의 기원 설화에 나오는 인명이나 씨족명, '연연(蠕蠕)'이나 'Avars'라는 주변 민족들의 표기 등을 종합해 볼 때 "성스러운 뱀"을 뜻하는 토템 동물과 연관이 있다고 보인다. 'Avars'는 성스러운 뱀을 뜻하는 '아브르가(Aburga, Aburgu)'의 음역으로 간주된다. 즉 유연은 토템 동물로 나라 이름을 삼은 국가이며, 이는 그들의 샤머니즘적 인식 체계에서 유래한 것이라 할 수 있다.

둘째, 유연의 샤먼들도 이전의 유목제국과 마찬가지로 정치 권력과 밀접한 관계를 맺고 있으며, 백성들에게 큰 영향력을 발휘하고 있음이 나타난다. 이러한 사례를 보여주는 대표적인 사건이 샤먼 티만(Timan)의 권력 남용과 피살 사건이다. 무의(巫醫)에서 출발해 대칸의 황후 지위까지 오른 티만의 사례 및 그녀의 피살 후 벌어진 격렬한 내전은 유연 샤머니즘의 한 단면을 극명하게 보여주고 있다. 원래 샤머니즘이란 사회적으로 기존질서의 유지와 동질성의 확보라는 측면이 강하다. 따라서 샤머니즘에 대한 동요는 민족 고유의 가치 체계를 붕괴시켜 구성원 사이에 내부 충돌을 불러일으키기 쉬운데, 티만의 피살 후 벌어졌던 격렬한 내전이 바로 이에 해당한다.

셋째, 유연의 샤먼들에 대한 기록을 분석해 볼 때 유연의 샤먼들은 오늘날의 북방 샤먼들처럼 대·소샤먼의 구별이 존재했음이 나타난다. 이러한 사실을 입증하는 것이 티만에게 붙여진 '시투겐(Shüteen, 是豆渾)'이란 존칭이다. 시투겐이란 칭호는 몽골제국 시대의 큰 샤먼 커커추의 존칭인 텝 텡게르(Tev Tenger)처럼 특수한 명칭인 것은 분명하다.

넷째, 유연의 샤먼들도 이전 북방 유목 제국의 샤먼들처럼 샤먼의 전통적인 직능인 사제적 직능, 치병, 예언자적 직능을 모두 갖추고 있음이 나타난다. 또 굿의 형태도 매우 구체적으로 묘사되고 있어 오늘날 몽골 및 시베리아 샤머니즘을 고찰하는 데 도움을 주고 있다. 북방 샤머니즘의 세계관은 잘 알려진 대로 하늘과 땅 및 지하라는 삼분법으로 이루어져 있는데 유연의 샤머니즘에서 이미 이러한 세계관을 명료하게 관찰할 수 있다.

참고문헌 박원길(2001), 『유라시아 초원제국의 샤머니즘』, 서울, 민속원. 内田吟風(1975), 『北アジア史研究(鮮卑·柔然·突厥篇)』, 京都. Г.Сүхбаатар(1992), *Монгол нирун улс(330~555)* , Улаанбаатар.

유연의 샤먼 ᠨᠢᠷᠤᠨ ᠪᠥᠭᠡ Нирун бөө (Nirun böö)

신과 영적인 교류를 하며 제의, 예언, 치병, 악마 퇴치, 공수 따위의 행위를 했던 사람

유연의 샤먼들은 티만(Timan)의 행적에서도 나타나듯이 샤먼의 전통적인 직능인 사제적 직능, 치병, 예언자적 직능을 모두 갖추고 있었던 것으로 보인다. 또 "티만에게 바쳐진 성스러운 샤먼"이라는 의미의 신무(神巫) 칭호인 '시투겐(Shüteen)'이란 칭호가 있던 것으로 보아 대몽골제국시대의 천신무(天神巫)인 텝 텡게르(Tev Tenger)처럼 대소 샤먼의 구별이 있었을 것으로 보인다.

유연의 샤먼들이 행했던 굿에 대한 기록은 『북사(北史)』와 『위서(魏書)』「연연전(蠕蠕傳)」에 수록되어 있다. 위 기록에 따르면 유연의 샤먼은 '신들림[假託神鬼]'의 상태에서 공수나 굿을 하는 것이 나타난다. 그러나 이 신들림의 형태가 오늘날 북방 샤머니즘에서 관찰되는 탈혼형(脫魂型)인지 한국에서 흔히 발견되는 빙령형(憑靈型)인지는 판단하기 어렵다. 또 유연의 샤먼이 천신을 맞이하는 7일간의 큰 굿이 기록되어 있다. 7일간의 굿은 오늘날 한국의 경우를 참조할 때 매우 특별한 굿임을 알 수 있다. 한국의 경우 굿의 기간은 3일과 5일이 보통이며 7일 동안 행하는 굿은 나라굿이나 대동굿 등 특별한 경우에 한한다. 천신굿은 조상굿과는 달리 밤이 아닌 낮에 행해지는데 오늘날 시베리아 샤머니즘에서도 준수되고 있다.

참고문헌 박원길(2001), 『유라시아 초원제국의 샤머니즘』, 서울, 민속원. 内田吟風(1975), 『北アジア史研究(鮮卑・柔然・突厥篇)』, 京都. Г.Сүхбаатар(1992), *Монгол нирун улс(330~555)*, Улаанбаатар.

유연의 샤먼 티만 ᠨᠢᠷᠤᠨ ᠤ ᠲᠢᠮᠠᠨ ᠪᠦᠭᠡ Нируны Тиман бөө (Niruny Timan böö)

무의이면서 황후의 지위에 올랐던 여자 샤먼

유연의 여자 샤먼인 티만(Timan)은 무의(巫醫)에서 출발해 대칸의 황후 지위까지 오른 인물로 당시 유연의 대칸은 치노(Chino, 508~520)이다. 티만의 이야기는 『북사(北史)』「연연전(蠕蠕傳)」과 『위서(魏書)』「연연전」에 상세히 실려 있는데 대칸의 만남부터 피살까지의 과정을 간략히 소개하면 다음과 같다.

대칸 치노와 미모의 치병 샤먼인 티만이 언제 처음 만났는가는 분명하지 않지만, 치노가 고차(高車)를 격파한 516년 전후가 아닌가 보인다. 미모의 티만은 병을 고치는 일뿐만 아니라 미래를 예언하는 능력이 뛰어난 샤먼이었다. 이러한 예언의 능력은 고차나 북위 등 주변 세력과 항쟁 혹은 교섭을 가져야만 하는 치노에게 큰 도움을 주었다. 티만은 대칸의 자문 역할을 하는 동안 정치의 실체를 깨닫고 직접 자신이 대칸의 카톤(황후)으로 권력의 전면에 나서려는 야심 찬 계획을 세웠다. 대칸과의 만남을 통해 궁정의 내부사정을 소상히 파악한 티만은 돌연 대칸의 어린 아들인 조혜(祖惠)를 유괴했다. 어린 황자가 행방불명되자 치노를 위시한 황실에서는 신통력이 뛰어난 티만에게 그 아이의 행방을 의뢰했다. 그러자 티만은 "이미 아이는 죽어 하늘나라에 있지만 나는 그를 데려올 수 있다"는 묘한 말로 국내의 시선을 집중시켰다. 티만의 연극은 다음해 가을인 8월 중추(仲秋)에 행해진 제천행사에서 극적이라 할 정도로 성공리에 이루어졌다. 이로 인해 그녀는 국인들로부터 '시투겐(Shüteen)'이란 성녀 칭송과 함께 치노의 카톤으로 발탁되었다. 이후 그녀는 신무(神巫) 및 카톤의 자격으로 국정을 좌지우지하는 등 치노에 못잖은 유연의 실력자로 부상하였다. 그러나 그녀의 정치적인 지위는 “자신의 죽음과 환생은 모두 티만의 조작”이었다는 조혜의 고백으로 인해 위기를 맞게 되었다. 신무의 명성과 카톤의 지위를 모두 상실할 위험에 처한 티만은 발설자인 조혜를 음해하여 위기를 모면하려 했지만 520년 치노의 모친인 후려릉씨(候呂陵氏)의 개입으로 도리어 피살되었다. 그리고 티만의 피살 뒤 티만의 배후세력이었던 치노도 곧 모친계 씨족 세력에 의해 죽음을 맞았다.

유연의 여자 샤먼인 티만(Timan)의 권력 남용과 피살 사건은 유연 샤먼들의 정치 개입을 극명하게 보여주는 대표적인 사례이다. 티만의 국정 개입과 그로 인한 지배 씨족들 간의 분란은 유연의 약화와도 직접적인 관계가 있을 정도로 유연의 역사에 큰 발자취를 남기고 있다.

참고문헌 박원길(2001), 『유라시아 초원제국의 샤머니즘』, 서울, 민속원. 内田吟風(1975), 『北アジア史研究(鮮卑 · 柔然 · 突厥篇)』, 京都. Г.Сүхбаатар(1992), *Монгол нирун улс(330～555)* , Улаанбаатар.

유연의 제천 의식 Нирун нарын тэнгэр тахих ёс (Nirun naryn tenger takhikh yos)

하늘과 신령들에게 제사를 올리던 부족 전체의 행사

유연(柔然)의 제천의식은 『위서(魏書)』「연연전(蠕蠕傳)」에 “그들이 항상 모이는 곳은 돈황(敦煌)과 장액(張掖)의 북쪽이다.”라는 기록과 『북사(北史)』「연연전(蠕蠕傳)」의 “음력 8월 15일 큰 호수 주변에 장막을 설치하고 하늘과 신령에 제사를 올렸다.” 라는 기록을 참조할 경우 흉노나 선비처럼 정기적인 제천의식을 행하고 있었다는 것을 감지할 수 있다. 위의 기록에 나오는 큰 호수는 제천의식을 행하는 장소로서, 오늘날의 거연해(居延海), 즉 가시온 노르(Gasigun Nuur)이다. 가시온 노르의 제천의식은 추제(秋祭)에 해당한다. 이들의 가을철 제천지인 가시온 노르 일대는 남쪽으로부터 에지나(Ejina) 강이 흘러들어와 형성된 천혜의 오아시스 지역이다. 또 이 지역은 한나라 때부터 북몽골, 시베리아, 알타이산 등지와 중국을 연결하는 주요한 통로를 이루고 있다. 유연이 가을철 제천의식의 장소를 이곳으로 정한 이유는 이곳이 성소라는 것보다는 몽골고원의 동서에 분포한 대칸 휘하의 동성(同姓) 및 이성제후(異姓諸侯)나 속부(屬部)의 부족장들이 손쉽게 모일 수 있는 곳이라는 지리적인 위치 때문이 아닌가 보인다. 유연의 제천의식은 가시온 노르의 제천의식을 제외하고는 기록이 없어 구체적으로 파악할 수 없지만 북방 샤머니즘의 특성과 여타 유목 제국의 예로 미루어 볼 때 일정 규모의 제천의식이 거행되었다고 추정된다.

참고문헌 박원길(2001), 『유라시아 초원제국의 샤머니즘』, 서울, 민속원. 白鳥庫吉(1970), 『塞外民族史研究(上)』, 東京. 内田吟風(1975), 『北アジア史研究(鮮卑 · 柔然 · 突厥篇)』, 京都.

유연의 토템 Нирун нарын тотем (Nirun naryn totem)

신성하게 여겨 숭배하던 특정한 동식물

‘유연(柔然)’이란 명칭은 종족명이 아니라 건국 후에 붙인 국명이다. 이 명칭은 역사서에 따라 ‘연연(蠕蠕), 유연(蝚蠕), 예예(芮芮), 여여(茹茹)’ 등으로 다양하게 표기되고 있다. ‘유연’의 원음과 뜻이 무엇인가에 대해서는 학자마다 이견이 심하지만 특정 토템과 관련이 있을 것이라는 의견에는 대부분 동의하고 있다. 이는 유연을 지칭하는 역사서의 명칭들에 '벌레 충(虫)'자가 들어간 것과 관련이 있다. 유연의 사정을 소상히 파악하고 있는 타브가치가 그들의 나라 이름을 '연연(蠕蠕)'으로 개칭한 이유는 이들의 뱀 숭배 사상과 연관이 있다. 유연의 다른 표기인 '아바르(avar)'는 "성스러운 뱀"을 뜻하는 '아브르가(avarga)'의 음역으로 간주된다. 즉 유연은 토템 동물로 나라 이름을 삼은 국가이며, 이는 그들의 샤머니즘적 인식 체계에서 유래한 것이라 할 수 있다. 토템을 국명으로 쓰고 있는 예는 후대의 위구르 제국에서도 나타나는데, 위구르 제국은 나라 이름을 한자로 표기할 때 자신들의 토템인 수리를 넣어 '회골(回鶻)'이라고 쓰고 있다.

참고문헌 박원길(2001), 『유라시아 초원제국의 샤머니즘』, 서울, 민속원. 内田吟風(1975), 『北アジア史研究(鮮卑・柔然・突厥篇)』, 京都. Г.Сүхбаатар(1992), *Монгол нирун улс(330~555)* , Улаанбаатар.

이흐신 가자르 Ихсийн газар (Ikhsiin gazar)

고대 몽골에서 조상을 매장한 성스러운 장소를 이르는 말

이흐신 가자르(Ikhsiin gazar)는 조상을 매장한 성스러운 장소이다. 고대 몽골에서는 매년 봄에 이곳에서 조상들을 향해 제사를 올렸다. 『몽골비사』 70절에는 "이흐신 가자르의 축복 받은 제사음식 및 고기, 신주(神酒)"라고 하여 이 제사의 명칭과 함께 고기, 술 등 제수용품이 기록되어 있다.

일부 학자들은 이흐신 가자르가 조상을 매장한 성지라기보다는 조상의 초상이나 상징물을 모신 성지일 가능성이 더 크다고 보고 있다. 왜냐하면 고대 몽골인들은 도굴을 방지하기 위해 선조의 묘지를 공개하지 않는 것을 원칙으로 하고 있기 때문이다.

참고문헌 박원길(2001), 『유라시아 초원제국의 역사와 민속』, 서울, 민속원. Ц.Дамдинсүрэн(1976), *Монголын нууц товчоо*, Улаанбаатар. С.Дулам(1989), *Монгол домог зүйн дүр*, Улаанбаатар.

자드 Зад (Zad)

자드석을 사용하여 비바람을 일으키는 주술적 행위

『몽골비사』에는 1202년 쿠이텐(Khüiten) 전투 때 자드(Jada)석을 사용하여 비바람을 일으키는 자다라 불리는 주술적 제사 의식이 기록되어 있다. 악천후를 일으켜 적을 섬멸시키는 마술인 자드제(祭)는 그 기능의 독특함으로 말미암아 일찍부터 학계의 주목을 받아왔다. 자드제는 돌궐계 민족에서 기원한 것으로 알려져 있다. 자드제에 이용되는 자드석(Zad chuluu)은 가축의 몸에서 생성된 결석으로 색깔도 황색, 붉은색, 백색, 녹색, 갈색 등 매우 다양하다.

자드를 일으키는 주술의 기본 형식은 크게 두 가지로 나누어진다. 하나는 자드석과 주문이 결합된 형식이고, 다른 하나는 자드석과 피[血] 및 주문이 결합된 형식이다. 자드석과 주문이 결합된 형식은 표준형이라 해도 좋을 정도로 가장 광범위하게 나타나고 있다. 주술의 유형은 비를 부르는 주술법, 바람을 부르는 주술법, 서늘한 기운을 부르는 주술법, 눈을 부르는 주술법, 기타 안개나 우박, 서리 등을 부르는 주술법, 구름을 쫓

아버리는 주술법 등으로 크게 나누어진다. 자드제는 주로 샤먼들이나 그 계통에 속한 자들이 주관한다. 현재 몽골인들이나 부리야트인들은 바람을 일으키는 신을 자드 사강 텡게르(Zad tsagaan tenger)라고 부르고 있으며 이 신이 일으키는 바람을 여타의 바람과는 달리 '자드(Zad)'라고 지칭하고 있다.

몽골 신화에 따르면 자드석의 기원은 엘스틴 토공(Elstiin togoon)이라는 샤먼이 하늘에서 내려 보내 생겨났다고 한다.

참고문헌 박원길(2001), 「자다제」, 『유라시아 초원제국의 역사와 민속』, 서울, 민속원. 小林高四郎(1983), 「雨雪を降らすジャダの呪法」, 『モンゴル史論考』, 東京. Ю.Болдбаатар(2011), *Монгол нутаг дахь эртний нүүдэлчдийн Задын шүтлэг*, Улаанбаатар.

졸리가 Бөөгийн золиг (Böögiin zolig)

고대 몽골 샤머니즘에서 신에게 바치는 희생물

졸리가(zolig)란 신의 노여움을 풀기 위하여 바쳐지는 희생물을 말한다. 샤먼들은 희생물을 신에게 바치기 전에 먼저 희생물에 대한 저주 의식을 행한다.

대몽골제국의 역사에서 샤먼 집단과 관계된 가장 비극적인 정치적 사건이 바로 톨로이(Tului, 1192?~1233)의 음독자살 사건이다. 칭기스칸의 막내아들이자 어거데이 칸의 정치적 라이벌이었던 톨로이는 1233년 샤먼 집단의 점괘에 의해 어거데이 칸의 졸리가(zolig)로 희생당했다. 어거데이 칸과 샤먼들의 밀의에서 비롯된 이 비극적인 사건은 이후 멍케 칸이 그 주모자들인 어거데이 가문과 차카타이 가문의 노얀(Noyan)들을 대량 숙청하는 빌미를 만들어 결국 제국이 분열하는 중요한 원인으로 작용했다. 톨로이의 음독자살 사건은 몽골제국에서 샤먼 집단과 정치 권력이 어떻게 연결되어 있는가를 보여주는 좋은 사례로, 그 전모가 『몽골비사』 272절에 자세히 실려 있다.

참고문헌 박원길(2001), 『유라시아 초원제국의 샤머니즘』, 서울, 민속원. 박원길(2006), 『몽골비사의 종합적 연구』, 서울, 민속원. О.Пурэв(1999), *Монгол бөөгийн шашин*, Улаанбаатар.

캄 Кам (Kam)

키르키즈 샤먼을 이르거나 부르는 말

『신당서(新唐書)』「회골전(回鶻傳)」에는 "키르키즈(Kirkiz)에서는 샤먼을 캄(Qam)이라 부른다(黠戛斯呼巫爲甘)"는 기록이 실려 있다. 샤먼을 뜻하는 캄이란 말은 가장 오래된 위구르 문헌, 즉 1069년에 출판된 『코톡토빌리크(Qutadġu Biliq)』에서도 보인다. 13세기에 대몽골제국을 방문한 『루브루크여행기(The Journey of William of Rubruck)』에도 캄에 관한 기록이 나온다. 루브루크의 기록은 '왕'이란 의미의 'khan'과 '샤먼'이란 의미의 'kham'을 혼동한 면이 농후하지만 13세기 중엽까지 돌궐위구르계의 '캄(Qam)'이란 단어가 몽골어계의 '베키(beki)'나 여타 칭호에 앞서 광범위하게 사용되고 있다는 것이 주목된다. 캄(Qam)이란 명칭은 몽골족계의 샤먼에 대응되는 돌궐족계의 일반적인 명칭으로, 오늘날 시베리아 타타르와 샤르 위구르에서는 여전히 그 명칭을 사용하고 있다. 이러한 명칭은 현재 몽골족계의 샤먼 칭호인 '버(böö)', '오욘(oyun)', '오드강(udugan)'과는 대조를 이룬다.

참고문헌 박원길(2001), 『유라시아 초원제국의 샤머니즘』, 서울, 민속원. Uno Harva(1938), *Die Religiösen Vorstellungen der Altaischen Völker*, Helsinki. 護雅夫(1985),「突厥の信仰－とくに

シャマニズムについて－」,『三上次男博士喜壽記念論文集(歷史編)』, 東京.

코르코낙 조보르 ᠬᠣᠷᠬᠣᠨᠠᠭ ᠵᠦᠪᠦᠷ Хорхонаг жубур (Khorkhonag Jubur)

고대 몽골 샤머니즘의 성소

코르코낙 조보르 (Khorkhonag Jubur)는 몽골 올로스 때 코톨라칸(Khotula Khan)의 즉위의례가 행해진 곳으로, 라시드 알딘(Rashīd al Dīn)은 이곳에 많은 요정들이 살고 있다고 전하고 있다. 칭기스칸과 그의 라이벌인 자모카(Jamukha)가 이곳에서 안다(Anda: 의형제)를 결성한 것은 이곳이 서약을 행하는 성스러운 장소라는 점 때문이었다. 이곳은 신성한 신목(神木)이 존재했을 뿐만 아니라 종종 신탁이 내려오기도 했는데, 이곳에서 행해진 가장 유명한 신탁이 칭기스칸의 오른팔이자 샤먼인 모칼리(Mukhali)가 "칭기스칸이 몽골의 칸이 된다."는 예언이다. 코르코낙 조보르는 대몽골제국 성립 후 보르칸 칼돈산에 성소(聖所)의 지위를 넘겨주었다.

참고문헌 박원길(1994), 『몽골 고대사연구』, 서울, 혜안. 박원길(2001), 『유라시아 초원제국의 역사와 민속』, 서울, 민속원. 박원길(2001), 『유라시아 초원제국의 샤머니즘』, 서울, 민속원.

키르키즈의 샤머니즘 ᠬᠢᠷᠭᠢᠰ ᠤᠨ ᠪᠥᠭᠡ ᠮᠥᠷᠭᠦᠯ Киргизийн бөө мөргөл (Kirgiziin böö mörgöl)

키르키즈에서 신과 직접 접촉 · 교류하면서 점복, 예언, 치병, 제의 따위를 행하는 샤먼을 중심으로 하는 종교적 형태

키르키즈(Kirkiz)는 역대 문헌에 "붉은 수염과 하얀 피부(赤髥白膚)"라 표기된 서방(아리안) 계통의 종족이다. 이들의 명칭은 시대별로 '견곤(堅昆)', '결골(結骨)', '힐알사(黠戛斯)', '길리길사(吉利吉思)' 등 다양한데, 대원제국 때까지 예니세이 강 상류의 켐하 일대에 거주하고 있었다. 이들은 840년 위구르의 내분을 틈타 위구르제국을 멸망시켰지만 초원의 주인공으로 자리 잡지 못하고 당시 동부 지역에서 진출해온 몽골계 부족의 압력을 받아 다시 원주지로 돌아갔다. 키르키즈의 샤머니즘은 시조 설화, 장례 습속, 관습과 금기 등을 종합해 보면 다음과 같은 특징을 지니고 있다.

첫째, 키르키즈는 중국측 역사 문헌에 그들의 샤먼 명칭인 '캄(甘, Qam)'이 명시될 만큼 샤머니즘적인 색채가 농후한 부족이다.

둘째, 키르키즈의 시조 설화에는 오늘날 시베리아 샤머니즘에서 관찰되는 설화의 원형을 간직하고 있다는 점이다. 키르키즈의 시조 설화는 돌궐계 부족의 늑대 토템과는 달리 암소를 종족의 조상으로 하는 설화 구조를 지니고 있다. 암소 족조(族祖) 설화는 위구르의 "소의 왕 설화"나 오늘날 부리야트의 '보카노얀(Buh Noyon) 설화'와 아주 유사한데 노욘올의 흉노 고분에서도 이 설화와 관련이 있는 듯한 수소 모양을 새긴 원형의 금속판이 출토된 바 있다. 오늘날 시베리아에서 이러한 암소 족조 설화는 부리야트 이외에 야쿠트의 일부 씨족에서도 관찰되고 있다.

셋째, 키르키즈인들의 장례 제도와 문신 습속은 여타 북방 민족과 같은 샤머니즘적 인식 체계를 지니고 있음을 보여주고 있다. 키르키즈의 장례 제도는 돌궐의 화장 습속과는 일치하고 있지만 세부적인 면에서는 차이가 있다. 즉 이들에게는 시신의 주위를 세

번 도는 습속이 관찰되고 있다. 시신의 주위를 세 번 도는 습속은 장례 습속에서 '7'을 선호하는 돌궐이나 위구르보다는 '3'을 선호하는 몽골족계의 그것과 유사함을 알 수 있다. 또한 키르키즈인들은 "남자들은 손에다 문신을 새기며, 여자들은 시집갈 때 목에다 새긴다"는 문신 습속을 지니고 있다. 이 같은 키르키즈인의 문신 습속은 무복의 기원이나 흉노의 문신에서도 잘 나타나듯이 샤머니즘적인 인식 체계에서 비롯된 것이다. 키르키즈 남자들의 문신 습속과 관련하여 주목을 끄는 것이 파지리크(Pazyryk) 고분에서 출토된 한 유체의 손목에 새겨진 문신으로, 당나귀와 고양이 꼬리를 한 날개 달린 짐승이 새겨져 있다.

이렇듯 키르키즈의 샤머니즘은 시조 설화나 장례 습속 등으로 미루어 그들의 샤머니즘이 돌궐족계보다는 몽골족계에 가까운 샤머니즘적인 인식 체계를 지니고 있음이 나타난다.

참고문헌 박원길(2001), 『유라시아 초원제국의 샤머니즘』, 서울, 민속원. Uno Harva(1938), *Die Religiösen Vorstellungen der Altaischen Völker*, Helsinki. 山田信夫(1989), 『北アジア遊牧民族史研究』, 東京.

타브가치의 샤머니즘 Табгач нарын бөө мөргөл (Tabgach naryn böö mörgöl)

타브가치에서 신과 직접 접촉 · 교류하면서 점복(占卜), 예언, 치병, 제의 따위를 행하는 샤먼을 중심으로 하던 종교적 형태

타브가치[Tabgachi, 탁발선비(拓跋鮮卑)]는 흥안령 북단의 알선동(嘎仙洞) 일대에서 발원한 민족으로 2세기 중엽 단석괴의 사후 벌어진 선비족의 혼란을 틈타 막북으로 진출한 뒤, 258년 무렵에는 성락(盛樂, 현 내몽골 허흐호트 시) 일대까지 남하하였다. 그리고 이곳에서 386년 북위(北魏)를 건국한 뒤 중원의 통일에 주력한 끝에 440년 거의 백년간 계속되어온 오호십육국(五胡十六國)시대를 마감하고 북중국을 통일했다. 북위의 멸망 후 중국 중세사를 장식한 동위(東魏) · 서위(西魏) · 북주(北周) · 북제(北齊) · 수(隋) · 당(唐)은 모두 이들의 후계제국이며 그 지배층은 타브가치족이다. 타브가치의 샤머니즘은 개국 전설, 제천 행사, 산악 신앙 등을 종합해보면 다음과 같은 특징을 지니고 있다.

첫째, 타브가치의 개국 전설을 통해보면 여타 북방 민족처럼 타브가치의 초기 군장들도 하늘과 관계를 맺고 있고 있음이 확인된다.

둘째, 제사의식 때 신목을 세워 희생물을 하늘에 바치는 의례, 대칸들의 계승 때 신목의 주변을 도는 의식이 나타나는데, 이는 타브가치 역시 여타 북방 민족과 마찬가지로 샤머니즘이란 자연법적 인식 체계를 준수하고 있음을 알 수 있다. 오늘날 부리야트나 시베리아의 샤먼들도 하늘의 뜻을 받거나 기릴 때 버드나무나 자작나무 등 신목의 주변을 도는 의례를 행하고 있다.

셋째, 타브가치의 샤먼들은 중앙아시아나 시베리아와는 전혀 다른 환경을 지닌 중원의 농경문화를 접한 뒤 이 문화에 적합한 새로운 샤머니즘 문화를 만들어 생존을 도모했음이 나타난다. 또 그들의 문화 수용 형태는 "신의 강림"이라는 샤머니즘의 속성상 형식화된 유교 의례보다는 도교나 불교와 밀접한 관계를 갖고 이루어졌다. 이같은 변신은 의례적인 면에서도 타브가치의 샤머니즘이 외

관상 도교나 불교의 별파(別派)와 거의 구별할 수 없을 정도로 복잡하고 정교한 형식을 갖춘 배경이 되었다. 학자들은 이를 샤머니즘의 복잡화라는 용어로 설명하고 있다. 북위의 후계 제국인 수나라와 당나라의 불교가 몽골고원을 포함한 동아시아의 대표적인 시대사상으로 자리 잡게 된 것도 이와 무관하지 않다.

참고문헌 박원길(2001), 『유라시아 초원제국의 샤머니즘』, 서울, 민속원. 杜士鐸 主編, (1992), 『北魏史』 太原. Hultkrantz(1989), "The Place of Shamanism in the History of Religions", *Shamanism-Past and Present-*, Budapest.

타브가치의 신상

Табгач нарын онгод (Tabgach naryn ongod)

제천행사에 등장하는 나무 장승

타브가치의 제천 행사에는 제단 주변에 '목주(木主)'나 '목인(木人)'이라 칭하는 신상(神像)들이 등장한다. 때에 따라서는 49개의 목인이 세워지기도 하는데(『南齊書』「魏虜傳」), 목주나 목인의 재질은 흉노나 선비 등 역대 북방 민족들의 경우로 미루어 보면 버드나무일 것으로 보인다. 강상파부(江上波夫)나 추엽륭(秋葉隆) 등의 학자들은 한국에서 흔히 발견되는 장승이 신목(神木)의 초보적인 발전 형태라고 지적하고 있는데, 타브가치의 목인 역시 현재 골디족이나 한국에서 발견되는 장승과 유사한 성격을 지닌 조형물일 가능성이 높다.

참고문헌 박원길(2001), 『유라시아 초원제국의 샤머니즘』, 서울, 민속원. 江上波夫(1948), 『ユウラシア古代北方文化』, 東京. 秋葉隆(1954), 『朝鮮民俗誌』, 東京.

타브가치의 알선동 제사 의례

Табгачи нарын тахил (Tabgach naryn takhil)

알선동에서 행해졌던 제사

흥안령 북단의 켄(Ken) 강 상류 지역에서 발원한 타브가치(Tabgachi)는 '탁발선비(拓跋鮮卑)'라는 명칭과는 달리 선비족과는 계통을 달리하는 민족이다. 타브가치는 지리적인 위치나 언어 · 습속적인 면에서 맥족(貊族, Khori)이나 몽골족과 유사성을 지니고 있는 민족이다. 타브가치는 2세기 중엽 원주지인 알선동(嘎仙洞) 일대를 떠나 남하를 시작했다. 『위서(魏書)』「오락후전(烏洛侯傳)」과 「예지(禮志)」에는 443년에 오락후의 사신이 와서 세조에게 북위의 기원지를 전해주자 세조가 그곳에 중서시랑(中書侍郎)인 이창(李敞)을 파견하여 축문을 새기고 제사를 올렸다는 기록이 실려 있다. 이 기록은 1980년 7월 30일 내몽골자치구 문물 관리팀이 대흥안령 북단에 위치한 알선동(嘎仙洞)에서 태평진군(太平眞君) 4년에 새긴 석각 축문을 발견함으로써 사실로 확인되었다.

알선동은 대흥안령 북단 분기점인 동쪽 기슭, 즉 내몽골자치구 헐런보이르시 오론촌자치기(鄂倫春自治旗) 아리하진(阿里河鎭) 서북 10㎞ 지점(북위 50°38', 동경 123°38')에 위치한 천연동굴이다. 알선동은 눈강(嫩江)의 서안 지류인 감하(甘河)가 시작되는 곳에 우뚝 솟아 있는, 높이 100m의 화강암 직벽의 남서쪽에 위치해 있다. 동굴의 길이는 92m, 폭은 28m, 천정의 최고 높이는 20m로서 총면적은 2000㎡에 달한다. 동굴의 해발은 520m이며 동굴 속은 대청과 같이 웅장하여 약 1,000명을 수용할 수 있다. 알선동

일대는 겨울에 영하 40℃까지 내려갈 정도로 혹한을 보이지만 동굴내의 온도는 영하 17~18℃로 사람이 지내기에 적당하다.

「예지」에 기록된 제사 의례에서 주목되는 것은 천지(天地)와 황조(皇祖) 부부에 대한 제사 후 자작나무 가지를 잘라 세운 뒤 그곳에 희생물을 바쳤다는 부분이다. 이 의례는 몽골의 주겔리(Jügeli)제나 만주족의 소모(Somo)제를 떠올리게 할 만큼 북방 민족들의 제사의식과 유사함을 알 수 있다. 또 『위서』「예지」의 기록을 보면 알선동은 타브가치의 남하 후에도 주변 사람들에게 여전히 신험(神驗)이 깃든 동굴로 숭배의 대상이 되고 있음이 나타난다. 사실 동굴 신앙은 타브가치만이 아니라 그 일대에서 발원한 맥족(貊族)이나 몽골족에서도 발견되고 있다. 에르군네(Ergüne) 강의 중·상류 일대에서 발원한 민족들이 모두 동굴과 관련된 신앙을 가지고 있다는 것은 신화학적으로 매우 주목되는 현상이다.

참고문헌 박원길(2001), 『유라시아 초원제국의 샤머니즘』, 서울, 민속원. 米文平(1981), 「鮮卑石室的發現與初步研究」『文物』2. 佟柱臣(1981), 「嘎仙洞拓跋燾祝文石刻考」『民族研究』6.

타브가치의 제천 의식 Табгач нарын тэнгэр тахих ёс (Tabgach naryn tenger takhikh yos)

하늘과 신령들에게 제사를 올리던 부족 전체의 행사

타브가치의 제천의식은 『송서(宋書)』「색로열전(索虜列傳)」에 "그들의 습속은 4월에 하늘에 제사를 올린다."라고 간략히 기록되어 있다. 또 『위서(魏書)』「서기(序紀)」에는 258년 탁발력미(拓跋力微)가 본거지를 장천(長川)에서 성락(盛樂)으로 옮긴 뒤 행한 제천의식이 "여름 4월에 하늘에 제사를 올렸다. 각 부족의 군장들이 모두 참가해 제사를 거들었다."고 기록되어 있다. 그리고 탁발력미는 이 제천의식에 참가하지 않은 백부대인(白部大人)을 제부대인(諸部大人)의 동의를 얻어 사형에 처한다는 결정을 내렸다.

타브가치의 봄 제천의식은 흉노의 경우처럼 탁발부(拓跋部)를 중핵으로 하는 타브가치 부족 연맹을 결속시키고 탁발부의 지도자가 제정일치의 군주임을 내외에 과시하는 정치적 집회로서의 성격을 강하게 지니고 있다. 음력 4월의 제천의식은 푸른 풀이 솟는 시기에 벌이는 춘제(春祭)에 해당한다. 타브가치의 추제(秋祭)에 대한 기록은 중국측 문헌에 기록되어 있지 않다. 음력 4월에 춘제를 거행하는 민족은 흥안령의 인접 지대에서 발원했던 타브가치, 선비, 몽골족 등의 몽골족계 민족들이다. 음력 5월에 춘제를 거행하는 민족은 알타이산의 서남쪽에서 발원한 돌궐(Türk)이다.

참고문헌 박원길(2001), 『유라시아 초원제국의 샤머니즘』, 서울, 민속원. 白鳥庫吉(1970), 『塞外民族史研究(上)』, 東京. 内田吟風(1975), 『北アジア史研究(鮮卑 · 柔然 · 突厥篇)』, 京都.

털게치 Монгол төлгөч (Mongol tölgöch)

점치는 사람을 이르거나 부르는 말

고대 몽골에서는 점술의 주관자가 샤먼과 무꾸리인 털게치(Tölgech)로 나누어진다. 털게치는 오늘날의 역술가에 가까운 집단으로 볼 수 있다. 현대 몽골어의 "점쟁이"나 "역술가"를 뜻하는 '털럭치(tölgöch)'는 이 털게치에서 유래된 말이다.

참고문헌 박원길(2001), 『유라시아 초원제국의 샤머니즘』, 서울, 민속원. 박원길(2006), 『몽골비사의 종합적 연구』, 서울, 민속원. О.Пүрэв(1999), *Монгол бөөгийн шашин*, Улаанбаатар.

텝 텡게르 Тэв тэнгэр (Tev tenger)

고대 몽골에서 활동한 신통력이 매우 뛰어났던 샤먼

텝 텡게르(Tev Tenger)는 칭기스칸 집안의 예신(隸臣)인 멍리크의 아들로 본명은 '커커추(Khökhöchü)'이다. 텝 텡게르는 '천신(天神)'이라는 뜻으로 그는 신통력이 매우 뛰어난 샤먼이었다. 텝 텡게르는 칭기스칸과 관련한 신탁이 전해 내려오는데, 첫 번째 신탁은 페르시아의 역사서인 『집사』에 "그가 누차 말하기를 '하늘은 테무진에게 이 대지를 통치하게 할 것이다'라고 했다."고 기록되어 있다. 다른 하나는 몽골의 역사서인 『몽골비사』 244절에 "텝 텡게르가 칭기스칸에게 '멍케 텡게르의 예시 가운데 칸에게 내리는 예시들에서 이르기를 '한 번은 테무진이 나라를 다스릴 것이라 했고 한 번은 카사르라고 했다'며 카사르를 제거하지 않는다면 이후 어떻게 될지 알 수 없다'라고 했다"고 기록되어 있다.

텝 텡게르는 1206년 봄 오난하변에서 테무진이 칸위에 등극할 때 즉위 의식을 주재하면서 테무진에게 '칭기스'라는 칸호를 내려준 대샤먼이다. 그리고 대몽골제국의 4대 칸인 '멍케(Mönkh)'의 이름을 그가 지어주었다. 『원사』에는 그가 "하늘의 천문 현상이나 하늘의 모습을 잘 아는 자[知天象者]"로 기록되어 있으며, 『집사』에는 그가 엄동설한에 나체로 오논 켈루렌 강의 빙판에 앉아 체열로 증기를 발생시키는 초능력과 함께 백마를 타고 천상에 올라 천신[멍케 텡게르(Mönkh Tenger)]을 만났다는 구전까지도 기록되어 있다. 그는 대몽골제국 성립 후 『몽골비사』의 "그 후 아홉 종류의 말을 하는 백성들이 텝 텡게르의 곳에 모여들었다. 칭기스칸의 키루에(kirüe: 말을 매는 곳)에 맨 것보다도 많은 말들이 텝 텡게르의 키루에에 모여들었다."라는 표현에서도 보이듯 일시 위세를 누렸다. 그러나 그는 제국 성립 후 2인자로 부각되어 있었던 칭기스칸의 동생인 카사르(Khasar)와 정치적 갈등을 빚은 끝에 결국 피살되었다.

텝 텡게르의 의미에 대해서는 현재까지 논란만 분분할 뿐 확정된 정설이 없다. 예컨대 몽골학자인 체.달라이(Dalai)는 텝 텡게르를 "천신의 화신"으로, 오.푸렙(Pürev)은 "지상의 천신"으로, 하칸출로(哈勘楚倫)는 '천의(天醫)'로 해석하고 있다.

참고문헌 박원길(2001), 『유라시아 초원제국의 샤머니즘』, 서울, 민속원. Ч.Далай(1958), *Монголын бөөгийн мөргөлийн товч түүх*, Улаанбаатар. 胡其德(1990), 「十二 · 三世紀蒙古族的宗教信仰」, 『歷史學報』18.

톡(Tug)제(祭) Туг тахих зан үйл (Tug takhikh zan üil)

고대 몽골에서 톡(Tug)에 올리던 제사 의례

『몽골비사』 106, 193절에는 톡(Tug)제(祭)라는 고대 몽골의 제사 의식이 기록되어 있다. 톡제는 "톡(tug)에 제사를 지내고 출정했다." 처럼 전쟁과 밀접한 관련을 맺고 있다. 톡이란 씨족을 상징하는 심벌이자 전투에 임할 때 사용하는 전독기적인 성격을 지닌 기이다. 고대 몽골의 톡제는 몽골의 독자적인 제도가 아닌 흉노나 돌궐에서 유래된 것이다. 톡제는 출정과 개선의 두 차례에 걸쳐 행해진다. 출정의 톡제는 말젖술을 뿌리면서 부정을 제거하고 전승을 기원하는 의식이고, 개선의 톡제는 사로잡은 적군을 희생으로 바치면서 그 음덕을 기리는 의식이다. 현재 몽골인들은 깃발을 모두 톡(tug)이라 지칭하고 있지만 근세 초까지도 톡과 오롱고(orunga: 평범한 깃발)는 엄격히 구분되었다. 또 톡은 어느 시기부터인가 '술데(süld)'와 혼용되어 사용되기 시작했는데 몽골의 전설에서는 술데의 출현을 칭기스칸 때부터라고 전하고 있다. 술데는 끝이 뾰족한 창 밑에 검은 색의 소 꼬리털을 둥글게 붙인 모습의 기(旗)이다.

몽골의 제사 의식과 성산

참고문헌 박원길(2001), 『유라시아 초원제국의 역사와 민속』, 서울, 민속원. W.Heissig(1980), The Religions of Mongolia, Berkeley and Los Angeles. 楊 · 道爾吉(1993), 『成吉思汗陵史話』, 呼和浩特.

흉노 샤먼의 저주술

Хүннү бөөгийн зүхэл (Hünnu böögiin zükhel)

흉노에서 남에게 재앙이나 불행이 일어나도록 하는 샤먼의 주술

『한서』「서역전」에는 흉노의 샤먼이 적국인 한나라의 왕실이나 군대를 저주하는 데 동원되었다는 기록이 실려 있다. 그 내용을 분석해 보면 저주 방식은 크게 네 가지로 나타난다. 첫째는 흉노 선우(單于)가 한나라의 천자(天子)에게 예물을 보낼 때 흉노의 샤먼들이 그 예물에 저주를 불어넣는 방식이다. 둘째는 전쟁 때 한나라 군의 진격로나 그들이 식용으로 사용할 가능성이 있는 강 혹은 샘물에 소와 양을 묻어 저주를 보내는 방식이다. 셋째는 흉노 샤먼이 자기 소유의 말을 묶어 적군인 한나라 병사를 저주하는 방식이며, 넷째는 물속이나 땅에 파묻어도 썩지 않는 버드나무나 오동나무로 만든 인형을 사용해 저주를 내리는 방식이다. 특히 마지막 방식은 흉노의 샤먼인 호무(胡巫)가 한무제 말기인 B.C.91년에 발생한 한나라 황실의 궁중비극사인 무고지화(巫蠱之禍)에 개입하는 원인을 만들기도 했다.

참고문헌 박원길(2001), 『유라시아 초원제국의 샤머니즘』, 서울, 민속원.

흉노의 무고지화

Хан улсын түүхэн дэх Хүннү бөөгийн зүхэл (Han ulsyn tüüken dekh Hünnu böögiin zükhel)

B.C. 91년에 흉노 샤먼의 저주 사건으로 인해 발생한 한무제와 황태자의 무력 충돌 사건

『한서』「강충전(江充傳)」과 「여태자전(戾太子傳)」에는 한무제 말기인 B.C. 91년에 발생한 한나라 황실의 궁중비극사인 무고지화(巫蠱之禍)의 전말이 소개되어 있다. 이 사건은 한무제의 질병이 누군가의 저주에서 비롯되었다는 진언에 따라 조사관에 임명된 강충(江充, ?~B.C.91)이 저주 굿 해결에 능한 흉노 샤먼을 끌어들임으로써 시작되었으며, 결국 B.C. 91년 7월 태자와 한무제 간의 무력 충돌로 발전해 강충, 흉노 샤먼(胡巫), 태자가 모두 희생되는 비극으로 끝맺었다.

무고(巫蠱)란 어떤 특정 인물을 저주할 때

오동나무나 버드나무로 만든 인형을 지하에 묻고 저주를 걸어 재난을 받도록 하는 저주 방식이다. 샤먼이 남을 저주하여 병을 유발하는 사건은 현재의 시베리아 샤머니즘에서도 흔히 발견되고 있다. 이런 사건이 발생하면 샤먼은 병굿을 벌이는데 굿을 벌이는 샤먼의 위력이 강할수록 상대편의 샤먼이 숨긴 인형이나 그림을 쉽게 찾아낸다고 알려져 있다. 북방 민족에 역사적으로 이러한 저주법이 성행되었다는 것은 후대의 몽골인들이 저주를 방지하기 위하여 남에게 생년월일과 이름을 말해주지 않는 습속을 가지고 있다는 점에서도 어느 정도 입증되고 있다. 오늘날 부리야트인들은 남을 저주하는 인형이나 그림을 '지아(Jia)'라고 부른다.

참고문헌 박원길(2001), 『유라시아 초원제국의 샤머니즘』, 서울, 민속원. Uno Harva(1938), *Die Religiösen Vorstellungen der Altaischen Völker*, Helsinki.

흉노의 샤머니즘

Хүннүгийн бөө мөргөл (Hünnugiin böö mörgöl)

신과 직접 접촉·교류하면서 점복(占卜), 예언, 치병, 제의 따위를 행하는 샤먼을 중심으로 하던 종교적 형태

흉노(匈奴, Hunna)는 북방아시아에서 역사상 처음으로 성립된 유목 제국(B.C.209~A.D.117)이다. 흉노의 기원이나 민족 구성에 대해서는 아직 정설이 없으며 또 그들의 샤먼에 대해서도 이렇다 할 기록이 남아 있지 않다. 그러나 흉노가 샤머니즘을 매우 신봉했고 또 샤먼이 매우 커다란 영향력을 지니고 있었다는 것은 『사기』나 『한서』의 단편적인 기록에서도 어렵지 않게 확인할 수 있다. 흉노의 샤머니즘은 제천 행사, 즉위 의례, 장례 습속, 제사 습속 및 일상생활에서의 관습과 금기 등을 종합해보면 다음과 같은 특징을 지니고 있다.

첫째, 흉노의 샤머니즘은 '선우(單于: 대칸의 칭호)'를 최고의 정점으로 한 정교일치의 구조를 가지고 있다는 것이다. 이러한 정교일치적인 구조는 권력 계승과 권력 구조적인 면에도 그대로 반영되어 흉노제국의 유지에 큰 역할을 수행하고 있다는 점이 주목된다.

둘째, 흉노의 샤머니즘은 흉노제국의 국교이자 이념을 상징하고 있다는 것이다. 이러한 사실은 흉노의 정책 결정이나 대외 교섭은 물론 일상생활에서 나타나는 용어를 자세히 분석해 볼 때 샤머니즘적인 인식 체계가 강하게 작용하고 있다는 점에서도 손쉽게 확인할 수 있다. 즉 샤머니즘적인 인식 체계는 중원의 유학사상과 대비되는 북방 민족의 철학사상이라고 표현해도 무리는 아닐 것이다.

셋째, 흉노의 샤머니즘을 상징하는 제천 행사는 선우정사(單于庭祠)를 제외하고는 초지의 순환 주기, 즉 유목 경제의 생산 패턴과 밀접한 관계를 가지고 있다. 또 5월에 열리는 농성대제(蘢城大祭)는 종교적으로 연제 씨족의 족조제(族祖祭=攣祭)와 정기적인 샤먼 의례인 춘제(春祭)가 통합되었다는 특징과 함께 정치적으로 후대 몽골의 대코릴타(Yeke Khurilta)에 해당하는 비중을 지니고 있다. 그리고 가을철의 대림대제는 세금을 부과하는 성격과 함께 신수요선의식(神樹繞旋儀式)을 대대적으로 거행함으로써 선우와 그 휘하의 백성이 서로 신성(神聖)으로 결합되어 있음을 대내외적으로 과시하고 있다. 이러한 점에서 흉노의 제천 행사는 국가의

유지와 통일을 도모하는 중요한 기능을 가지고 있다.

넷째, 흉노의 샤먼들에 대한 단편적인 기록을 분석해 볼 때 그들의 굿 의례가 후대의 유목 제국이나 현재의 시베리아 샤머니즘과 기본적으로 큰 차이가 없다는 점을 들 수 있다. 후대의 유목 제국에 보이는 독특하고도 새로운 의례들은 전대(前代)에 일어난 문화 교류를 나름대로 수용한 것으로 그 근저에 깔려 있는 기본적인 인식 체계가 변한 것은 아니다.

다섯째, 흉노의 방위색을 종합해볼 때 흉노의 샤머니즘은 중원이나 중앙아시아보다는 페르시아 및 스키타이의 색채를 강하게 띠고 있다. 이는 페르시아에서 기원한 화려하고도 체계적인 종교문화가 아키나케스 단검의 사례에서 잘 입증되듯이 초원 지대의 스키타이를 거쳐 흉노에 전입되었기 때문이다. 즉 흉노의 서방 종교 문화의 수용은 실크로드가 아닌 초원루트를 따라 이루어졌다는 특징을 지니고 있다. 이는 이후의 불교가 실크로드를 택한 관계로 교리에 정주문명인 오아시스국가의 색채를 일부 반영하고 있는 것과 비교하면 실로 큰 차이점을 가지고 있다고 할 수 있다.

결론적으로 흉노의 샤머니즘은 자체의 고유한 사상과 초원 루트를 타고 들어온 페르시아의 종교사상이 서로 결합되어 만들어진 것이라고 볼 수 있다. 이는 문화사적으로 스키타이에서 한반도에 이르는 북방 문화권의 한 형태라고도 볼 수 있다. 또 이 문화 형태는 이동성이 강한 사회에서 흔히 선호되는 극적이고 동적이며 화려한 의식들이 주를 이루고 있다는 특징을 지니고 있다. 즉 북방의 샤머니즘은 동서양의 다양한 문화 중 초원 민족에 가장 어필할 수 있는 것만을 추출한 일종의 복합 문화적인 성격이 강하다.

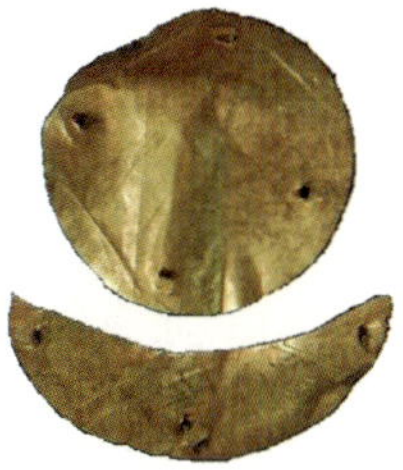

몽골 타힐트64호 흉노 무덤 출토 목관에서 출토된 해와 달 모양의 금박 장식

참고문헌 박원길(2001), 『유라시아 초원제국의 샤머니즘』, 서울, 민속원. 內田吟風(1975), 『北アジア史研究(匈奴篇)』, 京都. 林幹(1986), 『匈奴通史』, 北京.

흉노의 성산

Хүннүчүүдийн уул шүтлэг (Hünnüchüüdiin uul shütleg)

성스럽게 여겨 신앙적 대상으로 숭배하는 산

당나라 이길보(李吉甫, 758~814)의 『원화군현도지(元和郡縣圖志)』에는 흉노가 절라만산(折羅漫山)이라 부르는 오늘날 천산 산계의 한 봉우리를 숭배하여 그 근방을 통과할 때 반드시 말에서 내려 기도를 올리고 갔다는 사실이 기록되어 있다. 백조고길(白鳥庫吉)은 절라만산(折羅漫山)이 하늘을 뜻하는 '기련(祁連, kilen)'과 동음이라고 하지만, 박원길은 마법의 끈이나 천을 뜻하는 '잘람(jalama)'의 음역일 가능성이 높다고 보고 있다. 잘람은 성스러운 산의 성스러운 상징을 장식하는 데 쓰이는 끈이나 천이다.

참고문헌 박원길(2001), 『유라시아 초원제국의 샤머니즘』, 서울, 민속원. 박원길(2001), 『유라시아 초원제국의 역사와 민속』, 서울, 민속원. 白鳥庫吉(1970),「東胡民族考」,『塞外民族史研究(上)』, 東京.

흉노의 제천 의식 ᠬᠦᠩᠨᠦ ᠨᠠᠷ ᠤᠨ ᠲᠩᠷᠢ ᠲᠠᠬᠢᠬᠤ ᠶᠣᠰᠤ Хүннү нарын тэнгэр тахих ёс (Hünnü naryn tenger takhikh yos)

하늘과 신령들에게 제사를 올리던 부족 전체의 행사

제천의식은 그 민족의 신앙관, 즉 샤머니즘을 가장 잘 보여주는 부분이다. 흉노의 제천의식은 『사기』와 『후한서』에 기록되어 있는데 역대 유목 제국 중 가장 상세하다. 『사기』「흉노전」에는 제천의식의 모습이 "해마다 정월에 족장들이 선우정사(單于庭祠)에서 작은 모임을 갖는다. 5월에 용성(蘢城=龍城)에서 큰 모임을 갖고 선조, 천지, 귀신들에게 제사를 올린다. 가을에 말이 살찌면 대림에서 큰 모임을 갖고 사람과 가축의 수를 조사하여 과세를 가한다."라고 기록되어 있다. 『후한서』「남흉노전」에는 "흉노의 습속은 해마다 세 번의 용사(龍祠)가 있다. 항상 정월, 5월, 9월 무일(戊日)에 하늘과 신에게 제사를 올린다. 모든 부족들이 모여 국사를 논의하고, 경마 및 낙타 싸움을 즐긴다."라고 기록되어 있다.

흉노를 비롯한 유목 민족 들의 제천의식은 초지의 순환 주기, 즉 유목경제의 생산 패턴과 밀접한 관계를 가지고 있으며, 기본적으로 봄[春祭]과 가을[秋祭] 두 차례 행해진다. 그런데 흉노는 1년에 세 차례의 제천의식을 치르고 있었으며, 또 중국의 북부로 이동한 남흉노에게도 이 습속이 여전히 계승되고 있었다. 세 차례의 제천 의식은 음력 정월에 열리는 회의, 음력 5월에 열리는 용성대제, 그리고 음력 9월 말이나 10월 초에 열렸던 대림대제이다.

새해 음력 정월에 선우정(單于庭)에서 열리는 회의는 흉노 고유 제도가 아닌 중국의 제도에서 유래한 것으로, 제천의식이 아닌 정치적인 목적의 수렵제(狩獵祭)에 가깝다.

음력 5월에 열리는 용성대제는 후대 대몽골제국의 코릴타(Khuriltai)와 비견될 정도로 정치·종교적으로 큰 비중을 지니고 있다. 용성대제에는 이성제후(異姓諸侯)와 속부(屬部)의 부족장들까지 모두 참가하는데, 부족장들은 이때 제(祭)·정(政)의 최고 상징인 선우(單于)에게 충성을 맹세한다. 또한 용성대제는 선우의 선출이나 혹은 계승을 공식적으로 인준하는 기능도 가지고 있다. 용성대제는 유목 군주가 거처하는 곳에서 행해지는데, 흉노의 오르도(Ordu: 대칸의 궁전)는 B.C.133년 한나라와 전쟁이 일어나기 이전에는 내몽골자치구의 수도인 허흐호트(呼和浩特)시 일대, 그 이후에는 몽골고원의 중앙부인 오르콘하 일대에 위치해 있다. 역대 북방 민족들의 춘제(春祭)는 대체로 음력 4~5월에 집중되어 있는데 4월은 새 풀이 돋는 때이고 5월은 말젖술이 산출되는 시기라는 특징을 지니고 있다. 따라서 용성대제는 말젖술이 산출되는 시기에 거행되는 춘제로 볼 수 있다.

음력 8월말이나 9월초에 행해지는 대림대제는 풍성한 수확을 가져다 준 하늘과 대지 및 삼라만상에 감사를 드린 뒤, 사람과 가축의 수를 조사하여 과세를 가하고, 오늘날 몽골의 나담(Naadam)과 유사한 놀이를 즐기면서 한해를 마무리하는 축제라고 볼 수 있다. '대림'이란 버드나무 신목 주변을 3번 도는 제의 방식[神樹繞旋儀式] 때문에 붙여진 용어이다. 신목 주변을 도는 제의는 일종의 트랜스(Trance) 의식으로 용성대제에서도 행해진다. 이러한 행위는 제정일치의 통치자인 선우와 그 휘하의 백성이 신성으로 결합되어 있다는 상징이다. 이러한 점에서 흉노의 제천 행사는 국가의 통일을 도모하는 기능을 가지고 있다.

참고문헌 박원길(2001), 『유라시아 초원제국의 샤머니즘』, 서울, 민속원. 白鳥庫吉(1970), 『塞外民族史研究(下)』, 東京. 內田吟風(1975), 『北アジア史研究(匈奴篇)』, 京都.

흉노의 청동 단검

Хүннүгийн чинжаал хутга (Hünnugiin chinjaal khutga)

흉노에서 특별히 여기던 청동 단검

『한서』「흉노전」에는 흉노인들이 '경로(徑路, Kingluk)'를 군신(軍神)으로 숭배하고 있으며, 사로잡은 적군을 희생물로 바친다는 내용이 수록되어 있다. '경로'는 페르시아에서 유래한 청동단검, 즉 '아키나케스(Akinakes)'의 음역으로 무기를 몸체로 갖는 군신이다. 아키나케스 신앙은 페르시아로부터 서쪽으로는 다뉴브와 흑해 연안, 동쪽으로는 시베리아 · 몽골고원을 거쳐 한반도나 시베리아 · 오르도스를 거쳐 중원으로 전파되었다.

한국인에게는 오르도스 청동단검이란 이름으로 더 잘 알려진 아키나케스 단검이 흉노에 전파된 시기는 수원청동기문화(綏遠青銅器文化, B.C.5세기~B.C.1세기) 때이다. 흉노의 고대문화에 해당하는 수원청동기문화의 출토 유물들은 그 형태가 "Perso-Scythian Style"이라 이름 붙을 만큼 스키타이계통의 유목기마문화의 영향을 강하게 받고 있다. 그리스 역사학자인 헤로도투스(Herodotus)의 『역사』에는 고대 흑해 연안에 거주했던 스키타이(Scythia)인들의 아키나케스 단검에 대한 특별한 인식에 대해 다음과 같이 소개하고 있다.

"아레스 신(Ares : 군신)에 대한 희생의식은 다음과 같이 행해진다. 각 지배 구역마다 아레스를 위한 성전이 건립된다. 엄청난 양의 통나무를 쌓아올려 만드는데 대략 길이와 너비가 각각 3스타디온(약 184m)이고 높이는 그리 높지 않았다. 그 위에는 사각형의 대(臺)가 설치된다. 세 면은 가파르고 나머지 한 면은 올라갈 수 있게 되어 있다. 매년 그 위에 수레 150대 분의 통나무를 다시 쌓아 올린다. 날씨가 나빠 계속 흘러내리기 때문이다. 이 통나무더미 꼭대기에 오래된 철검을 꽂아 놓는데 이것이 아레스를 상징한다. 그들은 해마다 가축이나 말을 희생물로 이 단검에 바치는데 이러한 희생은 다른 신에 대한 것보다 더 풍성한 것이다. 전쟁 포로들 중에서도 100명당 한 명씩을 골라 제물로 바친다. 우선 제물의 머리에 술을 붓고는 목을 따 피를 그릇에 받는다. 이 그릇을 제단 위에 갖고 올라가 그 피를 칼에 붓는다. 그들의 피가 담긴 그릇을 제단으로 갖고 올라가는 동안 아래에서는 그 제물로 쓰인 인간의 오른팔을 잘라내어 공중으로 던져버린다. 그러고 나서 나머지 희생의식을 마치고 떠난다."

흉노의 경우 제의 방식에 대한 기록이 없지만 스키타이인의 방식과 크게 다르지 않다고 판단된다. 무기를 몸체로 삼는 단검 숭배

흉노의 아키나케스 검

의식은 스키타이나 흉노뿐만이 아니라 여타의 북방 유목 민족들에게도 관찰되고 있다.

참고문헌 박원길(2001), 『유라시아 초원제국의 샤머니즘』, 서울, 민속원. 江上波夫(1948), 「徑路刀と師比」『ユウラシア古代北方文化』, 東京. 국립중앙박물관(1991), 『스키타이 황금』, 서울, 국립중앙박물관.

흉노인의 문신

Хүннүчүүдийн шивээс (Hünnuchuudiin shivees)

살갗에 먹물이나 물감으로 글씨, 그림, 무늬 따위를 새김. 또는 그렇게 새긴 것

『사기』「흉노전」에는 한나라의 사신인 왕오(王烏)가 선우(單于)를 알현하러 오르도(궁전)에 들어갈 때 한나라 사신의 신표(信標)인 '절(節)'을 버리고 흉노의 습속에 따라 묵으로 얼굴에 문신을 그린 뒤 들어갔다는 기록이 실려 있다. 원래 문신이 샤머니즘과 밀접한 관계에 있으며 또 그 자체가 높은 사회적 신분을 말해준다는 것은 B.C.5세기 파지리크(Pazyryk) 고분군에서 출토된 미이라의 문신에서도 입증되듯이 잘 알려진 사실이다. 신성 동물이나 특정 문양을 얼굴이나 몸에 문신으로 새기는 이유는 그 자체가 수호신적 개념이자 부정을 제거하는 샤머니즘적 인식 체계에서 유래한 것이다.

파지리크 고분 출토 미이라에 새겨진 사슴 문양 문신

참고문헌 박원길(2001), 『유라시아 초원제국의 샤머니즘』, 서울, 민속원. 内田吟風(1975), 『北アジア史研究(匈奴篇)』, 京都.

전통 민간신앙

가족 오보

Гэрийн овоо (Geriin ovoo)

가족 구성원의 소원 성취를 기원하기 위해 세운 오보

가족 오보는 아이를 바라거나 질병의 치료 혹은 무병장수, 출세 등 한 가족들의 소원성취를 위해 세워진 일종의 가족 단위 신앙 오보이다. 가족 오보는 일가의 소원성취를 위해 세운 것이기 때문에 건립자의 가족만이 제사를 행한다. 그러나 특별히 정해진 제일은 없고 적당한 시기에 길일을 택해 행한다. 가족 오보는 일가만을 위한 오보이기 때문에 제사를 올릴 때 일가의 구성원이면 남녀를 불문하고 모두 참가할 수 있다. 그러나 가족 오보는 어떤 이유로 일가가 다른 지방으로 이주하거나 절가(絕家)될 경우에는 제사 의식이 끊긴다는 점에서 신앙 지속의 한계를 지니고 있다.

참고문헌 박원길(2001), 『유라시아 초원제국의 역사와 민속』, 서울, 민속원. 秋葉隆(1941), 「鄂博と鄂博祭」, 『滿蒙の民族と宗教』, 東京. 波少布(1980), 『黑龍江蒙古研究』, 哈爾濱.

강지르

Ганжир (Ganjir)

소르 모드의 위에 장식된 기장(記章)

소르 모드(sor mod)의 정상에는 오색의 천을 두르듯 늘어뜨리고 '강지르[gangjir, 기장(記章)]'라 불리는 황금색의 보주(寶珠)를 붙인 경우가 많다. 강지르를 붙인 것은 라마교의 전입 이후라고 보인다.

오보의 정상부와 강지르

참고문헌 박원길(2001). 『유라시아 초원제국의 역사와 민속』. 서울, 민속원. 後藤富男(1956).「モンゴル族におけるオボの崇拜－その文化に於ける諸機能－」. 『民族學硏究』20-1 · 2. 江上波夫(1948). 『ユウラシア古代北方文化』. 東京.

니브히족의 풍어제 Нивх нарын загас даллах зан үйл (Nivh naryn zagas dallakh zan üil)

극동 시베리아 니브히 족에서 물고기가 많이 잡히기를 기원하는 제사

러시아 하바롭스크 주의 아무르 강변과 사할린 등지에서 살고 있는 니브히(Nivh)인들은 물새 모양의 그릇을 만들어 풍어를 비는 의례에 사용한다. 이 의례는 봄과 가을에 행하는데, 샤먼이 집전하지 않고 마을에서 가장 나이 많고 존경 받는 노인을 제관으로 선정해서 행하게 한다. 제관은 음식을 준비하여 이 음식들을 물새 모양 그릇에 담아 물에 띄운다. 이렇게 하면 물의 주인 정령이 어부들의 그물에 물고기를 가득 담아준다고 한다. 남은 음식은 마을의 수호 신격인 조상 정령에게 바치고 나머지 음식을 마을 사람들이 같이 음복한다. '니브히'는 '사람'이란 뜻이며, 자신들의 고유 언어가 있다.

니브히인들의 의례용 물새 모양 그릇(표트르 대제 인류학.민족지학 박물관 소장)

참고문헌 박원길(2001). 『유라시아 초원제국의 샤머니즘』. 서울, 민속원. 이건욱(2003). 「오로치 샤머니즘 고찰」. 『한국무속학』6. 한국무속학회. 이건욱(2013). 「시베리아민족들의 동물에 대한 관념과 상징」. 『샤머니즘의 사상』. 서울, 민속원.

다고르의 오보제 Дагуур нарын овоо тахилга (Daguur naryn ovoo takhilga)

다고르족이 오보에서 행하는 제의

흥안령 일대의 동몽골 지역은 몽골에 확산된 라마교의 영향을 적게 받았다. 따라서 샤먼이 매우 우세한 지역으로서 몽골 고대의 전통을 비교적 잘 보존하고 있는 지역이라는 특성을 지니고 있다. 이 일대에 거주하는 다고르(Dagur, 達呼爾)족은 여러 방면에서 중세 몽골의 특징을 비교적 많이 간직하고 있다. 다고르족의 오보제는 음력 5월 5일과 7월 15일의 두 차례에 걸쳐 행해지고 있다. 제의의 형식은 몽골과 같지만 공양 방식에서는 고대 샤머니즘의 유혈 의식을 연상시키는 가축 공양 등 고대 유풍이 많이 남아 있다.

참고문헌 박원길(2001). 『유라시아 초원제국의 역사와 민속』. 서울, 민속원. 秋葉隆(1941). 「鄂博と鄂博祭」. 『滿蒙の民族と宗敎』. 東京. 後藤富男(1956).「モンゴル族におけるオボの崇拜－その文化に於ける諸機能－」. 『民族學硏究』20-1 · 2.

달라긴 오트 Даллагын уут (Dallagyn uut)

소원을 비는 복주머니

달라긴 오트(dallagyn uut)는 쌀을 넣은 작은

주머니를 말한다. 이 주머니를 게르 안쪽이나 집안의 신상, 조상의 사진이 모셔진 곳에 두어 집안이 쌀처럼 번성하기를 바란다.

동북 시베리아의 웅제 Зүүн хойд Сибирийнхний баавгай тахих зан үйл (Zuun khoid Sibiriinkhnii baavgai takhikh zan üil)

곰을 신성하게 여겨 곰을 위해 특별한 의례를 행하는 습속

동북아시아에서 곰의 주 서식지는 캄차카 반도, 만주, 한반도 북부, 일본 북부 등지이다. 이 지역에는 곰 설화가 폭넓게 존재하고 있으며 곰을 신성시하는 웅제(熊祭)가 행해진다. 웅제가 행해지는 곳은 연해주 일대의 길랴크(Gilyak)족, 극북지역의 코략(Koryak)족과 캄차카의 이텔멘(Itelmens)족 및 사할린 제도, 쿠릴 열도 남부, 북해도 등지에 사는 아이누족의 거주 지역이다. 길랴크족의 웅제는 매년 정월이고, 아이누족의 곰 위령제는 겨울 수렵이 시작되는 12월 무렵에 행해진다. 그들은 곰 새끼를 2~3세까지 길러 수렵기가 되면 성대한 웅제를 지낸 다음 죽인다. 죽은 곰 새끼가 어미 나라로 돌아가서, 인간에게서 소중히 대접받았으니 더 많은 곰을 인간에게 보내 주도록 전해 달라는 바람에서이다. 머리와 발은 고이 모셔 귀하게 여긴다. 이들은 일상적인 곰 사냥에서도 곰을 죽이면 그 시신을 앞에 두고 사죄와 위로의 행위를 보이고 있다. 즉 곰을 신성한 영혼을 가진 존재, 인간 이상의 존재로 신격화해 그들의 영혼이 구천(九天)을 떠돌지 않고 평안하게 지낼 수 있도록 기원한다. 웅제는 서부 시베리아 지역의 보굴(Vogul)족과 케트(Ket)족에서도 발견된다.

아이누족의 웅제인 이오만테(iomante)의 1870년대 그림 (British Museum 소장)

아이누족 곰 토템 사진

참고문헌 이정재(1997), 『동북아의 곰문화와 곰신화』, 서울, 민속원. 煎本孝(2010), 『アイヌの熊祭り』, 東京. Chaussonnet Valerie(1995). *Native Cultures of Alaska and Siberia*. Washington D.C., Arctic Studies Center.

라제 Лазэ (Laze)

감숙과 청해에 살고 있는 몽골인이 '오보'를 이르는 말

오늘날 감숙(甘肅)이나 청해(靑海)에 거주하는 몽골인들은 티베트의 영향을 받아 오보를 '라제(Laze)'라고 부르고 있다. 라제의 티베트 정식 표기명은 '라제(Lartse)'이며 "산의 정상"이라는 의미를 갖고 있다. 즉 "산길에서 마주치는 높은 기(uulyn zamd taaraldakh öndör khoshuu)"를 뜻한다. 중국 문헌 속의 '악박(鄂博)'이나 '오포(敖包)'는 모두 '오보'의

음역(音譯)이다.

티베트 지방의 오보

참고문헌 박원길(2001), 『유라시아 초원제국의 역사와 민속』, 서울, 민속원. 秋葉隆(1941), 「鄂博と鄂博祭」, 『滿蒙の民族と宗教』, 東京. 後藤富男(1956),「モンゴル族におけるオボの崇拜－その文化に於ける諸機能－」, 『民族學研究』20-1 · 2.

보르가산 오보 Бургасан овоо (Burgasan ovoo)

버드나무 줄기를 여러 개 엮어 세운 오보

보르가산 오보(burgasun ovoo)는 내몽골의 실링골맹(Shilingol chuulgan) 사람들이 버드나무 줄기나 가지를 여러 개 엮어서 세운 오보를 부르는 말이다. 이 말은 오늘날 오보를 가리키는 일반명사처럼 사용되기도 한다.

참고문헌 박원길(2001), 『유라시아 초원제국의 역사와 민속』, 서울, 민속원. 後藤富男(1956),「モンゴル族におけるオボの崇拜－その文化に於ける諸機能－」, 『民族學研究』20-1 · 2. 秋葉隆(1941), 「鄂博と鄂博祭」, 『滿蒙の民族と宗教』, 東京.

소르 모드 Сор мод (Sor mod)

오보의 중심부에 세워져 있는 긴 나무기둥

신앙적 기능을 가진 오보에서는 정상 부분에 고대 샤머니즘의 유풍이라고 간주되는 긴 나무 기둥이 꽂혀 있는데 이를 소르 모드[sor mod, 목간(木竿)]라 부른다. 이러한 소르 모드는 일반적인 오보에서는 찾아볼 수 없다. 소르 모드는 히모리가 달려 있기 때문에 '기간(旗杆)'이라 칭해지기도 한다. 오보의 중심부에 세워져 있는 소르 모드는 천상계와 지상계로 연결하는 신목을 상징하는 것으로 버드나무로 만들어져 있으며 붉은색으로 칠해져 있는 경우가 많다.

강상파부(江上波夫)는 집의 기둥이나 목간(木杆)의 기원은 고대의 수목 숭배에서 비롯되었다고 보고 있다. 후등부남(後藤富男)은 오보의 신목이 고대 몽골에서 행해졌던 주겔리(Jügeli)제의 신목을 계승한 것이라고 한다. 낭앵(郎櫻)은 만주족이 제천의식을 행할 때 세우는 '소론대', 어원커(鄂溫克)인이 오보에 제사지낼 때 세우는 버드나무 가지, 시베리아의 일부 민족들이 제천의식을 행할 때 택하는 산정의 나무들은 모두 '하늘로 오르는 사닥다리'를 상징하고 있다고 해석하고 있다.

오보에 세워진 소르 모드

참고문헌 後藤富男(1956),「モンゴル族におけるオボの崇拜－その文化に於ける諸機能－」, 『民族學研究』20-1 · 2. 江上波夫(1948), 『ユウラシア古代北方文化』, 東京. 郎櫻(1994), 「중국 돌궐어 민족의 샤머니즘 신앙」, 『比較民俗學』11.

쇼론 오보 Шороон овоо (Shoroon ovoo)

오보의 중앙에 버드나무 기둥, 즉 목간이 없는 오보

쇼론 오보(shoroon ovoo)는 내몽골의 실링골맹(Shilingol chuulgan) 사람들이 단순한 흙오보를 부르는 말로, 버드나무 목간(木竿, 소르 모드)이 없는 오보이다.

참고문헌 박원길(2001),『유라시아 초원제국의 역사와 민속』, 서울, 민속원. 後藤富男(1956),「モンゴル族におけるオボの崇拜－その文化に於ける諸機能－」,『民族學硏究』20-1 · 2. 秋葉隆(1941),「鄂博と鄂博祭」,『滿蒙の民族と宗敎』, 東京.

숟딘 오보 Сүлдийн овоо (Süldiin ovoo)

우젬친 사람들이 제야 때 만든 눈 오보 가운데 남자들이 숭배하는 오보를 이르는 말

몽골 동부 및 동남지역의 바르가(Barga)와 우젬친(Üzemchin)족은 제야(除夜) 때 눈으로 오보를 만든다. 숟딘 오보(Süldiin ovoo)는 우젬친인들이 제야 때 만든 눈 오보 가운데 남자들이 숭배하는 오보를 말한다.

참고문헌 박원길(2001),『유라시아 초원제국의 역사와 민속』, 서울, 민속원. H.Vreeland(1957), *Mongolian Community and Kinship Structure*, New Haven. 色音(1987),「蒙古敖包考」,『黑龍江民族硏究論文集』1.

십삼 오보 Арван гурван овоо (Arvan gurvan ovoo)

열세 개로 이루어진 오보

중요한 제사 장소나 라마 사원 주변에 주로 세워져 있는 13오보는 어느 면에서는 몽골의 오보를 대표할 정도로 외부 세계에 잘 알려져 있다. 13오보는 한 오보를 중심으로 주변의 작은 오보가 양옆이나 십자형으로 늘어서 있는 오보이다. 작은 오보가 중심적인 오보의 양옆에 일렬로 늘어설 경우에는 좌우로 6개씩 배치되며 십자형일 경우에는 동서남북으로 각각 4개씩 배치된다.

13오보는 몽골어로 "아르반 고르반 오보(Arban gurban obuga)"라 하는데 사인 노얀 칸(Sayin noyan khan)부의 코빌간(Khubilgan : 활불)이었던 메르겐 디얀치(Mergen Diyanchi)는 이 오보가 불교의 교리에 따라 만들어졌다며 다음과 같이 설명하고 있다.

> "같은 패턴을 가진 13오보를 세울 때 가운데의 오보는 산들의 왕인 숨베르(Sümber) 봉우리처럼 위엄으로 가득 차 있다고 옛 문헌에 기록되어 있다. 따라서 13개 오보를 세울 때 하나는 숨베르 봉우리처럼 세우고, 4개는 4개의 대륙을, 8개는 8개의 작은 대륙을 의미하도록 건설한다."

그러나 대다수의 학자들은 13은 자연현상을 존중하는 믿음과 관계를 가지고 있으며 또 불교 전파 이전에 몽골인들 사이에서 13이란 숫자가 성수(聖數)로서 사용되었다는 점을 들어 불교와의 관련설을 부정하고 있다. 즉 서몽골 오이라트인들의 전설이나 민요 속에 '13 알타이', '알타이의 13봉', '알타이의 13목장', '13가지 말 색깔' 등 '13'과 관련한 표현이 많이 나타나는데, 이는 내용상 모두 불교 전파 이전의 시대에 속하는 것이기 때문에 '13'이란 숫자는 몽골 고유의 성수일 가능성이 높다고 보고 있다. 그리고 13오보가 라마교 이전의 것이라는 구체적인 증거로 헙스걸의 북부에 위치한 얼린다와 오보

(Öli−yin Dabaa obuga)를 제시하고 있다. 이 오보는 고대서부터 저지대에 사는 다르하드의 13씨족을 상징하는 신앙의 성소일뿐 불교와는 관련이 없다. 얼린다와 오보는 헙스걸 아이마크의 벨테스강으로부터 올랑올솜으로 들어가는 해발 2,000m의 고개 위에 일렬로 배치된 13오보이다. 올랑올솜의 중심인 터걸(Tögol)에서 남쪽으로 10km 떨어진 곳에 위치한 이 오보는 근년에 기층부는 돌로 쌓고 상층부는 나뭇가지로 장식하는 등 새로 단장되었다.

13오보에는 각각의 오보에 깃들인 13신이 있다고 전해진다. 1930년대 흥안령 일대의 동몽골 지방에서 학술 조사를 벌였던 적송지성(赤松智城)은 왕야묘(王爺廟)의 라마승인 도르지(道爾吉, Dorji)로부터 아래와 같은 13오보의 신명(神名)을 채록했다.

①	적을 항복시키는 신(dgra lha)	Daisny tenger
②	재물의 신(nor lha)	Ediin tenger
③	바람의 신(rlung lha)	Khiin tenger
④	비의 신(char lha)	Khuryn tenger
⑤	눈의 신(kha lha)	Tsasny tenger
⑥	말의 신(rta lha)	Aduuny tenger
⑦	소의 신(glang lha)	Ükhriin sakhius tenger
⑧	양의 신(lug lha)	Khoniny tenger
⑨	염소의 신(ra lha)	Yamaany tenger
⑩	낙타의 신(rnga mon lha)	Temeenii tenger
⑪	토지신(Zhing lha)	Gazar orny tenger
⑫	군사를 지키는 신(dmag lha)	Tsergiin tenger
⑬	투쟁의 신('thab lha)	Baildaany tenger

후등부남(後藤富男)은 13오보의 신들이 비록 티베트어로 표기되어 있지만 신들의 성격으로 미루어 볼 때 몽골의 신들을 티베트어로 표기했다고 보고 있다. 그는 13오보의 신을 재물 및 오축(五畜)의 신(6신/②⑥⑦⑧⑨⑩), 자연현상의 신(3신/③④⑤), 토지신(1신/⑪), 병사신(兵事神)(3신/①⑫⑬)으로 분류한 뒤 아마 중앙의 큰 오보는 토지신, 주변의 작은 오보들은 여타의 12신을 상징할 가능성이 높다고 한다.

몽골 13오보

참고문헌 박원길(2001), 『유라시아 초원제국의 역사와 민속』, 서울, 민속원. 赤松智城(1941),「内蒙古の宗教的年中行事」, 『滿蒙の民族と宗教』, 東京. 後藤富男(1956),「モンゴル族におけるオボの崇拜－その文化に於ける諸機能－」, 『民族學硏究』2. Ágnes Birtalan(1996), "Typology of the Stone Cairns Obos", *preliminary Report, Based on Mongolian Fieldwork Material Collected in 1991-1995*, Budapest. С.Бадамхатан(1965), *Хөвсгөлийн дархад ястан*, Улаанбаатар.

아오 Ao (Ao)

오론촌족에서 산신제를 지낼 때 언덕 위에 쌓는 돌무더기를 이르는 말

아오는 오론촌(鄂倫春, Oronchun)족이 산신제를 지낼 때 언덕 위에 쌓는 돌무더기를 이르는 말이다.

참고문헌 박원길(2001), 『유라시아 초원제국의 역사와 민속』, 서울, 민속원. 泉靖一(1937), 「大興安嶺東南部オロチョン族踏査報告」, 『民族學硏究』3-1. G.Bethlenfalvy, Á.Birtalan, A.Sárközi, J.Vinkovics eds(1992), *Altaic Religious Beliefs and practices*, Budapest.

알탄 오보 Алтан овоо (Altan ovoo)

몽골 동부지역의 대표적인 공동체 오보

수흐바타르 아이막 다리강가(Dariganga) 솜의 다리(Dari) 산 정상에 위치해 있는 알탄오보(Altan ovoo)는 청나라 때 이곳을 근거로 활약한 의적 토로이 반디(Tooroi bandi)의 전설이 깃들여 있을 만큼 유명한 오보이다. 알탄오보는 여자의 출입이 일절 금지되고 있으며 4년마다 국가 단위의 대제(大祭)가 열린다. 알탄오보란 오보에 꽂혀 있는 소르 모드[목간(木竿)] 상단의 강지르(ganjir)가 황금으로 장식되어 있기 때문에 붙여진 이름이며 본명은 '다리오보(Dari ovoo)'이다. 알탄오보의 최초 명칭은 '자힌 하르 언더르(Zakhyn khar öndor)'이며 다리오보란 명칭이 나타난 것은 맹기제도(盟旗制度)가 실시된 청대 초기 즉 1690년대이다.

알탄오보는 원래 화산석으로 이루어져 있었지만 지금은 백색의 거대한 시멘트 구조물로 바뀌어 있다. 이로 인해 시멘트에 고정된 소르 모드 이외에는 여타의 장식물을 발견할 수 없다. 또 오보의 구조상 돌을 공양할 수 없는 때문인지는 몰라도 주변에는 아주 작은 오보들이 수없이 산재해 있다. 알탄오보 대제의 제의 방법은 지방신이 거주하는 오보의 제의와 큰 차이가 없다. 대제의 목적은 국가의 안녕과 가축의 번영을 기원하는 데 있다.

알탄 오보 ©장장식, 2001

제의가 끝난 뒤에는 전국적인 성격을 지닌 나담 축제가 열린다.

참고문헌 박원길(2001), 『유라시아 초원제국의 역사와 민속』, 서울, 민속원. Г.Мэнд-Ооёо(2002), *Алтан овоо*, Улаанбаатар. Ч.Арьясүрэн, Х.Нямбуу(1991), *Монгол ёс заншлын дунд тайлбар толь*, Улаанбаатар.

야쿠트의 쿠미스제

Якут нарын тахилга (Yakut naryn takhilga)

야쿠트족이 봄과 가을에 행하는 제의를 이르는 말

야쿠트(Yakut)족의 쿠미스제는 봄과 가을 2회에 걸쳐 행해지고 있다. 춘제(春祭)는 자작나무의 묘목으로 제단을 만든 뒤 그 앞에 자작나무의 껍질이나 소가죽으로 만든 말젖술을 채운 다음 씨족의 장로나 샤먼의 주재 하에 제를 행한다. 의식은 광명의 창조자인 신에게 말젖술을 바친 뒤 그가 사는 동방을 향해 말 한 필을 풀어놓는 방식으로 진행된다. 야쿠트인들에게 춘제는 아주 기쁘고 즐거운 제의에 속한다. 그러나 추제(秋祭)는 매우 어둡고 신비적인 면을 띠고 있다. 추제는 겨울의 기아나 질병 및 죽음의 재난을 면하기를 바라는 성격이 강하며 제의도 샤먼의 주재 하에 한밤 중에 집 밖에서 행해진다. 의식은 말젖술의 공양 뒤 소나 말의 유혈희생(流血犧牲)이 뒤따르는 방식으로 진행된다.

참고문헌 박원길(2001), 『유라시아 초원제국의 역사와 민속』, 서울, 민속원. 後藤富男(1956),「モンゴル族におけるオボの崇拜－その文化に於ける諸機能－」, 『民族學硏究』20-1 · 2. G.Bethlenfalvy, Á.Birtalan, A.Sárközi, J.Vinkovics eds(1992), *Altaic Religious Beliefs and practices*, Budapest.

어브경 오보 Өвгөн овоо (Övgön ovoo)

몽골 중서부 지역의 대표적인 공동체오보

자브항 아이막(Zavkhan aimag) 투뎁테이(Tüdevtei)솜에 위치한 어브겅 오보(Övgon ovoo)는 오이라트와의 전쟁에서 승리한 할흐인들이 전승에 대한 감사와 평화를 기원하기 위하여 건립했다고 전해진다. 할흐 오이라트전쟁은 1687년 준가르제국의 갈단 칸(Galdan Khan)이 투셰트 칸(Tüsheet Khan)부의 맹약 위반을 명분으로 할흐 몽골로 침입한 사건을 가리킨다. 이 전쟁은 10년간의 치열한 사투 끝에 열세에 몰린 갈단칸이 1697년 홉드(Khovd) 지방에서 자살함으로써 막을 내렸지만 할흐 몽골이 청나라에 귀속되는 계기가 되었다.

어브겅 오보의 건립 연대는 전쟁의 경과로 미루어 보면 1690년대 후반으로 보인다. 어브겅 오보가 서몽골의 할흐인에게 매우 중시되는 이유는 할흐 오이라트 전쟁이 할흐족의 생존을 위협할 만큼 악몽 같은 전쟁이었다는데 있다. 이는 모든 할흐 부족이 갈단칸에 쫓겨 내몽골로 도피하고 또 청나라의 도움으로 간신히 고토를 회복한 역사적 사실에서도 잘 입증된다. 어브겅 오보는 서몽골의 할흐 부족들이 공동으로 제를 올리고 있는데 제의의 방법은 지방신이 거주하는 오보의 제의와 큰 차이가 없다.

참고문헌 박원길(2001). 『유라시아 초원제국의 역사와 민속』. 서울. 민속원. Ч.Арьясүрэн, Х.Нямбуу(1991). *Монгол ёс заншлын дунд тайлбар толь*. Улаанбаатар. Юнеско-гийн Монголын Үндэсний Комисс(2009). *Монгол улс дахь тахилгат газар нутаг*. Улаанбаатар.

에메신 오보 Эмсийн овоо (Emsiin ovoo)

여자만이 참가하여 제를 올리는 오보

에메신 오보는 '부녀 오보'라는 뜻으로 여자만이 참가하여 제를 올리는 특수한 오보이다. 몽골에서 이 오보가 발견되는 곳은 현재 두 군데뿐이다. 이 두 군데는 모두 흑룡강성(黑龍江省)의 더르버드호쇼[杜爾伯特旗]에 위치해 있는데 하나는 후신둔(後新屯) 패자부(貝子府)에서 남쪽으로 1㎞ 떨어진 연화지(蓮花池, Badam Nuur) 곁에 있고, 다른 하나는 주운바얀탈라(Züün bayan tal, 東巴彦塔拉) 둔(屯)의 북쪽 언덕에 있다.

에메신 오보제는 매우 독특한 방식으로 진행된다. 즉 제사에 참가한 여자들은 먼저 여자 샤먼의 주관 하에 동물의 유방을 제사용품으로 바친 뒤 오보의 주위에 빙 둘러서서 절을 올린다. 그리고 모두 잠시 앉아 한바탕 미친 듯이 웃은 다음 샤먼의 인도 하에 오보의 주위를 돌면서 제무적(祭舞的)인 성격이 강한 춤을 춘다. 에메신 오보는 역사적으로 고대 모계 씨족사회의 문화 유습으로 간주되고 있을 뿐 구체적인 기원이나 배경에 대해서는 아직 알려진 것이 없다.

참고문헌 박원길(2001). 『유라시아 초원제국의 역사와 민속』. 서울. 민속원. 赤松智城(1941).「內蒙古の宗教的年中行事」.『滿蒙の民族と宗教』. 東京. 波少布(1980).『黑龍江蒙古研究』. 哈爾濱.

오론촌의 산신제 Орончун нарын уул тахих ёс (Oronchun naryn uul takhikh yos)

오론촌족이 봄과 가을에 산의 신령에게 행하는 제사

오론촌(Oronchun, 鄂倫春)족의 산신제는 봄과 가을 2회에 걸쳐 행해진다. '아오리 보르한(aori burkhan)'은 '오보의 신'이라는 뜻인데, 오론촌의 산신을 이르는 말이다. 몽골족과 근친성을 가진 대흥안령의 동남부에 거주하는 오론촌족은 4~5년 마다 수렵장을 옮기는 대이동을 행한다. 이 때 봄과 가을에 걸쳐 산신(aori burkhan)에 대한 제사를 행한다. 이들의 산신제는 몽골의 오보제와 아주 유사하게 언덕위에 '아오(ao)'라 부르는 돌무더기를 쌓아놓고 이것에 '톨(tol)'이라 부르는 나무막대를 꽂아 놓은 뒤 행한다.

참고문헌 박원길(2001), 『유라시아 초원제국의 역사와 민속』, 서울, 민속원. 泉靖一(1937), 「大興安嶺東南部オロチョン族踏査報告」, 『民族學研究』3-1. G.Bethlenfalvy, Á.Birtalan, A.Sárközi, J.Vinkovics eds(1992), *Altaic Religious Beliefs and practices*, Budapest.

오보 ᠣᠪᠤᠭ᠎ᠠ Овоо (Ovoo)

몽골에서 샤머니즘 신앙에 기초하여 산이나 언덕에 흙이나 돌을 쌓아올린 구조물

오보는 몽골의 샤머니즘 신앙에서 가장 핵심적인 상징물이다. 오보는 산이나 언덕 등지에 흙이나 돌을 원추형으로 쌓아 올린 구조물인데, 그 중앙에 기다란 나뭇가지를 꽂아 놓는다. 몽골인들은 이 오보에 천신이 내려와서 머문다고 여겨 정기적으로 이 오보에 제를 올리는 의례를 행한다.

〈오보의 기능〉

오보의 기능은 크게 두 가지로 나누어진다. 하나는 단순히 이정표나 경계표의 구실을 수행하는 오보이고 하나는 신앙 대상으로서의 위치를 점하는 오보이다. 이정표나 경계표의 구실을 수행하는 오보와 신앙 대상의 오보는 장식물과 공물(供物)에도 큰 차이를 가지고 있다.

경계표의 구실을 주기능으로 삼는 오보는 주로 구릉 위에 서있는 경우가 대부분이며 이정표를 주기능으로 삼는 오보는 대부분 고개나 길이 갈라지는 곳에 위치하고 있다. 이정표의 기능을 가진 오보 중에는 주변에 위험지대가 있다는 것을 알리기 위해 건립된 예도 있다. 이 오보들은 신앙의 대상이 아니기 때문에 신앙을 주 기능으로 삼는 오보와는 달리 장식물이 없는 경우가 많다.

신앙 대상으로서의 위치를 점하는 오보는 크게 땅이나 강의 정령이 사는 오보, 씨족 오보, 공동체 오보, 개인적인 목적으로 건립한 오보로 나누어진다. 이 가운데 가장 중요한 것은 지방신, 즉 땅이나 강의 정령이 사는 오보와 고대 조상 숭배의 유습과 연관을 지닌 씨족 오보이다. 공동체 오보는 전쟁의 승리 등 특정 사적을 기념하기 위해 건립된 것이며 개인적인 오보는 아이를 원하거나 질병을 낳게 해달라는 등의 목적으로 건립된 사적인 오보이다.

〈오보의 분류〉

오보의 형태는 크게 다섯 가지로 나누어진다. 첫째는 오보의 위치와 지역에 따른 분류이다. 몽골 지역의 오보는 삼림지대와 초원지대의 오보로 크게 나누어지는데, 삼림지대의 오보를 삼림오보(Taigyn ovoo), 초원지대의 오보를 초원오보(Talyn ovoo)라 부른다. 타이가지대에 거주하는 몽골 서북부의 다르하드(Darhad)인들은 '삼림에는 5개의 오보, 초원에는 13개의 오보'라는 표현으로 삼림오보와 초원오보를 구별하는 구전 설화를 가지고 있다.

둘째는 오보의 숫자에 따른 분류이다. 몽골 지역의 오보는 장소와 기능에 따라 대략 독립 오보, 13오보, 군락 오보로 나눌 수 있다. 독립 오보는 문자 그대로 주변에 아무 오보도 거느리지 않고 혼자 존재하는 오보이다. 독립 오보는 대개 기(旗)나 솜(sum)을 대표하는 오보, 씨족 오보, 여러 기의 공동 숭배 대상인 공동체 오보, 여행자 오보, 개인적인 목적에서 건립한 오보인 경우가 대부분이다. 13오보는 중요한 제사 장소나 사원 주변에 많이 위치해 있다. 군락 오보는 한 중심적인 오보 주변에 크고 작은 많은 오보들이 늘어서 있는 경우이다. 군락 오보는 다시 '3, 7, 9, 17, 19, 108' 등 명확히 셀 수 있는 숫자를 가지고 있는 오보와 셀 수 없을 정도로 군락을 이룬 오보 등으로 나누어진다.

셋째는 오보를 구성하는 재질에 따른 분류이다. 재질에 따른 분류는 거주 지역의 자연환경에 기인된 것으로 크게 돌 오보, 나무 오보, 흙 오보로 나누어지며 곳에 따라서는 한시적으로 눈 오보가 등장하기도 한다. 돌 오보는 삼림이 우세한 북부 지역을 제외한 여타 지역에서 흔히 볼 수 있는 가장 전형적인 오보이다. 흙 오보는 나무나 돌이 귀한 동몽골의 초원지대에서 많이 나타난다. 나무 오보는 타이가 지대에서 흔히 나타나는데 특히 바이칼호 주변의 부리야트 지역에서는 이 오보가 주류를 이룬다. 눈 오보는 제야(除夜) 때 만들어지는 특수한 오보로 주로 몽골 동부 및 동남지역에서 만들어지고 있다.

넷째는 오보에 바치는 제사용품에 따른 분류이다. 제사용품에 따른 형태의 분류는 오보의 성격에 기인된 것으로 대략 전통적인 제품만이 허용되는 오보(씨족 오보), 전통적인 제품과 가축의 뼈 및 털이 놓일 수 있는 오보(지방신이 거주하는 오보), 전통적인 제품과 가축의 뼈 및 털, 터부시된 음식이 놓일 수 있는 오보(공동체 오보), 위에 언급한 것들과 참배자들의 기원이 담긴 물건, 예컨대 옷, 목발, 유모차 등등이 놓일 수 있는 오보(이정표 오보, 가족 오보)로 나뉜다. 전통적인 제품이란 날알로 만든 음식, 뱌슬락이나 아롤 등의 우유제품, 고기 종류, 사탕 류, 전차(磚茶)이다. 제품의 분류는 이전에는 매우 중시되었지만 현재는 일부 오보를 제외하고는 혼합된 양상을 띠고 있다.

다섯째는 오보의 지역 대표성에 따른 분류이다. 몽골은 청나라 초기 맹기제도(盟旗制度)의 실시로 말미암아 '맹(盟, aimag), 기(旗, khoshuu), 좌(佐, sum), 둔(屯, ayil)'이라는 행정 단위로 유목지가 고정되었다. 이로 인해 행정구역별로 각 지역을 수호하는 오보가 만들어져 맹에는 맹을 대표하는 오보, 기에는 기를 대표하는 오보 등이 나타나게 되었다. 이 오보들은 모두 한 지역에 하나밖에 없고 또 정기적인 제사가 행해지는 오보라는 특징을 지니고 있다.

몽골의 승려인 롭산 노로브 샤라브(Luvsannorovsheirav)는 오보의 종류를 산위에 있는 오보(국가와 씨족의 평화, 집권자들과 종교 지도자들간의 화목 기원), 초원이나 언덕 위에 있는 오보(가축의 번성, 부강, 화목 기원),씨족과 부족의 오보(선조들의 제사와 후손들의 연결의식, 씨족 · 부족의 번영과 발전 기원), 개인들이 만든 오보(질병의 치료와 개인적인 소원성취), 13오보(산과 강의 신들을 위한 오보)로 분류하고 있다. 이 분류는 넓은 의미에서 초원 오보를 세분한 성격을 지니고 있다.

〈오보의 공물〉

독립 오보의 경우에는 대부분 한 줄의 신(神) 끈만이 소르 모드[sor mod, 목간(木竿)]에 매어져 있으며 그 신 끈은 그냥 아래로 처져 있거나 오보에 감아두고 있다. 그러나 13오보의 경우는 중심적인 오보의 소르 모드에서 한 개 혹은 몇 개의 신끈이 주변의 작은 오보에 연결되어 있다. 이 소르 모드를 중심으로 목면이나 비단으로 만든 하닥(khadag)이 치렁치렁 매어져 있는 버드나무 가지들이 무수히 꽂혀 있다. 또 때에 따라서는 버드나무 가지에 불상의 그림, 나무판에 새긴 경문, 소의 척추를 염주처럼 묶은 것, 양의 견갑골을 씻어 경문을 새긴 것, 말의 갈기나 꼬리털을 매달기도 한다. 오보의 장식물 중에는 매우 희귀한 경우에 속하지만 목간이나 버드나무 가지의 장식 외에 목제의 창·칼 등의 무기류나 새 모양을 붙인 목간이 내몽골 지역에서 발견되기도 한다. 오보에서 발견된 무기의 종류는 목제의 검(劍), 도(刀), 창(槍), 도끼(斧), 망치(槌)이며, 새의 경우 종류를 판별할 수 없다. 몽골인들은 이러한 장식을 "부처의 장식(Burkhany Chimeg)" 혹은 "오보의 장식(Ovoony chimeg)"이라 부르며 칼은 불검(佛劍), 새는 영조(靈鳥)를 상징한다고 한다.

강상파부(江上波夫)는 목제 무기류가 오보의 장식에 등장하는 이유를 고대에 진짜 무기를 세웠던 습속의 잔영이라고 해석하고 있다. 오보에 무기류를 세우는 관습은 흉노 이래 북방 민족 간에 면면히 이어져 왔던 무기숭배의 잔영일 가능성이 높다. 목간 위에 새가 앉아 있는 것은 한국의 솟대와 관계를 맺고 있다는 점에서 주목된다.

서몽골의 문헌인 『Gajar usuni sang sudur oroshiboi』에는 신앙적 기능을 가진 오보에 바치는 공양품을 떡, 꽃가루와 향, 정화수, 아름다운 음식, 춤과 노래, 좋은 말, 힘센 염소와 양, 장대한 낙타, 황소, 무기류, 비단과 솜, 좋은 물건, 9개의 최상품, 보석 등으로 기록하고 있다. 이 공양품들은 고대의 몽골인들이 소유한 것 중 가장 좋은 물품으로 오늘날 몽골인들이 오보에 바치는 양고기, 말젖술, 술, 천조각, 향, 두송나무 잎으로 만든 가루향, 아롤, 치즈, 돈 등보다 더 정성이 깃들어 있음을 알 수 있다. 이 공양물에서 주목되는 것은 고대 샤머니즘의 유혈 의식을 연상시키는 가축들의 존재이다. 가축은 유목생활을 영위하는 몽골인들에게 가장 귀중한 존재였던 만큼 신에게 바치는 가장 신성한 제품으로 간주되었다. 귀중한 가축을 신에게

보르칸 칼돈산 입구에 위치한 보스고 텡게르 다와니 오보(Босго Тэнгэр давааны овоо : 하늘로 가는 문지방 오보)

바치는 습속은 흉노 이래 모든 북방 민족에게 나타나는 공통적인 관습이다.

참고문헌 박원길(2001), 『유라시아 초원제국의 역사와 민속』, 서울, 민속원. Ágnes Birtalan(1996), "Typology of the Stone Cairns Obos", *preliminary Report, Based on Mongolian Fieldwork Material Collected in 1991-1995*, Budapest. G.Bethlenfalvy, Á.Birtalan, A.Sárközi, J.Vinkovics eds(1992), *Altaic Religious Beliefs and practices*, Budapest. 後藤富男(1956),「モンゴル族におけるオボの崇拜－その文化に於ける諸機能－」,『民族學硏究』20-1·2. 秋葉隆(1941),「鄂博と鄂博祭」,『滿蒙の民族と宗教』, 東京.

오보제 ᠣᠪᠣᠭᠠᠨ ᠤ ᠲᠠᠬᠢᠯᠭ᠎ᠠ Овооны тахилга (Ovoony takhilga)

오보에 드리는 제사

몽골의 오보제는 6월부터 8월말 사이의 여름철에 행해진다. 오보제가 열리는 곳은 기(旗)나 솜(sum: 군)을 수호하는 오보와 성천(聖泉) 등 특수 기능을 가진 오보들이다. 오보제의 주요한 목적은 가축의 번식, 말 타기의 안전, 부락의 안녕, 비가 내려 목초가 잘 자라도록 바라는 것 등을 신에게 기원하는 데 있다.

몽골의 오보제는 라마교의 전입 이후 비록 이전의 샤먼적 색채가 강한 오보제는 사라졌지만 기본적인 골격은 변하지 않았다. 오보제가 열리는 계절은 지방에 따라 차이는 있지만 1년에 한 번 열리는 것이 관례처럼 되어 있다. 근대 초 견문기에 나타난 오보제의 제사일에 대한 기록을 검토해 볼 경우 음력 5월 13일과 7월 24일을 전후한 시기로 구분된다. 오보제가 여름의 시작인 6월과 마지막 달인 8월에 집중되어 있는 것은 유목 경제의 생산 패턴과 밀접한 관계를 가지고 있다. 이러한 제사 습속은 북방 샤머니즘의 전통적인 봄과 가을의 제사 습속과도 일치한다.

오보제의 제의 방식은 크게 오보의 단장, 제문의 봉독과 제사, 오보의 주위를 돌기, 연회 및 나담으로 나누어진다. 제의의 주관은 라마교가 우세한 지역에서는 라마가 주관하고 라마교가 미약한 지방에서는 마을의 장로나 샤먼들이 주관한다. 제의 방식을 순서대로 기술해 보면 다음과 같다.

오보제를 앞두고 행해지는 첫 행사가 오보의 단장이다. 오보의 단장은 제사를 앞둔 2~3일 전부터 시작되는데 먼저 1년이 지나는 동안 허물어진 흙이나 돌을 다시 가지런히 쌓고 그 위에 새로운 버드나무를 올리는 작업을 벌인다. 그리고 목간(木竿)의 강지르(Gangir) 아랫부분에 히모리가 붙은 끈을 맨 뒤 주위의 작은 오보나 막대기에 연결하여 고정시킨다. 오보의 단장이 끝나고 제사일이 이르면 오보제가 시작된다. 오보제는 보통 아침 8시부터 시작되지만 일부 지역에서는 새벽 4시부터 시작하기도 한다. 제가 시작되면 제문의 봉독과 제사가 행해지는데 주재자가 라마인 경우에는 불교식으로 샤먼인 경우에는 샤먼식으로 약 30분~1시간 동안 진행된다. 제문의 내용은 지방과 종족에 따라 차이가 있고 봉독의 방법도 불교식이냐 샤먼식이냐에 따라 스타일을 달리한다. 그러나 제문의 대상만큼은 모두 오보의 신, 즉 토지신이라는 데 일치하고 있다. 토지신은 지방에 따라 용으로 표기되기도 한다. 제문의 봉독과 함께 제사 의식이 행해진다. 제사의식 역시 라마가 주재하는 곳은 불교식으로 행해지고 샤먼이 주재하는 곳은 소나 양이 희생되는 유혈 의식이 뒤따른다.

오보제 때 행해지는 제사의 방식은 다음의 세 가지로 크게 나누어진다. 첫 번째는 유혈제(流血祭, tsusaar takhikh)로 소, 말, 양, 염소를 오보의 앞에서 희생물로 도살하여 천지와 부처의 수호 및 음덕을 기리는 방식이다. 두 번째는 차찰제(tsatsal örgokh)로 말젖술, 살린아르히(saaliin arkhi), 샤르토스(shar tos) 등을 오보 앞에서 차찰로 뿌리며 천지나 부처에게 가호를 구하는 방식이다. 세 번째는 제화(祭火, galyn takhilga)로 오보의 앞에 쌓아둔 아르갈(argal: 땔감)에 불을 점화하여 공물을 던지면서 소원을 비는 방식이다. 특히 제화 때 불이 급격히 타오를수록 길조로 여긴다.

제사 의식이 끝나면 오보의 서북쪽에 앉아 있는 고승부터 오보의 주위를 도는 의례가 시작된다. 오보의 주위를 돌 때는 해가 도는 방향을 따라 3번 도는 것이 원칙이다. 주변에 사원이 있을 경우에는 오보 돌기가 끝난 후 다시 사원을 일주하기도 한다. 오보의 주위를 돌 때 참석자들은 자기의 소원을 암송하면서 자기고 온 제물이나 하닥을 오보에 바치거나 버드나무 가지에 묶는다. 오보의 주위를 3번 도는 관행은 이전의 북방 민족들이 버드나무 등 신성한 대상물의 주위를 도는 관행, 즉 요선습속(繞旋習俗)을 이어받은 것이다. 오보의 주변돌기가 끝나면 일반적으로 연회와 경마, 씨름 등의 나담(naadam) 대회가 열린다.

몽골 오보제의 모습

참고문헌 박원길(2001), 『유라시아 초원제국의 역사와 민속』, 서울, 민속원. 秋葉隆(1941), 「鄂博と鄂博祭」, 『滿蒙の民族と宗教』, 東京. 後藤富男(1956),「モンゴル族におけるオボの崇拜－その文化に於ける諸機能－」, 『民族學研究』20-1 · 2.

입춘제(立春祭) Хаврын даллага (Khavryn dallaga)

몽골에서 봄에 가축의 번성을 기원하여 행하는 의식

몽골인은 봄이 되면 가축의 번성과 풍성한 음식을 기원하는 의식을 한다. 이것을 "봄의 기원 의식"이란 뜻의 '하와린 달라가(khavryn dallaga)'라고 부른다. 하와린 달라가에는 테메니 달라가(temeenii dallaga: 낙타 기원 의식)과 쇼보니 달라가(shuvuuny dallaga: 철새 기원 의식)가 있다. 이 의식들은 목축을 하는 유목민에게 중요한 계절 의식이다. 쇼보니 달라가는 겨울 추위가 물러가면서 철새가 먼 거리를 어려움 없이 무사히 몽골에 오기를 바라고 이 철새들과 함께 행운과 풍요가 오기를 기원하는 의식이다.

참고문헌 이안나(2012), 『몽골민간신앙연구』, 서울, 한국문화사. Ч.Арьясүрэн, Г.Чингэл, Х.Нямбуу(1992), *Монгол ёс заншлын их тайлбар толь(I)*, Улаанбаатар. С.Дулам(1989), *Монгол домог зүйн дүр*, Улаанбаатар.

자궁 바위 숭배 습속 Умай шүтлэг (Umai shütleg)

여자의 자궁처럼 생긴 바위를 민간신앙적 관점에서 숭배하는 습속

홉드 아이막 도틴솜 보르가스박 네브틴아르샹 곁의 "에힌 오마이 아고이(ekhiin umai agui: 어머니 자궁 동굴)"와 몽골국 헙스걸 아이막에 위치한 다얀데르흐(Dayan deerkh) 사원의 "에힌 오마이 아고이"는 자식을 바라는 여인들에게 숭배를 받고 있다. 어머니 자

궁 모양을 하고 있는 동굴 속의 바위는 '에힌 오마이'라고 부른다. 다얀데르흐 사원은 헙스걸 샤먼 사이에서 '최고의 신성'으로 추앙받는 성지인데, 헙스걸 아이막 차강 우르 솜에서 동북 35㎞에 위치해 있다. 다얀데르흐 사원의 에힌 오마이 아고이는 사원에서 동북쪽으로 15㎞ 떨어져 있다.

참고문헌 박원길(2001), 『유라시아 초원제국의 샤머니즘』, 서울, 민속원. 이안나(2010), 『몽골 민간신앙연구』, 서울, 한국문화사. О.Пурэв(1999), *Монгол бөөгийн шашин*, Улаанбаатар.

텡게린 오보 Тэнгэрийн овоо (Tengeriin ovoo)

우젬친 사람들이 제야 때 만든 눈 오보 가운데 여자와 어린 아이들이 숭배하는 오보를 이르는 말

몽골 동부 및 동남 지역의 바르가(Barga)와 우젬친(Üzemchin)족은 제야(除夜) 때 눈 오보를 만든다. 텡게린 오보(Tengeriin ovoo)는 우젬친인들이 제야 때 만든 눈 오보 가운데 여자와 어린이들이 숭배하는 오보를 말한다.

참고문헌 박원길(2001), 『유라시아 초원제국의 역사와 민속』, 서울, 민속원. H.Vreeland(1957), *Mongolian Community and Kinship Structure*, New Haven. 色音(1987), 「蒙古敖包考」, 『黑龍江民族研究論文集』1.

톤트 Тоонот (Toonot)

태어난 아기의 태(胎)를 묻어 놓은 곳. 아이가 자란 후 이곳에서 의례를 행한다.

몽골인들은 자신이 태어난 땅에 가서 구르며 대지의 기를 흡수하면 건강하고 행복하게 살아갈 수 있다고 믿는다. 이때 3년에 걸쳐 3번 가면 가장 좋다고 여긴다. 알타이산맥 지역의 사람들은 아기를 낳은 뒤 아기집을 아무도 모르는 곳에 은밀히 묻고 그 위를 돌로 눌러놓고 아이가 성장한 뒤 그곳에 가서 제의를 드리는 풍속이 있다. 의례를 행한 뒤 아이에게 그 땅에 절하게 하고 구르게 하는데, 이렇게 하면 땅에 대해 잘 아는 사람이 된다고 생각한다.

홉드 아이막의 자흐친족 사람들은 아기집을 둔 곳을 '톤트(toonot)'라 하는데, 아이가 열세 살 자기 띠 해가 돌아오면 부모는 아이에게 아기집[胎]을 묻어놓은 곳을 가르쳐주고 일정한 의례를 행하는 풍속이 있다. 톤트란 "게르의 토노(toono: 천창 틀)가 있다"는 뜻으로, 이 행사는 천창틀이 있는 게르를 지을 수 있는 한 사람이 태어난 기쁨을 기념하는 풍속이라고 한다. 몽골학자 다시냠(Ü. Dashnyam)은 아기집을 묻은 '톤트'란 곳은 "대지와 태어난 아이가 연결되는 영혼의 통로"라고 한다.

참고문헌 이안나(2012), 『몽골민간신앙연구』, 서울, 한국문화사. С.Дулам(1989), *Монгол домог зүйн дүр*, Улаанбаатар. Ш.Сүхбат(2005), *Монгол нүүдэлчин ардын шашин шүтлэгийн зан үйл*, Улаанбаатар.

톨 Тол (Tol)

오론촌족이 산신제를 지낼 때 제의용 돌무더기 위에 꽂는 나무막대를 이르는 말

톨(Tol)은 오론촌(鄂倫春, Oronchun)족이 산신제를 지낼 때 제의용 돌무더기 위에 꽂는 나무막대를 이르는 말이다.

참고문헌 박원길(2001), 『유라시아 초원제국의 역사와 민속』, 서울, 민속원. 泉靖一(1937), 「大興安嶺東南部オロチョン族踏査報告」, 『民族學研究』3-1. G.Bethlenfalvy, Á.Birtalan, A.Sárközi, J.Vinkovics eds(1992), *Altaic Religious Beliefs and practices*, Budapest.

히모린 다르착 Хиймориин дарцаг (Khiimoriin dartsag)

소르 모드의 끈에 달린 깃발 모양의 천

소르 모드[sor mod, 목간(木竿)]에는 신끈이 매어져 있는데 끈에는 라마교의 경문이 인쇄된 깃발 모양의 히모린 다르착(khiimorin dartsag)들이 무수히 달려 있다. 히모린 다르착은 원래 '행운' 혹은 "바람과 같이 달리는 말"이란 뜻을 지닌 몽골어로, 고대에는 불경이 아닌 천마(天馬)가 그려져 있었다고 한다.

참고문헌 박원길(2001), 『유라시아 초원제국의 역사와 민속』, 서울, 민속원. 後藤富男(1956),「モンゴル族におけるオボの崇拜－その文化に於ける諸機能－」, 『民族學研究』20-1 · 2. 李自然(1996), 「蒙古族的蘇里德及其早期象徵」, 『内蒙古社會科學』1.

불교

겔렝 Гэлэн (Gelen)

라마승들을 관리하는 지도자 승려

겔렝(Gelüng)은 라마승들을 관리하는 지도자 승려라는 뜻으로, "복을 구하는 자"라는 티베트어에서 유래하였다. 겔렝이 되면 253가지 규율을 엄격하게 지키고 경전과 진언을 끊임없이 외우며 수행해야 한다.

참고문헌 Монгол Улсын Их Сургууль (1999), *Буддын шашин соёлын тайлбар толь*, Улаанбаатар. 德勒格 編著(2000), 『内蒙古喇嘛教史』, 呼和浩特.

관음(타라) Дара Эх (Dara Ekh)

티베트 불교의 여성 보살을 이르는 말

타라는 몽골어로 '구원자'라는 뜻인데, 여성 보살을 이르는 말이다. 관음(타라)는 여덟 가지 액으로부터 구원하는 천신(天神) 중 하나로서, 21가지 모습을 가진다고 전해진다. 몽골에서는 그 중 백(白)타라, 녹(綠)타라를 특히 숭배한다.

티베트 불교의 녹타라

참고문헌 Монгол Улсын их сургууль(1999), *Буддын шашин соёлын тайлбар толь*, Улаанбаатар.

궁게르바 Гүнгэрваа (Güngervaa)

불상이나 제물을 넣어두는 감실을 이르는 말

사원과 가정에서 경전이나 불상을 모시는 감실(龕室)을 몽골어로 궁게르바(güngervaa)라고 한다. 이 말은 티베트어의 '궁가라바'에서 온 말이다.

불상을 보관하는 감실(궁게르바)

참고문헌 Монгол Улсын их сургууль(1999), *Буддын шашин соёлын тайлбар толь*, Улаанбаатар.

다 람 Даа лам (Daa lam)

라마교 사원의 주지 승려를 이르는 말이다.

다 람(Daa lam)은 라마교 사원의 주지 승려를 이르는 말이다. 주지 승려는 '큰스님'이라고도 부르며, 모든 사찰의 중요한 일을 결정하는 권력을 가진다. 조선 시대의 연행록에도 몽골 라마 사원의 주지 승려인 다 람에 대한 기록들이 종종 소개되어 있다.

참고문헌 德勒格 編著(2000),『內蒙古喇嘛教史』, 呼和浩特.

다창 Дацан (Datsan)

사원에서 승려들을 교육하기 위해 세운 불교 기관

다창(datsan)은 사원의 하부 조직으로 오늘날 대학교의 단과대학에 해당된다. 17~18세기 몽골 지역에서는 불교 사원마다 2~7개 가량의 다창을 운영하였으며, 몽골의 옛 이흐 후레(Ikh khüree)에서는 12곳의 대규모 다창이 있었다.

다창은 주요 강의 과목에 따라 구분된다. 각 불교 사원들에 설치된 다창은 그 종류와 규모가 서로 달랐으나, 불교 철학 등 교학(教學)을 다루는 현종 (顯宗), 밀종(密宗), 천문과 역법, 의학 등 오명(五明)에 맞춘 교육 과정을 가르치는 다창들은 사원마다 큰 차이 없이 일반적으로 설치되었다.

몽골 지역의 다창의 교육 체제는 일반적으로 준비 과정과 기초 수학 과정, 고등 과정의 세 단계로 이루어졌다. 준비 과정은 일반적으로 5~6세부터이며, 승려의 제자로 들어가기 위하여 의식을 치른 후 과정을 시작한다. 경전을 익히는 방법과 공부하는 데에 필요한 몸가짐을 주로 배우게 된다. 기초 수학 과정에서는 불경을 암기하고 각각의 과목에 따른 지침서를 체득한다. 총 12~13년을 수학하며, 단계마다 시험에 합격해야만 승급할 수 있다. 고등 과정은 전문 심화 과정으로, 현재의 석박사 학위 과정에 해당한다.

다창은 자체적으로 일관된 조직 관리 체계를 갖추고 있었는데, 활불을 수장으로 하여 아래로는 다창의 수석 라마, 관리인, 경전 담당인, 사원 창고 관리인, 비서 등의 관리 인원이 있었다. 각각의 사람들은 주로 불교 의식이나 교학, 제도, 계율, 등의 업무를 관리했다.

참고문헌 Монгол Улсын их сургууль(1999), *Буддын шашин соёлын тайлбар толь*, Улаанбаатар.

담자 바리흐 Дамжаа барих (Damjaa barikh)

불교에서 일정한 수련 단계 및 수련 과정을 통과하고 시험에 합격하였을 때 수여받는 학위

담자 바리흐(damjaa barikh)는 학승들이 불교 철학 경전, 진언을 습득하고 단계별 시험을 거쳐 합격하였을 때 수여받는 학위를 이른다. 티베트어의 "dam bca' ba"에서 유래하였다. 몽골에서는 도민 담자(domyn damjaa), 가브진 담자(gavjiin damjaa), 악람빈 담자(agrambyn damjaa), 마람빈 담자(maarambyn damjaa) 등의 학위가 전한다.

참고문헌 Д.Дэмбэрэлдорж, Э.Равдан (2009), *Бурханы шашны нэрийн тайлбар толь*, Улаабаатар.

라마교의 몽골 전입 ᠮᠣᠩᠭᠣᠯ ᠳᠤ ᠰᠢᠷ᠎ᠠ ᠱᠠᠰᠢᠨ ᠳᠡᠯᠭᠡᠷᠡᠭᠰᠡᠨ ᠢ Монголд шарын шашин дэлгэрсэн нь (Mongold sharyn shashin delgersen ni)

16세기에 몽골에 전입된 라마교

몽골은 1570년대를 기점으로 샤머니즘의 사회로부터 라마교(黃敎 : dgelugs-pa)의 사회로 바뀌는 거대한 사상적 변화를 맞게 된다. 몽골고원에서 샤머니즘의 시대를 끝마치고 라마교의 세계라는 새로운 역사 단계를 만든 티베트 불교의 몽골 전입은 몽골 및 티베트의 정치 정세와 밀접한 관계를 맺으며 진행되었다. 그 주역이 투메트(Tümed)부의 알탄칸(Altan Khan, 1507～1581)이다. 그는 다얀칸(Dayan Khan, 1480～1517)의 둘째 아들인 바르스 볼로드(Bars-Bolod)의 둘째 아들이다. 알탄칸은 뛰어난 군사적 재능과 통솔력으로 서서히 몽골의 강자로 성장하였다. 그러나 그는 다얀칸이 만든 황태자제도 때문에 실세임에도 불구하고 몽골의 대칸에 오를 수 없었다. 몽골의 사실상의 맹주인 알탄칸은 1558년의 청해원정(青海遠征)에서 1천 명의 티베트 황교 라마승을 사로잡았는데 이는 "몽골이 황교를 믿게 된 것은 알탄칸으로부터 시작한다(蒙古敬信黃敎,實始于俺答)"는 말처럼 이후 몽골족의 역사에 큰 획을 긋는 일대 사건이었다.

알탄칸은 1577년 부중 수만을 이끌고 청해로 출발하여 1578년 5월 청해 호반의 앙화사(仰華寺)에서 티베트의 황교 지도자인 쇠남갸초(bsod-nams rgya-mtsho, 1543～1588)와 회견하였다. 쇠남갸초(bsod-nams rgya-mtsho, 1543～1588)는 겐뒨갸초(dge-'dun rgya-mtsho, 根敦嘉措, 1475～1542)의 환생으로 간주된 인물이다. 이 앙화사 회견은 라마교의 윤회론을 통해 몽골의 대칸이 되려는 알탄칸의 야망과 그를 통해 몽골로 황교를 전파하려는 티베트측의 입장이 서로 맞아떨어져 성공리에 끝났다. 회견 후 양자는 서로 "와치르다라 달라이라마(Wachir-dara Dalai Lama)"와 "차크라와르 세첸칸(Tsakrawar Sechen Khan)"이라는 몽골어 명칭 존호를 주고받았다. 와치르다라 달라이라마의 티베트명은 탐자드첸 도르지창 달라이 라마(thams-tsad-mkhyen rdo-rje-'chang dalai-lama)이다. 탐자드첸은 범어(梵語) 사르바치냐(sarvajna: 一切智), 도르지창은 범어(梵語)와지라다라(Vajradhara: 執金剛)에서 유래된 티베트어 명칭이다. 차크라와르의 티베트 명칭은 차크라와르트(Tsakravarti: 轉輪王)이다. 쇠남갸초는 알탄칸에 의해 제3세 달라이라마로 인정되었고, 알탄칸은 쇠남갸초로부터 코빌라이칸의 환생으로 인정받았다.

알탄칸이 쇠남갸초에게 제3세 달라이라마라는 존호를 올린 것에는 장자 계승의 원칙인 황태자제를 교묘히 부정하는 정치적인 술책이 담겨 있었다. 즉 알탄칸은 쇠남갸초를 총카파 대제자의 3번째 환생으로 인정하는 동시에 이 환생의 인물이 바다와 같은 위대한 라마라는 것을 강조했다. 그러자 쇠남갸초도 알탄칸을 코빌라이칸의 환생이라고 화답하여 그가 칸의 지위를 계승할 수 있는 이론적인 배경을 제공해 주었다. 따라서 앙화사 회견 후 라마교는 알탄칸의 후원하에 몽골지구로 급속히 전파되기 시작했다. 이리하여 몽골족은 라마교의 세계라는 새로운 역사에 돌입하였다.

라마교가 유입되자 몽골인들의 정신과 생활문화는 큰 변화를 맞게 되었다. 라마교의 전입 후 몽골인들은 봉건 영주의 관청이나 교통의 요지에 라마 사원을 건립하기 시작하였다. 라마 사원은 1579년 귀화성(歸化城)에 강지르사원의 건립을 시작으로 각지로 번져 나가 1589년에는 카라코롬에 웅대한 규모의 에르덴 조(Erdeni Juu) 사원이 건축되기에 이르렀다. 이후 몽골은 1924년 사회주의 인민공화국이 건설될 때까지 세계에서 티베트와 함께 가장 많은 사원과 승려를 거느린 불교의 나라가 되었다.

중국 학계에서는 라마교를 티베트에서 전래된 불교라 하여 장전불교(藏傳佛敎)라는 용어를 사용하고 있다. 라마교란 말은 근대 초 일본 학자들에 의해 정착된 용어이지만, 몽골어에서도 "라마의 종교"라는 뜻의 '라민 샤신(lamyn shashin)'이라는 단어가 존재하기는 한다. 그러나 이는 문어적인 표현이고, 몽골인들은 "노란 종교"라는 뜻의 '샤르 샤진(shar shajin)'이나 '불교'를 뜻하는 '보르항니샤신(Burkhany shashin)'이라는 말로 자신들의 종교를 표현하고 있다.

조선 시대 여행기에는 몽골이나 티베트의 불교를 '황교(黃敎)'라고 표현하고 있으며, 그 승려를 '라마승(喇嘛僧)'이나 '라마대사(喇嘛大師)'라고 표현하고 있다. 따라서 한국인들에게도 라마교란 명칭은 조선 때부터 익숙하고 정착화된 용어이다.

참고문헌 薄音湖(1984), 「16世紀末葉西藏喇嘛敎在蒙古地區的傳播」『內蒙古大學學報』3. 佐藤長(1983), 「第三代ダライラマとアルタンハンの會見について」『東洋史硏究』42-3. 札奇斯欽(1978), 『蒙古與西藏歷史關係之硏究』, 台北.

마하칼라  Maxaraл (Mahagal)

대원제국의 호법불이자 전쟁의 신

마하칼라(Mahakala Burkhan)는 '대흑천신(大黑天神)'으로 번역되는 라마교 밀종(密宗)의 중요 호법신의 하나이다. 밀종은 그를 대자재천(大自在天)인 곤파주파(昆波朱巴)의 화신으로 간주하고 있다. 그의 형상은 몸은 청색이고, 머리 셋에 여섯 개의 팔을 가지고 있다. 맨 앞의 두 손에는 검을 들었고, 중간의 왼손에는 사람의 해골, 오른손에는 양을 잡고 있다. 마지막의 두 손에는 코끼리 가죽을 움켜쥐고 있다. 등에는 해골로 엮은 띠를 걸었다. 이빨을 내밀고 눈을 부릅뜬 것이 매우 무섭게 생겼다. 이 신은 전쟁의 신이며, 위덕이 증가하여 하는 일마다 승리를 얻는다. 그래서 복귀(福貴)의 신으로 간주되기도 한다. 라마교에서는 그가 대일여래불(大日如來佛)이 항복시킨 악마의 화신이라고도 한다.

마하칼라의 역사는 몽골족의 역사 행로와 밀접한 관계를 맺고 있다. 티베트의 팍파 제사(帝師)가 라마들에게 명령해, 천금을 녹여 이 마하칼라 신상을 만든 다음 코빌라이 칸에게 보냈다고 전해진다. 이후 마하칼라는 대원제국의 호법불(護法佛)이자 전쟁의 신이 되었다. 그러나 이 불상은 북원말의 혼란기를 거쳐 1634년 12월에 후금의 홍타이지(청태종)에게 전달되었다. 당시 전달자는 북원 릭단칸의 종교 고문이었던 메르겐라마(Mergen Lama) 혹은 릭단칸의 어머니로 알려져 있다. 조선 시대의 문헌에는 릭단칸의 어머니가 흰 낙타에 마하칼라 금불상과 금으로 쓴 라마 경전 및 전국새(傳國璽)를 싣고 청 태종에게 왔다고 기록되어 있다. 청 태종은 마하칼라에 친히 삼궤구고두(三跪九叩頭)의 예를 행할 정도로 극히 중시했다. 전국새와 마하칼라 불상은 청 태종이 대원제국의 적통을 계승하고 전국을 통일할 수 있는 논리적 근거를 주었다. 마하칼라는 실승사(實勝寺)에 안치되어 청나라 군대의 호법전신(護法戰神)으로 숭배받았다. 청나라 때 실승사의 라마승은 거의 대부분 몽골인들이다. 또 몽골인들은 실승사 자체도 마하칼라 사원(Mahakala Juu)이라고 부른다.

참고문헌 박원길(2010), 『조선과 몽골』, 서울, 소나무. 德勒格 編著(2000), 『内蒙古喇嘛教史』, 呼和浩特.

몽골의 불교 ᠮᠣᠩᠭᠣᠯ ᠤᠨ ᠪᠤᠷᠬᠠᠨ ᠤ ᠱᠠᠰᠢᠨ

Монголын бурханы шашин (Mongolyn burkhany shashin)

몽골 지역에 전입된 티베트 불교

티베트 불교는 7세기 때부터 티베트 지역에서 전개되어온 독특한 형태의 불교이다. 티베트 불교는 주로 중관학파(中觀學派)와 유가행파(瑜伽行派) 철학의 철저한 지적 훈련에 그 기반을 두고 있으면서 탄트라(Tantra) 불교인 금강승 불교의 상징적 의례 행위를 받아들이고 있다. 또한 티베트 불교는 초기 상좌부불교(上座部佛教)의 승가 계율 및 티베트의 재래 종교인 본(Bon)교의 무속적 특색들을 포용하고 있다.

티베트 불교가 몽골인들에게 본격적으로 접근하게 된 계기는 1235년 어거데이칸의 아들인 커텬(Koton)이 티베트로 진공한 이후이다. 몽골군의 압력에 직면한 사카파(Saskyapa, 薩迦派)의 지도자 사캬 판디타(Saskya Pandita)는 조카인 팍파(Phagspa, 1235~1280)를 데리고 커텬의 군문(軍門)에 이르렀다. 팍파의 본명은 로되겔첸(blo-gros rgyal-mtshan)이며, 팍파란 티베트어로 '성자(聖者)'를 뜻한다. 사카 판디타는 이 기회에 몽골에 불교를 전파하려는 뜻을 세운 뒤 커텬을 불교에 귀의시키는 데 성공했다.

커텬이 불교에 귀의한 직후 멍케가 몽골의 대칸에 즉위했다. 이후 팍파는 자연스럽게 커텬의 궁장(宮帳)으로부터 칸의 궁정 및 제왕(諸王) 코빌라이의 잠저(潛邸)에 이르렀다. 1252년 코빌라이는 팍파를 초청하여 1263년 육반산(六盤山)에서 만난 뒤 미래의 티베트를 염두에 두고 그를 자기의 막료로 삼았다. 그리고 1260년 대칸 즉위 후 그해 말에 국사(國師)로 임명했다.

1264년 코빌라이칸은 개평(開平)에서 대도(大都)로 수도를 옮긴 뒤, "천하의 불교 승려와 신도 및 토번의 일"을 주관하는 총제원(總制院)을 설립해 제사인 팍파를 그 수장으로 임명했다. 팍파의 정계 진출은 티베트 불교가 몽골의 국교로 부상되는 일대 계기로 작용했다. 팍파는 1270년에 제사(帝師)로 임명되었다. 코빌라이칸을 비롯한 대원제국의 대칸들은 티베트 불교 사카파의 수장을 선정원의 장관으로 임명하였다. 사카파의 수장은 대칸과 함께 대도와 상도를 오가면서 티베트를 통치했다. 사카파에 의한 티베트 지배는 대원제국이 멸망하기 직전까지 행해졌다.

1368년 토곤테무르칸이 대도(大都)를 버리고 막북으로 이동하자 중국의 민중에 뿌리를 내리지 못했던 티베트 불교도 대원제국의 붕멸과 함께 중국에서 소실되었다. 그리고 자신들의 본토로 후퇴한 티베트 불교는 자중지란에 빠져 각파 간에 치열한 세력 싸움이 전개되었다. 이런 자중지란의 와중에서 14세기 말엽 도덕과 품성이 뛰어난 총카파(Tsongkhapa, 宗喀巴, 1357~1419) 대사를 중심으로 불교의 개혁운동이 일어났다. 총카파 대사는 당시의 티베트 불교가 법술(法術)

에 편중되어 있으며 불교의 진체(眞諦)를 상실했다고 주장하면서 금욕과 수련을 중시하는 겔룩파(Dgelugspa, 格魯派)를 창시했다. 그는 중이 결혼하는 것도 엄금했다. 또 겔룩파는 완전이나 완성을 상징하는 노란색의 가사(袈裟)를 착용해 이전의 종파들과 구별하였다. 이로 인해 일반인들은 겔룩파를 황교(黃敎)로, 이전의 모든 종파를 홍교(紅敎)라 불렀다. 사실 진정한 홍교는 연화생대사(蓮華生大師)가 창시한 닝마파(Nyingma–pa, 寧瑪派)만 해당된다. 이후 혁신의 황교는 크게 번창하여 기타 종파를 압도하기에 이르렀다. 총카파의 입적 후 그의 2명의 수제자가 교리를 주지하였는데 이들은 후대 티베트 불교의 양대 영수인 달라이라마(Dalai Lama：達賴喇嘛)와 판첸타시라마(Panchen Tashi Lama：班禪喇嘛)로 이름이 붙여졌다.

참고문헌 Ш.Бира(2001), “Khubilai-khan and ‘Phags-pa bLa-ma”, *Studies in the Mongolian History, Culture and Historiography*, Ulaanbaatar. Д. Дашбадрах (1998), *Монгол Төвдийн улс төр шашны харилцааны түүх*, Улаанбаатар. 札奇斯欽(1978), 『蒙古與西藏歷史關係之硏究』, 台北. 乙坂智子(1986),「元初におけるラマ教受容」,『社會文化史學』22. 山口瑞鳳(1986),『チベットの佛敎と社會』, 東京. 石濱裕美子(2000),『チベット佛敎世界の歷史的硏究』, 東京. 佐藤長(1963),「明代チベットのリゴンパ派の系統について」,『東洋學報』45-4.

바다르 아약 Бадар аяга (Badar ayaga)

몽골 승려들이 시주 걸립할 때 들고 다니는 그릇

바다르 아약(badar ayaga)은 몽골 승려들이 공양을 보시받기 위해 들고 다니는 그릇을 이르는 말이다. 색깔은 주로 검은 색이며, 나무를 대접처럼 깎고 다듬은 후에 안팎에 칠을 하여 만든다.

참고문헌 О. Сүхбаатар (1999), *Монгол хэлний харь үгийн толь*, Улаанбаатар.

바르차드 Барцад (Bartsad)

‘액(厄)’을 이르는 말

바르차드(Bartshad)는 “열반의 길에 있는 장애물”이란 뜻의 불교 용어인데, 몽골인들은 이를 “피할 수 없는 불운한 일” 즉 ‘액(厄)’으로 해석하고 있다.

참고문헌 О. Сүхбаатар (1999), *Монгол хэлний харь үгийн толь*, Улаанбаатар. 德勒格 編著(2000), 『內蒙古喇嘛敎史』, 呼和浩特.

박 Цамын баг (Tsamyn bag)

몽골의 불교 의례인 참에서 쓰는 가면을 이르는 말

박(bag)은 ‘가면’이나 ‘탈’을 뜻하는 몽골어인데, 라마교의 몽골 전입 후 라마교 사원에서 행하는 참 의례에서는 “여덟 분노신장과 동물들을 표현한 가면”을 가리킨다.

참고문헌 Т.Цэцэгжаргал(1997), *Монгол цам, дэг урлаг(магистрын дипломын ажил)*, Улаанбаатар. Л.Хүрэлбаатар(1992), “Монгол цам”, *Олон улсын монголч эрдэмтдийн 6-р их хуралд тавьсан илтгэл*, Улаанбаатар. Г.Долгорсүрэн(1962), *Монгол ардын бужиг*, Улаанбаатар.

복드 잡잔담바 Богд Жавдандамба (Bogd Javzandamba)

몽골 불교의 지도자

복드 잡잔담바(Bogd Javzandamba)는 몽골의 불교 지도자인 활불(活佛)을 이르는 말이다. 몽골의 복드 잡잔담바 활불의 계보는 공식적으로 1639년부터 1924년까지 8대 285년 동안 이어졌다. 활불 칭호인 ‘잡잔담바(Javzandamba)'는 고유명사가 아닌 존칭의 하나이다.

몽골 최초의 활불은 언더르게겐(Öndör gegeen) 자나바자르(Zanabazar, 1635~1723)이다. 그는 티베트의 보드디지민 조난바(Buddizmyn Jonanba) 계통의 다라나트(Daranat)의 환생으로 인정되었다. 자나바자르는 할흐 투셰트 한(Khalkhyn Tüsheet khan) 곰보도르지(Gombodorj)의 아들이며, 활불 지명 이후 할흐 몽골족의 정신적 지도자가 되었다.

두 번째 활불은 자나바자르와 같은 황금 씨족(altan urag)의 혈통을 이은 롭산담비돈메(Luvsandambiidonme)이다. 그는 투셰트 한 아이막(Tüsheet khan aimag) 다르항 친왕기(Darhan Chin vangiin khoshuu)에 속한 톨강(Tuul gol) 유역의 어거머르(Ögöömör)라는 곳에서 친왕(chin van, 親王) 돈도브도르지(Dondovdorj)의 아들로 1724년 용띠 해에 태어났다. 어거머르(Ögöömör)는 오늘날 터브아이막(Töv aimag) 알탄볼락솜(Altanbulag sum)이다. 3대 활불부터는 대청제국의 정책에 의해 모두 티베트에서 태어난 자들로 계승되었다.

복드 잡잔담바 활불(Bogd Javjandamba Khutagt)의 계보

순번	이름	재위기간
1	자나바자르(Zanabazar) 혹은 이쉬도르지(Ishdorj)	1635~1723
2	롭산담비돈메(Luvsandambiidonme)	1724~1757
3	이시담비냠(Ishdambiinyam)	1758~1773
4	롭산투덴왕추그(Luvsantüvdenvanchüg)	1775~1813
5	롭산출팀지그메드(Luvsanchültimjigmed)	1815~1841
6	롭산투덴왕추그(Luvsantüvdenvanchüg)	1843~1848
7	악왕초이진왕축페렌레아이잠츠(Agvaanchoijivanchügperenleijamc)	1850~1868
8	롭산투덴초이진잘찬(Luvsantüvdenchoijijalcan)	1843~1848

몽골은 1911년 독립을 선포한 뒤 국가 지도자로 8대 활불을 복드한(Bogd khaan)으로 추대했다. 그는 1924년 사망할 때까지 몽골의 독립을 위해 다양한 노력을 기울였다. 8대 복드의 사후 달라이 라마(Dalai lam)는 1932년에 태어난 잠발냠돌초이지니잔찬(Jambalnamdolchoijijantsan)을 몽골의 9대 복드(bogd)로 추대했다.

참고문헌 Don Croner(2005), *Guide to Locales Connected With The Life of Zanabazar: First Bogd Gegeen Of Mongolia*, London. Michael Jerryson(2007), *Mongolian Buddhism: The Rise and Fall of the Sangha*, Chiang Mai.

비르드 Бирд (Bird)

'아귀(餓鬼)'를 이르는 말

비르드(Bird)는 "탐욕스러운 사람"을 뜻하는 몽골어인데, 불교의 세계관에서는 아귀도(餓鬼道)에 사는 괴물을 말한다. 비르드는 배가 엄청나게 부풀어 있고 그 외의 부분은 바짝 말라 있는 모습을 하고 있다. 비르드는 탐욕스럽게 산 인간이 죽은 후에 변한 괴물로, 굶주림과 갈증으로 인해 언제나 물과 음식을 찾아서 헤매고 다닌다고 한다.

참고문헌 О.Пүрэв(2003), *Монгол бөөгийн шашны нэр томъёоны тайлбар толь*, Улаанбаатар. Ш.Сүхбат(2011), *Монгол бөөгийн дэлгэрэнгүй толь*, Улаанбаатар.

아디스 Адис (Adis)

라마교에서 신도들에게 축복을 주는 의식

아디스(adis)는 라마 승려들이 신도들의 안녕과 자비, 복을 기원하는 종교 행위를 말한다. '아디스 어거흐(adis ögökh)'는 라마 승려가 신도들에게 축복을 주는 행위이며, '아디

스 아바흐(adis avakh)'는 신도들이 라마 승려에게 축복을 받는 행위이다. 라마 승려들은 이를 위해 신도들에게 '십악십선(十惡十善)'을 잘 구분해 준수할 것을 당부한다.

참고문헌 德勒格 編著(2000), 『内蒙古喇嘛教史』, 呼和浩特. Ч.Дагвадорж(1995), *Монголын шашин суртахууны товч тайлбар толь*, Улаанбаатар.

알탄 사브 네흐 Алтан сав нээх (Altan sav neekh)

몽골에서 행하는 불교식 장례 의식

알탄 사브 네흐(Altan sav neekh)는 "황금함을 열다"는 뜻을 지닌 몽골어로, 불교 장례 의식의 첫 절차이다.

라마교를 믿었던 16세기부터 근대 초까지의 몽골인들은 사람이 죽으면, 라마승의 주관 하에 장례 의식을 치렀다. 이때 라마승은 고인이 천세를 누렸는지, 영혼이 어디에 가 있는지, 가족과 친지에게 어떠한 영향을 끼치는지를 알려준다. 또한 유가족이 지켜야 할 금기, 고인을 위해 필요한 보시, 고인의 시신을 무슨 띠의 사람이 다루어야 하는지, 장례식 날짜와 시간, 내생에 무엇으로 태어날 것인지 등을 경전을 통해 알려 주며 장례 의식을 지도한다.

티베트 불교에는 "사후의 길(Ükhegsdiin zurkhai)"을 기록한 많은 경전들이 있는데, 그 중 몽골에 가장 큰 영향을 준 것은 '알탄 하이르차그(Altan khairtsag)'라는 경전이다. 이 경전을 이용하면 사후의 운명이 나오기 때문에 "황금함을 연다(Altan sav neekh)"라고 부르게 되었다.이 경전에는 "죽은 사람이 죽게 된 원인", "영혼의 그림자가 나간 시각", "후생(後生)에서 가져야 하는 도리", "후생을 좋아지게 하는 길" 등이 나온다. 사후의 운명은 운명의 숨겨진 비밀 때문에, 누구나 그것을 여는 것을 금하며 열 권리도 가지지 못한다. 만약 여는 권한도 없는 사람이 함부로 열거나, 여는 권한을 가진 사람이라도 기도를 올리지 않고 열면 죽음의 재앙이 닥친다. 황금함을 열기 전에 먼저 거세된 말(agt mori), 5세 이하의 거세된 수컷 낙타(atan temee), 거세된 큰 수소(amban shar), 목면(am bös baraa) 등의 제물을 바치는 습속이 있다.

참고문헌 Thupten Jinpa ed (2005), *The Tibetan Book of the Dead*, London. Д.Мөнх-Очир (1998), *Сав шин хүн ертөнц ба зурхай*, Улаанбаатар. Монгол Улсын их сургууль(1999), *Буддын шашин соёлын тайлбар толь*, Улаанбаатар.

알탄게렐 달라가 Алтангэрэлийн даллага (Altangereliin dallaga)

금강경을 암송하면서 소원을 비는 의례

알탄게렐 달라가(Altangereliin dallaga)는 금강경을 암송하면서 소원을 비는 의례이다. 금강경은 집안의 번영과 가축의 번성, 질병과 근심을 제거하며, 부와 복을 부르는 힘을 갖고 있다. 몽골인들은 게르나 집에서 금강경을 불상이 위치한 곳에 함께 모셔놓기도 한다.

참고문헌 德勒格 編著(2000), 『内蒙古喇嘛教史』, 呼和浩特.

야마 부레 Ямаа бүрээ (Yamaa büree)

소라의 끝부분에 피리를 붙인 라마교의 한 악기

야마 부레(yamaa büree)는 승려가 수행할 때 사용했던 불구(佛具)의 하나로, 20~45cm 정도의 소라 껍데기에 피리를 붙여서 만든 불사(佛事)의 악기이다. 한국의 '법라(法螺)'에 해당한다. 이 악기는 옛날부터 사용되었다. 법라는 산스크리트어의 '다르마상카(dharmasankha)'를 번역한 말로 '권패(券貝)'라고도 부른다. 법화경(法華經)이나 무량수경(無量壽經)에 따르면 원래 부처의 위엄 있는 설법을 비유하는 말이었지만 뒤에는 소라라고 부르게 되었다고 한다. 또한 오분율(五分律) 제18과 천수경(千手經)에는 중생을 모을 때 울리는 것이라고 되어 있다. 몽골에서는 라마승이 도를 닦을 때 악귀와 짐승을 쫓기 위해 사용한다. 그러나 요즘에는 산중 수행 외에 법회(法會)에서도 쓰인다.

참고문헌 Т.Цэцэгжаргал(1997), *Монгол цам, дэг урлаг(магистрын дипломын ажил)*, Улаанбаатар. Д.Дашдорж, С.Цоодол(1971), *Ардын дуу хөгжимийн суу билэгтнүүд*, Улаанбаатар. Аръяасүрэн.Ч, Нямбуу.Х, (1992), *Монгол ёс заншлын их тайлбар толь*, Улаанбаатар.

오명 Таван ухаан (Tavan ukhaan)

고대 인도에서 분류하던 다섯 가지의 학문 영역

'오명(五明)'은 고대 인도의 오류학과(五類學科)인데, '오명처(五明處)'라고도 한다. 범어(梵語)의 'Pantsavidya'를 음역(音譯)한 것이 오명처이다. '명(明)'은 학문(學問) 또는 학과(學科)를 의미한다. 즉 '오명'은 고대 인도의 오문학과(五門學科)이며 그 당시 지식 체계를 일컫는다. 오명은 학문 영역에 따라 성명(聲明), 공교명(工巧明), 의방명(醫方明), 인명(因明), 내명(內明)으로 구분한다. 성명(聲明)은 성운학(聲韻學)과 어문학의 영역이며, 공교명(工巧明)은 공예와 기술, 역산학(曆算學)을 일컫는다. 그리고 의방명(醫方明)은 현대의 약학(藥學)과 의료 기술에 해당되는 분야를 이르며, 인명(因明)은 논리학과 인식론을 일컫는다. 마지막으로 내명(內明)은 보살장(菩薩藏)과 성문장(聲聞藏)의 양대 교전(敎典)을 포함한 석가의 가르침을 다루는 분야이다. 각 학파에서 성명과 공교명과 의방명과 인명은 공통적으로 배웠으나 마지막 내명만은 각 학파마다 자기들 나름대로의 전적(典籍)과 종지(宗旨)가 있고 그 내용도 각각 달랐다. 불교의 내명은 삼장십이부경전교의(三藏十二部經典敎義)이고 파라문교의 내명은 사폐타(四吠陀)이다. 대승불교에서는 중생의 이익을 도모하기 위하여 오명을 반드시 배워야 한다고 주장하고 있다.

오명처 이외에 학문의 영역으로 '소오명처(小五明處)'를 두기도 한다. 여기에는 수사학(修辭學), 사조학(辭藻學), 운율학(韻律學), 성상학(星象學), 희극학(戲劇學)이 포함된다.

참고문헌 Монгол Улсын их сургууль(1999), *Буддын шашин соёлын тайлбар толь*, Улаанбаатар.

욘텐 갸초 Ёндонжамц Далай лам (Yon-tan rgya-mtsho)

몽골 출신의 제4대 달라이 라마

제4대 달라이 라마인 욘텐갸초(yon-tan rgya-mtsho, 雲丹嘉措, 1589~1617)는 투메드(Tümed)부 알탄칸(Altan Khan)의 증손자이다. 달라이 라마가 티베트인이 아닌 다른 종족으로 환생한 것은 이때가 처음이자 마지막이다.

몽골 황금씨족 출신인 욘텐 갸초는 제4세 판첸라마인 로상최기겔첸의 지원 하에 제4세 달라이 라마에 올랐다. 그가 즉위한 때부터 제5세 달라이 라마의 전반에 해당하는 시기는 티베트 지역의 승속영주(僧俗領主)들이 청해에 진출한 몽골 각 부족의 통치자들을 끌어들여 서로 간에 전쟁이 격렬하게 전개되던 때였다. 그가 즉위할 때 티베트는 시르케 지방의 장퇴겔포(gstang-stod-rgyal-po, 藏巴汗) 세력이 급격히 세력을 얻어가고 있었다. 이 상황에서 그는 휘하의 몽골군을 이끌고 티베트로 들어가 장퇴겔포인 카르마푼촉남겔(Karma phun-tshogs rnam-rgyal, 1586~1621?)의 군대를 격파하고 겔룩파의 우세를 견지했다. 그러나 이후 몽골군과 연합한 겔룩파 승려들의 내분으로 말미암아 패권을 상실하고, 1612년에 시르케 일대인 후장(後藏) 지역을 장퇴겔포가 통치한다는 합의를 맺었다. 겔룩파의 강력한 후원 세력이었던 몽골족 출신 욘텐 갸초는 1616년에 죽었다. 그가 죽은 뒤 겔룩파가 장퇴겔포 세력의 위협을 받는 상황이 시작되자, 청해에 있던 투메드부 몽골군 2천 명이 1621년 라사에 도착하여 장퇴겔포의 군대를 공격하고 장퇴겔포에게 빼앗긴 사원이나 백성들을 겔룩파에게 되찾아 주었다. 그러나 이후 투메드부 몽골군은 내홍으로 인해 붕괴되고, 1630년대부터 다시 장퇴겔포의 세력이 급속히 확장되었다.

참고문헌 박원길(2010), 『조선과 몽골』, 서울, 소나무. 丹球昴奔 主編(1998), 『歷輩達賴喇嘛與班禪額爾德尼年譜』, 北京. 石濱裕美子(2000), 『チベット佛敎世界の歷史的研究』, 東京.

자나바자르 Занабазар (Zanabazar)

몽골의 초대 복드 활불(活佛)

자나바자르(Zanabazar, 1635~1723)는 몽골 중부지방의 지배자였던 칭기스칸의 후예 투시에투칸 곰보도르지(Tüsheet khan Gombodorj)의 아들로 오늘날 어워르항가이 지역의 예선주일(Yösön züil)에서 태어났다. 유아 시절부터 아주 총명함을 보였던 그는 큰 덕을 지닌 고승(高僧)의 전세(轉世)로 간주되었고, 다섯 살 나던 해인 1639년 살아있는 활불(活佛, Khutugtu)이란 뜻의 '언더르게겐(Öndür Gegen : 가장 높은 빛)'이라는 칭호를 받았다. 그리고 1650년 티베트에 도착하여 달라이라마 5세로부터 잡잔담바호탁토(Javzandamba khutagt)라는 법호도 받았다. 당시의 몽골인들은 칭기스칸의 피를 이은 왕자이자 몽골 최고의 고승인 그를 복드게겐(Bogd Gegeen : 성스러운 빛)이라 불렀다.

몽골로 돌아온 자나바자르는 티베트 불교의 교리를 전파하기 위하여 수많은 천막으로 이루어진 이동 사원을 이끌고 각지를 순환했다. 그러나 그가 살았던 시대는 몽골 역사상 가장 암울했다. 몽골의 대칸이 거주했던 내몽골은 1636년 대청제국에게 멸망되었고, 서북에서는 러시아의 동진이 전개되고 있었다. 서부 지역인 오늘날의 신강(新疆) 북부에서는 서몽골 오이라트부족의 왕자이자 고승 출신인 갈단칸(Galdan Khan, 1649~1697)이 최후의 유목 제국인 준가르(Jüüngar)제국을 건설하여 사방을 압박해 가고 있었다. 몽골족은 티베트 불교의 수용 이후 신관(神觀)을 둘러싸고 서몽골, 내몽골, 외몽골이 각자의 입장을 고집하면서 날카로운 대립을 보였다. 그리고 청해(青海)와 티베트 본토까지 점령하며 수십 년 동안 서로 혈투를 벌였다.

자나바자르는 몽골의 미켈란젤로란 탄사를 받고 있을 정도로 언어학, 문학(시), 건축, 회화, 의료, 출판, 불경 번역, 조각 등 다양한 방면에서 놀라운 재주를 가진 인물이다. 종교 지도자로서의 자나바자르는 오늘날 울란바타르의 간단사를 비롯해 각지에 많은 불교 사원을 세웠다. 그리고 사원에 안치될 불상과 불화를 직접 제작하였다. 그러나 당시 대다수의 몽골인들은 티베트 불교의 홍교(紅教)나 황교(黃教)의 차이를 명확히 구분하지 못하고 있었다. 그런 몽골인들에게 불교의 추상적, 철학적인 교의를 간단명료하게 보여주는 방법은 시각의 예술이었다. 불교 예술을 통한 영혼의 구제는 시각의 예술, 즉 그의 불상 조각과 불화에서 빛을 발했다. 불상이나 불화는 기본적으로 "균정(均整)의 과학"에 의거하여 만들어진다. 몽골의 불화는 손바닥과 손가락의 척도를 기본으로 하는 치밀하게 산출된 극히 정확한 비율에 의거하고 있다. 자나바자르는 불교의 도상학 규범과 인도 예술의 십장법(十掌法)에 정통한 인물이었다. 그는 몽골인의 심미적 이상을 불상과 불화에 그대로 표현한 "몽골파 불교 예술"이라는 새로운 장르를 구축한 것으로 평가받는다.

자나바자르 초상화

참고문헌 ЮНЕСКО-гийн Монголын Үндэсний Комисс(1995), *Өндөр гэгээн Занабазар*, Улаанбаатар. Don Croner(2005), *Guide to Locales Connected With The Life of Zanabazar: First Bogd Gegeen Of Mongolia*, London.

자야 반디타 [Mongolian script] Зая бандид Намхайжамц (Zaya bandid Namkhaijamts)

오이라트의 고승

서부 몽골 오이라트의 지배 계급이 겔룩파(Gelug-pa) 라마교를 믿게 된 것은 차강 노몽 칸 만주쉬리 호탁트(Tsagaan nomun khan Manzushir khutagt)가 1615년 오이라트를 방문한 때부터이다. 그의 설법 후 통치자였던 바이바가스칸(Bayibagas Khan)은 1615년 자신을 대신하여 일족의 아들인 자야 반디타(Zaya Bandida, 1599~1662)를 카라콜라를 비롯한 그 밖의 제후들도 각각 한 아들씩 차강노몽칸 만주쉬리 호탁트에게 출가시켰다. 이 중 자야 반디타는 1617년 티베트로 떠난 후 21년 뒤인 1638년에 귀국하여 오이라트 문화사에 족적을 남겼다.

자야 반디타는 반청적인 태도를 가진 인물로, 1640년에 체결된 대법전의 노선을 강력히 유지하고자 했다. 그의 전기에는 그가 1651~1652년 두 번째의 티베트 여행을 마치고 준가르로 돌아오는 도중 청해에서 구시칸의 아들이며 후계자인 달라이 홍타이지(Dalai khunTaij)와 회담한 구절이 기록되어 있다. 그 대목 중 주목할 부분은 달라이 홍타이지가 교세 확장을 위해서는 청의 황제에게도 도움을 청할 필요가 있다는 것을 그에게 권고했을 때, 자야 반디타가 "너의 말도 지당하며 청 황제는 존대하다. 귀향해서 생각해 보겠다"라고 말했으며 후에 자야 반디타는 "청조의 황제는 존경할 수 없다고 확신

했다"라고 한 것이다.

참고문헌 Ч.Далай(2000), "Зая Бандидын тухай зарим эргэцүүлэл", *Түүвэр зохиол(I)*, Улаанбаатар. Ч.Далай(2000), "Зая Бандида Намхайжамцынамьдрал үйл ажиллагаа(Ойрадын их гэгээнтэн соён гэгүүлэгч Огторгуйн далай)", *Түүвэр зохиол(I)*, Улаанбаатар. 若松寛(1980), 「ツァガン·ノムンハン(CaƔan nom-un gan)の事蹟」, 『京都府立大學學術報告(人文)』 32. О. Дэмчигмаа (2013), *"Субашид"-ын монгол орчуулгуудын үгийн сангийн судалгаа*. Улаанбаатар.

졸릭 Золиг (Zolig)

라마교에서 악령을 내쫓아 보낼 때 사용하는 신상

졸릭(jolig)은 악령을 물리치기 위해 라마교의 의식에서 사용되는 작은 신상(神像)으로 통상적으로 밀가루를 반죽하여 만든다. 밀가루로 사람 모양을 만들어서 옷을 입히고, 악령에 씌운 사람을 대신해서 그 인형을 버리는데, 이로써 악령이 사라졌다고 간주한다. 이것은 죽음의 사자를 속이는 의미를 가진다.

참고문헌 Д.Дэмбэрэлдорж, Э.Равдан (2009), *Бурханы шашны нэрийн тайлбар толь*, Улаабаатар. О. Дэмчигмаа (2013), *"Субашид"-ын монгол орчуулгуудын үгийн сангийн судалгаа*, Улаанбаатар.

찬드마니 에르덴 Чандмань эрдэнэ (Chandmani erdene)

티베트 불교에서 여의주를 이르는 말

티베트 불교의 교의에서 "세 개의 물방울"을 특별히 '찬드마니 에르덴(chandmani erdene)'이라 하는데, 이것은 가장 귀한 것, 인간의 소원을 들어주는 '여의주(如意珠)'라는 의미를 뜻한다.

참고문헌 이안나(2012), 『몽골민간신앙연구』, 서울, 한국문화사. 山口瑞鳳(1986),『チベットの佛教と社會』, 東京. 石濱裕美子(2000),『チベット佛教世界の歴史的研究』, 東京.

참 Монгол цам (Mongol tsam)

불교 사원에서 불교의 수호신을 숭배하고 사악한 영혼을 물리치기 위해 공연되는 가면극 형식의 불교 의례

참(tsam)은 겔룩파 불교 사원에서 불교의 수호신을 숭배하고 사악한 영혼을 물리치기 위해 공연되는 가면극 형식의 불교 의례이다. 참은 13세기 후반 티베트에서 발생되어, 18세기 중반에는 몽골의 여러 사원에도 전파되었다. 참은 오늘날에도 티베트와 몽골뿐만 아니라 중국, 부탄, 네팔, 부리아트, 토바, 인도의 라다크 등 여러 지역에서 다양한 형태로 공연되고 있다.

참은 종교의식으로뿐만 아니라 예술적으로도 높은 가치를 가지고 있다. 참의 내용은 자아의 단계적 극복이라는 불교의 목표를 은유적으로 표현한 것이다. 몽골의 참은 크게 마이다르의 참(Maidaryn tsam), 게세르 참(Geseriin tsam), 에를렉 노몽한 참(Erleg nomyn khaany tsam), 후레 참(Khüree tsam)이 있는데, 현재는 후레 참만이 전승되고 있다.

후레 참이 처음 연행된 시기는 라마교가 몽골에서 지대한 힘을 가지고 전성기를 누리던 1811년이라고 알려져 있다. 이 후 200여 년간 에르덴조(Erdene zuu) 사원을 비롯한 수많은 사원에서 여러 종류의 참이 연행되었다. 그러나 참 의례는 1921년부터 70여 년간 사회주의를 거치며 단절되었다. 그리고 1990년 몽골의 사회주의가 붕괴되고, 1991년 몽골국이 세워지자 참 의례는 간단사를 중심으로 재현되기 시작했고, 현재는

몽골의 수도인 울란바타르의 간단텍칠린 사원(Gandantegchilen khiid), 다쉬초일린 사원(Dashchoilin khiid)에서 일 년에 한 번씩 열리고 있다.

참고문헌 Д.Гангаа(2003), *Хүрээ цам*, Улаанбаатар. Л.Хүрэлбаатар(1992), "Монгол цам", *Олон улсын монголч эрдэмтдийн 6-р их хуралд тавьсан илтгэл*, Улаанбаатар. Г.Долгорсүрэн(1962), *Монгол ардын бужиг*, Улаанбаатар.

항가리드 Хангарди (Khangardi)

후레 참 의례에 등장하는 전설의 새

항가리드(khangardi)는 후레 참 의례에 등장하는 호법신장이다.

항가리드는 복드 한의 산신을 상징하는 새로 녹색 머리에 긴 부리, 파란 뿔이 있으며, 입에 뱀을 물고 날개 뒤로 망토를 걸친 모습을 취하고 있다. 항가리드가 뱀을 물고 있는 것은 천상의 힘이 지상의 힘을 제압하는 것을 의미한다. 그러나 이 이면에는 정치적으로 몽골[불사조 항가리드]이 대청제국[용]을 물고 있는 것을 상징적으로 암시하고 있다. 원래 항가리드는 몽골어 '칸(khan)'과 산스크리트어 '가루다(Gardi: 불사조)'의 합성어이다.신화에 등장하는 가루다는 강한 힘을 가지고 있으며 하늘을 덮을 만큼 강대하고 거대한 새로서 인간의 몸에 날개를 가진 형상을 하고 있다. 몽골 참 의례나 신화에서 나타나는 항가리드는 오치르완(Ochirvaani: 후레 참의 주요 숭배 대상인 금강수보살)이 변신한 모습으로서 조류의 대왕으로 등장한다. 항가리드는 현재 울란바토르 시의 상징 문장으로 쓰이고 있다.

전설의 새 항가리드

참고문헌 Т.Цэцэгжаргал(1997), *Монгол цам, дэг урлаг(магистрын дипломын ажил)*, Улаанбаатар. Л.Хүрэлбаатар(1992), "Монгол цам", *Олон улсын монголч эрдэмтдийн 6-р их хуралд тавьсан илтгэл*, Улаанбаатар. Г.Долгорсүрэн(1962), *Монгол ардын бужиг*, Улаанбаатар.

호탁트 Хутагт (Khutagt)

몽골인들이 활불(活佛) 및 고승을 이르는 말

호탁토(khutagt, 胡圖克圖)는 몽골어로 "큰 복을 가진 자"라는 뜻이다. 이 칭호는 대원 올로스 때 티베트의 고승들에게 하사한 법호(法號)에도 보이지 않는다. 그러나 알탄칸 이후 몽골 귀족들이 불교에 귀의하면서 스스로 이 칭호를 덧붙여 쓰기 시작했다. 이후 이 법호는 모든 티베트 고승들에게도 전파되어 최고의 고승을 뜻하는 용어로 자리 잡았다.

몽골인들은 이 칭호 이외에 노몬 칸(Nomyn khan), 판디타(Pandita), 샤보랑(Shavran), 초르지(Tsorj), 게겐(Gegeen) 등의 칭호를 사용해 코빌간(Khuvilgaan, 轉世)의 존칭어로 사용하고 있다.

참고문헌 德勒格 編著(2000), 『内蒙古喇嘛教史』, 呼和浩特. Michael Jerryson(2007), *Mongolian Buddhism: The Rise and Fall of the Sangha*, Chiang Mai. Ч.Дагвадорж(1995), *Монголын шашин суртахууны товч тайлбар толь*, Улаанбаатар.

후레 참 Хүрээ цам (Khüree tsam)

몽골에서 불교의 수호신을 숭배하고 사악한 영혼을 물리치기 위해 공연되는 가면극 형태의 불교 의례

후레 참은 몽골의 불교 의례인 참(tsam) 의례의 하나이다. 참은 불교의 수호신을 숭배하고 사악한 영혼을 물리치기 위한 의례인데, 가면극의 형태로 이루어지는 특징을 보인다.

〈후레참의 내용〉

몽골에서 공연되는 후레 참의 내용은 시기마다 조금씩 차이를 보이지만 기본 내용은 비슷한 양상을 보인다. 먼저 2명의 해골 가면이 붉은 곤봉을 들고 춤을 추면서, 사원 마당의 사악한 영을 내쫓는다. 그리고 이어서 링가(Lyanga)를 담은 상자를 마당 중앙의 제상(祭床)에 놓고 그 주위를 뛰어다닌다. 이후 4명의 천장사신(天葬師神)이 등장하여 마당을 돌고, 여러 신의 밀사(密使)들이 차례로 나와 춤을 춘다. 이때 긴 수염이 달린 흰 노인이 익살스런 행동을 하면서 관중들의 웃음을 자아낸다. 이후 주역들이 등장하는데, 금강궐과 노기(顱器)를 양손에 든 20명의 샤낙(Shanag: 검은 모자라는 뜻의 티베트어)이 등장하여 염라대왕의 밀사인 사슴 가면과 소 가면을 위해 길을 여는 춤을 춘다. 또 하싱 한(Khashin han)이라고 불리는 포대화상이 6명의 동자승을 데리고 마당의 바깥쪽을 돌며 관중들에게 사탕을 뿌리면서 어린아이들의 머리를 쓰다듬어준다. 이후에 염라대왕이 등장하고 밀사들이 그 뒤를 따르는데, 샤낙이 행렬에 가담해 하나의 바깥 원을 형성한다. 링가(Lyanga)가 담긴 나무 상자가 열리면 염라대왕이 링가를 3차례 찌르고 주문으로 땅 · 물 · 하늘의 신령을 소환한다. 이후 링가를 사원 밖으로 운반하는데 이때는 가면을 쓴 모든 등장인물들이 함께 따라 나선다. 그리고 사원 밖에 준비된 곳에 링가를 불태운다. 그들이 사원으로 돌아 온 후 모든 등장인물들은 시계 방향으로 마당을 돌며 춤을 추면서 법당 안으로 들어간다. 마지막으로 포대화상이 동자승들을 이끌고 모인 군중들의 머리를 쓰다듬어주면서 참이 끝나게 된다. 후레 참은 약 3시간 정도 소요된다.

〈후레 참에 등장하는 사자〉

후레 참에 등장하는 사자는 흰색 얼굴에 녹색 눈썹, 붉은 코가 그려져 있고 붉은 혀를 길게 뺐으며, 녹색 머리털과 녹색 몸통에 붉은색 비단 옷을 입은 모습이다. 사자는 경전을 보호하고 할흐의 암방(Amban) 왕을 지키는 역할로 후레 참에 등장하게 되었다. 하싱 한(Khashin khan)의 뒤를 따라 등장하는 사자는 사악한 기운을 누르고 복을 부른다고 알려져 있으며 흰 노인의 등장에 앞서 길을 터주는 의미도 가지고 있다. 사자가 마당에 등장하면 관람하고 있던 아이들은 서로 사자에게 달려가 사자의 몸을 만지려고 애를 쓴다. 이 때 마당 가장자리에 관람객들도 함께 마당 쪽으로 몰려나와 사자의 주변은 순간 북새통이 된다. 사자는 마당 가장자리를 돌며 어린이들의 머리를 입으로 무는 시늉을 하는데, 몽골인들은 사자에게 아이의 머리를 물리면 나쁜 기운을 사자가 가져가 건강하고 총명해진다고 믿는다. 그래서 서로 자신의 아이들을 사자 쪽으로 밀려고 애를 쓴다. 관람객들이 사자의 머리에 달린 녹색 털을 잡아당겨 사자가 관람객들 쪽으로 끌려가기도 하는데, 이러한 모습은 엄숙하고 주술적인 분위기가 강한 후레 참의 분위기를 환기시키면서 관객과 등장인물이 함께하는 독특한 장면이다.

하얀 얼굴에 녹색 눈썹과 붉은 코의 사자

〈후레 참에 등장하는 간단사 주변 4개 성산의 신〉

후레 참 의례에는 4대 복드한 롭산투덴왕추그(Luvsantüvdenvanchüg, 1775~1813)의 사망 후부터 간단사원이 자리 잡고 있는 주변의 4산, 즉 복드한(Bogd khan), 송기노(Songino), 칭겔트(Chingelt), 바양주르흐(Bayanzürkh)의 산신들이 등장하기 시작했다. 항가리드는 복드 한의 산신을 상징하는 새로 녹색 머리에 긴 부리, 파란 뿔, 입에 뱀을 물고 날개 뒤로 망토를 걸친 모습을 취하고 있다. 항가리드가 뱀을 물고 있는 것은 천상의 힘이 지상의 힘을 제압하는 것을 의미한다.

송기노 산의 산신은 파란 괴물의 형상을 한 화난 노인의 모습으로 송곳니가 입 밖으로 튀어나와 있는 모양의 가면을 쓰고 목에는 사람의 머리카락을 엮어 목걸이를 했다. 검정 델을 입었고 오른 손엔 갈고리를 들고 있다. 칭겔트 산의 산신은 돼지 모양의 푸른색 가면을 쓰고 오른손에 금강저를 쥐고 있다. 바양주르흐 산의 산신은 개 모양의 가면을 쓰고 있다. 후레 참에서 이 네 산의 주신이 등장하는 이유는 각 산신을 즐겁게 함으로서 가뭄과 홍수를 막고 산과 땅의 기운을 맑게 정화시키기 위함이다.

〈후레 참에 등장하는 8호법신장〉

후레 참은 시기와 사원에 따라 등장인물은 조금씩 달라진다. 그러나 참의 후반부에 여덟 명의 호법신장이 등장하여 둥글게 원을 이루어 함께 춤을 추는 점은 모두 일치한다. 여덟 명의 호법신장은 샤와(Shava), 마히(Mahi), 남스라에(Namsrai), 공고르(Gongor), 짬스랑(Jamsran), 곰보(Gombo), 자만디(Zamandi), 담딩처이쩌(Damdinchoijoo)이다. 티베트의 참에서도 여덟 명의 호법신장이 등장하는데, 이름은 마하칼라(Mahakala), 야마(Yama), 야만타카(Yamantaka), 하야그리바(Hayagriva), 바이스라바나(Vaisravana), 쉬리 데비(Shri Devi), 상파(Changpa), 프라나 아트마(Prana Atma)이다. 몽골과 티베트에서 호법신장에 대한 숭배는 8세기 무렵 파드마삼바바가 티베트의 악신들을 물리치고 불교를 믿도록 한 데서 비롯되었다고 전해진다.

참고문헌 Т.Цэцэгжаргал(1997), *Монгол цам, дэг урлаг(магистрын дипломын ажил)*, Улаанбаатар.
Л.Хүрэлбаатар(1992), “Монгол цам”, *Олон улсын монголч эрдэмтдийн 6-р их хуралд тавьсан илтгэл*, Улаанбаатар.
Г.Долгорсүрэн(1962), *Монгол ардын бүжиг*, Улаанбаатар.

기타 종교

고대 몽골의 네스토리안교

Эртний Монголын Несторын шашин (Ertnii Mongolyn

Nestoriin shashin)

대몽골(원)제국에 전해진 기독교의 일파인 네스토리안교

고대의 몽골인들이 접한 최초의 외래 종교는 네스토리안교(Nestorianism : 景敎)이다. 기독교의 일파인 네스토리안교는 5세기 콘스탄티노플의 대주교였던 네스토리우스(Nestorius)가 창시한 종파로 기독교의 삼위일체설을 부정하고 있으며 431년 에페소(Ephesus) 공의회에서 이단으로 탄핵받았다. 네스토리안교는 최초 서방으로 전교를 시작했지만 로마 가톨릭의 방해를 받자 방향을 바꾸어 동방 전교에 나섰다. 동방 전교에 나선 네스토리안교의 일단은 시리아를 거쳐 당대(唐代)에 장안(長安)까지 이르렀고 다른 일단은 페르시아와 중앙아시아를 거쳐 위구르인들에게 전파되었다. 11~12세기 사이의 몽골고원에는 서쪽으로부터 나이만(Naiman), 케레이드(Kereyid), 메르키드(Merkid), 몽골, 타타르(Tatar) 등의 부족들이 거주하고 있었는데 당시 네스토리안교는 알타이산맥 주변의 나이만까지 도달하고 있었다. 그리고 점차 나이만을 매개로 케레이드와 엉구드(ongod)인들에게도 전파되기 시작했다.

몽골족의 발흥기인 12세기 초 몽골고원에 전파된 네스토리안교는 나이만이나 케레이드, 엉구드부의 일부 사람들에게 신봉된 것만큼은 분명하다. 이는 케레이드부의 군주명에 마르쿠스(Markhus)나 쿠차르쿠스(Khuchakhus)라는 기독교명이 보이고, 옹칸의 동생인 자카감보의 딸 소르카크타니(Sorkhagtani)가 경건한 네스토리안교도였다는 점에서도 입증되고 있다. 소르카크타니는 톨로이의 첫째 부인으로 몽골제국 4대칸인 멍케칸, 대원제국의 창시자인 코빌라이칸, 일칸국의 창시자인 훌레구(Hülegu)의 어머니로서 항상 자기 주변에 십자가를 세우고 있다고 알려져 있다. 몽골제국(원) 시대에 황족이나 고관 중에서 네스토리안교를 신봉하는 인물이 적지 않았다. 대표적인 인물로는 톨로이의 부인인 소르카크타니, 훌레구의 카톤인 터구스(Tögs), 바토칸의 아들인 사르타크(Sartag), 구유크칸 시대의 재상인 카다그(Khadag), 멍케칸 시대의 재상인 보르칸(Burkhan), 코빌라이칸 시대의 재상인 안톤(Anton)과 코빌라이칸의 부마인 게오르기스(Gorgis, 闊里吉思)이다. 따라서 네스토리안교는 기독교 종파 중 대도(大都)에 대주교를 가질 만큼 몽골에서 가장 영향력을 발휘했다.

종종 몽골인도 네스토리안교의 고승이 되기도 했는데 그 대표적인 예가 코빌라이칸이 대도에서 시리아 네스토리안교구의 총주교로 파견한 바르사오라(Bar Saura)이다. 특히 엉구드의 귀족인 게오르기스의 왕궁은 네스토리안교의 몽골 전파 거점이었다. 현재 내몽골의 올라안차브맹(盟)의 이흐조(Ikh Juu, 百靈廟)에서 서남으로 50㎞ 떨어진 올롱숨(Olon süm)이 바로 그의 왕성의 소재지이다. 이곳에는 현재 당시의 궁전 기단석이 남아 있는데 기단석을 장식한 연꽃 무늬 속에는 십자가가 조각되어 있다. 연꽃 속에 십자가를 조각한 것은 불교의 관념을 이용한 네스토리안교의 교묘한 전교 방법을 보여주는 일례이다. 지금도 오르도스의 사막에서는 당시 네스토리안교의 승려들이 몽골 전교 때 사용했던 자그마한 동제의 십자가들이 출토되고 있다. 네스토리안교는 막북으로 후퇴한 북원 초기에도 여전히 몽골에서 활동을 하고 있었지만 이후 봉건 전쟁의 와중에서 급속히 사라져 갔다.

참고문헌 박원길(1994), 『몽골古代史硏究』, 서울, 혜안. 佐口透(1970), 『モンゴル帝國と西洋』, 東京. G.W.Houston(1980), "An Overview of Nestorians in Inner Asia", *CAJ 24-1 · 2*.

몽골제국의 기독교 ᠮᠣᠩᠭᠣᠯ ᠤᠨ ᠡᠵᠡᠨᠲᠦ ᠭᠦᠷᠡᠨ ᠬᠷᠢᠰᠲ ᠤᠨ ᠱᠠᠰᠢᠨ Монголын эзэнт гүрэн дэх христийн шашин (Mongolyn ezent güren dekh khristiin shashin)

몽골제국(원)에 전입된 기독교

몽골인들이 최초로 로마 가톨릭과 접촉한 시기는 어거데이칸의 유럽 원정 때이다. 몽골의 대군이 유럽으로 진공한 시기는 십자군 원정시대와 일치하고 있다. 유럽인들은 몽골 대군이 밀려들자 이를 신의 경고로 여겨 아주 두려워했다. 그러나 1241년 11월 어거데이칸의 사망으로 몽골군이 유럽에서 이유 없이 철수하자 이에 용기를 얻은 유럽인들은 몽골인을 개종시켜 그들과 함께 이슬람교도를 격멸하기를 희망했다. 이 목적을 위해 로마 교황청을 위시한 일부 교단은 몽골에 사신단을 파견하기 시작했다. 칭기스칸의 둘째 아들인 차카타이는 엄격한 보수주의자였는데 그의 후예인 쳉게치(Chenggechi)는 로마 가톨릭의 세례를 받았으며 기독교인을 아주 우대했다.

1245년 리옹회의(The Conference of Lyons) 후 교황 이노센트(Innocent) 4세는 이역의 고행 전도를 목적으로 하는 도미니카(Dominican) 및 프란체스코(Franciscan) 양파의 전도사들을 몽골로 파견하였다. 안젤름(Anselm)을 단장으로 하는 도미니카파의 전도단은 페르시아를 거쳐 몽골로 가는 도중 페르시아에 진주하고 있는 몽골 장군의 거절로 중도에서 되돌아갔다. 카르피니(John of Plano Carpini)를 단장으로 하는 프란체스코파의 전도단은 러시아를 거쳐 바토(Batu)의 알탄오르도(Altan Ordo)에 도착했다. 그들은 바토의 후의로 몽골제국의 수도인 카라코롬에 도착하여 구유크칸의 대관식에도 참가했지만 전교의 목적은 달성하지 못했다. 1253년 프랑스왕 루이 9세는 프란체스코파 소속의 루브루크(William of Rubruck)를 알탄오르도를 거쳐 카라코롬에 파견시켰다. 루브루크는 그의 여행기에서 많은 네스토리안교도들이 몽골 내에서 활동하고 있으며, 또한 멍케칸의 궁전에서는 몽골 고유의 샤머니즘 외에 불교와 이슬람교 및 기독교도들이 자신들의 종교 의식을 거행하고 있었다고 기록하고 있다. 마르코폴로는 그의 여행기에서 코빌라이카간이 아버지인 니콜로(Nicolo)와 숙부인 마테오(Matteo) 2인을 통해 기독교의 교리에 능통한 전도사를 자신에게 보내달라는 칙서를 로마 교황청에 보냈다는 것을 밝히고 있다. 그러나 그들은 전도사들의 중도 귀국으로 목적 달성에 실패하고 단지 그레고리(Gregory) 10세의 서신만을 가지고 되돌아왔다.

코빌라이칸이 죽기 1년 전인 1293년에 교황 니콜라스(Nicolas) 4세는 프란체스코파 소속의 이탈리아인인 몬테코르비노(John of Montecorvino)를 대도(大都)로 파견했다. 그는 대도에서 6천 명에게 세례를 주었다. 1307년 교황 클레멘트(Clement) 5세는 그를 대도의 대주교로 임명하고 동방의 교무를 총괄하게 했는데 그 휘하에는 주교 7인이 있었다. 이후 역대 교황들도 수시로 전도사를 파견하여 대원제국 내에서 포교에 힘을 기울였다. 원대(元代)에는 기독교인들을 모두 야리가온(也里可溫)이라 불렀으며 사원은 야리가온십자사(也里可溫十字寺)라 불렀다. 대원제국이 붕괴되고 몽골족이 막북으로 물러난 후 중국의 기독교는 서방노선의 차단과 명초(明初) 외래종교의 배척정책으로 인하여 일시 주춤했지만 이후 점차 회복되었다. 그러나 중국의 기독교는 명나라와 몽골의 적대관계로 인하여 몽골로 전파되지 못하였고 이후 몽골인들이 1570년대 불교로 개종하자 진출 자체가 봉쇄되었다.

참고문헌 박원길(2001), 『유라시아 초원제국의 샤머니즘』, 서울, 민속원. 佐口透(1970), 『モンゴル帝國と西洋』, 東京. 陳垣(1917), 『元也里可溫考』, 北京.

몽골제국의 이슬람교 ᠮᠣᠩᠭᠣᠯ ᠤᠨ ᠡᠵᠡᠨᠲᠦ ᠭᠦᠷᠡᠨ ᠳᠡᠬᠢ ᠢᠰᠯᠠᠮ ᠱᠠᠰᠢᠨ Монголын эзэнт гүрэн дэх ислам шашин (Mongolyn ezent güren dekh islam shashin)

몽골제국(원)에 전입된 이슬람교

고대의 몽골인들이 접한 외래 종교 가운데 두 번째가 이슬람교이다. 칭기스칸의 일대기를 기록한 『몽골비사』에는 칭기스칸이 1203년 케레이드부의 옹칸에게 쫓겨 현재의 보이르 호수 일대로 퇴각했을 때 엉구드부에서 온 사르타올(Sartuul)의 상인인 아산(Asan)을 만났다는 기록이 실려 있다. 사르타올은 흔히 '회회(回回)'로 번역되지만 실은 서아시아 일대의 회교도를 말한다. 아산은 페르시아의 사료인 『집사(集史)』에 나오는 이슬람 상인인 하산하지(Ḥasan-Ḥājī)와 동일인으로 이후 칭기스칸의 너커르(nökhör) 집단에 소속되어 동서양의 정보를 수집하는 역할을 맡았던 인물이다.

『몽골비사』에는 아산 이외에도 1217년 콰레즘(Khwarizm)국에 파견된 몽골 통상사절단의 단장인 오코나(Ukhuna), 어거데이카간 때 토코차르(Tokhuchar)와 함께 역참의 책임자로 임명된 콰레즘국 출신의 아라찬(Arachan) 등의 이슬람권 인물들이 출현하고 있다. 또 『원사』에는 칭기스칸 때 콰레즘이나 금나라 측의 정보를 몽골 측에 전해준 자파르코자(Ja'far-Khoja, 札八兒火者)라는 이슬람 상인도 특기하고 있다. 이 기록들은 몽골제국 성립 이전 서역의 이슬람 상인들이 몽골에서 활동을 하고 있었다는 것을 입증해 주고 있다. 칭기스칸은 서아시아 원정 때 불교지구에서는 불교의 압박 하에 있는 이슬람교도들을 해방한다고 하였고, 이슬람 지역에서는 회교도들의 압박 하에 있는 기타 종교를 해방한다는 구호를 내걸고 있었다. 몽골군은 콰레즘의 정토에서 비록 수많은 이슬람 사원을 파괴했지만 칭기스칸의 신임과 보호를 받은 이슬람교도도 적지 않았다.

러시아 지역 알탄오르도의 종왕(宗王)인 베르케(Berke)는 몽골 황족 중 제일 먼저 회교를 신봉한 인물이다. 알탄오르도의 정식 이슬람교 귀부는 1313년 우즈벡칸(Uzbeg Khan)의 즉위 이후이다. 코빌라이칸의 사후 대원제국의 몽골 조정에 서아시아나 중앙아시아로부터 전입된 고관들이 늘어나자 이슬람교도 적극적인 활동에 나섰다. 예컨대 코빌라이칸의 손자인 안서왕(安西王) 아난다(Ananda)는 불교식 이름을 가진 이슬람교도로 그는 자기의 영지인 차강 노르(Chagaan nuur : 현 내몽골 자치구 오르도스 일대) 일대의 주민과 휘하들의 병사들에게 이슬람교를 신봉하도록 할 정도였다. 원대(元代)에는 이슬람교를 목속만(木速蠻) 혹은 탑실만(塔

失蠻)이라고 부르는데 그들이 거주하는 곳에는 모두 회교 사원이 설립되었다.

참고문헌 박원길(1994). 『몽골고대사연구』. 서울. 혜안. 本田實信(1970). 「イスラムとモンゴル」. 『岩波講座世界歷史(8)』. 東京. W.Barthold(1920). *Turkestan Down to the Mongol Invasion*. London.

테무르 제국의 이슬람교 Төмөрийн хаант улс дахь ислам шашин (Tömöriin khaant uls dakhi islam shashin)

테무르 제국에 전입된 이슬람교

이슬람교의 본거지에 자리잡은 일칸국은 1295년 훌레구의 후예인 명군 카잔(Kazan)의 즉위 후에 이슬람교를 국교로 선포했다. 차카타이칸국에서는 투글루크테무르(Tüglüg Temür)가 1347년 칸위에 오른 후 이슬람교를 국교로 선포했다. 중앙 아시아나 서아시아에 위치한 몽골칸들이 이슬람교를 국교로 선포한 가장 중요한 원인은 개인적인 종교관보다도 이슬람교도가 다수를 차지하는 지역을 원만하게 통치하기 위한 정치적인 목적 때문이었다. 14세기 중엽 일칸국과 차카타이칸국을 합병하고 또 알탄오르도의 일부를 병합하여 중앙아시아에서 대제국을 건설한 테무르(Temür)는 자신을 이슬람교의 보호자로 자임하고 나섰다. 그는 모든 전쟁을 이슬람교를 위한 성전으로 간주했다. 중앙아시아나 서아시아에 거주하는 몽골인들이 모두 이슬람교로 개종한 데에는 그의 열렬한 권유에 의한 바가 컸다. 이슬람교 신봉 이후 그 지역의 몽골인들은 돌궐인들과 급속히 동화되었다.

참고문헌 박원길(2001). 『유라시아 초원제국의 샤머니즘』. 서울. 민속원. W.Barthold(1920). *Turkestan Down to the Mongol Invasion*. London. 本田實信(1970). 「イスラムとモンゴル」. 『岩波講座世界歷史(8)』. 東京.

유목예술

편찬 : 간치멕, 김경나, 노로브냠, 뎀칙그마, 박소현, 박원길
교정 : 김경나, 류병재, 이성규

무용

역사와 개관

고대 몽골 춤 ᠡᠷᠲᠡᠨᠦ ᠮᠣᠩᠭᠣᠯ ᠪᠦᠵᠢᠭ Эртний монгол бүжиг (Ertnii mongol büjig)

고대 몽골에서 추었던 춤

몽골이라는 명칭이 역사상에 등장한 것은 8세기 당나라 때이지만 학자에 따라서는 그 시기가 B.C. 2세기까지 올라가기도 한다. 모든 민족들의 춤은 각자의 사회 특성이나 자연 환경에 맞추어 독특한 특성과 형태를 가지고 발전해 왔다. 몽골인의 춤 역시 마찬가지이다.

몽골의 원천 문화를 보여 주는 고대 몽골인들의 춤이 최초로 기록된 문헌은 13세기에 만들어진 『몽골비사(蒙古祕史)』이다. 이 책의 57절과 189절에는 서로 다른 형태의 춤이 소개되어 있는데, 이를 연구한 베. 린첸(B.Rinchen), 네. 이쉬잠츠(N.Ishjamts), 데 난지드(D.Nanjid)는 고대 몽골의 전통 춤이 원래부터 2개의 형태로 나누어져 있다고 한다. 즉 동부 몽골족에게는 '뎁세흐 토이론 부직(Devsekh toiron büjig: 땅을 짓밟고 도는 춤)', 서부 몽골족에게는 '비 비엘게(Bii biyelgee: 어깨춤)'라는 2개의 서로 다른 형태와 동작을 지닌 춤이 존재하며, 이것이 오늘날까지 전승되어 내려왔다고 한다.

몽골 무용 연구가인 데. 난지드(D.Nanjid)는 고대 몽골 춤의 기원과 종류에 대해 다음과 같이 기술하고 있다.

"고대 몽골족의 춤은 흉노 제국에서 기원한 '헹게렉트 뎁세흐 부직(khengeregt devsekh büjig: 북을 쥐고 땅을 짓밟으며 도는 춤)'이나 고대의 원무(圓舞)와 전승 관계를 가지고 있다고 볼 수 있다. 왜냐하면, 고대의 원무는 기원전 4세기 때부터 13세기에 이르기까지 발전적으로 이어져 '사글라가르 모도니 토이론 부직(Saglagar modny toiron büjig: 신목을 도는 춤)'으로 전승되었다고 보기 때문이다. 대몽골제국 및 대원제국 시대에 '헹게렉트 뎁세흐 부직'과 백성들 사이에서 고대부터 널리 퍼져 내려왔던 '호르 쇼보니 부직(Khur shuvuuny büjig: 멧닭의 춤)', '부드네 하르차가 호요린 부직(Bödne khartsaga khoyoryn büjig: 암메추라기와 매 두 마리의 춤)' 등의 춤들이 관찰되고 있다. 특히 대원제국 때에는 다양한 궁정 춤이 생겨나고 안무 법칙들이 정비되었다."

몽골의 구전문학을 볼 경우 아주 먼 옛날부터 몽골에는 '호르 쇼보니 부직'과 '토고로니 부직(Togoruuny büjig: 두루미 춤)', '부드네 하르차가 호요린 부직' 등의 흥미로운 춤이 존재했음이 나타난다. '부드네 하르차가 호요린 부직'은 한 여성을 둘러싸고 춤추는데, 한 남성이 그 여성을 졸졸 따라다니며 주위를 돌면서 추는 춤이다. 남성은 춤을 출 때 매의 날갯짓을 흉내 내고, 또 짓밟듯이 깡충깡충 뛰고, 이리저리 뛰어다니며 날아오르는 동작을 한다. 따라서 남성의 춤은 아주 힘 있고 빠른 동작을 요구하는 춤이다. 암메추라기의 부드러운 움직임은 몽골 여성의 정숙함, 매의 격동적인 움직임은 몽골 남성의 위력적인 모습을 보여 주는 것이다. 16세기 중반 몽골에 티베트 불교가 전래한 후 몽골 고유의 춤들이 불교 무용극인 참(tsam)에도 반영되고 있다. 예컨대 '보가 소고니 참(buga sogoony tsam: 수사슴과 암사슴의 참 춤)'에 '헤레 쇼보니 참(kheree shuvuuny tsam: 까마귀의 참 춤)'이 있는데 그 춤은 고대 몽골인들의 전통 춤이다.

참고문헌 Д.Нанжид (1988), *Монгол бүжгийн намба төрх, үндэсний өвөрмөц онцлог,* Улаанбаатар. Д.Нанжид (2011), *Монголын бүжгийн түүхэн уламжлал, хөгжлийн шинэ хандлага,* Улаанбаатар.

대원제국의 궁정 춤 ᠶᠡᠬᠡ ᠶᠤᠸᠠᠨ ᠤᠯᠤᠰ ᠤᠨ ᠣᠷᠳᠣ ᠶᠢᠨ ᠪᠦᠵᠢᠭ Их Юань улсын ордны бүжиг (Ikh Yuan ulsyn ordny büjig)

대원제국의 궁정에서 춤꾼들이 추었던 춤

쿠빌라이 칸(Khubilai khaan, 재위 1264~1294)이 건립한 대원제국은 마지막 대칸인 순제 토곤테무르 칸(Togoontömör khaan)에 이를 때까지 아주 넓은 지역에 많은 민족을 포함하고 있었다. 대원제국은 상업 · 수공예 · 천문학 · 점성술 · 의학 등 문화와 과학의 많은 분야에서 발전을 이룩했을 뿐만이 아니라 세계 최초로 몽골 지폐(금본위제도)를 만들었다. 무용 방면에서 코빌라이 칸은 궁정에 음악대를 만들었고 또 확장시켰다. 대칸 궁정에는 특별히 마련된 312명의 악대가 갖추어져 있으며 그 수만큼의 춤꾼들이 궁중 춤을 추고 있었다.

『원사(元史)』「예악지(禮樂志 4)」에는 12개의 춤에 대한 동작 · 음악 · 의상 · 의례의 규칙이 기록되어 있다. 예컨대 종묘에 올리는 춤인 숭덕지무(崇德之舞, Erdmiig erkhemlekh büjig), 호천상제위작헌문무(昊天上帝位酌獻文舞, Ikh tengeriin khaany suurind arkhi örgokh büjig), 강신문무(降神文舞, Gazar bükhnii ekh tengert arkhi örgokh büjig), 태조문무(太祖文舞, Daijugiin suurinaas arkhi örgokh büjig), 무무(武舞, Tsergiin büjig), 정공지무(定功之舞, Gaviya togtookh büjig)라는 교사악무(郊祀樂舞), 종묘악무(宗廟樂舞) 등이 그것이다.

몽골학자 베. 린첸(B.Rinchen)은 원대제국의 춤에 대해서 다음과 같이 기록하였다.

> "궁중 무용을 이끌고 의례를 지휘하는 단장은 천천히 위엄 있게 걸으며 들어온다. 그 뒤로 춤 선생들이 들어온다. 춤 선생들이 손짓하면 춤꾼들이 들어오고, 무대에서 춤추기 시작한다. 30명 30명으로, 20명 20명으로, 8명 8명으로, 5명 5명으로 짝을 이루어 줄지어 춤추다 선생의 신호로 단계로 나누어 높은 곳에서 멈추는 규칙이 있었다. 연출된 많은 춤 가운데 일부는 형태적으로 보면, 삼지창을 잡고 몽골과 인도의 서사 전설에 등장하는 황금빛 갑옷을 입은 영웅의 모습으로 꾸며진 것과 똑같은 춤이 분명하게 존재하고 있음이 나타난다. 바로 투명한 비단 옷을 입은 아주 아름다운 20명의 어린 처녀 무용수들이 나와 아름다운 허리띠를 매고 모자에는 깃털이 눈부시게 펄럭이며 서정적인 춤을 추면서 노래 부른다. 그 다음에 선생의 손짓에 맞추어 312명의 연주자들이 '영원한 평온의 선율(Mönkhiin amar amgalangiin ayaz)'을 연주하면 이 부분에서 춤꾼들은 춤을 춘다. 그 다음은 귀엽고 작은 철새의 검은 의상을 입고 날개를 펴면서 춤춘다. 다음은 7쌍의 어린 아이로 이루어진 춤꾼들이 춤을 추는데, 조각된 나무 공작새와 같은 춤 동작을 하면서 선회하고, 날개를 펴서 무지개 깃털을 만든다. 그리고 그것으로 부채질하면서 춤을 아주 화려하게 만든다. 춤 선생이 다시 손짓을 하면 검은 비단을 늘어뜨

린 허리띠를 매고, 소매가 없는 푸른 색의 아주 아름답고 주름이 없는 넓은 갈색의 삼타브(shamtav)를 입은 춤꾼들이 입으로 노래를 부르며 빙빙 도는 춤을 춘다. 다양한 음색을 지닌 북을 그 멜로디에 맞추어 서서히 강하게 둥둥 두드리기 시작하면 춤꾼들은 동작은 강해진다. 북은 그들의 다리 동작에 맞추어 둥둥 소리를 내는데, 편경(編磬)을 서서히 치면 아름다운 선율과 춤 두 개가 예쁘게 어울리게 된다. 춤 선생이 다음 손짓을 하면 '영원한 평온의 선율'을 연주하는 음악에 맞추어 312명의 춤꾼들은 종료의 춤을 나란히 춘다."

참고문헌 Д.Нанжид (1988), *Монгол бүжгийн намба төрх, үндэсний өвөрмөц онцлог,* Улаанбаатар. Д.Нанжид (2011), *Монголын бүжгийн түүхэн уламжлал, хөгжлийн шинэ хандлага,* Улаанбаатар. Б.Ринчэн (1958), 「Монголчуудын бүжигт наадам」, *Соёл сэтгүүл 2,* Улаанбаатар.

뎁세흐 토이론 부직

Дэвсэх тойрон бужиг (Devsekh toiron büjig)

고대에 동부 몽골에서 추었던 땅을 짓밟고 도는 춤

뎁세흐 토이론 부직(Devsekh toiron büjig: 땅을 디디고 도는 춤)은 고대 동부 몽골족의 춤으로 『몽골비사(Mongolyn nuuts tovchoon)』 57절에 다음과 같이 소개되어 있다.

"모든 몽골인과 타이치오트 씨족인들은 오난하의 코르코나그 조보르에 모여 코톨라를 칸으로 선출했다. 몽골인들의 축제란 춤과 연회를 통해 춤추고 마시면서 즐거이 노는 것이다. 코톨라를 칸으로 추대한 후 몽골인들은 코르코나그 조보르의 신목(神木, Saglagar mod) 주위를 돌면서 땅이 갈비뼈나 무릎 근처까지 파헤쳐질 정도에 이르기까지 춤추었다."

신목을 둘러싸고 추는 춤인 뎁세흐 토이론 부직은 이후 대몽골제국 때 '이흐 헹게렉트 뎁세흐 토이론 부직(Ikh khengeregt devsekh toiron büjig: 큰 북을 쥐고 땅을 디디으며 도는 춤)'으로 발전해 갔다. 몽골학자 베. 린첸(B.Rinchen)은 이러한 춤의 기원을 다음과 같이 해석하고 있다.

"'디디다'는 '다리로 짓밟으며 춤을 춘다'는 의미를 갖는데, 신목을 돌면서 다리로 땅을 밟는 춤을 가리킨다. 샤먼 신앙의 관점에서 본다면 신목(오드강 모드, udgan mod: 무당목)이나 외로운 나무(간츠 모드, gants mod: 초원에 외로이 서 있는 나무 한 그루를 말하는데 이곳으로 신이 지나가기 때문에 일반인들은 그 나무를 숭배한다)는 반드시 하나의 주인을 가지고 있다. 그 나무를 모시고 받들면 대지와 땅의 주인이 그 정성만큼 가호를 내려주고 은혜를 베푼다고 보기 때문에 아주 세게 디디며 춤을 추는 것이다."

또 그는 이러한 춤이 흉노 제국 시대부터 존재했다고 한다. 『몽골비사』 57절에 기록된 "몽골인들의 축제란 춤과 연회를 통해 춤추고 마시면서 즐거이 노는 것이다"는 구절은 『삼국지(三國志)』 「위지 동이전(魏志·東夷傳)」이나 『후한서(後漢書)』 「동이전(東夷傳)」 등에 기록된 고대 한국인들의 연회 습속인 음주가무(飮酒歌舞)와 같다.

'헹게렉트 뎁세흐 토이론 부직'은 오늘날 부리야트 사람들의 '요호를롱 하티라흐(Yookhorlon khatirakh: 원을 그리면서 도는 춤)' 춤으로 전승되었을 뿐만 아니라 몽골 민족인 토와와 할리막(칼묵), 그리고 시베리아에 거주하는 야쿠트 등의 전통 가무에도 전승되었다. 『삼국지』「위지동이전」 부여 조에는 "은정월이 되면 하늘에 제사를 지낸다. 이때가 되면 온 나라 안이 모두 모여서 연일 술 마시며 노래하고 춤추는데 이를 영고(迎鼓)라 한다(以殷正月祭天, 國中大會, 連日飮食歌舞, 名曰迎鼓)"는 기록이 있는데, 영고가 의미면에서 '헹게렉트 뎁세흐 토이론 부직'의 의역이라는 점에 주목된다. 또 같은 책에 실려 있는 예족(濊族)의 제천 행사인 무천(舞天)도 "하늘을 향해 추는 춤"이란 뜻에서 고대 몽골족의 춤과 성격을 같이한다.

참고문헌 Д.Нанжид (1988), *Монгол бүжгийн намба төрх, үндэсний өвөрмөц онцлог,* Улаанбаатар. Д.Нанжид (2011), *Монголын бүжгийн түүхэн уламжлал, хөгжлийн шинэ хандлага,* Улаанбаатар. Б.Ринчэн (1958), 「Монголчуудын бүжигт наадам」, *Соёл сэтгүүл 2,* Улаанбаатар.

몽골춤 ᠮᠣᠩᠭᠣᠯ ᠪᠦᠵᠢᠭ Монгол бүжиг (Mongol bujig)

2009년 유네스코가 몽골 민속춤인 비 비엘게를 '긴급 보호가 필요한 무형문화유산 목록'에 등재

몽골 전통춤을 향유 집단 및 공연 장소, 역사적 배경에 따라서 민속춤과 역사적 춤 두 가지로 분류한다. 역사적 춤은 주로 제례춤 혹은 궁궐 춤이라고 지칭해도 무리가 없을 것으로 보인다. 민속춤은 모든 몽골 춤의 기원형이 된다. 몽골 민속춤은 지역적 특성에 따라 서몽골춤, 동몽골춤으로 나뉘어진다. 서몽골 춤을 비 비엘게라고 지칭한다. 비 비엘게의 특징은 몽골 게르에서 추기에 적합하고, 제 자리에서 어깨를 위주로 움직이면서 추는 것이 특징이다. 오리앙하이, 자흐친, 토르고드, 어얼드 등등 부족의 비 비엘게가 여기에 해당한다. 비 비엘게를 할 때에 '이켈(ikel)', '톱쇼르(tovshuur)' 현악기 연주가 동반된다. 주로 지역의 축제, 산신 제사, 혼인 등 행사에서 춤을 춘다. 비 비엘게는 일상생활 속 이야기를 춤으로 나타내는 것, 특히 유목문화의 특성을 잘 보여 주는 의례, 의식을 반영한다. 예를 들어, 우유를 뿌리고 고수레하는 것을 춤으로 보여 주거나 씨름하기, 활 쏘기, 곡식을 맷돌로 가는 것 등 행위를 춤으로 표현한다. 비 비엘게의 기본이 되는 12마당이 현재까지 전승되고 있다.

동몽골 민속춤에는 할흐, 부리야드, 다르하드, 바르가 부족 춤이 해당된다. 동몽골 민속춤은 손, 발을 많이 움직여서 여럿이 모여 추는 것이 특징이라고 할 수 있다. 특히 부리야드족 춤인 '하티르', '요호르' 등 춤이 한국의 강강술래처럼 여러 사람이 함께 노래 부르며 추는 춤으로 지역적 특색이 드러난다. 할흐 부족의 춤은 주로 산과 들, 좋은 말, 영웅의 일생을 춤으로 표현한다. 또한 할흐 여성의 하루 일과 즉 젖 짜기, 양털 뽑기, 줄 꼬기 등 행위를 춤으로 나타낸다. 할흐 춤의 또 하나의 특징은 몽골 귀족의 품위 있는 자세, 마음가짐 등을 부드러운 움직임으로 표현하는 데에 있다. 이것은 몽골의 궁궐 춤과도 연결될 수 있으므로 아직 연구가 이루어지지 않는 상태이다.

역사적 춤 즉, 궁궐 춤은 역사기록을 통해서 그 실태가 들어날 뿐 정확한 사정을 파악하기가 힘든 상황이다. 몽골의 역사 기록물인 '원사'에 몽골 궁궐에서 '천상에게 술을 올리는 춤', '지신에게 술을 올리는 춤', '태조가 술을 올리는 춤' 등 춤사위가 있었고, 북소리에 맞추어서 춤사위가 바뀌었다고 한다. 몽골 춤의 고대 형태는 샤먼의 춤이며, 후대에 '참' 춤은 제례용 춤으로 간주되고 있다. 불

교가 유입된 후 '참'춤 이외에 다른 춤사위도 공연되고 있었는데, 토 왕이 만든 '허긴 나이만 바가초드 춤사위'라는 공연 예술이 '탐삭(Tamsag khiid)' 등에서 공연되었다고 전한다.

비 비엘게 Бий-биелгээ (Bii biyelgee)

고대 서부 몽골에서 추었던 어깨춤

비 비엘게(Bii biyelgee: 어깨춤)는 서부 몽골족의 춤 형태로 몽골 춤의 일종이다. 비 비엘게의 춤사위는 어깨와 팔, 손을 움직이는 것으로 제 자리에서 추는 것이 원칙이다. 어깨를 여러 동작으로 움직이고, 손을 모았다가 흩뿌리며 머리와 턱을 움직이는 춤사위를 갖고 있다. 춤 동작에는 여자들의 빗질하기, 거울 보기, 가축 젖 짜기, 실 만들기, 남자들의 말을 올가미로 잡기, 사냥하기, 사나운 짐승 길들이기, 남녀간의 애정, 성격 등 일상생활의 모습을 상징적으로 담고 있다. 비 비엘게는 주로 여름과 가을에 유목민 가족들이 모여 생활할 때 한 집에 모이거나 혼례와 같은 특정 행사를 치를 때 한다.

비 비엘게는 음악이 없으면 출 수 없다. 오리앙하이나 토르고드족은 톱쇼르 악기 연주에, 오이라트의 다른 부족들은 이켈 악기 연주에 비 비엘게를 추는데, 혼자 추다가 다음 사람에게 넘겨서 하는 독무와 여럿이 함께 추는 비 비엘게가 있다. 춤사위나, 공간, 어디서 무슨 목적으로 행사를 하는가에 따라서 각 부족의 비 비엘게가 차이를 보인다. 예를 들어, 더르워드족은 아주 좁은 공간에서 독무를 하는데, 이 때 소매 안에 손을 숨겨 소매 부분을 움켜쥐고 춤을 춘다. 이 때 남자들은 허리띠에 걸어 둔 칼을 늘어뜨려서 춤을 추는데 이것은 평화와 화목의 뜻을 나타내는 것이다.

참고문헌 Д.Нанжид (1988), *Монгол бүжгийн намба төрх, үндэсний өвөрмөц онцлог,* Улаанбаатар. Д.Нанжид (2011), *Монголын бүжгийн түүхэн уламжлал, хөгжлийн шинэ хандлага,* Улаанбаатар.

어브겅 쇼보 호요르 Өвгөн, шувуу хоёр (Övgön shuvuu khoyor)

청나라 때 할흐 부족에서 공연되었던 가무극

어브겅 쇼보 호요르(Övgön shuvuu khoyor)는 "노인과 새"란 뜻을 지닌 청대 할흐 부족의 장가(長歌) 가무극이다. 이 공연 예술을 조직하고 지휘했던 사람은 세드바자린 롭산돈도브(Sedbazaryn Luvsandondov)인데, 그는 '보르항 장진(부처장군)', '노욘(귀족)'이란 명칭으로 백성들에게 존경받는 사람이었으며, 호는 로장군(Lu Janjin)이었다. 그는 자삭트한 아이막(Zasagt khan aimag)의 한 허히 올린 호쇼(Khan Khökhii uulyn khoshuu) 지역에서 태어났으며 1854년부터 1909년까지 생존했던 인물이다.

로장군은 아주 솔직한 성격을 지녔으며 몽골 습속에 정통한 철학자이자 서정적인 시인이었다. 그는 술드(Süld: 纛)에 3년마다 한 번씩 제사를 올렸으며, 이때에 어떠한 종교 행위가 아닌 고대의 전통적인 고르반 나담(활쏘기, 씨름, 말타기)을 3일에 걸쳐 절도 있고 아주 융성하게 치렀다고 전해진다. 이 나담 때에 '어브겅 쇼보 호요르'란 장가를 번갈아 바꿔 부르는 형태로 공연을 했다.

어브겅 쇼보 효오르 공연은 일반적인 놀이

공연이 아닌 체계적으로 연출하고 기획된 예술 작품이다. 공연의 조리 있는 편성과 춤의 조화를 확실하게 보여 주는 어브겅 쇼보 호요르는 가무극에 맞게 만들어진 무대 장식, 적정 규모의 공간, 장식을 가지고 있었다. 그뿐만이 아니라 이 무대에는 출연자들이 움직이는 상황 조건까지 고려하고 있음이 나타난다.

공연이 시작되면 특별하게 만들어진 둥근 나무 무대가 높이 솟은 곳에 배치된다. 이어 보기 좋은 펠트가 깔리고 그 위에 모링 호르(마두금) 연주자가 앉아 어브겅 쇼보 호요르의 노래를 부르며 연주한다. 그의 곁에는 백조 의상을 입은 여자가 앉아 있다. 이렇게 공연이 시작되면, 노인과 백조 둘이 서로 터놓고 이야기하고 있는 모습이 나타난다.

두 번째 막에 모링 호르 연주자의 연주 소리를 듣고 백조 의상을 입은 여자가 어떤 한 동작을 취하면 가수는 노래를 부르기 시작한다. 그러면 백조의 춤이 시작된다. 백조가 되어 춤추는 모습은 마치 노랫가락에 맞추어 춤추는 것처럼 보인다. 다음 가수와 호치르(khuuchir) 악기가 서로 협력해 백조의 노래를 부르는 데, 모링 호르의 선율에 노인이 노래 부르는 등 번갈아 노래를 부르는 형태를 취하고 있다.

세 번째 막에 백조는 단독 악기의 음률에 맞추어 춤춘다. 이것은 공연의 마지막 부분으로 자신의 행위를 설명하려는 의도를 보여주고 있다. 왜냐하면 앞선 노랫가락이 서정적이었기 때문에 백조의 동작도 그렇게 서정적이었다. 그러나 단독 악기로 춤추는 3번째 막은 명확히 음악에 맞추어 변하는, 또 주의 깊고 총명한 백조의 모습을 춤으로 보여 주고 있다. 춤꾼은 몽골의 아름다운 호수에 기쁨에 넘쳐 노는 백조의 모습을 잘 나타내고 있다. 어브겅 쇼보 호요르에서 서로 번갈아 부르는 노래가 바로 주요한 감상 포인트이다.

어브겅 쇼보 호요르의 무대화된 공연에 들어 있는 '홍긴 부직(Khungiin büjig: 백조의 춤)'은 고대 몽골에서 공연되었던 '토고롱 초글랑(Togoruun tsuglaan: 두루미 집회)', '하르차가 부드네 호요르(khartsaga bödno khoyor: 매와 암컷 메추라기 두 마리)' 등 고대 할흐족 춤의 전통과 관계가 있던 것으로 추론된다.

참고문헌 Д.Нанжид (1988), *Монгол бүжгийн намба төрх, үндэсний өвөрмөц онцлог,* Улаанбаатар. Д.Нанжид (2011), *Монголын бүжгийн түүхэн уламжлал, хөгжлийн шинэ хандлага,* Улаанбаатар. Ж.Жав, Д.Нанжид (1972), *Монгол ба сонгодог бүжгийн үндсэн дасгал,* Улаанбаатар.

이동 유랑 극장

Д.Равжаагийн нүүдлийн театр
(D.Ravjaagiin nüüdliin teatr)

청나라 때 할흐 부족에서 행해졌던 이동 가무 극장

민족 가무극 예술은 19세기 초기에 시작되었다. 19세기 유럽에서는 새로운 장르인 '오페라'가 등장하여 음악 예술이 오페라로 옮겨 가는 경향과 변화가 빠르고 강력하게 나타났다. 이때 몽골에서도 형태적으로 가무극의 기초 형태라고 볼 수 있는 것이 등장했다. 그것이 바로 고비 지역의 활불(Noyon khutagt)인 단잔 랍자(Danzanravjaa)의 "달 뻐꾸기 이야기(사란 허허니 남타르, Saran khökhöönii namtar)"라는 노래가 있는 연극이다.

단잔 랍자는 도광제(道光; Saishaal Yeröölt khaan) 8년인 1803년에 옛 투세트한 아이막(Tüsheet khan aimag)의 메르겐 왕긴 호쇼(Mergen vangiin khoshuu) 지방, 즉 오늘날의 도르노고비 아이막의 가난한 목민인 돌도이트(Dulduit) 집안에서 태어났다. 단잔 랍자는

19세기 몽골의 뛰어난 사상가이자 종교적으로 이름 높은 활동가이며 인민 계층을 위해 큰 공헌을 한 시인이었다. 그는 시골 지역에 전문적인 이동 유랑 극장이라는 전시 예술을 만들어 냈다. 그의 작품들은 사회나 국가, 습속과 도덕 문제 등을 주로 다루었다.

단잔 랍자가 만든 "달 뻐꾸기 이야기"는 착취자들에게 저항하는 인민들의 사상을 반영하고 있다. 이 때문에 청나라의 황제들은 이 연극의 공연을 금지시키고, 또 밀정들을 파견하여 그를 감시했다. "달 뻐꾸기 이야기"는 몽골 근대 시기의 가극이자 무대 예술의 한 종류에 속한다. 가극에는 독창과 합창, 삼중창, 사중창이 있고 한편에서 가수들이 노래 부를 때 춤꾼들은 춤을 추기도 하며, 단독 악기로 연주하는 부분도 있다. "달 뻐꾸기 이야기"는 무대 장식과 예술적 그림 그리고 공연이 서커스의 영역에까지 이르고 있었다.

또 "타반 다기나(tavan dagina: 다섯 여신)"라는 가무극에는 가짜 여신들과 진짜 여신들이라는 두 개의 서로 다른 형태로 공연하는 춤이 있다. 거짓 여신들은 악령의 모습으로 단잔 랍자를 속이려 했지만 진짜 여신들은 "후셀린 타반 에르데네(Khüsliin tavan erdene: 희망의 다섯 보석)"의 문으로 그를 구하는 선한 모습을 하고 있다. 더욱이 그가 건립한 하마린 사원(Khamaryn khiid: 코의 사원)에서 공연하는 참은 '자신만의 교리'라는 독특한 교리를 가지고 있으며, 그에 따라 춤 공연도 아주 자유분방하게 진행되었다.

단잔 랍자의 예술 세계를 전문으로 연구했던 엘. 후렐바타르(L. Khürelbaatar)는 그의 이동 유랑 극단이 고유한 생활 문화에서 유래하여 전통적으로 이어져 온 것과 종교적인 고유한 특성을 담고 있는 것을 공연했다고 전하면서 이들은 당시의 창조적 지도자의 능력 및 지혜와 합쳐져 몽골 외관을 띤 독특한 문화로 자리 잡았다고 한다.

참고문헌 Д.Нанжид (1988), *Монгол бүжгийн намба төрх, үндэсний өвөрмөц онцлог,* Улаанбаатар. Д.Нанжид (2011), *Монголын бүжгийн түүхэн уламжлал, хөгжлийн шинэ хандлага,* Улаанбаатар. Ж.Жав, Д.Нанжид (1972), *Монгол ба сонгодог бүжгийн үндсэн дасгал,* Улаанбаатар.

허긴 나이만 바가초드

Хөгийн найман багачууд (Khögiin naiman bagachuud)

청나라 때 할흐 부족에서 공연되었던 가무극

동몽골 지역에서 19세기 중반에서 20세기에 이를 때까지 공연되었던 것이 '허긴 나이만 바가초드(Khögiin naiman bagachuud: 음정이 좋은 여덟 아이들)'라는 무대화된 형태의 공연물이다. 이 공연물은 청대 동몽골 지역의 영주인 베. 톡토흐터르(B.Togtokhtör) 때 처음 만들어졌으며 그 손자인 도르지팔람(Dorjpalam)왕 시대인 1930년까지 공연되었다. 작곡가인 게. 첸드도르지(G.Tsenddorj)는 다음과 같이 이를 아주 구체적으로 기록하고 있다.

> "몽골 동부 변경 지역의 토왕긴 호쇼(Tovangiin khoshuu), 오늘날의 도르노드 아이막 할흐골(Khalkh gol) 솜에 있는 베. 톡토흐터르 봉건 귀족의 궁정에는 '토왕의 안무'라 불리는 이름 높은 8명의 음악가들로 구성된 공연 예술 단체가 있었다. 베. 톡토흐터르는 자신이 통치하는 지역에 살고 있는 8살부터 10살 사이의 아주 훌륭한 목소리를 가진 아이들을 뽑아 이 공연단에 입단시켰다. … 아이다긴 벨레그(Aidagiin beleg), 샤르 벨레그(Shar

beleg), 턱신 곰보(Tögshin Gombo), 그리고 이지 감바(Ijii Gamba)라고 불리는 바왕상긴 감바(Bavaasangiin Gamba)가 그들이다. 후에 이 노인들의 일부는 '1905년 무렵에 이 공연단에 들어와 4~5년 뒤에 공연을 했다'고 말했다."

이 기록은 몽골 음악과 춤 예술의 희귀하고 값진 연구 자료로 아주 의미가 깊다. 할흐족 세첸한 아이막(Setsen khan aimag) 토왕긴호쇼의 영주인 베.톡토흐터르의 "허긴 나이만 바가초딘 덱(Khögiin naiman bagachuudyn deg: 음정이 좋은 여덟 아이들의 공연)"이라는 이 유명한 공연은 노래와 춤을 위해서 특별하게 맞춘 의상이 있고 명확한 공연 프로그램을 가지고 있다. 가무의 프로그램은 3개월 전부터 준비하기 시작하며 가수와 춤꾼들에게는 엄격한 준비를 시킨다. 나이와 몸집이 거의 같은 8명의 춤추는 어린이, 8명의 연주자들을 시험을 통해 선발해 모두 16명으로 가무단을 구성한다. 음악을 연주하고 또 노래를 부르며 춤추는 사람들의 선두에는 장가를 아주 잘 부르는 2명의 훌륭한 가수를 뽑아 둔다. 이 공연에 임시직은 없으며 장기적으로 고용된 사람들이 공연을 행한다. 계절이 바뀌면 춤추는 어린이들에게 준 옷이 작아져 다시 큰 옷을 만들어 주었다고 한다. 또 연주자들도 거의 바뀌지 않았다.

톡토흐왕긴 호쇼(Togtokh vangiin khoshuu)의 나담은 탐사긴 사원(Tamsagiin khiid)이나 탐삭 볼라그(Tamsag bulag)에서 주로 개최되었다. 이 나담은 아주 질서가 있고 잘 만들어진 규칙을 지니고 있다. 나담에 참가하는 존귀한 인사들을 위해 설치한 고급 천막인 아사르(asar)에는 귀족과 활불이 들어가고, 승려들의 아사르에는 고승이나 일반 승려들, 귀족의 부인들이나 그 딸들이 들어간다. 7일 동안 연회를 베풀며 나담의 마지막 날에는 "아사르 닐레흐 나이르(asar niilekh nair: 큰 연회)"라는 잔치를 행한다. "올롱 투멘 에흐(Olon tümen ekh: 수만 마리 말의 으뜸)"라는 노래로 나담이 시작된다. 그러면 빠른 말 경주에 참가하는 준마들이 고관들이 앉아 있는 아사르를 3번 돈 뒤에 경기장으로 나가면서 나담은 시작한다.

다음에는 연주자들과 춤꾼들이 공연을 위해 아름다운 의상을 입고 따로 특별히 마련된 마이항(maikhan: 일반 텐트)에서부터 줄지어 나와 준비된 푸른 색 테두리를 가진 긴 펠트 깔개 위에 정좌하고 앉아 공연하기 시작한다. '허긴 나이만 바가초드 덱'이라는 준비된 공연에 참가하는 8명의 어린이들 혹은 공연자들을 일반적으로 헉치드(Khögchid: 음정이 좋은 자들)라고 부른다. 이들은 특별하게 만든 의복을 착용하고 있다. 연주자들은 하티 마그나(khati magna: 용 모양으로 은실 · 금실을 수놓아서 짠 비단)나 각종 비단으로 만든 의복을 착용하는 것 이외에도 푸른색과 검푸른 두 가지 색을 가진 오르힘즈(orkhimj: 라마승의 왼쪽 어깨 너머로 두르는 폭넓은 가사)도 하고 있다. 아울러 입을 벌린 푸른색 대머리 말의 머리 마스크를 착용하고 있는 것도 아주 독특하다.

잘 훈련된 8명의 아이들은 비단옷을 입고, 그 위에 참츠(조끼)를 입고, 4면의 기(旗)를 가진 도디크(dodig)를 가슴에 입고 붉은 비단이 붙은 신발을 신고, 검은 봉오리를 가진 모자를 쓰고 통이 좁은 바지 끝을 느슨하게 만들어 두고 있다. 춤꾼들은 오른손에 유에(yüye), 왼손에 방울을 든다. 그리고 연주자들 앞으로 나와 존귀한 참가자들에게 순서대로 공물을 바치면서 춤을 춘다. 이때 활불들의 아사르 앞에 이르면 "타반 타힐(tavan takhil: 다섯 개 공물)"과 "울렘진 차나르(Ülemjiin chanar: 거대한 능력)"를 노래 부르며 춤춘다. 다음 다 라마(Da lam) 및 그 이하의 승려들의 아사르(텐트) 앞에 이르면 "아디스 토드(Adistid: 라마승이 신도들에게 행하는 축복의 노래)"를 부르면서 춤춘다. 귀족 부인들의 아사르 앞에 이르면 "아사르 언더르(Asar öndor: 크고 높은)"라는 노래를 부르면서 춤춘다. 모든 춤에는 노래의 뜻을 명확히 나타내는 춤 동작이 담겨 있다. 이렇게 춤을 추면서 이 지역에서 행하는 나담을 시작한다.

이 나담에는 "뒤처지지 않고 달려오는 잘 자란 샤르가 모리(sharga mori: 담황색 말), 날개 달린 새와 어울러 달려오는 아주 빠른 준마여!"라는 가사를 담은 노래가 반드시 불렸는데, 이 노래 가사는 베. 톡토흐터르 영주 스스로가 지은 것이었다.

참고문헌 Д.Нанжид (1988), *Монгол бүжгийн намба төрх, үндэсний өвөрмөц онцлог,* Улаанбаатар. Д.Нанжид (2011), *Монголын бүжгийн түүхэн уламжлал, хөгжлийн шинэ хандлага,* Улаанбаатар. Э.Оюун (1989), *Монголын театрын түүхэн замнал,* Улаанбаатар.

부족별 전통 춤

가링 차찰 ᠭᠠᠷ ᠤᠨ ᠴᠠᠴᠤᠯ Гарын цацал (Garyn tsatsal)

바야드 부족의 어깨춤에서 손을 뿌리는 춤사위

바야드 어깨춤사위 동작인 가링 차찰(Garyn tsatsal)은 손을 뿌리는 듯한 춤사위를 이르는 말이다.

참고문헌 Д.Нанжид (1988), *Монгол бүжгийн намба төрх, үндэсний өвөрмөц онцлог,* Улаанбаатар. Д.Нанжид (2011), *Монголын бүжгийн түүхэн уламжлал, хөгжлийн шинэ хандлага,* Улаанбаатар.

가링 차찰가 ᠭᠠᠷ ᠤᠨ ᠴᠠᠴᠤᠯᠭ᠎ᠠ Гарын цацалга (Garyn tsatsalga)

토르고드 부족 어깨춤에서 손을 내치는 동작의 춤사위

토르고드 어깨춤사위 동작인 가링 차찰가(garyn tsatsalga)는 '손 내치기'란 뜻으로 손동작을 나타낸다. 팔을 어깨 아래 높이에서 위아래로 흔들면서 손을 내치는 듯한 동작을 반복하는 춤사위이다.

가링 차찰가 동작, 전통춤보존회 소속 무용수

참고문헌 Ж.Жав, Д.Нанжид (1972), *Монгол ба сонгодог бүжгийн үндсэн дасгал,* Улаанбаатар.

구겔 나담 ᠭᠦᠭᠡᠯ ᠨᠠᠭᠠᠳᠤᠮ Гүүгэл наадам (Guugel naadam)

말의 동작을 춤사위로 표현한 부리야트의 춤

달리고 걷고, 뛰고 놀라는 모습 등 말의 동작이나 말의 특징적인 성격들을 춤으로 표현하여 노래를 부르며 추는 춤사위를 구겔 나담이라고 한다. 모닥불을 돌면서 말 타고 달리는 듯이 날뛰며 소리를 지르고, 채찍질하는 등 동작을 보여 준다.

참고문헌 Г.Гантогтох (2007), *Монгол зан үйлийн аман яруу найргийн уламжлал*, Улаанбаатар.

군 솔트 Гүн суулт (Gün suult)

바야드 어깨춤에서 다리를 쪼그리고 앉아 추는 춤사위

바야드 어깨춤사위 동작인 군 솔트(Gün suult)는 다리를 쪼그리고 앉는 동작을 이르는 말이다. 말 그대로 앉아 있는 듯한 자세에서 다른 춤 동작을 하는데, 양쪽 무릎 위에 각각 우유를 담은 그릇을 놓고 춤을 추어도 흘리지 않아야 훌륭한 춤꾼으로 인정된다.

군 솔트 동작, 몽골 투멩에흐 소속 무용수
© B.Norovnyam, 2014. 8. 6.

참고문헌 Д.Нанжид (1988), *Монгол бүжгийн намба төрх, үндэсний өвөрмөц онцлог*, Улаанбаатар. Д.Нанжид (2011), *Монголын бүжгийн түүхэн уламжлал, хөгжлийн шинэ хандлага*, Улаанбаатар.

니르겔렉 나담 Ниргэлэг наадам (Nirgeleg naadam)

부리야트에서 여러 사람들이 모닥불 주변을 돌며 추는 전통 춤

니르겔렉 나담(nirgeleg naadam)은 1940년대에 헙스걸 아이막 차강우르 솜(Tsagaan Üur sum)의 우린 골(Üuriin gol) 유역에 살고 있는 부리야트 사람들이 즐겼던 춤이다. '니르겔렉(nirgeleg)'이라는 단어의 뜻에 대하여 우린 골 주변에 사는 부리야트족의 노인인 잠츠(Jamts)는 "우리 부리야트 사람들은 즐겁게 놀며 노래하고 춤출 때 '나르기야(nargiya: 즐겁게 놉시다)', '나르길다야(nargildaya: 즐겁게 놉시다들)'라며 서로 말한다. 우리들이 이렇게 즐겁게 노는 행위는 '니르겔게(nirgelgee)'라는 명칭으로 호리 부리야트 혼례의 일부로서 전통이 되었다."라고 진술한 바 있다. 몽골 무용학자 데. 난지드(D.Nanjid)는 헙스걸 지역 부리야트인들 사이의 '나르길다야'라는 단어는 의미상으로 '니르 히텔(nir khiitel: 울려 퍼지도록 노래하고 춤춘다)' 즉 '세상을 깨울 정도로, 집이 요동치도록' 춤춘다는 의미를 지니고 있다고 해석하고 있다.

니르겔렉은 여러 사람들이 모여 모닥불을 피우고 모닥불 주변을 도는데, 서로 손을 끼고 노래 부르며 흔들흔들 춤을 춘다. 이 춤은 물의 흐름, 산과 들의 신기루, 들꽃과 나뭇잎의 움직임을 춤으로 표현하는 것이다. 노래 가사에 따라 춤도 바뀐다. 들노래, 물소리, 산소리, 새소리 등 가사가 바뀌면 그것을 따라 춤사위도 달라진다.

참고문헌 Д.Нанжид (1988), *Монгол бүжгийн намба төрх, үндэсний өвөрмөц онцлог*, Улаанбаатар. Д.Нанжид (2011), *Монголын бүжгийн түүхэн уламжлал, хөгжлийн шинэ хандлага*, Улаанбаатар. Г.Гантогтох (2007), *Монгол зан үйлийн аман яруу найргийн уламжлал*, Улаанбаатар.

달린 초힐고 Далын цохилго (Dalyn tsokhilgo)

바야드 부족의 어깨춤에서 양쪽 팔을 날갯짓하듯이 추는 춤사위

바야드 어깨춤사위 동작인 달린 초힐고(Dalyn tsokhilgo)는 견갑골을 절도 있게 흔들면서 양쪽 팔을 펴서 날갯짓하듯이 하는 동작이다.

달린 초힐고 동작. 몽골 투멩에흐 소속 무용수
© B.Norovnyam, 2014. 8. 6.

참고문헌 Д.Нанжид (1988), *Монгол бүжгийн намба төрх, үндэсний өвөрмөц онцлог,* Улаанбаатар. Д.Нанжид (2011), *Монголын бүжгийн түүхэн уламжлал, хөгжлийн шинэ хандлага,* Улаанбаатар. Ж.Жав, Д.Нанжид (1972), *Монгол ба сонгодог бүжгийн үндсэн дасгал,* Улаанбаатар.

더르워드 어깨춤

Дөрвөд мөрний бүжиг (Dörvöd mörnii büjig)

더르워드 부족에서 어깨를 흔들면서 추는 전통 춤

몽골에서 더르워드 사람들의 주거지는 옵스 아이막 다브스트(Davst), 사길(Sagil), 버흐머런(Bökhmörön), 두르겐(Dürgen) 솜, 홉드 아이막 더르건(Dörgön) 솜, 바얀얼기 아이막 차강 노르(Tsagaan nuur) 솜이다. 더르워드 부족은 민간 구비문학, 장편 설화, 현악기 연주, 비 비엘게(어깨춤) 등 옛 문화를 계승하고 있다. 더르워드 부족에는 '차찰(Tsatsal: 고수레)', '머르걸(Mörgöl: 기원)', '허덜머르 비(Khödolmor bii: 노동 어깨춤)', '조로 모리(Joroo mori: 조로모리 주법으로 뛰는 말)' 등의 어깨춤이 폭넓게 계승되고 있다.

더르워드 사람들의 어깨춤 동작의 주요 특징은 손을 흔들 때 몸 둘레를 둘러싸 손을 모으는 동작이다. 어깨춤의 중심 악기는 이켈이거나 모링 호르(마두금)이다. 처녀나 여인들이 주로 어깨춤을 추는데, 노래 부르면서 추는 것이 일반적이다. 춤은 삶과 생활을 존중하며 기리는 '아호이 비(Akhui bii: 생활 어깨춤)'가 주를 이룬다. '더르버딘 아호이 비(Dörvödiin akhui bii: 더르워드 사람들의 생활 어깨춤)'는 일상생활의 모습을 반영하고 있는 점이 특징이다. 그들 스스로는 이를 '허덜머르 비(Khödölmör bii: 노동 어깨춤)'라고 부르고 있다. 이 어깨춤에는 여성들이 매일 행하는 행동인 손과 얼굴 씻기, 머리 빗기와 땋기, 바느질하기, 젖이나 차를 끓일 때 국자로 퍼 올렸다가 따르기를 반복하는 동작, 하늘과 땅에 고수레 올리기 등의 노동 과정과 행동이 나타난다. 남성들도 가죽을 무두질해서 부드럽게 만들기, 가죽 끈 만들기 등 일상 동작을 어깨춤으로 표현한다. 더르워드의 어깨춤은 춤을 출 때 어깨춤의 자태와 어깨 및 손을 뿌리는 동작과의 연결을 올바르게 하고, 노동 동작을 예술적으로 곱게 어우러지도록 하는 것이 중요하다.

참고문헌 Д.Нанжид (1988), *Монгол бүжгийн намба төрх, үндэсний өвөрмөц онцлог,* Улаанбаатар. Д.Нанжид (2011), *Монголын бүжгийн түүхэн уламжлал, хөгжлийн шинэ хандлага,* Улаанбаатар. Ж.Жав, Д.Нанжид (1972), *Монгол ба сонгодог бүжгийн үндсэн дасгал,* Улаанбаатар.

데르베치니 나담

Дэрвээчний наадам (Derveechnii naadam)

부리야트에서 축제 때 모든 사람들이 참여하여 추던 춤

데르베치 나담은 에렝첵 나담의 뒤를 잇는 놀이이다. 한 쌍을 이루어 뛰놀던 놀이인 에렝첵 나담이 해체되면 뒤이어 모든 사람이 참여하는 놀이인 데르베치 나담으로 변한다. 노래 장단에 맞추어서 덩실덩실 춤을 추는데 가운데 있는 모닥불이 활활 타고 축제의 분위기나 흥이 전성기에 달한다. 사람들은 다음과 같은 노랫말에 맞추어 춤을 추는데, 이 노랫말에 춤의 형태가 담겨 있다.

세 명씩 행을 이루던 놀이꾼들
서른 명으로 늘어난다
네 명씩 줄지었던 춤꾼들
마흔 명으로 늘었다
돌고 도는 수레바퀴
굴레 때문에 돈다
뛰노는 나의 몸은
부모님의 은혜 덕분이다

참고문헌 Г.Гантогтох (2007), *Монгол зан үйлийн аман яруу найргийн уламжлал*, Улаанбаатар.

돌도이 제르드 Долдой зээрд (Doldoi zeerd)

자흐친 부족 어깨춤에서 말의 걸음걸이와 움직임을 표현하는 춤사위

돌도이 제르드(Doldoi zeerd)는 "적갈색 말"이란 뜻을 지닌 이 춤사위로, 어깨를 교대로 흔들거나 때리기를 한 차례 행하며, 그 다음에는 동시 때리기를 두 차례 행하는 동작을 나타낸다. 준마의 걸음거리와 움직임을 춤으로 그려낸 것이다.

참고문헌 Д.Нанжид (2011), *Монголын бүжгийн түүхэн уламжлал, хөгжлийн шинэ хандлага*, Улаанбаатар. Ж.Жав, Д.Нанжид (1972), *Монгол ба сонгодог бүжгийн үндсэн дасгал*, Улаанбаатар.

머르굴 Мөргүүл (Mörgüül)

오리앙하이 부족의 어깨춤에서 신령에게 합장하여 기도를 올리는 의미를 표현한 춤사위

오리앙하이 부족 어깨춤의 춤사위는 크게 6개로 이루어져 있는데, 머르굴(Mörgüül)은 그 중의 하나로 "고개를 숙여 예를 올리기"란 뜻을 갖고 있다. 이 춤사위는 산신령에게 예를 지키며 합장하여 기도하는 의미를 춤으로 나타낸 것이다.

머르굴 동작, 몽골 투멩에흐 소속 무용수
© B.Norovnyam, 2014. 8. 6.

참고문헌 Д.Нанжид (2011), *Монголын бүжгийн түүхэн уламжлал, хөгжлийн шинэ хандлага*, Улаанбаатар. Ж.Жав, Д.Нанжид (1972), *Монгол ба сонгодог бүжгийн үндсэн дасгал*, Улаанбаатар.

머르니 솔비흐 초힐고 Мөрний солбих цохилго (Mörnii solbikh tsokhilgo)

토르고드 부족 어깨춤에서 양 어깨를 교대로 흔들면서 추는 춤사위

토르고드 어깨춤사위 동작인 머르니 솔비흐 초힐고(mörnii solbikh tsokhilgo)는 어깨 관절을 교대로 꺾으면서 흔드는 동작을 나타낸다.

머르니 솔비흐 초힐고 동작, 전통춤보존회 소속 무용수
© B.Norovnyam, 2014. 8. 6.

참고문헌 Ж.Жав, Д.Нанжид (1972), *Монгол ба сонгодог бүжгийн үндсэн дасгал,* Улаанбаатар.

머르 솔리보즈 초히흐 ᠮᠥᠷ ᠰᠣᠯᠪᠢᠵᠤ ᠴᠣᠬᠢᠬᠤ

Мөр солбиж цохих (Mör soliboj tsokhikh)

더르워드 어깨춤에서 어깨를 교대로 움직이는 춤사위

더르워드 어깨춤사위 동작으로 머르 솔리보즈 초히흐(mör soliboj tsokhikh)가 있는데, 이는 어깨를 앞뒤로 교대로 움직이는 춤 동작이다.

머르 솔리보즈 초히흐 동작, 몽골 투멩에흐 소속 무용수
© B.Norovnyam, 2014. 8. 6.

참고문헌 Ж.Жав, Д.Нанжид (1972), *Монгол ба сонгодог бүжгийн үндсэн дасгал,* Улаанбаатар.

바야드 어깨춤 ᠪᠠᠶᠠᠳ ᠮᠥᠷᠡᠨ ᠦ ᠪᠦᠵᠢᠭ Баяд мөрний бүжиг (Bayad mörnii büjig)

바야드 부족에서 어깨를 흔들면서 추는 전통 춤

바야드 부족은 몽골 옵스 아이막의 말친(Malchin), 햐르가스(Khyargas), 테스(Tes), 준고비(Züüngovi) 솜 등의 지역에 거주하고 있다. 바야드 부족에는 '차찰(Tsatsal)', '머르걸(Mörgöl)', '엘켄덱(Elkhendeg)', '잘람 하르(Jalam khar)', '더르번 오이라트(Dörvön oirad)', '조로 모리(Joroo mori)' 등의 어깨춤이 계승되고 있다. 각 춤의 내용과 표현이 매우 특징적이며, 어깨춤을 추는 예법과 옛 전통을 보존하고 있는 점에서 여타 서부 몽골 부족의 어깨춤 가운데에서도 우위를 차지한다.

바야드 부족의 어깨춤은 그 예법이 다른 부족과는 아주 구별된다. 바야드 부족은 전통 의상인 델의 끝단이 움직이지 않도록 춤추는 엄격한 법칙이 있다. 특히 전통 의상인 델의 끝단을 움직이지 않게 어깨춤을 추면 좋은 어깨춤꾼에 들게 된다. 이러한 어깨춤의 예로는 바야드 부족의 조로 모리(Joroo mori: 낙타가 뛰는 주법으로 뛰는 말), 엘켄덱(Elkhendeg) 어깨춤을 들 수 있다. 머르굴(Mörgüül: 고개 숙여 예를 올리기)이라는 춤도 발과 무릎을 꿇고 앉아 가슴을 아래로 향하도록 엎드리는 등의 동작으로서 어깨춤의 내용을 분명하게 나타내고 있다.

엘켄덱, 조로 모리, 차찰, 머르걸, 더르번 오이라트 등의 춤사위는 모인 사람들이 다같이 추어야 된다. 불의 제사 때 차찰과 머르걸, 새 집을 지을 때 엘켄덱, 차찰, 조로 모리, 결혼식 때 엘켄덱, 조로 모리, 설날 때 엘켄덱, 잘람 하르를 춘다. 즉 행사의 의미에 부합하는 춤을 추어야 하는 것이다.

참고문헌 Д.Нанжид (1988), *Монгол бүжгийн намба төрх, үндэсний өвөрмөц онцлог,* Улаанбаатар. Д.Нанжид (2011), *Монголын бүжгийн түүхэн уламжлал, хөгжлийн шинэ хандлага,* Улаанбаатар. Ж.Жав, Д.Нанжид (1972), *Монгол ба сонгодог бүжгийн үндсэн дасгал,* Улаанбаатар.

부리야트의 전통 춤 Буриадын уламжлалт бүжиг (Buriadyn ulamjlalt büjig)

부리야트에서 예부터 전해 내려오는 춤

부리야트족은 고대 몽골 부족 중의 하나로 바이칼 호수 주변 일대에서 유목생활을 영위해 온 부족이다. 오늘날에도 부리야트 부족의 대다수는 러시아 연방의 부리야트 공화국에 거주하고 있다. 부리야트 부족은 내부적으로 이흐레드 부리야트(Ikhered Buriad), 볼가드 부리야트(Bulgad Buriad), 송골 부리야트(Songool Buriad), 호리 부리야트(Khori Buriad), 아가 부리야트(Aga Buriad) 등 여러 씨족으로 구성되어 있다. 오늘날 몽골의 헙스걸, 볼강, 셀렝게 아이막에는 송골 부리야트인들이 일부 거주하고 있으며, 헨티, 도르노드 아이막에도 호리 부리야트, 아가 부리야트인들이 일부 거주하고 있다.

부리야트 부족들의 춤과 노래에는 부리야트 부족의 기원, 언어와 문화, 생활 의식들이 종합적으로 보존되어 있다. 부리야트인들의 춤은 민속놀이와 혼례 의식을 통해 보존되고 계승되어 왔다. 오늘날의 부리야트 부족의 민속놀이, 혼례 의식과 관련되는 대표적인 춤이 '요호르(yookhor: 圓形舞)'와 '에렘시흐(eeremshikh)' 등이다. 이 춤들은 세부적으로 약간 차이를 지니지만 혼례의 과정을 나타내고 있다. 그리고 '바스간 자일가흐(basgan zailgakh: 딸 멀어지게 하기)', '데르 볼랄다흐(der bulaaldakh: 베개 뺏기)', '테메니 에렐친(temeenii erelchin: 낙타를 찾는 사람)', '니르겔렉 나다흐(nirgeleg naadakh)' 놀이 등도 역시 춤으로 발전되어, 부리야트 혼례 잔치 놀이의 길라잡이를 만들었다. 부리야트 부족의 춤 가운데 요호르는 한국의 전통 춤인 강강수월래와 유사하다는 점에서 한국학자들의 주목을 받고 있다.

부리야트 부족의 춤과 놀이는 명절이나 혼례식 과정 등 사람이 많이 모이는 장소에서 모닥불을 크게 피우고 그 주변에서 이루어진다. 공식 행사가 끝나면 그 다음에 저녁때 이루어진다. 이런 놀이는 니르겔렉 나담, 아이도사이 나담, 구겔 나담, 야호사이 나담, 에렝첵 나담, 요호르, 후르드 도고이 나담, 데르베치 나담 등 여러 가지가 있다. 부리야트 전통 춤에서 '나담'이라는 말은 원래 '놀이'인데 춤으로 발전되었다.

참고문헌 Д.Нанжид (1988), *Монгол бүжгийн намба төрх, үндэсний өвөрмөц онцлог,* Улаанбаатар. Д.Нанжид (2011), *Монголын бүжгийн түүхэн уламжлал, хөгжлийн шинэ хандлага,* Улаанбаатар.

샤완 Шаваан (Shavaan)

우젬친 부족 전통 춤에서 씨름꾼이 씨름을 하기 직전의 동작을 나타낸 춤사위

우젬친 부족의 춤사위의 주 동작인 샤완(shavaan)은 손바닥으로 넓적다리를 내리치는 춤사위로, 씨름꾼이 씨름을 하기 직전에 하는 동작을 춤으로 나타낸 것이다.

참고문헌 Д.Нанжид (2011), *Монголын бүжгийн түүхэн уламжлал, хөгжлийн шинэ хандлага,* Улаанбаатар.

세텐 잘로 어깨춤 Сээтэн залуу мөрний бүжиг (Seeten zaluu mörnii büjig)

호통 부족에서 전해 내려오는 어깨춤의 하나

호통 부족에서 전해 내려오는 세텐 잘로(seeten zaluu) 어깨춤은 다른 어깨춤과 마찬가지로 삶에서 유래된 어깨춤이다. 세텐(seeten)이란 '추파를 던지는 사람'이라는 뜻으로, 세텐 잘로는 "추파를 던지는 젊은이"라는 뜻이다. 이렇게 불리게 된 연유에 대해서는 다음과 같은 전설이 있다.

한 젊은이가 같은 고장에 사는 아가씨를 마음에 두게 되었다고 한다. 그래서 자신의 마음을 전하고 싶은데 그녀를 만날 곳을 찾지 못하였다. 그때 우르싱 이흐 바야르(ürsiin ikh bayar: 말젖 짜기 큰 잔치)'가 열리게 되었다. 젊은이가 어깨춤을 추면서 큰 사발 가득히 마유주를 받고 있었다. 그런데 자기가 마음에 품은 아가씨가 곁에 와서 큰 사발에 담은 마유주를 주려는 바로 그 순간, 젊은이는 자신의 어깨춤사위로 자신의 눈을 깜빡거리며 손을 심장 부근으로 가져가 춤추면서 자기의 마음을 표현하였다고 한다. 그때부터 젊은이는 '세텐(seeten, 추파를 던지는 젊은이)'이라는 별명을 가지게 되었고, 그 춤이 변화되어 세텐 잘로라는 어깨춤이 생기게 되었다고 한다.

참고문헌 Д.Нанжид (1988), *Монгол бүжгийн намба төрх, үндэсний өвөрмөц онцлог,* Улаанбаатар. Д.Нанжид (2011), *Монголын бүжгийн түүхэн уламжлал, хөгжлийн шинэ хандлага,* Улаанбаатар. Ж.Жав, Д.Нанжид (1972), *Монгол ба сонгодог бүжгийн үндсэн дасгал,* Улаанбаатар.

쇼드라흐 Шудрах (Shudrakh)

오리앙하이 어깨춤에서 어깨를 위아래로 움직이며 추는 춤사위

오리앙하이 부족 어깨춤의 춤사위는 크게 6개로 이루어져 있는데, 쇼드라흐(shudrakh)는 그 중의 하나로 어깨를 상하로 움직이는 동작을 나타낸다. 이 춤사위는 두 어깨를 위아래로 급하게 올렸다 내리며 들썩이는 동작과 함께 손바닥을 몸체에서 떼지 않고 붙인다. 이 춤사위는 원래 델(deel: 몽골 전통 복장)의 호르모이(khormoi: 아랫단)와 부스(büs: 허리띠)를 가다듬는 모습을 춤사위로 한 것인데, 후에 춤꾼 자신의 장신구를 자랑하기 위하여 추는 춤사위로 이해되기 했다.

쇼드라흐 동작, 몽골 투멩에흐 소속 무용수
© B.Norovnyam, 2014. 8. 6.

참고문헌 Д.Нанжид (1988), *Монгол бүжгийн намба төрх, үндэсний өвөрмөц онцлог,* Улаанбаатар. Ж.Жав, Д.Нанжид (1972), *Монгол ба сонгодог бүжгийн үндсэн дасгал,* Улаанбаатар.

아야스 비엘게 Аяс биелгээ (Ayas biyelgee)

호통 부족에서 전해 내려오는 곡식을 심어 식량을 만드는 과정을 담은 어깨춤

아야스 비엘게(Ayas biyelgee)는 곡식을 심고, 맷돌로 밀가루를 만들고, 채에 거르는 노동 과정을 어깨춤의 동작으로 보여주는 특별한 자태의 춤이다. 그러므로 이 어깨춤은 경쾌하고 절도 있는 동작으로 이루어져 있다. 어깨춤 품새는 손바닥을 위로 보이게 하고, 상반신을 향해 손을 번갈아 가며 절도 있게 갑자기 바깥쪽으로 휘게 던지고 당기며, 팔뚝을 구부려 가슴

을 때리는 모습으로 이루어져 있으며 이러한 동작으로 어깨춤을 춘다. 호통 여성들은 대부분 손을 펴서 어깨춤을 추는데 이것은 개방적인 어깨춤의 한 형태이다. 어깨춤을 마치면 오른쪽 팔꿈치를 왼손바닥으로 부여잡고서 아래를 향해 고개 숙여 예를 취한다. 이는 상대방에게 어깨춤을 청하는 동작이다. 이것을 '비게 실줄레흐(biigee shiljuulekh)'라고 부른다. 호통인의 어깨춤은 몇몇 가지가 있지만 외형상 아야스 비 비엘게의 기본 형태를 보존하고 있다.

참고문헌 Д.Нанжид (1988), *Монгол бүжгийн намба төрх, үндэсний өвөрмөц онцлог,* Улаанбаатар. Д.Нанжид (2011), *Монголын бүжгийн түүхэн уламжлал, хөгжлийн шинэ хандлага,* Улаанбаатар. Ж.Жав, Д.Нанжид (1972), *Монгол ба сонгодог бүжгийн үндсэн дасгал,* Улаанбаатар.

아이도사이 나담 Айдуусай наадам (Aiduusai naadam)

부리야트에서 여러 사람들이 모여 노래를 부르며 추는 춤

몇 명씩 무리를 지어 유희가 담긴 노래를 부르며 춤을 추고 즐기는 축제를 아이도사이 나담이라고 한다. 젊은 시절의 해맑고 행복한 모습을 담은 내용의 노래와 함께 빠른 선율에 맞춰 춤을 추는데, 동작이 빠르고 자유롭다. 노랫말의 한 예를 제시하면 다음과 같다.

숫염소 뿔이 솟아 있어
뒤로 쭉 뻗어 있어
두 사람을 잘 봐, 봐
안고 안기려고 하는 걸 봐.

참고문헌 Г.Гантогтох (2007), *Монгол зан үйлийн аман яруу найргийн уламжлал,* Улаанбаатар.

아츠 비엘게 Ац биелгээ (Ats biyelgee)

호통 부족에서 전해 내려오는 어깨춤의 하나

호통 부족에는 아츠 비엘게(Ats biyelgee: 두 갈래 비 비엘게)의 기원 설화가 다음과 같이 전승되고 있다.

옛날 옛적 두 형제가 곡식을 재배하며 살고 있었다. 하루는 곡식을 재배하러 가다가 나무 그늘에 앉아서 쉬고 있는데, 바람이 불자 나뭇가지 하나가 땅에 끌렸다가 다시 위로 튕기는 것을 동생이 보고 형에게 한 나무에서 자란 두 갈래 가지가 땅에 끌렸다가 흔들리고 있듯이 비 비엘게(어깨춤)를 추자고 했다. 그러면서 동생이 "두 갈래 나무처럼 갈라져 춤추자(Atstai mod shig savlan biileye), 잎을 가진 나무처럼 흔들거리며 춤추자(Navchtai mod shig naigan biileye)"라고 노래 부르며 춤을 추었다고 한다.

호통 부족의 아츠 비엘게는 춤꾼들의 재능을 가리는 잣대가 된다.

참고문헌 Д.Нанжид (1988), *Монгол бүжгийн намба төрх, үндэсний өвөрмөц онцлог,* Улаанбаатар. Д.Нанжид (2011), *Монголын бүжгийн түүхэн уламжлал, хөгжлийн шинэ хандлага,* Улаанбаатар. Ж.Жав, Д.Нанжид (1972), *Монгол ба сонгодог бүжгийн үндсэн дасгал,* Улаанбаатар.

악살 Агсал (Agsal)

토르고드 부족에서 남성들의 남자다움과 용기, 야망 등을 표현한 어깨춤

악살은 토르고드족 전통 춤사위 중 하나이며, 이흐 악살(ikh agsal)과 헬헤 악살(khelkhee agsal)이라는 두 가지 변이 형태가 있다. 이들은 토르고드 부족의 대표적인 춤사위가 된다. 내용적으로는 남성미, 진중한

용기, 인내, 지적인 성격을 표현하는 춤사위이다.

토르고드족의 악살 어깨춤은 민중 서사시로부터 어깨춤의 구체적인 형태를 소생시켜 만든 것으로 진정한 용사, 남자의 야망을 명확히 표현하고 있다. 엠. 푸렙잘(M.Pürevjal)은 악살 어깨춤의 전설적 인물이자 전승에 적극적인 역할을 한 인물이다. 엠. 푸렙잘의 악살 어깨춤을 배우고 계승한 첫 번째 제자들이 1947년 국립극장으로 온 무용가 베. 곰보수렝(B.Gombosüren), 데. 볼후(D.Bulkhüü)이다. 그리고 두 번째 제자들이 무용가 이. 담딘(I.Damdin), 레. 바트사이항(R.Batsaikhan) 등이다.

세계 각국의 사람들이 처음 접한 몽골의 전통 춤은 데. 볼후가 춘 악살 어깨춤이다. 데. 볼후의 악살은 토르고드족 남자들의 남자다움과 용사의 특성을 지닌 위엄 있는 모습을 소개하고 있다. 이. 담딘의 악살은 영특하고 자유로운 마음을 지닌, 열정의 용사의 모습을 어깨춤으로 묘사하고 있다. 이에 반해 레. 바트사이항의 어깨춤인 악살은 사냥꾼 용사의 예리하고 명료한 동작으로 승리를 쟁취한 행운을 지닌 남자의 모습을 나타내고 있다.

청나라 때에는 토르고드 부족 미식도르지가 '악살 훌라이 바타르(Agsal khulai baatar)'라는 가무단을 만들기도 하였다. 미식도르지의 악살 훌라이 바타르 가무단이 배출한 전설적인 어깨춤꾼이 엠. 푸렙잘이다.

참고문헌 Б.Катуу (2002), *Торгууд ардын аман зохиол*, Улаанбаатар. Д.Нанжид (1988), *Монгол бужгийн намба төрх, үндэсний өвөрмөц онцлог*, Улаанбаатар. Шинжлэх ухааны академи, түүхийн хүрээлэн (1987), *БНМАУ-ын угсаатны зүй. 2. (Ойрадын угсаатны зүй)*, Улаанбаатар. Э.Оюун (1989), *Монголын театрын түүхэн замнал*, Улаанбаатар.

악살 노래 Агсал дуу (Agsal duu)

토르고드(Torguud) 부족들의 연희에서 사용되는 노래

서부 몽골의 더르워드(Dörvöd), 바야드(Bayad), 토르고드(Torguud) 등과 같은 민족들의 연희예술 중에 '비(bii)' 또는 '비옐게(biyelge)'라는 춤이 있다. 토르고드족들의 연희에서 부르는 노래가 '악살 도(Agsal duu)'인데, 주로 옅은 황갈색의 거친 조로(Joroo) 말을 탄 영웅 남자가 음송한다. 사람들은 몸을 양쪽으로 흔들며 노래하고 춤을 출 때 영웅의 능력과 복장 등에 대해 칭송하거나, 몸과 팔의 움직임을 아주 빠르게 하며 조로말의 움직임을 표현하기도 한다. 악살 도는 몽골 남성의 활력을 준마(馬)를 통해 축원하는 것이다.

참고문헌 Ш.Гаадамба, Х.Сампилдэндэв(1988), *Монгол ардын аман зохиол*, ШУА. Хэл зохиолын хүрээлэн, Улаанбаатар. Д.Цэрэнсодном(2012), *Монгол аман зохиолын тайлбарт дээж бичиг*, Улаанбаатар. Ш.Гаадамба, Д.Цэрэнсодном(1978), *Монгол ардын аман зохиолын дээж бичиг*, Улаанбаатар.

알들라흐 Алдлах (Aldlakh)

오리앙하이 어깨춤에서 두 팔로 안는 듯한 춤사위

오리앙하이 부족 어깨춤의 춤사위는 크게 6개로 이루어져 있는데, 알드라흐(aldlakh)는 그 중의 하나로 팔로 한아름 안는 동작을 나타낸다. 알드라흐는 어깨관절을 교대로 흔들 때 팔꿈치를 양쪽 허리춤에 붙이고, 팔을 옆으로 펼쳐 잠시 정지하는 듯하다가 다시 펴는 동작이다. 올가미로 말을 잡기, 활을 당기는 등 일상생활에서 하는 동작이 이 춤사위를 만들어냈다. 이 춤사위는 근대의 어깨

춤꾼인 이르. 삼지드(R.Samjid)가 만들었다.

알들라흐 동작, 몽골 투멩에흐 소속 무용수
© B.Norovnyam, 2014. 8. 6.

참고문헌 Д.Нанжид (1988), *Монгол бүжгийн намба төрх, үндэсний өвөрмөц онцлог,* Улаанбаатар. Д.Нанжид (2011), *Монголын бүжгийн түүхэн уламжлал, хөгжлийн шинэ хандлага,* Улаанбаатар. Ж.Жав, Д.Нанжид (1972), *Монгол ба сонгодог бүжгийн үндсэн дасгал,* Улаанбаатар.

알할트 Алхалт (Alkhalt)

토르고드 부족 어깨춤에서 걷는 동작의 춤사위

토르고드 어깨춤사위 동작인 알할트(alkhalt)는 '걷기'란 뜻으로, 다른 춤동작을 하면서 무릎을 약간 구부려 걷는 춤사위를 말한다.

알할트 동작, 전통춤보존회 소속 무용수
© B.Norovnyam, 2014. 8. 6.

참고문헌 Ж.Жав, Д.Нанжид (1972), *Монгол ба сонгодог бүжгийн үндсэн дасгал,* Улаанбаатар.

야호사이 나담 Яхуусай наадам (Yakhuusai naadam)

부리야트에서 여러 사람들이 열을 지어 뒤따라 가면서 추는 춤

예렝 나담과 후르드 도고잉 나담, 야호사이 나담 등 이 세 축제는 서로 연결되어 있다. 즉 이어서 계속되는 춤 축제라고 할 수 있다. 야호사이 나담은 모인 사람들이 한 줄로 서서 마치 대상(隊商) 행렬에서 짐 실은 낙타 떼가 사막을 가는 것과 같은 모습을 나타낸 춤이다. 이것은 이동을 하는 유목민의 생활 모습을 반영하면서 이동 중인 무리 속에 젊은 아가씨가 있으면 같이 놀아 보자는 뜻을 담고 있다. 노래 가사를 제시하면 다음과 같다.

앙가라 강가로
대상이 다닌다네
금년 축제에
젊은 아가씨가 온다네.
후렴; 야하이 야하이 야호사이
이동 중 야호사이
야호사이 나담에
한번 가서 놀아 보자.

참고문헌 Г.Гантогтох (2007), *Монгол зан үйлийн аман яруу найргийн уламжлал,* Улаанбаатар.

어럴트 Өрөлт (Örölt)

우젬친 부족의 전통 춤에서 씨름꾼이 시합 전에 서로 맞대고 서서 준비하는 자세를 표현한 춤사위

우젬친 부족의 춤사위 주 동작 중 하나는 어럴트(örölt)이며 '준비 자세를 취하기'라는 뜻으로 씨름꾼이 서로 맞대고 서서 시합을 준비하는 자세를 춤으로 표현한 것이다.

참고문헌 Ж.Жав, Д.Нанжид (1972), *Монгол ба сонгодог бүжгийн үндсэн дасгал,* Улаанбаатар.

에렝 하비르가 Эрээн хавирга (Ereen havirga)

토르고드 부족 전통 춤에서 팔을 앞뒤, 위아래로 흔들면서 추는 춤사위

에렝 하비르가는 토르고드족 전통 춤사위 중 하나로, 어깨를 흔들면서 동시에 팔을 좌우, 앞뒤로 흔들면서 추는 춤이다. 에렝 하비르가 지역의 아름다움을 표현하는 춤사위이다.

참고문헌 Шинжлэх ухааны академи, түүхийн хүрээлэн (1987), *БНМАУ-ын угсаатны зүй. 2. (Ойрадын угсаатны зүй),* Улаанбаатар.

에렝첵 나담 Ээрэнцэг наадам (Eerentseg naadam)

부리야트에서 남녀가 쌍쌍을 이루어 손을 잡고 추는 전통 춤

이 춤은 아주 경쾌하면서도 매우 빠른 동작을 자랑한다. 남녀가 쌍쌍을 이루어 손을 앞뒤로 맞잡고, 여러 쌍이 종횡으로 대열하여 발을 내디디며 추는 춤이다. 이 춤은 쌍쌍으로 원을 그리며 중심을 에워싸다가, 더 나아가서는 쌍쌍이 더 큰 원으로 퍼지거나 행렬을 이루는데, 이 행렬은 32열까지 늘어나기도 한다. 이 춤은 요호르(Yookhor: 강강수월래 같은 원형무)처럼 모두가 둥글게 하는 것이 아니라, 쌍쌍이 둥글게 춤추면서 전체적으로 둥근 형태를 만드는 춤이다. 춤을 출 때는 노래를 부르며 장단에 맞춰 춤을 추는데, 이때 부르는 노랫말을 제시하면 다음과 같다.

구름은 어디에 있느냐? 하늘에
동기들은 어디에 있느냐? 축제에
빨리 오시라, 마중하겠다
줄을 지어 뛰어 놀자꾸나
두 사람씩 손 잡고
쌍을 이루자
세 사람씩 행을 이루어
오순도순 놀자
네 명씩 따라다니며
오순도순 걷자.

참고문헌 Г.Гантогтох (2007), *Монгол зан үйлийн аман яруу найргийн уламжлал,* Улаанбаатар. Д.Нанжид (1988), *Монгол бүжгийн намба төрх, үндэсний өвөрмөц онцлог,* Улаанбаатар. Д.Нанжид (2011), *Монголын бүжгийн түүхэн уламжлал, хөгжлийн шинэ хандлага,* Улаанбаатар.

에루게르 지직 하얄라흐 Эрүүгээр жижиг хаялах (Erüügeer jijig khayalakh)

더르워드 어깨춤에서 턱을 살짝 흔드는 춤사위

더르워드 어깨춤사위 동작의 하나인 에루게르 지직 하얄라흐(Erüügeer jijig khayalakh)는 턱을 살짝 흔드는 동작이다. 이 춤사위는 턱을 앞으로 미는 듯이 하면서 머리를 좌우로 흔드는 동작이다.

에루게르 지직 하얄라흐 동작, 몽골 투멩에흐 소속 무용수
© B.Norovnyam, 2014. 8. 6.

참고문헌 Д.Нанжид (1988), *Монгол бүжгийн намба төрх, үндэсний өвөрмөц онцлог,* Улаанбаатар. Д.Нанжид (2011), *Монголын бүжгийн түүхэн уламжлал, хөгжлийн шинэ хандлага,* Улаанбаатар.

에르겔트 Эргэлт (Ergelt)

토르고드 부족 어깨춤에서 손동작과 어깨 동작을 하면서 한 바퀴 도는 춤사위

토르고드 어깨춤사위 동작인 에르겔트(ergelt)는 '돌기'란 뜻을 갖는데, 손동작과 어깨 동작을 하면서 한 바퀴 도는 춤사위를 말한다.

에르겔트 동작, 전통춤보존회 소속 무용수
© B.Norovnyam, 2014. 8. 6.

참고문헌 Д.Нанжид (1988), *Монгол бүжгийн намба төрх, үндэсний өвөрмөц онцлог,* Улаанбаатар. Д.Нанжид (2011), *Монголын бүжгийн түүхэн уламжлал, хөгжлийн шинэ хандлага,* Улаанбаатар. Ж.Жав, Д.Нанжид (1972), *Монгол ба сонгодог бүжгийн үндсэн дасгал,* Улаанбаатар.

엑렝 나담 Эгреэн наадам (Egryeen naadam)

부리야트에서 두 사람이나 네 사람씩 행렬을 지어서 뒷사람이 앞사람을 잡고 앞뒤로 발을 디디며 추는 춤

두 사람이나 네 사람씩 행렬을 지어서 한 손은 앞사람의 어깨에 얹고 다른 한 손으로는 앞사람의 허리띠를 잡고 앞뒤로 발을 디디며 추는 춤을 엑렝 나담이라고 한다. 이 춤은 마차, 우차, 가마 등 운송 수단이 다니면서 흔들거리는 동작과 소리 등을 표현하는 춤이다. 시집가는 여자의 혼수품을 실어 가는 수레바퀴가 덜커덕거리면서 가는 것을 나타내는 춤이지만 그 숨은 뜻은 즐거운 인생이지만 이생을 마감하면 수레가 가듯이 다음 세계로 가는 인생이 연속된다는 것을 나타내기도 한다. 그러나 그 슬픔을 덮어 두고 인생을 즐기라는 의미로 엑렝 나담을 한다.

참고문헌 Г.Гантогтох (2007), *Монгол зан үйлийн аман яруу найргийн уламжлал,* Улаанбаатар.

예헤르 나다흐 Еэхэр наадах (Yeekher naadakh)

부리야트에서 여러 사람이 노랫소리에 맞춰 손을 흔들거리며 추는 전통 춤

예헤르 나다흐(Yeekher naadakh)는 1940년대에 헙스걸 아이막 차강우르 솜(Tsagaan Üür sum)의 우린 골(Üüriin gol) 유역에 살고 있는 송골 부리야트 사람들이 즐겼던 춤이다. 송골 부리야트 사람들은 '예헤르 나다흐(Yeekher naadakh)'라는 노래의 선율에 맞춰 춤추며 다음과 같이 흥얼거린다.

예에 에 에~ 헤에~ 레에~ 에 에~
예에 에 에~ 헤에~ 레에~ 에 에~
예에 에 에~ 헤에~ 에 에~
라 아 아 제 에 에~
나~ 아 아 다~ 아 아~ 야아 츠

그리고 이때 앞으로 나아가 앉아서 앞뒤로 흔들거리면서, 손을 부드럽게 팔꿈치에 붙이고, 빠르지 않은 운율로 흔들거리며 춤춘다.

참고문헌 Д.Нанжид (1988), *Монгол бүжгийн намба төрх, үндэсний өвөрмөц онцлог,* Улаанбаатар. Д.Нанжид (2011), *Монголын бүжгийн түүхэн уламжлал, хөгжлийн шинэ хандлага,* Улаанбаатар.

옐켄덱 Елхэндэг (Yelkhendeg)

자흐친 부족에 계승되었던 어깨춤의 하나

옐켄덱(yelkhendeg)은 자흐친 부족에 존재했던 어깨춤의 하나로 오늘날에는 사라진 춤이다. 이 춤은 벨켄덱(belkhendeg)이라고도 한다. 벨켄덱이란 '헐렁헐렁한 큰 델'이라는 뜻을 지닌 말이다. 이 어깨춤은 더르벤 오이라트가 해체될 때 사라졌다고 전해진다. 참고로 바야드 부족 출신의 형제 춤꾼인 아그왕(Agvaan)과 부르게드(Bürged)가 옐켄덱과 유사한 춤을 계승했다고 알려져 있는데, 이들의 춤사위는 어깨를 거들먹거리며 가슴을 쭉 펴고 득의양양하게 움직이며, 헐렁한 옷을 걸치고 계속해서 온화하고도 멋있게 움직이는 동작이라고 전한다. 즉 품위 있는 사람의 우아한 행동을 춤으로 표현한 춤사위였던 것으로 추측된다.

참고문헌 Д.Нанжид (1988), *Монгол бүжгийн намба төрх, үндэсний өвөрмөц онцлог,* Улаанбаатар. Д.Нанжид (2011), *Монголын бүжгийн түүхэн уламжлал, хөгжлийн шинэ хандлага,* Улаанбаатар. Ж.Жав, Д.Нанжид (1972), *Монгол ба сонгодог бүжгийн үндсэн дасгал*, Улаанбаатар.

오리앙하이 어깨춤

Урианхай мөрний бүжиг (Uriankhai mörnii büjig)

오리앙하이 부족에서 어깨를 흔들면서 추는 전통 춤

오리앙하이 부족은 7~8세기부터 아단칸 오리앙하이(Adankhan Uriankhai), 자르치드다이 오리앙하이(Jarchidai Uriankhai), 아리긴 오리앙하이(Arigiin Uriankhai) 등의 이름으로 역사에 등장하는 오래된 부족이다. 이들은 기원적으로나 문화적으로 몽골족의 한 계열이다. 몽골에서 오리앙하이(Uriankhai)라는 단어는 씨족을 말할 때 주로 사용되며, 전체 부족을 나타낼 때는 오리앙한(Uriankhan)이라 지칭한다. 또 소속 부족의 남녀를 말할 때에는 남자는 '오리앙하이다(Uriankhaidaa)', 여자는 '오리앙하이진(Uriankhaijin)'이라 표현한다. 이들이 사용하는 언어는 몽골어 가운데 오이라트 방언 계열에 속한다. 민속학자들은 이들의 문화 예술과 습속에 중세 몽골의 형태가 깊숙이 보존되어 있다고 보고하고 있다. 오리앙하이 부족은 옛날부터 영웅서사시와 전설을 읊으며 톱쇼르(tovshuur: 서부 몽골에서 연주하는 2줄 현악기)로 연주하고 어깨춤을 추는 독특한 문화를 즐겨 왔다. 오리앙하이인의 어깨춤을 잘 살펴보면 더르워드(Dörvöd) 사람들의 어깨춤 특징인 '자드가이가르 차차흐(zadgaigaar tsatsakh: 자유롭게 뿌리는 것)'와 유사해 보이지만 정통적인 기본 자태는 전혀 다르다. 이는 오리앙하이 부족의 유명한 춤꾼인 촉긴 더친(Tsogiin Döchin)의 차츨라가라는 어깨춤에서도 볼 수 있다.

오리앙하이인들은 역사적으로 8~9세기에 더르벤 오이라트의 일부였고 그 이후 준가르 제국의 일부였다. 따라서 이런 역사적 사실과 관련 지어 보면 그들의 어깨춤은 여타 서부 몽골 부족들의 어깨춤과 가까운 관계에 있었던 것으로 보인다. 오리앙하이족들은 자신들만의 독특하고 훌륭한 어깨춤을 가지고 있다. 오리앙하이의 어깨춤의 자태는 톱쇼르를 뜯으며 연주하는 선율과 아주 잘 어울린다. 오리앙하이의 어깨춤은 이켈(ikel) 악기의 연주에 맞추어 어깨춤을 추는 더르워드 부족의 어깨춤과 다르다.

오리앙하이인들은 설날 등 명절 때나 각종

잔치 때 전통 춤을 추며 즐긴다. 머르궐, 쇼드라흐, 알들라흐, 차츨라가, 하티라, 조로 모리라는 여섯 가지의 춤사위가 전한다. 이들 중 알들라흐, 쇼드라흐가 주 춤사위가 된다.

오리앙하이 어깨춤 ©류병재, 멍흐하이르항 솜, 2015

참고문헌 Д.Нанжид (1988), *Монгол бүжгийн намба төрх, үндэсний өвөрмөц онцлог,* Улаанбаатар. Д.Нанжид (2011), *Монголын бүжгийн түүхэн уламжлал, хөгжлийн шинэ хандлага,* Улаанбаатар. Ж.Жав, Д.Нанжид (1972), *Монгол ба сонгодог бүжгийн үндсэн дасгал,* Улаанбаатар.

오이라트 어깨춤

Ойрад мөрний бүжиг (Oirad mörnii büjig)

오이라트 부족에서 어깨를 흔들면서 추는 전통 춤

몽골어에는 춤을 나타내는 용어로 '부직(büjig)'과 '비 비엘게(bii biyelgee)'가 있다. 전자는 세계 각국에서 표현하는 '춤'이란 형태에 가깝지만, 후자는 일반적인 춤이 아닌 '어깨춤'에 가깝다. '비 비엘게'의 뜻에 대해서 학자들은 "존재(bii)를 충만시키다"나 "몸(biye)을 부유하게 만들다"는 뜻으로 해석하고 있다. 몽골학자들은 이 춤의 기원이 12~13세기 고대 돌궐 부족인 나이만(Naiman)의 희생제(犧牲祭)나 기원제(祈願祭)와 관련이 있으며, 1206년 칭기스칸의 몽골 고원 통일 후 인접 몽골 부족인 오이라트(Oirad)로 전해진 것으로 간주하고 있다.

고대부터 오늘날에 이르기까지 몽골 서부 지역의 부족들은 고대의 전통적인 악기인 이켈(ikel, 마두금의 선조격인 악기), 호르(khuur)가 일으키는 선율에 따라 비 비엘게를 추는 것이 하나의 전통으로 굳어졌으며, 이후 독립된 하나의 민족 예술의 유산으로 되었다. 오이라트 몽골을 구성하고 있는 토르고드(Torguud), 바야드(Bayad), 더르워드(Dörvöd), 호통(Khoton), 오리앙하이(Uriankhai), 자흐친(Zakhchin) 등의 부족들은 각자의 고유하고 흥미로운 춤사위를 지닌 어깨춤을 보존하고 계승해 왔다.

서부 몽골 부족들은 모두 자신들의 어깨춤에 대한 각자의 춤사위 규칙을 가지고 있다. 또 각 부족들의 어깨춤사위에는 역사, 민족학, 서사문학 등 많은 분야의 정보들이 담겨 있다. 오이라트 몽골 부족들의 어깨춤을 연구하면 각 부족이나 각 춤마다 다른 춤과의 차이점이나 특성을 명료하게 파악할 수 있다.

어깨로 많은 춤 동작의 형태를 만드는 것이 오이라트 몽골족 어깨춤의 기본 특징이다. 다리, 무릎, 손, 가슴의 네 부분에 춤사위의 모든 내용이 담겨 있다. 어깨는 손동작을 만들어 내는 시작이며, 가슴은 어깨와 손, 다리는 모든 움직임을 지탱해 준다. 이들이 바로 춤 동작과 그 사이를 이어주는 어깨춤의 기본적인 형태를 구성하고 있다. 어깨춤에서 어깨와 가슴을 움직여 몇몇의 형상을 나타내는 춤사위를 구성할 때 다리의 위치와 솔트(suult: 앉기)도 중요한 역할을 맡고 있다. 서부 몽골 부족들의 어깨춤에는 '에렘 후레(Eerem khüree) 광대한 사원을 빙빙 돌면서 추는 어깨춤)', '막탄 우글레흐 비 비엘게(Magtan üglekh biyelgee: 찬미하는 노래가 있는 어깨춤)', '강차르 비 비엘게(Gantsaar biyelgee: 혼자 추는 어깨춤)' 등의 형태가 있다.

또한 오이라트의 여러 부족들이 공유하는 춤사위도 있는데, 그 중 대표적인 것이 조로 모리(Joroo mori)라는 춤사위다.

참고문헌 Д.Нанжид (1988), *Монгол бүжгийн намба төрх, үндэсний өвөрмөц онцлог,* Улаанбаатар. Д.Нанжид (2011), *Монголын бүжгийн түүхэн уламжлал, хөгжлийн шинэ хандлага,* Улаанбаатар. Ж.Жав, Д.Нанжид (1972), *Монгол ба сонгодог бүжгийн үндсэн дасгал,* Улаанбаатар.

요호르 Ёохор (Yookhor)

부리야트에서 혼례식이나 굿에서 단체로 추는 전통 춤

요호르(Yookhor)는 호리 부리야트 및 아기 부리야트인들이 주로 혼례식이나 굿에서 단체로 추는 전통 춤이다. 춤의 형태는 한국의 강강수월래처럼 노래와 함께 원을 그리며 추는데 발을 앞뒤로 내밀고 춘다. 이러한 춤사위를 '요호르' 또는 '요호르 하티라흐(yookhor khatirakh)'라고 부른다.

원을 그리면서 도는 춤인 요호르의 기원에 대해 고대 몽골인들이 혼례를 올리며 추는 '헹게렉트 뎁세흐 토이론 부직(khengeregt devsekh toiron büjig: 북을 쥐고 땅을 디디며 도는 춤)'에서 유래되었다고 보는 학자도 있다.

요호르는 원을 그리는 것을 뜻하고 하티라흐(khatirakh)는 발을 앞뒤로 내밀고 춤추는 것을 묘사하는 단어로 원래 말의 한 주법인 하티르(khatir)에서 나온 말이다. 하티르 주법은 말이 앞 뒷발을 한 번에 치고서 달리는 주법으로 말달리기에서 빠른 주법에 속한다. 요호르 춤의 내용은 말이나 낙타, 사슴의 걸음걸이를 표현하는 뜻을 가지고 있다.

참고문헌 Г.Гантогтох (2007), *Монгол зан үйлийн аман яруу найргийн уламжлал,* Улаанбаатар. Д.Нанжид (1988), *Монгол бүжгийн намба төрх, үндэсний өвөрмөц онцлог,* Улаанбаатар. Д.Нанжид (2011), *Монголын бүжгийн түүхэн уламжлал, хөгжлийн шинэ хандлага,* Улаанбаатар.

우젬친 버힌 데웰트

Үзэмчин бөхийн дэвэлт (Üzemchin bökhiin develt)

우젬친 부족의 전통 춤에서 씨름꾼의 날개를 편 듯한 동작을 나타낸 춤사위

우쳄친 부족의 춤사위 동작인 우젬친 버힌 데웰트(Üzemchin bökhiin develt)는 '우젬친 씨름꾼의 날개를 펴는 듯한 동작'을 춤으로 나타낸 춤사위이다.

참고문헌 Ж.Жав, Д.Нанжид (1972), *Монгол ба сонгодог бүжгийн үндсэн дасгал,* Улаанбаатар.

우젬친 전통 춤

Үзэмчин уламжлалт бүжиг (Üzemchin ulamjlalt büjig)

우젬친 부족에서 전해 내려오는 춤

우젬친 부족은 몽골의 동남 지방에 거주하고 있는 사람들이다. 우젬친 부족은 의상, 구비문학, 노래, 놀이 등에서 나름대로의 고유 문화와 전통을 계승하고 있다. 오늘날 우젬친 부족 전반에 걸쳐 즐기는 춤의 형태는 없지만, 그들의 춤에는 나름대로의 특징적인 춤사위가 존재한다. 우젬친인들의 춤을 형성하는 근본적인 춤사위는 전통 씨름과 관련한 것으로 우젬친 버힌 데웰트(Üzemchin bökhiin develt: 우

젬친 씨름꾼의 나래를 펴는 듯한 동작), 어럴트(örolt: 준비 자세를 취하기), 샤완(shavaan: 손바닥으로 넓적다리를 내리치는 동작)이다. 우젬친 춤의 특징을 가장 잘 보여 주는 작품이 몽골의 유명한 안무가인 세. 수흐바타르(S.Sükhbaatar)가 1989년에 연출한 '몽골 버힌 돌랄(Mongol bökhiin duulal: 몽골 씨름꾼의 찬가)'이라는 대형 춤곡이다.

참고문헌 Д.Нанжид (1988), *Монгол бүжгийн намба төрх, үндэсний өвөрмөц онцлог,* Улаанбаатар. Д.Нанжид (2011), *Монголын бүжгийн түүхэн уламжлал, хөгжлийн шинэ хандлага,* Улаанбаатар. Ж.Жав, Д.Нанжид (1972), *Монгол ба сонгодог бүжгийн үндсэн дасгал,* Улаанбаатар.

이흐 비엘게 Их биелгээ (Ikh biyelgee)

자흐친 부족 어깨춤에서 무릎을 구부린 자세로 양 옆으로 흔드는 춤사위

자흐친 어깨춤사위 중 하나인 이흐 비엘게(Ikh biyelgee)는 "큰 어깨춤"이라는 뜻을 지닌다. 이 춤사위는 무릎을 구부린 자세로 양쪽 옆으로 요동치는 듯한 동작을 나타낸다.

참고문헌 Д.Нанжид (1988), *Монгол бүжгийн намба төрх, үндэсний өвөрмөц онцлог,* Улаанбаатар. Д.Нанжид (2011), *Монголын бүжгийн түүхэн уламжлал, хөгжлийн шинэ хандлага,* Улаанбаатар.

자흐친 어깨춤 Захчин мөрний бүжиг (Zakhchin mörnii büjig)

자흐친 부족에서 어깨를 흔들면서 추는 전통 춤

자흐친 사람들은 오이라트 몽골의 한 부족으로 몽골 알타이 산맥의 남북으로 거주하고 있다. 이들은 준가르 제국 시기에 나라의 국경을 지키는 사람들이었기 때문에 자흐친(Zakhchin: 변경의 사람)이라 불리게 되었다고 전해진다. 자흐친 사람들은 옛날부터 전승되어 온 옐켄덱(Yelkhendeg), 잘람 하르(Jalam khar), 차찰(Tsatsal), 돌도이 제르드(Doldoi zeerd), 후렌 토르고트(Khüren torgot)라는 어깨춤을 전승하고 있다. 이 가운데 주요한 어깨춤이 옐켄덱, 자남 하르, 차찰이다. 이 외에도 여러렁트 할타르(Yeröolt khaltar), 사릭 테힌 비엘게(sarig tekhiin biyelgee), 에린 고르반 나담(Eriin gurvan naadam: 남성 3종 경기인 씨름, 말경주, 활쏘기) 어깨춤이 있다. 자흐친의 춤사위에서 손은 머리 이상 올리지를 않는데 이는 자흐친 어깨춤의 특징이다.

자흐친 부족은 어깨춤의 보존과 전승에 힘을 기울이고 있는데, 1940년대 이후 자흐친 어깨춤의 현대적 계승자들로는 모하쉬르(Mukhashür), 도르지랍당(Dorjravdan), 강강 푸렙(Gangan Pürev), 목소(Mogsoo), 오트공바야르(Otgonbayar), 바야르마그나이(Bayarmagnai), 바담초지(Badamtsooj), 바트멍흐(Batmönkh) 등이 있다.

참고문헌 Д.Нанжид (1988), *Монгол бүжгийн намба төрх, үндэсний өвөрмөц онцлог,* Улаанбаатар. Д.Нанжид (2011), *Монголын бүжгийн түүхэн уламжлал, хөгжлийн шинэ хандлага,* Улаанбаатар. Ж.Жав, Д.Нанжид (1972), *Монгол ба сонгодог бүжгийн үндсэн дасгал,* Улаанбаатар.

자흐친 차찰 Захчин цацал (Zakhchin tsatsal)

자흐친 부족 어깨춤에서 어깨를 떨면서 팔을 떨치며 휘두르는 춤사위

자흐친 어깨춤사위는 크게 4개로 이루어져 있는데, 차찰(tsatsal)은 그 중의 하나로 '뿌리기'라는 동작을 나타낸다. 산과 하늘 자연신들에게 제사물인 우유나 차 등을 뿌리는 동

작을 표현한다. 이 춤사위는 어깨를 교대로 흔들면서 팔을 떨치는 동시에 손바닥을 위를 향해 보이도록 휘두르면서 춤추는 동작으로 표현된다.

참고문헌 Д.Нанжид (1988), *Монгол бүжгийн намба төрх, үндэсний өвөрмөц онцлог,* Улаанбаатар. Д.Нанжид (2011), *Монголын бүжгийн түүхэн уламжлал, хөгжлийн шинэ хандлага,* Улаанбаатар. Ж.Жав, Д.Нанжид (1972), *Монгол ба сонгодог бүжгийн үндсэн дасгал,* Улаанбаатар.

조다르 Жудар (Judar)

토르고드 부족 전통 춤에서 말의 걸음걸이를 표현하는 춤사위

조다르는 토르고드족 전통 춤사위 중 하나이며, 조로 모리의 걸음거리를 표현하는 춤사위이다. 어깨의 움직임과 팔 동작, 손동작이 빠르고 경쾌한 춤사위이다.

참고문헌 Шинжлэх ухааны академи, түүхийн хүрээлэн (1987), *БНМАУ-ын угсаатны зүй. 2. (Ойрадын угсаатны зүй),* Улаанбаатар.

조로 모리 Жороо морь (Joroo mori)

오리앙하이 부족의 전통 춤사위 중 하나

조로 모리는 오리앙하이족 전통 춤사위 중 하나이며, 말의 동작이나 걸음걸이를 춤으로 표현하는 춤사위이다.

참고문헌 М.Ганболд (2013), *Алтайн урианхайчуудын шашин, зан үйл,* Ховд.

족솔트 Зогсолт (Zogsolt)

토르고드 부족 어깨춤에서 춤을 추다가 잠깐 멈추는 동작의 춤사위

토르고드 어깨춤사위 동작인 족솔트(zogsolt)는 '멈춘 자세'란 뜻으로 춤사위 도중 잠깐 멈추는 듯한 자세를 취하는 동작을 말한다.

참고문헌 Ж.Жав, Д.Нанжид (1972), *Монгол ба сонгодог бүжгийн үндсэн дасгал,* Улаанбаатар.

차츨라가 Цацлага (Tsatslaga)

오리앙하이 부족 어깨춤에서 손을 뿌리는 동작의 춤사위

오리앙하이 어깨춤사위 중 하나인 차츨라가(tsatslaga)는 손을 뿌리는 동작을 나타낸다. 동작의 형태는 웅크리고 앉은 자세로 몸체를 따라 팔을 떨어뜨린 상태에서 어깨를 차례로 흔들며, 두 팔을 동시에 옆에서 던지고 당기듯 한다. 중요한 것은 손 던지기가 어깨에서 위쪽으로가 아니라 밖으로 던지는 동작이다. 이때 손을 곧은 모양새로 뿌린다. 산과 하늘에 제사물인 우유를 뿌리거나 기도하는 뜻을 지닌 춤이다.

차츨라가 동작, 몽골 투멩에흐 소속 무용수
© B.Norovnyam, 2014. 8. 6.

참고문헌 Д.Нанжид (1988), *Монгол бүжгийн намба төрх, үндэсний өвөрмөц онцлог,* Улаанбаатар. Д.Нанжид (2011), *Монголын бүжгийн түүхэн уламжлал, хөгжлийн шинэ хандлага,* Улаанбаатар. Ж.Жав, Д.Нанжид (1972), *Монгол ба сонгодог бүжгийн үндсэн дасгал,* Улаанбаатар.

타키마 어깨춤 Такима (Takima)

호통 부족에서 전해 내려오는 어깨춤의 하나

타키마(Takima)는 고수레와 의미가 같으며 기원의 뜻을 담은 춤이다. 신성한 산과 강에 제사를 지내고 최상의 제물을 바치는 신앙의 성스러운 의식에서 머리를 숙이고 기원을 올리는 타키마 어깨춤이 탄생했다. 춤을 출 때 다음과 같은 노래를 부른다.

그리운 곳의 지신은 타키마
(Sanasan gazryn savdag ni Takima)
지켜온 곳의 지신은 타키마
(Sakhisan gazryn burkhan ni Takima)

참고문헌 Д.Нанжид (2011), *Монголын бүжгийн түүхэн уламжлал, хөгжлийн шинэ хандлага,* Улаанбаатар. Ж.Жав, Д.Нанжид (1972), *Монгол ба сонгодог бүжгийн үндсэн дасгал,* Улаанбаатар.

토르고드 어깨춤 Торгууд мөрний бүжиг (Torguud mörnii büjig)

토르고드 부족에서 어깨를 흔들면서 추는 전통 춤

몽골국의 토르고드(torguud) 부족은 아브지힌항(Avjikhiinkhan), 박신항(bagshiinkhan), 타이진항(taijiinkhan), 베엘린헹(beiliinkhen), 왕긴항(vangiinkhan)이라는 타반 호쇼(tavan khoshuu: 5旗)로 이루어져 있다. 이들은 긴 술이 달린 둥근 모자인 토르촉(toortsog)과 널찍한 검정색 호시모그(khoshmog: 테두리)를 가진 네모난 옷깃을 두른 하얀색 델, 토호 고탈(tookuu gutal: 서몽골인의 목이 긴 신발)을 신고서 노래를 부르며 어깨춤을 춘다. 토르고드 부족의 막탈 도(magtaal duu: 전통 찬가)나 어깨춤은 용맹한 남성과 준마에 대한 것, 자연숭배와 조상을 숭상하는 내용 등을 담고 있다. 토르고드 부족은 악살(agsal), 헬헤 악살(khelkhee agsal), 차찰(tsatsal), 사와르다흐 비(savardakh bii), 에렝 하비르가(ereen khavirga), 조다르(judar) 등 다양한 어깨춤을 전승하고 있다. 이 중 악살과 헬헤 악살이 중심이 된다.

토르고드 부족의 춤사위는 머르니 솔비흐 초힐고(mörnii solbikh tsokhilgo: 어깨 관절 교대로 꺾으며 흔들기), 가링 차찰가(garyn tsatsalga: 손 내치기)이며 족솔트(zogsolt: 멈추기), 알할트(alkhalt: 걷기), 톱쉴트(tovshilt: 디디기), 에르겔트(ergelt: 돌기) 등 기본적인 6개의 동작으로 이루어져 있으며, 비교적 자유로운 발 동작을 가지고 있다. 토르고드 부족의 다양한 춤사위는 서로 구별되지만 노래를 부르며 추는 '차찰'이라는 어깨춤은 여러 어깨춤의 기본이 되는 동작을 담고 있다. '악살'은 민요의 의미를 살리면서 독자적인 온전한 이야기를 가지고 있는 대형 어깨춤이다. 동작의 부분에서는 이흐 차찰(ikh tsatsal: 크게 내미는 손사래)의 춤사위에서 비롯된 손사래로 대표된다. 내용적으로는 남성미, 진중한 용기, 인내, 지적인 성격을 어깨춤의 방식으로 아주 예술성이 높게 잘 나타낸 춤이다.

토르고드 사람들은 지역적 풍습, 특성, 본질, 그 어떠한 의미를 어깨춤의 방식으로 표현해 나타내는 특징을 지니고 있다. 예를 들면, 차찰(tsatsal), 헬헤 악살(khelkhee agsal), 사와르다흐 비(savardakh bii), 호복(khovog: 물항아리), 에렝 하비르가 노트긴 비 (ereen khavirga nutgiin bii), 합 바릴당(khav barildaan: 멋진 경기) 등의 어깨춤들은 제각기 그 자체의 의미를 보존하고 있다. 차찰 어깨춤은 그 자체의 독립된 민요를 가지고 있는데, 산천의 위엄을 우러러 경배하고 또 자연을 아끼고 보호하는 의식을 담고 있다. 차찰(Tsatsal: 고수레를 올릴 때 쓰는 홈이 파인 주걱)의 9개의 홈에 최상의 제물인 새하얀 젖을 담아 13 알타이에 올리면서 찬가를 부르고 경배를 올리는 것이 이 어깨춤의 주요 의미이다. 헬헤 악살(Khelkhee agsal)은 크고 작은 악살이란 의미로 규범에 따라 치르는 연회의 춤이라 불리는 민속 의식적인 어깨춤이다. 사와르다흐 비(Savardakh bii)는 호보긴 토르고드(Khovogiin torguud) 부족의 어깨춤이다. 에렝 하비르가 (Ereen khavirga)라는 지역 명칭으로 불리는 '에렝 하비르가'라는 어깨춤도 있다. 하르 사이르(Khar sair), 에렝 하비르가(Ereen khavirga)라는 지역에 살던 토르고드 인들을 이흐 초호르(ikh tsookhor 큰 반점)라고 하였다. 이렇듯 토르고드 부족의 어깨춤은 부족이나 씨족, 지역 습속을 반영한 명칭들이 많다.

참고문헌 Д.Нанжид (1988), *Монгол бүжгийн намба төрх, үндэсний өвөрмөц онцлог,* Улаанбаатар. Д.Нанжид (2011), *Монголын бүжгийн түүхэн уламжлал, хөгжлийн шинэ хандлага,* Улаанбаатар. Ж.Жав, Д.Нанжид (1972), *Монгол ба сонгодог бүжгийн үндсэн дасгал,* Улаанбаатар.

토르고드 차찰 Торгууд Цацал (Torguud tsatsal)

토르고드 부족에서 팔을 앞뒤, 위아래로 흔들면서 추는 어깨춤

차찰은 토르고드족 전통 어깨춤의 하나이며, 산과 하늘, 자연신들에게 제물을 올리고 기도하는 뜻을 지닌다. 어깨를 흔들면서 팔을 좌우, 전후, 상하로 흔드는 춤사위를 갖고 있다.

참고문헌 Шинжлэх ухааны академи, түүхийн хүрээлэн (1987), *БНМАУ-ын угсаатны зүй. 2. (Ойрадын угсаатны зүй),* Улаанбаатар.

톨고인 하얄라가 Толгойн хаялга (Tolgoin khayalga)

바야드 어깨춤에서 고개를 흔드는 춤사위

톨고인 하얄라가(Tolgoin khayalga)는 바야드 어깨춤사위 동작 중의 하나로 고개를 흔드는 동작을 이른다. 팔을 머리 위로 교대로 올려 흔들면서 고개도 함께 흔들면서 추는 춤사위이다.

톨고인 하얄라가 동작, 몽골 투멩에흐 소속 무용수
© B.Norovnyam, 2014. 8. 6.

참고문헌 Д.Нанжид (1988), *Монгол бүжгийн намба төрх, үндэсний өвөрмөц онцлог,* Улаанбаатар. Д.Нанжид (2011), *Монголын бүжгийн түүхэн уламжлал, хөгжлийн шинэ хандлага,* Улаанбаатар. Ж.Жав, Д.Нанжид (1972), *Монгол ба сонгодог бүжгийн үндсэн дасгал,* Улаанбаатар.

톱쉴트 Товшилт (Tovshilt)

토르고드 부족 어깨춤에서 발을 디디는 동작의 춤사위

토르고드 어깨춤사위인 톱쉴트(tovshilt)는 발을 딛는 동작을 나타낸다.

참고문헌 Ж.Жав, Д.Нанжид (1972), *Монгол ба сонгодог бүжгийн үндсэн дасгал,* Улаанбаатар.

하비르가 하얄라가 Хавирга хаялга (Khavirga khayalga)

바야드 어깨춤에서 상체를 좌우로 흔드는 춤사위

하비르가 하얄라가(Khavirga khayalga)는 몽골어로 "가슴뼈 흔들기"라는 뜻인데, 바야드 부족의 어깨춤 동작 중의 하나로 상체를 흔드는 춤사위이다. 이 춤사위는 반 앉아 있는 상태에서 상체를 양쪽으로 흔들흔들 움직이는데, 이 때 양손은 허리 근처에 위치한다.

하비르가 하얄라가 동작, 몽골 투멩에흐 소속 무용수
© B.Norovnyam, 2014. 8. 6.

참고문헌 Д.Нанжид (1988), *Монгол бүжгийн намба төрх, үндэсний өвөрмөц онцлог,* Улаанбаатар. Д.Нанжид (2011), *Монголын бүжгийн түүхэн уламжлал, хөгжлийн шинэ хандлага,* Улаанбаатар. Ж.Жав, Д.Нанжид (1972), *Монгол ба сонгодог бүжгийн үндсэн дасгал,* Улаанбаатар.

하티라 Хатираа (Khatiraa)

오리앙하이 부족 어깨춤사위 중 하나

하티라 동작, 몽골 투멩에흐 소속 무용수
© B.Norovnyam, 2014. 8. 6.

하티라(khatiraa)는 말이 큰 보폭으로 질주하는 동작을 나타낸다. 즉 말이 달리는 모습을 춤으로 표현한 춤사위이다.

참고문헌 Д.Нанжид (1988), *Монгол бүжгийн намба төрх, үндэсний өвөрмөц онцлог,* Улаанбаатар. Д.Нанжид (2011), *Монголын бүжгийн түүхэн уламжлал, хөгжлийн шинэ хандлага,* Улаанбаатар. Ж.Жав, Д.Нанжид (1972), *Монгол ба сонгодог бүжгийн үндсэн дасгал,* Улаанбаатар.

할흐의 전통 춤 Халхын уламжлалт бүжиг (Khalkhyn ulamjlalt büjig)

할흐 부족에서 전해 내려오는 춤

할흐 부족은 오늘날 몽골국의 핵심 부족이다. 할흐라는 명칭은 1488년 다얀 칸(Dayan Khaan, 1488～1517)이 몽골에 대한 효율적인 통치와 통제를 강화하기 위하여 칭기스칸 시대의 통치 지침이었던 만호제(萬戶制, Tümnii noyon)를 기준으로 전체를 6만호로 나눌 때 처음 등장했다. 할흐는 다얀칸의 후예인 게레 산자(Gere Sanja)가 이룬 할흐 만호에서 유래되었다. 할흐 만호란 명칭은 게레 산자의 유목지가 오늘날 동몽골의 할흐(Khalkh) 강 유역에 배정되었기 때문에 나온 것이다. 이후 게레 산자의 후예는 서북 방면으로 발전하여 투시에투칸부, 자삭토칸부, 체첸칸부의 외할흐(Ar khalkh) 3부로 정립되었다.

몽골 전통 춤에서 할흐 부족 춤의 근원이나 기본 형태는 차하르(Tsakhar) 부족 등 내몽골의 몽골 부족들과 큰 차이가 없었던 것으로 보인다. 이는 할흐족 춤의 전형적인 특징을 보여주는 '도랄트 부직(duulalt büjig: 노래가 있는 춤)'이 내몽골에도 나타나고 있기 때문이다. 할흐 부족의 춤은 오이라트(Oirad: 서부 몽골족) 사람들이 계승해 발전시켜 온 민족 전통 춤인 비 비엘게(Bii biyelgee)라는 어깨춤의 전통과 비교해 볼 때 형태면에서 일부 잊히고 사라진 것이 있는 것으로 나타난다. 그러나 일부 지역에서는 할흐 춤의 외형과 법도를 유지하고 있는데 그것이 바로 세첸칸 아이막의 토왕긴호쇼의 자삭인 베. 톡토흐터르(B. Togtokhtör)가 만든 '허긴 나이만 바가초드 덱(Khögiin naiman bagachuudyn deg: 음정이 좋은 여덟 아이들의 안무)'이나 '노곤 모리 덱(nogoon mori deg: 푸른 말의 안무)'이라는 가무극이다.

오늘날 할흐 부족의 춤은 오이라트의 어깨춤과 함께 몽골을 대표하는 춤으로 발전하고 있다. 몽골의 안무가들은 할흐 사람들의 습속, 문화유산을 지닌 많은 예술 춤들을 만들고 있다. 예컨대 인민 무용가 체. 셉지드(Ts. Sevjid)의 "아도친(aduuchin: 말 치는 목민)", "살리친(Saalichin: 젖 짜는 여인)", "에룰트(Eerüült: 물레)", "하타드(Khatad: 귀족 부인들)" 등의 작품이 그 대표적인 예이다.

참고문헌 Д.Нанжид (1988), *Монгол бүжгийн намба төрх, үндэсний өвөрмөц онцлог,* Улаанбаатар. Д.Нанжид (2011), *Монголын бүжгийн түүхэн уламжлал, хөгжлийн шинэ хандлага,* Улаанбаатар. Ж.Жав, Д.Нанжид (1972), *Монгол ба сонгодог бүжгийн үндсэн дасгал,* Улаанбаатар.

허덜머르 비 Хөдөлмөр бий (Khödölmör bii)

자흐친 부족 어깨춤에서 유목민의 일상생활을 표현하는 춤사위

자흐친 어깨춤사위는 크게 4개로 이루어져 있는데, 허덜머르 비(Khödölmör bii)는 그 중의 하나이다. '노동 춤'이란 뜻을 지닌 이 춤사위는 가죽과 가죽끈 무두질, 곰방대로 담배 피우기 등 목민의 일상생활을 표현하는 동작을 나타낸다.

허덜머르 비 동작, 전통춤보존회 소속 무용수
© B.Norovnyam, 2014. 8. 6.

참고문헌 Ж.Жав, Д.Нанжид (1972), *Монгол ба сонгодог бужгийн үндсэн дасгал,* Улаанбаатар.

호미즈 차차흐 Хумьж цацах (Khumij tsatsakh)

더르워드 어깨춤에서 손을 모았다가 흩뿌리는 춤사위

호미즈 차차흐는 더르워드 춤사위의 하나로, 손을 모았다가 흩뿌리는 동작을 이르는 말이다. 이 춤사위는 두 가지 종류가 있는데, 하나는 손을 약간 움켜쥐고 양손을 허리에서부터 바깥쪽으로 뿌리는 듯이 밀치는 동작이다. 그리고 또 하나는 흩뿌리는 동작을 크게 하는 것으로, 양팔을 펴서 양 어깨의 높이만큼 올려 크게 흩뿌리는 춤사위이다.

호미즈 차차흐 동작, 몽골 투멩에흐 소속 무용수
© B.Norovnyam, 2014. 8. 6.

동작이 작은 춤사위이든 큰 춤사위이든 모두 경쾌한 어깨의 움직임이 동반된다.

참고문헌 Д.Нанжид (1988), *Монгол бүжгийн намба төрх, үндэсний өвөрмөц онцлог*, Улаанбаатар. Д.Нанжид (2011), *Монголын бүжгийн түүхэн уламжлал, хөгжлийн шинэ хандлага*, Улаанбаатар.

호통 어깨춤 ᠬᠣᠲᠣᠨ ᠮᠥᠷᠡᠨ ᠦ ᠪᠦᠵᠢᠭ Хотон мөрний бүжиг (Khoton mörnii büjig)

호통 부족에서 어깨를 흔들면서 추는 전통 춤

호통 부족은 두르베드 달라이 칸(Dörvöd Dalai khaan) 소속의 예속민들이다. 이들은 하르히라(Kharkhiraa) 지역에 정주한 때부터 곡식을 재배하고 목축업을 영위해 왔다. 곡물 재배 및 대량의 수확은 그들 삶의 자랑거리이다. 호통족은 삶의 의식에 따라 자신들 고유의 어깨춤을 완성하고 노래했다. 그들 역시 악기 연주와 어깨춤에 재능을 가진 민중들이었다.

호통 부족의 어깨춤은 우르신 바야르(Ürsiin bayar: 말젖 짜기 축제)라는 큰 잔치를 벌여서 악기를 연주하고 스스로 어깨춤을 춘 때부터 시작되었고 이것이 전승되어 널리 퍼지게 되었다고 한다. 호통 사람들의 주요 어깨춤은 아야스 비 비엘게(Ayas), 타키마(Takima), 세텐 잘로(Seeten zaluu: 추파를 던지는 젊은이), 아츠 비엘게(Ats bii) 등이다. 호통족 어깨춤의 자태는 웅장하면서도 심정 표현을 절도 있게 손을 감고 던지는 것으로 표현하고 있다. 즉 호통인들의 성격을 잘 보여 주고 있다는 점이 특징적이다.

호통인의 어깨춤은 몇 가지가 있지만 외형상 아야스 비엘게(Ayas biyelgee)의 기본 형태를 보존하고 있다. 호통인들 사이에는 어깨춤에 대한 전설, 일화가 많이 전해져 오고 있다. 호통족 어깨춤의 특징은 사람의 성질, 품행, 언변을 현악기의 선율에 어울리게 춤으로 표현한 것에 있다.

참고문헌 Д.Нанжид (1988), *Монгол бүжгийн намба төрх, үндэсний өвөрмөц онцлог*, Улаанбаатар. Д.Нанжид (2011), *Монголын бүжгийн түүхэн уламжлал, хөгжлийн шинэ хандлага*, Улаанбаатар. Ж.Жав, Д.Нанжид (1972), *Монгол ба сонгодог бүжгийн үндсэн дасгал*, Улаанбаатар.

후르드 도고잉 나담 ᠬᠦᠷᠳᠦ ᠳᠤᠭᠤᠢ ᠶᠢᠨ ᠨᠠᠭᠠᠳᠤᠮ Хүрд дугуйн наадам (Khürd duguin naadam)

부리야트에서 여러 사람이 큰 원을 그리고 그 안에 한 사람이 들어가서 추는 춤

예렝 나담 이후에 추는 춤이 후르드 도고잉 나담이다. 다같이 원을 그리면 그 가운데 한 사람이 들어가서 수레바퀴처럼 둥글둥글 춤을 춘다. 그 뜻은 수레바퀴가 길을 따라 돌아가는데, 장애물을 만나면 피하거나 넘어가듯 인생도 수레바퀴처럼 살아 가야 한다는 뜻을 담고 있다. 또한 수레바퀴도 다양하다. 잘 도는 바퀴도 있고 덜컹거리는 바퀴도 있고, 흠이 가거나 손질을 잘해서 빛나는 바퀴도 있는 것인데 주인에 따라 다르다. 사람들도 수레바퀴처럼 다양하다는 뜻을 품고 있다. 이 춤을 추면서 부르는 노래가 있는데, 그 노랫말을 제시하면 다음과 같다.

바위에 끄떡없는 바퀴
할람의 아들 함나이의 수레바퀴
나무에 끄떡없는 바퀴
모토이의 아들 몽소호의 수레바퀴

참고문헌 Г.Гантогтох (2007), *Монгол зан үйлийн аман яруу найргийн уламжлал*, Улаанбаатар.

춤꾼

노롤호
A.Норолхоо (Norolkhoo)

자흐친 부족 어깨춤의 명인

노롤호(A.Norolkhoo)는 에린 고르반 나담(Eriin gurvan naadam) 어깨춤을 뛰어난 구성으로 연출하여 춤을 춘 인물이다. 이후 이 춤은 아주 매력적인 표현과 함께 동작이 아주 분명하면서도 예술적 표현력을 갖춘 어깨춤이 되었다.

참고문헌 Д.Нанжид (1988), *Монгол бүжгийн намба төрх, үндэсний өвөрмөц онцлог,* Улаанбаатар. Д.Нанжид (2011), *Монголын бүжгийн түүхэн уламжлал, хөгжлийн шинэ хандлага,* Улаанбаатар.

다리수렌
М.Дарьсүрэн (Darisüren)

토르고드 부족 어깨춤의 명인

다리수렌(M.Darisüren)은 홉드 아이막 볼강 솜(Bulgan sum) 출신의 여성 무용수로, 특히 조다르(Judar) 어깨춤에 뛰어난 재능을 가지고 있다. 그녀는 16세 때 엠. 푸렙잘(M.Pürevjal)에게 조다르 춤을 배웠으며, 정부 주최 경연 대회에 참가하여 이 춤으로 입상한 경력이 있다. 그녀의 조다르 어깨춤은 여성의 섬세하고 고운 손동작과 경쾌하면서도 민첩한 몸짓, 특히 젊은 여성의 당당한 아름다움이 특징적이다.

참고문헌 Д.Нанжид (1988), *Монгол бүжгийн намба төрх, үндэсний өвөрмөц онцлог,* Улаанбаатар. Д.Нанжид (2011), *Монголын бүжгийн түүхэн уламжлал, хөгжлийн шинэ хандлага,* Улаанбаатар. Ж.Жав, Д.Нанжид (1972), *Монгол ба сонгодог бүжгийн үндсэн дасгал,* Улаанбаатар.

다와잡
Даваажав (Davaajav)

더르워드 부족 어깨춤의 명인

다와잡(Davaajav)은 옵스 아이막 버흐머런 솜 사람이다. 그는 양가죽을 무두질하거나 가죽끈 올가미를 부드럽게 만드는 동작을 이켈의 선명한 연주 리듬에 맞추어 재기 넘치면서도 예술성이 넘치는 춤사위로 만든 사람이다.

참고문헌 Д.Нанжид (1988), *Монгол бүжгийн намба төрх, үндэсний өвөрмөц онцлог,* Улаанбаатар. Д.Нанжид (2011), *Монголын бүжгийн түүхэн уламжлал, хөгжлийн шинэ хандлага,* Улаанбаатар. Ж.Жав, Д.Нанжид (1972), *Монгол ба сонгодог бүжгийн үндсэн дасгал,* Улаанбаатар.

데칭
Дэчин (Dechin)

오리앙하이 부족 어깨춤의 명인

데칭(Dechin)은 바얀 얼기 아이막 알타이 솜(Altai sum)의 목민 여성이다. 그녀는 제1회 전통예술대축제(1983년)에서 차츨라가(Tsatslaga) 어깨춤으로 높은 평가를 받았다.

참고문헌 Ж.Жав, Д.Нанжид (1972), *Монгол ба сонгодог бүжгийн үндсэн дасгал,* Улаанбаатар.

리메딘 삼지드
Риймэдийн Самжид (Riimediin Samjid)

오리앙하이 부족 어깨춤의 명인

리메딘 삼지드(Riimediin Samjid)는 허흐다와

(Khökhdagva)의 어깨춤사위 전통을 보존하고 계승한 인물이다. 그는 오리앙하이의 어깨춤의 특징에 대해 "우리 오리앙하이인들은 여섯 가지 비 비엘게(어깨춤)를 춘다. 각 비 비엘게는 각각의 의식과 의미를 갖고 있다. 비 비엘게를 시작할 때 반드시 연장자에게 예를 올린다. 비 비엘게를 마치면 세 손가락의 앞부분을 합친 뒤 팔꿈치를 다른 한 손으로 받치고 위를 향하여 들어 올려 이마에 댄 다음 비 비엘게를 마무리한다."고 말한 바 있다.

참고문헌 Д.Нанжид (2011), *Монголын бүжгийн түүхэн уламжлал, хөгжлийн шинэ хандлага,* Улаанбаатар.

산진 촐론 Санжийн Чулуун (Sanjiin Chuluun)

더르워드 부족 어깨춤의 명인

산진 촐론(Sanjiin Chuluun)은 옵스 아이막에 사는 여성 춤꾼이다. 그는 5살 때부터 어머니의 어깨춤을 보면 눈을 휘둥그렇게 뜨며 놀라워하였다고 한다. 집을 방문한 사람 누구나 다 그녀에게 어머니처럼 춤추라면서 격려를 하다 보니 결국 어머니를 닮아 어깨춤 추기를 좋아하게 되었다고 한다. 어머니 역시 잘 가르쳐 주었다. 그러다가 그가 7살 일 때 어머니가 " … 그림자를 보고서 춤추거라! 그러면 어느 순간 어깨춤을 배우게 된다"라는 가르침을 주었다고 한다. 그녀는 18세 때 군의 축제에서 처음으로 대중 앞에서 어깨춤을 추었다. 그 이후 예술적으로 춤사위를 다듬고 자기 스스로의 예술미를 만들어 나갔다. 그녀는 경력 20년이 넘는 예술가이자 어깨춤꾼이다. 다양한 경연대회, 공연 축제에 참가하여 원로들에게서 어깨춤의 자태를 자신에 맞게 배웠는데 특히 '허덜머르 비(Khödölmör bii: 노동 어깨춤)'를 아주 잘 추었다. 그녀는 2001년 울란바토르에서 열린 전국예술대축제에 참가하여 더르워드의 '아호이 비(Akhui bii: 생활 어깨춤)'로 금상을 수상했다.

참고문헌 Д.Нанжид (1988), *Монгол бүжгийн намба төрх, үндэсний өвөрмөц онцлог,* Улаанбаатар. Д.Нанжид (2011), *Монголын бүжгийн түүхэн уламжлал, хөгжлийн шинэ хандлага,* Улаанбаатар. Ж.Жав, Д.Нанжид (1972), *Монгол ба сонгодог бүжгийн үндсэн дасгал,* Улаанбаатар.

샤랍 오트공바야르 Шарав Отгонбаяр (Sharav Otgonbayar)

자흐친 부족 어깨춤의 명인

오트공바야르(Otgonbayar)는 자흐친 차찰(Tsatsal) 어깨춤에 능한 여성 춤꾼이다. 그녀가 추는 어깨춤사위를 살펴보면 먼저 손가락을 자유자재로 부드럽게 움직이는 것을 볼 수 있다. 다음으로 어깨를 휘두르듯 떨치면서 팔꿈치를 끌어 흔드는데, 이때 가슴을 옆으로 비스듬하게 해서 격렬하게 춤을 춘다. 춤출 때 손은 머리 이상 올리지를 않는데 이는 자흐친 어깨춤의 특징이다.

참고문헌 Ж.Жав, Д.Нанжид (1972), *Монгол ба сонгодог бүжгийн үндсэн дасгал,* Улаанбаатар.

아랍살린 체덴 Аравсалын Цэдэн (Aravsalyn Tseden)

바야드 부족 어깨춤의 명인

아랍살린 체덴(Aravsalyn Tseden)은 옵스 아이막 준고비 솜의 목민이다. 말이 뛰는 주법(Joroo mori)을 여러 가지로 구분해서 말하는 것은 몽골인의 자랑이다. 잘람 하르(Jalam khar) 어깨춤은 정말로 조로 모리 주법을 가진 말을 묘사했다고 할 정도로 느긋하게 움직이며 차분히 춤추는 것이 특징이다. 그의 잘람 하르 어깨춤(검은 말이 달리는 모습을 표현한 어깨춤)은 그가 지닌 고유하고도 독특한 춤사위 특징을 가장 잘 드러내고 있다. 그는 이 춤을 출 때 가슴 부분에 두 손을 편 뒤 팔꿈치를 붙여 흔들거리며 등 쪽으로 유연하게 이어지도록 했는데, 이는 질주하는 검은 말의 갈기가 바람에 흩날리는 모습을 연상시킬 만큼 멋진 자태이다.

참고문헌 Д.Нанжид (1988), *Монгол бүжгийн намба төрх, үндэсний өвөрмөц онцлог,* Улаанбаатар. Д.Нанжид (2011), *Монголын бүжгийн түүхэн уламжлал, хөгжлийн шинэ хандлага,* Улаанбаатар.

엠. 푸렙잘 M.Пүрэвжал (M.Pürevjal)

토르고드 부족 어깨춤의 명인

엠. 푸렙잘(M.Pürevjal)은 1892년에 토르고드 왕긴항(Vangiinkhan) 지역에서 태어났다. 그는 어릴 때부터 미식도르지(Mishigdorj) 왕이 세운 어깨춤 전승 학교(biilegiin shavi surguuli)에서 배웠으며 이후 다쉬(Dash)의 제자로 들어갔다. 그는 토르고드의 수많은 어깨춤을 아주 놀라울 정도로 잘 배웠으며, 악살 어깨춤을 그의 스승인 다쉬와 함께 15세부터 공연했다. 그는 춤 이외에 아르딘 도(Ardyn duu: 민요)와 막탈 도(Magtaal duu: 전통 찬가)에도 능한 인물이었다. 그는 1937년부터 모임을 만들어 토르고드 부족의 어깨춤을 정리하고 전수해 준 뛰어난 춤꾼이다.

푸렙잘은 다른 사람을 가르칠 때 규범을 엄격하게 준수하였다. 그는 각 어깨춤의 특징을 설명할 때 자신의 몸과 마음을 다해 구체적인 실례로 보이면서, 배우는 사람들의 마음에 스며들 때까지 이해시킬 수 있었던 능력을 지닌 스승이었다. 그는 춤을 가르칠 때 "악살은 멋있고 용맹한 남성이어야 한다. 어깨춤을 추는 모습은 가슴과 팔을 활짝 편 채로, 걸음걸이들이 당당해야 한다."라고 말했다. 보통 토르고드 부족의 어깨춤은 유형에 따라 구분되는 몇 가지 동작이 정해지고 또 그것으로 특성화되었는데, 이는 엠. 푸렙잘의 전통 계승적인 전수 방식의 결과이다. 엠. 푸렙잘은 절세불멸의 능력을 지닌 '고독한 어깨춤꾼'으로 몽골 춤 예술사에 큰 공헌을 남긴 인물이다.

참고문헌 Д.Нанжид (1988), *Монгол бүжгийн намба төрх, үндэсний өвөрмөц онцлог,* Улаанбаатар. Д.Нанжид (2011), *Монголын бүжгийн түүхэн уламжлал, хөгжлийн шинэ хандлага,* Улаанбаатар. Ж.Жав, Д.Нанжид (1972), *Монгол ба сонгодог бүжгийн үндсэн дасгал,* Улаанбаатар.

오. 푸렙 O.Пүрэв (O. Pürev)

오리앙하이 부족 어깨춤의 명인

오. 푸렙(O. Pürev)은 바얀 얼기 아이막 볼강 솜(Bulgan sum) 사람이다. 그는 머르굴(mörgüül), 차츨라가(tsatslaga), 알들라흐(aldlakh), 타틀라가(tatlaga)에 능한 춤꾼으로 특히 머르굴(mörgüül)에서 뛰어난 재능을 발휘했다. 또 오리앙하이의 악기인 하르 톱쇼르(khar tovshuur: 검정 톱쇼르)도 매우 훌륭하게 연주하는 재능을 지녔다.

참고문헌 Д.Нанжид (1988), *Монгол бүжгийн намба төрх, үндэсний өвөрмөц онцлог,* Улаанбаатар.

유. 자미양 Ю. Жамьян (Yü. Jamyan)

바야드 부족 어깨춤의 명인

유. 자미양(Yü. Jamyan)은 청나라 때 바야드 호쇼의 장진궁긴 호쇼(Janjin güngiin khoshuu) 소속 사람이다. 그는 머르걸[mörgöl: 기원祈願)] 어깨춤을 통하여 놀라운 춤사위를 구현한 춤꾼으로 명성을 날렸다. 그의 춤사위는 가장 완벽하게 의미를 표현하였으며, 여타 부족에서도 좀처럼 찾아보기 힘든 어깨춤이었다. 그의 머르걸 어깨춤의 특징은 간청하면서 죄를 씻는 기원의 동작(zalbirch namanchlakh khödölgöön)과 정수리를 눌러 엎드리면서 기원을 올리는 동작(zulaig daran sökhör tusan mörgökh khödölgöön)에 나타나 있다.

참고문헌 Д.Нанжид (1988), *Монгол бүжгийн намба төрх, үндэсний өвөрмөц онцлог,* Улаанбаатар. Ж.Жав, Д.Нанжид (1972), *Монгол ба сонгодог бүжгийн үндсэн дасгал,* Улаанбаатар.

촉긴 더친 Цогийн Дөчин (Tsogiin Döchin)

오리앙하이 부족 어깨춤의 명인

촉긴 더친(Tsogiin Döchin)은 '차찰가(tsatsalga)'라는 어깨춤에 뛰어난 재질을 보인 목민 여성이다.

참고문헌 Д.Нанжид (2011), *Монголын бүжгийн түүхэн уламжлал, хөгжлийн шинэ хандлага,* Улаанбаатар.

터브자르갈린 바얀 Төвжаргалын Баян (Tövjargalyn Bayan)

바야드 부족 어깨춤의 명인

터브자르갈린 바얀(Tövjargalyn Bayan)은 바야드 부족이 배출한 걸출한 춤꾼 중 한 명이다. 그는 제1급 민속 어깨춤꾼이자 전국적인 명성을 지닌 우수 예술가이다. 바얀은 바야드 부족의 어깨춤인 비 비엘게를 잘 배워서 추고자 한다면 우선 엘켄덱(Elkhendeg) 어깨춤을 배워서 몸에 익힌 다음엔 조로 모리(Joroo mori) 어깨춤을 배워야 한다고 강조하였다. 그의 '더르번 오이라트(Dörvön Oirad: 오이라트 춤의 한 가지)'라는 전설적인 어깨춤은 1983년 제1회 전통예술대축제에서 공연되었는데, 이 춤은 필름으로 보관되어 있다.

참고문헌 Д.Нанжид (1988), *Монгол бүжгийн намба төрх, үндэсний өвөрмөц онцлог,* Улаанбаатар. Д.Нанжид (2011), *Монголын бүжгийн түүхэн уламжлал, хөгжлийн шинэ хандлага,* Улаанбаатар. Ж.Жав, Д.Нанжид (1972), *Монгол ба сонгодог бүжгийн үндсэн дасгал,* Улаанбаатар.

허흐다왁 Хөх Дагва (Khökh Dagva)

오리앙하이 부족 어깨춤의 명인

허흐 다왁(Khökh Dagva)은 오리앙하이 준 호쇼(Uriankhain züun khoshuu) 지역의 유명한 춤꾼이다. 그는 타틀라가(tatlaga), 머르굴(mörgüül) 어깨춤을 고우면서도 원숙하게 추었다고 전해진다.

참고문헌 Д.Нанжид (1988), *Монгол бүжгийн намба төрх, үндэсний өвөрмөц онцлог,* Улаанбаатар.

음악

역사와 개관

몽골 음악 ᠮᠣᠩᠭᠣᠯ ᠳᠠᠭᠤᠤ ᠬᠥᠭᠵᠢᠮ Монгол дуу хөгжим (Mongol duu khögjim)

몽골 음악은 드라마틱한 음성, 기악, 무용 등의 장르를 통해 유래한다. 또한 몽골족이 거주하여 온 몽골국, 부리야트(Buryat)족과 칼무크(Kalmuck)족이 살고 있는 중앙아시아 및 러시아 일대, 다수의 몽골족이 살고 있는 중국 내몽골자치구 등 지정학적 국경을 넘나들며 전래한다.

준가르제국(Jungar State)때부터 오이라트(Oirat) 혹은 서몽골 민족은 몇 개의 음성 장르나 악기들을 현재 서몽골 여러 소수 부족과 몽골국의 주요 부족인 할하(Khalkh) 그리고 동몽골 지역의 부족들과 공유하고 있다. 특히 허미(khöömii)와 같은 독특한 전통 가창법은 서몽골 민족과 투바(Tuva)지역의 예술가들에게서만 발표되고 있다. 서몽골인들의 깊은 후음성(喉音聲)을 이용한 서사가(敍事歌)들은 투바나 중국의 신장지역은 물론 남부 우즈베키스탄과 투르크메니스탄 등의 서사가에서도 나타난다. 노래하는 이가 낮은 소리로 단조롭게 노래하는 동안에 연주자는 관악기 초르(tsuur)를 이용하여 멜로디를 연주하는 형태도 서몽골의 알타이 오리앙하이(Altai Uriangkhai), 투바, 카자흐(Kazakh), 키르키즈(Kirgiz), 바스키르(Bashkir) 등에서 볼 수 있다.

몽골 음악은 몽골 유목민의 독특한 생활 방식 속에서 발전되었으며, 서사 음악, 풍습 음악, 민요, 기악, 무용 음악, 허미 예술 등으로 분류된다.

서사 음악인 울게르(ülger)와 토올(tuul')은 사냥과 목축업에 종사하는 몽골인들에 의해서 발생되어 지금까지 전한다. 토올은 무반주로 구사하는 방식과 음악 반주를 수반하여 노래하는 두 가지 방식으로 전해오고 있다. 반주가 수반된 토올은 오이라트족의 토올 연창자들에 의해 주로 전창된다.

풍습 음악의 대표적인 장르는 무속(巫俗) 음악이다. 과거 샤머니즘은 몽골인들의 기원 신앙이었다. 몽골 샤먼은 푸른 하늘을 숭상하였는데, 몽골의 칭기스칸도 샤먼을 숭상한 바 있다. 몽골의 샤머니즘은 유목 몽골인들의 정신 및 생활 풍습과 밀접한 관련이 있으며, 1930~40년대까지 전해지고 있었다. 1930년대 이후 몽골 불교가 억압받았듯이 몽골의 샤머니즘도 금지되었다. 이러한 까닭으로 그후 70년동안 샤머니즘을 숭상하는 사람과 샤먼의 수가 줄어들었다. 1990년 사회주의에서 벗어난 후 몽골의 샤머니즘은 다시 부흥하기 시작하였다. 몽골의 전통적인 무속(巫俗)을 부흥시키거나, 샤먼을 보호하는 기관도 설립되었다.

민요는 몽골 음악 중 가장 널리 쓰이는 장르이다. 민요는 노동요의 일반 형식에서 몽골 민요의 고전 형식인 오르팅 도(urtyn duu: 長歌)까지 단계적으로 발생되었다. 기능적 측면에서는 생활 풍습의 노래, 찬가, 축가, 서사가, 역사적 노래, 전설 노래 등으로 구분한다. 또한 각 부족마다 독특한 음악적 스타일을 가지고 있다. 내용적 측면으로는 해학적인 노래, 부모님에 대한 노래, 사랑가,

다섯 종류의 가축에 대한 노래, 결혼 노래, 국가에 대한 노래, 불교에 대한 노래, 왕에 대한 노래 등으로 구분할 수 있다. 선율 구조와 형식, 노래 창법에 따라 오르팅 도와 보긴 도(bogino duu: 短歌)로 구분한다.

몽골 기악에는 자연, 물소리, 새소리, 다섯 종류의 가축 걸음걸이와 움직임 등을 표현한 음악이 대부분이다. 이는 자연을 숭상하고, 다섯 종류의 가축을 기르면서 이를 자랑하며 살아가는 몽골 민족의 심성에서 표현된 예술이기 때문이다.

허미는 중앙아시아 전통 음악의 독특한 창법이다. 오늘날까지 중앙아시아 일대에서 허미가 굳건히 잘 보존되고 있는 지역은 몽골, 투바, 중국의 신장지역 세 지역이며, 러시아 알타이산 근방에도 보존되어 불려지고 있다. 지리적으로 보면 이 세 지역은 몽골 알타이 산맥을 중심으로 해서 퍼져 있는 지역이라는 것을 확인할 수 있다. 허미는 과거 투르크족이 거주했던 지역에서 수렵이나 목축업을 하는 유목민들을 중심으로 발생되었다. 즉, 자연을 숭상하고, 하늘을 숭배하며, 다섯 종류의 가축을 기르는 유목민들이 만든 독특한 창법인 것이다.

구르 도 ᠭᠦᠷ ᠳᠠᠭᠤ Гүр дуу (Gür duu)

몽골의 불교 성악곡

구르 도(gür duu)는 불교 잠언가(箴言歌)로 몽골의 불교 성악곡이다. 일반적으로 학문이 깊고 덕망이 높은 활불(活佛)이나 고승(高僧)에 의해 창작된 곡이다. 그러나 현전하는 구르 도의 작자에 관해서 고증하기는 어렵다. 대부분 작자 미상으로 전한다. 음악면에서 본다면 구르 도는 기타 불교 성악곡과 마찬가지로 오르팅 도[urtyn duu, 장조(長調)]와 보긴 도[bogino duu, 단조(短調)]로 구분된다. 구르 도 중에는 몽골 민요의 곡조에 가사만 바꾼 것들이 다수를 차지한다. 대표적으로 〈구세삼매(救世三昧)〉, 〈염부제의 태양(閻浮提的太陽〉, 〈잠보 티빙 나르(Zambutiviin nar)〉 등이 있다. 구르 도의 내용은 주로 유익한 처세 경험과 몽골 민족의 전통 미덕, 교훈을 담고 있다.

구르 도의 몇몇 악곡은 몽골 민요화되어 오르팅 도 가수에 의해 불리었는데, 이는 19세기 몽골 불교 음악의 특징 중 하나이다. 당시 몽골의 불교 사원에서는 승려 이외에도 다수의 민간 예인과 민요 가수가 불교 성악곡을 전파하는 음악 문화적 현상이 있었다고 전한다.

참고문헌 박소현 (2012), 「불교 음악 연구」, 『몽골학』 33, 한국몽골학회. 包. 达尔汗 (2002), 「蒙古佛教器乐曲种类」, 『音乐研究』, 北京: 中央民族大学音乐系. 第2期.

보긴 도 ᠪᠣᠭᠢᠨᠣ ᠳᠠᠭᠤ Богино дуу (Bogino duu)

몽골 민요의 한 형태로 단가(短歌)를 이르는 말

보긴 도는 몽골에서 전해 내려오는 민요의 한 형태로, 정확한 박자와 단순한 리듬을 갖고 있어서 연행을 할 때 활기차고 경쾌하다. 보긴 도는 가사를 음률에 맞추어 언제 어디서나 흔히 부를 수 있는 노래로, 한국의 향토 민요와 비교된다.

몽골 여러 부족들의 민요는 각 부족마다 독특한 특징을 가지고 있다. 특히 다르하드족, 호트고이드족, 부리야트족의 민요 창법은 서로 간의 차이점을 분명하게 느낄 수 있다. 보긴 도는 일반인들에게 널리 불리고 있다. 예전에는 풍자적, 해학적인 내용이 주류였는데, 점차 다양한 주제를 망라하게 되어 부모님에 대한 노래, 사랑가, 가축에 대한 노래, 노동요와 권주가 등도 보긴 도의 범주에 포함된다.

몽골 전통 노래를 부르는 가수

참고문헌 박소현 (2003). 「한몽 민요 비교 연구의 필요성」. 『한국민요학』 12. 한국민요학회. Шинжлэх ухааны академи(1999), *Монголын соёлын түүх,* Улаанбаатар.

불교 서사가 Бурханы шашны туульс (Burkhany shashny tuulis)

불교와 관련된 고사나 고승의 사적을 전하는 노래

불교 서사가는 설창(說唱)이라고도 하며, 몽골에서는 '툴리스(tuulis)'라고 한다. 몽골 불교 서사가의 주제는 주로 불교 본생 고사(古事)나 저명한 고승(高僧)의 사적(事跡) 등을 담고 있는데, 이들 외에 불교사에서 전거(典據)로 삼을 만한 이야기를 노래하기도 한다. 대표적으로 〈목련구모(目蓮求母)〉, 〈당승취경(唐僧取經)〉, 〈지구르잔당(吉古爾旃丹)〉 등이 있다. 불교 고사를 노래함으로서 사람들에게 구체적인 불교의 이치를 전하여 불교를 포교할 목적으로 불렸다. 불교 서사가의 가사는 일반적으로 매우 길어 수십 절에 달한다. 불교 서사가는 중국 내몽고 지역에서 주로 전한다.

참고문헌 박소현 (2012). 불교음악 연구. 『몽골학』33호. 한국몽골학회. 包. 达尔汗 (2002). 「蒙古佛教器乐曲种类」. 『音乐研究』. 北京: 中央民族大学音乐系. 第2期.

오르팅 도 Уртын дуу (Urtyn duu)

몽골 민요의 한 형태로 장가(長歌)를 이르는 말

오르팅 도(urtyn duu)는 몽골 민요의 한 형태로, 자유로운 리듬과 느긋한 선율에 장식음을 많이 사용하는 특징이 있다. 오르팅 도의 역사는 일설에 의하면 칭기스칸 시대, 또는 흉노 시대까지 거슬러 올라간다고 알려져 있다. 현재 무반주 혹은 몽골 전통 악기인 모린 호르(morin khuur), 림베(limbe) 등의 이음성(異音性) 반주에 맞춰 노래한다. 음악적으로 넓은 음역을 사용하는 것이 특징인데, 고음에서 급격히 저음으로 하행하거나 저음에서 급격히 고음으로 진행하는 선율을 주로 사용한다.

몽골 오르팅 도는 13세기에는 궁정 가요로 불렸는데, 16세기 이래 불교 가요가 첨가되면서 대규모의 연회, 축제, 국가적 의례 혹은 의식, 각종 잔치에 반드시 수반되어야 하는 몽골 전통 가요가 되었다.

오르팅 도는 지역 혹은 부족에 따라 여러 가지 명칭이 전한다. 할하족은 주로 '오르팅 도' 혹은 '나이르 나드밍 도(nair naadmyn duu: 연회 축제의 노래)'라고 하지만 그 외 지역 혹은 부족에서는 '터링 도(töriin duu: 국가(國歌))', '소망 도(suman duu: 군가(郡歌))', '터르 호리밍 도(tör khurimyn duu: 혼례가)', '아이잠 도(aizam duu: 예식가(禮式歌))' 등으로도 불린다. 오르팅 도의 여러 명칭들을 통해 오르팅 도의 사회적 기능들을 짐작할 수 있다.

오르팅 도는 음악적으로 풍부한 내용이 담

겨 있다. 몽골의 아름다운 자연에 대한 찬사, 좋은 친구와 사랑하는 사람, 준마(駿馬) 등 다양한 주제를 가지고 노래한다.

오르팅 도는 연행자의 성별에 따른 엄격한 금기 사항이 있다. 오르팅 도의 연행자는 전문성을 겸비한 직업 가수로 몽골어로 '오르팅 도칭(urtyn duuchin)'이라 한다. 오르팅 도칭은 발성하는 음간의 범위가 3옥타브 이상을 넘나들 수 있어야 한다. 때문에 매우 넓은 음역을 발성해야 하는 오르팅 도는 일반인이 부르기 어렵다. 서양 성악과 비교하면, 남성 오르팅 도칭은 바리톤(baritone)과 테너(tenor), 여성 오르팅 도칭은 소프라노(soprano)와 알토 소프라노(alto, mezzo-soprano)의 두 가지 성량을 모두 갖추어야 오르팅 도를 부를 수 있다.

오르팅 도는 지역별 음악적 특징에 따라 동부계 가락(züun aimgiin ayalguu), 서부계 가락(baruun aimgiin ayalguu), 보르지긴 방음(Borjigin nutgiin ayalguu), 바양바라트 방음(Bayanbaraat nutgiin ayalguu) 등으로 구분한다. 여기서 보르지긴과 바양바라트는 한국 판소리와 비슷하다.

몽골의 오르팅 도는 중앙아시아 유목민의 생활 의식과 다방면의 유목 문화를 표현한 보고(寶庫)로 인정되어 2008년 유네스코 '인류 무형 유산 대표 목록'에 등재되었다.

참고문헌 박소현 (2014), 「몽골 오르팅 도(уртын дуу)의 연구」, 『몽골학』 29, 한국몽골학회. Н. Жанцанноров (2005), *Уртын дууны уламжлалт зарим нэр томьёоны гаргалгаа,* Улаанбаатар. Шинжлэх ухааны академи, түүхийн хүрээлэн (1987), *БНМАУ-ын угсаатны зүй. 2. (Ойрадын угсаатны зүй),* Улаанбаатар.

오리아 도들라가 Уриа дуудлага (Uria duudlaga)

사람의 목소리로 동물의 소리를 흉내 낸 선율

몽골 성악곡의 음악적 기법은 예부터 전하는 몽골인들의 자연 생활 환경에 근거하여 묘사된 의성(擬聲) 소리에서 발전하였다. 초기 몽골 음악의 형성기에는 입술이나 치아를 이용하여 악기적 효과를 내고자 하였는데, 허미는 악기 연주의 기능을 수행하는 방법이었다. 휘파람 소리는 산골짜기에서 흐르는 물 소리와 나무 소리, 바위에 스치는 바람 소리를 관찰하여 모방한 소리다. 몽골인들이 유목민의 일상생활과 관련된 것을 소리로 표현한 것이다.

고대 몽골에는 음악이 형성되기 이전 자연과 동물의 소리를 인간의 목소리로 구사하는 의성 가락(egshig ayalguu)이 존재하였다. 의성 가락은 이후 몽골 음악에 지대한 영향을 미쳤으며, 허미 역시 의성 가락과 관련된 창법으로 20세기 후반 예술화 되어 음악 장르로까지 승화되었다.

몽골 지역의 의성 가락은 주로 유목민들이 동물과 의사소통을 하기 위한 하나의 신호음으로서, 하나의 음(音)으로 단순하게 진행되는 선율 구조부터 고난도의 기술을 요하는 의성까지 여러 종류의 가락이 포함된다.

지금까지도 몽골인들은 유목생활 속에서 의성 가락에 대한 발성 기법을 표현하고 사용하는데, 대표적인 예로 타왕 호쇼 말 도다흐 아얄고(Tavan khoshuu mal duudakh ayalguu: 다섯 종의 가축을 부르는 노랫가락)를 들 수 있다. 이 가락은 몽골인들의 대표 오축(五畜)인 양, 염소, 소, 낙타, 말을 순서대로 표현하는데 가축을 부르고, 보내고, 세우는 기능을 한다.

참고문헌 박소현 (2008), 「고대로부터 내려온 자연 친화적인 몽골 음악」, 『아시아 음악의 아름다움』, 아시아 음악학 총서 7권.

찬미가 ᠬᠦᠭᠵᠢᠭᠦᠬᠦ ᠱᠦᠯᠦᠭ Хөгжөөх шүлэг (Khögjöökh shüleg)

활불이나 고승을 찬미하는 불교 음악

불교의 찬미가는 몽골어로 '헉저흐 슐렉(khögjöökh shüleg)'이라고 한다. 송가(頌歌)가 오로지 부처와 보살에 대해 노래한다면, 찬미가는 활불(活佛), 고승(高僧)에 대한 내용을 주제로 한다. 이는 부처와 활불의 등급을 구별하기 위해서이다. 몽골인이 주로 신봉하는 활불은 달라이라마, 판첸에르덴(Panchen Erdene), 젭준담바(Javzandamba)인데, 찬미가의 대표곡으로는 〈존귀무비(尊貴無比)〉, 〈야정시(雅政詞)〉 등이 있다.

참고문헌 박소현 (2012), 불교 음악 연구, 『몽골학』 33호, 한국몽골학회. 包. 达尔汗 (2002), 「蒙古佛教器乐曲种类」, 『音乐研究』, 北京: 中央民族大学音乐系, 第2期.

허미 ᠬᠦᠭᠡᠮᠡᠢ Хөөмий (Khöömii)

몽골의 후가(喉歌) 창법의 하나

허미는 '인두(咽頭)'라는 뜻으로, 몽골의 전통 창법의 하나이다. 허미 가수는 구강(口腔) 모양을 변화시키면서 일련의 하모닉스와 같은 효과의 고음을 내는 한편 목 안에서는 지속적인 저음의 기본 톤(tone)을 발성한다. 이는 허미 창법이 주목 받는 원인으로 한 명의 허미 가수가 2음 이상을 동시에 발성하기 때문이다. 몽골인들이 과거에 기억하고 있는 전설 속의 허미 가수 중에는 7음 이상을 동시에 발성하는 이도 있었다고 한다.

허미에 대한 몽골어는 다양한데, '다가(dagaa: 허미를 부르는 사람)', '초라이(tsuurai: 메아리, 반사음)', '초르다흐(tsuurdakh: 피리를 불다)', '초리아다흐(tsuuriadakh: 메아리치다)' 등으로 묘사되기도 한다.

몽골인들에 따르면 허미는 흐르는 산골짜기의 물소리와 알타이 산맥의 메아리 소리를 본떠 만든 것이라고 한다.

허미 창법은 처음 한동안은 저음의 발성을 한 후 인체의 각 기관을 사용하여 소리를 낸다. 먼저 배 허미 → 가슴 허미 → 목 허미 → 입 허미 → 코 허미 순으로 발성한다. 먼저 배의 복식 호흡을 통하여 지속 저음을 발성하고, 가슴의 호흡을 이용하여 흉성(胸聲)을 공명시켜 비교적 고음을 내며, 성대를 눌러 발성하고, 구강과 코를 공명시켜 부르는데, 구강 크기를 바꾸기 위해 혀를 이용하여 조절한다. 다섯 가지 인체 기관을 사용하여 각각의 발성을 한 후 다음에는 다섯 가지 신체 기관을 모두 사용하여 동시에 발성한다. 이때 사람들은 2음 이상의 음정을 듣게 된다.

허미 창법의 특이점은 바탕음인 저음의 발성과 동시에 발성되는 고음을 명확하게 전달하며, 발성된 고음에 하모닉스를 강하게 보강한다는 점이다.

허미의 저음 창법인 허미 하일라흐 창법은 목의 근육을 긴장시켜 걸걸한 목소리를 발성하는 것으로서 한국의 판소리 창법과 유사하다. 서부 몽골 지역 알타이 산 주변 민족들은 허미 하일라흐 창법을 이용하여 천신(天神)과 산신(山神), 자연신(自然神)을 찬양하는 노래를 부르거나, 영웅 서사가를 부르기도 한다.

참고문헌 박소현 (2008), 「고대로부터 내려온 자연 친화적인 몽골 음악」, 『아시아 음악의 아름다움』, 아시아 음악학 총서 7권.

현악기

골링 호르 Гуулин хуур (Guulin khuur)

동으로 만든 아망 호르를 이르는 말

골링 호르는 동(銅)으로 만든 구금(口琴)을 이르는 말이다. 구리를 매우 얇게 두드려 펴서 틀을 만든다. 중앙 부분에 혀를 내밀어 양 입술로 줄을 튕기고 입에 지지하여 줄을 뜯어 소리를 낸다. 골링 호르를 위하여 별도로 만들어진 노래가 있다.

참고문헌 Ж. Бадраа (1998), *Монгол Ардын Хөгжим*, Улаанбаатар.

돔보르 Доомбор (Doombor)

중앙아시아 지역에서 전해 내려오는 현악기의 하나

돔보르는 칼묵 족이 사용했던 현악기로, 톱쇼르와 유사하다. 몸체는 삼각형 혹은 타원형의 형태를 하고 있다. 현은 2현으로 목 부분이 특히 길고 이동이 가능한 프렛이 붙어 있다. 이 악기는 칼묵 족의 게르 안에서 주로 연주되었으며 톱쇼르보다 낮은 소리를 낸다.

돔보르는 지역마다 각기 조금씩 다르게 불리는데, 카자흐, 바쉬키르, 할리막에서는 '돔브라(dombra)', 우즈베키스탄에서는 '돔바라(dumbara)', 혹은 '돔바락(dumbarak)', 타타르에서는 '돔브라(dumbra)'라고 한다. 몽골의 카자흐 족은 돔보르를 염소의 내장으로 현을 만드는 풍습이 있다.

돔보르와 관련하여 다음과 같은 설화가 전해 내려오고 있다. 먼 옛날 매우 잔인하고 포악한 대왕이 있었다. 그는 사람들이 자기의 포악한 성격에 대해 말하면, 입안에 납을 부어 죽이겠다고 협박하곤 했다. 대왕의 하인인 한 젊은이가 있었는데, 그는 돔보르를 잘 연주했다. 고장 사람들은 청년이 연주하는 돔보르 가락을 매우 좋아했다. 젊은이는 잔인하고 포악한 대왕의 모든 추악한 행위를 돔보르 가락에 담아 연주함으로써 백성들에게 진실을 알렸다. 백성들은 은밀히 대왕의 잔인함에 대해 말하게 되었다. 이 말을 들은 잔악한 대왕은 관리들에게 명하여, 누가 자신에 대한 말을 퍼뜨렸는지, 그를 붙잡아 오라고 했다. 관리들은 사건의 전후를 추적하여 돔보르를 연주하는 젊은이를 범인으로 지목하고, 그를 대왕에게 붙잡아다 주었다. 대왕이 호령했다. "그래, 네가 나에 대한 악담을 퍼뜨렸느냐?" 그러자 청년이 대답했다. "그렇지 않습니다. 돔보르가 퍼뜨렸습니다." 이로 인해 잔악한 대왕은 돔보르의 머리에 납을 붙이게 되었다.

참고문헌 Ж. Бадраа (1998), *Монгол Ардын Хөгжим*, Улаанбаатар.

모링 호르 Морин хуур (Morin khuur)

몽골의 민속 현악기의 하나로 한국어로는 '마두금'이라 한다.

모링 호르는 두 줄의 현과 공명통을 가진 몽골의 전통 현악기이다. 일반적으로 상용되는 모링 호르의 공명통은 네 개의 얇은 사다리꼴 모양의 나무판으로 만들며, 아래쪽이 위쪽보다 약간 넓다. 과거 마두금(馬頭琴)의 공명통 형태를 보면 현재 사용되는 것과 다른데, 공명통 앞 혹은 뒷부분이 가죽으로 덮여 있거나, 또는 얇은 놋쇠판과 같은 다른 물질로 입혀져 있다. 한편 공명통은 일반적으로 칠이 되어 있으며, 다양한 장식으로 꾸며진 것도 있다. 몸체가 완성되면 다음에는 넥크를 몸체에 끼워 넣는다. 넥크에는 은행나무를 사용하는 것이 기본이지만 때로는 자단(紫檀)이나 흑단(黑檀)을 재료로 사용하기도 한다. 넥크의 길이는 대체로 1m 전후이다. 그리고 끝 정상에는 말머리 모양을 조각해서 그 귀에 해당하는 부분에는 말가죽 등으로 귀 모양을 만들어 넣기도 한다. 말의 모양으로 장식했다고 해서 '마두금(馬頭琴)'이라 불리게 되었다.

2줄의 현은 검은색의 연사(여러 줄을 꼬은 실)를 사용하는데, 원래는 20~30가닥의 하얀 말꼬리를 묶어 사용한다. 저음현(低音弦)을 몽골어로는 '부둔 오타스(büdüün Utas)'라고 하고, 가는 쪽의 고음현(高音弦)을 '나린 오타스(nariin Utas)'라고 한다. 현의 양쪽 끝에는 말의 털이나 가죽끈 등으로 단단하게 묶는다. 이는 모링 호르를 연주할 때 가장 압력이 가해지는 양 끝을 보강하기 위한 것이다.

연주용의 활대는 목재 부분이 활처럼 구부러져 있고, 이 활에 말의 꼬리털을 느슨하게 건다. 연주 직전에는 송진 가루 등으로 털을 다듬는다. 연주 자세는 악기의 몸체를 무릎 사이에 지탱하면서, 악기를 약간 비스듬한 각도로 들고, 악기의 왼쪽 부분을 연주자의 왼쪽 무릎 안쪽에 댄다. 오른손은 한국의 해금을 잡는 방법과 같고, 연주 도중에도 새끼 손가락을 이용해서 활줄의 강도를 조절할 수 있다. 왼손은 넥크를 감싸 쥐고 손가락을 동그랗게 말아 지판(指板) 위에 얹은 후 현을 밀어 내리는 방식으로 연주한다. 손가락 첫 번째 마디 바깥쪽으로 음의 높낮이를 조정한다.

모링 호르는 일반적으로 노래와 함께 연주되지만, 독주뿐만 아니라 오르팅 도(長歌)와의 합연, 몽골 전통 민요와의 합주 등에 사용되기도 한다. 다양한 종류의 모링 호르가 몽골 전역에 분포해 있으며, 중국의 내몽골 자치 지역에서도 광범위하게 연주된다.

모링 호르의 기원은 알 수 없으나, 몽골비사에 호르의 명 연주가에 관한 기록이 보이기도 한다. 모링 호르의 기원과 관련하여 여러 설화들이 있는데 그 중 하나는 다음과 같다.

한 남자가 날개 달린 말을 가지고 있었다. 그에게는 사랑하는 여인이 있었다. 그래서 날개 달린 말을 타고 밤마다 사랑하는 여인을 만나러 갔다. 그런데 이들의 사랑을 시기하고 질투하던 한 사람이 어느 날 남자 몰래 말의 날개를 가위로 잘라 버렸다. 그러자 말은 그 자리에 쓰러져 죽고 만다. 남자는 말의 죽음을 슬퍼하다가 사랑하는 말을 애도하기 위해 말의 가죽과 갈기, 털을 가지고 악기를 만들었다. 이것이 최초의 모링 호르가 된다.

이 이외에도 비슷한 여러 설화가 있는데, 모링 호르의 기원 설화에는 대부분 비범한 말이 등장하며 그 말이 죽은 후에 악기로 만들어진다는 기본 모티브를 갖고 있다. 또한 남녀 간의 사랑 이야기를 담고 있는 경우도 있다.

몽골인들의 전통 가옥에는 모링 호르를 장식용으로 보관하기도 하는데, 이는 모링 호르가 몽골인의 생활과 밀접한 관계가 있음을 보여 준다. 몽골인들은 악기를 연주하면 집안의 악귀가 물러간다는 민간신앙을 가지고 있다.

몽골 마두금 연주 모습

참고문헌 Ж. Бадраа (1998), *Монгол Ардын Хөгжим*, Улаанбаатар. 박소현 (2002), 「몽골 악기의 종류와 분류」, 『몽골학』 13, 한국몽골학회. 체렌소드놈 지음 (2001), 이평래 옮김, 「마두금의 기원」, 『몽골 민간 신화』, 대원사.

보소 야탁 Босоо ятга (Bosoo yatga)

몽골 전통 현악기의 하나

'보소 야탁'은 동양의 옛 악기인 공후(箜篌)의 일종이다. 연주할 때는 보소 야탁을 연주자의 가슴에 기대 세워 한 손 혹은 두 손으로 연주한다. 고대 보소 야탁의 공명통이 백조 혹은 백조의 머리 모양이어서 '홍 호르(백조 호르, khun khuur)'라고도 부른다. 5~7현으로 제작된 작은 모양이다. 지금도 몽골인들 사이에서는 '셔르머승 초르(shörmöson tsuur)'라는 6현의 작은 야탁을 부인들이 아이들을 돌볼 때 연주한다. 몽골인들은 흉노시대부터 보소 야탁을 궁정에서 협주하였다고 전한다. 음악학자들은 보소 야탁 공명통의 독특한 모양과 활의 특징들을 토대로 이 악기가 아랍과 페르시아에서 동양에 전해지며 발전해 온 것으로 보고 있다.

참고문헌 Ж. Бадраа (1998), *Монгол Ардын Хөгжим*, Улаанбаатар.

비브 Бийв (Biiv)

몽골 관악기의 하나

자른 갈래 줄기를 물에 적셔 부드럽게 한 뒤 다듬어서 실로 묶어 만든다. 은으로 얇은 판을 둥글게 만들어 끼우기도 한다. 서양의 클라리넷과 유사하다.

참고문헌 Ж. Бадраа (1998), *Монгол Ардын Хөгжим*, Улаанбаатар.

비파 Бийваа (Biibaa)

고대 몽골에서 연주했던 현악기의 하나

비파는 고대 몽골의 샤나강 호르(shanagan khuur)를 이르는 말이다. 공명통이 반달 모양으로 둥글고 목이 비교적 짧으며 4~5현이다. 중국에서는 '호비파(胡琵琶)라고 하는데, 이것은 흉노족으로부터 이 비파가 전해졌을 가능성을 시사한다. 길고 곧은 손잡이의 비브(biiv)는 비파가 그려져 있고 탱화에 샤나강 호르, 쇼다르가(shudarga), 톱쇼르(tovshuur) 등이 함께 그려져 있다.

참고문헌 Ж. Бадраа (1998), *Монгол Ардын Хөгжим*, Улаанбаатар.

샤나강 호르 Шанаган хуур (Shanagan khuur)

고대 몽골의 비파류 악기

샤나강 호르는 비파의 다른 이름으로, 고대 몽골에서 전해 내려오는 두 줄의 현을 가진 톱쇼르 악기의 한 종류이다. 샤나강 호르는 머리 모양에 따라 다른 명칭이 붙여지기도 했는데, 사자의 머리 모양을 본따 만든 아르슬랑 호르(Arslan khuur) 등이 있다.

참고문헌 Ж. Бадраа (1998), *Монгол Ардын Хөгжим*, Улаанбаатар.

샨즈 Шанз (Shanz)

2현으로 된 몽골의 현악기

샨즈는 2현으로 제작된 현악기의 하나로, '호요르 찹흐다스트(khoyor chavkhdast)'라고도 부른다. 나무로 만든 공명통의 형태가 길쭉한 모양이 특징이다. 쇼드라가, 톱쇼르, 돔보르 등과 같은 계통의 악기이다. 높고 가벼운 음색을 낸다.

참고문헌 Ж. Бадраа (1998), *Монгол Ардын Хөгжим*, Улаанбаатар.

쇼다르가 Шударга (Shudarga)

3현으로 된 몽골의 현악기

쇼드라가는 주로 몽골 민요의 반주 악기로 사용되며, 둥근 공명통에 긴 목을 가진 형태이다. 공명통은 양면에 뱀가죽이나 염소가죽, 새끼 낙타가죽을 붙여 제작한다. 세 줄의 현은 5도 혹은 4도의 음조로 조현되고, 손톱으로 연주하거나 딱딱한 뼈를 손톱에 끼우고 연주하는 경우도 있다.

쇼드라가의 어원은 '샤나가(shanaga)'라는 말에서 나왔다고 전하며, 악기 이름으로서 쇼드라가는 1382년에 편찬된 『화이역어(華夷譯語)』에서 최초로 등장한다.

참고문헌 Ж. Бадраа (1998), *Монгол Ардын Хөгжим*, Улаанбаатар. 박소현 (2002), 「몽골 악기의 종류와 분류」, 『몽골학』 13, 한국몽골학회.

아망 호르 Аман хуур (Aman khuur)

구금(口琴)류를 통틀어 이르는 말

쇠로 둥글게 만든 틀에 가운데에 현을 연결한 악기이다. 때로 현 대신에 얇은 철판을 연결하기도 한다. 연주자는 입 속에 이 틀을 집어넣어 공명강(共鳴腔)을 만들며, 가운데 얇은 현이나 철판을 손가락으로 튕겨 소리를 낸다. 보편적으로 한 음정만 내지만, 구강의 모양을 바꾸면 구성 배음들 중 특정 음이 강조됨으로써 다른 음을 낼 수 있게 된다. 구금은 오세아니아 주, 아시아의 부족 문화권, 유럽에 널리 분포되어 있으며, 14세기경 아시아로부터 유럽 대륙에 소개됐다.

재료에 따라 구리로 만든 골링 호르(Guulin Khuur, 주로 샤먼이 사용하기 때문에 '버깅 호르'라고도 함), 쇠로 만든 터머르 호르(Tömör khuur, 주로 샤먼이 사용), 대나무로 만든 차착트 호르(Tsatsagt Khuur, '홀상 호르(Khulsan khuur)'라고도 함. 일반적으로 사용됨), 유리로 만든 쉴트 호르(Shilt khuur), 혀로 부는 헬 호르(khel khuur), 나무로 만든 몽골 호르(Mongol khuur, 모동초르라고도 하며 주로 서몽골에서 사용됨) 등이 있다. 악기마다 다른 음률을 가지며 다양한 연주법이 전해진다. 예로부터 아망 호르는 세계 여러 나라에서 그 나라의 전통에 따라 여러 가지 이름으로 전해져 왔다.

참고문헌 Ж. Бадраа (1998), *Монгол Ардын Хөгжим*, Улаанбаатар.

야탁 Ятга (Yatga)

몽골 전통 현악기의 하나로 한국의 가야금과 비슷한 쟁(箏)류 악기

야탁은 13세기부터 몽골에 전해 내려오는 전통 악기로, 16세기 이후에는 불교의 사원에서 종교적인 노래의 반주 악기로 사용되어 왔다. 명 · 청 시대에는 궁중의 연회와 귀족의 향유 악기로 전래되었다. 19세기 이후 정치적 이념으로 사회주의가 채택되면서 야탁은 귀족들의 악기라는 이유 때문에 그 연주법과 악기 제작의 맥이 단절되었다. 그러다가 1950년대 이후 다시 야탁의 부흥기를 맞이하여 현재에 이른다.

야탁의 명칭은 방언에 따라 차이를 보인다. 서부 몽골과 할하 몽골, 볼가 칼묵에서는 '야탁(yatag)' 또는 '야트가(yatga)'라고 부르며, 중국 내몽골 자치구의 중앙 동부지역 차하르 몽골에서는 '이탁(itag)' 또는 '야탁(yatag)'이라 부른다. '야탁'이라는 명칭은 '이드테욤'(idtei yum, 마술)과 '이트겔테 욤'(itgeltei yum, 신뢰)이라는 뜻을 가진 '야토가'(yatuga)에서 기원하였다고 알려져 있다. 한편 야탁은 쿠빌라이 칸 당시 의전부(儀典部)에서 궁중음악을 연주할 때 이용되었다는 기록이 『원조비사(元朝秘史)』에 보인다.

현재 사용되는 야탁은 소장자나 연주자에 따라 화려하게 색깔을 칠하기도 하고, 몸체에 조각을 하기도 한다. 현은 명주실을 사용하는데, 현의 수는 12줄을 원칙으로 하지만 13현, 14현의 것도 있다. 가장 가는 현은 바깥쪽으로, 안쪽으로는 두꺼운 현을 놓아 다섯 음을 순서대로 조율하는 것이 특징이다.

야탁의 크기는 정해져 있지 않으며, 짧은 것은 114cm에서 긴 것은 153cm까지 길이가 다양하다. 공명통은 한국의 가야금과 같이 직사각형의 나무상자 형태이며, 위에 안족(雁足)을 세워 줄을 받치고 있다.

야탁의 연주법은 한국의 가야금과 같이 책상다리를 하고 앉아서 악기의 윗부분을 무릎에 얹고, 아랫부분의 끝을 바닥에 놓이게 하여 전체가 비스듬하도록 한다. 소리를 내는데 사용되는 것은 오른손의 엄지와 검지뿐이고, 두 개의 손가락에는 골무를 끼우고 연주하는 경우도 있고, 그렇지 않은 경우도 있다. 골무는 손가락을 덮는 부분이 가죽으로 되어 있고, 그 끝 부분에 작은 뿔이 붙어 있다. 한편, 왼손으로 현 부분을 눌러 현의 진동부의 당김을 강하게 할 수 있다. 야탁은 현재 독주와 고 · 중 · 저음 개량 야탁에 의한 3중주, 관현 합주 등에 사용된다.

참고문헌 Ж. Бадраа (1998), *Монгол Ардын Хөгжим*, Улаанбаатар. 권오성 (1998), 「몽골 음악 연구」, 『몽골민속현장답사기』, 민속원. 박소현 (2002), 「몽골 악기의 종류와 분류」, 『몽골학』 13, 한국몽골학회.

요칭 Ёочин (Yochin)

채로 줄을 쳐서 소리를 내는 몽골 현악기의 하나

요칭은 한국의 양금과 유사한 악기로, 채로 줄을 쳐서 연주하는 몽골의 악기이다. '얀치르(yanchir)'라고도 한다. 요칭은 아랍, 페르시아 등지에서 전통적으로 연주되던 것이 명나라 때에 몽골과 중국 등지로 들어온 외래 현악기이다.

요칭은 바닥이 낮은 사다리꼴의 공명통 위에 강철로 만든 여러 개의 현을 매어 만드는데, 현의 수는 최소 14줄이며 저음역의 현은 동(銅)을 씌워 두껍게 했다. 잘 휘어지는 대나무 채를 좌우 양손으로 들고 때려 소리를

내는데, 두 옥타브를 동시에 연주할 수 있는 것이 특징이다. 큰 것들은 현의 수를 늘려서 그 음역이 3옥타브에 이르는 것도 있다.

참고문헌 Ж. Бадраа (1998), *Монгол Ардын Хөгжим*, Улаанбаатар. 박소현 (2002), 「몽골 악기의 종류와 분류」, 『몽골학』 13, 한국몽골학회.

이켈 ᠢᠬᠡᠯ Икэл (Ikel)

서부 몽골과 토와 지역에서 전해 내려오는 2현 현악기

이켈은 서부 몽골의 2현 현악기이다. 나무로 만드는데 타원형의 몸체를 갖고 있으며 겉부분은 가죽으로 감싼다. 크기도 제각각 다양하고 나무판의 두께와 현도 각각 다르다. 모링 호르보다 낮은 소리를 내는데, 대부분 5음을 내며 가끔 4음을 내기도 한다. 몽골인들은 음악의 선율이 모든 사물에 영향을 미칠 수 있다는 인식을 하고 있기 때문에 사람의 말로 움직일 수 없는 것을 음악으로는 움직일 수 있다고 믿는다. 그래서 '사람의 말은 작은 말(baga khel), 음악의 말은 큰 말(ikh khel)'라고 하는데 여기서 '이헬'이라는 이름이 생겨났다는 전설이 있다. 이켈로 연주되는 여러 곡이 작곡되어 전해지기도 한다.

할흐에서는 '이헬(ikhel)', 토와 지역에서는 '이길(igil)'이라 부르며, 알타이 산악 지역에서는 '이킬리(ikili)'라고 부른다.

참고문헌 Ж. Бадраа (1998), *Монгол Ардын Хөгжим*, Улаанбаатар. 정수일 (2010), 『초원 실크로드를 가다』, 창비.

이흐 호르 ᠶᠡᠬᠡ ᠬᠤᠭᠤᠷ Их хуур (Ikh khuur)

몽골에서 협주를 할 때 사용하는 대형 모링 호르

'이흐 호르'는 협주를 할 때 사용하는 대형 모링 호르로 세워서 연주한다. 이흐 호르는 4가지 음을 내는데, 미-음에서 옥타브 아래 시-플랫 음까지 연주할 수 있다. 서양의 콘트라베이스와 비슷하다.

이흐 호르 연주 모습

참고문헌 Ж. Бадраа (1998), *Монгол Ардын Хөгжим*, Улаанбаатар.

차착트 호르 ᠴᠠᠴᠤᠭᠲᠤ ᠬᠤᠭᠤᠷ Цацагт хуур (Tsatsagt khuur)

대나무로 만든 아망 호르를 이르는 말

차착트 호르는 대나무로 만든 구금(口琴)을 이르는 말이다. '홀상 호르(Khulsan Khuur)'라고도 한다. 남부 몽골 지역에서 널리 사용하는데 대나무를 깎아 틀을 만든다. 악기를 입에 물고 줄을 당겨 연주한다. 악기의 왼쪽에 긴 줄을 연결하고 그 끝에 여러 가닥의 술(tsatsag)을 달기 때문에 차착트 호르라고 한다. 연주회의 처음을 알릴 때 차착트 호르를 연주한다.

참고문헌 Ж. Бадраа (1998), *Монгол Ардын Хөгжим*, Улаанбаатар.

코무즈 ᠺᠣᠮᠤᠽ Комуз (Komuz)

키르기스에서 전해 내려오는 세 줄로 된 현악기

코무즈는 키르기스에서 전해 내려오는 현악기이다. 자작나무로 조롱박 모양의 몸체를 만들고 목 부분을 길게 연결한다. 몸체 위에 3현을 매는데, 현을 손으로 뜯으며 연주한다. 주로 키르기스인들이 서사시를 연행할 때 이 코무즈를 연주한다.

참고문헌 Ж. Бадраа (1998), *Монгол Ардын Хөгжим*, Улаанбаатар.

터머르 호르 Төмөр хуур (Tömor khuur)

철로 만든 아망 호르를 이르는 말

터머르 호르는 철로 만든 구금(口琴)을 이르는 말이다. 철제를 둥글게 하여 틀의 머리 부분을 만들고 밑부분은 뾰족히 나오게 한다. 가운데 얇은 철판을 고정하고 그 끝쪽은 위로 솟아 은이나 청동으로 만든 구슬이 달려 있다. 이것을 입에 물고 혀를 움직여 소리 진동을 바꾸거나 증폭시켜 다양한 소리를 낸다.

참고문헌 Ж. Бадраа (1998), *Монгол Ардын Хөгжим*, Улаанбаатар.

톱쇼르 Товшуур (Tovshuur)

몽골의 류트(lute)류 현악기를 통틀어 이르는 말

톱쇼르는 쇼드라가, 샨즈, 돔보르 등 몽골의 류트류의 현악기를 통틀어 이르는 말이다. 몽골에서 ‘톱쉰(tovshin)’은 “짧게 자주 소리를 내다”라는 뜻이며, 접미사 ‘오르(uur)’는 물건을 작동시키는 데 쓰이는 연장을 뜻한다.

톱쇼르는 기원 전 5,000년 전부터 유래했다고 알려져 있으며 비파 및 쇼드라가와 관련이 있다고 전한다. 비파는 쇼드라가와 샤나강 호르 두 가지 형태의 현악기로 발전하였다. 샤나강 호르는 톱쇼르의 첫 번째 변이 형태였으며, 그 후에 활이 추가되어 이켈(ikel)이라 불리는 악기가 되었다. 알타이 지역에서는 톱쇼르, 투바에서는 톡숄요르(togshulyur), 쉬폴로르(shpulur) 라고 부른다.

톱쇼르 목의 뒷부분에는 연주자가 가장 좋아하는 동물이나 새의 모습을 조각한다. 목 부분은 마른 자작나무나 버드나무로 만든다. 이 부분은 톱쇼르에서 가장 신성시 되는 부분이기도 하다. 공명통과 공명판은 마디가 없는 나무 조각으로 만든다. 톱쇼르의 공명통은 양이나 염소, 어린 낙타, 낙타의 얇은 가죽이나 암말의 유선(乳腺)으로 덮는다. 줄감개는 단단한 나무로 만들며, 현은 말의 꼬리털과 양과 염소의 창자로 제작한다. 첫 번째 현은 홀수의 털로 만들고 시계 방향으로 엮어야 한다. 반면에 두 번째 현은 짝수의 털로 만들고 반시계 방향으로 엮어야 한다.

몽골의 악기들 중 톱쇼르는 특히 여러 가지 형태로 존재하는데, 모양이나 형태에 따라 명칭이 다양하게 불린다. 밥그릇 모양의 둥근 몸체를 가진, 크기가 작은 아간(aagan) 톱쇼르, 길이가 길고 몸체의 뒷면이 둥근 모양인 힐두르(khilduur) 톱쇼르, 아간 톱쇼르보다 큰 둥근 몸체의 몬드고르(mondgor) 톱쇼르, 머리 부분과 몸체가 모두 돔형인 버렁히(böörönkhii) 톱쇼르, 몸체가 사각형인 더르벌진(dörvöljin) 톱쇼르 등이 있으며, 머리 부분의 형태에 따라 백조의 머리가 새겨져 있는 것을 훙(khun) 톱쇼르라 하고 머리 쪽에 산양의 머리 모양이 새겨져 있는 것을 양기르(yangir) 톱쇼르라 한다. 이렇듯 형태나 모양이 다양하며 불리는 명칭도 다양하다는 것은 톱쇼르가 몽골의 곳곳에 분포되어 있음을 나타내는 것으로 볼 수 있다. 몽골의 서부 지역은 여전히 고전 형태의 톱쇼르가 보존되어 있는 지역으로 전통적인 연주 기법이 지금까지도 여전히 사용된다.

아간(aagan) 톱쇼르는 접시처럼 둥근 형태의 톱쇼르 머리 부분에 손잡이를 끼워넣어 두 줄의 말총으로 만든 현을 당겨 연주한다. 예로부터 더르번 오이라트에서 주로 연주되었지만 현재는 홉드 아이막 볼강 솜의 토르고드 부족이 주로 연주한다. 알타이 오리앙하이 부족의 톱쇼르는 공명통의 앞면은 평평하고 길쭉하며 뒷면은 반구 형태이다. 바야드, 자흐친 부족은 긴 사각형의 형태의 공명통을 주로 사용한다. 바야드 부족은 찬드마니(chandmani) 톱쇼르, 자흐친 부족은 기베르(giber), 양기르(yangir)의 머리 모양의 톱쇼르를 사용한다.

톱쇼르는 4도 음조로 조율한다. 토르고드 부족의 아간 톱쇼르는 토올치들이 서사시를 읊을 때 함께 연주된다. 톱쇼르를 연주하면서 노래할 때에는 오른손 엄지의 끝으로 아래 현에서부터 위 현에 이르기까지 잡아당기면서 연주하기 때문에 그 음이 부드럽고 강하지 않다. 반면 춤곡이 연주될 때에는 현을 튀기거나 내려치기 때문에 그 음이 다소 크게 느껴진다.

참고문헌 Ж. Бадраа (1998), *Монгол Ардын Хөгжим*, Улаанбаатар. 박소현 (2002), 「몽골 악기의 종류와 분류」, 『몽골학』 13, 한국몽골학회.

호르 ᠬᠤᠭᠤᠷ Хуур (Khuur)

몽골의 전통 악기 중 현악기를 통틀어 이르는 말

옛부터 4현 호치르는 몽골에서 다양한 명칭으로 불려 왔으며, 몽골 중부 지역에서는 호치르를 호르 힐(khuur khiil) 라고 부르다가 후에 호치르로 부르게 되었다. 반면 몽골 북부 지역에서는 할가상 호르(khyalgasan khuur) 혹은 비산즈(bisanz) 라고 불렀다. 또 동쪽 지역에 분포하는 우젬친(üzemchin)민족은 아랄트 호르(aralt khuur), 자스토 호르(jastuu khuur)라고 하였다. 남쪽 지역에서는 4현 호치르를 더르번 치흐테 호치르 (dörvön chikhtei khuuchir), 호르칭(khorchin), 호라이(khorai), 비바(biivaa)의 여러 가지 이름으로 불렀다.

참고문헌 Ж. Бадраа (1998), *Монгол Ардын Хөгжим*, Улаанбаатар.

호치르 ᠬᠤᠭᠤᠴᠢᠷ Хуучир (Khuuchir)

몽골에서 전해 내려오는 중국 호금류의 현악기

호치르는 중국의 호금(胡琴)류의 현악기이다. 호치르는 주로 몽골 민요의 반주에 사용하는데, 그 구조는 중국의 호금과 비슷하지만 호치르의 크기가 더 크다. 호치르를 '사호(四胡)' 혹은 '두르벤치 호르(dürbench khuur)'라 부르는 것도 호족(胡族)이라는 명칭과 관련이 있다. 한편 '호르(Khuur)' 또는 '힐(Khiil)'은 중국어에서 차용한 말이라는 일부 학자의 의견도 있다. 형태에 따라 이흐 호치르, 바가 호치르, 비칠 호치르 등으로 구별된다.

중국의 전설에 의하면 호금의 원형은 몽골에서 전래되었는데, 그 시기는 7~8세기 경인 당대(唐代)와 13세기 경의 원대(元代)에 이르러서이다.

호치르의 공명통은 은행나무의 통나무를 주재료로 하며 원통형 또는 육각, 팔각의 형태를 한 것도 있다. 공명통의 겉면에는 양가죽을 붙여 장식한다. 현은 주로 비단실을 사용하는데 최근에는 철사 줄을 사용하여 제작한 것도 있다. 현은 4현이지만 고음과 저음의 복2현으로 되어 있으며, 복2현의 현과 현 사이에 활대가 삽입되어 있다. 고음과 저음의 2현은 보통 5도로 조현하며, 그 음색은 풍부하고 부드럽다.

연주 방법은 호치르를 무릎 위에 얹고 거의 수직으로 세워서 링 아래 부분을 넥크에서 둥글게 쥔 왼쪽 손가락으로 현을 쥐고, 오른손으로 잡은 활로 몸체의 윗부분을 마찰시킨다. 과거 악기의 연주자는 모두 남자였으나, 현재는 여자들도 연주한다. 예전에는 연주자 자신이 선호하는 악기를 직접 제작했다.

참고문헌 Ж. Бадраа (1998), *Монгол Ардын Хөгжим*, Улаанбаатар. 박소현 (2002), 「몽골 악기의 종류와 분류」, 『몽골학』 13, 한국몽골학회.

관악기

간링 Ганлин (Ganlin)

죽은 소녀의 정강이뼈나 악어의 두개골로 제작한 관악기

간링은 '간당(gandan)' 혹은 '간둥 부레(gandan büree)'라고도 한다. 간링은 순결하게 죽은 18세 이하 소녀의 경골(脛骨, 정강이뼈)로 만든다. 또한 하늘에서 벼락을 맞아 죽은 사람이나 왕족 혈통의 죽은 사람도 나이를 불문하고 그의 경골을 악기로 만들었다. 간링을 제작하는 것은 매우 엄숙하고 정교한 규범이 있기에, 오직 시신을 수습하는 법을 수행한 승려만이 할 수 있다.

간링은 『다라니경(陀羅尼經)』의 전경 의식(轉經儀式, sudryn takhilga)에 사용된다. 법회의 중간에 두 대의 간링을 두 명의 승려가 취주한다. 인간 혹은 동물의 경골이나 두개골로 제작된 간링을 몽골 불교 의식 의례에서 취주하는 것은 희생된 사자(死者)의 번뇌와 윤회를 단절시키고, 중생들을 모든 재앙에서 구제하는 의미가 있다고 한다.

간링 외에도 악어의 머리뼈로 제작한 악기를 간당 마타르(gandan matar, 胫骨-鳄鱼)라고 한다.

정강이 뼈로 만든 간링

참고문헌 박소현 (2002), 「몽골 악기의 종류와 분류」, 『몽골학』 13, 한국몽골학회. Ж. Чулуунцэцэг (1998), *Бурхан шашны найман тахилтай хөгжим холбогдох нь*, Улаанбаатар. 包. 达尔汗 (2002), 「蒙古佛教器乐曲种类」, 『音乐研究』, 北京: 中央民族大学音乐系. 第2期.

동 부레 Дун бүрээ (Dun büree)

소라 껍데기로 만든 단음 악기

동 부레는 '동(dun)'이라고도 하는데, 바다에 서식하는 소라의 껍데기로 만든다. 한국의 나각(螺角)과 비슷한 악기이다. 표면을 하얀색으로 채색하기 때문에 차강 부레(chagaan büree)라고도 한다. 하얀색으로 채색된 표면에 금(金)이나 은(銀), 동(銅)으로 장식을 하거나 오색 천을 매어 장식하기도 한다. 예부터 여러 사람이 참여하는 의식이나 행사 때 연주했던 악기이다.

동 부레는 불교 사원에서 법회가 시작됨을 알리는 중요한 역할을 하는 악기이다. 황색 모자를 쓴 두 명의 법당 관리 승려 도강치(duganch)가 불경을 낭독한 후 사원을 바라보며 두 대의 동 부레를 세 번 끊어서 반복 취주(吹奏)한다. 맨 처음에는 동 부레를 5분 동안 불고, 두 번째는 처음보다 조금 짧게 분다. 그리고 승려들이 사원 앞에 모여서 독경(讀經)을 하고 법당으로 들어가 지정된 자리에 착석하면 마지막으로 동 부레를 연주하고 마무리하는데, 이때 법회가 시작된다. 동 부레를 불기 전에 법회가 시작되는 법은 없다.

동 부레를 사용할 경우 한 대의 동 부레가 아닌, 반드시 두 대의 동 부레를 긴 호흡으로 취주한다. 동 부레의 연주법은 두 가지인데, 크게 울리게 하는 연주법과 정석대로 부는 연주법이 있다.

경전에서는 동 부레에 대하여 석가모니 부처가 인간 세상에서 설법할 때 연주하였다고 전하며, 사람과 동물 모두가 동 부레의 연주를 들으면 세 가지 불운으로부터 벗어나 행복하게 된다는 부처님의 가르침이 있었다고 한다. 법회가 시작됨을 알릴 때 연주하는 동 부레는 구호(口號)의 기능이 있어, 승려들은 '대중의 구호'라고 지칭하기도 한다.

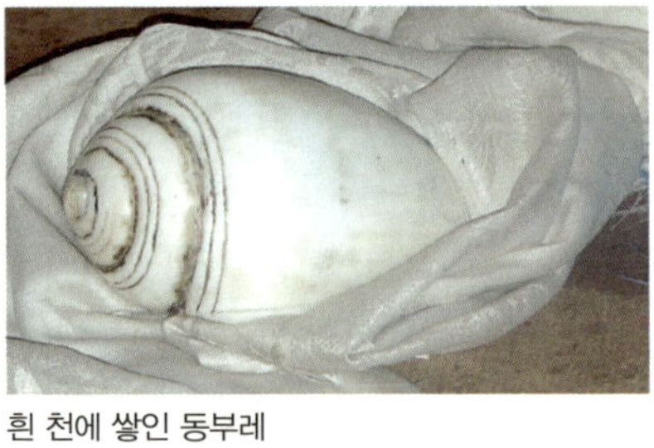

흰 천에 쌓인 동부레

민간에서는 양 무리에서 동 부레를 불면 양 떼가 번성하고 질병에 걸리지 않는다고 한다.

참고문헌 Ж. Бадраа (1998), *Монгол Ардын Хөгжим*, Улаанбаатар. 박소현 (2002), 「몽골 악기의 종류와 분류」, 『몽골학』 13, 한국몽골학회.

림베 ᠯᠢᠮᠪᠦ Лимбэ (Limbe)

몽골에서 전해 내려오는 관악기의 하나

림베는 몽골의 전통 관악기로, '헌들렁 비쉬구르'라고도 한다. 고대에는 림베를 대나무로 만들었으나, 현재는 주로 동이나 플라스틱으로 제작한다. 현대 림베는 길이 610~630mm, 두께는 25~30mm이다. 전통 림베의 길이는 약 70~80cm 가량이었다고 전한다. 모두 12개의 음공이 있다. 왼쪽 어깨쪽으로 눕혀 입에 대고 부는데 손가락으로 구멍을 막거나 떼어 선율을 연주한다.

림베는 굵기에 따라 세 가지로 구분된다. 가는 림베는 새소리를 표현하는데 이를 고음(高音) 림베라 하고, 관의 굵기에 따라 중음(中音) 림베, 저음(低音) 림베로 구분된다. 일반적으로 중음 림베가 관현악에 편성된다. 과거에는 대나무나 구리를 사용하여 림베를 제작하다가 현재는 플라스틱(pvc관)을 사용하여 제작한다. 전통적 재료인 대나무를 사용하지 않는 이유는 조율하기가 쉽지 않기 때문이다.

림베를 입술을 내밀어 막고 한 호흡으로 부는 순환 호흡은 몽골 림베 연주자들의 독특한 주법으로 꼽힌다.

참고문헌 Ж. Бадраа (1998), *Монгол Ардын Хөгжим*, Улаанбаатар.

비쉬구르 ᠪᠢᠰᠢᠭᠤᠷ Бишгүүр (Bishgüür)

입으로 불어서 연주하는 악기의 하나로 한국의 태평소와 비슷한 악기

비쉬구르는 겹서[double-reed]를 사용하는 취주 악기로 한국의 태평소와 비슷한 관악기이다. 길이는 약 46~56cm 혹은 60~70cm이며, 취구는 앞면에 7공, 뒷면에 1공으로 총 8공이 있다. 태평소의 동팔랑과 같은 부분을 '차르(tsar)'라고 하는데 지름이 약 6.4cm이다. 차르의 재질은 주로 황동(黃銅)으로 제작하지만, 은(銀)이나 동(銅)으로 제작된 것도 있다. 악기의 관대는 나무로 만들고 동물의 가죽을 씌워 천으로 감싼다. 이는 취주할 때 공기가 밖으로 새는 것을 방지하고 보관할 때 관대의 변형을 방지하기 위함이다. 과거 비쉬구르의 관대는 소뿔로 제작하기도 했으며, 이를 에웨르 부레(ever büree)라 불렀다.

비쉬구르는 크기와 모양, 음공의 수, 재질에 따라 다양한 종류로 구분된다.

바글라산 비쉬구르(baglasan bishgüür)는 각기 다른 음공을 내어 불어 소리를 내는 악기이다. 음공의 수는 5, 13, 17, 19 등 악기마다 다양하다. 우옐레흐 비쉬구르(üyelekh bishgüür)는 림베(limbe: 횡적(橫笛))보다 가늘고, 3개의 음공이 있으며 악기 표면을 명주실로 묶은 후 길게 늘어뜨려 장식한다. 호르산 비쉬구르(khuursan bishgüür)는 강목이나 뼈로 만든다. 길이는 7장뼘 이상으로, 음공은 정면에 7개, 뒤에 1~2개가 있다. 나팔꼭지를 끼워 세로로 잡고 불어 연주한다. 호르산 비쉬구르(khuursan bishgüür)는 노욘 호탁트 랍자(Ravzaa)를 기념하여 설립한 불교 사원의 악단에서 연주되었으며, 도론고비 아이막의 박물관에 소장되어 있다. 호르한 비쉬구르(khuurkhan bishgüür)는 종적(縱笛) 비쉬구르류에 속한다. 붉은 명주로 악기를 감아 매듭을 늘어뜨린다. 정면에 5개의 음공이 있다. 원나라 시기에는 7개의 음공이었다고 기록되었다. 샤와르 비쉬구르(shavar bishgüür)는 진흙으로 만든 도자기 병에 6개의 음공을 내어 소리를 내는 악기이다.

비쉬구르는 불교 의례 악기 중 유일한 선율 악기로 음역은 완전한 3옥타브 정도이다. 불교 의식 의례뿐만 아니라 몽골 민족 음악의 연주에도 사용된다. 승려들의 독경에는 항상 비쉬구루의 연주가 수반되는데 법회에서는 대부분 2대의 비쉬구르를 사용한다. 특히 경전을 숭배하고 제물을 바칠 때에는 자바라와 같은 타악기인 창(tsan)과 함께 연주된다. 강력한 힘을 발휘한다는 '항드 라함(Khand Lkham)'이라는 경전을 암송할 때에는 300개의 '창(tsan)'을 치면서 비쉬구르를 취주하여 우뢰와 같은 굉음을 낸다.

여러 비쉬구르와 라미승들의 연주 모습

참고문헌 Ж. Бадраа (1998), *Монгол Ардын Хөгжим*, Улаанбаатар. 박소현 (2002), 「몽골 악기의 종류와 분류」, 『몽골학』 13, 한국몽골학회.

슈겔 ᠱᠦᠭᠡᠯ Шүгэл (Shügel)

가늘고 넓은 쇠나 단향 나무로 만든 관악기

슈겔은 가늘고 넓은 쇠나 단향 나무로 만든 호각 모양의 악기로, 일종의 호루라기와 같다. 법회 때마다 취주하는 것은 아니며, 홍모파(紅帽派: 닝마파) 티베트 불교의 엄중한 경전이나 '암니 나이칭 올랑(aminy naichin ulaan)'이라는 경전을 암송할 때 취주한다.

참고문헌 박소현 (2002), 「몽골 악기의 종류와 분류」, 『몽골학』 13, 한국몽골학회. Ж. Чулуунцэцэг (1998), *Бурхан шашны найман тахилтай хөгжим холбогдох нь*, Улаанбаатар.

에웨르 부레 Эвэр бүрээ (Ever büree)

동물의 뿔로 만든 관악기

에웨르 부레는 동물의 뿔로 만든 관악기로, 둥그렇게 구부러져 있는 모양이 특징적이다. 다른 민족들의 뿔 나팔은 뿔의 입 부분을 위로 향하게 하여 불었던 것에 반해 몽골의 에웨르 부레는 입 부분을 밑으로 향하게 하여 불었다. 현재 관현악에 편성된 에웨르 부레는 서양의 오보에(oboe)와 유사한 형태를 하고 있다.

참고문헌 울람바야르 돌진수렌 (1997), 「몽골 민속 관악기의 발달 변천사」, 『세계피리축제 Workshop』, 국립국악원.

오람 Урам (Uram)

고대 몽골에 있었던 관악기의 하나

옛날부터 사람들은 소뿔에 구멍을 내어 불어서 신호를 보내거나 연주를 해 왔다. 몽골에서는 자작나무의 껍질을 말거나, 자작나무 속을 깎아 소리를 내기도 하였는데 이것이 오람이다. 몽골에는 사슴을 유인하여 잡기 위해 부는 사슴 오람(Buga uram)과 사냥감을 유인하기 위해 부는 사냥꾼 오람(anchny uram)이 있으며, 이 외에도 말치기 오람, 우편부 오람, 군인 오람 등 각각의 역할에 따라 다양한 오람이 있다.

참고문헌 Ж. Бадраа (1998), *Монгол Ардын Хөгжим*, Улаанбаатар.

이흐 부레 Их бүрээ (Ikh büree)

몽골의 불교 의식에서 사용하는 관악기의 하나

이흐 부레는 한국의 나발과 유사한 단음취주(單音吹奏) 악기이다. 이흐 부레는 황동(黃銅)으로 만드는데, 길이가 약 3m 60cm이며, 취구(吹口) 아래에 위치한 고리에 행운을 상징하는 오색 천을 장식한다. 가장 오래된 것은 수도 울란바토르에 위치한 몽골의 대표 사원인 간단사(Gandan khiid)에 보관되어 있다.

이흐 부레는 불교 의식 의례에서만 사용하는 악기로 3단 혹은 4단으로 줄이고 늘이는 형태의 두 가지 종류가 있다. 연주할 때에는 모두 늘여서, 3개의 탁자 위에 고이거나, 몇 사람이 어깨 위에 메고 한 사람이 취주한다. 이러한 연주 자세는 악기가 매우 길고 무겁기 때문이다. 고음(高音)의 이흐 부레와 저음(低音)의 이흐 부레 두 가지 종류가 있다.

황동 이흐 부레

참고문헌 박소현 (2002), 「몽골 악기의 종류와 분류」, 『몽골학』 13, 한국몽골학회.

초르 Цуур (Tsuur)

서부 몽골 지역에서 전해 내려오는 피리를 통틀어 이르는 말

초르는 몽골에서 피리류를 통틀어 이르는 말이다. '모동초르'라고도 한다. 낙엽송을 양쪽으로 가른 후 모양을 다듬은 다음에 양의 식도(食道)를 씌워 가축의 힘줄로 묶어 말려서 만든다. 앞쪽에 두 개, 뒤쪽에 한 개의 지공(指空)이 있다. 서부 몽골 지역의 초르는 몽골 피리의 고형(古形)을 유지하고 있는 것으로 알려져 있다. 현재 초르는 관현악에 편성되지 않으며, 몽골 서부 지역에서만 연주되고 있다.

초르는 연주하기가 쉽지 않아 몇몇 사람만이 연주할 수 있다고 한다. 그래서 풀잎으로 먼저 연습하여 익힌 후 연주한다. 초르는 고대 알타이 산맥의 오리앙하이족 사냥꾼들이 몽골의 창법인 허미나 초르를 불어 가축들을 불러 모으거나 멈추게 하며 사냥을 즐긴 데에서 비롯하였다고 한다.

초르의 일종으로 '타신 첨건 초르(tasyn chömgön tsuur)'가 있는데, 타스(검은 독수리)의 날개 쪽에 위치한 상박골로 제작한다. 이 타신 첨건 초르는 바양헝거르 아이막 박물관에 소장되어 있으며, 형태는 터머르 초르(철로 제작한 초르)와 유사하다.

참고문헌 Ж. Бадраа (1998), *Монгол Ардын Хөгжим*, Улаанбаатар.

타악기

간디 Ганди (Gandi)

단향 나무로 만든 타악기

간디는 단단한 나무로 만드는데 주로 단향 나무가 사용된다. 길이와 두께는 간디에 따라 다양하다. 간디 끝에 오색 천을 매달아 장식한다. 나무 채로 간디를 쳐서 소리를 낸다. 주로 승려들이 독경할 때 간디의 한 쪽은 탁자 위에 올려 받쳐 놓고 다른 한 쪽을 어깨 위에 얹어 연주한다.

참고문헌 Ж. Бадраа (1998), *Монгол Ардын Хөгжим*, Улаанбаатар.

다마르 Дамар (Damar)

나무로 만든 몸통에 가죽을 씌워 만든 장구 모양의 타악기

다마르는 한국의 고대 불교 그림에서 보이는 요고(腰鼓)와 비슷한 타악기이다. 다마르는 나무로 몸통을 만드는데, 가운데는 가늘고 잘록하며 양쪽에 동물의 가죽을 맨다. 나무로 된 몸통은 종종 인간의 두개골로 제작되기도 하였다. 가죽 재질의 두 면에 각각 짧은 채가 달려 있으며, 황금실로 자수가 된 끈이 있는데 이것을 좁동(jovdon)이라고 한다.

다마르는 크기에 따라 2가지 종류가 있다. 하나는 악귀를 물리치는 의식을 할 때 사용하는 다마르이고, 보다 작은 크기의 다마르는 일반 법회에서 사용한다.

다마르는 공허한 마음을 상징하며, 샤그샤바디(shagshaabadi)라는 부적을 가운데에 길

게 묶는다. 장수의 상징인 작고 예쁜 조개껍질을 다마르 가운데에 장식하며, 다마르의 채는 음양(陰陽)을 상징한다.

다마르는 두 명의 연주자가 교대로 연주하는데, 연주 방법은 악기에 부착된 끈을 가능한 짧게 잡고, 손목을 앞뒤로 비틀듯이 움직이며 연주한다. 연주법에서 오른쪽에서 왼쪽으로 돌리는 것은 영웅의 뜻을 세운다는 의미이고, 왼쪽에서 오른쪽으로 돌리는 것은 선녀의 뜻을 떨친다는 의미를 내포하고 있다. 양면을 가죽으로 씌우는데 이는 평안의 상징이다. 그리고 오색의 실을 늘어뜨린 것은 다섯 아이막의 선녀들을 기쁘게 한다는 의미이다. 여기에 장식된 작은 방울은 명성(名聲)을 상징한다.

화려한 치장의 다마르

참고문헌 박소현 (2002), 「몽골 악기의 종류와 분류」, 『몽골학』 13, 한국몽골학회. Ж. Чулуунцэцэг (1998), *Бурхан шашны найман тахилтай хөгжим холбогдох нь*, Улаанбаатар.

도다람 ᠳᠤᠳᠠᠷᠠᠮ Дуударам (Duudaram)

작은 접시 모양의 징을 나무틀에 매달고 나무망치로 쳐서 소리를 내는 타악기

도다람은 한국의 운라(雲鑼)와 유사한 타악기로 불교 의식에서 사용된다. 도다람은 몽골의 악기 중에서도 긴 역사를 가지고 있다. 구리로 만든 작은 접시 모양의 징 열 개를 정방형의 나무틀에 매다는데, 악기 끝에는 손잡이가 있다. 이 손잡이를 잡고 나무망치로 징을 쳐서 소리를 낸다.

참고문헌 Ж. Бадраа (1998), *Монгол Ардын Хөгжим*, Улаанбаатар. 박소현 (2002), 「몽골 악기의 종류와 분류」, 『몽골학』 13, 한국몽골학회.

딩쉭 ᠳᠢᠩᠱᠢᠭ Диншиг (Dinshig)

불교 의식 의례에서 사용하는 타악기의 하나

불교 의식 의례에서만 사용되는 딩쉭은 창(tsan)과 같은 모양이지만, 지름이 약 6cm로 매우 작아서 손안에 쥐고 신호를 보내듯 두드려 소리를 내는 악기이다. 딩쉭이라는 이름은 티베트어에서 유래하였다. 딩쉭은 보통 구리와 아연이 섞인 철을 주조하여 만든다.

딩쉭은 불교의 최고 수장인 나이당 척치드(naidan tsogchid) 람의 전경(轉經) 의식에서 사용된다. 그러나 법문(法文) 의례에서는 사용하지 않는다. 법회의 경사(經師)가 검지와 엄지, 두 개의 손가락에 끼우고, 왼손과 오른손에 교대로 잡는다. 장엄한 법회를 할 때에는 반드시 연주한다. 춤추며 연주되기도 한다.

몽골 딩쉭

참고문헌 Ж. Бадраа (1998), *Монгол Ардын Хөгжим*, Улаанбаатар. 박소현 (2002), 「몽골 악기의 종류와 분류」, 『몽골학』 13, 한국몽골학회.

샤쇼르가 Шагшуурга (Shagshuurga)

러시아에서 유입되어 전해 내려오는 타악기의 하나

샤쇼르가는 러시아에서 유입되어 몽골에 전해 내려오는 타악기로, 할바강 샤쇼르가(khalbagan shagshuurga)라고도 한다. 나무를 깎아 숟가락 모양으로 만드는데, 손잡이 부분에 작은 종들이 달려 있다. 토와, 칼묵에서는 '로즈키(Ruzki)'라고 부른다.

참고문헌 Ж. Бадраа (1998), *Монгол Ардын Хөгжим*, Улаанбаатар.

셀넹 Сэлнэн (Selnen)

챙이 넓은 둥근 모자 형태로 두 짝을 서로 마주 쳐 연주하는 타악기

셀넹은 한국의 자바라와 비슷하지만 크기가 작은 타악기이다. 순 구리로 만들며, 챙이 넓은 둥근 모자 형태이다. 한가운데 있는 구멍에 끈을 꿰어 한 손에 하나씩 쥐고 두 짝을 마주 쳐서 소리를 낸다. 크기가 직경이 20cm인 것은 작은 것, 50cm 정도인 것은 중간 것, 80cm 정도인 것은 큰 셀넹이라고 한다. 셀넹은 중심부가 불룩하게 돌출되어 있는데, 돌출된 부분이 큰 것이 왼편이고, 작은 것이 오른편이다.

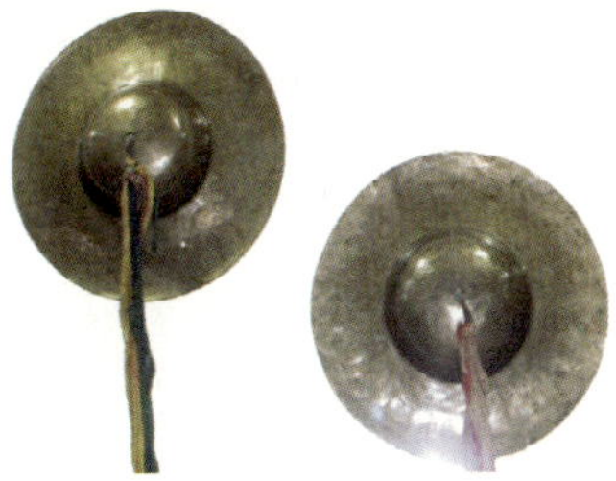
몽골 셀넹

불교 의식을 할 때는 반드시 셀넹을 친다.

참고문헌 박소현 (2002), 「몽골 악기의 종류와 분류」, 『몽골학』 13, 한국몽골학회. Ж. Чулуунцэцэг (1998), *Бурхан шашны найман тахилтай хөгжим холбогдох нь*, Улаанбаатар. 包. 达尔汗 (2002), 「蒙古佛教器乐曲种类」, 『音乐研究』, 北京: 中央民族大学音乐系. 第2期.

알탄 허럭 Алтан хөөрөг (Altan khöörög)

황동, 구리, 청동 등으로 만든 금속 타악기

알탄 허럭은 구리, 동 등을 주조하여 종 모양으로 만든 타악기이다. 고대 중국의 '종(鐘)' 종류로 금속 타악기류로 분류된다. 독주용 알탄 허럭과 협주용 알탄 허럭으로 분류된다.

참고문헌 Ж. Бадраа (1998), *Монгол Ардын Хөгжим*, Улаанбаатар.

오스트 촘 Уст цом (Ust tsom)

물을 담은 12개의 작은 그릇을 쳐서 소리를 내는 타악기

오스트 촘은 타악기의 일종으로, 각각 다른 양의 물을 담은 12개의 작은 그릇을 얇은 쇠막대로 쳐서 소리를 내는 악기이다. 담긴 물의 양에 따라 소리가 다르게 난다. '오스트 론흐'라고도 한다. 11~13개의 도자기 그릇에 물을 담아 연주하는 인도의 '잘드랑그'라는 악기와 유사하다.

참고문헌 Ж. Бадраа (1998), *Монгол Ардын Хөгжим*, Улаанбаатар.

직델센 알탄 허럭

Жигдэлсэн алтан хөөрөг (Jigdelsen altan khöörög)

황동으로 만든 16개의 허럭을 매단 금속 타악기

직델센 알탄 허럭은 황동을 주조하여 만드는데, 한국의 편종(編鐘)과 비슷한 타악기이다. 16개의 허럭(khöörög: 징 또는 종)을 걸이에 두 줄로 정렬하여 달아 두드려 연주한다. 허럭 한 개의 길이는 7인치, 무게는 5돈, 넓이는 약 5인치 정도이다. 허럭 두께의 차이에 따라 각각 다른 음을 낸다. 채로 두드려 연주한다.

참고문헌 Ж. Бадраа (1998), *Монгол Ардын Хөгжим*, Улаанбаатар.

창 Цан (Tsan)

구리로 둥글넓적하게 만들어 두 짝을 마주 쳐서 소리를 내는 타악기

창은 한국의 자바라와 비슷한 악기로, 셀넹과 같은 종류이다. 구리로 둥글넓적하게 만들어 두 짝을 마주 쳐서 소리를 내는데 관악기와 함께 연주한다. 창의 왼편은 머리가 크고 가운데 십자 모양이 있으며, 오른편 안쪽에는 작은 바퀴 모양이 있다.

창은 타법의 횟수에 따라 여러 가지 명칭이 있다. 연속해서 11회 치는 타법은 짜입쭈뎅(jaivjünden), 108회 치는 타법은 다쉬구이뎅(dashgüiden), 300회 치는 타법은 일람롤짬(lkhamruljam), 11회 치는 타법은 숭뎅(sünden)이라고 한다.

몽골 하닥에 놓여 있는 창

참고문헌 박소현 (2002), 「몽골 악기의 종류와 분류」, 『몽골학』 13, 한국몽골학회. Ж. Чулуунцэцэг (1998), *Бурхан шашны найман тахилтай хөгжим холбогдох нь*, Улаанбаатар. 包. 达尔汗 (2002), 「蒙古佛教器乐曲种类」, 『音乐研究』, 北京: 中央民族大学音乐系. 第2期.

테르굴센 알탄 허럭

Тэргүүлсэн алтан хөөрөг (Terguulsen altan khöörög)

금, 황동, 구리, 청동 등으로 만든 12개의 허럭(종, 징)을 매단 타악기

테르굴센 알탄 허럭은 금, 황동, 구리, 청동 등으로 만든 12개의 허럭을 매달아 채로 쳐서 연주하는 타악기의 일종이다. 허럭(khöörög)은 '징'을 뜻하는 티베트어에서 유래되었다. 옛 몽골에서는 큰 연회가 열릴 때 그 달과 조화되는 음색의 알탄 허럭을 연주하였다고 전한다. 12개의 종은 각각 12간지의 동물을 나타내는데, 서로 다른 음을 냈으며, 이 허럭을 울리는 것은 고대 몽골 궁정 연회에서 거행된 의식 중 하나였다.

참고문헌 Ж. Бадраа (1998), *Монгол Ардын Хөгжим*, Улаанбаатар.

하랑가 Харанга (Kharanga)

동으로 전이 없는 대야같이 만들어 채로 쳐서 소리를 내는 타악기

하랑가는 한국의 '징'과 비슷한 악기로, 동(銅)으로 제작하기 때문에 '후렐 헹게렉

(khürel khengereg, 銅鼓)'이라고도 한다.

승려들이 독경을 할 때, 도강츠가 사쉬르를 쓰고 독경을 하며 하랑가를 친다. 원형의 하랑가는 중심 부위가 움푹 패여 있어 이 부분을 채로 친다. 채의 길이는 25cm이며, 채의 끝에는 80cm 이상의 둥근 펠트를 직경으로 꼬아서 장식한다. 음색이 부드럽고 장중하다.

몽골 하랑가와 채

참고문헌 박소현 (2002), 「몽골 악기의 종류와 분류」, 『몽골학』 13, 한국몽골학회. Ж. Чулуунцэцэг (1998), *Бурхан шашны найман тахилтай хөгжим холбогдох нь*, Улаанбаатар. 包. 达尔汗 (2002), 「蒙古佛教器乐曲种类」, 『音乐研究』, 北京: 中央民族大学音乐系. 第2期.

하스 토르가 Хас туурга (Khas tuurga)

판석을 매달아 놓고 치는 타악기로 한국의 편경(編磬)과 비슷한 악기

하스 토르가는 걸이가 있는 틀에 두께가 서로 다른 판석을 매달아 치는 타악기이다. 판석의 두께에 따라 서로 다른 음을 낸다. 하스 토르가(khas tuurga)는 '석판(石板)'이라는 뜻인데, 주로 벽옥(碧玉)을 다듬어 만들었기 때문에 이런 이름이 붙여졌다.

하스 토르가는 테르굴슨 하스 토르가(terguulsen khas tuurga)와 직델센 하스 토르가(jigdelsen khas tuurga) 두 가지 종류가 있다. 직델센 하스 토르가는 하나의 걸대에 두께가 다른 16개의 판석을 걸어놓은 타악기이다. 소의 뿔로 채를 만들어 연주하며, 16개의 판석이 각각 다른 음을 낸다. 테르굴센 하스 토르가는 하나의 걸대에 12개의 판석을 걸어놓은 타악기이다. 12개의 판석은 12간지의 동물을 상징하는데, 궁정에서 큰 연회가 거행될 때 12간지에 따라 음을 친다.

참고문헌 Ж. Бадраа (1998), *Монгол Ардын Хөгжим*, Улаанбаатар.

헹게렉 Хэнгэрэг (Khengereg)

북을 통틀어 이르는 말

헹게렉은 고대부터 내려온 막명악기(膜鳴樂器)로 크기가 작고 양면을 가죽으로 씌운 북을 이르는 말이다. 불교 법회에서 헹게렉은 관악기인 동 부레와 함께 구호(口號)의 역할을 한다. 때문에 헹게렉은 승려들의 독경에서 중요한 법구(法具)가 된다. 특히 조석 예불(朝夕禮佛)을 할 때, 도강츠는 사원의 법당 앞에서 구호를 외치고, 독경을 하며 헹게렉을 천천히 두드린다. 처음에는 느리게 시작하다가 점점 빠르게 두드린다. 예불이 시작되면 들고 나온 헹게렉을 법당 안 지지대에 설치한다.

사원에서 사용하는 헹게렉 중에는 여러 가지 문양으로 장식된 것들이 있다. 헹게렉의 나무로 된 테두리는 용(龍) 문양으로 휘감고, 헹게렉의 가죽으로 된 면의 가장자리는 무지개 색으로 채색하며, 중앙에는 평화를 의미하는 쌍어(雙魚)를 단청한다. 용 문양은 하늘의 두 강자 중 하나를 의미하고 쌍어(雙魚)는 인생의 시작, 만물의 근원을 상징한

다. 몽골에는 "옷감의 시작은 하닥(khadag), 먹을 것의 시작은 차(茶), 동물의 시작은 물고기"라는 여르톤친 고랍(yortönchiin gurav: 세상의 세 가지)이 전하는데, 이러한 근거를 통해 보면, 모든 물고기의 형상은 인생(人生)의 시작을 상징하는 시조(始祖)의 의미를 가지고 있다.

헹게렉의 중앙에 쌍어(雙魚) 문양은 검은색과 흰색의 두 마리 물고기를 마주 보게 새겨 마치 태극 문양과 같은데, 이는 우주의 대형을 상징한다. 헹게렉을 두드릴 때는 반드시 중앙에 위치한 태극형의 쌍어 문양 부분만을 두드린다.

헹게렉은 용도와 형태에 따라 직델센 헹게렉(jigdelsen khengereg: 建鼓), 답쉬흐 헹게렉(davshikh khengereg: 晋鼓), 쉬뎀트 헹게렉(shidet khengereg: 神鼓), 작살린 헹게렉(jagsaalyn khengereg: 细腰鼓), 아르 오르 헤브테 헹게렉(ar ur khevtei khengereg: 两面鼓), 합트가이 헹게렉(khavtgai khengereg: 端鼓) 등으로 구분된다.

화려한 문양의 몽골 헹게렉

참고문헌 박소현 (2002), 「몽골 악기의 종류와 분류」, 『몽골학』13, 한국몽골학회. Ж. Чулуунцэцэг (1998), *Бурхан шашны найман тахилтай хөгжим холбогдох нь*, Улаанбаатар.

홍흐 Хонх (Khonkh)

손으로 흔들어 소리를 내는 작은 종

홍흐는 손으로 흔들어 소리를 내는 작은 종을 말한다. 홍흐는 형태에 따라 3가지가 있는데, 장식이 없는 하얀색의 홍흐, 흙색의 홍흐, 여러 가지 색으로 물들인 홍흐이다. 장식 없는 하얀색의 홍흐는 악귀를 쫓는 홍흐이며, 여러 가지 색으로 물들인 홍흐는 보편적으로 승려들이 사용하는 홍흐이다. 홍흐의 손잡이 꼭대기에는 오치르(ochir, 金剛杵)로 장식된다. 오치르는 사각형, 육각형, 팔각형의 다양한 모양이 있다.

홍흐는 별도의 오치르와 함께 사용하는데, 승려는 오치르를 오른손에, 홍흐를 왼손에 잡고 독경한다. 임종(臨終)을 앞둔 사람에게 홍흐의 소리를 들려주는데, 이것은 세 가지 걱정으로부터 구원 받고, 극락왕생(極樂往生)하도록 하기 위함이다.

몽골 홍흐와 오치르

참고문헌 박소현 (2002), 「몽골 악기의 종류와 분류」, 『몽골학』13, 한국몽골학회. Ж. Чулуунцэцэг (1998), *Бурхан шашны найман тахилтай хөгжим холбогдох нь*, Улаанбаатар. 包. 达尔汗 (2002), 「蒙古佛教器乐曲种类」, 『音乐研究』, 北京: 中央民族大学音乐系. 第2期.

미술

역사와 개관

몽골 그림 ᠮᠣᠩᠭᠣᠯ ᠵᠢᠷᠤᠭ Монгол зураг (Mongol zurag)

몽골에서 전통적인 재료와 화법을 이용하여 그린 그림

몽골인들은 일상생활 및 행복에 대한 소망 등을 그림을 통해 표현하였다. 이것이 몽골의 민중 회화로 발전하였으며 고유의 화풍을 갖게 되었는데, 이런 그림이나 화풍은 '몽골 조락 (Mongol zurag)'이라는 고유 명칭으로 불린다.

불화(佛畵)와 아플리케 자수 회화는 몽골 지역의 불교의 융성으로 인해 고도의 구성법과 색채 조화, 표현 기술을 통해 발전되었지만 종교적인 목적이 우선이었기 때문에 몽골 민중의 특색을 담지는 못했다. 대신에 유목민의 게르 안 가구를 장식한 그림, 민간 설화를 그린 그림, 책에 그려진 삽화 등에서 몽골인의 생활과 인식을 찾아 볼 수 있다.

1. 몽골 그림의 종류

몽골의 그림은 주제에 따라 불교 그림, 샤머니즘 및 민속 신앙 관련 그림, 인물 그림, 동물 그림, 설화를 주제로 한 그림, 식물 그림, 도서 삽화 등으로 분류할 수 있다.

1) 불교 그림

17~20세기 초 몽골에서 흥성한 불교문화는 그림에도 반영되었다. 불교 그림은 사원의 불화(佛畵)인 경우에는 전문적인 기술과 지식이 요구되었지만 불화에 등장하는 소재 중 비교적 그리기 쉬운 일부 요소들은 민중에게 받아들여져 대중화되기도 하였다. 대체로 민화는 불화의 일부분을 따서 그리는 방법이었는데, 널리 쓰인 주제로는 '팔길상(八吉祥)', '칠보(七寶)', '네 마리의 힘센 짐승', '화목한 네 마리의 동물' 등으로, 각각의 상징성을 갖고 있다.

팔길상이란 법라(法螺), 일산(日傘), 산개(傘蓋), 금어(金魚), 보병(寶瓶), 백련(白蓮), 나각(螺角), 길상 문양, 법륜(法輪)을 말한다. 팔길상을 그린 그림은 주로 불상 받침대와 그릇 등에 많이 쓰인다. 팔길상에 있는 것들은 각각의 상징성을 갖고 있다. 법라(소라고둥으로 만든 피리)는 소라고둥의 아름다운 소리로 불법의 가르침이 멀리 퍼져 가는 것을 의미한다. 따가운 햇살을 가려 주는 일산(日傘)은 중생들이 살아가면서 겪게 되는 질병과 장애를 막아 주는 것을 상징한다. 부처님의 설법전을 장엄하는 산개(傘蓋, 승리의 깃발)는 몸과 입과 마음에서 일어나는 허물을 살펴서 이겨내는 것을 의미한다. 금어(금빛 물고기 2마리)는 물고기가 물을 무서워하지 않고 마음대로 헤엄치며 노닐듯이 모든 중생들이 괴로움의 바다에서 벗어나 불법을 용기 있게 실천하는 것을 상징한다. 보병(보물이 가득한 항아리)은 값비싼 보석이 가득 담긴 항아리처럼 본래 부족함이 없는 자성을 깨달아 현세와 내세의 자유를 얻는 것을 상징한다. 백련은 더러움에 물들지 않는 연꽃의 아름다움처럼 번뇌로 가득한 인간의 마음도 그 본질로 돌아가 연꽃으로 피어나는 것을 상징한다.

길상 문양은 한 생명마다 끝없는 인연의 고리로 연결되어 있음을 나타낸다. 인연의 고리는 인연법이 떨어질 수 없음을 나타내고 깨달음에 이르러서는 지혜와 자비가 온전히 하나가 됨을 나타낸다. 법륜은 항상 굴러가는 진리의 바퀴로, 부처가 깨달은 내용이 모든 중생의 마음에 전해져 진리의 기쁨과 자유를 누리는 것을 상징한다.

'화목한 네 마리의 동물'은 코끼리, 원숭이, 토끼, 비둘기를 말한다. 이 동물들이 "화목한 네 마리의 동물"이라고 불리게 된 이유에 대한 이야기를 간단히 소개하면 다음과 같다.

옛날 인도에 비둘기, 토끼, 원숭이와 코끼리가 함께 살았는데 어느 날 그들 중 어른을 정해 그를 공경하고 그의 뜻을 따라 살자는 이야기가 나왔다. 그래서 누가 어른인지를 서로 물어보았다. 그 곳에는 아주 큰 나무가 자랐는데, 코끼리가 내가 어릴 때는 이 나무 크기가 나와 똑같았다고 하자, 원숭이는 내가 어릴 때 이 나무는 가지도 자라지 않았다고 하였다. 토끼는 내가 어릴 때 막 뿌리를 두었기 때문에 내가 그 뿌리를 캐먹었다고 하고, 비둘기는 내가 씨앗을 물어 여기에 떨어뜨렸다고 하였다. 이야기를 나누던 동물들은 코끼리, 원숭이, 토끼, 비둘기 순서로 등에 타올라 큰 나무의 열매를 따서 먹고, 서로 도와주면서 사이좋게 살게 되었다.

몽골에서는 이 그림이 집에 있으면 그 가정이 화목하게 잘 살 수 있다고 믿어 이 네 동물의 그림을 그리거나 조각하여 집 안에 모셨다. 지금도 그 전통이 남아 있어 몽골에 이 그림이 없는 집을 찾아보기 어렵다 해도 과언이 아닐 정도로 널리 알려진 그림이다.

칠보(국가의 일곱 보물)는 법륜(khorol), 여의주(chandmani), 왕비(khatan), 신하(tüshmel), 코끼리, 말, 장군이며 몽골인들은 칠보가 각각 관장하는 일이 있어 국가가 태평하고 국민들이 행복할 수 있도록 돕는다고 믿는다. 이들 일곱 보물은 한 화폭에 모두 다 그려지는 것이 일반적이다.

'네 마리의 힘센 짐승'이란 사자, 호랑이, 용, 항가리드(khangardi, 가루다)로 힘과 정력, 번성을 상징한다. 그 중에서 가장 많이 쓰이는 것은 사자이다. 몽골인들은 유목 생활을 하기 때문에 그림들을 종이에 그려서 집 안을 장식하는 것보다 오히려 물건 보관용 상자 등 가구나 문과 담 등에 그리는 경우가 많았다. 사자는 악을 막고 제압하는 역할을 한다고 믿기 때문에 몽골 전통 가옥 게르 안의 가장 윗자리에 사자가 그려진 상자를 놓아 사자가 게르를 지켜 주기를 기원한다. 또한 나머지 세 마리의 짐승들도 가구에 그려 장식하는 것이 많았다. 가구 말고도 일상생활에서 쓰이는 불상 받침대, 삼발이 가리개, 화살통, 그리고 악기 등에 그려 장식하는 경우도 있었다.

2) 샤머니즘 및 민속 신앙 관련 그림

몽골 민중들은 신령이나 정령 그림을 그려 숭배해 왔다. 이러한 그림들은 점을 치거나, 집안을 악령으로부터 보호해 준다고 믿어 숭배하였다. 그러나 불교 민화보다는 비교적 적게 제작된 것으로 보인다.

대표적인 그림의 소재로는 차강 어브겅(흰 노인, Tsagaan övgön)을 들 수 있으며, 이는 가축의 번성과 풍요, 장수를 관장하는 신 그림이다. 차강 어브겅은 티베트의 감보카보, 중국 서남부의 나시족(納西族) 사이에서 확인되는 만로도제신(蔓魯都濟神)과 외모나 기능이 매우 유사하다. 또 중국의 포대화상(布

袋和尙), 한국과 일본의 수노인(壽老人)의 모습과도 비교된다. 노인은 용머리 지팡이를 짚고, 흰옷을 걸치고, 흰 수염이 난 모습으로 등장한다. 흰 노인을 그린 그림은 안녕을 기원하는 기도문과 함께 몽골 유목민 집에서 불상처럼 숭배하는 경우가 많았다.

3) 인물 그림

인물 그림은 주로 몽골 전통 카드인 허저르(khözör)에 그려져 있다. 몽골에는 예부터 그림이 들어간 작은 카드인 우이추르(üichuur)와 허저르(khözör)를 도구로 한 놀이가 있다. 그중 허저르는 유럽의 트럼프와 달리 형식에 구애 받지 않고 자유로운 구도로 제작되었다. 허저르는 반달 모양, 다이아몬드, 클로버, 하트 모양, 십자 모양 등 다섯 종류이며, 각각의 카드에 그려진 왕, 왕비, 귀족 모두 몽골적인 독특한 모습을 하고 있다. 국립 자나바자르 미술박물관에 소장되어 있는 카드 '클로버 킹'에는 마주 보고 앉아 있는 봉건 군주와 고관의 모습이 그려져 있다. 또한 '클로버 퀸'은 꽃으로 장식된 테이블에서 젓가락을 사용하여 식사를 하는 귀부인의 모습을 하고 있다. 한편 헙스걸 아이막 갈트(Galt) 솜 박물관에 소장되어 있는 카드에는 몽골 가족의 모습이 묘사되어 있어 흥미를 끈다. 다이아와 십자 모양에 그려진 여왕(퀸)은 언쟁하는 남자들 앞에서 에스기(펠트) 깔개에 시선을 옆으로 향하여 앉아 있고, 반달마크인 여왕은 골똘히 생각하는 듯한 표정이며, 그 뒤에서는 남편이 휘파람을 불고 있는 모양이다.

아르항가이 아이막에서 발견된 여왕 카드에서는 아이를 안고 있는 부인이 그려져 있으며, 왕 카드에서는 신분이 높은 것처럼 보이는 관리에게 인사를 받고 있는 왕이, 귀족(잭) 카드에서는 대장간에서의 노동의 모습이 그려져 있어 흥미롭다.

4) 동물 그림

동물 가운데에서 그림에 가장 많이 등장하는 동물은 십이지 동물이다. 그 대표적인 사례는 호롤(khorol)이라는 놀이 도구이다. 호롤은 나무를 깎은 후 색을 칠하거나 그림을 그려 만들며, 서양의 도미노와 유사하다. 이 호롤에는 십이지 동물 외에도 호롤(horol, 法輪), 찬드마니(chandmani, 여의주), 마름모꼴 길상 무늬(얼지, ölzii)의 3가지 그림이 그려져 있다. 서부 몽골 지역에는 봉황과 사자가 추가되기도 한다. 십이지 동물은 여러 가지 가정용품에 자주 그려지기도 하는데, 이는 십이지 동물이 장수를 기원하는 민간 신앙의 의미를 담고 있기 때문이다.

몽골의 동물을 가장 잘 표현한 그림으로는 몽골 전통 놀이인 우이추르(üichuur)에 그려져 있는 그림을 꼽을 수 있다. 우이추르는 64종의 새, 32종의 토끼, 16종의 사슴 등 모두 7종 130마리의 동물이 그려져 있는 카드를 사용한다. 조류는 모두 1냥이며, 최후의 카드인 사자는 64냥의 가치를 갖는다. 사람들은 주사위를 흔들어 던진 후 주사위 눈이 나온 수를 계산하여 냥을 모으는 놀이를 하였다. 이 카드에 그려진 동물들은 각각의 특징적인 모습과 움직임이 선명하게 드러나 있으며, 동물에 대한 세밀한 관찰력과 지식이 상당히 뛰어난 사람이 그린 것임을 알 수 있다. 또한 카드에는 동물과 함께 대지의 변화와 물의 흐름, 운명을 나타내는 표적 등이 그려져 있어, 당시 사람들의 의식이나 세계관을 살펴볼 수 있는 귀중한 자료가 되고 있다.

동물 그림은 장난감 이외에도 가구, 생활용

품 및 장신구에서 흔히 볼 수 있는데, 대부분 준마(駿馬)와 가축이 그려져 있다. 이것은 목축업을 주로 하는 몽골 사람들에게 있어서 가축이 삶의 풍요를 상징하는 중요한 존재이기 때문이다.

5) 설화를 주제로 한 그림

몽골에는 구비문학으로 전승되는 설화는 많지만, 그 중 그림으로 옮겨져 민화로 자리 잡은 것은 드물다. 이중 대표적인 설화 그림은 두가르 자이상(Dugar zaisang)의 활약을 그린 그림이다. 두가르 자이상에 대한 설화는 주로 서부 몽골 지역에서 널리 분포된 설화로, 내용을 간단히 소개하면 다음과 같다.

옛날 티베트에서 황모파와 홍모파가 서로 권력을 차지하기 위해 다투다가 황모파의 세력이 약해졌다. 몽골 고비 지역에 사는 두가르 자이상이라는 영웅이 이를 듣고 흰색 낙타를 타고 홍모파를 진압하러 갔다. 홍모파 승려들은 그가 온다는 것을 알고 밀가루로 사자를 만들어 사자에 주술을 불어넣어 두가르 자이상과 싸우게 하였다. 두가르 자이상은 사자와 싸워 이긴 후 온순하게 길들여 라사(Lhasa)까지 몰고 갔다. 이를 본 홍모파 승려들은 두려워하며 항복했다. 황모파 라마승들은 두가르 자이상을 존경하여 라사의 사원 대문에 그의 모습을 그려 놓았는데, 이 그림은 지금까지도 남아 있다고 한다.

두가르 자이상을 그린 설화 그림은 몽골에서 황모파가 번영했던 시기에 두가르 자이상의 모습을 그려 숭배하면 외침이나 재앙을 막을 수 있다는 믿음에서 비롯된 것으로 보인다.

6) 식물 그림

식물 그림의 소재는 주로 꽃이었는데, 꽃 그림은 예부터 번영과 부귀를 상징하는 의미에서 장식용으로 많이 사용하였다. 연꽃과 목련 등 여러 가지 꽃은 불화에서도 흔히 묘사되는 소재이다. 장식용으로 나무가 그려지기도 하는데, 나무가 민화의 중심으로 등장하는 경우는 드물다.

7) 도서 삽화

근세로 들어오면서 몽골에서는 점성술, 천문학, 의학 분야의 서적이 다수 출판되었다. 그리고 이러한 서적에는 과학적 지식이 일목요연하게 삽화로 정리되어 있다. 책의 삽화는 우수한 묘사력을 바탕으로 세밀하게 그려졌으며, 중국의 일부 고전 소설이 몽골어로 번역되면서 원본 삽화를 그대로 모사하여 그리는 경우도 있었다.

이 이외에도 따로 분류하여 언급하기 어렵지만, 몽골 그림에 자주 표현되는 소재로 구름과 기하학적 문양들을 들 수 있다.

2. 몽골 그림의 특징

몽골 그림, 특히 민화는 다른 나라 그림과 마찬가지로 익살스럽고 소박하다. 몽골 그림에는 몽골 유목민의 일상생활과 소망이 그대로 반영되어 있다. 몽골 그림의 가장 두드러진 특징은 원근법과 명암 표현을 하지 않고 사물을 평면적으로 묘사하는 것이다. 또한 사물을 좀 더 과장되게 표현하며, 규칙에 얽매이지 않는다.

몽골 그림은 장식적 필요성, 토속 신앙과 주술적 신앙의 반영, 집단적 감수성, 모사성 등의 성격을 갖고 있다.

몽골인들은 순수를 상징하는 흰색, 영원한 하늘을 상징하는 하늘색, 승리와 가축의 번식을 상징하는 붉은색, 초원을 상징하는 녹색,

태양을 상징하는 노란색 등 다섯 가지 색을 민족의 기본 색채로 여겨 왔다. 전통 몽골 풍경화에서는 이 다섯 가지 색을 주로 사용하여 강렬하고 선명한 색채 대비 효과를 드러낸다.

현재까지 전하는 몽골의 그림은 그 종류가 다양하지도 않고 그 수도 많지 않은데, 그 이유는 유목 생활을 하는 몽골인들이 종이에 그려진 크기가 큰 그림을 챙기고 이동하기가 불편했기 때문이라고 유추할 수 있다. 또한 몽골의 전통 가옥인 게르 벽에 회화를 걸어 놓을 만한 공간이 넉넉하지 않기 때문에 정착민처럼 종이에 그리는 것보다는 비단과 천 등 보다 튼튼한 재료에 그림을 그리거나 수를 놓는 경우가 많았으며, 문이나 물건 보관용 나무상자 등에 그림을 그려 왔다.

몽골 그림은 일반적인 붓이나 물감 등 미술 도구로만 그리는 것이 아니라, 자수, 조각 등 다양한 기법에 의해서 제작되는 경우가 많다. 또한 불교적 상징들이 널리 보급된 것을 특징으로 꼽을 수 있는데, 이는 불교가 당시 일반 민중의 생활에 얼마나 밀접하였는가를 보여 준다. 불교적인 요소들은 집 안의 가구 등에 그려지는 동시에 그릇, 칼 등 주방용품과 일상용품에 널리 사용되었다. 이러한 불교적 상징들은 시간이 지나면서 더 단순한 문양으로 표현하게 되었다.

참고문헌 N. Tsultem (1986), Development of the Mongolian national style painting, *Mongol zurag,* in brief, Ulan-Bator. D. 마이다르, N. 출템 (1991), 金龜山 譯, 『몽고문화사』, 동문선. Шинжлэх ухааны академи(2009), *Монголын соёл, урлагийн нэвтэрхий толь*, Улаанбаатар.

몽골의 바위그림 ᠮᠣᠩᠭᠣᠯ ᠤᠨ ᠬᠠᠳᠠ ᠶᠢᠨ ᠵᠢᠷᠤᠭ

Монголын хадны зураг (Mongolyn khadny zurag)

몽골의 여러 지역에 산재해 있는 바위에 새기고 그린 선사 예술

원시 사회에서부터 20세기에 이르기까지 인류는 바위와 돌, 동굴의 벽에 사람과 동물, 인장 등을 새겨 기록으로 남겨 왔다. 때문에 바위그림에는 사회의 진화, 환경, 문화, 종교는 물론 당시 사람들의 세계관이 반영되어 있다.

몽골 지역의 가장 오래된 바위그림들은 기원전 11,000년~기원전 6,000년에 만들어진 것으로 추정되는데, 이들 중 일부는 숲으로 뒤덮인 거대 수렵 지역이던 당시 계곡의 모습을 묘사하였다. 이후의 바위그림에서는 기원전 6,000년~기원전 4,000년에 해당되는 현세 중기 말의 모습을 엿볼 수 있다. 바위그림들을 통해 그 당시 알타이 지역은 현재의 초원과 유사했고, 당시 사람들이 여름과 겨울 동안 고지대의 계곡에서 주로 목축을 통해 생활하였음을 알 수 있다. 이후의 알타이 지역 바위그림들은 초기 유목 시대였던 스키타이 시대를 거쳐 기원후 7세기~8세기에 해당하는 후기 투르크까지 천 년 동안 조성된 것들이다.

청동기 시대 이전에 만들어진 바위그림들은 북아시아의 다른 지역에도 있지만, 몽골 알타이 지역의 바위그림들은 보전 상태가 매우 좋으며 수적으로도 많다. 몽고 알타이의 바위그림들은 선사 시대 공동체를 연구하는 데 결정적인 역할을 하고 있다. 스텝 지역에서 살았던 매머드, 코뿔소, 타조 같은 동물의 바위그림은 오늘날과는 달리 알타이 지역에 많은 동물들이 살았음을 보여 준다. 이 바위그림들을 통해 당시 북아시아는 거친 풀과 광엽 초본으로 뒤덮여 있었으며, 춥고 건조한 곳이었음을 알 수 있다. 전형적인 고대

양식으로 새겨진 큰 사슴 바위그림은 숲이 우거진 환경으로 바뀌는 현세 초기의 모습을 보여 준다.

몽골의 바위그림은 대체로 산이 많은 몽골의 서부와 중부 지역에 분포하는데, 이는 지리적으로 산이 많아 그림을 그리거나 새기는 데 적합한 바위가 많기 때문이다. 바위그림은 대체로 바람을 피할 수 있는 지역에 집중적으로 분포한다.

학자들은 몽골 지역에서 발견된 바위그림을 그 제작 방법에 따라 붉은 안료로 그린 그림(암채화), 바위 면을 갈아서 새긴 그림(암각화), 날카로운 도구를 이용해 선으로 새긴 그림, 먹으로 그린 그림 등으로 분류한다.

먹을 사용하여 바위에 글씨를 적거나 그림을 그리는 형태는 몽골 지역의 바위그림 형태 중 하나로 가장 광범위하게 나타난다. 몽골인들은 소나무의 재로 만든 먹을 고급으로 여기는데, 가루로 분쇄할 때 가장 입자가 곱고, 사용할 때 광택이 도는 검은색을 드러내기 때문이다.

한편 돌에 새긴 바위그림(암각화)은 광범위한 지역에 걸쳐 분포하며 그 수도 월등히 많다. 몽골의 바위그림은 구석기 시대, 중석기 시대, 신석기 시대, 청동기 시대, 초기 철기 시대, 고대와 중세에 제작된 것으로 분류할 수 있다.

몽골의 바위그림은 후기 구석기 시대 유럽과 아프리카 대륙의 바위그림과 같은 시기에 그려진 것으로 알려져 있다. 러시아 학자 오클라니코프(A. P. Okladnikov)는 홉드 아이막 망항 솜 호이드 쳉헤르 동굴 내부에 다수의 동물과 나무, 상징 기호 등을 붉은색, 갈색, 연분홍색, 주황색 안료로 그린 벽화를 후기 구석기 시대의 작품으로 추정하였다. 후기 구석기 시대에는 동물의 배 아래쪽에 번식을 상징하는 점을 오목하게 새겨 묘사하거나, 한 가지 도상을 동일하게 반복해 표현하는 대신 여러 반점으로 대체하는 등 상징적인 기호를 이용해 내용을 표현한 그림이 다수 나타난다.

몽골의 구석기 시대 바위그림은 남부 시베리아, 중앙아시아, 유럽의 구석기 시대 바위그림과 유사한 것으로 알려져 있다. 이는 인류 발전의 초기 단계에서 생활 조건과 사고 수준의 동질성을 보여 주는 것이라 볼 수 있다. 중석기 시대에 해당되는 바위그림으로는 옵스 아이막 사길 솜 모조 지역의 바위그림을 꼽을 수 있다.

연구자들은 옵스 아이막의 보라긴 올랑 하드, 바얀홍고르 아이막 차강 아고이, 살리틴 아고이, 어워르항가이 아이막의 델게레힌 아고이, 쇼란긴 올란 하드 등지에서 발견된 안료로 그린 바위그림들이 신석기 시대와 관련 있는 것으로 보고 있다. 이들 지역의 바위그림에는 수직선과 서로 교차하는 두 줄의 선형 기호, 북을 들고 춤추는 남자, 여러 술이 달린 긴 델을 입은 여자 등을 붉은 안료로 그려 넣은 모습이 확인된다.

몽골의 돌에 새긴 바위그림은 대부분 청동기 시대 및 초기 철기 시대와 관련 있다. 이 시대 바위그림에는 사슴, 늑대, 여우 등 야생동물과 소, 말, 낙타 등 가축, 등에 짐을 실은 소, 사냥하는 사람들, 말이나 낙타를 탄 사람, 무장한 전사, 전투 중인 사람 등이 묘사되어 있다. 또한 청동기 시대로 추정되는 바위그림 중에는 바위에 새겨 그린 그림 말고도 붉은 안료로 그린 그림이 확인되는데, 사각형이나 원형의 테두리 안에 다수의 둥근 반점을 그리고 바깥쪽에는 서로 손을 잡고 서 있는 사람을 표현하거나 길에서 말을 끌고 가는 사람 등을 묘사한 바위그림이 여러 지역에서 확인된다.

연구자들은 몽골의 바위그림을 표현 방식에 따라 사실적으로 표현된 그림, 추상화된 그림, 양식화된 그림(동물을 양식화하여 묘사하는 기법)으로 분류하고 있다. 몽골의 구석기 시대 바위그림에는 동물이 매우 사실적으로 표현되어 있는데, 동물 그림은 중석기 시대, 신석기 시대, 청동기 시대, 철기 시대에 걸쳐 꾸준히 발전해 왔으며 전 시대를 통해 바위그림의 가장 중요한 묘사 대상이 되었다.

몽골과 중앙아시아의 청동기 시대 및 철기 시대 미술에서는 이른바 ‘동물 양식 기법’이 중요한 위치를 차지한다. 이러한 기법으로 조성된 바위그림은 기원전 12~8세기에 발생하여 기원전 7~3세기까지 지속되며 청동기 시대 몽골에서 널리 보급되었다.

몽골 바위그림은 그 주제와 묘사 대상에 따라 인간의 일상생활, 야생동물과 가축 및 추상적 동물, 집, 수레, 무기 등 주거를 대상으로 한 것, 이외 묘사 대상이 불분명한 것 등으로 분류된다.

몽골 알타이의 암각군은 중앙아시아와 북아시아가 교차하는 지역의 선사시대 공동체에 대한 이해를 돕고 고대 문화를 생생히 보여주고 있다는 점에서 유네스코 세계문화유산으로 지정되어 그 가치를 인정받고 있다.

참고문헌 Шинжлэх ухааны академи(2009), *Монголын соёл, урлагийн нэвтэрхий толь*, Улаанбаатар.

몽골 고르방 쳉헤르 동굴 암각화
© 류병재, 2013. 7. 4.

복드산의 암각화

몽골의 불교 미술 Монголын бурханы шашны урлаг (Mongolyn burkhany shashny urlag)

몽골에서 불교의 교리나 내용을 담고 있는 그림이나 조각, 불상 따위

19세기까지 울란바토르를 중심으로 발전한 불교 미술은 주로 승려들에 의해 이루어졌는데, 탱화(幀畫, Tangka)를 그리고 조각을 하는 행위는 창작 행위라기보다는 종교적, 제의적 활동에 가까웠다.

탱화에는 사람의 형상을 그리지 않았다. 탱화를 그리는 승려는 기도와 명상을 마친 후에 수행을 하는 마음으로 특정 시간대를 골라 그림을 그렸다. 또한 부처나 수호신들을 그릴 때 각각의 지정된 형상과 크기, 의

상의 색상, 수인(手印), 지물(地物) 등을 그리는 방법은 전통적으로 엄격하게 지켜졌다. 따라서 새로운 형식이나 표현 기법이 나타나지는 않았지만 조각, 탕카, 아플리케 등 다양한 분야에서 많은 작품들이 창작되고 유통되었다. 도상은 가운데에 본존불이 있고 주위에 많은 수의 존상으로 구성되었으며, 유화형과 분노형, 단신형과 쌍신포옹형이 있다.

몽골에서는 겔룩파 불교의 수호신 마하칼라(Mahakala)의 상이 가장 널리 신봉되고 있다. 마하칼라를 그린 탱화 중 널리 알려져 있는 '벡체(Begtse)'는 몽골을 지키는 수호신이자 법을 수호하는 팔신장(八神將) 중 하나로서 분노형-단신형의 도상을 갖추고 있다. 또한 달라이 라마의 수호자이자 사나운 분노의 신이다. 특히 테.페렌레이(T.Perenlei)의 작품 '도르제 도르단(Dorje Dordan)'에서는 힘 있는 구성과 난색조의 조화, 다양한 재료 그리고 복잡한 구조로 몽골 불교 미술 아플리케의 진수를 보여 준다.

몽골의 탱화에는 불교 철학과 역학(曆學)이 몽골 전통 문양을 통해 표현된다. 탱화는 네 가지 색의 조화를 통해 구분하는데, 검은 바탕은 '낙탕(nagtan)', 흰 바탕은 '가르탕(gartan)', 붉은 바탕은 '마르탕(martan)', 노란 바탕은 '세르텡(serten)'이라 칭한다.

'낙탕'은 검은 바탕에 금색 선으로 그리며, 녹색, 푸른색, 붉은색을 함께 쓸 수 있다. 잠스랑(Jamsran), 담딩(Damdin) 등의 재복을 관장하는 신은 '마르탕' 기법으로 그리며, 금강수(Ochirvaani, 金剛手), 야만닥(Yamandag), 곰보 마흐갈(Mahakala) 등 불법을 수호하는 분노상으로 표현되는 신들은 주로 검은색과 푸른색 바탕에 그린다.

몽골의 탱화 © The Fine Arts Zanabazar Museum

참고문헌 Шинжлэх ухааны академи(2009), *Монголын соёл, урлагийн нэвтэрхий толь*, Улаанбаатар.

몽골의 서예

Монголын бичгийн урлаг (Mongolyn bichgiin urlag)

몽골에서 전해 내려오는 글씨를 붓으로 쓰는 예술

몽골 서예는 1,000년의 역사를 가진 표기 체계로, 획을 세로로 연결하여 하나의 글자를 만들어 낸다. 몽골 문자는 유목민에 의해 세대를 이어 전수되었다. 고대의 몽골 유목민들은 광활한 영토를 이동하며 간단한 설명으로 자신들의 지식을 서로 전달했다. 때문에 몽골 문자는 기록하는 문자로뿐만 아니라 말로도 가르치고 설명할 수 있도록 되어 있다. 예를 들면, 몽골 서예에서는 글자를 만드는 데 사용하는 여섯 가지의 주요 획이 있다. 그 획을 티팀(titim: 머리), 슈드(shüd: 이), 쉴베(shilbe: 정강이뼈), 게데스(gedes: 배), 놈(num: 활), 술(süul: 꼬리)이라 부른다.

목동의 어머니가 초원에서 아들에게 글자를 가르칠 때는 '바(ba)'라는 글자는 '게데스'와 '놈'으로 그리고, '아(a)'라는 글자는 '티팀'과 '슈드'로 그린다고 가르칠 수 있었다. 긴 겨울밤에 불빛이 충분하지 못했던 시절, 게르 안에서 이러한 방법으로 글자를 설명하는 것은 매우 효과적인 교육법이었다. 몽골인들은 그들의 전설과 지식, 문화를 주로 구술로 전하였다.

고대의 문서를 보면 칸(Khaan)과 귀족들은 서적과 조약문에 서명을 할 때나 1911년 복드 칸(Bogd Khaan) 정부의 독립선언문과 같은 정치적 문서에 서명할 때도 전통 몽골 문자를 사용하였다. 현대에 이 글쓰기는 공식 서신, 초대장, 외교 서신, 편지 등에 사용된다. 몽골에서는 우수하고 숙련된 서예가를 초청하여 졸업장, 가계의 족보, 지역 사회 상장, 지방과 정부의 문서 및 서적에 글을 쓰게 한다. 정확하고 꼼꼼한 서예가는 지역 사회 안에서 매우 존경받으며, 결혼식, 가족 잔치, 공식 행사 등에 반드시 초대받는다.

몽골 전통 서예는 속기(速記)에 사용된다. 타자기, 컴퓨터, 오디오테이프가 등장하기 전에는 전통 몽골 서체를 속기 방식으로 써서 회의록, 법정 심리, 연설을 기록하도록 훈련받은 서예가가 있었다. 속기를 할 수 있는 사람들은 늘 높은 임금을 받는 정규 직업을 가질 수 있었기 때문에 부모들은 자식들이 6세부터 8세 정도가 되면 '글쓰기 스승'에게 보냈다. 그러나 현대에 들어 타자기와 컴퓨터 등 기록 기술이 발달하면서 이 직업도 사라지게 되었고, 현재의 속기사들은 '쿠문 비치크(Khümün Bichig, 전통 몽골 문자로 발행되는 유일한 신문) 신문사', '문자와 문화 센터(Script and culture center)', 몽골 대통령 집무실 등 몇몇 곳에 고용되어 있는 사람들뿐이다.

몽골 서예는 문장, 동전, 우표에 소위 '접어 쓰기'로 사용된다. 둥근 접기, 네모 접기 문자를 쓸 수 있는 이는 몽골 문자에 대한 이해가 깊은 사람이다. 접기 방식으로 정확하게 쓰기 위해서는 각 글자의 고유의 크기를 제대로 알고 있어야 한다. 그래야 작은 공간 안에서 전체 낱말이 정확하게 둥글거나 정확하게 네모난 모양으로 보이도록 글자를 접을 수 있다. 13세기~14세기 몽골제국 시대에는 동전과 국새에 접어 쓰기 서체가 사용되었고, 15세기~19세기 동안에는 종교적 장식물, 종교적 압인과 의류, 모자, 서적의 표지 등의 장식에 사용되었다.

현대 몽골에서는 회사 로고, 조합과 협회 로고, 선언문, 정부와 비정부 단체의 인장에 접어 쓰기 서체가 사용된다. 이 접어 쓰기 서예를 잘하는 사람들은 재능이 뛰어나고 학식 있는 사람들로 대접받고 지역 사회에서 존경을 받는다. 학자들은 '접어 쓰기'를 하려면 한 낱말을 만 번 이상은 써야 한다고 말한다.

전통적으로 세대를 이어 서예를 가르치는 주된 방법은 가정 학습이었다. 전통을 따르는 스승들은 우수한 제자를 뽑아서 서예가가 되도록 가르쳤다. 그러나 공산주의 시절, 특히 1937년~1940년 스탈린 숙청기에 수천 명의 스승들과 전통 학자들이 사라졌고, 살아남은 사람들은 젊은 세대를 가르치는 일을 금지 당했다. 그 직후인 1946년경에는 새로운 키릴 문자가 유일한 공식 문자로 채택되어 몽골 전통 문자 교습 행위와 라틴어 사용이 금지되었다. 1970년대에 와서야 몽골의 전통 문자가 학자들에게 다시 소개되어 대학에서 강의하는 일이 제한적으로 허용되었다.

1990년 이후, 민주화와 함께 몽골의 정체성과 전통 서예에 대한 관심이 되살아났으며, 현재 몽골의 관공서와 공식 외교 문건에는 몽골 전통 문자가 사용되고 있다.

현재 몽골에서는 서예가들과 화가들이 예술적인 표현을 더한 다양한 방식으로 몽골 전통 서예를 발전시키고 있다. 한편 몽골의 서예는 전승할 인적 자원의 부족과 전통 서예 지식의 소실 위험성을 인정받아 2013년 유네스코 긴급보호인류무형문화유산으로 등록되었다.

참고문헌 Шинжлэх ухааны академи(2009), *Монголын соёл, урлагийн нэвтэрхий толь*, Улаанбаатар. 유네스코 (2015), 『유네스코 세계기록유산』, 예문사.

몽골의 전통 문양 Хээ угалз (Khee ugalz)

몽골에서 예전부터 전해 내려오는 고유의 문양

몽골의 전통 문양은 기원에 따라 기하학적 문양, 동물 문양, 식물 문양, 자연 현상 문양 등 네 가지로 분류된다.

첫째, 기하학적 문양(geometriin dürsiin garaltai khee ugalz)은 기하학적 구조를 지닌 그림 형태의 문양으로, 일정한 형태로 연속되는 선과 끝없이 이어나가는 형상을 지닌 무늬이다. 기하학적 무늬의 형태에서 가장 대표적인 것은 알항 헤(alkhan khee)로, 이 무늬는 B.C. 2,000년대의 도자기에서도 나타날 정도로 그 역사가 오래되었으며 현재 확인된 변형 형태만도 110여 개에 이른다.

알항 헤는 시작과 끝이 서로 이어진 영속성이 특징이며 그 형태도 반지 및 옷과 책의 테두리에 장식될 만큼 아름다움을 지니고 있다. 그러나 이 문양이 구체적으로 무엇을 의미하는 것인가에 대해 밝혀진 바는 없으며 단지 인간들의 사고가 교차하는 하나의 매듭(분기점)으로 막연히 추정되고 있다.

기하학적 문양에는 행운과 행복을 의미하는 얼지 헤(ülzii khee)도 117개의 종류가 확인되고 있다. 또 북두칠성의 형상과 관계가 있다고 추정되는 하스 헤(khas khee) 즉 만(卍)자 문양을 지닌 투멘 나스트 헤(Tümen nast khee)도 이 영역에 속한다. 오늘날 하스 헤는 건물을 지을 때나 옷을 만들 때 튼튼하고 영원한 생명이 깃들도록 하는 기원의 의미로 사용되고 있다.

기하학적 문양은 고대 몽골인들이 남긴 유적에서도 발견되고 있는데 그 대표적인 것이 13~14세기 몽골 석인상에 묘사된 문양들이다. 몽골 석인상의 델(deel: 몽골의 민속 전통 의상) · 부스(büs: 허리띠) · 합타가(khavtga: 허리띠에 매다는 주머니) · 의자 받침대(suuriin tavtsan) 등에는 사각형 · 원형 · 반원 · 나란히 이어진 쌍선(雙線) 등 다양한 기하학적 무늬가 많이 묘사되어 있다. 석인상에 묘사된 기하학적 무늬의 경우 대개는 식물 문양과 합쳐져 있는데 이는 몽골 무늬의 한 전형적인 특징이다. 의자의 등받침이나 팔걸이 부분에 양각된 둥근 혹은 둥글게 구부러진 무늬들도 동일 계통의 문양이다.

둘째, 동물 문양(amitny dürsiin garaltai khee ugalz)을 들 수 있는데, 동물 문양 중 가장 대표적인 것이 초원이나 산 위에 사는 동물들의 뿔을 묘사한 뿔 무늬(ever ugalz khee)이다. 몽골의 구석기, 신석기, 청동기 시대에 그려진 바위그림이나 사슴돌에는 이 무늬가 무수히 묘사되어 있다. 사실 유목 민족들의 생활에서 가장 중요한 자원은 가축들이다. 따라서 가축들의 양육 · 번식을 다양한 뿔 무늬로 상징하여 묘사하는 것은 모든 유목 민족들 속에 퍼져 있는 습관이다. 이러한 점에서 뿔 무늬는 초원의 문명을 대표하는 상징이라고도 할 수 있다. 이 중 장대한 뿔 무늬는 역사적으로 돌궐제국의 칸이나 황자들의 상징이었다. 오늘날 몽골인들은 뿔 무늬가 장수를 기원하고 평화로운 삶을 상징한다고 여긴다.

셋째, 식물 문양(urgamlyn dürsiin garaltai khee ugalz)을 들 수 있는데, 유목 생활을 영위하는 유목민들은 풀 자체가 생명선이다. 따라서 가축들이 좋아하는 식물이나 꽃들을 관찰하고 기억하는 능력이 뛰어나다. 특히 생존이나 신앙에 관련된 꽃들은 그대로 찬양이나 생존의 상징물로 표현되게 마련이므로 오늘날 몽골인들에게도 꽃무늬(tsetsgiin khee)는 고귀하고 성스러운 선물로 간주된다. 꽃무늬는 아주 다양한데 그 중 대표적인 것은 다섯 개의 꽃잎을 지닌 패랭이꽃(bashir tsetseg), 여섯 개의 꽃잎을 지닌 목련(zambaga), 네 개의 꽃잎을 지닌 십자형 꽃(toonoljin tsetseg) 연꽃(badamlinkhua)이다.

몽골의 여러 가지 전통 문양

참고문헌 백승정 · 박원길 (2010), 「한국과 몽골의 전통문양 디자인 비교- 몽골의 연속문양(Alkhan khee)과 길상문양(Ölzii khee)을 중심으로」, 『몽골학』 28, 한국몽골학회. Х. Нямбуу (1968), *Халхын зарим нутгийн хээ угалзны зүйлээс (19-20 зууны эхэн)*, Улаанбаатар. Шинжлэх ухааны академи(2009), *Монголын соёл, урлагийн нэвтэрхий толь*, Улаанбаатар.

사슴돌 Буган хөшөө (Bugan khöshöö)

청동기 시대와 초기 철기 시대에 몽골과 중앙아시아의 초원 지대에 세워졌던 거석 기념물. 대개 거석에 사슴이 새겨져 있어 이런 명칭을 갖게 되었다.

선사시대 제의 의식과 관련이 있었던 것으로 여겨지는 사슴돌은 몽골 북부와 시베리아 서부 지역에서 주로 발견되는데, 그 역사는 대략 기원전 1,400~800년 정도로 추정된다. 사슴돌은 각 시대와 지역에 따라 다른 형태를 나타내며 세계적으로 700여 기가 있다고 보고되었는데, 이 중 몽골 지역에 550여 기가 분포되어 있다. 사슴돌에서는 사슴 문양과 함께 다양한 형태의 무기 형상들을 볼 수 있다. 대부분의 사슴돌은 높이 1~4m, 두께 20~40cm, 너비 30~80cm의 크기이다.

사슴돌의 상단부에는 원으로 형상화한 해와 달이 있고, 중앙에는 사슴을 형상화한 모습이 줄지어 새겨져 있는데, 큰 뿔과 길게 뻗은 주둥이, 날아오르는 듯한 다리가 특징이다. 하단부에는 도끼, 단검, 창, 방패, 활 등의 무늬가 새겨져 있다. 돌을 얕게 쪼아 문양을 표현했는데, 사슴 한 마리가 4면의 전체를 돌아 에워싼 형태로 표현된 경우도 있다. 사슴돌은 볼강 아이막의 오르혼 솜, 헙스걸 아이막의 오쉬긴 올에 집중되어 있으며 이 외에 아르항가이, 어워르항가이, 자브항, 바얀홍고르 셀렝게, 헹티 지역에서도 찾아볼 수 있다.

몽골 서부 지역 헙스걸 아이막 머렁 시에서 서쪽 25km 떨어진 오쉬긴 올(Uushgiin uul)에는 14기의 사슴돌이 있다. 사슴돌들은 3~20m의 거리를 두고 세워져 있다. 높이 1.5~4.8m, 폭 0.2~0.5 두께의 붉은색 화강암 재질로, 몽골에서 발굴된 사슴돌 중 가장 뚜렷하게 조각된 것으로 알려져 있다. 사슴돌의 각 4면에는 사슴, 활과 방패, 말, 칼, 태양, 달, 거울 등이 독특한 문양으로 조각되어 있으며, 사슴돌들은 남북으로 나란히 배치되어 있다.

몽골 머렁시 오쉬긴 올 지역의 사슴돌
© 김경나, 2015. 8. 11.

아홉 종류의 보석으로 쓴 간조르

Есөн эрдэнээр бичсэн Ганжуур (Yöson erdeneer bichsen Ganjuur)

18세기에 몽골에서 검은 종이 위에 아홉 종류의 재료를 이용하여 쓴 경전

〈아홉 종류의 보석으로 쓴 간조르(Ganjur, 甘珠爾)〉는 검은 종이 위에 금 · 은 · 산호 · 진주 · 터키석 · 청금석(靑金石) · 강철 · 구리 · 자개 등 아홉 종류의 보석을 이용하여 쓴 경전이다. 간조르는 총 25,523페이지에 달한다. 이 작품은 고대 인도 및 티베트의 과학자와 판디타(pandita, 梵學者, 불교의 전문 석학)들이 창설한 전통 불교의 10대 소학문인 철학, 기술, 논리학, 의학, 문헌학, 점성술, 무용, 시, 교학, 작문 등에 관하여 저술한 1,600점 이상의 논장(論藏)을 집대성한 작품이다.

〈아홉 종류의 보석으로 쓴 간조르〉는 세계 유일의 판본으로, 보석을 이용해서 책을 만드는 몽골의 탁월한 전통 공예를 보여 준다. 이는 종교 예술과 몽골 전통 민속 예술이 결합되어 동양 예술 및 불교 예술 작품에 독특하게 정착된 예술 양식이다.

아홉 종류의 보석을 이용하여 종이 위에 글을 쓰기 위해서는 우선 아홉 종류의 재료, 즉 금 · 은 · 산호 · 진주 · 자개 · 터키석 · 청금석 · 구리 · 강철 등을 가루로 만든다. 각각의 가루를 서로 다른 그릇에 담은 후 산에서 떠온 샘물이나 빗물을 소량 붓고, 당분이 섞인 특수 접착제와 염소의 젖을 혼합하여 아홉 종류의 보석 잉크를 만든다. 노련한 서예가가 이 잉크를 흑담비의 털로 만든 붓에 묻힌 후 특별히 가공된 종이 위에 글씨를 써서 경전을 만든다. 경전에는 그림도 그려져 있는데 작자는 정확히 알 수 없으나 당대에 실력 있는 화가들이 표지와 각 페이지에 불화(佛畵)를 그린 것으로 보인다. 부처나 문수

보살(文殊菩薩) 등의 그림이 그려진 면에는 특별히 모서리와 귀퉁이에 몽골 전통 문양으로 장식한 것이 특징이다.

〈아홉 종류의 보석으로 쓴 간조르〉 속의 그림은 부처나 보살을 묘사한 그림 이외에도 자연과 하늘, 거북, 새, 호랑이 등의 동물 그림도 상당 부분 발견된다. 아름답고 섬세하게 묘사된 이 그림들은 1대 복드(Bogd)인 자나바자르(Öndör gegeen Zanabazar, 1635~1723)의 화풍을 따르고 있다. 고승 자나바자르의 그림을 보는 이라면 누구라도 즉시 마음의 평화를 얻게 되고 존경심이 저절로 우러나게 된다. 흥미로운 것은, 화려하게 채색된 이 그림들은 13세기 하르호린의 에르덴 조(Erdene zuu) 사원 외벽에 그려진 부처와 여러 보살들, 역대 달라이 라마, 아브타이 칸 및 11 복드 그림과 그 색상이나 조화, 묘사의 측면에서 거의 일치한다는 점이다.

당시 몽골인은 서로 다른 색상과 조화를 이루는 색상이 무엇인지를 정확히 파악하고 있었는데, 간조르 경전에서 이것이 확인된다. 금니(金泥)와 끓인 기름을 섞어 만든 색상의 잉크는 검푸른 종이 위에서 사용할 때 완벽한 조화를 이룬다. 가공한 은을 이용해서 만든 색상은 에메랄드빛 녹색 종이와 가장 잘 조화를 이룬다. 청금석으로부터 얻은 색상은 진홍색 종이와 어울린다. 터키석으로부터 얻은 색상은 흰색 종이와 가장 잘 조화를 이루며, 구리로부터 얻은 색상은 금색 종이와 가장 잘 어울린다.

〈아홉 종류의 보석으로 쓴 간조르〉는 특수하게 제조한 종이를 이용했다. 종이를 제조하기 위해서는 우선 특정한 종류의 식물을 채취하여 준비해야 한다. 채취한 식물을 회반죽과 섞은 후 열을 가하여 끓인다. 마지막으로 끓인 반죽을 발(簾) 위에 펴 놓은 후 건조시켜서 사용한다. 종이를 가공할 때는 특별한 전통 비법을 따르는데, 예를 들면 양의 썩은 골, 특정한 종류의 식물, 자작나무 재, 일곱 개의 냄비에서 떼어낸 검댕 등을 이용한다. 종이를 부드럽게 만들기 위해서 마노(瑪瑙)나 옥수(玉髓)와 같은 보석 또는 상아 조각과 같은 것으로 조심스럽게 종이에 윤을 내야 한다.

간조르는 철학과 아름다움, 불교의 자비와 이상을 표현한 내용을 담고 있으며, 다채로운 색채를 이용해서 섬세하게 그린 부처와 보살뿐만 아니라, 새, 호랑이, 거북 등과 같은 그림도 들어 있다. 이러한 그림들은 고대 및 중세의 몽골 예술가들이 불교의 자비, 그리고 인간의 내적 지혜가 지닌 힘의 심오함을 이해하고 있음을 표현하고 있다.

세대를 이어 성공적으로 전수된 〈아홉 종류의 보석으로 쓴 간조르〉는 현재 몽골국립도서관에 소장되어 있다. 이 작품은 몽골인의 독창적인 전통 공예 기술을 집약한 것으로 인정되어, 2013년 유네스코 세계기록유산에 등재되었다.

몽골 간조르 © 몽골국립도서관 소장

참고문헌 Шинжлэх ухааны академи(2009), *Монголын соёл, урлагийн нэвтэрхий толь*, Улаанбаатар. 유네스코 (2015), 『유네스코 세계기록유산』, 예문사.

초상화 그리는 기법

Хар дэвсгэрт зураг (Khar devsgert zurag)

검은 바탕에 아홉 가지 색의 얇고 가는 실(細絲)을 상감(象嵌)하여 표현하는 기법

검은 천 바탕 위에 금색 실을 미세하게 두드려 고정시켜 본을 만들고 그 위에 구름, 흐르는 물, 꽃잎, 화염 등을 흰색과 붉은색 실을 사용하여 표현하는 예술품이다. 또한 수호신은 물론이거니와 사람과 동물의 섬세한 움직임 등을 미세한 실선과 검은 바탕의 대비를 통해 명확하게 표현하는 점이 특징이다. 검은 화면에는 주로 금색 실선이 사용되는데, 이는 보는 이로 하여금 위엄과 격조를 느끼게 한다. 이 외에도 청녹색, 붉은 산호색, 노란색, 빨간색, 분홍색 등의 실도 함께 사용되어 화려함을 더하기도 한다. 제작 비용이 높았기 때문에 그림의 주 대상은 불교의 신격을 표현한 탱화, 활불과 고승, 왕족의 초상화가 대부분이었다. 이 기법은 몽골인들에게 철저한 보안을 통해 전승되었으며, 몽골 불교 회화와 사경(寫經)과도 밀접한 관련이 있다.

복드한의 초상
©The Bogd Khaan Palace Museum

참고문헌 Шинжлэх ухааны академи(2009), *Монголын соёл, урлагийн нэвтэрхий толь*, Улаанбаатар. Монгол хэлний дэлгэрэнгүй тайлбар толь (2008), Улаанбаатар.

작가와 작품

게. 오동 ᠵᠢᠷᠤᠭᠠᠴᠢ ᠭ᠂ ᠣᠳᠣᠨ Зураач Г. Одон (G. Odon)

20세기 몽골에서 활동한 사실주의 화가

게. 오동(G. Odon, 1925~1996)은 사회주의 인민작가이자 국가 미술상 수상자로서 몽골 사회주의 리얼리즘을 대표하는 작가이다. 엔. 출템(N. Chültem)과 함께 모스크바 수리코프 미술 학교에서 수학하였다. 그는 주로 양치기 목자, 노동자, 농사꾼 등을 주요 소재로 하였으며, 사회주의가 몰락한 1990년대 이후에는 13세기 몽골의 전쟁 영웅 등과 같은 역사적 소재를 화폭에 담았다.

게. 오동의 대표작 〈일과를 마치고〉는 수테차와 빵을 먹으며 하루 업무에 대한 품평을 하는 모습이 담겨 있다. 완고한 아버지의 표정과 심드렁한 아들의 표정이 대비되어 노동을 태만 시 하는 것을 경계하고 있다. 이 작품이 창작된 1950년대는 몽골에 집단농목장제도가 도입되어 단체 노동을 하는 경우가 많았는데, 이 작품은 하루의 노동을 마친 한 가족의 모습을 통해 노동의 가치 및 중요성을 고취시키고 노동을 장려하는 선전의 기능을 내재하고 있는 대표적인 작품이다. 게. 오동은 이 작품으로 당시 국가에서 수여하는 미술상을 수상하였다.

참고문헌 *Шинжлэх ухааны академи(2009), Монголын соёл, урлагийн нэвтэрхий толь*, Улаанбаатар.

데. 담딩수렝 ᠵᠢᠷᠤᠭᠠᠴᠢ ᠳ᠂ ᠳᠠᠮᠳᠢᠨᠰᠦᠷᠦᠩ Зураач Д. Дамдинсүрэн (D. Damdinsüren)

20세기에 몽골에서 활동했던 화가

데. 담딩수렝(D.Damdinsüren 1909~1984)은 야담수렝과 함께 몽골 회화의 부활에 큰 공헌을 한 작가이다. 그는 어린 시절 불교 사원에서 승려로 지냈는데, 사회주의의 종교 억압으로 인한 사원의 폐쇄로 인해 1938~1947년 동안 국가 인쇄소에서 근무하였다. 1947년 이후 몽골 작가 협회에서 화가로 활동하며 〈대상(隊商, Jinchin)〉, 〈목부(牧夫, Aduuchin)〉, 〈우리 고향 사람들 (Manai nutgiinkhan)〉 등 여러 작품을 그렸다. 전통 문화에 대한 서적을 출간했는데 현재 19세기~20세기 초의 가장 중요한 근대 역사서로 평가되고 있다.

데. 담딩수렝의 대표작인 〈후레 참(Khüree Tsam)〉은 그의 어린 시절 기억을 바탕으로 몽골 불교 의식을 묘사하였다. 이 작품은 19세기 회화에 나타났던 평면성이나 대상의 반복 배열과 같은 양상은 배제되고 현대적으로 세련되게 정돈된 원근법과 전통 기록화가 보여 주었던 사실적 묘사 기법을 사용하고 있다. 몽골의 전통 회화 기법은 초상화나 전통 기록화에만 적용된 것이 아니라 풍경화 등 당시 전반적인 몽골 회화에 큰 영향을 끼쳤다.

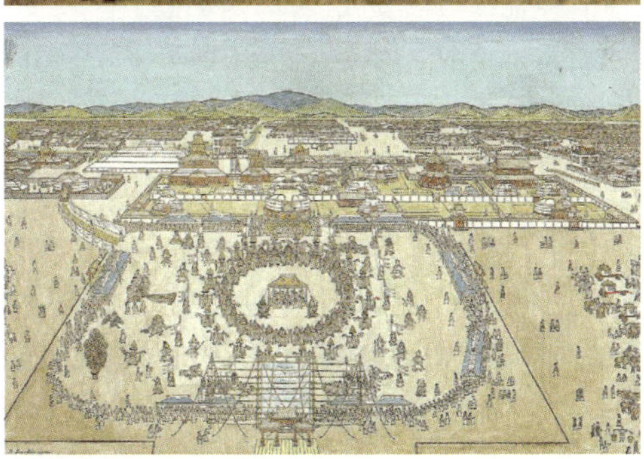

데. 담딩수렝의 작품 (하) Khuree Tsam dance scene in Urga, 1966년, gouache on cotton,
© The Fine Arts Zanabazar Museum

참고문헌 Ts. Uranchimeg (2005), *Art of Mongolian Nomads, MONGOLIA: MUSEUM HIGHLIGHTS*, Arts council of Mongolia, Ulaanbaatar. Yuko Yamaki (2005), *Development of Modern Mongolian Art*, "Modern Paintings of Mongolia: It's Origin up to Today", Fukuoka:Sankei simbum. Union of Mongolian Artists (2000), *Ulaanbaatar*: Dino Publishing.

베. 샤랍 Зураач Б. Шарав (B. Sharav)

19세기 말부터 20세기 초에 활동했던 몽골의 화가

베. 샤랍(B. Sharav, 1869~1939)은 근세 몽골 미술사를 대표하는 작가이다. 그는 수도승으로서 불교 미술을 접하였고 이를 바탕으로 몽골의 풍속화를 발전시켰다. 사회주의 근대화 과정에서 인쇄소 직원으로 근무하면서 몽골 혁명 시기의 정치 선동과 선전에 필요한 그래픽 포스터를 제작함으로써 본격적인 창작 활동을 시작하였다. 그는 이러한 사회주의 프로파간다 미술을 통해 당시 유럽의 스타일을 접할 수 있었으므로 전통적 형식의 풍속화뿐만 아니라 유럽식 초상화에도 실력을 보였다. 또한 광고라는 상업 미술 영역에서도 그만의 유머와 위트 있는 표현 방법을 보여 주었다. 몽골인들의 일상적 풍경을 유머러스하게 화폭에 담아냄으로써 대중들의 큰 관심을 받았고, 사람들은 그에게 "Marzan"이라는 별명을 지어 주었는데, 몽골어 표현으로 '유쾌한'이라는 뜻이다. 베.샤랍의 창작 활동은 몽골 근대 미술사의 궤와 함께하면서 대중적 인기가 높았음을 알 수 있다.

베.샤랍의 풍속화는 회화의 방식이나 몽골의 생활상을 구체적으로 담고 있어 미술사뿐만 아니라 민속 사료로서도 중요한 기능을 한다. 표현 기법에 있어서도 사람과 동물의 모습과 움직임을 특유의 유쾌한 정서와 선명하고 유연하며 생동감 있는 필치로 묘사하였다.

베. 샤랍의 대표 풍속화인 〈몽골의 하루〉는 부감법에 의해 구성된 그림으로, 귀족, 고승, 일반 민중, 노인, 어린이, 여성, 탁발승 등 다양한 인물군들의 유목 생활을 생생하게 묘사함으로써 기존 작품과는 확연하게 차별된 표현 기법을 사용하고 있다. 화면에는 전통 주거 양식인 게르와 방목하는 가축들이 보이고 한편에서는 밭을 일구고 경작하는 농부의 모습이 보인다. 에스기를 만드는 모습도 그려져 있는데, 에스기 제조가 가족 단위 생활이 아닌 단체 협동생활 안에서 공동으로 이루어지는 일이었음을 보여 준다. 초원은 다양한 사람들의 생활상으로 덮여 있으며 당초무늬로 묘사된 산들과 계곡들이 화면의 구성을 적절히 배분하고 있다. 〈몽골의 하루〉는 시간의 흐름을 낮은 언덕 사이의 연결을 통해 입체적인 화면으로 구성하였으며, 자연, 사람, 가축들의 모습이 생생하면서도 유머러스하게 표현되었다. 또한 전통 마을, 혼례, 출산, 장례, 이동, 사냥, 목축 등 전통 몽골 마을의 모습이 집약되어 있어 예술적 가치는 물론 20세기 초반의 몽골 민속을 이해하는 데 매우 중요한 작품으로 꼽힌다.

베. 샤랍의 또 다른 풍속화는 〈마유주 축제〉이다. 몽골에서는 말이 새끼에게 주고 남은 젖을 짜다가 보관, 발효시켜 즐겨 마시는데, 이 작품은 이를 즐기는 몽골의 전통 축제의 현장을 생생하게 담고 있다. 이 작품 역시 부감 구도로 구성되어 있으며, 그림의 중앙에는 좋은 음식을 놓고 치르는 의식을 담아내고 있다. 마두금을 중심으로 하는 전통 연희와 마유주 제작을 위한 제주(制酒) 기기, 정결함을 상징하는 하얀 유제품들이 묘사되어 있다. 말을 다루는 전통 기구로 어미말을 다루는 남성 유목민들과 말젖을 짜는 여성들, 양의 털을 거두는 사람들이 매우 구체적으로 생동감 있게 묘사되어 있다. 이러한 몽골 풍속화는 몽골의 전통적 회화 방식을 기반으로 제작되었다.

베. 샤랍은 몽골 전통 회화 기법을 바탕으로 유럽의 리얼리즘 기법을 적용한 초상화를 그리기도 하였다. 몽골 근대 미술 중 대표적인 초상화로 꼽히는 〈복드 칸의 초상〉과 〈돈독둘람의 초상〉은 왕과 왕비의 얼굴 표정과 굳게 다문 입술의 묘사에서 엄숙함과 비장미가 느껴진다. 이 초상화에는 동양의 근대 초상화에서 공통적으로 묘사되는 화려한 신문물들이 인물들과 함께 배치되어 있다. 복드 칸은 황제로서 황색 어의를 입고 있지만 라마 불교의 승려복과 염주를 갖춤으로써 티베트 출신 승려의 신분을 보여 주고 있으며 왕비의 싯다르타 좌상의 팔 모양은 근대 몽골에서 라마 불교의 영향력을 보여 주고 있다. 화면 속 공간의 구성, 정교한 사실적 묘사, 빛에 따른 명암의 적절한 배분을 통한 입체감 등 유럽의 서구식 리얼리즘 형식과 초상화 기법이 몽골 회화 화법과 조화롭게 구성된 작품이라고 할 수 있다.

베. 샤랍의 〈녹색 타라〉는 17~18세기 자

나바자르의 얼굴 초상을 본으로 하여 채색한 작품으로, 빛과 꽃이 피어나는 듯한 표현이 특징이다. 노곤 다리 에흐 상단에는 연꽃을 비롯한 꽃과 약초 줄기들이 화려하게 장식되어 있고, 하단에는 노곤 다리 에흐를 수호하는 사자(使者)가 위치해 있다. 작품에 빈틈없이 그려져 있는 목련은 작품의 화려함을 극대화시키는 장치로 여겨진다.

(상) One day of Mongolia 1912~1913 년, mineral pigments on cotton, (하) Airag Feast

8대 복드 한, 에흐 다기나 돈독돌람

사회주의 체제 이후 억불정책으로 인해 베. 샤랍은 인쇄소 직원으로 취직하게 된다. 그곳에서 사회주의 선전을 위한 그래픽 포스터 등을 디자인했으며, 회화적인 측면에서도 전통적인 몽골 그림의 형식을 바탕으로 새로운 몽골의 미술 형식을 시도하였다. 몽골 미술 평론가 체. 오란치멕(Ts. Uranchimeg)은 이러한 베. 샤랍의 예술 생애는 몽골인의 유목적 특성에서 기인한다고 주장한다. 사회 혹은 환경의 변화가 요구하는 새로운 특성에 대해 전통의 보전과 변화의 수용에 빠르게 대응할 수 있는 능력이라고 할 수 있는데 이러한 현상은 근대를 넘어 20세기 몽골 현대 미술의 변화와 발전 양상에서도 발견되는 유목 민족의 중요한 특징이라고 할 수 있다.

참고문헌 Ts. Uranchimeg (2005), *Art of Mongolian Nomads, MONGOLIA: MUSEUM HIGHLIGHTS*, Arts council of Mongolia, Ulaanbaatar. Yuko Yamaki (2005), *Development of Modern Mongolian Art*, "Modern Paintings of Mongolia: It's Origin up to Today", Fukuoka:Sankei simbum.

베. 촉솜 ᠵᠢᠷᠤᠭᠠᠴᠢ ᠪ · ᠴᠣᠭᠰᠣᠮ Зураач Б. Чогсом (B. Chogsom)

20세기에 몽골에서 활동한 서양화가

베.촉솜(B. Chogsom, 1930~)은 몽골에서 회화를 전공하고 모스크바에서 국제관계학, 불문학, 국제외교학을 수학하였다. 소비에트 연방의 사회주의 리얼리즘보다 마티스를 비롯한 야수파와 인상주의 작품으로부터 영향을 받았다. 그는 유학을 마친 1960년대 이후 강렬한 색채를 바탕으로 한 본인만의 특유의 스타일을 구축하였다.

베.촉솜의 초기 작품인 〈기념일의 장식

(Bayaryn chimeglel)〉에서는 사회주의 체제에서의 당시 도시 생활상을 엿볼 수 있다. 이 작품은 몽골의 10월 혁명을 기념하는 축제일의 거리를 묘사한 작품으로 서구의 원근법이 대입된 구도를 취하고 있다. 레닌의 초상이 바라보이는 거리를 걷는 가족들의 표정은 밝으며 형형색색의 전구와 리본으로 장식된 건물은 풍요롭고 안전한 사회주의 도시의 생활상을 보여 주고 있다. 사람들은 부유해 보이고 만족스러운 삶을 영위하는 듯 묘사되어 있지만 작품의 전반에 사회주의의 규범과 가치가 드러나고 있다. 차도를 달리는 두 대의 러시아제 자동차는 도시의 풍요로운 생활을 표현하고 있다.

베.촉솜의 대표작 〈고비(Govi)〉는 병풍처럼 펼쳐진 산맥과 낙타 행렬의 안정적인 횡적 분할 구조에 자동차 바퀴 자국을 종적 방향으로 표현하여 구도의 재미를 주었다. 또한 석양빛의 오렌지색과 그림자의 짙은 파랑색 색조가 극명하게 대립되며, 산맥, 사람, 그로테스크하게 묘사된 몽골나무로 공간감이 형성되는 인상주의적 화풍의 작품이라고 할 수 있다. 이러한 화면 구성, 색조, 묘사에서의 극단적이고 대립적인 구성과 묘사의 과감한 생략을 통한 서정성은 유럽 인상주의와 야수파, 특히 앙리 마티스로부터 영향을 받은 베. 촉솜 회화만의 특징이라고 할 수 있다. 촉솜이 활발하게 활동했던 1960~70년대는 작가의 창작의 자율성과 자의식이 본격적으로 투영된 시기라고 할 수 있다. 몽골 근대 후기 표현주의적 리얼리즘은 실제의 세상과 작가 의식의 경계에서 작가의 독창적이고 자율적인 표현으로 재해석된 세상을 묘사하는 양식으로 대표된다.

몽골작가연맹 창립 30주년 기념 전시에 출품된 〈씨름꾼 (Bökh)〉은 몽골 전통 축제 나담의 주요 경기인 몽골 씨름을 소재로 하고 있다. 상대방과 힘을 겨루고 있는 씨름 선수들의 연속적인 동세가 수평적이고 평면적으로 배치되어 있다. 상대적으로 선수들의 다리 사이로 보이는 뒤쪽 다른 선수들과 좌측에 위치하고 있는 산을 통해 원근법적 공간이 구성된다. 명암을 극대화하여 선수들의 근육을 섬세하게 묘사한 표현 방식이 돋보이며, 과감한 화면 분할로 선수들의 운동 동세에서 역동성과 긴장감이 느껴진다. 몽골 그림의 평면성과 서양의 원근법이 조화롭게 적용된 작품이다.

베. 촉솜의 〈씨름꾼〉

베. 촉솜의 〈기념일의 장식〉

참고문헌 Yuko Yamaki (2005), *Development of Modern Mongolian Art*, "Modern Paintings of Mongolia: It's Origin up to Today", Fukuoka: Sankei simbum. Culural Preservation Project for Mongolian (2005), *Mongolia: Museum Highlights.* Arts council of Mongolia, Ulaanbaatar, San Francisco. Union of Mongolian Artists (2000), *Ulaanbaatar*: Dino Publishing The Sankei Shimbun, 2002.

아. 셍게초히오

Зураач А. Сэнгэцохио (A. Sengetsokhio)

20세기 몽골에서 활동했던 화가

아. 셍게초히오(A. Sengetsokhio, 1917~1986)는 몽골 그림의 부활을 목표로 유럽 스타일과 몽골 그림의 조화를 통해 작가만의 독특한 화풍을 마련하였다. 베 샤랍과 같이 맹목적인 과거 몽골 그림의 복원이 아니라 명암의 콘트라스트 등을 강조한 유럽식 모티브를 적용하였다.

셍게초히오는 〈검은 낙타(Xar buur)〉, 〈몽골 여자(Mongol emegtei)〉, 〈만남(Uulzalt)〉 등 여러 유명한 작품들을 남겼다. 그는 작품에서 몽골의 영웅을 부각시켜 민족적 자긍심을 고취시키기도 하였는데, 〈인민의 영웅 막샤르자브〉는 청나라와의 독립 전쟁을 이끈 영웅의 활약상을 담은 회화 작품이다. 이 작품은 불길과 연기, 산맥과 구름, 인물과 말의 묘사와 표현이 몽골 그림의 형식을 따르고 있어 전체적으로 매우 선명한 색감과 형태를 보여 주고 있다.

〈만남(Uulzalt)〉은 당시 사회주의 공화국으로서 국가 지도자 및 정치인들의 모습을 담아내었는데, 특히 이념적 우방국이었던 소련의 정치적 지도자와의 관계를 부각시킨 작품이다. 〈검은 낙타(Khar buur)〉는 겨울철 낙타의 모습을 묘사하였는데, 바람에 생동감 있게 나부끼는 낙타의 털, 그리고 숨 쉴 때 코에서 뿜어져 나오는 수증기, 익살스럽게 묘사된 낙다의 표정에서 몽골 그림의 형식을 찾아볼 수 있다. 이러한 표현 방식은 기존 양식의 답습이 아닌 새로운 영감의 매개체로서 당시 작가들의 창작 의욕을 고취시켰다.

셍게초히오의 〈인민의 영웅 막샤르자브〉

셍게초히오의 〈만남〉

참고문헌 Yuko Yamaki (2005), *Development of Modern Mongolian Art,* "Modern Paintings of Mongolia: It's Origin up to Today", Fukuoka:Sankei simbum. Cultural Preservation Project for Mongolian (2005), *Mongolia: Museum Highlights*. Arts council of Mongolia, Ulaanbaatar, San Francisco. Union of Mongolian Artists (2000), *Ulaanbaatar*: Dino Publishing.

엔. 출템 Зураач Н. Чүлтэм (N. Chültem)

20세기에 몽골에서 활동한 화가

엔. 출템(N. Chültem, 1923~2001)은 소비에트 연방 국비 장학생 1세대로서, 유럽의 미술사를 공부하여 몽골 최초로 유럽식 몽골 회화 작품을 창작하였다. 이후 몽골 국립 미술관과 미술 학교를 창립하였고 몽골 최초로 회화, 조각, 건축, 공예를 망라하는 미술사 서적을 출간하였다.

엔.출템의 대표작 〈구름의 총체〉에서는

풍부한 색채와 표현력이 화면에 압도적으로 차 있다. 화려한 선으로 표현된 구름의 모양은 전통적인 몽골 그림의 형식을 따랐지만 하단부의 산맥과 초원 위의 양떼, 게르, 말을 타고 있는 인물의 원근법적 공간 표현은 서구의 표현법에서 근거한 것으로 보인다.

엔. 출템의 그림

참고문헌 Union of Mongolian Artists (2000), *Ulaanbaatar*: Dino Publishing.

엘. 소놈체렌 Зураач Сономцэрэн (L. Sonomtseren)

19세기 말에서 20세기 초 몽골에서 활동했던 승려이자 화가

엘. 소놈체렌(L.Sonomtseren)은 19세기 말에서 20세기 초 울란바토르에서 활동하던 승려이며 불교 미술 작가이다. 유럽으로부터 유입된 사진과 리얼리즘 기법에 영향을 받았다. 근대 몽골 인물화의 발전을 견인한 작가로 알려져 있지만 두 작품을 제외하고는 현재 남아 있는 작품이 없다.

소놈체렌의 〈투셰트 한 나산촉트(Tüsheet Khan Nasantsogt)〉와 〈이친호를로(Ichinkhorloo)〉는 황제와 황후의 초상으로, 20세기 풍속화가 본격적으로 나타나기 직전인 근세 시기의 작품이다. 이때는 서방과의 교류가 시작되면서 유채 기법이 도입되던 시기였다. 당시에도 서방 문물뿐만 아니라 사상과 이념 역시 몽골로 유입되었으며, 몽골의 근대적 기반을 공고히 하였다. 이 작품에서 황제와 황후가 자리 잡고 있는 방, 공간의 평면적 묘사와 얼굴 표현을 위한 명암 배분 기술은 실제 그들의 생김새와 유사하게 묘사하는 사진술과 같이 정교하지만, 그림 하단에 놓여 있는 카펫은 평면적으로 묘사하여 부자연스럽게 느껴진다. 이러한 표현방식은 서양 회화 기법 및 사진술의 영향 때문이라고 볼 수 있는데, 아시아 지역의 다른 국가에서도 서양화 도입 초기에 공통적으로 나타난다.

시계와 함께 놓여 있는 서구 신문물들을 소재로 하는 것 역시 공통된 특성이라고 할 수 있는데, 이러한 신식 문물들은 청나라를 통해서 유입되었을 가능성이 크다. 황실과 귀족, 상류층의 인물에게만 국한되었던 초상화는 시민 사회가 확대됨에 따라 일반 시민을 대상으로 하는 세속적 풍속화 및 풍경화로 발전하는 양상을 보이는데 이러한 현상은 동아시아 국가들의 근대 시기에 공통적으로 나타나는 특징이기도 하다.

엘. 소놈체렌의 작품, 20세기 초, 투셰트 한 나산촉트, 이친호를로의 초상. © The Fine Arts Zanabazar Museum 소장

참고문헌 Yuko Yamaki (2005). *Development of Modern Mongolian Art*, "Modern Paintings of Mongolia: It's Origin up to Today", Fukuoka:Sankei simbum. Culural Preservation Project for Mongolian (2005), *Mongolia: Museum Highlights.* Arts council of Mongolia, Ulaanbaatar, San Francisco. Union of Mongolian Artists, (2000), *Ulaanbaatar*: Dino Publishing.

오. 체벡자브 Зураач О. Цэвэгжав (O.Tsevegjav)

20세기에 몽골에서 활동한 서양화가

오. 체벡자브(O. Tsevegjav, 1915~1975)는 1939년에 문을 연 몽골 최초의 근대미술 야간 학교를 이수한 첫 번째 몽골 작가로서 말과 소의 파워풀한 동세(動勢)의 표현과 묘사로 명성이 높다. 그는 1968년 몽골 최초로 추상 미술 작품을 전시하여 정부로부터 전시 폐쇄 명령을 받았다.

오.체벡자브의 대표작 〈말 조련(Emneg surgagch)〉은 야생마를 조련하기 위해 말갈기를 움켜쥐고 있는 마주(馬主)를 생동감 있게 묘사하였다. 조련사의 팔 근육과 주변에서 구경하고 있는 사람들의 표정에서 드러나는 긴장감, 말의 동세와 화면의 구도에서 드러나는 약동감, 청색과 초록, 흰색의 색 조합과 난색과 한색의 조화로움을 느낄 수 있다. 현장의 긴장감과 튀어나올 듯한 대상의 묘사가 잘 드러나는 몽골 리얼리즘을 대표하는 작품이다.

오. 체벡자브의 〈말 조련〉

참고문헌 Шинжлэх ухааны академи(2009), *Монголын соёл, урлагийн нэвтэрхий толь*, Улаанбаатар..

우. 야담수렝 Зураач Ү. Ядамсүрэн (Ü. Yadamsüren)

20세기에 몽골에서 활동한 화가

우. 야담수렝(Ü. Yadamsüren, 1905~1986)은 1905년 도르노드 아이막의 투멘델게르 솜에서 출생하여, 어린 시절부터 탱화와 목판 제작 기술을 배우면서 목수로도 활동하며 예술에 눈뜨기 시작했다. 1945~1986년 기간 동안 몽골 작가 연합에서 근무하며 초상화와 민속화, 풍경화를 주제로 수많은 작품을 남겼으며, 인민 작가로서 몽골 그림의 부활을 이끌었다. 일찍이 모스크바 수크노브 미술학교에 입학하였으나 2차 세계대전으로 몽골로 돌아왔다. 1950년대 이후 유럽식 사상과 표현 기법이 유행일 때 오히려 전통적인 몽골 그림의 필요성을 주창하고 괄목할 만한 작품을 창작하였다.

우. 야담수렝의 작품 중 가장 유명한 〈마두금 켜는 노인〉은 몽골 회화의 전통 기법을 사용하여 얇은 종이 위에 바탕색과 문양을 그리고 그 위에 검은 선으로 형태를 그린 후 테두리를 명확하게 구분한 것이 특징이다.

우. 야담수렝의 〈마두금 켜는 노인(우측)〉

또한 노인의 얼굴과 손, 마두금의 현과 몸통의 문양, 카펫의 문양을 세밀하고 선명하게 표현하였다.

〈마두금 켜는 노인〉은 몽골의 예술과 전통 음악, 의상, 문화를 집약하여 상징적으로 나타낸, 20세기 몽골 인물화 중 대표작으로 꼽힌다.

참고문헌 Шинжлэх ухааны академи(2009), *Монголын соёл, урлагийн нэвтэрхий толь*, Улаанбаатар.

자나바자르 Занабазар (Zanabazar)

17세기 말에서 18세기 초에 활동했던 몽골의 승려이자 예술가

자나바자르(Öndör Gegen Zanabazar, 1635~1723)는 몽골의 예술가이자 승려로서 조각, 회화, 언어, 문학, 건축, 불교 포교 등 다방면에 걸쳐 뛰어난 업적과 저서, 작품을 남겼다.

자나바자르는 지금의 어워르항가이 투세트 칸[汗] 귀족 출신으로, 아브타이 칸의 손자이자, 칭기즈 칸의 직계 후손으로서 17~18세기 몽골의 예술적 업적 부분에서 타의 추종을 불허하는 인물이었다. 그는 1649년 티베트로 유학 가서 달라이라마 나반 롭산갸초의 제자가 되었다. 다쉬룸베 사원에서 수학 후 몽골로 돌아와 1653년 툽쿤 사원을 세우고 학문 연구와 작품 활동에 매진하였다.

그는 또한 몽골 불교 최고 권위인 젭춘담바 호탁트(Javzandamba khutagt)가 되었으며 정치 · 예술 · 종교적인 영역에서 중요한 역할을 했다. 그는 승려로서 젊은 시절을 학습에 열중하며 보냈지만, 몽골 백성들을 변화시키기 위해서는 신앙 이상의 것이 필요하다고 여겨 불교 경전을 제작하여 포교하고, 나밍 이흐 후레(Namyn Ikh Khüree) 사원, 바룽 후레(Baruun Khüree) 사원, 톱헨(Tövkhön) 사원 등을 만들었다.

그는 산스크리트 문자와 티베트 문자에서 영감을 받아 90자의 '소욤보(Soyombo)' 문자 체계를 고안하였다. 소욤보 문자는 200여 년 동안 할하의 후레 사원에서 사용되었으며, 국가 인장, 경전의 앞머리 등에 새겨져 왔다. 한편 자나바자르가 만든 조각 작품들은 17세기 몽골의 주조술과 조판술이 뛰어났음을 말해 준다. 자나바자르의 전기에 따르면 1680년대에 바즈라다라(Vajradhara), 21개의 타라(Tara), 아미타여래(Amitāyus) 신들의 황금 주조물들을 수없이 많이 만들었다고 한다.

또한 자나바자르는 몽골 최초의 사원인 에르덴 조(Erdene zuu) 사원을 설계하였으며, 티베트의 불경을 금니(金泥)로 필사하여 보급하였다. 그는 조각 · 회화 · 시 · 의료 · 출판 · 티베트 불교(라마교) 등 다방면에 걸쳐 뛰어난 업적을 남겨 '몽골의 미켈란젤로'라는 평가를

(좌) 타라 불상, (우) 소욤보 문자
© The Fine Arts Zanabazar Museum 소장.

자나바자르 불상 © The Bogd Khaan Palace Museum 소장

받기도 한다. 특히 조각에서는 불교 철학과 고대 신화를 바탕으로 인간 육체의 아름다움과 영혼의 거룩함을 표현하였는데, 울란바토르 미술 갤러리에 소장된 <백색 타라>와 복드 칸 궁전 박물관에 소장된 <녹색 타라>가 대표적인 작품으로 꼽힌다.

'타라'는 천수천안관세음의 눈물의 화신으로 알려져 있는데, 그 오른쪽 눈물이 화현했다고 알려져 있는 녹색 타라는 중생의 사업과 소원을 성취시켜 주는 본존으로서 모든 수행자를 수호하는 여자 호법신의 대표 여신으로 신봉되고 있다. 그리고 천수관세음의 왼쪽 눈물이 화현했다고 알려져 있는 백색 타라는 중생들의 수명을 관장하는 보살이다. 몽골 불교에서는 장수를 기원할 때 백색 타라에게 장수관정을 청하고 백색 타라를 염불하는 기도를 많이 한다.

참고문헌 석설오 (2002), 『달라이 라마의 밀교란 무엇인가』, 효림. Шинжлэх ухааны академи(2009), *Монголын соёл, урлагийн нэвтэрхий толь*, Улаанбаатар.

찾아 보기

한글

【ㄱ】

【ㄴ】

【ㄷ】

【ㅂ】

【ㅈ】

【ㅊ】

【ㅍ】

【ㅎ】

몽골 전통문자

【[illegible]】

【[illegible]】

【[illegible]】

【[illegible]】

【[illegible]】

【[illegible]】

【[illegible]】

【[illegible]】

【[illegible]】

[illegible]

[illegible]

[illegible]

【[illegible]】

【[illegible]】

【[illegible]】

【[illegible]】

【[illegible]】

【ᠵ】

【ᠴ】

몽골 키릴문자

【A】

【Б】

【Е】

【Ё】

【Ж】

【З】

【И】

【К】

【Н】

【О】

【Ө】

【Ц】

【Ю】

【Я】

라틴전사

【A】

【C】

【D】

【E】

【G】

【H】

【I】

【J】

【K】

【L】

【M】

【N】

【O】

【Ö】

【U】

【Ü】

【W】

【X】

【Y】